U0896249

2005年全国1%人口抽样调查资料

国务院全国1%人口抽样调查领导小组办公室
国家统计局人口和就业统计司 编

中国统计出版社
China Statistics Press

(京)新登字041号

图书在版编目（CIP）数据

2005年全国1%人口抽样调查资料
/国务院全国1%人口抽样调查领导小组办公室、国家统计局人口和就业统计司编
-北京：中国统计出版社，2007.2
ISBN 978-7-5037-4288-0

Ⅰ.2…
Ⅱ.①国… ②国…
Ⅲ.人口调查：抽样调查-统计资料-汇编-中国-2005
Ⅳ.C924.25

中国版本图书馆CIP数据核字（2007）第006306号

2005年全国1%人口抽样调查资料

作　　者/国务院全国1%人口抽样调查领导小组办公室、国家统计局人口和就业统计司编
责任编辑/郭　栋
E-mail/yearbook@stats.gov.cn
封面设计/艺编广告
出版发行/中国统计出版社
通信地址/北京市西城区月坛南街57号
邮政编码/100826
办公地址/北京市丰台区西三环南路甲6号
电　　话/邮购（010）63376907　书店（010）68783172
印　　刷/河北天普润印刷厂
经　　销/新华书店
开　　本/880×1230毫米　1/16
字　　数/1750千字
印　　张/54.75
版　　别/2007年2月第1版
版　　次/2007年2月第1次印刷
书　　号/ISBN 978-7-5037-4288-0/C·2043
定　　价/380.00元

《2005年全国1%人口抽样调查资料》
编委会和编辑工作人员

编辑说明

2005年全国1%人口抽样调查是继2000年第五次全国人口普查之后的又一次大规模的社会调查。在国务院和地方各级人民政府的坚强领导下，在被抽中地区人民群众的大力配合和支持下，经过调查工作人员特别是近20万名调查指导员和调查员的艰苦努力，调查取得了圆满成功。通过这次调查，进一步查清了当前我国的人口总量、地区分布、基本结构以及居住环境等方面的情况，为了解和研究社会主义市场经济条件下人口的自然增长、教育、就业、迁移流动的变化情况以及人口与经济、社会发展、资源利用、环境保护的关系提供了重要的基础依据，为监测我国"小康"的进程，提供了非常宝贵的信息。

这次调查的标准时间为2005年11月1日零时。调查对象是在被抽中的调查小区内具有中华人民共和国国籍并于 2005年10月31日晚居住在本调查小区以及户口在本户，2005年10月31日晚未居住在本户的全部人口。调查以户为单位进行登记，调查登记采取入户调查的方法进行。

这次调查以全国为总体，以各省、自治区、直辖市为次总体，采取分层、多阶段、整群概率比例的抽样方法。最终样本单位为调查小区。本次调查共涉及345个地（市）、2869个县（市、区）、21182个乡（镇、街道）、61820个村（居）委会的77417个调查小区。全国共调查登记常住人口1699万人，占全国总人口的1.325%。根据事后质量抽查，总人口的漏报率为1.72%。

2005年1%人口抽样调查登记结束后，国家统计局在对数据进行快速汇总的基础上，发表了《2005年全国1%人口抽样调查主要数据公报》。之后，全国和各省、自治区、直辖市都完成了调查资料的电子计算机数据处理工作，获得了更为详细的数据。为满足社会各界的需要，我们将部分按常住人口口径汇总的数据编辑出版。现将有关情况说明如下:

一、《2005年全国1%人口抽样调查资料》和《2005年xxx省（自治区、直辖市）1%人口抽样调查资料》形成系列。全国资料设有: 概要、民族、年龄、教育、就业、婚姻、家庭、生育、老年人口、死亡、住房、迁移和户口登记地等十二卷。

二、本资料所刊数据均系抽样调查的直接调查数据，未作总体推算，请读者使用数据时注意。

三、本前言中计算抽样比（1.325%）的全国总人口为各省常住人口之和，未包括漏报人口，请在推算全国数据时注意。

四、在抽样调查工作的登记、编码、录入等过程中都可能产生误差，样本的分布也存在偏差，这些都将反映到汇总结果中，因此，有可能出现某些不合理的数据。本资料对这些数据保留了数据处理后的原貌，没有做任何调整，请读者使用数据时注意。

五、这次调查虽然是采取不等比例的抽样方法，但全国进行了加权汇总。本资料中各省、自治区、直辖市的数据已经按全国统一的抽样比换算，可以直接对比。

六、本资料中“空格”表示该项统计指标数据不足本表最小单位数或无该项数据。

七、由于计算机运算中采取四舍五入的处理，个别汇总表分栏数据之和与合计数存在很小差别，并不影响数据的使用。

八、为了帮助读者准确使用本资料，我们将《2005年全国1%人口抽样调查方案》、《2005年全国1%人口抽样调查表》、《2005年全国1%人口抽样调查调查表填写说明》、《2005年全国1%人口抽样调查主要数据公报》等文件作为附件一并刊印。

目录

Contents

第二卷　民　族

第三卷　年　龄

第四卷　教　育

第五卷　就　业

第六卷 婚 姻

第七卷　家　　庭

第八卷　生　　育

第九卷　老年人口

第十二卷　迁移和户口登记地

附　录

Contents

Volume 1 Summary

Volume 6 Marriage

Volume 7 Family Households

Volume 8 Fertility

Volume 9 Aging population

Volume 10 Mortality

Volume 11 Housing

Volume 12 Migration

Annex

第一卷 人口

概要

表1-1 各地区的户数、

地区	户数			人			
	合计	家庭户	集体户	合计			
				合计	男	女	性别比
全国	**5 391 013**	**5 286 554**	**104 459**	**16 985 766**	**8 584 882**	**8 400 884**	**102.19**
北京	73 787	69 594	4 192	203 582	103 122	100 461	102.65
天津	46 385	44 806	1 578	138 060	69 308	68 752	100.81
河北	272 829	270 892	1 937	906 856	455 500	451 355	100.92
山西	131 264	130 427	837	444 096	225 294	218 802	102.97
内蒙古	108 157	106 792	1 365	315 884	161 560	154 324	104.69
辽宁	191 306	189 878	1 428	558 727	280 107	278 620	100.53
吉林	114 033	113 403	631	359 512	182 545	176 968	103.15
黑龙江	169 716	169 177	540	505 647	255 867	249 780	102.44
上海	87 861	83 106	4 756	235 351	118 419	116 932	101.27
江苏	337 537	329 566	7 971	989 454	485 494	503 960	96.34
浙江	235 033	226 688	8 345	648 340	328 876	319 465	102.95
安徽	267 231	265 023	2 208	810 095	406 651	403 444	100.79
福建	156 154	148 892	7 262	467 922	235 254	232 669	101.11
江西	173 456	171 522	1 934	570 672	290 449	280 223	103.65
山东	420 932	415 415	5 517	1 224 142	611 975	612 167	99.97
河南	363 015	361 725	1 290	1 241 616	630 613	611 003	103.21
湖北	244 772	242 166	2 606	755 824	384 490	371 334	103.54
湖南	265 433	263 001	2 432	837 363	428 236	409 126	104.67
广东	345 573	310 146	35 427	1 217 005	616 339	600 667	102.61
广西	182 241	180 466	1 775	616 837	319 740	297 097	107.62
海南	28 422	27 779	644	109 601	57 525	52 076	110.46
重庆	130 399	129 342	1 057	370 367	186 623	183 744	101.57
四川	368 516	366 256	2 260	1 087 009	541 978	545 031	99.44
贵州	142 854	142 031	823	493 715	254 202	239 513	106.13
云南	163 945	161 443	2 502	589 039	303 893	285 146	106.57
西藏	7 282	7 227	55	36 666	18 149	18 517	98.01
陕西	151 049	149 873	1 176	492 410	248 660	243 750	102.01
甘肃	93 512	92 736	775	343 364	173 235	170 129	101.83
青海	19 566	19 245	321	71 903	36 328	35 574	102.12
宁夏	22 075	21 917	158	78 892	39 733	39 159	101.47
新疆	76 677	76 020	657	265 815	134 718	131 097	102.76

人口数和性别比

单位：人、户、人/户

口　数								家庭户平均每户人数
家　庭　户				集　体　户				
小计	男	女	性别比	小计	男	女	性别比	
16 570 406	**8 354 106**	**8 216 300**	**101.68**	**415 360**	**230 777**	**184 584**	**125.03**	**3.13**
188 218	93 301	94 916	98.30	15 365	9 821	5 544	177.13	2.70
130 900	65 378	65 523	99.78	7 160	3 931	3 229	121.71	2.92
899 339	452 019	447 320	101.05	7 517	3 482	4 035	86.29	3.32
440 601	223 302	217 299	102.76	3 495	1 992	1 503	132.51	3.38
310 952	158 140	152 812	103.49	4 932	3 420	1 512	226.17	2.91
553 971	277 593	276 378	100.44	4 756	2 514	2 241	112.17	2.92
356 480	180 823	175 657	102.94	3 032	1 722	1 310	131.44	3.14
503 286	254 337	248 949	102.16	2 361	1 530	831	184.25	2.97
220 576	109 480	111 096	98.55	14 775	8 939	5 836	153.16	2.65
958 550	469 534	489 016	96.02	30 903	15 960	14 944	106.80	2.91
619 804	311 824	307 980	101.25	28 537	17 052	11 485	148.47	2.73
801 681	401 545	400 136	100.35	8 414	5 106	3 308	154.33	3.02
445 164	222 733	222 431	100.14	22 759	12 521	10 238	122.30	2.99
564 060	286 604	277 456	103.30	6 612	3 845	2 767	138.94	3.29
1 203 376	600 605	602 770	99.64	20 767	11 370	9 397	121.00	2.90
1 237 993	627 873	610 119	102.91	3 623	2 740	883	310.27	3.42
744 987	377 712	367 275	102.84	10 836	6 778	4 058	167.00	3.08
826 391	421 473	404 919	104.09	10 971	6 764	4 208	160.74	3.14
1 053 819	532 417	521 402	102.11	163 187	83 922	79 265	105.87	3.40
610 512	316 165	294 347	107.41	6 325	3 575	2 750	129.99	3.38
106 797	56 085	50 712	110.60	2 804	1 440	1 364	105.52	3.84
366 415	183 737	182 678	100.58	3 951	2 886	1 065	270.96	2.83
1 079 070	537 480	541 591	99.24	7 939	4 498	3 441	130.74	2.95
490 715	252 090	238 626	105.64	3 000	2 113	887	238.11	3.45
578 788	298 092	280 695	106.20	10 251	5 801	4 450	130.36	3.59
36 346	17 951	18 395	97.59	320	198	123	161.50	5.03
488 076	246 030	242 046	101.65	4 334	2 629	1 705	154.22	3.26
340 445	171 212	169 233	101.17	2 919	2 024	896	225.96	3.67
70 595	35 590	35 005	101.67	1 308	738	570	129.57	3.67
78 435	39 417	39 018	101.02	457	316	141	224.23	3.58
264 066	133 565	130 500	102.35	1 750	1 153	597	193.18	3.47

表1-1a 各地区的户数、

<table>
<tr><th rowspan="3">地　区</th><th colspan="3">户　数</th><th colspan="4">人</th></tr>
<tr><th rowspan="2">合　计</th><th rowspan="2">家庭户</th><th rowspan="2">集体户</th><th colspan="4">合　计</th></tr>
<tr><th>合计</th><th>男</th><th>女</th><th>性别比</th></tr>
<tr><td>全　国</td><td>1 598 345</td><td>1 530 075</td><td>68 270</td><td>4 707 903</td><td>2 357 679</td><td>2 350 224</td><td>100.32</td></tr>
<tr><td>北　京</td><td>59 042</td><td>55 205</td><td>3 837</td><td>160 724</td><td>81 184</td><td>79 539</td><td>102.07</td></tr>
<tr><td>天　津</td><td>28 157</td><td>26 921</td><td>1 236</td><td>79 301</td><td>39 446</td><td>39 856</td><td>98.97</td></tr>
<tr><td>河　北</td><td>60 802</td><td>59 679</td><td>1 123</td><td>182 943</td><td>89 572</td><td>93 371</td><td>95.93</td></tr>
<tr><td>山　西</td><td>36 991</td><td>36 500</td><td>491</td><td>114 319</td><td>57 126</td><td>57 192</td><td>99.88</td></tr>
<tr><td>内蒙古</td><td>42 178</td><td>41 277</td><td>901</td><td>114 443</td><td>57 702</td><td>56 741</td><td>101.69</td></tr>
<tr><td>辽　宁</td><td>92 559</td><td>91 336</td><td>1 223</td><td>252 564</td><td>124 743</td><td>127 821</td><td>97.59</td></tr>
<tr><td>吉　林</td><td>41 216</td><td>40 696</td><td>519</td><td>120 466</td><td>60 115</td><td>60 351</td><td>99.61</td></tr>
<tr><td>黑龙江</td><td>72 639</td><td>72 284</td><td>355</td><td>199 083</td><td>99 890</td><td>99 193</td><td>100.70</td></tr>
<tr><td>上　海</td><td>70 745</td><td>66 859</td><td>3 886</td><td>189 800</td><td>95 564</td><td>94 236</td><td>101.41</td></tr>
<tr><td>江　苏</td><td>118 955</td><td>113 569</td><td>5 387</td><td>344 137</td><td>170 771</td><td>173 366</td><td>98.50</td></tr>
<tr><td>浙　江</td><td>89 079</td><td>84 009</td><td>5 070</td><td>245 166</td><td>124 532</td><td>120 634</td><td>103.23</td></tr>
<tr><td>安　徽</td><td>43 925</td><td>42 989</td><td>936</td><td>129 395</td><td>65 287</td><td>64 108</td><td>101.84</td></tr>
<tr><td>福　建</td><td>48 503</td><td>43 954</td><td>4 550</td><td>139 195</td><td>69 811</td><td>69 384</td><td>100.62</td></tr>
<tr><td>江　西</td><td>25 357</td><td>24 976</td><td>382</td><td>80 700</td><td>40 522</td><td>40 178</td><td>100.86</td></tr>
<tr><td>山　东</td><td>120 689</td><td>116 720</td><td>3 969</td><td>347 919</td><td>173 525</td><td>174 394</td><td>99.50</td></tr>
<tr><td>河　南</td><td>70 514</td><td>69 901</td><td>613</td><td>223 762</td><td>112 286</td><td>111 476</td><td>100.73</td></tr>
<tr><td>湖　北</td><td>73 916</td><td>72 172</td><td>1 744</td><td>223 347</td><td>111 973</td><td>111 374</td><td>100.54</td></tr>
<tr><td>湖　南</td><td>58 049</td><td>56 785</td><td>1 263</td><td>174 408</td><td>87 806</td><td>86 602</td><td>101.39</td></tr>
<tr><td>广　东</td><td>168 182</td><td>144 747</td><td>23 436</td><td>562 743</td><td>284 538</td><td>278 205</td><td>102.28</td></tr>
<tr><td>广　西</td><td>28 153</td><td>27 167</td><td>986</td><td>88 424</td><td>44 406</td><td>44 018</td><td>100.88</td></tr>
<tr><td>海　南</td><td>12 112</td><td>11 533</td><td>578</td><td>42 167</td><td>21 868</td><td>20 300</td><td>107.73</td></tr>
<tr><td>重　庆</td><td>32 364</td><td>31 604</td><td>760</td><td>91 050</td><td>45 735</td><td>45 315</td><td>100.93</td></tr>
<tr><td>四　川</td><td>58 192</td><td>56 582</td><td>1 610</td><td>167 074</td><td>81 723</td><td>85 351</td><td>95.75</td></tr>
<tr><td>贵　州</td><td>19 221</td><td>18 885</td><td>336</td><td>59 130</td><td>29 499</td><td>29 631</td><td>99.56</td></tr>
<tr><td>云　南</td><td>32 732</td><td>31 383</td><td>1 349</td><td>103 295</td><td>52 170</td><td>51 125</td><td>102.04</td></tr>
<tr><td>西　藏</td><td>1 375</td><td>1 332</td><td>43</td><td>4 881</td><td>2 292</td><td>2 589</td><td>88.52</td></tr>
<tr><td>陕　西</td><td>39 538</td><td>38 789</td><td>749</td><td>118 980</td><td>59 441</td><td>59 539</td><td>99.83</td></tr>
<tr><td>甘　肃</td><td>17 048</td><td>16 786</td><td>261</td><td>47 735</td><td>23 818</td><td>23 917</td><td>99.58</td></tr>
<tr><td>青　海</td><td>5 058</td><td>4 905</td><td>152</td><td>14 188</td><td>7 075</td><td>7 113</td><td>99.47</td></tr>
<tr><td>宁　夏</td><td>7 551</td><td>7 478</td><td>74</td><td>21 660</td><td>10 782</td><td>10 878</td><td>99.12</td></tr>
<tr><td>新　疆</td><td>23 502</td><td>23 050</td><td>452</td><td>64 903</td><td>32 476</td><td>32 426</td><td>100.15</td></tr>
</table>

人口数和性别比(城市)

单位:人、户、人/户

口　数								家庭户平均每户人数
家庭户				集体户				
小计	男	女	性别比	小计	男	女	性别比	
4 443 396	**2 215 282**	**2 228 114**	**99.42**	**264 506**	**142 397**	**122 110**	**116.61**	**2.90**
146 772	72 328	74 445	97.16	13 951	8 857	5 094	173.85	2.66
73 568	36 297	37 271	97.39	5 733	3 148	2 585	121.79	2.73
178 473	88 011	90 462	97.29	4 470	1 561	2 909	53.67	2.99
112 074	56 065	56 010	100.10	2 244	1 062	1 182	89.80	3.07
111 703	55 894	55 809	100.15	2 740	1 808	932	193.91	2.71
248 497	122 705	125 792	97.55	4 067	2 039	2 029	100.49	2.72
118 027	58 787	59 240	99.24	2 439	1 328	1 112	119.46	2.90
197 737	99 121	98 616	100.51	1 346	769	577	133.20	2.74
177 898	88 423	89 476	98.82	11 902	7 141	4 761	150.00	2.66
324 307	160 728	163 579	98.26	19 829	10 043	9 787	102.61	2.86
227 871	114 346	113 525	100.72	17 295	10 186	7 109	143.28	2.71
126 307	63 224	63 084	100.22	3 088	2 063	1 024	201.42	2.94
125 289	62 564	62 725	99.74	13 906	7 247	6 658	108.85	2.85
79 259	39 861	39 398	101.18	1 441	661	780	84.74	3.17
333 104	165 499	167 605	98.74	14 815	8 026	6 789	118.23	2.85
221 796	110 883	110 913	99.97	1 966	1 403	562	249.46	3.17
215 899	107 734	108 165	99.60	7 448	4 239	3 209	132.10	2.99
170 156	85 368	84 789	100.68	4 252	2 439	1 813	134.51	3.00
456 146	229 511	226 636	101.27	106 597	55 027	51 570	106.70	3.15
85 210	43 005	42 205	101.90	3 214	1 401	1 814	77.23	3.14
39 627	20 581	19 046	108.06	2 541	1 287	1 254	102.64	3.44
88 404	43 798	44 606	98.19	2 647	1 937	710	272.85	2.80
162 024	79 326	82 698	95.92	5 049	2 397	2 653	90.35	2.86
58 059	28 817	29 242	98.55	1 071	682	390	175.07	3.07
98 147	49 521	48 626	101.84	5 148	2 649	2 499	105.98	3.13
4 671	2 159	2 513	85.92	209	133	76	174.25	3.51
116 541	58 113	58 428	99.46	2 439	1 328	1 111	119.49	3.00
46 885	23 367	23 518	99.36	849	450	399	112.87	2.79
13 759	6 847	6 912	99.06	429	228	201	113.47	2.80
21 472	10 678	10 794	98.93	189	104	84	124.00	2.87
63 711	31 721	31 990	99.16	1 192	755	437	172.88	2.76

表1-1b 各地区的户数、

地区	户数			人			
	合计	家庭户	集体户	合计			
				合计	男	女	性别比
全国	**933 160**	**912 800**	**20 360**	**2 908 980**	**1 464 804**	**1 444 176**	**101.43**
北京	3 452	3 374	78	9 526	4 785	4 741	100.92
天津	7 379	7 113	266	23 037	11 659	11 378	102.47
河北	39 859	39 475	384	132 984	67 070	65 914	101.75
山西	21 896	21 780	115	73 698	37 311	36 387	102.54
内蒙古	21 023	20 744	278	60 835	30 969	29 866	103.69
辽宁	28 044	27 932	111	83 244	41 821	41 423	100.96
吉林	22 269	22 203	66	64 802	32 914	31 888	103.22
黑龙江	31 640	31 550	90	89 184	44 993	44 192	101.81
上海	7 356	6 979	377	19 846	9 919	9 927	99.92
江苏	68 696	67 196	1 500	205 587	101 318	104 269	97.17
浙江	42 430	41 065	1 366	118 366	59 439	58 927	100.87
安徽	62 534	61 475	1 060	191 101	95 456	95 646	99.80
福建	32 275	30 995	1 280	98 027	49 212	48 816	100.81
江西	41 949	40 795	1 154	136 578	69 191	67 387	102.68
山东	78 604	77 524	1 080	230 814	115 547	115 267	100.24
河南	51 562	50 998	565	177 526	89 887	87 639	102.57
湖北	37 241	36 773	468	112 899	57 170	55 729	102.59
湖南	42 135	41 212	922	133 068	67 580	65 488	103.19
广东	54 931	48 693	6 238	196 778	99 866	96 911	103.05
广西	36 285	35 726	559	119 874	61 754	58 120	106.25
海南	4 160	4 119	42	16 229	8 451	7 778	108.65
重庆	27 212	26 997	214	78 902	39 039	39 863	97.93
四川	61 040	60 689	350	174 172	85 834	88 338	97.17
贵州	22 080	21 736	345	73 330	37 530	35 800	104.83
云南	25 617	24 954	663	85 745	43 509	42 237	103.01
西藏	1 108	1 103	5	4 911	2 417	2 494	96.93
陕西	26 170	25 918	252	83 476	42 236	41 241	102.41
甘肃	16 643	16 345	297	56 460	28 750	27 710	103.75
青海	3 987	3 905	81	13 135	6 586	6 549	100.56
宁夏	3 278	3 238	40	10 738	5 435	5 303	102.49
新疆	10 305	10 193	113	34 107	17 158	16 948	101.24

人口数和性别比(镇)

单位：人、户、人/户

口数								家庭户平均每户人数
家庭户				集体户				
小计	男	女	性别比	小计	男	女	性别比	
2 824 095	**1 417 014**	**1 407 081**	**100.71**	**84 885**	**47 790**	**37 095**	**128.83**	**3.09**
9 314	4 676	4 638	100.84	212	109	104	104.78	2.76
21 940	11 061	10 880	101.66	1 097	598	499	119.94	3.08
131 510	66 223	65 287	101.43	1 474	847	627	135.08	3.33
73 275	37 034	36 241	102.19	422	277	145	190.48	3.36
59 377	30 014	29 363	102.22	1 458	955	503	189.94	2.86
82 857	41 587	41 270	100.77	387	234	153	153.28	2.97
64 356	32 603	31 753	102.68	446	311	135	230.11	2.90
88 690	44 697	43 993	101.60	494	296	199	148.82	2.81
18 609	9 197	9 412	97.71	1 237	722	514	140.47	2.67
199 323	97 993	101 330	96.71	6 264	3 326	2 939	113.17	2.97
113 799	56 837	56 962	99.78	4 567	2 601	1 966	132.35	2.77
186 643	93 046	93 597	99.41	4 458	2 410	2 049	117.61	3.04
93 859	46 753	47 106	99.25	4 168	2 458	1 710	143.73	3.03
133 041	67 172	65 869	101.98	3 537	2 019	1 517	133.08	3.26
226 327	113 151	113 176	99.98	4 487	2 396	2 091	114.60	2.92
176 330	88 897	87 433	101.67	1 196	990	206	481.37	3.46
110 802	55 704	55 098	101.10	2 097	1 466	630	232.61	3.01
127 751	64 282	63 469	101.28	5 317	3 297	2 019	163.28	3.10
167 478	85 271	82 207	103.73	29 300	14 596	14 704	99.26	3.44
117 518	60 233	57 285	105.15	2 356	1 521	835	182.18	3.29
16 081	8 375	7 706	108.67	147	76	72	105.96	3.90
78 104	38 505	39 599	97.24	798	534	264	202.14	2.89
172 967	85 066	87 901	96.78	1 206	768	438	175.38	2.85
72 021	36 596	35 425	103.31	1 309	934	375	249.11	3.31
82 738	41 752	40 985	101.87	3 008	1 756	1 252	140.31	3.32
4 895	2 409	2 486	96.89	16	8	8	108.70	4.44
82 162	41 370	40 792	101.42	1 314	865	449	192.85	3.17
55 372	27 920	27 451	101.71	1 089	830	259	320.26	3.39
12 528	6 294	6 234	100.95	607	292	315	92.74	3.21
10 594	5 322	5 272	100.94	144	113	31	367.19	3.27
33 832	16 973	16 859	100.68	275	185	90	206.19	3.32

表1-1c 各地区的户数、

地区	户数			人			
				合计			
	合计	家庭户	集体户	合计	男	女	性别比
全国	**2 859 508**	**2 843 678**	**15 829**	**9 368 884**	**4 762 400**	**4 606 484**	**103.38**
北京	11 292	11 015	277	33 332	17 152	16 180	106.01
天津	10 849	10 772	77	35 722	18 204	17 518	103.92
河北	172 168	171 738	430	590 929	298 858	292 070	102.32
山西	72 377	72 146	231	256 080	130 857	125 223	104.50
内蒙古	44 956	44 771	185	140 606	72 889	67 717	107.64
辽宁	70 703	70 609	94	222 919	113 543	109 376	103.81
吉林	50 549	50 503	45	174 244	89 516	84 728	105.65
黑龙江	65 438	65 343	95	217 380	110 985	106 395	104.31
上海	9 760	9 267	493	25 705	12 936	12 769	101.31
江苏	149 886	148 801	1 085	439 730	213 405	226 325	94.29
浙江	103 523	101 614	1 909	284 808	144 905	139 903	103.58
安徽	160 772	160 559	213	489 598	245 908	243 690	100.91
福建	75 376	73 944	1 432	230 700	116 231	114 469	101.54
江西	106 149	105 751	398	353 394	180 735	172 659	104.68
山东	221 639	221 171	468	645 410	322 903	322 507	100.12
河南	240 939	240 826	113	840 329	428 440	411 888	104.02
湖北	133 615	133 221	394	419 577	215 346	204 231	105.44
湖南	165 250	165 004	246	529 887	272 850	257 036	106.15
广东	122 459	116 706	5 753	457 484	231 934	225 550	102.83
广西	117 802	117 573	230	408 539	213 580	194 959	109.55
海南	12 150	12 126	24	51 205	27 206	23 999	113.37
重庆	70 824	70 741	83	200 414	101 850	98 565	103.33
四川	249 285	248 985	300	745 763	374 421	371 342	100.83
贵州	101 552	101 411	142	361 255	187 173	174 082	107.52
云南	105 596	105 106	490	399 998	208 215	191 783	108.57
西藏	4 799	4 792	7	26 875	13 440	13 435	100.04
陕西	85 341	85 166	175	289 954	146 983	142 970	102.81
甘肃	59 821	59 605	217	239 169	120 668	118 501	101.83
青海	10 522	10 435	87	44 579	22 667	21 912	103.45
宁夏	11 246	11 201	45	46 493	23 515	22 978	102.34
新疆	42 870	42 777	93	166 806	85 083	81 723	104.11

人口数和性别比(乡村)

单位：人、户、人/户

口　数								家庭户
家庭户				集体户				平均每户
小计	男	女	性别比	小计	男	女	性别比	人　数
9 302 915	**4 721 810**	**4 581 105**	**103.07**	**65 969**	**40 590**	**25 379**	**159.93**	**3.27**
32 131	16 297	15 834	102.92	1 201	855	346	247.13	2.92
35 392	18 020	17 372	103.73	330	184	146	126.28	3.29
589 356	297 785	291 571	102.13	1 573	1 074	499	215.13	3.43
255 251	130 203	125 048	104.12	829	653	175	372.37	3.54
139 872	72 232	67 640	106.79	734	657	77	852.25	3.12
222 617	113 301	109 316	103.65	302	242	60	402.08	3.15
174 097	89 432	84 665	105.63	147	84	64	131.33	3.45
216 859	110 519	106 340	103.93	521	466	55	848.94	3.32
24 068	11 861	12 208	97.16	1 637	1 075	561	191.55	2.60
434 920	210 813	224 107	94.07	4 810	2 591	2 218	116.82	2.92
278 134	140 641	137 493	102.29	6 675	4 264	2 410	176.92	2.74
488 730	245 275	243 455	100.75	868	633	235	269.18	3.04
226 016	113 415	112 600	100.72	4 685	2 816	1 869	150.64	3.06
351 760	179 571	172 189	104.29	1 634	1 164	470	247.93	3.33
643 945	321 955	321 990	99.99	1 465	947	518	183.08	2.91
839 867	428 094	411 773	103.96	462	347	115	301.75	3.49
418 285	214 274	204 012	105.03	1 292	1 073	219	489.20	3.14
528 484	271 823	256 661	105.91	1 403	1 028	375	273.76	3.20
430 194	217 636	212 559	102.39	27 290	14 299	12 991	110.07	3.69
407 785	212 927	194 857	109.27	754	653	101	644.30	3.47
51 089	27 130	23 960	113.23	116	77	39	197.56	4.21
199 908	101 434	98 474	103.01	507	416	91	455.67	2.83
744 079	373 087	370 992	100.56	1 684	1 334	350	380.77	2.99
360 636	186 676	173 959	107.31	619	497	123	404.55	3.56
397 903	206 819	191 084	108.23	2 095	1 396	699	199.66	3.79
26 779	13 383	13 396	99.90	95	57	39	146.61	5.59
289 372	146 547	142 825	102.61	582	436	145	300.49	3.40
238 188	119 924	118 264	101.40	981	744	238	313.06	4.00
44 307	22 449	21 858	102.70	272	218	54	404.85	4.25
46 369	23 417	22 952	102.03	125	99	26	379.63	4.14
166 523	84 871	81 652	103.94	283	213	70	302.63	3.89

表1-2 各地区分性别、户口登记状况的人口

单位：人

地区	人口数			居住在本乡、镇、街道，户口在本乡、镇、街道		
	合计	男	女	小计	男	女
全国	**16 985 766**	**8 584 882**	**8 400 884**	**14 956 470**	**7 559 833**	**7 396 636**
北京	203 582	103 122	100 461	127 395	64 088	63 307
天津	138 060	69 308	68 752	109 521	54 925	54 597
河北	906 856	455 500	451 355	841 012	422 905	418 107
山西	444 096	225 294	218 802	404 399	205 474	198 925
内蒙古	315 884	161 560	154 324	255 807	130 741	125 066
辽宁	558 727	280 107	278 620	471 471	237 686	233 785
吉林	359 512	182 545	176 968	324 453	165 421	159 032
黑龙江	505 647	255 867	249 780	456 208	231 467	224 742
上海	235 351	118 419	116 932	141 227	70 431	70 796
江苏	989 454	485 494	503 960	838 581	410 231	428 350
浙江	648 340	328 876	319 465	500 993	251 836	249 157
安徽	810 095	406 651	403 444	753 916	377 898	376 018
福建	467 922	235 254	232 669	364 564	182 054	182 510
江西	570 672	290 449	280 223	527 132	268 448	258 684
山东	1 224 142	611 975	612 167	1 117 888	558 422	559 466
河南	1 241 616	630 613	611 003	1 190 572	604 059	586 513
湖北	755 824	384 490	371 334	692 569	352 732	339 838
湖南	837 363	428 236	409 126	776 821	397 281	379 540
广东	1 217 005	616 339	600 667	856 030	432 917	423 113
广西	616 837	319 740	297 097	574 954	299 353	275 601
海南	109 601	57 525	52 076	95 861	50 396	45 464
重庆	370 367	186 623	183 744	339 248	171 213	168 034
四川	1 087 009	541 978	545 031	1 005 145	502 538	502 607
贵州	493 715	254 202	239 513	458 818	236 976	221 842
云南	589 039	303 893	285 146	540 976	279 122	261 853
西藏	36 666	18 149	18 517	35 057	17 331	17 726
陕西	492 410	248 660	243 750	459 543	231 626	227 917
甘肃	343 364	173 235	170 129	325 728	164 233	161 496
青海	71 903	36 328	35 574	64 692	32 638	32 054
宁夏	78 892	39 733	39 159	70 648	35 646	35 003
新疆	265 815	134 718	131 097	235 241	119 747	115 493

表1-2 各地区分性别、户口登记状况的人口(续 1)

单位：人

地 区	居住在本乡、镇、街道，户口登记地在外乡、镇、街道，离开户口登记地半年以上			居住本乡、镇、街道，户口待定			原住本乡、镇、街道，现在国外工作学习		
	小计	男	女	小计	男	女	小计	男	女
全 国	**1 945 894**	**983 525**	**962 370**	**82 374**	**40 905**	**41 469**	**1 029**	**619**	**410**
北 京	75 285	38 568	36 718	843	436	407	58	30	28
天 津	28 075	14 134	13 941	455	244	210	9	5	4
河 北	63 485	31 554	31 930	2 336	1 026	1 310	23	15	8
山 西	37 431	18 669	18 763	2 266	1 152	1 114	1		1
内 蒙 古	57 961	29 780	28 180	2 105	1 031	1 074	12	7	4
辽 宁	85 339	41 457	43 882	1 875	941	934	43	24	19
吉 林	34 466	16 827	17 639	559	278	282	35	20	15
黑 龙 江	48 062	23 682	24 380	1 339	694	645	39	25	14
上 海	93 546	47 711	45 836	549	264	285	29	13	16
江 苏	144 242	71 882	72 360	6 477	3 277	3 200	154	104	50
浙 江	142 667	74 669	67 998	4 626	2 339	2 287	54	30	23
安 徽	53 222	27 249	25 973	2 944	1 496	1 448	13	8	5
福 建	98 757	50 939	47 818	4 370	2 114	2 256	232	147	85
江 西	39 027	19 761	19 266	4 503	2 233	2 270	10	6	4
山 东	101 586	51 330	50 257	4 629	2 196	2 433	39	27	11
河 南	46 278	24 181	22 097	4 736	2 351	2 385	30	22	8
湖 北	61 315	30 814	30 501	1 923	939	984	16	5	11
湖 南	58 256	29 772	28 484	2 271	1 177	1 094	15	7	8
广 东	351 468	178 647	172 821	9 458	4 749	4 709	50	26	24
广 西	39 064	18 968	20 095	2 800	1 405	1 396	19	14	5
海 南	12 944	6 725	6 219	777	393	385	19	10	9
重 庆	29 427	14 574	14 853	1 679	830	849	13	6	8
四 川	75 586	36 316	39 270	6 255	3 107	3 148	24	17	7
贵 州	31 883	15 760	16 124	3 007	1 464	1 542	7	2	4
云 南	44 911	23 225	21 686	3 115	1 527	1 588	38	19	19
西 藏	1 464	742	721	145	75	70			
陕 西	31 153	16 131	15 022	1 700	894	806	14	8	6
甘 肃	16 278	8 311	7 968	1 356	691	665	1	1	1
青 海	6 648	3 406	3 242	558	280	277	4	4	1
宁 夏	7 444	3 691	3 754	798	395	402	1		
新 疆	28 624	14 049	14 575	1 921	905	1 016	30	17	13

表1-2a 各地区分性别、户口登记状况的人口(城市)

单位：人

地区	人口数			居住在本乡、镇、街道，户口在本乡、镇、街道		
	合计	男	女	小计	男	女
全国	**4 707 903**	**2 357 679**	**2 350 224**	**3 417 691**	**1 708 538**	**1 709 153**
北京	160 724	81 184	79 539	93 375	46 884	46 491
天津	79 301	39 446	39 856	56 283	27 903	28 380
河北	182 943	89 572	93 371	144 352	70 857	73 495
山西	114 319	57 126	57 192	92 668	46 574	46 094
内蒙古	114 443	57 702	56 741	76 988	38 519	38 468
辽宁	252 564	124 743	127 821	189 975	94 302	95 674
吉林	120 466	60 115	60 351	97 169	48 556	48 613
黑龙江	199 083	99 890	99 193	166 922	83 982	82 941
上海	189 800	95 564	94 236	110 701	55 651	55 049
江苏	344 137	170 771	173 366	252 063	124 722	127 341
浙江	245 166	124 532	120 634	159 969	79 909	80 061
安徽	129 395	65 287	64 108	100 297	50 762	49 535
福建	139 195	69 811	69 384	79 086	38 940	40 147
江西	80 700	40 522	40 178	64 378	32 514	31 863
山东	347 919	173 525	174 394	277 015	138 330	138 685
河南	223 762	112 286	111 476	190 550	95 336	95 213
湖北	223 347	111 973	111 374	174 151	87 761	86 390
湖南	174 408	87 806	86 602	139 292	70 142	69 150
广东	562 743	284 538	278 205	311 583	156 721	154 862
广西	88 424	44 406	44 018	67 490	34 361	33 129
海南	42 167	21 868	20 300	31 276	16 241	15 034
重庆	91 050	45 735	45 315	73 250	36 844	36 406
四川	167 074	81 723	85 351	131 625	64 202	67 423
贵州	59 130	29 499	29 631	42 170	21 174	20 996
云南	103 295	52 170	51 125	76 355	38 349	38 006
西藏	4 881	2 292	2 589	3 815	1 754	2 061
陕西	118 980	59 441	59 539	98 557	49 117	49 439
甘肃	47 735	23 818	23 917	38 917	19 477	19 440
青海	14 188	7 075	7 113	10 262	5 056	5 207
宁夏	21 660	10 782	10 878	17 039	8 494	8 546
新疆	64 903	32 476	32 426	50 117	25 103	25 014

表1－2a　各地区分性别、户口登记状况的人口(城市)(续 1)

单位：人

地　区	居住在本乡、镇、街道，户口登记地在外乡、镇、街道，离开户口登记地半年以上			居住本乡、镇、街道，户口待定			原住本乡、镇、街道，现在国外工作学习		
	小计	男	女	小计	男	女	小计	男	女
全　国	**1 269 291**	**638 741**	**630 550**	**20 407**	**10 119**	**10 288**	**514**	**280**	**233**
北　京	66 810	34 028	32 782	481	243	238	57	30	28
天　津	22 816	11 426	11 390	196	113	83	7	4	3
河　北	37 769	18 473	19 297	811	236	575	11	7	5
山　西	21 025	10 233	10 792	625	320	305	1		1
内蒙古	36 648	18 783	17 865	797	394	404	10	6	3
辽　宁	61 962	30 130	31 832	601	300	300	26	11	15
吉　林	23 101	11 460	11 641	174	87	87	22	12	10
黑龙江	31 631	15 616	16 016	514	282	232	15	11	5
上　海	78 737	39 739	38 998	338	162	176	24	11	13
江　苏	90 208	45 076	45 132	1 776	917	859	90	55	35
浙　江	83 669	43 833	39 836	1 495	773	721	33	17	16
安　徽	28 590	14 259	14 331	499	261	238	8	5	3
福　建	59 180	30 407	28 773	880	443	437	48	21	26
江　西	15 687	7 677	8 010	633	331	301	3		3
山　东	69 769	34 723	35 047	1 116	461	655	18	11	7
河　南	32 474	16 579	15 895	730	363	367	8	8	
湖　北	48 276	23 739	24 537	909	468	441	11	5	6
湖　南	34 561	17 362	17 198	544	298	246	11	4	7
广　东	247 892	126 161	121 731	3 227	1 635	1 592	41	21	20
广　西	20 467	9 800	10 668	455	235	221	12	10	1
海　南	10 452	5 399	5 053	435	225	209	5	2	2
重　庆	17 487	8 749	8 738	306	139	166	8	3	5
四　川	35 024	17 308	17 716	421	211	211	3	2	2
贵　州	16 495	8 091	8 404	460	232	228	6	2	3
云　南	26 238	13 469	12 769	699	350	349	3	2	1
西　藏	1 061	536	526	5	2	3			
陕　西	19 979	10 096	9 883	434	221	212	11	6	5
甘　肃	8 571	4 209	4 362	245	130	115	1	1	1
青　海	3 821	1 966	1 855	104	53	51	1	1	1
宁　夏	4 515	2 241	2 274	105	47	58			
新　疆	14 375	7 176	7 199	390	185	205	20	12	8

表1-2b 各地区分性别、户口登记状况的人口(镇)

单位：人

地区	人口数			居住在本乡、镇、街道，户口在本乡、镇、街道		
	合计	男	女	小计	男	女
全国	**2 908 980**	**1 464 804**	**1 444 176**	**2 521 807**	**1 267 524**	**1 254 283**
北京	9 526	4 785	4 741	6 462	3 237	3 225
天津	23 037	11 659	11 378	19 208	9 663	9 545
河北	132 984	67 070	65 914	121 361	61 270	60 091
山西	73 698	37 311	36 387	65 950	33 426	32 524
内蒙古	60 835	30 969	29 866	46 878	23 906	22 972
辽宁	83 244	41 821	41 423	73 139	36 925	36 213
吉林	64 802	32 914	31 888	59 085	30 070	29 015
黑龙江	89 184	44 993	44 192	81 058	40 986	40 071
上海	19 846	9 919	9 927	12 794	6 221	6 573
江苏	205 587	101 318	104 269	177 839	86 981	90 858
浙江	118 366	59 439	58 927	88 339	43 930	44 409
安徽	191 101	95 456	95 646	172 560	85 363	87 196
福建	98 027	49 212	48 816	75 012	37 334	37 678
江西	136 578	69 191	67 387	119 363	60 542	58 821
山东	230 814	115 547	115 267	211 371	105 577	105 793
河南	177 526	89 887	87 639	168 669	85 244	83 425
湖北	112 899	57 170	55 729	104 289	52 628	51 660
湖南	133 068	67 580	65 488	117 112	59 384	57 728
广东	196 778	99 866	96 911	138 553	70 657	67 896
广西	119 874	61 754	58 120	105 948	54 634	51 314
海南	16 229	8 451	7 778	14 600	7 592	7 007
重庆	78 902	39 039	39 863	70 354	34 785	35 569
四川	174 172	85 834	88 338	151 933	75 049	76 884
贵州	73 330	37 530	35 800	63 793	32 572	31 220
云南	85 745	43 509	42 237	73 945	37 403	36 543
西藏	4 911	2 417	2 494	4 649	2 283	2 367
陕西	83 476	42 236	41 241	76 356	38 610	37 746
甘肃	56 460	28 750	27 710	51 674	26 334	25 340
青海	13 135	6 586	6 549	11 158	5 577	5 581
宁夏	10 738	5 435	5 303	9 055	4 590	4 465
新疆	34 107	17 158	16 948	29 303	14 753	14 551

表1-2b　各地区分性别、户口登记状况的人口(镇)(续 1)

单位：人

地　区	居住在本乡、镇、街道，户口登记地在外乡、镇、街道，离开户口登记地半年以上			居住本乡、镇、街道，户口待定			原住本乡、镇、街道，现在国外工作学习		
	小计	男	女	小计	男	女	小计	男	女
全　国	**372 745**	**190 169**	**182 577**	**14 264**	**7 017**	**7 247**	**164**	**95**	**69**
北　京	3 001	1 512	1 489	62	35	27	1	1	
天　津	3 725	1 943	1 783	102	52	50	2	1	1
河　北	11 286	5 637	5 649	335	163	172	2		2
山　西	7 241	3 638	3 603	507	248	259			
内蒙古	13 476	6 810	6 666	481	253	228			
辽　宁	9 781	4 743	5 038	317	149	168	8	4	4
吉　林	5 641	2 805	2 836	71	35	36	5	4	1
黑龙江	7 898	3 876	4 022	225	127	98	4	4	
上　海	6 966	3 656	3 310	84	42	42	2		1
江　苏	26 406	13 657	12 750	1 318	669	650	24	12	12
浙　江	29 177	15 108	14 069	843	395	448	7	6	1
安　徽	17 777	9 701	8 076	765	391	374			
福　建	22 093	11 443	10 649	866	396	470	57	38	19
江　西	16 159	8 135	8 025	1 049	510	539	6	5	1
山　东	18 549	9 520	9 029	884	445	439	10	5	5
河　南	8 038	4 250	3 788	810	389	421	8	4	4
湖　北	8 215	4 365	3 850	394	177	217	1		1
湖　南	15 590	8 013	7 577	363	181	182	3	1	1
广　东	56 852	28 495	28 356	1 372	714	657	1		1
广　西	13 403	6 867	6 535	519	250	269	4	3	1
海　南	1 514	805	710	114	53	61	1	1	
重　庆	8 261	4 112	4 149	284	140	144	4	2	2
四　川	21 632	10 494	11 137	606	291	315	2		2
贵　州	9 129	4 765	4 364	407	193	214	1		1
云　南	11 288	5 868	5 420	499	234	265	13	4	9
西　藏	228	116	112	33	19	15			
陕　西	6 828	3 468	3 360	293	158	135			
甘　肃	4 566	2 308	2 258	221	108	113			
青　海	1 896	972	924	81	36	44			
宁　夏	1 614	812	802	69	33	36			
新　疆	4 515	2 274	2 240	289	131	157			

表1-2c 各地区分性别、户口登记状况的人口(乡村)

单位：人

地区	人口数			居住在本乡、镇、街道，户口在本乡、镇、街道		
	合计	男	女	小计	男	女
全国	**9 368 884**	**4 762 400**	**4 606 484**	**9 016 972**	**4 583 771**	**4 433 201**
北京	33 332	17 152	16 180	27 558	13 967	13 591
天津	35 722	18 204	17 518	34 031	17 359	16 672
河北	590 929	298 858	292 070	575 299	290 778	284 521
山西	256 080	130 857	125 223	245 781	125 474	120 306
内蒙古	140 606	72 889	67 717	131 941	68 315	63 626
辽宁	222 919	113 543	109 376	208 357	106 459	101 898
吉林	174 244	89 516	84 728	168 199	86 795	81 404
黑龙江	217 380	110 985	106 395	208 228	106 499	101 729
上海	25 705	12 936	12 769	17 732	8 558	9 173
江苏	439 730	213 405	226 325	408 680	198 528	210 151
浙江	284 808	144 905	139 903	252 685	127 998	124 687
安徽	489 598	245 908	243 690	481 059	241 772	239 287
福建	230 700	116 231	114 469	210 466	105 780	104 686
江西	353 394	180 735	172 659	343 391	175 392	167 999
山东	645 410	322 903	322 507	629 502	314 515	314 987
河南	840 329	428 440	411 888	831 353	423 479	407 874
湖北	419 577	215 346	204 231	414 130	212 343	201 787
湖南	529 887	272 850	257 036	520 417	267 755	252 662
广东	457 484	231 934	225 550	405 894	205 539	200 355
广西	408 539	213 580	194 959	401 516	210 358	191 158
海南	51 205	27 206	23 999	49 985	26 563	23 423
重庆	200 414	101 850	98 565	195 644	99 585	96 059
四川	745 763	374 421	371 342	721 587	363 287	358 300
贵州	361 255	187 173	174 082	352 856	183 230	169 626
云南	399 998	208 215	191 783	390 675	203 370	187 305
西藏	26 875	13 440	13 435	26 593	13 294	13 299
陕西	289 954	146 983	142 970	284 630	143 899	140 731
甘肃	239 169	120 668	118 501	235 138	118 421	116 716
青海	44 579	22 667	21 912	43 272	22 005	21 267
宁夏	46 493	23 515	22 978	44 554	22 562	21 992
新疆	166 806	85 083	81 723	155 820	79 891	75 929

表1-2c　各地区分性别、户口登记状况的人口(乡村)(续 1)

单位：人

地　区	居住在本乡、镇、街道，户口登记地在外乡、镇、街道，离开户口登记地半年以上			居住本乡、镇、街道，户口待定			原住本乡、镇、街道，现在国外工作学习		
	小计	男	女	小计	男	女	小计	男	女
全　国	**303 858**	**154 615**	**149 243**	**47 703**	**23 770**	**23 933**	**351**	**244**	**107**
北　京	5 475	3 028	2 447	300	158	142	1		1
天　津	1 533	765	768	157	80	77	1		
河　北	14 429	7 445	6 985	1 190	627	563	10	8	2
山　西	9 165	4 798	4 367	1 134	585	549			
内蒙古	7 836	4 187	3 649	827	385	442	2	1	1
辽　宁	13 596	6 584	7 012	957	492	466	9	9	
吉　林	5 724	2 561	3 163	314	156	158	8	4	4
黑龙江	8 532	4 190	4 342	599	285	314	20	11	9
上　海	7 844	4 316	3 528	127	60	67	3	1	1
江　苏	27 628	13 149	14 479	3 383	1 691	1 691	40	36	3
浙　江	29 821	15 729	14 092	2 289	1 170	1 118	13	7	6
安　徽	6 855	3 289	3 566	1 680	844	836	5	3	2
福　建	17 484	9 089	8 395	2 624	1 275	1 349	127	87	40
江　西	7 180	3 950	3 230	2 822	1 392	1 430	1	1	
山　东	13 268	7 087	6 181	2 629	1 290	1 339	11	11	
河　南	5 766	3 353	2 413	3 196	1 599	1 597	14	10	4
湖　北	4 823	2 709	2 114	620	294	326	4		4
湖　南	8 105	4 397	3 709	1 363	698	666	1	1	
广　东	46 724	23 991	22 733	4 858	2 400	2 459	8	5	3
广　西	5 194	2 301	2 892	1 825	920	906	4	1	3
海　南	978	522	456	229	115	114	13	7	6
重　庆	3 679	1 713	1 966	1 090	551	539	2	1	1
四　川	18 930	8 514	10 417	5 228	2 605	2 622	19	15	3
贵　州	6 259	2 904	3 355	2 140	1 039	1 101			
云　南	7 384	3 888	3 496	1 916	943	974	22	14	9
西　藏	175	91	84	107	55	52			
陕　西	4 347	2 568	1 779	973	514	459	3	2	1
甘　肃	3 142	1 793	1 348	890	453	437			
青　海	931	468	463	373	191	182	3	3	
宁　夏	1 316	638	678	623	315	308			
新　疆	9 734	4 599	5 136	1 242	589	653	9	5	5

表1-3 各地区分性别的农业户口、非农业户口人数

单位：人

地区	人口数			农业户口人数		
	合计	男	女	小计	男	女
全国	**16 903 393**	**8 543 977**	**8 359 416**	**12 535 036**	**6 288 894**	**6 246 141**
北京	202 739	102 686	100 053	72 635	37 074	35 560
天津	137 606	69 064	68 542	66 015	33 064	32 951
河北	904 520	454 474	450 045	727 374	363 211	364 163
山西	441 831	224 142	217 688	323 352	162 240	161 112
内蒙古	313 779	160 528	153 251	181 568	93 133	88 434
辽宁	556 852	279 166	277 686	303 090	151 210	151 880
吉林	358 953	182 267	176 686	212 066	108 302	103 764
黑龙江	504 308	255 173	249 135	254 835	129 568	125 267
上海	234 802	118 155	116 647	76 942	39 056	37 887
江苏	982 977	482 216	500 760	659 079	317 663	341 416
浙江	643 714	326 536	317 178	508 866	257 223	251 642
安徽	807 151	405 154	401 996	641 653	318 330	323 323
福建	463 553	233 140	230 413	361 063	179 981	181 082
江西	566 169	288 216	277 953	435 227	219 000	216 227
山东	1 219 513	609 779	609 734	973 655	479 024	494 632
河南	1 236 880	628 263	608 617	1 018 673	514 186	504 487
湖北	753 900	383 550	370 350	568 990	286 350	282 640
湖南	835 092	427 060	408 032	664 122	337 581	326 541
广东	1 207 548	611 590	595 958	881 120	442 081	439 039
广西	614 037	318 335	295 702	502 440	258 974	243 466
海南	108 824	57 132	51 691	72 428	37 697	34 730
重庆	368 688	185 793	182 895	272 516	136 261	136 254
四川	1 080 754	538 871	541 884	875 601	433 128	442 473
贵州	490 709	252 738	237 971	417 835	214 002	203 834
云南	585 924	302 367	283 558	510 995	261 987	249 008
西藏	36 521	18 073	18 448	33 454	16 642	16 813
陕西	490 710	247 766	242 945	376 582	188 575	188 007
甘肃	342 008	172 544	169 464	272 332	136 093	136 238
青海	71 345	36 048	35 297	52 085	26 227	25 857
宁夏	78 094	39 337	38 757	52 658	26 452	26 206
新疆	263 895	133 813	130 081	165 784	84 577	81 207

表1-3 各地区分性别的农业户口、非农业户口人数(续 1)

单位：人

地 区	非农业户口人数			非农业户口人数所占比重 (%)		
	小计	男	女	合计	男	女
全 国	**4 368 357**	**2 255 083**	**2 113 274**	**25.84**	**26.39**	**25.28**
北 京	130 105	65 612	64 493	64.17	63.90	64.46
天 津	71 590	36 000	35 591	52.03	52.13	51.93
河 北	177 145	91 263	85 882	19.58	20.08	19.08
山 西	118 478	61 902	56 576	26.82	27.62	25.99
内蒙古	132 211	67 395	64 817	42.14	41.98	42.29
辽 宁	253 762	127 956	125 806	45.57	45.84	45.31
吉 林	146 888	73 966	72 922	40.92	40.58	41.27
黑龙江	249 474	125 605	123 868	49.47	49.22	49.72
上 海	157 859	79 099	78 760	67.23	66.95	67.52
江 苏	323 898	164 553	159 345	32.95	34.12	31.82
浙 江	134 848	69 313	65 535	20.95	21.23	20.66
安 徽	165 497	86 824	78 673	20.50	21.43	19.57
福 建	102 490	53 159	49 331	22.11	22.80	21.41
江 西	130 941	69 216	61 725	23.13	24.02	22.21
山 东	245 858	130 755	115 103	20.16	21.44	18.88
河 南	218 207	114 076	104 131	17.64	18.16	17.11
湖 北	184 910	97 201	87 710	24.53	25.34	23.68
湖 南	170 970	89 478	81 491	20.47	20.95	19.97
广 东	326 428	169 508	156 920	27.03	27.72	26.33
广 西	111 597	59 362	52 235	18.17	18.65	17.66
海 南	36 396	19 435	16 961	33.44	34.02	32.81
重 庆	96 172	49 532	46 640	26.08	26.66	25.50
四 川	205 153	105 743	99 410	18.98	19.62	18.35
贵 州	72 873	38 736	34 137	14.85	15.33	14.35
云 南	74 929	40 379	34 550	12.79	13.35	12.18
西 藏	3 067	1 432	1 635	8.40	7.92	8.86
陕 西	114 129	59 191	54 938	23.26	23.89	22.61
甘 肃	69 676	36 450	33 225	20.37	21.13	19.61
青 海	19 260	9 820	9 440	27.00	27.24	26.74
宁 夏	25 436	12 885	12 550	32.57	32.76	32.38
新 疆	98 110	49 236	48 874	37.18	36.79	37.57

表1-3a 各地区分性别的农业户口、非农业户口人数(城市)

单位：人

地区	人口数			农业户口人数		
	合计	男	女	小计	男	女
全国	**4 687 496**	**2 347 560**	**2 339 936**	**1 769 530**	**883 162**	**886 368**
北京	160 242	80 941	79 301	39 270	20 360	18 910
天津	79 106	39 333	39 773	15 204	7 566	7 638
河北	182 133	89 336	92 796	58 603	28 599	30 003
山西	113 694	56 807	56 887	33 095	16 200	16 895
内蒙古	113 645	57 308	56 337	20 696	10 769	9 927
辽宁	251 964	124 443	127 520	48 241	23 632	24 609
吉林	120 292	60 028	60 264	20 773	10 415	10 359
黑龙江	198 569	99 608	98 961	29 869	15 232	14 637
上海	189 462	95 401	94 060	46 244	23 824	22 421
江苏	342 361	169 854	172 507	120 356	59 020	61 336
浙江	243 671	123 759	119 913	151 901	77 455	74 446
安徽	128 896	65 026	63 870	48 134	23 911	24 222
福建	138 314	69 368	68 947	72 211	36 305	35 906
江西	80 067	40 191	39 876	27 174	13 672	13 502
山东	346 802	173 064	173 739	175 739	85 508	90 232
河南	223 032	111 923	111 109	71 849	35 649	36 200
湖北	222 438	111 505	110 933	91 531	45 219	46 313
湖南	173 864	87 508	86 355	78 032	39 112	38 920
广东	559 516	282 903	276 613	314 221	158 331	155 890
广西	87 969	44 171	43 798	32 179	16 239	15 941
海南	41 733	21 642	20 090	14 932	7 625	7 307
重庆	90 745	45 596	45 149	37 174	18 418	18 756
四川	166 653	81 512	85 140	63 532	30 728	32 804
贵州	58 671	29 267	29 403	20 907	10 451	10 456
云南	102 596	51 820	50 776	64 187	32 324	31 863
西藏	4 876	2 290	2 586	2 289	1 117	1 172
陕西	118 547	59 220	59 327	44 345	21 930	22 415
甘肃	47 489	23 687	23 802	7 297	3 563	3 734
青海	14 084	7 022	7 062	2 692	1 340	1 352
宁夏	21 555	10 735	10 820	3 474	1 757	1 718
新疆	64 512	32 291	32 221	13 377	6 892	6 485

表1-3a　各地区分性别的农业户口、非农业户口人数(城市)(续 1)

单位：人

地　区	非农业户口人数			非农业户口人数所占比重（%）		
	小计	男	女	合计	男	女
全　国	**2 917 966**	**1 464 398**	**1 453 568**	**62.25**	**62.38**	**62.12**
北　京	120 972	60 581	60 390	75.49	74.85	76.15
天　津	63 902	31 767	32 135	80.78	80.76	80.79
河　北	123 530	60 737	62 793	67.82	67.99	67.67
山　西	80 599	40 606	39 992	70.89	71.48	70.30
内蒙古	92 949	46 539	46 410	81.79	81.21	82.38
辽　宁	203 723	100 811	102 912	80.85	81.01	80.70
吉　林	99 519	49 614	49 905	82.73	82.65	82.81
黑龙江	168 700	84 376	84 324	84.96	84.71	85.21
上　海	143 217	71 577	71 640	75.59	75.03	76.16
江　苏	222 004	110 834	111 171	64.85	65.25	64.44
浙　江	91 770	46 304	45 466	37.66	37.41	37.92
安　徽	80 762	41 115	39 647	62.66	63.23	62.08
福　建	66 103	33 062	33 041	47.79	47.66	47.92
江　西	52 894	26 519	26 374	66.06	65.98	66.14
山　东	171 063	87 556	83 507	49.33	50.59	48.06
河　南	151 183	76 274	74 909	67.79	68.15	67.42
湖　北	130 907	66 286	64 621	58.85	59.45	58.25
湖　南	95 832	48 396	47 435	55.12	55.31	54.93
广　东	245 295	124 572	120 723	43.84	44.03	43.64
广　西	55 789	27 933	27 857	63.42	63.24	63.60
海　南	26 801	14 017	12 783	64.22	64.77	63.63
重　庆	53 571	27 178	26 393	59.03	59.61	58.46
四　川	103 120	50 785	52 336	61.88	62.30	61.47
贵　州	37 763	18 816	18 947	64.36	64.29	64.44
云　南	38 409	19 496	18 913	37.44	37.62	37.25
西　藏	2 587	1 173	1 414	53.05	51.21	54.67
陕　西	74 202	37 289	36 912	62.59	62.97	62.22
甘　肃	40 192	20 125	20 068	84.64	84.96	84.31
青　海	11 392	5 683	5 710	80.89	80.92	80.85
宁　夏	18 081	8 978	9 102	83.88	83.63	84.13
新　疆	51 136	25 399	25 736	79.27	78.66	79.87

表1-3b 各地区分性别的农业户口、非农业户口人数(镇)

单位：人

地区	人口数			农业户口人数		
	合计	男	女	小计	男	女
全国	**2 894 716**	**1 457 787**	**1 436 929**	**1 761 506**	**864 796**	**896 710**
北京	9 464	4 750	4 714	4 518	2 191	2 327
天津	22 935	11 607	11 328	16 730	8 332	8 398
河北	132 649	66 907	65 742	96 671	47 886	48 784
山西	73 191	37 064	36 128	45 195	22 131	23 064
内蒙古	60 354	30 716	29 638	28 316	14 100	14 216
辽宁	82 927	41 672	41 255	49 476	24 378	25 098
吉林	64 731	32 879	31 852	26 518	13 437	13 081
黑龙江	88 959	44 866	44 093	22 589	11 321	11 268
上海	19 762	9 878	9 884	10 844	5 323	5 521
江苏	204 269	100 650	103 619	124 845	60 160	64 685
浙江	117 523	59 043	58 480	84 671	42 147	42 525
安徽	190 336	95 064	95 272	118 296	57 698	60 598
福建	97 162	48 816	48 346	68 637	33 683	34 954
江西	135 529	68 682	66 847	68 230	33 196	35 034
山东	229 930	115 102	114 827	176 222	86 070	90 152
河南	176 715	89 498	87 218	125 429	62 284	63 145
湖北	112 505	56 993	55 512	69 032	33 275	35 757
湖南	132 705	67 399	65 306	69 916	34 723	35 193
广东	195 406	99 152	96 254	129 824	63 895	65 928
广西	119 354	61 504	57 851	69 774	34 619	35 155
海南	16 115	8 398	7 717	8 292	4 148	4 145
重庆	78 618	38 899	39 720	40 668	19 582	21 087
四川	173 566	85 543	88 023	87 739	41 385	46 354
贵州	72 922	37 337	35 586	45 220	22 566	22 654
云南	85 246	43 274	41 972	58 490	28 983	29 507
西藏	4 877	2 398	2 479	4 588	2 251	2 337
陕西	83 183	42 077	41 106	50 736	25 150	25 586
甘肃	56 239	28 642	27 597	33 645	16 557	17 088
青海	13 054	6 550	6 505	6 520	3 234	3 285
宁夏	10 669	5 402	5 267	4 788	2 379	2 409
新疆	33 818	17 027	16 791	15 088	7 712	7 376

表1-3b 各地区分性别的农业户口、非农业户口人数(镇)(续 1)

单位：人

地　区	非农业户口人数			非农业户口人数所占比重(%)		
	小计	男	女	合计	男	女
全　国	**1 133 210**	**592 991**	**540 219**	**39.15**	**40.68**	**37.60**
北　京	4 946	2 559	2 388	52.26	53.87	50.65
天　津	6 205	3 275	2 930	27.05	28.21	25.86
河　北	35 978	19 021	16 957	27.12	28.43	25.79
山　西	27 996	14 933	13 063	38.25	40.29	36.16
内蒙古	32 038	16 616	15 422	53.08	54.10	52.03
辽　宁	33 451	17 294	16 157	40.34	41.50	39.16
吉　林	38 212	19 442	18 771	59.03	59.13	58.93
黑龙江	66 370	33 545	32 825	74.61	74.77	74.44
上　海	8 918	4 555	4 363	45.13	46.11	44.14
江　苏	79 424	40 490	38 935	38.88	40.23	37.57
浙　江	32 852	16 897	15 955	27.95	28.62	27.28
安　徽	72 040	37 367	34 674	37.85	39.31	36.39
福　建	28 525	15 133	13 392	29.36	31.00	27.70
江　西	67 299	35 486	31 813	49.66	51.67	47.59
山　东	53 708	29 032	24 675	23.36	25.22	21.49
河　南	51 286	27 214	24 073	29.02	30.41	27.60
湖　北	43 474	23 718	19 756	38.64	41.62	35.59
湖　南	62 789	32 676	30 113	47.31	48.48	46.11
广　东	65 582	35 257	30 326	33.56	35.56	31.51
广　西	49 580	26 885	22 695	41.54	43.71	39.23
海　南	7 823	4 250	3 572	48.54	50.61	46.29
重　庆	37 950	19 317	18 633	48.27	49.66	46.91
四　川	85 827	44 157	41 670	49.45	51.62	47.34
贵　州	27 702	14 771	12 932	37.99	39.56	36.34
云　南	26 756	14 291	12 465	31.39	33.02	29.70
西　藏	289	147	142	5.93	6.13	5.72
陕　西	32 448	16 928	15 520	39.01	40.23	37.76
甘　肃	22 595	12 085	10 510	40.18	42.19	38.08
青　海	6 534	3 315	3 219	50.06	50.62	49.49
宁　夏	5 881	3 023	2 858	55.12	55.96	54.27
新　疆	18 731	9 315	9 415	55.39	54.71	56.07

表1-3c 各地区分性别的农业户口、非农业户口人数(乡村)

单位：人

地区	人口数			农业户口人数		
	合计	男	女	小计	男	女
全国	**9 321 181**	**4 738 630**	**4 582 551**	**9 004 000**	**4 540 936**	**4 463 064**
北京	33 033	16 994	16 039	28 846	14 523	14 323
天津	35 565	18 124	17 441	34 081	17 166	16 914
河北	589 738	298 231	291 507	572 101	286 725	285 376
山西	254 946	130 272	124 674	245 062	123 909	121 154
内蒙古	139 779	72 504	67 276	132 555	68 264	64 291
辽宁	221 961	113 051	108 910	205 373	103 200	102 174
吉林	173 931	89 360	84 570	164 774	84 450	80 324
黑龙江	216 780	110 700	106 081	202 377	103 016	99 362
上海	25 578	12 876	12 702	19 854	9 910	9 945
江苏	436 347	211 713	224 634	413 878	198 483	215 395
浙江	282 520	143 735	138 785	272 293	137 622	134 671
安徽	487 918	245 064	242 854	475 223	236 721	238 502
福建	228 077	114 956	113 120	220 215	109 992	110 223
江西	350 573	179 343	171 229	339 823	172 132	167 691
山东	642 781	321 613	321 169	621 694	307 446	314 248
河南	837 133	426 842	410 291	821 395	416 253	405 142
湖北	418 957	215 052	203 905	408 427	207 856	200 571
湖南	528 524	272 153	256 371	516 174	263 747	252 428
广东	452 626	229 535	223 091	437 075	219 855	217 220
广西	406 714	212 661	194 053	400 486	208 116	192 370
海南	50 976	27 092	23 884	49 204	25 925	23 279
重庆	199 325	101 299	98 026	194 674	98 262	96 412
四川	740 536	371 816	368 720	724 330	361 015	363 315
贵州	359 115	186 134	172 981	351 708	180 984	170 724
云南	398 082	207 272	190 810	388 318	200 680	187 638
西藏	26 768	13 385	13 382	26 577	13 273	13 303
陕西	288 980	146 469	142 512	281 501	141 495	140 006
甘肃	238 279	120 215	118 065	231 391	115 974	115 417
青海	44 206	22 476	21 730	42 873	21 653	21 220
宁夏	45 870	23 200	22 670	44 396	22 316	22 080
新疆	165 564	84 495	81 069	137 320	69 974	67 347

表1–3c　各地区分性别的农业户口、非农业户口人数(乡村)(续 1)

单位：人

地　区	非农业户口人数			非农业户口人数所占比重 (%)		
	小计	男	女	合计	男	女
全　国	**317 181**	**197 694**	**119 487**	**3.40**	**4.17**	**2.61**
北　京	4 187	2 472	1 715	12.67	14.54	10.69
天　津	1 484	958	526	4.17	5.28	3.02
河　北	17 637	11 506	6 131	2.99	3.86	2.10
山　西	9 884	6 363	3 520	3.88	4.88	2.82
内蒙古	7 224	4 239	2 984	5.17	5.85	4.44
辽　宁	16 588	9 851	6 737	7.47	8.71	6.19
吉　林	9 157	4 910	4 247	5.26	5.49	5.02
黑龙江	14 403	7 684	6 719	6.64	6.94	6.33
上　海	5 724	2 966	2 758	22.38	23.04	21.71
江　苏	22 469	13 230	9 239	5.15	6.25	4.11
浙　江	10 226	6 113	4 114	3.62	4.25	2.96
安　徽	12 695	8 343	4 352	2.60	3.40	1.79
福　建	7 862	4 964	2 898	3.45	4.32	2.56
江　西	10 749	7 211	3 538	3.07	4.02	2.07
山　东	21 087	14 167	6 920	3.28	4.40	2.15
河　南	15 738	10 589	5 149	1.88	2.48	1.26
湖　北	10 530	7 196	3 333	2.51	3.35	1.63
湖　南	12 349	8 406	3 943	2.34	3.09	1.54
广　东	15 551	9 680	5 871	3.44	4.22	2.63
广　西	6 227	4 544	1 683	1.53	2.14	0.87
海　南	1 773	1 167	605	3.48	4.31	2.53
重　庆	4 651	3 037	1 614	2.33	3.00	1.65
四　川	16 205	10 801	5 405	2.19	2.90	1.47
贵　州	7 408	5 150	2 258	2.06	2.77	1.31
云　南	9 765	6 592	3 172	2.45	3.18	1.66
西　藏	191	112	79	0.71	0.84	0.59
陕　西	7 479	4 974	2 505	2.59	3.40	1.76
甘　肃	6 889	4 241	2 648	2.89	3.53	2.24
青　海	1 333	822	511	3.02	3.66	2.35
宁　夏	1 474	884	590	3.21	3.81	2.60
新　疆	28 244	14 521	13 723	17.06	17.19	16.93

表1-4 各地区分性别、年龄的人口

单位：人

地区	人口数			0岁			1-4岁		
	合计	男	女	小计	男	女	小计	男	女
全国	**16 985 766**	**8 584 882**	**8 400 884**	**182 392**	**99 063**	**83 329**	**724 710**	**400 645**	**324 065**
北京	203 582	103 122	100 461	1 279	681	598	4 904	2 585	2 319
天津	138 060	69 308	68 752	927	495	432	4 004	2 170	1 834
河北	906 856	455 500	451 355	11 521	6 289	5 232	39 094	21 490	17 604
山西	444 096	225 294	218 802	5 003	2 689	2 314	17 066	9 031	8 035
内蒙古	315 884	161 560	154 324	2 921	1 563	1 359	11 137	5 762	5 374
辽宁	558 727	280 107	278 620	4 070	2 156	1 913	17 583	9 361	8 222
吉林	359 512	182 545	176 968	2 835	1 502	1 333	11 697	6 170	5 526
黑龙江	505 647	255 867	249 780	3 965	2 068	1 897	16 233	8 547	7 685
上海	235 351	118 419	116 932	1 498	808	690	5 230	2 724	2 506
江苏	989 454	485 494	503 960	9 056	5 027	4 029	32 156	17 742	14 413
浙江	648 340	328 876	319 465	7 367	3 924	3 443	24 013	12 760	11 253
安徽	810 095	406 651	403 444	9 893	5 615	4 278	35 996	20 863	15 133
福建	467 922	235 254	232 669	5 149	2 834	2 315	18 929	10 284	8 645
江西	570 672	290 449	280 223	7 529	4 210	3 320	36 380	21 404	14 976
山东	1 224 142	611 975	612 167	13 641	7 270	6 371	50 787	27 270	23 516
河南	1 241 616	630 613	611 003	12 200	6 544	5 655	63 564	37 270	26 294
湖北	755 824	384 490	371 334	6 875	3 863	3 012	26 979	15 216	11 763
湖南	837 363	428 236	409 126	9 429	5 174	4 254	39 769	22 689	17 080
广东	1 217 005	616 339	600 667	13 611	7 399	6 212	44 843	25 591	19 251
广西	616 837	319 740	297 097	8 644	4 728	3 916	34 832	19 158	15 674
海南	109 601	57 525	52 076	1 459	805	654	5 383	3 078	2 305
重庆	370 367	186 623	183 744	3 140	1 657	1 483	14 869	8 069	6 799
四川	1 087 009	541 978	545 031	11 274	6 019	5 255	48 154	25 815	22 339
贵州	493 715	254 202	239 513	6 446	3 615	2 831	29 304	16 387	12 917
云南	589 039	303 893	285 146	8 157	4 323	3 835	34 072	18 216	15 855
西藏	36 666	18 149	18 517	626	316	310	2 409	1 227	1 182
陕西	492 410	248 660	243 750	4 412	2 524	1 889	17 340	9 628	7 711
甘肃	343 364	173 235	170 129	3 521	1 890	1 631	15 479	8 456	7 023
青海	71 903	36 328	35 574	937	505	431	3 966	2 089	1 877
宁夏	78 892	39 733	39 159	1 160	600	560	4 598	2 430	2 167
新疆	265 815	134 718	131 097	3 848	1 971	1 877	13 943	7 161	6 782

表1-4　各地区分性别、年龄的人口(续 1)

单位：人

地　区	5-9岁			10-14岁			15-19岁		
	小计	男	女	小计	男	女	小计	男	女
全　国	**1 060 664**	**577 004**	**483 660**	**1 353 263**	**721 493**	**631 770**	**1 443 484**	**749 084**	**694 399**
北　京	6 855	3 605	3 250	7 894	4 024	3 870	14 726	7 750	6 976
天　津	5 425	2 907	2 519	7 132	3 743	3 389	11 683	5 822	5 861
河　北	44 536	23 785	20 751	65 131	34 238	30 893	90 651	46 123	44 528
山　西	31 466	16 405	15 061	41 037	21 415	19 622	37 192	19 139	18 053
内蒙古	17 455	9 110	8 344	22 371	11 731	10 639	22 809	11 764	11 045
辽　宁	25 298	13 293	12 005	32 609	17 107	15 502	38 457	19 740	18 717
吉　林	15 325	8 145	7 180	22 228	11 623	10 605	29 049	14 998	14 051
黑龙江	23 688	12 241	11 447	30 990	16 053	14 937	37 183	19 206	17 977
上　海	6 726	3 531	3 196	7 727	4 012	3 715	16 224	8 014	8 210
江　苏	45 057	24 698	20 360	67 452	36 485	30 967	77 275	39 519	37 757
浙　江	32 246	17 131	15 115	39 460	20 971	18 488	47 038	24 450	22 588
安　徽	55 090	30 544	24 546	86 088	46 111	39 977	69 285	35 864	33 421
福　建	24 461	13 542	10 919	37 948	20 557	17 391	42 659	21 468	21 191
江　西	47 535	26 907	20 628	51 782	28 061	23 721	42 974	22 906	20 068
山　东	65 258	35 069	30 188	65 237	34 956	30 280	108 366	55 824	52 542
河　南	83 423	47 276	36 147	103 193	56 159	47 034	124 213	65 109	59 105
湖　北	37 180	20 931	16 249	71 701	39 035	32 666	65 495	35 507	29 988
湖　南	50 035	27 508	22 527	57 460	30 695	26 765	76 243	40 249	35 994
广　东	88 058	49 312	38 745	113 891	60 839	53 052	124 443	61 021	63 422
广　西	46 922	26 281	20 642	56 068	30 808	25 260	53 311	29 444	23 868
海　南	7 989	4 590	3 399	11 133	6 015	5 117	10 462	5 765	4 698
重　庆	26 122	14 097	12 025	32 420	17 162	15 259	23 522	12 535	10 987
四　川	81 137	43 208	37 929	96 951	51 059	45 892	74 013	38 349	35 664
贵　州	53 204	28 450	24 754	50 946	26 937	24 009	38 647	21 067	17 580
云　南	49 466	26 153	23 313	50 357	26 622	23 735	47 722	25 231	22 491
西　藏	3 245	1 662	1 583	3 731	1 880	1 851	3 754	1 923	1 831
陕　西	29 016	16 003	13 013	45 534	24 523	21 011	45 603	24 059	21 544
甘　肃	25 445	13 667	11 778	35 918	18 737	17 181	32 037	16 518	15 519
青　海	5 773	3 014	2 760	6 631	3 377	3 254	6 176	3 093	3 083
宁　夏	6 967	3 619	3 348	7 713	3 960	3 753	6 935	3 530	3 404
新　疆	20 260	10 321	9 939	24 529	12 596	11 933	25 337	13 099	12 238

表1-4 各地区分性别、年龄的人口(续 2)

单位：人

地区	20-24岁			25-29岁			30-34岁		
	小计	男	女	小计	男	女	小计	男	女
全国	**1 036 723**	**499 927**	**536 796**	**1 110 290**	**539 235**	**571 055**	**1 445 908**	**711 021**	**734 887**
北京	20 191	10 442	9 749	17 625	8 924	8 702	18 455	9 440	9 015
天津	12 303	6 117	6 186	9 554	4 803	4 751	10 472	5 265	5 207
河北	68 504	32 948	35 556	59 323	28 867	30 456	67 823	33 207	34 616
山西	28 449	14 066	14 383	28 693	14 158	14 535	40 505	20 073	20 432
内蒙古	20 941	10 664	10 277	23 904	12 111	11 793	33 077	16 535	16 543
辽宁	31 104	15 140	15 964	38 082	18 603	19 479	46 648	23 306	23 342
吉林	22 776	11 335	11 441	26 242	13 230	13 012	32 985	16 710	16 274
黑龙江	30 962	15 505	15 457	36 502	18 488	18 013	51 442	26 039	25 403
上海	22 653	11 106	11 546	21 350	10 727	10 623	19 666	10 169	9 497
江苏	56 496	25 643	30 853	65 111	30 312	34 799	79 407	37 404	42 003
浙江	40 743	19 905	20 838	47 208	22 983	24 224	59 961	29 787	30 175
安徽	34 765	15 850	18 915	45 304	20 714	24 590	63 059	29 487	33 572
福建	33 195	15 633	17 562	35 657	17 212	18 445	44 998	21 989	23 009
江西	26 765	11 863	14 902	36 935	17 043	19 892	47 358	22 342	25 016
山东	68 236	33 687	34 549	76 608	36 992	39 617	99 967	49 413	50 555
河南	70 330	33 982	36 349	77 018	37 347	39 671	98 544	48 716	49 829
湖北	35 172	16 562	18 611	40 287	19 031	21 257	56 510	27 258	29 251
湖南	46 653	22 427	24 226	46 409	22 399	24 010	66 595	32 830	33 765
广东	121 626	58 088	63 538	101 382	50 571	50 812	111 770	55 428	56 342
广西	36 316	18 479	17 837	40 784	19 889	20 895	47 656	23 867	23 790
海南	8 668	4 353	4 314	8 215	4 162	4 053	9 033	4 650	4 383
重庆	14 855	7 127	7 728	15 083	6 795	8 287	32 954	15 639	17 316
四川	42 800	19 166	23 634	51 127	23 658	27 469	91 649	43 435	48 215
贵州	23 728	11 637	12 091	30 397	15 069	15 328	42 531	21 517	21 015
云南	39 707	20 085	19 622	48 020	24 806	23 215	57 115	29 875	27 240
西藏	3 531	1 781	1 750	2 979	1 508	1 470	2 772	1 368	1 404
陕西	26 413	12 698	13 714	27 391	13 040	14 352	40 656	19 513	21 143
甘肃	18 286	8 547	9 739	19 731	9 512	10 219	31 464	15 207	16 257
青海	4 680	2 232	2 448	6 128	3 023	3 105	7 198	3 673	3 525
宁夏	5 255	2 496	2 759	6 376	3 103	3 274	7 423	3 677	3 746
新疆	20 621	10 361	10 260	20 864	10 156	10 708	26 212	13 204	13 008

表1-4　各地区分性别、年龄的人口(续 3)

单位：人

地　区	35-39岁			40-44岁			45-49岁		
	小计	男	女	小计	男	女	小计	男	女
全　国	**1 651 487**	**813 134**	**838 354**	**1 475 539**	**732 641**	**742 898**	**1 147 578**	**575 858**	**571 720**
北　京	18 184	9 385	8 798	20 051	10 444	9 607	17 710	8 933	8 778
天　津	11 369	5 733	5 635	13 093	6 621	6 472	12 920	6 439	6 481
河　北	85 047	42 190	42 857	77 331	37 914	39 417	68 138	34 335	33 803
山　西	41 618	20 816	20 802	39 049	19 590	19 459	33 478	17 007	16 470
内蒙古	33 136	16 801	16 335	30 048	15 448	14 600	24 773	12 644	12 129
辽　宁	55 521	27 742	27 778	57 617	28 890	28 727	52 112	26 103	26 009
吉　林	38 647	19 603	19 044	36 562	18 581	17 980	30 436	15 369	15 068
黑龙江	54 677	27 835	26 842	51 764	26 128	25 635	42 879	21 655	21 223
上　海	18 675	9 804	8 871	19 928	10 362	9 566	22 677	11 622	11 055
江　苏	104 081	48 395	55 686	89 482	42 931	46 552	70 602	34 645	35 956
浙　江	65 289	32 481	32 808	61 026	30 805	30 221	47 674	24 611	23 063
安　徽	83 685	39 192	44 494	70 016	33 791	36 225	37 449	18 878	18 571
福　建	45 890	22 463	23 427	39 229	19 234	19 996	32 260	16 238	16 022
江　西	51 336	24 880	26 456	45 871	22 465	23 407	39 811	19 920	19 890
山　东	127 452	62 526	64 926	115 069	56 047	59 022	91 335	45 633	45 702
河　南	121 927	59 764	62 163	105 084	51 030	54 054	79 423	37 929	41 494
湖　北	75 441	36 751	38 690	74 576	37 082	37 494	57 347	28 788	28 559
湖　南	84 147	41 578	42 569	75 413	37 707	37 706	54 652	27 592	27 060
广　东	106 926	53 134	53 793	91 157	45 887	45 270	67 648	34 301	33 347
广　西	53 432	27 243	26 187	49 374	25 120	24 254	36 573	18 652	17 920
海　南	9 662	5 017	4 645	9 094	4 783	4 312	6 153	3 220	2 933
重　庆	35 765	17 111	18 655	30 756	15 002	15 754	22 207	11 311	10 896
四　川	101 253	48 370	52 883	83 938	40 587	43 351	62 764	31 063	31 701
贵　州	43 282	21 830	21 452	35 323	17 923	17 400	24 560	12 328	12 233
云　南	55 990	28 826	27 164	46 864	24 240	22 624	31 005	15 788	15 217
西　藏	2 864	1 445	1 420	2 590	1 271	1 319	1 842	870	972
陕　西	46 908	22 880	24 029	43 750	21 659	22 091	38 874	19 426	19 449
甘　肃	37 180	18 226	18 953	29 417	14 665	14 752	18 476	9 385	9 092
青　海	7 617	3 861	3 756	6 020	3 095	2 925	3 555	1 813	1 742
宁　夏	7 734	3 825	3 908	5 995	3 046	2 950	4 097	2 079	2 018
新　疆	26 753	13 426	13 328	20 048	10 294	9 754	14 148	7 281	6 867

表1-4 各地区分性别、年龄的人口(续 4)

单位：人

地区	50-54岁			55-59岁			60-64岁		
	小计	男	女	小计	男	女	小计	男	女
全　国	**1 236 929**	**622 759**	**614 170**	**907 435**	**462 421**	**445 014**	**668 310**	**342 519**	**325 791**
北　京	15 830	7 825	8 005	10 136	4 918	5 218	7 729	3 557	4 171
天　津	12 323	6 116	6 207	8 067	4 028	4 039	5 411	2 620	2 791
河　北	70 867	35 305	35 561	51 813	26 152	25 661	32 960	16 775	16 184
山　西	30 773	15 714	15 059	21 025	10 867	10 158	14 497	7 470	7 027
内蒙古	22 178	11 224	10 954	15 091	7 567	7 524	10 989	5 527	5 462
辽　宁	49 155	24 513	24 641	32 555	16 135	16 420	23 335	11 618	11 716
吉　林	29 873	14 990	14 883	20 114	9 964	10 149	13 169	6 586	6 582
黑龙江	39 924	19 910	20 014	28 090	13 703	14 387	18 913	9 119	9 794
上　海	21 372	10 854	10 518	14 599	7 458	7 142	8 865	4 524	4 340
江　苏	80 186	40 009	40 177	60 620	30 660	29 960	44 947	22 784	22 163
浙　江	47 660	24 054	23 606	36 645	18 885	17 760	23 429	12 347	11 082
安　徽	56 826	28 265	28 561	44 574	23 051	21 523	36 310	19 371	16 939
福　建	30 800	15 526	15 274	20 654	10 827	9 827	15 138	8 057	7 081
江　西	38 667	19 747	18 920	29 065	14 789	14 276	20 522	10 692	9 829
山　东	99 570	50 290	49 281	71 463	35 869	35 594	49 360	25 148	24 212
河　南	90 603	46 179	44 423	63 425	32 534	30 891	46 375	23 472	22 903
湖　北	59 984	30 430	29 554	45 839	23 764	22 075	33 122	17 223	15 899
湖　南	63 341	32 517	30 824	48 563	25 352	23 211	33 858	17 921	15 936
广　东	63 157	32 016	31 141	45 060	23 438	21 622	33 363	17 557	15 806
广　西	39 039	19 951	19 089	30 149	15 657	14 492	24 807	12 679	12 128
海　南	5 784	2 999	2 785	4 225	2 237	1 988	2 980	1 500	1 479
重　庆	33 092	16 644	16 448	24 965	12 984	11 981	20 003	10 538	9 465
四　川	93 741	46 365	47 376	71 337	36 713	34 623	58 200	30 295	27 905
贵　州	30 424	15 214	15 210	24 473	12 350	12 123	19 945	10 134	9 811
云　南	32 093	16 378	15 716	24 178	12 336	11 842	19 967	10 032	9 935
西　藏	1 555	742	813	1 362	664	698	1 148	526	622
陕　西	36 901	18 366	18 535	26 241	13 178	13 063	20 891	10 435	10 456
甘　肃	20 743	10 512	10 231	16 952	8 516	8 435	13 911	7 096	6 815
青　海	3 695	1 850	1 845	2 777	1 389	1 389	2 408	1 173	1 235
宁　夏	4 248	2 117	2 131	3 042	1 540	1 502	2 596	1 273	1 323
新　疆	12 526	6 138	6 388	10 336	4 895	5 441	9 165	4 468	4 698

表1-4 各地区分性别、年龄的人口(续 5)

单位：人

地区	65-69岁			70-74岁			75-79岁		
	小计	男	女	小计	男	女	小计	男	女
全 国	**564 095**	**286 166**	**277 929**	**454 955**	**224 027**	**230 928**	**290 171**	**135 684**	**154 487**
北 京	8 307	3 910	4 397	6 851	3 416	3 435	4 005	1 966	2 039
天 津	4 671	2 209	2 462	4 083	2 020	2 062	2 703	1 321	1 382
河 北	27 513	14 109	13 403	22 471	11 104	11 368	14 185	6 604	7 581
山 西	12 954	6 704	6 250	10 853	5 392	5 460	6 187	2 982	3 205
内蒙古	10 859	5 609	5 250	7 766	4 139	3 627	3 914	2 097	1 817
辽 宁	20 186	9 790	10 396	15 852	7 660	8 192	10 696	5 270	5 426
吉 林	11 254	5 565	5 689	8 005	4 033	3 973	4 973	2 505	2 468
黑龙江	16 757	8 332	8 425	11 529	5 852	5 676	6 298	3 346	2 952
上 海	7 527	3 638	3 890	8 674	4 070	4 604	6 195	2 740	3 456
江 苏	37 280	18 812	18 468	30 891	14 712	16 179	20 975	9 142	11 832
浙 江	21 814	11 352	10 462	20 915	10 672	10 242	14 143	6 861	7 282
安 徽	28 563	14 890	13 673	24 340	11 986	12 354	15 802	7 309	8 493
福 建	13 855	7 235	6 620	11 588	5 675	5 913	8 441	3 852	4 589
江 西	18 256	9 318	8 938	13 642	6 728	6 913	9 000	4 254	4 747
山 东	41 000	20 372	20 628	36 380	17 494	18 886	24 076	10 506	13 570
河 南	35 796	17 873	17 923	31 244	15 006	16 238	18 950	8 480	10 470
湖 北	25 674	13 055	12 619	21 296	10 493	10 804	12 273	5 703	6 570
湖 南	31 869	16 550	15 319	24 811	12 559	12 252	16 040	7 522	8 518
广 东	30 671	15 716	14 955	26 009	12 415	13 594	17 562	7 959	9 604
广 西	21 219	10 790	10 429	17 059	8 323	8 736	10 769	4 923	5 846
海 南	3 327	1 645	1 683	2 671	1 347	1 323	1 781	798	983
重 庆	15 318	7 859	7 459	11 570	5 908	5 663	7 811	3 722	4 089
四 川	44 651	23 198	21 453	32 936	16 259	16 677	23 137	11 107	12 030
贵 州	16 919	8 494	8 426	11 795	5 939	5 856	7 123	3 428	3 696
云 南	16 964	8 517	8 446	13 114	6 325	6 789	8 329	3 813	4 517
西 藏	899	401	497	680	303	377	399	161	238
陕 西	17 306	8 560	8 746	12 775	6 348	6 426	6 830	3 368	3 462
甘 肃	11 105	5 641	5 463	7 570	3 796	3 774	3 558	1 747	1 811
青 海	1 941	963	978	1 360	694	665	650	310	341
宁 夏	2 038	1 016	1 022	1 468	755	713	734	396	338
新 疆	7 603	4 043	3 560	4 759	2 602	2 157	2 632	1 493	1 138

表1-4 各地区分性别、年龄的人口(续 6)

单位：人

地区	80-84岁			85-89岁			90-94岁		
	小计	男	女	小计	男	女	小计	男	女
全国	**156 110**	**66 132**	**89 978**	**56 582**	**20 475**	**36 107**	**15 825**	**4 785**	**11 040**
北京	1 968	938	1 029	659	289	370	190	79	111
天津	1 338	633	705	444	192	252	113	45	68
河北	7 034	3 019	4 015	2 236	826	1 410	576	199	378
山西	3 066	1 326	1 740	949	377	572	209	63	146
内蒙古	1 888	966	923	481	227	255	127	65	62
辽宁	5 395	2 624	2 771	1 831	803	1 027	518	214	304
吉林	2 379	1 181	1 198	733	352	380	193	88	105
黑龙江	2 840	1 390	1 450	787	361	426	201	79	121
上海	3 765	1 550	2 215	1 475	562	913	444	129	315
江苏	12 152	4 708	7 444	4 723	1 508	3 215	1 287	309	978
浙江	7 793	3 418	4 374	3 016	1 179	1 837	788	272	516
安徽	9 232	3 725	5 507	2 959	936	2 023	704	169	535
福建	4 573	1 844	2 729	1 832	612	1 220	552	146	406
江西	5 080	2 154	2 926	1 679	625	1 054	408	122	286
山东	13 525	5 349	8 176	5 212	1 807	3 405	1 356	381	975
河南	10 923	4 355	6 569	3 992	1 238	2 754	1 151	306	845
湖北	7 271	2 956	4 315	2 169	691	1 477	523	135	389
湖南	8 282	3 594	4 688	2 814	1 058	1 756	852	285	567
广东	9 823	3 899	5 925	4 176	1 340	2 836	1 449	361	1 088
广西	5 904	2 441	3 463	2 765	983	1 783	889	253	636
海南	989	378	612	404	135	268	147	39	108
重庆	3 878	1 735	2 144	1 503	573	930	448	138	309
四川	11 867	5 177	6 690	4 485	1 679	2 806	1 295	389	906
贵州	3 020	1 301	1 719	1 224	449	776	353	116	237
云南	4 084	1 668	2 415	1 395	513	882	361	122	238
西藏	197	75	122	66	23	44	16	4	12
陕西	3 949	1 811	2 137	1 273	514	759	311	115	197
甘肃	1 830	804	1 025	578	249	329	129	52	77
青海	290	135	155	79	32	46	15	6	9
宁夏	365	193	171	113	60	53	26	13	13
新疆	1 410	785	626	531	283	248	195	92	104

表1-4 各地区分性别、年龄的人口(续 7)

单位：人

地 区	95-99岁			100岁及以上		
	小计	男	女	小计	男	女
全 国	**2 822**	**688**	**2 134**	**497**	**122**	**375**
北 京	35	10	24	1		1
天 津	23	9	15	2		1
河 北	94	21	72	8		8
山 西	20	6	14	6	3	3
内 蒙 古	18	4	14	2	2	
辽 宁	91	31	60	14	6	8
吉 林	30	11	19	10	5	5
黑 龙 江	21	6	15	5	2	2
上 海	70	13	58	8	2	6
江 苏	200	43	157	17	5	12
浙 江	104	23	81	9	3	6
安 徽	118	26	92	37	13	24
福 建	105	25	79	8	1	7
江 西	67	16	52	10	3	8
山 东	216	64	152	30	9	21
河 南	208	42	165	28	2	26
湖 北	90	14	76	19	2	16
湖 南	106	20	87	21	8	13
广 东	321	60	261	59	9	50
广 西	262	59	203	63	12	51
海 南	34	6	27	8	1	6
重 庆	77	17	60	8	1	8
四 川	246	61	185	56	7	49
贵 州	55	16	39	15	2	12
云 南	71	24	47	8	1	7
西 藏	2	1	2	1		1
陕 西	33	13	20	5	1	4
甘 肃	31	11	20	5	1	3
青 海	5	2	2	2		2
宁 夏	8	4	4	1		1
新 疆	61	30	31	32	20	12

表1-4a 各地区分性别、年龄的人口(城市)

单位：人

地区	人口数			0岁			1-4岁		
	合计	男	女	小计	男	女	小计	男	女
全国	**4 707 903**	**2 357 679**	**2 350 224**	**40 542**	**21 590**	**18 951**	**157 650**	**84 793**	**72 857**
北京	160 724	81 184	79 539	973	521	452	3 765	1 974	1 791
天津	79 301	39 446	39 856	385	204	180	1 705	905	800
河北	182 943	89 572	93 371	1 824	970	854	6 583	3 503	3 080
山西	114 319	57 126	57 192	1 078	574	504	3 915	2 047	1 868
内蒙古	114 443	57 702	56 741	974	498	476	3 908	1 951	1 957
辽宁	252 564	124 743	127 821	1 470	791	680	6 397	3 299	3 099
吉林	120 466	60 115	60 351	723	377	346	3 179	1 649	1 530
黑龙江	199 083	99 890	99 193	1 141	590	551	5 000	2 620	2 380
上海	189 800	95 564	94 236	1 161	622	538	3 991	2 091	1 900
江苏	344 137	170 771	173 366	2 937	1 591	1 346	10 887	5 772	5 115
浙江	245 166	124 532	120 634	2 467	1 272	1 195	8 621	4 606	4 015
安徽	129 395	65 287	64 108	1 203	641	562	4 896	2 806	2 091
福建	139 195	69 811	69 384	1 345	753	592	4 976	2 663	2 313
江西	80 700	40 522	40 178	877	481	396	3 978	2 294	1 684
山东	347 919	173 525	174 394	3 386	1 780	1 606	13 308	7 012	6 295
河南	223 762	112 286	111 476	1 843	998	845	9 218	5 044	4 173
湖北	223 347	111 973	111 374	1 763	950	812	6 961	3 774	3 186
湖南	174 408	87 806	86 602	1 651	934	716	6 839	3 886	2 954
广东	562 743	284 538	278 205	5 615	3 007	2 608	18 199	10 246	7 953
广西	88 424	44 406	44 018	977	485	493	3 926	2 173	1 753
海南	42 167	21 868	20 300	461	259	202	1 892	1 104	789
重庆	91 050	45 735	45 315	622	314	308	2 639	1 368	1 271
四川	167 074	81 723	85 351	1 314	664	650	5 164	2 612	2 552
贵州	59 130	29 499	29 631	709	398	310	2 651	1 412	1 239
云南	103 295	52 170	51 125	1 283	666	617	5 090	2 672	2 418
西藏	4 881	2 292	2 589	36	19	17	180	90	90
陕西	118 980	59 441	59 539	946	539	407	3 829	2 073	1 756
甘肃	47 735	23 818	23 917	403	206	198	1 713	894	819
青海	14 188	7 075	7 113	138	72	67	542	278	264
宁夏	21 660	10 782	10 878	208	99	109	949	504	445
新疆	64 903	32 476	32 426	631	315	316	2 747	1 469	1 278

表1-4a　各地区分性别、年龄的人口(城市)(续 1)

单位：人

地　区	5-9岁			10-14岁			15-19岁		
	小计	男	女	小计	男	女	小计	男	女
全　国	**229 410**	**123 006**	**106 404**	**271 365**	**143 510**	**127 855**	**374 262**	**188 141**	**186 121**
北　京	5 169	2 736	2 433	5 706	2 877	2 830	11 120	5 801	5 319
天　津	2 364	1 232	1 132	3 029	1 565	1 464	6 446	3 128	3 318
河　北	8 692	4 578	4 114	10 616	5 470	5 146	14 891	7 147	7 743
山　西	6 935	3 596	3 340	8 384	4 372	4 012	9 084	4 689	4 396
内蒙古	6 230	3 223	3 007	7 392	3 831	3 561	7 896	4 019	3 876
辽　宁	9 801	5 098	4 703	12 391	6 439	5 952	16 492	8 265	8 227
吉　林	4 899	2 597	2 302	6 503	3 381	3 121	8 709	4 525	4 184
黑龙江	8 577	4 436	4 141	10 950	5 740	5 210	13 079	6 925	6 154
上　海	5 263	2 770	2 493	5 911	3 066	2 845	12 863	6 377	6 486
江　苏	14 406	7 721	6 686	17 860	9 448	8 412	26 595	12 895	13 700
浙　江	10 794	5 766	5 028	12 088	6 447	5 640	19 462	9 999	9 463
安　徽	7 193	3 811	3 382	9 603	4 996	4 606	10 484	5 495	4 988
福　建	6 088	3 382	2 706	7 802	4 284	3 518	13 230	6 448	6 783
江　西	5 419	3 049	2 370	5 841	3 199	2 642	5 651	2 797	2 854
山　东	17 470	9 222	8 248	16 495	8 696	7 799	29 406	14 822	14 584
河　南	12 274	6 760	5 514	14 401	7 768	6 633	18 339	9 548	8 790
湖　北	10 039	5 540	4 499	15 814	8 536	7 279	18 953	10 101	8 852
湖　南	9 080	4 948	4 132	10 141	5 347	4 793	13 839	7 094	6 745
广　东	32 077	17 974	14 103	37 613	20 310	17 303	58 313	27 682	30 631
广　西	4 888	2 703	2 186	5 363	2 950	2 413	6 702	3 621	3 081
海　南	2 798	1 627	1 170	3 646	2 016	1 630	3 871	2 098	1 773
重　庆	4 237	2 182	2 055	5 074	2 644	2 430	5 507	2 985	2 522
四　川	8 320	4 279	4 040	9 657	4 968	4 689	11 095	5 288	5 807
贵　州	4 101	2 122	1 979	4 103	2 107	1 996	4 191	2 078	2 113
云　南	6 988	3 624	3 364	6 880	3 628	3 251	8 371	4 156	4 215
西　藏	316	164	152	405	195	210	438	200	239
陕　西	5 852	3 140	2 712	7 745	4 103	3 643	9 385	4 939	4 446
甘　肃	2 716	1 402	1 314	3 041	1 564	1 477	3 401	1 722	1 679
青　海	804	418	386	917	478	439	935	455	480
宁　夏	1 535	801	734	1 587	797	790	1 484	766	718
新　疆	4 084	2 106	1 978	4 410	2 290	2 120	4 033	2 076	1 957

表1-4a 各地区分性别、年龄的人口(城市)(续 2)

单位：人

地区	20-24岁			25-29岁			30-34岁		
	小计	男	女	小计	男	女	小计	男	女
全国	**365 069**	**175 140**	**189 929**	**380 141**	**183 970**	**196 171**	**466 002**	**231 684**	**234 319**
北京	17 200	8 864	8 336	14 800	7 473	7 327	14 834	7 559	7 275
天津	8 195	4 042	4 153	5 564	2 783	2 781	5 669	2 852	2 817
河北	13 617	6 087	7 530	13 889	6 438	7 451	16 872	8 226	8 646
山西	7 012	3 313	3 699	8 285	3 909	4 376	11 832	5 722	6 110
内蒙古	7 541	3 901	3 640	9 635	4 722	4 913	13 612	6 750	6 862
辽宁	15 503	7 460	8 043	17 729	8 382	9 347	21 937	10 704	11 233
吉林	7 876	3 954	3 921	9 057	4 406	4 651	11 245	5 554	5 691
黑龙江	10 380	5 191	5 189	13 434	6 678	6 755	20 056	10 010	10 046
上海	18 791	9 203	9 588	17 455	8 725	8 730	15 640	8 052	7 588
江苏	26 740	12 302	14 438	29 673	14 203	15 471	32 712	16 207	16 505
浙江	20 208	10 029	10 179	21 549	10 580	10 969	25 527	12 967	12 560
安徽	7 409	3 716	3 693	9 427	4 523	4 904	12 373	6 009	6 364
福建	14 483	6 779	7 704	13 327	6 605	6 722	15 113	7 557	7 556
江西	4 242	1 934	2 308	6 371	2 893	3 479	7 831	3 741	4 089
山东	24 905	12 469	12 436	26 562	12 742	13 820	33 114	16 526	16 588
河南	13 359	6 536	6 823	17 058	8 073	8 986	22 506	10 974	11 532
湖北	13 465	6 491	6 973	15 272	7 072	8 200	19 204	9 307	9 897
湖南	10 705	5 018	5 687	11 890	5 611	6 279	16 618	8 072	8 546
广东	70 628	33 036	37 591	58 697	29 611	29 086	62 165	31 950	30 215
广西	6 867	3 098	3 770	7 865	3 771	4 094	8 953	4 410	4 543
海南	3 358	1 514	1 844	3 234	1 560	1 674	4 059	2 011	2 047
重庆	6 139	3 182	2 957	5 042	2 335	2 707	9 508	4 662	4 846
四川	9 586	4 300	5 287	10 807	4 962	5 846	18 118	8 759	9 359
贵州	3 362	1 599	1 762	4 595	2 162	2 433	6 693	3 316	3 377
云南	7 584	3 597	3 988	8 889	4 402	4 487	11 087	5 726	5 361
西藏	404	185	219	439	203	236	470	221	249
陕西	7 963	3 781	4 182	8 589	4 084	4 505	10 996	5 375	5 621
甘肃	2 350	1 080	1 270	3 346	1 527	1 819	5 129	2 533	2 596
青海	726	313	412	1 080	519	561	1 580	784	796
宁夏	1 136	524	612	1 840	838	1 003	2 496	1 221	1 275
新疆	3 336	1 641	1 695	4 737	2 177	2 559	8 054	3 927	4 127

表1-4a 各地区分性别、年龄的人口(城市)(续 3)

单位：人

地 区	35-39岁			40-44岁			45-49岁		
	小计	男	女	小计	男	女	小计	男	女
全 国	**478 588**	**240 408**	**238 180**	**442 690**	**225 733**	**216 957**	**347 334**	**175 567**	**171 767**
北 京	14 082	7 257	6 825	15 542	8 153	7 389	13 792	7 000	6 793
天 津	5 781	2 937	2 844	7 709	3 953	3 757	8 269	4 131	4 138
河 北	17 351	8 581	8 771	16 463	8 241	8 223	14 410	7 298	7 111
山 西	11 965	5 946	6 019	11 209	5 725	5 484	9 343	4 715	4 628
内蒙古	13 384	6 768	6 615	11 505	5 955	5 551	8 159	4 183	3 975
辽 宁	24 839	12 304	12 535	27 607	14 009	13 598	25 093	12 628	12 464
吉 林	12 645	6 292	6 353	12 951	6 574	6 377	10 664	5 348	5 316
黑龙江	22 266	11 303	10 963	22 654	11 560	11 094	18 212	9 114	9 098
上 海	14 246	7 506	6 740	15 776	8 221	7 555	19 124	9 817	9 308
江 苏	37 064	18 437	18 627	32 480	16 599	15 882	24 297	12 285	12 012
浙 江	25 583	12 878	12 705	23 651	12 064	11 586	17 418	9 039	8 379
安 徽	15 689	7 676	8 013	12 900	6 552	6 348	7 386	3 872	3 514
福 建	13 941	6 919	7 022	11 962	5 992	5 970	9 099	4 645	4 454
江 西	7 862	3 884	3 978	7 184	3 574	3 609	5 841	2 956	2 885
山 东	35 357	17 563	17 794	32 885	16 620	16 266	26 184	13 163	13 021
河 南	24 363	12 202	12 161	21 599	10 879	10 720	16 133	8 073	8 060
湖 北	22 609	11 164	11 445	22 277	11 302	10 975	17 122	8 441	8 681
湖 南	19 336	9 607	9 729	17 471	8 816	8 655	12 349	6 240	6 109
广 东	53 256	27 659	25 597	42 767	22 219	20 548	29 508	15 092	14 415
广 西	8 463	4 196	4 267	7 988	4 011	3 978	5 799	2 860	2 939
海 南	4 255	2 176	2 079	3 941	2 080	1 860	2 431	1 298	1 134
重 庆	9 542	4 740	4 801	8 711	4 361	4 349	6 717	3 436	3 281
四 川	18 219	9 076	9 143	15 082	7 628	7 454	10 785	5 234	5 551
贵 州	6 184	3 183	3 001	5 247	2 660	2 587	3 534	1 759	1 775
云 南	9 996	5 080	4 916	8 720	4 461	4 259	5 764	2 871	2 893
西 藏	469	224	245	408	185	223	288	122	166
陕 西	11 475	5 646	5 829	11 218	5 717	5 501	10 009	5 044	4 965
甘 肃	5 607	2 800	2 807	4 986	2 539	2 447	3 294	1 677	1 617
青 海	1 807	900	906	1 603	817	786	992	510	481
宁 夏	2 675	1 336	1 339	1 973	1 018	955	1 310	672	638
新 疆	8 275	4 168	4 108	6 219	3 247	2 972	4 008	2 043	1 964

表1-4a 各地区分性别、年龄的人口(城市)(续 4)

单位：人

地区	50-54岁			55-59岁			60-64岁		
	小计	男	女	小计	男	女	小计	男	女
全国	**336 239**	**166 995**	**169 244**	**237 396**	**117 255**	**120 140**	**170 879**	**83 637**	**87 241**
北京	12 206	6 030	6 176	7 752	3 733	4 019	5 978	2 701	3 277
天津	7 569	3 730	3 839	4 769	2 403	2 367	3 200	1 553	1 647
河北	14 457	7 070	7 387	10 386	5 012	5 375	7 341	3 533	3 808
山西	7 641	3 842	3 799	4 913	2 425	2 488	3 697	1 777	1 919
内蒙古	6 742	3 337	3 406	4 948	2 291	2 657	4 023	1 875	2 148
辽宁	21 719	10 759	10 960	13 760	6 780	6 979	10 501	4 956	5 545
吉林	10 328	5 056	5 272	6 658	3 223	3 436	4 802	2 264	2 538
黑龙江	15 694	7 831	7 863	10 614	5 011	5 603	8 239	3 661	4 578
上海	17 653	9 014	8 640	11 845	6 070	5 775	6 926	3 548	3 377
江苏	25 233	12 511	12 722	19 340	9 728	9 612	13 247	6 631	6 617
浙江	16 720	8 449	8 271	12 406	6 259	6 147	7 707	3 993	3 714
安徽	8 530	4 175	4 355	6 154	3 067	3 088	5 143	2 614	2 529
福建	8 207	4 147	4 060	5 794	2 868	2 925	4 097	2 127	1 970
江西	5 572	2 771	2 801	4 260	2 101	2 159	3 035	1 555	1 480
山东	26 509	13 188	13 321	18 051	8 856	9 195	13 010	6 367	6 643
河南	16 089	7 952	8 137	11 230	5 357	5 873	8 111	3 960	4 151
湖北	17 865	8 760	9 105	13 670	6 917	6 753	8 759	4 376	4 382
湖南	13 204	6 689	6 515	9 329	4 758	4 571	6 295	3 221	3 074
广东	26 974	13 464	13 510	19 453	9 690	9 764	13 330	6 750	6 580
广西	5 919	2 968	2 951	4 380	2 197	2 183	3 257	1 637	1 620
海南	2 233	1 144	1 089	1 614	857	757	1 151	564	586
重庆	8 212	4 101	4 111	5 542	2 839	2 703	4 077	2 117	1 959
四川	13 869	6 716	7 153	10 043	4 911	5 132	7 803	3 843	3 959
贵州	3 346	1 578	1 768	2 899	1 430	1 469	2 382	1 122	1 260
云南	6 196	3 099	3 096	4 628	2 323	2 305	3 607	1 817	1 790
西藏	256	127	129	216	107	108	197	86	111
陕西	8 991	4 319	4 672	6 303	3 089	3 214	4 733	2 291	2 442
甘肃	3 152	1 602	1 550	2 388	1 179	1 209	2 043	920	1 122
青海	798	410	388	555	264	291	557	234	323
宁夏	1 166	570	596	842	400	442	852	388	464
新疆	3 189	1 585	1 604	2 653	1 111	1 542	2 783	1 156	1 628

表1-4a 各地区分性别、年龄的人口(城市)(续 5)

单位：人

地区	65-69岁			70-74岁			75-79岁		
	小计	男	女	小计	男	女	小计	男	女
全国	**154 650**	**75 345**	**79 305**	**122 550**	**60 374**	**62 176**	**75 544**	**36 635**	**38 909**
北京	6 753	3 078	3 676	5 557	2 740	2 816	3 201	1 605	1 596
天津	2 959	1 328	1 631	2 654	1 265	1 389	1 758	843	916
河北	6 478	3 068	3 410	4 657	2 264	2 393	2 663	1 330	1 333
山西	3 676	1 804	1 872	2 863	1 435	1 428	1 511	794	717
内蒙古	3 930	1 982	1 948	2 596	1 356	1 239	1 236	698	538
辽宁	10 219	4 624	5 595	8 472	4 025	4 448	5 254	2 614	2 639
吉林	4 320	2 017	2 304	3 022	1 453	1 569	1 774	903	871
黑龙江	8 336	3 862	4 474	5 927	2 983	2 944	2 940	1 606	1 334
上海	6 004	2 903	3 102	7 160	3 346	3 815	5 206	2 300	2 905
江苏	11 103	5 589	5 514	8 830	4 321	4 509	5 971	2 757	3 213
浙江	6 756	3 416	3 340	6 479	3 224	3 255	4 267	2 070	2 197
安徽	4 154	2 060	2 094	3 152	1 582	1 570	2 115	1 069	1 045
福建	3 401	1 791	1 610	2 797	1 365	1 432	1 975	913	1 062
江西	2 583	1 277	1 307	1 997	1 017	981	1 229	611	618
山东	11 315	5 466	5 848	9 044	4 423	4 620	6 026	2 665	3 360
河南	7 133	3 425	3 708	5 067	2 498	2 569	2 837	1 347	1 490
湖北	7 331	3 624	3 707	5 966	2 920	3 046	3 499	1 673	1 826
湖南	6 067	3 028	3 039	4 635	2 320	2 315	2 886	1 407	1 479
广东	12 189	6 123	6 066	9 891	4 737	5 154	6 438	2 988	3 450
广西	2 854	1 439	1 415	1 986	963	1 022	1 157	539	618
海南	1 244	614	630	972	520	453	565	259	306
重庆	3 334	1 620	1 714	2 722	1 328	1 393	1 912	885	1 028
四川	6 582	3 274	3 308	4 867	2 420	2 447	3 114	1 600	1 514
贵州	2 162	1 088	1 074	1 506	778	728	866	443	423
云南	3 130	1 586	1 544	2 380	1 215	1 165	1 562	760	802
西藏	165	81	84	110	50	59	56	21	34
陕西	4 410	2 060	2 350	3 500	1 731	1 769	1 753	907	847
甘肃	1 945	971	975	1 282	714	568	569	309	260
青海	552	284	268	362	204	158	161	91	70
宁夏	726	370	356	487	250	238	252	151	102
新疆	2 838	1 493	1 345	1 609	926	683	792	476	316

表1-4a 各地区分性别、年龄的人口(城市)(续 6)

单位：人

地区	80-84岁			85-89岁			90-94岁		
	小计	男	女	小计	男	女	小计	男	女
全国	**38 617**	**16 982**	**21 635**	**14 031**	**5 383**	**8 648**	**4 106**	**1 318**	**2 788**
北京	1 567	764	803	533	240	293	159	69	90
天津	888	425	463	293	132	161	76	29	47
河北	1 200	538	662	407	159	248	118	56	62
山西	677	315	362	229	104	125	59	18	40
内蒙古	568	288	280	126	61	65	33	13	21
辽宁	2 379	1 179	1 200	745	332	413	210	83	128
吉林	799	393	406	229	115	114	68	28	41
黑龙江	1 174	595	579	314	139	175	85	30	55
上海	3 134	1 321	1 813	1 227	486	741	361	112	249
江苏	3 091	1 237	1 854	1 242	413	829	365	98	266
浙江	2 349	1 039	1 311	865	339	526	220	85	135
安徽	1 105	453	652	361	135	225	100	29	71
福建	1 003	398	605	408	138	270	123	33	90
江西	647	287	360	217	88	129	48	12	36
山东	3 216	1 345	1 871	1 273	473	799	335	106	230
河南	1 486	633	853	558	208	351	135	46	89
湖北	1 953	784	1 170	625	196	430	171	41	130
湖南	1 428	594	835	483	168	315	142	45	97
广东	3 494	1 390	2 103	1 473	463	1 010	526	120	406
广西	636	259	377	310	97	213	100	27	73
海南	281	118	163	113	42	71	36	4	32
重庆	964	416	547	378	162	216	141	48	93
四川	1 743	817	926	643	281	362	217	81	136
贵州	387	191	196	154	55	99	49	16	33
云南	761	335	426	280	109	170	82	33	50
西藏	21	8	13	6	2	4	1		1
陕西	894	440	454	299	129	171	81	29	51
甘肃	270	139	131	75	31	44	16	8	8
青海	61	34	27	15	8	7	3	1	2
宁夏	99	58	41	33	17	16	7	2	5
新疆	341	189	152	116	61	55	37	16	21

表1-4a 各地区分性别、年龄的人口(城市)(续 7)

单位：人

地 区	95-99岁			100岁及以上		
	小计	男	女	小计	男	女
全 国	**724**	**188**	**536**	**115**	**23**	**92**
北 京	32	10	22	1		1
天 津	17	5	12	2		1
河 北	26	3	23	2		2
山 西	7	2	5	2		2
内 蒙 古	5		5			
辽 宁	39	11	28	8	3	5
吉 林	10	3	7	6	3	3
黑 龙 江	8	2	6	1		1
上 海	57	12	45	7	2	5
江 苏	60	26	35	3	2	2
浙 江	28	10	17	1		1
安 徽	14	5	10	5	2	3
福 建	23	3	20	1		1
江 西	10	1	9	4		4
山 东	60	19	42	10	3	7
河 南	24	6	18			
湖 北	25	5	20	5		5
湖 南	13	3	11	7		7
广 东	120	22	98	20	4	15
广 西	24	3	22	8		8
海 南	11	2	9	1		1
重 庆	25	8	18	5		5
四 川	34	7	27	10	2	8
贵 州	6	1	4	4	1	3
云 南	18	8	11			
西 藏						
陕 西	9	5	4			
甘 肃	6	2	4	1		1
青 海	1	1	1			
宁 夏	2	1	1			
新 疆	9	4	6	2	1	1

表1-4b 各地区分性别、年龄的人口(镇)

单位：人

地区	人口数			0岁			1-4岁		
	合计	男	女	小计	男	女	小计	男	女
全国	**2 908 980**	**1 464 804**	**1 444 176**	**30 199**	**16 296**	**13 903**	**122 596**	**67 619**	**54 978**
北京	9 526	4 785	4 741	73	41	32	316	169	147
天津	23 037	11 659	11 378	218	116	102	885	486	399
河北	132 984	67 070	65 914	1 587	847	740	5 767	3 186	2 581
山西	73 698	37 311	36 387	851	457	394	2 908	1 554	1 354
内蒙古	60 835	30 969	29 866	555	321	234	2 315	1 185	1 130
辽宁	83 244	41 821	41 423	598	299	299	2 976	1 581	1 395
吉林	64 802	32 914	31 888	413	219	195	1 995	1 016	980
黑龙江	89 184	44 993	44 192	528	306	222	2 648	1 443	1 206
上海	19 846	9 919	9 927	139	78	61	605	312	293
江苏	205 587	101 318	104 269	1 738	964	774	6 878	3 797	3 080
浙江	118 366	59 439	58 927	1 317	707	610	4 542	2 386	2 157
安徽	191 101	95 456	95 646	2 055	1 148	907	8 040	4 563	3 477
福建	98 027	49 212	48 816	990	512	478	4 098	2 250	1 848
江西	136 578	69 191	67 387	1 812	997	815	8 203	4 747	3 457
山东	230 814	115 547	115 267	2 710	1 413	1 297	10 071	5 527	4 544
河南	177 526	89 887	87 639	1 619	865	754	8 433	4 931	3 502
湖北	112 899	57 170	55 729	1 099	627	472	4 517	2 526	1 991
湖南	133 068	67 580	65 488	1 518	787	731	5 808	3 259	2 549
广东	196 778	99 866	96 911	2 081	1 138	943	6 860	4 001	2 859
广西	119 874	61 754	58 120	1 576	886	690	6 206	3 457	2 749
海南	16 229	8 451	7 778	218	119	99	792	475	318
重庆	78 902	39 039	39 863	653	341	312	3 309	1 783	1 526
四川	174 172	85 834	88 338	1 688	874	813	7 271	3 766	3 505
贵州	73 330	37 530	35 800	885	501	384	3 896	2 131	1 766
云南	85 745	43 509	42 237	1 185	600	585	4 563	2 430	2 133
西藏	4 911	2 417	2 494	72	37	36	296	151	145
陕西	83 476	42 236	41 241	725	415	310	3 057	1 677	1 380
甘肃	56 460	28 750	27 710	560	298	262	2 496	1 358	1 138
青海	13 135	6 586	6 549	140	74	66	621	327	294
宁夏	10 738	5 435	5 303	146	73	73	559	298	260
新疆	34 107	17 158	16 948	449	234	215	1 663	848	815

表1-4b　各地区分性别、年龄的人口(镇)(续 1)

单位：人

地　区	5-9岁			10-14岁			15-19岁		
	小计	男	女	小计	男	女	小计	男	女
全　国	**182 106**	**99 566**	**82 540**	**230 762**	**123 891**	**106 871**	**247 723**	**128 898**	**118 825**
北　京	381	212	169	434	222	213	674	353	321
天　津	1 154	635	519	1 432	755	678	1 922	975	947
河　北	7 172	3 843	3 329	9 780	5 246	4 534	13 274	6 839	6 435
山　西	5 672	3 024	2 648	7 307	3 832	3 475	6 111	3 224	2 887
内蒙古	3 952	2 090	1 862	4 883	2 533	2 350	4 275	2 252	2 023
辽　宁	4 245	2 205	2 040	5 354	2 811	2 543	5 642	2 958	2 683
吉　林	2 812	1 502	1 310	4 010	2 087	1 923	4 628	2 427	2 201
黑龙江	4 404	2 325	2 079	5 888	2 992	2 896	6 102	3 188	2 915
上　海	717	375	342	887	464	422	1 459	706	753
江　苏	9 637	5 338	4 298	14 833	8 163	6 670	17 029	9 027	8 002
浙　江	6 523	3 508	3 014	7 713	4 182	3 531	8 511	4 461	4 050
安　徽	12 819	7 145	5 674	19 308	10 434	8 875	16 997	8 300	8 697
福　建	5 337	2 953	2 384	8 237	4 518	3 720	9 265	4 726	4 539
江　西	11 135	6 245	4 890	11 541	6 299	5 242	9 961	5 192	4 770
山　东	12 639	6 833	5 806	12 703	6 865	5 838	20 825	10 711	10 114
河　南	11 288	6 377	4 911	14 504	8 113	6 391	18 022	9 444	8 579
湖　北	6 171	3 488	2 683	11 013	6 001	5 013	9 153	5 058	4 096
湖　南	7 641	4 214	3 426	8 400	4 523	3 876	13 478	7 095	6 383
广　东	13 543	7 639	5 904	18 111	9 784	8 328	21 045	10 406	10 639
广　西	8 142	4 577	3 566	9 420	5 186	4 234	10 021	5 605	4 416
海　南	1 163	681	482	1 633	895	738	1 486	807	679
重　庆	6 068	3 291	2 776	6 624	3 471	3 153	4 992	2 572	2 420
四　川	12 473	6 629	5 844	14 159	7 326	6 833	11 092	5 856	5 236
贵　州	6 751	3 631	3 121	7 159	3 768	3 391	6 129	3 381	2 748
云　南	6 358	3 293	3 065	6 346	3 319	3 027	7 253	3 684	3 569
西　藏	423	215	208	475	246	229	446	234	212
陕　西	5 082	2 849	2 233	8 077	4 363	3 715	7 745	4 170	3 575
甘　肃	4 116	2 235	1 881	5 434	2 868	2 567	5 002	2 666	2 336
青　海	983	531	452	1 165	590	576	1 351	646	705
宁　夏	850	444	406	1 002	540	462	919	476	444
新　疆	2 455	1 240	1 215	2 928	1 497	1 431	2 912	1 461	1 451

表1-4b 各地区分性别、年龄的人口(镇)(续 2)

单位：人

地区	20-24岁			25-29岁			30-34岁		
	小计	男	女	小计	男	女	小计	男	女
全国	**165 887**	**78 658**	**87 229**	**205 211**	**98 152**	**107 059**	**274 946**	**134 139**	**140 807**
北京	721	344	377	814	405	409	985	508	477
天津	1 974	982	991	1 755	884	871	2 028	1 025	1 003
河北	9 350	4 674	4 677	9 309	4 573	4 736	11 173	5 384	5 788
山西	4 476	2 191	2 285	4 940	2 380	2 561	7 307	3 581	3 726
内蒙古	3 506	1 660	1 846	4 813	2 390	2 423	6 944	3 456	3 488
辽宁	4 055	1 965	2 090	5 843	2 892	2 951	7 366	3 712	3 654
吉林	3 374	1 677	1 698	4 557	2 318	2 239	6 141	3 117	3 024
黑龙江	4 443	2 195	2 248	6 337	3 225	3 112	9 870	5 017	4 853
上海	1 652	785	867	1 840	913	927	1 919	994	926
江苏	10 894	4 988	5 907	13 726	6 472	7 254	17 020	7 968	9 053
浙江	6 872	3 249	3 623	8 829	4 163	4 666	12 080	5 827	6 253
安徽	8 283	3 819	4 465	12 131	5 591	6 541	16 714	7 955	8 759
福建	6 090	2 916	3 174	7 865	3 698	4 167	10 583	5 099	5 484
江西	6 695	2 844	3 851	10 831	4 943	5 888	13 661	6 446	7 215
山东	12 135	5 947	6 188	15 670	7 676	7 994	20 087	10 026	10 061
河南	10 413	4 891	5 522	11 540	5 631	5 909	14 623	7 216	7 407
湖北	4 892	2 244	2 648	6 921	3 170	3 751	9 705	4 670	5 035
湖南	7 518	3 617	3 902	9 041	4 278	4 763	12 080	5 861	6 219
广东	20 264	9 675	10 589	17 154	8 557	8 597	18 985	9 352	9 634
广西	6 874	3 448	3 426	9 343	4 437	4 906	10 933	5 445	5 489
海南	1 238	610	629	1 268	619	648	1 382	691	692
重庆	2 974	1 275	1 699	3 888	1 670	2 218	8 528	3 995	4 533
四川	6 676	2 860	3 816	10 038	4 505	5 533	17 947	8 460	9 487
贵州	3 652	1 784	1 868	5 239	2 505	2 735	7 399	3 712	3 687
云南	5 462	2 592	2 870	7 500	3 659	3 841	9 356	4 780	4 576
西藏	433	218	215	406	198	208	407	202	204
陕西	4 287	2 031	2 256	4 974	2 288	2 686	7 504	3 573	3 930
甘肃	3 019	1 427	1 592	3 719	1 796	1 923	5 866	2 868	2 998
青海	668	314	354	1 066	490	576	1 464	725	740
宁夏	690	308	382	960	469	491	1 094	547	547
新疆	2 306	1 132	1 174	2 893	1 357	1 536	3 796	1 929	1 866

表1-4b 各地区分性别、年龄的人口(镇)(续 3)

单位：人

地区	35-39岁			40-44岁			45-49岁		
	小计	男	女	小计	男	女	小计	男	女
全国	**305 870**	**151 049**	**154 821**	**266 199**	**132 533**	**133 666**	**192 018**	**96 416**	**95 602**
北京	934	472	462	936	468	468	831	404	427
天津	2 217	1 112	1 105	2 124	1 069	1 054	1 812	909	903
河北	13 218	6 666	6 552	11 544	5 691	5 852	9 631	4 849	4 782
山西	7 376	3 670	3 706	6 730	3 377	3 354	5 394	2 700	2 694
内蒙古	6 677	3 393	3 285	5 778	3 045	2 732	4 479	2 306	2 172
辽宁	8 763	4 385	4 378	8 479	4 244	4 235	7 233	3 585	3 648
吉林	7 365	3 756	3 608	6 918	3 603	3 315	5 795	2 900	2 895
黑龙江	10 094	5 072	5 022	9 489	4 784	4 705	7 486	3 800	3 686
上海	2 118	1 082	1 036	1 873	974	899	1 514	773	741
江苏	23 063	10 658	12 406	19 468	9 320	10 148	14 519	7 107	7 411
浙江	12 997	6 285	6 712	11 895	6 000	5 895	8 634	4 445	4 189
安徽	21 138	10 157	10 981	17 730	8 699	9 031	8 939	4 616	4 323
福建	10 505	5 197	5 308	8 447	4 090	4 356	6 441	3 187	3 254
江西	13 581	6 904	6 677	11 462	5 785	5 677	9 065	4 559	4 506
山东	24 714	12 234	12 480	21 216	10 336	10 880	16 774	8 265	8 510
河南	17 609	8 790	8 819	15 651	7 665	7 986	10 990	5 248	5 742
湖北	11 876	5 758	6 119	11 632	5 751	5 881	8 423	4 245	4 178
湖南	14 524	7 187	7 337	12 985	6 503	6 483	8 787	4 458	4 329
广东	18 117	8 991	9 127	15 079	7 530	7 548	10 861	5 532	5 330
广西	11 833	5 968	5 864	10 808	5 500	5 308	7 374	3 777	3 597
海南	1 411	719	692	1 408	726	682	972	495	477
重庆	8 807	4 227	4 580	7 388	3 627	3 761	4 538	2 358	2 180
四川	18 622	9 054	9 568	15 850	7 761	8 089	10 447	5 258	5 189
贵州	7 306	3 735	3 572	6 085	3 118	2 967	3 709	1 874	1 835
云南	9 088	4 691	4 397	7 330	3 804	3 526	4 697	2 400	2 297
西藏	425	209	216	393	195	199	263	121	143
陕西	8 555	4 176	4 379	7 426	3 744	3 682	6 022	3 000	3 022
甘肃	6 447	3 258	3 189	5 052	2 541	2 512	3 133	1 586	1 547
青海	1 597	808	790	1 227	630	598	662	336	325
宁夏	1 117	555	562	896	458	438	588	284	304
新疆	3 774	1 882	1 892	2 900	1 494	1 406	2 003	1 036	967

表1-4b 各地区分性别、年龄的人口(镇)(续 4)

单位：人

地区	50-54岁			55-59岁			60-64岁		
	小计	男	女	小计	男	女	小计	男	女
全　国	**199 964**	**99 718**	**100 246**	**143 886**	**72 572**	**71 314**	**105 367**	**53 600**	**51 767**
北　京	818	408	410	500	244	256	376	177	198
天　津	1 804	895	910	1 241	602	640	833	385	448
河　北	9 996	4 882	5 113	7 072	3 483	3 588	4 524	2 343	2 182
山　西	4 658	2 358	2 300	3 166	1 608	1 558	2 150	1 125	1 025
内蒙古	3 833	1 880	1 953	2 599	1 267	1 333	1 872	910	962
辽　宁	7 082	3 499	3 583	4 834	2 354	2 480	3 557	1 782	1 775
吉　林	5 288	2 686	2 602	3 608	1 726	1 882	2 628	1 284	1 344
黑龙江	6 931	3 353	3 578	5 111	2 404	2 707	3 556	1 730	1 826
上　海	1 472	718	754	1 078	545	534	773	385	388
江　苏	15 858	7 937	7 921	11 563	5 749	5 813	8 648	4 354	4 295
浙　江	7 913	3 951	3 962	6 168	3 169	2 998	3 824	1 977	1 847
安　徽	12 270	5 969	6 301	9 480	4 869	4 611	7 659	4 012	3 646
福　建	5 969	3 011	2 957	3 974	2 101	1 873	2 859	1 521	1 338
江　西	8 343	4 179	4 164	6 111	3 106	3 005	4 386	2 265	2 120
山　东	17 889	8 997	8 892	12 787	6 293	6 494	8 872	4 535	4 338
河　南	12 796	6 306	6 490	9 127	4 621	4 506	6 550	3 254	3 296
湖　北	8 309	4 184	4 125	5 984	3 084	2 900	4 425	2 271	2 154
湖　南	9 394	4 784	4 610	6 750	3 510	3 240	4 586	2 376	2 210
广　东	9 919	5 038	4 881	6 846	3 595	3 251	4 940	2 619	2 321
广　西	7 378	3 775	3 603	5 604	2 945	2 659	4 167	2 070	2 097
海　南	893	460	433	646	331	315	440	227	212
重　庆	6 257	3 057	3 199	4 368	2 243	2 125	3 448	1 749	1 700
四　川	13 780	6 777	7 003	9 689	4 862	4 827	7 756	3 954	3 801
贵　州	4 031	2 006	2 026	3 127	1 553	1 575	2 547	1 288	1 259
云　南	4 720	2 399	2 321	3 381	1 738	1 643	2 601	1 332	1 269
西　藏	226	112	114	191	87	104	151	69	83
陕　西	5 775	2 883	2 891	4 083	2 087	1 996	3 319	1 610	1 709
甘　肃	3 397	1 740	1 657	2 584	1 282	1 302	2 065	1 050	1 015
青　海	668	342	326	484	249	234	412	209	203
宁　夏	645	322	323	434	237	197	307	148	159
新　疆	1 655	811	845	1 295	626	668	1 137	589	548

表1-4b　各地区分性别、年龄的人口(镇)(续 5)

单位：人

地　区	65-69岁			70-74岁			75-79岁		
	小计	男	女	小计	男	女	小计	男	女
全　国	**87 152**	**43 538**	**43 614**	**69 189**	**33 781**	**35 408**	**44 065**	**20 611**	**23 453**
北　京	289	151	138	228	108	121	121	61	61
天　津	637	313	324	495	261	234	304	162	142
河　北	3 621	1 784	1 837	2 848	1 448	1 400	1 847	829	1 018
山　西	1 817	916	901	1 379	658	721	830	399	431
内蒙古	1 896	960	936	1 370	727	643	665	371	294
辽　宁	2 703	1 392	1 312	2 005	942	1 062	1 447	703	743
吉　林	2 228	1 066	1 162	1 568	802	766	901	462	439
黑龙江	2 788	1 371	1 417	1 869	924	945	1 030	560	471
上　海	565	275	290	533	266	267	351	156	195
江　苏	7 173	3 618	3 555	5 841	2 797	3 044	4 103	1 797	2 306
浙　江	3 378	1 735	1 643	3 203	1 631	1 572	2 157	1 060	1 097
安　徽	6 095	3 057	3 038	5 180	2 480	2 699	3 447	1 617	1 830
福　建	2 584	1 328	1 256	2 020	970	1 050	1 427	645	782
江　西	3 621	1 833	1 788	2 802	1 384	1 418	1 784	849	935
山　东	7 489	3 720	3 769	6 448	3 079	3 369	4 103	1 758	2 345
河　南	5 073	2 433	2 639	4 317	2 056	2 260	2 579	1 210	1 369
湖　北	3 199	1 586	1 613	2 702	1 308	1 394	1 545	711	833
湖　南	4 071	2 067	2 003	3 168	1 615	1 553	1 941	916	1 025
广　东	4 462	2 265	2 197	3 826	1 870	1 956	2 487	1 109	1 378
广　西	3 648	1 779	1 869	3 008	1 426	1 582	1 846	834	1 012
海　南	492	242	250	351	174	177	232	114	118
重　庆	2 721	1 346	1 375	1 980	974	1 006	1 347	657	690
四　川	6 173	3 097	3 075	4 598	2 198	2 400	3 382	1 605	1 777
贵　州	2 193	1 049	1 144	1 643	802	840	968	453	515
云　南	2 212	1 126	1 087	1 725	820	904	1 145	521	624
西　藏	116	50	65	86	34	52	57	23	34
陕　西	2 875	1 413	1 462	2 004	1 014	990	1 089	547	541
甘　肃	1 611	828	782	1 090	532	559	507	258	249
青　海	294	146	148	194	104	90	84	42	42
宁　夏	225	115	110	165	86	78	76	42	34
新　疆	905	476	429	544	288	256	266	143	124

表1-4b 各地区分性别、年龄的人口(镇)(续 6)

单位：人

地区	80-84岁			85-89岁			90-94岁		
	小计	男	女	小计	男	女	小计	男	女
全国	**23 908**	**9 942**	**13 966**	**8 812**	**2 924**	**5 887**	**2 574**	**753**	**1 821**
北京	65	28	37	25	11	14	6	2	4
天津	142	70	71	45	16	29	12	5	7
河北	919	379	540	281	97	184	61	21	39
山西	455	193	263	138	54	84	28	9	20
内蒙古	298	161	138	89	40	48	30	17	13
辽宁	703	347	357	260	120	140	80	35	45
吉林	408	192	216	124	57	68	31	16	15
黑龙江	464	234	230	110	54	56	35	15	20
上海	232	86	146	89	30	60	24	4	20
江苏	2 337	909	1 429	954	294	660	270	60	209
浙江	1 211	482	729	466	175	291	123	42	81
安徽	2 000	791	1 210	631	192	440	156	35	121
福建	854	355	499	349	98	252	113	25	87
江西	1 049	441	608	408	136	272	103	28	75
山东	2 426	941	1 485	946	305	640	261	65	196
河南	1 609	625	984	571	149	421	173	52	121
湖北	967	392	574	268	75	193	75	17	57
湖南	903	393	510	354	93	261	105	36	69
广东	1 354	531	823	561	173	388	227	55	172
广西	979	425	554	484	150	333	162	45	117
海南	126	43	82	49	13	36	25	8	18
重庆	669	292	377	254	83	171	76	26	50
四川	1 620	694	926	670	234	436	194	56	138
贵州	388	163	225	148	52	96	59	22	37
云南	588	238	349	174	66	108	45	11	34
西藏	30	13	16	11	4	8	2		2
陕西	616	289	327	201	85	116	51	20	31
甘肃	255	112	142	80	34	45	23	10	13
青海	40	16	24	11	5	6	1		1
宁夏	44	23	22	18	8	10	3	2	1
新疆	157	84	73	43	20	22	19	10	9

表1-4b　各地区分性别、年龄的人口(镇)(续 7)

单位：人

地　区	95-99岁			100岁及以上		
	小计	男	女	小计	男	女
全　国	**455**	**124**	**331**	**92**	**23**	**69**
北　京	1		1			
天　津	2	1	1			
河　北	8	3	5	2		2
山　西	3	2	2			
内蒙古	5	3	1	2	2	
辽　宁	18	8	10	3	3	
吉　林	5	2	4	2	1	2
黑龙江	2	2				
上　海	5		5			
江　苏	33	3	29	3		3
浙　江	10	1	9			
安　徽	18	5	13	11	3	8
福　建	17	9	8	3	1	1
江　西	19	8	12	4	1	3
山　东	40	17	23	8	3	5
河　南	36	8	28	2		2
湖　北	20	4	16	2		2
湖　南	15	5	9	3	3	
广　东	46	8	37	11		10
广　西	54	15	38	15	4	12
海　南	3		3			
重　庆	11		11	1		1
四　川	45	8	37	5		5
贵　州	9	2	7	4		4
云　南	14	4	9	2		2
西　藏						
陕　西	7	1	6	3	1	2
甘　肃	4	2	2	1		1
青　海	1		1			
宁　夏						
新　疆	3		3	4	1	3

表1-4c 各地区分性别、年龄的人口(乡村)

单位：人

地区	人口数			0岁			1-4岁		
	合计	男	女	小计	男	女	小计	男	女
全国	**9 368 884**	**4 762 400**	**4 606 484**	**111 652**	**61 177**	**50 474**	**444 463**	**248 233**	**196 230**
北京	33 332	17 152	16 180	233	119	114	823	442	381
天津	35 722	18 204	17 518	324	174	150	1 414	779	635
河北	590 929	298 858	292 070	8 109	4 472	3 638	26 745	14 800	11 944
山西	256 080	130 857	125 223	3 075	1 658	1 417	10 242	5 430	4 812
内蒙古	140 606	72 889	67 717	1 392	743	649	4 914	2 626	2 288
辽宁	222 919	113 543	109 376	2 001	1 066	935	8 210	4 481	3 728
吉林	174 244	89 516	84 728	1 699	907	792	6 523	3 506	3 017
黑龙江	217 380	110 985	106 395	2 295	1 172	1 124	8 585	4 485	4 100
上海	25 705	12 936	12 769	198	108	90	635	321	313
江苏	439 730	213 405	226 325	4 381	2 472	1 909	14 391	8 173	6 218
浙江	284 808	144 905	139 903	3 584	1 945	1 638	10 849	5 768	5 081
安徽	489 598	245 908	243 690	6 634	3 825	2 809	23 059	13 494	9 566
福建	230 700	116 231	114 469	2 814	1 569	1 246	9 855	5 370	4 485
江西	353 394	180 735	172 659	4 840	2 731	2 109	24 198	14 364	9 835
山东	645 410	322 903	322 507	7 545	4 077	3 469	27 407	14 731	12 677
河南	840 329	428 440	411 888	8 738	4 681	4 056	45 913	27 294	18 619
湖北	419 577	215 346	204 231	4 014	2 286	1 728	15 501	8 915	6 586
湖南	529 887	272 850	257 036	6 260	3 453	2 807	27 122	15 545	11 577
广东	457 484	231 934	225 550	5 915	3 254	2 661	19 783	11 343	8 439
广西	408 539	213 580	194 959	6 090	3 357	2 733	24 700	13 528	11 172
海南	51 205	27 206	23 999	781	427	353	2 698	1 500	1 198
重庆	200 414	101 850	98 565	1 864	1 002	862	8 920	4 918	4 002
四川	745 763	374 421	371 342	8 273	4 482	3 791	35 720	19 437	16 283
贵州	361 255	187 173	174 082	4 852	2 716	2 136	22 757	12 844	9 912
云南	399 998	208 215	191 783	5 690	3 056	2 633	24 419	13 115	11 305
西藏	26 875	13 440	13 435	518	261	257	1 932	986	947
陕西	289 954	146 983	142 970	2 741	1 570	1 171	10 454	5 879	4 575
甘肃	239 169	120 668	118 501	2 558	1 386	1 172	11 269	6 204	5 066
青海	44 579	22 667	21 912	658	359	298	2 803	1 484	1 319
宁夏	46 493	23 515	22 978	806	428	379	3 090	1 628	1 462
新疆	166 806	85 083	81 723	2 769	1 422	1 346	9 533	4 844	4 689

表1-4c　各地区分性别、年龄的人口(乡村)(续 1)

单位：人

地　区	5-9岁			10-14岁			15-19岁		
	小计	男	女	小计	男	女	小计	男	女
全　国	**649 148**	**354 432**	**294 716**	**851 136**	**454 092**	**397 044**	**821 498**	**432 044**	**389 454**
北　京	1 305	658	648	1 753	926	827	2 932	1 596	1 336
天　津	1 907	1 039	867	2 670	1 423	1 247	3 315	1 719	1 596
河　北	28 672	15 363	13 308	44 735	23 522	21 212	62 486	32 137	30 349
山　西	18 858	9 784	9 074	25 346	13 211	12 135	21 997	11 226	10 771
内蒙古	7 273	3 797	3 475	10 096	5 368	4 728	10 638	5 493	5 145
辽　宁	11 252	5 989	5 262	14 865	7 858	7 007	16 324	8 517	7 807
吉　林	7 613	4 046	3 568	11 715	6 154	5 561	15 712	8 046	7 666
黑龙江	10 707	5 481	5 226	14 152	7 321	6 831	18 001	9 093	8 908
上　海	746	386	360	929	482	448	1 902	931	971
江　苏	21 014	11 639	9 376	34 759	18 874	15 885	33 652	17 597	16 055
浙　江	14 930	7 857	7 073	19 659	10 342	9 317	19 065	9 990	9 075
安　徽	35 078	19 589	15 489	57 177	30 681	26 497	41 804	22 069	19 735
福　建	13 036	7 206	5 830	21 909	11 756	10 153	20 164	10 294	9 870
江　西	30 981	17 613	13 368	34 400	18 563	15 837	27 361	14 917	12 444
山　东	35 148	19 014	16 134	36 039	19 395	16 643	58 135	30 292	27 844
河　南	59 861	34 139	25 722	74 288	40 278	34 010	87 853	46 117	41 736
湖　北	20 970	11 904	9 066	44 874	24 499	20 375	37 388	20 348	17 040
湖　南	33 315	18 346	14 969	38 920	20 824	18 096	48 926	26 060	22 866
广　东	42 438	23 700	18 738	58 167	30 745	27 421	45 085	22 933	22 153
广　西	33 892	19 001	14 890	41 285	22 672	18 613	36 588	20 217	16 371
海　南	4 028	2 282	1 746	5 854	3 105	2 749	5 106	2 860	2 246
重　庆	15 817	8 623	7 194	20 722	11 047	9 675	13 022	6 978	6 044
四　川	60 344	32 299	28 045	73 135	38 765	34 371	51 825	27 204	24 621
贵　州	42 352	22 698	19 654	39 684	21 061	18 623	28 327	15 608	12 719
云　南	36 119	19 235	16 884	37 131	19 674	17 457	32 098	17 390	14 707
西　藏	2 506	1 283	1 223	2 851	1 439	1 412	2 870	1 489	1 381
陕　西	18 082	10 014	8 068	29 711	16 058	13 653	28 473	14 950	13 523
甘　肃	18 613	10 030	8 583	27 443	14 305	13 137	23 634	12 129	11 504
青　海	3 987	2 065	1 922	4 550	2 310	2 240	3 889	1 992	1 897
宁　夏	4 582	2 375	2 208	5 125	2 623	2 501	4 531	2 289	2 243
新　疆	13 721	6 975	6 746	17 191	8 808	8 383	18 393	9 562	8 830

表1-4c 各地区分性别、年龄的人口(乡村)(续 2)

单位：人

地区	20-24岁			25-29岁			30-34岁		
	小计	男	女	小计	男	女	小计	男	女
全　国	**505 768**	**246 129**	**259 639**	**524 938**	**257 113**	**267 825**	**704 960**	**345 198**	**359 761**
北　京	2 270	1 234	1 036	2 011	1 046	965	2 636	1 373	1 263
天　津	2 134	1 093	1 041	2 235	1 136	1 100	2 775	1 388	1 387
河　北	45 537	22 188	23 350	36 124	17 855	18 269	39 779	19 597	20 181
山　西	16 962	8 563	8 399	15 468	7 869	7 598	21 366	10 770	10 596
内蒙古	9 893	5 103	4 791	9 455	4 999	4 456	12 521	6 328	6 193
辽　宁	11 546	5 715	5 831	14 509	7 329	7 181	17 345	8 890	8 455
吉　林	11 526	5 704	5 822	12 628	6 506	6 122	15 599	8 040	7 560
黑龙江	16 139	8 119	8 021	16 730	8 585	8 146	21 516	11 012	10 504
上　海	2 210	1 119	1 092	2 055	1 088	967	2 107	1 123	984
江　苏	18 862	8 353	10 509	21 712	9 638	12 074	29 675	13 230	16 445
浙　江	13 664	6 627	7 037	16 830	8 240	8 590	22 354	10 993	11 362
安　徽	19 073	8 316	10 757	23 746	10 601	13 144	33 973	15 523	18 450
福　建	12 622	5 938	6 683	14 464	6 908	7 556	19 302	9 333	9 969
江　西	15 828	7 086	8 743	19 733	9 207	10 525	25 866	12 154	13 712
山　东	31 196	15 272	15 924	34 376	16 573	17 802	46 767	22 860	23 906
河　南	46 558	22 554	24 004	48 419	23 643	24 776	61 415	30 526	30 889
湖　北	16 816	7 827	8 989	18 094	8 788	9 305	27 601	13 282	14 319
湖　南	28 429	13 792	14 637	25 478	12 510	12 968	37 896	18 897	18 999
广　东	30 735	15 377	15 358	25 531	12 403	13 128	30 620	14 126	16 494
广　西	22 575	11 934	10 641	23 575	11 681	11 894	27 770	14 012	13 758
海　南	4 071	2 230	1 842	3 713	1 982	1 731	3 592	1 948	1 644
重　庆	5 742	2 670	3 072	6 153	2 790	3 363	14 918	6 982	7 937
四　川	26 538	12 006	14 531	30 281	14 191	16 091	55 585	26 216	29 369
贵　州	16 714	8 254	8 460	20 562	10 402	10 160	28 439	14 489	13 951
云　南	26 660	13 896	12 764	31 632	16 744	14 887	36 672	19 369	17 303
西　藏	2 694	1 379	1 316	2 134	1 107	1 026	1 895	945	950
陕　西	14 162	6 886	7 276	13 828	6 668	7 160	22 156	10 565	11 591
甘　肃	12 916	6 039	6 877	12 667	6 189	6 477	20 469	9 807	10 662
青　海	3 285	1 604	1 681	3 982	2 013	1 969	4 154	2 164	1 990
宁　夏	3 429	1 664	1 765	3 576	1 796	1 781	3 832	1 909	1 924
新　疆	14 979	7 589	7 391	13 235	6 623	6 612	14 362	7 347	7 015

表1-4c　各地区分性别、年龄的人口(乡村)(续 3)

单位：人

地　区	35-39岁			40-44岁			45-49岁		
	小计	男	女	小计	男	女	小计	男	女
全　国	**867 030**	**421 677**	**445 353**	**766 650**	**374 375**	**392 275**	**608 226**	**303 875**	**304 351**
北　京	3 16[illegible]	1 657	1 511	3 572	1 823	1 750	3 087	1 529	1 558
天　津	3 370	1 684	1 686	3 260	1 599	1 661	2 838	1 399	1 440
河　北	54 477	26 943	27 534	49 324	23 982	25 343	44 098	22 188	21 910
山　西	22 277	11 200	11 077	21 110	10 488	10 621	18 741	9 592	9 148
内蒙古	13 075	6 640	6 435	12 765	6 448	6 317	12 135	6 154	5 981
辽　宁	21 919	11 053	10 866	21 531	10 637	10 894	19 785	9 889	9 896
吉　林	18 636	9 554	9 082	16 693	8 404	8 288	13 977	7 120	6 857
黑龙江	22 317	11 460	10 857	19 620	9 785	9 836	17 181	8 741	8 440
上　海	2 311	1 216	1 095	2 279	1 167	1 112	2 039	1 032	1 007
江　苏	43 953	19 301	24 653	37 534	17 012	20 522	31 786	15 253	16 533
浙　江	26 709	13 317	13 391	25 480	12 741	12 739	21 622	11 127	10 494
安　徽	46 858	21 359	25 500	39 386	18 540	20 846	21 123	10 390	10 733
福　建	21 444	10 347	11 097	18 821	9 151	9 670	16 720	8 406	8 314
江　西	29 893	14 092	15 801	27 226	13 105	14 121	24 905	12 405	12 500
山　东	67 381	32 729	34 652	60 968	29 091	31 877	48 377	24 205	24 172
河　南	79 955	38 772	41 183	67 835	32 486	35 349	52 300	24 609	27 691
湖　北	40 955	19 829	21 126	40 667	20 028	20 639	31 801	16 102	15 700
湖　南	50 287	24 785	25 502	44 957	22 389	22 568	33 516	16 894	16 622
广　东	35 553	16 484	19 069	33 312	16 137	17 175	27 279	13 678	13 602
广　西	33 136	17 081	16 055	30 577	15 609	14 969	23 400	12 015	11 385
海　南	3 997	2 122	1 874	3 746	1 976	1 770	2 749	1 427	1 323
重　庆	17 416	8 144	9 273	14 658	7 014	7 644	10 952	5 517	5 435
四　川	64 411	30 239	34 172	53 006	25 199	27 807	41 532	20 571	20 961
贵　州	29 792	14 913	14 879	23 991	12 145	11 847	17 318	8 695	8 623
云　南	36 906	19 054	17 851	30 815	15 976	14 839	20 544	10 517	10 027
西　藏	1 970	1 011	959	1 788	891	897	1 291	628	663
陕　西	26 879	13 058	13 820	25 106	12 198	12 908	22 843	11 381	11 462
甘　肃	25 126	12 168	12 957	19 379	9 586	9 793	12 049	6 122	5 928
青　海	4 213	2 153	2 060	3 190	1 648	1 542	1 902	966	936
宁　夏	3 941	1 934	2 007	3 127	1 570	1 556	2 199	1 123	1 076
新　疆	14 704	7 376	7 328	10 929	5 553	5 376	8 137	4 202	3 935

表1-4c 各地区分性别、年龄的人口(乡村)(续 4)

单位：人

地区	50-54岁			55-59岁			60-64岁		
	小计	男	女	小计	男	女	小计	男	女
全国	**700 727**	**356 046**	**344 681**	**526 153**	**272 594**	**253 559**	**392 064**	**205 281**	**186 782**
北京	2 806	1 387	1 419	1 884	941	943	1 376	679	697
天津	2 950	1 491	1 459	2 057	1 024	1 032	1 378	683	696
河北	46 414	23 353	23 061	34 355	17 657	16 698	21 094	10 900	10 194
山西	18 474	9 514	8 960	12 946	6 834	6 112	8 650	4 568	4 083
内蒙古	11 603	6 008	5 595	7 543	4 010	3 534	5 094	2 742	2 352
辽宁	20 354	10 256	10 098	13 961	7 001	6 961	9 277	4 881	4 396
吉林	14 257	7 248	7 009	9 847	5 016	4 831	5 739	3 038	2 701
黑龙江	17 299	8 726	8 573	12 365	6 287	6 078	7 118	3 728	3 390
上海	2 248	1 123	1 124	1 677	843	833	1 166	591	574
江苏	39 095	19 562	19 534	29 716	15 182	14 534	23 051	11 799	11 252
浙江	23 027	11 653	11 374	18 071	9 457	8 614	11 898	6 376	5 522
安徽	36 027	18 121	17 905	28 940	15 116	13 824	23 509	12 745	10 764
福建	16 624	8 367	8 257	10 886	5 857	5 029	8 182	4 409	3 773
江西	24 752	12 797	11 955	18 694	9 582	9 111	13 101	6 872	6 229
山东	55 172	28 105	27 067	40 626	20 721	19 905	27 478	14 247	13 232
河南	61 718	31 921	29 796	43 068	22 556	20 512	31 714	16 258	15 456
湖北	33 811	17 486	16 325	26 185	13 762	12 422	19 939	10 576	9 363
湖南	40 744	21 044	19 700	32 484	17 084	15 400	22 977	12 324	10 653
广东	26 265	13 515	12 750	18 760	10 153	8 607	15 094	8 188	6 906
广西	25 742	13 208	12 534	20 165	10 515	9 649	17 383	8 972	8 410
海南	2 658	1 394	1 264	1 965	1 049	916	1 389	709	681
重庆	18 623	9 485	9 137	15 055	7 901	7 154	12 478	6 672	5 805
四川	66 092	32 872	33 220	51 605	26 940	24 665	42 642	22 497	20 144
贵州	23 046	11 630	11 416	18 447	9 368	9 080	15 016	7 725	7 292
云南	21 178	10 879	10 299	16 169	8 276	7 894	13 760	6 883	6 876
西藏	1 072	502	570	956	469	487	799	371	428
陕西	22 136	11 163	10 972	15 855	8 002	7 853	12 839	6 534	6 305
甘肃	14 194	7 170	7 024	11 979	6 055	5 924	9 803	5 125	4 678
青海	2 229	1 098	1 131	1 739	876	863	1 439	730	709
宁夏	2 437	1 225	1 212	1 765	903	862	1 437	737	700
新疆	7 682	3 742	3 940	6 388	3 157	3 231	5 245	2 722	2 522

表1-4c　各地区分性别、年龄的人口(乡村)(续 5)

单位：人

地　区	65-69岁			70-74岁			75-79岁		
	小计	男	女	小计	男	女	小计	男	女
全　国	**322 293**	**167 283**	**155 010**	**263 216**	**129 872**	**133 344**	**170 562**	**78 437**	**92 124**
北　京	1 265	682	583	1 066	569	497	683	300	383
天　津	1 075	567	508	933	494	440	641	317	324
河　北	17 414	9 257	8 157	14 966	7 392	7 574	9 675	4 445	5 230
山　西	7 461	3 984	3 477	6 610	3 299	3 311	3 846	1 789	2 057
内蒙古	5 034	2 667	2 366	3 800	2 056	1 744	2 013	1 028	985
辽　宁	7 263	3 774	3 489	5 375	2 693	2 682	3 996	1 952	2 044
吉　林	4 705	2 482	2 223	3 415	1 778	1 637	2 298	1 140	1 158
黑龙江	5 633	3 099	2 534	3 732	1 945	1 787	2 327	1 180	1 147
上　海	958	460	498	980	458	522	639	284	355
江　苏	19 004	9 605	9 398	16 220	7 595	8 626	10 901	4 588	6 313
浙　江	11 681	6 201	5 480	11 233	5 817	5 416	7 719	3 731	3 988
安　徽	18 314	9 773	8 541	16 008	7 924	8 084	10 240	4 623	5 618
福　建	7 871	4 117	3 754	6 771	3 340	3 431	5 039	2 294	2 745
江　西	12 052	6 208	5 844	8 842	4 327	4 515	5 987	2 794	3 193
山　东	22 196	11 186	11 010	20 888	9 991	10 897	13 947	6 083	7 864
河　南	23 591	12 014	11 577	21 861	10 452	11 409	13 534	5 923	7 611
湖　北	15 144	7 845	7 299	12 629	6 265	6 364	7 229	3 319	3 910
湖　南	21 731	11 455	10 276	17 008	8 624	8 384	11 214	5 199	6 014
广　东	14 020	7 328	6 692	12 292	5 808	6 484	8 638	3 862	4 776
广　西	14 717	7 572	7 146	12 066	5 934	6 132	7 767	3 550	4 216
海　南	1 591	789	802	1 347	653	694	985	425	559
重　庆	9 263	4 893	4 371	6 869	3 605	3 263	4 551	2 180	2 371
四　川	31 897	16 827	15 070	23 471	11 641	11 830	16 641	7 902	8 739
贵　州	12 564	6 356	6 208	8 647	4 358	4 288	5 289	2 531	2 758
云　南	11 621	5 806	5 816	9 009	4 290	4 720	5 622	2 531	3 091
西　藏	618	270	348	484	218	266	286	116	169
陕　西	10 020	5 087	4 934	7 271	3 604	3 667	3 987	1 913	2 074
甘　肃	7 549	3 842	3 706	5 197	2 550	2 647	2 482	1 180	1 302
青　海	1 095	533	562	804	386	418	406	177	229
宁　夏	1 087	530	557	816	419	397	406	204	203
新　疆	3 860	2 074	1 786	2 606	1 388	1 218	1 573	875	698

表1-4c 各地区分性别、年龄的人口(乡村)(续 6)

单位：人

地区	80-84岁			85-89岁			90-94岁		
	小计	男	女	小计	男	女	小计	男	女
全国	**93 585**	**39 208**	**54 377**	**33 740**	**12 168**	**21 572**	**9 145**	**2 714**	**6 431**
北京	335	146	189	101	38	63	24	7	17
天津	309	138	171	106	44	62	25	11	14
河北	4 915	2 101	2 814	1 548	570	978	397	121	276
山西	1 933	818	1 115	582	219	363	122	36	86
内蒙古	1 022	517	505	267	125	141	64	36	29
辽宁	2 313	1 099	1 214	826	352	474	228	96	131
吉林	1 172	596	576	380	180	199	94	44	49
黑龙江	1 202	562	640	363	168	195	81	34	47
上海	399	143	256	159	46	113	59	13	45
江苏	6 724	2 562	4 162	2 527	802	1 726	653	150	503
浙江	4 232	1 898	2 335	1 685	665	1 020	445	145	300
安徽	6 127	2 482	3 645	1 967	609	1 358	448	105	343
福建	2 716	1 091	1 626	1 075	376	699	316	87	229
江西	3 384	1 426	1 959	1 054	401	653	256	82	175
山东	7 882	3 062	4 820	2 994	1 028	1 966	759	210	550
河南	7 829	3 097	4 732	2 863	881	1 982	843	208	635
湖北	4 351	1 780	2 571	1 276	421	855	278	76	202
湖南	5 952	2 608	3 344	1 977	797	1 179	604	204	401
广东	4 976	1 978	2 998	2 142	704	1 438	696	186	510
广西	4 289	1 757	2 532	1 971	735	1 236	627	181	446
海南	582	216	366	241	80	161	86	27	58
重庆	2 245	1 026	1 219	872	329	542	230	64	166
四川	8 503	3 666	4 837	3 171	1 164	2 008	884	253	632
贵州	2 245	948	1 297	922	342	580	244	78	166
云南	2 735	1 095	1 641	941	338	603	233	78	155
西藏	146	54	92	49	17	32	12	3	9
陕西	2 439	1 082	1 357	773	299	473	180	65	115
甘肃	1 305	553	752	423	183	240	90	34	56
青海	188	85	104	53	19	34	11	5	6
宁夏	221	113	109	62	35	27	16	9	7
新疆	912	512	401	373	202	171	139	66	73

表1-4c　各地区分性别、年龄的人口(乡村)(续 7)

单位：人

地　区	95-99岁			100岁及以上		
	小计	男	女	小计	男	女
全　国	**1 642**	**375**	**1 267**	**290**	**76**	**214**
北　京	3	1	2			
天　津	5	3	2			
河　北	59	15	44	5		5
山　西	10	2	8	5	3	2
内蒙古	9	1	8			
辽　宁	35	13	23	4	1	3
吉　林	15	6	8	2	1	1
黑龙江	11	1	9	4	2	1
上　海	8		8	1		1
江　苏	107	14	93	10	3	7
浙　江	67	12	55	7	3	4
安　徽	85	16	69	21	8	13
福　建	65	13	52	4		4
江　西	38	6	31	3	1	1
山　东	115	28	87	12	3	9
河　南	147	28	119	26	2	24
湖　北	45	5	40	11	2	9
湖　南	79	12	67	12	5	7
广　东	156	29	126	29	4	25
广　西	183	41	142	40	8	32
海　南	19	3	16	6	1	5
重　庆	40	9	31	3	1	2
四　川	167	45	121	40	5	35
贵　州	40	12	28	6	1	4
云　南	39	12	27	6	1	5
西　藏	2	1	1	1		1
陕　西	17	8	9	2		2
甘　肃	21	7	14	3	1	2
青　海	2	1	1	1		1
宁　夏	6	3	3	1		1
新　疆	49	26	23	27	19	8

表1-5 各地区分性别、受教育程度的6岁及以上人口

单位：人

地区	6岁及以上人口			未上过学			小学		
	合计	男	女	小计	男	女	小计	男	女
全国	**15 878 355**	**7 975 386**	**7 902 969**	**1 646 360**	**450 088**	**1 196 272**	**5 285 045**	**2 581 633**	**2 703 412**
北京	196 019	99 133	96 885	7 697	1 562	6 134	28 028	13 189	14 840
天津	132 069	66 091	65 978	6 603	1 599	5 004	28 890	13 865	15 025
河北	846 198	422 303	423 895	58 381	15 437	42 944	254 380	120 194	134 185
山西	416 531	210 667	205 864	21 630	6 521	15 109	124 513	58 870	65 643
内蒙古	298 416	152 460	145 956	31 560	9 626	21 934	83 456	40 723	42 733
辽宁	532 275	266 101	266 174	25 497	6 650	18 847	145 201	68 956	76 245
吉林	341 975	173 247	168 727	20 311	6 369	13 942	104 191	50 017	54 174
黑龙江	481 167	243 098	238 069	30 028	8 922	21 105	138 865	65 924	72 941
上海	227 240	114 171	113 069	12 505	2 347	10 158	36 037	16 521	19 517
江苏	939 782	458 139	481 643	96 151	21 065	75 086	270 481	125 586	144 895
浙江	610 761	308 907	301 854	71 599	19 066	52 532	218 873	110 877	107 996
安徽	754 241	374 549	379 692	125 436	36 404	89 033	254 019	123 724	130 295
福建	439 048	219 551	219 498	52 608	11 290	41 318	159 882	76 763	83 118
江西	517 669	259 646	258 022	48 835	11 712	37 124	209 474	97 364	112 111
山东	1 146 600	570 312	576 288	140 084	36 119	103 965	331 391	153 174	178 217
河南	1 148 451	576 801	571 650	101 730	29 115	72 615	327 316	156 399	170 917
湖北	715 022	361 479	353 543	78 240	19 215	59 025	227 281	109 864	117 417
湖南	777 739	394 484	383 256	62 996	16 842	46 155	262 644	130 388	132 256
广东	1 144 620	575 353	569 266	67 240	14 720	52 520	372 059	175 728	196 332
广西	564 039	290 675	273 364	45 454	11 098	34 356	224 461	111 306	113 155
海南	101 346	52 797	48 549	8 748	2 067	6 680	31 312	15 203	16 109
重庆	348 166	174 616	173 549	37 514	10 973	26 541	147 268	74 701	72 568
四川	1 013 364	502 405	510 959	150 815	44 863	105 952	439 004	226 276	212 728
贵州	448 406	229 078	219 328	83 420	22 192	61 228	200 332	106 659	93 674
云南	537 098	276 207	260 891	96 592	30 641	65 950	255 810	136 154	119 656
西藏	32 972	16 279	16 694	15 016	6 024	8 992	14 164	8 096	6 068
陕西	465 541	233 706	231 835	44 316	13 179	31 138	145 308	69 805	75 503
甘肃	320 059	160 557	159 501	59 141	18 388	40 753	118 587	59 212	59 375
青海	65 843	33 116	32 728	14 906	4 869	10 037	22 575	11 987	10 588
宁夏	71 782	35 970	35 812	11 607	3 527	8 080	24 015	12 055	11 961
新疆	243 918	123 489	120 429	19 703	7 686	12 017	85 226	42 054	43 171

表1-5　各地区分性别、受教育程度的6岁及以上人口(续 1)

单位：人

地　区	初中			高中			大学专科		
	小计	男	女	小计	男	女	小计	男	女
全　国	**6 088 659**	**3 316 912**	**2 771 747**	**1 975 098**	**1 120 964**	**854 134**	**572 656**	**319 612**	**253 045**
北　京	63 027	34 090	28 938	49 266	24 764	24 501	21 953	10 816	11 137
天　津	50 103	26 590	23 513	27 873	14 085	13 787	9 578	5 046	4 532
河　北	391 553	209 414	182 139	101 848	56 313	45 536	26 797	13 681	13 116
山　西	192 850	102 839	90 011	54 343	29 927	24 415	16 459	8 746	7 713
内蒙古	114 065	63 948	50 117	45 675	24 899	20 775	16 517	9 010	7 508
辽　宁	244 140	127 992	116 147	73 033	38 466	34 568	28 055	14 971	13 084
吉　林	143 398	76 616	66 783	51 242	27 773	23 469	14 157	7 570	6 587
黑龙江	211 122	113 125	97 997	70 264	37 978	32 286	21 355	11 751	9 605
上　海	81 520	42 992	38 528	56 630	29 845	26 784	21 043	11 158	9 884
江　苏	370 726	195 339	175 387	138 515	78 597	59 918	40 355	23 331	17 024
浙　江	212 998	117 950	95 048	74 175	41 981	32 194	20 574	11 192	9 382
安　徽	276 259	154 899	121 360	69 520	41 464	28 056	20 772	12 336	8 436
福　建	151 251	87 054	64 197	53 429	31 282	22 147	13 802	8 063	5 740
江　西	183 396	103 403	79 994	56 016	34 228	21 788	14 875	9 391	5 484
山　东	479 871	265 134	214 737	144 346	84 947	59 399	33 412	19 581	13 831
河　南	539 866	288 691	251 175	131 090	74 911	56 179	34 984	19 522	15 462
湖　北	276 577	153 380	123 197	96 636	57 200	39 436	23 172	13 407	9 765
湖　南	308 624	164 487	144 136	108 558	62 003	46 554	24 557	14 194	10 363
广　东	462 511	241 625	220 886	176 299	104 690	71 609	44 528	25 172	19 356
广　西	215 420	121 699	93 720	56 149	33 616	22 533	15 810	8 954	6 856
海　南	41 203	22 951	18 251	14 558	9 299	5 260	3 777	2 206	1 571
重　庆	111 705	59 813	51 892	35 557	19 413	16 143	10 203	5 817	4 386
四　川	309 710	167 245	142 464	78 538	43 785	34 753	22 709	12 830	9 879
贵　州	119 830	73 200	46 630	29 927	17 874	12 053	10 312	6 177	4 135
云　南	132 722	80 138	52 584	33 857	19 043	14 813	11 754	6 729	5 025
西　藏	2 799	1 634	1 165	700	362	338	220	124	97
陕　西	181 467	97 658	83 810	65 714	36 551	29 163	18 944	10 478	8 466
甘　肃	92 812	53 116	39 696	35 882	21 514	14 368	9 966	5 915	4 051
青　海	16 520	9 809	6 711	7 161	3 838	3 323	3 277	1 789	1 489
宁　夏	22 730	12 862	9 868	8 534	4 739	3 795	3 435	1 919	1 516
新　疆	87 885	47 218	40 667	29 764	15 574	14 190	15 303	7 737	7 566

表1-5 各地区分性别、受教育程度的6岁及以上人口(续 2)

单位：人

地 区	大学本科			研究生		
	小计	男	女	小计	男	女
全 国	**289 336**	**172 703**	**116 633**	**21 200**	**13 474**	**7 726**
北 京	22 320	12 364	9 956	3 728	2 348	1 380
天 津	8 387	4 543	3 844	636	362	274
河 北	12 753	6 960	5 793	486	304	182
山 西	6 425	3 580	2 845	313	184	129
内蒙古	6 700	3 926	2 775	443	328	114
辽 宁	15 350	8 456	6 894	999	609	389
吉 林	8 011	4 629	3 382	664	273	391
黑龙江	9 086	5 122	3 964	447	276	172
上 海	17 494	10 029	7 465	2 012	1 279	733
江 苏	21 992	13 176	8 816	1 562	1 045	517
浙 江	11 786	7 316	4 470	755	523	232
安 徽	7 900	5 471	2 429	335	251	84
福 建	7 636	4 810	2 826	439	289	151
江 西	4 926	3 436	1 490	145	113	32
山 东	16 726	10 849	5 877	771	509	262
河 南	12 831	7 732	5 099	635	431	204
湖 北	12 179	7 774	4 405	936	638	298
湖 南	9 858	6 199	3 659	502	370	132
广 东	20 138	12 250	7 888	1 844	1 168	676
广 西	6 085	3 677	2 408	661	325	336
海 南	1 683	1 023	660	64	47	17
重 庆	5 623	3 693	1 930	296	206	90
四 川	11 862	6 910	4 951	726	495	231
贵 州	4 480	2 905	1 575	105	71	33
云 南	6 017	3 289	2 728	346	211	136
西 藏	71	37	34	2	2	
陕 西	8 971	5 549	3 423	819	487	332
甘 肃	3 506	2 301	1 205	165	111	54
青 海	1 346	780	565	59	44	15
宁 夏	1 425	841	584	35	26	9
新 疆	5 766	3 072	2 694	271	148	123

表1-5a 各地区分性别、受教育程度的6岁及以上人口(城市)

单位：人

地区	6岁及以上人口			未上过学			小学		
	合计	男	女	小计	男	女	小计	男	女
全国	**4 465 477**	**2 227 465**	**2 238 012**	**230 515**	**53 030**	**177 485**	**953 616**	**451 689**	**501 927**
北京	154 936	78 134	76 802	4 659	797	3 862	18 840	8 615	10 225
天津	76 747	38 100	38 648	2 654	521	2 133	10 192	4 738	5 454
河北	172 721	84 122	88 599	6 578	1 364	5 214	33 741	15 784	17 957
山西	108 035	53 845	54 190	3 514	909	2 604	21 160	10 063	11 097
内蒙古	108 293	54 597	53 696	5 140	1 315	3 825	19 600	9 183	10 417
辽宁	242 856	119 689	123 167	7 878	1 762	6 116	41 050	18 931	22 119
吉林	115 633	57 560	58 073	3 915	1 021	2 894	18 840	8 838	10 002
黑龙江	191 430	95 929	95 501	9 348	2 522	6 826	35 311	16 901	18 410
上海	183 558	92 282	91 276	7 887	1 330	6 558	24 410	10 747	13 663
江苏	327 455	161 914	165 542	19 166	3 887	15 279	65 630	30 350	35 279
浙江	231 998	117 533	114 465	18 060	4 377	13 682	68 483	33 855	34 627
安徽	121 939	61 085	60 855	10 192	2 546	7 646	27 189	12 959	14 230
福建	131 579	65 672	65 908	7 678	1 461	6 216	33 458	15 216	18 242
江西	74 818	37 158	37 659	3 731	903	2 828	19 779	9 184	10 595
山东	327 732	162 855	164 876	22 909	5 053	17 856	69 647	32 277	37 370
河南	210 177	104 863	105 314	8 466	1 909	6 556	37 417	17 798	19 619
湖北	212 734	106 231	106 503	13 597	2 799	10 798	44 580	21 045	23 535
湖南	164 036	81 944	82 092	6 733	1 583	5 150	37 733	18 269	19 464
广东	533 390	268 167	265 223	20 343	4 282	16 061	131 684	61 096	70 588
广西	82 533	41 202	41 331	3 025	626	2 399	19 576	9 334	10 242
海南	39 315	20 204	19 111	2 280	491	1 789	9 394	4 592	4 802
重庆	87 013	43 647	43 366	4 580	1 243	3 338	24 054	11 998	12 056
四川	159 069	77 620	81 448	9 054	2 274	6 780	44 550	21 760	22 790
贵州	54 968	27 280	27 688	3 740	909	2 832	14 611	7 152	7 459
云南	95 468	48 083	47 386	11 527	3 560	7 966	32 581	16 995	15 586
西藏	4 599	2 150	2 450	1 336	437	899	1 769	926	843
陕西	113 103	56 235	56 868	4 390	1 003	3 387	19 392	9 031	10 362
甘肃	45 086	22 447	22 639	2 653	591	2 062	8 514	4 092	4 422
青海	13 349	6 636	6 713	775	187	588	2 616	1 275	1 341
宁夏	20 210	10 026	10 185	1 290	320	970	4 168	1 988	2 179
新疆	60 695	30 257	30 439	3 417	1 047	2 371	13 647	6 697	6 950

表1-5a 各地区分性别、受教育程度的6岁及以上人口(城市)(续 1)

单位：人

地区	初中			高中			大学专科		
	小计	男	女	小计	男	女	小计	男	女
全　国	**1 639 813**	**842 703**	**797 110**	**999 317**	**522 938**	**476 378**	**383 707**	**205 180**	**178 528**
北　京	44 238	23 817	20 421	41 536	20 617	20 920	20 417	10 031	10 387
天　津	24 623	12 814	11 809	22 443	11 062	11 381	8 538	4 453	4 085
河　北	64 034	32 354	31 681	39 900	20 195	19 705	17 604	8 579	9 025
山　西	41 813	21 216	20 597	25 338	13 101	12 237	10 857	5 621	5 235
内蒙古	39 368	20 802	18 566	26 575	13 598	12 977	11 785	6 227	5 559
辽　宁	102 531	51 666	50 865	52 782	26 698	26 084	23 516	12 323	11 193
吉　林	43 456	21 709	21 748	31 450	16 279	15 171	10 369	5 423	4 946
黑龙江	79 832	41 397	38 435	44 196	22 818	21 379	14 763	7 822	6 941
上　海	62 691	32 645	30 046	50 259	26 306	23 953	19 563	10 377	9 186
江　苏	117 850	59 728	58 121	74 594	39 033	35 561	29 592	16 730	12 862
浙　江	84 292	45 519	38 773	36 664	19 908	16 756	14 223	7 428	6 795
安　徽	44 970	23 183	21 787	24 743	13 017	11 725	9 591	5 855	3 737
福　建	47 981	25 627	22 353	27 127	14 440	12 686	8 748	4 916	3 832
江　西	25 533	12 933	12 600	16 708	8 760	7 948	6 172	3 477	2 695
山　东	129 441	67 010	62 431	69 936	37 361	32 575	21 855	12 170	9 685
河　南	77 058	39 062	37 996	52 333	26 579	25 754	23 992	12 994	10 998
湖　北	77 867	40 249	37 619	49 588	26 623	22 964	16 010	8 502	7 508
湖　南	61 640	31 022	30 618	38 143	19 649	18 494	12 916	7 179	5 737
广　东	213 633	108 278	105 355	113 433	64 049	49 383	34 398	18 540	15 858
广　西	29 287	15 074	14 213	18 851	9 857	8 994	7 043	3 659	3 384
海　南	14 769	7 661	7 108	8 579	5 059	3 520	2 804	1 521	1 282
重　庆	30 690	15 495	15 196	16 906	8 542	8 364	6 153	3 355	2 798
四　川	55 185	27 396	27 789	29 020	14 661	14 359	11 892	6 292	5 600
贵　州	18 158	9 396	8 763	10 474	5 248	5 226	4 882	2 662	2 220
云　南	27 215	14 936	12 280	13 429	6 825	6 604	6 089	3 371	2 718
西　藏	837	451	386	447	227	219	151	79	72
陕　西	39 231	19 732	19 499	29 801	15 125	14 676	12 351	6 494	5 857
甘　肃	13 794	6 986	6 807	12 449	6 346	6 103	5 056	2 763	2 293
青　海	4 137	2 196	1 941	3 096	1 517	1 579	1 767	910	857
宁　夏	6 737	3 470	3 267	4 605	2 372	2 233	2 337	1 256	1 082
新　疆	16 918	8 878	8 040	13 913	7 067	6 847	8 274	4 171	4 103

表1-5a 各地区分性别、受教育程度的6岁及以上人口(城市)(续 2)

单位：人

地区	大学本科			研究生		
	小计	男	女	小计	男	女
全国	**238 282**	**139 142**	**99 139**	**20 228**	**12 783**	**7 446**
北京	21 571	11 943	9 629	3 675	2 316	1 359
天津	7 677	4 157	3 521	619	354	265
河北	10 419	5 573	4 846	445	274	171
山西	5 102	2 789	2 313	252	145	107
内蒙古	5 401	3 157	2 244	423	314	108
辽宁	14 120	7 716	6 404	977	592	385
吉林	6 960	4 030	2 930	643	260	383
黑龙江	7 558	4 212	3 346	422	257	165
上海	16 765	9 615	7 150	1 982	1 262	720
江苏	19 102	11 165	7 937	1 522	1 019	503
浙江	9 546	5 942	3 604	731	504	227
安徽	4 961	3 308	1 653	293	216	77
福建	6 158	3 729	2 429	430	282	148
江西	2 789	1 822	968	105	80	25
山东	13 235	8 521	4 714	708	463	246
河南	10 323	6 111	4 212	589	409	179
湖北	10 201	6 407	3 794	892	607	285
湖南	6 432	3 919	2 513	439	323	116
广东	18 101	10 785	7 317	1 799	1 136	662
广西	4 125	2 358	1 768	626	294	332
海南	1 428	835	593	62	45	16
重庆	4 357	2 827	1 530	273	186	86
四川	8 707	4 793	3 914	660	445	216
贵州	3 007	1 847	1 160	96	67	29
云南	4 323	2 218	2 105	305	178	127
西藏	57	28	30	2	2	
陕西	7 162	4 396	2 766	776	454	322
甘肃	2 472	1 572	900	149	98	51
青海	910	513	397	48	38	10
宁夏	1 038	594	445	35	26	9
新疆	4 274	2 262	2 013	252	136	116

表1-5b　各地区分性别、受教育程度的6岁及以上人口(镇)

单位：人

地　区	6岁及以上人口			未上过学			小　学		
	合计	男	女	小计	男	女	小计	男	女
全　国	**2 721 455**	**1 361 799**	**1 359 656**	**219 617**	**53 703**	**165 914**	**792 685**	**377 532**	**415 152**
北　京	9 056	4 529	4 527	386	81	305	1 510	723	786
天　津	21 691	10 933	10 758	1 315	373	942	6 352	3 116	3 236
河　北	124 077	62 211	61 866	6 640	1 581	5 059	34 204	16 132	18 072
山　西	68 916	34 747	34 170	2 582	676	1 906	17 752	8 290	9 462
内蒙古	57 230	29 062	28 168	5 059	1 361	3 697	14 184	6 698	7 486
辽　宁	78 783	39 472	39 311	3 509	876	2 633	22 139	10 492	11 647
吉　林	61 865	31 394	30 472	3 605	1 042	2 564	15 102	7 132	7 971
黑龙江	85 219	42 826	42 393	4 461	1 267	3 194	18 547	8 575	9 971
上　海	18 955	9 455	9 501	1 451	282	1 169	4 349	2 113	2 236
江　苏	195 182	95 583	99 599	18 665	4 001	14 664	54 922	25 515	29 407
浙　江	111 220	55 664	55 557	10 564	2 612	7 952	38 307	18 888	19 418
安　徽	178 640	88 441	90 199	22 612	5 843	16 768	52 420	25 532	26 888
福　建	91 842	45 885	45 957	9 666	1 974	7 692	31 428	14 669	16 758
江　西	124 425	62 218	62 207	7 480	1 541	5 939	38 725	17 326	21 399
山　东	215 464	107 198	108 266	23 308	5 773	17 535	58 606	27 071	31 536
河　南	165 096	82 742	82 355	11 827	2 950	8 877	41 060	19 776	21 284
湖　北	106 096	53 316	52 780	8 700	1 776	6 924	28 048	12 929	15 119
湖　南	124 261	62 712	61 550	5 307	1 229	4 079	31 263	14 769	16 494
广　东	185 702	93 480	92 221	9 586	1 980	7 605	56 304	26 180	30 124
广　西	110 445	56 483	53 962	5 837	1 172	4 665	32 340	15 574	16 766
海　南	14 996	7 727	7 269	1 027	209	819	4 125	1 937	2 188
重　庆	73 905	36 348	37 557	5 607	1 495	4 112	26 763	12 874	13 889
四　川	162 924	79 943	82 981	14 696	3 704	10 993	55 308	27 238	28 070
贵　州	67 303	34 234	33 069	7 412	1 762	5 650	23 668	11 915	11 753
云　南	78 696	39 812	38 885	8 659	2 477	6 183	29 371	14 984	14 386
西　藏	4 465	2 192	2 273	1 707	636	1 071	2 144	1 200	944
陕　西	78 767	39 643	39 124	6 794	1 876	4 918	22 374	10 650	11 723
甘　肃	52 665	26 668	25 997	6 507	1 737	4 770	16 044	7 726	8 318
青　海	12 177	6 074	6 103	1 633	436	1 197	3 232	1 632	1 600
宁　夏	9 870	4 975	4 895	976	260	716	2 656	1 263	1 393
新　疆	31 521	15 832	15 689	2 039	720	1 319	9 437	4 611	4 827

表1-5b　各地区分性别、受教育程度的6岁及以上人口(镇)(续 1)

单位：人

地　区	初　中			高　中			大学专科		
	小计	男	女	小计	男	女	小计	男	女
全　国	**1 106 619**	**580 572**	**526 047**	**427 479**	**243 703**	**183 777**	**132 720**	**78 415**	**54 305**
北　京	3 388	1 757	1 631	2 327	1 189	1 138	856	450	406
天　津	9 701	5 142	4 559	2 797	1 454	1 342	850	479	371
河　北	57 000	30 182	26 818	18 858	10 125	8 733	5 506	3 088	2 418
山　西	31 912	16 615	15 297	11 648	6 356	5 292	3 898	2 129	1 769
内蒙古	23 109	12 620	10 488	10 266	5 682	4 584	3 531	2 054	1 477
辽　宁	40 228	20 939	19 289	9 157	5 018	4 139	2 831	1 597	1 234
吉　林	28 959	15 314	13 645	10 718	5 945	4 774	2 675	1 500	1 175
黑龙江	39 817	20 608	19 209	16 320	8 929	7 391	4 787	2 682	2 105
上　海	8 211	4 364	3 848	3 433	1 869	1 564	974	518	456
江　苏	82 116	42 715	39 401	29 920	17 438	12 482	7 195	4 264	2 932
浙　江	40 517	21 758	18 759	15 744	8 863	6 880	4 224	2 410	1 814
安　徽	69 507	37 045	32 462	22 869	13 478	9 392	8 762	4 729	4 033
福　建	33 089	18 443	14 646	13 212	7 880	5 332	3 305	2 078	1 227
江　西	47 661	24 639	23 021	21 439	12 492	8 947	7 192	4 783	2 409
山　东	92 742	49 816	42 926	30 191	17 874	12 317	7 717	4 730	2 987
河　南	78 736	40 972	37 764	25 016	14 036	10 980	6 516	3 750	2 766
湖　北	43 109	22 365	20 743	19 303	11 566	7 737	5 295	3 548	1 748
湖　南	48 765	24 433	24 332	27 884	15 508	12 376	8 297	4 928	3 369
广　东	80 120	40 566	39 554	31 098	19 145	11 953	7 028	4 474	2 554
广　西	44 467	23 424	21 043	18 854	10 906	7 947	7 109	4 175	2 933
海　南	6 145	3 175	2 970	2 821	1 795	1 026	665	457	207
重　庆	26 709	13 533	13 176	10 379	5 705	4 674	3 305	1 959	1 345
四　川	58 197	29 215	28 981	23 001	12 581	10 420	8 820	5 260	3 560
贵　州	22 311	12 280	10 032	8 717	4 961	3 756	3 915	2 414	1 501
云　南	25 379	13 926	11 452	9 968	5 354	4 614	3 823	2 131	1 692
西　藏	477	279	197	101	49	52	28	21	8
陕　西	30 155	15 965	14 190	13 317	7 440	5 877	4 579	2 730	1 849
甘　肃	16 634	9 027	7 607	9 080	5 374	3 706	3 521	2 186	1 335
青　海	3 256	1 830	1 426	2 471	1 269	1 201	1 198	671	527
宁　夏	3 349	1 811	1 538	1 676	920	756	873	507	366
新　疆	10 856	5 814	5 042	4 892	2 499	2 393	3 446	1 716	1 730

表1-5b 各地区分性别、受教育程度的6岁及以上人口(镇)(续 2)

单位：人

地　区	大学本科			研究生		
	小计	男	女	小计	男	女
全　国	**41 553**	**27 290**	**14 263**	**782**	**583**	**199**
北　京	539	298	241	51	31	20
天　津	661	361	301	16	8	8
河　北	1 840	1 080	760	28	23	5
山　西	1 073	647	425	51	32	19
内蒙古	1 063	632	431	18	13	5
辽　宁	899	532	367	20	18	3
吉　林	788	450	338	18	12	6
黑龙江	1 271	750	521	15	14	1
上　海	518	297	221	19	12	6
江　苏	2 329	1 626	703	35	24	10
浙　江	1 845	1 117	729	20	16	4
安　徽	2 435	1 785	651	35	31	5
福　建	1 134	835	299	8	5	3
江　西	1 900	1 414	486	28	23	5
山　东	2 845	1 892	953	56	44	12
河　南	1 917	1 244	673	24	14	10
湖　北	1 607	1 104	503	34	27	6
湖　南	2 701	1 813	888	44	32	12
广　东	1 534	1 112	422	32	24	8
广　西	1 803	1 201	603	35	31	4
海　南	211	153	58	2	1	1
重　庆	1 121	764	356	22	18	4
四　川	2 851	1 905	947	51	40	10
贵　州	1 270	897	373	9	4	4
云　南	1 459	911	548	38	29	9
西　藏	8	7	1			
陕　西	1 512	954	558	35	27	8
甘　肃	866	607	259	14	12	2
青　海	376	229	147	10	6	4
宁　夏	340	213	127			
新　疆	837	463	374	15	10	5

表1－5c　各地区分性别、受教育程度的6岁及以上人口(乡村)

单位：人

地　区	6岁及以上人口			未上过学			小　学		
	合计	男	女	小计	男	女	小计	男	女
全　国	**8 691 423**	**4 386 122**	**4 305 301**	**1 196 229**	**343 356**	**852 873**	**3 538 744**	**1 752 411**	**1 786 333**
北　京	32 026	16 469	15 557	2 651	684	1 968	7 679	3 851	3 828
天　津	33 630	17 058	16 573	2 634	705	1 929	12 346	6 010	6 335
河　北	549 400	275 970	273 430	45 163	12 492	32 671	186 435	88 279	98 156
山　西	239 580	122 075	117 505	15 534	4 935	10 599	85 601	40 517	45 084
内蒙古	132 894	68 801	64 093	21 361	6 949	14 412	49 672	24 842	24 830
辽　宁	210 637	106 940	103 697	14 110	4 012	10 098	82 011	39 533	42 478
吉　林	164 476	84 294	80 183	12 790	4 306	8 484	70 248	34 047	36 201
黑龙江	204 518	104 343	100 176	16 219	5 133	11 086	85 007	40 448	44 560
上　海	24 727	12 434	12 293	3 166	735	2 431	7 278	3 661	3 618
江　苏	417 145	200 643	216 502	58 320	13 176	45 144	149 929	69 721	80 209
浙　江	267 542	135 710	131 832	42 975	12 077	30 898	112 084	58 133	53 950
安　徽	453 662	225 023	228 639	92 632	28 014	64 619	174 411	85 233	89 177
福　建	215 627	107 994	107 634	35 265	7 855	27 410	94 996	46 878	48 118
江　西	318 426	160 269	158 157	37 624	9 268	28 356	150 970	70 854	80 116
山　东	603 405	300 259	303 146	93 867	25 293	68 574	203 137	93 826	109 311
河　南	773 178	389 197	383 981	81 437	24 256	57 181	248 838	118 824	130 014
湖　北	396 192	201 933	194 259	55 943	14 639	41 304	154 653	75 890	78 763
湖　南	489 442	249 828	239 614	50 956	14 030	36 926	193 648	97 351	96 298
广　东	425 528	213 706	211 822	37 311	8 458	28 854	184 072	88 452	95 620
广　西	371 061	192 990	178 071	36 592	9 299	27 293	172 545	86 398	86 148
海　南	47 034	24 865	22 169	5 440	1 367	4 073	17 793	8 674	9 119
重　庆	187 247	94 622	92 626	27 326	8 236	19 091	96 451	49 828	46 623
四　川	691 371	344 842	346 529	127 064	38 886	88 178	339 146	177 278	161 868
贵　州	326 135	167 564	158 571	72 267	19 521	52 746	162 053	87 592	74 462
云　南	362 934	188 313	174 621	76 406	24 604	51 802	193 858	104 175	89 683
西　藏	23 908	11 938	11 971	11 973	4 951	7 021	10 251	5 970	4 281
陕　西	273 671	137 828	135 843	33 132	10 300	22 832	103 542	50 123	53 418
甘　肃	222 307	111 442	110 866	49 981	16 060	33 921	94 029	47 394	46 635
青　海	40 317	20 406	19 911	12 498	4 245	8 252	16 726	9 079	7 647
宁　夏	41 701	20 969	20 732	9 341	2 947	6 394	17 191	8 803	8 388
新　疆	151 702	77 400	74 301	14 247	5 919	8 328	62 142	30 747	31 395

表1-5c 各地区分性别、受教育程度的6岁及以上人口(乡村)(续 1)

单位：人

地区	初中			高中			大学专科		
	小计	男	女	小计	男	女	小计	男	女
全　国	**3 342 227**	**1 893 636**	**1 448 590**	**548 303**	**354 323**	**193 980**	**56 229**	**36 017**	**20 212**
北　京	15 401	8 516	6 885	5 402	2 959	2 444	680	336	344
天　津	15 779	8 634	7 145	2 633	1 569	1 064	191	114	77
河　北	270 518	146 878	123 640	43 090	25 993	17 097	3 687	2 014	1 673
山　西	119 125	65 007	54 118	17 356	10 471	6 886	1 704	995	709
内蒙古	51 588	30 525	21 063	8 833	5 619	3 214	1 201	728	472
辽　宁	101 380	55 387	45 993	11 094	6 749	4 345	1 708	1 051	657
吉　林	70 983	39 593	31 390	9 074	5 549	3 525	1 113	647	466
黑龙江	91 473	51 120	40 353	9 747	6 231	3 516	1 805	1 246	558
上　海	10 618	5 983	4 635	2 938	1 671	1 267	506	263	242
江　苏	170 761	92 896	77 864	34 001	22 125	11 875	3 567	2 337	1 230
浙　江	88 190	50 674	37 516	21 768	13 210	8 558	2 128	1 354	773
安　徽	161 782	94 671	67 110	21 908	14 969	6 939	2 419	1 752	667
福　建	70 182	42 984	27 198	13 090	8 962	4 129	1 749	1 068	680
江　西	110 202	65 830	44 372	17 870	12 977	4 893	1 511	1 131	380
山　东	257 688	148 308	109 380	44 219	29 712	14 507	3 840	2 681	1 159
河　南	384 072	208 657	175 415	53 742	34 296	19 446	4 476	2 778	1 698
湖　北	155 601	90 767	64 835	27 745	19 011	8 735	1 867	1 358	509
湖　南	198 218	109 032	89 187	42 531	26 847	15 685	3 344	2 087	1 257
广　东	168 758	92 781	75 977	31 768	21 496	10 272	3 102	2 158	944
广　西	141 665	83 201	58 464	18 443	12 852	5 591	1 658	1 120	539
海　南	20 289	12 116	8 173	3 159	2 445	713	309	227	81
重　庆	54 306	30 786	23 520	8 271	5 166	3 105	745	502	243
四　川	196 328	110 634	85 694	26 517	16 544	9 974	1 997	1 278	719
贵　州	79 360	51 525	27 835	10 736	7 664	3 072	1 515	1 101	414
云　南	80 128	51 276	28 852	10 460	6 864	3 595	1 842	1 228	614
西　藏	1 485	904	581	152	86	67	42	25	17
陕　西	112 082	61 961	50 121	22 596	13 986	8 610	2 015	1 254	761
甘　肃	62 384	37 103	25 281	14 353	9 794	4 559	1 389	967	423
青　海	9 127	5 783	3 344	1 594	1 052	542	312	208	104
宁　夏	12 644	7 581	5 063	2 252	1 447	806	225	156	68
新　疆	60 111	32 526	27 585	10 959	6 008	4 951	3 583	1 850	1 733

表1-5c 各地区分性别、受教育程度的6岁及以上人口(乡村)(续 2)

单位：人

地 区	大学本科			研究生		
	小计	男	女	小计	男	女
全 国	**9 502**	**6 271**	**3 231**	**190**	**109**	**81**
北 京	210	124	86	3	2	1
天 津	48	26	22	1	1	
河 北	494	307	187	13	7	7
山 西	250	143	107	10	7	3
内 蒙 古	237	136	100	2	1	1
辽 宁	332	208	124	1		1
吉 林	264	149	115	4	2	2
黑 龙 江	257	160	97	11	5	6
上 海	211	117	94	11	4	6
江 苏	561	385	176	5	2	3
浙 江	395	258	138	3	3	
安 徽	504	378	126	6	5	2
福 建	344	246	98	1	1	
江 西	237	201	36	12	9	3
山 东	646	436	210	7	2	5
河 南	591	377	214	22	8	14
湖 北	371	264	107	10	4	6
湖 南	725	467	258	19	15	4
广 东	503	353	149	14	8	6
广 西	156	119	37			
海 南	45	36	9			
重 庆	146	102	44	2	2	
四 川	303	212	91	15	10	5
贵 州	203	161	42			
云 南	236	161	75	4	4	
西 藏	6	3	3			
陕 西	297	198	98	8	6	2
甘 肃	168	122	46	2	1	1
青 海	59	38	21	1	1	
宁 夏	48	35	13			
新 疆	655	348	307	5	2	3

表1-6 各地区分性别、婚姻状况的人口

单位：人

地　区	15岁及以上人口			未　婚			初婚有配偶		
	合计	男	女	小计	男	女	小计	男	女
全　国	**13 664 737**	**6 786 677**	**6 878 061**	**2 619 360**	**1 524 886**	**1 094 474**	**9 824 784**	**4 801 807**	**5 022 977**
北　京	182 650	92 227	90 424	42 458	24 048	18 410	125 619	62 766	62 853
天　津	120 572	59 994	60 578	25 272	13 533	11 739	86 157	43 035	43 123
河　北	746 574	369 699	376 876	150 192	83 326	66 866	539 078	264 338	274 740
山　西	349 524	175 754	173 769	63 950	37 514	26 437	257 429	127 362	130 068
内蒙古	262 000	133 393	128 607	44 045	26 679	17 367	197 268	98 619	98 649
辽　宁	479 167	238 190	240 977	75 060	43 118	31 942	356 012	176 046	179 966
吉　林	307 428	155 105	152 323	54 665	31 559	23 105	224 734	111 905	112 829
黑龙江	430 771	216 958	213 813	67 892	39 886	28 007	321 690	159 928	161 761
上　海	214 169	107 344	106 825	45 843	25 561	20 283	150 506	75 581	74 925
江　苏	835 732	401 541	434 191	132 857	74 717	58 140	628 557	301 591	326 966
浙　江	545 255	274 090	271 165	94 861	56 991	37 871	403 170	201 100	202 069
安　徽	623 028	303 519	319 509	107 540	63 216	44 325	459 328	219 875	239 453
福　建	381 435	188 037	193 398	81 372	46 360	35 012	267 788	130 941	136 846
江　西	427 446	209 866	217 579	71 072	42 527	28 545	318 555	153 907	164 648
山　东	1 029 220	507 409	521 811	185 411	103 594	81 817	760 077	373 871	386 206
河　南	979 235	483 364	495 872	198 308	113 209	85 099	705 908	341 961	363 947
湖　北	613 088	305 444	307 644	107 940	65 272	42 668	446 127	216 780	229 347
湖　南	680 670	342 170	338 500	136 313	81 936	54 377	477 887	234 618	243 268
广　东	956 604	473 198	483 406	287 066	155 264	131 802	611 909	299 796	312 113
广　西	470 371	238 765	231 606	107 908	67 455	40 453	321 121	156 264	164 857
海　南	83 637	43 036	40 601	21 852	13 323	8 529	55 980	27 723	28 257
重　庆	293 816	145 638	148 178	43 319	27 417	15 903	215 741	104 593	111 148
四　川	849 493	415 877	433 616	126 300	77 715	48 585	621 161	298 556	322 606
贵　州	353 816	178 813	175 003	63 287	39 732	23 555	254 057	123 713	130 344
云　南	446 987	228 580	218 407	85 689	54 480	31 210	320 210	157 797	162 413
西　藏	26 656	13 064	13 592	9 393	5 074	4 320	14 585	7 099	7 486
陕　西	396 108	195 982	200 127	74 375	43 747	30 628	286 807	138 574	148 233
甘　肃	263 000	130 485	132 515	50 573	29 433	21 141	189 969	92 184	97 785
青　海	54 595	27 343	27 252	10 481	6 183	4 298	38 081	18 731	19 350
宁　夏	58 454	29 123	29 330	10 563	6 003	4 560	43 550	21 412	22 138
新　疆	203 235	102 669	100 566	43 499	26 016	17 483	125 723	61 140	64 583

表1-6 各地区分性别、婚姻状况的人口(续 1)

单位：人

地 区	再婚有配偶			离 婚			丧 偶		
	小计	男	女	小计	男	女	小计	男	女
全 国	**301 209**	**138 947**	**162 262**	**135 625**	**81 486**	**54 139**	**783 760**	**239 551**	**544 209**
北 京	4 056	2 069	1 987	2 869	1 341	1 528	7 647	2 003	5 644
天 津	2 200	1 055	1 145	1 353	672	681	5 590	1 699	3 891
河 北	15 075	6 269	8 805	5 256	3 506	1 750	36 973	12 259	24 714
山 西	7 808	3 326	4 482	3 057	2 187	870	17 279	5 366	11 913
内 蒙 古	6 217	2 730	3 487	3 024	1 823	1 201	11 446	3 541	7 905
辽 宁	13 369	6 372	6 997	9 489	5 077	4 411	25 238	7 578	17 660
吉 林	8 274	3 908	4 366	5 021	2 980	2 040	14 735	4 753	9 982
黑 龙 江	12 694	6 224	6 470	7 682	4 486	3 196	20 813	6 434	14 379
上 海	4 155	2 027	2 128	3 749	1 883	1 866	9 916	2 293	7 624
江 苏	15 531	6 746	8 785	7 100	4 229	2 871	51 686	14 258	37 428
浙 江	10 913	4 427	6 486	5 436	3 439	1 997	30 874	8 133	22 741
安 徽	10 094	4 183	5 911	4 305	2 896	1 409	41 760	13 349	28 412
福 建	6 456	2 961	3 495	3 103	2 001	1 101	22 716	5 773	16 943
江 西	8 445	3 974	4 471	2 974	1 906	1 069	26 399	7 553	18 846
山 东	19 451	8 284	11 168	5 773	3 819	1 954	58 507	17 841	40 666
河 南	14 433	6 183	8 250	6 542	4 377	2 165	54 044	17 633	36 411
湖 北	15 139	7 081	8 058	5 363	3 367	1 996	38 519	12 944	25 575
湖 南	15 960	7 216	8 744	6 621	4 281	2 340	43 888	14 118	29 770
广 东	8 789	4 547	4 242	6 014	3 387	2 627	42 826	10 204	32 622
广 西	7 024	3 471	3 553	3 785	2 442	1 343	30 533	9 133	21 400
海 南	1 110	585	525	556	357	199	4 140	1 049	3 091
重 庆	9 418	3 992	5 426	4 458	2 562	1 896	20 880	7 075	13 805
四 川	26 462	11 382	15 080	10 247	6 098	4 148	65 324	22 127	43 197
贵 州	9 847	5 116	4 730	3 845	2 450	1 395	22 780	7 802	14 978
云 南	11 043	5 596	5 447	4 304	2 531	1 773	25 741	8 176	17 564
西 藏	364	191	173	507	127	381	1 806	574	1 232
陕 西	9 063	4 178	4 884	3 442	2 251	1 191	22 421	7 231	15 190
甘 肃	4 831	2 311	2 520	2 345	1 478	867	15 282	5 080	10 202
青 海	2 003	1 042	961	1 112	518	595	2 918	870	2 048
宁 夏	1 370	725	645	631	319	312	2 340	664	1 676
新 疆	19 616	10 776	8 840	5 660	2 696	2 964	8 737	2 040	6 697

表1-6a 各地区分性别、婚姻状况的人口(城市)

单位：人

地区	15岁及以上人口			未婚			初婚有配偶		
	合计	男	女	小计	男	女	小计	男	女
全国	**4 008 936**	**1 984 780**	**2 024 156**	**838 692**	**460 015**	**378 676**	**2 847 672**	**1 407 990**	**1 439 682**
北京	145 110	73 077	72 033	35 529	19 877	15 652	98 340	49 044	49 297
天津	71 818	35 539	36 279	16 918	8 822	8 096	49 352	24 716	24 636
河北	155 229	75 051	80 178	28 539	14 206	14 333	115 086	56 603	58 483
山西	94 005	46 537	47 468	16 754	9 155	7 599	70 835	35 087	35 748
内蒙古	95 939	48 199	47 740	16 528	9 517	7 011	71 816	35 762	36 053
辽宁	222 504	109 117	113 388	38 169	20 802	17 368	160 261	79 028	81 233
吉林	105 163	52 110	53 052	19 509	10 886	8 622	75 386	37 281	38 105
黑龙江	173 415	86 504	86 911	27 038	15 822	11 217	127 471	63 327	64 144
上海	173 475	87 014	86 460	39 275	21 866	17 409	119 822	60 177	59 645
江苏	298 046	146 239	151 807	55 542	29 480	26 062	220 645	109 118	111 527
浙江	211 196	106 440	104 756	42 196	24 264	17 932	154 093	77 181	76 912
安徽	106 500	53 033	53 467	19 262	11 186	8 076	79 097	38 990	40 106
福建	118 984	58 729	60 255	31 013	16 684	14 329	80 271	39 588	40 683
江西	64 585	31 499	33 086	11 051	6 267	4 784	48 151	23 410	24 740
山东	297 261	146 816	150 445	58 212	31 365	26 847	217 012	107 802	109 211
河南	186 026	91 715	94 310	34 093	18 702	15 391	139 143	68 347	70 796
湖北	188 771	93 173	95 597	36 112	20 576	15 535	135 797	66 240	69 557
湖南	146 698	72 691	74 006	28 154	16 042	12 112	105 142	51 734	53 408
广东	469 240	233 001	236 239	154 650	80 822	73 828	292 070	145 283	146 788
广西	73 270	36 095	37 174	17 984	9 937	8 047	49 286	24 113	25 174
海南	33 371	16 863	16 508	8 669	4 874	3 796	22 784	11 313	11 471
重庆	78 477	39 227	39 250	13 385	8 334	5 051	55 485	27 267	28 218
四川	142 619	69 199	73 420	22 954	12 611	10 343	103 457	50 279	53 178
贵州	47 567	23 460	24 107	8 982	5 063	3 919	32 949	16 207	16 742
云南	83 054	41 579	41 475	17 626	10 051	7 575	58 359	28 840	29 520
西藏	3 944	1 824	2 120	1 112	530	582	2 524	1 185	1 339
陕西	100 609	49 587	51 022	18 864	10 601	8 263	73 696	35 989	37 707
甘肃	39 861	19 752	20 108	6 631	3 726	2 905	29 903	14 789	15 114
青海	11 788	5 830	5 958	1 965	1 066	900	8 609	4 284	4 326
宁夏	17 382	8 582	8 800	2 693	1 486	1 207	13 145	6 502	6 642
新疆	53 030	26 296	26 734	9 283	5 397	3 886	37 684	18 504	19 180

表1-6a　各地区分性别、婚姻状况的人口(城市)(续 1)

单位：人

地　区	再婚有配偶			离　婚			丧　偶		
	小计	男	女	小计	男	女	小计	男	女
全　国	**85 372**	**43 965**	**41 407**	**63 513**	**30 539**	**32 974**	**173 687**	**42 271**	**131 416**
北　京	2 948	1 588	1 360	2 529	1 119	1 410	5 763	1 448	4 315
天　津	1 104	576	528	1 012	449	563	3 432	978	2 455
河　北	3 391	1 724	1 668	1 857	845	1 011	6 356	1 673	4 683
山　西	1 772	877	895	991	494	497	3 654	925	2 729
内 蒙 古	2 468	1 242	1 226	1 645	806	839	3 483	872	2 611
辽　宁	6 014	3 162	2 852	6 758	3 270	3 488	11 302	2 855	8 447
吉　林	2 836	1 499	1 337	2 604	1 276	1 329	4 828	1 168	3 660
黑 龙 江	5 685	2 904	2 781	4 414	2 264	2 151	8 806	2 187	6 619
上　海	3 105	1 522	1 583	3 316	1 657	1 659	7 955	1 792	6 164
江　苏	5 316	2 671	2 645	3 820	1 866	1 954	12 724	3 104	9 619
浙　江	3 641	1 672	1 970	2 448	1 249	1 199	8 818	2 076	6 743
安　徽	1 925	963	962	1 371	649	722	4 846	1 245	3 601
福　建	1 690	872	818	1 215	597	618	4 794	987	3 807
江　西	1 304	675	629	1 003	473	529	3 076	673	2 404
山　东	5 911	2 857	3 054	2 492	1 248	1 244	13 633	3 544	10 089
河　南	3 425	1 802	1 623	2 194	974	1 220	7 171	1 891	5 280
湖　北	4 582	2 363	2 219	2 845	1 451	1 394	9 435	2 542	6 892
湖　南	3 780	1 913	1 868	2 481	1 214	1 267	7 140	1 789	5 351
广　东	3 810	2 227	1 583	3 639	1 630	2 009	15 071	3 040	12 031
广　西	1 485	880	605	1 253	566	688	3 261	600	2 660
海　南	424	243	180	282	145	137	1 211	288	924
重　庆	2 870	1 367	1 503	2 475	1 248	1 228	4 262	1 012	3 250
四　川	5 463	2 764	2 700	3 476	1 652	1 824	7 269	1 893	5 376
贵　州	1 970	1 079	891	1 480	675	805	2 187	435	1 751
云　南	1 942	1 026	916	1 353	637	716	3 773	1 025	2 749
西　藏	84	44	40	64	18	46	160	47	112
陕　西	2 343	1 214	1 129	1 492	742	751	4 213	1 041	3 172
甘　肃	892	492	400	745	344	401	1 690	401	1 288
青　海	413	227	186	308	139	169	492	115	377
宁　夏	536	287	249	385	160	225	623	146	477
新　疆	2 241	1 234	1 007	1 564	682	882	2 258	479	1 778

表1-6b 各地区分性别、婚姻状况的人口(镇)

单位：人

地区	15岁及以上人口			未婚			初婚有配偶		
	合计	男	女	小计	男	女	小计	男	女
全国	**2 343 316**	**1 157 431**	**1 185 885**	**418 656**	**239 620**	**179 036**	**1 729 644**	**846 518**	**883 127**
北京	8 323	4 142	4 180	1 509	853	656	6 196	3 064	3 132
天津	19 347	9 666	9 681	3 537	1 944	1 593	14 496	7 209	7 287
河北	108 677	53 947	54 730	20 436	11 376	9 060	80 453	39 698	40 755
山西	56 960	28 444	28 516	9 718	5 612	4 107	43 178	21 321	21 857
内蒙古	49 129	24 839	24 290	7 392	4 390	3 002	37 993	18 969	19 024
辽宁	70 071	34 926	35 146	9 360	5 500	3 859	53 704	26 576	27 128
吉林	55 571	28 091	27 480	8 543	5 095	3 448	41 584	20 762	20 822
黑龙江	75 717	37 928	37 789	10 640	6 314	4 326	57 698	28 578	29 120
上海	17 498	8 691	8 807	2 890	1 586	1 304	13 231	6 607	6 624
江苏	172 502	83 056	89 446	26 158	14 914	11 243	131 760	63 259	68 501
浙江	98 271	48 656	49 615	16 426	9 692	6 734	74 010	36 403	37 607
安徽	148 879	72 166	76 713	25 261	13 996	11 265	111 206	53 835	57 371
福建	79 364	38 978	40 386	16 192	9 348	6 844	56 920	27 655	29 265
江西	103 887	50 904	52 983	16 431	9 439	6 992	79 529	38 711	40 818
山东	192 689	94 908	97 781	33 094	18 266	14 828	144 579	71 452	73 128
河南	141 681	69 601	72 080	27 962	15 476	12 486	102 953	50 187	52 766
湖北	90 099	44 529	45 570	13 903	8 344	5 560	68 209	33 089	35 120
湖南	109 702	54 797	54 906	21 947	12 631	9 315	78 764	38 762	40 002
广东	156 182	77 305	78 878	46 378	25 106	21 272	101 536	49 622	51 914
广西	94 530	47 648	46 881	19 718	12 028	7 691	67 498	33 106	34 392
海南	12 423	6 281	6 142	3 017	1 782	1 234	8 582	4 225	4 357
重庆	62 248	30 152	32 096	7 929	4 592	3 338	47 745	23 056	24 688
四川	138 582	67 239	71 343	17 925	10 666	7 259	104 821	50 670	54 151
贵州	54 638	27 499	27 139	9 832	6 017	3 815	39 170	19 186	19 983
云南	67 294	33 866	33 427	12 744	7 495	5 250	48 500	24 036	24 464
西藏	3 644	1 769	1 876	1 069	601	469	2 200	1 047	1 153
陕西	66 535	32 933	33 602	11 826	6 867	4 959	49 399	24 021	25 378
甘肃	43 854	21 990	21 863	8 000	4 669	3 332	32 508	16 052	16 456
青海	10 225	5 064	5 161	2 042	1 096	946	7 191	3 556	3 635
宁夏	8 182	4 080	4 102	1 412	796	615	6 256	3 083	3 173
新疆	26 613	13 340	13 273	5 367	3 129	2 237	17 776	8 720	9 055

表1-6b　各地区分性别、婚姻状况的人口(镇)(续 1)

单位：人

地　区	再婚有配偶			离　婚			丧　偶		
	小计	男	女	小计	男	女	小计	男	女
全　国	**54 736**	**27 051**	**27 685**	**22 293**	**12 684**	**9 609**	**117 987**	**31 559**	**86 428**
北　京	227	112	115	78	37	40	314	76	238
天　津	385	187	198	167	90	77	763	236	526
河　北	2 403	1 062	1 341	658	428	230	4 726	1 382	3 344
山　西	1 285	609	676	415	271	144	2 364	631	1 733
内蒙古	1 254	576	678	533	328	205	1 957	576	1 381
辽　宁	2 373	1 180	1 193	1 144	636	508	3 492	1 034	2 458
吉　林	1 761	856	905	1 040	647	394	2 643	731	1 912
黑龙江	2 438	1 264	1 174	1 487	853	634	3 454	919	2 535
上　海	497	239	258	225	107	118	655	151	503
江　苏	3 467	1 541	1 926	1 171	675	496	9 946	2 666	7 280
浙　江	2 066	900	1 166	985	545	440	4 784	1 117	3 668
安　徽	2 487	1 192	1 295	1 045	630	416	8 879	2 513	6 367
福　建	1 424	658	766	634	380	254	4 195	937	3 258
江　西	2 114	1 107	1 006	732	392	340	5 080	1 255	3 825
山　东	3 872	1 772	2 099	860	555	305	10 285	2 863	7 422
河　南	2 355	1 117	1 238	970	637	333	7 442	2 183	5 258
湖　北	2 536	1 298	1 238	663	400	263	4 787	1 398	3 390
湖　南	2 705	1 387	1 318	1 084	571	512	5 203	1 446	3 758
广　东	1 417	765	653	768	431	337	6 083	1 382	4 701
广　西	1 660	939	721	826	435	391	4 828	1 142	3 686
海　南	171	99	72	76	47	29	576	128	449
重　庆	2 156	1 064	1 092	911	467	444	3 507	972	2 535
四　川	5 125	2 520	2 605	2 189	1 206	984	8 522	2 178	6 344
贵　州	1 808	1 026	782	846	509	337	2 982	761	2 221
云　南	2 034	1 085	949	908	439	468	3 107	811	2 296
西　藏	62	34	29	80	20	60	234	67	166
陕　西	1 562	756	806	483	316	167	3 265	972	2 292
甘　肃	853	445	407	385	219	166	2 108	606	1 502
青　海	374	208	166	177	83	95	441	120	320
宁　夏	162	84	78	82	43	39	271	74	197
新　疆	1 704	969	735	671	289	382	1 096	232	863

表1-6c 各地区分性别、婚姻状况的人口(乡村)

单位：人

地区	15岁及以上人口			未婚			初婚有配偶		
	合计	男	女	小计	男	女	小计	男	女
全国	**7 312 485**	**3 644 465**	**3 668 020**	**1 362 013**	**825 250**	**536 762**	**5 247 467**	**2 547 300**	**2 700 167**
北京	29 218	15 008	14 210	5 420	3 317	2 103	21 084	10 659	10 425
天津	29 407	14 789	14 618	4 817	2 767	2 050	22 309	11 110	11 199
河北	482 668	240 701	241 968	101 218	57 744	43 474	343 539	168 036	175 502
山西	198 559	100 773	97 785	37 479	22 747	14 731	143 417	70 954	72 462
内蒙古	116 931	60 354	56 577	20 125	12 771	7 354	87 459	43 888	43 572
辽宁	186 591	94 148	92 444	27 531	16 816	10 715	142 047	70 442	71 606
吉林	146 694	74 904	71 791	26 613	15 578	11 035	107 764	53 862	53 902
黑龙江	181 640	92 527	89 113	30 215	17 750	12 464	136 521	68 023	68 498
上海	23 197	11 639	11 558	3 678	2 109	1 570	17 453	8 797	8 655
江苏	365 184	172 246	192 938	51 158	30 323	20 835	276 152	129 214	146 939
浙江	235 787	118 993	116 794	36 240	23 035	13 204	175 067	87 516	87 551
安徽	367 649	178 320	189 330	63 018	38 033	24 984	269 025	127 050	141 976
福建	183 086	90 330	92 756	34 168	20 328	13 839	130 597	63 698	66 899
江西	258 975	127 464	131 511	43 591	26 822	16 769	190 875	91 786	99 090
山东	539 270	265 685	273 585	94 105	53 963	40 142	398 485	194 617	203 868
河南	651 529	322 048	329 481	136 254	79 032	57 222	463 811	223 427	240 384
湖北	334 218	167 742	166 476	57 925	36 352	21 573	242 120	117 451	124 669
湖南	424 270	214 682	209 588	86 213	53 263	32 950	293 981	144 123	149 858
广东	331 181	162 892	168 289	86 038	49 336	36 702	218 303	104 892	113 411
广西	302 571	155 021	147 550	70 205	45 491	24 714	204 337	99 046	105 291
海南	37 844	19 893	17 951	10 165	6 667	3 499	24 614	12 186	12 429
重庆	153 091	76 260	76 831	22 005	14 492	7 514	112 511	54 269	58 242
四川	568 292	279 438	288 853	85 421	54 438	30 984	412 882	197 606	215 276
贵州	251 611	127 854	123 757	44 473	28 652	15 821	181 938	88 320	93 619
云南	296 639	153 134	143 505	55 319	36 934	18 385	213 350	104 921	108 429
西藏	19 068	9 471	9 596	7 212	3 943	3 269	9 861	4 867	4 994
陕西	228 965	113 463	115 502	43 685	26 279	17 407	163 712	78 564	85 148
甘肃	179 286	88 743	90 543	35 941	21 038	14 904	127 559	61 343	66 216
青海	32 582	16 449	16 133	6 474	4 021	2 453	22 280	10 891	11 389
宁夏	32 890	16 462	16 428	6 458	3 721	2 737	24 149	11 827	12 322
新疆	123 593	63 034	60 559	28 849	17 490	11 359	70 263	33 916	36 347

表1-6c　各地区分性别、婚姻状况的人口(乡村)(续 1)

单位：人

地　区	再婚有配偶			离　婚			丧　偶		
	小计	男	女	小计	男	女	小计	男	女
全　国	**161 100**	**67 931**	**93 169**	**49 819**	**38 263**	**11 556**	**492 086**	**165 721**	**326 365**
北　京	881	369	512	262	184	78	1 570	479	1 091
天　津	711	292	419	174	134	41	1 395	485	910
河　北	9 280	3 483	5 796	2 741	2 233	509	25 891	9 204	16 687
山　西	4 751	1 840	2 911	1 651	1 421	230	11 261	3 810	7 451
内蒙古	2 495	912	1 583	846	690	156	6 006	2 093	3 913
辽　宁	4 982	2 030	2 952	1 587	1 171	415	10 445	3 689	6 755
吉　林	3 677	1 553	2 124	1 376	1 058	318	7 264	2 854	4 411
黑龙江	4 571	2 056	2 515	1 780	1 369	411	8 553	3 328	5 225
上　海	552	265	287	208	119	89	1 306	349	957
江　苏	6 748	2 534	4 214	2 109	1 688	422	29 017	8 488	20 529
浙　江	5 206	1 856	3 350	2 003	1 645	358	17 272	4 941	12 331
安　徽	5 682	2 028	3 655	1 889	1 617	272	28 035	9 591	18 443
福　建	3 341	1 431	1 910	1 254	1 025	229	13 727	3 848	9 879
江　西	5 027	2 191	2 836	1 239	1 040	199	18 242	5 625	12 617
山　东	9 669	3 655	6 014	2 421	2 016	405	34 590	11 434	23 155
河　南	8 653	3 264	5 389	3 379	2 766	613	39 431	13 558	25 873
湖　北	8 021	3 419	4 602	1 855	1 516	339	24 297	9 004	15 293
湖　南	9 475	3 916	5 559	3 056	2 496	560	31 544	10 883	20 661
广　东	3 562	1 556	2 006	1 606	1 326	280	21 673	5 782	15 891
广　西	3 879	1 652	2 227	1 706	1 442	264	22 444	7 391	15 053
海　南	515	243	273	197	164	33	2 352	633	1 719
重　庆	4 391	1 561	2 831	1 072	847	225	13 111	5 091	8 020
四　川	15 873	6 098	9 775	4 581	3 240	1 341	49 533	18 056	31 477
贵　州	6 068	3 011	3 057	1 519	1 266	253	17 611	6 605	11 006
云　南	7 067	3 485	3 582	2 043	1 454	589	18 860	6 340	12 520
西　藏	218	114	104	364	89	275	1 413	459	954
陕　西	5 158	2 208	2 950	1 467	1 193	274	14 943	5 218	9 725
甘　肃	3 086	1 374	1 712	1 214	915	300	11 485	4 073	7 412
青　海	1 216	607	609	627	296	331	1 985	634	1 351
宁　夏	672	354	318	165	116	49	1 446	445	1 001
新　疆	15 671	8 573	7 098	3 426	1 726	1 700	5 384	1 329	4 055

表1-7 各地区分性别的15岁及以上文盲人口

单位：人

地区	15岁及以上人口			文盲人口			文盲人口占15岁及以上人口比重（%）		
	合计	男	女	合计	男	女	合计	男	女
全国	**13 664 737**	**6 786 677**	**6 878 061**	**1 508 706**	**397 877**	**1 110 828**	**11.04**	**5.86**	**16.15**
北京	182 650	92 227	90 424	7 152	1 393	5 759	3.92	1.51	6.37
天津	120 572	59 994	60 578	5 793	1 303	4 490	4.80	2.17	7.41
河北	746 574	369 699	376 876	53 638	13 842	39 797	7.18	3.74	10.56
山西	349 524	175 754	173 769	19 472	5 673	13 799	5.57	3.23	7.94
内蒙古	262 000	133 393	128 607	29 476	8 751	20 725	11.25	6.56	16.12
辽宁	479 167	238 190	240 977	22 839	5 700	17 139	4.77	2.39	7.11
吉林	307 428	155 105	152 323	17 994	5 436	12 558	5.85	3.50	8.24
黑龙江	430 771	216 958	213 813	26 633	7 584	19 049	6.18	3.50	8.91
上海	214 169	107 344	106 825	11 213	2 019	9 194	5.24	1.88	8.61
江苏	835 732	401 541	434 191	83 702	17 528	66 174	10.02	4.37	15.24
浙江	545 255	274 090	271 165	65 172	16 687	48 485	11.95	6.09	17.88
安徽	623 028	303 519	319 509	119 875	34 197	85 678	19.24	11.27	26.82
福建	381 435	188 037	193 398	49 279	10 028	39 251	12.92	5.33	20.30
江西	427 446	209 866	217 579	45 038	10 308	34 730	10.54	4.91	15.96
山东	1 029 220	507 409	521 811	127 449	31 741	95 707	12.38	6.26	18.34
河南	979 235	483 364	495 872	95 891	26 929	68 962	9.79	5.57	13.91
湖北	613 088	305 444	307 644	74 114	17 902	56 212	12.09	5.86	18.27
湖南	680 670	342 170	338 500	58 377	15 200	43 177	8.58	4.44	12.76
广东	956 604	473 198	483 406	57 370	10 634	46 735	6.00	2.25	9.67
广西	470 371	238 765	231 606	40 625	9 040	31 584	8.64	3.79	13.64
海南	83 637	43 036	40 601	8 162	1 794	6 367	9.76	4.17	15.68
重庆	293 816	145 638	148 178	34 244	9 658	24 586	11.65	6.63	16.59
四川	849 493	415 877	433 616	141 104	40 946	100 158	16.61	9.85	23.10
贵州	353 816	178 813	175 003	75 750	19 190	56 560	21.41	10.73	32.32
云南	446 987	228 580	218 407	89 713	27 653	62 060	20.07	12.10	28.41
西藏	26 656	13 064	13 592	11 953	4 374	7 579	44.84	33.48	55.76
陕西	396 108	195 982	200 127	40 903	12 024	28 879	10.33	6.14	14.43
甘肃	263 000	130 485	132 515	54 780	16 601	38 180	20.83	12.72	28.81
青海	54 595	27 343	27 252	13 143	4 101	9 042	24.07	15.00	33.18
宁夏	58 454	29 123	29 330	10 935	3 271	7 664	18.71	11.23	26.13
新疆	203 235	102 669	100 566	16 919	6 370	10 549	8.32	6.20	10.49

表1-7a　各地区分性别的15岁及以上文盲人口(城市)

单位：人

地　区	15岁及以上人口			文盲人口			文盲人口占15岁及以上人口比重（%）		
	合计	男	女	合计	男	女	合计	男	女
全　国	**4 008 936**	**1 984 780**	**2 024 156**	**200 274**	**42 794**	**157 480**	**5.00**	**2.16**	**7.78**
北　京	145 110	73 077	72 033	4 232	671	3 562	2.92	0.92	4.94
天　津	71 818	35 539	36 279	2 232	388	1 845	3.11	1.09	5.08
河　北	155 229	75 051	80 178	5 686	1 069	4 618	3.66	1.42	5.76
山　西	94 005	46 537	47 468	2 943	699	2 244	3.13	1.50	4.73
内蒙古	95 939	48 199	47 740	4 375	1 020	3 355	4.56	2.12	7.03
辽　宁	222 504	109 117	113 388	6 412	1 308	5 105	2.88	1.20	4.50
吉　林	105 163	52 110	53 052	3 171	727	2 444	3.02	1.40	4.61
黑龙江	173 415	86 504	86 911	7 882	1 958	5 924	4.54	2.26	6.82
上　海	173 475	87 014	86 460	6 855	1 082	5 773	3.95	1.24	6.68
江　苏	298 046	146 239	151 807	15 747	2 999	12 748	5.28	2.05	8.40
浙　江	211 196	106 440	104 756	15 958	3 610	12 348	7.56	3.39	11.79
安　徽	106 500	53 033	53 467	9 690	2 397	7 293	9.10	4.52	13.64
福　建	118 984	58 729	60 255	6 955	1 197	5 758	5.85	2.04	9.56
江　西	64 585	31 499	33 086	3 226	723	2 503	5.00	2.30	7.57
山　东	297 261	146 816	150 445	20 003	4 148	15 855	6.73	2.83	10.54
河　南	186 026	91 715	94 310	7 532	1 631	5 901	4.05	1.78	6.26
湖　北	188 771	93 173	95 597	12 365	2 435	9 929	6.55	2.61	10.39
湖　南	146 698	72 691	74 006	5 934	1 303	4 631	4.05	1.79	6.26
广　东	469 240	233 001	236 239	16 619	2 828	13 791	3.54	1.21	5.84
广　西	73 270	36 095	37 174	2 522	428	2 093	3.44	1.19	5.63
海　南	33 371	16 863	16 508	2 066	401	1 665	6.19	2.38	10.09
重　庆	78 477	39 227	39 250	3 866	980	2 886	4.93	2.50	7.35
四　川	142 619	69 199	73 420	8 217	1 991	6 226	5.76	2.88	8.48
贵　州	47 567	23 460	24 107	3 233	719	2 515	6.80	3.06	10.43
云　南	83 054	41 579	41 475	10 524	3 140	7 385	12.67	7.55	17.80
西　藏	3 944	1 824	2 120	1 278	414	864	32.41	22.72	40.74
陕　西	100 609	49 587	51 022	3 706	797	2 909	3.68	1.61	5.70
甘　肃	39 861	19 752	20 108	2 253	452	1 801	5.65	2.29	8.96
青　海	11 788	5 830	5 958	689	160	529	5.85	2.74	8.88
宁　夏	17 382	8 582	8 800	1 166	281	885	6.71	3.28	10.05
新　疆	53 030	26 296	26 734	2 934	838	2 096	5.53	3.19	7.84

表1-7b 各地区分性别的15岁及以上文盲人口(镇)

单位：人

地区	15岁及以上人口			文盲人口			文盲人口占15岁及以上人口比重（%）		
	合计	男	女	合计	男	女	合计	男	女
全　国	**2 343 316**	**1 157 431**	**1 185 885**	**199 064**	**46 315**	**152 749**	**8.49**	**4.00**	**12.88**
北　京	8 323	4 142	4 180	365	76	289	4.38	1.83	6.92
天　津	19 347	9 666	9 681	1 140	303	838	5.89	3.13	8.65
河　北	108 677	53 947	54 730	5 939	1 343	4 596	5.47	2.49	8.40
山　西	56 960	28 444	28 516	2 278	564	1 714	4.00	1.98	6.01
内蒙古	49 129	24 839	24 290	4 622	1 175	3 447	9.41	4.73	14.19
辽　宁	70 071	34 926	35 146	3 174	742	2 432	4.53	2.12	6.92
吉　林	55 571	28 091	27 480	3 090	845	2 245	5.56	3.01	8.17
黑龙江	75 717	37 928	37 789	3 815	1 026	2 790	5.04	2.70	7.38
上　海	17 498	8 691	8 807	1 339	251	1 088	7.65	2.89	12.36
江　苏	172 502	83 056	89 446	16 324	3 338	12 986	9.46	4.02	14.52
浙　江	98 271	48 656	49 615	9 344	2 170	7 174	9.51	4.46	14.46
安　徽	148 879	72 166	76 713	21 534	5 433	16 101	14.46	7.53	20.99
福　建	79 364	38 978	40 386	8 858	1 719	7 139	11.16	4.41	17.68
江　西	103 887	50 904	52 983	6 770	1 314	5 455	6.52	2.58	10.30
山　东	192 689	94 908	97 781	20 947	4 997	15 950	10.87	5.27	16.31
河　南	141 681	69 601	72 080	11 008	2 669	8 339	7.77	3.84	11.57
湖　北	90 099	44 529	45 570	8 114	1 618	6 496	9.01	3.63	14.26
湖　南	109 702	54 797	54 906	4 666	1 022	3 643	4.25	1.87	6.64
广　东	156 182	77 305	78 878	8 158	1 361	6 797	5.22	1.76	8.62
广　西	94 530	47 648	46 881	5 114	912	4 202	5.41	1.91	8.96
海　南	12 423	6 281	6 142	964	181	783	7.76	2.88	12.76
重　庆	62 248	30 152	32 096	5 027	1 249	3 778	8.08	4.14	11.77
四　川	138 582	67 239	71 343	13 615	3 274	10 341	9.82	4.87	14.49
贵　州	54 638	27 499	27 139	6 793	1 493	5 299	12.43	5.43	19.53
云　南	67 294	33 866	33 427	8 116	2 249	5 867	12.06	6.64	17.55
西　藏	3 644	1 769	1 876	1 541	545	997	42.30	30.79	53.15
陕　西	66 535	32 933	33 602	6 278	1 697	4 581	9.44	5.15	13.63
甘　肃	43 854	21 990	21 863	5 976	1 547	4 429	13.63	7.03	20.26
青　海	10 225	5 064	5 161	1 460	358	1 102	14.28	7.07	21.35
宁　夏	8 182	4 080	4 102	907	228	679	11.09	5.59	16.56
新　疆	26 613	13 340	13 273	1 785	615	1 170	6.71	4.61	8.81

表1-7c　各地区分性别的15岁及以上文盲人口(乡村)

单位：人

地　区	15岁及以上人口			文盲人口			文盲人口占15岁及以上人口比重 (%)		
	合计	男	女	合计	男	女	合计	男	女
全　国	**7 312 485**	**3 644 465**	**3 668 020**	**1 109 368**	**308 768**	**800 599**	**15.17**	**8.47**	**21.83**
北　京	29 218	15 008	14 210	2 555	647	1 908	8.74	4.31	13.43
天　津	29 407	14 789	14 618	2 420	613	1 808	8.23	4.14	12.37
河　北	482 668	240 701	241 968	42 013	11 430	30 583	8.70	4.75	12.64
山　西	198 559	100 773	97 785	14 252	4 410	9 842	7.18	4.38	10.06
内蒙古	116 931	60 354	56 577	20 479	6 556	13 923	17.51	10.86	24.61
辽　宁	186 591	94 148	92 444	13 253	3 650	9 602	7.10	3.88	10.39
吉　林	146 694	74 904	71 791	11 733	3 864	7 869	8.00	5.16	10.96
黑龙江	181 640	92 527	89 113	14 936	4 600	10 336	8.22	4.97	11.60
上　海	23 197	11 639	11 558	3 018	685	2 333	13.01	5.89	20.18
江　苏	365 184	172 246	192 938	51 631	11 191	40 440	14.14	6.50	20.96
浙　江	235 787	118 993	116 794	39 870	10 907	28 962	16.91	9.17	24.80
安　徽	367 649	178 320	189 330	88 651	26 368	62 283	24.11	14.79	32.90
福　建	183 086	90 330	92 756	33 466	7 112	26 354	18.28	7.87	28.41
江　西	258 975	127 464	131 511	35 042	8 271	26 771	13.53	6.49	20.36
山　东	539 270	265 685	273 585	86 498	22 596	63 902	16.04	8.50	23.36
河　南	651 529	322 048	329 481	77 351	22 629	54 722	11.87	7.03	16.61
湖　北	334 218	167 742	166 476	53 635	13 848	39 786	16.05	8.26	23.90
湖　南	424 270	214 682	209 588	47 777	12 875	34 903	11.26	6.00	16.65
广　东	331 181	162 892	168 289	32 593	6 445	26 148	9.84	3.96	15.54
广　西	302 571	155 021	147 550	32 989	7 700	25 289	10.90	4.97	17.14
海　南	37 844	19 893	17 951	5 131	1 212	3 919	13.56	6.09	21.83
重　庆	153 091	76 260	76 831	25 351	7 429	17 922	16.56	9.74	23.33
四　川	568 292	279 438	288 853	119 272	35 681	83 591	20.99	12.77	28.94
贵　州	251 611	127 854	123 757	65 723	16 977	48 746	26.12	13.28	39.39
云　南	296 639	153 134	143 505	71 072	22 264	48 808	23.96	14.54	34.01
西　藏	19 068	9 471	9 596	9 133	3 415	5 718	47.90	36.05	59.59
陕　西	228 965	113 463	115 502	30 919	9 529	21 389	13.50	8.40	18.52
甘　肃	179 286	88 743	90 543	46 551	14 602	31 949	25.96	16.45	35.29
青　海	32 582	16 449	16 133	10 994	3 583	7 411	33.74	21.78	45.93
宁　夏	32 890	16 462	16 428	8 862	2 762	6 100	26.94	16.78	37.13
新　疆	123 593	63 034	60 559	12 200	4 916	7 283	9.87	7.80	12.03

表1-8 各地区分性别、月份的出生人口

(2004.11.1-2005.10.31)

单位：人

地区	出生人口			2004年11月			2004年12月		
	合计	男	女	小计	男	女	小计	男	女
全国	**184 584**	**100 141**	**84 444**	**21 188**	**11 480**	**9 708**	**19 032**	**10 376**	**8 656**
北京	1 280	681	599	136	67	69	106	55	51
天津	929	496	433	91	50	41	85	42	44
河北	11 608	6 333	5 274	1 535	845	689	1 193	637	556
山西	5 056	2 717	2 338	740	403	338	574	295	278
内蒙古	2 959	1 585	1 374	372	196	176	284	141	143
辽宁	4 086	2 161	1 925	412	220	191	350	181	169
吉林	2 849	1 508	1 341	283	138	145	255	136	119
黑龙江	3 981	2 082	1 899	340	175	165	396	211	185
上海	1 501	810	691	138	69	69	132	69	63
江苏	9 129	5 058	4 070	1 071	629	442	855	491	365
浙江	7 418	3 944	3 473	743	374	369	681	377	304
安徽	10 034	5 687	4 347	1 176	664	512	929	540	390
福建	5 193	2 854	2 339	503	277	226	434	242	192
江西	7 625	4 245	3 380	868	455	413	924	514	410
山东	13 738	7 321	6 417	1 588	821	767	1 330	705	625
河南	12 276	6 577	5 700	1 317	732	585	1 194	619	575
湖北	6 927	3 900	3 027	719	407	311	703	375	328
湖南	9 518	5 217	4 301	1 105	607	498	1 090	584	506
广东	13 725	7 456	6 269	1 652	903	749	1 456	820	635
广西	8 752	4 786	3 966	999	553	446	979	543	436
海南	1 474	813	661	162	83	78	139	80	59
重庆	3 162	1 673	1 489	338	189	149	351	192	159
四川	11 383	6 085	5 298	1 366	729	637	1 285	717	568
贵州	6 727	3 730	2 997	785	432	353	738	433	305
云南	8 422	4 452	3 970	1 008	513	495	998	524	474
西藏	657	335	322	58	26	31	68	34	33
陕西	4 468	2 551	1 916	568	316	252	485	284	200
甘肃	3 630	1 940	1 690	485	277	208	424	223	201
青海	969	521	448	135	79	56	104	51	53
宁夏	1 185	612	573	152	82	70	123	66	57
新疆	3 925	2 010	1 915	345	168	177	370	195	175

表1-8　各地区分性别、月份的出生人口

(2004.11.1-2005.10.31)(续 1)

单位：人

地　区	2005年1月			2005年2月			2005年3月		
	小计	男	女	小计	男	女	小计	男	女
全　国	**15 259**	**8 220**	**7 040**	**14 703**	**7 964**	**6 739**	**14 869**	**8 093**	**6 776**
北　京	106	57	49	96	51	45	108	58	50
天　津	78	44	34	69	37	32	70	38	32
河　北	982	527	455	905	476	428	952	527	425
山　西	362	187	175	398	215	182	392	200	192
内蒙古	267	165	102	250	143	107	234	132	103
辽　宁	333	180	153	332	178	154	352	171	180
吉　林	260	144	116	252	126	127	250	132	118
黑龙江	349	181	168	322	153	169	335	169	166
上　海	127	64	64	105	53	51	104	56	48
江　苏	762	430	332	760	409	351	753	409	344
浙　江	572	300	272	600	314	285	619	340	278
安　徽	873	493	380	867	496	370	720	406	314
福　建	410	221	189	393	224	169	369	204	165
江　西	629	331	298	585	335	250	633	343	290
山　东	1 352	723	630	1 068	578	490	1 177	669	509
河　南	1 036	544	492	1 069	591	478	1 125	605	520
湖　北	552	310	242	528	306	222	543	308	235
湖　南	803	421	382	757	442	315	700	393	307
广　东	1 018	543	475	988	526	462	1 041	552	489
广　西	667	355	312	662	386	276	672	358	314
海　南	123	67	56	111	60	52	112	63	48
重　庆	249	133	117	246	123	123	270	141	129
四　川	968	527	441	945	467	478	938	507	431
贵　州	507	268	239	584	335	249	523	298	225
云　南	681	355	326	659	342	317	667	358	309
西　藏	54	24	29	50	24	26	63	32	30
陕　西	385	228	157	370	209	162	361	212	149
甘　肃	271	143	128	280	144	136	315	169	146
青　海	73	37	37	68	39	29	79	46	34
宁　夏	101	53	48	102	50	51	89	45	45
新　疆	309	166	143	283	131	152	301	151	150

表1-8 各地区分性别、月份的出生人口

(2004.11.1-2005.10.31)(续 2)

单位：人

地区	2005年4月			2005年5月			2005年6月		
	小计	男	女	小计	男	女	小计	男	女
全国	**12 977**	**7 019**	**5 958**	**14 253**	**7 819**	**6 435**	**14 196**	**7 640**	**6 556**
北京	105	61	44	112	62	50	103	49	54
天津	61	28	33	79	47	32	74	41	33
河北	808	443	364	867	465	402	808	442	366
山西	360	199	162	392	212	180	360	201	159
内蒙古	185	95	90	208	116	93	192	97	95
辽宁	308	154	154	358	200	158	349	199	150
吉林	223	126	97	240	136	104	225	114	111
黑龙江	315	165	151	348	183	165	334	180	154
上海	91	53	39	126	68	58	149	81	68
江苏	631	340	290	667	363	304	821	461	359
浙江	479	256	223	600	322	278	632	342	290
安徽	710	428	282	757	461	296	705	398	308
福建	340	169	171	446	262	184	442	234	208
江西	539	309	230	524	285	239	577	339	238
山东	1 003	539	464	967	484	483	978	492	486
河南	1 052	560	492	903	468	435	823	425	397
湖北	447	262	186	546	309	237	554	316	238
湖南	612	313	300	765	398	367	756	433	323
广东	821	456	365	1 136	639	498	1 128	589	539
广西	621	335	286	685	375	310	699	384	316
海南	114	61	53	108	60	48	132	65	66
重庆	234	119	115	260	147	114	243	125	118
四川	812	426	386	876	478	397	889	441	448
贵州	454	246	209	521	316	205	518	279	239
云南	586	322	264	587	325	262	602	328	274
西藏	51	26	26	51	26	25	66	34	31
陕西	301	155	146	361	225	137	330	181	150
甘肃	248	137	111	269	145	124	265	140	125
青海	71	37	33	72	37	35	73	41	33
宁夏	91	42	49	71	40	31	75	39	36
新疆	302	157	144	350	167	182	293	150	143

表1-8　各地区分性别、月份的出生人口

(2004.11.1-2005.10.31)(续 3)

单位：人

地　区	2005年7月			2005年8月		
	小计	男	女	小计	男	女
全　国	**14 237**	**7 747**	**6 490**	**15 013**	**8 166**	**6 847**
北　京	130	68	62	104	59	45
天　津	89	49	40	86	40	45
河　北	790	463	327	939	499	440
山　西	349	188	161	400	220	181
内蒙古	213	103	109	240	123	117
辽　宁	335	173	163	310	160	150
吉　林	218	116	102	221	118	103
黑龙江	312	173	139	325	189	136
上　海	143	82	61	156	87	68
江　苏	698	384	314	731	394	337
浙　江	642	327	314	649	358	291
安　徽	794	433	361	829	461	369
福　建	462	269	193	471	250	221
江　西	560	316	245	618	356	263
山　东	1 006	528	479	1 035	552	484
河　南	992	554	437	982	498	484
湖　北	526	291	234	634	376	258
湖　南	757	418	339	809	454	355
广　东	1 173	613	560	1 197	658	539
广　西	703	372	331	708	371	337
海　南	123	68	54	135	81	55
重　庆	223	115	108	273	148	125
四　川	805	458	347	835	456	379
贵　州	536	291	244	529	286	243
云　南	605	316	289	664	364	301
西　藏	51	26	25	51	29	23
陕　西	328	205	123	325	181	144
甘　肃	233	116	117	266	146	120
青　海	65	35	30	69	31	38
宁　夏	70	36	35	77	39	38
新　疆	307	163	144	343	185	158

表1-8 各地区分性别、月份的出生人口

(2004.11.1-2005.10.31)(续 4)

单位：人

地 区	2005年9月			2005年10月		
	小计	男	女	小计	男	女
全 国	**14 010**	**7 483**	**6 526**	**14 847**	**8 134**	**6 713**
北 京	85	47	38	90	49	41
天 津	69	38	31	77	42	35
河 北	891	465	427	939	545	394
山 西	365	194	171	364	203	160
内蒙古	203	110	92	313	166	146
辽 宁	317	176	140	330	168	163
吉 林	209	114	95	213	110	104
黑龙江	291	143	148	313	159	154
上 海	124	69	54	105	58	47
江 苏	691	378	313	689	370	320
浙 江	581	282	298	621	352	269
安 徽	749	404	345	925	504	420
福 建	453	254	199	469	248	221
江 西	537	312	225	631	351	281
山 东	1 046	557	489	1 187	674	513
河 南	893	516	377	891	464	427
湖 北	582	313	269	594	326	268
湖 南	696	371	325	666	383	282
广 东	1 065	573	492	1 050	584	466
广 西	659	367	292	698	389	309
海 南	113	67	46	102	57	45
重 庆	257	128	129	217	114	103
四 川	851	448	403	813	429	384
贵 州	482	240	242	550	307	243
云 南	621	305	317	745	402	343
西 藏	52	29	23	42	24	18
陕 西	316	163	153	336	192	144
甘 肃	293	145	148	280	154	126
青 海	75	44	31	85	46	39
宁 夏	99	53	46	135	66	68
新 疆	344	177	167	378	199	179

表1-8a　各地区分性别、月份的出生人口

(2004.11.1-2005.10.31)(城市)

单位：人

地　区	出生人口			2004年11月			2004年12月		
	合计	男	女	小计	男	女	小计	男	女
全　国	**40 779**	**21 721**	**19 058**	**4 336**	**2 340**	**1 996**	**3 778**	**2 049**	**1 730**
北　京	973	521	452	100	53	47	82	41	41
天　津	386	205	181	38	21	17	33	16	17
河　北	1 829	973	855	222	118	103	172	95	77
山　西	1 085	578	507	161	91	70	114	59	55
内蒙古	980	502	478	114	60	54	74	31	43
辽　宁	1 478	792	686	131	76	55	133	64	69
吉　林	725	377	347	72	38	35	66	34	32
黑龙江	1 145	593	551	82	49	33	109	56	53
上　海	1 163	624	539	110	55	55	101	51	50
江　苏	2 968	1 603	1 365	327	187	140	238	150	88
浙　江	2 478	1 276	1 202	253	122	132	223	120	103
安　徽	1 219	651	569	110	58	52	87	55	32
福　建	1 349	755	594	130	83	46	118	70	48
江　西	884	484	400	88	40	48	100	63	36
山　东	3 397	1 786	1 612	395	202	193	313	173	140
河　南	1 845	1 000	845	171	97	75	137	77	60
湖　北	1 774	958	816	171	90	81	164	83	81
湖　南	1 664	944	720	206	122	84	157	85	72
广　东	5 644	3 027	2 617	615	337	277	584	315	269
广　西	981	487	494	103	55	47	117	56	60
海　南	463	260	203	53	28	25	44	22	22
重　庆	625	316	309	55	31	24	55	33	23
四　川	1 324	672	652	147	77	69	106	61	45
贵　州	715	401	315	75	35	40	69	39	30
云　南	1 305	677	628	150	74	77	142	70	72
西　藏	36	19	17	4	2	2	5	3	2
陕　西	951	542	409	111	64	47	101	61	40
甘　肃	407	208	199	45	21	23	40	21	18
青　海	139	72	67	12	8	4	12	6	6
宁　夏	211	101	110	22	11	11	24	13	11
新　疆	638	318	319	65	36	29	59	24	35

表1-8a 各地区分性别、月份的出生人口

(2004.11.1-2005.10.31)(城市)(续 1)

单位：人

地区	2005年1月			2005年2月			2005年3月		
	小计	男	女	小计	男	女	小计	男	女
全　国	**3 412**	**1 773**	**1 639**	**3 009**	**1 612**	**1 397**	**3 192**	**1 729**	**1 463**
北　京	80	42	39	71	38	33	80	42	37
天　津	32	19	13	27	13	14	24	14	10
河　北	153	67	85	112	66	46	163	92	71
山　西	89	49	40	90	49	41	82	42	40
内蒙古	91	56	35	82	43	38	75	47	28
辽　宁	115	63	53	131	75	56	115	59	56
吉　林	61	30	31	53	24	29	70	38	31
黑龙江	110	55	55	95	36	58	79	40	40
上　海	94	49	45	77	37	39	77	41	36
江　苏	238	123	116	261	145	116	280	147	133
浙　江	196	94	101	178	93	85	200	114	85
安　徽	116	60	56	89	53	35	79	50	29
福　建	111	53	58	113	60	53	91	56	36
江　西	62	31	31	66	41	25	84	39	45
山　东	365	187	177	258	144	114	255	138	117
河　南	159	89	71	169	95	75	147	71	77
湖　北	162	86	76	113	67	46	159	90	70
湖　南	114	63	52	99	56	43	104	55	49
广　东	423	215	208	366	202	165	406	214	193
广　西	76	36	40	63	31	32	73	37	36
海　南	36	22	14	33	18	15	37	23	14
重　庆	44	23	22	39	15	24	48	27	21
四　川	116	67	49	106	42	64	126	59	67
贵　州	55	32	22	57	31	26	56	36	20
云　南	118	57	61	77	43	34	111	61	50
西　藏	3		3	3	1	2	4	3	1
陕　西	82	49	32	74	40	34	70	41	29
甘　肃	29	15	14	34	15	19	33	16	17
青　海	11	4	7	12	8	5	9	5	4
宁　夏	23	9	14	20	9	11	16	9	7
新　疆	47	28	19	42	20	21	39	25	14

表1－8a　各地区分性别、月份的出生人口
(2004.11.1－2005.10.31)(城市)(续 2)

单位：人

地　区	2005年4月			2005年5月			2005年6月		
	小计	男	女	小计	男	女	小计	男	女
全　国	**2 833**	**1 487**	**1 346**	**3 364**	**1 776**	**1 588**	**3 380**	**1 833**	**1 547**
北　京	76	46	30	86	48	38	80	39	41
天　津	24	12	12	32	20	13	35	19	16
河　北	143	66	77	138	74	64	154	89	66
山　西	70	38	33	78	36	42	82	46	36
内蒙古	68	34	33	69	31	38	62	34	28
辽　宁	106	58	49	128	69	59	144	89	55
吉　林	62	35	28	65	35	31	52	22	30
黑龙江	98	50	48	110	49	61	106	61	46
上　海	67	36	30	102	55	46	113	61	52
江　苏	188	98	90	256	126	130	275	143	131
浙　江	154	72	81	211	106	106	230	126	104
安　徽	79	42	37	89	45	43	103	55	48
福　建	85	36	49	124	75	49	103	62	41
江　西	62	32	30	61	35	26	75	54	21
山　东	254	139	114	252	116	137	257	134	123
河　南	161	99	62	157	79	79	141	65	77
湖　北	135	76	59	131	75	56	135	77	57
湖　南	114	56	59	152	81	71	153	92	61
广　东	317	179	138	486	277	209	485	246	239
广　西	83	41	42	76	40	36	73	38	35
海　南	33	19	14	33	19	13	42	23	19
重　庆	55	28	26	56	28	28	52	27	24
四　川	96	49	47	103	66	37	111	51	61
贵　州	47	32	15	58	27	31	54	37	17
云　南	86	39	47	94	50	44	89	53	37
西　藏	2	1	1	3	1	1	2	1	1
陕　西	69	31	38	91	53	38	76	39	38
甘　肃	32	15	17	34	18	16	32	18	14
青　海	12	5	7	13	6	7	11	8	4
宁　夏	16	5	11	16	8	8	13	6	6
新　疆	40	17	23	61	28	33	39	19	19

表1-8a 各地区分性别、月份的出生人口

(2004.11.1-2005.10.31)(城市)(续 3)

单位：人

地区	2005年7月			2005年8月		
	小计	男	女	小计	男	女
全　国	**3 416**	**1 778**	**1 638**	**3 601**	**1 928**	**1 673**
北　京	107	54	52	83	48	35
天　津	41	21	20	37	16	21
河　北	141	77	64	169	89	80
山　西	76	38	38	89	49	40
内蒙古	93	47	47	79	36	43
辽　宁	118	60	58	120	64	56
吉　林	56	32	24	61	36	25
黑龙江	92	47	46	110	67	43
上　海	114	65	49	125	68	57
江　苏	226	123	104	237	128	109
浙　江	207	109	98	197	125	72
安　徽	111	50	61	148	72	76
福　建	135	70	65	120	58	62
江　西	67	31	36	80	39	41
山　东	266	134	132	281	137	144
河　南	141	75	67	171	91	81
湖　北	128	69	60	164	92	72
湖　南	138	84	55	148	87	61
广　东	518	266	252	518	295	223
广　西	85	33	51	76	35	41
海　南	42	21	20	40	23	17
重　庆	53	22	31	50	26	24
四　川	111	61	51	109	45	64
贵　州	55	29	26	71	32	39
云　南	106	58	48	117	63	55
西　藏	3	2	1	2	1	1
陕　西	68	41	27	70	44	27
甘　肃	33	18	15	37	20	17
青　海	9	5	4	15	5	10
宁　夏	16	8	8	13	7	6
新　疆	59	30	30	62	31	31

表1-8a　各地区分性别、月份的出生人口

(2004.11.1-2005.10.31)(城市)(续 4)

单位：人

地　区	2005年9月			2005年10月		
	小计	男	女	小计	男	女
全　国	**3 239**	**1 688**	**1 551**	**3 219**	**1 730**	**1 489**
北　京	61	34	27	68	34	34
天　津	29	15	14	34	19	15
河　北	130	74	56	133	67	66
山　西	78	41	38	76	41	35
内蒙古	69	27	41	105	56	49
辽　宁	116	65	51	120	51	69
吉　林	56	28	28	51	26	25
黑龙江	78	46	33	76	39	37
上　海	99	58	42	85	48	37
江　苏	240	117	123	202	116	86
浙　江	217	83	135	211	113	98
安　徽	101	52	50	108	60	48
福　建	118	71	46	101	60	41
江　西	75	44	31	63	34	30
山　东	238	131	106	264	150	114
河　南	169	99	71	119	67	52
湖　北	146	71	75	166	82	83
湖　南	125	69	56	153	95	59
广　东	481	246	233	444	236	207
广　西	73	38	35	85	46	38
海　南	33	21	12	37	20	17
重　庆	63	25	38	55	30	25
四　川	103	52	51	89	42	47
贵　州	61	39	22	58	31	27
云　南	92	50	43	122	60	62
西　藏	4	3	2	2	1	1
陕　西	58	32	27	80	47	33
甘　肃	28	11	17	29	18	11
青　海	11	7	4	10	6	5
宁　夏	13	6	8	19	9	10
新　疆	70	32	38	55	29	26

表1-8b 各地区分性别、月份的出生人口
(2004.11.1-2005.10.31)(镇)

单位：人

地区	出生人口			2004年11月			2004年12月		
	合计	男	女	小计	男	女	小计	男	女
全国	**30 484**	**16 443**	**14 040**	**3 466**	**1 870**	**1 597**	**3 067**	**1 713**	**1 354**
北京	73	41	32	9	4	5	4	4	1
天津	218	116	102	21	11	10	18	9	10
河北	1 597	852	745	208	120	89	190	110	80
山西	862	465	396	123	65	58	104	58	46
内蒙古	563	323	240	80	42	38	37	26	12
辽宁	599	299	300	71	40	31	49	29	20
吉林	418	220	198	41	19	22	41	20	21
黑龙江	529	307	222	35	20	15	63	36	27
上海	140	78	61	13	6	7	12	6	5
江苏	1 752	971	781	183	107	76	154	93	60
浙江	1 322	710	613	148	75	72	132	83	49
安徽	2 078	1 158	920	242	139	103	203	108	95
福建	999	516	483	95	56	40	93	46	46
江西	1 823	1 000	823	225	123	102	208	125	83
山东	2 736	1 428	1 308	322	177	144	274	150	124
河南	1 625	867	758	163	91	73	137	69	69
湖北	1 104	632	472	127	75	52	125	67	57
湖南	1 528	792	736	157	69	88	158	83	76
广东	2 096	1 145	951	244	131	114	220	121	99
广西	1 587	890	696	182	87	95	168	101	67
海南	220	120	99	20	11	9	20	13	7
重庆	662	347	315	60	35	25	65	34	31
四川	1 703	884	819	216	115	101	172	88	84
贵州	916	519	397	90	55	36	92	54	38
云南	1 210	612	598	139	65	73	122	64	58
西藏	76	39	36	7	3	4	7	2	5
陕西	736	421	315	86	44	41	66	40	27
甘肃	571	305	266	76	42	34	66	32	34
青海	142	74	67	22	11	10	13	7	6
宁夏	149	75	74	20	11	10	16	10	6
新疆	452	236	217	40	21	19	40	28	12

表1-8b　各地区分性别、月份的出生人口
(2004.11.1-2005.10.31)(镇)(续 1)

单位：人

地　区	2005年1月			2005年2月			2005年3月		
	小计	男	女	小计	男	女	小计	男	女
全　国	**2 468**	**1 341**	**1 127**	**2 508**	**1 331**	**1 177**	**2 353**	**1 266**	**1 087**
北　京	5	4	1	5	3	2	9	7	2
天　津	15	8	7	17	9	8	20	11	9
河　北	126	66	61	120	64	56	108	62	46
山　西	57	24	33	73	40	33	72	36	36
内蒙古	50	33	17	56	32	24	47	26	21
辽　宁	46	23	24	48	26	21	54	26	28
吉　林	42	28	15	39	17	22	35	18	18
黑龙江	44	29	15	42	26	16	54	29	25
上　海	13	7	6	11	8	4	10	5	4
江　苏	154	86	67	145	71	74	140	86	54
浙　江	103	54	49	114	58	56	107	51	56
安　徽	168	100	68	166	87	79	130	61	69
福　建	65	33	32	83	41	42	70	36	34
江　西	154	79	75	131	71	60	151	93	58
山　东	255	131	123	213	98	115	237	119	118
河　南	155	75	81	141	77	65	141	71	71
湖　北	90	54	36	85	49	36	75	46	29
湖　南	117	68	49	133	79	55	114	65	49
广　东	151	82	69	163	85	78	165	90	75
广　西	110	60	50	133	86	47	113	60	53
海　南	23	12	11	20	10	10	15	8	7
重　庆	55	29	25	59	28	31	57	24	33
四　川	147	79	67	157	79	77	115	67	47
贵　州	67	39	28	74	45	29	65	36	29
云　南	95	45	49	106	55	51	86	41	45
西　藏	7	4	3	8	3	5	4	2	2
陕　西	54	35	18	72	38	33	65	38	27
甘　肃	41	21	20	46	25	21	50	30	20
青　海	7	4	3	9	4	5	9	6	3
宁　夏	15	9	7	12	5	6	10	4	6
新　疆	37	20	17	29	12	17	25	12	13

表1-8b 各地区分性别、月份的出生人口

(2004.11.1-2005.10.31)(镇)(续 2)

单位：人

地区	2005年4月			2005年5月			2005年6月		
	小计	男	女	小计	男	女	小计	男	女
全国	**2 051**	**1 109**	**942**	**2 360**	**1 312**	**1 048**	**2 368**	**1 237**	**1 130**
北京	4	1	2	7	4	3	6	3	4
天津	13	6	7	18	10	8	21	12	9
河北	115	61	54	131	66	66	110	57	53
山西	57	33	24	76	43	33	55	31	24
内蒙古	33	19	14	42	27	16	36	16	20
辽宁	43	15	28	56	29	28	53	28	25
吉林	28	14	15	37	25	12	33	15	18
黑龙江	39	21	18	39	22	16	60	35	25
上海	11	6	5	11	5	6	15	8	7
江苏	111	57	54	123	62	60	173	98	74
浙江	84	43	41	120	68	52	101	58	43
安徽	168	108	60	161	105	56	147	72	74
福建	66	32	34	70	37	33	82	34	48
江西	103	53	50	116	60	57	136	75	61
山东	204	111	93	199	102	97	195	99	96
河南	103	50	52	113	65	48	95	62	32
湖北	75	42	32	87	50	37	81	39	42
湖南	79	47	32	110	56	55	124	65	59
广东	136	77	59	187	103	84	172	93	79
广西	108	56	51	114	64	50	146	82	64
海南	15	7	8	15	9	6	20	9	11
重庆	43	23	21	54	31	23	57	26	31
四川	130	67	62	126	74	52	141	52	89
贵州	57	35	22	83	55	28	79	38	41
云南	71	41	29	97	47	50	84	47	38
西藏	7	4	3	7	4	2	9	6	3
陕西	52	24	28	60	39	21	42	23	19
甘肃	45	26	19	43	27	17	41	22	19
青海	9	5	5	12	6	6	9	6	4
宁夏	10	5	5	8	3	5	13	6	6
新疆	36	19	18	36	15	21	32	19	14

表1-8b　各地区分性别、月份的出生人口

(2004.11.1-2005.10.31)(镇)(续 3)

单位：人

地　区	2005年7月			2005年8月		
	小计	男	女	小计	男	女
全　国	**2 383**	**1 308**	**1 075**	**2 500**	**1 342**	**1 158**
北　京	6	3	3	7	4	3
天　津	20	11	9	22	12	11
河　北	128	84	44	130	61	69
山　西	53	32	21	65	36	28
内蒙古	37	22	15	50	28	22
辽　宁	60	24	36	41	19	23
吉　林	20	11	9	34	16	18
黑龙江	40	29	11	39	20	19
上　海	13	8	5	13	9	5
江　苏	147	88	59	152	83	69
浙　江	97	42	55	120	67	54
安　徽	158	76	82	168	101	66
福　建	81	45	36	94	56	38
江　西	145	72	72	166	89	76
山　东	196	105	91	187	96	92
河　南	169	95	75	127	69	58
湖　北	81	52	29	88	56	32
湖　南	129	63	67	145	64	81
广　东	174	100	73	167	86	81
广　西	118	71	47	130	65	64
海　南	15	8	7	21	12	9
重　庆	38	24	14	71	41	29
四　川	136	79	57	103	56	47
贵　州	79	41	38	76	38	38
云　南	89	40	48	101	56	45
西　藏	6	4	2	6	3	3
陕　西	55	33	23	64	43	22
甘　肃	37	18	19	37	19	17
青　海	12	8	5	10	4	6
宁　夏	8	3	5	10	4	6
新　疆	37	19	19	56	31	26

表1-8b 各地区分性别、月份的出生人口
(2004.11.1-2005.10.31)(镇)(续 4)

单位：人

地区	2005年9月			2005年10月		
	小计	男	女	小计	男	女
全国	**2 431**	**1 278**	**1 153**	**2 529**	**1 336**	**1 192**
北京	7	3	4	3	2	2
天津	15	8	6	16	8	8
河北	125	49	76	105	53	53
山西	58	28	30	69	39	30
内蒙古	37	23	14	57	28	29
辽宁	35	20	15	44	21	23
吉林	35	21	14	33	17	16
黑龙江	33	21	12	43	19	25
上海	9	5	4	10	5	5
江苏	124	66	59	147	73	74
浙江	94	49	45	101	62	39
安徽	164	92	72	205	110	95
福建	79	48	32	120	53	68
江西	128	71	57	159	88	71
山东	231	118	113	223	122	101
河南	131	83	48	149	62	87
湖北	103	50	54	87	52	35
湖南	149	71	79	112	64	48
广东	156	87	70	162	91	70
广西	136	80	56	128	77	51
海南	21	14	8	15	7	8
重庆	57	26	31	46	25	21
四川	123	61	62	138	67	71
贵州	70	32	38	85	52	32
云南	115	55	59	106	56	51
西藏	4	2	2	5	3	2
陕西	64	37	27	56	27	29
甘肃	50	23	27	39	20	19
青海	14	6	8	15	8	7
宁夏	13	8	6	14	7	7
新疆	48	23	25	36	19	18

表1-8c　各地区分性别、月份的出生人口
(2004.11.1-2005.10.31)(乡村)

单位：人

地　区	出生人口			2004年11月			2004年12月		
	合计	男	女	小计	男	女	小计	男	女
全　国	**113 322**	**61 976**	**51 345**	**13 386**	**7 271**	**6 115**	**12 187**	**6 614**	**5 573**
北　京	235	120	115	27	10	16	20	10	10
天　津	325	175	150	32	18	14	35	17	17
河　北	8 182	4 508	3 674	1 105	607	497	831	432	399
山　西	3 109	1 674	1 435	456	247	209	356	178	178
内蒙古	1 417	760	656	178	94	84	173	84	89
辽　宁	2 009	1 070	939	209	104	105	169	89	80
吉　林	1 706	911	795	170	81	88	148	82	66
黑龙江	2 307	1 181	1 126	223	106	117	224	119	105
上　海	198	108	90	16	8	7	19	11	8
江　苏	4 409	2 484	1 925	561	335	226	463	247	216
浙　江	3 617	1 958	1 659	342	177	165	326	174	152
安　徽	6 737	3 878	2 859	825	467	358	639	377	263
福　建	2 845	1 583	1 261	278	138	140	224	126	98
江　西	4 919	2 761	2 158	555	292	263	616	325	291
山　东	7 605	4 107	3 498	871	442	429	742	381	361
河　南	8 806	4 710	4 097	982	544	437	919	474	446
湖　北	4 050	2 311	1 739	421	243	178	414	224	189
湖　南	6 326	3 481	2 845	741	415	326	775	417	358
广　东	5 985	3 283	2 702	793	435	358	652	385	267
广　西	6 184	3 408	2 776	714	410	304	694	385	309
海　南	792	432	359	88	44	44	76	45	30
重　庆	1 875	1 010	865	223	123	100	230	125	105
四　川	8 357	4 529	3 828	1 004	537	467	1 007	569	438
贵　州	5 095	2 810	2 285	619	343	277	577	340	237
云　南	5 907	3 163	2 743	719	374	345	734	390	345
西　藏	545	277	269	47	22	25	56	29	27
陕　西	2 781	1 589	1 192	371	208	163	317	184	133
甘　肃	2 652	1 428	1 225	365	213	151	318	170	148
青　海	689	375	314	101	60	41	79	39	40
宁　夏	826	437	389	110	61	49	83	43	40
新　疆	2 835	1 456	1 380	241	111	130	271	143	128

表1-8c　各地区分性别、月份的出生人口

(2004.11.1-2005.10.31)(乡村)(续 1)

单位：人

地　区	2005年1月			2005年2月			2005年3月		
	小计	男	女	小计	男	女	小计	男	女
全　国	**9 380**	**5 106**	**4 274**	**9 187**	**5 022**	**4 165**	**9 324**	**5 098**	**4 226**
北　京	20	11	9	21	10	11	20	9	11
天　津	30	16	14	25	15	10	27	14	13
河　北	703	394	309	673	346	327	681	373	309
山　西	216	114	103	234	126	108	238	123	115
内蒙古	126	76	50	112	67	45	112	59	54
辽　宁	171	95	76	153	76	76	183	86	96
吉　林	157	87	71	160	85	75	145	76	69
黑龙江	195	97	98	186	91	95	202	100	102
上　海	20	8	12	17	9	8	18	10	8
江　苏	370	221	149	354	193	161	333	176	157
浙　江	274	152	122	307	164	143	311	175	136
安　徽	589	333	256	612	356	256	511	295	216
福　建	234	135	99	197	123	74	208	113	95
江　西	413	221	191	388	223	166	397	211	186
山　东	733	404	329	597	336	262	685	411	274
河　南	722	381	341	758	419	339	837	464	373
湖　北	300	171	130	330	191	140	309	172	137
湖　南	571	290	281	526	307	218	482	273	209
广　东	444	246	198	458	239	219	470	249	221
广　西	481	259	222	466	269	196	486	260	226
海　南	64	33	31	58	31	27	60	32	27
重　庆	150	81	70	149	80	69	165	89	75
四　川	706	381	325	682	345	337	697	381	317
贵　州	385	196	189	453	259	194	403	227	176
云　南	468	253	215	476	245	231	470	256	214
西　藏	44	20	23	40	20	20	55	28	28
陕　西	250	143	107	225	130	94	227	133	93
甘　肃	200	107	94	201	104	96	232	124	108
青　海	56	29	27	47	27	20	62	35	27
宁　夏	62	35	27	70	36	34	63	32	31
新　疆	225	118	107	213	99	114	237	114	123

表1-8c　各地区分性别、月份的出生人口
(2004.11.1-2005.10.31)(乡村)(续 2)

单位：人

地　区	2005年4月			2005年5月			2005年6月		
	小计	男	女	小计	男	女	小计	男	女
全　国	**8 093**	**4 423**	**3 669**	**8 529**	**4 731**	**3 798**	**8 449**	**4 570**	**3 879**
北　京	25	13	12	19	10	9	17	7	10
天　津	24	9	15	29	18	11	18	10	9
河　北	550	317	233	598	325	273	543	295	248
山　西	233	128	104	238	133	106	223	125	98
内蒙古	84	41	43	97	58	38	94	47	47
辽　宁	159	81	78	174	103	71	153	83	70
吉　林	133	77	55	138	76	62	140	76	64
黑龙江	179	93	85	200	112	88	168	84	84
上　海	14	10	4	14	8	6	21	12	9
江　苏	332	185	147	289	174	114	373	219	154
浙　江	242	141	101	268	148	120	300	158	142
安　徽	464	279	185	507	311	196	456	271	185
福　建	189	102	87	252	150	102	257	138	119
江　西	374	224	150	347	190	157	366	210	157
山　东	546	288	257	515	266	249	526	259	267
河　南	788	411	377	633	325	308	587	298	288
湖　北	238	143	95	328	184	143	339	201	138
湖　南	419	210	209	503	261	242	479	276	204
广　东	367	200	167	463	259	204	471	250	221
广　西	430	237	192	495	271	224	480	263	217
海　南	67	35	32	60	31	29	70	34	36
重　庆	136	69	68	150	87	63	134	71	63
四　川	586	310	276	647	339	308	637	339	298
贵　州	350	179	172	381	234	146	385	204	181
云　南	429	242	187	396	227	168	428	228	200
西　藏	43	20	23	42	21	21	55	28	27
陕　西	180	100	80	210	133	78	212	119	93
甘　肃	172	96	75	191	100	91	192	100	93
青　海	49	27	22	47	24	23	53	28	25
宁　夏	65	32	33	48	29	19	50	27	23
新　疆	226	122	104	253	125	128	222	112	110

表1-8c 各地区分性别、月份的出生人口

(2004.11.1-2005.10.31)(乡村)(续 3)

单位：人

地区	2005年7月			2005年8月		
	小计	男	女	小计	男	女
全 国	**8 438**	**4 661**	**3 776**	**8 912**	**4 896**	**4 016**
北 京	17	10	7	14	7	7
天 津	27	17	11	26	12	14
河 北	520	302	218	640	350	291
山 西	220	118	102	247	134	113
内蒙古	82	35	48	111	59	52
辽 宁	158	89	69	149	78	71
吉 林	142	73	69	126	66	60
黑龙江	180	97	83	176	103	74
上 海	17	9	8	18	11	6
江 苏	325	173	152	342	183	159
浙 江	337	177	161	332	167	165
安 徽	525	308	217	514	287	227
福 建	246	154	93	257	136	120
江 西	348	212	136	373	228	145
山 东	545	289	255	567	319	248
河 南	681	385	296	683	339	345
湖 北	316	171	146	381	228	153
湖 南	490	272	218	516	304	213
广 东	482	247	235	512	277	235
广 西	500	268	232	503	271	232
海 南	66	39	27	74	45	29
重 庆	133	70	63	152	80	72
四 川	557	318	239	623	355	268
贵 州	402	221	181	382	215	166
云 南	410	217	193	446	245	201
西 藏	42	20	22	44	25	19
陕 西	205	131	73	190	95	96
甘 肃	163	80	83	192	106	86
青 海	43	22	21	44	22	22
宁 夏	47	25	22	55	28	27
新 疆	211	115	96	225	124	101

表1-8c　各地区分性别、月份的出生人口

(2004.11.1-2005.10.31)(乡村)(续 4)

单位：人

地　区	2005年9月			2005年10月		
	小计	男	女	小计	男	女
全　国	**8 340**	**4 518**	**3 822**	**9 099**	**5 067**	**4 032**
北　京	18	10	8	19	13	6
天　津	25	14	11	27	15	12
河　北	637	341	295	701	425	276
山　西	229	125	103	218	123	95
内 蒙 古	98	60	37	151	82	69
辽　宁	165	91	74	166	95	71
吉　林	118	64	54	130	67	63
黑 龙 江	180	76	104	194	102	92
上　海	15	7	8	11	5	5
江　苏	327	195	131	340	181	159
浙　江	269	151	119	309	177	132
安　徽	483	261	222	612	335	277
福　建	255	135	120	248	135	113
江　西	334	197	137	409	229	180
山　东	578	308	269	700	402	298
河　南	593	335	258	623	335	288
湖　北	333	192	141	341	192	149
湖　南	422	232	190	401	225	176
广　东	429	241	188	445	257	188
广　西	450	249	201	485	266	219
海　南	59	33	26	50	30	20
重　庆	136	76	60	116	58	57
四　川	625	335	290	586	320	266
贵　州	350	169	182	407	223	184
云　南	414	200	215	517	287	230
西　藏	43	24	19	36	20	16
陕　西	194	95	99	200	118	82
甘　肃	214	111	104	212	116	95
青　海	50	31	19	59	32	27
宁　夏	72	40	32	102	51	51
新　疆	226	121	105	287	152	135

表1-9 各地区分性别、月份的死亡人口

(2004.11.1-2005.10.31)

单位：人

地区	死亡人口			2004年11月			2004年12月		
	合计	男	女	小计	男	女	小计	男	女
全　国	**101 739**	**58 320**	**43 419**	**7 424**	**4 401**	**3 024**	**8 338**	**4 826**	**3 512**
北　京	924	504	420	61	35	26	86	58	28
天　津	752	432	320	56	31	26	56	31	26
河　北	6 105	3 544	2 561	627	373	254	619	355	264
山　西	2 631	1 566	1 065	202	118	84	234	134	100
内蒙古	1 619	1 014	605	134	85	49	138	87	52
辽　宁	3 383	1 922	1 460	227	136	90	242	141	100
吉　林	1 645	1 013	632	98	50	48	116	77	38
黑龙江	2 633	1 540	1 093	203	118	85	199	109	90
上　海	1 203	639	564	78	44	34	89	47	41
江　苏	6 513	3 649	2 864	503	297	206	596	318	278
浙　江	3 941	2 161	1 780	252	145	107	255	135	120
安　徽	5 028	2 898	2 131	370	225	145	369	209	159
福　建	2 666	1 467	1 199	200	111	89	201	97	105
江　西	3 367	1 988	1 379	286	184	102	279	177	102
山　东	7 796	4 438	3 358	495	297	198	579	350	230
河　南	6 579	3 593	2 986	407	216	192	522	292	230
湖　北	4 280	2 452	1 829	272	169	102	321	177	145
湖　南	5 190	3 003	2 187	311	205	106	413	249	164
广　东	5 661	3 191	2 471	464	270	194	457	266	191
广　西	3 727	2 256	1 471	241	140	101	285	185	100
海　南	504	287	218	31	15	17	39	23	16
重　庆	2 377	1 406	970	169	103	66	219	127	92
四　川	8 468	4 886	3 582	598	355	243	797	477	320
贵　州	3 504	2 008	1 496	256	156	99	282	154	128
云　南	4 004	2 294	1 710	325	182	143	359	208	150
西　藏	263	144	119	13	9	4	20	13	7
陕　西	2 979	1 731	1 247	243	153	90	268	163	104
甘　肃	1 900	1 082	818	139	82	57	147	86	62
青　海	386	214	172	29	16	13	24	13	11
宁　夏	387	237	150	39	24	15	28	16	13
新　疆	1 321	761	561	95	56	39	97	52	45

表1-9　各地区分性别、月份的死亡人口

(2004.11.1–2005.10.31)(续 1)

单位：人

地　区	2005年1月			2005年2月			2005年3月		
	小计	男	女	小计	男	女	小计	男	女
全　国	**8 902**	**5 007**	**3 895**	**9 033**	**5 087**	**3 946**	**8 944**	**5 065**	**3 879**
北　京	93	52	41	72	36	36	85	45	40
天　津	75	40	35	58	33	25	65	41	24
河　北	655	361	294	573	322	251	502	291	212
山　西	227	133	94	248	153	95	239	151	88
内蒙古	132	89	42	138	86	52	139	88	51
辽　宁	313	179	134	270	156	114	254	125	129
吉　林	132	70	62	133	81	52	138	72	66
黑龙江	186	109	77	197	116	82	238	132	106
上　海	125	67	58	113	59	54	103	61	42
江　苏	549	311	238	596	352	244	558	292	266
浙　江	410	197	213	404	229	175	388	213	175
安　徽	374	216	158	517	283	234	417	229	188
福　建	258	150	109	237	116	120	252	139	113
江　西	242	136	106	266	154	113	281	164	116
山　东	794	422	372	765	426	339	719	388	331
河　南	621	357	264	595	310	284	607	359	248
湖　北	334	181	153	382	216	167	354	202	152
湖　南	471	268	204	503	288	216	458	260	198
广　东	465	253	211	434	239	195	513	278	235
广　西	269	162	108	359	201	158	359	235	124
海　南	51	28	23	34	16	18	38	21	17
重　庆	211	122	88	197	120	77	193	118	74
四　川	739	421	318	699	391	308	734	399	335
贵　州	286	167	118	308	173	135	319	185	134
云　南	334	197	137	312	175	137	342	195	147
西　藏	15	8	7	16	9	7	19	10	9
陕　西	247	137	110	274	161	113	263	155	108
甘　肃	146	85	62	165	94	71	186	105	81
青　海	24	13	11	28	14	13	40	22	19
宁　夏	34	22	12	34	21	13	37	23	14
新　疆	91	56	35	105	57	47	105	68	37

表1-9 各地区分性别、月份的死亡人口

(2004.11.1-2005.10.31)(续 2)

单位：人

地区	2005年4月			2005年5月			2005年6月		
	小计	男	女	小计	男	女	小计	男	女
全　国	**8 139**	**4 600**	**3 539**	**8 655**	**5 022**	**3 633**	**7 889**	**4 463**	**3 426**
北　京	76	41	35	73	41	31	63	25	38
天　津	55	28	28	61	36	25	55	32	24
河　北	440	251	189	461	281	181	453	269	184
山　西	200	119	81	232	135	97	198	120	78
内蒙古	134	80	54	125	75	51	111	69	42
辽　宁	274	159	115	302	180	121	265	150	115
吉　林	165	104	61	131	87	44	119	75	44
黑龙江	202	106	96	216	118	98	203	127	76
上　海	113	58	55	107	56	52	74	36	38
江　苏	523	289	235	510	283	226	447	257	190
浙　江	323	154	169	277	171	106	295	155	141
安　徽	430	251	179	435	253	182	398	225	172
福　建	205	110	95	240	128	111	230	131	99
江　西	285	162	123	277	158	119	268	166	102
山　东	638	349	289	579	338	241	617	338	279
河　南	496	266	230	619	373	246	540	282	258
湖　北	308	176	132	407	237	171	303	166	137
湖　南	417	249	168	471	260	212	415	228	188
广　东	470	268	202	528	293	235	445	251	194
广　西	292	190	103	345	200	145	333	185	149
海　南	35	22	13	47	28	19	39	18	21
重　庆	215	123	92	192	109	83	206	122	84
四　川	689	403	286	724	438	286	613	359	254
贵　州	263	140	124	321	195	126	299	172	127
云　南	316	183	133	345	190	155	326	185	141
西　藏	27	15	12	30	16	15	24	14	10
陕　西	209	111	98	234	133	101	226	133	93
甘　肃	148	87	61	167	97	70	153	77	76
青　海	38	23	15	34	20	14	33	16	16
宁　夏	31	17	14	38	22	16	26	18	9
新　疆	120	68	53	127	72	55	109	62	47

表1-9 各地区分性别、月份的死亡人口

(2004.11.1-2005.10.31)(续 3)

单位：人

地 区	2005年7月			2005年8月		
	小计	男	女	小计	男	女
全 国	**8 139**	**4 688**	**3 450**	**8 667**	**5 009**	**3 658**
北 京	70	39	31	82	46	36
天 津	62	35	27	70	40	30
河 北	432	274	158	428	259	169
山 西	197	113	84	205	129	76
内蒙古	159	92	67	149	98	51
辽 宁	279	161	118	297	161	135
吉 林	140	94	46	149	96	53
黑龙江	214	138	76	243	141	102
上 海	97	44	54	105	56	49
江 苏	522	283	238	568	299	270
浙 江	303	165	138	316	172	143
安 徽	358	200	158	427	259	168
福 建	192	111	81	220	130	90
江 西	263	138	124	305	184	122
山 东	576	343	233	666	383	284
河 南	587	335	252	554	304	250
湖 北	411	233	178	380	222	158
湖 南	403	208	196	473	284	189
广 东	468	276	193	474	269	205
广 西	326	205	121	357	214	142
海 南	54	35	19	45	27	18
重 庆	163	102	60	192	119	72
四 川	680	379	301	723	406	317
贵 州	281	161	121	283	163	121
云 南	302	182	120	347	207	141
西 藏	24	13	11	24	12	12
陕 西	255	150	105	249	136	113
甘 肃	152	90	62	157	95	62
青 海	34	17	17	33	19	14
宁 夏	25	17	8	24	13	11
新 疆	110	55	56	123	66	57

表1-9 各地区分性别、月份的死亡人口

(2004.11.1-2005.10.31)(续 4)

单位：人

地区	2005年9月			2005年10月		
	小计	男	女	小计	男	女
全国	**8 273**	**4 747**	**3 526**	**9 336**	**5 405**	**3 931**
北京	73	37	37	91	50	41
天津	65	40	25	73	46	27
河北	443	235	208	471	274	197
山西	209	121	89	239	140	99
内蒙古	99	66	33	161	100	61
辽宁	314	174	140	347	198	149
吉林	147	91	56	176	115	61
黑龙江	244	159	85	287	167	120
上海	90	47	43	109	65	44
江苏	553	320	233	587	347	240
浙江	329	188	141	390	238	152
安徽	435	261	174	499	285	214
福建	209	122	87	222	122	101
江西	270	160	110	345	206	140
山东	628	365	263	739	438	301
河南	508	238	270	522	260	262
湖北	384	223	161	425	252	173
湖南	402	246	156	453	261	192
广东	453	250	203	491	278	213
广西	251	153	99	309	187	122
海南	47	27	20	45	27	18
重庆	188	107	81	232	132	101
四川	712	419	293	760	440	320
贵州	276	161	115	328	181	147
云南	327	187	139	369	203	167
西藏	26	14	12	25	12	13
陕西	229	127	102	282	171	111
甘肃	169	89	80	171	96	74
青海	36	21	15	33	20	13
宁夏	35	24	12	35	22	13
新疆	121	77	44	118	73	45

表1-9a　各地区分性别、月份的死亡人口 (2004.11.1-2005.10.31)(城市)

单位：人

地　区	死亡人口			2004年11月			2004年12月		
	合计	男	女	小计	男	女	小计	男	女
全　国	**20 265**	**11 736**	**8 530**	**1 463**	**902**	**561**	**1 561**	**942**	**619**
北　京	645	345	300	45	25	20	56	39	18
天　津	435	251	183	30	18	12	28	16	12
河　北	895	550	345	89	62	26	76	46	30
山　西	459	280	179	46	25	20	43	28	14
内蒙古	411	255	156	32	23	9	32	21	11
辽　宁	1 324	756	568	83	59	24	84	51	33
吉　林	447	294	153	28	15	13	29	23	6
黑龙江	958	554	404	67	40	27	74	39	35
上　海	981	522	460	65	34	31	71	39	32
江　苏	1 551	874	677	135	74	60	150	86	64
浙　江	1 069	578	491	61	30	30	68	38	30
安　徽	501	300	201	32	19	13	43	27	16
福　建	492	266	226	40	23	17	33	16	17
江　西	398	248	150	27	16	12	30	21	9
山　东	1 709	1 015	694	98	64	33	116	83	33
河　南	812	431	381	56	40	16	62	28	34
湖　北	980	563	417	51	31	20	83	49	35
湖　南	759	458	301	57	43	15	52	33	19
广　东	1 891	1 072	819	157	98	60	158	91	67
广　西	349	242	106	21	15	5	21	14	6
海　南	131	81	50	8	5	3	9	6	4
重　庆	431	259	172	31	23	8	37	25	11
四　川	795	467	328	52	35	17	71	47	24
贵　州	291	184	107	28	19	9	20	10	10
云　南	537	302	235	51	24	26	43	24	19
西　藏	20	10	10	1		1	3	2	1
陕　西	469	266	202	35	18	16	34	20	14
甘　肃	153	96	56	11	8	3	9	5	5
青　海	44	25	20	3	2	1	3	1	2
宁　夏	87	55	31	9	6	3	7	3	4
新　疆	240	136	104	17	6	10	17	11	6

表1-9a 各地区分性别、月份的死亡人口

(2004.11.1-2005.10.31)(城市)(续 1)

单位：人

地 区	2005年1月			2005年2月			2005年3月		
	小计	男	女	小计	男	女	小计	男	女
全 国	**1 827**	**1 039**	**788**	**1 706**	**970**	**735**	**1 710**	**949**	**761**
北 京	58	32	26	46	21	25	52	26	26
天 津	38	17	21	32	18	14	35	24	12
河 北	79	46	33	74	48	26	67	38	30
山 西	40	21	20	37	23	14	35	23	12
内蒙古	30	23	7	31	16	15	27	15	12
辽 宁	111	65	46	96	60	36	90	39	51
吉 林	38	26	12	35	25	11	31	18	13
黑龙江	70	42	28	84	53	32	89	46	43
上 海	102	54	47	91	46	45	88	52	36
江 苏	143	79	64	142	78	64	143	79	64
浙 江	123	61	62	104	54	51	97	49	48
安 徽	39	24	14	43	26	18	37	18	19
福 建	50	32	19	38	17	21	58	29	29
江 西	30	13	17	41	31	10	40	27	13
山 东	173	93	80	152	97	55	144	77	67
河 南	77	48	28	81	42	38	48	24	24
湖 北	82	45	37	95	46	49	88	46	42
湖 南	71	41	29	87	49	37	64	36	28
广 东	158	90	69	140	78	61	164	92	72
广 西	18	14	4	32	22	10	47	32	15
海 南	15	9	6	9	3	6	7	4	3
重 庆	52	26	25	27	17	10	40	26	14
四 川	76	44	32	54	24	30	49	30	19
贵 州	22	15	8	26	16	10	23	17	7
云 南	55	34	21	37	21	16	50	26	23
西 藏	1	1		1	1	1	1	1	1
陕 西	33	18	14	33	16	17	44	25	20
甘 肃	13	7	6	8	6	2	19	12	7
青 海	3	3	1	4	3	2	4	2	2
宁 夏	9	6	3	9	6	3	8	4	4
新 疆	17	9	7	18	10	7	18	12	6

表1-9a　各地区分性别、月份的死亡人口

(2004.11.1-2005.10.31)(城市)(续 2)

单位：人

地　区	2005年4月			2005年5月			2005年6月		
	小计	男	女	小计	男	女	小计	男	女
全　国	**1 636**	**923**	**713**	**1 755**	**1 079**	**676**	**1 510**	**850**	**660**
北　京	54	29	24	56	34	22	48	20	28
天　津	34	17	16	36	22	15	37	22	15
河　北	76	54	21	84	49	34	59	41	18
山　西	38	25	13	43	28	15	31	18	13
内蒙古	36	20	15	44	21	23	29	20	10
辽　宁	108	54	54	115	74	41	111	55	56
吉　林	41	25	17	35	25	10	27	18	9
黑龙江	69	30	39	65	42	23	82	50	32
上　海	95	49	45	89	47	41	60	27	33
江　苏	147	85	62	112	64	48	93	48	45
浙　江	98	54	45	85	49	36	93	52	41
安　徽	35	18	18	50	34	16	40	26	14
福　建	25	13	12	46	29	17	46	32	15
江　西	31	16	16	28	17	12	30	21	9
山　东	120	61	59	154	96	59	131	76	55
河　南	58	26	32	83	56	26	65	26	38
湖　北	69	42	26	95	56	39	61	36	25
湖　南	56	40	16	47	28	19	63	35	28
广　东	169	97	71	170	99	71	139	79	60
广　西	28	23	5	36	26	10	23	13	10
海　南	7	3	3	10	7	3	9	4	5
重　庆	43	27	16	32	20	12	39	24	14
四　川	62	35	27	66	51	15	61	29	32
贵　州	18	10	8	32	23	9	21	12	9
云　南	33	17	16	46	27	19	38	21	17
西　藏	1	1		3	2	1	2	1	1
陕　西	41	23	18	45	28	16	34	20	14
甘　肃	13	7	6	13	8	5	10	6	5
青　海	3	2	1	4	2	2	4	2	1
宁　夏	5	3	2	9	5	4	5	4	1
新　疆	25	16	9	23	11	12	20	12	8

表1-9a 各地区分性别、月份的死亡人口

(2004.11.1-2005.10.31)(城市)(续 3)

单位：人

地区	2005年7月			2005年8月		
	小计	男	女	小计	男	女
全国	**1 611**	**947**	**664**	**1 808**	**1 025**	**783**
北京	50	27	23	60	32	28
天津	40	23	17	42	23	19
河北	71	48	23	71	44	26
山西	35	20	15	39	24	15
内蒙古	34	24	10	48	32	16
辽宁	119	76	43	129	58	71
吉林	41	28	13	49	32	17
黑龙江	63	34	29	102	58	43
上海	76	35	41	86	44	42
江苏	105	66	40	131	69	62
浙江	80	42	38	71	42	29
安徽	32	13	19	48	31	18
福建	33	16	17	36	17	19
江西	31	14	17	35	22	13
山东	122	79	44	151	81	70
河南	71	38	32	67	36	30
湖北	93	54	40	77	54	24
湖南	57	35	23	81	48	33
广东	151	87	63	167	94	73
广西	41	30	12	28	19	9
海南	15	11	4	12	8	4
重庆	26	15	11	38	20	18
四川	79	42	37	79	45	34
贵州	26	18	8	21	10	11
云南	37	26	11	53	30	23
西藏	1			2		1
陕西	44	26	18	46	27	19
甘肃	11	5	6	12	9	3
青海	4	2	2	2	1	1
宁夏	5	5		4	3	1
新疆	17	8	8	20	10	10

表1-9a　各地区分性别、月份的死亡人口
(2004.11.1-2005.10.31)(城市)(续 4)

单位：人

地　区	2005年9月			2005年10月		
	小计	男	女	小计	男	女
全　国	**1 675**	**957**	**718**	**2 006**	**1 153**	**853**
北　京	53	24	29	67	35	32
天　津	42	25	16	40	25	15
河　北	69	34	34	82	39	43
山　西	32	20	12	42	25	17
内蒙古	19	13	6	51	28	22
辽　宁	129	73	56	149	93	56
吉　林	39	26	13	53	34	19
黑龙江	92	60	33	102	61	41
上　海	73	39	34	87	54	32
江　苏	119	73	47	130	73	57
浙　江	78	46	32	110	61	49
安　徽	42	27	14	58	37	21
福　建	37	19	19	49	24	25
江　西	38	26	12	38	26	12
山　东	166	97	69	182	112	70
河　南	79	34	44	67	30	36
湖　北	76	45	31	110	60	50
湖　南	52	31	21	73	40	33
广　东	144	75	69	175	92	84
广　西	22	14	8	32	21	12
海　南	13	9	4	17	11	5
重　庆	24	13	11	41	22	20
四　川	76	44	32	71	40	30
贵　州	26	15	11	28	20	8
云　南	38	20	18	57	32	25
西　藏	2	1	1	3		3
陕　西	42	23	19	40	21	19
甘　肃	16	10	6	17	14	4
青　海	6	3	3	5	3	2
宁　夏	8	5	2	9	5	4
新　疆	25	13	12	24	17	7

表1-9b 各地区分性别、月份的死亡人口
(2004.11.1-2005.10.31)(镇)

单位：人

地区	死亡人口			2004年11月			2004年12月		
	合计	男	女	小计	男	女	小计	男	女
全国	**14 365**	**8 405**	**5 960**	**1 022**	**599**	**424**	**1 180**	**733**	**448**
北京	48	30	18	1	1		5	3	1
天津	98	57	41	8	3	5	9	5	3
河北	753	440	314	84	46	38	77	49	28
山西	365	229	136	24	15	9	36	23	13
内蒙古	240	153	87	10	4	6	27	19	8
辽宁	461	244	217	29	11	18	26	14	13
吉林	294	186	107	25	13	12	25	15	10
黑龙江	410	251	159	26	13	13	41	28	13
上海	70	39	31	5	3	2	6	2	3
江苏	1 277	732	544	100	60	40	105	59	47
浙江	565	330	235	30	14	16	26	14	12
安徽	947	572	375	71	50	21	76	48	27
福建	443	238	205	26	17	9	45	25	20
江西	629	376	252	62	38	25	48	30	18
山东	1 394	811	584	93	54	39	98	55	43
河南	798	448	351	58	24	34	73	46	26
湖北	509	305	204	34	25	9	36	20	16
湖南	555	302	253	27	17	9	45	28	17
广东	786	459	327	56	34	22	57	32	25
广西	516	335	181	38	19	19	36	28	8
海南	65	36	29	8	3	5	7	5	2
重庆	327	193	134	24	15	9	25	13	12
四川	1 009	589	419	54	34	20	103	74	29
贵州	376	224	152	21	15	7	32	19	13
云南	453	250	204	35	21	14	33	17	17
西藏	32	20	12	1	1		2	1	
陕西	426	247	178	31	22	9	41	30	12
甘肃	273	156	116	22	14	8	24	16	8
青海	54	32	21	3	1	2	4	3	1
宁夏	38	25	12	4	4		4	3	1
新疆	153	93	60	12	6	6	8	7	1

表1–9b　各地区分性别、月份的死亡人口
(2004.11.1–2005.10.31)(镇)(续 1)

单位：人

地　区	2005年1月			2005年2月			2005年3月		
	小计	男	女	小计	男	女	小计	男	女
全　国	**1 268**	**712**	**556**	**1 241**	**716**	**525**	**1 287**	**737**	**549**
北　京	8	4	3	4	3	1	7	4	3
天　津	11	7	4	8	5	3	11	7	4
河　北	103	53	51	66	41	25	56	31	25
山　西	28	18	10	32	18	14	39	26	13
内蒙古	25	18	6	13	9	4	24	15	9
辽　宁	43	18	25	40	18	23	46	28	19
吉　林	18	8	11	21	13	8	28	14	15
黑龙江	32	16	15	25	15	9	42	29	13
上　海	5	3	2	6	3	3	4	3	1
江　苏	121	69	52	117	81	36	98	52	47
浙　江	46	29	17	52	30	22	58	35	23
安　徽	63	37	26	92	45	47	82	48	34
福　建	38	24	15	34	17	17	48	26	21
江　西	50	27	23	49	27	22	65	44	21
山　东	128	60	68	158	84	74	134	78	56
河　南	93	58	34	75	42	32	69	34	34
湖　北	34	19	15	42	27	15	47	30	17
湖　南	52	24	28	41	23	19	53	24	29
广　东	61	38	23	61	37	24	80	45	34
广　西	33	19	14	49	32	17	45	31	14
海　南	7	5	2	4	2	1	6	4	2
重　庆	26	18	8	23	12	10	24	15	8
四　川	99	56	44	88	49	39	86	44	42
贵　州	23	19	4	32	17	16	28	15	13
云　南	42	20	22	32	16	16	32	17	16
西　藏	1		1	3	2	1	2	1	1
陕　西	35	21	14	38	22	16	35	18	16
甘　肃	19	10	10	23	15	8	20	8	11
青　海	3	1	2	4	3	2	5	3	2
宁　夏	4	2	2	2	1		2	1	
新　疆	16	12	4	6	5	2	11	6	5

表1-9b 各地区分性别、月份的死亡人口

(2004.11.1-2005.10.31)(镇)(续 2)

单位：人

地　区	2005年4月			2005年5月			2005年6月		
	小计	男	女	小计	男	女	小计	男	女
全　国	**1 133**	**641**	**493**	**1 217**	**700**	**517**	**1 092**	**614**	**478**
北　京	4	4		3	2	1	3	1	3
天　津	9	5	5	7	4	3	6	3	3
河　北	43	16	26	41	33	8	62	41	21
山　西	25	17	9	34	22	12	24	18	6
内蒙古	19	10	9	21	14	7	17	8	8
辽　宁	40	25	15	39	15	24	31	16	15
吉　林	29	21	8	20	17	3	20	14	6
黑龙江	32	16	15	41	22	19	22	13	9
上　海	7	3	4	6	3	3	4	3	1
江　苏	86	38	48	111	73	38	104	59	45
浙　江	38	20	17	49	32	17	39	22	17
安　徽	85	56	29	72	34	39	72	43	29
福　建	37	15	23	45	25	20	30	15	16
江　西	43	28	14	57	30	27	45	28	17
山　东	114	69	45	104	59	45	104	51	53
河　南	73	38	34	48	32	16	58	28	30
湖　北	41	24	17	42	24	19	47	24	24
湖　南	45	24	21	53	31	23	52	24	28
广　东	66	39	27	75	37	39	63	35	28
广　西	40	27	13	44	23	21	38	22	17
海　南	4	2	2	7	4	3	3		3
重　庆	30	19	11	28	16	12	30	17	13
四　川	84	45	39	91	47	44	72	45	27
贵　州	26	12	13	42	26	17	31	21	10
云　南	38	23	16	36	20	16	33	18	15
西　藏	4	2	2	2	2	1	4	2	2
陕　西	26	15	12	36	21	15	34	18	16
甘　肃	23	16	6	27	15	12	19	10	10
青　海	6	4	2	6	3	3	4	2	2
宁　夏	4	2	2	4	3		2	1	1
新　疆	13	6	6	23	13	10	15	10	5

表1–9b　各地区分性别、月份的死亡人口

(2004.11.1–2005.10.31)(镇)(续 3)

单位：人

地　区	2005年7月			2005年8月		
	小计	男	女	小计	男	女
全　国	**1 192**	**715**	**476**	**1 183**	**724**	**460**
北　京	5	2	3	1	1	
天　津	6	3	3	6	4	2
河　北	53	30	23	44	31	13
山　西	26	16	10	32	23	10
内蒙古	21	14	7	26	16	10
辽　宁	36	18	19	43	33	10
吉　林	28	18	10	20	13	7
黑龙江	44	33	12	29	18	12
上　海	5	2	3	11	6	4
江　苏	114	66	48	95	50	45
浙　江	58	29	29	56	32	25
安　徽	76	40	35	76	48	27
福　建	45	29	16	28	16	12
江　西	35	18	17	57	38	19
山　东	104	64	40	124	77	47
河　南	54	38	16	58	32	26
湖　北	44	26	17	54	34	20
湖　南	49	27	23	39	24	15
广　东	68	42	26	61	40	21
广　西	51	36	15	60	41	19
海　南	6	4	2	4	2	2
重　庆	33	23	10	24	17	8
四　川	77	49	29	77	42	35
贵　州	37	21	16	35	21	13
云　南	35	22	13	48	26	22
西　藏	4	3	1	2	2	1
陕　西	33	19	14	35	19	16
甘　肃	27	16	10	20	10	10
青　海	6	3	2	4	3	1
宁　夏	1	1		3	1	2
新　疆	11	5	6	11	6	5

表1-9b 各地区分性别、月份的死亡人口

(2004.11.1-2005.10.31)(镇)(续 4)

单位：人

地区	2005年9月			2005年10月		
	小计	男	女	小计	男	女
全　国	**1 164**	**695**	**469**	**1 386**	**820**	**566**
北　京	5	3	2	3	3	1
天　津	7	4	3	11	7	3
河　北	48	23	25	77	46	31
山　西	23	12	10	41	21	20
内蒙古	12	9	3	26	17	9
辽　宁	39	26	13	49	24	25
吉　林	27	19	8	32	22	10
黑龙江	43	26	18	34	22	12
上　海	4	2	1	8	6	3
江　苏	119	66	54	105	60	45
浙　江	45	30	14	67	42	25
安　徽	87	58	29	95	63	32
福　建	38	20	19	28	9	19
江　西	47	23	23	71	45	26
山　东	103	73	30	129	86	43
河　南	56	28	28	83	44	38
湖　北	41	22	19	47	31	16
湖　南	51	32	19	48	25	23
广　东	66	39	27	72	41	31
广　西	38	28	10	42	28	14
海　南	6	3	3	3	1	2
重　庆	29	13	16	30	15	15
四　川	79	51	29	98	54	44
贵　州	37	20	17	31	19	12
云　南	40	23	17	48	28	20
西　藏	4	3	1	4	2	3
陕　西	31	15	16	50	28	22
甘　肃	22	11	11	28	15	12
青　海	4	2	2	6	4	2
宁　夏	3	2	1	4	2	1
新　疆	12	7	5	14	7	6

表1-9c 各地区分性别、月份的死亡人口

(2004.11.1-2005.10.31)(乡村)

单位：人

地区	死亡人口			2004年11月			2004年12月		
	合计	男	女	小计	男	女	小计	男	女
全国	**67 109**	**38 179**	**28 929**	**4 940**	**2 900**	**2 039**	**5 597**	**3 152**	**2 445**
北京	231	129	101	15	9	6	25	16	9
天津	219	124	95	18	9	9	20	9	11
河北	4 457	2 554	1 903	455	264	190	466	259	207
山西	1 806	1 056	750	132	78	54	155	83	72
内蒙古	968	606	362	93	58	35	80	47	33
辽宁	1 598	922	676	115	66	49	131	76	55
吉林	904	533	371	46	22	24	62	40	22
黑龙江	1 265	735	530	111	65	46	84	42	42
上海	151	78	73	9	7	2	12	6	6
江苏	3 685	2 042	1 643	268	162	105	340	173	168
浙江	2 307	1 253	1 054	161	100	61	161	83	78
安徽	3 580	2 026	1 554	267	156	111	250	134	116
福建	1 730	962	768	134	71	62	123	56	68
江西	2 340	1 364	977	197	131	66	202	127	75
山东	4 693	2 613	2 080	304	179	125	366	212	154
河南	4 968	2 714	2 254	292	151	141	387	218	169
湖北	2 790	1 583	1 207	187	113	73	202	108	93
湖南	3 876	2 243	1 633	228	145	83	315	188	128
广东	2 984	1 659	1 325	251	138	113	241	143	98
广西	2 863	1 679	1 184	182	105	77	228	142	86
海南	309	170	139	16	7	9	23	13	10
重庆	1 619	955	664	114	66	48	157	88	69
四川	6 664	3 830	2 834	492	286	205	623	355	268
贵州	2 836	1 599	1 237	206	123	84	230	125	105
云南	3 014	1 742	1 272	239	136	103	283	168	115
西藏	211	114	97	11	8	4	16	10	6
陕西	2 084	1 218	866	177	113	64	192	114	79
甘肃	1 475	830	645	107	61	46	115	65	49
青海	288	157	131	23	13	10	17	9	8
宁夏	263	156	106	26	14	12	17	9	8
新疆	929	532	397	67	43	23	72	33	39

表1–9c 各地区分性别、月份的死亡人口

(2004.11.1–2005.10.31)(乡村)(续 1)

单位：人

地区	2005年1月			2005年2月			2005年3月		
	小计	男	女	小计	男	女	小计	男	女
全　国	**5 807**	**3 256**	**2 551**	**6 086**	**3 401**	**2 685**	**5 948**	**3 380**	**2 568**
北　京	28	16	12	22	12	10	26	15	11
天　津	25	16	10	17	9	8	19	11	8
河　北	473	263	210	433	233	200	379	222	158
山　西	158	94	64	179	111	68	166	102	64
内蒙古	77	48	29	95	61	34	88	58	30
辽　宁	159	96	63	134	79	55	118	59	59
吉　林	75	36	39	77	44	33	78	40	38
黑龙江	84	50	34	89	48	41	107	57	50
上　海	18	9	9	15	10	6	10	6	5
江　苏	285	162	123	337	193	143	316	161	155
浙　江	240	107	133	248	145	103	233	129	104
安　徽	272	155	118	382	213	169	298	163	135
福　建	169	94	75	164	82	82	146	83	62
江　西	162	96	66	176	96	80	176	93	83
山　东	493	269	224	455	245	210	441	233	208
河　南	452	250	202	440	226	214	490	300	190
湖　北	218	117	101	245	142	103	218	126	92
湖　南	349	202	146	375	216	160	341	200	141
广　东	245	126	119	234	123	110	269	141	129
广　西	218	128	90	278	148	131	267	172	95
海　南	29	14	15	21	11	10	25	12	12
重　庆	133	78	55	148	91	56	129	77	52
四　川	564	322	243	557	318	239	600	325	275
贵　州	240	134	106	250	141	109	268	154	114
云　南	237	143	94	243	138	105	260	153	108
西　藏	13	7	7	12	6	6	15	9	7
陕　西	180	99	81	203	123	80	184	112	72
甘　肃	114	68	46	134	73	61	147	85	62
青　海	18	9	9	19	9	10	32	17	15
宁　夏	21	13	7	24	13	10	27	17	10
新　疆	58	34	24	81	43	38	76	49	27

表1-9c　各地区分性别、月份的死亡人口

(2004.11.1-2005.10.31)(乡村)(续 2)

单位：人

地　区	2005年4月			2005年5月			2005年6月		
	小计	男	女	小计	男	女	小计	男	女
全　国	**5 371**	**3 036**	**2 334**	**5 684**	**3 244**	**2 440**	**5 287**	**2 998**	**2 288**
北　京	19	8	11	13	6	8	12	4	8
天　津	13	6	7	17	10	7	13	7	6
河　北	322	181	141	337	199	138	332	187	144
山　西	137	77	60	155	85	70	143	84	59
内蒙古	79	50	29	61	40	20	65	41	24
辽　宁	126	80	46	148	91	56	123	79	44
吉　林	94	59	35	77	45	31	72	44	28
黑龙江	102	60	42	110	54	56	99	64	35
上　海	12	6	6	13	6	7	10	5	5
江　苏	290	166	124	287	147	140	251	150	100
浙　江	187	80	107	142	90	52	164	81	83
安　徽	309	177	132	312	185	127	285	156	129
福　建	143	82	61	148	74	74	154	85	69
江　西	211	118	93	191	111	80	193	116	76
山　东	404	220	184	321	184	137	383	212	171
河　南	365	202	163	488	284	204	417	228	190
湖　北	198	110	88	270	157	113	194	106	88
湖　南	315	185	130	371	201	170	301	169	132
广　东	236	132	103	283	158	125	244	137	107
广　西	224	140	85	266	151	114	272	150	122
海　南	24	16	8	31	18	13	27	14	13
重　庆	142	77	65	132	73	58	137	81	56
四　川	542	322	221	568	340	227	480	285	195
贵　州	220	117	103	247	146	100	247	138	108
云　南	245	144	101	263	143	120	255	146	109
西　藏	23	12	10	26	12	13	17	10	7
陕　西	142	74	69	153	83	70	158	95	63
甘　肃	112	63	49	127	73	54	124	62	62
青　海	30	18	12	24	15	9	25	12	13
宁　夏	22	12	11	25	13	12	19	13	7
新　疆	82	45	37	81	48	32	74	40	34

表1-9c 各地区分性别、月份的死亡人口

(2004.11.1-2005.10.31)(乡村)(续 3)

单位：人

地区	2005年7月			2005年8月		
	小计	男	女	小计	男	女
全国	**5 336**	**3 026**	**2 310**	**5 676**	**3 260**	**2 416**
北京	15	9	6	21	13	8
天津	16	9	7	22	13	9
河北	309	197	112	314	184	130
山西	137	77	59	133	83	51
内蒙古	104	54	50	74	50	25
辽宁	124	68	56	125	71	54
吉林	71	48	23	80	51	29
黑龙江	106	71	35	112	65	47
上海	16	7	9	8	6	3
江苏	302	152	150	342	180	162
浙江	165	94	71	188	98	90
安徽	250	147	103	303	180	122
福建	114	66	48	156	97	60
江西	197	106	91	213	124	89
山东	349	200	149	391	225	166
河南	462	258	204	429	236	194
湖北	274	153	121	249	135	115
湖南	297	146	150	353	212	141
广东	250	146	104	246	135	111
广西	233	140	94	268	154	114
海南	32	19	13	29	17	12
重庆	103	65	39	130	83	47
四川	524	288	236	566	318	248
贵州	219	122	97	228	132	96
云南	230	135	96	246	151	96
西藏	20	10	10	20	10	10
陕西	178	105	73	169	90	79
甘肃	115	69	46	125	76	49
青海	24	11	13	27	15	12
宁夏	18	11	7	17	10	8
新疆	82	42	41	92	49	43

表1-9c　各地区分性别、月份的死亡人口
(2004.11.1-2005.10.31)(乡村)(续 4)

单位：人

地　区	2005年9月			2005年10月		
	小计	男	女	小计	男	女
全　国	**5 434**	**3 096**	**2 339**	**5 944**	**3 432**	**2 512**
北　京	15	10	5	20	12	8
天　津	17	11	6	23	14	9
河　北	327	177	149	312	189	123
山　西	155	88	67	156	94	62
内蒙古	69	45	24	84	55	30
辽　宁	146	75	71	149	81	68
吉　林	81	46	35	91	59	32
黑龙江	109	74	35	152	84	68
上　海	13	6	7	14	5	9
江　苏	314	181	133	352	214	138
浙　江	206	112	94	213	135	78
安　徽	306	176	130	346	185	161
福　建	134	83	50	146	89	57
江　西	186	111	75	237	135	102
山　东	359	195	164	428	239	189
河　南	373	175	198	373	185	187
湖　北	267	156	111	268	161	107
湖　南	300	184	116	331	196	136
广　东	243	135	108	244	145	98
广　西	191	110	81	235	139	96
海　南	29	15	14	25	14	10
重　庆	134	81	54	161	95	66
四　川	557	325	232	591	345	246
贵　州	213	126	87	269	142	127
云　南	249	144	105	263	143	121
西　藏	20	10	10	18	10	8
陕　西	156	89	68	192	122	70
甘　肃	131	67	64	126	68	58
青　海	26	16	10	23	14	9
宁　夏	25	16	8	22	14	8
新　疆	84	56	28	81	49	31

表1-10 各地区家庭户的住房间数和面积

地区	家庭户户数(户)	家庭户人数(人)	平均每户住房间数(间/户)	人均住房建筑面积(平方米/人)	人均住房间数(间/人)
全国	**5 286 554**	**16 570 406**	**3.05**	**28.69**	**0.97**
北京	69 594	188 218	2.82	24.82	1.04
天津	44 806	130 900	2.27	23.49	0.78
河北	270 892	899 339	3.35	26.05	1.01
山西	130 427	440 601	3.45	24.53	1.02
内蒙古	106 792	310 952	2.39	22.58	0.82
辽宁	189 878	553 971	2.24	23.90	0.77
吉林	113 403	356 480	2.32	21.62	0.74
黑龙江	169 177	503 286	2.11	21.22	0.71
上海	83 106	220 576	2.14	26.73	0.81
江苏	329 566	958 550	2.91	36.53	1.00
浙江	226 688	619 804	3.02	40.69	1.10
安徽	265 023	801 681	3.26	25.13	1.08
福建	148 892	445 164	3.27	35.39	1.09
江西	171 522	564 060	3.45	33.30	1.05
山东	415 415	1 203 376	2.99	28.14	1.03
河南	361 725	1 237 993	3.73	26.56	1.09
湖北	242 166	744 987	3.02	34.50	0.98
湖南	263 001	826 391	3.42	34.39	1.09
广东	310 146	1 053 819	2.95	25.80	0.87
广西	180 466	610 512	3.24	27.72	0.96
海南	27 779	106 797	2.44	20.57	0.63
重庆	129 342	366 415	3.02	35.71	1.06
四川	366 256	1 079 070	3.14	34.74	1.07
贵州	142 031	490 715	2.79	24.49	0.81
云南	161 443	578 788	2.80	24.23	0.78
西藏	7 227	36 346	3.77	23.93	0.75
陕西	149 873	488 076	3.23	26.99	0.99
甘肃	92 736	340 445	4.04	20.73	1.10
青海	19 245	70 595	3.10	19.91	0.84
宁夏	21 917	78 435	3.06	21.70	0.86
新疆	76 020	264 066	2.79	22.50	0.80

表1-10a　各地区家庭户的住房间数和面积(城市)

地　区	家庭户户数(户)	家庭户人数(人)	平均每户住房间数(间/户)	人均住房建筑面积(平方米/人)	人均住房间数(间/人)
全　国	**1 530 075**	**4 443 396**	**2.55**	**27.78**	**0.88**
北　京	55 205	146 772	2.36	23.78	0.89
天　津	26 921	73 568	1.88	22.41	0.69
河　北	59 679	178 473	2.87	26.32	0.96
山　西	36 500	112 074	2.72	24.56	0.89
内蒙古	41 277	111 703	2.27	24.03	0.84
辽　宁	91 336	248 497	2.00	23.29	0.73
吉　林	40 696	118 027	2.11	22.54	0.73
黑龙江	72 284	197 737	2.01	21.35	0.73
上　海	66 859	177 898	1.90	23.15	0.72
江　苏	113 569	324 307	2.62	32.92	0.92
浙　江	84 009	227 871	2.64	35.29	0.97
安　徽	42 989	126 307	2.95	25.38	1.01
福　建	43 954	125 289	2.80	32.76	0.98
江　西	24 976	79 259	2.89	31.63	0.91
山　东	116 720	333 104	2.79	28.86	0.98
河　南	69 901	221 796	3.14	30.06	0.99
湖　北	72 172	215 899	2.64	31.26	0.88
湖　南	56 785	170 156	2.89	31.80	0.97
广　东	144 747	456 146	2.58	26.35	0.82
广　西	27 167	85 210	2.83	29.02	0.90
海　南	11 533	39 627	2.41	22.57	0.70
重　庆	31 604	88 404	2.63	30.80	0.94
四　川	56 582	162 024	2.71	32.43	0.95
贵　州	18 885	58 059	2.47	25.13	0.80
云　南	31 383	98 147	2.73	27.11	0.87
西　藏	1 332	4 671	4.29	42.88	1.22
陕　西	38 789	116 541	2.61	25.72	0.87
甘　肃	16 786	46 885	2.49	24.84	0.89
青　海	4 905	13 759	2.38	26.13	0.85
宁　夏	7 478	21 472	2.39	25.98	0.83
新　疆	23 050	63 711	2.31	25.78	0.84

表1-10b 各地区家庭户的住房间数和面积(镇)

地　区	家庭户 户　数 (户)	家庭户 人　数 (人)	平均每户 住房间数 (间/户)	人均住房 建筑面积 (平方米/人)	人均住房 间　数 (间/人)
全　国	**912 800**	**2 824 095**	**3.02**	**29.43**	**0.98**
北　京	3 374	9 314	3.48	31.88	1.26
天　津	7 113	21 940	2.84	26.96	0.92
河　北	39 475	131 510	3.21	26.18	0.96
山　西	21 780	73 275	3.32	23.82	0.99
内蒙古	20 744	59 377	2.34	22.54	0.82
辽　宁	27 932	82 857	2.28	24.28	0.77
吉　林	22 203	64 356	2.22	21.85	0.77
黑龙江	31 550	88 690	2.01	21.95	0.72
上　海	6 979	18 609	2.85	36.57	1.07
江　苏	67 196	199 323	2.98	36.66	1.01
浙　江	41 065	113 799	3.04	39.85	1.10
安　徽	61 475	186 643	3.09	24.08	1.02
福　建	30 995	93 859	3.16	36.03	1.04
江　西	40 795	133 041	3.33	33.78	1.02
山　东	77 524	226 327	2.95	28.34	1.01
河　南	50 998	176 330	3.75	26.85	1.09
湖　北	36 773	110 802	2.98	35.20	0.99
湖　南	41 212	127 751	3.51	35.47	1.13
广　东	48 693	167 478	3.02	27.42	0.88
广　西	35 726	117 518	3.35	33.86	1.02
海　南	4 119	16 081	2.33	20.93	0.60
重　庆	26 997	78 104	2.89	33.80	1.00
四　川	60 689	172 967	2.92	31.59	1.02
贵　州	21 736	72 021	2.83	26.25	0.85
云　南	24 954	82 738	2.79	26.36	0.84
西　藏	1 103	4 895	4.13	26.62	0.93
陕　西	25 918	82 162	3.07	25.11	0.97
甘　肃	16 345	55 372	3.75	22.12	1.11
青　海	3 905	12 528	2.94	22.11	0.92
宁　夏	3 238	10 594	3.14	24.91	0.96
新　疆	10 193	33 832	2.93	23.92	0.88

表1-10c　各地区家庭户的住房间数和面积(乡村)

地　区	家庭户 户　数 (户)	家庭户 人　数 (人)	平均每户 住房间数 (间/户)	人均住房 建筑面积 (平方米/人)	人均住房 间　数 (间/人)
全　国	**2 843 678**	**9 302 915**	**3.33**	**28.90**	**1.02**
北　京	11 015	32 131	4.88	27.49	1.67
天　津	10 772	35 392	2.89	23.57	0.88
河　北	171 738	589 356	3.55	25.94	1.03
山　西	72 146	255 251	3.85	24.72	1.09
内蒙古	44 771	139 872	2.52	21.45	0.81
辽　宁	70 609	222 617	2.54	24.44	0.81
吉　林	50 503	174 097	2.55	20.92	0.74
黑龙江	65 343	216 859	2.26	20.82	0.68
上　海	9 267	24 068	3.35	45.59	1.29
江　苏	148 801	434 920	3.09	39.17	1.06
浙　江	101 614	278 134	3.33	45.45	1.22
安　徽	160 559	488 730	3.40	25.47	1.12
福　建	73 944	226 016	3.60	36.59	1.18
江　西	105 751	351 760	3.62	33.50	1.09
山　东	221 171	643 945	3.11	27.69	1.07
河　南	240 826	839 867	3.90	25.57	1.12
湖　北	133 221	418 285	3.24	35.99	1.03
湖　南	165 004	528 484	3.57	34.96	1.12
广　东	116 706	430 194	3.39	24.58	0.92
广　西	117 573	407 785	3.31	25.69	0.95
海　南	12 126	51 089	2.50	18.91	0.59
重　庆	70 741	199 908	3.24	38.62	1.15
四　川	248 985	744 079	3.29	35.98	1.10
贵　州	101 411	360 636	2.84	24.03	0.80
云　南	105 106	397 903	2.82	23.08	0.74
西　藏	4 792	26 779	3.54	20.13	0.63
陕　西	85 166	289 372	3.56	28.03	1.05
甘　肃	59 605	238 188	4.55	19.61	1.14
青　海	10 435	44 307	3.50	17.36	0.82
宁　夏	11 201	46 369	3.49	18.99	0.84
新　疆	42 777	166 523	3.02	20.96	0.78

第二卷 人口 民族

表2-1　全国分民族人口及比重

单位：人

民　族	合计	男	女	占总人口比重（%）
总　计	**16 985 766**	**8 584 882**	**8 400 884**	**100.00**
汉　族	15 448 088	7 804 023	7 644 065	90.95
蒙古族	82 977	41 396	41 580	0.49
回　族	131 403	66 092	65 311	0.77
藏　族	96 091	47 311	48 780	0.57
维吾尔族	125 812	63 390	62 421	0.74
苗　族	126 637	64 969	61 668	0.75
彝　族	134 946	68 419	66 527	0.79
壮　族	231 976	118 225	113 751	1.37
布依族	43 396	21 940	21 455	0.26
朝鲜族	24 567	12 252	12 315	0.14
满　族	138 661	71 429	67 232	0.82
侗　族	47 302	24 537	22 765	0.28
瑶　族	40 635	21 252	19 383	0.24
白　族	24 306	12 256	12 050	0.14
土家族	110 769	56 523	54 246	0.65
哈尼族	20 096	10 369	9 727	0.12
哈萨克族	15 363	7 726	7 637	0.09
傣　族	14 354	7 186	7 168	0.08
黎　族	18 510	9 661	8 849	0.11
其他民族	109 882	55 926	53 956	0.60

表2-2　各地区分性别的民族人口

单位：人

地　　区	人口数			汉族			蒙古族		
	合计	男	女	小计	男	女	小计	男	女
全　　国	**16 985 766**	**8 584 882**	**8 400 884**	**15 448 088**	**7 804 023**	**7 644 065**	**82 977**	**41 396**	**41 580**
北　　京	203 582	103 122	100 461	194 091	98 512	95 579	734	346	388
天　　津	138 060	69 308	68 752	134 038	67 340	66 699	172	86	86
河　　北	906 856	455 500	451 355	869 200	436 540	432 660	3 198	1 615	1 582
山　　西	444 096	225 294	218 802	442 722	224 661	218 061	123	54	69
内 蒙 古	315 884	161 560	154 324	253 298	130 122	123 176	53 091	26 695	26 395
辽　　宁	558 727	280 107	278 620	466 138	232 967	233 172	10 017	4 963	5 053
吉　　林	359 512	182 545	176 968	330 033	167 278	162 756	2 719	1 370	1 349
黑 龙 江	505 647	255 867	249 780	484 519	244 846	239 673	1 863	930	933
上　　海	235 351	118 419	116 932	233 228	117 405	115 823	97	41	56
江　　苏	989 454	485 494	503 960	984 943	483 509	501 434	142	64	78
浙　　江	648 340	328 876	319 465	638 691	324 054	314 637	130	55	75
安　　徽	810 095	406 651	403 444	804 097	404 025	400 071	593	106	486
福　　建	467 922	235 254	232 669	458 871	230 507	228 364	123	45	78
江　　西	570 672	290 449	280 223	568 276	289 242	279 034	82	32	49
山　　东	1 224 142	611 975	612 167	1 215 048	607 742	607 306	312	131	180
河　　南	1 241 616	630 613	611 003	1 226 920	623 301	603 619	1 504	839	665
湖　　北	755 824	384 490	371 334	721 006	366 812	354 194	207	103	103
湖　　南	837 363	428 236	409 126	747 438	382 354	365 084	174	60	114
广　　东	1 217 005	616 339	600 667	1 195 253	605 650	589 603	237	110	127
广　　西	616 837	319 740	297 097	379 123	198 048	181 075	110	50	60
海　　南	109 601	57 525	52 076	90 126	47 343	42 782	26	9	17
重　　庆	370 367	186 623	183 744	345 168	173 731	171 437	118	55	63
四　　川	1 087 009	541 978	545 031	998 715	497 731	500 983	1 553	776	776
贵　　州	493 715	254 202	239 513	301 282	154 914	146 368	684	373	311
云　　南	589 039	303 893	285 146	375 240	194 325	180 915	431	231	200
西　　藏	36 666	18 149	18 517	505	297	208	6	4	3
陕　　西	492 410	248 660	243 750	488 996	246 929	242 068	156	73	83
甘　　肃	343 364	173 235	170 129	308 141	155 610	152 531	788	375	413
青　　海	71 903	36 328	35 574	37 860	19 327	18 533	1 464	766	697
宁　　夏	78 892	39 733	39 159	49 143	24 766	24 377	77	31	46
新　　疆	265 815	134 718	131 097	105 978	54 137	51 841	2 047	1 006	1 041

表2-2　各地区分性别的民族人口(续 1)

单位：人

地　区	回　族			藏　族			维吾尔族		
	小计	男	女	小计	男	女	小计	男	女
全　国	**131 403**	**66 092**	**65 311**	**96 091**	**47 311**	**48 780**	**125 812**	**63 390**	**62 421**
北　京	3 313	1 596	1 717	40	25	15	42	23	19
天　津	2 059	1 014	1 044	28	13	15	19	10	8
河　北	5 911	2 933	2 978	82	34	48	39	15	25
山　西	750	376	373	66	29	37	23	10	13
内蒙古	3 542	1 762	1 780	49	27	22	21	12	8
辽　宁	3 544	1 763	1 781	20	6	14	28	14	14
吉　林	1 382	683	698	22	12	10	18	6	12
黑龙江	1 915	988	926	53	28	25	27	11	16
上　海	910	440	470	19	7	12	27	13	14
江　苏	1 880	976	904	111	45	66	69	35	35
浙　江	356	180	177	52	17	35	33	16	17
安　徽	4 484	2 226	2 258	53	21	32	29	16	13
福　建	1 112	568	544	73	38	34	37	29	8
江　西	110	66	44	56	25	31	21	10	10
山　东	6 471	3 247	3 224	108	42	66	63	21	43
河　南	10 605	5 196	5 409	187	85	103	105	40	65
湖　北	681	354	328	110	46	64	49	25	24
湖　南	1 179	604	575	113	44	69	81	35	47
广　东	488	247	241	193	87	106	67	31	36
广　西	354	174	180	64	22	42	51	23	28
海　南	135	71	64	9	4	5	5	3	2
重　庆	89	41	48	88	42	46	36	23	13
四　川	1 834	950	884	28 132	13 884	14 248	66	30	35
贵　州	2 241	1 180	1 061	41	19	22	20	11	9
云　南	8 549	4 293	4 256	2 301	1 112	1 189	32	16	16
西　藏	73	51	22	35 712	17 613	18 099	9	5	4
陕　西	2 611	1 341	1 271	86	48	38	39	19	20
甘　肃	14 091	7 187	6 904	11 811	5 849	5 962	28	11	17
青　海	10 966	5 545	5 421	16 316	8 047	8 270	7	3	4
宁　夏	29 293	14 751	14 542	9	2	6	9	5	4
新　疆	10 476	5 288	5 187	85	36	49	124 712	62 869	61 843

表2-2 各地区分性别的民族人口(续 2)

单位：人

地区	苗族			彝族			壮族		
	小计	男	女	小计	男	女	小计	男	女
全国	**126 637**	**64 969**	**61 668**	**134 946**	**68 419**	**66 527**	**231 976**	**118 225**	**113 751**
北京	99	47	52	44	21	24	132	61	72
天津	17	7	10	17	7	10	53	21	31
河北	154	51	103	74	25	49	312	76	236
山西	35	13	23	47	17	31	20	3	17
内蒙古	78	34	43	30	9	21	46	21	24
辽宁	24	11	13	20	8	13	39	18	21
吉林	23	10	13	18	8	10	15	8	7
黑龙江	50	25	26	44	18	27	20	7	13
上海	156	79	77	40	16	24	85	38	48
江苏	401	123	278	150	57	93	276	114	162
浙江	1 638	801	837	429	255	174	601	235	366
安徽	134	19	114	161	50	111	50	8	42
福建	537	295	242	97	48	49	203	93	110
江西	40	13	27	52	21	31	35	10	25
山东	120	34	85	151	60	91	92	19	73
河南	99	52	46	129	44	85	89	40	48
湖北	1 864	948	916	45	20	25	78	35	44
湖南	24 415	12 325	12 089	108	61	47	172	63	109
广东	2 062	1 057	1 005	266	120	146	9 024	4 363	4 661
广西	6 334	3 214	3 119	112	45	67	201 047	102 876	98 171
海南	1 222	641	581	17	9	8	529	267	262
重庆	6 882	3 571	3 311	66	18	48	47	24	23
四川	1 965	1 021	945	46 967	23 730	23 237	108	54	54
贵州	63 070	32 580	30 490	9 901	5 046	4 855	515	270	244
云南	15 050	7 911	7 139	75 835	38 643	37 192	18 246	9 426	8 819
西藏	5	3	2	5	2	2	1	1	
陕西	39	19	20	72	42	30	23	11	12
甘肃	21	8	12	23	11	12	26	16	10
青海	8	5	4	7	3	4	6	3	4
宁夏	9	6	3	1		1	10	4	6
新疆	87	46	41	21	8	13	77	40	37

表2-2　各地区分性别的民族人口(续 3)

单位：人

地　区	布依族			朝鲜族			满　族		
	小计	男	女	小计	男	女	小计	男	女
全　国	**43 396**	**21 940**	**21 455**	**24 567**	**12 252**	**12 315**	**138 661**	**71 429**	**67 232**
北　京	13	7	5	330	167	163	4 290	2 093	2 197
天　津	11	4	7	130	59	71	826	398	428
河　北	34	10	25	164	62	102	27 173	13 894	13 279
山　西	10	3	6	64	33	31	138	66	72
内蒙古	13	10	3	176	82	94	4 899	2 481	2 419
辽　宁	9	4	5	3 099	1 517	1 582	73 958	37 914	36 044
吉　林	5	2	2	13 722	6 965	6 757	11 369	6 118	5 251
黑龙江	9	5	5	4 376	2 183	2 193	11 443	6 146	5 298
上　海	36	19	17	186	86	99	173	72	102
江　苏	273	100	173	145	62	83	181	67	114
浙　江	765	401	364	97	49	48	142	51	91
安　徽	50	14	35	119	48	71	101	63	39
福　建	126	69	57	185	86	99	91	48	44
江　西	27	14	13	47	23	23	54	21	34
山　东	50	18	33	571	264	306	606	306	301
河　南	44	24	20	115	56	58	885	534	351
湖　北	34	15	19	146	76	70	166	97	69
湖　南	55	24	31	120	51	69	124	65	59
广　东	495	247	249	301	140	161	293	148	144
广　西	264	82	182	45	23	22	121	62	59
海　南	23	13	10	18	8	10	23	8	15
重　庆	39	17	22	52	19	33	56	31	25
四　川	131	74	57	96	62	34	214	88	126
贵　州	40 102	20 368	19 733	33	13	20	232	109	123
云　南	717	368	349	67	34	33	133	73	60
西　藏	3	1	2						
陕　西	21	10	11	60	29	30	179	88	91
甘　肃	12	5	8	38	18	20	176	88	87
青　海	3	1	2	31	16	15	101	48	53
宁　夏	2	1	1	8	3	5	299	143	156
新　疆	20	10	10	27	14	13	213	110	103

表2-2 各地区分性别的民族人口(续 4)

单位：人

地区	侗族			瑶族			白族		
	小计	男	女	小计	男	女	小计	男	女
全　国	**47 302**	**24 537**	**22 765**	**40 635**	**21 252**	**19 383**	**24 306**	**12 256**	**12 050**
北　京	24	13	11	31	12	19	23	12	10
天　津	11	6	6	5	2	3	4	2	2
河　北	297	181	117	10		10	8	2	7
山　西	10	5	5	5	2	3	2		2
内蒙古	19	9	10				3	2	1
辽　宁	5	1	4	3		3	10	5	5
吉　林	7	3	4				4	3	1
黑龙江	18	9	8				2	1	1
上　海	62	40	22	38	23	16	18	6	12
江　苏	97	22	74	38	12	26	47	12	35
浙　江	578	319	259	45	28	17	61	22	39
安　徽	52	11	40	10	6	3	18	3	14
福　建	169	93	77	46	20	26	25	12	13
江　西	23	17	6	6		6	3		3
山　东	29	10	19	8		8	62	10	51
河　南	58	16	42	12	4	8	16	6	10
湖　北	577	329	248	16	11	5	69	37	31
湖　南	12 583	6 440	6 143	12 518	6 674	5 844	626	294	331
广　东	1 093	477	616	3 310	1 665	1 645	127	70	57
广　西	3 704	1 914	1 791	20 732	10 818	9 914	8	1	6
海　南	14	7	7	76	38	38	2		2
重　庆	29	15	14	8	1	7	16	7	9
四　川	66	34	32	8	2	7	165	91	74
贵　州	27 691	14 529	13 163	763	396	367	2 476	1 362	1 114
云　南	38	20	18	2 912	1 522	1 389	20 487	10 282	10 205
西　藏				1	1		3	2	1
陕　西	24	9	15	7		7	4	1	3
甘　肃	10	5	6	2	2	1	5	3	2
青　海	3	1	1	5	2	4	3	2	1
宁　夏	3	1	2	5	4	1			
新　疆	9	4	6	13	6	6	11	6	6

表2-2　各地区分性别的民族人口(续 5)

单位：人

地　区	土家族			哈尼族			哈萨克族		
	小计	男	女	小计	男	女	小计	男	女
全　国	**110 769**	**56 523**	**54 246**	**20 096**	**10 369**	**9 727**	**15 363**	**7 726**	**7 637**
北　京	171	83	88	4	1	4	3	1	1
天　津	25	13	12	1		1	1	1	
河　北	53	18	34	3		3			
山　西	17	8	9	5	1	5			
内蒙古	10	5	6	1		1			
辽　宁	15	10	5	1	1				
吉　林	8	5	3	5	2	3	1	1	
黑龙江	12	6	6						
上　海	156	89	68	8	4	4			
江　苏	318	145	173	21	2	19	2		2
浙　江	1 476	813	663	29	4	25			
安　徽	19	3	16	13		13			
福　建	856	498	359	7	1	5			
江　西	12	4	8	5	1	4			
山　东	37	12	25	44	6	38			
河　南	85	40	44	2		2			
湖　北	30 569	15 478	15 092	6	1	5	1		1
湖　南	37 048	18 842	18 206	35	13	21	3	1	1
广　东	2 234	1 169	1 065	30	12	18	2	1	1
广　西	65	31	35	6		6			
海　南	89	51	38	2		1	1	1	
重　庆	17 524	8 966	8 557	24	7	18			
四　川	883	450	433	15	2	13	2		2
贵　州	18 806	9 628	9 178	21	8	13	2		2
云　南	61	41	19	19 807	10 304	9 503	9	5	4
西　藏	1								
陕　西	22	7	14						
甘　肃	19	11	8				420	207	213
青　海	14	7	7				3	2	2
宁　夏	11	7	4						
新　疆	155	84	70				14 914	7 506	7 407

表2-2 各地区分性别的民族人口(续 6)

单位：人

地　　区	傣　族			黎　族			其他民族		
	小计	男	女	小计	男	女	小计	男	女
全　　国	**14 354**	**7 186**	**7 168**	**18 510**	**9 661**	**8 849**	**109 877**	**55 926**	**53 954**
北　　京	3	1	3	8	4	4	187	97	90
天　　津	1	1		1	1		641	323	319
河　　北				11	2	10	133	42	87
山　　西				2	1	2	57	12	43
内 蒙 古				9	2	7	599	287	314
辽　　宁				11	8	4	1 786	897	887
吉　　林	4		4	3	2	2	154	69	86
黑 龙 江							1 296	664	630
上　　海	6	2	4	7	5	3	99	34	61
江　　苏	12		12	9	3	5	339	146	194
浙　　江	25	6	19	51	28	23	3 141	1 542	1 599
安　　徽	18		18	6		6	88	32	62
福　　建	1	1		3	1	1	5 360	2 802	2 559
江　　西	1		1	3		3	1 819	950	871
山　　东	40	6	34	6	2	4	324	45	280
河　　南	2		2	10	8	2	749	328	424
湖　　北	4	2	1	47	29	19	149	72	76
湖　　南	7	1	5	9	1	8	555	284	274
广　　东	27	15	12	198	91	107	1 305	639	667
广　　西	17	10	6	19	5	14	4 661	2 342	2 320
海　　南	3	1	2	17 256	9 043	8 213	25	8	19
重　　庆	7	5	2	3	1	2	115	49	66
四　　川	84	25	59	2		2	6 003	2 974	3 030
贵　　州	4	1	3	811	415	396	25 020	12 980	12 041
云　　南	14 087	7 108	6 979	19	11	8	35 018	18 168	16 853
西　　藏							342	169	174
陕　　西				1		1	70	34	36
甘　　肃	1		1	2	1	1	7 750	3 828	3 921
青　　海							5 106	2 550	2 552
宁　　夏							13	9	5
新　　疆	1		1	3		3	6 966	3 548	3 420

表2-3　全国各民族分性别、受教育程度的6岁及以上人口

单位：人

民　族	6岁及以上人口			未上过学		
	合计	男	女	小计	男	女
总　计	**15 878 355**	**7 975 386**	**7 902 969**	**1 646 360**	**450 088**	**1 196 272**
汉　族	14 478 295	7 267 951	7 210 344	1 421 471	378 587	1 042 883
蒙古族	76 632	38 105	38 527	6 225	1 948	4 276
回　族	120 666	60 369	60 297	19 729	6 390	13 339
藏　族	86 538	42 389	44 149	36 614	14 100	22 514
维吾尔族	112 992	56 887	56 105	10 477	4 868	5 610
苗　族	113 915	57 854	56 062	24 051	6 863	17 188
彝　族	119 716	60 453	59 263	31 688	10 385	21 304
壮　族	212 265	107 476	104 789	20 833	4 557	16 276
布依族	39 041	19 519	19 522	7 700	1 814	5 886
朝鲜族	23 757	11 829	11 928	1 035	245	791
满　族	129 265	66 449	62 816	6 107	1 894	4 213
侗　族	42 977	22 121	20 856	5 882	1 504	4 378
瑶　族	36 950	19 239	17 711	5 110	1 432	3 678
白　族	22 120	11 134	10 986	2 698	659	2 039
土家族	100 944	51 265	49 679	12 995	3 592	9 403
哈尼族	18 312	9 381	8 932	5 688	1 880	3 808
哈萨克族	13 931	6 976	6 955	476	180	296
傣　族	13 169	6 566	6 602	2 543	894	1 648
黎　族	16 996	8 834	8 161	1 757	545	1 212
其他民族	99 875	50 589	49 285	23 280	7 751	15 535

表2-3 全国各民族分性别、受教育程度的6岁及以上人口(续 1)

单位：人

民 族	小 学			初 中		
	小计	男	女	小计	男	女
总 计	**5 285 045**	**2 581 633**	**2 703 412**	**6 088 659**	**3 316 912**	**2 771 747**
汉 族	4 709 247	2 285 971	2 423 276	5 664 130	3 075 339	2 588 791
蒙古族	25 564	12 547	13 016	28 189	14 951	13 238
回 族	40 925	21 134	19 791	36 572	20 581	15 991
藏 族	36 013	20 278	15 735	8 654	5 140	3 514
维吾尔族	48 119	23 758	24 362	40 377	21 192	19 184
苗 族	53 540	28 376	25 164	27 535	16 937	10 599
彝 族	60 726	32 968	27 758	21 432	13 440	7 992
壮 族	86 154	41 457	44 697	79 697	45 838	33 859
布依族	18 339	9 534	8 805	10 130	6 350	3 780
朝鲜族	4 375	1 811	2 564	10 255	5 388	4 867
满 族	41 093	20 151	20 943	57 658	31 306	26 352
侗 族	18 897	9 688	9 210	13 370	7 931	5 440
瑶 族	16 989	8 859	8 130	10 814	6 402	4 413
白 族	9 544	4 647	4 897	7 107	4 273	2 834
土家族	43 276	21 770	21 506	31 563	17 934	13 629
哈尼族	8 393	4 840	3 553	3 312	2 090	1 222
哈萨克族	4 975	2 464	2 511	5 349	2 784	2 565
傣 族	6 859	3 603	3 256	2 905	1 617	1 288
黎 族	6 247	3 159	3 088	7 328	4 091	3 238
其他民族	45 769	24 620	21 150	22 283	13 332	8 955

表2-3　全国各民族分性别、受教育程度的6岁及以上人口(续 2)

单位：人

民　族	高　中			大学专科		
	小计	男	女	小计	男	女
总　计	**1 975 098**	**1 120 964**	**854 134**	**572 656**	**319 612**	**253 045**
汉　族	1 858 977	1 054 824	804 153	532 804	297 779	235 025
蒙古族	9 987	5 182	4 805	4 136	2 103	2 033
回　族	15 364	8 033	7 331	5 283	2 718	2 565
藏　族	3 096	1 666	1 430	1 655	884	771
维吾尔族	8 322	4 258	4 064	4 188	2 040	2 148
苗　族	6 312	4 092	2 220	1 772	1 117	655
彝　族	3 995	2 463	1 532	1 379	913	465
壮　族	18 429	11 422	7 007	5 185	2 980	2 205
布依族	1 950	1 245	705	657	400	257
朝鲜族	5 564	2 994	2 570	1 364	748	616
满　族	15 483	8 351	7 132	5 477	2 891	2 586
侗　族	3 507	2 162	1 344	972	608	364
瑶　族	2 817	1 839	978	866	499	367
白　族	1 780	1 023	757	654	352	302
土家族	9 416	5 704	3 713	2 688	1 610	1 078
哈尼族	651	403	249	203	131	73
哈萨克族	1 890	927	963	943	470	473
傣　族	610	320	290	174	88	86
黎　族	1 310	829	482	271	157	114
其他民族	5 640	3 229	2 413	1 984	1 126	860

表2-3 全国各民族分性别、受教育程度的6岁及以上人口(续 3)

单位：人

民族	大学本科			研究生		
	小计	男	女	小计	男	女
总　计	**289 336**	**172 703**	**116 633**	**21 200**	**13 474**	**7 726**
汉　族	271 643	162 667	108 976	20 024	12 783	7 240
蒙古族	2 334	1 240	1 094	198	133	64
回　族	2 625	1 426	1 200	168	88	80
藏　族	484	305	179	22	16	6
维吾尔族	1 479	756	723	30	15	15
苗　族	663	441	222	43	29	14
彝　族	479	274	205	17	11	7
壮　族	1 831	1 148	683	136	74	62
布依族	262	175	87	4	2	1
朝鲜族	1 063	583	480	101	60	41
满　族	3 180	1 705	1 475	267	151	115
侗　族	333	222	112	15	6	9
瑶　族	321	194	127	32	14	18
白　族	313	163	150	24	18	7
土家族	949	618	331	56	38	19
哈尼族	63	36	27	2	2	
哈萨克族	294	149	145	3	2	2
傣　族	73	41	32	4	3	1
黎　族	80	53	27	2	1	1
其他民族	863	506	359	54	28	24

表2-4　全国各民族分性别的15岁及以上文盲人口

单位：人

民　族	15岁及以上人口			文盲人口			文盲率（%）		
	合计	男	女	合计	男	女	合计	男	女
总　计	**13 664 737**	**6 786 677**	**6 878 061**	**1 508 706**	**397 877**	**1 110 828**	**11.04**	**5.86**	**16.15**
汉　族	12 507 588	6 207 021	6 300 567	1 307 111	336 640	970 471	10.45	5.42	15.40
蒙古族	64 862	32 001	32 860	5 591	1 679	3 913	8.62	5.25	11.91
回　族	100 759	50 037	50 722	17 970	5 698	12 271	17.83	11.39	24.19
藏　族	69 876	33 784	36 092	31 165	11 314	19 851	44.60	33.49	55.00
维吾尔族	90 685	45 557	45 128	8 720	3 975	4 745	9.62	8.73	10.52
苗　族	90 911	45 468	45 443	21 826	5 947	15 879	24.01	13.08	34.94
彝　族	95 673	47 937	47 736	27 925	8 902	19 023	29.19	18.57	39.85
壮　族	180 050	89 973	90 077	19 486	3 989	15 497	10.82	4.43	17.20
布依族	30 783	15 126	15 658	6 833	1 500	5 333	22.20	9.92	34.06
朝鲜族	21 910	10 922	10 989	843	175	667	3.85	1.61	6.07
满　族	111 978	57 440	54 537	5 491	1 633	3 858	4.90	2.84	7.07
侗　族	35 353	17 920	17 432	5 322	1 285	4 037	15.05	7.17	23.16
瑶　族	30 835	15 837	14 998	4 747	1 260	3 487	15.39	7.96	23.25
白　族	18 418	9 226	9 192	2 520	590	1 930	13.68	6.40	21.00
土家族	82 598	41 613	40 985	12 205	3 252	8 953	14.78	7.81	21.84
哈尼族	15 239	7 692	7 547	5 269	1 704	3 565	34.57	22.15	47.24
哈萨克族	11 715	5 817	5 897	363	122	241	3.10	2.09	4.09
傣　族	11 197	5 551	5 646	2 407	818	1 589	21.50	14.74	28.15
黎　族	13 618	7 065	6 553	1 648	489	1 160	12.10	6.92	17.70
其他民族	80 692	40 690	40 004	21 265	6 907	14 355	26.35	16.97	35.88

表2-5 全国各民族按生育孩次分的育龄妇女人数

单位：人

民族	育龄妇女人数	生育孩子数			一孩		
		合计	男	女	小计	男	女
总计	**160 023**	**161 109**	**88 042**	**73 067**	**101 399**	**52 746**	**48 653**
汉族	139 812	140 848	77 183	63 665	90 508	47 130	43 377
蒙古族	899	904	469	435	633	334	299
回族	1 546	1 549	807	742	874	436	438
藏族	1 437	1 426	748	678	625	321	304
维吾尔族	2 200	2 190	1 142	1 048	1 142	577	566
苗族	1 799	1 794	1 022	772	921	502	419
彝族	2 279	2 283	1 167	1 116	936	470	466
壮族	2 994	3 014	1 641	1 373	1 767	906	861
布依族	606	616	332	284	334	175	159
朝鲜族	121	121	59	61	89	41	49
满族	1 246	1 238	686	553	798	438	360
侗族	572	579	336	243	301	163	139
瑶族	460	472	278	193	235	127	108
白族	299	295	147	148	158	76	82
土家族	1 210	1 237	661	576	658	325	333
哈尼族	316	315	172	142	171	87	84
哈萨克族	249	248	134	114	142	73	69
傣族	203	201	95	105	129	64	66
黎族	281	286	152	134	115	55	60
其他民族	1 497	1 496	811	685	861	448	414

表2-5　全国各民族按生育孩次分的育龄妇女人数(续 1)

单位：人

民　族	二　孩			三孩及以上		
	小计	男	女	小计	男	女
总　计	**51 017**	**30 041**	**20 976**	**8 693**	**5 255**	**3 438**
汉　族	44 050	26 136	17 915	6 290	3 917	2 373
蒙古族	241	121	120	31	15	16
回　族	496	281	214	179	90	89
藏　族	447	246	201	354	181	173
维吾尔族	630	336	294	418	229	188
苗　族	681	398	284	191	123	69
彝　族	843	425	418	504	272	232
壮　族	1 022	603	419	225	131	94
布依族	236	128	108	46	28	18
朝鲜族	26	17	9	5	2	4
满　族	415	234	181	25	14	11
侗　族	248	151	97	30	22	7
瑶　族	197	129	69	40	23	17
白　族	117	62	54	20	9	11
土家族	499	286	213	80	51	29
哈尼族	110	65	45	34	21	13
哈萨克族	81	46	35	25	16	9
傣　族	66	29	37	5	3	2
黎　族	126	70	56	44	27	18
其他民族	486	281	209	149	85	63

第三卷 人口 年龄

表3-1　全国分年龄、性别的人口

单位：人、%

年　龄	人口数			占总人口比重			性别比
	合计	男	女	合计	男	女	(女=100)
总　计	**16 985 766**	**8 584 882**	**8 400 884**	**100.00**	**50.54**	**49.46**	**102.19**
0-4	**907 102**	**499 709**	**407 393**	**5.34**	**2.94**	**2.40**	**122.66**
0	182 392	99 063	83 329	1.07	0.58	0.49	118.88
1	178 735	98 982	79 753	1.05	0.58	0.47	124.11
2	172 941	96 064	76 877	1.02	0.57	0.45	124.96
3	179 380	99 099	80 281	1.06	0.58	0.47	123.44
4	193 654	106 500	87 154	1.14	0.63	0.51	122.20
5-9	**1 060 664**	**577 004**	**483 660**	**6.24**	**3.40**	**2.85**	**119.30**
5	200 309	109 787	90 522	1.18	0.65	0.53	121.28
6	195 209	106 483	88 726	1.15	0.63	0.52	120.01
7	217 365	118 646	98 718	1.28	0.70	0.58	120.19
8	220 075	119 080	100 995	1.30	0.70	0.59	117.91
9	227 706	123 007	104 699	1.34	0.72	0.62	117.49
10-14	**1 353 263**	**721 493**	**631 770**	**7.97**	**4.25**	**3.72**	**114.20**
10	255 265	137 426	117 839	1.50	0.81	0.69	116.62
11	243 063	129 728	113 335	1.43	0.76	0.67	114.46
12	270 332	143 889	126 444	1.59	0.85	0.74	113.80
13	279 051	148 257	130 793	1.64	0.87	0.77	113.35
14	305 552	162 193	143 359	1.80	0.95	0.84	113.14
15-19	**1 443 484**	**749 084**	**694 399**	**8.50**	**4.41**	**4.09**	**107.88**
15	346 126	182 334	163 792	2.04	1.07	0.96	111.32
16	315 197	164 802	150 396	1.86	0.97	0.89	109.58
17	278 583	144 374	134 209	1.64	0.85	0.79	107.57
18	279 299	143 362	135 937	1.64	0.84	0.80	105.46
19	224 278	114 212	110 066	1.32	0.67	0.65	103.77
20-24	**1 036 723**	**499 927**	**536 796**	**6.10**	**2.94**	**3.16**	**93.13**
20	196 962	97 506	99 456	1.16	0.57	0.59	98.04
21	191 823	91 680	100 143	1.13	0.54	0.59	91.55
22	198 985	95 182	103 803	1.17	0.56	0.61	91.69
23	235 835	112 784	123 051	1.39	0.66	0.72	91.66
24	213 119	102 776	110 344	1.25	0.61	0.65	93.14
25-29	**1 110 290**	**539 235**	**571 055**	**6.54**	**3.17**	**3.36**	**94.43**
25	210 881	100 577	110 304	1.24	0.59	0.65	91.18
26	223 647	108 750	114 897	1.32	0.64	0.68	94.65
27	222 032	108 001	114 031	1.31	0.64	0.67	94.71
28	214 130	104 788	109 343	1.26	0.62	0.64	95.83
29	239 600	117 121	122 480	1.41	0.69	0.72	95.62
30-34	**1 445 908**	**711 021**	**734 887**	**8.51**	**4.19**	**4.33**	**96.75**
30	251 922	124 107	127 815	1.48	0.73	0.75	97.10
31	277 806	135 601	142 205	1.64	0.80	0.84	95.36
32	292 145	143 566	148 579	1.72	0.85	0.87	96.63
33	304 961	150 260	154 701	1.80	0.88	0.91	97.13
34	319 074	157 487	161 587	1.88	0.93	0.95	97.46

表3-1 全国分年龄、性别的人口(续 1)

单位：人、%

年　龄	人口数			占总人口比重			性别比
	合计	男	女	合计	男	女	(女=100)
35-39	**1 651 487**	**813 134**	**838 354**	**9.72**	**4.79**	**4.94**	**96.99**
35	351 372	173 107	178 265	2.07	1.02	1.05	97.11
36	325 230	159 848	165 382	1.91	0.94	0.97	96.65
37	358 646	176 581	182 065	2.11	1.04	1.07	96.99
38	289 717	142 560	147 157	1.71	0.84	0.87	96.88
39	326 522	161 038	165 485	1.92	0.95	0.97	97.31
40-44	**1 475 539**	**732 641**	**742 898**	**8.69**	**4.31**	**4.37**	**98.62**
40	334 359	166 402	167 957	1.97	0.98	0.99	99.07
41	320 180	158 238	161 942	1.88	0.93	0.95	97.71
42	379 144	189 553	189 591	2.23	1.12	1.12	99.98
43	283 846	141 056	142 790	1.67	0.83	0.84	98.79
44	158 010	77 391	80 619	0.93	0.46	0.47	96.00
45-49	**1 147 578**	**575 858**	**571 720**	**6.76**	**3.39**	**3.37**	**100.72**
45	201 422	100 540	100 882	1.19	0.59	0.59	99.66
46	183 983	92 951	91 032	1.08	0.55	0.54	102.11
47	240 012	120 999	119 014	1.41	0.71	0.70	101.67
48	272 863	137 844	135 019	1.61	0.81	0.79	102.09
49	249 298	123 525	125 773	1.47	0.73	0.74	98.21
50-54	**1 236 929**	**622 759**	**614 170**	**7.28**	**3.67**	**3.62**	**101.40**
50	272 223	138 187	134 037	1.60	0.81	0.79	103.10
51	264 461	133 086	131 374	1.56	0.78	0.77	101.30
52	245 077	122 985	122 092	1.44	0.72	0.72	100.73
53	246 340	123 731	122 609	1.45	0.73	0.72	100.91
54	208 828	104 770	104 058	1.23	0.62	0.61	100.68
55-59	**907 435**	**462 421**	**445 014**	**5.34**	**2.72**	**2.62**	**103.91**
55	209 335	106 015	103 321	1.23	0.62	0.61	102.61
56	201 030	103 736	97 294	1.18	0.61	0.57	106.62
57	172 379	87 412	84 967	1.01	0.51	0.50	102.88
58	169 785	86 697	83 088	1.00	0.51	0.49	104.34
59	154 906	78 561	76 344	0.91	0.46	0.45	102.90
60-64	**668 310**	**342 519**	**325 791**	**3.93**	**2.02**	**1.92**	**105.13**
60	150 798	76 604	74 194	0.89	0.45	0.44	103.25
61	138 288	71 357	66 931	0.81	0.42	0.39	106.61
62	129 399	66 188	63 210	0.76	0.39	0.37	104.71
63	124 937	63 748	61 190	0.74	0.38	0.36	104.18
64	124 887	64 622	60 265	0.74	0.38	0.35	107.23
65-69	**564 095**	**286 166**	**277 929**	**3.32**	**1.68**	**1.64**	**102.96**
65	127 284	64 161	63 124	0.75	0.38	0.37	101.64
66	104 282	53 078	51 204	0.61	0.31	0.30	103.66
67	115 856	59 380	56 476	0.68	0.35	0.33	105.14
68	110 325	56 302	54 023	0.65	0.33	0.32	104.22
69	106 347	53 245	53 102	0.63	0.31	0.31	100.27

表3-1　全国分年龄、性别的人口(续 2)

单位：人、%

年　龄	人口数			占总人口比重			性别比
	合计	男	女	合计	男	女	(女=100)
70-74	**454 955**	**224 027**	**230 928**	**2.68**	**1.32**	**1.36**	**97.01**
70	108 511	53 720	54 790	0.64	0.32	0.32	98.05
71	93 246	45 871	47 375	0.55	0.27	0.28	96.83
72	97 480	48 325	49 155	0.57	0.28	0.29	98.31
73	82 417	40 327	42 090	0.49	0.24	0.25	95.81
74	73 302	35 784	37 517	0.43	0.21	0.22	95.38
75-79	**290 171**	**135 684**	**154 487**	**1.71**	**0.80**	**0.91**	**87.83**
75	76 658	36 892	39 766	0.45	0.22	0.23	92.77
76	59 869	28 081	31 788	0.35	0.17	0.19	88.34
77	59 431	27 677	31 754	0.35	0.16	0.19	87.16
78	51 659	23 844	27 816	0.30	0.14	0.16	85.72
79	42 552	19 190	23 362	0.25	0.11	0.14	82.14
80-84	**156 110**	**66 132**	**89 978**	**0.92**	**0.39**	**0.53**	**73.50**
80	44 232	19 290	24 941	0.26	0.11	0.15	77.34
81	34 761	14 966	19 795	0.20	0.09	0.12	75.61
82	29 709	12 582	17 127	0.17	0.07	0.10	73.46
83	25 489	10 512	14 977	0.15	0.06	0.09	70.18
84	21 919	8 781	13 138	0.13	0.05	0.08	66.84
85-89	**56 582**	**20 475**	**36 107**	**0.33**	**0.12**	**0.21**	**56.71**
85	18 124	6 865	11 260	0.11	0.04	0.07	60.97
86	13 312	4 921	8 390	0.08	0.03	0.05	58.65
87	10 531	3 682	6 849	0.06	0.02	0.04	53.76
88	8 258	2 864	5 395	0.05	0.02	0.03	53.08
89	6 357	2 143	4 214	0.04	0.01	0.02	50.85
90-94	**15 825**	**4 785**	**11 040**	**0.09**	**0.03**	**0.06**	**43.35**
90	5 290	1 611	3 679	0.03	0.01	0.02	43.80
91	3 929	1 231	2 698	0.02	0.01	0.02	45.62
92	2 964	858	2 106	0.02	0.01	0.01	40.73
93	2 202	691	1 512	0.01		0.01	45.68
94	1 439	394	1 044	0.01		0.01	37.76
95-99	**2 822**	**688**	**2 134**	**0.02**		**0.01**	**32.22**
95	1 086	296	789	0.01			37.57
96	673	145	528				27.55
97	458	107	351				30.42
98	358	84	274				30.80
99	246	54	192				28.42
100岁及以上	**497**	**122**	**375**				**32.56**

表3-1a 全国分年龄、性别的人口(城市)

单位：人、%

年龄	人口数			占总人口比重			性别比
	合计	男	女	合计	男	女	(女=100)
总计	**4 707 903**	**2 357 679**	**2 350 224**	**100.00**	**50.08**	**49.92**	**100.32**
0-4	**198 192**	**106 383**	**91 808**	**4.21**	**2.26**	**1.95**	**115.88**
0	40 542	21 590	18 951	0.86	0.46	0.40	113.92
1	39 875	21 482	18 393	0.85	0.46	0.39	116.79
2	35 312	19 115	16 197	0.75	0.41	0.34	118.01
3	39 858	21 346	18 511	0.85	0.45	0.39	115.32
4	42 605	22 850	19 755	0.90	0.49	0.42	115.67
5-9	**229 410**	**123 006**	**106 404**	**4.87**	**2.61**	**2.26**	**115.60**
5	44 234	23 830	20 404	0.94	0.51	0.43	116.79
6	42 521	22 824	19 697	0.90	0.48	0.42	115.88
7	46 480	24 980	21 500	0.99	0.53	0.46	116.18
8	47 159	25 153	22 006	1.00	0.53	0.47	114.30
9	49 016	26 218	22 797	1.04	0.56	0.48	115.00
10-14	**271 365**	**143 510**	**127 855**	**5.76**	**3.05**	**2.72**	**112.24**
10	52 839	28 109	24 730	1.12	0.60	0.53	113.66
11	51 537	27 150	24 388	1.09	0.58	0.52	111.33
12	54 176	28 532	25 644	1.15	0.61	0.54	111.26
13	54 855	29 026	25 829	1.17	0.62	0.55	112.38
14	57 957	30 693	27 264	1.23	0.65	0.58	112.58
15-19	**374 262**	**188 141**	**186 121**	**7.95**	**4.00**	**3.95**	**101.09**
15	68 066	35 438	32 628	1.45	0.75	0.69	108.61
16	72 063	37 071	34 992	1.53	0.79	0.74	105.94
17	75 165	37 825	37 340	1.60	0.80	0.79	101.30
18	84 799	41 551	43 248	1.80	0.88	0.92	96.08
19	74 170	36 257	37 913	1.58	0.77	0.81	95.63
20-24	**365 069**	**175 140**	**189 929**	**7.75**	**3.72**	**4.03**	**92.21**
20	67 491	32 538	34 953	1.43	0.69	0.74	93.09
21	68 176	32 277	35 899	1.45	0.69	0.76	89.91
22	71 142	34 248	36 894	1.51	0.73	0.78	92.83
23	84 443	40 408	44 034	1.79	0.86	0.94	91.77
24	73 818	35 670	38 149	1.57	0.76	0.81	93.50
25-29	**380 141**	**183 970**	**196 171**	**8.07**	**3.91**	**4.17**	**93.78**
25	71 431	34 248	37 183	1.52	0.73	0.79	92.11
26	77 374	37 267	40 107	1.64	0.79	0.85	92.92
27	76 863	37 230	39 633	1.63	0.79	0.84	93.94
28	73 530	35 753	37 778	1.56	0.76	0.80	94.64
29	80 942	39 473	41 470	1.72	0.84	0.88	95.18
30-34	**466 002**	**231 684**	**234 319**	**9.90**	**4.92**	**4.98**	**98.88**
30	83 476	41 156	42 320	1.77	0.87	0.90	97.25
31	89 104	44 067	45 037	1.89	0.94	0.96	97.85
32	94 938	46 957	47 981	2.02	1.00	1.02	97.86
33	97 727	48 789	48 938	2.08	1.04	1.04	99.69
34	100 757	50 715	50 042	2.14	1.08	1.06	101.35

表3-1a　全国分年龄、性别的人口(城市)(续 1)

单位：人、%

年　龄	人口数			占总人口比重			性别比
	合计	男	女	合计	男	女	(女=100)
35-39	**478 588**	**240 408**	**238 180**	**10.17**	**5.11**	**5.06**	**100.94**
35	107 342	54 202	53 139	2.28	1.15	1.13	102.00
36	97 902	49 187	48 715	2.08	1.04	1.03	100.97
37	104 703	52 210	52 494	2.22	1.11	1.12	99.46
38	79 144	39 618	39 525	1.68	0.84	0.84	100.23
39	89 497	45 190	44 307	1.90	0.96	0.94	101.99
40-44	**442 690**	**225 733**	**216 957**	**9.40**	**4.79**	**4.61**	**104.05**
40	95 352	48 673	46 679	2.03	1.03	0.99	104.27
41	96 314	48 906	47 408	2.05	1.04	1.01	103.16
42	117 866	60 364	57 502	2.50	1.28	1.22	104.98
43	83 432	42 648	40 784	1.77	0.91	0.87	104.57
44	49 726	25 142	24 584	1.06	0.53	0.52	102.27
45-49	**347 334**	**175 567**	**171 767**	**7.38**	**3.73**	**3.65**	**102.21**
45	65 412	33 531	31 881	1.39	0.71	0.68	105.17
46	58 500	29 761	28 738	1.24	0.63	0.61	103.56
47	73 321	37 156	36 164	1.56	0.79	0.77	102.74
48	78 932	39 836	39 096	1.68	0.85	0.83	101.89
49	71 169	35 283	35 886	1.51	0.75	0.76	98.32
50-54	**336 239**	**166 995**	**169 244**	**7.14**	**3.55**	**3.59**	**98.67**
50	74 885	37 848	37 037	1.59	0.80	0.79	102.19
51	74 796	37 245	37 551	1.59	0.79	0.80	99.19
52	66 017	32 430	33 587	1.40	0.69	0.71	96.55
53	64 972	31 898	33 074	1.38	0.68	0.70	96.45
54	55 569	27 573	27 995	1.18	0.59	0.59	98.49
55-59	**237 396**	**117 255**	**120 140**	**5.04**	**2.49**	**2.55**	**97.60**
55	55 324	27 414	27 910	1.18	0.58	0.59	98.22
56	52 988	26 314	26 674	1.13	0.56	0.57	98.65
57	45 010	22 035	22 975	0.96	0.47	0.49	95.91
58	44 037	21 727	22 310	0.94	0.46	0.47	97.38
59	40 036	19 765	20 271	0.85	0.42	0.43	97.50
60-64	**170 879**	**83 637**	**87 241**	**3.63**	**1.78**	**1.85**	**95.87**
60	37 212	18 147	19 066	0.79	0.39	0.40	95.18
61	34 757	17 043	17 714	0.74	0.36	0.38	96.21
62	32 734	16 220	16 514	0.70	0.34	0.35	98.22
63	32 892	15 965	16 927	0.70	0.34	0.36	94.32
64	33 283	16 262	17 020	0.71	0.35	0.36	95.55
65-69	**154 650**	**75 345**	**79 305**	**3.28**	**1.60**	**1.68**	**95.01**
65	33 658	16 066	17 591	0.71	0.34	0.37	91.33
66	29 168	14 103	15 066	0.62	0.30	0.32	93.61
67	32 014	15 695	16 319	0.68	0.33	0.35	96.18
68	30 120	14 885	15 235	0.64	0.32	0.32	97.70
69	29 689	14 596	15 093	0.63	0.31	0.32	96.70

表3-1a 全国分年龄、性别的人口(城市)(续 2)

单位：人、%

年 龄	人口数			占总人口比重			性别比
	合计	男	女	合计	男	女	(女=100)
70-74	**122 550**	**60 374**	**62 176**	**2.60**	**1.28**	**1.32**	**97.10**
70	29 111	14 018	15 093	0.62	0.30	0.32	92.87
71	25 803	12 662	13 140	0.55	0.27	0.28	96.36
72	26 420	13 186	13 234	0.56	0.28	0.28	99.64
73	21 766	10 684	11 082	0.46	0.23	0.24	96.41
74	19 450	9 825	9 626	0.41	0.21	0.20	102.07
75-79	**75 544**	**36 635**	**38 909**	**1.60**	**0.78**	**0.83**	**94.16**
75	20 120	10 121	9 999	0.43	0.21	0.21	101.22
76	15 930	7 721	8 209	0.34	0.16	0.17	94.06
77	15 426	7 428	7 998	0.33	0.16	0.17	92.87
78	13 090	6 223	6 868	0.28	0.13	0.15	90.61
79	10 978	5 142	5 836	0.23	0.11	0.12	88.11
80-84	**38 617**	**16 982**	**21 635**	**0.82**	**0.36**	**0.46**	**78.50**
80	10 741	4 874	5 867	0.23	0.10	0.12	83.07
81	8 683	3 817	4 866	0.18	0.08	0.10	78.44
82	7 318	3 170	4 148	0.16	0.07	0.09	76.42
83	6 418	2 828	3 590	0.14	0.06	0.08	78.76
84	5 456	2 293	3 162	0.12	0.05	0.07	72.52
85-89	**14 031**	**5 383**	**8 648**	**0.30**	**0.11**	**0.18**	**62.24**
85	4 348	1 746	2 602	0.09	0.04	0.06	67.10
86	3 347	1 363	1 984	0.07	0.03	0.04	68.67
87	2 575	932	1 643	0.05	0.02	0.03	56.74
88	2 158	780	1 379	0.05	0.02	0.03	56.56
89	1 602	562	1 040	0.03	0.01	0.02	54.04
90-94	**4 106**	**1 318**	**2 788**	**0.09**	**0.03**	**0.06**	**47.30**
90	1 278	440	838	0.03	0.01	0.02	52.44
91	1 031	343	688	0.02	0.01	0.01	49.79
92	806	240	566	0.02	0.01	0.01	42.39
93	606	204	402	0.01		0.01	50.73
94	385	92	293	0.01		0.01	31.48
95-99	**724**	**188**	**536**	**0.02**		**0.01**	**35.06**
95	296	93	203	0.01			45.82
96	163	40	124				32.06
97	121	25	97				25.59
98	77	17	60				27.99
99	67	14	53				26.19
100岁及以上	**115**	**23**	**92**				**24.94**

表3-1b　全国分年龄、性别的人口(镇)

单位：人、%

年　龄	人口数			占总人口比重			性别比
	合计	男	女	合计	男	女	(女=100)
总　计	**2 908 980**	**1 464 804**	**1 444 176**	**100.00**	**50.35**	**49.65**	**101.43**
0-4	**152 796**	**83 915**	**68 881**	**5.25**	**2.88**	**2.37**	**121.83**
0	30 199	16 296	13 903	1.04	0.56	0.48	117.21
1	30 510	16 960	13 550	1.05	0.58	0.47	125.17
2	28 984	16 055	12 929	1.00	0.55	0.44	124.18
3	30 267	16 727	13 540	1.04	0.58	0.47	123.54
4	32 835	17 876	14 959	1.13	0.61	0.51	119.50
5-9	**182 106**	**99 566**	**82 540**	**6.26**	**3.42**	**2.84**	**120.63**
5	34 729	19 090	15 639	1.19	0.66	0.54	122.07
6	33 192	18 142	15 051	1.14	0.62	0.52	120.54
7	37 424	20 484	16 940	1.29	0.70	0.58	120.92
8	38 041	20 897	17 144	1.31	0.72	0.59	121.89
9	38 720	20 954	17 766	1.33	0.72	0.61	117.94
10-14	**230 762**	**123 891**	**106 871**	**7.93**	**4.26**	**3.67**	**115.93**
10	43 652	23 652	20 000	1.50	0.81	0.69	118.26
11	41 524	22 293	19 231	1.43	0.77	0.66	115.92
12	46 019	24 689	21 330	1.58	0.85	0.73	115.75
13	47 620	25 587	22 033	1.64	0.88	0.76	116.13
14	51 947	27 670	24 277	1.79	0.95	0.83	113.98
15-19	**247 723**	**128 898**	**118 825**	**8.52**	**4.43**	**4.08**	**108.48**
15	59 269	31 272	27 997	2.04	1.08	0.96	111.70
16	54 412	28 416	25 996	1.87	0.98	0.89	109.31
17	49 434	25 651	23 783	1.70	0.88	0.82	107.86
18	48 206	24 833	23 373	1.66	0.85	0.80	106.25
19	36 402	18 725	17 677	1.25	0.64	0.61	105.93
20-24	**165 887**	**78 658**	**87 229**	**5.70**	**2.70**	**3.00**	**90.17**
20	30 119	15 144	14 975	1.04	0.52	0.51	101.13
21	29 032	13 733	15 299	1.00	0.47	0.53	89.76
22	31 295	14 716	16 579	1.08	0.51	0.57	88.77
23	39 015	18 058	20 957	1.34	0.62	0.72	86.17
24	36 427	17 007	19 420	1.25	0.58	0.67	87.57
25-29	**205 211**	**98 152**	**107 059**	**7.05**	**3.37**	**3.68**	**91.68**
25	36 811	17 267	19 544	1.27	0.59	0.67	88.35
26	41 269	19 661	21 608	1.42	0.68	0.74	90.99
27	41 262	19 834	21 428	1.42	0.68	0.74	92.56
28	40 157	19 350	20 807	1.38	0.67	0.72	93.00
29	45 712	22 040	23 672	1.57	0.76	0.81	93.10
30-34	**274 946**	**134 139**	**140 807**	**9.45**	**4.61**	**4.84**	**95.26**
30	48 362	23 445	24 916	1.66	0.81	0.86	94.10
31	53 050	25 610	27 440	1.82	0.88	0.94	93.33
32	55 594	27 327	28 267	1.91	0.94	0.97	96.67
33	57 703	28 391	29 312	1.98	0.98	1.01	96.86
34	60 238	29 366	30 872	2.07	1.01	1.06	95.12

表3-1b 全国分年龄、性别的人口(镇)(续 1)

单位：人、%

年龄	人口数			占总人口比重			性别比
	合计	男	女	合计	男	女	(女=100)
35-39	**305 870**	**151 049**	**154 821**	**10.51**	**5.19**	**5.32**	**97.56**
35	66 073	32 815	33 259	2.27	1.13	1.14	98.66
36	60 623	29 825	30 797	2.08	1.03	1.06	96.84
37	66 619	33 155	33 464	2.29	1.14	1.15	99.08
38	52 411	25 862	26 548	1.80	0.89	0.91	97.42
39	60 144	29 392	30 752	2.07	1.01	1.06	95.58
40-44	**266 199**	**132 533**	**133 666**	**9.15**	**4.56**	**4.59**	**99.15**
40	61 775	30 985	30 790	2.12	1.07	1.06	100.63
41	58 050	28 799	29 251	2.00	0.99	1.01	98.45
42	69 020	34 368	34 651	2.37	1.18	1.19	99.18
43	50 631	25 310	25 321	1.74	0.87	0.87	99.96
44	26 724	13 072	13 652	0.92	0.45	0.47	95.75
45-49	**192 018**	**96 416**	**95 602**	**6.60**	**3.31**	**3.29**	**100.85**
45	33 739	16 713	17 026	1.16	0.57	0.59	98.17
46	31 317	15 960	15 357	1.08	0.55	0.53	103.92
47	40 051	20 306	19 745	1.38	0.70	0.68	102.84
48	45 833	23 053	22 780	1.58	0.79	0.78	101.20
49	41 079	20 385	20 694	1.41	0.70	0.71	98.50
50-54	**199 964**	**99 718**	**100 246**	**6.87**	**3.43**	**3.45**	**99.47**
50	44 928	22 680	22 247	1.54	0.78	0.76	101.95
51	42 818	21 162	21 655	1.47	0.73	0.74	97.72
52	39 256	19 753	19 503	1.35	0.68	0.67	101.28
53	39 647	19 657	19 990	1.36	0.68	0.69	98.34
54	33 315	16 465	16 850	1.15	0.57	0.58	97.71
55-59	**143 886**	**72 572**	**71 314**	**4.95**	**2.49**	**2.45**	**101.76**
55	33 392	16 668	16 724	1.15	0.57	0.57	99.66
56	32 036	16 342	15 694	1.10	0.56	0.54	104.13
57	26 843	13 420	13 423	0.92	0.46	0.46	99.98
58	26 911	13 666	13 245	0.93	0.47	0.46	103.17
59	24 703	12 476	12 227	0.85	0.43	0.42	102.03
60-64	**105 367**	**53 600**	**51 767**	**3.62**	**1.84**	**1.78**	**103.54**
60	24 164	12 277	11 886	0.83	0.42	0.41	103.29
61	21 672	11 067	10 605	0.75	0.38	0.36	104.36
62	20 207	10 192	10 015	0.69	0.35	0.34	101.76
63	19 870	10 013	9 858	0.68	0.34	0.34	101.57
64	19 454	10 051	9 403	0.67	0.35	0.32	106.89
65-69	**87 152**	**43 538**	**43 614**	**3.00**	**1.50**	**1.50**	**99.83**
65	20 052	9 983	10 069	0.69	0.34	0.35	99.15
66	15 918	7 955	7 963	0.55	0.27	0.27	99.89
67	17 876	9 028	8 848	0.61	0.31	0.30	102.03
68	16 959	8 598	8 360	0.58	0.30	0.29	102.85
69	16 347	7 974	8 373	0.56	0.27	0.29	95.23

表3-1b　全国分年龄、性别的人口(镇)(续 2)

单位：人、%

年　龄	人口数			占总人口比重			性别比
	合计	男	女	合计	男	女	(女=100)
70-74	**69 189**	**33 781**	**35 408**	**2.38**	**1.16**	**1.22**	**95.40**
70	16 480	8 030	8 451	0.57	0.28	0.29	95.02
71	14 256	6 919	7 337	0.49	0.24	0.25	94.31
72	14 813	7 318	7 495	0.51	0.25	0.26	97.64
73	12 699	6 209	6 490	0.44	0.21	0.22	95.68
74	10 941	5 304	5 637	0.38	0.18	0.19	94.11
75-79	**44 065**	**20 611**	**23 453**	**1.51**	**0.71**	**0.81**	**87.88**
75	11 569	5 639	5 930	0.40	0.19	0.20	95.08
76	9 087	4 279	4 808	0.31	0.15	0.17	88.99
77	9 072	4 162	4 910	0.31	0.14	0.17	84.77
78	7 924	3 601	4 323	0.27	0.12	0.15	83.28
79	6 413	2 931	3 482	0.22	0.10	0.12	84.19
80-84	**23 908**	**9 942**	**13 966**	**0.82**	**0.34**	**0.48**	**71.18**
80	6 748	2 957	3 790	0.23	0.10	0.13	78.03
81	5 266	2 219	3 047	0.18	0.08	0.10	72.83
82	4 580	1 917	2 663	0.16	0.07	0.09	71.97
83	3 913	1 513	2 400	0.13	0.05	0.08	63.04
84	3 402	1 336	2 066	0.12	0.05	0.07	64.64
85-89	**8 812**	**2 924**	**5 887**	**0.30**	**0.10**	**0.20**	**49.67**
85	2 777	965	1 812	0.10	0.03	0.06	53.24
86	2 114	685	1 429	0.07	0.02	0.05	47.92
87	1 686	551	1 134	0.06	0.02	0.04	48.59
88	1 284	406	878	0.04	0.01	0.03	46.28
89	951	317	634	0.03	0.01	0.02	50.04
90-94	**2 574**	**753**	**1 821**	**0.09**	**0.03**	**0.06**	**41.33**
90	876	249	627	0.03	0.01	0.02	39.70
91	663	194	469	0.02	0.01	0.02	41.37
92	484	143	342	0.02		0.01	41.72
93	333	107	227	0.01		0.01	46.97
94	216	60	156	0.01		0.01	38.73
95-99	**455**	**124**	**331**	**0.02**		**0.01**	**37.63**
95	171	54	117	0.01			46.57
96	121	26	95				27.11
97	65	16	48				33.92
98	60	21	39				53.81
99	38	7	32				21.89
100岁及以上	**92**	**23**	**69**				**33.96**

表3-1c 全国分年龄、性别的人口(乡村)

单位：人、%

年龄	人口数			占总人口比重			性别比
	合计	男	女	合计	男	女	(女=100)
总计	**9 368 884**	**4 762 400**	**4 606 484**	**100.00**	**50.83**	**49.17**	**103.38**
0-4	**556 115**	**309 411**	**246 704**	**5.94**	**3.30**	**2.63**	**125.42**
0	111 652	61 177	50 474	1.19	0.65	0.54	121.21
1	108 350	60 540	47 810	1.16	0.65	0.51	126.63
2	108 644	60 893	47 751	1.16	0.65	0.51	127.52
3	109 255	61 026	48 229	1.17	0.65	0.51	126.53
4	118 213	65 774	52 440	1.26	0.70	0.56	125.43
5-9	**649 148**	**354 432**	**294 716**	**6.93**	**3.78**	**3.15**	**120.26**
5	121 346	66 867	54 479	1.30	0.71	0.58	122.74
6	119 496	65 517	53 979	1.28	0.70	0.58	121.38
7	133 461	73 183	60 278	1.42	0.78	0.64	121.41
8	134 875	73 030	61 845	1.44	0.78	0.66	118.09
9	139 970	75 835	64 136	1.49	0.81	0.68	118.24
10-14	**851 136**	**454 092**	**397 044**	**9.08**	**4.85**	**4.24**	**114.37**
10	158 774	85 666	73 108	1.69	0.91	0.78	117.18
11	150 002	80 285	69 716	1.60	0.86	0.74	115.16
12	170 137	90 668	79 469	1.82	0.97	0.85	114.09
13	176 575	93 644	82 931	1.88	1.00	0.89	112.92
14	195 648	103 829	91 818	2.09	1.11	0.98	113.08
15-19	**821 498**	**432 044**	**389 454**	**8.77**	**4.61**	**4.16**	**110.94**
15	218 791	115 624	103 168	2.34	1.23	1.10	112.07
16	188 722	99 314	89 408	2.01	1.06	0.95	111.08
17	153 985	80 899	73 086	1.64	0.86	0.78	110.69
18	146 294	76 978	69 316	1.56	0.82	0.74	111.05
19	113 706	59 230	54 476	1.21	0.63	0.58	108.73
20-24	**505 768**	**246 129**	**259 639**	**5.40**	**2.63**	**2.77**	**94.80**
20	99 352	49 824	49 528	1.06	0.53	0.53	100.60
21	94 615	45 671	48 944	1.01	0.49	0.52	93.31
22	96 549	46 217	50 331	1.03	0.49	0.54	91.83
23	112 377	54 317	58 060	1.20	0.58	0.62	93.55
24	102 874	50 099	52 775	1.10	0.53	0.56	94.93
25-29	**524 938**	**257 113**	**267 825**	**5.60**	**2.74**	**2.86**	**96.00**
25	102 638	49 062	53 577	1.10	0.52	0.57	91.57
26	105 004	51 821	53 183	1.12	0.55	0.57	97.44
27	103 907	50 937	52 970	1.11	0.54	0.57	96.16
28	100 443	49 685	50 758	1.07	0.53	0.54	97.88
29	112 946	55 608	57 338	1.21	0.59	0.61	96.98
30-34	**704 960**	**345 198**	**359 761**	**7.52**	**3.68**	**3.84**	**95.95**
30	120 084	59 506	60 578	1.28	0.64	0.65	98.23
31	135 652	65 924	69 728	1.45	0.70	0.74	94.54
32	141 613	69 282	72 331	1.51	0.74	0.77	95.79
33	149 531	73 080	76 451	1.60	0.78	0.82	95.59
34	158 079	77 406	80 673	1.69	0.83	0.86	95.95

表3-1c　全国分年龄、性别的人口(乡村)(续 1)

单位：人、%

年　龄	人口数			占总人口比重			性别比
	合计	男	女	合计	男	女	(女=100)
35-39	**867 030**	**421 677**	**445 353**	**9.25**	**4.50**	**4.75**	**94.68**
35	177 957	86 090	91 867	1.90	0.92	0.98	93.71
36	166 705	80 835	85 870	1.78	0.86	0.92	94.14
37	187 324	91 217	96 108	2.00	0.97	1.03	94.91
38	158 163	77 080	81 083	1.69	0.82	0.87	95.06
39	176 881	86 456	90 426	1.89	0.92	0.97	95.61
40-44	**766 650**	**374 375**	**392 275**	**8.18**	**4.00**	**4.19**	**95.44**
40	177 232	86 744	90 487	1.89	0.93	0.97	95.86
41	165 817	80 534	85 283	1.77	0.86	0.91	94.43
42	192 258	94 821	97 437	2.05	1.01	1.04	97.32
43	149 783	73 098	76 685	1.60	0.78	0.82	95.32
44	81 560	39 177	42 383	0.87	0.42	0.45	92.44
45-49	**608 226**	**303 875**	**304 351**	**6.49**	**3.24**	**3.25**	**99.84**
45	102 271	50 296	51 975	1.09	0.54	0.55	96.77
46	94 167	47 230	46 937	1.01	0.50	0.50	100.63
47	126 640	63 536	63 104	1.35	0.68	0.67	100.68
48	148 098	74 955	73 143	1.58	0.80	0.78	102.48
49	137 049	67 857	69 192	1.46	0.72	0.74	98.07
50-54	**700 727**	**356 046**	**344 681**	**7.48**	**3.80**	**3.68**	**103.30**
50	152 410	77 658	74 752	1.63	0.83	0.80	103.89
51	146 847	74 679	72 168	1.57	0.80	0.77	103.48
52	139 805	70 803	69 002	1.49	0.76	0.74	102.61
53	141 720	72 175	69 546	1.51	0.77	0.74	103.78
54	119 945	60 732	59 213	1.28	0.65	0.63	102.57
55-59	**526 153**	**272 594**	**253 559**	**5.62**	**2.91**	**2.71**	**107.51**
55	120 619	61 933	58 687	1.29	0.66	0.63	105.53
56	116 006	61 080	54 926	1.24	0.65	0.59	111.20
57	100 525	51 957	48 568	1.07	0.55	0.52	106.98
58	98 837	51 304	47 533	1.05	0.55	0.51	107.93
59	90 166	46 320	43 846	0.96	0.49	0.47	105.64
60-64	**392 064**	**205 281**	**186 782**	**4.18**	**2.19**	**1.99**	**109.90**
60	89 422	46 180	43 242	0.95	0.49	0.46	106.79
61	81 859	43 246	38 613	0.87	0.46	0.41	112.00
62	76 457	39 777	36 680	0.82	0.42	0.39	108.44
63	72 175	37 770	34 405	0.77	0.40	0.37	109.78
64	72 150	38 308	33 842	0.77	0.41	0.36	113.20
65-69	**322 293**	**167 283**	**155 010**	**3.44**	**1.79**	**1.65**	**107.92**
65	73 575	38 112	35 463	0.79	0.41	0.38	107.47
66	59 196	31 021	28 175	0.63	0.33	0.30	110.10
67	65 966	34 657	31 309	0.70	0.37	0.33	110.69
68	63 246	32 819	30 427	0.68	0.35	0.32	107.86
69	60 310	30 675	29 635	0.64	0.33	0.32	103.51

表3-1c 全国分年龄、性别的人口(乡村)(续 2)

单位：人、%

年龄	人口数			占总人口比重			性别比
	合计	男	女	合计	男	女	(女=100)
70-74	**263 216**	**129 872**	**133 344**	**2.81**	**1.39**	**1.42**	**97.40**
70	62 920	31 673	31 246	0.67	0.34	0.33	101.37
71	53 187	26 289	26 898	0.57	0.28	0.29	97.74
72	56 248	27 821	28 427	0.60	0.30	0.30	97.87
73	47 952	23 433	24 518	0.51	0.25	0.26	95.58
74	42 911	20 655	22 255	0.46	0.22	0.24	92.81
75-79	**170 562**	**78 437**	**92 124**	**1.82**	**0.84**	**0.98**	**85.14**
75	44 969	21 132	23 837	0.48	0.23	0.25	88.65
76	34 852	16 081	18 771	0.37	0.17	0.20	85.67
77	34 934	16 087	18 847	0.37	0.17	0.20	85.36
78	30 645	14 020	16 625	0.33	0.15	0.18	84.33
79	25 161	11 117	14 044	0.27	0.12	0.15	79.16
80-84	**93 585**	**39 208**	**54 377**	**1.00**	**0.42**	**0.58**	**72.10**
80	26 743	11 459	15 284	0.29	0.12	0.16	74.97
81	20 811	8 930	11 881	0.22	0.10	0.13	75.16
82	17 811	7 495	10 315	0.19	0.08	0.11	72.66
83	15 158	6 171	8 987	0.16	0.07	0.10	68.66
84	13 062	5 153	7 909	0.14	0.05	0.08	65.15
85-89	**33 740**	**12 168**	**21 572**	**0.36**	**0.13**	**0.23**	**56.40**
85	10 999	4 154	6 845	0.12	0.04	0.07	60.68
86	7 851	2 874	4 977	0.08	0.03	0.05	57.74
87	6 270	2 199	4 071	0.07	0.02	0.04	54.00
88	4 816	1 678	3 139	0.05	0.02	0.03	53.46
89	3 804	1 264	2 540	0.04	0.01	0.03	49.75
90-94	**9 145**	**2 714**	**6 431**	**0.10**	**0.03**	**0.07**	**42.20**
90	3 136	923	2 213	0.03	0.01	0.02	41.69
91	2 235	694	1 541	0.02	0.01	0.02	45.05
92	1 674	475	1 198	0.02	0.01	0.01	39.66
93	1 263	380	883	0.01		0.01	43.04
94	837	242	596	0.01		0.01	40.59
95-99	**1 642**	**375**	**1 267**	**0.02**		**0.01**	**29.61**
95	619	149	470	0.01		0.01	31.77
96	390	80	310				25.88
97	272	66	206				31.85
98	221	47	175				26.61
99	140	34	107				31.47
100岁及以上	**290**	**76**	**214**				**35.37**

第四卷　人口　教育

表4-1 全国分年龄、性别、受教育程度的6岁及以上人口

单位：人

年 龄	6岁及以上人口			未上过学		
	合计	男	女	小计	男	女
总 计	**15 878 355**	**7 975 386**	**7 902 969**	**1 646 360**	**450 088**	**1 196 272**
6-9	**860 355**	**467 217**	**393 138**	**42 956**	**22 861**	**20 095**
6	195 209	106 483	88 726	31 960	17 243	14 717
7	217 365	118 646	98 718	6 350	3 280	3 070
8	220 075	119 080	100 995	2 670	1 330	1 340
9	227 706	123 007	104 699	1 976	1 008	968
10-14	**1 353 263**	**721 493**	**631 770**	**9 739**	**4 601**	**5 138**
10	255 265	137 426	117 839	1 878	952	926
11	243 063	129 728	113 335	1 712	814	897
12	270 332	143 889	126 444	1 943	896	1 047
13	279 051	148 257	130 793	2 008	931	1 077
14	305 552	162 193	143 359	2 199	1 007	1 192
15-19	**1 443 484**	**749 084**	**694 399**	**13 178**	**5 720**	**7 458**
15	346 126	182 334	163 792	2 415	1 087	1 328
16	315 197	164 802	150 396	2 592	1 148	1 445
17	278 583	144 374	134 209	2 514	1 072	1 441
18	279 299	143 362	135 937	2 900	1 250	1 650
19	224 278	114 212	110 066	2 758	1 163	1 595
20-24	**1 036 723**	**499 927**	**536 796**	**17 457**	**6 298**	**11 159**
20	196 962	97 506	99 456	3 080	1 222	1 858
21	191 823	91 680	100 143	3 078	1 143	1 935
22	198 985	95 182	103 803	3 408	1 183	2 224
23	235 835	112 784	123 051	3 863	1 385	2 478
24	213 119	102 776	110 344	4 028	1 364	2 664
25-29	**1 110 290**	**539 235**	**571 055**	**25 572**	**8 170**	**17 402**
25	210 881	100 577	110 304	4 600	1 490	3 111
26	223 647	108 750	114 897	4 519	1 516	3 002
27	222 032	108 001	114 031	5 105	1 669	3 436
28	214 130	104 788	109 343	5 181	1 619	3 562
29	239 600	117 121	122 480	6 167	1 876	4 290
30-34	**1 445 908**	**711 021**	**734 887**	**44 428**	**12 726**	**31 702**
30	251 922	124 107	127 815	6 932	2 125	4 808
31	277 806	135 601	142 205	8 190	2 320	5 870
32	292 145	143 566	148 579	8 960	2 532	6 428
33	304 961	150 260	154 701	9 795	2 770	7 025
34	319 074	157 487	161 587	10 551	2 980	7 571

表4-1 全国分年龄、性别、受教育程度的6岁及以上人口(续 1)

单位：人

年龄	6岁及以上人口			未上过学		
	合计	男	女	小计	男	女
35-39	**1 651 487**	**813 134**	**838 354**	**61 772**	**15 715**	**46 057**
35	351 372	173 107	178 265	12 267	3 323	8 944
36	325 230	159 848	165 382	11 462	3 003	8 459
37	358 646	176 581	182 065	13 155	3 279	9 876
38	289 717	142 560	147 157	11 791	3 003	8 788
39	326 522	161 038	165 485	13 097	3 107	9 990
40-44	**1 475 539**	**732 641**	**742 898**	**67 567**	**14 319**	**53 248**
40	334 359	166 402	167 957	14 309	3 426	10 883
41	320 180	158 238	161 942	13 553	3 085	10 469
42	379 144	189 553	189 591	15 896	3 367	12 529
43	283 846	141 056	142 790	14 410	2 760	11 651
44	158 010	77 391	80 619	9 399	1 682	7 716
45-49	**1 147 578**	**575 858**	**571 720**	**98 314**	**20 594**	**77 721**
45	201 422	100 540	100 882	12 870	2 757	10 113
46	183 983	92 951	91 032	13 307	2 790	10 517
47	240 012	120 999	119 014	20 660	4 485	16 175
48	272 863	137 844	135 019	25 490	5 419	20 071
49	249 298	123 525	125 773	25 987	5 143	20 844
50-54	**1 236 929**	**622 759**	**614 170**	**169 452**	**37 695**	**131 757**
50	272 223	138 187	134 037	32 146	7 102	25 044
51	264 461	133 086	131 374	33 204	7 071	26 134
52	245 077	122 985	122 092	34 204	7 624	26 580
53	246 340	123 731	122 609	37 084	8 263	28 821
54	208 828	104 770	104 058	32 813	7 634	25 179
55-59	**907 435**	**462 421**	**445 014**	**160 209**	**38 676**	**121 534**
55	209 335	106 015	103 321	34 010	8 317	25 693
56	201 030	103 736	97 294	33 772	8 373	25 399
57	172 379	87 412	84 967	30 658	7 385	23 273
58	169 785	86 697	83 088	31 301	7 442	23 860
59	154 906	78 561	76 344	30 468	7 159	23 310
60-64	**668 310**	**342 519**	**325 791**	**171 349**	**44 662**	**126 687**
60	150 798	76 604	74 194	33 950	8 477	25 473
61	138 288	71 357	66 931	32 825	8 239	24 586
62	129 399	66 188	63 210	33 840	8 761	25 079
63	124 937	63 748	61 190	34 130	9 040	25 090
64	124 887	64 622	60 265	36 604	10 144	26 459
65岁及以上	**1 541 056**	**738 079**	**802 977**	**764 365**	**218 053**	**546 313**

表4-1　全国分年龄、性别、受教育程度的6岁及以上人口(续 2)

单位：人

年　龄	小学			初中			高中		
	小计	男	女	小计	男	女	小计	男	女
总　计	**5 285 045**	**2 581 633**	**2 703 412**	**6 088 659**	**3 316 912**	**2 771 747**	**1 975 098**	**1 120 964**	**854 134**
6-9	**813 776**	**442 421**	**371 355**	**3 607**	**1 927**	**1 681**			
6	162 299	88 718	73 581	946	519	427			
7	210 303	114 991	95 313	706	374	333			
8	216 480	117 274	99 206	924	476	448			
9	224 694	121 439	103 255	1 032	558	473			
10-14	**780 674**	**419 837**	**360 837**	**554 100**	**292 764**	**261 336**	**8 720**	**4 280**	**4 439**
10	250 140	134 743	115 397	3 162	1 688	1 474	78	40	38
11	222 733	119 576	103 157	18 516	9 292	9 224	98	44	54
12	175 794	95 145	80 649	92 381	47 747	44 634	210	100	109
13	88 788	47 805	40 982	187 373	99 080	88 292	879	437	442
14	43 219	22 567	20 651	252 668	134 957	117 711	7 454	3 658	3 796
15-19	**101 438**	**48 182**	**53 256**	**820 474**	**428 865**	**391 609**	**457 865**	**243 614**	**214 251**
15	26 483	13 359	13 124	263 103	140 672	122 431	53 274	26 905	26 369
16	17 289	8 419	8 871	182 128	96 463	85 665	110 757	57 795	52 962
17	17 929	8 367	9 562	131 943	68 436	63 507	121 394	64 550	56 844
18	20 719	9 471	11 248	130 885	66 637	64 248	108 468	58 887	49 581
19	19 018	8 566	10 452	112 416	56 657	55 759	63 972	35 477	28 495
20-24	**112 362**	**46 617**	**65 745**	**568 425**	**275 656**	**292 770**	**189 558**	**99 952**	**89 606**
20	20 047	8 735	11 312	105 786	51 909	53 877	41 086	22 560	18 526
21	20 045	8 270	11 775	105 122	50 095	55 027	35 067	18 535	16 531
22	21 214	8 718	12 496	110 446	52 979	57 467	34 222	18 052	16 171
23	25 738	10 517	15 220	130 372	63 213	67 159	41 416	21 280	20 136
24	25 318	10 377	14 941	116 699	57 459	59 240	37 767	19 525	18 242
25-29	**171 417**	**69 702**	**101 716**	**588 465**	**294 209**	**294 257**	**187 496**	**98 685**	**88 811**
25	28 260	11 368	16 892	113 334	55 101	58 233	37 304	19 434	17 870
26	30 870	12 563	18 308	119 204	59 762	59 442	40 451	20 972	19 479
27	33 258	13 595	19 664	117 116	58 530	58 586	38 436	20 229	18 207
28	35 856	14 690	21 166	112 216	56 821	55 395	34 880	18 434	16 446
29	43 173	17 486	25 687	126 596	63 995	62 601	36 425	19 615	16 809
30-34	**318 606**	**127 821**	**190 784**	**752 244**	**388 578**	**363 666**	**193 265**	**106 323**	**86 942**
30	49 895	20 235	29 659	131 786	67 484	64 302	36 353	19 718	16 635
31	58 815	23 647	35 168	145 732	74 183	71 549	37 648	20 595	17 053
32	63 807	25 691	38 116	152 254	78 413	73 841	39 146	21 466	17 679
33	69 739	27 720	42 019	158 051	82 388	75 663	39 620	22 009	17 611
34	76 350	30 528	45 822	164 421	86 109	78 312	40 497	22 534	17 963

表4-1 全国分年龄、性别、受教育程度的6岁及以上人口(续 3)

单位：人

年龄	小学			初中			高中		
	小计	男	女	小计	男	女	小计	男	女
35-39	**443 997**	**174 686**	**269 311**	**838 630**	**445 819**	**392 810**	**188 785**	**107 179**	**81 605**
35	88 027	34 498	53 529	179 401	94 414	84 987	43 596	24 775	18 821
36	87 052	34 670	52 382	163 030	85 895	77 135	38 851	21 977	16 874
37	97 557	38 552	59 005	181 100	96 291	84 809	40 903	23 085	17 818
38	81 764	32 266	49 498	147 724	79 012	68 712	30 029	17 159	12 870
39	89 596	34 700	54 896	167 375	90 207	77 167	35 405	20 184	15 222
40-44	**360 083**	**132 355**	**227 727**	**693 481**	**376 146**	**317 335**	**255 683**	**146 837**	**108 846**
40	87 141	33 617	53 524	168 358	90 860	77 498	42 375	24 552	17 823
41	78 271	29 199	49 072	156 573	83 885	72 688	49 266	27 950	21 317
42	87 164	32 164	55 000	179 501	97 228	82 273	69 771	39 576	30 195
43	68 497	23 897	44 600	125 283	68 907	56 376	57 880	33 890	23 990
44	39 010	13 479	25 531	63 765	35 266	28 499	36 390	20 869	15 521
45-49	**364 004**	**144 484**	**219 520**	**415 539**	**246 393**	**169 146**	**215 894**	**128 603**	**87 292**
45	53 140	19 788	33 353	77 247	43 680	33 567	46 917	27 005	19 912
46	52 997	20 752	32 246	68 263	39 650	28 613	40 593	23 952	16 640
47	75 409	30 167	45 242	87 009	51 677	35 332	46 169	27 492	18 677
48	92 169	37 154	55 015	97 047	59 136	37 911	46 046	28 021	18 025
49	90 287	36 623	53 664	85 973	52 250	33 723	36 169	22 132	14 036
50-54	**533 667**	**243 551**	**290 116**	**375 796**	**237 557**	**138 239**	**113 141**	**73 551**	**39 590**
50	105 861	45 910	59 951	89 174	55 848	33 325	33 733	21 662	12 071
51	109 199	48 715	60 484	83 615	52 371	31 243	27 825	17 826	9 999
52	108 334	49 866	58 468	73 367	46 178	27 189	20 792	13 629	7 163
53	112 711	52 905	59 806	71 391	45 732	25 658	17 242	11 411	5 831
54	97 562	46 154	51 408	58 250	37 427	20 823	13 549	9 022	4 526
55-59	**448 732**	**225 844**	**222 888**	**209 210**	**137 364**	**71 846**	**59 853**	**39 393**	**20 460**
55	100 002	48 160	51 842	55 061	35 739	19 322	13 554	9 068	4 486
56	100 281	50 845	49 436	47 028	30 949	16 079	13 470	8 889	4 581
57	87 234	43 903	43 331	37 104	24 362	12 742	11 919	7 814	4 105
58	85 609	43 902	41 707	36 220	24 004	12 216	11 232	7 371	3 860
59	75 606	39 034	36 572	33 797	22 311	11 486	9 678	6 251	3 427
60-64	**298 708**	**164 227**	**134 481**	**130 468**	**88 168**	**42 300**	**44 908**	**29 207**	**15 701**
60	70 278	36 973	33 305	32 265	21 649	10 616	9 313	6 000	3 313
61	63 087	34 584	28 503	29 267	19 764	9 503	8 708	5 622	3 086
62	57 017	31 308	25 709	25 193	17 205	7 987	9 062	5 829	3 233
63	54 156	30 262	23 894	22 979	15 322	7 657	9 171	5 992	3 179
64	54 170	31 100	23 069	20 764	14 227	6 537	8 655	5 764	2 891
65岁及以上	**537 582**	**341 905**	**195 677**	**138 219**	**103 467**	**34 753**	**59 931**	**43 339**	**16 591**

表4-1 全国分年龄、性别、受教育程度的6岁及以上人口(续 4)

单位：人

年 龄	大学专科			大学本科			研究生		
	小计	男	女	小计	男	女	小计	男	女
总 计	**572 656**	**319 612**	**253 045**	**289 336**	**172 703**	**116 633**	**21 200**	**13 474**	**7 726**
6-9							**16**	**8**	**8**
6							5	4	2
7							5	2	2
8							1		1
9							5	2	3
10-14	**2**	**2**		**2**		**2**	**26**	**10**	**17**
10				2		2	4	3	2
11							4	1	2
12							4		4
13							3	3	
14	1	1					11	2	9
15-19	**34 187**	**14 644**	**19 544**	**16 293**	**8 037**	**8 257**	**48**	**23**	**25**
15	811	292	518	38	16	21	5	3	2
16	2 265	888	1 378	155	85	70	10	4	6
17	3 971	1 567	2 404	827	379	449	6	3	2
18	10 797	4 505	6 292	5 512	2 604	2 908	19	9	10
19	16 344	7 392	8 952	9 762	4 954	4 809	8	3	5
20-24	**90 470**	**42 088**	**48 382**	**56 122**	**28 287**	**27 835**	**2 329**	**1 029**	**1 300**
20	16 598	7 838	8 761	10 340	5 238	5 102	24	5	19
21	17 278	8 040	9 238	11 126	5 545	5 580	107	50	56
22	17 850	8 342	9 508	11 398	5 702	5 696	448	206	242
23	20 892	9 539	11 354	12 713	6 475	6 237	841	374	467
24	17 851	8 329	9 522	10 546	5 326	5 219	909	394	516
25-29	**89 324**	**43 441**	**45 883**	**43 558**	**22 764**	**20 794**	**4 457**	**2 265**	**2 192**
25	17 342	8 145	9 197	9 168	4 648	4 520	872	390	482
26	18 583	8 816	9 767	9 035	4 646	4 389	984	475	510
27	18 414	8 942	9 473	8 824	4 581	4 243	879	456	423
28	17 014	8 472	8 543	8 123	4 290	3 833	860	462	398
29	17 970	9 066	8 903	8 408	4 599	3 809	862	483	379
30-34	**89 782**	**47 890**	**41 892**	**43 211**	**25 016**	**18 195**	**4 373**	**2 667**	**1 706**
30	17 802	9 339	8 463	8 356	4 756	3 600	798	451	347
31	18 168	9 585	8 583	8 461	4 804	3 657	792	467	325
32	18 279	9 762	8 517	8 748	5 099	3 649	951	602	349
33	17 956	9 592	8 364	8 879	5 206	3 674	920	575	346
34	17 576	9 612	7 965	8 767	5 152	3 615	911	573	339

表4-1 全国分年龄、性别、受教育程度的6岁及以上人口(续 5)

单位：人

年龄	大学专科			大学本科			研究生		
	小计	男	女	小计	男	女	小计	男	女
35-39	**74 214**	**42 051**	**32 162**	**40 349**	**25 114**	**15 235**	**3 741**	**2 568**	**1 173**
35	18 024	10 051	7 974	9 263	5 516	3 747	793	531	262
36	15 773	8 632	7 141	8 332	5 170	3 162	729	501	228
37	16 134	9 202	6 932	8 980	5 618	3 361	817	553	264
38	11 421	6 641	4 780	6 368	4 055	2 313	620	425	195
39	12 861	7 526	5 334	7 406	4 755	2 651	783	559	224
40-44	**64 024**	**38 888**	**25 136**	**31 167**	**21 381**	**9 787**	**3 533**	**2 715**	**819**
40	13 966	8 340	5 627	7 377	4 994	2 383	832	613	219
41	14 259	8 495	5 765	7 372	4 959	2 413	885	666	218
42	17 510	10 677	6 833	8 319	5 782	2 537	983	760	223
43	11 806	7 369	4 437	5 381	3 750	1 631	589	484	104
44	6 483	4 008	2 475	2 718	1 896	822	245	191	54
45-49	**39 147**	**25 456**	**13 691**	**13 419**	**9 304**	**4 115**	**1 261**	**1 024**	**237**
45	7 998	5 028	2 970	2 966	2 059	907	283	224	59
46	6 378	4 060	2 318	2 235	1 581	655	210	166	43
47	7 860	5 160	2 700	2 662	1 814	848	242	203	39
48	8 857	5 813	3 044	2 964	2 073	891	288	227	61
49	8 054	5 396	2 658	2 591	1 777	813	237	204	33
50-54	**33 581**	**22 588**	**10 993**	**10 669**	**7 317**	**3 352**	**623**	**500**	**122**
50	8 384	5 625	2 759	2 747	1 893	855	178	146	32
51	7 915	5 245	2 670	2 529	1 723	806	174	135	39
52	6 299	4 246	2 053	1 965	1 344	621	116	97	18
53	5 975	4 098	1 877	1 860	1 264	596	77	57	20
54	5 009	3 375	1 634	1 567	1 092	475	78	65	13
55-59	**21 700**	**15 546**	**6 155**	**7 472**	**5 379**	**2 093**	**258**	**220**	**38**
55	5 085	3 563	1 522	1 559	1 117	442	65	52	13
56	4 907	3 550	1 357	1 520	1 082	438	52	49	3
57	4 192	2 983	1 209	1 228	928	299	44	37	7
58	4 033	2 934	1 099	1 346	1 003	343	43	40	3
59	3 483	2 516	968	1 819	1 248	570	53	42	11
60-64	**13 741**	**9 782**	**3 959**	**8 962**	**6 327**	**2 636**	**173**	**146**	**26**
60	3 022	2 132	890	1 913	1 320	593	57	54	3
61	2 719	1 938	780	1 638	1 171	467	44	38	6
62	2 606	1 886	720	1 653	1 176	476	28	22	6
63	2 728	1 893	835	1 752	1 221	531	22	18	4
64	2 667	1 933	734	2 006	1 439	568	21	14	7
65岁及以上	**22 484**	**17 237**	**5 247**	**18 111**	**13 777**	**4 334**	**363**	**301**	**62**

表4-1a　全国分年龄、性别、受教育程度的6岁及以上人口(城市)

单位：人

年　龄	6岁及以上人口			未上过学		
	合计	男	女	小计	男	女
总　计	**4 465 477**	**2 227 465**	**2 238 012**	**230 515**	**53 030**	**177 485**
6-9	**185 177**	**99 176**	**86 001**	**8 152**	**4 523**	**3 629**
6	42 521	22 824	19 697	6 734	3 759	2 975
7	46 480	24 980	21 500	857	450	407
8	47 159	25 153	22 006	347	184	163
9	49 016	26 218	22 797	215	130	85
10-14	**271 365**	**143 510**	**127 855**	**1 004**	**554**	**450**
10	52 839	28 109	24 730	223	131	93
11	51 537	27 150	24 388	196	115	80
12	54 176	28 532	25 644	208	104	104
13	54 855	29 026	25 829	195	97	98
14	57 957	30 693	27 264	183	108	75
15-19	**374 262**	**188 141**	**186 121**	**1 229**	**641**	**588**
15	68 066	35 438	32 628	236	121	115
16	72 063	37 071	34 992	248	136	112
17	75 165	37 825	37 340	241	121	120
18	84 799	41 551	43 248	265	135	130
19	74 170	36 257	37 913	239	128	111
20-24	**365 069**	**175 140**	**189 929**	**1 486**	**593**	**893**
20	67 491	32 538	34 953	253	102	151
21	68 176	32 277	35 899	253	103	150
22	71 142	34 248	36 894	282	109	173
23	84 443	40 408	44 034	369	154	215
24	73 818	35 670	38 149	329	125	204
25-29	**380 141**	**183 970**	**196 171**	**2 463**	**829**	**1 634**
25	71 431	34 248	37 183	382	129	253
26	77 374	37 267	40 107	434	160	274
27	76 863	37 230	39 633	487	164	323
28	73 530	35 753	37 778	506	170	336
29	80 942	39 473	41 470	653	205	448
30-34	**466 002**	**231 684**	**234 319**	**4 858**	**1 363**	**3 495**
30	83 476	41 156	42 320	740	219	521
31	89 104	44 067	45 037	822	228	594
32	94 938	46 957	47 981	981	261	720
33	97 727	48 789	48 938	1 115	321	794
34	100 757	50 715	50 042	1 200	334	866

表4-1a 全国分年龄、性别、受教育程度的6岁及以上人口(城市)(续 1)

单位：人

年 龄	6岁及以上人口			未上过学		
	合计	男	女	小计	男	女
35-39	**478 588**	**240 408**	**238 180**	**6 380**	**1 684**	**4 696**
35	107 342	54 202	53 139	1 264	365	899
36	97 902	49 187	48 715	1 209	342	867
37	104 703	52 210	52 494	1 358	328	1 031
38	79 144	39 618	39 525	1 209	325	885
39	89 497	45 190	44 307	1 339	325	1 014
40-44	**442 690**	**225 733**	**216 957**	**7 103**	**1 635**	**5 467**
40	95 352	48 673	46 679	1 468	362	1 106
41	96 314	48 906	47 408	1 392	342	1 050
42	117 866	60 364	57 502	1 716	416	1 299
43	83 432	42 648	40 784	1 507	326	1 181
44	49 726	25 142	24 584	1 020	189	831
45-49	**347 334**	**175 567**	**171 767**	**11 039**	**2 294**	**8 745**
45	65 412	33 531	31 881	1 376	308	1 068
46	58 500	29 761	28 738	1 569	355	1 215
47	73 321	37 156	36 164	2 404	540	1 865
48	78 932	39 836	39 096	2 808	566	2 242
49	71 169	35 283	35 886	2 881	526	2 355
50-54	**336 239**	**166 995**	**169 244**	**19 375**	**3 887**	**15 488**
50	74 885	37 848	37 037	3 549	738	2 811
51	74 796	37 245	37 551	3 874	763	3 110
52	66 017	32 430	33 587	3 897	723	3 174
53	64 972	31 898	33 074	4 343	872	3 470
54	55 569	27 573	27 995	3 712	790	2 922
55-59	**237 396**	**117 255**	**120 140**	**17 907**	**3 434**	**14 473**
55	55 324	27 414	27 910	3 726	737	2 989
56	52 988	26 314	26 674	3 896	757	3 139
57	45 010	22 035	22 975	3 439	633	2 806
58	44 037	21 727	22 310	3 510	626	2 883
59	40 036	19 765	20 271	3 337	681	2 656
60-64	**170 879**	**83 637**	**87 241**	**20 189**	**4 028**	**16 161**
60	37 212	18 147	19 066	3 737	739	2 999
61	34 757	17 043	17 714	3 704	713	2 991
62	32 734	16 220	16 514	3 884	798	3 086
63	32 892	15 965	16 927	4 148	845	3 302
64	33 283	16 262	17 020	4 717	933	3 784
65岁及以上	**410 337**	**196 249**	**214 088**	**129 329**	**27 564**	**101 765**

表4-1a　全国分年龄、性别、受教育程度的6岁及以上人口(城市)(续 2)

单位：人

年　龄	小　学			初　中			高　中		
	小计	男	女	小计	男	女	小计	男	女
总　计	**953 616**	**451 689**	**501 927**	**1 639 813**	**842 703**	**797 110**	**999 317**	**522 938**	**476 378**
6-9	**176 384**	**94 326**	**82 058**	**636**	**325**	**311**			
6	35 644	18 986	16 658	143	79	63			
7	45 503	24 468	21 035	119	62	58			
8	46 649	24 889	21 760	163	81	83			
9	48 588	25 983	22 606	211	104	107			
10-14	**141 390**	**75 908**	**65 482**	**126 320**	**65 825**	**60 495**	**2 647**	**1 221**	**1 426**
10	51 959	27 627	24 332	633	340	293	23	11	12
11	46 456	24 744	21 712	4 853	2 277	2 576	33	14	19
12	28 619	15 689	12 930	25 267	12 704	12 563	80	35	45
13	10 329	5 676	4 653	44 057	23 126	20 931	274	126	148
14	4 027	2 172	1 854	51 511	27 378	24 133	2 236	1 035	1 202
15-19	**11 351**	**5 336**	**6 014**	**154 428**	**77 490**	**76 938**	**172 605**	**89 063**	**83 542**
15	2 324	1 172	1 152	45 125	24 233	20 892	20 010	9 770	10 240
16	1 744	884	861	26 195	13 821	12 374	42 609	21 692	20 917
17	2 074	974	1 100	24 044	11 680	12 365	46 017	23 900	22 117
18	2 651	1 175	1 476	30 498	14 295	16 203	40 284	21 108	19 176
19	2 557	1 131	1 426	28 566	13 461	15 106	23 685	12 593	11 092
20-24	**14 125**	**6 034**	**8 091**	**140 106**	**66 429**	**73 677**	**95 560**	**48 153**	**47 406**
20	2 602	1 205	1 397	26 814	12 547	14 267	17 019	8 855	8 163
21	2 520	1 070	1 450	26 474	12 272	14 202	16 639	8 355	8 284
22	2 614	1 073	1 541	27 108	12 910	14 198	18 277	9 247	9 030
23	3 138	1 302	1 836	31 883	15 142	16 740	22 839	11 369	11 470
24	3 252	1 384	1 868	27 828	13 557	14 271	20 786	10 327	10 459
25-29	**24 063**	**9 616**	**14 447**	**150 454**	**72 982**	**77 472**	**106 396**	**53 237**	**53 159**
25	3 599	1 422	2 177	27 259	13 148	14 111	20 483	10 141	10 342
26	4 267	1 740	2 527	29 923	14 504	15 419	22 575	11 180	11 395
27	4 684	1 835	2 848	29 941	14 622	15 319	21 920	10 962	10 958
28	5 113	2 079	3 034	29 524	14 316	15 208	20 181	10 093	10 088
29	6 400	2 540	3 860	33 807	16 392	17 415	21 238	10 861	10 377
30-34	**47 935**	**19 721**	**28 215**	**203 257**	**100 394**	**102 863**	**113 552**	**58 999**	**54 553**
30	7 367	3 050	4 316	35 693	17 420	18 273	21 183	10 813	10 370
31	8 672	3 541	5 132	38 872	19 079	19 793	21 823	11 350	10 473
32	9 860	4 053	5 807	41 048	20 102	20 946	23 187	11 921	11 266
33	10 510	4 244	6 266	43 160	21 524	21 636	23 267	12 198	11 069
34	11 526	4 832	6 694	44 485	22 270	22 216	24 092	12 718	11 374

表4-1a 全国分年龄、性别、受教育程度的6岁及以上人口(城市)(续3)

单位：人

年龄	小学			初中			高中		
	小计	男	女	小计	男	女	小计	男	女
35-39	**63 920**	**26 490**	**37 430**	**218 526**	**109 467**	**109 059**	**107 145**	**56 030**	**51 116**
35	13 030	5 414	7 616	47 716	23 855	23 860	25 492	13 577	11 915
36	12 945	5 370	7 576	43 727	21 935	21 791	22 528	11 849	10 679
37	14 178	5 823	8 354	47 631	23 745	23 886	23 362	12 045	11 317
38	11 493	4 791	6 701	37 111	18 542	18 569	16 666	8 639	8 027
39	12 274	5 092	7 183	42 342	21 390	20 952	19 096	9 919	9 177
40-44	**48 599**	**19 106**	**29 493**	**184 334**	**94 446**	**89 887**	**132 129**	**67 381**	**64 748**
40	11 826	4 802	7 024	44 124	22 530	21 594	22 568	11 734	10 835
41	10 530	4 294	6 236	41 958	21 285	20 673	26 449	13 378	13 072
42	11 734	4 640	7 094	48 739	24 992	23 747	36 326	18 314	18 012
43	9 165	3 406	5 759	31 909	16 498	15 412	28 101	14 489	13 612
44	5 345	1 965	3 379	17 603	9 141	8 462	18 684	9 466	9 218
45-49	**54 836**	**21 487**	**33 349**	**129 645**	**68 616**	**61 029**	**112 659**	**58 353**	**54 306**
45	7 705	3 029	4 675	23 265	12 254	11 011	24 686	12 675	12 011
46	8 122	3 167	4 956	21 090	11 151	9 939	21 266	11 036	10 230
47	11 486	4 554	6 932	27 551	14 581	12 970	24 160	12 574	11 586
48	13 657	5 384	8 274	29 961	15 950	14 011	23 804	12 387	11 417
49	13 865	5 354	8 512	27 778	14 680	13 098	18 742	9 681	9 062
50-54	**87 373**	**36 625**	**50 748**	**139 044**	**73 824**	**65 220**	**56 675**	**30 960**	**25 715**
50	16 037	6 565	9 472	30 375	16 296	14 079	16 677	9 002	7 675
51	17 720	7 397	10 323	31 063	16 320	14 743	14 098	7 626	6 472
52	17 913	7 544	10 370	27 610	14 489	13 121	10 288	5 628	4 660
53	19 089	8 069	11 020	27 072	14 413	12 659	8 545	4 703	3 842
54	16 613	7 051	9 563	22 923	12 306	10 617	7 067	4 000	3 066
55-59	**82 656**	**35 607**	**47 048**	**79 275**	**43 045**	**36 230**	**35 022**	**19 765**	**15 257**
55	17 510	7 317	10 193	21 854	11 922	9 933	7 159	4 038	3 120
56	18 452	7 987	10 465	17 978	9 817	8 161	7 741	4 367	3 373
57	16 380	7 023	9 357	13 730	7 349	6 381	7 278	4 154	3 124
58	16 161	7 072	9 090	13 178	7 114	6 064	7 032	4 005	3 027
59	14 151	6 208	7 943	12 534	6 843	5 692	5 812	3 200	2 612
60-64	**58 123**	**26 206**	**31 917**	**47 764**	**26 329**	**21 436**	**26 512**	**14 690**	**11 822**
60	12 903	5 695	7 208	11 367	6 289	5 078	5 292	2 839	2 453
61	11 920	5 344	6 576	10 353	5 645	4 708	5 273	2 956	2 317
62	10 953	5 030	5 923	9 020	5 029	3 992	5 397	2 952	2 445
63	10 912	4 932	5 980	8 780	4 748	4 032	5 472	3 057	2 415
64	11 435	5 205	6 230	8 245	4 619	3 626	5 079	2 887	2 192
65岁及以上	**142 861**	**75 227**	**67 634**	**66 024**	**43 532**	**22 492**	**38 414**	**25 086**	**13 329**

表4-1a　全国分年龄、性别、受教育程度的6岁及以上人口(城市)(续 4)

单位：人

年　龄	大学专科			大学本科			研究生		
	小计	男	女	小计	男	女	小计	男	女
总　计	**383 707**	**205 180**	**178 528**	**238 282**	**139 142**	**99 139**	**20 228**	**12 783**	**7 446**
6-9							**4**	**2**	**3**
6							1		1
7							1		1
8							1		1
9							2	2	
10-14							**2**	**1**	**2**
10									
11									
12							1		1
13									
14							1		1
15-19	**21 484**	**9 170**	**12 314**	**13 146**	**6 429**	**6 717**	**19**	**12**	**7**
15	355	136	218	17	7	11			
16	1 165	487	677	100	50	50	2	1	1
17	2 201	895	1 306	582	252	331	4	3	1
18	6 745	2 807	3 937	4 348	2 025	2 323	9	5	4
19	11 019	4 845	6 174	8 098	4 096	4 003	5	3	2
20-24	**62 864**	**28 664**	**34 201**	**48 708**	**24 288**	**24 419**	**2 221**	**979**	**1 241**
20	11 790	5 307	6 483	8 996	4 517	4 479	18	5	13
21	12 249	5 556	6 692	9 948	4 879	5 069	94	41	53
22	12 426	5 773	6 653	10 010	4 937	5 072	425	198	227
23	14 469	6 536	7 932	10 938	5 544	5 394	807	360	447
24	11 931	5 491	6 440	8 816	4 411	4 405	876	375	501
25-29	**57 236**	**26 922**	**30 315**	**35 199**	**18 189**	**17 010**	**4 329**	**2 195**	**2 134**
25	11 215	5 194	6 021	7 647	3 838	3 809	846	376	470
26	11 818	5 417	6 401	7 405	3 809	3 597	953	457	495
27	11 834	5 527	6 307	7 139	3 671	3 468	857	447	410
28	10 900	5 240	5 660	6 470	3 407	3 063	836	448	388
29	11 469	5 544	5 925	6 538	3 464	3 074	838	467	371
30-34	**58 729**	**29 814**	**28 915**	**33 439**	**18 821**	**14 618**	**4 231**	**2 572**	**1 659**
30	11 301	5 641	5 661	6 417	3 579	2 838	774	433	341
31	11 732	5 859	5 873	6 423	3 563	2 859	761	448	313
32	12 151	6 195	5 956	6 792	3 847	2 944	921	579	342
33	11 870	6 043	5 827	6 915	3 905	3 010	891	555	336
34	11 676	6 077	5 599	6 892	3 927	2 966	885	558	328

表4-1a 全国分年龄、性别、受教育程度的6岁及以上人口(城市)(续5)

单位：人

年 龄	大学专科			大学本科			研究生		
	小计	男	女	小计	男	女	小计	男	女
35-39	**48 081**	**25 740**	**22 340**	**30 999**	**18 601**	**12 397**	**3 538**	**2 396**	**1 141**
35	11 840	6 330	5 511	7 248	4 169	3 079	751	492	259
36	10 417	5 426	4 991	6 380	3 789	2 591	696	476	219
37	10 519	5 596	4 922	6 888	4 159	2 729	767	513	254
38	7 230	3 965	3 266	4 855	2 967	1 888	580	389	190
39	8 074	4 423	3 651	5 628	3 516	2 111	744	525	219
40-44	**42 264**	**24 129**	**18 135**	**24 938**	**16 499**	**8 438**	**3 323**	**2 536**	**787**
40	8 819	4 923	3 896	5 774	3 755	2 018	773	567	206
41	9 332	5 232	4 101	5 819	3 757	2 062	833	619	214
42	11 739	6 783	4 956	6 682	4 505	2 177	929	713	216
43	7 839	4 558	3 281	4 348	2 908	1 439	562	463	99
44	4 534	2 633	1 901	2 315	1 573	742	225	174	51
45-49	**26 636**	**16 254**	**10 382**	**11 319**	**7 593**	**3 725**	**1 199**	**970**	**230**
45	5 555	3 326	2 229	2 554	1 726	828	271	212	59
46	4 386	2 621	1 765	1 867	1 277	590	199	156	43
47	5 281	3 261	2 020	2 209	1 457	752	229	190	39
48	5 964	3 670	2 294	2 464	1 663	801	274	217	57
49	5 451	3 376	2 074	2 224	1 471	754	227	195	31
50-54	**23 864**	**15 036**	**8 827**	**9 310**	**6 186**	**3 124**	**599**	**477**	**122**
50	5 703	3 524	2 178	2 370	1 582	789	173	141	32
51	5 645	3 533	2 112	2 228	1 475	753	169	131	38
52	4 482	2 812	1 670	1 717	1 142	574	109	91	18
53	4 231	2 734	1 496	1 618	1 053	565	74	53	20
54	3 803	2 432	1 371	1 376	933	443	74	61	13
55-59	**15 746**	**10 614**	**5 133**	**6 539**	**4 574**	**1 965**	**251**	**215**	**35**
55	3 647	2 401	1 247	1 364	949	415	63	51	12
56	3 547	2 418	1 128	1 324	919	405	50	48	2
57	3 073	2 051	1 022	1 065	787	278	44	37	7
58	2 945	2 019	926	1 169	851	318	42	40	2
59	2 534	1 725	810	1 616	1 068	548	51	40	11
60-64	**10 049**	**6 698**	**3 351**	**8 073**	**5 543**	**2 530**	**168**	**143**	**25**
60	2 166	1 402	764	1 690	1 129	561	57	54	3
61	2 013	1 345	668	1 452	1 003	448	44	37	6
62	1 951	1 345	607	1 502	1 045	457	27	22	6
63	1 974	1 291	683	1 587	1 077	511	20	15	4
64	1 945	1 315	630	1 842	1 290	552	20	14	5
65岁及以上	**16 753**	**12 138**	**4 615**	**16 612**	**12 417**	**4 195**	**344**	**285**	**59**

表4-1b　全国分年龄、性别、受教育程度的6岁及以上人口(镇)

单位：人

年　龄	6岁及以上人口			未上过学		
	合计	男	女	小计	男	女
总　计	**2 721 455**	**1 361 799**	**1 359 656**	**219 617**	**53 703**	**165 914**
6-9	**147 377**	**80 476**	**66 901**	**5 713**	**3 153**	**2 560**
6	33 192	18 142	15 051	4 521	2 515	2 006
7	37 424	20 484	16 940	687	382	306
8	38 041	20 897	17 144	283	138	145
9	38 720	20 954	17 766	221	119	103
10-14	**230 762**	**123 891**	**106 871**	**987**	**507**	**479**
10	43 652	23 652	20 000	199	109	89
11	41 524	22 293	19 231	193	89	104
12	46 019	24 689	21 330	199	107	92
13	47 620	25 587	22 033	187	95	92
14	51 947	27 670	24 277	209	108	102
15-19	**247 723**	**128 898**	**118 825**	**1 181**	**587**	**594**
15	59 269	31 272	27 997	221	119	102
16	54 412	28 416	25 996	232	123	109
17	49 434	25 651	23 783	205	92	112
18	48 206	24 833	23 373	283	140	144
19	36 402	18 725	17 677	241	113	127
20-24	**165 887**	**78 658**	**87 229**	**1 529**	**596**	**933**
20	30 119	15 144	14 975	271	125	146
21	29 032	13 733	15 299	249	101	148
22	31 295	14 716	16 579	266	93	173
23	39 015	18 058	20 957	368	138	230
24	36 427	17 007	19 420	375	138	236
25-29	**205 211**	**98 152**	**107 059**	**2 438**	**809**	**1 629**
25	36 811	17 267	19 544	428	135	293
26	41 269	19 661	21 608	445	155	290
27	41 262	19 834	21 428	476	148	328
28	40 157	19 350	20 807	500	172	328
29	45 712	22 040	23 672	589	199	390
30-34	**274 946**	**134 139**	**140 807**	**4 734**	**1 343**	**3 391**
30	48 362	23 445	24 916	675	189	486
31	53 050	25 610	27 440	818	244	574
32	55 594	27 327	28 267	955	278	677
33	57 703	28 391	29 312	1 113	314	799
34	60 238	29 366	30 872	1 174	318	856

表4-1b 全国分年龄、性别、受教育程度的6岁及以上人口(镇)(续 1)

单位：人

年龄	6岁及以上人口			未上过学		
	合计	男	女	小计	男	女
35-39	**305 870**	**151 049**	**154 821**	**6 952**	**1 691**	**5 261**
35	66 073	32 815	33 259	1 289	334	955
36	60 623	29 825	30 797	1 312	309	1 003
37	66 619	33 155	33 464	1 511	343	1 167
38	52 411	25 862	26 548	1 351	336	1 015
39	60 144	29 392	30 752	1 490	369	1 121
40-44	**266 199**	**132 533**	**133 666**	**8 173**	**1 643**	**6 530**
40	61 775	30 985	30 790	1 698	424	1 275
41	58 050	28 799	29 251	1 534	331	1 203
42	69 020	34 368	34 651	1 966	387	1 579
43	50 631	25 310	25 321	1 822	318	1 503
44	26 724	13 072	13 652	1 153	183	970
45-49	**192 018**	**96 416**	**95 602**	**13 086**	**2 539**	**10 546**
45	33 739	16 713	17 026	1 591	334	1 257
46	31 317	15 960	15 357	1 705	337	1 368
47	40 051	20 306	19 745	2 696	550	2 146
48	45 833	23 053	22 780	3 516	685	2 831
49	41 079	20 385	20 694	3 578	634	2 944
50-54	**199 964**	**99 718**	**100 246**	**22 943**	**4 369**	**18 574**
50	44 928	22 680	22 247	4 421	863	3 558
51	42 818	21 162	21 655	4 573	808	3 765
52	39 256	19 753	19 503	4 523	861	3 661
53	39 647	19 657	19 990	5 067	974	4 093
54	33 315	16 465	16 850	4 360	863	3 497
55-59	**143 886**	**72 572**	**71 314**	**21 021**	**4 434**	**16 587**
55	33 392	16 668	16 724	4 535	934	3 602
56	32 036	16 342	15 694	4 341	915	3 426
57	26 843	13 420	13 423	3 956	859	3 097
58	26 911	13 666	13 245	4 081	882	3 200
59	24 703	12 476	12 227	4 107	844	3 263
60-64	**105 367**	**53 600**	**51 767**	**22 353**	**5 025**	**17 328**
60	24 164	12 277	11 886	4 373	971	3 402
61	21 672	11 067	10 605	4 225	907	3 318
62	20 207	10 192	10 015	4 438	1 023	3 415
63	19 870	10 013	9 858	4 472	984	3 488
64	19 454	10 051	9 403	4 844	1 140	3 705
65岁及以上	**236 247**	**111 697**	**124 550**	**108 508**	**27 008**	**81 500**

表4-1b　全国分年龄、性别、受教育程度的6岁及以上人口(镇)(续 2)

单位：人

年　龄	小　学			初　中			高　中		
	小计	男	女	小计	男	女	小计	男	女
总　计	**792 685**	**377 532**	**415 152**	**1 106 619**	**580 572**	**526 047**	**427 479**	**243 703**	**183 777**
6-9	**140 966**	**76 942**	**64 023**	**689**	**376**	**313**			
6	28 482	15 519	12 963	185	105	80			
7	36 601	20 033	16 568	132	66	65			
8	37 569	20 656	16 913	189	102	86			
9	38 314	20 734	17 580	183	101	81			
10-14	**121 485**	**66 121**	**55 363**	**105 578**	**55 962**	**49 616**	**2 707**	**1 297**	**1 410**
10	42 751	23 197	19 554	674	333	340	29	12	16
11	37 026	20 058	16 968	4 275	2 128	2 147	28	17	12
12	26 297	14 389	11 908	19 476	10 174	9 302	47	20	28
13	10 895	6 059	4 836	36 242	19 293	16 949	295	140	155
14	4 515	2 419	2 097	44 911	24 034	20 877	2 308	1 108	1 200
15-19	**10 048**	**4 799**	**5 249**	**126 752**	**66 248**	**60 505**	**102 124**	**54 384**	**47 740**
15	2 571	1 373	1 198	42 875	23 056	19 819	13 358	6 669	6 689
16	1 685	812	873	26 844	14 300	12 544	25 056	13 004	12 052
17	1 734	791	943	19 203	10 003	9 200	27 246	14 447	12 799
18	2 052	917	1 135	20 187	10 178	10 008	23 187	12 703	10 484
19	2 006	905	1 101	17 644	8 710	8 934	13 277	7 561	5 715
20-24	**12 132**	**4 778**	**7 353**	**96 153**	**45 029**	**51 123**	**36 633**	**19 306**	**17 328**
20	2 038	872	1 167	17 105	8 310	8 796	7 948	4 460	3 488
21	2 073	839	1 234	17 193	7 988	9 205	6 505	3 414	3 091
22	2 251	883	1 368	18 626	8 666	9 959	6 462	3 421	3 041
23	2 869	1 108	1 761	22 645	10 453	12 192	8 115	4 091	4 024
24	2 900	1 076	1 824	20 583	9 612	10 972	7 603	3 920	3 683
25-29	**21 369**	**8 188**	**13 181**	**110 433**	**52 444**	**57 989**	**41 753**	**21 940**	**19 813**
25	3 237	1 253	1 984	20 193	9 300	10 893	7 919	4 168	3 751
26	3 803	1 438	2 365	22 252	10 574	11 678	8 867	4 625	4 242
27	4 131	1 575	2 556	22 000	10 577	11 424	8 595	4 465	4 130
28	4 426	1 711	2 715	21 465	10 296	11 169	7 948	4 204	3 745
29	5 771	2 210	3 561	24 523	11 698	12 825	8 423	4 478	3 945
30-34	**43 793**	**16 619**	**27 174**	**147 451**	**71 733**	**75 718**	**45 988**	**25 283**	**20 704**
30	6 797	2 582	4 215	25 682	12 336	13 345	8 688	4 717	3 972
31	7 904	3 040	4 864	28 492	13 549	14 943	9 092	4 927	4 165
32	8 736	3 287	5 449	30 020	14 687	15 333	9 315	5 201	4 114
33	9 573	3 666	5 906	30 894	15 238	15 657	9 480	5 267	4 214
34	10 783	4 044	6 739	32 363	15 924	16 440	9 412	5 172	4 241

表4-1b 全国分年龄、性别、受教育程度的6岁及以上人口(镇)(续3)

单位：人

年龄	小学			初中			高中		
	小计	男	女	小计	男	女	小计	男	女
35-39	**62 161**	**23 530**	**38 632**	**161 952**	**81 272**	**80 680**	**44 918**	**25 625**	**19 293**
35	12 422	4 723	7 698	35 115	17 637	17 478	10 380	5 950	4 430
36	12 269	4 759	7 511	31 723	15 804	15 919	9 146	5 148	3 998
37	13 734	5 161	8 572	35 128	17 822	17 306	9 760	5 618	4 142
38	11 300	4 291	7 009	27 799	13 944	13 855	7 115	4 130	2 985
39	12 437	4 596	7 841	32 187	16 064	16 123	8 517	4 779	3 738
40-44	**49 484**	**17 552**	**31 933**	**129 689**	**65 478**	**64 210**	**55 609**	**31 711**	**23 898**
40	11 987	4 484	7 503	32 429	16 453	15 976	9 995	5 764	4 231
41	10 497	3 698	6 799	29 523	14 652	14 871	11 034	6 367	4 667
42	12 197	4 388	7 809	33 632	16 902	16 730	15 055	8 424	6 632
43	9 460	3 192	6 268	22 951	11 747	11 205	12 311	7 109	5 202
44	5 343	1 790	3 553	11 154	5 725	5 429	7 213	4 047	3 166
45-49	**52 546**	**19 734**	**32 811**	**73 362**	**41 173**	**32 189**	**41 722**	**24 692**	**17 030**
45	7 391	2 678	4 713	13 566	7 083	6 482	8 984	5 061	3 924
46	7 700	2 888	4 812	12 275	6 823	5 452	7 745	4 525	3 220
47	10 760	4 080	6 681	15 238	8 649	6 588	9 010	5 311	3 699
48	13 473	5 051	8 422	17 209	9 876	7 333	9 016	5 528	3 488
49	13 223	5 039	8 184	15 075	8 741	6 334	6 966	4 267	2 699
50-54	**80 020**	**33 741**	**46 279**	**65 467**	**40 103**	**25 364**	**23 354**	**15 295**	**8 059**
50	15 826	6 367	9 459	15 453	9 205	6 249	6 939	4 492	2 446
51	16 375	6 774	9 601	14 427	8 668	5 759	5 516	3 490	2 027
52	16 111	6 861	9 250	12 743	7 951	4 792	4 395	2 943	1 452
53	16 934	7 307	9 627	12 529	7 816	4 713	3 641	2 424	1 216
54	14 774	6 433	8 342	10 315	6 463	3 852	2 863	1 946	918
55-59	**67 791**	**31 232**	**36 558**	**38 204**	**24 482**	**13 722**	**12 000**	**8 517**	**3 483**
55	15 038	6 647	8 391	9 782	6 208	3 575	2 904	2 007	897
56	15 225	7 072	8 153	8 610	5 519	3 091	2 734	1 922	812
57	13 038	5 930	7 108	6 658	4 271	2 387	2 277	1 622	655
58	13 091	6 145	6 946	6 753	4 365	2 388	2 104	1 554	550
59	11 399	5 438	5 961	6 400	4 120	2 281	1 981	1 412	569
60-64	**46 053**	**23 095**	**22 959**	**24 674**	**16 343**	**8 331**	**9 059**	**6 512**	**2 547**
60	10 899	5 196	5 703	6 232	4 097	2 135	1 888	1 373	515
61	9 580	4 754	4 826	5 505	3 670	1 836	1 734	1 223	511
62	8 695	4 347	4 348	4 713	3 089	1 623	1 804	1 289	516
63	8 504	4 315	4 188	4 365	2 846	1 519	1 877	1 360	518
64	8 376	4 482	3 894	3 859	2 641	1 219	1 756	1 268	488
65岁及以上	**84 836**	**51 200**	**33 636**	**26 216**	**19 930**	**6 287**	**11 612**	**9 140**	**2 472**

表4-1b 全国分年龄、性别、受教育程度的6岁及以上人口(镇)(续 4)

单位：人

年 龄	大学专科			大学本科			研究生		
	小计	男	女	小计	男	女	小计	男	女
总 计	**132 720**	**78 415**	**54 305**	**41 553**	**27 290**	**14 263**	**782**	**583**	**199**
6-9							**10**	**5**	**5**
6							4	2	1
7							4	2	1
8									
9							2		2
10-14							**5**	**3**	**1**
10									
11							1	1	
12									
13							1	1	
14							2	1	1
15-19	**6 000**	**2 150**	**3 850**	**1 607**	**729**	**878**	**10**	**3**	**7**
15	234	52	182	9	3	6	1	1	
16	569	162	407	23	13	9	4	2	2
17	917	261	656	130	56	73			
18	1 891	641	1 250	601	254	347	5		5
19	2 389	1 033	1 356	845	402	442	1		1
20-24	**14 700**	**6 565**	**8 135**	**4 677**	**2 357**	**2 320**	**63**	**27**	**37**
20	2 101	1 050	1 051	653	328	325	2		2
21	2 365	1 054	1 311	643	336	307	4	1	3
22	2 792	1 190	1 602	881	456	425	15	6	10
23	3 784	1 658	2 126	1 211	602	609	22	8	14
24	3 657	1 613	2 044	1 289	636	653	20	12	8
25-29	**22 401**	**11 090**	**11 311**	**6 723**	**3 630**	**3 093**	**93**	**50**	**44**
25	3 900	1 803	2 097	1 118	598	521	17	11	6
26	4 586	2 210	2 376	1 294	651	644	21	8	13
27	4 675	2 333	2 343	1 369	730	639	15	6	9
28	4 417	2 229	2 188	1 382	728	654	19	11	8
29	4 824	2 515	2 308	1 559	923	636	22	15	7
30-34	**24 330**	**13 724**	**10 606**	**8 533**	**5 358**	**3 175**	**117**	**79**	**38**
30	4 873	2 623	2 250	1 628	984	644	18	14	4
31	4 960	2 775	2 185	1 756	1 057	699	28	19	9
32	4 836	2 773	2 063	1 706	1 080	626	26	20	6
33	4 854	2 742	2 112	1 765	1 148	617	24	16	8
34	4 808	2 811	1 997	1 677	1 088	588	21	9	11

表4-1b 全国分年龄、性别、受教育程度的6岁及以上人口(镇)(续 5)

单位：人

年龄	大学专科			大学本科			研究生		
	小计	男	女	小计	男	女	小计	男	女
35-39	**21 193**	**12 905**	**8 288**	**8 509**	**5 870**	**2 639**	**184**	**156**	**28**
35	5 033	2 955	2 078	1 797	1 180	617	38	35	3
36	4 366	2 539	1 828	1 779	1 246	532	27	21	7
37	4 529	2 857	1 672	1 913	1 316	597	44	36	8
38	3 423	2 137	1 287	1 386	993	393	38	32	5
39	3 841	2 416	1 424	1 635	1 135	500	37	32	5
40-44	**17 359**	**11 540**	**5 820**	**5 684**	**4 437**	**1 247**	**201**	**173**	**28**
40	4 151	2 691	1 459	1 456	1 122	334	58	46	12
41	3 990	2 613	1 376	1 421	1 092	330	50	46	3
42	4 629	3 063	1 566	1 489	1 160	329	52	46	7
43	3 110	2 148	962	952	775	177	24	20	4
44	1 480	1 024	456	365	288	77	16	15	1
45-49	**9 368**	**6 704**	**2 665**	**1 880**	**1 526**	**354**	**54**	**48**	**7**
45	1 831	1 253	578	366	295	70	10	9	1
46	1 550	1 104	445	332	272	60	11	11	
47	1 924	1 378	547	410	326	85	12	12	
48	2 157	1 539	618	450	366	84	13	9	4
49	1 906	1 430	476	323	268	55	9	7	2
50-54	**6 967**	**5 217**	**1 749**	**1 189**	**970**	**219**	**23**	**23**	
50	1 942	1 470	472	342	279	64	5	5	
51	1 649	1 196	453	273	222	50	5	4	
52	1 270	966	305	208	164	44	6	6	
53	1 269	959	310	205	175	30	3	3	
54	837	627	210	161	129	32	4	4	
55-59	**4 082**	**3 236**	**847**	**785**	**668**	**116**	**3**	**2**	**1**
55	973	736	237	159	136	22	2	1	1
56	968	783	185	159	132	27			
57	775	619	156	139	118	21			
58	732	594	138	150	126	24			
59	635	504	132	178	157	22	2	2	
60-64	**2 474**	**1 968**	**507**	**748**	**654**	**94**	**5**	**3**	**2**
60	586	481	105	185	159	26			
61	465	369	96	163	145	18			
62	428	333	95	129	110	19			
63	514	387	127	136	118	18	3	3	
64	481	397	84	136	124	12	2		2
65岁及以上	**3 844**	**3 318**	**526**	**1 218**	**1 090**	**128**	**12**	**11**	**1**

表4-1c　全国分年龄、性别、受教育程度的6岁及以上人口(乡村)

单位：人

年　龄	6岁及以上人口			未上过学		
	合计	男	女	小计	男	女
总　计	**8 691 423**	**4 386 122**	**4 305 301**	**1 196 229**	**343 356**	**852 873**
6-9	**527 802**	**287 565**	**240 237**	**29 091**	**15 185**	**13 906**
6	119 496	65 517	53 979	20 704	10 969	9 736
7	133 461	73 183	60 278	4 806	2 448	2 358
8	134 875	73 030	61 845	2 041	1 009	1 032
9	139 970	75 835	64 136	1 540	760	780
10-14	**851 136**	**454 092**	**397 044**	**7 748**	**3 539**	**4 209**
10	158 774	85 666	73 108	1 456	712	744
11	150 002	80 285	69 716	1 323	610	713
12	170 137	90 668	79 469	1 536	685	851
13	176 575	93 644	82 931	1 626	740	886
14	195 648	103 829	91 818	1 806	791	1 015
15-19	**821 498**	**432 044**	**389 454**	**10 768**	**4 492**	**6 276**
15	218 791	115 624	103 168	1 958	847	1 111
16	188 722	99 314	89 408	2 112	889	1 224
17	153 985	80 899	73 086	2 068	859	1 209
18	146 294	76 978	69 316	2 351	975	1 376
19	113 706	59 230	54 476	2 278	922	1 356
20-24	**505 768**	**246 129**	**259 639**	**14 443**	**5 110**	**9 333**
20	99 352	49 824	49 528	2 556	994	1 562
21	94 615	45 671	48 944	2 576	939	1 637
22	96 549	46 217	50 331	2 860	982	1 878
23	112 377	54 317	58 060	3 126	1 093	2 033
24	102 874	50 099	52 775	3 325	1 101	2 223
25-29	**524 938**	**257 113**	**267 825**	**20 672**	**6 533**	**14 139**
25	102 638	49 062	53 577	3 790	1 225	2 565
26	105 004	51 821	53 183	3 639	1 201	2 438
27	103 907	50 937	52 970	4 142	1 357	2 785
28	100 443	49 685	50 758	4 175	1 277	2 898
29	112 946	55 608	57 338	4 924	1 472	3 452
30-34	**704 960**	**345 198**	**359 761**	**34 836**	**10 020**	**24 816**
30	120 084	59 506	60 578	5 517	1 717	3 801
31	135 652	65 924	69 728	6 550	1 847	4 702
32	141 613	69 282	72 331	7 024	1 993	5 031
33	149 531	73 080	76 451	7 567	2 135	5 432
34	158 079	77 406	80 673	8 177	2 328	5 849

表4-1c　全国分年龄、性别、受教育程度的6岁及以上人口(乡村)(续 1)

单位：人

年　龄	6岁及以上人口			未上过学		
	合计	男	女	小计	男	女
35-39	**867 030**	**421 677**	**445 353**	**48 441**	**12 340**	**36 101**
35	177 957	86 090	91 867	9 715	2 624	7 090
36	166 705	80 835	85 870	8 941	2 352	6 589
37	187 324	91 217	96 108	10 286	2 608	7 678
38	158 163	77 080	81 083	9 231	2 342	6 889
39	176 881	86 456	90 426	10 268	2 413	7 855
40-44	**766 650**	**374 375**	**392 275**	**52 292**	**11 041**	**41 251**
40	177 232	86 744	90 487	11 142	2 641	8 502
41	165 817	80 534	85 283	10 627	2 412	8 215
42	192 258	94 821	97 437	12 215	2 564	9 651
43	149 783	73 098	76 685	11 082	2 115	8 966
44	81 560	39 177	42 383	7 226	1 310	5 916
45-49	**608 226**	**303 875**	**304 351**	**74 190**	**15 761**	**58 429**
45	102 271	50 296	51 975	9 903	2 115	7 788
46	94 167	47 230	46 937	10 033	2 099	7 935
47	126 640	63 536	63 104	15 559	3 396	12 164
48	148 098	74 955	73 143	19 166	4 168	14 998
49	137 049	67 857	69 192	19 528	3 983	15 545
50-54	**700 727**	**356 046**	**344 681**	**127 134**	**29 439**	**97 695**
50	152 410	77 658	74 752	24 175	5 501	18 674
51	146 847	74 679	72 168	24 758	5 500	19 258
52	139 805	70 803	69 002	25 785	6 039	19 745
53	141 720	72 175	69 546	27 675	6 417	21 257
54	119 945	60 732	59 213	24 741	5 981	18 759
55-59	**526 153**	**272 594**	**253 559**	**121 281**	**30 807**	**90 474**
55	120 619	61 933	58 687	25 749	6 647	19 103
56	116 006	61 080	54 926	25 535	6 701	18 834
57	100 525	51 957	48 568	23 263	5 893	17 370
58	98 837	51 304	47 533	23 710	5 934	17 777
59	90 166	46 320	43 846	23 024	5 633	17 391
60-64	**392 064**	**205 281**	**186 782**	**128 807**	**35 609**	**93 198**
60	89 422	46 180	43 242	25 839	6 768	19 072
61	81 859	43 246	38 613	24 896	6 620	18 277
62	76 457	39 777	36 680	25 518	6 940	18 579
63	72 175	37 770	34 405	25 510	7 210	18 300
64	72 150	38 308	33 842	27 043	8 071	18 971
65岁及以上	**894 473**	**430 133**	**464 340**	**526 529**	**163 481**	**363 048**

表4-1c　全国分年龄、性别、受教育程度的6岁及以上人口(乡村)(续 2)

单位：人

年　龄	小　学			初　中			高　中		
	小计	男	女	小计	男	女	小计	男	女
总　计	**3 538 744**	**1 752 411**	**1 786 333**	**3 342 227**	**1 893 636**	**1 448 590**	**548 303**	**354 323**	**193 980**
6-9	**496 426**	**271 153**	**225 273**	**2 283**	**1 226**	**1 057**			
6	98 173	54 213	43 960	618	334	283			
7	128 199	70 489	57 710	455	246	210			
8	132 262	71 728	60 534	572	293	279			
9	137 792	74 722	63 070	638	353	285			
10-14	**517 799**	**277 808**	**239 991**	**322 201**	**170 977**	**151 224**	**3 365**	**1 762**	**1 603**
10	155 430	83 920	71 511	1 855	1 014	841	27	17	10
11	139 251	74 774	64 477	9 389	4 887	4 501	37	14	23
12	120 878	65 068	55 810	47 638	24 869	22 769	82	46	37
13	67 563	36 070	31 493	107 074	56 661	50 412	310	170	140
14	34 677	17 977	16 701	156 246	83 544	72 702	2 910	1 515	1 394
15-19	**80 039**	**38 047**	**41 992**	**539 294**	**285 128**	**254 166**	**183 137**	**100 167**	**82 969**
15	21 587	10 815	10 773	175 103	93 383	81 720	19 905	10 466	9 439
16	13 860	6 723	7 137	129 089	68 342	60 747	43 092	23 100	19 993
17	14 121	6 601	7 519	88 695	46 753	41 943	48 131	26 203	21 928
18	16 016	7 379	8 637	80 200	42 164	38 036	44 997	25 076	19 921
19	14 455	6 530	7 926	66 205	34 486	31 719	27 010	15 322	11 688
20-24	**86 106**	**35 805**	**50 301**	**332 166**	**164 197**	**167 969**	**57 365**	**32 493**	**24 872**
20	15 407	6 658	8 749	61 867	31 053	30 814	16 119	9 244	6 875
21	15 452	6 361	9 091	61 455	29 835	31 620	11 923	6 767	5 156
22	16 349	6 762	9 588	64 713	31 403	33 310	9 483	5 384	4 099
23	19 731	8 108	11 623	75 844	37 617	38 227	10 462	5 820	4 642
24	19 166	7 916	11 250	68 288	34 291	33 998	9 378	5 279	4 099
25-29	**125 985**	**51 897**	**74 088**	**327 579**	**168 783**	**158 796**	**39 347**	**23 507**	**15 839**
25	21 424	8 693	12 731	65 883	32 654	33 229	8 902	5 125	3 776
26	22 800	9 385	13 416	67 029	34 683	32 345	9 009	5 166	3 843
27	24 443	10 184	14 259	65 174	33 331	31 843	7 920	4 802	3 118
28	26 316	10 900	15 416	61 227	32 210	29 018	6 751	4 137	2 614
29	31 002	12 735	18 266	68 266	35 905	32 361	6 764	4 276	2 488
30-34	**226 877**	**91 482**	**135 395**	**401 537**	**216 451**	**185 085**	**33 725**	**22 040**	**11 685**
30	35 730	14 603	21 127	70 412	37 728	32 685	6 481	4 188	2 293
31	42 239	17 067	25 173	78 368	41 556	36 812	6 733	4 318	2 415
32	45 211	18 351	26 860	81 186	43 625	37 561	6 644	4 344	2 300
33	49 656	19 810	29 846	83 997	45 627	38 370	6 873	4 544	2 329
34	54 041	21 652	32 389	87 573	47 916	39 657	6 993	4 645	2 349

表4-1c 全国分年龄、性别、受教育程度的6岁及以上人口(乡村)(续 3)

单位：人

年　龄	小　学			初　中			高　中		
	小计	男	女	小计	男	女	小计	男	女
35-39	**317 915**	**124 667**	**193 249**	**458 152**	**255 081**	**203 071**	**36 721**	**25 525**	**11 196**
35	62 576	24 361	38 215	96 571	52 922	43 649	7 724	5 247	2 476
36	61 837	24 542	37 296	87 581	48 155	39 425	7 176	4 980	2 196
37	69 646	27 567	42 078	98 341	54 724	43 617	7 781	5 422	2 359
38	58 972	23 185	35 787	82 814	46 526	36 288	6 248	4 390	1 858
39	64 885	25 012	39 872	92 845	52 753	40 092	7 792	5 486	2 306
40-44	**261 999**	**95 698**	**166 302**	**379 459**	**216 222**	**163 237**	**67 944**	**47 745**	**20 199**
40	63 328	24 331	38 997	91 806	51 877	39 929	9 811	7 054	2 757
41	57 244	21 207	36 037	85 092	47 948	37 144	11 783	8 205	3 578
42	63 234	23 136	40 097	97 129	55 334	41 795	18 390	12 838	5 552
43	49 871	17 299	32 572	70 423	40 663	29 760	17 468	12 292	5 176
44	28 323	9 724	18 599	35 009	20 400	14 609	10 493	7 356	3 137
45-49	**256 622**	**103 263**	**153 359**	**212 531**	**136 603**	**75 928**	**61 513**	**45 558**	**15 955**
45	38 045	14 081	23 964	40 416	24 343	16 073	13 247	9 269	3 978
46	37 175	14 697	22 478	34 897	21 676	13 222	11 581	8 391	3 190
47	53 163	21 534	31 629	44 220	28 446	15 774	12 999	9 607	3 392
48	65 039	26 720	38 319	49 878	33 310	16 567	13 226	10 107	3 120
49	63 199	26 231	36 968	43 120	28 829	14 291	10 460	8 184	2 276
50-54	**366 274**	**173 184**	**193 090**	**171 285**	**123 630**	**47 655**	**33 112**	**27 296**	**5 816**
50	73 998	32 978	41 020	43 345	30 347	12 998	10 118	8 168	1 949
51	75 104	34 544	40 559	38 125	27 383	10 742	8 211	6 710	1 501
52	74 310	35 461	38 849	33 014	23 738	9 276	6 109	5 058	1 051
53	76 688	37 530	39 158	31 790	23 504	8 286	5 056	4 283	772
54	66 174	32 671	33 504	25 012	18 658	6 354	3 619	3 076	542
55-59	**298 285**	**159 004**	**139 281**	**91 732**	**69 838**	**21 894**	**12 831**	**11 110**	**1 721**
55	67 454	34 196	33 258	23 424	17 609	5 815	3 491	3 022	469
56	66 603	35 786	30 818	20 440	15 613	4 827	2 995	2 599	396
57	57 815	30 949	26 866	16 716	12 741	3 975	2 364	2 038	326
58	56 357	30 685	25 672	16 290	12 526	3 764	2 096	1 813	283
59	50 056	27 388	22 668	14 862	11 349	3 514	1 885	1 639	246
60-64	**194 531**	**114 926**	**79 605**	**58 029**	**45 496**	**12 534**	**9 338**	**8 006**	**1 332**
60	46 476	26 081	20 394	14 666	11 263	3 403	2 133	1 788	345
61	41 588	24 486	17 101	13 409	10 450	2 959	1 701	1 443	258
62	37 369	21 931	15 438	11 460	9 088	2 372	1 861	1 589	273
63	34 740	21 015	13 725	9 834	7 728	2 106	1 821	1 575	246
64	34 358	21 413	12 945	8 660	6 968	1 692	1 821	1 610	211
65岁及以上	**309 886**	**215 478**	**94 408**	**45 979**	**40 005**	**5 974**	**9 905**	**9 114**	**791**

表4-1c　全国分年龄、性别、受教育程度的6岁及以上人口(乡村)(续 4)

单位：人

年　龄	大学专科			大学本科			研究生		
	小计	男	女	小计	男	女	小计	男	女
总　计	**56 229**	**36 017**	**20 212**	**9 502**	**6 271**	**3 231**	**190**	**109**	**81**
6–9							**2**	**1**	**1**
6							1	1	
7									
8									
9							1		1
10–14	**1**	**1**		**2**		**2**	**19**	**6**	**14**
10				2		2	4	2	2
11							2		2
12							3		3
13							3	3	
14	1	1					7	1	7
15–19	**6 704**	**3 324**	**3 379**	**1 540**	**879**	**661**	**18**	**8**	**10**
15	222	103	119	11	7	4	4	3	2
16	532	239	294	32	21	11	4	1	3
17	853	411	442	115	71	44	2	1	1
18	2 161	1 057	1 104	563	325	238	5	3	2
19	2 936	1 515	1 421	819	456	363	2		2
20–24	**12 906**	**6 859**	**6 047**	**2 737**	**1 642**	**1 096**	**44**	**22**	**22**
20	2 707	1 481	1 226	691	394	298	4		4
21	2 665	1 430	1 234	534	330	205	9	9	1
22	2 631	1 378	1 253	507	309	198	7	2	5
23	2 640	1 344	1 295	564	330	234	11	5	6
24	2 264	1 226	1 037	441	280	161	13	6	6
25–29	**9 686**	**5 429**	**4 257**	**1 636**	**945**	**691**	**34**	**20**	**14**
25	2 228	1 149	1 079	403	212	191	9	4	6
26	2 180	1 189	991	336	187	148	11	10	1
27	1 904	1 081	823	316	180	136	7	3	4
28	1 698	1 003	695	271	154	116	5	3	2
29	1 677	1 007	670	311	211	99	3	1	2
30–34	**6 722**	**4 352**	**2 370**	**1 239**	**837**	**402**	**24**	**16**	**8**
30	1 628	1 075	553	310	192	118	6	3	3
31	1 476	952	525	282	184	98	3		3
32	1 293	794	499	250	172	79	4	3	1
33	1 233	808	425	199	152	47	6	4	2
34	1 092	724	369	198	136	61	6	6	

表4-1c 全国分年龄、性别、受教育程度的6岁及以上人口(乡村)(续 5)

单位：人

年龄	大学专科			大学本科			研究生		
	小计	男	女	小计	男	女	小计	男	女
35-39	**4 940**	**3 406**	**1 534**	**841**	**643**	**199**	**19**	**15**	**4**
35	1 151	765	385	218	167	51	3	3	
36	990	667	323	174	135	39	6	4	2
37	1 086	748	338	179	143	36	5	4	2
38	767	540	228	127	95	33	3	3	
39	946	687	260	143	103	40	2	2	
40-44	**4 401**	**3 219**	**1 181**	**546**	**444**	**102**	**10**	**6**	**4**
40	996	725	271	147	116	31	1	1	
41	937	649	288	132	110	21	2	1	1
42	1 142	831	311	148	117	31	2	2	
43	857	662	194	81	66	15	2		2
44	468	351	117	38	35	3	4	2	2
45-49	**3 142**	**2 498**	**644**	**220**	**185**	**35**	**7**	**7**	
45	611	448	163	47	37	10	3	3	
46	443	335	108	36	32	4			
47	654	521	133	43	32	11	1	1	
48	737	604	132	50	44	6	2	1	
49	697	590	107	43	39	4	1	1	
50-54	**2 751**	**2 334**	**417**	**171**	**161**	**9**	**1**	**1**	
50	739	630	109	35	33	2			
51	621	516	105	28	26	3			
52	546	468	79	41	38	3			
53	475	405	70	37	35	1			
54	369	316	53	30	29		1	1	
55-59	**1 872**	**1 696**	**175**	**148**	**136**	**12**	**4**	**2**	**2**
55	464	427	38	36	32	4			
56	393	349	44	37	31	6	2	1	1
57	344	313	32	23	23		1	1	
58	357	321	35	27	26	1	1		1
59	313	287	26	25	24	1			
60-64	**1 218**	**1 116**	**102**	**141**	**129**	**12**			
60	270	248	22	38	32	6			
61	241	224	17	24	23	1			
62	227	208	19	22	22				
63	240	215	25	29	26	2			
64	240	221	20	28	26	3			
65岁及以上	**1 887**	**1 780**	**106**	**281**	**270**	**11**	**7**	**5**	**2**

表4-2 全国分年龄、性别的15岁及以上文盲人口

单位：人

年龄	15岁及以上人口			文盲人口								
	合计	男	女	合计			未上过学			小学		
				合计	男	女	小计	男	女	小计	男	女
总 计	**13 664 737**	**6 786 677**	**6 878 061**	**1 508 706**	**397 877**	**1 110 828**	**1 489 389**	**390 120**	**1 099 269**	**19 317**	**7 757**	**11 560**
15-19	**1 443 484**	**749 084**	**694 399**	**12 283**	**5 269**	**7 015**	**11 841**	**5 067**	**6 774**	**442**	**202**	**240**
15	346 126	182 334	163 792	2 225	986	1 239	2 134	943	1 191	91	43	48
16	315 197	164 802	150 396	2 397	1 048	1 348	2 312	1 008	1 304	84	40	44
17	278 583	144 374	134 209	2 323	982	1 342	2 250	945	1 304	74	36	37
18	279 299	143 362	135 937	2 722	1 153	1 569	2 627	1 123	1 504	95	30	65
19	224 278	114 212	110 066	2 616	1 100	1 516	2 517	1 047	1 471	99	53	45
20-24	**1 036 723**	**499 927**	**536 796**	**16 757**	**6 014**	**10 743**	**16 179**	**5 764**	**10 415**	**579**	**251**	**328**
20	196 962	97 506	99 456	2 901	1 142	1 759	2 810	1 100	1 711	91	42	49
21	191 823	91 680	100 143	2 980	1 102	1 878	2 876	1 061	1 814	105	41	64
22	198 985	95 182	103 803	3 282	1 142	2 140	3 172	1 088	2 084	110	53	56
23	235 835	112 784	123 051	3 719	1 328	2 391	3 582	1 268	2 314	138	60	77
24	213 119	102 776	110 344	3 875	1 300	2 574	3 739	1 246	2 492	136	54	82
25-29	**1 110 290**	**539 235**	**571 055**	**24 588**	**7 886**	**16 702**	**23 779**	**7 537**	**16 241**	**810**	**349**	**461**
25	210 881	100 577	110 304	4 439	1 426	3 013	4 294	1 365	2 928	145	60	85
26	223 647	108 750	114 897	4 339	1 459	2 880	4 187	1 390	2 798	152	69	82
27	222 032	108 001	114 031	4 904	1 612	3 292	4 756	1 545	3 211	148	67	81
28	214 130	104 788	109 343	4 994	1 567	3 427	4 835	1 502	3 333	160	66	94
29	239 600	117 121	122 480	5 912	1 822	4 091	5 707	1 735	3 972	205	87	118
30-34	**1 445 908**	**711 021**	**734 887**	**42 572**	**12 299**	**30 272**	**41 155**	**11 747**	**29 408**	**1 416**	**552**	**864**
30	251 922	124 107	127 815	6 665	2 052	4 613	6 402	1 954	4 448	263	98	165
31	277 806	135 601	142 205	7 829	2 214	5 615	7 577	2 124	5 453	252	90	162
32	292 145	143 566	148 579	8 582	2 457	6 125	8 313	2 344	5 969	268	112	156
33	304 961	150 260	154 701	9 344	2 663	6 680	9 060	2 549	6 510	284	114	170
34	319 074	157 487	161 587	10 152	2 913	7 240	9 803	2 775	7 028	349	137	212
35-39	**1 651 487**	**813 134**	**838 354**	**59 089**	**15 128**	**43 961**	**57 122**	**14 407**	**42 715**	**1 967**	**721**	**1 246**
35	351 372	173 107	178 265	11 770	3 178	8 592	11 362	3 044	8 319	407	134	273
36	325 230	159 848	165 382	11 006	2 931	8 075	10 657	2 784	7 874	349	148	201
37	358 646	176 581	182 065	12 536	3 138	9 398	12 098	2 985	9 113	438	153	285
38	289 717	142 560	147 157	11 251	2 896	8 355	10 887	2 763	8 124	364	133	231
39	326 522	161 038	165 485	12 526	2 985	9 542	12 117	2 832	9 286	409	153	256

表4-2 全国分年龄、性别的15岁及以上文盲人口(续 1)

单位：人

年龄	15岁及以上人口			文盲人口								
	合计	男	女	合计			未上过学			小学		
				合计	男	女	小计	男	女	小计	男	女
40-44	**1 475 539**	**732 641**	**742 898**	**63 934**	**13 650**	**50 284**	**62 264**	**13 082**	**49 182**	**1 671**	**568**	**1 103**
40	334 359	166 402	167 957	13 608	3 279	10 330	13 227	3 137	10 089	382	141	240
41	320 180	158 238	161 942	12 854	2 943	9 911	12 485	2 827	9 658	369	116	253
42	379 144	189 553	189 591	15 042	3 223	11 819	14 632	3 072	11 560	410	151	259
43	283 846	141 056	142 790	13 574	2 606	10 968	13 260	2 507	10 754	313	99	214
44	158 010	77 391	80 619	8 857	1 599	7 257	8 660	1 539	7 121	197	60	137
45-49	**1 147 578**	**575 858**	**571 720**	**92 621**	**19 433**	**73 189**	**90 821**	**18 820**	**72 002**	**1 800**	**613**	**1 187**
45	201 422	100 540	100 882	12 184	2 613	9 571	11 949	2 530	9 419	235	83	152
46	183 983	92 951	91 032	12 498	2 609	9 889	12 254	2 534	9 719	244	75	169
47	240 012	120 999	119 014	19 500	4 232	15 268	19 087	4 090	14 997	413	142	271
48	272 863	137 844	135 019	23 952	5 115	18 837	23 515	4 964	18 551	437	151	285
49	249 298	123 525	125 773	24 488	4 864	19 624	24 016	4 701	19 315	472	162	310
50-54	**1 236 929**	**622 759**	**614 170**	**159 813**	**35 558**	**124 255**	**157 217**	**34 593**	**122 624**	**2 596**	**966**	**1 631**
50	272 223	138 187	134 037	30 291	6 706	23 585	29 759	6 531	23 228	531	175	357
51	264 461	133 086	131 374	31 386	6 709	24 677	30 850	6 515	24 335	535	193	342
52	245 077	122 985	122 092	32 258	7 197	25 061	31 748	6 990	24 759	510	208	302
53	246 340	123 731	122 609	34 909	7 781	27 128	34 383	7 577	26 806	527	205	322
54	208 828	104 770	104 058	30 969	7 165	23 804	30 476	6 980	23 496	493	185	308
55-59	**907 435**	**462 421**	**445 014**	**151 719**	**36 456**	**115 263**	**149 435**	**35 568**	**113 868**	**2 283**	**888**	**1 395**
55	209 335	106 015	103 321	32 141	7 813	24 328	31 658	7 655	24 004	483	159	324
56	201 030	103 736	97 294	32 017	7 926	24 092	31 488	7 711	23 776	530	214	315
57	172 379	87 412	84 967	28 958	6 946	22 012	28 550	6 773	21 776	409	172	236
58	169 785	86 697	83 088	29 673	7 037	22 636	29 262	6 872	22 390	412	166	246
59	154 906	78 561	76 344	28 929	6 733	22 195	28 478	6 557	21 921	451	177	274
60-64	**668 310**	**342 519**	**325 791**	**162 396**	**42 086**	**120 310**	**160 666**	**41 326**	**119 340**	**1 730**	**760**	**971**
60	150 798	76 604	74 194	32 194	8 002	24 192	31 799	7 841	23 958	395	161	234
61	138 288	71 357	66 931	31 101	7 738	23 363	30 764	7 599	23 165	337	139	198
62	129 399	66 188	63 210	32 031	8 234	23 797	31 736	8 107	23 629	295	127	168
63	124 937	63 748	61 190	32 330	8 552	23 778	31 986	8 378	23 608	344	174	170
64	124 887	64 622	60 265	34 740	9 560	25 180	34 380	9 401	24 980	360	159	200
65岁及以上	**1 541 056**	**738 079**	**802 977**	**722 933**	**204 099**	**518 834**	**718 910**	**202 210**	**516 700**	**4 022**	**1 888**	**2 134**

表4-2a　全国分年龄、性别的15岁及以上文盲人口(城市)

单位：人

年　龄	15岁及以上人口			文　盲　人　口								
	合计	男	女	合　计			未上过学			小　学		
				合计	男	女	小计	男	女	小计	男	女
总　计	**4 008 936**	**1 984 780**	**2 024 156**	**200 274**	**42 794**	**157 480**	**197 315**	**41 719**	**155 596**	**2 959**	**1 075**	**1 884**
15-19	**374 262**	**188 141**	**186 121**	**1 088**	**572**	**516**	**1 050**	**555**	**496**	**38**	**18**	**20**
15	68 066	35 438	32 628	200	105	95	195	102	92	5	3	2
16	72 063	37 071	34 992	217	121	96	210	117	93	7	4	2
17	75 165	37 825	37 340	218	109	109	213	107	106	5	2	4
18	84 799	41 551	43 248	238	118	119	228	116	112	10	3	7
19	74 170	36 257	37 913	216	118	97	205	112	92	11	6	5
20-24	**365 069**	**175 140**	**189 929**	**1 361**	**543**	**818**	**1 299**	**516**	**782**	**62**	**26**	**36**
20	67 491	32 538	34 953	221	91	131	213	87	126	8	3	5
21	68 176	32 277	35 899	228	91	136	220	91	129	8	1	7
22	71 142	34 248	36 894	260	102	158	249	97	152	10	4	6
23	84 443	40 408	44 034	345	151	194	327	139	187	18	11	7
24	73 818	35 670	38 149	307	108	199	290	102	188	18	6	11
25-29	**380 141**	**183 970**	**196 171**	**2 278**	**774**	**1 504**	**2 173**	**723**	**1 450**	**105**	**51**	**54**
25	71 431	34 248	37 183	361	123	238	342	113	229	19	10	9
26	77 374	37 267	40 107	418	154	263	394	143	251	24	11	13
27	76 863	37 230	39 633	441	149	292	422	136	285	20	13	7
28	73 530	35 753	37 778	468	159	310	445	151	295	23	8	15
29	80 942	39 473	41 470	589	188	401	570	180	390	20	9	11
30-34	**466 002**	**231 684**	**234 319**	**4 450**	**1 280**	**3 170**	**4 245**	**1 202**	**3 043**	**205**	**77**	**128**
30	83 476	41 156	42 320	681	201	480	639	187	452	42	14	27
31	89 104	44 067	45 037	750	208	542	713	196	517	37	12	25
32	94 938	46 957	47 981	908	255	653	872	237	635	36	18	18
33	97 727	48 789	48 938	1 003	295	708	964	282	682	39	13	26
34	100 757	50 715	50 042	1 107	320	788	1 057	301	756	51	19	32
35-39	**478 588**	**240 408**	**238 180**	**5 818**	**1 546**	**4 272**	**5 569**	**1 456**	**4 113**	**249**	**90**	**159**
35	107 342	54 202	53 139	1 136	330	805	1 087	309	778	48	21	28
36	97 902	49 187	48 715	1 112	326	786	1 065	308	757	47	18	29
37	104 703	52 210	52 494	1 255	298	956	1 195	282	913	60	17	43
38	79 144	39 618	39 525	1 089	290	799	1 039	272	767	50	18	32
39	89 497	45 190	44 307	1 227	301	926	1 184	285	899	44	16	28

表4-2a 全国分年龄、性别的15岁及以上文盲人口(城市)(续 1)

单位：人

年　龄	15岁及以上人口			文　盲　人　口								
	合计	男	女	合　计			未上过学			小　学		
				合计	男	女	小计	男	女	小计	男	女
40-44	**442 690**	**225 733**	**216 957**	**6 410**	**1 512**	**4 899**	**6 216**	**1 430**	**4 786**	**194**	**82**	**112**
40	95 352	48 673	46 679	1 327	330	997	1 283	307	976	44	23	21
41	96 314	48 906	47 408	1 248	306	942	1 201	287	914	47	19	28
42	117 866	60 364	57 502	1 550	389	1 160	1 500	371	1 129	50	19	31
43	83 432	42 648	40 784	1 359	300	1 059	1 327	288	1 039	32	12	20
44	49 726	25 142	24 584	927	186	741	906	177	729	21	9	12
45-49	**347 334**	**175 567**	**171 767**	**9 864**	**2 040**	**7 824**	**9 647**	**1 963**	**7 684**	**217**	**76**	**141**
45	65 412	33 531	31 881	1 246	278	968	1 209	260	949	37	18	20
46	58 500	29 761	28 738	1 406	307	1 099	1 377	300	1 077	29	7	22
47	73 321	37 156	36 164	2 147	475	1 672	2 101	460	1 641	46	15	32
48	78 932	39 836	39 096	2 514	514	2 000	2 465	497	1 968	50	17	32
49	71 169	35 283	35 886	2 550	466	2 084	2 495	446	2 050	55	20	35
50-54	**336 239**	**166 995**	**169 244**	**17 445**	**3 503**	**13 943**	**17 101**	**3 401**	**13 700**	**344**	**101**	**243**
50	74 885	37 848	37 037	3 175	671	2 503	3 105	653	2 452	70	18	52
51	74 796	37 245	37 551	3 497	700	2 797	3 426	677	2 749	71	23	48
52	66 017	32 430	33 587	3 503	642	2 862	3 433	619	2 814	70	23	47
53	64 972	31 898	33 074	3 928	776	3 153	3 865	756	3 108	64	20	44
54	55 569	27 573	27 995	3 341	713	2 628	3 272	697	2 576	69	17	52
55-59	**237 396**	**117 255**	**120 140**	**16 300**	**3 116**	**13 184**	**15 952**	**3 002**	**12 950**	**348**	**114**	**234**
55	55 324	27 414	27 910	3 406	680	2 726	3 328	661	2 667	78	19	59
56	52 988	26 314	26 674	3 537	681	2 857	3 463	660	2 803	74	21	53
57	45 010	22 035	22 975	3 100	570	2 530	3 049	550	2 499	51	20	31
58	44 037	21 727	22 310	3 209	579	2 630	3 134	548	2 586	75	31	44
59	40 036	19 765	20 271	3 048	606	2 442	2 978	583	2 395	70	23	46
60-64	**170 879**	**83 637**	**87 241**	**18 185**	**3 585**	**14 600**	**17 939**	**3 501**	**14 438**	**247**	**85**	**162**
60	37 212	18 147	19 066	3 356	671	2 685	3 305	648	2 657	50	22	28
61	34 757	17 043	17 714	3 347	620	2 727	3 294	605	2 689	53	15	38
62	32 734	16 220	16 514	3 468	702	2 766	3 429	693	2 736	40	9	30
63	32 892	15 965	16 927	3 760	758	3 002	3 711	737	2 973	50	21	29
64	33 283	16 262	17 020	4 254	835	3 419	4 200	818	3 383	53	17	36
65岁及以上	**410 337**	**196 249**	**214 088**	**117 074**	**24 325**	**92 750**	**116 125**	**23 971**	**92 154**	**949**	**354**	**596**

表4-2b 全国分年龄、性别的15岁及以上文盲人口(镇)

单位：人

年龄	15岁及以上人口			文盲人口								
	合计	男	女	合计			未上过学			小学		
				合计	男	女	小计	男	女	小计	男	女
总计	**2 343 316**	**1 157 431**	**1 185 885**	**199 064**	**46 315**	**152 749**	**196 532**	**45 370**	**151 162**	**2 532**	**945**	**1 587**
15-19	**247 723**	**128 898**	**118 825**	**1 074**	**535**	**538**	**1 030**	**510**	**520**	**44**	**25**	**18**
15	59 269	31 272	27 997	202	111	91	190	105	86	11	6	5
16	54 412	28 416	25 996	202	105	98	196	101	95	6	3	3
17	49 434	25 651	23 783	184	88	96	175	81	94	9	7	3
18	48 206	24 833	23 373	253	124	130	249	121	128	4	2	2
19	36 402	18 725	17 677	232	109	124	219	101	118	13	7	6
20-24	**165 887**	**78 658**	**87 229**	**1 459**	**575**	**884**	**1 385**	**539**	**845**	**75**	**35**	**39**
20	30 119	15 144	14 975	244	111	132	240	111	129	3		3
21	29 032	13 733	15 299	241	96	145	226	93	133	15	4	11
22	31 295	14 716	16 579	257	94	163	242	85	157	15	9	6
23	39 015	18 058	20 957	351	133	218	338	126	212	13	7	7
24	36 427	17 007	19 420	367	141	226	338	124	214	28	17	12
25-29	**205 211**	**98 152**	**107 059**	**2 313**	**773**	**1 540**	**2 220**	**740**	**1 480**	**93**	**33**	**60**
25	36 811	17 267	19 544	415	130	285	395	124	271	20	6	14
26	41 269	19 661	21 608	423	154	269	407	146	261	16	8	8
27	41 262	19 834	21 428	444	137	307	430	135	296	13	3	11
28	40 157	19 350	20 807	481	162	319	464	157	307	18	5	12
29	45 712	22 040	23 672	550	190	360	524	178	346	26	11	14
30-34	**274 946**	**134 139**	**140 807**	**4 502**	**1 303**	**3 199**	**4 292**	**1 218**	**3 073**	**210**	**84**	**126**
30	48 362	23 445	24 916	633	178	455	599	163	435	34	14	20
31	53 050	25 610	27 440	784	234	549	748	220	529	35	14	21
32	55 594	27 327	28 267	902	270	632	858	249	610	44	21	22
33	57 703	28 391	29 312	1 041	311	730	1 004	292	712	37	19	19
34	60 238	29 366	30 872	1 142	310	832	1 083	294	788	59	16	44
35-39	**305 870**	**151 049**	**154 821**	**6 584**	**1 617**	**4 967**	**6 331**	**1 518**	**4 813**	**253**	**99**	**154**
35	66 073	32 815	33 259	1 218	312	906	1 165	297	868	54	15	38
36	60 623	29 825	30 797	1 241	307	934	1 200	285	915	42	22	20
37	66 619	33 155	33 464	1 413	327	1 086	1 363	302	1 061	50	25	25
38	52 411	25 862	26 548	1 299	324	975	1 245	304	941	54	19	35
39	60 144	29 392	30 752	1 412	347	1 064	1 359	330	1 028	53	17	36

表4-2b　全国分年龄、性别的15岁及以上文盲人口(镇)(续 1)

单位：人

年　龄	15岁及以上人口			文　盲　人　口								
	合计	男	女	合　计			未上过学			小　学		
				合计	男	女	小计	男	女	小计	男	女
40-44	**266 199**	**132 533**	**133 666**	**7 599**	**1 550**	**6 049**	**7 388**	**1 481**	**5 906**	**211**	**69**	**142**
40	61 775	30 985	30 790	1 604	397	1 207	1 554	385	1 170	50	13	37
41	58 050	28 799	29 251	1 446	322	1 124	1 402	303	1 099	44	19	25
42	69 020	34 368	34 651	1 809	362	1 447	1 759	341	1 418	50	21	29
43	50 631	25 310	25 321	1 671	288	1 383	1 636	281	1 355	35	7	28
44	26 724	13 072	13 652	1 068	180	888	1 036	171	866	32	9	23
45-49	**192 018**	**96 416**	**95 602**	**12 132**	**2 363**	**9 769**	**11 880**	**2 278**	**9 603**	**252**	**85**	**167**
45	33 739	16 713	17 026	1 484	313	1 171	1 454	298	1 156	31	15	15
46	31 317	15 960	15 357	1 586	311	1 275	1 549	297	1 252	37	14	23
47	40 051	20 306	19 745	2 546	521	2 025	2 478	503	1 975	68	18	49
48	45 833	23 053	22 780	3 205	632	2 572	3 151	613	2 537	54	19	35
49	41 079	20 385	20 694	3 311	585	2 726	3 248	567	2 681	63	19	44
50-54	**199 964**	**99 718**	**100 246**	**21 236**	**4 011**	**17 225**	**20 892**	**3 903**	**16 989**	**344**	**108**	**236**
50	44 928	22 680	22 247	4 047	795	3 252	3 972	767	3 205	75	28	46
51	42 818	21 162	21 655	4 259	752	3 508	4 185	721	3 464	75	31	44
52	39 256	19 753	19 503	4 209	776	3 433	4 134	758	3 376	74	17	57
53	39 647	19 657	19 990	4 665	898	3 767	4 606	883	3 723	59	15	44
54	33 315	16 465	16 850	4 056	791	3 265	3 995	775	3 220	61	16	45
55-59	**143 886**	**72 572**	**71 314**	**19 578**	**4 087**	**15 490**	**19 286**	**3 989**	**15 298**	**291**	**99**	**192**
55	33 392	16 668	16 724	4 201	860	3 342	4 143	838	3 306	58	22	36
56	32 036	16 342	15 694	4 056	859	3 197	3 995	833	3 162	61	26	35
57	26 843	13 420	13 423	3 654	779	2 875	3 600	762	2 838	54	17	37
58	26 911	13 666	13 245	3 785	805	2 980	3 728	790	2 937	57	14	43
59	24 703	12 476	12 227	3 882	785	3 097	3 820	765	3 055	62	20	42
60-64	**105 367**	**53 600**	**51 767**	**20 775**	**4 597**	**16 178**	**20 522**	**4 499**	**16 023**	**253**	**98**	**155**
60	24 164	12 277	11 886	4 098	899	3 199	4 041	877	3 163	57	21	35
61	21 672	11 067	10 605	3 897	812	3 086	3 839	794	3 046	58	18	40
62	20 207	10 192	10 015	4 130	932	3 198	4 082	912	3 170	48	20	28
63	19 870	10 013	9 858	4 120	911	3 209	4 086	892	3 194	34	20	14
64	19 454	10 051	9 403	4 530	1 043	3 487	4 475	1 025	3 450	56	18	38
65岁及以上	**236 247**	**111 697**	**124 550**	**101 814**	**24 904**	**76 910**	**101 306**	**24 694**	**76 613**	**507**	**210**	**297**

表4-2c　全国分年龄、性别的15岁及以上文盲人口(乡村)

单位：人

年　龄	15岁及以上人口			文　盲　人　口								
	合计	男	女	合　计			未上过学			小　学		
				合计	男	女	小计	男	女	小计	男	女
总　计	**7 312 485**	**3 644 465**	**3 668 020**	**1 109 368**	**308 768**	**800 599**	**1 095 541**	**303 031**	**792 510**	**13 827**	**5 738**	**8 089**
15-19	**821 498**	**432 044**	**389 454**	**10 121**	**4 161**	**5 960**	**9 760**	**4 002**	**5 758**	**361**	**159**	**202**
15	218 791	115 624	103 168	1 823	770	1 053	1 749	736	1 013	75	34	40
16	188 722	99 314	89 408	1 978	822	1 155	1 906	790	1 116	71	32	39
17	153 985	80 899	73 086	1 921	785	1 136	1 862	757	1 105	59	28	31
18	146 294	76 978	69 316	2 231	911	1 320	2 150	886	1 264	81	25	57
19	113 706	59 230	54 476	2 168	873	1 295	2 093	833	1 260	75	40	35
20-24	**505 768**	**246 129**	**259 639**	**13 937**	**4 897**	**9 041**	**13 495**	**4 708**	**8 787**	**442**	**189**	**253**
20	99 352	49 824	49 528	2 437	940	1 497	2 357	901	1 456	80	39	41
21	94 615	45 671	48 944	2 511	914	1 597	2 430	878	1 552	82	36	46
22	96 549	46 217	50 331	2 766	947	1 819	2 681	906	1 775	85	40	44
23	112 377	54 317	58 060	3 023	1 045	1 978	2 917	1 002	1 915	106	42	63
24	102 874	50 099	52 775	3 201	1 051	2 149	3 111	1 021	2 090	90	31	59
25-29	**524 938**	**257 113**	**267 825**	**19 998**	**6 339**	**13 659**	**19 386**	**6 074**	**13 312**	**612**	**265**	**347**
25	102 638	49 062	53 577	3 662	1 172	2 490	3 556	1 128	2 428	106	44	62
26	105 004	51 821	53 183	3 499	1 151	2 348	3 387	1 100	2 286	112	51	62
27	103 907	50 937	52 970	4 019	1 325	2 693	3 904	1 274	2 629	115	51	64
28	100 443	49 685	50 758	4 045	1 246	2 798	3 926	1 194	2 732	119	52	67
29	112 946	55 608	57 338	4 773	1 444	3 329	4 613	1 377	3 237	160	67	93
30-34	**704 960**	**345 198**	**359 761**	**33 620**	**9 717**	**23 903**	**32 618**	**9 326**	**23 292**	**1 002**	**391**	**611**
30	120 084	59 506	60 578	5 352	1 673	3 679	5 164	1 604	3 561	187	70	118
31	135 652	65 924	69 728	6 295	1 771	4 523	6 115	1 708	4 408	179	64	116
32	141 613	69 282	72 331	6 771	1 932	4 840	6 583	1 859	4 724	188	73	116
33	149 531	73 080	76 451	7 300	2 058	5 242	7 092	1 975	5 116	208	82	125
34	158 079	77 406	80 673	7 903	2 283	5 619	7 664	2 180	5 484	239	103	136
35-39	**867 030**	**421 677**	**445 353**	**46 687**	**11 965**	**34 722**	**45 222**	**11 434**	**33 788**	**1 465**	**532**	**934**
35	177 957	86 090	91 867	9 416	2 536	6 880	9 110	2 437	6 673	305	98	207
36	166 705	80 835	85 870	8 653	2 298	6 354	8 393	2 191	6 202	260	107	152
37	187 324	91 217	96 108	9 868	2 513	7 355	9 540	2 401	7 138	328	111	217
38	158 163	77 080	81 083	8 864	2 283	6 581	8 604	2 188	6 416	260	95	165
39	176 881	86 456	90 426	9 887	2 336	7 551	9 575	2 216	7 359	312	119	193

表4-2c 全国分年龄、性别的15岁及以上文盲人口(乡村)(续 1)

单位：人

年龄	15岁及以上人口			文盲人口								
	合计	男	女	合计			未上过学			小学		
				合计	男	女	小计	男	女	小计	男	女
40-44	**766 650**	**374 375**	**392 275**	**49 925**	**10 589**	**39 337**	**48 660**	**10 172**	**38 489**	**1 265**	**417**	**848**
40	177 232	86 744	90 487	10 677	2 551	8 126	10 390	2 446	7 944	288	106	182
41	165 817	80 534	85 283	10 160	2 316	7 844	9 881	2 237	7 644	278	79	199
42	192 258	94 821	97 437	11 684	2 472	9 212	11 373	2 360	9 013	310	111	199
43	149 783	73 098	76 685	10 544	2 018	8 526	10 298	1 938	8 360	246	80	166
44	81 560	39 177	42 383	6 861	1 233	5 628	6 718	1 191	5 527	143	42	101
45-49	**608 226**	**303 875**	**304 351**	**70 625**	**15 030**	**55 595**	**69 294**	**14 579**	**54 715**	**1 331**	**451**	**880**
45	102 271	50 296	51 975	9 453	2 021	7 431	9 286	1 972	7 314	167	50	117
46	94 167	47 230	46 937	9 506	1 991	7 515	9 328	1 938	7 390	178	54	124
47	126 640	63 536	63 104	14 807	3 236	11 571	14 508	3 127	11 381	299	109	190
48	148 098	74 955	73 143	18 233	3 968	14 264	17 900	3 853	14 047	333	115	218
49	137 049	67 857	69 192	18 626	3 812	14 814	18 273	3 689	14 584	354	123	230
50-54	**700 727**	**356 046**	**344 681**	**121 132**	**28 045**	**93 087**	**119 224**	**27 288**	**91 936**	**1 908**	**757**	**1 152**
50	152 410	77 658	74 752	23 069	5 240	17 829	22 683	5 112	17 571	387	128	259
51	146 847	74 679	72 168	23 629	5 257	18 372	23 240	5 118	18 122	389	139	250
52	139 805	70 803	69 002	24 546	5 780	18 766	24 181	5 613	18 568	365	167	198
53	141 720	72 175	69 546	26 316	6 108	20 208	25 912	5 937	19 974	404	170	234
54	119 945	60 732	59 213	23 572	5 661	17 911	23 209	5 509	17 700	363	152	211
55-59	**526 153**	**272 594**	**253 559**	**115 841**	**29 252**	**86 588**	**114 197**	**28 577**	**85 620**	**1 644**	**675**	**969**
55	120 619	61 933	58 687	24 534	6 273	18 260	24 188	6 156	18 032	346	117	229
56	116 006	61 080	54 926	24 424	6 386	18 038	24 029	6 218	17 811	395	168	228
57	100 525	51 957	48 568	22 204	5 597	16 607	21 900	5 461	16 439	304	136	168
58	98 837	51 304	47 533	22 679	5 654	17 026	22 400	5 533	16 867	279	121	159
59	90 166	46 320	43 846	21 999	5 343	16 657	21 680	5 209	16 471	320	134	186
60-64	**392 064**	**205 281**	**186 782**	**123 436**	**33 904**	**89 532**	**122 205**	**33 326**	**88 878**	**1 231**	**577**	**654**
60	89 422	46 180	43 242	24 741	6 432	18 308	24 453	6 315	18 138	288	117	171
61	81 859	43 246	38 613	23 857	6 307	17 550	23 631	6 201	17 430	226	106	120
62	76 457	39 777	36 680	24 432	6 599	17 833	24 226	6 502	17 723	207	97	110
63	72 175	37 770	34 405	24 450	6 883	17 567	24 189	6 749	17 440	261	134	127
64	72 150	38 308	33 842	25 956	7 682	18 274	25 706	7 558	18 147	250	124	127
65岁及以上	**894 473**	**430 133**	**464 340**	**504 045**	**154 870**	**349 175**	**501 479**	**153 545**	**347 934**	**2 566**	**1 325**	**1 241**

第五卷

人口

就　业

表5-1 各地区按性别、行业

性别 地区	就业人口	农、林、牧、渔业	采矿业	制造业	电力、燃气及水的生产和供应业	建筑业	交通运输、仓储和邮政业	信息传输、计算机服务和软件业	批发和零售业	住宿和餐饮业
全国	**9 287 409**	**5 465 913**	**108 446**	**1 237 226**	**66 454**	**326 050**	**302 305**	**36 887**	**627 068**	**177 567**
北京	100 235	8 114	413	16 806	1 116	8 102	7 205	3 049	16 197	6 082
天津	72 082	9 884	843	23 348	885	5 892	5 870	518	7 628	1 730
河北	510 723	318 644	7 390	62 111	3 262	20 387	16 099	1 307	30 384	6 868
山西	209 557	113 108	11 407	19 546	2 641	7 040	12 414	731	13 112	3 585
内蒙古	172 222	92 788	5 274	13 295	2 599	7 331	10 023	1 066	12 791	4 119
辽宁	296 339	147 720	6 305	37 949	3 380	10 274	15 440	1 345	26 571	6 498
吉林	178 706	111 418	2 633	11 761	1 711	4 220	8 108	684	11 899	3 520
黑龙江	252 491	147 743	6 406	19 592	3 430	5 870	13 273	1 117	16 979	4 876
上海	120 863	6 086	43	44 261	1 213	7 222	8 708	2 144	17 178	5 515
江苏	576 968	230 598	2 852	156 560	4 060	36 091	20 754	2 286	48 606	12 150
浙江	371 128	92 857	1 650	142 669	2 588	26 257	14 996	1 779	39 021	9 437
安徽	430 103	288 223	6 165	32 573	2 157	17 822	11 933	1 108	27 577	7 586
福建	246 991	90 814	2 536	60 730	2 756	14 186	10 195	1 399	26 020	6 515
江西	291 365	188 532	2 904	25 002	1 920	9 333	8 400	834	18 709	5 426
山东	751 308	471 950	8 332	102 901	4 242	28 458	19 276	2 278	42 008	11 380
河南	691 793	530 531	8 921	39 224	4 558	13 272	18 113	1 440	22 228	5 879
湖北	418 979	278 935	2 987	31 678	2 434	12 173	12 391	1 266	27 531	8 027
湖南	452 998	294 308	5 503	38 603	3 067	13 608	12 530	1 503	33 100	8 770
广东	648 734	207 584	1 205	230 475	4 307	21 702	19 776	4 295	66 823	18 815
广西	341 004	248 473	1 438	19 521	2 083	6 397	8 086	947	21 624	4 895
海南	54 879	35 982	299	2 238	270	1 009	1 809	189	3 914	2 078
重庆	205 422	139 691	2 757	14 778	1 318	6 200	5 506	663	13 388	4 140
四川	613 214	457 991	5 322	33 955	2 932	14 422	11 852	1 499	29 950	10 929
贵州	257 310	198 318	4 040	11 873	1 142	4 558	5 021	578	9 938	3 015
云南	346 492	279 947	3 649	12 051	1 137	5 396	5 645	486	12 485	4 577
西藏	18 471	16 147	50	295	13	243	202	17	582	223
陕西	257 849	178 474	2 471	15 780	1 975	8 439	7 187	1 144	11 672	4 737
甘肃	184 040	141 588	1 996	7 197	1 416	4 098	3 880	455	6 304	2 227
青海	38 393	26 427	139	1 594	334	1 013	1 054	142	1 915	734
宁夏	41 629	25 332	625	3 028	679	1 810	1 682	149	2 698	684
新疆	135 123	87 706	1 890	5 831	827	3 226	4 877	469	8 235	2 550

门类分的就业人口

单位：人

金融业	房地产业	租赁和商务服务业	科学研究、技术服务和地质勘查业	水利、环境和公共设施管理业	居民服务和其他服务业	教育	卫生、社会保障和社会福利业	文化、体育和娱乐业	公共管理和社会组织	国际组织
54 517	**31 092**	**42 698**	**25 007**	**30 517**	**172 319**	**211 957**	**103 484**	**38 646**	**229 093**	**166**
1 936	3 050	3 917	2 618	1 279	3 975	4 885	2 776	2 862	5 798	56
834	1 070	1 768	873	674	2 920	2 611	1 373	563	2 795	4
2 728	926	1 208	1 149	1 143	6 900	10 805	5 145	1 597	12 668	3
1 435	346	818	587	808	4 214	6 459	2 910	727	7 666	3
1 461	439	755	563	891	4 153	5 106	2 370	916	6 278	4
2 671	1 508	1 795	1 245	1 482	8 506	8 038	4 287	1 433	9 891	
1 436	482	386	690	792	4 659	5 874	2 564	817	5 050	2
2 061	803	1 021	755	1 147	7 410	7 579	3 509	1 154	7 765	2
1 920	3 319	3 493	1 690	1 508	4 730	3 927	2 435	1 637	3 818	14
3 778	2 127	3 574	1 646	2 527	13 230	13 249	6 612	2 647	13 620	2
3 022	1 528	2 464	1 124	1 479	8 705	7 232	3 941	1 858	8 521	
2 279	883	973	780	929	6 096	8 465	4 460	1 087	9 005	2
1 954	1 032	1 246	600	728	8 151	6 787	2 658	1 737	6 946	
1 558	527	677	295	877	5 030	8 278	3 657	1 019	8 386	1
3 512	1 545	2 718	1 150	1 934	11 057	12 852	8 371	1 836	15 507	1
2 571	665	1 254	1 280	1 542	5 649	12 810	6 250	1 772	13 816	16
2 008	777	1 470	851	1 424	8 288	10 767	5 147	1 648	9 177	
2 138	684	1 326	624	1 078	8 659	8 899	4 514	1 917	12 147	20
4 781	4 595	4 794	1 526	2 125	15 799	13 496	6 639	3 660	16 299	17
1 193	464	886	412	766	5 122	7 809	3 067	866	6 956	1
416	171	279	99	246	1 690	1 634	740	319	1 496	
904	652	542	172	411	3 543	4 438	1 948	700	3 668	
1 913	1 199	1 682	987	1 241	9 692	9 994	5 927	1 588	10 134	5
761	343	412	410	321	2 925	5 638	1 928	614	5 475	
1 059	505	914	612	605	2 686	5 908	2 282	1 051	5 495	4
11	4	11	3	25	216	93	49	33	252	1
1 326	395	829	941	754	3 567	7 285	3 044	897	6 930	3
937	260	563	397	524	1 617	3 932	1 643	496	4 509	1
356	93	147	103	189	445	1 068	545	221	1 874	2
345	169	179	117	324	554	1 106	492	180	1 476	
1 214	532	597	709	744	2 129	4 936	2 182	794	5 673	3

表5-1 各地区按性别、行业

性别 地区	就业人口	农、林、牧、渔业	采矿业	制造业	电力、燃气及水的生产和供应业	建筑业	交通运输、仓储和邮政业	信息传输、计算机服务和软件业	批发和零售业	住宿和餐饮业
男	**5 069 358**	**2 750 480**	**91 851**	**675 499**	**47 497**	**290 579**	**257 325**	**22 283**	**311 303**	**82 908**
北京	58 578	4 106	341	10 345	805	7 163	5 570	1 938	7 899	3 246
天津	40 663	5 454	559	11 791	620	4 186	4 544	314	4 029	936
河北	285 355	157 832	6 529	39 027	2 375	18 914	14 644	788	16 273	3 416
山西	130 247	62 623	10 024	14 145	1 814	6 380	11 349	395	7 098	1 936
内蒙古	100 070	49 751	4 161	8 220	1 742	6 329	8 620	602	6 160	1 839
辽宁	169 189	76 752	5 369	23 308	2 497	9 194	13 534	847	12 184	2 918
吉林	109 526	67 016	2 221	7 669	1 288	3 742	7 127	397	5 656	1 512
黑龙江	151 814	85 804	5 238	12 692	2 455	5 117	11 466	674	7 687	2 126
上海	70 673	2 892	27	25 043	910	6 440	6 843	1 408	8 834	2 777
江苏	298 996	97 080	2 358	78 086	3 127	32 831	17 718	1 348	23 943	5 718
浙江	214 771	56 042	1 418	70 761	1 942	24 558	13 086	1 107	19 284	4 299
安徽	228 343	137 153	5 384	18 538	1 599	16 019	10 121	697	13 946	3 394
福建	140 082	49 259	2 139	30 261	1 945	12 013	9 017	850	13 050	3 029
江西	159 092	95 253	2 518	13 690	1 296	8 330	7 418	471	8 793	2 371
山东	398 095	224 419	7 005	55 759	3 143	25 753	16 777	1 315	21 089	5 988
河南	364 574	261 909	7 379	24 373	3 058	11 831	13 280	810	11 512	3 123
湖北	225 673	139 139	2 493	18 477	1 737	10 882	10 735	714	13 171	3 583
湖南	252 236	155 438	4 776	22 121	2 113	12 088	10 712	889	15 948	3 830
广东	349 079	106 939	933	112 230	3 213	19 482	16 928	2 754	36 176	9 145
广西	180 885	127 029	1 201	10 797	1 451	5 533	6 522	543	10 156	1 975
海南	30 117	19 199	204	1 319	195	855	1 407	117	1 770	860
重庆	108 067	67 473	2 443	9 041	935	5 312	4 680	397	6 126	1 840
四川	315 370	219 179	4 716	20 933	2 073	12 650	10 085	893	14 248	4 881
贵州	135 678	98 135	3 548	7 556	795	4 000	4 340	358	4 477	1 099
云南	184 956	143 353	3 104	7 864	811	4 736	4 874	281	5 965	1 660
西藏	9 825	8 377	43	202	9	179	181	10	309	108
陕西	140 147	89 515	2 129	9 909	1 333	7 389	6 160	692	5 791	2 253
甘肃	97 408	69 704	1 588	4 647	971	3 607	3 219	258	3 291	1 054
青海	20 815	13 323	119	1 097	230	838	854	81	943	363
宁夏	22 471	12 064	508	2 011	448	1 628	1 426	78	1 237	297
新疆	76 564	48 270	1 380	3 587	565	2 600	4 085	256	4 257	1 332

门类分的就业人口(续 1)

单位：人

金融业	房地产业	租赁和商务服务业	科学研究、技术服务和地质勘查业	水利、环境和公共设施管理业	居民服务和其他服务业	教育	卫生、社会保障和社会福利业	文化、体育和娱乐业	公共管理和社会组织	国际组织
27 676	**19 719**	**26 060**	**16 689**	**18 561**	**99 013**	**101 593**	**46 061**	**22 010**	**162 160**	**94**
857	1 867	2 238	1 589	779	1 811	1 915	836	1 579	3 670	26
430	615	568	507	471	1 741	1 067	536	343	1 949	2
1 433	583	808	775	709	4 459	4 247	2 454	982	9 104	3
701	208	509	385	501	2 862	2 384	1 206	424	5 302	1
700	263	477	371	483	2 578	2 203	993	490	4 085	2
1 350	952	1 213	840	920	4 913	3 197	1 639	841	6 719	
750	313	232	489	487	2 856	2 591	1 071	519	3 588	2
1 102	533	665	529	640	4 334	3 210	1 368	706	5 469	1
959	2 250	2 104	1 118	999	2 222	1 575	819	931	2 518	4
1 849	1 399	2 263	1 125	1 557	7 857	6 383	2 861	1 432	10 060	2
1 364	991	1 534	800	1 008	4 744	3 026	1 621	940	6 247	
1 210	556	617	580	560	3 616	4 970	2 252	660	6 467	2
924	649	789	413	443	4 867	3 194	1 252	972	5 016	
812	318	431	225	528	3 100	4 785	1 943	558	6 252	
1 859	936	1 798	796	1 260	6 905	6 690	4 001	1 117	11 483	1
1 288	361	804	780	815	3 607	6 171	2 855	1 067	9 534	16
1 059	488	891	554	845	4 914	6 002	2 395	952	6 642	
1 089	478	801	453	663	4 582	4 535	2 142	1 073	8 494	12
2 438	3 041	3 008	1 014	1 216	8 087	5 731	2 917	1 970	11 848	8
673	273	549	280	421	2 912	3 793	1 389	490	4 897	1
251	118	156	63	135	982	887	329	188	1 080	
479	395	335	129	243	1 832	2 305	1 020	403	2 679	
933	741	1 048	677	753	5 263	5 320	3 047	889	7 038	5
382	212	248	294	185	1 668	3 293	876	337	3 876	
578	326	574	418	349	1 473	3 210	907	577	3 894	1
5	2	9	3	10	109	53	24	19	174	
712	248	483	620	472	2 062	3 563	1 381	558	4 877	1
533	145	364	251	321	919	2 224	786	306	3 222	1
204	56	98	69	115	257	528	224	133	1 284	1
174	90	108	74	199	291	529	186	104	1 018	
578	313	340	471	476	1 192	2 012	728	451	3 673	

表5-1 各地区按性别、行业

性别 地区	就业人口	农、林、牧、渔业	采矿业	制造业	电力、燃气及水的生产和供应业	建筑业	交通运输、仓储和邮政业	信息传输、计算机服务和软件业	批发和零售业	住宿和餐饮业
女	**4 218 051**	**2 715 433**	**16 595**	**561 726**	**18 957**	**35 471**	**44 980**	**14 604**	**315 765**	**94 659**
北京	41 657	4 008	71	6 460	311	939	1 635	1 111	8 298	2 836
天津	31 419	4 431	284	11 557	266	1 706	1 326	204	3 599	794
河北	225 368	160 812	862	23 084	886	1 472	1 454	519	14 111	3 452
山西	79 309	50 486	1 383	5 400	826	661	1 064	336	6 014	1 649
内蒙古	72 152	43 037	1 114	5 075	857	1 002	1 402	463	6 631	2 279
辽宁	127 150	70 969	936	14 641	884	1 080	1 906	498	14 387	3 579
吉林	69 180	44 403	412	4 092	423	478	981	287	6 243	2 008
黑龙江	100 677	61 939	1 168	6 900	974	753	1 807	443	9 293	2 750
上海	50 190	3 195	17	19 219	302	783	1 865	736	8 344	2 738
江苏	277 972	133 517	494	78 474	933	3 260	3 035	938	24 663	6 432
浙江	156 357	36 815	232	71 907	646	1 699	1 911	672	19 737	5 138
安徽	201 761	151 069	781	14 035	557	1 802	1 812	411	13 631	4 192
福建	106 909	41 555	397	30 469	811	2 174	1 178	549	12 970	3 487
江西	132 273	93 280	387	11 312	624	1 003	982	364	9 916	3 054
山东	353 213	247 531	1 327	47 143	1 099	2 705	2 498	964	20 919	5 393
河南	327 219	268 622	1 542	14 851	1 500	1 442	4 833	629	10 716	2 756
湖北	193 306	139 796	495	13 201	698	1 291	1 656	552	14 360	4 445
湖南	200 762	138 870	727	16 482	954	1 520	1 818	614	17 152	4 940
广东	299 655	100 645	273	118 245	1 093	2 220	2 848	1 541	30 647	9 670
广西	160 119	121 444	237	8 723	632	863	1 564	404	11 468	2 919
海南	24 762	16 783	95	919	75	153	401	72	2 144	1 218
重庆	97 355	72 218	314	5 738	383	888	826	266	7 262	2 301
四川	297 843	238 813	606	13 022	859	1 772	1 767	606	15 702	6 048
贵州	121 632	100 183	492	4 317	347	558	682	220	5 461	1 915
云南	161 537	136 594	544	4 186	326	659	771	205	6 520	2 917
西藏	8 646	7 770	7	93	5	64	21	8	273	114
陕西	117 702	88 958	342	5 871	643	1 050	1 028	452	5 880	2 485
甘肃	86 632	71 884	408	2 551	445	491	661	197	3 013	1 173
青海	17 577	13 104	21	497	104	175	200	61	972	371
宁夏	19 158	13 267	117	1 017	230	182	256	70	1 461	387
新疆	58 560	39 436	510	2 245	262	626	792	213	3 978	1 219

门类分的就业人口(续 2)

单位：人

金融业	房地产业	租赁和商务服务业	科学研究、技术服务和地质勘查业	水利、环境和公共设施管理业	居民服务和其他服务业	教育	卫生、社会保障和社会福利业	文化、体育和娱乐业	公共管理和社会组织	国际组织
26 841	**11 372**	**16 638**	**8 318**	**11 956**	**73 306**	**110 364**	**57 423**	**16 636**	**66 933**	**73**
1 079	1 183	1 679	1 030	500	2 165	2 970	1 940	1 283	2 128	30
404	455	1 200	366	202	1 179	1 544	836	220	846	1
1 295	343	401	374	433	2 441	6 558	2 691	616	3 564	
734	138	309	201	307	1 352	4 075	1 704	302	2 364	2
761	177	278	193	409	1 575	2 903	1 377	426	2 193	2
1 320	556	582	405	562	3 593	4 841	2 648	592	3 172	
686	170	153	201	305	1 803	3 282	1 493	298	1 463	
959	270	356	225	507	3 076	4 369	2 141	449	2 295	1
961	1 069	1 389	572	509	2 508	2 352	1 616	706	1 300	10
1 930	727	1 311	522	971	5 373	6 865	3 751	1 214	3 561	
1 657	537	930	324	471	3 962	4 206	2 320	918	2 274	
1 069	327	356	200	369	2 480	3 495	2 208	427	2 538	
1 030	384	457	187	285	3 284	3 593	1 406	765	1 930	
745	208	246	70	349	1 930	3 493	1 714	462	2 133	1
1 653	608	921	354	674	4 151	6 162	4 369	719	4 024	
1 282	304	450	500	728	2 042	6 639	3 395	706	4 282	
949	289	579	296	579	3 373	4 765	2 752	696	2 535	
1 049	206	524	172	415	4 077	4 363	2 372	844	3 653	8
2 342	1 554	1 787	512	908	7 713	7 765	3 742	1 690	4 452	9
519	191	337	132	345	2 210	4 016	1 678	376	2 059	
166	52	122	36	111	707	747	411	132	416	
425	258	208	43	168	1 711	2 132	928	297	989	
980	458	635	310	488	4 429	4 674	2 880	699	3 096	
379	131	164	116	136	1 258	2 345	1 051	277	1 598	
482	179	339	194	257	1 213	2 698	1 375	474	1 601	2
6	2	3	1	15	107	40	25	14	78	
615	147	346	320	281	1 506	3 722	1 663	338	2 053	2
404	115	199	147	204	699	1 708	857	190	1 288	
151	37	49	33	74	189	540	321	88	590	1
172	79	72	44	125	263	577	305	76	458	
636	219	257	238	268	937	2 924	1 454	343	2 001	3

表5-1a 各地区按性别、行业

性别 地区	就业人口	农、林、牧、渔业	采矿业	制造业	电力、燃气及水的生产和供应业	建筑业	交通运输、仓储和邮政业	信息传输、计算机服务和软件业	批发和零售业	住宿和餐饮业
全国	**2 336 820**	**382 345**	**40 691**	**596 207**	**40 407**	**135 099**	**151 744**	**27 093**	**331 095**	**98 049**
北京	78 078	1 494	212	11 933	989	6 116	5 363	2 960	14 128	5 422
天津	38 915	616	747	11 725	761	4 026	3 121	476	4 376	1 271
河北	86 747	14 866	2 828	18 363	2 077	5 066	5 836	857	12 210	2 855
山西	48 411	6 024	4 145	8 291	1 871	2 470	4 516	417	6 287	1 413
内蒙古	52 529	2 078	2 564	9 262	1 805	4 441	6 275	871	8 317	2 427
辽宁	110 697	10 998	3 249	24 477	2 781	5 444	9 886	1 156	18 306	4 455
吉林	48 387	5 248	983	8 047	1 212	2 441	5 213	522	7 553	2 091
黑龙江	82 420	13 058	5 296	13 917	2 541	3 804	8 185	797	10 805	2 987
上海	93 622	1 148	36	31 071	1 063	5 043	7 715	2 066	15 145	4 974
江苏	183 343	17 753	1 790	62 814	2 356	12 807	10 604	1 792	26 456	7 907
浙江	143 522	16 109	297	57 674	1 192	10 933	6 728	1 283	20 667	5 233
安徽	62 739	13 212	2 216	11 890	1 063	4 434	4 101	567	8 720	2 893
福建	77 749	6 591	428	25 954	1 442	5 071	4 055	982	12 438	3 745
江西	38 135	8 023	312	6 833	656	2 097	2 510	331	5 392	2 089
山东	188 899	45 487	3 950	49 918	2 848	12 646	10 046	1 464	22 805	6 615
河南	103 336	24 925	3 970	18 383	3 365	4 996	7 123	1 052	9 980	2 522
湖北	106 680	30 911	937	18 370	1 433	5 352	6 868	850	14 519	4 448
湖南	85 328	25 153	976	12 559	1 601	3 404	5 012	772	13 703	3 464
广东	312 834	33 388	520	136 499	2 490	13 417	13 438	3 504	44 466	13 309
广西	44 351	10 482	341	7 051	725	2 048	3 150	466	8 092	1 971
海南	18 810	6 787	104	1 270	170	619	1 105	153	2 384	1 509
重庆	45 319	14 511	665	8 592	536	2 407	2 733	467	5 695	1 763
四川	81 511	22 433	495	13 340	1 216	4 839	4 719	1 051	10 932	4 096
贵州	27 133	5 439	440	4 242	518	1 480	1 786	324	4 259	1 207
云南	55 104	26 861	602	5 128	532	2 270	2 150	295	6 222	2 046
西藏	2 044	659	6	157	10	56	100	13	446	183
陕西	53 813	11 849	301	9 452	1 125	3 450	3 485	809	6 558	2 454
甘肃	20 049	1 380	614	3 650	731	1 232	1 561	265	2 919	858
青海	6 488	325	27	652	202	437	684	87	1 140	338
宁夏	10 175	1 110	360	1 620	540	617	936	112	1 667	375
新疆	29 651	3 427	1 281	3 072	557	1 638	2 740	333	4 507	1 130

门类分的就业人口(城市)

单位：人

金融业	房地产业	租赁和商务服务业	科学研究、技术服务和地质勘查业	水利、环境和公共设施管理业	居民服务和其他服务业	教育	卫生、社会保障和社会福利业	文化、体育和娱乐业	公共管理和社会组织	国际组织
38 430	**27 485**	**32 921**	**21 677**	**19 976**	**85 912**	**98 295**	**54 806**	**27 817**	**126 647**	**123**
1 818	2 753	3 681	2 525	1 044	3 341	4 361	2 499	2 733	4 653	54
696	1 008	1 607	853	596	1 393	1 956	1 117	491	2 076	4
1 602	824	676	1 023	622	2 498	4 823	2 571	1 105	6 044	2
788	308	530	512	477	1 519	2 889	1 476	440	4 036	2
982	388	599	479	613	2 227	2 947	1 538	685	4 025	4
2 235	1 383	1 505	1 178	1 146	5 643	5 216	3 101	1 173	7 365	
1 081	380	338	588	623	2 872	3 347	1 685	575	3 589	
1 408	701	737	633	779	4 569	4 518	2 205	776	4 702	1
1 807	3 137	3 258	1 629	1 213	4 008	3 461	2 115	1 497	3 222	14
2 933	1 874	2 823	1 446	1 652	6 625	7 567	3 600	1 995	8 546	2
2 258	1 251	1 657	937	747	4 286	3 779	2 071	1 269	5 148	
1 324	672	607	606	499	1 826	2 363	1 606	617	3 524	
1 383	941	931	442	495	3 741	3 043	1 285	1 152	3 632	
728	314	353	181	303	1 378	2 122	1 168	506	2 837	1
2 410	1 369	1 799	904	1 313	5 696	5 199	4 427	1 306	8 695	1
1 855	581	867	1 079	1 214	2 452	6 083	3 510	1 256	8 111	14
1 379	725	1 071	735	1 104	3 812	4 816	2 616	1 228	5 508	
1 291	588	763	531	658	3 030	3 011	1 878	1 155	5 779	
3 929	4 128	4 136	1 376	1 478	10 945	7 971	4 222	2 959	10 643	15
612	355	590	295	299	1 844	2 197	945	403	2 483	
321	164	223	68	176	1 160	886	498	205	1 009	
495	593	421	134	229	1 594	1 599	692	429	1 763	
1 115	1 037	1 098	793	751	3 400	3 070	2 090	889	4 141	3
455	287	261	290	142	1 076	1 510	839	426	2 152	
690	444	748	504	285	1 065	1 538	953	674	2 096	1
8	2	10	2	21	146	43	26	21	135	1
916	341	593	795	428	1 681	3 596	1 579	678	3 723	1
528	230	346	318	319	589	1 307	724	318	2 159	1
233	81	117	77	94	205	397	301	162	930	
263	143	116	99	171	270	496	257	138	885	
886	481	458	645	486	1 018	2 186	1 210	557	3 036	3

表5-1a 各地区按性别、行业

性别 地区	就业人口	农、林、牧、渔业	采矿业	制造业	电力、燃气及水的生产和供应业	建筑业	交通运输、仓储和邮政业	信息传输、计算机服务和软件业	批发和零售业	住宿和餐饮业
男	**1 329 411**	**190 244**	**31 713**	**330 861**	**27 844**	**115 592**	**123 251**	**16 311**	**159 361**	**46 031**
北京	45 096	784	162	7 566	698	5 355	3 930	1 881	6 898	2 913
天津	21 682	341	476	6 329	522	2 565	2 334	289	2 223	682
河北	50 020	6 909	2 247	11 407	1 423	4 183	4 917	478	5 596	1 305
山西	30 004	3 346	3 310	5 474	1 226	1 993	3 746	215	3 218	717
内蒙古	31 746	1 099	1 942	5 575	1 156	3 670	5 196	504	3 947	1 105
辽宁	65 437	5 682	2 622	15 313	2 022	4 599	8 391	725	8 176	2 007
吉林	29 411	3 084	779	5 133	889	2 106	4 481	290	3 449	891
黑龙江	51 438	8 371	4 301	8 987	1 804	3 225	6 934	467	4 728	1 300
上海	55 425	610	22	18 418	794	4 398	5 983	1 357	7 731	2 512
江苏	101 541	6 843	1 446	32 824	1 719	11 292	8 633	1 061	12 319	3 699
浙江	82 123	9 648	245	29 401	913	10 073	5 711	792	10 239	2 441
安徽	36 048	5 695	1 801	7 261	763	3 875	3 276	362	4 130	1 261
福建	43 522	3 491	322	13 139	973	4 322	3 360	581	6 206	1 733
江西	21 608	4 268	259	3 866	413	1 780	2 050	197	2 294	921
山东	105 804	20 583	3 119	27 084	2 002	10 895	8 331	800	10 705	3 335
河南	58 197	11 696	2 839	10 972	2 143	4 145	5 175	573	4 861	1 196
湖北	59 699	14 933	726	10 641	980	4 623	5 719	472	6 759	2 065
湖南	48 322	13 122	760	7 663	1 065	2 933	3 979	474	6 452	1 619
广东	172 167	18 484	368	68 339	1 810	12 039	11 205	2 225	23 594	6 458
广西	24 146	5 437	274	4 003	493	1 666	2 429	255	3 659	770
海南	10 532	3 687	68	749	117	516	870	96	1 116	649
重庆	25 247	6 973	531	5 266	349	2 034	2 226	284	2 509	785
四川	44 488	10 119	367	8 071	819	4 074	3 751	635	5 091	1 826
贵州	15 120	2 538	327	2 704	333	1 258	1 415	199	1 947	472
云南	30 047	13 249	490	3 200	365	1 917	1 772	176	3 157	814
西藏	1 118	336	4	92	5	38	89	7	232	96
陕西	30 808	5 624	212	5 806	734	2 866	2 749	491	3 197	1 204
甘肃	11 984	710	488	2 315	482	995	1 209	142	1 424	389
青海	3 812	165	20	421	127	366	531	50	530	162
宁夏	5 797	503	280	1 018	341	516	734	55	717	164
新疆	17 021	1 914	907	1 825	364	1 276	2 125	180	2 257	539

门类分的就业人口(城市)(续 1)

单位：人

金融业	房地产业	租赁和商务服务业	科学研究、技术服务和地质勘查业	水利、环境和公共设施管理业	居民服务和其他服务业	教育	卫生、社会保障和社会福利业	文化、体育和娱乐业	公共管理和社会组织	国际组织
18 562	**17 251**	**19 433**	**14 302**	**11 631**	**44 691**	**40 946**	**20 332**	**15 413**	**85 577**	**64**
801	1 671	2 074	1 525	614	1 436	1 691	716	1 492	2 864	25
353	583	469	492	415	768	748	409	292	1 388	2
783	517	402	685	364	1 395	1 714	957	648	4 088	2
344	185	317	332	271	922	1 036	489	242	2 621	1
439	227	375	304	314	1 314	1 162	562	351	2 502	2
1 094	867	979	791	685	3 064	1 878	1 046	665	4 833	
545	233	204	414	374	1 698	1 376	640	347	2 476	
718	463	474	447	423	2 541	1 778	774	460	3 242	
899	2 125	1 938	1 073	800	1 792	1 348	694	849	2 078	4
1 391	1 214	1 731	986	964	3 592	3 402	1 272	1 043	6 109	2
989	785	1 007	665	474	2 194	1 551	707	604	3 683	
672	409	364	451	282	947	1 089	670	370	2 369	
619	588	581	306	293	2 111	1 268	503	617	2 511	
380	176	208	123	162	719	1 039	510	268	1 977	
1 203	807	1 119	621	799	3 263	2 291	1 792	786	6 266	1
899	315	524	637	617	1 462	2 603	1 365	748	5 415	14
699	455	642	473	617	2 023	2 328	1 055	686	3 802	
626	413	487	389	381	1 499	1 347	743	618	3 754	
1 905	2 739	2 556	915	858	5 017	2 986	1 611	1 584	7 468	6
299	191	341	199	137	925	890	364	215	1 597	
184	115	122	47	95	655	403	209	117	717	
250	357	259	97	133	718	744	261	248	1 221	
500	615	667	519	431	1 615	1 356	834	470	2 727	3
202	170	153	208	68	529	674	306	220	1 399	
357	284	470	345	163	535	683	336	386	1 349	
3	1	8	2	8	69	18	10	12	87	
471	211	333	514	263	868	1 712	614	405	2 535	1
271	128	217	200	179	301	608	283	187	1 453	1
133	49	80	53	51	108	153	113	96	604	
127	76	70	61	99	123	172	79	79	584	
405	284	262	429	298	489	896	407	307	1 858	

表5-1a 各地区按性别、行业

性别 地区	就业人口	农、林、牧、渔业	采矿业	制造业	电力、燃气及水的生产和供应业	建筑业	交通运输、仓储和邮政业	信息传输、计算机服务和软件业	批发和零售业	住宿和餐饮业
女	**1 007 409**	**192 100**	**8 977**	**265 347**	**12 563**	**19 507**	**28 493**	**10 782**	**171 734**	**52 018**
北京	32 981	709	50	4 367	291	762	1 433	1 078	7 229	2 508
天津	17 233	275	271	5 396	239	1 460	787	187	2 153	588
河北	36 727	7 957	581	6 955	653	883	919	379	6 614	1 550
山西	18 408	2 678	836	2 817	645	478	770	203	3 069	696
内蒙古	20 783	978	622	3 688	649	771	1 079	368	4 371	1 322
辽宁	45 260	5 316	627	9 164	758	845	1 495	432	10 131	2 448
吉林	18 976	2 164	203	2 914	323	335	732	232	4 105	1 200
黑龙江	30 982	4 687	995	4 931	737	578	1 251	329	6 078	1 687
上海	38 197	538	15	12 653	269	645	1 732	709	7 414	2 462
江苏	81 802	10 910	344	29 989	637	1 515	1 971	731	14 137	4 208
浙江	61 398	6 460	52	28 273	280	860	1 017	491	10 428	2 793
安徽	26 691	7 517	416	4 629	300	559	825	205	4 590	1 632
福建	34 227	3 100	106	12 815	469	749	695	401	6 232	2 012
江西	16 527	3 756	53	2 968	243	317	459	135	3 098	1 168
山东	83 095	24 904	830	22 835	847	1 751	1 715	663	12 099	3 279
河南	45 139	13 230	1 131	7 411	1 222	851	1 948	480	5 119	1 327
湖北	46 982	15 977	211	7 730	452	729	1 149	377	7 759	2 383
湖南	37 006	12 031	216	4 896	536	471	1 033	298	7 251	1 845
广东	140 667	14 904	152	68 160	679	1 379	2 233	1 279	20 873	6 851
广西	20 205	5 045	67	3 048	232	382	721	210	4 433	1 202
海南	8 279	3 100	36	522	53	103	234	58	1 268	860
重庆	20 072	7 538	134	3 326	187	372	507	183	3 185	978
四川	37 023	12 315	128	5 270	397	765	968	416	5 841	2 270
贵州	12 013	2 901	113	1 538	185	222	371	125	2 313	734
云南	25 057	13 613	112	1 928	167	352	378	120	3 066	1 232
西藏	927	322	2	65	4	18	11	6	214	87
陕西	23 005	6 225	89	3 646	390	584	736	318	3 360	1 250
甘肃	8 065	670	126	1 335	249	236	353	122	1 495	468
青海	2 676	160	7	231	75	71	152	37	610	176
宁夏	4 377	608	80	602	199	101	203	56	949	211
新疆	12 630	1 514	374	1 247	193	362	615	153	2 250	590

门类分的就业人口(城市)(续 2)

单位：人

金融业	房地产业	租赁和商务服务业	科学研究、技术服务和地质勘查业	水利、环境和公共设施管理业	居民服务和其他服务业	教育	卫生、社会保障和社会福利业	文化、体育和娱乐业	公共管理和社会组织	国际组织
19 868	**10 233**	**13 488**	**7 375**	**8 346**	**41 220**	**57 349**	**34 473**	**12 404**	**41 071**	**60**
1 017	1 082	1 607	1 000	430	1 906	2 670	1 783	1 241	1 790	29
343	425	1 138	362	181	625	1 208	707	199	688	1
819	307	274	338	258	1 103	3 109	1 614	456	1 957	
444	123	214	180	205	597	1 852	987	199	1 415	2
543	162	224	175	299	914	1 784	975	334	1 523	2
1 141	516	527	387	462	2 579	3 338	2 055	508	2 532	
535	147	133	173	249	1 174	1 971	1 045	229	1 113	
689	238	263	186	356	2 028	2 741	1 431	315	1 460	1
907	1 012	1 320	556	413	2 216	2 113	1 421	648	1 144	10
1 543	660	1 092	460	688	3 034	4 165	2 329	952	2 438	
1 269	466	650	272	274	2 092	2 228	1 364	665	1 464	
652	263	243	155	217	879	1 274	936	246	1 155	
764	353	349	136	203	1 629	1 775	782	535	1 121	
348	138	145	58	141	658	1 083	658	238	860	1
1 207	562	680	283	514	2 433	2 907	2 635	521	2 428	
956	266	343	442	597	990	3 480	2 145	508	2 696	
680	270	430	262	487	1 789	2 488	1 561	542	1 707	
666	176	276	142	277	1 531	1 664	1 135	538	2 025	
2 024	1 389	1 580	461	620	5 928	4 985	2 611	1 375	3 175	9
313	164	249	96	162	920	1 307	581	187	886	
137	49	100	20	81	505	484	289	87	292	
245	236	162	38	97	876	856	431	181	542	
615	423	431	275	320	1 785	1 714	1 256	419	1 415	
253	117	108	83	74	547	836	534	206	753	
334	159	278	160	122	531	855	616	288	747	1
5	1	3	1	13	78	24	16	9	48	
445	130	261	281	165	813	1 884	965	273	1 188	
257	102	129	118	140	288	699	441	130	706	
100	32	36	24	43	98	244	187	67	326	
136	67	46	38	73	147	324	178	59	301	
481	197	196	216	188	529	1 290	803	250	1 178	3

表5-1b 各地区按性别、行业

性别 地区	就业人口	农、林、牧、渔业	采矿业	制造业	电力、燃气及水的生产和供应业	建筑业	交通运输、仓储和邮政业	信息传输、计算机服务和软件业	批发和零售业	住宿和餐饮业
全国	**1 489 372**	**559 076**	**24 163**	**253 204**	**16 315**	**59 836**	**73 170**	**6 930**	**182 693**	**48 403**
北京	4 779	438	31	992	36	375	442	53	696	193
天津	12 235	1 847	26	4 946	77	708	1 123	25	1 139	278
河北	70 056	30 228	950	10 472	589	2 850	3 526	243	7 916	1 893
山西	31 214	9 759	2 037	3 162	481	1 322	2 453	215	3 486	882
内蒙古	28 708	9 220	1 659	2 783	685	1 533	2 348	159	3 118	1 048
辽宁	44 654	20 548	982	5 670	393	1 628	2 778	124	4 838	1 216
吉林	28 355	11 924	1 256	2 530	385	924	2 050	124	2 969	861
黑龙江	36 746	10 246	460	4 214	767	1 418	4 089	265	4 670	1 403
上海	11 404	1 334	4	5 011	86	899	515	53	1 266	337
江苏	118 921	38 695	361	36 164	916	7 280	5 058	351	12 741	2 743
浙江	65 495	9 785	258	26 742	881	4 154	2 968	290	8 604	2 234
安徽	95 029	40 540	2 601	9 973	797	4 273	5 178	420	13 399	3 041
福建	49 197	10 460	425	13 580	762	3 342	2 688	290	7 389	1 680
江西	64 014	18 156	752	8 911	765	2 639	3 617	406	10 525	2 440
山东	138 880	73 171	1 895	21 742	772	4 984	4 318	508	11 618	2 982
河南	90 042	51 119	2 004	8 391	687	1 903	3 300	246	7 385	2 040
湖北	56 121	19 062	336	6 368	495	2 072	3 134	310	9 060	2 474
湖南	64 723	19 425	1 230	7 171	880	2 220	3 514	419	10 780	2 709
广东	104 134	20 883	143	42 187	1 068	3 411	3 164	590	14 485	3 531
广西	63 315	23 285	476	6 480	959	1 861	3 114	431	10 733	2 324
海南	7 336	2 836	150	545	83	160	438	31	1 060	366
重庆	38 142	14 763	940	3 499	471	1 578	1 801	160	6 075	1 799
四川	85 787	32 826	714	8 308	1 098	2 326	3 815	345	13 302	4 323
贵州	34 953	15 660	1 023	3 020	423	1 045	1 681	185	3 604	1 118
云南	47 061	24 334	1 145	3 948	400	1 693	1 741	137	4 321	1 678
西藏	2 719	2 318	19	39	3	71	29	3	88	26
陕西	39 394	20 460	999	2 462	500	1 382	1 599	236	2 661	1 171
甘肃	28 333	15 262	755	1 787	544	732	1 234	147	1 952	639
青海	6 094	2 292	53	519	73	239	219	49	589	246
宁夏	5 546	1 947	124	570	86	280	287	26	561	158
新疆	15 987	6 254	353	1 019	153	534	948	89	1 663	569

门类分的就业人口(镇)

单位：人

金融业	房地产业	租赁和商务服务业	科学研究、技术服务和地质勘查业	水利、环境和公共设施管理业	居民服务和其他服务业	教育	卫生、社会保障和社会福利业	文化、体育和娱乐业	公共管理和社会组织	国际组织
12 865	**2 502**	**6 138**	**2 268**	**6 581**	**49 306**	**67 627**	**31 667**	**7 764**	**78 833**	**32**
52	129	111	69	118	194	258	151	58	382	2
95	50	80	13	51	602	434	173	46	521	
640	71	302	62	228	1 824	2 594	1 077	279	4 312	
461	27	171	42	219	1 058	1 775	832	179	2 654	
437	48	131	80	192	1 235	1 360	555	187	1 929	
312	71	136	56	200	1 663	1 478	691	178	1 691	
298	91	38	94	135	1 348	1 409	585	207	1 127	2
596	99	215	95	306	2 152	1 878	911	317	2 644	1
86	123	146	36	164	364	307	219	80	376	
641	181	439	114	498	3 504	3 578	1 914	404	3 339	
581	177	440	97	269	2 022	2 221	1 207	352	2 215	
836	158	248	110	292	2 698	3 339	2 025	351	4 750	2
430	61	189	115	123	2 167	1 868	822	342	2 463	
779	167	228	76	428	2 727	4 435	1 776	463	4 725	
841	93	537	170	349	3 006	4 118	2 486	343	4 947	
526	77	212	153	240	1 694	3 407	1 627	310	4 718	2
543	39	265	76	253	2 749	3 907	1 685	323	2 971	
670	76	330	56	272	2 771	4 151	1 752	562	5 720	16
702	318	460	92	403	3 020	3 440	1 740	530	3 965	1
545	100	251	106	249	2 635	3 667	1 657	426	4 012	1
95	6	43	22	49	360	423	178	79	412	
364	49	103	22	102	1 393	2 271	907	225	1 620	
697	66	369	109	327	3 663	5 233	2 829	519	4 916	2
259	38	99	86	125	1 069	2 094	654	142	2 626	
293	56	125	67	254	1 118	2 152	866	324	2 407	1
1				2	32	19	7	7	56	
316	37	170	119	265	927	2 303	875	169	2 742	2
334	24	162	58	153	509	1 564	578	141	1 756	1
117	10	27	22	64	161	447	189	45	731	1
74	21	54	17	126	160	379	195	35	447	
246	40	56	33	125	482	1 121	502	143	1 657	

表5-1b　各地区按性别、行业

性别 地区	就业人口	农、林、牧、渔业	采矿业	制造业	电力、燃气及水的生产和供应业	建筑业	交通运输、仓储和邮政业	信息传输、计算机服务和软件业	批发和零售业	住宿和餐饮业
男	**836 174**	**276 862**	**20 267**	**136 262**	**11 312**	**53 656**	**63 921**	**4 072**	**90 443**	**22 085**
北　京	2 835	205	25	530	24	336	376	35	321	103
天　津	7 036	1 101	17	2 286	55	567	969	15	618	149
河　北	40 857	14 965	865	6 589	397	2 677	3 252	164	4 368	957
山　西	20 321	5 556	1 728	2 282	342	1 256	2 300	123	1 992	512
内蒙古	17 695	5 059	1 292	1 782	485	1 394	2 088	79	1 525	439
辽　宁	26 008	10 816	851	3 293	279	1 512	2 557	81	2 309	528
吉　林	18 368	7 483	1 074	1 716	298	832	1 852	81	1 529	369
黑龙江	23 475	6 729	331	2 656	546	1 277	3 611	169	2 228	617
上　海	6 378	617	3	2 450	64	825	436	34	674	171
江　苏	62 186	15 875	308	17 820	712	6 631	4 440	192	6 223	1 258
浙　江	37 707	6 076	230	13 595	595	3 933	2 577	169	4 188	1 011
安　徽	53 009	18 662	2 358	5 516	559	3 864	4 400	246	6 797	1 382
福　建	28 587	6 023	361	6 855	508	2 830	2 375	180	3 659	747
江　西	37 170	9 260	653	4 955	502	2 304	3 199	207	5 039	1 056
山　东	74 245	34 091	1 561	11 529	578	4 557	3 889	281	5 934	1 579
河　南	49 189	24 357	1 825	5 296	488	1 700	2 740	149	3 881	1 127
湖　北	31 835	9 411	252	3 659	344	1 859	2 777	173	4 385	1 081
湖　南	37 368	10 115	1 010	4 123	568	1 993	3 060	254	5 225	1 197
广　东	56 175	10 890	119	19 992	775	2 972	2 756	386	7 925	1 665
广　西	33 864	11 446	387	3 466	594	1 571	2 426	248	4 960	947
海　南	4 063	1 548	97	312	64	135	312	18	433	129
重　庆	20 920	6 950	810	2 086	317	1 353	1 544	89	2 790	794
四　川	46 254	15 265	576	5 021	746	2 046	3 286	190	6 178	1 967
贵　州	19 309	7 514	854	1 897	286	905	1 458	109	1 551	397
云　南	25 545	11 976	902	2 485	266	1 498	1 488	71	1 929	588
西　藏	1 402	1 137	17	29	2	55	27	1	47	8
陕　西	22 541	10 492	824	1 568	337	1 247	1 427	142	1 321	541
甘　肃	15 864	7 538	532	1 133	363	657	1 009	89	1 019	296
青　海	3 445	1 154	41	335	52	180	179	27	307	119
宁　夏	3 104	900	95	349	60	253	259	15	252	67
新　疆	9 417	3 651	270	657	107	439	852	53	837	284

门类分的就业人口(镇)(续 1)

单位：人

金融业	房地产业	租赁和商务服务业	科学研究、技术服务和地质勘查业	水利、环境和公共设施管理业	居民服务和其他服务业	教育	卫生、社会保障和社会福利业	文化、体育和娱乐业	公共管理和社会组织	国际组织
7 095	**1 674**	**4 059**	**1 578**	**4 061**	**29 571**	**32 956**	**14 422**	**4 508**	**57 350**	**22**
28	89	71	43	80	108	99	62	40	261	1
50	26	48	10	33	414	190	70	30	388	
350	41	225	44	128	1 174	936	488	156	3 081	
244	15	113	25	140	723	646	348	108	1 868	
238	34	87	63	110	773	565	238	111	1 335	
166	46	109	39	123	1 029	623	298	118	1 231	
162	72	24	68	86	881	593	252	151	843	2
343	68	148	63	175	1 324	723	355	202	1 910	1
45	85	98	26	114	193	142	82	45	274	
356	124	308	74	335	2 121	1 757	904	235	2 515	
277	129	290	65	183	1 108	931	543	171	1 635	
469	108	163	85	172	1 653	1 841	1 007	213	3 513	2
228	40	116	75	69	1 243	855	375	196	1 852	
397	111	154	67	265	1 723	2 560	891	254	3 572	
473	61	407	112	221	1 846	2 091	1 170	213	3 653	
282	42	153	111	137	1 071	1 647	675	185	3 321	2
303	24	163	59	181	1 698	2 245	776	189	2 258	
349	51	180	40	174	1 575	2 106	788	327	4 222	11
438	210	308	59	216	1 756	1 579	829	274	3 027	1
345	74	165	76	148	1 540	1 591	729	244	2 907	1
66	4	25	10	26	210	245	80	49	299	
201	31	62	19	61	768	1 207	489	129	1 219	
360	51	219	81	211	2 004	2 922	1 425	301	3 404	2
142	27	57	57	74	632	1 093	292	85	1 880	
162	39	79	40	134	632	1 079	321	155	1 702	
				1	18	14	3	3	39	
180	22	101	86	161	571	1 060	376	112	1 973	
206	13	112	35	100	299	858	255	89	1 260	1
67	5	15	13	41	95	218	72	26	497	
42	11	32	11	81	94	181	81	18	303	
126	22	27	20	84	297	357	148	78	1 108	

表5-1b 各地区按性别、行业

性别 地区	就业人口	农、林、牧、渔业	采矿业	制造业	电力、燃气及水的生产和供应业	建筑业	交通运输、仓储和邮政业	信息传输、计算机服务和软件业	批发和零售业	住宿和餐饮业
女	**653 198**	**282 214**	**3 895**	**116 942**	**5 003**	**6 180**	**9 249**	**2 857**	**92 250**	**26 318**
北京	1 943	233	6	462	12	39	65	19	375	90
天津	5 199	746	9	2 660	22	141	154	10	521	129
河北	29 199	15 263	85	3 882	192	172	274	79	3 547	936
山西	10 892	4 203	309	881	140	66	152	91	1 493	370
内蒙古	11 013	4 160	367	1 001	200	140	261	79	1 594	609
辽宁	18 647	9 731	131	2 378	114	116	222	43	2 529	688
吉林	9 987	4 441	183	814	87	91	198	44	1 441	492
黑龙江	13 270	3 517	130	1 557	222	141	478	96	2 443	786
上海	5 027	717	1	2 561	22	75	79	19	592	165
江苏	56 734	22 820	54	18 344	204	650	618	159	6 518	1 486
浙江	27 788	3 708	28	13 146	285	222	391	120	4 416	1 223
安徽	42 020	21 877	243	4 457	238	409	778	174	6 602	1 659
福建	20 610	4 437	64	6 724	254	512	314	110	3 730	933
江西	26 844	8 895	98	3 956	263	335	418	199	5 487	1 384
山东	64 635	39 080	334	10 213	194	427	429	227	5 684	1 403
河南	40 853	26 762	179	3 095	200	204	560	97	3 504	913
湖北	24 286	9 650	85	2 709	151	213	358	137	4 675	1 393
湖南	27 355	9 310	220	3 048	311	228	454	165	5 555	1 512
广东	47 959	9 993	24	22 196	293	439	408	205	6 560	1 866
广西	29 451	11 839	89	3 014	366	290	689	183	5 773	1 378
海南	3 272	1 288	53	233	19	24	126	13	626	237
重庆	17 222	7 814	130	1 413	154	225	258	71	3 285	1 004
四川	39 533	17 561	138	3 288	352	280	529	155	7 124	2 356
贵州	15 644	8 147	170	1 123	137	140	223	76	2 053	721
云南	21 516	12 358	243	1 463	134	195	253	66	2 392	1 089
西藏	1 317	1 181	3	10	1	16	1	2	41	18
陕西	16 853	9 969	175	894	162	135	173	94	1 340	630
甘肃	12 469	7 724	223	654	181	74	225	58	933	344
青海	2 649	1 139	11	184	22	58	40	22	282	127
宁夏	2 442	1 048	28	221	26	26	27	11	309	91
新疆	6 570	2 603	83	362	45	95	95	36	826	285

门类分的就业人口(镇)(续 2)

单位：人

金融业	房地产业	租赁和商务服务业	科学研究、技术服务和地质勘查业	水利、环境和公共设施管理业	居民服务和其他服务业	教育	卫生、社会保障和社会福利业	文化、体育和娱乐业	公共管理和社会组织	国际组织
5 771	**828**	**2 080**	**691**	**2 519**	**19 735**	**34 671**	**17 245**	**3 256**	**21 482**	**10**
24	40	40	25	38	86	158	89	18	122	1
45	24	32	4	18	188	245	103	16	133	
291	30	77	18	100	650	1 658	589	123	1 231	
216	12	59	16	79	335	1 128	484	71	786	
200	14	44	17	82	462	795	317	76	594	
145	25	28	18	78	634	855	393	60	459	
136	18	15	25	49	466	816	332	56	284	
252	32	67	32	131	828	1 155	556	114	734	
41	38	47	10	50	171	165	137	35	101	
285	57	131	40	162	1 382	1 821	1 011	169	824	
304	48	151	32	87	914	1 289	663	181	579	
367	50	85	24	119	1 045	1 498	1 018	139	1 237	
203	21	73	40	54	924	1 013	447	146	612	
382	56	74	9	163	1 004	1 875	885	210	1 153	
368	33	130	58	128	1 160	2 027	1 316	130	1 294	
244	34	58	42	103	623	1 760	952	125	1 397	
240	15	102	17	72	1 051	1 662	909	133	713	
321	25	150	16	97	1 197	2 045	964	234	1 498	5
264	108	152	33	187	1 264	1 861	911	236	939	
200	26	86	31	101	1 094	2 077	929	182	1 106	
29	2	18	11	24	150	178	98	29	113	
163	18	41	3	40	625	1 064	418	96	401	
337	15	150	29	116	1 659	2 311	1 405	217	1 512	
117	11	42	29	51	438	1 001	362	57	747	
131	17	46	28	120	487	1 073	546	170	705	1
1				1	14	5	4	3	17	
136	15	68	33	104	356	1 243	499	57	768	2
128	11	50	23	53	210	706	323	52	496	
49	5	12	8	24	66	229	117	18	234	1
32	10	22	6	45	66	198	114	16	145	
120	18	29	13	41	185	763	354	66	550	

表5-1c 各地区按性别、行业

性别 地区	就业人口	农、林、牧、渔业	采矿业	制造业	电力、燃气及水的生产和供应业	建筑业	交通运输、仓储和邮政业	信息传输、计算机服务和软件业	批发和零售业	住宿和餐饮业
全国	**5 461 217**	**4 524 492**	**43 592**	**387 815**	**9 732**	**131 115**	**77 391**	**2 865**	**113 280**	**31 115**
北京	17 379	6 182	170	3 881	92	1 611	1 401	36	1 374	467
天津	20 932	7 421	70	6 677	47	1 158	1 626	17	2 113	182
河北	353 920	273 550	3 611	33 276	596	12 471	6 737	207	10 258	2 121
山西	129 932	97 326	5 225	8 092	288	3 248	5 445	99	3 340	1 290
内蒙古	90 985	81 491	1 051	1 250	110	1 357	1 399	36	1 355	643
辽宁	140 987	116 175	2 074	7 802	206	3 202	2 776	65	3 426	826
吉林	101 964	94 246	394	1 184	114	855	845	38	1 376	568
黑龙江	133 326	124 440	649	1 461	121	648	999	55	1 503	486
上海	15 836	3 605	3	8 179	63	1 280	478	25	767	204
江苏	274 705	174 150	701	57 582	788	16 004	5 091	143	9 408	1 500
浙江	162 112	66 963	1 095	58 252	516	11 169	5 300	206	9 750	1 970
安徽	272 335	234 471	1 348	10 711	296	9 115	2 654	121	5 458	1 653
福建	120 045	73 764	1 684	21 197	552	5 773	3 452	127	6 194	1 091
江西	189 215	162 353	1 841	9 258	499	4 596	2 273	97	2 792	897
山东	423 528	353 292	2 488	31 241	621	10 828	4 911	307	7 585	1 784
河南	498 414	454 487	2 948	12 450	506	6 373	7 689	141	4 863	1 317
湖北	256 178	228 963	1 714	6 940	507	4 750	2 389	106	3 953	1 105
湖南	302 948	249 730	3 297	18 873	586	7 984	4 004	311	8 618	2 597
广东	231 766	153 313	542	51 788	749	4 874	3 174	201	7 871	1 975
广西	233 338	214 705	621	5 990	399	2 487	1 821	50	2 799	599
海南	28 733	26 359	45	423	17	231	266	5	471	203
重庆	121 960	110 416	1 152	2 687	311	2 216	972	36	1 618	579
四川	445 916	402 732	4 113	12 306	618	7 257	3 318	103	5 716	2 509
贵州	195 224	177 218	2 577	4 611	201	2 034	1 555	69	2 075	690
云南	244 328	228 751	1 901	2 975	205	1 432	1 754	54	1 942	854
西藏	13 708	13 170	25	100	1	116	74	2	48	13
陕西	164 642	146 164	1 171	3 867	351	3 607	2 103	99	2 453	1 112
甘肃	135 658	124 946	627	1 761	141	2 134	1 085	43	1 433	730
青海	25 810	23 810	59	423	59	337	151	6	186	150
宁夏	25 908	22 274	141	837	53	914	459	11	471	151
新疆	89 485	78 024	255	1 741	118	1 054	1 190	47	2 064	851

门类分的就业人口(乡村)

单位：人

金融业	房地产业	租赁和商务服务业	科学研究、技术服务和地质勘查业	水利、环境和公共设施管理业	居民服务和其他服务业	教育	卫生、社会保障和社会福利业	文化、体育和娱乐业	公共管理和社会组织	国际组织
3 221	**1 105**	**3 638**	**1 061**	**3 960**	**37 102**	**46 034**	**17 011**	**3 064**	**23 613**	**11**
65	168	124	25	118	440	266	126	71	762	
44	11	81	7	26	925	220	83	26	197	
486	31	230	64	292	2 577	3 388	1 497	213	2 311	2
187	11	116	33	113	1 638	1 796	602	107	976	1
42	2	24	4	86	691	799	278	44	324	
124	54	153	11	135	1 200	1 344	496	83	836	
58	12	10	9	35	439	1 118	295	35	334	
57	2	69	27	62	689	1 182	393	62	419	
27	59	90	25	131	358	159	101	60	220	
204	71	313	86	378	3 101	2 104	1 097	247	1 735	
183	100	366	90	462	2 397	1 233	663	238	1 159	
119	53	118	64	139	1 572	2 764	829	119	731	
140	30	126	42	110	2 244	1 876	551	244	850	
50	45	96	38	146	925	1 722	713	50	824	
260	83	382	76	271	2 354	3 536	1 457	187	1 866	
190	8	175	48	89	1 504	3 321	1 113	206	988	
86	14	133	40	67	1 727	2 044	846	97	698	
177	20	233	37	149	2 858	1 737	884	200	648	4
149	150	198	57	243	1 835	2 085	697	171	1 691	1
36	9	45	10	218	643	1 945	464	37	460	
		13	9	20	170	325	64	36	75	
45	10	18	16	80	556	567	349	47	286	
101	96	216	84	163	2 629	1 691	1 007	180	1 076	
47	18	51	33	55	780	2 034	434	16	696	
76	6	41	40	67	502	2 218	463	53	992	1
2	2	1	1	2	38	31	16	5	61	
95	16	66	26	61	960	1 386	590	49	465	
74	5	54	21	52	520	1 060	340	37	594	
6	2	3	3	30	79	223	56	14	213	1
9	5	10	1	26	124	231	39	7	144	
81	11	83	31	133	629	1 630	469	93	980	

表5-1c 各地区按性别、行业

性别 地区	就业人口	农、林、牧、渔业	采矿业	制造业	电力、燃气及水的生产和供应业	建筑业	交通运输、仓储和邮政业	信息传输、计算机服务和软件业	批发和零售业	住宿和餐饮业
男	**2 903 773**	**2 283 373**	**39 871**	**208 377**	**8 341**	**121 332**	**70 153**	**1 899**	**61 499**	**14 792**
北京	10 647	3 116	155	2 249	83	1 473	1 264	22	679	230
天津	11 945	4 012	66	3 176	43	1 054	1 241	10	1 188	105
河北	194 477	135 958	3 416	21 030	555	12 054	6 476	146	6 309	1 154
山西	79 922	53 720	4 987	6 389	246	3 131	5 303	57	1 888	707
内蒙古	50 628	43 592	926	864	101	1 265	1 337	19	688	295
辽宁	77 744	60 254	1 896	4 703	195	3 084	2 587	41	1 699	383
吉林	61 747	56 448	367	821	100	804	794	27	678	252
黑龙江	76 901	70 704	606	1 049	106	614	921	37	731	209
上海	8 870	1 665	2	4 174	53	1 218	424	18	429	94
江苏	135 269	74 363	605	27 441	696	14 909	4 646	95	5 400	762
浙江	94 941	40 317	943	27 765	435	10 552	4 797	145	4 857	847
安徽	139 286	112 796	1 226	5 761	277	8 280	2 445	89	3 020	751
福建	67 973	39 746	1 456	10 267	463	4 861	3 283	89	3 186	549
江西	100 313	81 725	1 605	4 869	382	4 246	2 168	67	1 461	395
山东	218 045	169 746	2 325	17 146	564	10 301	4 557	233	4 450	1 073
河南	257 187	225 856	2 716	8 105	427	5 986	5 365	89	2 770	800
湖北	134 139	114 795	1 515	4 178	412	4 401	2 240	69	2 027	436
湖南	166 546	132 200	3 006	10 335	479	7 163	3 673	161	4 272	1 014
广东	120 737	77 565	446	23 899	628	4 472	2 967	144	4 657	1 022
广西	122 875	110 145	539	3 329	364	2 296	1 667	40	1 537	259
海南	15 522	13 965	39	258	14	204	225	3	221	81
重庆	61 900	53 550	1 101	1 689	270	1 924	910	24	826	260
四川	224 629	193 795	3 773	7 842	509	6 530	3 048	67	2 979	1 088
贵州	101 249	88 083	2 367	2 954	176	1 837	1 467	50	979	230
云南	129 364	118 128	1 712	2 180	180	1 321	1 615	34	880	258
西藏	7 305	6 903	23	81	1	86	65	2	29	5
陕西	86 798	73 400	1 093	2 535	261	3 276	1 984	59	1 273	508
甘肃	69 560	61 456	568	1 199	125	1 954	1 001	27	848	369
青海	13 558	12 004	57	341	52	292	144	4	106	82
宁夏	13 569	10 662	132	643	48	859	433	8	268	66
新疆	50 125	42 705	203	1 105	94	886	1 109	23	1 163	508

门类分的就业人口(乡村)(续 1)

单位：人

金融业	房地产业	租赁和商务服务业	科学研究、技术服务和地质勘查业	水利、环境和公共设施管理业	居民服务和其他服务业	教育	卫生、社会保障和社会福利业	文化、体育和娱乐业	公共管理和社会组织	国际组织
2 020	**794**	**2 568**	**809**	**2 869**	**24 751**	**27 691**	**11 306**	**2 089**	**19 232**	**8**
28	107	92	20	85	268	125	58	47	545	
27	6	51	6	22	558	129	57	20	173	
300	25	181	46	217	1 889	1 597	1 010	177	1 935	2
113	8	80	28	90	1 217	701	369	74	813	1
24	2	15	4	59	492	476	193	29	248	
90	39	125	10	113	821	696	295	59	655	
43	8	5	7	27	276	622	179	21	268	
40	2	42	19	42	470	709	238	43	318	
14	40	68	20	85	237	85	43	37	166	
102	60	225	64	257	2 144	1 225	686	154	1 436	
98	77	238	70	352	1 441	543	371	165	928	
69	39	90	43	106	1 016	2 041	575	77	585	
77	21	91	32	82	1 513	1 071	375	159	653	
35	31	69	35	101	657	1 186	542	36	704	
183	69	272	62	240	1 796	2 308	1 039	118	1 564	
107	4	127	32	60	1 075	1 921	815	133	798	
57	10	86	22	47	1 193	1 429	564	76	582	
114	15	134	24	108	1 508	1 082	611	128	518	1
95	92	143	39	143	1 314	1 166	477	112	1 353	1
30	8	42	5	136	446	1 312	296	31	394	
		9	5	14	117	239	40	21	64	
28	7	13	13	49	346	354	270	26	239	
72	76	162	77	111	1 644	1 043	788	118	908	
38	16	38	29	44	507	1 526	278	32	598	
59	2	26	33	52	307	1 448	251	37	842	1
1	1	1	1	2	22	20	12	3	48	
61	14	49	20	49	623	791	391	41	368	
56	4	35	16	41	319	757	248	30	508	
4	2	2	3	23	54	156	39	11	183	1
5	4	6	1	19	74	176	25	7	131	
47	6	51	21	93	406	759	173	66	707	

表5-1c 各地区按性别、行业

性别 地区	就业人口	农、林、牧、渔业	采矿业	制造业	电力、燃气及水的生产和供应业	建筑业	交通运输、仓储和邮政业	信息传输、计算机服务和软件业	批发和零售业	住宿和餐饮业
女	**2 557 444**	**2 241 119**	**3 722**	**179 438**	**1 391**	**9 784**	**7 238**	**965**	**51 781**	**16 323**
北京	6 732	3 066	15	1 632	9	138	137	14	694	238
天津	8 987	3 410	4	3 501	4	104	385	7	926	76
河北	159 443	137 592	195	12 246	41	417	261	61	3 950	967
山西	50 009	43 605	238	1 703	42	117	142	42	1 451	583
内蒙古	40 357	37 898	125	386	8	92	62	16	667	349
辽宁	63 243	55 921	178	3 099	11	119	189	24	1 727	443
吉林	40 217	37 798	26	364	13	51	51	12	698	317
黑龙江	56 425	53 735	43	412	15	34	78	18	772	277
上海	6 966	1 940		4 005	11	63	54	8	339	111
江苏	139 436	99 788	97	30 141	92	1 095	446	48	4 008	738
浙江	67 171	26 646	152	30 488	81	617	503	61	4 893	1 123
安徽	133 049	121 675	122	4 949	19	834	209	32	2 438	902
福建	52 072	34 018	228	10 930	89	912	169	38	3 007	541
江西	88 902	80 629	235	4 388	118	351	105	30	1 331	502
山东	205 483	183 547	162	14 095	58	526	354	73	3 135	711
河南	241 227	228 630	232	4 345	79	387	2 325	52	2 093	516
湖北	122 039	114 168	199	2 762	95	349	149	37	1 926	669
湖南	136 401	117 530	292	8 538	106	821	331	150	4 346	1 583
广东	111 029	75 748	97	27 889	121	402	206	57	3 215	952
广西	110 463	104 560	82	2 662	35	191	154	10	1 262	340
海南	13 211	12 394	6	165	3	27	41	2	250	121
重庆	60 061	56 866	51	998	41	291	62	12	792	319
四川	221 287	208 937	340	4 465	109	728	269	35	2 737	1 421
贵州	93 975	89 135	210	1 656	25	196	88	19	1 096	460
云南	114 963	110 623	189	796	25	112	139	20	1 062	596
西藏	6 403	6 267	2	18		30	9		18	9
陕西	77 844	72 765	78	1 332	90	331	119	40	1 180	604
甘肃	66 098	63 490	59	562	16	180	84	16	585	361
青海	12 253	11 806	2	82	8	45	7	2	80	68
宁夏	12 339	11 612	9	194	5	55	26	3	203	84
新疆	39 360	35 319	53	636	23	168	81	24	901	343

门类分的就业人口(乡村)(续 2)

单位：人

金融业	房地产业	租赁和商务服务业	科学研究、技术服务和地质勘查业	水利、环境和公共设施管理业	居民服务和其他服务业	教育	卫生、社会保障和社会福利业	文化、体育和娱乐业	公共管理和社会组织	国际组织
1 202	**311**	**1 070**	**252**	**1 091**	**12 350**	**18 343**	**5 705**	**976**	**4 380**	**3**
37	60	32	4	32	173	141	68	24	217	
17	6	30	1	3	366	91	26	6	24	
185	7	49	18	76	688	1 791	488	36	376	
74	3	36	5	23	421	1 095	233	33	163	
18	1	9		27	199	324	84	15	76	
34	15	28	1	23	379	648	200	24	181	
15	4	5	2	8	163	496	116	13	66	
18		27	8	20	220	473	154	19	102	
13	20	22	6	46	120	74	58	23	54	
102	10	88	22	121	957	879	411	93	299	
84	23	129	20	110	956	689	293	72	230	
50	14	27	21	32	556	723	254	42	147	
64	9	34	11	28	731	805	176	85	197	
16	14	27	3	45	268	536	171	14	120	
77	14	110	14	31	558	1 228	418	68	302	
83	4	48	16	28	429	1 399	298	73	190	
29	4	47	17	20	533	615	282	21	116	
63	5	99	13	41	1 350	655	273	72	130	3
54	57	55	18	101	521	919	220	59	338	
6	1	3	5	82	196	632	168	6	67	
		4	4	6	52	86	24	15	11	
17	4	5	3	31	210	212	79	21	47	
29	20	54	7	52	985	648	219	62	168	
9	2	13	4	11	273	508	156	13	98	
16	3	15	7	15	195	770	213	16	149	1
1	1			1	16	11	5	2	14	
33	2	17	6	12	337	595	199	8	97	
19	1	19	6	11	201	303	93	7	86	
2		1		8	25	67	17	3	30	
4	1	3		7	50	55	14		13	
34	5	32	9	40	223	871	296	28	273	

表5-2 全国按年龄、性别和

性别 年龄	就业人口	农、林、牧、渔业	采矿业	制造业	电力、燃气及水的生产和供应业	建筑业	交通运输、仓储和邮政业	信息传输、计算机服务和软件业	批发和零售业	住宿和餐饮业
合计	**9 287 409**	**5 465 913**	**108 446**	**1 237 226**	**66 454**	**326 050**	**302 305**	**36 887**	**627 068**	**177 567**
16–19	**406 070**	**207 264**	**2 210**	**113 559**	**843**	**10 701**	**5 466**	**1 542**	**22 511**	**19 416**
16	57 747	35 105	249	12 715	79	1 299	443	127	2 406	2 650
17	89 415	48 314	431	24 166	138	2 187	930	252	4 331	4 299
18	129 495	63 415	745	38 333	265	3 576	1 736	491	7 381	6 320
19	129 413	60 429	786	38 345	361	3 639	2 357	671	8 393	6 147
20–24	**781 774**	**358 092**	**6 475**	**178 651**	**4 231**	**24 320**	**24 199**	**8 279**	**67 058**	**27 463**
20	131 234	62 806	861	35 154	382	3 697	2 933	810	9 712	5 628
21	136 833	64 035	988	34 431	599	4 045	3 482	1 121	11 125	5 344
22	150 895	69 183	1 230	34 251	775	4 600	4 747	1 685	13 223	5 284
23	187 574	82 997	1 734	39 895	1 224	6 129	6 719	2 479	17 086	6 126
24	175 238	79 071	1 662	34 921	1 250	5 849	6 318	2 183	15 912	5 080
25–29	**949 134**	**426 891**	**11 322**	**173 544**	**8 899**	**34 511**	**40 995**	**9 182**	**88 109**	**23 914**
25	176 548	80 995	1 818	32 986	1 455	5 863	6 773	1 988	16 255	4 779
26	189 673	83 803	2 153	35 826	1 653	6 596	7 942	2 101	17 684	5 028
27	189 965	84 167	2 233	34 722	1 830	6 912	8 333	1 875	17 959	4 820
28	184 958	82 946	2 367	33 071	1 853	7 097	8 331	1 662	17 144	4 461
29	207 989	94 980	2 752	36 939	2 109	8 043	9 616	1 555	19 067	4 825
30–34	**1 266 323**	**622 791**	**18 910**	**203 947**	**13 214**	**53 222**	**57 417**	**6 812**	**109 036**	**26 912**
30	219 171	102 486	3 011	37 774	2 247	8 869	10 191	1 515	19 651	4 971
31	242 754	118 188	3 497	40 091	2 427	9 963	10 923	1 404	21 022	5 441
32	255 488	125 185	3 941	41 116	2 743	10 720	11 634	1 369	22 067	5 451
33	267 957	133 943	4 116	41 906	2 841	11 444	12 018	1 287	22 745	5 507
34	280 953	142 988	4 344	43 060	2 956	12 226	12 650	1 237	23 551	5 540
35–39	**1 468 270**	**806 576**	**23 456**	**200 962**	**12 937**	**66 438**	**60 287**	**4 551**	**112 112**	**27 001**
35	310 604	163 207	4 855	45 463	3 020	13 713	13 323	1 141	25 354	6 112
36	288 434	153 729	4 568	41 493	2 640	13 209	12 321	1 012	22 768	5 494
37	318 523	174 558	5 024	43 442	2 812	14 644	13 249	959	24 182	5 941
38	258 844	148 043	4 190	33 575	2 106	11 537	10 107	692	18 869	4 515
39	291 865	167 040	4 819	36 990	2 359	13 335	11 287	747	20 940	4 939
40–44	**1 297 182**	**732 906**	**20 540**	**157 587**	**11 136**	**56 133**	**51 532**	**3 143**	**93 695**	**22 864**
40	296 838	167 083	4 932	37 544	2 408	13 583	11 892	688	21 722	5 114
41	282 173	157 634	4 634	35 266	2 594	12 342	11 238	744	20 456	4 991
42	332 660	184 628	5 208	40 927	2 897	14 574	13 520	819	24 465	5 984
43	249 261	144 378	3 760	28 463	2 091	10 488	9 568	578	17 606	4 340
44	136 250	79 184	2 006	15 386	1 146	5 146	5 314	315	9 446	2 434
45–49	**956 031**	**590 177**	**12 528**	**95 426**	**7 783**	**35 712**	**33 342**	**1 741**	**58 645**	**14 437**
45	170 278	97 808	2 541	19 493	1 569	6 650	7 036	399	11 653	2 898
46	154 223	90 980	2 171	16 718	1 400	6 068	6 089	299	10 204	2 614
47	200 371	122 798	2 591	20 271	1 652	7 699	7 159	398	12 344	3 044
48	226 897	144 163	2 823	21 370	1 762	8 390	7 069	347	13 350	3 206
49	204 262	134 429	2 402	17 575	1 401	6 906	5 989	298	11 093	2 676

行业门类分的就业人口

单位：人

金融业	房地产业	租赁和商务服务业	科学研究、技术服务和地质勘查业	水利、环境和公共设施管理业	居民服务和其他服务业	教育	卫生、社会保障和社会福利业	文化、体育和娱乐业	公共管理和社会组织	国际组织
54 517	**31 092**	**42 698**	**25 007**	**30 517**	**172 319**	**211 957**	**103 484**	**38 646**	**229 093**	**166**
379	**700**	**1 352**	**276**	**314**	**13 118**	**2 156**	**979**	**1 853**	**1 431**	
16	52	138	29	41	1 851	209	51	172	115	
36	117	241	49	61	2 887	346	111	308	210	
130	240	408	79	78	4 167	693	312	667	456	
197	290	566	118	134	4 213	908	505	706	650	
4 101	**3 471**	**5 967**	**2 024**	**1 559**	**22 245**	**16 925**	**9 064**	**5 644**	**11 987**	**18**
271	335	572	121	110	4 158	1 180	796	853	854	1
455	480	835	225	198	4 194	1 942	1 165	853	1 315	
861	711	1 199	355	316	4 325	3 110	1 816	1 125	2 097	2
1 300	1 009	1 774	641	466	5 081	5 171	2 584	1 474	3 674	9
1 213	936	1 587	682	470	4 486	5 523	2 703	1 339	4 048	6
7 446	**4 467**	**7 376**	**3 320**	**3 005**	**22 944**	**33 004**	**15 968**	**6 059**	**28 150**	**26**
1 250	886	1 506	628	481	4 305	5 979	2 842	1 250	4 502	7
1 467	948	1 575	658	603	4 747	6 896	3 254	1 261	5 473	4
1 495	926	1 536	686	628	4 621	6 800	3 341	1 221	5 856	3
1 479	891	1 363	650	595	4 393	6 392	3 248	1 156	5 854	5
1 756	816	1 395	697	698	4 878	6 938	3 283	1 171	6 465	6
11 933	**4 651**	**7 031**	**3 945**	**4 211**	**27 323**	**34 492**	**18 018**	**6 040**	**36 398**	**21**
1 907	880	1 345	705	728	4 965	6 709	3 290	1 206	6 716	4
2 152	878	1 421	743	775	5 264	6 796	3 492	1 165	7 105	5
2 492	939	1 407	817	906	5 627	6 854	3 623	1 284	7 307	5
2 615	967	1 462	832	920	5 666	7 082	3 822	1 201	7 576	7
2 767	986	1 396	848	882	5 800	7 050	3 791	1 184	7 694	1
12 264	**4 671**	**6 437**	**4 148**	**4 980**	**26 938**	**34 530**	**15 321**	**5 604**	**39 013**	**41**
2 924	1 039	1 550	942	1 054	6 020	7 622	3 781	1 241	8 237	8
2 625	953	1 301	838	1 011	5 350	7 076	3 231	1 139	7 666	9
2 736	1 023	1 418	878	1 086	5 871	7 492	3 362	1 308	8 527	11
1 909	763	1 009	647	823	4 621	5 699	2 302	890	6 543	5
2 070	893	1 159	843	1 006	5 077	6 640	2 646	1 026	8 041	9
10 003	**4 887**	**5 532**	**4 500**	**5 485**	**21 848**	**32 240**	**14 606**	**5 324**	**43 193**	**27**
2 255	931	1 176	934	1 065	5 145	6 983	3 170	1 050	9 153	10
2 142	1 016	1 205	1 001	1 215	4 736	6 997	3 198	1 163	9 592	6
2 693	1 375	1 553	1 175	1 504	5 585	8 640	3 957	1 521	11 631	5
1 858	953	960	877	1 046	4 089	6 181	2 748	997	8 274	5
1 054	611	637	513	655	2 292	3 439	1 534	593	4 544	2
4 870	**3 899**	**4 065**	**3 098**	**4 862**	**15 272**	**25 007**	**11 205**	**3 787**	**30 155**	**19**
1 159	785	836	582	890	3 019	4 425	1 967	799	5 763	7
932	644	708	548	829	2 697	3 838	1 811	657	5 012	4
1 011	822	849	655	1 085	3 381	5 085	2 390	754	6 381	
939	872	921	711	1 132	3 352	6 149	2 638	857	6 838	6
828	776	751	602	927	2 822	5 509	2 397	719	6 161	3

表5-2 全国按年龄、性别和

性别 年龄	就业人口	农、林、牧、渔业	采矿业	制造业	电力、燃气及水的生产和供应业	建筑业	交通运输、仓储和邮政业	信息传输、计算机服务和软件业	批发和零售业	住宿和餐饮业
50-54	**939 259**	**678 160**	**8 887**	**66 402**	**4 987**	**27 466**	**20 158**	**1 066**	**41 158**	**9 292**
50	215 005	147 838	2 313	16 797	1 332	6 843	5 434	293	10 694	2 477
51	204 174	143 625	2 082	15 254	1 169	6 416	4 687	258	9 551	2 169
52	185 720	135 417	1 746	12 797	944	5 344	3 866	212	7 985	1 780
53	183 272	136 736	1 556	11 910	836	5 023	3 490	182	7 335	1 680
54	151 088	114 544	1 189	9 643	706	3 839	2 681	121	5 594	1 187
55-59	**590 839**	**474 136**	**2 951**	**30 239**	**1 930**	**12 184**	**6 617**	**421**	**19 141**	**3 867**
55	144 523	112 532	980	8 302	518	3 344	2 011	109	5 237	1 146
56	134 996	107 173	735	7 196	484	2 937	1 731	126	4 556	947
57	112 087	90 324	507	5 802	397	2 347	1 145	57	3 518	698
58	106 635	87 210	414	5 057	271	2 039	962	71	3 159	572
59	92 598	76 896	316	3 882	261	1 518	768	60	2 671	504
60-64	**328 201**	**290 487**	**779**	**10 098**	**347**	**3 852**	**1 465**	**107**	**8 350**	**1 487**
60	81 914	70 782	260	2 872	109	1 169	452	32	2 285	454
61	72 120	63 766	188	2 211	77	914	315	27	1 805	353
62	63 348	56 418	103	1 948	59	673	286	19	1 582	281
63	56 636	50 809	120	1 574	54	575	215	16	1 346	203
64	54 184	48 713	107	1 493	48	521	198	14	1 332	197
65-69	**187 004**	**170 355**	**295**	**4 485**	**103**	**1 228**	**578**	**29**	**4 169**	**657**
65	50 045	45 467	94	1 209	33	424	166	7	1 084	182
66	37 075	33 605	66	968	19	257	127	10	851	140
67	38 134	34 645	61	955	14	215	119	6	871	140
68	33 159	30 333	38	755	20	186	86	3	755	105
69	28 591	26 305	35	599	17	145	81	4	609	90
70岁及以上	**117 323**	**108 079**	**93**	**2 325**	**42**	**283**	**249**	**14**	**3 083**	**257**
男	**5 069 358**	**2 750 480**	**91 851**	**675 499**	**47 497**	**290 579**	**257 325**	**22 283**	**311 303**	**82 908**
16-19	**202 852**	**109 834**	**1 887**	**48 275**	**647**	**9 768**	**4 442**	**714**	**8 078**	**8 047**
16	29 204	18 745	213	5 134	59	1 197	359	66	908	1 142
17	44 568	25 609	367	9 997	109	2 023	762	123	1 577	1 747
18	64 462	33 750	624	16 243	203	3 280	1 397	226	2 593	2 603
19	64 618	31 729	682	16 901	276	3 268	1 925	300	3 000	2 556
20-24	**398 417**	**175 429**	**5 492**	**90 363**	**2 819**	**21 459**	**20 193**	**4 220**	**26 992**	**12 863**
20	65 421	31 799	715	15 991	271	3 328	2 460	351	3 667	2 460
21	67 806	31 177	844	16 448	395	3 609	2 912	519	4 226	2 385
22	76 479	33 568	1 057	17 411	516	4 050	3 914	844	5 260	2 487
23	96 765	40 411	1 472	21 156	817	5 372	5 561	1 334	7 012	2 964
24	91 946	38 475	1 404	19 357	820	5 100	5 346	1 172	6 827	2 567
25-29	**503 505**	**205 616**	**9 401**	**94 753**	**5 928**	**30 325**	**34 817**	**5 559**	**39 386**	**11 809**
25	92 208	38 556	1 548	18 225	1 003	5 143	5 709	1 169	7 138	2 378
26	101 028	40 999	1 812	19 923	1 100	5 740	6 754	1 220	7 796	2 495
27	101 106	40 603	1 823	18 932	1 206	6 111	7 075	1 152	8 112	2 402
28	98 569	39 919	1 939	18 022	1 261	6 271	7 111	1 034	7 633	2 227
29	110 595	45 539	2 279	19 652	1 359	7 060	8 169	984	8 707	2 308

行业门类分的就业人口(续 1)

单位：人

金融业	房地产业	租赁和商务服务业	科学研究、技术服务和地质勘查业	水利、环境和公共设施管理业	居民服务和其他服务业	教育	卫生、社会保障和社会福利业	文化、体育和娱乐业	公共管理和社会组织	国际组织
2 322	**2 664**	**2 867**	**2 299**	**3 410**	**11 081**	**20 815**	**9 871**	**2 584**	**23 760**	**10**
682	647	712	621	851	2 699	5 558	2 450	624	6 139	1
558	607	684	551	728	2 484	4 874	2 310	587	5 576	4
414	505	552	413	676	2 177	3 870	1 937	531	4 555	1
386	481	509	387	633	2 119	3 570	1 803	453	4 180	1
281	425	410	327	522	1 602	2 942	1 372	390	3 310	3
851	**1 212**	**1 343**	**895**	**1 717**	**6 059**	**10 086**	**4 935**	**1 201**	**11 050**	**3**
247	347	331	237	450	1 576	2 644	1 228	313	2 972	
200	301	326	196	398	1 388	2 295	1 130	312	2 566	
142	215	250	160	346	1 127	1 907	922	209	2 011	1
143	206	233	155	284	1 042	1 805	853	190	1 970	2
119	143	202	147	240	926	1 435	800	178	1 531	1
233	**312**	**429**	**279**	**564**	**2 924**	**1 763**	**2 074**	**333**	**2 321**	
84	104	158	74	165	812	664	562	111	765	
58	69	80	55	120	641	356	503	68	514	
37	60	75	58	108	555	294	348	63	381	
31	47	53	40	87	478	230	339	50	370	
23	32	62	52	84	439	219	321	41	290	
87	**110**	**200**	**163**	**295**	**1 544**	**647**	**920**	**132**	**1 006**	
23	31	55	44	63	398	185	254	35	292	
22	20	32	46	69	307	119	182	24	212	
19	26	49	37	76	338	128	193	31	210	
13	22	37	21	52	274	118	162	26	155	
10	11	27	15	35	228	97	129	17	138	
29	**48**	**99**	**60**	**113**	**1 023**	**291**	**521**	**87**	**629**	
27 676	**19 719**	**26 060**	**16 689**	**18 561**	**99 013**	**101 593**	**46 061**	**22 010**	**162 160**	**94**
182	**518**	**806**	**149**	**185**	**6 835**	**397**	**248**	**812**	**1 028**	
11	35	89	14	23	968	46	17	84	95	
24	94	150	24	33	1 543	67	37	133	148	
57	184	245	42	51	2 151	128	82	281	322	
91	204	321	69	78	2 172	156	112	314	462	
1 707	**1 972**	**2 980**	**1 246**	**917**	**12 503**	**4 638**	**2 490**	**2 737**	**7 390**	**6**
116	228	333	71	56	2 217	225	163	380	589	1
173	289	398	139	117	2 276	442	243	393	823	
342	386	576	233	191	2 469	829	437	560	1 351	1
531	551	877	395	277	2 892	1 486	760	710	2 186	2
546	518	796	409	277	2 650	1 656	887	696	2 441	3
3 356	**2 548**	**4 056**	**2 109**	**1 887**	**13 218**	**11 632**	**5 991**	**3 253**	**17 850**	**11**
565	492	795	403	310	2 462	1 876	986	670	2 777	3
661	520	856	424	378	2 749	2 333	1 199	675	3 395	1
676	510	848	444	397	2 699	2 509	1 248	650	3 706	2
656	528	794	406	373	2 523	2 285	1 238	626	3 724	1
798	498	764	433	430	2 785	2 629	1 321	632	4 247	3

表5-2 全国按年龄、性别和

性别 年龄	就业人口	农、林、牧、渔业	采矿业	制造业	电力、燃气及水的生产和供应业	建筑业	交通运输、仓储和邮政业	信息传输、计算机服务和软件业	批发和零售业	住宿和餐饮业
30-34	**672 346**	**293 736**	**15 497**	**108 031**	**8 853**	**46 685**	**48 951**	**4 366**	**51 744**	**12 512**
30	117 317	49 084	2 488	20 264	1 470	7 768	8 704	969	9 185	2 360
31	128 261	55 500	2 853	21 309	1 625	8 704	9 359	893	9 663	2 557
32	135 694	59 090	3 217	21 800	1 854	9 439	9 876	890	10 402	2 556
33	142 157	63 036	3 388	22 064	1 895	10 030	10 234	809	10 963	2 546
34	148 917	67 027	3 551	22 595	2 009	10 742	10 778	805	11 532	2 493
35-39	**770 246**	**374 334**	**19 218**	**103 710**	**8 817**	**58 426**	**51 038**	**2 932**	**55 094**	**11 721**
35	163 716	75 777	3 971	23 959	2 041	12 014	11 407	758	12 458	2 697
36	151 225	71 058	3 752	21 343	1 771	11 546	10 382	658	11 234	2 420
37	167 114	81 020	4 126	22 355	1 923	12 839	11 207	602	11 832	2 623
38	135 407	68 723	3 466	17 182	1 457	10 221	8 510	452	9 271	1 930
39	152 784	77 756	3 903	18 871	1 626	11 806	9 533	461	10 299	2 052
40-44	**686 134**	**341 812**	**17 015**	**83 951**	**7 765**	**49 102**	**42 848**	**2 012**	**47 177**	**9 634**
40	157 137	78 140	4 056	19 588	1 697	11 940	9 983	461	10 934	2 137
41	148 290	73 061	3 831	18 502	1 770	10 802	9 385	457	10 199	2 081
42	177 145	86 737	4 315	22 068	2 021	12 709	11 199	527	12 333	2 508
43	131 917	67 330	3 125	15 407	1 438	9 175	7 940	354	8 835	1 875
44	71 645	36 544	1 688	8 386	839	4 475	4 342	213	4 876	1 033
45-49	**528 771**	**287 579**	**11 050**	**58 986**	**5 909**	**31 841**	**28 180**	**1 171**	**32 071**	**6 888**
45	92 644	46 612	2 175	11 363	1 140	5 805	5 894	267	6 040	1 334
46	85 454	44 402	1 875	10 138	1 049	5 399	5 089	211	5 538	1 186
47	111 320	60 047	2 295	12 618	1 253	6 851	6 046	263	6 760	1 437
48	126 537	71 222	2 535	13 537	1 335	7 546	6 028	222	7 437	1 601
49	112 818	65 296	2 171	11 329	1 132	6 240	5 124	209	6 295	1 331
50-54	**544 788**	**347 700**	**8 360**	**49 674**	**4 452**	**25 965**	**18 626**	**832**	**26 149**	**5 293**
50	123 795	74 740	2 156	12 027	1 159	6 390	4 939	230	6 457	1 326
51	117 998	72 877	1 957	11 305	1 033	6 023	4 307	195	6 005	1 240
52	107 736	69 412	1 644	9 648	859	5 081	3 624	167	5 203	1 011
53	106 757	70 851	1 472	9 122	753	4 811	3 247	149	4 753	1 023
54	88 502	59 819	1 131	7 571	648	3 660	2 509	92	3 731	695
55-59	**357 284**	**260 648**	**2 826**	**24 413**	**1 851**	**11 794**	**6 212**	**357**	**13 277**	**2 498**
55	85 972	59 925	940	6 645	491	3 221	1 889	88	3 604	728
56	82 332	59 281	703	5 833	462	2 834	1 628	100	3 088	627
57	67 683	49 619	479	4 689	381	2 287	1 067	54	2 437	466
58	65 001	48 721	401	4 068	266	1 989	911	60	2 226	359
59	56 296	43 103	302	3 179	252	1 464	717	54	1 923	318
60-64	**202 925**	**172 518**	**746**	**8 037**	**321**	**3 759**	**1 306**	**85**	**5 881**	**1 024**
60	49 683	40 680	252	2 256	101	1 137	411	25	1 585	318
61	44 529	37 802	180	1 757	71	896	276	21	1 289	239
62	38 816	33 280	94	1 538	55	661	247	17	1 101	191
63	35 374	30 680	116	1 262	49	558	195	12	949	141
64	34 523	30 078	103	1 225	46	507	177	11	957	135

行业门类分的就业人口(续 2)

单位：人

金融业	房地产业	租赁和商务服务业	科学研究、技术服务和地质勘查业	水利、环境和公共设施管理业	居民服务和其他服务业	教育	卫生、社会保障和社会福利业	文化、体育和娱乐业	公共管理和社会组织	国际组织
5 502	**2 741**	**4 244**	**2 522**	**2 398**	**14 854**	**14 374**	**7 398**	**3 317**	**24 609**	**13**
827	515	793	420	423	2 719	2 747	1 422	658	4 500	1
959	511	851	468	460	2 916	2 752	1 446	637	4 793	4
1 193	557	853	528	513	3 010	2 851	1 453	718	4 894	2
1 203	582	864	547	524	3 016	3 033	1 550	658	5 210	5
1 320	577	884	558	479	3 192	2 990	1 527	646	5 212	
6 065	**2 770**	**3 972**	**2 656**	**2 757**	**14 571**	**15 750**	**6 560**	**3 137**	**26 695**	**24**
1 430	601	952	623	597	3 329	3 286	1 544	703	5 565	4
1 302	581	766	508	583	2 935	3 212	1 315	643	5 208	6
1 349	583	899	568	582	3 130	3 405	1 474	744	5 850	5
975	471	636	426	455	2 470	2 700	1 022	496	4 540	3
1 010	533	718	532	540	2 707	3 146	1 205	551	5 531	6
5 252	**2 895**	**3 485**	**2 941**	**2 981**	**11 719**	**16 336**	**6 046**	**2 980**	**30 165**	**18**
1 189	533	734	615	579	2 764	3 441	1 361	592	6 387	7
1 112	606	751	664	646	2 467	3 462	1 316	647	6 530	2
1 412	815	994	784	826	2 975	4 383	1 575	836	8 123	4
988	570	598	575	562	2 273	3 267	1 145	568	5 889	3
550	371	408	304	367	1 240	1 784	650	338	3 237	1
2 950	**2 579**	**2 656**	**2 065**	**2 778**	**9 062**	**13 962**	**4 941**	**2 325**	**21 767**	**12**
637	486	548	373	472	1 755	2 364	840	471	4 062	5
558	431	463	362	460	1 559	2 003	782	396	3 550	2
637	559	540	418	633	1 996	2 887	1 007	479	4 595	
579	583	625	479	645	2 016	3 454	1 177	544	4 969	2
539	521	479	433	567	1 737	3 253	1 135	435	4 591	2
1 634	**2 184**	**2 148**	**1 727**	**2 525**	**7 708**	**13 255**	**5 461**	**1 945**	**19 143**	**7**
473	507	530	463	609	1 770	3 481	1 228	461	4 850	
366	492	520	419	514	1 720	2 974	1 195	439	4 415	2
295	422	404	310	510	1 502	2 493	1 073	399	3 679	1
294	409	381	292	486	1 515	2 361	1 073	349	3 416	
205	355	313	244	407	1 202	1 945	892	297	2 782	3
718	**1 104**	**1 088**	**823**	**1 344**	**4 364**	**8 880**	**3 978**	**1 050**	**10 055**	**3**
199	309	259	218	346	1 133	2 173	916	257	2 632	
176	277	266	178	305	1 016	2 037	907	273	2 343	
118	195	206	143	269	774	1 724	753	180	1 842	1
121	193	195	144	225	756	1 630	731	172	1 830	2
104	131	161	140	199	685	1 317	671	168	1 408	1
203	**265**	**359**	**243**	**438**	**2 175**	**1 534**	**1 724**	**274**	**2 033**	
78	86	129	70	128	584	597	473	93	682	
49	64	66	43	85	484	308	408	53	439	
31	51	68	52	94	410	244	291	54	338	
27	37	47	32	71	359	195	292	38	312	
18	26	49	46	59	338	189	260	36	262	

表5-2 全国按年龄、性别和

性别 年龄	就业人口	农、林、牧、渔业	采矿业	制造业	电力、燃气及水的生产和供应业	建筑业	交通运输、仓储和邮政业	信息传输、计算机服务和软件业	批发和零售业	住宿和餐饮业
65-69	**122 893**	**109 445**	**279**	**3 569**	**93**	**1 185**	**504**	**21**	**3 091**	**448**
65	31 529	27 852	91	977	30	402	148	6	774	125
66	24 317	21 489	63	782	17	252	109	9	632	106
67	25 464	22 628	59	770	12	213	96	3	651	97
68	22 431	20 160	34	584	18	178	78	1	563	70
69	19 152	17 315	32	455	16	140	72	3	472	50
70岁及以上	**79 198**	**71 828**	**81**	**1 736**	**42**	**272**	**207**	**12**	**2 364**	**171**
女	**4 218 051**	**2 715 433**	**16 595**	**561 726**	**18 957**	**35 471**	**44 980**	**14 604**	**315 765**	**94 659**
16-19	**203 218**	**97 430**	**324**	**65 283**	**196**	**933**	**1 024**	**827**	**14 434**	**11 370**
16	28 543	16 360	36	7 580	20	103	84	61	1 498	1 508
17	44 847	22 705	64	14 169	30	164	168	130	2 754	2 552
18	65 033	29 665	121	22 091	61	296	340	266	4 789	3 717
19	64 796	28 700	103	21 444	85	371	432	371	5 393	3 592
20-24	**383 358**	**182 663**	**984**	**88 288**	**1 413**	**2 861**	**4 006**	**4 059**	**40 066**	**14 600**
20	65 813	31 007	146	19 163	112	369	473	459	6 044	3 169
21	69 027	32 858	143	17 983	204	436	570	602	6 899	2 959
22	74 416	35 615	173	16 839	260	550	833	842	7 963	2 797
23	90 809	42 586	263	18 739	407	757	1 159	1 145	10 074	3 163
24	83 293	40 596	258	15 564	430	749	972	1 011	9 085	2 512
25-29	**445 629**	**221 275**	**1 921**	**78 791**	**2 972**	**4 186**	**6 178**	**3 622**	**48 724**	**12 105**
25	84 340	42 440	269	14 761	453	720	1 064	819	9 117	2 402
26	88 645	42 804	341	15 904	553	856	1 189	882	9 888	2 534
27	88 860	43 563	410	15 791	623	800	1 259	723	9 847	2 418
28	86 389	43 027	428	15 049	593	826	1 219	629	9 511	2 234
29	97 394	49 441	473	17 287	750	983	1 447	571	10 360	2 517
30-34	**593 977**	**329 054**	**3 413**	**95 916**	**4 361**	**6 537**	**8 466**	**2 446**	**57 292**	**14 400**
30	101 854	53 402	524	17 510	776	1 101	1 487	546	10 467	2 611
31	114 492	62 689	644	18 782	802	1 259	1 564	512	11 359	2 884
32	119 794	66 095	724	19 316	889	1 281	1 758	479	11 666	2 895
33	125 801	70 907	728	19 843	946	1 413	1 784	477	11 782	2 961
34	132 036	75 962	793	20 465	947	1 484	1 872	432	12 019	3 048
35-39	**698 023**	**432 243**	**4 238**	**97 252**	**4 120**	**8 013**	**9 249**	**1 620**	**57 018**	**15 280**
35	146 888	87 430	885	21 504	979	1 699	1 916	383	12 895	3 415
36	137 209	82 670	816	20 150	870	1 663	1 939	354	11 534	3 074
37	151 408	93 538	898	21 087	890	1 805	2 042	357	12 350	3 319
38	123 437	79 320	724	16 392	648	1 316	1 597	240	9 598	2 585
39	139 081	89 284	916	18 118	733	1 529	1 754	287	10 641	2 887

行业门类分的就业人口(续 3)

单位：人

金融业	房地产业	租赁和商务服务业	科学研究、技术服务和地质勘查业	水利、环境和公共设施管理业	居民服务和其他服务业	教育	卫生、社会保障和社会福利业	文化、体育和娱乐业	公共管理和社会组织	国际组织
79	**96**	**176**	**152**	**251**	**1 195**	**567**	**766**	**108**	**867**	
18	27	53	41	57	286	162	205	24	250	
21	18	28	44	56	234	106	153	20	179	
17	25	42	35	62	270	115	153	26	190	
13	17	30	20	45	227	105	136	24	129	
10	9	24	12	32	178	79	119	14	120	
27	**47**	**89**	**54**	**101**	**810**	**267**	**458**	**73**	**558**	
26 841	**11 372**	**16 638**	**8 318**	**11 956**	**73 306**	**110 364**	**57 423**	**16 636**	**66 933**	**73**
196	**182**	**547**	**126**	**130**	**6 283**	**1 758**	**732**	**1 040**	**403**	
4	17	49	15	18	883	164	34	88	20	
12	23	91	25	28	1 344	278	74	175	62	
74	56	163	37	27	2 016	565	230	387	134	
106	86	244	49	56	2 040	752	393	391	187	
2 394	**1 499**	**2 987**	**778**	**642**	**9 742**	**12 287**	**6 574**	**2 907**	**4 596**	**12**
155	106	239	50	55	1 942	955	633	474	264	
282	191	437	86	81	1 918	1 500	922	460	492	
520	325	622	123	125	1 856	2 281	1 379	566	746	2
769	458	897	246	190	2 189	3 684	1 824	764	1 487	7
668	418	791	274	193	1 836	3 867	1 816	643	1 607	3
4 090	**1 919**	**3 320**	**1 211**	**1 119**	**9 726**	**21 372**	**9 977**	**2 806**	**10 300**	**15**
685	394	711	225	171	1 843	4 103	1 856	580	1 725	4
805	428	719	234	226	1 998	4 562	2 055	587	2 078	2
819	416	688	242	231	1 922	4 291	2 093	571	2 149	1
822	364	570	244	222	1 869	4 107	2 010	529	2 130	4
958	318	632	264	269	2 093	4 308	1 963	539	2 218	4
6 431	**1 909**	**2 786**	**1 423**	**1 813**	**12 469**	**20 118**	**10 620**	**2 723**	**11 789**	**9**
1 080	365	551	285	305	2 246	3 962	1 869	517	2 216	3
1 192	367	571	275	315	2 348	4 044	2 045	528	2 312	1
1 299	382	554	289	393	2 617	4 002	2 170	567	2 414	3
1 412	386	598	285	396	2 650	4 050	2 272	543	2 366	2
1 447	409	511	289	403	2 608	4 060	2 265	538	2 482	1
6 199	**1 901**	**2 465**	**1 492**	**2 224**	**12 367**	**18 781**	**8 762**	**2 467**	**12 319**	**17**
1 494	437	598	319	457	2 691	4 336	2 237	538	2 671	3
1 323	371	536	330	428	2 414	3 864	1 916	496	2 458	3
1 387	440	519	310	504	2 741	4 087	1 888	565	2 677	6
934	292	373	221	368	2 151	2 999	1 280	394	2 003	2
1 061	360	440	311	466	2 370	3 495	1 441	475	2 509	3

表5-2　全国按年龄、性别和

性别 年龄	就业人口	农、林、牧、渔业	采矿业	制造业	电力、燃气及水的生产和供应业	建筑业	交通运输、仓储和邮政业	信息传输、计算机服务和软件业	批发和零售业	住宿和餐饮业
40-44	**611 048**	**391 094**	**3 525**	**73 636**	**3 371**	**7 032**	**8 684**	**1 131**	**46 519**	**13 230**
40	139 702	88 943	876	17 956	711	1 643	1 909	226	10 789	2 978
41	133 882	84 573	804	16 764	823	1 540	1 853	287	10 258	2 910
42	155 515	97 890	893	18 859	876	1 865	2 321	292	12 132	3 475
43	117 344	77 048	635	13 056	653	1 313	1 628	224	8 771	2 465
44	64 605	42 640	318	7 000	308	671	972	102	4 570	1 401
45-49	**427 259**	**302 598**	**1 477**	**36 440**	**1 875**	**3 872**	**5 162**	**570**	**26 574**	**7 549**
45	77 635	51 196	366	8 129	428	845	1 142	132	5 613	1 564
46	68 770	46 577	296	6 580	350	669	1 000	88	4 666	1 428
47	89 051	62 751	296	7 653	399	848	1 113	136	5 585	1 607
48	100 360	72 941	288	7 833	428	844	1 041	125	5 913	1 606
49	91 444	69 133	231	6 245	269	666	865	89	4 798	1 345
50-54	**394 471**	**330 460**	**527**	**16 728**	**535**	**1 502**	**1 532**	**233**	**15 009**	**3 999**
50	91 209	73 097	157	4 770	173	454	495	64	4 237	1 151
51	86 176	70 748	125	3 949	136	393	380	62	3 547	929
52	77 984	66 005	102	3 149	85	263	242	46	2 781	769
53	76 515	65 885	84	2 788	83	213	243	33	2 581	658
54	62 587	54 724	59	2 072	58	179	172	28	1 863	492
55-59	**233 556**	**213 487**	**126**	**5 826**	**80**	**390**	**404**	**64**	**5 864**	**1 369**
55	58 551	52 607	40	1 658	27	122	122	20	1 633	418
56	52 664	47 893	32	1 363	22	104	104	25	1 468	320
57	44 405	40 706	28	1 113	17	60	78	3	1 081	233
58	41 634	38 489	13	988	5	50	50	10	933	213
59	36 302	33 793	14	704	9	54	51	6	749	185
60-64	**125 277**	**117 968**	**32**	**2 061**	**26**	**93**	**160**	**22**	**2 469**	**463**
60	32 231	30 102	8	617	8	33	41	6	700	137
61	27 591	25 964	8	454	6	18	39	7	517	114
62	24 532	23 138	9	411	4	12	39	2	480	89
63	21 262	20 129	3	312	5	17	20	4	397	62
64	19 661	18 635	4	268	2	14	21	3	376	62
65-69	**64 111**	**60 910**	**16**	**916**	**10**	**43**	**74**	**8**	**1 078**	**209**
65	18 516	17 615	3	232	4	22	18	1	310	57
66	12 758	12 116	3	185	2	5	18	1	219	34
67	12 669	12 017	2	184	2	3	23	3	221	43
68	10 729	10 173	5	171	1	8	7	2	192	35
69	9 439	8 990	3	144	1	4	9	1	137	40
70岁及以上	**38 125**	**36 251**	**11**	**589**		**11**	**42**	**2**	**719**	**86**

行业门类分的就业人口(续 4)

单位：人

金融业	房地产业	租赁和商务服务业	科学研究、技术服务和地质勘查业	水利、环境和公共设施管理业	居民服务和其他服务业	教育	卫生、社会保障和社会福利业	文化、体育和娱乐业	公共管理和社会组织	国际组织
4 751	**1 991**	**2 047**	**1 559**	**2 504**	**10 129**	**15 904**	**8 560**	**2 344**	**13 028**	**10**
1 066	398	442	319	486	2 382	3 542	1 809	459	2 766	3
1 030	411	454	337	569	2 269	3 536	1 882	517	3 062	4
1 281	559	559	392	677	2 610	4 257	2 382	685	3 508	1
870	383	362	303	484	1 816	2 914	1 603	428	2 384	1
504	240	229	209	288	1 051	1 656	883	255	1 308	
1 920	**1 320**	**1 410**	**1 033**	**2 085**	**6 210**	**11 045**	**6 264**	**1 462**	**8 388**	**7**
522	299	288	209	417	1 264	2 061	1 127	328	1 701	2
374	214	245	186	369	1 138	1 835	1 029	261	1 463	2
374	263	309	237	451	1 386	2 199	1 384	275	1 786	
360	289	296	232	487	1 337	2 694	1 461	312	1 869	3
289	255	272	169	360	1 085	2 256	1 263	285	1 569	
688	**480**	**719**	**572**	**885**	**3 373**	**7 560**	**4 411**	**639**	**4 618**	**3**
209	140	182	158	241	930	2 076	1 222	162	1 289	1
192	115	164	133	215	764	1 900	1 115	148	1 161	1
119	83	148	103	166	675	1 377	863	132	876	
92	72	128	95	147	604	1 210	730	105	764	1
76	70	97	83	115	401	997	480	93	528	
133	**108**	**255**	**72**	**373**	**1 695**	**1 206**	**957**	**152**	**995**	
48	38	72	19	104	444	471	313	56	340	
24	25	59	18	93	372	258	224	39	223	
24	20	44	17	77	353	183	170	29	169	
22	13	38	11	59	286	175	122	17	140	
14	12	41	7	11	241	119	129	10	123	
30	**47**	**70**	**35**	**126**	**749**	**229**	**350**	**59**	**287**	
6	17	29	5	37	228	67	89	18	83	
9	5	14	13	35	156	47	95	15	76	
6	9	8	6	15	145	50	57	10	43	
4	10	6	7	16	119	34	47	11	58	
4	5	12	5	24	101	30	61	5	27	
8	**15**	**25**	**10**	**44**	**350**	**80**	**154**	**24**	**139**	
6	5	2	2	6	112	23	48	11	42	
	3	5	2	13	73	13	29	4	33	
1	1	8	2	14	68	13	40	5	20	
	5	7	2	7	48	12	26	2	26	
1	1	3	2	3	50	18	10	3	18	
2	**1**	**9**	**6**	**12**	**213**	**24**	**63**	**14**	**71**	

表5-2a　全国按年龄、性别和

性别 年龄	就业人口	农、林、牧、渔业	采矿业	制造业	电力、燃气及水的生产和供应业	建筑业	交通运输、仓储和邮政业	信息传输、计算机服务和软件业	批发和零售业	住宿和餐饮业
合　计	**2 336 820**	**382 345**	**40 691**	**596 207**	**40 407**	**135 099**	**151 744**	**27 093**	**331 095**	**98 049**
16-19	**97 380**	**10 472**	**356**	**48 389**	**274**	**2 956**	**1 633**	**835**	**11 098**	**10 641**
16	8 919	1 567	26	3 956	13	277	86	53	899	1 053
17	19 168	2 259	63	9 816	50	593	228	110	1 978	2 189
18	33 265	3 387	113	16 940	92	993	505	288	3 712	3 681
19	36 029	3 259	153	17 678	119	1 094	814	385	4 509	3 718
20-24	**242 147**	**20 781**	**1 814**	**85 915**	**2 300**	**9 372**	**10 527**	**6 347**	**40 547**	**17 079**
20	36 563	3 403	187	16 405	149	1 235	1 008	499	5 347	3 488
21	40 132	3 660	223	16 248	292	1 371	1 376	786	6 461	3 340
22	46 998	3 975	304	16 510	399	1 777	2 061	1 301	8 184	3 314
23	61 551	5 011	538	19 518	738	2 510	3 095	1 993	10 672	3 844
24	56 904	4 733	561	17 233	722	2 479	2 987	1 769	9 884	3 093
25-29	**307 361**	**27 329**	**4 111**	**86 953**	**5 239**	**15 056**	**19 611**	**7 233**	**53 551**	**14 396**
25	56 643	4 706	614	16 493	821	2 536	3 264	1 589	10 036	3 008
26	62 171	5 326	775	17 839	927	2 848	3 773	1 678	10 868	3 033
27	62 146	5 494	784	17 284	1 121	3 021	4 026	1 499	10 913	2 921
28	59 782	5 407	905	16 606	1 107	3 087	3 965	1 270	10 372	2 607
29	66 619	6 396	1 033	18 730	1 263	3 564	4 582	1 197	11 362	2 828
30-34	**381 457**	**43 458**	**7 344**	**101 571**	**8 231**	**23 398**	**28 139**	**4 956**	**61 504**	**15 023**
30	68 260	6 982	1 105	19 014	1 389	3 921	4 816	1 123	11 398	2 808
31	72 916	7 992	1 341	19 746	1 474	4 400	5 274	985	11 938	3 046
32	77 442	8 608	1 499	20 507	1 704	4 799	5 754	1 027	12 612	3 006
33	80 183	9 548	1 675	20 974	1 775	4 988	5 952	949	12 591	3 081
34	82 657	10 329	1 723	21 330	1 889	5 290	6 344	871	12 965	3 082
35-39	**390 773**	**57 659**	**9 207**	**95 432**	**8 024**	**27 462**	**29 246**	**3 094**	**57 523**	**14 363**
35	87 840	11 562	1 913	22 290	1 899	5 848	6 598	769	13 666	3 328
36	80 114	11 210	1 800	20 091	1 670	5 543	6 007	693	11 930	3 028
37	85 112	12 441	1 948	20 636	1 762	5 981	6 485	674	12 492	3 135
38	64 656	10 439	1 615	15 537	1 276	4 655	4 773	468	9 311	2 319
39	73 050	12 008	1 931	16 879	1 417	5 435	5 382	489	10 124	2 553
40-44	**350 547**	**55 826**	**8 436**	**78 200**	**6 884**	**23 899**	**27 832**	**2 197**	**47 428**	**12 062**
40	77 088	12 294	1 973	17 680	1 436	5 557	6 055	461	10 624	2 646
41	76 837	11 898	1 927	17 374	1 622	5 231	6 029	515	10 360	2 656
42	93 026	14 404	2 147	20 758	1 837	6 326	7 464	579	12 528	3 128
43	65 729	11 082	1 564	14 042	1 288	4 429	5 197	405	8 855	2 285
44	37 867	6 148	826	8 344	702	2 356	3 088	239	5 061	1 347
45-49	**242 765**	**46 502**	**4 990**	**49 521**	**4 974**	**15 818**	**19 503**	**1 311**	**29 514**	**7 698**
45	48 128	7 609	1 089	10 494	1 027	3 096	4 259	292	6 202	1 599
46	41 955	7 593	880	8 891	898	2 631	3 566	230	5 121	1 423
47	51 518	9 762	1 037	10 605	1 016	3 457	4 212	305	6 234	1 632
48	54 193	11 151	1 059	10 589	1 152	3 655	4 078	255	6 552	1 669
49	46 971	10 387	924	8 941	882	2 979	3 388	228	5 405	1 376

行业门类分的就业人口(城市)

单位：人

金融业	房地产业	租赁和商务服务业	科学研究、技术服务和地质勘查业	水利、环境和公共设施管理业	居民服务和其他服务业	教育	卫生、社会保障和社会福利业	文化、体育和娱乐业	公共管理和社会组织	国际组织
38 430	**27 485**	**32 921**	**21 677**	**19 976**	**85 912**	**98 295**	**54 806**	**27 817**	**126 647**	**123**
241	**597**	**812**	**159**	**128**	**5 669**	**819**	**495**	**1 203**	**604**	
5	31	57	11	12	687	50	18	76	42	
23	103	131	26	20	1 176	119	41	178	66	
73	214	253	48	36	1 838	287	155	456	193	
139	249	371	74	60	1 967	363	282	492	303	
3 178	**3 092**	**4 651**	**1 694**	**954**	**10 655**	**7 511**	**5 036**	**4 278**	**6 401**	**15**
183	304	387	86	58	1 943	471	382	614	414	
352	424	598	178	114	2 038	784	645	625	617	
663	621	944	280	186	2 118	1 380	1 023	867	1 090	2
1 024	909	1 431	547	295	2 398	2 339	1 479	1 154	2 048	9
955	834	1 291	604	301	2 158	2 537	1 507	1 019	2 232	5
5 772	**3 995**	**5 997**	**2 876**	**1 950**	**11 308**	**14 794**	**7 893**	**4 439**	**14 835**	**23**
968	783	1 246	549	304	2 147	2 688	1 487	977	2 419	6
1 148	845	1 298	585	392	2 337	3 082	1 611	935	2 868	3
1 180	854	1 253	592	383	2 196	2 999	1 665	878	3 083	2
1 127	790	1 077	560	398	2 193	2 826	1 572	839	3 068	5
1 348	722	1 124	591	474	2 436	3 199	1 557	810	3 397	6
8 734	**4 109**	**5 559**	**3 363**	**2 703**	**13 496**	**16 681**	**9 379**	**4 315**	**19 477**	**18**
1 407	775	1 089	597	467	2 411	3 042	1 626	843	3 443	4
1 602	774	1 106	636	485	2 567	3 177	1 835	838	3 694	5
1 840	835	1 109	700	607	2 787	3 338	1 845	927	3 937	1
1 927	857	1 137	702	589	2 820	3 554	2 049	860	4 145	7
1 957	868	1 118	728	555	2 911	3 570	2 022	847	4 258	1
8 416	**4 055**	**4 915**	**3 628**	**3 282**	**13 665**	**17 029**	**8 281**	**3 980**	**21 486**	**27**
2 067	901	1 222	824	700	2 956	3 848	1 965	870	4 610	4
1 818	817	1 002	738	686	2 767	3 491	1 741	836	4 240	7
1 843	912	1 071	768	693	2 998	3 729	1 845	908	4 781	9
1 287	643	763	573	530	2 311	2 763	1 269	634	3 488	2
1 401	783	857	725	672	2 632	3 199	1 460	732	4 367	5
6 691	**4 329**	**4 204**	**4 023**	**3 854**	**12 057**	**15 770**	**8 588**	**3 743**	**24 509**	**16**
1 443	820	867	817	729	2 733	3 342	1 759	721	5 124	6
1 433	901	908	897	844	2 614	3 501	1 890	804	5 427	5
1 840	1 216	1 198	1 048	1 068	3 113	4 271	2 354	1 087	6 659	3
1 248	847	729	796	750	2 285	2 964	1 632	702	4 628	1
726	544	501	465	464	1 312	1 691	953	428	2 670	1
3 276	**3 511**	**3 213**	**2 735**	**3 420**	**8 707**	**11 166**	**6 557**	**2 853**	**17 482**	**13**
793	708	684	516	616	1 742	2 127	1 182	607	3 481	4
634	585	560	486	593	1 582	1 751	1 106	521	2 902	2
677	743	668	584	783	1 914	2 233	1 384	562	3 709	
618	776	713	624	787	1 878	2 626	1 506	623	3 876	5
553	700	588	526	640	1 590	2 429	1 379	540	3 513	3

表5-2a 全国按年龄、性别和

性别 年龄	就业人口	农、林、牧、渔业	采矿业	制造业	电力、燃气及水的生产和供应业	建筑业	交通运输、仓储和邮政业	信息传输、计算机服务和软件业	批发和零售业	住宿和餐饮业
50-54	**181 169**	**51 370**	**3 349**	**31 848**	**3 129**	**10 838**	**11 141**	**762**	**18 000**	**4 406**
50	44 370	11 139	847	7 826	829	2 743	2 975	203	4 854	1 176
51	42 096	11 195	827	7 463	751	2 622	2 636	191	4 300	1 060
52	35 112	10 257	651	6 264	590	2 004	2 093	153	3 411	826
53	33 041	10 436	565	5 647	525	1 938	1 920	132	3 008	789
54	26 550	8 344	460	4 648	434	1 532	1 516	83	2 427	555
55-59	**86 640**	**33 846**	**853**	**13 229**	**1 151**	**4 575**	**3 366**	**286**	**7 475**	**1 617**
55	22 917	8 089	339	3 725	294	1 286	1 046	81	2 151	506
56	20 527	7 887	210	3 209	286	1 106	876	80	1 826	418
57	16 370	6 497	126	2 579	247	865	589	35	1 393	286
58	14 810	6 191	100	2 173	176	782	472	46	1 134	223
59	12 015	5 183	78	1 544	148	536	383	44	971	184
60-64	**31 532**	**18 416**	**153**	**3 236**	**149**	**1 214**	**504**	**50**	**2 462**	**482**
60	8 498	4 465	60	936	48	361	165	17	711	142
61	7 083	4 156	42	729	29	287	114	13	542	131
62	6 000	3 638	8	636	31	236	91	10	445	73
63	5 077	3 124	26	500	23	169	65	7	365	63
64	4 874	3 032	18	435	18	160	69	4	398	73
65-69	**16 036**	**10 329**	**53**	**1 332**	**29**	**402**	**175**	**15**	**1 251**	**198**
65	4 328	2 795	15	359	8	129	41	4	338	56
66	3 148	1 977	14	293	6	86	44	3	248	46
67	3 343	2 097	13	277	5	77	33	3	252	50
68	2 828	1 869	8	223	5	61	32	3	202	23
69	2 389	1 591	2	180	5	49	25	2	211	23
70岁及以上	**9 012**	**6 354**	**25**	**583**	**23**	**107**	**67**	**6**	**743**	**84**
男	**1 329 411**	**190 244**	**31 713**	**330 861**	**27 844**	**115 592**	**123 251**	**16 311**	**159 361**	**46 031**
16-19	**44 488**	**5 761**	**292**	**20 155**	**196**	**2 686**	**1 221**	**413**	**3 997**	**4 637**
16	4 177	870	25	1 532	7	254	68	27	362	516
17	8 611	1 251	48	3 924	37	545	178	57	721	928
18	15 034	1 863	90	7 020	66	910	376	153	1 304	1 581
19	16 666	1 777	129	7 679	85	978	599	176	1 610	1 613
20-24	**120 666**	**10 319**	**1 419**	**43 393**	**1 430**	**7 812**	**8 059**	**3 296**	**15 959**	**7 975**
20	17 277	1 740	151	7 450	99	1 092	792	224	1 985	1 528
21	19 098	1 873	177	7 683	170	1 150	1 053	354	2 415	1 510
22	23 304	1 987	241	8 377	241	1 485	1 538	661	3 194	1 546
23	31 201	2 435	414	10 322	479	2 054	2 338	1 094	4 253	1 854
24	29 786	2 285	437	9 562	441	2 032	2 338	963	4 112	1 537
25-29	**165 609**	**13 023**	**3 068**	**47 910**	**3 349**	**12 582**	**15 630**	**4 397**	**23 170**	**7 173**
25	29 954	2 179	470	9 103	532	2 097	2 579	947	4 262	1 510
26	33 234	2 555	589	9 961	595	2 353	2 991	987	4 617	1 491
27	33 713	2 622	575	9 625	710	2 537	3 211	909	4 786	1 487
28	32 484	2 537	662	9 167	726	2 587	3 212	794	4 456	1 329
29	36 225	3 130	772	10 054	786	3 008	3 638	759	5 048	1 356

行业门类分的就业人口(城市)(续 1)

单位：人

金融业	房地产业	租赁和商务服务业	科学研究、技术服务和地质勘查业	水利、环境和公共设施管理业	居民服务和其他服务业	教育	卫生、社会保障和社会福利业	文化、体育和娱乐业	公共管理和社会组织	国际组织
1 478	**2 352**	**2 213**	**1 995**	**2 227**	**5 643**	**9 212**	**5 414**	**1 859**	**13 925**	**8**
417	564	550	540	564	1 409	2 366	1 368	455	3 543	1
373	548	532	486	497	1 329	2 240	1 341	428	3 274	4
272	446	437	359	451	1 088	1 686	1 054	368	2 703	1
249	417	384	336	397	1 065	1 524	969	333	2 405	1
167	376	310	274	318	752	1 396	683	274	2 000	2
497	**1 066**	**988**	**778**	**989**	**2 751**	**4 167**	**1 913**	**855**	**6 235**	**3**
160	312	249	208	255	735	1 061	524	221	1 677	
104	269	238	177	237	622	918	407	224	1 434	
84	190	183	133	188	528	786	345	148	1 167	
75	174	171	134	176	448	787	317	139	1 093	2
74	122	146	126	134	419	616	321	122	864	1
104	**251**	**237**	**237**	**286**	**1 113**	**722**	**706**	**187**	**1 024**	
36	83	94	62	96	343	245	211	66	359	
26	60	52	46	64	234	149	155	29	225	
14	46	28	55	49	200	137	103	39	161	
14	39	25	33	42	180	97	124	28	151	
15	23	37	41	34	156	95	113	25	127	
36	**86**	**93**	**141**	**147**	**539**	**304**	**381**	**70**	**453**	
12	24	24	38	30	128	81	99	22	125	
7	15	16	39	30	91	48	73	14	97	
8	18	23	32	41	134	74	91	16	101	
6	19	18	20	28	110	61	57	7	75	
3	9	13	13	18	75	41	61	12	55	
9	**41**	**41**	**47**	**35**	**310**	**119**	**165**	**36**	**216**	
18 562	**17 251**	**19 433**	**14 302**	**11 631**	**44 691**	**40 946**	**20 332**	**15 413**	**85 577**	**64**
119	**448**	**521**	**83**	**73**	**2 659**	**147**	**122**	**531**	**428**	
4	22	43	4	6	343	14	5	40	35	
15	82	93	10	11	558	25	13	70	47	
35	165	163	26	25	828	55	36	202	136	
65	179	222	43	32	929	53	67	220	209	
1 283	**1 747**	**2 255**	**1 013**	**555**	**5 384**	**1 902**	**1 039**	**2 007**	**3 816**	**4**
75	212	217	48	31	933	91	52	270	290	
125	255	283	108	67	966	156	103	273	377	
253	329	448	176	113	1 102	347	166	421	679	1
405	495	679	331	172	1 221	618	335	537	1 163	2
426	456	627	349	172	1 162	690	382	507	1 307	1
2 545	**2 256**	**3 174**	**1 822**	**1 190**	**6 012**	**4 535**	**2 447**	**2 299**	**9 021**	**8**
408	429	634	351	196	1 136	744	444	501	1 430	3
503	460	677	375	240	1 242	911	481	472	1 731	1
524	467	662	382	233	1 206	960	527	452	1 836	1
507	463	610	350	241	1 146	887	455	453	1 901	1
602	437	591	363	280	1 283	1 032	540	420	2 123	3

表5-2a 全国按年龄、性别和

性别 年龄	就业人口	农、林、牧、渔业	采矿业	制造业	电力、燃气及水的生产和供应业	建筑业	交通运输、仓储和邮政业	信息传输、计算机服务和软件业	批发和零售业	住宿和餐饮业
30-34	**211 549**	**20 419**	**5 452**	**54 895**	**5 330**	**19 777**	**22 816**	**3 149**	**28 559**	**7 083**
30	37 715	3 310	839	10 436	870	3 281	3 887	721	5 176	1 347
31	40 297	3 751	1 001	10 694	947	3 725	4 298	621	5 440	1 455
32	42 844	3 991	1 093	11 085	1 113	4 072	4 603	661	5 833	1 400
33	44 475	4 491	1 257	11 186	1 135	4 233	4 844	588	5 915	1 476
34	46 218	4 876	1 262	11 495	1 265	4 467	5 185	558	6 195	1 406
35-39	**217 200**	**26 359**	**6 804**	**50 177**	**5 262**	**23 200**	**23 586**	**1 938**	**27 808**	**6 207**
35	49 086	5 412	1 409	11 957	1 221	4 946	5 382	508	6 627	1 461
36	44 405	5 034	1 336	10 581	1 115	4 645	4 826	429	5 738	1 328
37	47 071	5 631	1 443	10 812	1 157	5 025	5 192	414	5 958	1 416
38	35 874	4 742	1 212	8 004	819	3 965	3 845	296	4 542	964
39	40 764	5 539	1 402	8 822	950	4 618	4 341	291	4 944	1 038
40-44	**198 084**	**25 486**	**6 382**	**42 254**	**4 587**	**19 993**	**22 001**	**1 368**	**23 582**	**5 040**
40	43 573	5 596	1 459	9 417	966	4 718	4 827	306	5 299	1 091
41	43 013	5 484	1 462	9 250	1 052	4 367	4 788	305	5 044	1 106
42	52 790	6 595	1 610	11 317	1 250	5 226	5 863	360	6 264	1 290
43	37 208	5 039	1 196	7 657	834	3 714	4 130	241	4 389	995
44	21 500	2 772	655	4 613	485	1 969	2 394	156	2 587	558
45-49	**146 421**	**22 135**	**4 136**	**31 338**	**3 630**	**13 425**	**15 718**	**854**	**15 901**	**3 622**
45	28 408	3 595	866	6 257	724	2 558	3 394	186	3 152	737
46	25 006	3 617	696	5 505	640	2 248	2 839	158	2 716	637
47	31 199	4 661	879	6 754	724	2 923	3 379	192	3 356	756
48	32 962	5 321	915	6 910	847	3 132	3 312	156	3 591	817
49	28 845	4 942	779	5 912	695	2 565	2 793	163	3 086	675
50-54	**123 043**	**25 799**	**3 131**	**25 213**	**2 765**	**10 062**	**10 298**	**591**	**11 813**	**2 674**
50	29 567	5 561	776	5 884	714	2 522	2 706	157	3 029	672
51	28 399	5 501	777	5 886	665	2 408	2 418	141	2 816	641
52	23 894	5 078	610	5 040	528	1 867	1 951	122	2 294	519
53	22 636	5 314	534	4 556	462	1 822	1 794	106	2 001	504
54	18 547	4 345	434	3 847	395	1 443	1 429	64	1 672	338
55-59	**62 857**	**18 558**	**816**	**11 322**	**1 112**	**4 392**	**3 228**	**250**	**5 357**	**1 102**
55	16 411	4 237	324	3 179	280	1 217	998	65	1 533	330
56	14 921	4 299	201	2 754	274	1 058	840	66	1 289	282
57	11 872	3 550	119	2 205	239	847	560	34	988	212
58	10 835	3 475	97	1 848	173	756	462	43	819	158
59	8 817	2 996	76	1 336	146	514	367	42	729	121
60-64	**21 526**	**11 081**	**146**	**2 655**	**135**	**1 178**	**473**	**39**	**1 755**	**323**
60	5 798	2 583	59	767	41	349	157	13	511	90
61	4 781	2 439	39	601	28	283	105	8	392	89
62	4 064	2 175	8	515	29	231	85	9	313	56
63	3 509	1 977	25	407	19	162	63	5	251	39
64	3 373	1 907	15	365	18	152	64	4	287	49

行业门类分的就业人口(城市)(续 2)

单位：人

金融业	房地产业	租赁和商务服务业	科学研究、技术服务和地质勘查业	水利、环境和公共设施管理业	居民服务和其他服务业	教育	卫生、社会保障和社会福利业	文化、体育和娱乐业	公共管理和社会组织	国际组织
3 933	**2 371**	**3 296**	**2 117**	**1 463**	**6 791**	**5 976**	**3 230**	**2 294**	**12 587**	**11**
603	441	634	343	267	1 245	1 053	579	459	2 224	1
700	442	649	398	271	1 302	1 090	662	446	2 400	4
856	484	646	445	327	1 392	1 200	603	499	2 541	1
857	503	666	458	315	1 385	1 317	696	446	2 702	5
917	500	702	473	282	1 467	1 316	690	444	2 720	
3 948	**2 354**	**2 941**	**2 311**	**1 693**	**6 699**	**6 695**	**3 034**	**2 182**	**13 986**	**16**
965	516	726	540	363	1 496	1 444	643	480	2 986	3
857	491	582	442	369	1 431	1 367	618	462	2 749	5
859	500	653	490	340	1 437	1 413	694	509	3 125	4
601	387	466	380	278	1 097	1 120	498	346	2 310	1
666	461	514	459	343	1 239	1 351	581	385	2 816	4
3 375	**2 529**	**2 548**	**2 599**	**2 017**	**5 712**	**7 200**	**3 114**	**2 046**	**16 240**	**9**
735	457	516	535	384	1 327	1 490	649	395	3 404	5
706	530	537	589	411	1 185	1 566	690	438	3 501	1
935	712	747	686	583	1 484	2 003	819	588	4 457	2
632	506	429	517	388	1 084	1 372	596	395	3 092	1
366	324	319	273	252	632	770	360	230	1 784	1
1 848	**2 325**	**2 001**	**1 785**	**1 913**	**4 558**	**5 236**	**2 486**	**1 707**	**11 796**	**7**
402	443	434	323	321	893	1 001	428	348	2 343	2
348	390	353	321	322	812	767	415	314	1 907	1
409	506	403	363	445	1 006	1 093	519	342	2 490	
349	520	458	409	439	984	1 221	579	377	2 624	2
340	466	354	369	386	863	1 153	544	326	2 431	2
971	**1 930**	**1 609**	**1 482**	**1 619**	**3 666**	**4 857**	**2 514**	**1 357**	**10 685**	**6**
273	440	402	398	382	874	1 212	585	326	2 653	
236	447	394	370	337	853	1 134	589	312	2 472	2
176	373	307	266	351	685	887	491	264	2 082	1
174	356	283	248	305	734	845	478	249	1 871	
113	313	224	199	245	520	779	372	207	1 607	2
404	**969**	**784**	**714**	**757**	**1 854**	**3 459**	**1 438**	**749**	**5 590**	**3**
128	276	190	189	190	483	790	366	182	1 455	
89	245	191	161	176	442	771	303	196	1 287	
65	174	149	120	146	320	683	264	132	1 065	
62	161	141	124	132	309	682	261	126	1 006	2
60	113	114	120	114	300	533	245	114	777	1
94	**210**	**187**	**203**	**205**	**749**	**576**	**511**	**150**	**856**	
34	67	69	58	72	219	193	161	52	303	
24	56	43	33	39	168	121	108	22	183	
11	39	24	49	40	130	105	74	33	138	
12	29	21	26	35	125	75	96	20	123	
12	19	31	36	20	107	82	72	23	109	

表5-2a 全国按年龄、性别和

性别 年龄	就业人口	农、林、牧、渔业	采矿业	制造业	电力、燃气及水的生产和供应业	建筑业	交通运输、仓储和邮政业	信息传输、计算机服务和软件业	批发和零售业	住宿和餐饮业
65-69	**11 382**	**6 827**	**49**	**1 095**	**27**	**383**	**162**	**12**	**908**	**140**
65	2 959	1 740	15	305	5	120	39	3	246	42
66	2 245	1 293	11	244	6	85	39	2	182	38
67	2 413	1 433	12	225	4	75	30	3	171	30
68	2 033	1 260	8	175	5	58	31	1	151	15
69	1 731	1 101	2	146	5	45	23	2	158	14
70岁及以上	**6 588**	**4 477**	**19**	**453**	**23**	**101**	**59**	**4**	**554**	**55**
女	**1 007 409**	**192 100**	**8 977**	**265 347**	**12 563**	**19 507**	**28 493**	**10 782**	**171 734**	**52 018**
16-19	**52 892**	**4 711**	**64**	**28 234**	**78**	**270**	**412**	**422**	**7 101**	**6 004**
16	4 742	697	1	2 424	6	23	18	26	537	537
17	10 557	1 008	15	5 892	13	48	50	53	1 257	1 261
18	18 230	1 524	24	9 920	25	83	129	135	2 408	2 100
19	19 363	1 482	24	9 999	34	116	215	208	2 898	2 106
20-24	**121 481**	**10 462**	**395**	**42 522**	**870**	**1 561**	**2 468**	**3 051**	**24 589**	**9 104**
20	19 285	1 664	36	8 955	50	143	216	275	3 362	1 961
21	21 034	1 787	46	8 565	122	221	322	432	4 046	1 830
22	23 694	1 988	64	8 133	158	292	523	640	4 990	1 767
23	30 350	2 576	124	9 197	259	456	757	899	6 419	1 990
24	27 118	2 448	124	7 671	280	448	649	806	5 772	1 556
25-29	**141 753**	**14 306**	**1 043**	**39 042**	**1 890**	**2 474**	**3 981**	**2 836**	**30 381**	**7 223**
25	26 689	2 527	144	7 390	289	439	686	642	5 774	1 498
26	28 938	2 771	186	7 878	332	495	783	691	6 251	1 542
27	28 434	2 872	209	7 659	410	484	815	589	6 127	1 434
28	27 299	2 869	243	7 440	381	500	753	476	5 916	1 278
29	30 394	3 266	261	8 676	477	556	944	439	6 314	1 472
30-34	**169 908**	**23 039**	**1 892**	**46 676**	**2 901**	**3 621**	**5 322**	**1 807**	**32 945**	**7 940**
30	30 545	3 672	266	8 578	519	641	929	402	6 222	1 461
31	32 619	4 241	339	9 053	527	675	976	364	6 498	1 592
32	34 597	4 617	406	9 422	591	727	1 151	366	6 779	1 605
33	35 708	5 057	419	9 788	640	756	1 108	361	6 676	1 605
34	36 439	5 453	461	9 835	625	823	1 159	313	6 770	1 676
35-39	**173 573**	**31 300**	**2 403**	**45 255**	**2 762**	**4 262**	**5 660**	**1 156**	**29 715**	**8 156**
35	38 754	6 150	504	10 333	678	902	1 217	261	7 039	1 866
36	35 710	6 176	464	9 510	555	898	1 181	265	6 192	1 700
37	38 041	6 810	505	9 823	606	955	1 293	261	6 535	1 719
38	28 782	5 696	402	7 532	457	690	928	172	4 769	1 355
39	32 286	6 469	529	8 057	467	818	1 041	198	5 180	1 515

行业门类分的就业人口(城市)(续 3)

单位：人

金融业	房地产业	租赁和商务服务业	科学研究、技术服务和地质勘查业	水利、环境和公共设施管理业	居民服务和其他服务业	教育	卫生、社会保障和社会福利业	文化、体育和娱乐业	公共管理和社会组织	国际组织
33	**73**	**78**	**132**	**119**	**378**	**260**	**273**	**59**	**374**	
11	20	23	35	24	80	66	64	14	107	
7	14	11	37	23	66	43	54	13	77	
7	18	20	30	34	96	62	61	15	86	
6	14	14	18	24	88	55	42	7	61	
3	8	11	11	15	49	34	52	9	43	
9	**40**	**39**	**42**	**26**	**230**	**103**	**124**	**31**	**199**	
19 868	**10 233**	**13 488**	**7 375**	**8 346**	**41 220**	**57 349**	**34 473**	**12 404**	**41 071**	**60**
122	**149**	**291**	**76**	**55**	**3 010**	**672**	**373**	**671**	**177**	
2	9	14	6	6	344	36	13	37	7	
9	22	38	16	9	618	94	28	108	19	
38	48	90	23	12	1 010	232	118	255	57	
74	70	149	31	28	1 038	310	215	272	93	
1 895	**1 345**	**2 396**	**681**	**399**	**5 271**	**5 609**	**3 996**	**2 271**	**2 586**	**11**
108	92	170	38	27	1 010	381	329	343	124	
228	168	315	70	47	1 072	628	541	352	240	
411	292	496	103	73	1 017	1 033	857	446	411	1
619	414	752	215	123	1 177	1 720	1 144	617	885	6
530	378	664	255	129	996	1 847	1 125	512	925	3
3 227	**1 739**	**2 823**	**1 055**	**761**	**5 296**	**10 260**	**5 445**	**2 141**	**5 815**	**15**
561	354	612	198	108	1 011	1 944	1 043	476	989	4
645	385	621	210	151	1 095	2 171	1 130	462	1 138	2
656	386	591	209	151	991	2 040	1 139	426	1 247	1
620	328	467	210	157	1 047	1 939	1 117	386	1 167	4
746	285	533	228	193	1 153	2 166	1 017	391	1 274	4
4 801	**1 739**	**2 263**	**1 246**	**1 240**	**6 705**	**10 705**	**6 149**	**2 021**	**6 890**	**7**
804	334	455	254	200	1 166	1 989	1 048	384	1 219	3
902	331	457	238	214	1 265	2 087	1 173	392	1 294	1
984	351	464	256	280	1 395	2 137	1 242	428	1 396	1
1 070	354	472	244	274	1 436	2 237	1 354	414	1 443	2
1 041	367	416	255	273	1 444	2 255	1 332	403	1 538	1
4 467	**1 701**	**1 973**	**1 317**	**1 589**	**6 965**	**10 334**	**5 247**	**1 798**	**7 500**	**11**
1 101	385	496	284	338	1 460	2 404	1 322	390	1 624	2
960	326	420	296	317	1 336	2 124	1 123	374	1 491	3
984	412	418	278	353	1 561	2 316	1 151	400	1 656	5
686	256	297	193	252	1 215	1 643	772	288	1 178	1
735	322	343	266	329	1 394	1 848	879	346	1 551	1

表5-2a 全国按年龄、性别和

性别 年龄	就业人口	农、林、牧、渔业	采矿业	制造业	电力、燃气及水的生产和供应业	建筑业	交通运输、仓储和邮政业	信息传输、计算机服务和软件业	批发和零售业	住宿和餐饮业
40-44	**152 463**	**30 340**	**2 054**	**35 946**	**2 297**	**3 905**	**5 831**	**829**	**23 847**	**7 022**
40	33 515	6 698	514	8 263	470	839	1 228	154	5 325	1 555
41	33 824	6 414	465	8 124	569	864	1 241	210	5 316	1 550
42	40 236	7 808	537	9 441	587	1 100	1 601	219	6 265	1 838
43	28 521	6 043	367	6 385	454	715	1 067	163	4 466	1 290
44	16 367	3 376	171	3 732	216	388	695	82	2 474	789
45-49	**96 344**	**24 367**	**854**	**18 183**	**1 344**	**2 393**	**3 785**	**457**	**13 613**	**4 076**
45	19 720	4 014	223	4 237	303	538	865	106	3 051	862
46	16 949	3 976	184	3 386	258	383	727	72	2 404	786
47	20 319	5 102	158	3 851	291	534	833	114	2 879	876
48	21 231	5 831	144	3 680	305	524	766	100	2 961	851
49	18 126	5 445	145	3 029	187	415	595	65	2 318	701
50-54	**58 126**	**25 571**	**218**	**6 635**	**364**	**776**	**843**	**170**	**6 187**	**1 732**
50	14 803	5 577	71	1 942	114	221	269	46	1 826	504
51	13 696	5 694	50	1 577	85	215	218	49	1 483	419
52	11 218	5 178	41	1 224	62	136	142	31	1 116	307
53	10 405	5 122	31	1 091	63	115	127	26	1 007	286
54	8 003	3 999	25	802	39	88	87	19	755	217
55-59	**23 783**	**15 289**	**38**	**1 907**	**39**	**183**	**138**	**37**	**2 118**	**515**
55	6 506	3 852	15	546	14	69	48	16	618	176
56	5 606	3 588	10	455	12	48	36	14	538	137
57	4 498	2 948	7	374	7	18	29	1	405	74
58	3 975	2 715	3	325	3	26	10	4	315	65
59	3 198	2 186	2	208	2	22	16	3	242	63
60-64	**10 007**	**7 335**	**7**	**581**	**14**	**36**	**31**	**12**	**707**	**160**
60	2 700	1 882	1	170	7	12	8	3	200	52
61	2 302	1 717	2	128	1	3	9	6	150	43
62	1 936	1 464		120	2	5	6	1	132	17
63	1 567	1 147	1	93	4	7	2	2	114	24
64	1 501	1 125	2	70		8	6		111	24
65-69	**4 654**	**3 502**	**4**	**236**	**3**	**20**	**13**	**4**	**343**	**58**
65	1 369	1 055		54	2	9	2	1	93	14
66	902	684	3	49		1	5	1	65	8
67	930	664	1	52		2	3		81	20
68	795	609	1	48		3	1	2	51	8
69	658	491		34		4	2		53	9
70岁及以上	**2 425**	**1 877**	**6**	**130**		**6**	**8**	**2**	**189**	**30**

行业门类分的就业人口(城市)(续 4)

单位：人

金融业	房地产业	租赁和商务服务业	科学研究、技术服务和地质勘查业	水利、环境和公共设施管理业	居民服务和其他服务业	教育	卫生、社会保障和社会福利业	文化、体育和娱乐业	公共管理和社会组织	国际组织
3 316	**1 799**	**1 656**	**1 424**	**1 837**	**6 345**	**8 570**	**5 474**	**1 697**	**8 269**	**7**
708	364	352	282	345	1 407	1 853	1 110	326	1 720	1
727	370	371	309	433	1 429	1 935	1 200	366	1 925	4
905	504	451	362	485	1 628	2 268	1 535	499	2 202	1
615	341	300	279	362	1 201	1 592	1 036	307	1 536	1
360	220	182	192	211	680	921	593	198	886	
1 428	**1 186**	**1 212**	**950**	**1 507**	**4 149**	**5 931**	**4 071**	**1 146**	**5 686**	**6**
391	265	250	192	295	850	1 126	754	259	1 138	2
286	195	207	165	272	770	984	690	208	995	1
268	236	266	222	338	909	1 140	864	220	1 219	
269	256	255	215	348	894	1 405	927	246	1 252	3
213	234	234	156	254	727	1 276	835	213	1 082	
508	**422**	**603**	**513**	**608**	**1 977**	**4 355**	**2 899**	**501**	**3 240**	**3**
145	124	148	142	182	535	1 154	783	129	890	1
137	101	138	116	160	477	1 106	752	116	802	1
96	73	130	92	100	402	799	563	104	621	
76	61	101	88	92	331	680	491	84	534	1
54	63	86	74	73	232	616	311	67	393	
92	**98**	**203**	**63**	**232**	**897**	**708**	**475**	**105**	**645**	
32	36	60	19	64	251	271	158	40	222	
15	23	47	16	61	180	147	105	28	147	
19	17	34	14	43	208	103	81	17	102	
13	13	30	9	43	139	105	56	13	88	
13	9	33	6	20	119	83	76	8	86	
11	**40**	**49**	**34**	**81**	**363**	**146**	**195**	**36**	**168**	
1	16	26	4	24	124	51	49	14	56	
2	4	9	12	25	66	28	47	7	42	
3	7	4	6	9	70	32	29	6	23	
1	10	4	7	8	55	22	29	9	28	
3	4	6	5	14	48	12	41	1	18	
2	**13**	**15**	**10**	**28**	**161**	**45**	**108**	**11**	**79**	
1	5	2	2	6	48	15	35	7	18	
	2	5	2	8	26	5	19	1	20	
1		3	1	8	38	12	30	1	15	
	5	4	2	4	22	7	15		14	
	1	2	2	3	26	7	10	3	12	
	1	**2**	**5**	**9**	**80**	**16**	**41**	**5**	**18**	

表5-2b 全国按年龄、性别和

性别 年龄	就业人口	农、林、牧、渔业	采矿业	制造业	电力、燃气及水的生产和供应业	建筑业	交通运输、仓储和邮政业	信息传输、计算机服务和软件业	批发和零售业	住宿和餐饮业
合　计	**1 489 372**	**559 076**	**24 163**	**253 204**	**16 315**	**59 836**	**73 170**	**6 930**	**182 693**	**48 403**
16-19	**55 238**	**17 207**	**375**	**20 307**	**198**	**1 717**	**1 203**	**366**	**5 123**	**3 602**
16	7 145	2 682	36	2 255	17	195	99	32	613	601
17	11 643	3 853	67	4 260	28	342	190	59	998	825
18	18 092	5 367	138	6 979	70	589	399	114	1 691	1 121
19	18 358	5 306	134	6 813	83	591	515	161	1 820	1 055
20-24	**120 183**	**34 230**	**1 535**	**33 275**	**1 009**	**3 879**	**5 165**	**1 265**	**14 491**	**5 154**
20	18 989	5 617	171	6 341	92	606	623	185	2 153	982
21	20 196	5 928	212	6 310	145	631	719	208	2 383	956
22	22 869	6 494	293	6 361	183	756	987	260	2 773	989
23	29 690	8 172	446	7 557	281	957	1 442	325	3 672	1 153
24	28 439	8 018	411	6 705	308	928	1 394	287	3 511	1 074
25-29	**167 040**	**43 214**	**2 779**	**35 301**	**2 398**	**6 082**	**9 849**	**1 438**	**21 598**	**5 676**
25	29 185	8 070	476	6 460	371	958	1 433	285	3 784	1 000
26	33 313	8 712	540	7 295	450	1 162	1 880	292	4 155	1 173
27	33 728	8 397	567	7 176	463	1 236	2 024	273	4 362	1 141
28	33 168	8 323	552	6 799	515	1 248	2 081	308	4 281	1 153
29	37 647	9 712	643	7 571	598	1 477	2 432	279	5 017	1 209
30-34	**228 447**	**64 570**	**4 394**	**44 046**	**3 446**	**9 907**	**14 589**	**1 408**	**30 694**	**7 577**
30	40 053	10 407	688	7 967	610	1 633	2 683	295	5 402	1 326
31	43 939	12 029	794	8 724	629	1 871	2 776	312	5 920	1 502
32	46 192	13 137	970	8 909	730	1 944	2 904	263	6 090	1 590
33	48 079	13 908	955	9 119	733	2 118	3 076	257	6 519	1 577
34	50 184	15 089	987	9 328	743	2 341	3 149	282	6 763	1 582
35-39	**258 172**	**84 560**	**5 341**	**44 569**	**3 271**	**12 641**	**15 785**	**1 095**	**35 065**	**8 341**
35	55 431	17 137	1 149	10 031	775	2 589	3 462	288	7 603	1 840
36	51 158	16 168	1 062	9 030	677	2 559	3 220	234	6 941	1 668
37	56 166	18 253	1 269	9 646	706	2 811	3 445	216	7 626	1 844
38	44 390	15 267	874	7 485	514	2 191	2 614	168	5 947	1 440
39	51 027	17 735	988	8 377	599	2 491	3 045	190	6 947	1 550
40-44	**223 389**	**78 922**	**4 532**	**33 397**	**2 705**	**10 534**	**12 555**	**717**	**30 335**	**7 366**
40	52 209	17 658	1 093	8 352	652	2 645	3 022	164	7 271	1 693
41	48 706	16 760	1 026	7 526	618	2 305	2 752	175	6 531	1 578
42	58 106	20 563	1 165	8 602	692	2 631	3 253	180	7 833	1 941
43	42 389	15 552	797	5 953	488	2 058	2 334	136	5 805	1 381
44	21 979	8 390	450	2 964	256	895	1 194	62	2 895	774
45-49	**151 507**	**63 029**	**2 631**	**18 753**	**1 707**	**6 428**	**7 227**	**317**	**18 860**	**4 754**
45	27 152	10 291	537	3 803	357	1 152	1 471	76	3 478	902
46	25 091	9 787	436	3 322	309	1 128	1 314	47	3 347	846
47	31 805	13 130	553	3 865	370	1 293	1 574	75	3 997	1 017
48	36 001	15 376	620	4 343	363	1 557	1 563	69	4 475	1 069
49	31 457	14 446	486	3 420	308	1 298	1 306	51	3 563	920

行业门类分的就业人口(镇)

单位：人

金融业	房地产业	租赁和商务服务业	科学研究、技术服务和地质勘查业	水利、环境和公共设施管理业	居民服务和其他服务业	教育	卫生、社会保障和社会福利业	文化、体育和娱乐业	公共管理和社会组织	国际组织
12 865	**2 502**	**6 138**	**2 268**	**6 581**	**49 306**	**67 627**	**31 667**	**7 764**	**78 833**	**32**
54	**41**	**197**	**47**	**41**	**3 289**	**474**	**230**	**353**	**415**	
2	5	22	7	7	468	30	10	41	23	
3	4	35	8	5	735	77	33	55	67	
26	13	63	16	9	1 043	142	68	119	125	
23	20	77	16	20	1 042	225	119	138	200	
601	**235**	**690**	**186**	**293**	**5 821**	**5 211**	**2 299**	**872**	**3 971**	**2**
43	21	93	17	15	1 089	298	224	152	267	
63	33	107	21	35	1 008	575	293	132	434	
129	52	142	39	54	1 138	896	452	173	696	
189	65	185	61	94	1 410	1 646	625	205	1 205	
176	64	163	47	96	1 177	1 796	704	210	1 369	1
1 273	**349**	**883**	**308**	**707**	**6 449**	**11 595**	**5 285**	**1 192**	**10 661**	**3**
198	71	164	53	113	1 162	1 900	894	182	1 609	1
236	73	170	49	134	1 303	2 383	994	230	2 082	
242	53	185	68	172	1 326	2 443	1 118	261	2 222	1
270	79	186	59	128	1 252	2 343	1 106	244	2 237	1
327	74	179	78	159	1 404	2 526	1 174	275	2 511	
2 741	**395**	**1 008**	**423**	**1 055**	**8 415**	**12 353**	**6 038**	**1 338**	**14 046**	**3**
420	73	169	73	183	1 569	2 454	1 110	271	2 719	
460	81	230	81	208	1 626	2 496	1 147	259	2 795	
567	61	199	88	211	1 747	2 449	1 255	279	2 796	3
587	96	209	99	237	1 725	2 476	1 260	267	2 862	
708	83	201	82	217	1 749	2 479	1 267	261	2 874	
3 265	**432**	**1 047**	**387**	**1 145**	**8 286**	**12 292**	**5 052**	**1 218**	**14 371**	**9**
741	103	236	86	243	1 944	2 678	1 271	279	2 975	3
664	93	196	72	217	1 615	2 608	1 088	231	2 812	1
748	83	244	88	270	1 795	2 615	1 089	292	3 129	1
525	82	171	56	192	1 420	2 026	733	199	2 484	3
586	71	200	85	223	1 512	2 366	871	217	2 972	1
2 747	**404**	**903**	**320**	**1 105**	**6 226**	**10 139**	**4 505**	**1 202**	**14 763**	**11**
688	78	204	77	235	1 494	2 369	1 035	231	3 245	4
583	75	201	65	246	1 399	2 197	996	286	3 383	1
703	125	243	91	290	1 574	2 711	1 226	341	3 939	2
512	77	155	50	214	1 142	1 881	821	217	2 814	3
261	49	99	37	120	617	981	427	127	1 382	
1 270	**275**	**586**	**268**	**921**	**3 966**	**7 127**	**3 222**	**704**	**9 457**	**3**
292	56	101	42	175	760	1 254	573	149	1 682	1
249	42	103	52	149	667	1 123	481	111	1 578	1
268	56	129	53	181	911	1 452	721	136	2 026	
245	72	137	63	224	880	1 792	769	175	2 210	1
216	49	116	60	192	748	1 506	678	134	1 961	

表5-2b 全国按年龄、性别和

性别 年龄	就业人口	农、林、牧、渔业	采矿业	制造业	电力、燃气及水的生产和供应业	建筑业	交通运输、仓储和邮政业	信息传输、计算机服务和软件业	批发和零售业	住宿和餐饮业
50-54	**136 671**	**71 809**	**1 801**	**13 424**	**1 048**	**5 185**	**4 658**	**203**	**14 347**	**3 438**
50	32 785	15 734	479	3 500	284	1 291	1 280	62	3 631	923
51	30 152	15 371	397	3 002	238	1 176	1 058	45	3 316	783
52	26 581	14 053	382	2 568	193	1 028	975	38	2 774	645
53	26 055	14 373	303	2 446	186	941	766	31	2 682	638
54	21 097	12 277	241	1 909	147	748	579	27	1 944	450
55-59	**77 647**	**48 222**	**575**	**6 230**	**393**	**2 332**	**1 580**	**83**	**6 704**	**1 457**
55	19 732	11 692	224	1 700	122	646	461	17	1 837	410
56	18 139	11 141	137	1 451	95	583	425	26	1 577	359
57	14 372	8 999	89	1 149	78	442	262	12	1 220	280
58	13 798	8 809	73	1 066	43	374	264	16	1 125	212
59	11 607	7 581	52	864	56	287	170	12	946	196
60-64	**38 486**	**27 899**	**133**	**2 333**	**105**	**832**	**383**	**32**	**3 051**	**637**
60	10 067	6 932	50	701	30	262	125	8	838	224
61	8 468	6 195	20	486	24	189	78	6	636	125
62	7 280	5 349	17	390	18	131	70	4	591	132
63	6 536	4 835	21	378	13	136	60	6	525	89
64	6 137	4 589	26	378	20	114	50	7	461	68
65-69	**20 334**	**15 783**	**52**	**1 032**	**29**	**249**	**115**	**3**	**1 410**	**279**
65	5 468	4 191	16	302	8	74	31		377	78
66	4 031	3 064	13	219	4	49	27	1	307	52
67	4 143	3 229	6	210	3	57	24	1	276	56
68	3 631	2 855	6	176	6	39	12		263	44
69	3 061	2 443	10	125	7	30	21		187	49
70岁及以上	**12 258**	**9 631**	**15**	**538**	**6**	**51**	**59**	**4**	**1 016**	**121**
男	**836 174**	**276 862**	**20 267**	**136 262**	**11 312**	**53 656**	**63 921**	**4 072**	**90 443**	**22 085**
16-19	**26 896**	**9 328**	**326**	**8 666**	**145**	**1 558**	**1 005**	**152**	**1 825**	**1 416**
16	3 519	1 460	29	965	11	180	79	18	230	239
17	5 620	2 097	65	1 756	22	314	160	28	347	310
18	8 755	2 917	118	2 959	52	544	328	38	600	430
19	9 002	2 854	115	2 987	60	520	438	68	648	436
20-24	**61 279**	**16 782**	**1 257**	**16 648**	**648**	**3 433**	**4 465**	**554**	**5 888**	**2 326**
20	9 455	2 905	127	2 921	61	530	534	69	853	420
21	9 997	2 939	183	2 997	95	570	614	92	892	398
22	11 642	3 162	246	3 239	119	666	849	114	1 093	451
23	15 252	3 936	368	3 888	169	860	1 225	146	1 526	519
24	14 933	3 839	333	3 602	205	808	1 244	134	1 524	538
25-29	**90 261**	**20 711**	**2 262**	**18 846**	**1 557**	**5 409**	**8 603**	**823**	**9 774**	**2 665**
25	15 503	3 899	402	3 523	257	851	1 225	147	1 694	467
26	17 977	4 171	449	4 007	279	1 024	1 656	154	1 902	562
27	18 298	4 004	439	3 838	297	1 108	1 767	165	1 987	538
28	17 983	4 016	452	3 591	346	1 113	1 817	181	1 907	535
29	20 500	4 621	520	3 886	377	1 313	2 138	175	2 284	562

行业门类分的就业人口(镇)(续 1)

单位：人

金融业	房地产业	租赁和商务服务业	科学研究、技术服务和地质勘查业	水利、环境和公共设施管理业	居民服务和其他服务业	教育	卫生、社会保障和社会福利业	文化、体育和娱乐业	公共管理和社会组织	国际组织
594	**211**	**414**	**207**	**643**	**3 164**	**5 433**	**2 660**	**507**	**6 923**	**1**
192	54	104	60	149	758	1 560	698	123	1 904	
139	36	95	46	139	694	1 231	626	120	1 640	
102	44	76	43	136	604	1 008	529	104	1 281	
95	42	69	31	111	630	950	468	79	1 215	
67	36	70	27	108	477	685	340	82	883	1
211	**100**	**228**	**83**	**422**	**1 795**	**2 460**	**1 383**	**236**	**3 155**	
50	26	51	21	112	489	671	332	60	813	
65	24	59	15	89	409	569	317	55	744	
31	13	50	17	97	310	464	261	42	556	
38	24	37	16	61	324	421	244	38	614	
28	15	30	14	63	262	334	229	41	428	
68	**39**	**100**	**17**	**150**	**1 024**	**364**	**579**	**90**	**652**	
27	14	33	5	36	255	136	146	20	225	
16	5	19	2	25	234	89	143	31	146	
8	12	26	1	34	201	55	108	16	116	
9	4	13	4	22	178	41	95	15	91	
8	3	9	5	31	157	43	87	9	74	
31	**20**	**56**	**14**	**67**	**539**	**121**	**240**	**37**	**259**	
9	6	19	2	19	149	35	68	8	76	
9	3	5	6	10	118	29	46	6	61	
7	8	16	4	17	106	12	53	7	50	
3	3	9	1	13	87	18	48	14	35	
5		7		8	80	27	24	2	36	
11	**1**	**26**	**8**	**31**	**333**	**57**	**175**	**15**	**161**	
7 095	**1 674**	**4 059**	**1 578**	**4 061**	**29 571**	**32 956**	**14 422**	**4 508**	**57 350**	**22**
19	**28**	**98**	**27**	**23**	**1 741**	**68**	**54**	**131**	**286**	
1	4	10	4	3	239	6	4	18	19	
1	4	19	3	1	405	13	10	25	43	
8	7	29	9	6	548	23	19	32	87	
8	13	40	11	13	550	26	21	56	137	
262	**134**	**352**	**132**	**168**	**3 361**	**1 362**	**649**	**423**	**2 433**	**1**
18	12	56	13	5	591	54	39	60	185	
30	18	47	14	22	587	120	60	63	255	
55	32	66	30	26	650	204	110	81	448	
87	35	105	40	55	817	466	189	96	725	
71	37	78	35	59	716	517	251	124	819	1
604	**208**	**554**	**191**	**439**	**3 749**	**4 262**	**2 003**	**674**	**6 924**	**3**
106	42	101	33	67	666	605	292	112	1 015	1
117	40	105	32	82	771	805	377	140	1 303	
114	32	114	40	108	765	943	420	143	1 474	1
110	48	116	36	82	735	876	477	128	1 417	1
156	45	118	51	101	813	1 033	438	152	1 715	

表5-2b 全国按年龄、性别和

性别 年龄	就业人口	农、林、牧、渔业	采矿业	制造业	电力、燃气及水的生产和供应业	建筑业	交通运输、仓储和邮政业	信息传输、计算机服务和软件业	批发和零售业	住宿和餐饮业
30-34	**125 143**	**30 123**	**3 526**	**22 711**	**2 270**	**8 764**	**12 687**	**877**	**14 340**	**3 305**
30	21 885	4 854	558	4 175	399	1 469	2 326	181	2 470	578
31	23 893	5 582	608	4 534	414	1 620	2 420	188	2 691	661
32	25 458	6 198	777	4 618	495	1 722	2 554	162	2 857	738
33	26 503	6 563	781	4 667	486	1 862	2 648	162	3 099	666
34	27 405	6 926	801	4 717	476	2 090	2 739	184	3 223	662
35-39	**141 340**	**38 560**	**4 336**	**22 553**	**2 174**	**11 200**	**13 674**	**726**	**16 733**	**3 614**
35	30 643	8 015	932	5 247	531	2 276	3 021	191	3 591	821
36	27 972	7 359	872	4 534	414	2 258	2 794	161	3 381	721
37	30 982	8 303	1 042	4 910	483	2 474	3 033	139	3 652	805
38	24 262	6 884	713	3 781	369	1 971	2 220	114	2 841	609
39	27 481	8 000	778	4 081	377	2 222	2 606	122	3 267	657
40-44	**123 032**	**35 829**	**3 758**	**17 598**	**1 824**	**9 238**	**10 691**	**474**	**14 830**	**3 078**
40	28 917	8 253	891	4 275	451	2 300	2 586	109	3 579	704
41	26 721	7 520	829	3 905	407	2 023	2 364	108	3 205	639
42	31 922	9 319	984	4 619	454	2 329	2 773	121	3 782	826
43	23 443	7 010	672	3 200	325	1 814	1 935	88	2 843	574
44	12 029	3 728	382	1 601	186	772	1 033	47	1 420	335
45-49	**87 619**	**29 960**	**2 364**	**11 329**	**1 277**	**5 801**	**6 467**	**217**	**10 061**	**2 286**
45	15 340	4 792	467	2 146	248	1 027	1 294	51	1 773	408
46	14 565	4 681	391	1 985	231	1 011	1 159	31	1 818	382
47	18 499	6 332	491	2 332	288	1 162	1 408	55	2 148	499
48	20 878	7 294	560	2 705	262	1 416	1 412	46	2 416	528
49	18 336	6 862	455	2 161	247	1 185	1 194	33	1 907	468
50-54	**83 187**	**36 021**	**1 700**	**9 702**	**920**	**4 908**	**4 324**	**153**	**8 642**	**1 803**
50	19 738	7 739	453	2 433	238	1 196	1 169	44	2 071	453
51	18 073	7 509	374	2 140	204	1 107	974	35	1 953	409
52	16 409	7 171	366	1 852	175	983	924	28	1 734	323
53	15 907	7 268	286	1 794	174	908	711	26	1 645	370
54	13 060	6 334	221	1 485	130	716	546	19	1 238	247
55-59	**49 936**	**26 262**	**548**	**4 998**	**371**	**2 248**	**1 489**	**69**	**4 442**	**902**
55	12 439	6 091	217	1 344	117	631	428	14	1 206	247
56	11 674	6 083	131	1 153	87	556	402	20	1 000	234
57	9 245	4 965	83	912	70	420	246	12	801	174
58	8 979	4 857	71	863	42	367	252	12	782	125
59	7 600	4 266	46	726	54	274	160	10	653	123
60-64	**25 241**	**16 776**	**129**	**1 913**	**96**	**811**	**353**	**23**	**2 130**	**439**
60	6 506	4 005	49	568	30	252	116	5	557	160
61	5 529	3 730	19	389	20	185	69	5	454	82
62	4 748	3 220	17	313	16	130	62	4	420	88
63	4 315	2 939	21	322	11	131	58	5	370	65
64	4 143	2 882	24	322	18	112	48	4	328	43

行业门类分的就业人口(镇)(续 2)

单位：人

金融业	房地产业	租赁和商务服务业	科学研究、技术服务和地质勘查业	水利、环境和公共设施管理业	居民服务和其他服务业	教育	卫生、社会保障和社会福利业	文化、体育和娱乐业	公共管理和社会组织	国际组织
1 305	**265**	**612**	**288**	**625**	**4 658**	**5 676**	**2 536**	**764**	**9 810**	**1**
176	47	94	53	98	842	1 077	486	146	1 854	
218	48	147	54	127	932	1 100	471	142	1 934	
292	45	131	59	127	937	1 140	518	163	1 924	1
283	71	116	64	145	957	1 181	536	163	2 052	
336	54	124	58	127	990	1 178	524	151	2 046	
1 784	**284**	**686**	**252**	**689**	**4 704**	**6 258**	**2 222**	**685**	**10 198**	**6**
399	67	154	64	160	1 101	1 298	551	161	2 061	2
359	61	119	44	131	903	1 321	431	127	1 982	1
415	60	170	63	159	1 028	1 348	485	163	2 250	1
311	55	116	35	115	818	1 099	339	115	1 753	1
300	40	127	47	124	853	1 191	415	119	2 153	1
1 531	**254**	**618**	**215**	**616**	**3 676**	**5 384**	**1 967**	**674**	**10 768**	**8**
368	47	136	51	123	850	1 243	464	130	2 357	2
333	47	138	44	155	834	1 153	434	162	2 420	1
391	80	173	65	156	901	1 408	510	186	2 843	2
294	44	107	32	119	724	1 071	367	119	2 100	3
145	37	64	24	63	366	509	193	78	1 048	
855	**180**	**444**	**195**	**508**	**2 583**	**3 920**	**1 499**	**443**	**7 229**	**1**
184	29	73	28	82	494	655	278	88	1 223	1
169	30	75	32	82	405	611	212	60	1 200	
182	38	97	39	102	591	789	313	98	1 535	
170	46	112	48	131	596	980	346	116	1 694	
150	37	87	48	111	498	886	350	80	1 577	
455	**174**	**338**	**166**	**461**	**2 260**	**3 382**	**1 532**	**399**	**5 846**	**1**
148	44	82	48	106	494	966	355	98	1 600	
92	25	76	31	107	506	735	352	96	1 350	
86	38	63	35	90	437	642	302	81	1 080	
81	35	53	28	78	451	595	296	63	1 046	
49	32	63	23	80	371	445	226	61	771	1
188	**93**	**197**	**75**	**325**	**1 346**	**2 159**	**1 105**	**205**	**2 916**	
40	24	46	21	85	367	546	234	48	733	
58	24	52	13	69	300	502	253	49	688	
28	9	42	13	70	233	410	213	33	510	
35	24	32	15	50	240	383	213	35	579	
26	13	24	13	51	206	318	191	40	406	
56	**34**	**88**	**17**	**122**	**794**	**322**	**492**	**71**	**578**	
25	12	29	5	28	192	128	124	16	205	
10	3	15	2	20	178	76	121	24	127	
6	11	24	1	31	156	47	88	12	102	
8	4	11	4	17	144	35	82	12	74	
6	3	9	5	25	124	35	78	7	69	

表5-2b 全国按年龄、性别和

性别 年龄	就业人口	农、林、牧、渔业	采矿业	制造业	电力、燃气及水的生产和供应业	建筑业	交通运输、仓储和邮政业	信息传输、计算机服务和软件业	批发和零售业	住宿和餐饮业
65-69	**13 742**	**10 104**	**50**	**858**	**23**	**236**	**108**	**1**	**1 021**	**177**
65	3 603	2 608	16	256	7	68	29		255	48
66	2 684	1 918	13	175	4	45	24	1	219	36
67	2 879	2 123	6	183	2	57	24		208	36
68	2 516	1 905	4	147	5	36	11		192	31
69	2 060	1 551	10	98	6	30	20		147	26
70岁及以上	**8 497**	**6 407**	**11**	**438**	**6**	**49**	**55**	**4**	**757**	**76**
女	**653 198**	**282 214**	**3 895**	**116 942**	**5 003**	**6 180**	**9 249**	**2 857**	**92 250**	**26 318**
16-19	**28 342**	**7 879**	**49**	**11 640**	**52**	**159**	**198**	**214**	**3 298**	**2 187**
16	3 626	1 222	7	1 290	6	15	20	14	383	362
17	6 023	1 756	3	2 504	6	28	30	31	651	516
18	9 338	2 450	21	4 021	18	46	71	76	1 091	691
19	9 356	2 451	19	3 826	22	70	77	93	1 172	618
20-24	**58 904**	**17 448**	**278**	**16 627**	**361**	**446**	**700**	**711**	**8 602**	**2 828**
20	9 535	2 711	45	3 420	31	76	89	117	1 299	562
21	10 200	2 989	30	3 314	50	62	104	116	1 491	558
22	11 227	3 332	48	3 122	64	90	139	146	1 680	538
23	14 438	4 236	78	3 669	113	97	217	179	2 146	634
24	13 505	4 179	78	3 103	103	121	151	154	1 987	536
25-29	**76 779**	**22 503**	**517**	**16 454**	**841**	**673**	**1 246**	**615**	**11 825**	**3 012**
25	13 682	4 172	74	2 937	114	107	207	138	2 089	533
26	15 335	4 540	90	3 287	172	138	223	138	2 253	612
27	15 430	4 393	128	3 337	165	128	257	107	2 376	602
28	15 184	4 308	101	3 208	169	136	264	127	2 374	618
29	17 147	5 090	124	3 685	221	164	294	105	2 733	647
30-34	**103 303**	**34 448**	**868**	**21 335**	**1 176**	**1 143**	**1 902**	**532**	**16 354**	**4 272**
30	18 168	5 553	130	3 791	211	164	358	114	2 931	748
31	20 046	6 448	186	4 190	215	251	356	124	3 229	840
32	20 734	6 940	193	4 291	236	222	350	101	3 233	852
33	21 576	7 345	173	4 452	248	256	428	95	3 420	911
34	22 779	8 163	186	4 611	266	251	411	98	3 540	921
35-39	**116 832**	**45 999**	**1 005**	**22 016**	**1 097**	**1 441**	**2 112**	**368**	**18 332**	**4 727**
35	24 788	9 122	217	4 784	244	313	441	97	4 011	1 019
36	23 186	8 809	191	4 496	263	301	426	73	3 560	947
37	25 184	9 950	227	4 736	223	337	412	77	3 975	1 039
38	20 128	8 383	161	3 703	145	220	394	54	3 106	830
39	23 545	9 736	210	4 296	222	269	438	68	3 680	892

行业门类分的就业人口(镇)(续 3)

单位：人

金融业	房地产业	租赁和商务服务业	科学研究、技术服务和地质勘查业	水利、环境和公共设施管理业	居民服务和其他服务业	教育	卫生、社会保障和社会福利业	文化、体育和娱乐业	公共管理和社会组织	国际组织
28	**19**	**50**	**13**	**57**	**434**	**106**	**203**	**29**	**224**	
6	6	19	2	19	109	31	57	7	61	
9	3	5	6	10	94	26	38	2	55	
7	7	12	4	11	91	12	45	6	46	
3	3	6	1	10	67	15	41	12	27	
4		7		8	72	23	24	2	34	
9	**1**	**21**	**6**	**28**	**265**	**56**	**160**	**9**	**139**	
5 771	**828**	**2 080**	**691**	**2 519**	**19 735**	**34 671**	**17 245**	**3 256**	**21 482**	**10**
35	**14**	**99**	**20**	**18**	**1 547**	**406**	**176**	**221**	**129**	
1	1	12	4	4	229	24	6	23	3	
2		16	4	5	331	64	23	30	24	
18	5	34	7	3	495	119	49	87	38	
15	7	37	5	7	493	199	98	82	63	
339	**101**	**339**	**54**	**125**	**2 460**	**3 849**	**1 650**	**449**	**1 538**	
25	8	37	4	9	498	244	185	92	82	
33	16	61	7	13	420	454	234	69	179	
74	20	76	9	28	488	692	342	92	248	
102	30	80	21	38	593	1 180	436	109	480	
105	27	85	12	37	461	1 279	453	86	549	
669	**141**	**329**	**117**	**268**	**2 700**	**7 333**	**3 283**	**517**	**3 737**	
92	29	63	20	47	497	1 295	602	70	594	
119	33	65	18	52	532	1 578	617	90	779	
128	20	71	28	64	561	1 500	698	118	748	
159	31	70	24	46	518	1 467	630	116	819	
171	29	61	27	59	591	1 493	736	123	796	
1 437	**130**	**396**	**135**	**431**	**3 757**	**6 677**	**3 503**	**574**	**4 235**	**2**
244	25	75	21	85	727	1 377	624	126	865	
242	33	83	27	81	693	1 396	676	117	861	
275	17	68	29	84	810	1 309	736	117	871	2
304	25	93	35	92	768	1 295	723	104	810	
372	30	77	24	90	759	1 301	743	110	828	
1 481	**148**	**360**	**135**	**455**	**3 582**	**6 034**	**2 830**	**533**	**4 173**	**3**
342	36	82	22	83	842	1 379	720	118	914	2
306	32	78	28	86	712	1 287	657	104	831	
333	23	73	25	111	767	1 266	603	129	879	
214	27	55	22	77	602	926	394	85	731	1
286	31	73	39	99	659	1 175	456	98	819	

表5-2b 全国按年龄、性别和

性别 年龄	就业人口	农、林、牧、渔业	采矿业	制造业	电力、燃气及水的生产和供应业	建筑业	交通运输、仓储和邮政业	信息传输、计算机服务和软件业	批发和零售业	住宿和餐饮业
40-44	**100 357**	**43 094**	**774**	**15 799**	**881**	**1 296**	**1 864**	**243**	**15 505**	**4 288**
40	23 293	9 405	202	4 078	200	345	436	54	3 692	989
41	21 984	9 241	198	3 621	211	282	387	67	3 326	939
42	26 184	11 244	181	3 983	238	302	480	59	4 051	1 115
43	18 946	8 542	125	2 753	163	244	399	47	2 961	807
44	9 949	4 662	68	1 364	70	123	161	15	1 476	438
45-49	**63 888**	**33 069**	**268**	**7 424**	**430**	**627**	**761**	**100**	**8 799**	**2 469**
45	11 812	5 499	70	1 657	109	125	177	24	1 705	494
46	10 526	5 106	45	1 337	78	117	155	16	1 530	464
47	13 306	6 798	62	1 533	81	130	166	20	1 849	518
48	15 123	8 082	59	1 638	101	142	151	22	2 059	541
49	13 121	7 584	31	1 259	62	113	112	18	1 656	452
50-54	**53 483**	**35 788**	**101**	**3 722**	**128**	**277**	**335**	**50**	**5 705**	**1 636**
50	13 047	7 995	26	1 067	46	95	111	18	1 560	470
51	12 079	7 862	24	862	34	70	84	10	1 363	373
52	10 172	6 883	16	716	18	46	51	9	1 039	322
53	10 148	7 105	17	652	12	33	56	5	1 037	268
54	8 037	5 943	19	424	17	33	32	8	706	203
55-59	**27 711**	**21 960**	**27**	**1 231**	**23**	**84**	**92**	**14**	**2 262**	**555**
55	7 293	5 601	7	356	4	15	33	3	631	163
56	6 465	5 058	5	298	8	26	23	6	577	124
57	5 127	4 033	7	236	7	22	16		419	107
58	4 820	3 952	2	203	1	7	11	4	342	87
59	4 007	3 315	6	138	2	13	10	2	293	74
60-64	**13 245**	**11 124**	**4**	**420**	**9**	**21**	**30**	**9**	**921**	**198**
60	3 560	2 928	1	133		10	9	3	281	64
61	2 939	2 465	1	97	4	4	9	1	182	43
62	2 532	2 128		77	1	1	8	1	171	44
63	2 221	1 896		57	2	4	2	2	155	24
64	1 994	1 707	2	56	2	2	2	3	132	25
65-69	**6 592**	**5 679**	**2**	**173**	**6**	**12**	**7**	**1**	**390**	**101**
65	1 865	1 583		46	1	5	2		122	30
66	1 348	1 147		44		5	2		89	16
67	1 264	1 107		27	1			1	68	20
68	1 115	950	2	29	1	2	1		72	12
69	1 001	892		27	1		2		40	23
70岁及以上	**3 761**	**3 224**	**4**	**100**		**2**	**4**		**259**	**45**

行业门类分的就业人口(镇)(续 4)

单位：人

金融业	房地产业	租赁和商务服务业	科学研究、技术服务和地质勘查业	水利、环境和公共设施管理业	居民服务和其他服务业	教育	卫生、社会保障和社会福利业	文化、体育和娱乐业	公共管理和社会组织	国际组织
1 216	**150**	**285**	**105**	**489**	**2 550**	**4 756**	**2 537**	**528**	**3 995**	**3**
320	31	69	26	112	644	1 127	571	101	887	2
250	29	63	21	92	565	1 044	562	124	963	
312	45	70	27	134	673	1 303	716	155	1 096	
218	33	48	18	94	418	810	454	98	715	1
116	12	36	13	57	250	472	234	50	334	
416	**94**	**142**	**73**	**413**	**1 383**	**3 207**	**1 723**	**262**	**2 228**	**1**
109	28	28	13	93	266	599	295	62	460	
80	12	28	20	67	262	512	269	50	378	1
87	18	31	13	80	320	663	408	38	491	
74	26	25	15	93	285	812	424	58	516	1
66	11	29	12	81	250	620	328	54	384	
139	**37**	**76**	**41**	**182**	**903**	**2 050**	**1 129**	**109**	**1 077**	
44	10	22	11	44	264	594	342	25	304	
47	10	18	16	32	188	496	274	24	291	
16	6	13	8	45	167	366	226	23	201	
14	7	15	2	33	179	355	173	16	169	
18	3	7	4	28	105	240	114	21	112	
23	**7**	**31**	**8**	**97**	**449**	**301**	**278**	**31**	**239**	
10	2	5		26	122	126	98	12	80	
6		7	2	20	109	67	64	6	56	
3	4	8	4	27	77	55	48	9	46	
3		4	2	11	84	37	30	3	35	
1	2	6	1	12	57	16	38	1	22	
12	**5**	**12**		**28**	**230**	**43**	**87**	**19**	**74**	
2	2	4		8	63	8	22	4	19	
5	1	3		5	55	13	22	7	19	
2	2	3		3	45	7	21	4	13	
1		2		5	34	6	13	2	17	
2				7	33	8	9	2	5	
4		**7**	**1**	**10**	**106**	**15**	**36**	**8**	**35**	
3					40	4	12	1	15	
					23	3	9	3	6	
		4	1	7	15		8	1	4	
		3		3	20	2	7	2	7	
1					8	5	1		2	
1		**5**	**1**	**3**	**68**	**1**	**15**	**6**	**22**	

表5-2c 全国按年龄、性别和

性别 年龄	就业人口	农、林、牧、渔业	采矿业	制造业	电力、燃气及水的生产和供应业	建筑业	交通运输、仓储和邮政业	信息传输、计算机服务和软件业	批发和零售业	住宿和餐饮业
合计	**5 461 217**	**4 524 492**	**43 592**	**387 815**	**9 732**	**131 115**	**77 391**	**2 865**	**113 280**	**31 115**
16-19	**253 451**	**179 585**	**1 479**	**44 863**	**372**	**6 028**	**2 630**	**340**	**6 291**	**5 173**
16	41 683	30 857	188	6 504	48	827	257	42	894	996
17	58 603	42 203	300	10 091	61	1 253	512	84	1 355	1 285
18	78 138	54 661	493	14 414	103	1 994	833	90	1 978	1 518
19	75 027	51 864	498	13 854	159	1 954	1 028	126	2 063	1 374
20-24	**419 444**	**303 081**	**3 127**	**59 462**	**923**	**11 068**	**8 507**	**667**	**12 020**	**5 230**
20	75 682	53 786	503	12 408	142	1 856	1 302	126	2 212	1 158
21	76 504	54 447	552	11 872	162	2 043	1 387	127	2 281	1 048
22	81 029	58 714	632	11 379	194	2 067	1 698	125	2 266	982
23	96 333	69 815	750	12 820	205	2 661	2 183	162	2 742	1 130
24	89 895	66 319	690	10 983	221	2 441	1 937	127	2 518	912
25-29	**474 732**	**356 348**	**4 433**	**51 291**	**1 263**	**13 373**	**11 535**	**511**	**12 960**	**3 842**
25	90 721	68 219	727	10 032	264	2 369	2 076	113	2 435	772
26	94 189	69 765	838	10 693	275	2 586	2 289	131	2 662	822
27	94 091	70 276	882	10 263	246	2 655	2 284	104	2 685	759
28	92 008	69 216	910	9 665	231	2 762	2 284	84	2 490	701
29	103 724	78 872	1 076	10 638	247	3 002	2 602	78	2 688	788
30-34	**656 419**	**514 762**	**7 172**	**58 330**	**1 537**	**19 917**	**14 689**	**448**	**16 839**	**4 312**
30	110 858	85 097	1 218	10 794	248	3 315	2 692	98	2 852	837
31	125 899	98 167	1 362	11 621	324	3 692	2 873	107	3 164	893
32	131 855	103 440	1 472	11 700	309	3 977	2 976	79	3 365	856
33	139 695	110 487	1 486	11 813	332	4 337	2 990	80	3 634	850
34	148 112	117 571	1 634	12 402	324	4 596	3 157	84	3 823	876
35-39	**819 325**	**664 357**	**8 908**	**60 961**	**1 642**	**26 336**	**15 256**	**363**	**19 524**	**4 297**
35	167 333	134 509	1 793	13 142	346	5 276	3 263	84	4 085	944
36	157 162	126 351	1 706	12 372	293	5 108	3 095	85	3 897	798
37	177 244	143 863	1 807	13 161	344	5 852	3 319	69	4 063	963
38	149 797	122 338	1 702	10 553	315	4 691	2 720	56	3 611	757
39	167 788	137 297	1 901	11 734	343	5 408	2 860	69	3 869	836
40-44	**723 247**	**598 157**	**7 572**	**45 990**	**1 546**	**21 700**	**11 145**	**230**	**15 932**	**3 436**
40	167 541	137 131	1 865	11 511	320	5 382	2 815	63	3 827	775
41	156 630	128 975	1 681	10 366	354	4 806	2 457	54	3 565	757
42	181 528	149 661	1 896	11 567	368	5 617	2 803	60	4 104	915
43	141 143	117 744	1 400	8 468	315	4 001	2 038	38	2 947	675
44	76 404	64 645	730	4 077	189	1 895	1 031	14	1 490	314
45-49	**561 759**	**480 646**	**4 906**	**27 152**	**1 102**	**13 466**	**6 612**	**114**	**10 271**	**1 984**
45	94 998	79 908	915	5 196	185	2 401	1 306	31	1 973	397
46	87 177	73 599	855	4 505	193	2 309	1 210	22	1 736	345
47	117 048	99 907	1 001	5 801	266	2 950	1 373	19	2 113	394
48	136 702	117 636	1 144	6 438	247	3 177	1 428	24	2 324	469
49	125 833	109 596	991	5 213	211	2 629	1 295	19	2 125	380

行业门类分的就业人口(乡村)

单位：人

金融业	房地产业	租赁和商务服务业	科学研究、技术服务和地质勘查业	水利、环境和公共设施管理业	居民服务和其他服务业	教育	卫生、社会保障和社会福利业	文化、体育和娱乐业	公共管理和社会组织	国际组织
3 221	**1 105**	**3 638**	**1 061**	**3 960**	**37 102**	**46 034**	**17 011**	**3 064**	**23 613**	**11**
84	**61**	**344**	**69**	**145**	**4 160**	**863**	**254**	**297**	**411**	
9	16	59	11	22	696	130	23	55	50	
9	9	75	16	36	975	150	37	75	77	
31	14	92	15	33	1 285	264	89	92	138	
36	21	118	28	54	1 204	319	105	75	146	
322	**144**	**625**	**144**	**312**	**5 769**	**4 203**	**1 730**	**494**	**1 615**	**1**
45	10	92	18	37	1 127	410	190	87	172	1
39	23	129	26	48	1 149	584	227	96	264	
69	38	113	37	76	1 069	834	342	85	311	1
87	35	158	33	78	1 273	1 186	480	116	421	
82	39	133	31	73	1 152	1 189	492	110	447	
401	**123**	**496**	**135**	**348**	**5 186**	**6 615**	**2 790**	**428**	**2 654**	
84	32	96	26	64	996	1 391	461	91	474	
83	30	107	23	77	1 107	1 431	650	96	523	
73	20	99	27	73	1 098	1 358	558	82	551	
82	22	100	31	69	947	1 222	569	73	550	
80	20	93	28	65	1 038	1 213	552	86	556	
458	**147**	**464**	**159**	**453**	**5 412**	**5 457**	**2 602**	**387**	**2 875**	
80	32	87	34	78	986	1 213	554	91	553	
90	23	86	26	82	1 071	1 124	509	68	615	
85	42	99	29	88	1 094	1 067	523	79	575	
102	14	116	31	94	1 121	1 052	513	73	568	
102	35	77	38	110	1 141	1 001	502	76	563	
584	**183**	**475**	**133**	**554**	**4 987**	**5 209**	**1 988**	**405**	**3 156**	**5**
116	35	92	31	111	1 120	1 097	545	91	652	
143	43	103	29	108	967	977	401	72	614	
145	28	103	22	123	1 078	1 149	428	108	618	2
96	38	75	17	101	889	911	299	57	571	
84	39	101	33	110	932	1 075	315	77	702	3
566	**154**	**425**	**157**	**526**	**3 565**	**6 331**	**1 514**	**379**	**3 922**	
124	34	104	41	101	918	1 271	376	98	784	
126	40	96	39	125	723	1 299	312	74	782	
150	35	112	36	145	899	1 658	376	93	1 033	
99	28	76	31	82	662	1 335	296	77	831	
67	18	37	11	72	363	767	154	37	492	
324	**112**	**267**	**95**	**520**	**2 599**	**6 713**	**1 426**	**230**	**3 216**	**3**
73	21	52	24	99	517	1 044	213	43	599	2
49	17	45	11	86	449	964	224	25	532	1
66	23	53	18	120	556	1 400	286	57	647	
77	24	71	25	121	594	1 730	363	59	752	
59	27	47	17	95	484	1 574	341	46	686	

表5-2c 全国按年龄、性别和

性别 年龄	就业人口	农、林、牧、渔业	采矿业	制造业	电力、燃气及水的生产和供应业	建筑业	交通运输、仓储和邮政业	信息传输、计算机服务和软件业	批发和零售业	住宿和餐饮业
50-54	**621 420**	**554 981**	**3 736**	**21 130**	**811**	**11 443**	**4 359**	**101**	**8 811**	**1 448**
50	137 850	120 965	988	5 472	219	2 809	1 179	28	2 208	378
51	131 926	117 059	858	4 790	180	2 617	993	22	1 935	327
52	124 027	111 107	713	3 965	161	2 312	797	22	1 800	309
53	124 176	111 927	689	3 817	125	2 145	803	19	1 645	252
54	103 441	93 923	489	3 086	125	1 559	586	10	1 223	181
55-59	**426 553**	**392 068**	**1 524**	**10 781**	**386**	**5 278**	**1 671**	**52**	**4 962**	**792**
55	101 875	92 750	417	2 878	103	1 412	505	11	1 249	230
56	96 331	88 146	388	2 536	103	1 249	431	19	1 153	170
57	81 345	74 829	292	2 074	73	1 040	294	10	905	132
58	78 026	72 210	241	1 818	51	883	226	8	901	137
59	68 976	64 133	186	1 475	57	695	215	3	755	123
60-64	**258 183**	**244 171**	**492**	**4 529**	**93**	**1 807**	**578**	**25**	**2 838**	**368**
60	63 350	59 385	151	1 235	31	546	162	7	736	88
61	56 569	53 415	127	996	23	438	123	8	627	97
62	50 068	47 431	79	922	11	305	125	5	545	75
63	45 023	42 849	73	696	19	270	90	2	456	51
64	43 173	41 092	64	680	10	248	79	3	474	57
65-69	**150 634**	**144 243**	**190**	**2 121**	**44**	**576**	**288**	**11**	**1 507**	**180**
65	40 250	38 481	63	548	18	222	94	3	369	48
66	29 896	28 564	38	455	8	122	56	5	296	42
67	30 647	29 319	42	468	5	81	62	2	343	34
68	26 701	25 609	23	356	8	86	42		289	38
69	23 140	22 271	23	295	5	65	34	2	211	18
70岁及以上	**96 053**	**92 093**	**53**	**1 204**	**13**	**124**	**122**	**5**	**1 324**	**52**
男	**2 903 773**	**2 283 373**	**39 871**	**208 377**	**8 341**	**121 332**	**70 153**	**1 899**	**61 499**	**14 792**
16-19	**131 467**	**94 745**	**1 269**	**19 454**	**307**	**5 525**	**2 216**	**149**	**2 255**	**1 993**
16	21 508	16 415	160	2 637	41	763	212	20	316	386
17	30 337	22 262	254	4 318	50	1 164	425	38	509	509
18	40 673	28 970	416	6 264	85	1 827	692	35	689	592
19	38 950	27 098	438	6 235	130	1 770	888	56	741	506
20-24	**216 472**	**148 329**	**2 816**	**30 322**	**741**	**10 214**	**7 669**	**369**	**5 145**	**2 562**
20	38 689	27 154	438	5 620	112	1 706	1 134	59	829	513
21	38 712	26 365	485	5 768	129	1 890	1 244	73	918	477
22	41 533	28 418	570	5 795	156	1 899	1 528	69	973	489
23	50 312	34 040	689	6 946	169	2 459	1 998	94	1 233	591
24	47 226	32 351	634	6 192	174	2 261	1 765	75	1 192	492
25-29	**247 635**	**171 881**	**4 071**	**27 996**	**1 022**	**12 335**	**10 584**	**339**	**6 442**	**1 972**
25	46 751	32 478	676	5 599	214	2 196	1 905	74	1 181	401
26	49 817	34 273	773	5 954	226	2 362	2 107	78	1 277	442
27	49 095	33 977	809	5 469	199	2 466	2 097	78	1 339	376
28	48 102	33 366	826	5 264	188	2 572	2 082	58	1 269	362
29	53 870	37 787	987	5 711	196	2 739	2 393	51	1 375	390

行业门类分的就业人口(乡村)(续 1)

单位：人

金融业	房地产业	租赁和商务服务业	科学研究、技术服务和地质勘查业	水利、环境和公共设施管理业	居民服务和其他服务业	教育	卫生、社会保障和社会福利业	文化、体育和娱乐业	公共管理和社会组织	国际组织
250	**101**	**240**	**97**	**540**	**2 275**	**6 170**	**1 797**	**218**	**2 913**	
73	28	57	21	138	532	1 632	385	45	691	
46	23	57	18	92	460	1 404	343	38	662	
40	15	39	12	89	485	1 176	354	59	571	
42	21	57	20	125	423	1 097	366	42	560	
48	13	29	26	95	374	862	349	34	428	
143	**46**	**128**	**34**	**306**	**1 513**	**3 460**	**1 639**	**111**	**1 660**	
37	9	30	9	83	353	912	372	32	483	
32	9	29	4	72	357	807	406	33	388	
27	12	17	10	61	289	657	317	19	287	
30	8	26	5	47	270	597	293	12	263	
17	6	26	7	42	245	485	251	15	240	
61	**22**	**92**	**24**	**129**	**788**	**676**	**789**	**56**	**645**	
21	7	31	7	33	215	283	205	25	182	
17	4	10	8	30	172	118	205	8	143	
15	1	21	2	24	154	102	137	9	105	
8	5	15	2	23	120	91	120	7	128	
	5	16	5	18	126	82	121	8	88	
20	**5**	**51**	**8**	**80**	**466**	**222**	**300**	**25**	**294**	
3	1	12	4	15	121	69	87	5	90	
6	2	11	1	28	98	43	63	5	53	
4	1	11	1	18	97	42	50	8	60	
4		10		11	78	39	57	4	45	
3	1	8	2	9	73	29	44	3	46	
9	**6**	**31**	**6**	**47**	**381**	**115**	**182**	**36**	**251**	
2 020	**794**	**2 568**	**809**	**2 869**	**24 751**	**27 691**	**11 306**	**2 089**	**19 232**	**8**
45	**42**	**187**	**39**	**88**	**2 434**	**182**	**72**	**150**	**314**	
7	9	36	6	13	386	26	7	26	40	
7	9	39	10	21	580	30	14	38	59	
13	11	53	7	20	774	50	26	47	99	
18	12	59	15	33	694	77	24	38	116	
162	**92**	**373**	**102**	**194**	**3 758**	**1 374**	**802**	**306**	**1 142**	**1**
23	4	59	11	19	693	80	71	49	114	1
17	16	68	16	27	722	166	80	57	191	
34	25	63	27	52	717	277	161	58	224	
39	20	93	23	50	853	402	236	78	299	
49	26	90	25	46	773	449	254	65	315	
208	**84**	**328**	**96**	**258**	**3 456**	**2 836**	**1 541**	**280**	**1 905**	
51	21	60	19	47	660	528	250	57	333	
41	20	73	17	55	736	617	341	62	362	
38	10	72	22	56	728	606	301	55	396	
39	17	68	20	50	643	521	306	45	406	
39	16	55	19	49	689	564	342	60	409	

表5-2c 全国按年龄、性别和

性　别 年　龄	就业人口	农、林、牧、渔业	采矿业	制造业	电力、燃气及水的生产和供应业	建筑业	交通运输、仓储和邮政业	信息传输、计算机服务和软件业	批发和零售业	住宿和餐饮业
30-34	**335 654**	**243 195**	**6 519**	**30 425**	**1 253**	**18 143**	**13 447**	**340**	**8 845**	**2 124**
30	57 717	40 919	1 091	5 653	201	3 018	2 491	68	1 538	435
31	64 071	46 167	1 243	6 082	264	3 358	2 641	84	1 532	441
32	67 393	48 902	1 347	6 098	246	3 646	2 719	66	1 712	418
33	71 179	51 982	1 350	6 210	274	3 935	2 742	59	1 949	405
34	75 294	55 225	1 488	6 383	268	4 185	2 854	64	2 114	425
35-39	**411 706**	**309 414**	**8 078**	**30 980**	**1 381**	**24 026**	**13 778**	**267**	**10 554**	**1 900**
35	83 987	62 350	1 629	6 755	289	4 792	3 005	59	2 240	414
36	78 849	58 665	1 544	6 228	242	4 644	2 762	69	2 116	371
37	89 061	67 086	1 641	6 632	283	5 340	2 982	49	2 222	402
38	75 271	57 096	1 541	5 397	269	4 285	2 445	42	1 888	357
39	84 538	64 217	1 724	5 968	298	4 966	2 585	48	2 088	357
40-44	**365 018**	**280 497**	**6 875**	**24 099**	**1 354**	**19 870**	**10 156**	**170**	**8 765**	**1 516**
40	84 647	64 292	1 706	5 896	280	4 923	2 571	46	2 056	342
41	78 557	60 057	1 540	5 348	311	4 412	2 232	44	1 949	335
42	92 432	70 824	1 721	6 132	317	5 154	2 563	46	2 287	393
43	71 267	55 281	1 256	4 551	279	3 647	1 875	25	1 603	306
44	38 116	30 044	651	2 172	168	1 734	915	9	870	140
45-49	**294 732**	**235 484**	**4 551**	**16 319**	**1 002**	**12 614**	**5 996**	**100**	**6 109**	**980**
45	48 896	38 225	842	2 961	168	2 219	1 205	29	1 116	189
46	45 882	36 105	788	2 648	178	2 140	1 091	22	1 004	167
47	61 622	49 055	924	3 532	240	2 765	1 259	16	1 256	182
48	72 696	58 608	1 060	3 922	225	2 998	1 304	20	1 430	255
49	65 636	53 492	937	3 256	190	2 491	1 137	13	1 301	188
50-54	**338 558**	**285 880**	**3 529**	**14 758**	**767**	**10 994**	**4 005**	**88**	**5 694**	**817**
50	74 491	61 440	927	3 711	206	2 672	1 064	28	1 357	200
51	71 526	59 867	806	3 280	164	2 509	915	19	1 235	190
52	67 434	57 163	668	2 756	157	2 231	749	16	1 175	168
53	68 214	58 269	652	2 772	117	2 081	743	16	1 107	149
54	56 894	49 140	475	2 240	124	1 501	534	8	821	109
55-59	**244 491**	**215 829**	**1 462**	**8 094**	**369**	**5 154**	**1 496**	**39**	**3 478**	**494**
55	57 122	49 597	399	2 122	93	1 373	463	9	865	152
56	55 737	48 899	371	1 927	101	1 219	386	14	799	111
57	46 566	41 104	278	1 572	71	1 019	261	8	648	80
58	45 187	40 389	233	1 357	51	867	197	5	625	76
59	39 879	35 840	180	1 117	52	676	190	2	541	75
60-64	**156 157**	**144 662**	**471**	**3 469**	**90**	**1 771**	**479**	**24**	**1 996**	**263**
60	37 379	34 092	144	921	30	535	138	7	517	67
61	34 219	31 633	122	767	22	428	102	8	443	69
62	30 004	27 885	70	709	10	300	101	4	368	47
63	27 549	25 764	71	533	19	264	73	2	328	37
64	27 007	25 288	64	538	10	244	65	3	341	43

行业门类分的就业人口(乡村)(续 2)

单位：人

金融业	房地产业	租赁和商务服务业	科学研究、技术服务和地质勘查业	水利、环境和公共设施管理业	居民服务和其他服务业	教育	卫生、社会保障和社会福利业	文化、体育和娱乐业	公共管理和社会组织	国际组织
264	**106**	**336**	**117**	**311**	**3 405**	**2 722**	**1 632**	**259**	**2 211**	
48	26	65	24	57	633	617	357	54	422	
41	20	55	16	62	682	562	313	49	459	
44	28	76	25	58	682	511	331	57	428	
63	8	83	25	64	674	535	318	49	456	
68	23	58	27	70	735	497	313	51	447	
333	**132**	**345**	**93**	**375**	**3 167**	**2 797**	**1 304**	**269**	**2 510**	**2**
65	19	72	19	75	731	544	349	61	518	
86	30	65	23	83	601	525	265	54	478	
75	23	76	15	83	666	644	294	72	476	1
63	29	53	11	62	555	481	185	35	477	
44	31	77	26	72	615	603	209	47	562	1
347	**112**	**319**	**127**	**347**	**2 331**	**3 752**	**965**	**260**	**3 158**	
86	30	82	30	72	587	709	248	67	625	
73	29	76	32	81	448	743	192	47	609	
86	24	74	33	87	590	972	246	61	822	
61	19	61	26	55	464	824	182	54	697	
40	10	26	7	52	242	505	97	30	405	
247	**73**	**211**	**85**	**356**	**1 921**	**4 806**	**956**	**175**	**2 743**	**3**
51	14	42	21	69	368	708	134	35	496	2
41	10	35	9	56	342	625	155	22	442	1
46	15	40	16	87	399	1 005	174	39	570	
60	16	55	23	74	436	1 253	253	51	651	
49	17	38	16	70	376	1 215	241	28	583	
208	**80**	**200**	**80**	**445**	**1 782**	**5 015**	**1 415**	**189**	**2 612**	
53	22	45	16	122	401	1 303	288	37	596	
39	19	50	18	70	361	1 105	254	31	594	
34	11	34	8	68	380	964	280	55	517	
39	18	46	16	103	330	921	299	37	499	
43	10	26	21	82	311	721	294	29	405	
126	**42**	**107**	**34**	**261**	**1 164**	**3 262**	**1 435**	**96**	**1 549**	
31	9	23	8	71	282	837	316	28	444	
29	7	24	4	61	274	764	351	28	368	
25	12	15	10	53	221	631	276	15	267	
24	8	22	5	43	208	565	257	11	245	
17	6	23	7	34	179	465	235	14	225	
54	**21**	**83**	**24**	**111**	**632**	**635**	**721**	**52**	**599**	
19	7	31	7	28	173	276	188	24	174	
15	4	8	8	27	137	111	179	7	129	
13	1	20	2	22	125	92	130	9	98	
6	5	15	2	19	91	85	114	7	115	
	4	10	5	15	107	71	110	6	84	

表5-2c 全国按年龄、性别和

性别 年龄	就业人口	农、林、牧、渔业	采矿业	制造业	电力、燃气及水的生产和供应业	建筑业	交通运输、仓储和邮政业	信息传输、计算机服务和软件业	批发和零售业	住宿和餐饮业
65-69	**97 769**	**92 514**	**180**	**1 615**	**43**	**566**	**234**	**8**	**1 162**	**131**
65	24 967	23 505	60	416	18	214	79	3	274	35
66	19 387	18 278	38	363	6	122	46	5	231	32
67	20 172	19 072	41	362	5	81	42		271	31
68	17 882	16 995	22	262	8	83	37		220	24
69	15 361	14 664	19	211	5	65	29	1	167	10
70岁及以上	**64 113**	**60 944**	**51**	**846**	**13**	**121**	**93**	**5**	**1 053**	**41**
女	**2 557 444**	**2 241 119**	**3 722**	**179 438**	**1 391**	**9 784**	**7 238**	**965**	**51 781**	**16 323**
16-19	**121 983**	**84 839**	**210**	**25 409**	**65**	**503**	**414**	**191**	**4 035**	**3 180**
16	20 175	14 441	28	3 867	7	64	46	21	578	610
17	28 267	19 941	46	5 773	11	89	88	45	846	776
18	37 465	25 691	76	8 150	18	167	140	55	1 289	926
19	36 077	24 766	60	7 619	29	184	140	70	1 322	868
20-24	**202 972**	**154 752**	**311**	**29 140**	**182**	**855**	**838**	**297**	**6 874**	**2 668**
20	36 993	26 632	65	6 787	30	150	168	67	1 383	645
21	37 793	28 082	67	6 104	33	153	143	54	1 363	571
22	39 496	30 295	62	5 585	37	167	171	56	1 294	492
23	46 021	35 774	61	5 873	36	203	185	68	1 509	538
24	42 669	33 969	56	4 790	46	181	172	52	1 326	420
25-29	**227 097**	**184 466**	**361**	**23 294**	**240**	**1 038**	**952**	**172**	**6 518**	**1 870**
25	43 970	35 740	51	4 433	50	173	171	39	1 254	371
26	44 372	35 492	65	4 739	49	224	183	53	1 385	380
27	44 996	36 299	73	4 794	48	188	187	26	1 345	382
28	43 906	35 851	84	4 401	43	190	202	26	1 221	339
29	49 853	41 085	89	4 927	52	263	209	27	1 313	399
30-34	**320 765**	**271 568**	**654**	**27 905**	**284**	**1 774**	**1 241**	**108**	**7 994**	**2 188**
30	53 141	44 178	128	5 141	47	297	201	30	1 314	402
31	61 828	52 000	119	5 540	60	334	232	24	1 632	452
32	64 462	54 538	125	5 602	62	331	257	12	1 654	438
33	68 516	58 506	136	5 603	58	402	248	21	1 686	445
34	72 818	62 345	146	6 019	57	410	302	20	1 709	451
35-39	**407 619**	**354 943**	**830**	**29 981**	**261**	**2 310**	**1 478**	**95**	**8 971**	**2 397**
35	83 346	72 158	164	6 386	57	484	258	25	1 844	530
36	78 313	67 686	162	6 144	51	464	333	16	1 781	427
37	88 183	76 777	166	6 528	61	512	337	20	1 841	561
38	74 527	65 241	160	5 156	46	407	275	14	1 723	400
39	83 250	73 080	177	5 766	45	442	275	20	1 781	479

行业门类分的就业人口(乡村)(续 3)

单位：人

金融业	房地产业	租赁和商务服务业	科学研究、技术服务和地质勘查业	水利、环境和公共设施管理业	居民服务和其他服务业	教育	卫生、社会保障和社会福利业	文化、体育和娱乐业	公共管理和社会组织	国际组织
18	**4**	**48**	**8**	**75**	**383**	**202**	**290**	**20**	**269**	
1	1	11	4	15	97	66	85	3	81	
6		11	1	23	74	37	61	5	46	
4	1	10	1	18	83	40	48	5	58	
4		10		11	72	35	53	4	41	
3	1	6	2	9	57	23	44	3	43	
8	**6**	**29**	**6**	**47**	**316**	**108**	**175**	**33**	**220**	
1 202	**311**	**1 070**	**252**	**1 091**	**12 350**	**18 343**	**5 705**	**976**	**4 380**	**3**
40	**19**	**156**	**30**	**57**	**1 726**	**681**	**182**	**148**	**97**	
2	7	22	5	9	310	104	16	29	9	
2	1	37	5	14	395	120	23	37	18	
18	2	39	8	13	511	214	63	45	39	
18	9	58	12	21	510	242	81	37	31	
160	**52**	**252**	**42**	**118**	**2 011**	**2 829**	**928**	**187**	**473**	**1**
22	6	33	7	18	434	330	119	38	58	
22	7	61	9	21	426	417	147	39	73	
35	13	50	10	24	352	557	181	28	87	1
48	14	65	9	28	420	784	244	38	122	
33	13	43	6	27	379	741	238	45	133	
193	**39**	**168**	**39**	**91**	**1 730**	**3 779**	**1 249**	**148**	**749**	
33	12	36	7	16	335	864	211	34	141	
42	10	34	7	22	371	814	309	34	162	
35	9	27	5	17	371	751	257	27	155	
43	5	32	11	19	304	701	263	27	144	
41	4	38	9	17	349	649	209	25	148	
194	**41**	**127**	**42**	**142**	**2 007**	**2 736**	**969**	**128**	**664**	
32	6	21	11	21	353	595	197	37	132	
48	3	31	10	20	389	562	196	19	157	
41	14	23	5	30	412	556	192	22	146	
39	6	34	6	31	447	518	195	24	113	
34	12	18	11	41	405	504	190	25	116	
251	**51**	**131**	**40**	**179**	**1 819**	**2 412**	**685**	**136**	**646**	**3**
51	16	20	13	36	389	553	196	30	133	
57	13	38	6	25	366	453	136	18	136	
70	5	27	8	40	412	505	133	36	142	1
34	9	21	6	39	334	430	114	21	95	
40	8	24	7	38	317	472	106	31	140	1

表5-2c 全国按年龄、性别和

性别 年龄	就业人口	农、林、牧、渔业	采矿业	制造业	电力、燃气及水的生产和供应业	建筑业	交通运输、仓储和邮政业	信息传输、计算机服务和软件业	批发和零售业	住宿和餐饮业
40-44	**358 228**	**317 661**	**697**	**21 891**	**192**	**1 831**	**989**	**59**	**7 167**	**1 921**
40	82 894	72 839	159	5 615	41	459	245	18	1 771	433
41	78 073	68 918	141	5 018	43	394	225	9	1 615	422
42	89 096	78 838	175	5 435	51	463	240	14	1 816	522
43	69 877	62 463	144	3 918	36	354	163	13	1 344	369
44	38 288	34 602	79	1 905	21	161	116	5	620	174
45-49	**267 027**	**245 162**	**356**	**10 833**	**100**	**852**	**616**	**14**	**4 163**	**1 004**
45	46 103	41 684	73	2 235	17	182	101	1	857	208
46	41 295	37 495	67	1 857	15	169	118		732	178
47	55 426	50 852	76	2 269	26	184	114	3	857	212
48	64 006	59 028	85	2 515	22	179	124	4	893	214
49	60 197	56 104	55	1 957	21	138	159	6	824	192
50-54	**282 862**	**269 101**	**208**	**6 372**	**43**	**449**	**354**	**13**	**3 117**	**631**
50	63 360	59 525	61	1 761	13	137	115		851	178
51	60 400	57 192	52	1 510	16	109	78	3	700	137
52	56 593	53 944	45	1 209	4	81	48	6	626	141
53	55 962	53 658	36	1 045	8	64	60	3	538	104
54	46 547	44 783	14	847	2	58	52	1	402	72
55-59	**182 061**	**176 239**	**62**	**2 687**	**18**	**123**	**174**	**13**	**1 484**	**298**
55	44 753	43 153	18	756	10	38	42	2	384	78
56	40 594	39 247	17	609	1	29	45	5	354	59
57	34 780	33 725	14	503	2	21	33	2	257	52
58	32 839	31 821	8	461		16	29	3	276	61
59	29 097	28 293	6	358	5	19	25	1	213	48
60-64	**102 025**	**99 510**	**21**	**1 060**	**3**	**36**	**99**	**1**	**842**	**105**
60	25 971	25 292	6	314	1	10	24		219	21
61	22 350	21 782	4	229	1	11	20		184	28
62	20 064	19 546	9	213	1	5	25	1	177	28
63	17 474	17 086	2	162		6	16		129	14
64	16 166	15 803		142		4	13		132	14
65-69	**52 865**	**51 729**	**9**	**507**	**2**	**11**	**54**	**3**	**345**	**50**
65	15 283	14 976	3	132		8	14		95	13
66	10 508	10 285		92	2		10		65	10
67	10 475	10 246	1	106			20	2	72	4
68	8 819	8 614	2	94		3	5		69	14
69	7 780	7 607	3	83			5	1	44	8
70岁及以上	**31 940**	**31 150**	**2**	**359**		**3**	**29**		**271**	**12**

行业门类分的就业人口(乡村)(续 4)

单位：人

金融业	房地产业	租赁和商务服务业	科学研究、技术服务和地质勘查业	水利、环境和公共设施管理业	居民服务和其他服务业	教　育	卫生、社会保障和社会福利业	文化、体育和娱乐业	公共管理和社会组织	国际组织
219	**42**	**106**	**30**	**179**	**1 234**	**2 579**	**549**	**119**	**764**	
38	4	22	11	29	331	562	128	31	159	
53	11	20	7	44	275	556	120	26	174	
63	10	39	3	58	309	687	131	31	211	
37	9	14	5	27	198	511	114	23	134	
28	8	12	3	21	121	262	56	7	87	
76	**39**	**56**	**9**	**164**	**678**	**1 907**	**469**	**54**	**474**	
22	6	10	3	29	149	336	79	8	103	
8	7	10	2	30	106	339	70	3	90	
19	8	12	2	33	157	396	111	17	77	
17	7	16	2	47	158	477	110	8	100	
10	10	8	1	25	108	359	100	18	103	
41	**21**	**40**	**18**	**94**	**493**	**1 155**	**383**	**29**	**301**	
21	6	12	5	16	131	328	97	9	95	
7	4	8		23	99	298	89	7	68	
6	5	5	3	21	106	212	75	5	54	
3	4	11	4	22	93	176	67	4	61	
5	3	4	5	13	63	141	55	5	23	
17	**3**	**21**	**1**	**44**	**349**	**197**	**204**	**15**	**110**	
6	1	7	1	13	71	75	56	4	38	
2	2	5		11	83	44	55	5	19	
3		2		8	68	26	41	4	20	
6		4		5	62	33	36	2	18	
		3		8	63	20	16	1	14	
7	**1**	**9**	**1**	**18**	**155**	**41**	**68**	**4**	**46**	
2				5	42	8	18	1	8	
2		2		4	35	7	26	1	14	
2				2	29	10	7		7	
2				4	30	6	6		13	
	1	6		3	20	11	11	2	4	
2	**1**	**3**		**5**	**84**	**20**	**10**	**5**	**25**	
2		1			24	3	2	2	9	
	1			5	24	6	2		7	
		1			15	2	2	3	2	
					6	3	4		4	
		1			16	7			4	
1		**2**			**65**	**6**	**7**	**3**	**31**	

表5-3　各地区按性别、职业大类分的就业人口

单位：人

性别 地区	合计	国家机关、党群组织、企业、事业单位负责人	专业技术人员	办事人员和有关人员	商业、服务业人员	农、林、牧、渔、水利业生产人员	生产、运输设备操作人员及有关人员	不便分类的其他从业人员
全　国	**9 287 409**	**141 768**	**699 437**	**341 120**	**1 121 687**	**5 306 235**	**1 652 412**	**24 751**
北　京	100 235	6 141	19 780	11 528	30 249	8 053	24 277	208
天　津	72 082	2 393	11 495	5 195	16 212	8 195	27 752	841
河　北	510 723	9 997	43 855	14 883	49 379	301 705	89 697	1 208
山　西	209 557	3 368	19 423	10 158	24 312	108 919	42 213	1 163
内蒙古	172 222	2 706	14 657	8 500	23 582	90 260	31 805	714
辽　宁	296 339	5 719	22 245	13 950	45 170	147 431	61 444	380
吉　林	178 706	2 364	15 372	6 630	22 084	108 872	22 825	558
黑龙江	252 491	4 336	25 640	10 898	32 681	138 850	38 746	1 341
上　海	120 863	6 182	16 907	15 186	32 245	6 157	43 716	470
江　苏	576 968	12 506	38 691	24 919	88 218	229 996	181 079	1 558
浙　江	371 128	8 691	23 131	16 663	67 208	93 167	161 678	590
安　徽	430 103	4 821	20 352	10 944	47 238	287 031	59 036	681
福　建	246 991	5 153	16 573	11 442	44 899	91 222	76 647	1 055
江　西	291 365	3 668	23 192	9 066	32 528	182 678	39 346	886
山　东	751 308	9 133	38 635	20 841	77 164	471 992	131 911	1 632
河　南	691 793	10 831	73 873	17 310	41 724	489 309	56 351	2 395
湖　北	418 979	4 051	27 240	12 078	49 996	274 487	49 860	1 267
湖　南	452 998	5 104	27 410	14 422	57 897	287 252	59 452	1 463
广　东	648 734	14 416	48 614	36 521	116 081	200 481	231 649	972
广　西	341 004	2 222	21 842	8 476	35 798	242 105	29 637	924
海　南	54 879	652	3 437	2 077	8 393	35 359	4 540	422
重　庆	205 422	1 511	9 451	6 544	23 376	139 287	25 031	221
四　川	613 214	3 899	48 691	14 913	56 036	433 938	53 934	1 802
贵　州	257 310	2 060	12 721	6 142	17 411	196 478	22 143	355
云　南	346 492	2 598	23 972	7 104	21 871	267 641	23 036	271
西　藏	18 471	29	1 628	542	654	14 932	613	73
陕　西	257 849	2 200	21 812	9 623	23 879	173 419	26 323	594
甘　肃	184 040	1 574	9 425	4 736	12 242	141 400	14 369	294
青　海	38 393	613	4 695	2 159	3 436	23 984	3 376	130
宁　夏	41 629	522	2 929	1 695	4 776	25 363	6 323	20
新　疆	135 123	2 308	11 753	5 975	14 951	86 271	13 604	262

表5-3　各地区按性别、职业大类分的就业人口(续 1)

单位：人

性别 地区	合计	国家机关、党群组织、企业、事业单位负责人	专业技术人员	办事人员和有关人员	商业、服务业人员	农、林、牧、渔、水利业生产人员	生产、运输设备操作人员及有关人员	不便分类的其他从业人员
男	**5 069 358**	**111 071**	**354 241**	**232 505**	**572 745**	**2 667 587**	**1 115 103**	**16 106**
北　京	58 578	4 542	8 825	7 115	14 630	4 035	19 299	132
天　津	40 663	1 826	5 948	3 462	8 864	4 715	15 258	590
河　北	285 355	7 793	21 843	10 321	27 532	149 432	67 585	849
山　西	130 247	2 878	9 410	6 785	14 119	59 965	36 199	891
内蒙古	100 070	2 158	6 975	5 548	11 571	48 283	24 999	535
辽　宁	169 189	4 404	9 795	9 542	21 019	76 439	47 729	260
吉　林	109 526	1 803	7 662	4 631	11 282	65 396	18 361	391
黑龙江	151 814	3 294	12 936	7 737	15 898	80 282	30 720	947
上　海	70 673	4 772	8 062	9 755	16 336	2 926	28 514	308
江　苏	298 996	10 347	19 385	17 684	45 206	96 733	108 621	1 021
浙　江	214 771	7 268	10 542	11 927	33 333	56 090	95 226	385
安　徽	228 343	3 841	11 518	7 805	24 456	136 467	43 841	414
福　建	140 082	4 197	8 275	7 844	23 150	49 235	46 718	662
江　西	159 092	3 088	12 951	6 470	16 065	92 099	27 840	580
山　东	398 095	7 594	19 947	15 466	41 696	224 017	88 367	1 007
河　南	364 574	6 873	37 683	11 494	23 437	241 822	41 808	1 456
湖　北	225 673	3 199	14 754	8 522	24 981	136 732	36 638	847
湖　南	252 236	3 871	14 604	9 914	29 295	151 508	42 074	970
广　东	349 079	11 254	23 036	24 306	60 203	104 124	125 628	528
广　西	180 885	1 829	11 153	5 801	17 439	123 745	20 382	536
海　南	30 117	486	1 871	1 525	3 949	18 777	3 258	252
重　庆	108 067	1 193	5 087	4 520	10 736	67 224	19 183	124
四　川	315 370	2 907	25 916	9 221	28 087	207 671	40 427	1 142
贵　州	135 678	1 688	6 994	4 162	7 935	97 195	17 478	228
云　南	184 956	2 065	12 869	4 597	10 037	136 781	18 460	146
西　藏	9 825	20	883	301	366	7 783	424	48
陕　西	140 147	1 812	11 187	6 453	12 810	87 047	20 453	384
甘　肃	97 408	1 354	5 331	3 243	6 459	69 589	11 229	203
青　海	20 815	461	2 369	1 380	1 704	12 094	2 716	91
宁　夏	22 471	432	1 418	1 109	2 284	12 083	5 132	13
新　疆	76 564	1 822	5 013	3 864	7 869	47 297	10 536	163

表5-3　各地区按性别、职业大类分的就业人口(续 2)

单位：人

性别 地区	合计	国家机关、党群组织、企业、事业单位负责人	专业技术人员	办事人员和有关人员	商业、服务业人员	农、林、牧、渔、水利业生产人员	生产、运输设备操作人员及有关人员	不便分类的其他从业人员
女	**4 218 051**	**30 697**	**345 195**	**108 615**	**548 942**	**2 638 648**	**537 309**	**8 646**
北　京	41 657	1 600	10 955	4 414	15 619	4 017	4 977	76
天　津	31 419	567	5 547	1 733	7 348	3 480	12 494	251
河　北	225 368	2 205	22 012	4 562	21 846	152 272	22 112	360
山　西	79 309	490	10 013	3 372	10 194	48 954	6 014	272
内蒙古	72 152	548	7 682	2 951	12 011	41 976	6 806	178
辽　宁	127 150	1 315	12 449	4 408	24 151	70 992	13 715	120
吉　林	69 180	562	7 710	1 999	10 802	43 475	4 464	167
黑龙江	100 677	1 042	12 704	3 161	16 783	58 568	8 025	394
上　海	50 190	1 410	8 845	5 431	15 909	3 231	15 202	162
江　苏	277 972	2 159	19 306	7 235	43 012	133 263	72 459	537
浙　江	156 357	1 422	12 589	4 737	33 876	37 077	66 452	204
安　徽	201 761	979	8 834	3 139	22 782	150 563	15 195	267
福　建	106 909	956	8 298	3 598	21 749	41 987	29 929	393
江　西	132 273	580	10 241	2 596	16 463	90 580	11 506	307
山　东	353 213	1 538	18 688	5 375	35 469	247 975	43 544	625
河　南	327 219	3 958	36 189	5 817	18 286	247 487	14 542	940
湖　北	193 306	852	12 486	3 556	25 015	137 756	13 222	420
湖　南	200 762	1 233	12 806	4 507	28 602	135 744	17 378	493
广　东	299 655	3 162	25 578	12 215	55 878	96 358	106 021	444
广　西	160 119	392	10 690	2 674	18 359	118 360	9 256	387
海　南	24 762	166	1 566	552	4 444	16 582	1 282	170
重　庆	97 355	318	4 364	2 024	12 640	72 064	5 848	97
四　川	297 843	992	22 775	5 693	27 949	226 267	13 507	660
贵　州	121 632	373	5 727	1 980	9 476	99 283	4 665	127
云　南	161 537	533	11 102	2 507	11 834	130 859	4 576	125
西　藏	8 646	9	746	240	288	7 149	189	25
陕　西	117 702	388	10 625	3 170	11 069	86 372	5 869	210
甘　肃	86 632	220	4 094	1 493	5 784	71 811	3 140	91
青　海	17 577	152	2 326	779	1 731	11 891	660	39
宁　夏	19 158	90	1 511	586	2 493	13 280	1 191	8
新　疆	58 560	486	6 740	2 111	7 082	38 974	3 068	99

表5-3a　各地区按性别、职业大类分的就业人口(城市)

单位：人

性　别 地　区	合　计	国家机关、党群组织、企业、事业单位负责人	专　业 技术人员	办事人员 和有关人员	商　业、 服务业人员	农、林、牧、渔、水利业生产人员	生　产、运输设备操作人员及有关人员	不便分类的其　他从业人员
全　国	**2 336 820**	**81 049**	**328 857**	**223 711**	**591 976**	**370 889**	**730 082**	**10 255**
北　京	78 078	5 364	18 213	10 466	25 911	1 419	16 544	161
天　津	38 915	1 542	7 204	4 305	10 570	708	14 336	250
河　北	86 747	3 183	19 523	8 559	19 888	10 467	24 875	253
山　西	48 411	1 814	8 582	6 418	10 545	5 812	14 874	366
内蒙古	52 529	1 793	8 167	6 147	14 925	1 982	19 128	387
辽　宁	110 697	4 380	16 619	11 548	31 025	10 889	35 957	279
吉　林	48 387	1 511	8 802	4 921	14 077	5 064	13 702	311
黑龙江	82 420	3 079	12 088	7 125	20 980	12 677	25 504	966
上　海	93 622	5 439	15 297	13 829	27 801	1 262	29 734	260
江　苏	183 343	7 382	23 984	17 589	47 519	17 901	68 439	529
浙　江	143 522	5 216	13 839	10 756	34 147	16 074	63 195	295
安　徽	62 739	1 992	8 058	5 566	15 757	13 064	18 097	205
福　建	77 749	2 841	9 081	7 251	21 641	6 575	29 990	371
江　西	38 135	1 091	6 098	3 969	9 696	7 954	9 021	307
山　东	188 899	5 462	21 158	13 096	41 787	45 530	61 041	824
河　南	103 336	3 300	19 200	11 224	19 889	25 212	23 361	1 151
湖　北	106 680	2 693	13 035	8 585	25 805	30 744	25 167	652
湖　南	85 328	2 341	9 921	7 775	23 378	24 731	16 606	575
广　东	312 834	10 922	29 410	25 870	78 319	32 883	134 959	471
广　西	44 351	941	7 629	4 004	13 295	9 004	9 239	237
海　南	18 810	359	2 134	1 506	5 363	6 421	2 679	348
重　庆	45 319	725	4 279	4 239	10 283	14 460	11 252	81
四　川	81 511	1 795	13 463	7 350	21 007	19 666	17 776	453
贵　州	27 133	827	4 092	3 025	7 372	5 411	6 355	51
云　南	55 104	1 193	4 995	3 552	10 019	26 855	8 454	35
西　藏	2 044	6	817	87	403	460	255	17
陕　西	53 813	1 225	9 985	6 349	12 794	11 489	11 756	216
甘　肃	20 049	801	4 046	2 670	5 207	1 422	5 835	68
青　海	6 488	281	1 372	1 071	1 849	329	1 545	41
宁　夏	10 175	282	1 609	1 268	2 816	1 108	3 081	10
新　疆	29 651	1 267	6 158	3 588	7 910	3 316	7 328	84

表5-3a 各地区按性别、职业大类分的就业人口(城市)(续1)

单位：人

性别 地区	合计	国家机关、党群组织、企业、事业单位负责人	专业技术人员	办事人员和有关人员	商业、服务业人员	农、林、牧、渔、水利业生产人员	生产、运输设备操作人员及有关人员	不便分类的其他从业人员
男	**1 329 411**	**62 810**	**150 845**	**148 307**	**287 877**	**184 524**	**488 619**	**6 428**
北京	45 096	3 909	8 053	6 323	12 501	735	13 472	103
天津	21 682	1 165	3 359	2 844	5 446	417	8 288	161
河北	50 020	2 567	8 766	5 686	9 713	4 882	18 223	182
山西	30 004	1 480	3 576	4 096	5 461	3 239	11 894	257
内蒙古	31 746	1 382	3 483	3 915	7 184	1 037	14 442	304
辽宁	65 437	3 299	6 964	7 678	13 890	5 573	27 846	188
吉林	29 411	1 124	4 069	3 335	6 990	2 962	10 723	208
黑龙江	51 438	2 300	5 492	4 952	9 966	8 065	20 006	658
上海	55 425	4 158	7 234	8 763	13 977	677	20 455	160
江苏	101 541	5 934	11 311	12 100	22 747	6 943	42 195	311
浙江	82 123	4 235	5 921	7 429	16 658	9 569	38 120	191
安徽	36 048	1 572	3 985	3 882	7 504	5 600	13 381	124
福建	43 522	2 242	4 146	4 691	10 610	3 465	18 115	253
江西	21 608	864	3 018	2 732	4 237	4 206	6 368	184
山东	105 804	4 429	9 651	9 436	21 017	20 583	40 216	473
河南	58 197	2 514	9 040	7 306	10 357	11 986	16 302	692
湖北	59 699	2 054	6 263	5 885	12 322	14 811	17 943	420
湖南	48 322	1 780	4 732	5 100	11 520	12 883	11 946	362
广东	172 167	8 324	13 592	16 717	39 540	18 349	75 391	254
广西	24 146	753	3 630	2 572	5 986	4 674	6 412	119
海南	10 532	279	1 052	1 109	2 535	3 420	1 926	210
重庆	25 247	553	2 088	2 787	4 500	6 933	8 338	49
四川	44 488	1 285	6 530	4 825	9 984	8 788	12 812	264
贵州	15 120	637	1 807	1 993	3 264	2 518	4 871	30
云南	30 047	875	2 231	2 350	4 718	13 249	6 603	20
西藏	1 118	4	448	48	216	249	143	10
陕西	30 808	995	4 808	4 208	6 597	5 477	8 605	118
甘肃	11 984	674	1 903	1 788	2 469	741	4 368	41
青海	3 812	219	590	717	841	168	1 244	33
宁夏	5 797	223	629	812	1 257	502	2 371	4
新疆	17 021	978	2 474	2 227	3 873	1 826	5 599	44

表5-3a　各地区按性别、职业大类分的就业人口(城市)(续 2)

单位：人

性别 地区	合计	国家机关、党群组织、企业、事业单位负责人	专业技术人员	办事人员和有关人员	商业、服务业人员	农、林、牧、渔、水利业生产人员	生产、运输设备操作人员及有关人员	不便分类的其他从业人员
女	**1 007 409**	**18 239**	**178 012**	**75 404**	**304 099**	**186 364**	**241 463**	**3 827**
北　京	32 981	1 455	10 160	4 143	13 411	683	3 071	58
天　津	17 233	377	3 845	1 461	5 124	290	6 048	89
河　北	36 727	616	10 757	2 873	10 174	5 585	6 652	71
山　西	18 408	334	5 006	2 322	5 084	2 573	2 979	110
内蒙古	20 783	411	4 684	2 232	7 742	946	4 686	83
辽　宁	45 260	1 081	9 655	3 871	17 135	5 316	8 111	91
吉　林	18 976	387	4 733	1 586	7 086	2 102	2 979	103
黑龙江	30 982	779	6 597	2 173	11 015	4 612	5 499	308
上　海	38 197	1 281	8 063	5 066	13 824	585	9 279	100
江　苏	81 802	1 448	12 674	5 489	24 772	10 958	26 244	218
浙　江	61 398	981	7 917	3 327	17 489	6 505	25 075	104
安　徽	26 691	420	4 073	1 685	8 253	7 464	4 716	81
福　建	34 227	598	4 935	2 560	11 032	3 109	11 875	118
江　西	16 527	226	3 080	1 237	5 459	3 748	2 653	123
山　东	83 095	1 033	11 507	3 660	20 771	24 948	20 825	351
河　南	45 139	786	10 159	3 917	9 532	13 226	7 058	460
湖　北	46 982	639	6 772	2 701	13 482	15 932	7 224	232
湖　南	37 006	562	5 189	2 676	11 858	11 849	4 660	213
广　东	140 667	2 598	15 818	9 153	38 779	14 535	59 567	217
广　西	20 205	189	3 999	1 433	7 309	4 330	2 827	118
海　南	8 279	80	1 082	397	2 828	3 001	753	138
重　庆	20 072	172	2 191	1 453	5 784	7 528	2 914	32
四　川	37 023	510	6 934	2 525	11 023	10 878	4 965	189
贵　州	12 013	190	2 285	1 031	4 108	2 893	1 484	21
云　南	25 057	318	2 763	1 202	5 301	13 607	1 850	16
西　藏	927	2	370	38	187	211	112	7
陕　西	23 005	230	5 177	2 141	6 197	6 012	3 150	98
甘　肃	8 065	126	2 143	883	2 738	681	1 467	27
青　海	2 676	62	781	354	1 008	162	301	8
宁　夏	4 377	60	980	456	1 559	607	710	6
新　疆	12 630	289	3 684	1 361	4 037	1 491	1 729	40

表5-3b　各地区按性别、职业大类分的就业人口(镇)

单位：人

性别 地区	合计	国家机关、党群组织、企业、事业单位负责人	专业技术人员	办事人员和有关人员	商业、服务业人员	农、林、牧、渔、水利业生产人员	生产、运输设备操作人员及有关人员	不便分类的其他从业人员
全　国	**1 489 372**	**30 608**	**158 342**	**81 801**	**314 387**	**544 209**	**353 104**	**6 921**
北　京	4 779	312	737	483	1 324	414	1 495	13
天　津	12 235	354	1 410	399	2 408	1 753	5 523	387
河　北	70 056	2 003	6 620	3 758	12 632	29 440	15 365	238
山　西	31 214	848	4 166	2 614	6 125	9 629	7 533	300
内蒙古	28 708	698	3 325	1 941	5 742	8 879	7 876	246
辽　宁	44 654	702	3 169	1 669	8 322	20 471	10 284	36
吉　林	28 355	559	3 523	1 311	5 492	11 152	6 123	194
黑龙江	36 746	867	4 546	3 250	8 816	9 351	9 627	289
上　海	11 404	470	1 030	792	2 390	1 310	5 354	58
江　苏	118 921	2 693	8 755	4 397	22 599	38 439	41 621	416
浙　江	65 495	1 664	5 529	3 303	15 254	9 934	29 643	168
安　徽	95 029	1 752	7 979	4 466	21 447	40 354	18 819	211
福　建	49 197	1 271	4 035	3 000	12 424	10 661	17 547	259
江　西	64 014	1 898	9 471	4 436	17 136	17 027	13 698	348
山　东	138 880	2 016	9 995	5 364	20 437	73 266	27 499	304
河　南	90 042	1 544	12 871	4 464	12 264	45 923	12 206	770
湖　北	56 121	878	7 335	2 645	16 304	18 491	10 172	296
湖　南	64 723	1 371	8 582	5 424	18 165	18 633	12 139	409
广　东	104 134	2 052	9 058	6 442	23 526	19 922	42 958	176
广　西	63 315	940	7 074	3 928	17 474	23 015	10 391	494
海　南	7 336	104	873	468	2 007	2 816	1 033	36
重　庆	38 142	544	3 964	1 862	10 043	14 687	6 976	66
四　川	85 787	1 391	11 713	4 623	23 242	31 851	12 468	499
贵　州	34 953	791	4 220	2 332	6 188	15 463	5 830	129
云　南	47 061	782	5 446	2 257	7 851	23 166	7 438	121
西　藏	2 719	12	153	55	156	2 189	142	11
陕　西	39 394	615	4 824	2 501	5 606	20 351	5 326	172
甘　肃	28 333	547	3 375	1 490	3 859	15 274	3 648	139
青　海	6 094	201	1 091	521	1 109	2 205	910	58
宁　夏	5 546	178	890	334	1 012	1 993	1 137	3
新　疆	15 987	549	2 584	1 273	3 035	6 149	2 322	76

表5–3b　各地区按性别、职业大类分的就业人口(镇)(续 1)

单位：人

性　别 地　区	合　计	国家机关、党群组织、企业、事业单位负责人	专　业 技术人员	办事人员 和有关人员	商　业、 服务业人员	农、林、牧、渔、水利业生产人员	生　产、运输设备操作人员及有关人员	不便分类的 其　他 从业人员
男	**836 174**	**25 577**	**80 881**	**58 429**	**161 268**	**268 646**	**236 926**	**4 448**
北　京	2 835	243	330	328	642	192	1 096	6
天　津	7 036	296	806	295	1 498	1 049	2 820	271
河　北	40 857	1 612	3 101	2 687	7 092	14 549	11 667	149
山　西	20 321	754	1 886	1 773	3 722	5 463	6 512	212
内蒙古	17 695	600	1 592	1 325	2 804	4 849	6 358	168
辽　宁	26 008	568	1 477	1 255	4 142	10 712	7 825	28
吉　林	18 368	452	1 781	992	2 986	6 941	5 075	140
黑龙江	23 475	680	2 079	2 385	4 418	6 088	7 600	224
上　海	6 378	385	502	553	1 219	602	3 079	39
江　苏	62 186	2 322	4 506	3 201	11 642	15 716	24 542	257
浙　江	37 707	1 456	2 468	2 412	7 532	6 140	17 586	113
安　徽	53 009	1 491	4 360	3 268	11 262	18 542	13 955	132
福　建	28 587	1 084	1 979	2 204	6 360	5 994	10 799	167
江　西	37 170	1 638	5 241	3 211	8 584	8 639	9 634	224
山　东	74 245	1 721	5 156	4 030	11 108	33 936	18 094	200
河　南	49 189	1 113	6 532	3 085	6 970	22 018	9 024	448
湖　北	31 835	755	4 189	2 003	8 278	9 090	7 315	206
湖　南	37 368	1 150	4 493	3 908	9 267	9 645	8 638	266
广　东	56 175	1 727	4 453	4 570	12 352	10 492	22 483	98
广　西	33 864	799	3 436	2 799	8 417	11 296	6 824	292
海　南	4 063	88	508	330	876	1 530	713	18
重　庆	20 920	450	2 163	1 370	4 661	6 898	5 349	29
四　川	46 254	1 112	6 439	3 070	11 473	14 775	9 079	307
贵　州	19 309	653	2 211	1 612	2 759	7 410	4 583	81
云　南	25 545	639	2 778	1 534	3 396	11 380	5 751	67
西　藏	1 402	9	77	39	88	1 075	112	3
陕　西	22 541	543	2 434	1 741	3 021	10 461	4 222	120
甘　肃	15 864	473	1 919	1 022	2 076	7 538	2 739	96
青　海	3 445	157	539	348	574	1 108	683	36
宁　夏	3 104	156	451	215	457	929	894	2
新　疆	9 417	453	996	863	1 593	3 588	1 875	48

表5-3b 各地区按性别、职业大类分的就业人口(镇)(续 2)

单位：人

性别 地区	合计	国家机关、党群组织、企业、事业单位负责人	专业技术人员	办事人员和有关人员	商业、服务业人员	农、林、牧、渔、水利业生产人员	生产、运输设备操作人员及有关人员	不便分类的其他从业人员
女	**653 198**	**5 031**	**77 461**	**23 373**	**153 120**	**275 563**	**116 178**	**2 473**
北京	1 943	70	407	155	683	222	399	7
天津	5 199	58	604	104	910	705	2 703	116
河北	29 199	391	3 520	1 070	5 540	14 891	3 698	89
山西	10 892	94	2 280	841	2 403	4 166	1 021	87
内蒙古	11 013	98	1 733	616	2 938	4 030	1 519	78
辽宁	18 647	134	1 692	414	4 180	9 759	2 459	9
吉林	9 987	107	1 742	319	2 506	4 211	1 048	54
黑龙江	13 270	187	2 467	864	4 398	3 263	2 027	64
上海	5 027	86	528	239	1 171	709	2 276	19
江苏	56 734	371	4 250	1 195	10 956	22 723	17 079	159
浙江	27 788	209	3 061	891	7 722	3 794	12 057	55
安徽	42 020	261	3 619	1 198	10 186	21 813	4 864	79
福建	20 610	187	2 056	796	6 064	4 667	6 748	93
江西	26 844	260	4 230	1 225	8 553	8 388	4 063	124
山东	64 635	295	4 838	1 334	9 328	39 330	9 405	104
河南	40 853	431	6 339	1 379	5 294	23 905	3 181	323
湖北	24 286	123	3 145	642	8 026	9 401	2 858	91
湖南	27 355	221	4 089	1 516	8 897	8 988	3 501	142
广东	47 959	324	4 605	1 872	11 174	9 430	20 475	78
广西	29 451	141	3 638	1 129	9 057	11 718	3 567	201
海南	3 272	16	365	138	1 131	1 285	320	18
重庆	17 222	94	1 800	493	5 381	7 789	1 627	37
四川	39 533	280	5 275	1 553	11 769	17 076	3 389	192
贵州	15 644	138	2 009	720	3 429	8 053	1 247	48
云南	21 516	143	2 668	723	4 455	11 786	1 686	54
西藏	1 317	3	76	16	68	1 115	30	8
陕西	16 853	72	2 390	760	2 585	9 890	1 104	52
甘肃	12 469	74	1 456	468	1 783	7 736	909	43
青海	2 649	44	552	172	535	1 096	227	22
宁夏	2 442	22	439	119	555	1 064	243	
新疆	6 570	95	1 588	410	1 442	2 560	447	28

表5-3c　各地区按性别、职业大类分的就业人口(乡村)

单位：人

性　别 地　区	合　计	国家机关、党群组织、企业、事业单位负责人	专　业 技术人员	办事人员 和有关人员	商　业、 服务业人员	农、林、牧、渔、水利业生产人员	生　产、运输设备操作人员及有关人员	不便分类的 其　他 从业人员
全　国	**5 461 217**	**30 111**	**212 238**	**35 607**	**215 324**	**4 391 137**	**569 226**	**7 575**
北　京	17 379	464	830	579	3 013	6 220	6 238	35
天　津	20 932	497	2 881	490	3 234	5 734	7 893	203
河　北	353 920	4 811	17 711	2 566	16 859	261 798	49 457	717
山　西	129 932	706	6 675	1 126	7 643	93 479	19 806	497
内 蒙 古	90 985	216	3 164	411	2 914	79 398	4 801	80
辽　宁	140 987	637	2 457	732	5 823	116 071	15 203	65
吉　林	101 964	294	3 048	398	2 515	92 656	3 000	54
黑 龙 江	133 326	390	9 005	523	2 884	116 822	3 614	86
上　海	15 836	273	580	565	2 054	3 585	8 628	152
江　苏	274 705	2 431	5 952	2 933	18 100	173 656	71 020	613
浙　江	162 112	1 811	3 763	2 604	17 808	67 159	68 841	126
安　徽	272 335	1 076	4 315	912	10 034	233 613	22 120	266
福　建	120 045	1 042	3 458	1 191	10 833	73 986	29 110	425
江　西	189 215	679	7 622	661	5 696	157 697	16 628	232
山　东	423 528	1 655	7 482	2 381	14 940	353 196	43 372	504
河　南	498 414	5 986	41 802	1 623	9 571	418 174	20 784	474
湖　北	256 178	480	6 870	848	7 888	225 252	14 521	319
湖　南	302 948	1 391	8 907	1 222	16 354	243 887	30 707	479
广　东	231 766	1 442	10 146	4 209	14 236	147 676	53 732	325
广　西	233 338	340	7 139	544	5 029	210 086	10 007	192
海　南	28 733	189	430	103	1 023	26 123	828	38
重　庆	121 960	242	1 209	443	3 050	110 140	6 803	74
四　川	445 916	712	23 514	2 941	11 788	382 421	23 690	851
贵　州	195 224	442	4 409	786	3 851	175 604	9 958	174
云　南	244 328	622	13 531	1 294	4 001	217 619	7 144	115
西　藏	13 708	11	658	400	94	12 283	216	46
陕　西	164 642	360	7 003	773	5 479	141 579	9 241	206
甘　肃	135 658	227	2 003	575	3 177	124 704	4 886	86
青　海	25 810	131	2 233	567	478	21 450	921	31
宁　夏	25 908	62	430	93	949	22 262	2 105	7
新　疆	89 485	492	3 011	1 113	4 006	76 806	3 955	102

表5-3c 各地区按性别、职业大类分的就业人口(乡村)(续 1)

单位：人

性别 地区	合计	国家机关、党群组织、企业、事业单位负责人	专业技术人员	办事人员和有关人员	商业、服务业人员	农、林、牧、渔、水利业生产人员	生产、运输设备操作人员及有关人员	不便分类的其他从业人员
男	**2 903 773**	**22 684**	**122 516**	**25 769**	**123 601**	**2 214 417**	**389 558**	**5 229**
北京	10 647	390	442	464	1 488	3 108	4 731	24
天津	11 945	365	1 783	322	1 919	3 250	4 149	157
河北	194 477	3 613	9 976	1 947	10 728	130 001	37 695	517
山西	79 922	644	3 948	916	4 936	51 264	17 793	422
内蒙古	50 628	177	1 899	308	1 583	42 398	4 199	63
辽宁	77 744	537	1 354	609	2 987	60 154	12 058	45
吉林	61 747	227	1 813	304	1 305	55 493	2 563	43
黑龙江	76 901	314	5 365	400	1 514	66 128	3 114	65
上海	8 870	230	326	438	1 139	1 648	4 980	109
江苏	135 269	2 090	3 569	2 382	10 816	74 074	41 884	453
浙江	94 941	1 577	2 152	2 086	9 143	40 381	39 520	81
安徽	139 286	778	3 173	656	5 690	112 325	16 506	158
福建	67 973	871	2 150	949	6 180	39 776	17 804	242
江西	100 313	586	4 692	527	3 245	79 254	11 838	172
山东	218 045	1 445	5 140	2 000	9 571	169 498	30 057	334
河南	257 187	3 246	22 111	1 103	6 111	207 818	16 482	317
湖北	134 139	390	4 301	634	4 381	112 830	11 381	222
湖南	166 546	941	5 379	907	8 507	128 980	21 490	342
广东	120 737	1 202	4 992	3 019	8 311	75 283	27 754	176
广西	122 875	277	4 087	431	3 036	107 775	7 146	124
海南	15 522	118	311	87	538	13 827	618	24
重庆	61 900	190	836	364	1 575	53 393	5 496	46
四川	224 629	510	12 948	1 325	6 631	184 107	18 536	571
贵州	101 249	397	2 976	557	1 912	87 267	8 024	116
云南	129 364	551	7 860	713	1 923	112 153	6 106	59
西藏	7 305	7	358	214	62	6 459	169	36
陕西	86 798	275	3 945	505	3 192	71 109	7 626	146
甘肃	69 560	207	1 509	433	1 914	61 310	4 121	65
青海	13 558	84	1 240	314	290	10 818	789	23
宁夏	13 569	53	339	82	571	10 652	1 866	6
新疆	50 125	390	1 543	774	2 403	41 883	3 062	70

表5-3c　各地区按性别、职业大类分的就业人口(乡村)(续 2)

单位：人

性　别 地　区	合　计	国家机关、党群组织、企业、事业单位负责人	专　业 技术人员	办事人员 和有关人员	商　业、 服务业人员	农、林、牧、渔、水利业生产人员	生　产、运输设备操作人员及有关人员	不便分类的 其　他 从业人员
女	**2 557 444**	**7 427**	**89 723**	**9 838**	**91 723**	**2 176 720**	**179 668**	**2 346**
北　京	6 732	75	388	115	1 525	3 112	1 507	11
天　津	8 987	132	1 098	168	1 315	2 485	3 744	46
河　北	159 443	1 198	7 735	619	6 131	131 797	11 762	200
山　西	50 009	62	2 727	209	2 707	42 215	2 013	75
内蒙古	40 357	39	1 265	103	1 331	37 000	601	17
辽　宁	63 243	100	1 103	123	2 836	55 917	3 145	20
吉　林	40 217	67	1 235	94	1 210	37 163	437	11
黑龙江	56 425	76	3 640	124	1 370	50 694	500	21
上　海	6 966	43	254	127	915	1 937	3 647	43
江　苏	139 436	340	2 382	551	7 284	99 582	29 136	161
浙　江	67 171	233	1 611	519	8 665	26 778	29 320	45
安　徽	133 049	298	1 142	256	4 344	121 287	5 615	108
福　建	52 072	171	1 308	242	4 653	34 210	11 306	183
江　西	88 902	93	2 930	135	2 452	78 444	4 789	60
山　东	205 483	210	2 342	381	5 370	183 697	13 314	170
河　南	241 227	2 740	19 691	520	3 460	210 356	4 302	157
湖　北	122 039	90	2 569	214	3 507	112 422	3 140	97
湖　南	136 401	450	3 528	315	7 847	114 907	9 217	137
广　东	111 029	240	5 154	1 190	5 925	72 393	25 978	149
广　西	110 463	63	3 053	113	1 993	102 312	2 862	68
海　南	13 211	71	119	17	485	12 296	209	14
重　庆	60 061	52	373	79	1 475	56 747	1 307	28
四　川	221 287	202	10 567	1 615	5 157	198 313	5 154	280
贵　州	93 975	45	1 433	229	1 939	88 337	1 934	58
云　南	114 963	72	5 671	581	2 078	105 466	1 039	56
西　藏	6 403	4	300	186	33	5 824	47	10
陕　西	77 844	86	3 058	268	2 287	70 470	1 615	60
甘　肃	66 098	20	494	142	1 262	63 394	765	21
青　海	12 253	46	993	252	188	10 633	132	9
宁　夏	12 339	9	91	11	378	11 609	239	1
新　疆	39 360	102	1 469	340	1 603	34 923	893	31

表5-4 全国按年龄、性别、职业大类分的就业人口

单位：人

性别 年龄	合计	国家机关、党群组织、企业、事业单位负责人	专业技术人员	办事人员和有关人员	商业、服务业人员	农、林、牧、渔、水利业生产人员	生产、运输设备操作人员及有关人员	不便分类的其他从业人员
合计	**9 287 409**	**141 768**	**699 437**	**341 120**	**1 121 687**	**5 306 235**	**1 652 412**	**24 751**
16-19	**406 070**	**817**	**13 830**	**6 534**	**57 081**	**201 194**	**125 550**	**1 063**
16	57 747	103	1 711	549	6 872	34 032	14 327	153
17	89 415	130	2 671	1 052	11 723	46 920	26 678	239
18	129 495	280	4 393	2 128	18 624	61 584	42 146	340
19	129 413	303	5 055	2 806	19 862	58 658	42 399	330
20-24	**781 774**	**4 731**	**63 434**	**31 522**	**128 799**	**346 925**	**204 262**	**2 102**
20	131 234	396	6 112	3 239	20 967	60 981	39 195	344
21	136 833	601	8 285	4 319	22 499	62 125	38 637	366
22	150 895	801	12 029	6 210	25 181	67 110	39 156	408
23	187 574	1 389	18 438	8 985	31 602	80 321	46 308	531
24	175 238	1 544	18 570	8 768	28 551	76 387	40 965	453
25-29	**949 134**	**11 806**	**103 073**	**46 927**	**151 056**	**413 787**	**219 684**	**2 801**
25	176 548	1 706	18 996	8 762	28 146	78 460	39 940	537
26	189 673	2 235	21 343	9 607	30 787	81 156	44 027	518
27	189 965	2 391	21 150	9 594	30 663	81 478	44 106	583
28	184 958	2 587	20 034	9 182	29 067	80 490	43 035	563
29	207 989	2 886	21 549	9 782	32 393	92 203	48 576	599
30-34	**1 266 323**	**20 078**	**117 423**	**52 870**	**185 598**	**604 321**	**282 308**	**3 725**
30	219 171	3 235	21 767	9 983	33 407	99 458	50 680	642
31	242 754	3 630	22 981	10 387	35 949	114 547	54 574	685
32	255 488	4 051	23 614	10 648	37 788	121 594	57 067	725
33	267 957	4 350	24 362	10 902	38 608	129 990	58 900	846
34	280 953	4 812	24 699	10 951	39 846	138 731	61 087	825
35-39	**1 468 270**	**25 817**	**115 556**	**52 221**	**192 448**	**783 061**	**294 941**	**4 227**
35	310 604	5 348	26 228	11 718	42 924	158 432	65 093	861
36	288 434	5 023	23 570	10 463	38 992	149 368	60 215	804
37	318 523	5 754	25 135	11 328	41 739	169 414	64 184	969
38	258 844	4 428	18 941	8 589	32 554	143 643	49 965	722
39	291 865	5 265	21 682	10 123	36 237	162 203	55 484	871
40-44	**1 297 182**	**28 831**	**103 148**	**53 705**	**164 080**	**711 340**	**232 262**	**3 817**
40	296 838	5 879	22 975	11 162	37 494	162 170	56 304	854
41	282 173	6 031	22 586	11 816	36 082	153 035	51 805	818
42	332 660	7 960	27 392	14 605	42 778	179 171	59 749	1 005
43	249 261	5 824	19 429	10 199	30 833	140 045	42 190	741
44	136 250	3 137	10 765	5 923	16 893	76 919	22 214	399
45-49	**956 031**	**20 676**	**70 859**	**39 882**	**107 990**	**572 667**	**141 362**	**2 595**
45	170 278	3 893	13 255	7 696	21 300	94 989	28 660	487
46	154 223	3 489	11 772	6 540	18 897	88 167	24 924	434
47	200 371	4 177	14 595	8 562	23 080	119 099	30 261	596
48	226 897	4 814	16 408	9 053	24 477	139 965	31 607	571
49	204 262	4 303	14 829	8 031	20 235	130 447	25 910	507

表5-4 全国按年龄、性别、职业大类分的就业人口(续 1)

单位：人

性别 年龄	合计	国家机关、党群组织、企业、事业单位负责人	专业技术人员	办事人员和有关人员	商业、服务业人员	农、林、牧、渔、水利业生产人员	生产、运输设备操作人员及有关人员	不便分类的其他从业人员
50-54	**939 259**	**17 570**	**58 849**	**32 211**	**73 997**	**658 539**	**95 868**	**2 225**
50	215 005	4 301	14 827	7 914	19 050	143 519	24 840	553
51	204 174	4 180	13 267	7 426	17 073	139 395	22 333	500
52	185 720	3 423	11 365	6 192	14 325	131 433	18 551	430
53	183 272	3 098	10 661	5 800	13 387	132 924	16 981	420
54	151 088	2 568	8 729	4 877	10 161	111 268	13 163	323
55-59	**590 839**	**8 088**	**30 872**	**16 609**	**34 526**	**461 184**	**38 407**	**1 154**
55	144 523	2 232	7 840	4 274	9 455	109 334	11 092	296
56	134 996	1 957	6 935	3 917	8 248	104 296	9 399	243
57	112 087	1 542	5 819	3 071	6 346	87 909	7 197	203
58	106 635	1 347	5 516	2 930	5 728	84 790	6 075	249
59	92 598	1 010	4 761	2 417	4 749	74 855	4 643	162
60-64	**328 201**	**2 098**	**12 557**	**4 681**	**14 482**	**282 350**	**11 512**	**520**
60	81 914	672	3 512	1 302	4 224	68 653	3 414	137
61	72 120	483	2 757	1 002	3 107	62 039	2 610	123
62	63 348	369	2 352	889	2 705	54 831	2 107	95
63	56 636	284	2 025	742	2 280	49 444	1 788	74
64	54 184	290	1 911	747	2 167	47 383	1 594	92
65-69	**187 004**	**808**	**6 253**	**2 590**	**7 030**	**165 737**	**4 278**	**308**
65	50 045	243	1 816	675	1 797	44 153	1 292	69
66	37 075	159	1 189	504	1 441	32 762	955	66
67	38 134	146	1 219	553	1 552	33 779	828	55
68	33 159	142	1 074	471	1 244	29 500	662	66
69	28 591	118	955	387	995	25 543	541	51
70岁及以上	**117 323**	**448**	**3 583**	**1 368**	**4 601**	**105 131**	**1 979**	**214**
男	**5 069 358**	**111 071**	**354 241**	**232 505**	**572 745**	**2 667 587**	**1 115 103**	**16 106**
16-19	**202 852**	**441**	**6 267**	**4 055**	**22 715**	**106 436**	**62 308**	**630**
16	29 204	54	856	368	2 826	18 139	6 873	88
17	44 568	62	1 333	697	4 730	24 806	12 801	140
18	64 462	155	1 965	1 324	7 302	32 718	20 823	176
19	64 618	171	2 114	1 666	7 857	30 773	21 811	226
20-24	**398 417**	**2 761**	**25 924**	**17 092**	**57 774**	**169 880**	**123 676**	**1 309**
20	65 421	209	2 464	1 858	8 757	30 864	21 051	217
21	67 806	357	3 186	2 323	9 498	30 231	22 003	208
22	76 479	475	4 795	3 344	11 256	32 558	23 809	241
23	96 765	803	7 580	4 744	14 563	39 078	29 671	326
24	91 946	917	7 899	4 822	13 700	37 149	27 143	316
25-29	**503 505**	**8 085**	**45 412**	**28 074**	**74 098**	**199 236**	**146 826**	**1 774**
25	92 208	1 094	8 112	4 960	13 681	37 347	26 671	342
26	101 028	1 492	9 203	5 568	15 031	39 706	29 698	329
27	101 106	1 636	9 408	5 791	15 135	39 253	29 529	352
28	98 569	1 839	8 945	5 620	14 246	38 690	28 872	358
29	110 595	2 023	9 744	6 135	16 004	44 239	32 056	392

表5-4 全国按年龄、性别、职业大类分的就业人口(续 2)

单位：人

性别 年龄	合计	国家机关、党群组织、企业、事业单位负责人	专业技术人员	办事人员和有关人员	商业、服务业人员	农、林、牧、渔、水利业生产人员	生产、运输设备操作人员及有关人员	不便分类的其他从业人员
30-34	**672 346**	**14 978**	**55 002**	**34 299**	**92 164**	**284 744**	**188 882**	**2 278**
30	117 317	2 345	10 224	6 346	16 553	47 584	33 856	407
31	128 261	2 659	10 653	6 671	17 632	53 762	36 496	388
32	135 694	3 064	11 052	6 902	18 625	57 336	38 269	446
33	142 157	3 263	11 443	7 139	19 333	61 113	39 349	516
34	148 917	3 647	11 629	7 241	20 021	64 948	40 911	520
35-39	**770 246**	**19 890**	**56 438**	**34 485**	**95 806**	**362 819**	**198 277**	**2 532**
35	163 716	4 104	12 608	7 696	21 537	73 410	43 833	528
36	151 225	3 779	11 305	6 919	19 582	68 953	40 211	476
37	167 114	4 396	12 233	7 484	20 711	78 568	43 134	588
38	135 407	3 514	9 449	5 727	16 132	66 552	33 613	418
39	152 784	4 098	10 842	6 658	17 843	75 336	37 485	521
40-44	**686 134**	**23 145**	**51 631**	**36 159**	**81 167**	**331 206**	**160 465**	**2 362**
40	157 137	4 687	11 546	7 552	18 671	75 763	38 394	524
41	148 290	4 828	11 195	7 862	17 698	70 780	35 445	483
42	177 145	6 337	13 669	9 793	21 071	84 138	41 509	628
43	131 917	4 742	9 840	6 923	15 276	65 141	29 524	473
44	71 645	2 553	5 382	4 028	8 451	35 384	15 592	254
45-49	**528 771**	**16 883**	**38 134**	**28 499**	**58 211**	**278 653**	**106 598**	**1 793**
45	92 644	3 188	6 896	5 282	10 857	45 169	20 937	314
46	85 454	2 829	6 192	4 603	9 964	43 011	18 559	296
47	111 320	3 416	7 903	6 103	12 518	58 109	22 853	417
48	126 537	3 949	8 942	6 506	13 483	69 098	24 159	400
49	112 818	3 501	8 201	6 005	11 389	63 266	20 090	367
50-54	**544 788**	**14 987**	**35 995**	**26 627**	**47 665**	**337 348**	**80 480**	**1 686**
50	123 795	3 649	8 861	6 335	11 631	72 497	20 423	399
51	117 998	3 541	7 766	6 072	10 907	70 675	18 689	348
52	107 736	2 921	7 019	5 101	9 339	67 321	15 698	337
53	106 757	2 662	6 742	4 895	8 877	68 822	14 425	334
54	88 502	2 214	5 607	4 224	6 911	58 032	11 245	268
55-59	**357 284**	**7 189**	**23 375**	**15 340**	**24 052**	**253 292**	**33 138**	**897**
55	85 972	1 974	5 675	3 896	6 521	58 096	9 584	226
56	82 332	1 713	5 304	3 614	5 691	57 671	8 144	194
57	67 683	1 377	4 442	2 831	4 385	48 294	6 199	154
58	65 001	1 212	4 312	2 743	4 049	47 271	5 218	195
59	56 296	912	3 642	2 256	3 404	41 960	3 993	127
60-64	**202 925**	**1 767**	**8 873**	**4 258**	**10 326**	**167 645**	**9 620**	**435**
60	49 683	585	2 524	1 190	2 988	39 419	2 862	116
61	44 529	401	1 932	901	2 203	36 803	2 189	101
62	38 816	303	1 626	807	1 920	32 338	1 745	76
63	35 374	236	1 423	671	1 633	29 846	1 505	60
64	34 523	242	1 369	689	1 582	29 240	1 319	81

表5-4　全国按年龄、性别、职业大类分的就业人口(续 3)

单位：人

性别 · 年龄	合计	国家机关、党群组织、企业、事业单位负责人	专业技术人员	办事人员和有关人员	商业、服务业人员	农、林、牧、渔、水利业生产人员	生产、运输设备操作人员及有关人员	不便分类的其他从业人员
65-69	**122 893**	**617**	**4 563**	**2 373**	**5 243**	**106 436**	**3 423**	**238**
65	31 529	185	1 302	624	1 300	27 012	1 059	48
66	24 317	116	856	462	1 080	20 976	779	49
67	25 464	107	905	510	1 175	22 047	677	44
68	22 431	118	782	428	937	19 611	497	58
69	19 152	92	718	349	751	16 791	412	39
70岁及以上	**79 198**	**327**	**2 627**	**1 246**	**3 525**	**69 892**	**1 410**	**172**
女	**4 218 051**	**30 697**	**345 195**	**108 615**	**548 942**	**2 638 648**	**537 309**	**8 646**
16-19	**203 218**	**375**	**7 563**	**2 480**	**34 366**	**94 758**	**63 242**	**433**
16	28 543	49	855	180	4 045	15 893	7 455	65
17	44 847	68	1 339	356	6 994	22 114	13 877	99
18	65 033	126	2 428	804	11 322	28 866	21 323	164
19	64 796	132	2 942	1 140	12 005	27 885	20 588	105
20-24	**383 358**	**1 970**	**37 509**	**14 430**	**71 025**	**177 044**	**80 585**	**793**
20	65 813	187	3 648	1 381	12 210	30 117	18 144	127
21	69 027	245	5 099	1 996	13 000	31 894	16 634	158
22	74 416	326	7 233	2 866	13 925	34 551	15 347	167
23	90 809	586	10 858	4 241	17 038	41 243	16 638	204
24	83 293	627	10 671	3 946	14 852	39 238	13 822	137
25-29	**445 629**	**3 721**	**57 661**	**18 852**	**76 958**	**214 551**	**72 857**	**1 027**
25	84 340	613	10 885	3 801	14 465	41 113	13 269	195
26	88 645	743	12 141	4 039	15 755	41 450	14 329	189
27	88 860	755	11 742	3 803	15 528	42 225	14 577	231
28	86 389	748	11 088	3 562	14 821	41 800	14 163	206
29	97 394	863	11 805	3 647	16 389	47 963	16 520	206
30-34	**593 977**	**5 100**	**62 421**	**18 572**	**93 434**	**319 577**	**93 426**	**1 447**
30	101 854	889	11 543	3 637	16 853	51 873	16 823	235
31	114 492	971	12 328	3 715	18 318	60 785	18 078	297
32	119 794	987	12 562	3 746	19 163	64 259	18 798	279
33	125 801	1 087	12 918	3 763	19 276	68 876	19 550	330
34	132 036	1 166	13 070	3 711	19 825	73 783	20 176	305
35-39	**698 023**	**5 927**	**59 117**	**17 736**	**96 642**	**420 242**	**96 664**	**1 695**
35	146 888	1 244	13 620	4 022	21 387	85 023	21 260	333
36	137 209	1 244	12 264	3 544	19 410	80 415	20 004	328
37	151 408	1 358	12 902	3 844	21 029	90 846	21 049	381
38	123 437	914	9 492	2 861	16 422	77 091	16 352	304
39	139 081	1 167	10 840	3 465	18 394	86 867	17 999	349

表5-4 全国按年龄、性别、职业大类分的就业人口(续 4)

单位：人

性别 年龄	合计	国家机关、党群组织、企业、事业单位负责人	专业技术人员	办事人员和有关人员	商业、服务业人员	农、林、牧、渔、水利业生产人员	生产、运输设备操作人员及有关人员	不便分类的其他从业人员
40-44	**611 048**	**5 685**	**51 517**	**17 546**	**82 913**	**380 134**	**71 798**	**1 455**
40	139 702	1 193	11 430	3 610	18 822	86 407	17 910	330
41	133 882	1 203	11 392	3 954	18 384	82 254	16 360	335
42	155 515	1 623	13 723	4 812	21 707	95 034	18 239	377
43	117 344	1 082	9 589	3 276	15 557	74 905	12 666	269
44	64 605	584	5 383	1 895	8 443	41 535	6 622	144
45-49	**427 259**	**3 793**	**32 724**	**11 383**	**49 779**	**294 014**	**34 764**	**802**
45	77 635	704	6 359	2 414	10 443	49 819	7 723	173
46	68 770	660	5 580	1 937	8 933	45 156	6 365	138
47	89 051	761	6 691	2 459	10 562	60 990	7 408	179
48	100 360	865	7 467	2 547	10 994	70 868	7 448	172
49	91 444	802	6 628	2 026	8 847	67 180	5 820	140
50-54	**394 471**	**2 583**	**22 855**	**5 584**	**26 332**	**321 190**	**15 387**	**539**
50	91 209	652	5 967	1 580	7 419	71 022	4 417	154
51	86 176	639	5 501	1 354	6 167	68 720	3 644	153
52	77 984	502	4 346	1 092	4 986	64 112	2 853	93
53	76 515	436	3 919	905	4 510	64 102	2 556	85
54	62 587	354	3 122	653	3 250	53 235	1 917	55
55-59	**233 556**	**899**	**7 496**	**1 269**	**10 474**	**207 892**	**5 269**	**257**
55	58 551	258	2 165	378	2 933	51 239	1 509	69
56	52 664	244	1 632	303	2 557	46 625	1 255	49
57	44 405	165	1 377	240	1 960	39 615	999	49
58	41 634	134	1 204	187	1 679	37 519	857	54
59	36 302	97	1 119	161	1 345	32 894	650	35
60-64	**125 277**	**331**	**3 684**	**423**	**4 155**	**114 705**	**1 892**	**85**
60	32 231	87	989	112	1 235	29 235	552	21
61	27 591	82	825	101	904	25 236	421	22
62	24 532	66	726	82	784	22 493	362	19
63	21 262	48	603	71	647	19 598	282	13
64	19 661	48	541	58	585	18 144	274	10
65-69	**64 111**	**191**	**1 690**	**218**	**1 787**	**59 301**	**855**	**70**
65	18 516	58	514	51	497	17 141	234	21
66	12 758	43	333	42	361	11 786	176	18
67	12 669	39	314	44	378	11 732	151	11
68	10 729	24	292	43	307	9 889	165	9
69	9 439	27	237	38	244	8 753	129	12
70岁及以上	**38 125**	**121**	**956**	**122**	**1 076**	**35 239**	**569**	**43**

表5-4a 全国按年龄、性别、职业大类分的就业人口(城市)

单位：人

性别 年龄	合计	国家机关、党群组织、企业、事业单位负责人	专业技术人员	办事人员和有关人员	商业、服务业人员	农、林、牧、渔、水利业生产人员	生产、运输设备操作人员及有关人员	不便分类的其他从业人员
合　计	**2 336 820**	**81 049**	**328 857**	**223 711**	**591 976**	**370 889**	**730 082**	**10 255**
16-19	**97 380**	**188**	**3 563**	**3 367**	**28 707**	**10 011**	**51 224**	**320**
16	8 919	12	224	200	2 606	1 508	4 329	41
17	19 168	15	497	452	5 461	2 149	10 530	64
18	33 265	62	1 185	1 105	9 760	3 242	17 807	103
19	36 029	100	1 657	1 610	10 880	3 112	18 558	111
20-24	**242 147**	**2 747**	**32 240**	**20 830**	**75 393**	**20 000**	**90 123**	**814**
20	36 563	164	2 297	1 908	11 628	3 202	17 242	123
21	40 132	292	3 597	2 720	12 965	3 494	16 956	108
22	46 998	477	6 096	4 159	15 037	3 841	17 219	169
23	61 551	842	10 148	6 136	18 902	4 880	20 422	221
24	56 904	972	10 102	5 908	16 861	4 582	18 284	194
25-29	**307 361**	**7 616**	**54 533**	**30 544**	**87 353**	**26 643**	**99 472**	**1 201**
25	56 643	1 087	10 235	5 864	16 708	4 562	17 978	210
26	62 171	1 420	11 399	6 292	17 910	5 158	19 771	221
27	62 146	1 560	11 187	6 239	17 685	5 345	19 883	248
28	59 782	1 653	10 412	5 930	16 726	5 283	19 524	254
29	66 619	1 897	11 300	6 218	18 325	6 294	22 316	268
30-34	**381 457**	**12 566**	**61 107**	**34 034**	**101 051**	**42 227**	**128 802**	**1 670**
30	68 260	2 053	11 313	6 294	18 418	6 770	23 145	267
31	72 916	2 274	11 679	6 546	19 628	7 722	24 738	328
32	77 442	2 526	12 308	6 968	20 717	8 427	26 147	349
33	80 183	2 756	12 855	7 127	20 833	9 276	26 955	381
34	82 657	2 957	12 952	7 099	21 455	10 033	27 817	344
35-39	**390 773**	**14 867**	**56 858**	**33 854**	**98 957**	**55 998**	**128 449**	**1 789**
35	87 840	3 211	13 403	7 657	22 803	11 216	29 185	362
36	80 114	2 992	11 809	6 814	20 411	10 932	26 798	359
37	85 112	3 369	12 492	7 132	21 454	12 061	27 874	428
38	64 656	2 408	8 819	5 475	16 235	10 137	21 299	283
39	73 050	2 887	10 333	6 475	18 054	11 652	23 294	356
40-44	**350 547**	**16 244**	**51 014**	**36 335**	**85 634**	**54 168**	**105 473**	**1 679**
40	77 088	3 204	11 004	7 296	18 814	11 879	24 514	378
41	76 837	3 429	11 272	7 920	18 794	11 567	23 511	344
42	93 026	4 541	13 826	10 035	22 611	14 034	27 542	438
43	65 729	3 208	9 472	6 913	16 059	10 698	19 022	357
44	37 867	1 862	5 441	4 172	9 356	5 991	10 884	161
45-49	**242 765**	**11 527**	**32 214**	**28 046**	**57 762**	**45 123**	**66 923**	**1 170**
45	48 128	2 219	6 550	5 531	11 918	7 403	14 267	240
46	41 955	2 024	5 498	4 602	10 273	7 367	11 985	206
47	51 518	2 284	6 561	6 036	12 505	9 463	14 408	261
48	54 193	2 684	7 186	6 309	12 630	10 795	14 351	238
49	46 971	2 316	6 419	5 567	10 436	10 095	11 913	225

表5-4a 全国按年龄、性别、职业大类分的就业人口(城市)(续 1)

单位：人

性别 年龄	合计	国家机关、党群组织、企业、事业单位负责人	专业技术人员	办事人员和有关人员	商业、服务业人员	农、林、牧、渔、水利业生产人员	生产、运输设备操作人员及有关人员	不便分类的其他从业人员
50-54	**181 169**	**9 751**	**22 976**	**22 373**	**34 617**	**49 860**	**40 688**	**902**
50	44 370	2 360	5 897	5 418	9 069	10 824	10 578	224
51	42 096	2 368	5 482	5 185	8 192	10 867	9 776	226
52	35 112	1 854	4 336	4 348	6 628	9 961	7 812	173
53	33 041	1 716	3 963	3 980	6 023	10 147	7 064	148
54	26 550	1 454	3 298	3 442	4 706	8 061	5 458	130
55-59	**86 640**	**4 388**	**9 799**	**10 573**	**14 384**	**32 834**	**14 249**	**413**
55	22 917	1 237	2 523	2 798	4 122	7 802	4 323	111
56	20 527	1 056	2 171	2 483	3 504	7 683	3 542	88
57	16 370	834	1 843	1 948	2 689	6 301	2 682	74
58	14 810	719	1 775	1 849	2 223	5 993	2 171	81
59	12 015	541	1 487	1 495	1 847	5 056	1 530	59
60-64	**31 532**	**831**	**2 648**	**2 152**	**4 723**	**17 859**	**3 154**	**165**
60	8 498	278	783	652	1 502	4 298	940	45
61	7 083	209	586	459	1 020	4 037	740	34
62	6 000	132	480	402	824	3 532	601	30
63	5 077	107	403	330	693	3 045	475	24
64	4 874	104	396	310	685	2 948	399	32
65-69	**16 036**	**227**	**1 352**	**1 082**	**2 203**	**9 991**	**1 094**	**87**
65	4 328	64	355	285	571	2 707	333	13
66	3 148	42	282	217	439	1 906	245	17
67	3 343	45	294	229	495	2 041	222	17
68	2 828	45	216	191	378	1 803	172	23
69	2 389	30	205	161	319	1 534	123	17
70岁及以上	**9 012**	**98**	**553**	**520**	**1 192**	**6 173**	**431**	**46**
男	**1 329 411**	**62 810**	**150 845**	**148 307**	**287 877**	**184 524**	**488 619**	**6 428**
16-19	**44 488**	**111**	**1 329**	**2 179**	**11 310**	**5 516**	**23 860**	**183**
16	4 177	6	102	150	1 120	827	1 944	28
17	8 611	8	235	327	2 131	1 182	4 697	33
18	15 034	43	428	729	3 786	1 797	8 203	49
19	16 666	54	564	974	4 273	1 710	9 017	73
20-24	**120 666**	**1 554**	**12 480**	**10 667**	**32 463**	**9 932**	**53 093**	**477**
20	17 277	87	787	1 116	4 663	1 637	8 907	81
21	19 098	166	1 215	1 393	5 271	1 785	9 216	53
22	23 304	274	2 319	2 080	6 449	1 922	10 170	89
23	31 201	470	4 014	3 017	8 341	2 375	12 862	122
24	29 786	559	4 144	3 061	7 739	2 213	11 937	132
25-29	**165 609**	**5 122**	**22 831**	**17 335**	**41 056**	**12 754**	**65 798**	**714**
25	29 954	690	4 239	3 157	7 787	2 129	11 834	119
26	33 234	924	4 711	3 433	8 308	2 479	13 243	135
27	33 713	1 061	4 711	3 528	8 437	2 574	13 264	138
28	32 484	1 135	4 370	3 493	7 884	2 488	12 958	156
29	36 225	1 311	4 800	3 724	8 641	3 084	14 499	165

表5-4a　全国按年龄、性别、职业大类分的就业人口(城市)(续 2)

单位：人

性别 年龄	合计	国家机关、党群组织、企业、事业单位负责人	专业技术人员	办事人员和有关人员	商业、服务业人员	农、林、牧、渔、水利业生产人员	生产、运输设备操作人员及有关人员	不便分类的其他从业人员
30-34	**211 549**	**9 231**	**26 375**	**21 288**	**48 099**	**19 888**	**85 699**	**970**
30	37 715	1 456	4 927	3 834	8 709	3 242	15 385	162
31	40 297	1 634	5 029	4 031	9 343	3 634	16 455	170
32	42 844	1 886	5 290	4 366	9 767	3 930	17 402	203
33	44 475	2 054	5 555	4 501	9 977	4 336	17 823	227
34	46 218	2 200	5 574	4 554	10 303	4 746	18 634	208
35-39	**217 200**	**11 260**	**25 038**	**21 748**	**46 995**	**25 550**	**85 584**	**1 026**
35	49 086	2 435	5 829	4 898	11 006	5 242	19 463	211
36	44 405	2 191	5 089	4 382	9 785	4 925	17 833	199
37	47 071	2 528	5 474	4 790	10 092	5 442	18 492	253
38	35 874	1 886	3 954	3 564	7 632	4 587	14 096	154
39	40 764	2 220	4 691	4 113	8 479	5 354	15 699	209
40-44	**198 084**	**12 849**	**23 313**	**23 801**	**40 043**	**24 741**	**72 298**	**1 038**
40	43 573	2 525	5 031	4 837	8 860	5 426	16 660	234
41	43 013	2 678	5 131	5 126	8 629	5 330	15 909	210
42	52 790	3 586	6 377	6 570	10 580	6 448	18 959	270
43	37 208	2 578	4 356	4 534	7 494	4 845	13 171	230
44	21 500	1 483	2 417	2 734	4 480	2 693	7 599	95
45-49	**146 421**	**9 251**	**15 299**	**19 539**	**29 643**	**21 432**	**50 480**	**777**
45	28 408	1 799	3 057	3 708	5 791	3 474	10 427	152
46	25 006	1 583	2 569	3 172	5 124	3 517	8 908	134
47	31 199	1 834	3 160	4 175	6 458	4 511	10 881	180
48	32 962	2 178	3 425	4 418	6 590	5 152	11 043	156
49	28 845	1 856	3 088	4 067	5 681	4 777	9 221	155
50-54	**123 043**	**8 366**	**12 804**	**18 353**	**22 471**	**25 081**	**35 307**	**661**
50	29 567	2 011	3 159	4 271	5 554	5 420	8 993	159
51	28 399	2 024	2 896	4 220	5 299	5 339	8 472	148
52	23 894	1 592	2 443	3 567	4 375	4 936	6 850	131
53	22 636	1 469	2 309	3 336	4 050	5 188	6 168	116
54	18 547	1 269	1 997	2 959	3 194	4 197	4 824	107
55-59	**62 857**	**4 037**	**7 863**	**9 911**	**10 071**	**17 985**	**12 653**	**337**
55	16 411	1 116	1 850	2 565	2 846	4 092	3 852	90
56	14 921	963	1 756	2 330	2 461	4 199	3 137	75
57	11 872	772	1 528	1 844	1 859	3 422	2 388	60
58	10 835	675	1 487	1 749	1 582	3 358	1 921	62
59	8 817	511	1 242	1 423	1 323	2 914	1 354	51
60-64	**21 526**	**741**	**1 999**	**2 004**	**3 254**	**10 736**	**2 653**	**139**
60	5 798	252	587	609	1 024	2 493	795	37
61	4 781	185	429	431	706	2 370	629	32
62	4 064	117	374	376	572	2 102	500	23
63	3 509	91	313	300	474	1 913	399	19
64	3 373	96	297	288	477	1 857	330	28

表5-4a 全国按年龄、性别、职业大类分的就业人口(城市)(续 3)

单位：人

性别 年龄	合计	国家机关、党群组织、企业、事业单位负责人	专业技术人员	办事人员和有关人员	商业、服务业人员	农、林、牧、渔、水利业生产人员	生产、运输设备操作人员及有关人员	不便分类的其他从业人员
65-69	**11 382**	**204**	**1 073**	**998**	**1 590**	**6 574**	**879**	**64**
65	2 959	61	270	266	403	1 678	275	7
66	2 245	40	232	193	326	1 244	200	11
67	2 413	36	228	214	351	1 390	180	13
68	2 033	41	175	173	285	1 209	131	20
69	1 731	27	168	151	226	1 053	93	13
70岁及以上	**6 588**	**84**	**443**	**484**	**882**	**4 337**	**315**	**43**
女	**1 007 409**	**18 239**	**178 012**	**75 404**	**304 099**	**186 364**	**241 463**	**3 827**
16-19	**52 892**	**77**	**2 234**	**1 188**	**17 397**	**4 495**	**27 363**	**138**
16	4 742	5	121	50	1 487	681	2 385	13
17	10 557	7	263	125	3 330	967	5 833	32
18	18 230	19	756	376	5 974	1 445	9 604	55
19	19 363	46	1 094	637	6 606	1 401	9 541	38
20-24	**121 481**	**1 193**	**19 760**	**10 164**	**42 930**	**10 067**	**37 030**	**337**
20	19 285	77	1 510	791	6 965	1 565	8 335	42
21	21 034	127	2 382	1 328	7 694	1 709	7 739	56
22	23 694	204	3 776	2 079	8 587	1 919	7 049	79
23	30 350	372	6 133	3 118	10 561	2 506	7 561	99
24	27 118	413	5 958	2 847	9 122	2 369	6 347	62
25-29	**141 753**	**2 494**	**31 702**	**13 209**	**46 297**	**13 889**	**33 674**	**487**
25	26 689	397	5 996	2 707	8 921	2 434	6 144	91
26	28 938	495	6 688	2 859	9 602	2 679	6 528	86
27	28 434	499	6 476	2 711	9 247	2 772	6 619	110
28	27 299	517	6 042	2 438	8 842	2 795	6 566	98
29	30 394	586	6 500	2 494	9 684	3 210	7 817	102
30-34	**169 908**	**3 335**	**34 732**	**12 747**	**52 952**	**22 339**	**43 104**	**699**
30	30 545	596	6 386	2 460	9 710	3 528	7 760	105
31	32 619	639	6 650	2 515	10 285	4 088	8 283	158
32	34 597	640	7 018	2 602	10 950	4 497	8 746	146
33	35 708	702	7 300	2 626	10 856	4 940	9 132	154
34	36 439	757	7 378	2 545	11 152	5 287	9 183	136
35-39	**173 573**	**3 607**	**31 820**	**12 106**	**51 962**	**30 449**	**42 866**	**763**
35	38 754	777	7 575	2 759	11 797	5 974	9 721	151
36	35 710	800	6 720	2 432	10 626	6 006	8 965	160
37	38 041	842	7 018	2 642	11 361	6 620	9 382	176
38	28 782	521	4 865	1 911	8 603	5 551	7 202	129
39	32 286	668	5 641	2 362	9 575	6 298	7 595	147

表5-4a　全国按年龄、性别、职业大类分的就业人口(城市)(续 4)

单位：人

性　别 年　龄	合　计	国家机关、党群组织、企业、事业单位负责人	专　业 技术人员	办事人员 和有关人员	商　业、 服务业人员	农、林、牧、渔、水利业生产人员	生　产、运输设备操作人员及有关人员	不便分类的 其　他 从业人员
40-44	**152 463**	**3 395**	**27 702**	**12 534**	**45 591**	**29 427**	**33 174**	**640**
40	33 515	679	5 973	2 458	9 954	6 453	7 854	144
41	33 824	752	6 140	2 794	10 165	6 237	7 602	134
42	40 236	955	7 449	3 464	12 030	7 586	8 583	168
43	28 521	629	5 116	2 380	8 565	5 852	5 850	128
44	16 367	380	3 024	1 438	4 876	3 298	3 285	67
45-49	**96 344**	**2 276**	**16 915**	**8 506**	**28 118**	**23 691**	**16 443**	**393**
45	19 720	420	3 493	1 823	6 127	3 928	3 839	89
46	16 949	441	2 929	1 430	5 149	3 850	3 077	72
47	20 319	450	3 401	1 861	6 047	4 952	3 527	81
48	21 231	506	3 761	1 892	6 041	5 643	3 308	82
49	18 126	460	3 331	1 500	4 755	5 318	2 692	70
50-54	**58 126**	**1 385**	**10 172**	**4 021**	**12 146**	**24 780**	**5 381**	**241**
50	14 803	349	2 739	1 147	3 515	5 403	1 585	66
51	13 696	344	2 585	964	2 893	5 528	1 304	78
52	11 218	262	1 893	781	2 253	5 025	962	42
53	10 405	246	1 654	645	1 973	4 959	896	32
54	8 003	184	1 302	483	1 511	3 865	635	23
55-59	**23 783**	**350**	**1 936**	**663**	**4 313**	**14 850**	**1 596**	**76**
55	6 506	121	673	238	1 276	3 710	470	22
56	5 606	93	415	153	1 043	3 484	406	13
57	4 498	62	315	104	830	2 879	294	14
58	3 975	44	288	100	641	2 635	250	19
59	3 198	30	245	72	524	2 142	176	8
60-64	**10 007**	**91**	**649**	**147**	**1 469**	**7 124**	**501**	**26**
60	2 700	26	196	43	477	1 805	144	8
61	2 302	24	157	27	314	1 667	110	2
62	1 936	15	106	26	252	1 429	101	7
63	1 567	16	90	30	219	1 132	76	4
64	1 501	9	99	21	207	1 091	69	4
65-69	**4 654**	**22**	**280**	**85**	**613**	**3 417**	**214**	**23**
65	1 369	4	85	19	168	1 029	58	6
66	902	3	49	23	114	662	45	6
67	930	9	67	15	144	651	41	4
68	795	4	42	17	93	595	41	3
69	658	3	37	10	94	481	29	4
70岁及以上	**2 425**	**14**	**110**	**36**	**310**	**1 835**	**117**	**3**

表5-4b 全国按年龄、性别、职业大类分的就业人口(镇)

单位：人

性别 年龄	合计	国家机关、党群组织、企业、事业单位负责人	专业技术人员	办事人员和有关人员	商业、服务业人员	农、林、牧、渔、水利业生产人员	生产、运输设备操作人员及有关人员	不便分类的其他从业人员
合计	**1 489 372**	**30 608**	**158 342**	**81 801**	**314 387**	**544 209**	**353 104**	**6 921**
16-19	**55 238**	**97**	**1 974**	**1 184**	**12 337**	**17 063**	**22 362**	**221**
16	7 145	10	187	83	1 685	2 654	2 496	29
17	11 643	9	335	199	2 578	3 866	4 611	44
18	18 092	39	650	395	3 966	5 331	7 644	68
19	18 358	39	801	507	4 108	5 212	7 612	80
20-24	**120 183**	**692**	**12 279**	**6 186**	**27 625**	**33 431**	**39 475**	**495**
20	18 989	70	1 058	605	4 490	5 502	7 185	79
21	20 196	101	1 549	820	4 672	5 794	7 167	93
22	22 869	101	2 285	1 145	5 257	6 397	7 597	87
23	29 690	198	3 581	1 782	6 814	7 935	9 258	122
24	28 439	221	3 806	1 835	6 392	7 805	8 267	114
25-29	**167 040**	**1 948**	**24 792**	**11 870**	**37 763**	**42 103**	**47 784**	**780**
25	29 185	241	4 100	1 970	6 543	7 900	8 279	152
26	33 313	359	4 987	2 392	7 420	8 455	9 561	138
27	33 728	376	5 177	2 478	7 690	8 161	9 680	166
28	33 168	476	5 044	2 366	7 497	8 124	9 500	161
29	37 647	496	5 484	2 664	8 613	9 462	10 765	163
30-34	**228 447**	**4 085**	**29 833**	**14 492**	**52 629**	**62 623**	**63 711**	**1 072**
30	40 053	609	5 550	2 838	9 341	10 138	11 389	188
31	43 939	748	5 952	2 893	10 120	11 640	12 405	180
32	46 192	843	6 029	2 840	10 654	12 733	12 886	206
33	48 079	869	6 050	2 931	11 118	13 469	13 386	258
34	50 184	1 017	6 252	2 990	11 396	14 644	13 646	239
35-39	**258 172**	**5 955**	**29 100**	**14 137**	**58 471**	**82 163**	**67 114**	**1 233**
35	55 431	1 182	6 540	3 120	12 792	16 683	14 866	248
36	51 158	1 083	6 067	2 810	11 628	15 710	13 631	229
37	56 166	1 305	6 307	3 054	12 774	17 699	14 763	264
38	44 390	1 082	4 732	2 351	9 956	14 828	11 218	223
39	51 027	1 303	5 454	2 801	11 321	17 243	12 637	269
40-44	**223 389**	**7 127**	**24 490**	**13 220**	**50 162**	**76 506**	**50 762**	**1 121**
40	52 209	1 460	5 828	2 980	11 934	17 145	12 640	223
41	48 706	1 498	5 372	3 013	10 963	16 271	11 337	252
42	58 106	1 965	6 533	3 494	12 935	19 862	13 002	316
43	42 389	1 476	4 505	2 428	9 483	15 093	9 193	210
44	21 979	727	2 253	1 306	4 846	8 135	4 590	121
45-49	**151 507**	**4 799**	**15 540**	**8 601**	**31 577**	**61 245**	**29 010**	**734**
45	27 152	839	2 922	1 596	5 858	10 017	5 794	126
46	25 091	787	2 528	1 452	5 515	9 532	5 151	125
47	31 805	987	3 271	1 826	6 743	12 750	6 057	172
48	36 001	1 156	3 683	1 958	7 422	14 904	6 714	165
49	31 457	1 030	3 136	1 769	6 039	14 043	5 294	146

表5-4b 全国按年龄、性别、职业大类分的就业人口(镇)(续 1)

单位：人

性别 年龄	合计	国家机关、党群组织、企业、事业单位负责人	专业技术人员	办事人员和有关人员	商业、服务业人员	农、林、牧、渔、水利业生产人员	生产、运输设备操作人员及有关人员	不便分类的其他从业人员
50-54	**136 671**	**3 770**	**11 788**	**6 548**	**23 683**	**69 918**	**20 344**	**621**
50	32 785	973	3 197	1 725	6 122	15 317	5 295	156
51	30 152	943	2 636	1 509	5 411	14 933	4 595	125
52	26 581	717	2 268	1 225	4 546	13 721	3 980	122
53	26 055	634	2 103	1 191	4 378	13 994	3 632	124
54	21 097	503	1 583	897	3 225	11 953	2 843	93
55-59	**77 647**	**1 596**	**5 599**	**3 556**	**11 106**	**47 094**	**8 366**	**330**
55	19 732	452	1 475	893	3 038	11 403	2 400	71
56	18 139	368	1 272	871	2 618	10 879	2 072	59
57	14 372	299	1 035	641	2 014	8 815	1 504	63
58	13 798	296	991	647	1 883	8 578	1 313	91
59	11 607	181	826	504	1 553	7 419	1 078	46
60-64	**38 486**	**353**	**1 784**	**1 099**	**5 122**	**27 224**	**2 751**	**154**
60	10 067	125	536	322	1 458	6 731	850	46
61	8 468	77	388	237	1 072	6 086	584	24
62	7 280	60	333	196	1 001	5 189	467	34
63	6 536	49	277	154	853	4 724	457	22
64	6 137	43	250	190	738	4 494	393	29
65-69	**20 334**	**137**	**748**	**603**	**2 373**	**15 406**	**962**	**106**
65	5 468	47	256	162	628	4 051	290	34
66	4 031	23	141	114	504	3 004	224	23
67	4 143	24	134	125	491	3 174	177	19
68	3 631	23	140	103	417	2 781	149	18
69	3 061	21	77	100	333	2 396	122	12
70岁及以上	**12 258**	**49**	**415**	**305**	**1 539**	**9 433**	**463**	**55**
男	**836 174**	**25 577**	**80 881**	**58 429**	**161 268**	**268 646**	**236 926**	**4 448**
16-19	**26 896**	**59**	**778**	**689**	**4 830**	**9 160**	**11 253**	**127**
16	3 519	6	82	55	653	1 437	1 272	13
17	5 620	6	145	118	1 040	2 072	2 212	28
18	8 755	24	269	228	1 535	2 859	3 806	34
19	9 002	23	282	289	1 602	2 792	3 963	52
20-24	**61 279**	**448**	**4 357**	**3 611**	**12 334**	**16 361**	**23 863**	**304**
20	9 455	36	371	334	1 919	2 838	3 908	48
21	9 997	65	488	439	1 957	2 877	4 116	55
22	11 642	69	766	689	2 321	3 105	4 635	56
23	15 252	129	1 306	1 047	3 082	3 807	5 816	65
24	14 933	149	1 427	1 101	3 055	3 734	5 388	80
25-29	**90 261**	**1 431**	**10 380**	**7 656**	**18 494**	**20 169**	**31 656**	**474**
25	15 503	165	1 587	1 206	3 157	3 820	5 473	94
26	17 977	245	1 977	1 513	3 697	4 056	6 407	82
27	18 298	269	2 194	1 659	3 769	3 874	6 436	96
28	17 983	376	2 200	1 501	3 626	3 907	6 270	103
29	20 500	376	2 421	1 777	4 245	4 513	7 070	98

表5-4b 全国按年龄、性别、职业大类分的就业人口(镇)(续 2)

单位：人

性别 年龄	合计	国家机关、党群组织、企业、事业单位负责人	专业技术人员	办事人员和有关人员	商业、服务业人员	农、林、牧、渔、水利业生产人员	生产、运输设备操作人员及有关人员	不便分类的其他从业人员
30-34	**125 143**	**3 222**	**14 259**	**9 973**	**25 885**	**29 131**	**42 031**	**642**
30	21 885	466	2 606	1 907	4 539	4 721	7 533	113
31	23 893	577	2 776	1 982	4 877	5 387	8 191	103
32	25 458	681	2 885	1 954	5 271	5 984	8 566	118
33	26 503	678	2 908	2 048	5 550	6 341	8 816	162
34	27 405	819	3 085	2 083	5 648	6 697	8 925	147
35-39	**141 340**	**4 910**	**15 063**	**9 824**	**28 961**	**37 327**	**44 508**	**747**
35	30 643	960	3 326	2 136	6 351	7 796	9 918	156
36	27 972	875	3 041	1 968	5 835	7 140	8 976	136
37	30 982	1 084	3 302	2 142	6 346	8 045	9 887	176
38	24 262	927	2 548	1 609	4 937	6 652	7 461	128
39	27 481	1 063	2 845	1 968	5 491	7 695	8 266	152
40-44	**123 032**	**6 015**	**12 831**	**9 388**	**25 055**	**34 523**	**34 549**	**671**
40	28 917	1 206	3 095	2 109	5 977	7 976	8 418	136
41	26 721	1 270	2 784	2 106	5 507	7 270	7 645	140
42	31 922	1 668	3 339	2 449	6 375	8 961	8 940	191
43	23 443	1 259	2 448	1 759	4 768	6 717	6 357	133
44	12 029	613	1 164	964	2 428	3 599	3 189	71
45-49	**87 619**	**4 196**	**8 735**	**6 479**	**17 126**	**28 999**	**21 587**	**497**
45	15 340	719	1 592	1 142	3 004	4 635	4 167	80
46	14 565	700	1 435	1 063	2 979	4 552	3 754	83
47	18 499	871	1 799	1 365	3 741	6 121	4 496	107
48	20 878	997	2 057	1 492	4 071	7 046	5 097	118
49	18 336	909	1 852	1 417	3 332	6 645	4 072	108
50-54	**83 187**	**3 378**	**7 529**	**5 602**	**14 554**	**34 941**	**16 698**	**485**
50	19 738	881	1 987	1 448	3 555	7 504	4 247	116
51	18 073	816	1 621	1 260	3 272	7 256	3 759	89
52	16 409	647	1 486	1 038	2 847	6 988	3 303	99
53	15 907	578	1 380	1 050	2 759	7 048	2 987	105
54	13 060	454	1 056	806	2 121	6 144	2 402	77
55-59	**49 936**	**1 459**	**4 583**	**3 317**	**7 484**	**25 594**	**7 252**	**248**
55	12 439	416	1 115	823	2 025	5 920	2 087	53
56	11 674	335	1 056	808	1 706	5 921	1 800	48
57	9 245	274	859	585	1 336	4 869	1 281	42
58	8 979	265	842	627	1 317	4 715	1 144	68
59	7 600	169	712	473	1 100	4 169	939	37
60-64	**25 241**	**317**	**1 422**	**1 027**	**3 663**	**16 333**	**2 351**	**129**
60	6 506	113	444	302	1 020	3 868	719	40
61	5 529	70	301	220	757	3 666	497	18
62	4 748	53	252	186	713	3 113	403	27
63	4 315	42	224	140	626	2 862	401	19
64	4 143	38	201	178	546	2 824	330	25

表5-4b　全国按年龄、性别、职业大类分的就业人口(镇)(续 3)

单位：人

性　别 年　龄	合　计	国家机关、党群组织、企业、事业单位负责人	专　业 技术人员	办事人员 和有关人员	商　业、 服务业人员	农、林、牧、渔、水利业生产人员	生　产、运输设备操作人员及有关人员	不便分类的 其　他 从业人员
65-69	**13 742**	**106**	**599**	**571**	**1 737**	**9 840**	**810**	**80**
65	3 603	37	204	150	435	2 502	253	22
66	2 684	19	114	109	369	1 877	177	18
67	2 879	16	113	121	374	2 085	154	16
68	2 516	17	105	97	301	1 857	124	15
69	2 060	17	63	93	258	1 518	102	9
70岁及以上	**8 497**	**36**	**344**	**291**	**1 144**	**6 268**	**369**	**45**
女	**653 198**	**5 031**	**77 461**	**23 373**	**153 120**	**275 563**	**116 178**	**2 473**
16-19	**28 342**	**38**	**1 195**	**495**	**7 507**	**7 903**	**11 110**	**95**
16	3 626	4	105	28	1 032	1 216	1 223	16
17	6 023	3	190	82	1 538	1 795	2 399	16
18	9 338	15	381	167	2 431	2 472	3 838	34
19	9 356	16	519	219	2 506	2 420	3 649	28
20-24	**58 904**	**244**	**7 922**	**2 575**	**15 291**	**17 071**	**15 611**	**191**
20	9 535	34	687	270	2 571	2 664	3 277	30
21	10 200	37	1 062	380	2 715	2 917	3 051	38
22	11 227	32	1 519	456	2 935	3 292	2 962	32
23	14 438	69	2 276	735	3 732	4 127	3 442	56
24	13 505	72	2 379	733	3 337	4 071	2 880	34
25-29	**76 779**	**517**	**14 412**	**4 214**	**19 269**	**21 933**	**16 128**	**306**
25	13 682	76	2 513	763	3 386	4 080	2 806	58
26	15 335	114	3 010	879	3 723	4 400	3 153	56
27	15 430	107	2 983	819	3 921	4 287	3 244	69
28	15 184	100	2 843	865	3 871	4 217	3 230	58
29	17 147	120	3 064	887	4 368	4 949	3 695	65
30-34	**103 303**	**863**	**15 573**	**4 519**	**26 745**	**33 493**	**21 680**	**429**
30	18 168	143	2 944	931	4 802	5 416	3 856	76
31	20 046	171	3 176	911	5 244	6 253	4 214	77
32	20 734	161	3 145	887	5 384	6 749	4 320	88
33	21 576	191	3 141	883	5 568	7 128	4 570	96
34	22 779	198	3 167	907	5 748	7 946	4 720	93
35-39	**116 832**	**1 045**	**14 037**	**4 313**	**29 510**	**44 835**	**22 605**	**486**
35	24 788	222	3 214	984	6 441	8 887	4 947	92
36	23 186	208	3 025	842	5 793	8 570	4 655	93
37	25 184	221	3 005	912	6 428	9 655	4 876	88
38	20 128	155	2 183	743	5 019	8 176	3 757	96
39	23 545	240	2 608	833	5 829	9 548	4 370	117

表5-4b 全国按年龄、性别、职业大类分的就业人口(镇)(续 4)

单位：人

性别 年龄	合计	国家机关、党群组织、企业、事业单位负责人	专业技术人员	办事人员和有关人员	商业、服务业人员	农、林、牧、渔、水利业生产人员	生产、运输设备操作人员及有关人员	不便分类的其他从业人员
40-44	**100 357**	**1 112**	**11 660**	**3 831**	**25 107**	**41 983**	**16 213**	**450**
40	23 293	254	2 733	870	5 957	9 169	4 222	87
41	21 984	228	2 588	906	5 456	9 002	3 692	112
42	26 184	298	3 193	1 045	6 560	10 901	4 062	125
43	18 946	218	2 056	669	4 716	8 376	2 836	76
44	9 949	115	1 089	341	2 418	4 536	1 401	50
45-49	**63 888**	**603**	**6 805**	**2 122**	**14 451**	**32 246**	**7 423**	**237**
45	11 812	120	1 330	454	2 854	5 382	1 627	46
46	10 526	88	1 093	389	2 536	4 979	1 397	43
47	13 306	116	1 472	461	3 002	6 629	1 561	65
48	15 123	158	1 626	466	3 351	7 858	1 617	46
49	13 121	121	1 284	352	2 707	7 398	1 222	38
50-54	**53 483**	**393**	**4 259**	**946**	**9 129**	**34 977**	**3 646**	**135**
50	13 047	92	1 211	277	2 567	7 813	1 048	40
51	12 079	127	1 015	249	2 140	7 676	836	37
52	10 172	70	782	188	1 699	6 733	677	23
53	10 148	56	724	140	1 619	6 946	644	20
54	8 037	49	528	91	1 104	5 808	441	16
55-59	**27 711**	**137**	**1 016**	**239**	**3 622**	**21 500**	**1 114**	**83**
55	7 293	36	360	70	1 013	5 483	313	18
56	6 465	33	216	62	913	4 958	272	11
57	5 127	25	177	56	678	3 946	223	21
58	4 820	31	150	20	565	3 863	168	23
59	4 007	12	114	31	453	3 250	139	9
60-64	**13 245**	**36**	**362**	**72**	**1 459**	**10 891**	**400**	**25**
60	3 560	11	91	20	439	2 863	130	6
61	2 939	6	87	17	315	2 420	87	6
62	2 532	6	81	10	288	2 076	64	7
63	2 221	7	53	13	226	1 862	56	3
64	1 994	5	49	12	192	1 670	63	3
65-69	**6 592**	**30**	**149**	**33**	**636**	**5 566**	**152**	**26**
65	1 865	10	52	12	193	1 548	38	12
66	1 348	4	27	4	134	1 127	47	5
67	1 264	8	21	4	117	1 089	23	3
68	1 115	5	35	6	117	924	25	3
69	1 001	4	14	7	75	878	20	3
70岁及以上	**3 761**	**13**	**71**	**13**	**395**	**3 165**	**94**	**9**

表5-4c　全国按年龄、性别、职业大类分的就业人口(乡村)

单位：人

性别 年龄	合计	国家机关、党群组织、企业、事业单位负责人	专业技术人员	办事人员和有关人员	商业、服务业人员	农、林、牧、渔、水利业生产人员	生产、运输设备操作人员及有关人员	不便分类的其他从业人员
合　计	**5 461 217**	**30 111**	**212 238**	**35 607**	**215 324**	**4 391 137**	**569 226**	**7 575**
16－19	**253 451**	**532**	**8 294**	**1 982**	**16 037**	**174 120**	**51 964**	**522**
16	41 683	81	1 300	266	2 580	29 870	7 503	83
17	58 603	106	1 839	401	3 684	40 905	11 538	131
18	78 138	180	2 558	627	4 898	53 010	16 695	169
19	75 027	165	2 597	688	4 874	50 335	16 229	140
20－24	**419 444**	**1 291**	**18 915**	**4 506**	**25 781**	**293 494**	**74 664**	**793**
20	75 682	162	2 757	727	4 848	52 278	14 768	142
21	76 504	208	3 139	779	4 862	52 837	14 515	165
22	81 029	223	3 648	907	4 887	56 872	14 340	152
23	96 333	349	4 709	1 067	5 886	67 506	16 628	188
24	89 895	350	4 662	1 025	5 298	64 001	14 414	145
25－29	**474 732**	**2 242**	**23 748**	**4 513**	**25 940**	**345 041**	**72 427**	**821**
25	90 721	379	4 661	928	4 895	65 998	13 683	176
26	94 189	456	4 957	922	5 457	67 542	14 695	159
27	94 091	455	4 786	877	5 288	67 971	14 543	169
28	92 008	459	4 578	886	4 844	67 083	14 011	148
29	103 724	493	4 765	900	5 455	76 446	15 495	168
30－34	**656 419**	**3 427**	**26 484**	**4 344**	**31 918**	**499 470**	**89 794**	**983**
30	110 858	573	4 905	851	5 647	82 550	16 146	187
31	125 899	608	5 349	948	6 201	95 185	17 431	177
32	131 855	682	5 278	839	6 417	100 435	18 033	171
33	139 695	725	5 457	844	6 658	107 245	18 559	207
34	148 112	839	5 495	862	6 995	114 055	19 624	242
35－39	**819 325**	**4 995**	**29 598**	**4 230**	**35 020**	**644 900**	**99 377**	**1 205**
35	167 333	955	6 283	941	7 329	130 533	21 042	251
36	157 162	948	5 694	838	6 953	122 727	19 786	215
37	177 244	1 079	6 335	842	7 511	139 653	21 547	277
38	149 797	938	5 390	762	6 364	118 679	17 448	216
39	167 788	1 075	5 896	847	6 863	133 309	19 553	246
40－44	**723 247**	**5 460**	**27 643**	**4 150**	**28 284**	**580 665**	**76 028**	**1 017**
40	167 541	1 215	6 143	887	6 746	133 146	19 150	254
41	156 630	1 104	5 943	884	6 325	125 197	16 957	221
42	181 528	1 454	7 034	1 076	7 231	145 276	19 205	252
43	141 143	1 140	5 452	857	5 290	114 254	13 975	174
44	76 404	547	3 071	445	2 691	62 792	6 740	116
45－49	**561 759**	**4 350**	**23 104**	**3 235**	**18 651**	**466 299**	**45 429**	**691**
45	94 998	834	3 783	569	3 524	77 568	8 599	120
46	87 177	678	3 745	486	3 109	71 268	7 788	102
47	117 048	906	4 763	700	3 833	96 886	9 797	164
48	136 702	975	5 540	785	4 425	114 267	10 542	169
49	125 833	956	5 274	694	3 760	106 309	8 703	136

表5-4c 全国按年龄、性别、职业大类分的就业人口(乡村)(续 1)

单位：人

性别 年龄	合计	国家机关、党群组织、企业、事业单位负责人	专业技术人员	办事人员和有关人员	商业、服务业人员	农、林、牧、渔、水利业生产人员	生产、运输设备操作人员及有关人员	不便分类的其他从业人员
50-54	**621 420**	**4 049**	**24 086**	**3 290**	**15 697**	**538 760**	**34 835**	**702**
50	137 850	969	5 733	772	3 859	117 378	8 967	172
51	131 926	869	5 149	732	3 470	113 594	7 962	149
52	124 027	852	4 761	619	3 151	107 751	6 759	135
53	124 176	749	4 595	630	2 986	108 783	6 286	147
54	103 441	611	3 848	538	2 231	91 254	4 861	100
55-59	**426 553**	**2 105**	**15 473**	**2 480**	**9 036**	**381 255**	**15 793**	**411**
55	101 875	543	3 842	583	2 295	90 129	4 370	114
56	96 331	534	3 493	563	2 126	85 735	3 784	96
57	81 345	409	2 941	482	1 642	72 793	3 012	67
58	78 026	332	2 750	434	1 623	70 219	2 592	78
59	68 976	288	2 448	418	1 350	62 380	2 035	57
60-64	**258 183**	**914**	**8 126**	**1 431**	**4 636**	**237 267**	**5 607**	**202**
60	63 350	269	2 194	328	1 264	57 625	1 625	46
61	56 569	197	1 783	306	1 014	51 916	1 286	65
62	50 068	177	1 539	291	880	46 111	1 039	32
63	45 023	128	1 345	259	734	41 674	855	27
64	43 173	143	1 264	247	745	39 942	802	31
65-69	**150 634**	**445**	**4 153**	**904**	**2 454**	**140 341**	**2 223**	**114**
65	40 250	132	1 205	228	598	37 395	669	23
66	29 896	94	766	173	498	27 852	486	26
67	30 647	77	791	200	566	28 564	430	19
68	26 701	74	718	178	449	24 916	341	25
69	23 140	68	673	125	343	21 613	296	22
70岁及以上	**96 053**	**302**	**2 615**	**543**	**1 870**	**89 526**	**1 084**	**113**
男	**2 903 773**	**22 684**	**122 516**	**25 769**	**123 601**	**2 214 417**	**389 558**	**5 229**
16-19	**131 467**	**272**	**4 160**	**1 186**	**6 575**	**91 760**	**27 195**	**320**
16	21 508	42	671	163	1 053	15 875	3 656	48
17	30 337	48	953	252	1 559	21 552	5 893	79
18	40 673	88	1 268	367	1 982	28 062	8 814	93
19	38 950	94	1 268	403	1 982	26 271	8 832	101
20-24	**216 472**	**758**	**9 087**	**2 814**	**12 977**	**143 587**	**46 720**	**528**
20	38 689	87	1 307	408	2 175	26 389	8 236	88
21	38 712	127	1 483	492	2 270	25 569	8 671	101
22	41 533	132	1 710	575	2 485	27 531	9 003	97
23	50 312	204	2 260	679	3 141	32 896	10 993	139
24	47 226	209	2 328	660	2 905	31 202	9 817	104
25-29	**247 635**	**1 532**	**12 201**	**3 083**	**14 547**	**166 313**	**49 372**	**587**
25	46 751	239	2 286	597	2 737	31 399	9 365	129
26	49 817	323	2 515	622	3 027	33 171	10 047	112
27	49 095	306	2 503	605	2 929	32 805	9 829	118
28	48 102	327	2 375	626	2 736	32 295	9 644	99
29	53 870	336	2 523	634	3 118	36 642	10 487	129

表5-4c　全国按年龄、性别、职业大类分的就业人口(乡村)(续 2)

单位：人

性　别 年　龄	合　计	国家机关、党群组织、企业、事业单位负责人	专　业 技术人员	办事人员 和有关人员	商　业、 服务业人员	农、林、牧、渔、水利业生产人员	生　产、运输设备操作人员及有关人员	不便分类的 其　他 从业人员
30–34	**335 654**	**2 525**	**14 368**	**3 038**	**18 180**	**235 725**	**61 152**	**665**
30	57 717	423	2 692	605	3 306	39 621	10 939	132
31	64 071	447	2 848	658	3 412	44 741	11 851	115
32	67 393	497	2 878	582	3 587	47 422	12 301	125
33	71 179	530	2 980	590	3 806	50 436	12 710	127
34	75 294	628	2 971	603	4 070	53 506	13 351	166
35–39	**411 706**	**3 720**	**16 337**	**2 913**	**19 850**	**299 942**	**68 185**	**759**
35	83 987	710	3 453	662	4 180	60 372	14 451	161
36	78 849	712	3 175	569	3 962	56 888	13 403	141
37	89 061	784	3 457	552	4 272	65 082	14 756	160
38	75 271	700	2 947	555	3 563	55 314	12 056	137
39	84 538	815	3 306	576	3 873	62 288	13 520	161
40–44	**365 018**	**4 281**	**15 488**	**2 969**	**16 069**	**271 941**	**53 618**	**653**
40	84 647	956	3 419	605	3 835	62 361	13 316	154
41	78 557	880	3 280	630	3 562	58 181	11 891	133
42	92 432	1 083	3 952	774	4 116	68 729	13 611	168
43	71 267	905	3 035	630	3 014	53 578	9 995	110
44	38 116	458	1 801	330	1 543	29 092	4 804	89
45–49	**294 732**	**3 436**	**14 100**	**2 480**	**11 441**	**228 223**	**34 531**	**520**
45	48 896	670	2 247	432	2 063	37 060	6 342	82
46	45 882	547	2 188	368	1 861	34 942	5 897	79
47	61 622	711	2 945	563	2 320	47 477	7 476	130
48	72 696	774	3 460	596	2 822	56 900	8 019	125
49	65 636	735	3 260	521	2 376	51 845	6 797	103
50–54	**338 558**	**3 243**	**15 662**	**2 672**	**10 640**	**277 326**	**28 475**	**540**
50	74 491	757	3 715	616	2 523	59 373	7 183	124
51	71 526	701	3 249	592	2 336	58 079	6 458	111
52	67 434	681	3 091	496	2 117	55 397	5 545	107
53	68 214	614	3 053	509	2 068	56 585	5 270	114
54	56 894	490	2 555	459	1 595	47 691	4 020	84
55–59	**244 491**	**1 693**	**10 929**	**2 113**	**6 497**	**209 713**	**13 234**	**313**
55	57 122	441	2 710	508	1 651	48 083	3 644	84
56	55 737	415	2 492	476	1 524	47 552	3 207	71
57	46 566	332	2 055	403	1 190	40 003	2 530	53
58	45 187	272	1 983	366	1 150	39 198	2 153	65
59	39 879	233	1 688	360	982	34 877	1 700	39
60–64	**156 157**	**709**	**5 452**	**1 227**	**3 410**	**140 576**	**4 616**	**167**
60	37 379	220	1 493	278	944	33 057	1 347	39
61	34 219	146	1 202	250	740	30 767	1 062	51
62	30 004	132	1 000	245	635	27 123	842	27
63	27 549	103	886	230	532	25 071	705	22
64	27 007	109	871	222	558	24 559	659	28

表5-4c　全国按年龄、性别、职业大类分的就业人口(乡村)(续 3)

单位：人

性　别 年　龄	合　计	国家机关、党群组织、企业、事业单位负责人	专　业 技术人员	办事人员 和有关人员	商　业、 服务业人员	农、林、牧、渔、水利业生产人员	生　产、运输设备操作人员及有关人员	不便分类的 其　他 从业人员
65-69	**97 769**	**307**	**2 891**	**804**	**1 916**	**90 023**	**1 734**	**94**
65	24 967	87	828	208	462	22 831	531	19
66	19 387	57	509	159	385	17 856	402	20
67	20 172	54	564	175	450	18 571	343	15
68	17 882	60	503	157	352	16 545	242	23
69	15 361	48	487	105	268	14 219	216	17
70岁及以上	**64 113**	**207**	**1 840**	**470**	**1 499**	**59 287**	**726**	**84**
女	**2 557 444**	**7 427**	**89 723**	**9 838**	**91 723**	**2 176 720**	**179 668**	**2 346**
16-19	**121 983**	**260**	**4 134**	**797**	**9 462**	**82 360**	**24 769**	**201**
16	20 175	40	629	103	1 527	13 995	3 846	35
17	28 267	58	886	149	2 126	19 352	5 644	52
18	37 465	92	1 291	260	2 917	24 948	7 881	76
19	36 077	71	1 329	285	2 893	24 064	7 397	39
20-24	**202 972**	**533**	**9 828**	**1 692**	**12 804**	**149 906**	**27 944**	**265**
20	36 993	75	1 450	319	2 673	25 889	6 532	54
21	37 793	81	1 656	288	2 592	27 268	5 844	65
22	39 496	91	1 938	332	2 402	29 341	5 337	56
23	46 021	145	2 449	388	2 745	34 610	5 635	49
24	42 669	141	2 334	365	2 393	32 798	4 596	41
25-29	**227 097**	**710**	**11 547**	**1 430**	**11 393**	**178 728**	**23 055**	**234**
25	43 970	140	2 375	331	2 158	34 600	4 318	47
26	44 372	134	2 443	300	2 430	34 371	4 648	46
27	44 996	149	2 283	272	2 359	35 166	4 714	52
28	43 906	131	2 203	260	2 108	34 787	4 367	49
29	49 853	157	2 242	266	2 337	39 804	5 008	39
30-34	**320 765**	**902**	**12 116**	**1 306**	**13 738**	**263 744**	**28 642**	**318**
30	53 141	150	2 213	246	2 341	42 929	5 208	54
31	61 828	161	2 502	289	2 789	50 444	5 581	62
32	64 462	186	2 400	257	2 830	53 013	5 732	46
33	68 516	195	2 477	254	2 852	56 809	5 849	80
34	72 818	211	2 525	259	2 925	60 550	6 273	76
35-39	**407 619**	**1 275**	**13 261**	**1 317**	**15 170**	**344 957**	**31 193**	**446**
35	83 346	245	2 830	279	3 149	70 161	6 592	90
36	78 313	236	2 519	270	2 991	65 839	6 384	74
37	88 183	296	2 878	290	3 239	74 571	6 791	117
38	74 527	238	2 443	208	2 801	63 365	5 393	79
39	83 250	260	2 590	271	2 990	71 021	6 033	85

表5-4c　全国按年龄、性别、职业大类分的就业人口(乡村)(续 4)

单位：人

性别 年龄	合计	国家机关、党群组织、企业、事业单位负责人	专业技术人员	办事人员和有关人员	商业、服务业人员	农、林、牧、渔、水利业生产人员	生产、运输设备操作人员及有关人员	不便分类的其他从业人员
40-44	**358 228**	**1 179**	**12 155**	**1 181**	**12 214**	**308 724**	**22 410**	**364**
40	82 894	260	2 724	282	2 911	70 785	5 834	99
41	78 073	224	2 663	254	2 762	67 016	5 066	89
42	89 096	371	3 081	303	3 116	76 547	5 594	84
43	69 877	235	2 417	227	2 276	60 676	3 980	65
44	38 288	90	1 270	115	1 149	33 700	1 936	28
45-49	**267 027**	**914**	**9 004**	**754**	**7 210**	**238 076**	**10 898**	**172**
45	46 103	164	1 536	137	1 461	40 509	2 257	39
46	41 295	132	1 557	117	1 248	36 326	1 891	23
47	55 426	196	1 818	137	1 513	49 409	2 320	33
48	64 006	201	2 079	190	1 602	57 367	2 523	44
49	60 197	221	2 014	174	1 384	54 465	1 906	33
50-54	**282 862**	**806**	**8 424**	**618**	**5 058**	**261 434**	**6 360**	**163**
50	63 360	212	2 017	155	1 337	57 805	1 785	48
51	60 400	168	1 901	140	1 134	55 515	1 504	38
52	56 593	170	1 671	123	1 034	52 353	1 214	28
53	55 962	135	1 542	121	918	52 198	1 016	33
54	46 547	120	1 293	79	635	43 562	842	16
55-59	**182 061**	**411**	**4 544**	**367**	**2 539**	**171 542**	**2 559**	**99**
55	44 753	101	1 131	75	644	42 046	726	30
56	40 594	118	1 001	87	602	38 183	578	25
57	34 780	77	886	79	452	32 790	482	13
58	32 839	60	767	68	473	31 021	439	12
59	29 097	55	760	58	368	27 502	335	18
60-64	**102 025**	**205**	**2 673**	**204**	**1 227**	**96 691**	**990**	**35**
60	25 971	49	701	49	319	24 567	278	7
61	22 350	52	581	56	274	21 149	224	14
62	20 064	44	538	46	245	18 988	197	5
63	17 474	26	459	28	202	16 603	150	5
64	16 166	34	393	24	186	15 383	142	3
65-69	**52 865**	**138**	**1 262**	**100**	**538**	**50 318**	**489**	**20**
65	15 283	44	377	20	136	14 564	138	3
66	10 508	37	257	14	113	9 997	85	6
67	10 475	23	227	25	117	9 993	87	4
68	8 819	15	215	20	97	8 371	99	2
69	7 780	20	186	20	75	7 394	80	4
70岁及以上	**31 940**	**94**	**775**	**73**	**371**	**30 239**	**358**	**30**

表5-5 全国按性别、受教育程度、行业门类分的就业人口

单位：人

性别 行业门类	合计	未上过学	小学	初中	高中	大学专科	大学本科	研究生
合计	**9 287 409**	**720 440**	**2 713 825**	**4 096 461**	**1 127 841**	**413 874**	**198 562**	**16 407**
农、林、牧、渔业	5 465 913	661 616	2 195 958	2 339 726	256 020	10 821	1 662	110
采矿业	108 446	2 012	21 075	55 734	22 125	5 524	1 904	73
制造业	1 237 226	20 473	202 098	690 777	244 954	55 573	21 655	1 695
电力、燃气及水的生产和供应业	66 454	276	3 353	20 421	25 389	12 447	4 317	250
建筑业	326 050	7 259	75 012	183 098	44 147	11 687	4 671	176
交通运输、仓储和邮政业	302 305	3 230	37 393	165 078	74 356	16 682	5 327	238
信息传输、计算机服务和软件业	36 887	94	965	7 541	11 457	9 427	6 606	796
批发和零售业	627 068	12 937	93 889	310 931	159 747	37 092	11 772	701
住宿和餐饮业	177 567	3 461	26 443	101 668	38 629	6 021	1 294	51
金融业	54 517	64	762	6 385	17 263	19 062	10 177	804
房地产业	31 092	227	1 969	9 307	10 279	6 268	2 797	245
租赁和商务服务业	42 698	300	2 511	12 526	12 569	8 721	5 459	611
科学研究、技术服务和地质勘查业	25 007	60	600	3 852	6 074	6 337	6 767	1 317
水利、环境和公共设施管理业	30 517	938	4 461	10 164	8 418	4 597	1 802	137
居民服务和其他服务业	172 319	5 316	30 465	97 014	33 525	4 826	1 117	54
教育	211 957	446	3 893	18 383	51 640	81 044	51 278	5 272
卫生、社会保障和社会福利业	103 484	336	3 282	18 128	37 812	30 982	12 032	912
文化、体育和娱乐业	38 646	232	2 100	11 483	11 436	7 787	5 161	448
公共管理和社会组织	229 093	1 161	7 588	34 215	61 960	78 937	42 727	2 505
国际组织	166	2	8	29	42	37	35	12
男	**5 069 358**	**222 498**	**1 338 909**	**2 425 184**	**712 329**	**238 299**	**120 978**	**11 160**
农、林、牧、渔业	2 750 480	198 715	1 035 703	1 328 307	179 031	7 459	1 187	77
采矿业	91 851	1 518	18 914	48 946	16 924	3 961	1 519	68
制造业	675 499	6 333	92 781	371 043	154 259	34 920	14 842	1 320
电力、燃气及水的生产和供应业	47 497	173	2 701	16 028	17 555	7 848	2 998	194
建筑业	290 579	5 358	66 188	169 083	37 946	8 370	3 484	150
交通运输、仓储和邮政业	257 325	2 151	33 062	148 141	59 325	10 858	3 598	190
信息传输、计算机服务和软件业	22 283	34	578	4 608	6 605	5 387	4 463	607
批发和零售业	311 303	3 846	45 068	154 944	79 962	19 758	7 210	514
住宿和餐饮业	82 908	776	10 180	48 546	19 780	2 899	693	34

表5-5　全国按性别、受教育程度、行业门类分的就业人口(续 1)

单位：人

性　别 行业门类	合　计	未上过学	小　学	初　中	高　中	大学专科	大学本科	研究生
金融业	27 676	29	427	3 293	8 364	9 521	5 504	538
房地产业	19 719	90	1 225	6 630	6 376	3 523	1 681	194
租赁和商务服务业	26 060	162	1 739	8 429	7 439	4 709	3 199	382
科学研究、技术服务和地质勘查业	16 689	31	374	2 808	3 988	3 902	4 621	965
水利、环境和公共设施管理业	18 561	348	2 473	6 229	5 287	2 920	1 202	102
居民服务和其他服务业	99 013	1 864	16 864	57 052	19 856	2 697	648	31
教育	101 593	187	1 965	8 453	24 561	38 097	25 269	3 061
卫生、社会保障和社会福利业	46 061	120	1 725	10 362	15 052	12 100	6 144	558
文化、体育和娱乐业	22 010	89	1 187	6 350	6 716	4 514	2 900	254
公共管理和社会组织	162 160	673	5 747	25 913	43 277	54 830	29 804	1 915
国际组织	94		6	21	25	23	13	6
女	**4 218 051**	**497 942**	**1 374 915**	**1 671 277**	**415 512**	**175 574**	**77 584**	**5 246**
农、林、牧、渔业	2 715 433	462 901	1 160 255	1 011 419	76 989	3 361	476	33
采矿业	16 595	493	2 160	6 787	5 201	1 563	385	5
制造业	561 726	14 140	109 316	319 735	90 696	20 653	6 813	374
电力、燃气及水的生产和供应业	18 957	103	652	4 393	7 834	4 599	1 319	56
建筑业	35 471	1 901	8 824	14 015	6 201	3 317	1 188	25
交通运输、仓储和邮政业	44 980	1 079	4 331	16 937	15 031	5 824	1 729	48
信息传输、计算机服务和软件业	14 604	60	387	2 933	4 852	4 040	2 144	189
批发和零售业	315 765	9 091	48 822	155 987	79 784	17 334	4 562	186
住宿和餐饮业	94 659	2 685	16 263	53 122	18 849	3 122	601	17
金融业	26 841	35	335	3 092	8 899	9 541	4 673	266
房地产业	11 372	137	744	2 677	3 903	2 744	1 116	51
租赁和商务服务业	16 638	138	772	4 097	5 130	4 012	2 260	229
科学研究、技术服务和地质勘查业	8 318	29	226	1 044	2 085	2 435	2 146	353
水利、环境和公共设施管理业	11 956	590	1 987	3 935	3 132	1 677	600	35
居民服务和其他服务业	73 306	3 452	13 601	39 962	13 669	2 129	469	23
教育	110 364	259	1 929	9 931	27 078	42 947	26 009	2 211
卫生、社会保障和社会福利业	57 423	216	1 556	7 766	22 760	18 883	5 888	354
文化、体育和娱乐业	16 636	143	912	5 134	4 720	3 272	2 261	194
公共管理和社会组织	66 933	488	1 840	8 301	18 683	24 107	12 923	591
国际组织	73	2	3	9	17	15	23	6

表5-5a 全国按性别、受教育程度、行业门类分的就业人口(城市)

单位：人

性别 / 行业门类	合计	未上过学	小学	初中	高中	大学专科	大学本科	研究生
合计	**2 336 820**	**52 104**	**319 755**	**957 384**	**565 397**	**268 058**	**158 430**	**15 692**
农、林、牧、渔业	382 345	31 473	139 925	181 065	26 792	2 260	756	74
采矿业	40 691	410	3 817	19 128	12 141	3 762	1 368	66
制造业	596 207	5 972	66 728	298 351	158 542	45 186	19 784	1 645
电力、燃气及水的生产和供应业	40 407	110	1 201	9 857	16 120	9 207	3 683	229
建筑业	135 099	2 258	23 750	68 833	26 084	9 790	4 222	162
交通运输、仓储和邮政业	151 744	971	12 009	69 821	50 106	13 648	4 957	232
信息传输、计算机服务和软件业	27 093	51	409	3 801	7 882	7 839	6 323	788
批发和零售业	331 095	4 956	35 281	143 834	104 131	31 078	11 129	687
住宿和餐饮业	98 049	1 379	10 438	52 492	27 339	5 153	1 199	50
金融业	38 430	28	353	3 224	10 636	14 144	9 249	797
房地产业	27 485	187	1 571	7 821	9 183	5 773	2 710	239
租赁和商务服务业	32 921	143	1 385	8 020	9 919	7 672	5 181	601
科学研究、技术服务和地质勘查业	21 677	30	335	2 760	5 081	5 630	6 542	1 298
水利、环境和公共设施管理业	19 976	559	2 430	6 320	5 751	3 258	1 526	132
居民服务和其他服务业	85 912	2 635	13 047	44 816	20 620	3 729	1 011	54
教育	98 295	181	1 518	7 674	18 163	32 096	33 581	5 082
卫生、社会保障和社会福利业	54 806	155	1 214	6 556	17 939	18 120	9 935	888
文化、体育和娱乐业	27 817	100	1 087	6 881	8 197	6 300	4 815	437
公共管理和社会组织	126 647	506	3 249	16 113	30 742	43 390	30 429	2 219
国际组织	123	2	6	19	27	25	32	12
男	**1 329 411**	**17 220**	**167 310**	**561 209**	**330 731**	**148 137**	**94 205**	**10 599**
农、林、牧、渔业	190 244	9 349	66 098	95 632	17 115	1 477	520	52
采矿业	31 713	302	3 314	15 732	8 689	2 576	1 039	62
制造业	330 861	1 821	30 139	158 635	97 557	27 983	13 440	1 286
电力、燃气及水的生产和供应业	27 844	60	964	7 543	10 816	5 742	2 539	179
建筑业	115 592	1 606	20 640	62 045	21 272	6 811	3 081	137
交通运输、仓储和邮政业	123 251	712	10 722	61 192	38 448	8 674	3 318	185
信息传输、计算机服务和软件业	16 311	17	232	2 311	4 430	4 455	4 264	602
批发和零售业	159 361	1 593	17 186	68 825	48 298	16 189	6 763	507
住宿和餐饮业	46 031	278	4 131	24 922	13 600	2 430	637	33

表5-5a 全国按性别、受教育程度、行业门类分的就业人口(城市)(续 1)

单位：人

性别 行业门类	合 计	未上过学	小 学	初 中	高 中	大学专科	大学本科	研究生
金融业	18 562	15	190	1 583	4 764	6 582	4 894	533
房地产业	17 251	69	942	5 537	5 671	3 219	1 626	189
租赁和商务服务业	19 433	72	945	5 338	5 691	4 009	3 002	377
科学研究、技术服务和地质勘查业	14 302	14	208	2 040	3 250	3 387	4 451	951
水利、环境和公共设施管理业	11 631	176	1 186	3 688	3 470	2 017	995	98
居民服务和其他服务业	44 691	748	6 276	24 022	11 012	2 021	581	31
教育	40 946	73	747	3 683	6 577	11 947	14 995	2 924
卫生、社会保障和社会福利业	20 332	44	510	3 131	5 294	5 976	4 840	538
文化、体育和娱乐业	15 413	33	574	3 625	4 631	3 626	2 677	246
公共管理和社会组织	85 577	237	2 302	11 711	20 128	29 003	20 533	1 663
国际组织	64		4	14	16	13	11	6
女	**1 007 409**	**34 885**	**152 445**	**396 175**	**234 666**	**119 921**	**64 225**	**5 093**
农、林、牧、渔业	192 100	22 124	73 827	85 434	9 677	782	235	21
采矿业	8 977	107	503	3 396	3 452	1 186	329	4
制造业	265 347	4 152	36 589	139 715	60 985	17 203	6 344	359
电力、燃气及水的生产和供应业	12 563	50	237	2 314	5 304	3 465	1 143	50
建筑业	19 507	651	3 111	6 788	4 812	2 979	1 141	25
交通运输、仓储和邮政业	28 493	259	1 287	8 629	11 658	4 973	1 638	48
信息传输、计算机服务和软件业	10 782	34	177	1 490	3 452	3 384	2 059	186
批发和零售业	171 734	3 363	18 095	75 009	55 833	14 888	4 366	180
住宿和餐饮业	52 018	1 101	6 307	27 569	13 739	2 723	562	17
金融业	19 868	12	162	1 641	5 871	7 562	4 356	264
房地产业	10 233	119	629	2 285	3 513	2 554	1 084	49
租赁和商务服务业	13 488	72	441	2 682	4 228	3 663	2 179	224
科学研究、技术服务和地质勘查业	7 375	15	127	720	1 831	2 243	2 091	348
水利、环境和公共设施管理业	8 346	382	1 244	2 632	2 282	1 240	531	34
居民服务和其他服务业	41 220	1 887	6 771	20 794	9 607	1 708	430	23
教育	57 349	108	771	3 991	11 587	20 149	18 585	2 158
卫生、社会保障和社会福利业	34 473	111	704	3 425	12 644	12 144	5 095	350
文化、体育和娱乐业	12 404	66	513	3 256	3 566	2 674	2 138	191
公共管理和社会组织	41 071	269	946	4 402	10 614	14 387	9 896	556
国际组织	60	2	3	4	11	12	22	6

表5-5b　全国按性别、受教育程度、行业门类分的就业人口(镇)

单位：人

性别 行业门类	合计	未上过学	小学	初中	高中	大学专科	大学本科	研究生
合计	**1 489 372**	**72 233**	**331 144**	**699 896**	**242 531**	**108 024**	**34 911**	**632**
农、林、牧、渔业	559 076	56 599	200 307	264 088	34 864	2 772	436	10
采矿业	24 163	383	3 243	12 351	6 170	1 511	497	7
制造业	253 204	4 750	44 524	150 099	45 470	6 968	1 356	38
电力、燃气及水的生产和供应业	16 315	66	819	5 317	6 755	2 780	560	18
建筑业	59 836	1 505	14 727	34 188	7 962	1 169	278	7
交通运输、仓储和邮政业	73 170	836	10 346	43 302	15 866	2 490	328	2
信息传输、计算机服务和软件业	6 930	24	250	2 168	2 827	1 399	254	8
批发和零售业	182 693	4 346	32 004	100 178	40 700	4 902	554	10
住宿和餐饮业	48 403	1 323	9 275	28 942	8 115	670	77	
金融业	12 865	22	247	1 955	5 269	4 481	885	6
房地产业	2 502	26	211	885	867	428	79	5
租赁和商务服务业	6 138	67	523	2 476	1 954	856	254	10
科学研究、技术服务和地质勘查业	2 268	14	129	553	758	598	202	14
水利、环境和公共设施管理业	6 581	221	1 005	2 063	1 911	1 127	249	5
居民服务和其他服务业	49 306	1 463	9 077	28 912	8 916	847	90	1
教育	67 627	135	1 130	4 553	14 764	31 823	15 038	184
卫生、社会保障和社会福利业	31 667	105	905	5 112	13 249	10 357	1 916	22
文化、体育和娱乐业	7 764	85	550	2 857	2 636	1 304	322	11
公共管理和社会组织	78 833	264	1 871	9 891	23 464	31 533	11 533	275
国际组织	32		1	4	13	10	3	
男	**836 174**	**22 124**	**164 831**	**407 819**	**152 612**	**65 096**	**23 185**	**507**
农、林、牧、渔业	276 862	16 195	91 659	143 293	23 472	1 910	325	8
采矿业	20 267	296	2 912	10 628	4 800	1 177	449	6
制造业	136 262	1 490	20 571	79 809	28 733	4 621	1 010	29
电力、燃气及水的生产和供应业	11 312	40	621	3 906	4 577	1 756	400	13
建筑业	53 656	1 062	12 726	31 496	7 173	945	246	7
交通运输、仓储和邮政业	63 921	609	9 126	38 981	13 200	1 757	245	2
信息传输、计算机服务和软件业	4 072	5	142	1 233	1 697	808	181	5
批发和零售业	90 443	1 135	14 337	49 261	22 395	2 922	386	7
住宿和餐饮业	22 085	308	3 499	13 538	4 342	357	41	

表5-5b　全国按性别、受教育程度、行业门类分的就业人口(镇)(续 1)

单位：人

性　别 行业门类	合　计	未上过学	小　学	初　中	高　中	大学专科	大学本科	研究生
金融业	7 095	9	140	967	2 748	2 648	580	3
房地产业	1 674	14	147	653	545	260	51	4
租赁和商务服务业	4 059	36	360	1 660	1 239	578	180	5
科学研究、技术服务和地质勘查业	1 578	7	79	360	548	424	150	10
水利、环境和公共设施管理业	4 061	77	558	1 247	1 239	747	189	4
居民服务和其他服务业	29 571	570	5 277	17 291	5 873	501	58	
教育	32 956	69	563	1 849	6 195	15 507	8 640	133
卫生、社会保障和社会福利业	14 422	37	461	2 700	5 389	4 633	1 183	18
文化、体育和娱乐业	4 508	26	288	1 559	1 641	779	207	8
公共管理和社会组织	57 350	137	1 366	7 384	16 798	22 759	8 663	243
国际组织	22		1	3	8	8	2	
女	**653 198**	**50 110**	**166 312**	**292 077**	**89 919**	**42 928**	**11 726**	**125**
农、林、牧、渔业	282 214	40 404	108 648	120 796	11 391	862	111	2
采矿业	3 895	87	331	1 723	1 371	334	48	1
制造业	116 942	3 260	23 953	70 290	16 737	2 346	346	9
电力、燃气及水的生产和供应业	5 003	26	198	1 411	2 178	1 024	161	5
建筑业	6 180	442	2 001	2 692	789	223	32	
交通运输、仓储和邮政业	9 249	228	1 220	4 321	2 666	733	83	
信息传输、计算机服务和软件业	2 857	19	107	935	1 130	591	72	3
批发和零售业	92 250	3 211	17 667	50 917	18 305	1 981	167	3
住宿和餐饮业	26 318	1 015	5 776	15 404	3 773	313	36	
金融业	5 771	14	107	988	2 521	1 833	305	3
房地产业	828	12	64	232	323	168	28	1
租赁和商务服务业	2 080	30	162	816	715	278	74	4
科学研究、技术服务和地质勘查业	691	7	50	193	210	174	52	3
水利、环境和公共设施管理业	2 519	144	448	816	671	380	60	
居民服务和其他服务业	19 735	892	3 800	11 621	3 043	345	32	1
教育	34 671	66	567	2 704	8 569	16 316	6 399	51
卫生、社会保障和社会福利业	17 245	68	444	2 412	7 860	5 724	734	4
文化、体育和娱乐业	3 256	59	262	1 297	995	526	115	3
公共管理和社会组织	21 482	126	506	2 507	6 666	8 775	2 870	32
国际组织	10			1	5	2	1	

表5-5c　全国按性别、受教育程度、行业门类分的就业人口(乡村)

单位：人

性别 行业门类	合计	未上过学	小学	初中	高中	大学专科	大学本科	研究生
合计	**5 461 217**	**596 103**	**2 062 926**	**2 439 181**	**319 914**	**37 792**	**5 220**	**82**
农、林、牧、渔业	4 524 492	573 544	1 855 725	1 894 572	194 364	5 789	471	26
采矿业	43 592	1 219	14 015	24 255	3 814	251	39	
制造业	387 815	9 751	90 845	242 328	40 943	3 420	515	12
电力、燃气及水的生产和供应业	9 732	100	1 333	5 247	2 514	460	74	3
建筑业	131 115	3 497	36 535	80 077	10 100	728	171	7
交通运输、仓储和邮政业	77 391	1 423	15 038	51 955	8 384	544	43	4
信息传输、计算机服务和软件业	2 865	19	306	1 572	748	189	30	
批发和零售业	113 280	3 635	26 605	66 920	14 916	1 112	90	3
住宿和餐饮业	31 115	759	6 729	20 235	3 175	197	18	1
金融业	3 221	13	163	1 206	1 357	437	43	1
房地产业	1 105	14	187	600	228	67	8	1
租赁和商务服务业	3 638	90	603	2 030	696	194	24	
科学研究、技术服务和地质勘查业	1 061	16	136	539	234	109	23	5
水利、环境和公共设施管理业	3 960	158	1 025	1 781	756	213	26	
居民服务和其他服务业	37 102	1 218	8 341	23 286	3 989	251	16	
教育	46 034	130	1 245	6 157	18 712	17 125	2 660	6
卫生、社会保障和社会福利业	17 011	76	1 163	6 460	6 624	2 506	181	2
文化、体育和娱乐业	3 064	47	463	1 745	603	182	24	
公共管理和社会组织	23 613	391	2 467	8 210	7 754	4 014	764	12
国际组织	11		1	6	2	2		
男	**2 903 773**	**183 155**	**1 006 768**	**1 456 156**	**228 987**	**25 066**	**3 588**	**54**
农、林、牧、渔业	2 283 373	173 171	877 946	1 089 382	138 444	4 072	342	17
采矿业	39 871	920	12 689	22 587	3 436	208	31	
制造业	208 377	3 023	42 071	132 599	27 969	2 316	393	6
电力、燃气及水的生产和供应业	8 341	73	1 116	4 579	2 162	351	60	1
建筑业	121 332	2 690	32 823	75 541	9 501	614	156	7
交通运输、仓储和邮政业	70 153	831	13 214	47 968	7 677	426	35	3
信息传输、计算机服务和软件业	1 899	12	204	1 064	478	124	17	
批发和零售业	61 499	1 118	13 545	36 858	9 269	647	61	
住宿和餐饮业	14 792	190	2 550	10 086	1 838	113	15	

表5-5c　全国按性别、受教育程度、行业门类分的就业人口(乡村)(续 1)

单位：人

性别 行业门类	合　计	未上过学	小　学	初　中	高　中	大学专科	大学本科	研究生
金融业	2 020	5	97	743	851	291	31	1
房地产业	794	8	136	440	161	45	5	1
租赁和商务服务业	2 568	54	434	1 431	510	122	16	
科学研究、技术服务和地质勘查业	809	10	87	408	190	91	20	3
水利、环境和公共设施管理业	2 869	94	729	1 294	577	156	18	
居民服务和其他服务业	24 751	546	5 312	15 739	2 970	175	10	
教育	27 691	45	655	2 920	11 789	10 643	1 634	4
卫生、社会保障和社会福利业	11 306	38	755	4 530	4 369	1 491	121	2
文化、体育和娱乐业	2 089	29	325	1 165	444	109	16	
公共管理和社会组织	19 232	299	2 079	6 818	6 351	3 068	608	9
国际组织	8		1	3	2	2		
女	**2 557 444**	**412 948**	**1 056 158**	**983 025**	**90 927**	**12 725**	**1 633**	**28**
农、林、牧、渔业	2 241 119	400 373	977 779	805 190	55 921	1 717	130	9
采矿业	3 722	299	1 326	1 668	378	43	7	
制造业	179 438	6 729	48 775	109 729	12 973	1 104	123	6
电力、燃气及水的生产和供应业	1 391	28	217	668	352	110	15	2
建筑业	9 784	808	3 712	4 536	599	114	15	
交通运输、仓储和邮政业	7 238	592	1 824	3 987	707	118	8	
信息传输、计算机服务和软件业	965	7	103	508	270	65	12	
批发和零售业	51 781	2 517	13 060	30 062	5 647	465	28	3
住宿和餐饮业	16 323	569	4 179	10 149	1 338	85	3	1
金融业	1 202	9	66	463	506	146	12	
房地产业	311	7	51	160	67	22	4	1
租赁和商务服务业	1 070	36	169	599	186	71	8	
科学研究、技术服务和地质勘查业	252	6	49	131	44	18	3	2
水利、环境和公共设施管理业	1 091	64	296	487	179	57	9	
居民服务和其他服务业	12 350	673	3 029	7 547	1 018	77	7	
教育	18 343	85	591	3 236	6 922	6 482	1 025	2
卫生、社会保障和社会福利业	5 705	38	408	1 929	2 255	1 015	60	
文化、体育和娱乐业	976	18	137	580	159	73	8	
公共管理和社会组织	4 380	93	388	1 392	1 403	945	156	2
国际组织	3			3				

表5-6 各地区按性别、受教育程度分的就业人口

单位：人

性别 地区	合计	未上过学	小学	初中	高中	大学专科	大学本科	研究生
全国	**9 287 409**	**720 440**	**2 713 825**	**4 096 461**	**1 127 841**	**413 874**	**198 562**	**16 407**
北京	100 235	983	6 654	35 085	26 573	14 517	13 582	2 842
天津	72 082	1 166	11 187	32 521	16 514	6 017	4 318	359
河北	510 723	18 021	126 099	278 457	59 988	18 916	8 881	361
山西	209 557	4 609	43 861	115 191	29 174	11 998	4 472	252
内蒙古	172 222	14 011	40 782	72 340	27 400	12 530	4 913	245
辽宁	296 339	4 540	66 570	157 658	38 397	18 647	9 700	827
吉林	178 706	4 053	49 199	84 682	26 117	9 299	5 011	344
黑龙江	252 491	7 116	63 415	122 687	37 630	14 819	6 482	341
上海	120 863	2 386	13 109	47 998	30 906	13 725	11 061	1 677
江苏	576 968	38 544	143 413	264 092	86 494	28 533	14 626	1 266
浙江	371 128	25 932	123 412	154 490	43 271	15 299	8 052	672
安徽	430 103	67 832	131 473	175 266	34 513	14 426	6 312	282
福建	246 991	19 329	82 603	96 297	31 899	10 873	5 611	379
江西	291 365	17 701	109 885	116 305	31 585	11 800	3 979	109
山东	751 308	63 381	190 586	370 626	88 822	25 320	11 954	619
河南	691 793	44 966	159 088	379 273	73 459	24 875	9 623	508
湖北	418 979	34 833	127 481	177 293	54 373	16 608	7 659	732
湖南	452 998	21 148	138 574	209 195	59 011	17 586	7 079	406
广东	648 734	15 042	144 345	326 242	114 159	32 693	14 708	1 546
广西	341 004	15 941	118 567	154 121	34 976	12 420	4 610	369
海南	54 879	3 374	12 277	26 696	8 695	2 644	1 134	59
重庆	205 422	17 734	84 482	73 144	18 727	7 589	3 507	239
四川	613 214	80 310	258 348	207 054	41 670	17 435	7 810	588
贵州	257 310	51 473	106 177	72 535	15 428	8 187	3 425	85
云南	346 492	58 183	161 979	92 824	20 070	9 025	4 143	268
西藏	18 471	8 868	7 866	1 312	265	123	36	1
陕西	257 849	19 108	68 898	116 447	33 690	12 875	6 248	583
甘肃	184 040	35 546	61 425	57 965	18 500	7 761	2 696	147
青海	38 393	9 105	11 736	10 048	3 646	2 693	1 109	56
宁夏	41 629	6 976	10 888	14 840	4 821	2 860	1 212	33
新疆	135 123	8 228	39 446	53 778	17 069	11 781	4 611	210

表5-6　各地区按性别、受教育程度分的就业人口(续 1)

单位：人

性别 地区	合　计	未上过学	小　学	初　中	高　中	大学专科	大学本科	研究生
男	**5 069 358**	**222 498**	**1 338 909**	**2 425 184**	**712 329**	**238 299**	**120 978**	**11 160**
北　京	58 578	370	3 870	22 781	14 971	7 378	7 374	1 835
天　津	40 663	457	6 053	19 162	9 044	3 297	2 429	220
河　北	285 355	6 355	62 171	163 576	37 715	10 332	4 949	256
山　西	130 247	2 405	24 584	75 278	18 707	6 551	2 570	152
内蒙古	100 070	4 691	21 513	46 876	16 972	7 044	2 821	152
辽　宁	169 189	1 674	34 519	93 764	22 947	10 259	5 499	527
吉　林	109 526	2 033	28 442	54 116	16 700	5 170	2 858	207
黑龙江	151 814	2 990	34 312	78 672	23 667	8 293	3 659	221
上　海	70 673	685	6 897	29 483	18 509	7 501	6 503	1 095
江　苏	298 996	9 396	63 570	145 731	53 284	16 740	9 376	898
浙　江	214 771	9 813	69 781	94 398	26 839	8 563	4 903	474
安　徽	228 343	21 950	61 428	107 598	23 436	9 272	4 441	217
福　建	140 082	4 785	41 997	62 222	20 750	6 388	3 689	249
江　西	159 092	5 001	49 527	72 546	21 564	7 551	2 812	89
山　东	398 095	18 419	84 742	214 586	57 061	15 324	7 531	431
河　南	364 574	14 560	70 326	212 887	46 649	14 002	5 786	363
湖　北	225 673	9 655	59 128	105 583	35 681	10 277	4 818	531
湖　南	252 236	6 869	71 909	120 282	37 884	10 460	4 518	314
广　东	349 079	3 747	63 897	178 542	73 251	19 226	9 340	1 076
广　西	180 885	3 617	54 978	89 658	22 275	7 135	2 968	254
海　南	30 117	782	5 177	15 698	5 971	1 687	758	45
重　庆	108 067	5 265	42 777	41 907	11 291	4 403	2 250	174
四　川	315 370	24 921	131 994	117 779	25 337	10 002	4 911	426
贵　州	135 678	12 349	56 919	49 015	10 128	4 990	2 214	63
云　南	184 956	18 220	86 737	59 654	12 460	5 184	2 506	195
西　藏	9 825	3 853	4 873	844	161	73	21	1
陕　西	140 147	6 640	32 946	67 941	21 107	7 269	3 841	404
甘　肃	97 408	11 548	30 297	36 278	12 654	4 718	1 810	102
青　海	20 815	3 157	6 574	6 668	2 195	1 514	664	42
宁　夏	22 471	2 262	5 651	9 241	2 966	1 610	714	25
新　疆	76 564	4 028	21 320	32 416	10 152	6 082	2 443	123

表5-6 各地区按性别、受教育程度分的就业人口(续 2)

单位：人

性别 地区	合计	未上过学	小学	初中	高中	大学专科	大学本科	研究生
女	**4 218 051**	**497 942**	**1 374 915**	**1 671 277**	**415 512**	**175 574**	**77 584**	**5 246**
北京	41 657	612	2 784	12 304	11 602	7 139	6 208	1 007
天津	31 419	709	5 134	13 359	7 470	2 720	1 889	139
河北	225 368	11 667	63 928	114 881	22 273	8 584	3 932	105
山西	79 309	2 204	19 277	39 912	10 467	5 447	1 902	100
内蒙古	72 152	9 320	19 269	25 464	10 428	5 485	2 092	93
辽宁	127 150	2 866	32 051	63 894	15 450	8 387	4 201	300
吉林	69 180	2 021	20 757	30 566	9 417	4 129	2 152	137
黑龙江	100 677	4 126	29 102	44 015	13 963	6 527	2 823	120
上海	50 190	1 701	6 212	18 516	12 397	6 224	4 557	582
江苏	277 972	29 148	79 842	118 361	33 210	11 793	5 250	368
浙江	156 357	16 119	53 632	60 092	16 432	6 735	3 149	198
安徽	201 761	45 882	70 045	67 667	11 076	5 154	1 872	64
福建	106 909	14 544	40 606	34 075	11 148	4 485	1 922	130
江西	132 273	12 700	60 358	43 759	10 021	4 248	1 167	19
山东	353 213	44 963	105 843	156 040	31 761	9 995	4 423	188
河南	327 219	30 405	88 762	166 387	26 810	10 873	3 837	145
湖北	193 306	25 178	68 353	71 710	18 693	6 331	2 840	202
湖南	200 762	14 279	66 665	88 913	21 127	7 126	2 561	92
广东	299 655	11 295	80 447	147 700	40 908	13 467	5 368	470
广西	160 119	12 324	63 589	64 463	12 701	5 285	1 642	115
海南	24 762	2 592	7 100	10 998	2 724	957	376	15
重庆	97 355	12 469	41 705	31 237	7 436	3 186	1 257	65
四川	297 843	55 389	126 354	89 275	16 333	7 432	2 898	162
贵州	121 632	39 124	49 257	23 520	5 301	3 197	1 211	22
云南	161 537	39 963	75 242	33 170	7 610	3 842	1 637	73
西藏	8 646	5 015	2 994	468	104	50	15	
陕西	117 702	12 468	35 952	48 506	12 583	5 606	2 407	179
甘肃	86 632	23 998	31 128	21 686	5 846	3 043	886	45
青海	17 577	5 948	5 162	3 379	1 451	1 179	445	13
宁夏	19 158	4 714	5 237	5 599	1 854	1 250	497	8
新疆	58 560	4 200	18 126	21 362	6 917	5 699	2 168	87

表5-6a　各地区按性别、受教育程度分的就业人口(城市)

单位：人

性　别 地　区	合　计	未上过学	小　学	初　中	高　中	大学专科	大学本科	研究生
全　国	**2 336 820**	**52 104**	**319 755**	**957 384**	**565 397**	**268 058**	**158 430**	**15 692**
北　京	78 078	464	3 453	22 568	22 172	13 519	13 102	2 799
天　津	38 915	246	2 222	13 531	13 171	5 363	4 028	354
河　北	86 747	709	9 319	35 026	22 467	11 908	6 982	337
山　西	48 411	231	3 593	19 568	13 627	7 747	3 444	201
内蒙古	52 529	715	3 490	19 987	15 332	8 866	3 911	228
辽　宁	110 697	410	8 267	50 651	26 205	15 492	8 862	810
吉　林	48 387	299	3 473	18 306	15 171	6 532	4 276	331
黑龙江	82 420	716	7 093	35 893	23 099	10 044	5 249	326
上　海	93 622	1 119	6 940	33 648	26 829	12 791	10 633	1 661
江　苏	183 343	4 856	23 796	74 520	46 046	20 586	12 299	1 240
浙　江	143 522	6 081	36 316	61 012	22 879	10 370	6 214	650
安　徽	62 739	3 503	9 533	25 633	13 194	6 668	3 954	253
福　建	77 749	2 303	15 047	32 044	16 926	6 671	4 384	373
江　西	38 135	724	7 004	14 011	9 409	4 749	2 160	78
山　东	188 899	5 349	25 660	88 904	43 331	16 100	8 984	572
河　南	103 336	1 375	8 407	40 072	27 976	17 121	7 897	488
湖　北	106 680	3 632	15 823	43 726	26 029	10 677	6 075	718
湖　南	85 328	1 263	13 210	35 522	20 975	9 250	4 743	365
广　东	312 834	3 557	46 092	150 513	73 316	24 644	13 203	1 508
广　西	44 351	516	6 783	17 508	11 309	5 036	2 864	335
海　南	18 810	514	2 507	8 183	4 771	1 863	914	58
重　庆	45 319	1 110	10 288	17 909	9 150	4 211	2 435	216
四　川	81 511	2 166	17 940	31 920	15 198	8 519	5 241	527
贵　州	27 133	1 288	5 218	9 151	5 657	3 536	2 207	77
云　南	55 104	6 189	17 381	17 314	7 198	4 120	2 674	228
西　藏	2 044	528	809	429	172	75	30	1
陕　西	53 813	646	4 305	20 296	15 054	8 141	4 815	555
甘　肃	20 049	397	1 393	6 061	6 423	3 805	1 837	133
青　海	6 488	166	516	1 929	1 724	1 388	720	44
宁　夏	10 175	317	829	3 538	2 674	1 921	863	33
新　疆	29 651	713	3 046	8 010	7 914	6 313	3 431	194

表5-6a 各地区按性别、受教育程度分的就业人口(城市)(续 1)

单位：人

性别 地区	合计	未上过学	小学	初中	高中	大学专科	大学本科	研究生
男	**1 329 411**	**17 220**	**167 310**	**561 209**	**330 731**	**148 137**	**94 205**	**10 599**
北京	45 096	146	1 934	14 955	12 323	6 835	7 097	1 807
天津	21 682	80	1 214	8 020	6 984	2 918	2 250	217
河北	50 020	294	5 181	21 120	12 945	6 386	3 858	236
山西	30 004	140	2 373	13 157	8 081	4 171	1 964	118
内蒙古	31 746	273	2 142	13 208	8 928	4 838	2 217	139
辽宁	65 437	189	4 758	31 366	15 264	8 357	4 992	511
吉林	29 411	146	2 202	11 675	9 177	3 572	2 442	197
黑龙江	51 438	363	4 624	23 966	13 842	5 506	2 930	208
上海	55 425	331	3 639	21 125	16 019	6 977	6 248	1 085
江苏	101 541	1 322	11 730	41 661	26 372	11 839	7 740	878
浙江	82 123	2 183	20 261	36 379	13 461	5 613	3 770	456
安徽	36 048	1 164	4 822	15 330	7 921	3 961	2 658	192
福建	43 522	609	7 345	18 891	9 866	3 778	2 789	245
江西	21 608	286	3 463	8 188	5 474	2 709	1 428	61
山东	105 804	1 708	12 966	50 493	25 335	9 372	5 536	393
河南	58 197	458	4 325	23 111	15 954	9 371	4 631	349
湖北	59 699	1 038	7 495	25 122	15 658	6 169	3 700	517
湖南	48 322	453	7 078	20 056	12 288	5 275	2 893	280
广东	172 167	999	21 520	81 190	45 182	13 970	8 258	1 048
广西	24 146	123	3 246	9 703	6 327	2 726	1 797	223
海南	10 532	117	1 059	4 590	2 988	1 137	596	44
重庆	25 247	403	5 641	10 085	5 144	2 307	1 513	154
四川	44 488	751	9 684	17 551	8 423	4 547	3 154	377
贵州	15 120	374	2 778	5 481	3 146	1 942	1 340	58
云南	30 047	2 060	9 551	10 474	4 033	2 222	1 543	163
西藏	1 118	223	478	259	102	40	15	1
陕西	30 808	258	2 234	11 835	8 731	4 424	2 943	382
甘肃	11 984	181	874	3 718	3 790	2 139	1 194	90
青海	3 812	90	348	1 242	923	749	425	36
宁夏	5 797	120	464	2 145	1 519	1 036	488	25
新疆	17 021	339	1 880	5 112	4 531	3 252	1 797	111

表5-6a　各地区按性别、受教育程度分的就业人口(城市)(续 2)

单位：人

性别 地区	合　计	未上过学	小　学	初　中	高　中	大学专科	大学本科	研究生
女	**1 007 409**	**34 885**	**152 445**	**396 175**	**234 666**	**119 921**	**64 225**	**5 093**
北　京	32 981	318	1 519	7 613	9 850	6 684	6 005	992
天　津	17 233	166	1 009	5 511	6 187	2 445	1 778	137
河　北	36 727	415	4 138	13 906	9 521	5 522	3 124	100
山　西	18 408	91	1 220	6 411	5 546	3 577	1 480	84
内蒙古	20 783	442	1 348	6 779	6 404	4 028	1 694	89
辽　宁	45 260	222	3 509	19 285	10 941	7 135	3 869	299
吉　林	18 976	153	1 270	6 631	5 994	2 960	1 833	134
黑龙江	30 982	353	2 469	11 927	9 258	4 538	2 319	118
上　海	38 197	787	3 301	12 523	10 810	5 814	4 386	576
江　苏	81 802	3 535	12 066	32 859	19 674	8 747	4 559	363
浙　江	61 398	3 898	16 055	24 633	9 418	4 757	2 444	194
安　徽	26 691	2 339	4 711	10 303	5 273	2 707	1 297	61
福　建	34 227	1 694	7 701	13 154	7 061	2 894	1 595	128
江　西	16 527	439	3 541	5 823	3 935	2 040	732	17
山　东	83 095	3 641	12 693	38 411	17 996	6 728	3 448	178
河　南	45 139	917	4 083	16 962	12 022	7 750	3 266	139
湖　北	46 982	2 595	8 327	18 604	10 370	4 508	2 376	201
湖　南	37 006	811	6 133	15 465	8 687	3 975	1 850	85
广　东	140 667	2 558	24 572	69 323	28 133	10 674	4 946	461
广　西	20 205	392	3 536	7 805	4 982	2 310	1 067	112
海　南	8 279	397	1 448	3 593	1 783	726	317	14
重　庆	20 072	707	4 647	7 824	4 006	1 904	922	62
四　川	37 023	1 415	8 256	14 369	6 775	3 971	2 087	150
贵　州	12 013	914	2 440	3 670	2 510	1 594	866	19
云　南	25 057	4 129	7 830	6 840	3 165	1 897	1 131	64
西　藏	927	305	331	170	70	36	15	
陕　西	23 005	388	2 071	8 461	6 323	3 717	1 872	172
甘　肃	8 065	217	519	2 344	2 633	1 666	644	43
青　海	2 676	76	168	687	801	640	295	9
宁　夏	4 377	197	365	1 393	1 155	886	374	8
新　疆	12 630	374	1 166	2 898	3 383	3 092	1 634	83

表5-6b 各地区按性别、受教育程度分的就业人口(镇)

单位：人

性别 地区	合计	未上过学	小学	初中	高中	大学专科	大学本科	研究生
全国	**1 489 372**	**72 233**	**331 144**	**699 896**	**242 531**	**108 024**	**34 911**	**632**
北京	4 779	56	356	1 955	1 331	647	392	42
天津	12 235	254	2 665	6 842	1 667	532	269	5
河北	70 056	1 576	13 702	38 032	10 721	4 421	1 586	18
山西	31 214	326	4 210	16 520	6 056	3 179	878	45
内蒙古	28 708	1 543	4 495	12 870	6 015	2 873	895	17
辽宁	44 654	512	9 320	26 796	5 199	2 115	696	18
吉林	28 355	420	4 706	15 024	5 594	2 003	594	13
黑龙江	36 746	528	4 273	18 917	8 275	3 675	1 064	13
上海	11 404	363	2 021	5 841	2 150	683	335	12
江苏	118 921	7 043	27 493	58 541	18 211	5 615	1 992	26
浙江	65 495	3 326	19 421	28 282	9 270	3 543	1 634	19
安徽	95 029	10 052	23 460	41 777	11 506	6 099	2 105	29
福建	49 197	3 145	14 321	20 291	7 585	2 865	985	5
江西	64 014	1 811	14 260	27 693	12 393	6 161	1 670	26
山东	138 880	8 954	31 069	71 273	18 539	6 490	2 511	45
河南	90 042	3 468	16 008	50 316	13 621	5 087	1 528	14
湖北	56 121	2 551	11 153	24 859	11 566	4 577	1 401	14
湖南	64 723	984	10 961	29 207	14 701	6 706	2 134	31
广东	104 134	1 612	20 062	55 573	19 874	5 826	1 159	28
广西	63 315	1 270	12 819	29 869	11 534	6 129	1 660	35
海南	7 336	297	1 249	3 398	1 654	549	188	1
重庆	38 142	1 627	11 215	15 901	5 569	2 820	989	21
四川	85 787	4 908	23 535	34 489	12 771	7 602	2 435	47
贵州	34 953	3 373	10 320	12 120	4 542	3 480	1 111	8
云南	47 061	3 807	15 924	16 994	5 736	3 291	1 271	38
西藏	2 719	1 093	1 321	231	46	23	5	
陕西	39 394	2 438	8 446	16 782	6 890	3 515	1 297	27
甘肃	28 333	3 051	6 797	9 832	4 919	2 959	762	13
青海	6 094	694	1 246	1 740	1 015	1 046	343	10
宁夏	5 546	446	934	2 089	975	784	317	
新疆	15 987	706	3 382	5 843	2 604	2 731	707	14

表5-6b　各地区按性别、受教育程度分的就业人口(镇)(续 1)

单位：人

性别 地区	合　计	未上过学	小　学	初　中	高　中	大学专科	大学本科	研究生
男	**836 174**	**22 124**	**164 831**	**407 819**	**152 612**	**65 096**	**23 185**	**507**
北　京	2 835	26	227	1 215	772	349	220	27
天　津	7 036	107	1 534	3 977	947	300	168	3
河　北	40 857	543	7 200	23 016	6 663	2 510	908	16
山　西	20 321	191	2 593	11 349	3 890	1 743	525	30
内蒙古	17 695	505	2 501	8 649	3 793	1 699	536	13
辽　宁	26 008	184	5 071	15 927	3 155	1 230	424	16
吉　林	18 368	230	2 900	10 044	3 709	1 140	335	10
黑龙江	23 475	257	2 641	12 593	5 277	2 071	625	12
上　海	6 378	96	1 077	3 341	1 281	374	200	8
江　苏	62 186	1 793	12 376	31 807	11 437	3 348	1 405	21
浙　江	37 707	1 199	10 827	17 033	5 632	2 015	986	14
安　徽	53 009	3 320	11 368	24 974	7 704	4 043	1 575	26
福　建	28 587	841	7 315	12 870	5 050	1 788	719	4
江　西	37 170	517	6 547	16 538	8 142	4 144	1 257	23
山　东	74 245	2 558	13 898	40 158	11 960	3 958	1 676	38
河　南	49 189	1 052	7 486	28 268	8 415	2 935	1 020	12
湖　北	31 835	694	5 263	14 258	7 544	3 083	979	14
湖　南	37 368	346	5 790	16 533	9 112	4 077	1 482	28
广　东	56 175	437	8 923	29 471	12 783	3 716	823	22
广　西	33 864	266	5 894	16 149	6 873	3 550	1 102	31
海　南	4 063	56	507	1 864	1 123	377	135	1
重　庆	20 920	479	5 709	8 968	3 378	1 695	673	18
四　川	46 254	1 496	12 102	18 885	7 513	4 571	1 649	39
贵　州	19 309	755	5 288	7 525	2 784	2 170	784	4
云　南	25 545	1 180	8 364	9 935	3 323	1 883	830	29
西　藏	1 402	427	780	146	28	17	5	
陕　西	22 541	888	4 215	10 233	4 332	2 052	802	20
甘　肃	15 864	952	3 265	5 969	3 292	1 832	542	11
青　海	3 445	243	677	1 117	606	588	208	6
宁　夏	3 104	139	462	1 264	579	458	202	
新　疆	9 417	349	2 030	3 743	1 518	1 378	390	10

表5-6b 各地区按性别、受教育程度分的就业人口(镇)(续 2)

单位：人

性别 地区	合计	未上过学	小学	初中	高中	大学专科	大学本科	研究生
女	**653 198**	**50 110**	**166 312**	**292 077**	**89 919**	**42 928**	**11 726**	**125**
北京	1 943	30	129	740	560	297	172	15
天津	5 199	147	1 131	2 865	721	232	101	2
河北	29 199	1 033	6 502	15 015	4 058	1 911	678	2
山西	10 892	135	1 618	5 171	2 166	1 435	353	15
内蒙古	11 013	1 038	1 994	4 221	2 221	1 175	360	4
辽宁	18 647	328	4 249	10 869	2 044	885	272	1
吉林	9 987	190	1 806	4 980	1 885	863	259	3
黑龙江	13 270	271	1 632	6 324	2 999	1 604	439	1
上海	5 027	266	944	2 500	870	309	135	4
江苏	56 734	5 250	15 116	26 735	6 774	2 267	587	5
浙江	27 788	2 126	8 594	11 249	3 639	1 528	647	4
安徽	42 020	6 732	12 093	16 802	3 803	2 057	530	3
福建	20 610	2 305	7 006	7 421	2 535	1 076	266	1
江西	26 844	1 294	7 713	11 154	4 251	2 017	413	3
山东	64 635	6 396	17 171	31 115	6 579	2 532	834	7
河南	40 853	2 415	8 522	22 048	5 206	2 151	508	2
湖北	24 286	1 857	5 890	10 601	4 022	1 494	422	
湖南	27 355	638	5 170	12 674	5 589	2 629	652	3
广东	47 959	1 175	11 138	26 102	7 091	2 111	336	6
广西	29 451	1 004	6 925	13 721	4 661	2 578	558	4
海南	3 272	242	741	1 534	531	171	52	
重庆	17 222	1 148	5 506	6 933	2 191	1 124	316	3
四川	39 533	3 412	11 432	15 604	5 258	3 032	787	8
贵州	15 644	2 618	5 032	4 595	1 758	1 310	327	3
云南	21 516	2 626	7 560	7 058	2 413	1 408	441	9
西藏	1 317	666	541	85	18	6		
陕西	16 853	1 550	4 231	6 549	2 557	1 464	495	7
甘肃	12 469	2 099	3 532	3 863	1 627	1 127	220	2
青海	2 649	452	569	623	409	458	135	4
宁夏	2 442	308	472	825	396	326	115	
新疆	6 570	357	1 352	2 101	1 086	1 353	317	4

表5-6c　各地区按性别、受教育程度分的就业人口(乡村)

单位：人

性　别 地　区	合　计	未上过学	小　学	初　中	高　中	大学专科	大学本科	研究生
全　国	**5 461 217**	**596 103**	**2 062 926**	**2 439 181**	**319 914**	**37 792**	**5 220**	**82**
北　京	17 379	463	2 845	10 561	3 069	351	88	1
天　津	20 932	666	6 299	12 148	1 676	121	22	
河　北	353 920	15 736	103 078	205 399	26 800	2 587	314	7
山　西	129 932	4 052	36 058	79 103	9 491	1 072	151	5
内蒙古	90 985	11 754	32 797	39 483	6 054	791	106	
辽　宁	140 987	3 618	48 983	80 211	6 993	1 040	143	
吉　林	101 964	3 334	41 021	51 352	5 353	765	140	
黑龙江	133 326	5 872	52 049	67 877	6 256	1 100	169	2
上　海	15 836	904	4 148	8 510	1 926	251	93	5
江　苏	274 705	26 645	92 124	131 031	22 238	2 332	335	
浙　江	162 112	16 526	67 675	65 196	11 121	1 386	204	3
安　徽	272 335	54 277	98 479	107 856	9 812	1 659	253	
福　建	120 045	13 880	53 236	43 962	7 388	1 337	242	
江　西	189 215	15 166	88 621	74 602	9 783	890	149	5
山　东	423 528	49 078	133 857	210 449	26 952	2 730	459	3
河　南	498 414	40 123	134 673	288 884	31 863	2 667	198	6
湖　北	256 178	28 650	100 505	108 707	16 778	1 354	182	1
湖　南	302 948	18 901	114 403	144 467	23 335	1 629	202	11
广　东	231 766	9 874	78 191	120 156	20 969	2 222	345	9
广　西	233 338	14 155	98 965	106 743	12 133	1 256	86	
海　南	28 733	2 562	8 521	15 115	2 270	232	33	
重　庆	121 960	14 996	62 979	39 334	4 008	558	83	2
四　川	445 916	73 236	216 873	140 646	13 701	1 314	133	13
贵　州	195 224	46 812	90 639	51 264	5 230	1 171	108	
云　南	244 328	48 186	128 674	58 516	7 135	1 615	198	3
西　藏	13 708	7 247	5 736	652	47	25	1	
陕　西	164 642	16 024	56 147	79 369	11 746	1 218	136	1
甘　肃	135 658	32 098	53 235	42 071	7 158	997	97	1
青　海	25 810	8 245	9 974	6 379	907	259	46	1
宁　夏	25 908	6 212	9 124	9 213	1 171	154	32	
新　疆	89 485	6 810	33 018	39 925	6 550	2 708	473	2

表5-6c 各地区按性别、受教育程度分的就业人口(乡村)(续 1)

单位：人

性别 地区	合计	未上过学	小学	初中	高中	大学专科	大学本科	研究生
男	**2 903 773**	**183 155**	**1 006 768**	**1 456 156**	**228 987**	**25 066**	**3 588**	**54**
北京	10 647	199	1 710	6 611	1 877	193	57	1
天津	11 945	270	3 306	7 165	1 114	79	12	
河北	194 477	5 517	49 791	119 439	18 107	1 436	184	3
山西	79 922	2 073	19 618	50 772	6 736	637	81	4
内蒙古	50 628	3 913	16 870	25 019	4 250	508	68	
辽宁	77 744	1 302	24 690	46 470	4 528	672	83	
吉林	61 747	1 657	23 340	32 396	3 815	459	81	
黑龙江	76 901	2 370	27 048	42 113	4 549	716	104	1
上海	8 870	257	2 180	5 017	1 209	149	56	2
江苏	135 269	6 282	39 463	72 264	15 476	1 553	231	
浙江	94 941	6 431	38 692	40 986	7 746	936	146	3
安徽	139 286	17 466	45 238	67 294	7 812	1 269	208	
福建	67 973	3 336	27 337	30 461	5 835	822	181	
江西	100 313	4 198	39 517	47 820	7 948	699	127	5
山东	218 045	14 153	57 878	123 935	19 766	1 994	319	
河南	257 187	13 050	58 516	161 508	22 280	1 696	135	2
湖北	134 139	7 924	46 370	66 203	12 478	1 025	140	
湖南	166 546	6 070	59 040	83 693	16 485	1 108	144	7
广东	120 737	2 311	33 454	67 881	15 286	1 541	259	6
广西	122 875	3 228	45 837	63 806	9 075	859	69	
海南	15 522	609	3 610	9 244	1 860	172	26	
重庆	61 900	4 382	31 427	22 854	2 770	401	64	2
四川	224 629	22 674	110 207	81 344	9 401	884	108	10
贵州	101 249	11 220	48 853	36 009	4 198	878	90	
云南	129 364	14 979	68 822	39 244	5 104	1 079	133	3
西藏	7 305	3 203	3 614	440	31	16	1	
陕西	86 798	5 494	26 497	45 873	8 044	792	96	1
甘肃	69 560	10 416	26 157	26 592	5 573	747	74	1
青海	13 558	2 825	5 549	4 309	665	177	30	1
宁夏	13 569	2 004	4 725	5 832	868	116	25	
新疆	50 125	3 340	17 409	23 562	4 103	1 453	256	2

表5-6c 各地区按性别、受教育程度分的就业人口(乡村)(续 2)

单位：人

性别 地区	合计	未上过学	小学	初中	高中	大学专科	大学本科	研究生
女	**2 557 444**	**412 948**	**1 056 158**	**983 025**	**90 927**	**12 725**	**1 633**	**28**
北京	6 732	264	1 136	3 951	1 193	158	31	1
天津	8 987	396	2 993	4 983	562	42	10	
河北	159 443	10 219	53 287	85 959	8 694	1 151	130	3
山西	50 009	1 979	16 440	28 331	2 754	435	69	1
内蒙古	40 357	7 840	15 927	14 464	1 803	283	39	
辽宁	63 243	2 316	24 293	33 740	2 465	368	60	
吉林	40 217	1 677	17 681	18 955	1 538	306	60	
黑龙江	56 425	3 502	25 001	25 764	1 707	384	65	1
上海	6 966	647	1 967	3 493	717	102	37	3
江苏	139 436	20 363	52 661	58 768	6 762	779	104	
浙江	67 171	10 094	28 983	24 210	3 375	450	58	
安徽	133 049	36 811	53 241	40 562	2 000	390	45	
福建	52 072	10 545	25 898	13 501	1 553	515	61	
江西	88 902	10 968	49 104	26 782	1 834	191	22	
山东	205 483	34 926	75 979	86 514	7 186	735	140	3
河南	241 227	27 073	76 157	127 377	9 583	972	62	4
湖北	122 039	20 726	54 136	42 504	4 300	329	42	1
湖南	136 401	12 831	55 362	60 773	6 850	522	59	4
广东	111 029	7 562	44 737	52 276	5 683	682	86	3
广西	110 463	10 927	53 128	42 937	3 058	396	17	
海南	13 211	1 953	4 911	5 871	410	60	7	
重庆	60 061	10 614	31 552	16 480	1 238	158	19	
四川	221 287	50 562	106 666	59 302	4 300	429	25	3
贵州	93 975	35 591	41 786	15 255	1 032	292	18	
云南	114 963	33 207	59 852	19 272	2 032	536	65	
西藏	6 403	4 043	2 122	213	16	9		
陕西	77 844	10 530	29 650	33 496	3 702	426	40	
甘肃	66 098	21 683	27 078	15 479	1 586	250	23	
青海	12 253	5 420	4 425	2 069	242	81	16	
宁夏	12 339	4 209	4 399	3 381	304	38	8	
新疆	39 360	3 469	15 609	16 364	2 448	1 255	217	

表5-7 全国按性别、企业类型和参加社会保险情况分的就业人口

单位：人

性别 企业类型	就业人口	失业保险		基本养老保险		基本医疗保险	
		参加	未参加	参加	未参加	参加	未参加
总　计	**3 005 537**	**605 284**	**2 400 254**	**975 443**	**2 030 093**	**1 239 401**	**1 766 137**
国有及国有控股企业	538 686	360 829	177 857	448 030	90 656	426 409	112 277
集体企业	185 824	51 650	134 175	89 327	96 497	96 976	88 849
个体工商户	1 153 565	30 746	1 122 819	129 406	1 024 159	280 340	873 225
私营企业	907 848	101 198	806 649	214 416	693 431	325 826	582 022
其他类型单位	219 614	60 861	158 754	94 264	125 350	109 850	109 764
男	**1 798 660**	**372 397**	**1 426 260**	**592 458**	**1 206 201**	**752 744**	**1 045 916**
国有及国有控股企业	347 705	233 599	114 106	289 765	57 940	277 217	70 489
集体企业	115 348	29 791	85 556	52 992	62 355	59 195	56 152
个体工商户	696 513	18 611	677 901	76 544	619 969	174 480	522 033
私营企业	522 852	58 623	464 229	123 855	398 997	184 089	338 763
其他类型单位	116 242	31 773	84 468	49 302	66 940	57 763	58 479
女	**1 206 880**	**232 887**	**973 991**	**382 985**	**823 892**	**486 658**	**720 221**
国有及国有控股企业	190 981	127 230	63 751	158 265	32 716	149 193	41 788
集体企业	70 477	21 859	48 618	36 335	34 142	37 781	32 696
个体工商户	457 053	12 135	444 917	52 862	404 190	105 860	351 193
私营企业	384 996	42 576	342 420	90 561	294 434	141 737	243 259
其他类型单位	103 373	29 087	74 285	44 962	58 410	52 087	51 285

表5-7a 全国按性别、企业类型和参加社会保险情况分的就业人口(城市)

单位：人

性别 企业类型	就业人口	失业保险		基本养老保险		基本医疗保险	
		参加	未参加	参加	未参加	参加	未参加
总计	**1 555 035**	**496 594**	**1 058 441**	**719 881**	**835 153**	**746 033**	**809 001**
国有及国有控股企业	415 782	304 768	111 015	364 767	51 016	347 517	68 265
集体企业	97 899	38 876	59 023	60 387	37 511	58 600	39 299
个体工商户	472 466	22 359	450 107	77 067	395 399	100 258	372 208
私营企业	433 628	81 618	352 009	146 453	287 174	163 738	269 889
其他类型单位	135 260	48 973	86 287	71 207	64 053	75 920	59 340
男	**904 372**	**302 392**	**601 980**	**431 596**	**472 775**	**446 789**	**457 583**
国有及国有控股企业	263 010	195 352	67 658	232 873	30 137	222 566	40 445
集体企业	56 510	21 442	35 068	33 891	22 618	33 361	23 149
个体工商户	275 349	13 243	262 106	44 151	231 198	60 014	215 334
私营企业	242 263	46 620	195 643	83 671	158 592	92 073	150 190
其他类型单位	67 240	25 735	41 505	37 010	30 230	38 775	28 465
女	**650 663**	**194 202**	**456 460**	**288 286**	**362 378**	**299 246**	**351 420**
国有及国有控股企业	152 772	109 416	43 356	131 894	20 878	124 952	27 821
集体企业	41 389	17 434	23 955	26 496	14 893	25 240	16 150
个体工商户	197 117	9 116	188 001	32 916	164 201	40 243	156 874
私营企业	191 365	34 998	156 366	62 782	128 583	71 665	119 700
其他类型单位	68 020	23 238	44 782	34 198	33 823	37 146	30 875

表5-7b 全国按性别、企业类型和参加社会保险情况分的就业人口(镇)

单位：人

性别 企业类型	就业人口	失业保险		基本养老保险		基本医疗保险	
		参加	未参加	参加	未参加	参加	未参加
总　　计	**687 346**	**79 926**	**607 419**	**169 245**	**518 101**	**220 890**	**466 457**
国有及国有控股企业	85 270	45 416	39 854	66 035	19 235	58 989	26 281
集体企业	41 856	8 811	33 045	19 356	22 500	19 671	22 185
个体工商户	354 552	6 073	348 479	34 869	319 683	71 590	282 962
私营企业	170 172	12 409	157 762	35 602	134 570	54 680	115 492
其他类型单位	35 496	7 217	28 279	13 383	22 113	15 960	19 537
男	**404 523**	**50 797**	**353 726**	**104 791**	**299 732**	**135 012**	**269 511**
国有及国有控股企业	56 503	30 586	25 917	44 225	12 278	39 823	16 679
集体企业	26 109	5 437	20 672	11 995	14 114	12 264	13 845
个体工商户	207 545	3 719	203 826	20 766	186 779	43 808	163 737
私营企业	95 439	7 437	88 002	20 897	74 542	30 812	64 627
其他类型单位	18 927	3 618	15 309	6 908	12 019	8 305	10 623
女	**282 822**	**29 129**	**253 693**	**64 453**	**218 369**	**85 875**	**196 947**
国有及国有控股企业	28 767	14 830	13 937	21 810	6 957	19 165	9 602
集体企业	15 746	3 373	12 373	7 360	8 386	7 406	8 340
个体工商户	147 007	2 354	144 653	14 103	132 904	27 781	119 226
私营企业	74 733	4 973	69 760	14 705	60 028	23 868	50 865
其他类型单位	16 569	3 599	12 970	6 475	10 094	7 655	8 914

表5-7c　全国按性别、企业类型和参加社会保险情况分的就业人口(乡村)

单位：人

性　别 企业类型	就业人口	失业保险		基本养老保险		基本医疗保险	
		参加	未参加	参加	未参加	参加	未参加
总　计	**763 156**	**28 764**	**734 395**	**86 316**	**676 839**	**272 478**	**490 679**
国有及国有控股企业	37 633	10 645	26 989	17 228	20 405	19 903	17 730
集体企业	46 070	3 963	42 107	9 584	36 486	18 705	27 365
个体工商户	326 547	2 315	324 233	17 470	309 077	108 492	218 055
私营企业	304 048	7 171	296 878	32 361	271 687	107 408	196 641
其他类型单位	48 858	4 670	44 188	9 673	39 184	17 970	30 888
男	**489 765**	**19 208**	**470 556**	**56 071**	**433 695**	**170 942**	**318 822**
国有及国有控股企业	28 192	7 661	20 531	12 667	15 525	14 828	13 364
集体企业	32 729	2 912	29 817	7 106	25 623	13 570	19 158
个体工商户	213 619	1 649	211 969	11 627	201 992	70 657	142 962
私营企业	185 150	4 566	180 584	19 287	165 864	61 204	123 947
其他类型单位	30 075	2 420	27 655	5 384	24 691	10 683	19 391
女	**273 391**	**9 554**	**263 837**	**30 246**	**243 146**	**101 535**	**171 855**
国有及国有控股企业	9 441	2 984	6 457	4 561	4 880	5 076	4 365
集体企业	13 341	1 051	12 290	2 478	10 863	5 134	8 207
个体工商户	112 928	665	112 263	5 843	107 085	37 835	75 093
私营企业	118 898	2 604	116 294	13 075	105 824	46 204	72 694
其他类型单位	18 783	2 250	16 533	4 289	14 494	7 286	11 496

表5-8 各地区按性别、调查前一周工作时间分的正在工作人口

单位：人

性别 地区	正在工作 人口	一周内工作时间							周平均 工作时间 (小时)
		1-8小时	9-19小时	20-39小时	40小时	41-47小时	48小时	48小时 以上	
全　国	**9 077 711**	**40 471**	**197 271**	**1 525 791**	**2 390 367**	**452 458**	**541 254**	**3 930 099**	**45.86**
北　京	96 887	217	552	3 812	49 933	2 414	8 622	31 337	46.88
天　津	71 345	175	525	3 100	36 423	1 114	4 535	25 473	46.69
河　北	457 858	6 057	19 571	90 080	105 945	18 588	17 601	200 016	44.02
山　西	203 670	2 037	9 454	46 062	67 221	7 688	9 760	61 448	41.25
内蒙古	155 469	1 211	3 024	24 302	39 593	6 158	7 078	74 104	47.69
辽　宁	286 057	1 826	9 880	54 414	122 034	7 804	9 586	80 512	42.13
吉　林	169 712	525	3 360	25 364	47 873	5 345	7 094	80 151	46.74
黑龙江	226 107	2 092	7 351	36 023	61 149	8 767	8 195	102 531	45.80
上　海	120 273	103	788	4 468	75 985	2 730	11 729	24 469	44.57
江　苏	573 724	838	7 983	74 553	123 704	25 828	51 242	289 576	48.60
浙　江	364 617	1 333	5 633	46 766	64 093	12 296	28 947	205 550	50.44
安　徽	424 137	2 229	8 665	83 650	107 959	23 404	19 677	178 553	44.68
福　建	243 410	859	5 106	37 780	51 267	12 148	14 529	121 722	49.18
江　西	290 040	554	3 800	49 310	72 131	18 373	16 070	129 803	46.01
山　东	737 712	3 039	14 295	111 957	134 948	38 002	44 472	391 000	47.81
河　南	677 708	5 849	27 385	155 332	176 082	34 776	31 284	246 999	42.56
湖　北	415 399	1 394	8 355	81 911	108 620	20 101	23 572	171 447	44.84
湖　南	448 621	2 222	14 624	108 333	140 580	21 598	22 824	138 442	41.71
广　东	646 028	1 300	5 919	65 294	131 369	32 110	81 357	328 678	49.94
广　西	338 645	580	4 125	60 700	75 253	24 940	15 124	157 924	46.49
海　南	54 550	144	675	9 944	14 553	4 380	2 675	22 178	45.12
重　庆	204 744	366	3 245	35 434	48 895	12 890	10 964	92 948	46.16
四　川	609 911	1 745	11 899	111 727	171 213	37 006	27 135	249 186	44.80
贵　州	254 960	350	2 721	38 639	80 428	17 068	16 656	99 097	45.56
云　南	345 459	399	2 737	47 413	73 804	25 610	16 644	178 852	47.87
西　藏	17 795	240	526	4 614	1 751	1 382	448	8 834	46.20
陕　西	252 768	1 694	8 255	54 874	78 270	9 972	14 229	85 473	42.70
甘　肃	182 855	458	2 807	27 047	77 585	8 922	7 689	58 346	44.06
青　海	37 735	233	809	6 386	7 101	1 673	1 228	20 305	47.89
宁　夏	39 768	99	846	6 241	9 982	2 237	1 916	18 447	46.76
新　疆	129 746	304	2 357	20 263	34 619	7 133	8 371	56 699	46.81

表5-8 各地区按性别、调查前一周工作时间分的正在工作人口(续 1)

单位：人

性 别 地 区	正在工作 人 口	一周内工作时间							周平均 工作时间 (小时)
		1-8小时	9-19小时	20-39小时	40小时	41-47小时	48小时	48小时 以 上	
男	**4 967 423**	**16 803**	**74 829**	**651 289**	**1 325 455**	**240 501**	**307 856**	**2 350 691**	**47.35**
北 京	56 990	126	271	1 861	27 867	1 340	5 010	20 516	47.75
天 津	40 278	79	231	1 364	18 487	595	2 508	17 014	48.11
河 北	261 982	2 354	7 330	36 604	61 273	10 463	10 770	133 187	46.75
山 西	127 454	815	3 501	21 327	42 564	5 226	7 057	46 963	43.99
内蒙古	91 406	579	1 292	11 159	22 646	3 577	4 243	47 911	49.37
辽 宁	164 371	712	3 116	23 891	72 783	4 573	5 903	53 392	44.13
吉 林	104 086	232	1 264	11 898	28 579	3 313	4 389	54 409	48.43
黑龙江	136 504	870	3 193	17 758	36 455	5 183	5 296	67 749	47.44
上 海	70 361	43	301	2 100	44 824	1 513	6 886	14 694	44.79
江 苏	297 492	295	2 730	28 118	65 595	11 941	27 664	161 148	49.88
浙 江	211 432	704	2 591	23 609	37 210	7 099	16 268	123 951	51.00
安 徽	225 690	987	2 957	31 998	57 780	12 093	12 180	107 695	46.75
福 建	138 079	372	2 001	17 409	29 817	7 141	8 223	73 115	50.16
江 西	158 485	164	1 212	17 858	40 492	9 910	9 245	79 604	47.89
山 东	393 327	1 030	4 130	38 665	69 114	18 665	25 393	236 330	50.28
河 南	358 017	2 143	9 704	64 772	95 613	18 056	18 581	149 149	44.71
湖 北	223 922	629	3 159	35 037	59 521	10 682	13 397	101 497	46.32
湖 南	249 951	1 060	6 099	48 286	81 969	12 551	13 688	86 297	43.28
广 东	347 611	646	2 696	30 615	71 925	16 680	42 384	182 666	50.47
广 西	179 678	274	1 997	29 487	40 522	13 127	8 212	86 059	46.93
海 南	29 944	74	351	5 115	8 223	2 375	1 407	12 399	45.41
重 庆	107 747	178	1 327	15 634	26 148	6 565	5 996	51 899	47.12
四 川	313 705	785	4 989	48 400	89 214	18 839	14 784	136 694	45.79
贵 州	134 505	158	1 132	17 031	42 923	8 921	9 113	55 226	46.34
云 南	184 456	193	1 170	21 125	39 097	12 964	9 228	100 679	48.71
西 藏	9 454	129	272	2 269	927	708	238	4 910	47.11
陕 西	137 905	667	3 004	22 285	44 215	5 622	8 661	53 451	44.86
甘 肃	96 900	186	1 086	11 220	41 632	4 594	4 369	33 815	45.19
青 海	20 547	112	369	3 124	3 922	855	700	11 464	48.72
宁 夏	21 600	34	281	2 453	5 351	1 144	1 118	11 220	48.74
新 疆	73 546	170	1 073	8 817	18 768	4 186	4 945	35 587	48.32

表5-8 各地区按性别、调查前一周工作时间分的正在工作人口(续 2)

单位：人

性别 地区	正在工作人口	一周内工作时间							周平均工作时间(小时)
		1-8小时	9-19小时	20-39小时	40小时	41-47小时	48小时	48小时以上	
女	**4 110 288**	**23 669**	**122 442**	**874 502**	**1 064 912**	**211 958**	**233 397**	**1 579 408**	**44.07**
北京	39 898	91	281	1 951	22 066	1 075	3 612	10 821	45.64
天津	31 067	96	294	1 736	17 936	520	2 026	8 460	44.84
河北	195 876	3 703	12 241	53 476	44 672	8 124	6 831	66 828	40.38
山西	76 217	1 221	5 953	24 735	24 658	2 462	2 703	14 485	36.66
内蒙古	64 063	632	1 731	13 143	16 947	2 581	2 835	26 193	45.28
辽宁	121 686	1 114	6 764	30 523	49 251	3 231	3 683	27 120	39.43
吉林	65 627	293	2 096	13 466	19 294	2 032	2 705	25 741	44.06
黑龙江	89 603	1 222	4 159	18 264	24 694	3 584	2 898	34 782	43.30
上海	49 912	60	487	2 368	31 162	1 217	4 843	9 775	44.27
江苏	276 232	542	5 254	46 434	58 109	13 886	23 578	128 428	47.21
浙江	153 185	629	3 042	23 157	26 882	5 197	12 679	81 599	49.66
安徽	198 448	1 242	5 708	51 651	50 179	11 311	7 497	70 858	42.32
福建	105 332	487	3 104	20 371	21 451	5 006	6 306	48 607	47.88
江西	131 555	389	2 587	31 452	31 638	8 463	6 825	50 199	43.75
山东	344 385	2 008	10 164	73 292	65 834	19 338	19 079	154 670	44.99
河南	319 691	3 706	17 681	90 560	80 470	16 720	12 704	97 851	40.16
湖北	191 477	765	5 196	46 874	49 099	9 419	10 175	69 950	43.11
湖南	198 671	1 162	8 525	60 047	58 610	9 046	9 136	52 145	39.74
广东	298 418	654	3 223	34 680	59 445	15 431	38 973	146 012	49.33
广西	158 967	305	2 128	31 212	34 731	11 813	6 912	71 865	45.99
海南	24 605	70	324	4 829	6 330	2 005	1 268	9 779	44.76
重庆	96 997	188	1 919	19 801	22 747	6 325	4 968	41 049	45.09
四川	296 206	960	6 910	63 327	81 999	18 167	12 352	112 491	43.76
贵州	120 455	192	1 589	21 608	37 505	8 147	7 543	43 871	44.70
云南	161 003	206	1 567	26 288	34 707	12 646	7 416	78 173	46.90
西藏	8 341	112	254	2 345	824	673	210	3 924	45.16
陕西	114 863	1 027	5 251	32 589	34 055	4 350	5 568	32 022	40.11
甘肃	85 954	272	1 722	15 827	35 953	4 329	3 320	24 531	42.78
青海	17 188	121	439	3 262	3 179	818	528	8 842	46.90
宁夏	18 168	64	565	3 788	4 632	1 093	798	7 228	44.41
新疆	56 200	134	1 283	11 446	15 852	2 947	3 426	21 111	44.84

表5-8a　各地区按性别、调查前一周工作时间分的正在工作人口(城市)

单位：人

性　别 地　区	正在工作 人　口	一周内工作时间							周平均 工作时间 (小时)
		1-8小时	9-19小时	20-39小时	40小时	41-47小时	48小时	48小时 以　上	
全　国	**2 305 461**	**4 741**	**20 305**	**175 847**	**873 587**	**70 770**	**214 699**	**945 510**	**48.13**
北　京	77 251	127	248	2 377	44 527	1 894	7 277	20 801	46.09
天　津	38 653	40	124	656	24 073	472	3 228	10 059	45.86
河　北	84 278	415	1 330	5 526	35 932	2 016	4 964	34 095	46.92
山　西	47 467	120	406	3 133	27 283	1 086	2 730	12 709	44.54
内蒙古	51 362	68	237	5 519	17 513	1 294	2 638	24 094	50.33
辽　宁	107 891	174	621	4 106	61 232	1 564	6 001	34 193	46.53
吉　林	47 165	53	160	2 439	20 441	895	2 612	20 565	48.70
黑龙江	79 981	98	499	3 724	29 842	1 894	4 028	39 896	49.75
上　海	93 105	43	191	1 663	64 556	2 143	8 336	16 172	44.34
江　苏	182 132	171	999	11 155	60 319	6 206	22 827	80 456	49.30
浙　江	141 866	291	1 194	11 833	29 553	4 160	14 237	80 598	52.19
安　徽	61 914	158	646	5 001	22 972	2 369	4 680	26 087	47.60
福　建	77 171	103	526	5 235	20 527	2 491	7 766	40 523	52.47
江　西	37 866	22	172	2 389	14 271	1 596	2 731	16 685	48.37
山　东	185 703	430	2 502	15 918	48 071	5 929	19 453	93 399	49.08
河　南	100 268	728	1 583	12 653	49 214	2 542	6 300	27 248	43.54
湖　北	105 522	199	1 192	11 056	38 516	3 177	8 468	42 914	47.12
湖　南	84 500	300	1 723	12 925	33 903	3 143	6 038	26 469	44.21
广　东	311 504	414	1 626	19 275	71 907	12 402	51 262	154 619	51.43
广　西	43 877	105	276	5 836	14 288	2 106	3 484	17 783	47.34
海　南	18 655	33	178	2 241	7 112	837	1 142	7 112	45.61
重　庆	44 959	68	455	4 800	16 605	1 777	4 218	17 036	46.40
四　川	80 856	268	1 411	10 733	32 660	2 523	5 854	27 407	45.26
贵　州	26 796	49	132	1 328	14 178	709	1 809	8 591	46.41
云　南	54 786	50	491	5 726	16 965	2 628	3 386	25 539	47.93
西　藏	2 030	10	10	137	154	107	92	1 519	59.97
陕　西	52 675	132	1 149	4 751	25 523	1 496	4 911	14 712	44.55
甘　肃	19 886	19	50	893	10 820	444	1 284	6 377	46.64
青　海	6 358	7	19	1 338	1 901	165	406	2 522	47.81
宁　夏	10 042	16	51	485	4 735	183	589	3 982	47.94
新　疆	28 942	31	106	994	13 995	522	1 946	11 348	48.73

表5-8a 各地区按性别、调查前一周工作时间分的正在工作人口(城市)(续 1)

单位：人

性别 地区	正在工作人口	一周内工作时间 1-8小时	9-19小时	20-39小时	40小时	41-47小时	48小时	48小时以上	周平均工作时间(小时)
男	**1 313 873**	**2 203**	**7 745**	**81 894**	**498 113**	**37 066**	**119 627**	**567 225**	**48.81**
北京	44 687	84	120	1 151	24 497	1 058	4 203	13 575	46.89
天津	21 549	23	64	304	12 591	213	1 752	6 603	46.79
河北	48 957	121	404	2 185	20 717	1 029	2 838	21 662	48.20
山西	29 531	57	141	1 554	16 334	647	1 800	8 998	45.59
内蒙古	31 085	25	143	3 019	10 048	710	1 563	15 578	51.32
辽宁	64 043	90	268	1 962	35 943	843	3 555	21 381	47.08
吉林	28 717	27	69	1 299	12 044	510	1 567	13 201	49.33
黑龙江	49 782	43	266	2 191	17 668	1 133	2 499	25 981	50.36
上海	55 151	24	91	819	38 281	1 135	4 916	9 884	44.44
江苏	100 990	81	401	4 580	34 027	2 909	12 625	46 367	49.82
浙江	81 286	158	575	6 152	16 627	2 225	7 787	47 762	52.57
安徽	35 738	84	177	2 226	13 333	1 226	2 859	15 834	48.59
福建	43 211	50	234	2 608	11 488	1 244	4 109	23 477	52.83
江西	21 466	13	71	983	7 954	787	1 542	10 117	49.19
山东	104 618	185	668	5 964	27 037	2 960	10 984	56 821	50.46
河南	56 659	355	450	5 704	28 012	1 371	3 637	17 131	44.77
湖北	59 112	87	446	5 084	21 973	1 710	4 889	24 923	47.80
湖南	47 932	121	622	6 126	19 785	1 753	3 517	16 008	45.13
广东	171 396	216	780	9 536	40 253	6 626	26 697	87 288	51.74
广西	23 886	51	136	3 060	7 928	1 047	1 846	9 818	47.51
海南	10 450	16	94	1 165	4 059	461	581	4 074	45.84
重庆	25 095	30	186	2 174	9 355	897	2 306	10 147	47.21
四川	44 176	128	512	4 805	18 349	1 347	3 294	15 740	46.06
贵州	14 967	20	63	605	8 002	367	996	4 915	46.71
云南	29 906	22	222	2 415	9 211	1 300	1 921	14 815	48.74
西藏	1 109	3	5	70	82	49	53	847	60.80
陕西	30 383	48	433	2 267	14 814	836	2 839	9 147	45.48
甘肃	11 898	9	25	466	6 413	251	795	3 940	47.06
青海	3 750	4	9	747	1 071	81	229	1 609	48.61
宁夏	5 738	9	17	203	2 654	85	329	2 440	48.85
新疆	16 604	19	54	473	7 563	254	1 099	7 142	49.78

表5-8a　各地区按性别、调查前一周工作时间分的正在工作人口(城市)(续 2)

单位：人

性　别 地　区	正在工作 人　口	一周内工作时间							周平均 工作时间 (小时)
		1-8小时	9-19小时	20-39小时	40小时	41-47小时	48小时	48小时 以　上	
女	**991 587**	**2 538**	**12 560**	**93 953**	**375 475**	**33 703**	**95 072**	**378 285**	**47.23**
北　京	32 565	43	128	1 226	20 030	836	3 074	7 226	44.99
天　津	17 104	17	61	352	11 483	260	1 476	3 456	44.70
河　北	35 322	294	926	3 341	15 216	987	2 126	12 433	45.15
山　西	17 936	63	264	1 579	10 948	439	930	3 711	42.81
内蒙古	20 277	43	94	2 501	7 465	584	1 075	8 516	48.82
辽　宁	43 848	84	353	2 144	25 289	721	2 445	12 812	45.72
吉　林	18 448	26	91	1 141	8 397	385	1 045	7 364	47.71
黑龙江	30 198	55	232	1 533	12 173	760	1 529	13 915	48.74
上　海	37 954	19	100	844	26 274	1 008	3 420	6 287	44.20
江　苏	81 142	90	598	6 575	26 292	3 296	10 201	34 089	48.65
浙　江	60 580	133	619	5 681	12 926	1 935	6 450	32 836	51.69
安　徽	26 176	74	469	2 775	9 640	1 144	1 822	10 253	46.24
福　建	33 960	53	291	2 628	9 038	1 247	3 657	17 045	52.02
江　西	16 400	9	101	1 406	6 317	810	1 189	6 568	47.31
山　东	81 084	245	1 834	9 954	21 033	2 969	8 469	36 578	47.31
河　南	43 609	373	1 133	6 950	21 202	1 171	2 663	10 117	41.95
湖　北	46 410	112	746	5 972	16 543	1 466	3 579	17 992	46.26
湖　南	36 568	178	1 101	6 799	14 118	1 390	2 521	10 460	43.00
广　东	140 107	197	846	9 739	31 654	5 776	24 565	67 330	51.06
广　西	19 992	54	140	2 776	6 359	1 059	1 638	7 965	47.14
海　南	8 205	17	84	1 076	3 054	375	560	3 038	45.31
重　庆	19 864	38	269	2 627	7 250	880	1 912	6 889	45.37
四　川	36 680	140	899	5 928	14 310	1 176	2 560	11 666	44.29
贵　州	11 829	29	69	723	6 177	342	814	3 675	46.04
云　南	24 879	28	269	3 312	7 754	1 328	1 466	10 724	46.94
西　藏	921	7	6	67	72	57	40	673	58.96
陕　西	22 292	85	716	2 485	10 709	660	2 072	5 566	43.28
甘　肃	7 988	10	25	427	4 407	192	489	2 438	46.03
青　海	2 608	3	10	590	830	84	178	914	46.66
宁　夏	4 305	8	34	282	2 081	98	260	1 541	46.72
新　疆	12 337	11	53	521	6 432	267	847	4 207	47.31

表5-8b 各地区按性别、调查前一周工作时间分的正在工作人口(镇)

单位：人

性　别 地　区	正在工作 人　口	一周内工作时间							周平均 工作时间 (小时)
		1-8小时	9-19小时	20-39小时	40小时	41-47小时	48小时	48小时 以　上	
全　国	**1 462 509**	**5 343**	**24 331**	**192 659**	**415 881**	**59 075**	**81 638**	**683 582**	**47.35**
北　京	4 549	6	25	128	2 003	91	249	2 047	49.57
天　津	12 155	34	57	508	4 100	149	827	6 481	49.84
河　北	63 688	632	2 019	11 135	15 794	2 185	2 622	29 302	45.61
山　西	30 495	271	950	5 007	11 674	777	1 753	10 063	43.29
内蒙古	27 146	161	513	3 083	7 474	702	885	14 330	49.30
辽　宁	42 613	370	1 770	7 510	15 328	1 313	1 203	15 120	43.45
吉　林	27 761	66	300	3 292	8 245	831	1 304	13 724	48.21
黑龙江	34 613	293	430	3 341	10 567	707	834	18 441	49.08
上　海	11 368	11	202	863	5 251	170	1 154	3 719	46.46
江　苏	118 497	117	1 375	13 537	21 363	4 703	10 072	67 330	50.16
浙　江	64 517	120	671	6 714	13 106	1 911	4 783	37 213	51.03
安　徽	93 840	581	1 403	13 254	26 775	4 144	4 803	42 880	46.14
福　建	48 574	119	573	5 161	11 532	1 823	1 896	27 470	52.14
江　西	63 755	145	569	6 842	21 434	2 353	3 616	28 796	47.40
山　东	136 080	477	2 407	19 122	23 047	7 058	8 001	75 968	48.59
河　南	88 286	702	3 679	17 871	27 101	3 177	4 365	31 391	42.72
湖　北	55 846	130	759	7 399	15 645	2 382	3 160	26 371	47.34
湖　南	64 163	99	845	9 425	24 582	2 488	3 058	23 666	44.72
广　东	103 591	88	508	7 361	22 362	4 818	11 065	57 389	51.22
广　西	62 848	63	607	8 168	18 633	3 412	2 316	29 649	47.72
海　南	7 268	21	70	1 386	2 371	426	220	2 774	45.02
重　庆	37 965	82	662	6 364	11 092	2 125	1 358	16 283	46.12
四　川	85 312	291	1 275	10 961	31 604	3 672	3 594	33 916	45.87
贵　州	34 664	63	346	3 845	14 038	1 430	1 851	13 092	46.00
云　南	46 820	48	513	6 560	14 128	2 693	2 218	20 659	46.81
西　藏	2 665	40	40	355	235	154	34	1 808	49.43
陕　西	38 913	183	1 022	6 936	15 020	1 178	1 601	12 973	43.41
甘　肃	28 094	99	379	3 474	12 870	1 328	1 390	8 553	44.33
青　海	5 905	8	55	943	1 972	140	160	2 627	47.08
宁　夏	5 427	4	110	624	1 657	224	244	2 564	47.93
新　疆	15 090	21	197	1 492	4 878	514	1 006	6 983	48.47

表5-8b　各地区按性别、调查前一周工作时间分的正在工作人口(镇)(续 1)

单位：人

性　别 地　区	正在工作人口	一周内工作时间							周平均工作时间(小时)
		1-8小时	9-19小时	20-39小时	40小时	41-47小时	48小时	48小时以上	
男	**823 038**	**2 057**	**9 648**	**84 631**	**238 505**	**31 907**	**47 094**	**409 197**	**48.46**
北　京	2 745	2	13	62	1 143	42	129	1 354	50.55
天　津	6 989	25	24	250	1 748	86	446	4 410	51.76
河　北	38 027	208	878	5 017	9 551	1 354	1 596	19 423	47.62
山　西	19 977	130	412	2 632	7 366	510	1 241	7 686	45.25
内蒙古	16 840	71	251	1 583	4 470	379	518	9 566	50.50
辽　宁	25 043	119	672	3 445	9 357	786	778	9 885	45.30
吉　林	17 984	44	114	1 832	5 205	520	837	9 431	49.10
黑龙江	21 964	110	242	1 875	6 552	456	535	12 194	49.82
上　海	6 360	3	69	398	2 984	92	668	2 146	46.96
江　苏	61 974	38	432	5 084	11 376	2 196	5 361	37 487	51.39
浙　江	37 164	58	368	3 487	7 620	1 101	2 625	21 905	51.24
安　徽	52 437	259	490	5 131	15 106	2 068	3 339	26 044	47.71
福　建	28 221	64	290	2 461	6 826	1 100	1 021	16 460	52.46
江　西	37 033	26	213	2 740	13 025	1 362	2 223	17 444	48.31
山　东	73 401	113	695	6 566	11 666	3 499	4 510	46 352	51.00
河　南	48 359	240	1 308	7 665	15 236	1 774	2 720	19 415	44.76
湖　北	31 698	39	321	3 356	9 186	1 375	1 872	15 549	48.16
湖　南	37 087	51	357	4 202	14 889	1 490	1 737	14 362	45.57
广　东	55 887	35	217	3 419	12 349	2 324	5 797	31 747	51.62
广　西	33 633	31	318	4 029	10 382	1 825	1 235	15 813	47.80
海　南	4 024	15	38	689	1 393	237	118	1 534	45.28
重　庆	20 821	43	274	2 920	6 351	1 136	800	9 297	46.90
四　川	45 995	106	564	5 113	17 659	1 952	1 964	18 637	46.35
贵　州	19 173	31	136	1 671	8 090	766	1 029	7 450	46.57
云　南	25 427	29	211	3 003	7 817	1 466	1 250	11 651	47.50
西　藏	1 376	27	23	158	124	67	14	963	49.81
陕　西	22 299	73	410	2 797	9 023	681	1 077	8 238	45.20
甘　肃	15 758	46	155	1 477	7 301	723	836	5 220	45.37
青　海	3 370	4	24	517	1 132	82	96	1 514	47.44
宁　夏	3 048	1	35	265	911	109	140	1 587	49.51
新　疆	8 926	17	92	787	2 667	348	583	4 432	49.41

表5-8b 各地区按性别、调查前一周工作时间分的正在工作人口(镇)(续2)

单位：人

性别 地区	正在工作人口	一周内工作时间							周平均工作时间(小时)
		1-8小时	9-19小时	20-39小时	40小时	41-47小时	48小时	48小时以上	
女	**639 470**	**3 286**	**14 683**	**108 028**	**177 376**	**27 167**	**34 545**	**274 385**	**45.91**
北京	1 804	3	12	66	860	49	120	693	48.06
天津	5 165	9	33	258	2 352	62	381	2 071	47.24
河北	25 661	424	1 141	6 118	6 243	831	1 026	9 879	42.63
山西	10 518	141	538	2 375	4 308	267	512	2 377	39.57
内蒙古	10 307	89	262	1 500	3 003	322	367	4 763	47.33
辽宁	17 570	252	1 098	4 065	5 971	527	424	5 235	40.81
吉林	9 777	21	186	1 460	3 039	311	467	4 293	46.59
黑龙江	12 649	183	188	1 466	4 015	251	299	6 246	47.81
上海	5 008	8	132	465	2 266	78	486	1 573	45.83
江苏	56 523	79	943	8 453	9 987	2 507	4 711	29 842	48.82
浙江	27 353	62	303	3 227	5 485	810	2 158	15 308	50.74
安徽	41 403	322	913	8 122	11 669	2 076	1 464	16 836	44.15
福建	20 352	56	283	2 700	4 706	723	875	11 009	51.69
江西	26 722	119	356	4 102	8 409	991	1 393	11 352	46.15
山东	62 679	363	1 713	12 556	11 381	3 559	3 491	29 616	45.77
河南	39 927	462	2 371	10 206	11 865	1 403	1 645	11 976	40.25
湖北	24 148	91	437	4 044	6 459	1 007	1 288	10 823	46.27
湖南	27 076	48	489	5 222	9 693	998	1 320	9 305	43.55
广东	47 704	53	291	3 942	10 014	2 493	5 268	25 643	50.75
广西	29 215	32	289	4 139	8 251	1 587	1 081	13 836	47.62
海南	3 245	6	32	697	978	189	101	1 240	44.70
重庆	17 145	39	388	3 444	4 741	989	558	6 986	45.17
四川	39 317	185	711	5 847	13 945	1 720	1 630	15 279	45.30
贵州	15 491	31	210	2 174	5 948	664	821	5 642	45.29
云南	21 393	19	302	3 557	6 312	1 227	967	9 009	45.99
西藏	1 289	13	16	198	111	86	19	845	49.02
陕西	16 615	110	612	4 139	5 997	498	523	4 735	41.01
甘肃	12 336	54	224	1 997	5 570	605	554	3 333	43.01
青海	2 535	3	30	425	840	58	65	1 113	46.60
宁夏	2 379	3	75	359	747	115	104	977	45.90
新疆	6 165	5	105	704	2 212	166	423	2 550	47.11

表5-8c　各地区按性别、调查前一周工作时间分的正在工作人口(乡村)

单位：人

性别 地区	正在工作人口	一周内工作时间							周平均工作时间(小时)
		1-8小时	9-19小时	20-39小时	40小时	41-47小时	48小时	48小时以上	
全　国	**5 309 742**	**30 387**	**152 635**	**1 157 286**	**1 100 898**	**322 614**	**244 916**	**2 301 006**	**44.47**
北　京	15 087	84	279	1 307	3 402	429	1 096	8 489	50.11
天　津	20 537	101	344	1 936	8 250	494	479	8 933	46.38
河　北	309 891	5 010	16 222	73 419	54 220	14 387	10 015	136 618	42.91
山　西	125 709	1 646	8 098	37 922	28 264	5 825	5 277	38 676	39.50
内蒙古	76 961	983	2 273	15 700	14 607	4 162	3 556	35 680	45.35
辽　宁	135 552	1 281	7 490	42 798	45 474	4 927	2 383	31 199	38.21
吉　林	94 787	407	2 900	19 634	19 187	3 619	3 178	45 862	45.33
黑龙江	111 514	1 701	6 423	28 958	20 740	6 167	3 333	44 194	41.94
上　海	15 800	49	395	1 942	6 179	417	2 239	4 579	44.59
江　苏	273 095	549	5 609	49 860	42 022	14 920	18 344	141 791	47.44
浙　江	158 234	921	3 769	28 219	21 433	6 226	9 926	87 739	48.62
安　徽	268 383	1 490	6 616	65 395	58 211	16 891	10 194	109 586	43.50
福　建	117 666	637	4 007	27 384	19 208	7 834	4 867	53 729	45.79
江　西	188 418	387	3 058	40 078	36 426	14 423	9 723	84 322	45.07
山　东	415 929	2 132	9 385	76 916	63 831	25 015	17 018	221 633	46.99
河　南	489 154	4 419	22 123	124 808	99 768	29 056	20 619	188 360	42.33
湖　北	254 031	1 065	6 404	63 456	54 459	14 542	11 944	102 161	43.34
湖　南	299 959	1 824	12 056	85 983	82 094	15 967	13 728	88 307	40.37
广　东	230 933	799	3 785	38 658	37 100	14 891	19 029	116 670	47.36
广　西	231 920	412	3 243	46 695	42 332	19 422	9 324	110 493	45.99
海　南	28 627	90	427	6 318	5 070	3 117	1 314	12 291	44.82
重　庆	121 819	216	2 129	24 270	21 199	8 989	5 388	59 629	46.08
四　川	443 743	1 186	9 212	90 033	106 950	30 812	17 687	187 863	44.52
贵　州	193 500	239	2 243	33 466	52 213	14 929	12 996	77 414	45.37
云　南	243 854	301	1 733	35 126	42 711	20 289	11 040	132 653	48.06
西　藏	13 100	190	476	4 122	1 362	1 121	322	5 507	43.41
陕　西	161 179	1 379	6 084	43 186	37 727	7 297	7 717	57 788	41.93
甘　肃	134 874	340	2 379	22 680	53 894	7 150	5 016	43 415	43.62
青　海	25 472	218	735	4 105	3 228	1 368	661	15 156	48.10
宁　夏	24 298	78	685	5 132	3 589	1 830	1 082	11 901	46.02
新　疆	85 714	253	2 053	17 777	15 746	6 098	5 419	38 368	45.88

表5-8c 各地区按性别、调查前一周工作时间分的正在工作人口(乡村)(续 1)

单位：人

性别 地区	正在工作人口	一周内工作时间							周平均工作时间(小时)
		1-8小时	9-19小时	20-39小时	40小时	41-47小时	48小时	48小时以上	
男	**2 830 512**	**12 543**	**57 436**	**484 764**	**588 837**	**171 527**	**141 135**	**1 374 269**	**46.35**
北京	9 558	40	138	648	2 227	240	678	5 587	50.94
天津	11 739	31	143	810	4 148	296	310	6 000	48.37
河北	174 998	2 024	6 048	29 402	31 006	8 080	6 336	92 102	46.15
山西	77 946	629	2 948	17 142	18 863	4 069	4 016	30 279	43.05
内蒙古	43 481	483	897	6 557	8 128	2 487	2 162	22 767	47.55
辽宁	75 285	503	2 176	18 484	27 483	2 943	1 569	22 126	41.23
吉林	57 386	161	1 081	8 768	11 330	2 283	1 985	31 778	47.77
黑龙江	64 758	717	2 684	13 692	12 234	3 594	2 263	29 573	44.39
上海	8 849	16	141	883	3 558	285	1 303	2 664	45.41
江苏	134 528	176	1 897	18 454	20 192	6 836	9 678	77 294	49.23
浙江	92 983	488	1 648	13 971	12 962	3 773	5 856	54 283	49.53
安徽	137 514	644	2 290	24 641	29 341	8 799	5 982	65 817	45.91
福建	66 646	258	1 477	12 341	11 502	4 797	3 094	33 177	47.46
江西	99 986	125	928	14 135	19 514	7 761	5 480	52 044	47.46
山东	215 308	732	2 767	26 135	30 411	12 205	9 899	133 158	49.95
河南	252 999	1 548	7 946	51 403	52 365	14 911	12 224	112 603	44.69
湖北	133 112	503	2 392	26 597	28 362	7 596	6 636	61 025	45.23
湖南	164 932	888	5 121	37 958	47 296	9 309	8 434	55 927	42.24
广东	120 327	395	1 699	17 660	19 323	7 730	9 889	63 631	48.12
广西	122 160	192	1 543	22 398	22 212	10 255	5 131	60 429	46.57
海南	15 471	44	219	3 261	2 772	1 677	708	6 791	45.15
重庆	61 832	104	867	10 540	10 443	4 532	2 890	32 455	47.16
四川	223 534	551	3 912	38 482	53 206	15 540	9 526	102 317	45.62
贵州	100 365	107	933	14 755	26 832	7 788	7 089	42 861	46.24
云南	129 123	142	738	15 707	22 069	10 198	6 057	74 212	48.94
西藏	6 969	99	244	2 042	720	591	171	3 101	44.40
陕西	85 223	547	2 161	17 222	20 378	4 105	4 744	36 066	44.56
甘肃	69 244	131	906	9 277	27 917	3 619	2 739	24 655	44.82
青海	13 427	104	336	1 859	1 719	692	376	8 341	49.07
宁夏	12 814	25	229	1 985	1 786	949	648	7 192	48.51
新疆	48 016	134	928	7 556	8 538	3 584	3 263	24 013	47.61

表5-8c　各地区按性别、调查前一周工作时间分的正在工作人口(乡村)(续 2)

单位：人

性　别 地　区	正在工作 人　口	一周内工作时间 1-8小时	9-19小时	20-39小时	40小时	41-47小时	48小时	48小时 以　上	周平均 工作时间 (小时)
女	**2 479 230**	**17 844**	**95 199**	**672 521**	**512 061**	**151 087**	**103 781**	**926 738**	**42.32**
北　京	5 529	45	141	658	1 176	189	418	2 902	48.67
天　津	8 798	70	200	1 126	4 102	197	169	2 933	43.72
河　北	134 893	2 986	10 174	44 017	23 213	6 307	3 679	44 516	38.70
山　西	47 763	1 017	5 150	20 781	9 401	1 756	1 261	8 397	33.71
内蒙古	33 479	500	1 376	9 143	6 479	1 675	1 393	12 914	42.50
辽　宁	60 267	778	5 314	24 314	17 991	1 984	813	9 073	34.44
吉　林	37 401	245	1 820	10 866	7 857	1 336	1 193	14 084	41.59
黑龙江	46 756	984	3 738	15 266	8 505	2 572	1 070	14 621	38.56
上　海	6 951	33	254	1 060	2 621	131	936	1 915	43.55
江　苏	138 567	373	3 713	31 406	21 830	8 083	8 666	64 496	45.71
浙　江	65 251	433	2 121	14 249	8 471	2 452	4 070	33 456	47.33
安　徽	130 869	846	4 326	40 754	28 871	8 092	4 212	43 769	40.96
福　建	51 020	379	2 530	15 043	7 707	3 037	1 774	20 552	43.61
江　西	88 432	261	2 131	25 944	16 912	6 662	4 243	32 279	42.37
山　东	200 622	1 400	6 617	50 781	33 420	12 810	7 119	88 475	43.80
河　南	236 155	2 871	14 177	73 405	47 403	14 145	8 395	75 758	39.81
湖　北	120 920	562	4 012	36 859	26 097	6 946	5 308	41 135	41.27
湖　南	135 027	936	6 935	48 025	34 799	6 658	5 294	32 380	38.09
广　东	110 606	404	2 086	20 998	17 777	7 161	9 140	53 039	46.53
广　西	109 760	219	1 700	24 298	20 120	9 167	4 193	50 064	45.35
海　南	13 156	46	208	3 056	2 298	1 440	606	5 500	44.43
重　庆	59 987	112	1 262	13 730	10 755	4 456	2 498	27 174	44.97
四　川	220 209	635	5 300	51 551	53 744	15 272	8 162	85 546	43.39
贵　州	93 136	132	1 310	18 711	25 381	7 141	5 908	34 553	44.43
云　南	114 731	159	996	19 419	20 642	10 091	4 983	58 441	47.07
西　藏	6 131	91	232	2 080	641	530	151	2 406	42.28
陕　西	75 956	832	3 923	25 965	17 349	3 193	2 973	21 721	38.98
甘　肃	65 630	209	1 473	13 403	25 977	3 532	2 277	18 760	42.34
青　海	12 045	114	399	2 246	1 509	676	285	6 815	47.01
宁　夏	11 484	54	456	3 147	1 804	880	434	4 709	43.24
新　疆	37 698	118	1 125	10 221	7 208	2 514	2 156	14 355	43.66

表5-9　全国按年龄、性别和调查前一周工作时间分的正在工作人口

单位：人

性别 年龄	正在工作人口	一周内工作时间							周平均工作时间（小时）
		1-8小时	9-19小时	20-39小时	40小时	41-47小时	48小时	48小时以上	
合　计	**9 077 711**	**40 471**	**197 271**	**1 525 791**	**2 390 367**	**452 458**	**541 254**	**3 930 099**	**45.86**
16-19	**398 262**	**1 759**	**9 973**	**71 711**	**79 757**	**17 291**	**30 641**	**187 130**	**46.80**
16	56 532	377	2 092	13 475	10 903	2 448	2 974	24 264	44.47
17	87 657	440	2 542	16 991	17 018	3 857	5 956	40 853	46.38
18	127 126	499	2 826	21 483	25 517	5 425	10 349	61 028	47.32
19	126 946	443	2 513	19 762	26 320	5 562	11 361	60 985	47.59
20-24	**765 192**	**3 008**	**13 730**	**109 798**	**196 128**	**34 960**	**67 057**	**340 510**	**46.92**
20	128 642	527	2 454	19 779	27 969	5 964	11 371	60 580	47.38
21	134 020	513	2 609	20 170	30 907	6 086	12 113	61 622	47.17
22	147 816	598	2 590	21 188	38 279	6 773	13 342	65 046	46.82
23	183 533	760	3 163	24 962	50 615	8 349	15 896	79 788	46.76
24	171 179	610	2 914	23 700	48 357	7 788	14 336	73 475	46.63
25-29	**928 837**	**3 121**	**14 464**	**119 595**	**269 027**	**41 829**	**70 156**	**410 645**	**47.03**
25	172 613	671	2 881	23 519	49 524	7 775	13 835	74 408	46.66
26	185 447	626	2 988	24 014	53 680	8 213	14 541	81 386	46.95
27	185 903	615	2 783	23 745	54 738	8 311	14 060	81 652	47.01
28	181 017	531	2 797	22 822	52 582	8 179	13 075	81 031	47.18
29	203 857	678	3 015	25 495	58 503	9 351	14 645	92 169	47.28
30-34	**1 240 612**	**4 189**	**18 613**	**163 905**	**348 418**	**58 774**	**81 586**	**565 127**	**47.21**
30	214 839	674	3 182	27 637	61 171	10 036	14 997	97 144	47.25
31	237 959	771	3 401	31 315	66 520	11 616	15 940	108 397	47.27
32	250 278	874	3 683	33 061	70 924	11 688	16 366	113 683	47.21
33	262 490	906	3 990	34 978	73 627	12 584	16 817	119 589	47.17
34	275 046	965	4 357	36 914	76 176	12 851	17 466	126 316	47.18
35-39	**1 437 704**	**5 026**	**22 770**	**204 380**	**387 791**	**70 980**	**85 066**	**661 691**	**47.01**
35	304 112	1 077	4 648	42 099	83 429	14 624	18 909	139 326	47.09
36	282 530	954	4 440	39 597	77 055	13 916	17 256	129 312	47.04
37	311 896	1 084	5 047	44 178	84 694	15 184	18 342	143 367	46.98
38	253 485	908	4 073	37 139	66 928	12 651	14 374	117 412	46.98
39	285 681	1 002	4 563	41 366	75 685	14 605	16 185	132 274	46.98
40-44	**1 268 991**	**4 491**	**20 851**	**184 329**	**357 680**	**63 610**	**70 809**	**567 221**	**46.62**
40	290 497	1 048	4 703	41 698	79 961	14 398	16 172	132 517	46.83
41	276 260	961	4 448	39 702	77 812	13 791	15 537	124 009	46.71
42	325 579	1 157	5 331	46 424	93 397	16 107	18 380	144 782	46.62
43	243 723	873	4 134	36 137	68 000	12 499	13 412	108 668	46.52
44	132 932	452	2 235	20 367	38 511	6 816	7 307	57 244	46.19
45-49	**931 664**	**3 968**	**18 261**	**150 011**	**259 994**	**48 278**	**49 877**	**401 275**	**45.85**
45	165 697	665	3 061	25 080	48 334	8 325	9 182	71 051	46.08
46	150 164	600	2 791	23 400	42 378	7 640	8 261	65 095	46.07
47	195 606	813	3 770	31 164	54 543	10 168	10 395	84 753	45.94
48	221 237	1 006	4 419	36 142	60 478	11 457	12 046	95 690	45.81
49	198 961	884	4 219	34 226	54 262	10 689	9 993	84 687	45.46

表5-9　全国按年龄、性别和调查前一周工作时间分的正在工作人口(续 1)

单位：人

性别 年龄	正在工作人口	一周内工作时间							周平均工作时间(小时)
		1-8小时	9-19小时	20-39小时	40小时	41-47小时	48小时	48小时以上	
50-54	**914 791**	**4 591**	**22 041**	**177 920**	**235 032**	**50 225**	**43 410**	**381 572**	**44.79**
50	209 712	957	4 545	38 127	55 456	11 203	10 436	88 988	45.24
51	199 091	919	4 566	37 291	52 343	10 888	9 537	83 548	45.03
52	180 846	937	4 354	35 518	45 922	10 162	8 638	75 315	44.75
53	178 345	973	4 507	36 077	44 869	9 835	8 154	73 930	44.54
54	146 797	805	4 070	30 907	36 443	8 137	6 645	59 790	44.18
55-59	**574 361**	**3 529**	**18 101**	**134 162**	**135 316**	**33 031**	**24 241**	**225 981**	**43.42**
55	140 488	739	3 929	30 689	34 029	8 002	6 139	56 961	44.01
56	131 200	789	3 942	29 752	30 705	7 495	5 652	52 865	43.76
57	108 964	635	3 436	25 832	25 498	6 246	4 749	42 568	43.35
58	103 730	712	3 584	25 092	24 305	5 986	4 140	39 911	43.02
59	89 980	654	3 211	22 797	20 779	5 303	3 561	33 676	42.57
60-64	**320 117**	**2 643**	**14 678**	**95 588**	**66 492**	**18 636**	**10 945**	**111 135**	**41.11**
60	79 847	608	3 393	22 149	17 249	4 645	2 828	28 976	41.83
61	70 327	555	3 020	20 442	14 456	4 183	2 482	25 188	41.51
62	61 805	529	2 826	18 724	12 861	3 627	2 068	21 169	40.96
63	55 218	458	2 764	17 180	11 324	3 157	1 839	18 495	40.56
64	52 920	492	2 675	17 092	10 603	3 023	1 728	17 307	40.23
65-69	**182 396**	**1 977**	**11 276**	**65 465**	**35 871**	**9 842**	**5 140**	**52 825**	**38.63**
65	48 857	492	2 749	16 600	9 883	2 664	1 494	14 974	39.39
66	36 143	411	2 062	12 560	7 191	1 989	1 023	10 908	39.15
67	37 169	362	2 389	13 501	7 269	1 948	1 005	10 695	38.56
68	32 363	377	2 075	12 118	6 253	1 732	889	8 919	37.99
69	27 864	335	2 001	10 686	5 275	1 508	729	7 329	37.48
70岁及以上	**114 784**	**2 170**	**12 513**	**48 927**	**18 861**	**5 003**	**2 324**	**24 986**	**34.51**
男	**4 967 423**	**16 803**	**74 829**	**651 289**	**1 325 455**	**240 501**	**307 856**	**2 350 691**	**47.35**
16-19	**198 700**	**820**	**4 752**	**35 872**	**39 860**	**8 839**	**14 031**	**94 524**	**46.74**
16	28 543	177	1 046	7 078	5 495	1 292	1 359	12 097	44.04
17	43 610	200	1 231	8 670	8 473	1 977	2 682	20 378	46.12
18	63 170	243	1 346	10 598	12 740	2 762	4 727	30 755	47.31
19	63 376	201	1 130	9 527	13 152	2 808	5 264	31 295	47.80
20-24	**390 903**	**1 164**	**4 770**	**46 581**	**97 258**	**17 744**	**33 988**	**189 399**	**48.18**
20	64 202	225	953	8 975	13 939	3 009	5 380	31 722	48.02
21	66 509	198	961	8 813	14 911	2 979	5 744	32 903	48.22
22	75 047	253	860	8 873	18 855	3 409	6 731	36 066	48.10
23	94 958	277	1 063	10 404	25 099	4 244	8 282	45 587	48.22
24	90 187	211	932	9 515	24 454	4 103	7 851	43 121	48.28
25-29	**494 882**	**1 195**	**4 616**	**46 617**	**139 790**	**21 310**	**38 545**	**242 809**	**48.65**
25	90 629	250	927	9 098	25 218	3 934	7 482	43 720	48.37
26	99 214	251	962	9 459	27 715	4 263	8 006	48 557	48.62
27	99 356	220	880	9 233	28 751	4 260	7 743	48 269	48.60
28	96 879	185	907	8 922	27 385	4 207	7 250	48 023	48.78
29	108 803	289	940	9 904	30 720	4 645	8 064	54 240	48.83

表5-9 全国按年龄、性别和调查前一周工作时间分的正在工作人口(续 2)

单位：人

性别 年龄	正在工作人口	一周内工作时间							周平均工作时间(小时)
		1-8小时	9-19小时	20-39小时	40小时	41-47小时	48小时	48小时以上	
30-34	**660 751**	**1 592**	**5 968**	**61 762**	**184 652**	**29 768**	**45 405**	**331 604**	**48.83**
30	115 430	263	1 128	10 690	32 611	5 149	8 376	57 212	48.74
31	126 136	282	1 080	11 720	35 035	5 865	8 755	63 400	48.91
32	133 292	315	1 143	12 455	37 784	5 861	9 164	66 570	48.83
33	139 667	363	1 177	13 033	38 896	6 405	9 427	70 366	48.84
34	146 226	367	1 441	13 864	40 326	6 487	9 684	74 056	48.84
35-39	**756 521**	**1 825**	**7 162**	**75 012**	**205 803**	**35 217**	**47 427**	**384 074**	**48.71**
35	160 798	412	1 472	15 485	44 410	7 329	10 559	81 130	48.75
36	148 577	346	1 361	14 508	40 808	6 934	9 537	75 083	48.75
37	164 085	381	1 544	16 262	44 982	7 466	10 211	83 239	48.68
38	133 052	330	1 368	13 479	35 394	6 285	8 096	68 098	48.72
39	150 010	357	1 417	15 278	40 208	7 202	9 024	76 523	48.67
40-44	**673 704**	**1 633**	**6 554**	**67 879**	**194 431**	**31 847**	**40 214**	**331 146**	**48.30**
40	154 307	377	1 452	15 495	43 265	7 364	9 067	77 288	48.50
41	145 704	336	1 451	14 394	42 079	6 709	8 900	71 835	48.37
42	173 945	430	1 722	17 385	50 890	8 102	10 486	84 930	48.24
43	129 474	318	1 262	13 253	37 136	6 289	7 615	63 601	48.24
44	70 274	173	668	7 352	21 062	3 383	4 145	33 491	47.93
45-49	**517 357**	**1 460**	**5 878**	**58 351**	**149 365**	**25 637**	**30 298**	**246 368**	**47.69**
45	90 571	253	917	9 485	27 327	4 317	5 416	42 855	47.86
46	83 545	196	877	9 108	24 273	4 137	5 044	39 910	47.88
47	108 975	301	1 249	12 128	31 480	5 405	6 391	52 022	47.75
48	123 874	387	1 449	14 276	34 918	6 114	7 276	59 454	47.70
49	110 393	323	1 386	13 353	31 366	5 664	6 171	52 128	47.36
50-54	**532 241**	**1 862**	**7 862**	**74 802**	**146 348**	**28 011**	**28 343**	**245 013**	**46.73**
50	121 146	364	1 589	15 787	34 170	6 148	6 668	56 419	47.08
51	115 457	362	1 601	15 322	32 440	6 049	6 282	53 401	46.96
52	105 224	388	1 531	14 991	28 792	5 638	5 652	48 233	46.65
53	104 191	421	1 634	15 419	27 946	5 609	5 316	47 845	46.53
54	86 222	327	1 506	13 283	23 001	4 566	4 425	39 114	46.24
55-59	**347 726**	**1 623**	**7 184**	**62 438**	**88 821**	**19 683**	**16 540**	**151 436**	**45.38**
55	83 717	309	1 451	13 580	22 083	4 652	4 077	37 564	46.00
56	80 197	371	1 505	13 846	20 325	4 495	3 923	35 732	45.74
57	65 813	268	1 321	11 940	16 908	3 715	3 242	28 419	45.36
58	63 275	321	1 502	11 973	16 000	3 626	2 887	26 965	44.96
59	54 724	354	1 404	11 099	13 505	3 195	2 410	22 756	44.43
60-64	**197 772**	**1 324**	**6 827**	**50 834**	**41 997**	**11 928**	**7 614**	**77 248**	**42.93**
60	48 429	298	1 549	11 152	10 783	2 887	1 945	19 815	43.75
61	43 406	266	1 394	10 678	9 115	2 659	1 660	17 635	43.45
62	37 819	260	1 207	9 917	8 070	2 361	1 467	14 537	42.82
63	34 443	234	1 318	9 362	7 150	2 047	1 296	13 037	42.37
64	33 676	266	1 359	9 725	6 881	1 974	1 246	12 225	41.78

表5-9 全国按年龄、性别和调查前一周工作时间分的正在工作人口(续 3)

单位：人

性别 年龄	正在工作人口	一周内工作时间							周平均工作时间(小时)
		1-8小时	9-19小时	20-39小时	40小时	41-47小时	48小时	48小时以上	
65-69	**119 593**	**1 091**	**6 044**	**39 329**	**23 966**	**6 861**	**3 731**	**38 572**	**40.13**
65	30 724	246	1 323	9 330	6 396	1 771	1 065	10 593	41.18
66	23 654	232	1 065	7 413	4 751	1 401	761	8 030	40.78
67	24 734	212	1 330	8 281	4 892	1 401	721	7 897	39.96
68	21 853	212	1 178	7 587	4 316	1 221	660	6 678	39.36
69	18 628	189	1 147	6 718	3 610	1 067	523	5 373	38.73
70岁及以上	**77 274**	**1 213**	**7 212**	**31 811**	**13 163**	**3 657**	**1 720**	**18 498**	**35.77**
女	**4 110 288**	**23 669**	**122 442**	**874 502**	**1 064 912**	**211 958**	**233 397**	**1 579 408**	**44.07**
16-19	**199 562**	**939**	**5 221**	**35 838**	**39 897**	**8 452**	**16 610**	**92 606**	**46.86**
16	27 989	200	1 047	6 398	5 407	1 156	1 615	12 167	44.90
17	44 047	240	1 311	8 321	8 545	1 880	3 274	20 475	46.63
18	63 956	256	1 480	10 885	12 777	2 662	5 623	30 273	47.34
19	63 570	243	1 382	10 235	13 168	2 754	6 098	29 690	47.39
20-24	**374 289**	**1 844**	**8 960**	**63 217**	**98 870**	**17 216**	**33 069**	**151 112**	**45.61**
20	64 440	302	1 501	10 804	14 030	2 955	5 990	28 858	46.74
21	67 511	315	1 648	11 356	15 996	3 107	6 369	28 719	46.14
22	72 770	345	1 730	12 315	19 424	3 365	6 611	28 980	45.51
23	88 576	483	2 099	14 558	25 516	4 104	7 614	34 201	45.19
24	80 992	399	1 982	14 184	23 904	3 685	6 485	30 354	44.80
25-29	**433 955**	**1 925**	**9 848**	**72 978**	**129 238**	**20 519**	**31 610**	**167 836**	**45.18**
25	81 984	421	1 954	14 421	24 306	3 841	6 352	30 688	44.77
26	86 233	375	2 025	14 555	25 965	3 950	6 535	32 829	45.04
27	86 547	394	1 903	14 512	25 987	4 050	6 317	33 383	45.19
28	84 137	346	1 890	13 900	25 196	3 973	5 825	33 007	45.35
29	95 054	389	2 075	15 591	27 783	4 706	6 581	37 928	45.51
30-34	**579 861**	**2 597**	**12 644**	**102 143**	**163 765**	**29 006**	**36 181**	**233 523**	**45.37**
30	99 410	411	2 053	16 947	28 559	4 886	6 621	39 932	45.51
31	111 823	489	2 321	19 595	31 485	5 751	7 185	44 996	45.43
32	116 986	558	2 540	20 607	33 140	5 826	7 202	47 112	45.38
33	122 823	542	2 813	21 945	34 731	6 179	7 390	49 223	45.26
34	128 819	598	2 916	23 049	35 850	6 364	7 782	52 260	45.31
35-39	**681 183**	**3 200**	**15 608**	**129 367**	**181 988**	**35 764**	**37 639**	**277 617**	**45.13**
35	143 314	665	3 175	26 614	39 019	7 295	8 350	58 196	45.23
36	133 953	608	3 079	25 089	36 247	6 982	7 719	54 228	45.13
37	147 812	703	3 503	27 916	39 712	7 718	8 132	60 128	45.10
38	120 433	578	2 705	23 660	31 533	6 366	6 278	49 314	45.05
39	135 671	645	3 146	26 089	35 477	7 403	7 161	55 751	45.11

表5-9 全国按年龄、性别和调查前一周工作时间分的正在工作人口(续 4)

单位：人

性别 年龄	正在工作人口	一周内工作时间							周平均工作时间(小时)
		1-8小时	9-19小时	20-39小时	40小时	41-47小时	48小时	48小时以上	
40-44	**595 287**	**2 858**	**14 297**	**116 450**	**163 249**	**31 763**	**30 595**	**236 075**	**44.72**
40	136 190	671	3 252	26 203	36 696	7 034	7 105	55 229	44.93
41	130 557	625	2 997	25 308	35 733	7 083	6 637	52 175	44.86
42	151 633	728	3 609	29 039	42 507	8 004	7 894	59 852	44.75
43	114 249	555	2 872	22 885	30 863	6 210	5 797	45 067	44.57
44	62 658	279	1 567	13 015	17 449	3 432	3 162	23 753	44.24
45-49	**414 307**	**2 508**	**12 383**	**91 660**	**110 629**	**22 642**	**19 580**	**154 907**	**43.55**
45	75 126	412	2 144	15 594	21 006	4 008	3 766	28 196	43.93
46	66 619	404	1 914	14 291	18 105	3 503	3 217	25 185	43.80
47	86 631	512	2 522	19 035	23 064	4 763	4 004	32 731	43.67
48	97 363	619	2 970	21 866	25 559	5 343	4 770	36 236	43.40
49	88 568	561	2 833	20 873	22 895	5 025	3 823	32 558	43.09
50-54	**382 550**	**2 729**	**14 180**	**103 117**	**88 685**	**22 214**	**15 067**	**136 560**	**42.10**
50	88 566	592	2 955	22 340	21 286	5 054	3 768	32 569	42.73
51	83 634	557	2 964	21 970	19 903	4 839	3 255	30 147	42.37
52	75 622	549	2 823	20 527	17 130	4 524	2 986	27 082	42.10
53	74 153	552	2 873	20 657	16 923	4 225	2 838	26 086	41.74
54	60 575	478	2 564	17 624	13 442	3 571	2 220	20 676	41.25
55-59	**226 636**	**1 906**	**10 916**	**71 724**	**46 495**	**13 348**	**7 701**	**74 545**	**40.41**
55	56 771	430	2 477	17 109	11 946	3 350	2 061	19 397	41.07
56	51 003	417	2 437	15 906	10 381	3 000	1 729	17 133	40.64
57	43 151	367	2 114	13 893	8 590	2 531	1 507	14 149	40.29
58	40 455	391	2 081	13 119	8 305	2 360	1 253	12 946	39.99
59	35 257	300	1 806	11 698	7 274	2 107	1 151	10 920	39.67
60-64	**122 344**	**1 319**	**7 851**	**44 753**	**24 495**	**6 708**	**3 331**	**33 887**	**38.17**
60	31 419	311	1 843	10 997	6 466	1 757	883	9 161	38.87
61	26 920	289	1 626	9 764	5 341	1 524	822	7 553	38.38
62	23 986	269	1 619	8 807	4 791	1 267	601	6 632	38.04
63	20 775	224	1 447	7 818	4 175	1 111	543	5 459	37.56
64	19 244	226	1 315	7 367	3 722	1 049	483	5 082	37.53
65-69	**62 803**	**886**	**5 233**	**26 136**	**11 905**	**2 981**	**1 409**	**14 253**	**35.77**
65	18 134	246	1 426	7 271	3 487	894	429	4 381	36.36
66	12 489	178	997	5 146	2 439	588	262	2 878	36.07
67	12 435	150	1 059	5 221	2 377	547	284	2 797	35.77
68	10 510	165	897	4 531	1 936	512	229	2 241	35.13
69	9 236	146	854	3 968	1 665	441	206	1 956	34.97
70岁及以上	**37 510**	**957**	**5 301**	**17 116**	**5 697**	**1 346**	**605**	**6 488**	**31.93**

表5-9a　全国按年龄、性别和调查前一周工作时间分的正在工作人口(城市)

单位：人

性　别 年　龄	正在工作 人　口	一周内工作时间							周平均 工作时间 (小时)
		1-8小时	9-19小时	20-39小时	40小时	41-47小时	48小时	48小时 以　上	
合　计	**2 305 461**	**4 741**	**20 305**	**175 847**	**873 587**	**70 770**	**214 699**	**945 510**	**48.13**
16-19	**96 771**	**160**	**680**	**5 412**	**17 179**	**2 776**	**13 948**	**56 615**	**53.09**
16	8 844	24	95	808	1 373	249	909	5 386	52.64
17	19 049	32	167	1 114	2 898	505	2 433	11 900	53.83
18	33 079	54	217	1 803	5 863	948	4 935	19 259	53.21
19	35 798	50	201	1 687	7 046	1 073	5 671	20 071	52.71
20-24	**240 081**	**404**	**1 283**	**12 328**	**76 245**	**7 839**	**34 499**	**107 483**	**49.82**
20	36 326	63	223	1 843	7 800	1 186	5 736	19 475	52.03
21	39 853	72	233	2 082	10 150	1 293	6 205	19 818	51.07
22	46 615	75	232	2 341	14 893	1 607	6 832	20 635	49.70
23	61 004	102	302	3 127	22 112	1 956	8 338	25 067	48.88
24	56 283	93	293	2 934	21 290	1 797	7 388	22 489	48.61
25-29	**303 554**	**372**	**1 574**	**15 905**	**118 259**	**8 977**	**34 291**	**124 176**	**48.71**
25	55 986	73	266	2 783	21 476	1 766	6 914	22 708	48.69
26	61 317	72	310	3 213	23 801	1 794	7 287	24 841	48.66
27	61 385	76	307	3 211	24 375	1 788	6 891	24 738	48.59
28	59 024	66	323	3 073	23 228	1 730	6 302	24 302	48.75
29	65 840	86	367	3 626	25 379	1 899	6 897	27 587	48.84
30-34	**377 020**	**546**	**2 208**	**22 488**	**146 209**	**10 886**	**35 958**	**158 725**	**48.79**
30	67 459	86	375	3 778	26 014	1 960	6 973	28 272	48.88
31	72 048	97	390	4 218	27 574	2 091	7 045	30 633	48.92
32	76 580	124	462	4 418	29 974	2 212	7 275	32 114	48.77
33	79 308	116	490	4 925	30 932	2 288	7 309	33 250	48.70
34	81 626	124	492	5 149	31 715	2 334	7 356	34 455	48.71
35-39	**386 109**	**633**	**2 698**	**26 499**	**149 236**	**11 437**	**32 845**	**162 761**	**48.50**
35	86 856	144	564	5 542	33 780	2 512	7 854	36 460	48.62
36	79 182	128	523	5 294	30 804	2 368	6 917	33 149	48.48
37	84 047	127	597	5 780	32 666	2 504	7 020	35 353	48.43
38	63 862	113	486	4 551	24 224	1 889	5 257	27 342	48.58
39	72 161	121	528	5 331	27 763	2 164	5 797	30 457	48.38
40-44	**345 930**	**624**	**2 522**	**25 380**	**145 781**	**10 211**	**26 610**	**134 803**	**47.66**
40	76 083	135	553	5 458	30 425	2 265	5 912	31 335	48.14
41	75 883	126	535	5 549	31 709	2 256	5 921	29 787	47.75
42	91 815	179	715	6 609	39 521	2 635	7 069	35 087	47.48
43	64 821	110	469	4 969	27 289	1 982	4 876	25 125	47.59
44	37 328	74	249	2 796	16 837	1 072	2 832	13 469	47.04
45-49	**238 695**	**559**	**2 300**	**19 788**	**104 265**	**7 327**	**17 539**	**86 916**	**46.79**
45	47 390	89	382	3 378	21 257	1 475	3 637	17 173	47.02
46	41 267	87	393	3 338	17 936	1 274	3 173	15 067	46.91
47	50 709	115	500	4 140	22 033	1 493	3 682	18 748	46.89
48	53 239	163	525	4 647	22 994	1 651	3 918	19 342	46.71
49	46 089	106	501	4 285	20 046	1 435	3 129	16 587	46.45

表5-9a 全国按年龄、性别和调查前一周工作时间分的正在工作人口(城市)(续 1)

单位：人

性别 年龄	正在工作人口	一周内工作时间							周平均工作时间(小时)
		1-8小时	9-19小时	20-39小时	40小时	41-47小时	48小时	48小时以上	
50-54	**177 619**	**456**	**2 322**	**20 028**	**73 491**	**5 789**	**11 739**	**63 794**	**46.00**
50	43 627	104	511	4 468	18 415	1 334	2 951	15 844	46.33
51	41 352	79	515	4 355	17 514	1 249	2 810	14 830	46.17
52	34 404	93	427	3 918	14 147	1 259	2 268	12 291	45.95
53	32 302	112	468	4 044	12 861	1 122	2 090	11 605	45.72
54	25 934	68	401	3 244	10 554	824	1 619	9 223	45.56
55-59	**84 483**	**403**	**1 754**	**12 844**	**30 816**	**3 161**	**4 959**	**30 546**	**45.12**
55	22 373	80	394	3 079	8 471	776	1 397	8 177	45.54
56	20 029	98	424	2 899	7 260	742	1 255	7 350	45.38
57	15 946	75	356	2 491	5 739	580	921	5 784	45.06
58	14 431	75	337	2 329	5 169	572	791	5 158	44.79
59	11 704	75	243	2 047	4 178	491	595	4 076	44.38
60-64	**30 755**	**260**	**1 234**	**7 320**	**7 204**	**1 383**	**1 490**	**11 865**	**43.67**
60	8 281	65	254	1 795	2 127	359	406	3 274	44.54
61	6 918	59	277	1 548	1 639	338	320	2 736	43.97
62	5 866	46	259	1 427	1 358	263	270	2 243	43.48
63	4 942	44	227	1 272	1 090	219	262	1 828	42.84
64	4 747	45	217	1 277	988	204	232	1 783	42.80
65-69	**15 651**	**175**	**898**	**4 671**	**3 299**	**664**	**590**	**5 355**	**41.44**
65	4 225	38	228	1 222	919	163	180	1 476	41.86
66	3 067	38	136	846	675	131	108	1 132	42.57
67	3 261	39	179	984	655	136	121	1 148	41.85
68	2 772	36	172	900	553	137	111	864	40.10
69	2 326	24	183	720	496	97	71	736	40.23
70岁及以上	**8 793**	**148**	**833**	**3 182**	**1 604**	**322**	**232**	**2 472**	**38.00**
男	**1 313 873**	**2 203**	**7 745**	**81 894**	**498 113**	**37 066**	**119 627**	**567 225**	**48.81**
16-19	**44 164**	**67**	**335**	**2 745**	**7 815**	**1 214**	**5 835**	**26 154**	**52.85**
16	4 140	6	44	428	650	125	375	2 512	52.17
17	8 544	12	88	601	1 297	215	983	5 347	53.24
18	14 932	28	98	913	2 610	407	2 055	8 821	53.03
19	16 549	21	106	803	3 258	467	2 421	9 474	52.66
20-24	**119 750**	**172**	**494**	**5 440**	**36 554**	**3 510**	**16 417**	**57 162**	**50.48**
20	17 167	20	99	817	3 706	471	2 525	9 529	52.30
21	18 960	26	90	966	4 645	550	2 735	9 949	51.62
22	23 121	41	91	1 048	7 088	728	3 192	10 933	50.28
23	30 964	47	116	1 327	10 643	873	4 141	13 816	49.76
24	29 537	39	97	1 281	10 473	888	3 824	12 936	49.59
25-29	**164 220**	**169**	**531**	**6 943**	**60 691**	**4 372**	**18 344**	**73 170**	**49.66**
25	29 728	34	86	1 178	10 766	842	3 620	13 202	49.71
26	32 903	31	91	1 384	12 065	864	3 868	14 600	49.66
27	33 446	27	113	1 380	12 655	885	3 714	14 672	49.53
28	32 214	34	112	1 379	12 030	863	3 439	14 357	49.63
29	35 928	44	129	1 622	13 175	917	3 703	16 338	49.75

表5-9a　全国按年龄、性别和调查前一周工作时间分的正在工作人口(城市)(续 2)

单位：人

性　别 年　龄	正在工作人口	一周内工作时间							周平均工作时间(小时)
		1-8小时	9-19小时	20-39小时	40小时	41-47小时	48小时	48小时以上	
30-34	**209 499**	**253**	**709**	**9 965**	**78 532**	**5 571**	**19 743**	**94 725**	**49.64**
30	37 384	42	133	1 718	13 895	966	3 832	16 798	49.69
31	39 902	40	131	1 878	14 701	1 083	3 817	18 252	49.83
32	42 454	55	139	1 909	16 199	1 127	3 978	19 048	49.62
33	44 045	56	139	2 186	16 525	1 167	4 077	19 896	49.56
34	45 714	61	168	2 274	17 212	1 229	4 039	20 731	49.55
35-39	**214 923**	**254**	**851**	**11 325**	**81 595**	**5 673**	**18 300**	**96 925**	**49.38**
35	48 598	61	191	2 413	18 505	1 253	4 365	21 809	49.46
36	43 955	60	168	2 230	16 697	1 153	3 852	19 795	49.40
37	46 533	42	191	2 454	17 776	1 219	3 902	20 949	49.32
38	35 506	39	134	1 928	13 256	964	2 938	16 247	49.53
39	40 332	52	167	2 301	15 361	1 084	3 242	18 124	49.21
40-44	**195 897**	**287**	**842**	**10 837**	**82 409**	**5 249**	**15 207**	**81 065**	**48.46**
40	43 084	52	187	2 355	17 192	1 175	3 359	18 765	48.95
41	42 568	54	176	2 296	17 849	1 095	3 419	17 678	48.54
42	52 194	90	236	2 848	22 304	1 356	4 047	21 312	48.33
43	36 778	50	168	2 145	15 478	1 055	2 783	15 101	48.36
44	21 273	40	76	1 193	9 586	568	1 601	8 209	47.83
45-49	**144 434**	**273**	**789**	**8 875**	**63 536**	**4 082**	**11 060**	**55 819**	**47.69**
45	28 056	43	127	1 532	12 607	810	2 190	10 746	47.79
46	24 650	31	138	1 459	10 770	706	1 989	9 556	47.81
47	30 805	65	171	1 877	13 466	833	2 338	12 056	47.76
48	32 475	81	177	2 103	14 124	930	2 486	12 574	47.68
49	28 447	51	175	1 904	12 569	803	2 058	10 887	47.41
50-54	**120 970**	**220**	**858**	**9 654**	**52 942**	**3 621**	**8 900**	**44 774**	**46.94**
50	29 136	40	197	2 167	12 826	835	2 166	10 904	47.20
51	27 981	35	180	2 027	12 520	762	2 124	10 333	47.11
52	23 475	47	153	1 877	10 234	784	1 722	8 658	46.90
53	22 197	52	169	2 048	9 424	704	1 609	8 192	46.69
54	18 181	46	158	1 536	7 937	536	1 280	6 688	46.63
55-59	**61 422**	**178**	**692**	**6 759**	**25 263**	**2 117**	**4 029**	**22 383**	**46.21**
55	16 057	29	161	1 528	6 788	514	1 117	5 920	46.53
56	14 619	48	133	1 535	5 971	492	1 023	5 417	46.51
57	11 585	35	145	1 302	4 760	386	738	4 220	46.15
58	10 566	40	139	1 269	4 270	395	662	3 792	45.89
59	8 596	26	114	1 125	3 475	331	489	3 036	45.58
60-64	**21 062**	**131**	**592**	**4 166**	**5 183**	**931**	**1 134**	**8 926**	**45.52**
60	5 686	28	109	999	1 565	233	308	2 444	46.37
61	4 692	29	120	853	1 147	223	250	2 069	46.16
62	3 973	20	128	787	980	189	195	1 675	45.43
63	3 423	29	113	766	785	157	201	1 371	44.34
64	3 289	24	123	760	706	130	179	1 368	44.49

表5-9a　全国按年龄、性别和调查前一周工作时间分的正在工作人口(城市)(续 3)

单位：人

性别 年龄	正在工作人口	一周内工作时间							周平均工作时间(小时)
		1-8小时	9-19小时	20-39小时	40小时	41-47小时	48小时	48小时以上	
65-69	**11 100**	**109**	**517**	**2 965**	**2 406**	**491**	**471**	**4 140**	**42.98**
65	2 887	19	123	716	665	117	149	1 097	43.72
66	2 194	27	85	539	480	85	90	889	43.88
67	2 348	25	105	640	482	104	97	895	43.23
68	1 992	21	96	587	406	117	82	682	41.71
69	1 678	16	107	483	373	68	53	576	41.67
70岁及以上	**6 433**	**90**	**534**	**2 220**	**1 185**	**235**	**187**	**1 982**	**39.32**
女	**991 587**	**2 538**	**12 560**	**93 953**	**375 475**	**33 703**	**95 072**	**378 285**	**47.23**
16-19	**52 607**	**93**	**345**	**2 667**	**9 365**	**1 562**	**8 113**	**30 461**	**53.30**
16	4 705	18	52	380	723	124	534	2 874	53.05
17	10 505	20	79	512	1 601	290	1 450	6 553	54.30
18	18 148	26	120	890	3 253	542	2 879	10 438	53.35
19	19 250	30	95	884	3 788	606	3 250	10 597	52.75
20-24	**120 332**	**232**	**790**	**6 888**	**39 691**	**4 328**	**18 082**	**50 321**	**49.16**
20	19 159	43	124	1 026	4 094	714	3 211	9 946	51.79
21	20 893	46	143	1 116	5 505	744	3 471	9 869	50.56
22	23 494	34	142	1 293	7 805	878	3 640	9 702	49.13
23	30 040	55	186	1 800	11 469	1 082	4 197	11 251	47.98
24	26 747	54	196	1 654	10 818	909	3 564	9 553	47.52
25-29	**139 334**	**203**	**1 043**	**8 962**	**57 568**	**4 605**	**15 947**	**51 006**	**47.59**
25	26 258	39	180	1 605	10 710	924	3 294	9 506	47.54
26	28 414	41	219	1 828	11 736	930	3 418	10 241	47.51
27	27 939	49	194	1 831	11 720	903	3 177	10 066	47.46
28	26 811	32	211	1 694	11 198	866	2 863	9 945	47.70
29	29 912	42	238	2 004	12 204	982	3 194	11 249	47.75
30-34	**167 521**	**293**	**1 499**	**12 524**	**67 677**	**5 314**	**16 215**	**63 999**	**47.72**
30	30 075	44	241	2 060	12 119	995	3 142	11 474	47.87
31	32 146	57	259	2 340	12 873	1 008	3 228	12 380	47.80
32	34 126	68	323	2 510	13 776	1 085	3 297	13 066	47.72
33	35 263	60	351	2 739	14 406	1 121	3 231	13 355	47.62
34	35 912	63	324	2 874	14 503	1 105	3 317	13 724	47.64
35-39	**171 186**	**378**	**1 846**	**15 174**	**67 642**	**5 764**	**14 545**	**65 836**	**47.39**
35	38 259	83	373	3 129	15 275	1 259	3 489	14 650	47.55
36	35 227	68	355	3 065	14 107	1 214	3 065	13 354	47.33
37	37 514	85	406	3 327	14 889	1 285	3 118	14 404	47.33
38	28 356	73	352	2 623	10 968	926	2 319	11 096	47.39
39	31 829	69	361	3 030	12 402	1 080	2 554	12 333	47.32

表5-9a 全国按年龄、性别和调查前一周工作时间分的正在工作人口(城市)(续 4)

单位：人

性 别 年 龄	正在工作人口	一周内工作时间							周平均工作时间(小时)
		1-8小时	9-19小时	20-39小时	40小时	41-47小时	48小时	48小时以上	
40-44	**150 034**	**337**	**1 680**	**14 543**	**63 371**	**4 962**	**11 403**	**53 738**	**46.60**
40	32 999	83	367	3 103	13 233	1 090	2 553	12 569	47.08
41	33 315	72	359	3 253	13 859	1 161	2 502	12 110	46.75
42	39 621	89	480	3 761	17 217	1 279	3 022	13 775	46.36
43	28 042	60	301	2 824	11 811	928	2 094	10 025	46.57
44	16 055	33	174	1 602	7 251	504	1 231	5 260	46.00
45-49	**94 261**	**287**	**1 511**	**10 913**	**40 728**	**3 245**	**6 478**	**31 098**	**45.42**
45	19 335	45	255	1 847	8 650	665	1 447	6 427	45.90
46	16 617	55	254	1 879	7 166	568	1 184	5 510	45.58
47	19 904	50	329	2 262	8 567	660	1 344	6 692	45.53
48	20 763	81	348	2 543	8 870	721	1 432	6 768	45.20
49	17 642	55	325	2 381	7 476	631	1 072	5 700	44.88
50-54	**56 649**	**237**	**1 464**	**10 374**	**20 548**	**2 168**	**2 839**	**19 019**	**43.98**
50	14 492	64	315	2 301	5 589	499	785	4 940	44.58
51	13 370	44	334	2 327	4 994	487	686	4 497	44.21
52	10 930	46	274	2 042	3 912	476	547	3 634	43.90
53	10 105	61	299	1 996	3 437	418	482	3 413	43.60
54	7 752	22	242	1 708	2 617	288	339	2 536	43.06
55-59	**23 061**	**224**	**1 062**	**6 086**	**5 552**	**1 043**	**930**	**8 163**	**42.22**
55	6 317	51	233	1 551	1 682	263	280	2 257	43.04
56	5 410	50	291	1 365	1 289	251	232	1 934	42.31
57	4 361	40	211	1 189	979	194	183	1 565	42.16
58	3 865	35	198	1 060	899	177	129	1 367	41.77
59	3 108	48	129	921	703	160	106	1 041	41.03
60-64	**9 693**	**129**	**641**	**3 154**	**2 021**	**452**	**356**	**2 939**	**39.64**
60	2 596	37	145	796	562	126	98	831	40.56
61	2 225	30	156	695	493	115	69	668	39.34
62	1 893	26	132	640	378	74	75	568	39.39
63	1 520	15	114	506	305	62	61	457	39.45
64	1 459	21	94	518	283	75	53	416	38.97
65-69	**4 551**	**66**	**380**	**1 707**	**893**	**172**	**119**	**1 215**	**37.71**
65	1 338	19	105	505	254	46	30	378	37.87
66	872	11	51	308	196	46	18	244	39.29
67	913	14	74	344	173	32	24	252	38.28
68	780	14	76	313	147	20	28	181	35.99
69	648	8	75	237	123	28	18	159	36.49
70岁及以上	**2 360**	**58**	**300**	**962**	**419**	**87**	**45**	**490**	**34.38**

表5-9b 全国按年龄、性别和调查前一周工作时间分的正在工作人口(镇)

单位：人

性别 年龄	正在工作人口	一周内工作时间							周平均工作时间(小时)
		1-8小时	9-19小时	20-39小时	40小时	41-47小时	48小时	48小时以上	
合计	**1 462 509**	**5 343**	**24 331**	**192 659**	**415 881**	**59 075**	**81 638**	**683 582**	**47.35**
16-19	**54 470**	**167**	**930**	**7 102**	**10 728**	**2 024**	**3 825**	**29 694**	**49.38**
16	7 056	41	159	1 184	1 271	241	398	3 762	48.20
17	11 482	29	232	1 561	2 164	434	718	6 343	49.53
18	17 827	42	299	2 154	3 522	656	1 324	9 831	49.65
19	18 105	55	240	2 203	3 772	693	1 384	9 758	49.47
20-24	**118 224**	**346**	**1 569**	**12 768**	**31 319**	**4 520**	**9 278**	**58 424**	**48.61**
20	18 721	55	252	2 188	4 190	730	1 451	9 855	49.21
21	19 882	56	240	2 308	4 746	746	1 672	10 114	48.90
22	22 545	66	309	2 456	5 892	868	1 754	11 200	48.67
23	29 154	107	385	2 901	8 196	1 118	2 302	14 145	48.43
24	27 922	62	384	2 915	8 295	1 058	2 098	13 110	48.12
25-29	**164 211**	**459**	**1 822**	**15 780**	**51 138**	**5 904**	**10 939**	**78 169**	**48.35**
25	28 657	75	338	2 937	8 588	1 036	2 048	13 634	48.21
26	32 731	110	432	3 201	10 034	1 193	2 290	15 471	48.22
27	33 145	73	350	3 084	10 537	1 171	2 255	15 675	48.36
28	32 613	87	341	3 067	10 395	1 155	2 106	15 463	48.39
29	37 065	114	362	3 491	11 583	1 349	2 239	17 927	48.52
30-34	**224 877**	**634**	**2 584**	**22 764**	**68 704**	**8 567**	**13 328**	**108 297**	**48.38**
30	39 451	110	421	3 832	12 478	1 506	2 413	18 690	48.35
31	43 282	107	468	4 273	13 270	1 707	2 607	20 850	48.50
32	45 429	122	510	4 633	14 132	1 595	2 656	21 780	48.38
33	47 321	139	562	4 818	14 288	1 869	2 766	22 879	48.32
34	49 394	155	622	5 208	14 535	1 891	2 886	24 098	48.33
35-39	**254 092**	**680**	**3 021**	**28 531**	**74 856**	**9 811**	**14 227**	**122 966**	**48.16**
35	54 564	141	633	5 891	16 238	2 136	3 197	26 328	48.21
36	50 282	144	569	5 540	14 773	1 934	2 836	24 487	48.27
37	55 337	154	671	6 237	16 293	2 092	3 102	26 789	48.12
38	43 698	107	499	5 052	12 801	1 687	2 306	21 246	48.20
39	50 211	134	650	5 811	14 751	1 962	2 786	24 116	48.01
40-44	**219 589**	**659**	**2 936**	**25 898**	**66 192**	**8 888**	**11 550**	**103 467**	**47.71**
40	51 269	164	689	5 985	15 399	2 008	2 660	24 365	47.81
41	47 883	123	624	5 503	14 677	1 819	2 532	22 605	47.82
42	57 154	194	752	6 767	17 318	2 404	2 989	26 730	47.66
43	41 727	130	578	4 930	12 455	1 701	2 220	19 714	47.64
44	21 556	49	293	2 713	6 342	955	1 150	10 054	47.54
45-49	**148 508**	**531**	**2 352**	**19 782**	**43 711**	**6 344**	**7 396**	**68 392**	**47.05**
45	26 614	87	422	3 301	8 081	1 119	1 353	12 250	47.23
46	24 586	83	329	3 220	7 145	968	1 232	11 608	47.43
47	31 247	113	461	4 097	9 306	1 384	1 544	14 343	47.13
48	35 257	122	597	4 801	10 243	1 474	1 820	16 201	46.93
49	30 805	127	542	4 362	8 937	1 399	1 447	13 991	46.63

表5-9b 全国按年龄、性别和调查前一周工作时间分的正在工作人口(镇)(续 1)

单位：人

性别 年龄	正在工作人口	一周内工作时间							周平均工作时间(小时)
		1-8小时	9-19小时	20-39小时	40小时	41-47小时	48小时	48小时以上	
50-54	**133 501**	**664**	**2 959**	**22 490**	**36 595**	**6 004**	**5 909**	**58 882**	**45.82**
50	32 080	135	620	4 889	9 194	1 419	1 450	14 374	46.35
51	29 508	125	630	4 825	8 199	1 240	1 309	13 179	46.09
52	25 966	150	556	4 407	7 136	1 198	1 156	11 363	45.73
53	25 446	132	617	4 416	6 790	1 176	1 104	11 212	45.60
54	20 500	123	536	3 953	5 275	971	889	8 754	45.00
55-59	**75 602**	**487**	**2 225**	**15 875**	**18 998**	**3 641**	**3 045**	**31 331**	**44.35**
55	19 213	115	496	3 678	4 989	897	805	8 232	45.04
56	17 643	104	490	3 654	4 435	822	744	7 395	44.58
57	14 008	72	437	3 003	3 508	689	559	5 740	44.18
58	13 461	108	436	2 985	3 319	702	478	5 434	43.83
59	11 277	88	366	2 556	2 746	531	460	4 530	43.66
60-64	**37 574**	**300**	**1 679**	**10 304**	**7 767**	**1 905**	**1 345**	**14 274**	**42.31**
60	9 839	56	401	2 473	2 175	479	344	3 911	43.12
61	8 239	66	354	2 220	1 628	409	324	3 238	42.61
62	7 108	50	308	1 949	1 482	387	257	2 675	42.32
63	6 377	59	318	1 864	1 281	307	243	2 305	41.56
64	6 011	68	298	1 798	1 201	322	178	2 145	41.38
65-69	**19 854**	**216**	**1 196**	**6 618**	**3 835**	**925**	**537**	**6 525**	**39.92**
65	5 323	58	307	1 686	1 065	218	143	1 846	40.54
66	3 936	47	242	1 232	788	194	113	1 318	40.23
67	4 056	36	249	1 413	737	171	99	1 350	39.99
68	3 559	44	205	1 213	691	186	106	1 113	39.42
69	2 981	32	194	1 073	554	156	75	898	38.93
70岁及以上	**12 007**	**200**	**1 058**	**4 746**	**2 039**	**543**	**260**	**3 162**	**36.66**
男	**823 038**	**2 057**	**9 648**	**84 631**	**238 505**	**31 907**	**47 094**	**409 197**	**48.46**
16-19	**26 470**	**87**	**486**	**3 672**	**5 063**	**945**	**1 678**	**14 539**	**49.08**
16	3 475	22	74	626	606	113	173	1 860	47.66
17	5 511	16	111	767	1 026	227	311	3 052	49.17
18	8 609	23	168	1 139	1 644	311	577	4 745	49.27
19	8 875	25	133	1 139	1 787	293	616	4 883	49.40
20-24	**60 479**	**112**	**574**	**5 644**	**15 021**	**2 297**	**4 701**	**32 130**	**49.68**
20	9 334	23	105	1 045	2 047	368	653	5 094	49.70
21	9 847	15	81	1 068	2 209	352	795	5 327	49.75
22	11 494	26	105	1 053	2 765	429	882	6 233	49.90
23	15 056	26	153	1 241	3 948	576	1 180	7 932	49.66
24	14 749	22	130	1 237	4 053	572	1 192	7 544	49.49
25-29	**89 073**	**169**	**611**	**6 506**	**26 908**	**3 086**	**5 979**	**45 814**	**49.55**
25	15 320	22	127	1 204	4 402	551	1 108	7 906	49.43
26	17 740	32	139	1 304	5 139	635	1 305	9 187	49.64
27	18 046	34	124	1 266	5 627	593	1 213	9 190	49.50
28	17 730	28	106	1 303	5 468	619	1 142	9 064	49.55
29	20 236	53	115	1 430	6 271	689	1 210	10 467	49.60

表5-9b 全国按年龄、性别和调查前一周工作时间分的正在工作人口(镇)(续 2)

单位：人

性别 年龄	正在工作人口	一周内工作时间							周平均工作时间(小时)
		1-8小时	9-19小时	20-39小时	40小时	41-47小时	48小时	48小时以上	
30-34	**123 434**	**216**	**898**	**9 153**	**37 747**	**4 551**	**7 416**	**63 454**	**49.50**
30	21 620	42	160	1 564	6 824	800	1 317	10 913	49.39
31	23 603	42	156	1 678	7 193	887	1 403	12 243	49.68
32	25 047	33	179	1 875	7 834	862	1 524	12 740	49.49
33	26 135	50	185	1 951	7 924	1 018	1 559	13 449	49.38
34	27 030	50	217	2 085	7 971	984	1 613	14 110	49.57
35-39	**139 405**	**246**	**1 057**	**11 139**	**42 193**	**5 047**	**8 045**	**71 678**	**49.28**
35	30 249	50	244	2 424	9 190	1 125	1 848	15 368	49.17
36	27 549	57	171	2 153	8 256	1 045	1 561	14 304	49.47
37	30 578	55	218	2 423	9 307	1 055	1 766	15 754	49.27
38	23 947	44	194	1 920	7 252	852	1 331	12 354	49.31
39	27 083	40	230	2 218	8 189	970	1 539	13 897	49.22
40-44	**121 296**	**212**	**972**	**10 024**	**38 123**	**4 553**	**6 739**	**60 674**	**48.88**
40	28 465	59	239	2 365	8 846	1 079	1 524	14 352	48.92
41	26 357	43	200	2 094	8 375	967	1 461	13 217	49.01
42	31 499	57	260	2 597	9 971	1 181	1 786	15 646	48.82
43	23 126	37	181	1 932	7 236	848	1 294	11 598	48.87
44	11 849	17	91	1 036	3 694	477	673	5 861	48.70
45-49	**86 199**	**173**	**793**	**8 040**	**26 624**	**3 500**	**4 664**	**42 406**	**48.44**
45	15 100	32	138	1 343	4 748	605	831	7 402	48.51
46	14 317	21	113	1 289	4 361	553	762	7 219	48.86
47	18 215	29	150	1 679	5 698	789	1 000	8 870	48.47
48	20 520	37	208	1 949	6 251	799	1 140	10 135	48.42
49	18 048	54	184	1 781	5 565	753	932	8 779	48.04
50-54	**81 604**	**239**	**1 150**	**9 804**	**24 024**	**3 425**	**4 003**	**38 959**	**47.52**
50	19 396	39	208	2 074	5 981	793	956	9 346	47.95
51	17 757	42	258	2 073	5 245	682	880	8 577	47.73
52	16 094	60	210	1 979	4 751	709	820	7 565	47.31
53	15 599	51	254	1 877	4 498	672	754	7 492	47.47
54	12 758	47	219	1 801	3 549	569	594	5 979	46.89
55-59	**48 730**	**230**	**982**	**7 722**	**13 543**	**2 224**	**2 246**	**21 782**	**46.10**
55	12 130	48	201	1 679	3 497	514	560	5 631	46.83
56	11 396	51	219	1 765	3 159	513	548	5 142	46.27
57	9 012	27	181	1 465	2 523	401	419	3 997	46.02
58	8 789	54	198	1 479	2 438	440	367	3 812	45.61
59	7 403	50	184	1 335	1 925	356	353	3 201	45.34
60-64	**24 633**	**150**	**841**	**5 772**	**5 223**	**1 259**	**1 002**	**10 386**	**44.11**
60	6 358	26	187	1 324	1 450	317	254	2 800	44.98
61	5 376	33	171	1 207	1 110	254	233	2 369	44.57
62	4 630	27	149	1 091	978	252	184	1 949	44.19
63	4 210	27	169	1 062	832	207	191	1 722	43.45
64	4 059	37	165	1 088	854	229	140	1 545	42.75

表5-9b 全国按年龄、性别和调查前一周工作时间分的正在工作人口(镇)(续 3)

单位：人

性别 年龄	正在工作 人口	一周内工作时间							周平均 工作时间 (小时)
		1-8小时	9-19小时	20-39小时	40小时	41-47小时	48小时	48小时 以上	
65-69	**13 404**	**113**	**645**	**4 058**	**2 635**	**619**	**419**	**4 916**	**41.60**
65	3 503	29	153	1 004	700	140	109	1 367	42.43
66	2 612	22	123	715	539	124	89	1 001	42.22
67	2 817	18	149	895	518	122	71	1 044	41.54
68	2 462	28	108	792	494	126	86	828	40.74
69	2 010	16	112	653	384	108	62	675	40.47
70岁及以上	**8 310**	**111**	**639**	**3 098**	**1 401**	**402**	**201**	**2 458**	**38.14**
女	**639 470**	**3 286**	**14 683**	**108 028**	**177 376**	**27 167**	**34 545**	**274 385**	**45.91**
16-19	**28 000**	**80**	**444**	**3 431**	**5 665**	**1 079**	**2 147**	**15 155**	**49.66**
16	3 582	18	85	558	665	128	225	1 903	48.73
17	5 971	13	121	794	1 138	207	407	3 291	49.86
18	9 218	19	131	1 014	1 877	345	747	5 086	50.02
19	9 229	30	107	1 064	1 985	399	768	4 875	49.54
20-24	**57 745**	**234**	**995**	**7 123**	**16 298**	**2 224**	**4 576**	**26 294**	**47.48**
20	9 387	32	147	1 143	2 143	362	798	4 762	48.73
21	10 035	41	159	1 240	2 538	395	876	4 787	48.07
22	11 051	40	203	1 403	3 127	439	873	4 967	47.40
23	14 098	82	231	1 660	4 248	542	1 122	6 213	47.12
24	13 173	40	254	1 678	4 242	487	907	5 566	46.59
25-29	**75 138**	**290**	**1 211**	**9 274**	**24 230**	**2 817**	**4 960**	**32 355**	**46.92**
25	13 336	52	211	1 734	4 186	485	940	5 728	46.81
26	14 990	78	293	1 897	4 895	558	985	6 283	46.54
27	15 099	39	226	1 818	4 911	578	1 042	6 485	47.00
28	14 883	59	234	1 764	4 926	537	964	6 399	47.00
29	16 829	61	246	2 061	5 312	660	1 029	7 460	47.22
30-34	**101 442**	**418**	**1 686**	**13 612**	**30 957**	**4 017**	**5 912**	**44 842**	**47.01**
30	17 831	69	261	2 268	5 654	706	1 096	7 777	47.09
31	19 680	65	312	2 596	6 077	819	1 204	8 607	47.09
32	20 382	89	331	2 758	6 298	733	1 132	9 040	47.03
33	21 186	90	377	2 867	6 364	852	1 207	9 430	47.01
34	22 364	105	404	3 123	6 564	907	1 273	9 988	46.84
35-39	**114 687**	**434**	**1 964**	**17 392**	**32 662**	**4 764**	**6 182**	**51 288**	**46.80**
35	24 315	91	389	3 467	7 049	1 011	1 348	10 960	47.03
36	22 733	87	397	3 387	6 516	889	1 275	10 183	46.81
37	24 760	100	453	3 814	6 986	1 037	1 336	11 034	46.69
38	19 751	63	305	3 132	5 550	835	976	8 891	46.85
39	23 128	94	419	3 593	6 562	993	1 248	10 219	46.59

表5-9b 全国按年龄、性别和调查前一周工作时间分的正在工作人口(镇)(续 4)

单位：人

性别 年龄	正在工作人口	一周内工作时间							周平均工作时间(小时)
		1-8小时	9-19小时	20-39小时	40小时	41-47小时	48小时	48小时以上	
40-44	**98 293**	**446**	**1 964**	**15 874**	**28 069**	**4 334**	**4 812**	**42 793**	**46.27**
40	22 804	105	449	3 620	6 553	928	1 136	10 013	46.43
41	21 526	80	424	3 409	6 302	852	1 071	9 388	46.35
42	25 655	137	492	4 170	7 347	1 223	1 203	11 083	46.23
43	18 601	93	397	2 998	5 219	853	926	8 116	46.11
44	9 707	32	202	1 677	2 648	478	477	4 193	46.12
45-49	**62 309**	**359**	**1 559**	**11 742**	**17 088**	**2 844**	**2 732**	**25 986**	**45.12**
45	11 515	55	284	1 959	3 333	514	523	4 848	45.56
46	10 269	62	216	1 931	2 784	416	471	4 389	45.42
47	13 031	84	311	2 418	3 607	594	544	5 473	45.25
48	14 737	85	389	2 852	3 991	674	680	6 065	44.85
49	12 757	73	359	2 581	3 372	645	515	5 211	44.63
50-54	**51 897**	**425**	**1 809**	**12 686**	**12 570**	**2 579**	**1 905**	**19 923**	**43.16**
50	12 684	96	412	2 815	3 213	626	494	5 027	43.92
51	11 751	83	372	2 752	2 954	558	430	4 602	43.63
52	9 872	90	346	2 428	2 385	489	336	3 798	43.15
53	9 847	81	362	2 539	2 292	503	350	3 720	42.63
54	7 742	75	317	2 152	1 726	402	295	2 775	41.88
55-59	**26 872**	**257**	**1 243**	**8 153**	**5 455**	**1 416**	**798**	**9 549**	**41.18**
55	7 082	67	296	1 999	1 492	383	245	2 602	41.97
56	6 248	53	272	1 889	1 276	309	196	2 253	41.49
57	4 996	45	256	1 538	986	288	140	1 743	40.87
58	4 672	54	238	1 506	880	261	111	1 622	40.49
59	3 874	38	182	1 221	821	175	107	1 329	40.44
60-64	**12 941**	**150**	**838**	**4 533**	**2 544**	**646**	**343**	**3 888**	**38.89**
60	3 481	30	215	1 149	725	163	90	1 110	39.71
61	2 863	34	183	1 013	518	156	91	869	38.94
62	2 478	23	159	858	504	135	73	726	38.83
63	2 168	33	149	802	449	100	52	583	37.90
64	1 952	31	133	710	347	93	38	600	38.52
65-69	**6 449**	**104**	**551**	**2 560**	**1 201**	**306**	**118**	**1 609**	**36.44**
65	1 820	28	153	682	365	78	34	479	36.92
66	1 323	25	119	517	249	70	24	318	36.30
67	1 238	18	100	518	219	50	28	305	36.46
68	1 097	16	97	421	197	60	20	285	36.44
69	971	15	82	421	170	48	13	222	35.72
70岁及以上	**3 697**	**89**	**419**	**1 648**	**638**	**141**	**58**	**703**	**33.33**

表5-9c　全国按年龄、性别和调查前一周工作时间分的正在工作人口(乡村)

单位：人

性　别 年　龄	正在工作 人　口	一周内工作时间							周平均 工作时间 (小时)
		1-8小时	9-19小时	20-39小时	40小时	41-47小时	48小时	48小时 以　上	
合　计	**5 309 742**	**30 387**	**152 635**	**1 157 286**	**1 100 898**	**322 614**	**244 916**	**2 301 006**	**44.47**
16-19	**247 021**	**1 432**	**8 363**	**59 197**	**51 849**	**12 491**	**12 868**	**100 821**	**43.76**
16	40 632	312	1 838	11 483	8 259	1 958	1 667	15 115	42.04
17	57 127	379	2 144	14 316	11 955	2 917	2 804	22 611	43.26
18	76 220	404	2 310	17 526	16 132	3 820	4 091	31 937	44.22
19	73 043	337	2 072	15 872	15 503	3 795	4 306	31 157	44.62
20-24	**406 886**	**2 257**	**10 878**	**84 702**	**88 564**	**22 601**	**23 280**	**174 603**	**44.72**
20	73 595	409	1 979	15 748	15 978	4 048	4 183	31 250	44.62
21	74 285	385	2 137	15 780	16 011	4 046	4 236	31 690	44.62
22	78 656	457	2 049	16 391	17 495	4 299	4 755	33 211	44.59
23	93 376	551	2 476	18 934	20 308	5 275	5 256	40 576	44.85
24	86 974	456	2 237	17 850	18 772	4 933	4 850	37 877	44.88
25-29	**461 072**	**2 290**	**11 068**	**87 910**	**99 631**	**26 949**	**24 926**	**208 299**	**45.45**
25	87 970	524	2 277	17 798	19 460	4 973	4 872	38 066	44.85
26	91 400	444	2 246	17 600	19 845	5 226	4 964	41 075	45.35
27	91 373	466	2 125	17 450	19 826	5 352	4 914	41 239	45.47
28	89 379	378	2 133	16 682	18 959	5 294	4 667	41 266	45.71
29	100 951	478	2 286	18 379	21 541	6 104	5 509	46 654	45.81
30-34	**638 715**	**3 009**	**13 821**	**118 652**	**133 505**	**39 321**	**32 301**	**298 106**	**45.87**
30	107 930	477	2 386	20 027	22 678	6 570	5 611	50 181	45.82
31	122 629	567	2 542	22 824	25 676	7 818	6 288	56 914	45.87
32	128 269	628	2 710	24 010	26 817	7 880	6 434	59 788	45.87
33	135 861	651	2 938	25 235	28 407	8 427	6 743	63 460	45.87
34	144 026	686	3 244	26 557	29 926	8 627	7 225	67 762	45.93
35-39	**797 504**	**3 712**	**17 052**	**149 350**	**163 699**	**49 732**	**37 995**	**375 964**	**45.93**
35	162 692	792	3 450	30 666	33 411	9 976	7 858	76 538	45.90
36	153 066	683	3 348	28 763	31 478	9 614	7 503	71 676	45.88
37	172 512	802	3 779	32 161	35 736	10 588	8 220	81 225	45.91
38	145 925	688	3 088	27 536	29 902	9 075	6 811	68 824	45.91
39	163 309	747	3 386	30 224	33 171	10 479	7 602	77 701	46.05
40-44	**703 472**	**3 209**	**15 394**	**133 051**	**145 708**	**44 512**	**32 648**	**328 951**	**45.77**
40	163 145	749	3 461	30 255	34 137	10 125	7 600	76 817	45.91
41	152 494	712	3 290	28 650	31 426	9 716	7 084	71 617	45.84
42	176 609	785	3 863	33 048	36 558	11 067	8 322	82 966	45.83
43	137 175	633	3 087	26 239	28 256	8 815	6 316	63 829	45.67
44	74 048	330	1 692	14 859	15 331	4 789	3 326	33 722	45.37
45-49	**544 461**	**2 877**	**13 609**	**110 441**	**112 018**	**34 608**	**24 942**	**245 967**	**45.11**
45	91 692	489	2 256	18 400	18 996	5 730	4 192	41 629	45.25
46	84 311	430	2 069	16 841	17 297	5 398	3 856	38 420	45.26
47	113 650	586	2 810	22 927	23 205	7 292	5 168	51 662	45.19
48	132 742	721	3 297	26 694	27 241	8 333	6 309	60 147	45.15
49	122 066	651	3 177	25 579	25 279	7 856	5 417	54 109	44.79

表5-9c 全国按年龄、性别和调查前一周工作时间分的正在工作人口(乡村)(续 1)

单位：人

性别 年龄	正在工作人口	一周内工作时间							周平均工作时间(小时)
		1-8小时	9-19小时	20-39小时	40小时	41-47小时	48小时	48小时以上	
50-54	**603 672**	**3 471**	**16 761**	**135 401**	**124 947**	**38 432**	**25 763**	**258 897**	**44.21**
50	134 004	718	3 413	28 771	27 847	8 449	6 036	58 771	44.62
51	128 231	715	3 421	28 111	26 629	8 399	5 418	55 539	44.41
52	120 476	694	3 372	27 192	24 639	7 705	5 214	51 660	44.20
53	120 596	729	3 422	27 617	25 218	7 537	4 959	51 114	44.00
54	100 364	615	3 133	23 710	20 614	6 342	4 137	41 813	43.66
55-59	**414 277**	**2 639**	**14 121**	**105 443**	**85 502**	**26 230**	**16 237**	**164 104**	**42.91**
55	98 902	544	3 039	23 933	20 569	6 328	3 937	40 552	43.46
56	93 527	587	3 028	23 199	19 010	5 931	3 653	38 120	43.26
57	79 010	488	2 642	20 339	16 251	4 977	3 269	31 044	42.86
58	75 838	529	2 811	19 778	15 818	4 713	2 871	29 318	42.54
59	67 000	491	2 602	18 195	13 855	4 281	2 507	25 070	42.07
60-64	**251 787**	**2 083**	**11 765**	**77 963**	**51 522**	**15 348**	**8 110**	**84 997**	**40.62**
60	61 727	487	2 737	17 881	12 947	3 807	2 078	21 791	41.26
61	55 170	430	2 389	16 674	11 189	3 436	1 838	19 214	41.04
62	48 831	433	2 259	15 348	10 021	2 977	1 541	16 252	40.46
63	43 898	355	2 220	14 044	8 952	2 632	1 334	14 362	40.15
64	42 162	379	2 160	14 016	8 413	2 497	1 318	13 378	39.78
65-69	**146 891**	**1 586**	**9 182**	**54 175**	**28 736**	**8 253**	**4 013**	**40 946**	**38.16**
65	39 309	396	2 214	13 692	7 899	2 283	1 171	11 653	38.97
66	29 141	326	1 684	10 481	5 727	1 664	802	8 458	38.65
67	29 852	287	1 961	11 104	5 876	1 641	785	8 197	38.00
68	26 033	298	1 699	10 004	5 008	1 410	672	6 942	37.56
69	22 557	279	1 624	8 893	4 226	1 256	583	5 696	37.01
70岁及以上	**93 983**	**1 822**	**10 622**	**40 999**	**15 218**	**4 138**	**1 832**	**19 353**	**33.91**
男	**2 830 512**	**12 543**	**57 436**	**484 764**	**588 837**	**171 527**	**141 135**	**1 374 269**	**46.35**
16-19	**128 066**	**667**	**3 932**	**29 456**	**26 982**	**6 680**	**6 518**	**53 832**	**44.14**
16	20 929	149	928	6 023	4 240	1 054	810	7 725	41.84
17	29 556	171	1 032	7 302	6 149	1 534	1 388	11 979	43.50
18	39 629	192	1 080	8 545	8 485	2 045	2 094	17 188	44.73
19	37 952	155	892	7 585	8 108	2 047	2 226	16 939	45.31
20-24	**210 674**	**880**	**3 703**	**35 496**	**45 682**	**11 937**	**12 870**	**100 106**	**46.44**
20	37 701	181	749	7 113	8 186	2 170	2 203	17 099	45.66
21	37 702	157	790	6 779	8 058	2 077	2 214	17 627	46.11
22	40 432	186	664	6 771	9 002	2 251	2 657	18 900	46.34
23	48 938	205	794	7 836	10 509	2 795	2 961	23 839	46.80
24	45 901	150	705	6 997	9 928	2 644	2 835	22 642	47.04
25-29	**241 588**	**858**	**3 474**	**33 168**	**52 191**	**13 851**	**14 223**	**123 825**	**47.63**
25	45 581	194	714	6 716	10 050	2 541	2 754	22 612	47.13
26	48 570	188	733	6 771	10 511	2 764	2 833	24 769	47.53
27	47 864	160	643	6 588	10 469	2 782	2 816	24 406	47.62
28	46 935	124	689	6 241	9 887	2 724	2 669	24 602	47.91
29	52 638	192	696	6 852	11 274	3 039	3 151	27 434	47.91

表5-9c 全国按年龄、性别和调查前一周工作时间分的正在工作人口(乡村)(续 2)

单位：人

性别 年龄	正在工作 人口	一周内工作时间							周平均 工作时间 (小时)
		1-8小时	9-19小时	20-39小时	40小时	41-47小时	48小时	48小时 以上	
30-34	**327 818**	**1 122**	**4 361**	**42 645**	**68 373**	**19 645**	**18 247**	**173 425**	**48.06**
30	56 426	180	835	7 408	11 892	3 384	3 227	29 501	47.87
31	62 632	200	792	8 164	13 141	3 894	3 534	32 905	48.03
32	65 791	227	824	8 671	13 751	3 872	3 662	34 782	48.06
33	69 487	258	853	8 897	14 446	4 220	3 791	37 021	48.18
34	73 482	257	1 056	9 505	15 143	4 275	4 032	39 215	48.13
35-39	**402 193**	**1 325**	**5 254**	**52 548**	**82 015**	**24 497**	**21 083**	**215 471**	**48.16**
35	81 951	301	1 037	10 648	16 716	4 951	4 346	43 952	48.17
36	77 073	229	1 022	10 126	15 854	4 735	4 124	40 984	48.12
37	86 974	284	1 135	11 385	17 899	5 193	4 543	46 535	48.12
38	73 599	247	1 040	9 631	14 886	4 469	3 828	39 498	48.14
39	82 595	265	1 020	10 758	16 659	5 148	4 243	44 502	48.22
40-44	**356 512**	**1 134**	**4 740**	**47 018**	**73 899**	**22 045**	**18 268**	**189 407**	**48.01**
40	82 758	266	1 026	10 775	17 226	5 110	4 184	44 171	48.13
41	76 779	239	1 075	10 004	15 855	4 646	4 020	40 940	48.05
42	90 253	283	1 226	11 939	18 614	5 565	4 653	47 972	47.99
43	69 569	231	912	9 176	14 423	4 386	3 539	36 903	47.96
44	37 152	116	501	5 123	7 781	2 339	1 871	19 421	47.75
45-49	**286 724**	**1 015**	**4 295**	**41 436**	**59 205**	**18 055**	**14 573**	**148 144**	**47.47**
45	47 415	177	651	6 611	9 972	2 901	2 395	24 707	47.69
46	44 578	144	626	6 360	9 142	2 878	2 293	23 134	47.60
47	59 955	207	928	8 573	12 316	3 783	3 053	31 097	47.52
48	70 879	268	1 064	10 224	14 543	4 385	3 651	36 744	47.50
49	63 897	219	1 027	9 669	13 232	4 108	3 181	32 462	47.14
50-54	**329 667**	**1 404**	**5 854**	**55 344**	**69 381**	**20 965**	**15 440**	**161 279**	**46.45**
50	72 614	286	1 184	11 546	15 363	4 520	3 547	36 169	46.80
51	69 718	285	1 162	11 221	14 674	4 605	3 279	34 491	46.70
52	65 656	281	1 168	11 135	13 806	4 145	3 110	32 010	46.41
53	66 396	318	1 211	11 495	14 024	4 234	2 953	32 161	46.26
54	55 283	234	1 128	9 946	11 514	3 461	2 551	26 448	45.97
55-59	**237 573**	**1 215**	**5 510**	**47 957**	**50 015**	**15 342**	**10 265**	**107 270**	**45.02**
55	55 530	231	1 090	10 373	11 797	3 624	2 400	26 013	45.66
56	54 183	272	1 154	10 547	11 194	3 490	2 352	25 173	45.42
57	45 216	206	995	9 173	9 626	2 928	2 086	20 203	45.03
58	43 920	227	1 165	9 225	9 292	2 791	1 858	19 361	44.60
59	38 724	278	1 106	8 639	8 105	2 508	1 569	16 520	44.01
60-64	**152 077**	**1 043**	**5 393**	**40 897**	**31 591**	**9 738**	**5 478**	**57 936**	**42.38**
60	36 385	243	1 253	8 829	7 768	2 338	1 383	14 571	43.13
61	33 338	204	1 102	8 618	6 858	2 182	1 177	13 197	42.89
62	29 216	213	931	8 039	6 112	1 920	1 088	10 914	42.24
63	26 811	178	1 036	7 534	5 532	1 683	904	9 943	41.94
64	26 328	204	1 072	7 877	5 321	1 615	926	9 312	41.28

表5-9c 全国按年龄、性别和调查前一周工作时间分的正在工作人口(乡村)(续 3)

单位：人

性别 年龄	正在工作人口	一周内工作时间							周平均工作时间(小时)
		1-8小时	9-19小时	20-39小时	40小时	41-47小时	48小时	48小时以上	
65-69	**95 089**	**869**	**4 881**	**32 306**	**18 925**	**5 751**	**2 840**	**29 517**	**39.60**
65	24 333	198	1 047	7 609	5 032	1 513	806	8 129	40.70
66	18 848	183	857	6 160	3 732	1 192	582	6 141	40.22
67	19 569	169	1 076	6 746	3 891	1 175	553	5 958	39.34
68	17 398	163	974	6 208	3 416	978	491	5 167	38.90
69	14 940	156	928	5 583	2 853	891	408	4 121	38.16
70岁及以上	**62 531**	**1 012**	**6 040**	**26 492**	**10 578**	**3 021**	**1 331**	**14 058**	**35.08**
女	**2 479 230**	**17 844**	**95 199**	**672 521**	**512 061**	**151 087**	**103 781**	**926 738**	**42.32**
16-19	**118 955**	**766**	**4 431**	**29 741**	**24 867**	**5 811**	**6 350**	**46 990**	**43.35**
16	19 703	163	910	5 460	4 019	904	857	7 390	42.25
17	27 571	208	1 111	7 014	5 806	1 383	1 417	10 632	43.01
18	36 590	212	1 230	8 981	7 647	1 775	1 996	14 749	43.68
19	35 091	183	1 180	8 287	7 395	1 748	2 080	14 218	43.88
20-24	**196 212**	**1 378**	**7 175**	**49 206**	**42 882**	**10 664**	**10 411**	**74 497**	**42.88**
20	35 894	227	1 230	8 635	7 793	1 878	1 981	14 150	43.53
21	36 582	228	1 346	9 001	7 954	1 969	2 022	14 063	43.08
22	38 224	271	1 385	9 619	8 493	2 048	2 098	14 311	42.74
23	44 438	346	1 682	11 098	9 799	2 480	2 295	16 737	42.69
24	41 073	305	1 532	10 853	8 844	2 289	2 015	15 235	42.46
25-29	**219 484**	**1 432**	**7 594**	**54 742**	**47 440**	**13 097**	**10 703**	**84 475**	**43.05**
25	42 389	330	1 563	11 082	9 410	2 432	2 118	15 454	42.40
26	42 829	256	1 513	10 829	9 334	2 461	2 131	16 305	42.88
27	43 509	306	1 482	10 863	9 357	2 570	2 098	16 832	43.11
28	42 444	254	1 445	10 441	9 072	2 570	1 998	16 663	43.28
29	48 313	286	1 591	11 527	10 268	3 065	2 358	19 220	43.52
30-34	**310 897**	**1 887**	**9 460**	**76 008**	**65 132**	**19 675**	**14 054**	**124 682**	**43.56**
30	51 504	298	1 551	12 619	10 787	3 186	2 384	20 680	43.58
31	59 997	367	1 750	14 659	12 535	3 923	2 753	24 009	43.61
32	62 478	401	1 886	15 339	13 066	4 008	2 772	25 006	43.56
33	66 374	393	2 085	16 339	13 961	4 206	2 952	26 438	43.44
34	70 544	429	2 188	17 052	14 783	4 352	3 193	28 548	43.63
35-39	**395 311**	**2 387**	**11 798**	**96 801**	**81 684**	**25 236**	**16 911**	**160 493**	**43.67**
35	80 740	491	2 413	20 018	16 695	5 025	3 512	32 586	43.59
36	75 992	454	2 327	18 637	15 624	4 879	3 379	30 692	43.61
37	85 538	519	2 644	20 776	17 837	5 396	3 678	34 689	43.66
38	72 326	441	2 048	17 905	15 016	4 605	2 983	29 327	43.65
39	80 714	482	2 366	19 466	16 512	5 331	3 359	33 199	43.82

表5-9c 全国按年龄、性别和调查前一周工作时间分的正在工作人口(乡村)(续 4)

单位：人

性别 年龄	正在工作人口	一周内工作时间							周平均工作时间(小时)
		1-8小时	9-19小时	20-39小时	40小时	41-47小时	48小时	48小时以上	
40-44	**346 960**	**2 074**	**10 653**	**86 033**	**71 808**	**22 467**	**14 381**	**139 544**	**43.47**
40	80 387	483	2 436	19 481	16 910	5 015	3 416	32 646	43.62
41	75 715	473	2 214	18 646	15 571	5 070	3 064	30 677	43.60
42	86 357	502	2 637	21 109	17 944	5 503	3 669	34 994	43.57
43	67 606	402	2 175	17 063	13 833	4 429	2 778	26 927	43.31
44	36 896	214	1 192	9 735	7 550	2 450	1 454	14 300	42.98
45-49	**257 738**	**1 862**	**9 313**	**69 005**	**52 813**	**16 552**	**10 369**	**97 823**	**42.49**
45	44 277	312	1 605	11 789	9 024	2 829	1 797	16 922	42.64
46	39 733	286	1 444	10 481	8 155	2 519	1 562	15 286	42.64
47	53 695	379	1 882	14 355	10 889	3 509	2 116	20 566	42.59
48	61 863	453	2 233	16 471	12 698	3 947	2 659	23 403	42.45
49	58 169	432	2 150	15 910	12 047	3 748	2 236	21 647	42.21
50-54	**274 004**	**2 067**	**10 907**	**80 057**	**55 566**	**17 467**	**10 323**	**97 617**	**41.51**
50	61 390	432	2 229	17 224	12 484	3 930	2 489	22 602	42.05
51	58 513	430	2 258	16 890	11 955	3 794	2 139	21 048	41.69
52	54 820	413	2 204	16 057	10 833	3 559	2 104	19 650	41.55
53	54 201	411	2 212	16 122	11 194	3 303	2 006	18 953	41.23
54	45 081	381	2 005	13 764	9 100	2 881	1 585	15 365	40.83
55-59	**176 703**	**1 424**	**8 612**	**57 485**	**35 488**	**10 888**	**5 972**	**56 834**	**40.06**
55	43 372	313	1 948	13 560	8 772	2 704	1 537	14 538	40.63
56	39 344	314	1 874	12 652	7 816	2 441	1 301	12 946	40.27
57	33 794	282	1 648	11 166	6 625	2 049	1 183	10 841	39.96
58	31 918	302	1 646	10 552	6 525	1 922	1 014	9 958	39.70
59	28 275	213	1 496	9 556	5 750	1 772	938	8 551	39.41
60-64	**99 710**	**1 040**	**6 371**	**37 066**	**19 930**	**5 610**	**2 633**	**27 060**	**37.93**
60	25 342	243	1 484	9 052	5 179	1 469	695	7 220	38.58
61	21 832	225	1 287	8 056	4 330	1 254	661	6 017	38.21
62	19 615	220	1 328	7 309	3 909	1 057	454	5 338	37.81
63	17 088	176	1 184	6 510	3 420	949	430	4 419	37.35
64	15 834	175	1 088	6 139	3 092	881	392	4 066	37.28
65-69	**51 802**	**717**	**4 301**	**21 869**	**9 811**	**2 502**	**1 173**	**11 429**	**35.52**
65	14 976	199	1 167	6 084	2 868	770	365	3 524	36.16
66	10 293	142	827	4 321	1 994	472	220	2 317	35.77
67	10 283	118	885	4 358	1 985	465	232	2 239	35.46
68	8 634	135	725	3 796	1 592	431	181	1 775	34.88
69	7 616	123	697	3 310	1 373	364	175	1 574	34.75
70岁及以上	**31 453**	**810**	**4 582**	**14 506**	**4 640**	**1 117**	**502**	**5 295**	**31.58**

表5-10 全国按性别、单位或经营活动类型和调查前一周工作时间分的正在工作人口

单位：人

性别 单位或 工作类型	正在工作人口	一周内工作时间							周平均工作时间(小时)
		1-8小时	9-19小时	20-39小时	40小时	41-47小时	48小时	48小时以上	
合　计	**9 077 711**	**40 471**	**197 271**	**1 525 791**	**2 390 367**	**452 458**	**541 254**	**3 930 099**	**45.86**
土地承包者	5 099 225	34 175	174 306	1 275 904	1 049 709	331 376	202 092	2 031 662	43.04
机关团体事业单位	552 999	655	1 124	28 076	400 637	13 455	29 235	79 816	42.59
国有及国有控股企业	530 314	511	921	18 157	331 115	13 107	49 498	117 006	44.61
集体企业	183 426	261	602	7 141	71 031	4 761	21 076	78 554	48.33
个体工商户	1 146 399	1 877	7 960	86 527	184 696	38 085	60 898	766 357	53.37
私营企业	902 004	963	2 753	32 138	195 744	25 223	116 523	528 660	52.42
其他类型单位	218 173	191	620	7 034	71 768	6 926	37 379	94 255	50.11
其他	445 172	1 838	8 985	70 814	85 667	19 525	24 554	233 789	48.04
男	**4 967 423**	**16 803**	**74 829**	**651 289**	**1 325 455**	**240 501**	**307 856**	**2 350 691**	**47.35**
土地承包者	2 554 305	13 232	63 075	515 920	527 487	170 237	110 974	1 153 381	45.00
机关团体事业单位	327 229	386	667	15 998	233 002	7 422	17 300	52 455	42.93
国有及国有控股企业	342 697	342	541	10 715	207 847	7 687	32 564	83 001	45.06
集体企业	114 080	179	328	4 292	40 770	2 773	12 489	53 249	49.07
个体工商户	691 902	1 069	4 282	46 296	110 252	22 818	36 878	470 308	53.57
私营企业	519 736	549	1 536	16 636	112 231	13 717	63 530	311 537	52.57
其他类型单位	115 527	103	343	4 013	37 842	3 465	17 388	52 374	50.12
其他	301 946	942	4 058	37 419	56 024	12 381	16 734	174 386	49.68
女	**4 110 288**	**23 669**	**122 442**	**874 502**	**1 064 912**	**211 958**	**233 397**	**1 579 408**	**44.07**
土地承包者	2 544 920	20 943	111 231	759 984	522 223	161 139	91 119	878 281	41.07
机关团体事业单位	225 769	270	457	12 078	167 636	6 033	11 934	27 361	42.09
国有及国有控股企业	187 616	169	380	7 441	123 268	5 420	16 933	34 005	43.77
集体企业	69 345	82	274	2 849	30 261	1 989	8 587	25 304	47.10
个体工商户	454 497	808	3 678	40 231	74 444	15 267	24 020	296 049	53.07
私营企业	382 268	413	1 217	15 502	83 513	11 506	52 994	217 123	52.21
其他类型单位	102 646	88	277	3 022	33 926	3 461	19 991	41 881	50.10
其他	143 226	896	4 927	33 395	29 642	7 143	7 819	59 403	44.59

表5-10a　全国按性别、单位或经营活动类型和调查前一周工作时间分的正在工作人口(城市)

单位：人

性别 单位或 工作类型	正在工作 人口	一周内工作时间							周平均 工作时间 (小时)
		1-8小时	9-19小时	20-39小时	40小时	41-47小时	48小时	48小时 以上	
合　计	**2 305 461**	**4 741**	**20 305**	**175 847**	**873 587**	**70 770**	**214 699**	**945 510**	**48.13**
土地承包者	331 995	2 481	13 304	89 785	66 907	18 723	13 936	126 859	42.47
机关团体事业单位	293 025	358	569	16 324	223 221	6 260	14 068	32 225	42.03
国有及国有控股企业	409 671	378	594	13 553	274 025	9 683	38 130	73 308	43.92
集体企业	96 406	94	245	3 302	41 159	2 568	13 341	35 697	47.80
个体工商户	469 791	536	2 391	23 471	72 667	12 411	29 890	328 425	55.39
私营企业	431 282	359	1 068	11 452	115 585	12 236	71 510	219 072	51.64
其他类型单位	134 414	90	302	3 289	51 186	4 051	24 620	50 877	49.39
其他	138 876	444	1 834	14 671	28 839	4 837	9 205	79 046	50.55
男	**1 313 873**	**2 203**	**7 745**	**81 894**	**498 113**	**37 066**	**119 627**	**567 225**	**48.81**
土地承包者	161 288	933	4 166	35 623	32 595	9 373	7 596	71 002	44.69
机关团体事业单位	163 894	201	301	8 919	122 715	3 216	8 018	20 525	42.39
国有及国有控股企业	259 508	256	331	7 818	170 581	5 438	24 443	50 640	44.28
集体企业	55 847	56	133	1 710	22 460	1 308	7 511	22 669	48.62
个体工商户	273 654	308	1 281	12 453	42 067	6 916	17 145	193 485	55.49
私营企业	241 127	187	544	5 516	63 875	6 058	38 291	126 657	52.03
其他类型单位	66 870	40	168	1 644	26 303	1 861	10 844	26 011	49.37
其他	91 685	223	822	8 212	17 517	2 895	5 780	56 237	51.73
女	**991 587**	**2 538**	**12 560**	**93 953**	**375 475**	**33 703**	**95 072**	**378 285**	**47.23**
土地承包者	170 708	1 548	9 138	54 162	34 312	9 350	6 340	55 858	40.37
机关团体事业单位	129 131	157	268	7 405	100 506	3 044	6 050	11 701	41.57
国有及国有控股企业	150 163	123	262	5 735	103 444	4 244	13 687	22 668	43.30
集体企业	40 559	38	111	1 593	18 699	1 260	5 829	13 028	46.67
个体工商户	196 136	228	1 110	11 017	30 600	5 495	12 745	134 941	55.24
私营企业	190 155	173	524	5 937	51 710	6 178	33 219	92 415	51.15
其他类型单位	67 544	50	134	1 645	24 883	2 191	13 775	24 866	49.42
其他	47 191	221	1 013	6 459	11 322	1 942	3 425	22 809	48.27

表5-10b 全国按性别、单位或经营活动类型和调查前一周工作时间分的正在工作人口(镇)

单位：人

性别 单位或 工作类型	正在工作人口	一周内工作时间							周平均工作时间(小时)
		1-8小时	9-19小时	20-39小时	40小时	41-47小时	48小时	48小时以上	
合计	**1 462 509**	**5 343**	**24 331**	**192 659**	**415 881**	**59 075**	**81 638**	**683 582**	**47.35**
土地承包者	500 852	3 860	18 974	131 614	105 532	29 096	18 391	193 384	42.48
机关团体事业单位	184 515	147	280	7 488	134 479	4 607	10 020	27 494	42.75
国有及国有控股企业	83 684	66	163	2 803	45 852	2 263	7 907	24 630	45.80
集体企业	41 372	44	130	1 594	15 372	1 072	3 569	19 591	48.79
个体工商户	352 843	493	2 550	28 236	56 401	12 354	14 543	238 265	53.15
私营企业	168 857	227	465	5 562	30 118	4 268	17 838	110 378	53.72
其他类型单位	35 268	43	104	1 184	10 008	1 423	5 019	17 488	50.78
其他	95 119	464	1 665	14 177	18 119	3 992	4 351	52 352	48.55
男	**823 038**	**2 057**	**9 648**	**84 631**	**238 505**	**31 907**	**47 094**	**409 197**	**48.46**
土地承包者	243 182	1 293	6 845	51 750	51 899	14 547	9 963	106 885	44.51
机关团体事业单位	111 929	84	175	4 311	81 361	2 497	5 849	17 652	42.95
国有及国有控股企业	55 500	41	87	1 650	29 067	1 424	5 466	17 765	46.39
集体企业	25 821	34	66	981	8 916	634	2 146	13 044	49.39
个体工商户	206 403	257	1 323	14 392	32 407	7 350	8 641	142 033	53.46
私营企业	94 765	127	273	2 811	17 180	2 258	9 453	62 663	53.72
其他类型单位	18 815	20	49	680	5 199	591	2 581	9 696	50.91
其他	66 624	201	830	8 056	12 476	2 607	2 994	39 459	49.88
女	**639 470**	**3 286**	**14 683**	**108 028**	**177 376**	**27 167**	**34 545**	**274 385**	**45.91**
土地承包者	257 669	2 567	12 129	79 864	53 633	14 549	8 428	86 499	40.56
机关团体事业单位	72 586	63	105	3 178	53 118	2 110	4 171	9 842	42.44
国有及国有控股企业	28 184	25	76	1 153	16 785	839	2 441	6 865	44.63
集体企业	15 551	10	64	613	6 457	438	1 422	6 547	47.80
个体工商户	146 440	236	1 227	13 844	23 994	5 004	5 903	96 232	52.71
私营企业	74 092	101	192	2 750	12 938	2 010	8 385	47 715	53.73
其他类型单位	16 453	23	55	505	4 809	832	2 438	7 792	50.64
其他	28 495	262	835	6 121	5 643	1 384	1 357	12 893	45.44

表5-10c　全国按性别、单位或经营活动类型和调查前一周工作时间分的正在工作人口(乡村)

单位：人

性　别 单位或 工作类型	正在工作 人　口	一周内工作时间							周平均 工作时间 (小时)
		1-8小时	9-19小时	20-39小时	40小时	41-47小时	48小时	48小时 以　上	
合　计	**5 309 742**	**30 387**	**152 635**	**1 157 286**	**1 100 898**	**322 614**	**244 916**	**2 301 006**	**44.47**
土地承包者	4 266 378	27 834	142 028	1 054 504	877 270	283 557	169 765	1 711 418	43.15
机关团体事业单位	75 458	150	275	4 264	42 938	2 588	5 146	20 097	44.37
国有及国有控股企业	36 959	67	165	1 801	11 237	1 162	3 460	19 068	49.56
集体企业	45 648	123	227	2 244	14 500	1 122	4 167	23 266	49.04
个体工商户	323 766	848	3 019	34 821	55 628	13 320	16 464	199 666	50.70
私营企业	301 866	376	1 221	15 124	50 041	8 719	27 176	199 210	52.80
其他类型单位	48 491	59	215	2 562	10 574	1 451	7 740	25 889	51.61
其他	211 176	930	5 486	41 966	38 709	10 695	10 998	102 392	46.16
男	**2 830 512**	**12 543**	**57 436**	**484 764**	**588 837**	**171 527**	**141 135**	**1 374 269**	**46.35**
土地承包者	2 149 835	11 006	52 064	428 547	442 992	146 317	93 415	975 494	45.08
机关团体事业单位	51 406	101	191	2 768	28 926	1 709	3 433	14 278	44.61
国有及国有控股企业	27 690	45	122	1 248	8 198	825	2 655	14 596	49.77
集体企业	32 412	89	129	1 602	9 394	832	2 831	17 537	49.61
个体工商户	211 845	504	1 678	19 451	35 778	8 552	11 092	134 790	51.21
私营企业	183 845	236	719	8 309	31 176	5 401	15 786	122 216	52.70
其他类型单位	29 842	43	127	1 689	6 341	1 013	3 962	16 667	51.33
其他	143 637	518	2 406	21 151	26 032	6 879	7 961	78 691	48.27
女	**2 479 230**	**17 844**	**95 199**	**672 521**	**512 061**	**151 087**	**103 781**	**926 738**	**42.32**
土地承包者	2 116 542	16 828	89 964	625 957	434 278	137 240	76 350	735 925	41.19
机关团体事业单位	24 052	49	84	1 496	14 012	879	1 713	5 819	43.86
国有及国有控股企业	9 269	21	43	554	3 039	336	805	4 471	48.91
集体企业	13 236	34	98	643	5 106	290	1 335	5 729	47.63
个体工商户	111 921	344	1 341	15 370	19 850	4 768	5 372	64 877	49.72
私营企业	118 021	140	501	6 815	18 865	3 318	11 389	76 993	52.96
其他类型单位	18 649	16	88	872	4 234	438	3 778	9 222	52.07
其他	67 540	412	3 080	20 815	12 678	3 817	3 037	23 701	41.67

表5-11 各地区按性别分的不在业人口

单位：人

性别 地区	不在业人口	在校学生	料理家务	离退休	丧失 劳动能力	正在 寻找工作	其他
全国	**4 031 202**	**688 894**	**1 052 963**	**700 982**	**844 895**	**259 584**	**483 884**
北京	80 152	13 617	13 466	31 577	4 265	5 946	11 281
天津	46 489	9 480	7 581	16 619	4 821	3 674	4 314
河北	217 052	42 701	66 239	30 991	46 374	8 516	22 231
山西	131 082	18 477	52 484	16 583	20 060	6 799	16 679
内蒙古	83 952	12 158	26 419	16 086	14 762	4 281	10 246
辽宁	174 619	19 647	35 018	51 987	24 332	22 108	21 527
吉林	122 613	14 631	41 860	20 955	17 801	7 720	19 646
黑龙江	170 303	16 930	56 491	34 745	22 093	11 775	28 269
上海	91 144	12 442	9 068	44 704	3 043	7 433	14 454
江苏	239 618	41 319	52 163	54 359	46 332	14 080	31 365
浙江	165 402	23 826	61 323	23 406	27 301	8 749	20 797
安徽	172 080	35 381	43 126	20 909	46 618	8 097	17 949
福建	123 633	15 203	47 965	14 328	23 423	6 985	15 729
江西	123 024	17 322	40 157	16 236	28 915	6 906	13 488
山东	253 339	49 883	61 505	37 410	68 389	10 378	25 774
河南	254 614	58 552	54 078	33 030	60 796	13 091	35 067
湖北	175 558	30 746	34 872	31 294	41 771	17 931	18 944
湖南	207 382	36 165	58 614	25 784	52 349	12 136	22 334
广东	284 625	56 208	83 568	37 480	47 410	27 745	32 214
广西	116 176	23 931	25 820	15 125	31 459	8 204	11 637
海南	26 303	5 213	4 778	4 568	4 578	2 929	4 237
重庆	82 241	12 300	15 967	15 156	20 987	7 731	10 100
四川	216 437	30 632	46 113	33 825	70 761	11 823	23 283
贵州	86 240	17 370	17 191	11 160	25 663	5 153	9 703
云南	89 656	14 172	18 107	13 399	30 857	4 232	8 889
西藏	7 477	728	2 603	503	2 390	167	1 086
陕西	126 884	28 096	31 935	20 723	26 461	6 379	13 290
甘肃	70 835	17 499	18 467	8 675	15 614	3 185	7 395
青海	14 777	2 376	3 890	2 464	3 395	838	1 814
宁夏	15 129	2 903	3 804	2 918	2 972	903	1 629
新疆	62 370	8 987	18 290	13 982	8 904	3 691	8 516

表5-11　各地区按性别分的不在业人口(续 1)

单位：人

性别 地区	不在业人口	在校学生	料理家务	离退休	丧失劳动能力	正在寻找工作	其他
男	**1 534 985**	**363 773**	**87 314**	**363 194**	**354 123**	**124 044**	**242 537**
北　京	32 511	7 136	738	13 347	1 718	3 252	6 320
天　津	18 302	4 698	305	6 999	1 996	1 798	2 506
河　北	74 534	20 520	2 837	17 284	19 182	4 063	10 648
山　西	40 889	9 503	1 246	10 083	8 532	3 371	8 154
内蒙古	30 298	6 373	996	9 423	6 329	1 968	5 209
辽　宁	64 654	9 864	1 607	23 412	10 337	8 804	10 630
吉　林	42 434	7 467	1 140	11 104	8 004	3 841	10 878
黑龙江	61 031	8 891	1 670	19 452	9 816	5 753	15 449
上　海	35 578	6 112	755	16 395	1 185	3 987	7 144
江　苏	92 392	22 018	7 971	25 838	17 710	6 494	12 361
浙　江	54 702	12 718	4 159	11 429	12 437	4 154	9 805
安　徽	64 228	18 703	3 390	11 777	18 933	3 675	7 750
福　建	42 407	7 781	3 230	7 797	10 645	3 709	9 245
江　西	43 812	9 752	3 036	9 181	12 515	3 094	6 234
山　东	96 256	26 904	4 961	21 497	26 773	4 814	11 307
河　南	101 500	31 401	2 998	18 010	24 280	6 597	18 214
湖　北	69 765	17 329	2 888	15 718	16 948	7 646	9 236
湖　南	79 304	19 207	5 488	14 762	22 594	5 639	11 614
广　东	111 888	29 929	10 399	18 752	19 893	14 768	18 147
广　西	50 737	12 646	5 540	8 667	13 282	4 246	6 356
海　南	11 579	2 870	615	2 275	1 831	1 516	2 472
重　庆	34 279	6 811	2 065	8 017	9 217	3 461	4 708
四　川	90 093	16 146	6 871	19 526	30 251	5 623	11 676
贵　州	37 627	9 706	2 232	6 767	11 295	2 573	5 054
云　南	37 849	6 973	3 480	7 763	13 176	1 966	4 491
西　藏	2 884	370	594	286	967	70	597
陕　西	49 827	15 055	2 088	11 548	11 073	3 206	6 857
甘　肃	28 906	9 647	2 055	5 333	6 737	1 464	3 670
青　海	5 796	1 171	377	1 511	1 438	384	915
宁　夏	5 791	1 545	275	1 690	1 255	394	632
新　疆	23 128	4 530	1 307	7 551	3 774	1 713	4 253

表5-11 各地区按性别分的不在业人口(续 2)

单位：人

性别 地区	不在业人口	在校学生	料理家务	离退休	丧失 劳动能力	正在 寻找工作	其他
女	**2 496 218**	**325 121**	**965 649**	**337 787**	**490 772**	**135 541**	**241 348**
北京	47 640	6 482	12 728	18 230	2 547	2 694	4 959
天津	28 187	4 783	7 275	9 621	2 824	1 876	1 808
河北	142 521	22 181	63 402	13 707	27 193	4 454	11 584
山西	90 192	8 974	51 238	6 500	11 528	3 427	8 525
内蒙古	53 656	5 785	25 423	6 663	8 434	2 313	5 038
辽宁	109 963	9 783	33 411	28 574	13 995	13 304	10 896
吉林	80 179	7 165	40 720	9 851	9 797	3 879	8 767
黑龙江	109 270	8 039	54 821	15 292	12 277	6 022	12 819
上海	55 564	6 330	8 314	28 309	1 857	3 445	7 309
江苏	147 226	19 301	44 192	28 521	28 623	7 586	19 003
浙江	110 701	11 108	57 164	11 978	14 864	4 595	10 992
安徽	107 851	16 678	39 736	9 132	27 685	4 421	10 199
福建	81 224	7 422	44 735	6 531	12 778	3 276	6 482
江西	79 211	7 571	37 121	7 054	16 400	3 811	7 254
山东	157 082	22 979	56 544	15 913	41 616	5 564	14 466
河南	153 117	27 151	51 081	15 020	36 516	6 494	16 855
湖北	105 794	13 417	31 985	15 576	24 823	10 284	9 709
湖南	128 078	16 957	53 126	11 022	29 755	6 497	10 721
广东	172 735	26 280	73 169	18 728	27 517	12 977	14 064
广西	65 439	11 285	20 280	6 458	18 177	3 958	5 281
海南	14 724	2 343	4 163	2 293	2 747	1 413	1 765
重庆	47 962	5 489	13 902	7 140	11 770	4 270	5 391
四川	126 342	14 486	39 241	14 299	40 509	6 199	11 608
贵州	48 612	7 664	14 958	4 393	14 368	2 580	4 649
云南	51 805	7 199	14 626	5 636	17 680	2 266	4 398
西藏	4 594	358	2 009	217	1 423	98	489
陕西	77 055	13 041	29 847	9 175	15 388	3 173	6 431
甘肃	41 930	7 852	16 412	3 342	8 877	1 721	3 726
青海	8 982	1 205	3 513	953	1 957	454	900
宁夏	9 337	1 358	3 529	1 229	1 717	508	996
新疆	39 241	4 456	16 984	6 431	5 130	1 978	4 262

表5-11a 各地区按性别分的不在业人口(城市)

单位：人

性别 地区	不在业人口	在校学生	料理家务	离退休	丧失劳动能力	正在寻找工作	其他
全国	**1 604 051**	**248 004**	**317 193**	**513 413**	**124 968**	**151 350**	**249 123**
北京	65 491	11 427	7 829	29 856	1 864	5 016	9 499
天津	32 034	6 932	2 337	15 236	1 559	2 848	3 122
河北	65 739	11 325	14 318	21 951	4 948	4 138	9 059
山西	43 627	6 909	12 721	11 347	2 678	3 209	6 763
内蒙古	41 538	6 334	11 317	12 166	2 980	2 947	5 794
辽宁	108 692	13 020	13 964	43 260	6 455	16 200	15 793
吉林	55 185	7 988	12 060	15 675	3 868	5 071	10 523
黑龙江	88 331	9 078	22 923	26 150	6 511	7 704	15 965
上海	78 129	10 743	5 772	40 981	1 387	6 388	12 858
江苏	109 957	18 392	15 883	39 920	7 268	8 849	19 645
浙江	64 794	11 188	17 851	16 067	5 923	4 292	9 473
安徽	41 149	6 694	8 314	11 880	4 191	2 985	7 085
福建	39 177	5 842	11 825	9 788	3 113	2 956	5 653
江西	25 059	2 929	5 955	8 233	2 052	2 255	3 635
山东	103 205	17 160	24 726	26 652	12 673	6 814	15 180
河南	78 529	12 310	14 722	23 564	6 006	6 669	15 258
湖北	77 729	12 650	10 892	24 989	7 669	11 084	10 445
湖南	58 055	8 163	12 852	16 118	6 652	5 412	8 858
广东	148 652	27 278	39 612	30 004	12 805	18 552	20 401
广西	27 633	4 643	4 584	8 362	2 284	3 521	4 239
海南	13 738	2 443	2 241	3 623	997	1 802	2 632
重庆	32 159	4 421	4 385	10 254	3 230	4 584	5 285
四川	59 257	7 663	10 482	19 484	6 053	5 687	9 888
贵州	19 509	2 477	3 648	6 566	1 547	2 005	3 266
云南	26 457	5 059	3 976	7 730	3 968	1 919	3 805
西藏	1 811	254	643	435	210	88	181
陕西	44 857	7 731	9 070	14 457	3 297	3 820	6 482
甘肃	19 098	2 617	4 648	6 057	915	1 717	3 144
青海	5 092	669	1 131	1 730	322	520	720
宁夏	6 857	950	1 444	2 342	499	636	986
新疆	22 511	2 718	5 068	8 537	1 046	1 661	3 481

表5-11a 各地区按性别分的不在业人口(城市)(续 1)

单位：人

性别 地区	不在业人口	在校学生	料理家务	离退休	丧失劳动能力	正在寻找工作	其他
男	**619 930**	**126 579**	**17 045**	**233 813**	**48 407**	**72 909**	**121 177**
北京	27 231	6 016	358	12 228	668	2 746	5 215
天津	13 416	3 403	103	6 177	524	1 421	1 788
河北	23 634	4 843	404	10 454	1 720	2 042	4 171
山西	15 500	3 400	233	6 073	1 006	1 614	3 174
内蒙古	15 509	3 384	203	6 665	1 116	1 343	2 798
辽宁	42 087	6 410	655	17 993	2 582	6 663	7 784
吉林	21 889	4 099	302	7 542	1 550	2 541	5 855
黑龙江	33 679	4 736	481	13 590	2 628	3 724	8 520
上海	30 722	5 302	318	14 668	609	3 452	6 373
江苏	42 238	9 246	1 949	16 588	2 669	4 170	7 616
浙江	22 793	6 042	1 162	6 873	2 549	2 019	4 148
安徽	15 667	3 859	277	5 739	1 548	1 372	2 872
福建	14 175	2 887	737	4 584	1 210	1 577	3 180
江西	9 152	1 452	210	3 891	841	1 057	1 701
山东	38 290	9 300	1 471	13 015	4 908	3 116	6 480
河南	31 301	6 556	484	11 083	2 248	3 343	7 587
湖北	31 084	6 831	534	11 063	2 863	4 790	5 003
湖南	22 714	4 153	856	7 954	2 638	2 620	4 493
广东	56 738	13 902	3 058	13 690	5 226	9 737	11 125
广西	11 234	2 088	367	3 997	854	1 751	2 177
海南	5 859	1 248	185	1 646	375	909	1 496
重庆	13 461	2 600	414	4 643	1 300	2 128	2 376
四川	23 770	3 645	933	9 265	2 333	2 794	4 800
贵州	7 875	1 258	174	3 351	539	975	1 578
云南	10 779	2 329	375	3 741	1 654	888	1 792
西藏	664	116	97	235	81	36	99
陕西	17 738	3 998	394	6 986	1 185	1 976	3 199
甘肃	7 399	1 322	109	3 326	322	812	1 508
青海	1 915	294	17	946	115	229	314
宁夏	2 596	486	31	1 256	181	275	367
新疆	8 829	1 374	156	4 554	365	789	1 591

表5-11a　各地区按性别分的不在业人口(城市)(续 2)

单位：人

性别/地区	不在业人口	在校学生	料理家务	离退休	丧失劳动能力	正在寻找工作	其他
女	**984 118**	**121 425**	**300 147**	**279 600**	**76 561**	**78 441**	**127 944**
北京	38 263	5 411	7 471	17 629	1 196	2 271	4 285
天津	18 617	3 529	2 234	9 058	1 035	1 427	1 334
河北	42 104	6 483	13 914	11 498	3 227	2 096	4 886
山西	28 125	3 509	12 487	5 273	1 672	1 594	3 590
内蒙古	26 029	2 950	11 114	5 501	1 864	1 604	2 996
辽宁	66 604	6 610	13 309	25 267	3 873	9 537	8 008
吉林	33 297	3 889	11 758	8 133	2 318	2 530	4 669
黑龙江	54 653	4 342	22 442	12 560	3 883	3 980	7 446
上海	47 405	5 440	5 455	26 313	778	2 936	6 483
江苏	67 719	9 146	13 935	23 331	4 599	4 678	12 030
浙江	42 002	5 146	16 689	9 194	3 374	2 273	5 326
安徽	25 480	2 835	8 037	6 141	2 643	1 612	4 212
福建	25 002	2 955	11 087	5 204	1 903	1 379	2 474
江西	15 908	1 477	5 745	4 342	1 211	1 198	1 935
山东	64 914	7 860	23 255	13 637	7 764	3 698	8 700
河南	47 229	5 754	14 238	12 482	3 758	3 327	7 670
湖北	46 647	5 819	10 358	13 926	4 806	6 295	5 443
湖南	35 341	4 009	11 996	8 164	4 013	2 793	4 366
广东	91 913	13 376	36 553	16 314	7 579	8 814	9 277
广西	16 399	2 555	4 217	4 365	1 430	1 770	2 062
海南	7 878	1 195	2 055	1 977	622	893	1 136
重庆	18 701	1 820	3 971	5 611	1 930	2 457	2 912
四川	35 488	4 018	9 549	10 220	3 720	2 893	5 088
贵州	11 634	1 219	3 473	3 216	1 008	1 029	1 689
云南	15 678	2 730	3 602	3 989	2 314	1 031	2 012
西藏	1 146	137	546	201	129	51	82
陕西	27 120	3 733	8 676	7 470	2 112	1 845	3 284
甘肃	11 700	1 295	4 539	2 732	593	905	1 636
青海	3 177	375	1 115	784	207	292	404
宁夏	4 262	464	1 413	1 086	318	362	619
新疆	13 683	1 344	4 912	3 984	681	872	1 890

表5-11b 各地区按性别分的不在业人口(镇)

单位：人

性别 地区	不在业人口	在校学生	料理家务	离退休	丧失 劳动能力	正在 寻找工作	其他
全国	**794 677**	**122 799**	**256 268**	**122 142**	**131 446**	**56 633**	**105 389**
北京	3 424	496	1 066	846	279	270	467
天津	6 763	1 337	2 098	1 002	990	569	767
河北	35 928	6 560	13 188	4 439	5 990	1 497	4 254
山西	24 210	3 367	10 822	2 807	2 728	1 221	3 265
内蒙古	19 286	2 346	7 790	3 221	2 526	867	2 536
辽宁	24 115	2 097	7 512	5 136	3 778	2 789	2 803
吉林	26 159	2 294	9 991	4 278	3 175	1 573	4 848
黑龙江	37 533	3 353	13 879	6 807	3 703	2 985	6 806
上海	5 902	807	1 370	1 835	513	524	853
江苏	49 300	8 685	12 841	9 396	9 580	3 056	5 742
浙江	31 186	3 982	12 744	4 579	3 978	1 786	4 117
安徽	49 059	9 251	14 676	6 797	9 682	2 831	5 822
福建	27 796	3 510	12 166	2 941	3 802	1 696	3 681
江西	36 931	4 606	13 580	5 996	5 163	2 737	4 849
山东	49 024	9 379	13 706	6 076	13 208	1 821	4 834
河南	46 912	8 706	12 742	5 550	9 153	2 875	7 886
湖北	31 309	4 217	9 796	4 198	5 816	3 525	3 757
湖南	41 737	7 710	12 790	6 440	6 086	3 199	5 512
广东	48 225	9 426	16 722	4 928	6 916	4 690	5 543
广西	28 972	4 868	7 026	5 146	5 088	3 013	3 831
海南	4 717	714	1 158	632	648	683	882
重庆	22 822	2 654	6 580	3 903	3 752	2 424	3 509
四川	49 900	5 383	14 002	9 979	9 504	4 069	6 963
贵州	18 149	3 248	4 937	3 058	3 038	1 336	2 532
云南	18 725	2 999	4 521	3 512	3 816	1 533	2 344
西藏	836	100	232	36	346	38	84
陕西	25 245	4 903	8 205	4 000	4 153	1 187	2 797
甘肃	14 328	3 225	4 697	1 876	2 085	747	1 698
青海	3 848	870	1 156	549	454	206	613
宁夏	2 404	470	836	427	305	129	237
新疆	9 931	1 237	3 440	1 751	1 191	758	1 554

表5-11b 各地区按性别分的不在业人口(镇)(续 1)

单位：人

性别 地区	不在业人口	在校学生	料理家务	离退休	丧失 劳动能力	正在 寻找工作	其他
男	**289 986**	**65 307**	**15 784**	**75 046**	**52 946**	**26 528**	**54 375**
北 京	1 233	247	53	409	121	147	256
天 津	2 441	688	69	498	464	268	454
河 北	11 694	3 240	525	2 722	2 464	662	2 081
山 西	7 328	1 810	152	1 863	1 121	637	1 745
内蒙古	6 549	1 247	222	2 197	1 068	415	1 400
辽 宁	8 208	1 064	283	2 838	1 618	1 031	1 374
吉 林	9 154	1 160	222	2 798	1 388	829	2 757
黑龙江	13 730	1 795	278	4 550	1 628	1 533	3 946
上 海	2 218	401	157	791	177	264	428
江 苏	18 567	4 804	1 491	5 129	3 590	1 270	2 283
浙 江	10 136	2 203	766	2 471	1 747	889	2 060
安 徽	16 688	4 271	788	4 112	3 617	1 274	2 626
福 建	9 119	1 861	661	1 847	1 663	855	2 232
江 西	12 232	2 458	559	3 497	2 215	1 201	2 302
山 东	18 131	4 917	943	4 181	5 165	810	2 115
河 南	17 928	4 595	552	3 462	3 669	1 437	4 213
湖 北	11 265	2 452	548	2 834	2 217	1 380	1 834
湖 南	15 698	4 068	836	3 910	2 525	1 470	2 889
广 东	19 093	5 522	1 884	3 049	2 805	2 552	3 281
广 西	12 549	2 744	948	3 175	1 942	1 580	2 160
海 南	2 014	414	108	366	261	347	518
重 庆	8 567	1 367	521	2 437	1 557	1 018	1 667
四 川	19 445	2 873	1 278	6 135	3 719	1 856	3 584
贵 州	7 355	1 836	342	1 980	1 209	683	1 305
云 南	7 491	1 372	547	2 140	1 520	663	1 249
西 藏	319	51	55	26	135	10	42
陕 西	9 377	2 718	338	2 577	1 663	578	1 503
甘 肃	5 516	1 828	327	1 324	866	333	838
青 海	1 486	413	69	395	179	106	324
宁 夏	864	260	28	301	129	57	89
新 疆	3 592	628	233	1 034	503	372	822

表5-11b 各地区按性别分的不在业人口(镇)(续 2)

单位：人

性别 地区	不在业人口	在校学生	料理家务	离退休	丧失劳动能力	正在寻找工作	其他
女	**504 689**	**57 492**	**240 484**	**47 095**	**78 501**	**30 105**	**51 012**
北京	2 192	249	1 013	437	158	123	212
天津	4 322	648	2 029	504	526	301	314
河北	24 236	3 319	12 663	1 717	3 526	836	2 175
山西	16 883	1 558	10 670	944	1 607	585	1 519
内蒙古	12 736	1 099	7 568	1 024	1 458	452	1 135
辽宁	15 909	1 034	7 230	2 298	2 160	1 758	1 429
吉林	17 006	1 135	9 769	1 480	1 787	743	2 092
黑龙江	23 802	1 557	13 601	2 257	2 075	1 452	2 860
上海	3 685	406	1 213	1 044	337	260	425
江苏	30 732	3 880	11 350	4 267	5 990	1 786	3 459
浙江	21 051	1 779	11 978	2 108	2 231	897	2 058
安徽	32 372	4 980	13 888	2 685	6 064	1 557	3 198
福建	18 680	1 649	11 506	1 095	2 139	841	1 450
江西	24 700	2 148	13 021	2 499	2 948	1 537	2 547
山东	30 897	4 462	12 764	1 895	8 043	1 011	2 722
河南	28 983	4 111	12 189	2 089	5 484	1 437	3 673
湖北	20 044	1 765	9 248	1 364	3 599	2 145	1 923
湖南	26 037	3 642	11 954	2 531	3 561	1 729	2 620
广东	29 132	3 904	14 838	1 879	4 110	2 138	2 263
广西	16 425	2 124	6 079	1 971	3 146	1 433	1 672
海南	2 705	300	1 049	267	387	336	366
重庆	14 255	1 287	6 059	1 466	2 195	1 406	1 842
四川	30 452	2 509	12 724	3 843	5 785	2 213	3 378
贵州	10 793	1 412	4 595	1 078	1 829	653	1 226
云南	11 231	1 627	3 973	1 372	2 296	869	1 094
西藏	515	49	177	10	211	27	41
陕西	15 866	2 185	7 867	1 423	2 490	609	1 292
甘肃	8 812	1 397	4 370	551	1 219	414	861
青海	2 360	457	1 087	153	275	99	289
宁夏	1 540	210	808	126	176	73	147
新疆	6 339	609	3 207	717	688	386	732

表5-11c　各地区按性别分的不在业人口(乡村)

单位：人

性　别 地　区	不在业人口	在校学生	料理家务	离退休	丧　失 劳动能力	正　在 寻找工作	其　他
全　国	**1 632 477**	**318 091**	**479 502**	**65 427**	**588 481**	**51 601**	**129 375**
北　京	11 237	1 694	4 571	875	2 122	660	1 315
天　津	7 694	1 212	3 145	382	2 272	257	426
河　北	115 386	24 816	38 733	4 601	35 437	2 881	8 918
山　西	63 245	8 201	28 942	2 429	14 654	2 369	6 650
内 蒙 古	23 130	3 478	7 312	700	9 257	468	1 915
辽　宁	41 810	4 529	13 542	3 590	14 099	3 119	2 931
吉　林	41 270	4 349	19 809	1 002	10 758	1 076	4 276
黑 龙 江	44 438	4 500	19 689	1 787	11 879	1 086	5 497
上　海	7 111	892	1 926	1 887	1 142	521	743
江　苏	80 361	14 242	23 438	5 043	29 485	2 175	5 978
浙　江	69 422	8 656	30 728	2 761	17 401	2 671	7 205
安　徽	81 873	19 435	20 136	2 232	32 746	2 281	5 043
福　建	56 657	5 851	23 974	1 599	16 508	2 334	6 391
江　西	61 032	9 788	20 623	2 007	21 700	1 913	5 001
山　东	101 109	23 344	23 073	4 682	42 508	1 743	5 759
河　南	129 172	37 536	26 615	3 915	45 637	3 546	11 923
湖　北	66 523	13 880	14 184	2 108	28 286	3 321	4 744
湖　南	107 592	20 292	32 972	3 227	39 611	3 525	7 965
广　东	87 751	19 505	27 235	2 548	27 690	4 304	6 269
广　西	59 570	14 420	14 209	1 617	24 086	1 670	3 568
海　南	7 847	2 056	1 380	313	2 933	444	721
重　庆	27 257	5 225	5 002	999	14 005	723	1 303
四　川	107 280	17 586	21 628	4 362	55 204	2 066	6 434
贵　州	48 585	11 646	8 606	1 536	21 078	1 813	3 906
云　南	44 474	6 114	9 610	2 157	23 072	780	2 741
西　藏	4 832	374	1 728	31	1 834	42	823
陕　西	56 778	15 461	14 660	2 266	19 010	1 371	4 010
甘　肃	37 409	11 657	9 122	742	12 614	721	2 553
青　海	5 841	838	1 603	186	2 619	112	483
宁　夏	5 866	1 483	1 524	150	2 167	137	405
新　疆	29 928	5 032	9 782	3 694	6 668	1 272	3 480

表5-11c　各地区按性别分的不在业人口(乡村)(续 1)

单位：人

性别 地区	不在业人口	在校学生	料理家务	离退休	丧失 劳动能力	正在 寻找工作	其他
男	**625 067**	**171 887**	**54 485**	**54 335**	**252 770**	**24 607**	**66 983**
北　京	4 052	873	328	711	929	359	852
天　津	2 444	606	133	323	1 008	109	265
河　北	39 206	12 437	1 908	4 109	14 997	1 359	4 396
山　西	18 061	4 293	861	2 146	6 405	1 121	3 235
内蒙古	8 239	1 742	570	562	4 145	210	1 010
辽　宁	14 359	2 390	670	2 580	6 137	1 110	1 472
吉　林	11 395	2 208	616	765	5 066	470	2 270
黑龙江	13 621	2 360	911	1 312	5 559	496	2 983
上　海	2 638	409	280	935	400	271	343
江　苏	31 584	7 968	4 531	4 120	11 450	1 054	2 461
浙　江	21 771	4 473	2 231	2 084	8 140	1 246	3 597
安　徽	31 873	10 572	2 326	1 926	13 768	1 029	2 252
福　建	19 116	3 033	1 832	1 366	7 773	1 277	3 835
江　西	22 430	5 842	2 268	1 793	9 459	837	2 231
山　东	39 835	12 686	2 547	4 302	16 699	888	2 713
河　南	52 270	20 250	1 962	3 466	18 363	1 817	6 412
湖　北	27 416	8 046	1 805	1 821	11 868	1 476	2 400
湖　南	40 891	10 986	3 796	2 899	17 430	1 549	4 231
广　东	36 060	10 505	5 457	2 013	11 863	2 478	3 744
广　西	26 957	7 814	4 225	1 496	10 486	915	2 021
海　南	3 707	1 208	322	264	1 195	260	458
重　庆	12 250	2 844	1 130	936	6 360	315	665
四　川	46 880	9 628	4 660	4 126	24 200	973	3 293
贵　州	22 397	6 612	1 717	1 436	9 547	914	2 171
云　南	19 579	3 272	2 558	1 882	10 002	414	1 451
西　藏	1 899	202	442	26	751	23	455
陕　西	22 712	8 339	1 357	1 985	8 224	652	2 155
甘　肃	15 991	6 497	1 619	683	5 549	319	1 324
青　海	2 396	464	292	171	1 143	49	277
宁　夏	2 332	799	216	133	945	63	176
新　疆	10 706	2 528	917	1 964	2 906	551	1 840

表5-11c　各地区按性别分的不在业人口(乡村)(续 2)

单位：人

性别 地区	不在业人口	在校学生	料理家务	离退休	丧失劳动能力	正在寻找工作	其他
女	**1 007 407**	**146 204**	**425 017**	**11 092**	**335 710**	**26 994**	**62 390**
北京	7 186	821	4 243	164	1 193	301	464
天津	5 249	605	3 013	58	1 264	148	161
河北	76 178	12 379	36 825	492	20 439	1 522	4 521
山西	45 184	3 908	28 081	283	8 249	1 248	3 415
内蒙古	14 891	1 736	6 742	138	5 112	257	906
辽宁	27 451	2 139	12 872	1 010	7 962	2 009	1 459
吉林	29 876	2 141	19 193	237	5 693	606	2 006
黑龙江	30 815	2 140	18 778	475	6 320	590	2 512
上海	4 473	484	1 646	952	742	249	400
江苏	48 775	6 275	18 907	923	18 034	1 121	3 515
浙江	47 652	4 183	28 497	676	9 260	1 425	3 611
安徽	49 999	8 863	17 810	306	18 978	1 251	2 791
福建	37 543	2 818	22 142	233	8 735	1 056	2 559
江西	38 604	3 946	18 355	213	12 241	1 076	2 773
山东	61 274	10 658	20 526	380	25 809	855	3 046
河南	76 903	17 286	24 653	450	27 274	1 730	5 510
湖北	39 106	5 834	12 379	287	16 418	1 845	2 343
湖南	66 699	9 306	29 176	327	22 181	1 975	3 734
广东	51 691	9 000	21 778	535	15 827	2 026	2 525
广西	32 614	6 606	9 984	122	13 600	755	1 547
海南	4 139	848	1 058	49	1 738	184	262
重庆	15 004	2 381	3 872	63	7 644	408	636
四川	60 400	7 958	16 968	236	31 004	1 093	3 141
贵州	26 189	5 034	6 890	99	11 531	898	1 737
云南	24 894	2 842	7 051	275	13 070	366	1 290
西藏	2 932	171	1 287	6	1 082	19	367
陕西	34 065	7 122	13 304	281	10 786	719	1 853
甘肃	21 418	5 160	7 503	59	7 065	402	1 229
青海	3 446	373	1 312	15	1 476	63	207
宁夏	3 536	685	1 308	17	1 222	74	230
新疆	19 221	2 504	8 865	1 730	3 761	721	1 640

表5-12 全国按年龄、性别分的不在业人口

单位：人

性别 年龄	不在业人口	在校学生	料理家务	离退休	丧失 劳动能力	正在 寻找工作	其他
合计	**4 031 202**	**688 894**	**1 052 963**	**700 982**	**844 895**	**259 584**	**483 884**
16-19	**691 289**	**586 062**	**10 219**	**1**	**4 990**	**34 908**	**55 109**
16	257 451	231 826	2 403		1 242	6 684	15 296
17	189 170	163 828	2 264		1 178	7 981	13 919
18	149 803	121 328	2 684	1	1 373	10 324	14 093
19	94 865	69 079	2 869		1 196	9 919	11 802
20-24	**254 949**	**96 295**	**49 778**	**4**	**5 897**	**48 326**	**54 649**
20	65 729	40 436	4 780		1 135	9 022	10 356
21	54 989	26 988	7 329	2	1 088	9 049	10 533
22	48 091	15 860	10 032		1 088	10 194	10 917
23	48 262	8 981	14 039	2	1 353	11 243	12 644
24	37 882	4 030	13 599		1 234	8 818	10 201
25-29	**161 156**	**4 888**	**75 154**	**10**	**6 905**	**34 221**	**39 978**
25	34 332	2 272	14 461	1	1 292	7 562	8 744
26	33 974	1 169	15 345	1	1 304	7 494	8 661
27	32 067	730	15 296	3	1 394	6 789	7 855
28	29 173	433	14 197	2	1 349	6 015	7 177
29	31 613	285	15 856	3	1 566	6 362	7 541
30-34	**179 584**	**627**	**90 600**	**48**	**10 034**	**35 714**	**42 561**
30	32 751	191	16 405	4	1 733	6 608	7 810
31	35 053	141	17 905	7	1 890	6 852	8 258
32	36 656	117	18 697	7	1 975	7 358	8 502
33	37 003	101	18 693	10	2 122	7 256	8 821
34	38 121	77	18 900	19	2 314	7 640	9 171
35-39	**183 219**	**212**	**89 719**	**167**	**12 778**	**34 727**	**45 616**
35	40 769	66	20 251	25	2 575	7 959	9 893
36	36 796	38	17 910	19	2 452	7 092	9 285
37	40 125	54	19 412	37	2 871	7 660	10 091
38	30 874	28	15 307	37	2 303	5 583	7 616
39	34 656	26	16 840	49	2 577	6 433	8 731
40-44	**178 357**	**77**	**80 093**	**948**	**13 724**	**31 004**	**52 511**
40	37 520	21	17 725	120	2 954	6 655	10 045
41	38 008	15	17 089	157	2 919	6 954	10 874
42	46 485	20	20 254	255	3 525	8 400	14 031
43	34 585	14	15 547	218	2 680	5 645	10 481
44	21 760	6	9 478	198	1 647	3 349	7 082
45-49	**191 546**	**47**	**80 533**	**22 616**	**14 182**	**20 632**	**53 536**
45	31 143	8	12 937	2 376	2 216	4 309	9 297
46	29 761	10	12 374	2 971	2 128	3 765	8 513
47	39 643	12	16 611	4 521	2 930	4 388	11 181
48	45 966	8	19 347	5 834	3 441	4 438	12 898
49	45 037	10	19 265	6 914	3 469	3 732	11 647

表5-12 全国按年龄、性别分的不在业人口(续 1)

单位：人

性别 年龄	不在业人口	在校学生	料理家务	离退休	丧失劳动能力	正在寻找工作	其他
50-54	**297 669**	**43**	**117 563**	**100 539**	**24 335**	**12 200**	**42 989**
50	57 220	9	22 300	18 158	4 373	3 070	9 310
51	60 287	12	23 038	21 055	4 452	2 834	8 896
52	59 360	11	23 825	19 892	4 758	2 357	8 517
53	63 066	5	25 256	21 522	5 523	2 189	8 571
54	57 740	7	23 144	19 913	5 229	1 751	7 696
55-59	**316 594**	**44**	**118 051**	**122 429**	**38 564**	**5 177**	**32 329**
55	64 811	14	24 534	24 896	6 397	1 506	7 464
56	66 034	7	24 873	25 675	7 151	1 325	7 003
57	60 293	9	22 718	23 289	7 202	968	6 107
58	63 150	6	23 400	24 312	8 440	782	6 210
59	62 308	8	22 526	24 258	9 375	596	5 545
60-64	**340 108**	**72**	**109 301**	**136 585**	**74 610**	**1 536**	**18 004**
60	68 883	19	23 510	27 788	12 984	406	4 176
61	66 168	15	22 257	26 937	12 998	376	3 585
62	66 051	12	21 223	26 337	14 771	270	3 438
63	68 301	12	21 151	27 542	16 001	262	3 333
64	70 705	13	21 159	27 982	17 856	221	3 474
65-69	**377 090**	**124**	**101 066**	**130 675**	**128 095**	**692**	**16 438**
65	77 240	29	22 359	29 208	21 926	194	3 524
66	67 207	15	18 831	24 584	20 665	150	2 962
67	77 722	20	20 843	26 931	26 352	155	3 421
68	77 165	39	19 810	25 196	28 668	101	3 351
69	77 756	22	19 222	24 756	30 484	92	3 180
70岁及以上	**859 638**	**402**	**130 886**	**186 960**	**510 780**	**448**	**30 162**
男	**1 534 985**	**363 773**	**87 314**	**363 194**	**354 123**	**124 044**	**242 537**
16-19	**363 897**	**309 011**	**1 457**		**2 923**	**19 503**	**31 003**
16	135 598	121 626	486		720	3 845	8 921
17	99 807	86 217	377		680	4 529	8 004
18	78 900	64 088	339		822	5 770	7 881
19	49 594	37 080	255		701	5 360	6 198
20-24	**101 509**	**51 450**	**947**	**2**	**3 509**	**23 921**	**21 680**
20	32 086	21 574	229		631	4 730	4 922
21	23 872	14 159	176	2	669	4 482	4 384
22	18 702	8 541	189		641	5 094	4 237
23	16 019	4 965	185		840	5 494	4 535
24	10 828	2 211	168		727	4 122	3 600
25-29	**35 732**	**2 568**	**786**	**2**	**4 083**	**14 358**	**13 935**
25	8 368	1 225	145		720	3 334	2 944
26	7 722	614	156		792	3 206	2 954
27	6 895	370	177		843	2 790	2 715
28	6 219	217	155		794	2 486	2 567
29	6 526	142	153	2	933	2 542	2 754

表5-12 全国按年龄、性别分的不在业人口(续 2)

单位：人

性别 年龄	不在业人口	在校学生	料理家务	离退休	丧失劳动能力	正在寻找工作	其他
30-34	**38 673**	**304**	**1 143**	**25**	**6 025**	**14 078**	**17 098**
30	6 790	93	186	1	1 015	2 557	2 938
31	7 340	66	215	3	1 111	2 681	3 264
32	7 870	63	264	4	1 211	2 899	3 429
33	8 103	46	219	7	1 301	2 889	3 641
34	8 571	36	258	9	1 387	3 052	3 829
35-39	**42 888**	**112**	**1 408**	**77**	**7 498**	**14 307**	**19 486**
35	9 391	39	297	14	1 554	3 295	4 192
36	8 622	18	268	9	1 425	2 892	4 010
37	9 466	26	309	19	1 648	3 199	4 265
38	7 155	14	239	14	1 380	2 240	3 268
39	8 252	16	294	21	1 491	2 680	3 750
40-44	**46 507**	**32**	**1 785**	**304**	**7 964**	**13 749**	**22 673**
40	9 266	10	387	49	1 643	2 794	4 383
41	9 948	5	364	44	1 667	3 063	4 805
42	12 408	12	442	76	2 123	3 785	5 970
43	9 140	5	369	84	1 560	2 555	4 567
44	5 746	1	223	51	972	1 551	2 948
45-49	**47 087**	**22**	**2 350**	**986**	**7 885**	**10 472**	**25 372**
45	7 896	4	322	93	1 220	2 118	4 139
46	7 497	6	322	124	1 221	1 866	3 958
47	9 679	5	500	190	1 626	2 210	5 148
48	11 307	4	583	242	1 922	2 259	6 297
49	10 707	2	624	337	1 897	2 019	5 828
50-54	**77 970**	**17**	**5 586**	**21 183**	**11 960**	**8 336**	**30 888**
50	14 392	4	865	2 926	2 329	2 002	6 266
51	15 087	4	997	3 535	2 323	1 889	6 339
52	15 250	5	1 175	3 995	2 332	1 623	6 120
53	16 973	2	1 322	5 130	2 652	1 528	6 339
54	16 268	3	1 228	5 597	2 323	1 293	5 824
55-59	**105 138**	**16**	**8 801**	**52 383**	**15 906**	**3 702**	**24 330**
55	20 043	5	1 484	9 056	2 751	1 079	5 668
56	21 404	3	1 813	10 263	3 059	963	5 303
57	19 730	5	1 682	9 858	2 964	671	4 550
58	21 696	3	1 877	11 212	3 389	569	4 646
59	22 264	1	1 945	11 995	3 742	419	4 162
60-64	**139 593**	**30**	**14 064**	**82 629**	**30 562**	**975**	**11 333**
60	26 923	8	2 530	16 295	5 202	256	2 632
61	26 828	8	2 618	16 394	5 341	240	2 227
62	27 372	8	2 840	16 108	6 015	172	2 229
63	28 375	4	2 919	16 623	6 589	156	2 084
64	30 099	3	3 156	17 211	7 416	150	2 163

表5-12　全国按年龄、性别分的不在业人口(续 3)

单位：人

性别 年龄	不在业人口	在校学生	料理家务	离退休	丧失 劳动能力	正在 寻找工作	其他
65-69	**163 274**	**57**	**18 208**	**81 225**	**53 494**	**416**	**9 874**
65	32 631	14	3 530	17 943	8 896	114	2 134
66	28 761	6	3 271	15 057	8 540	87	1 800
67	33 916	10	3 817	16 719	11 218	100	2 052
68	33 871	19	3 749	15 906	12 074	61	2 062
69	34 093	8	3 841	15 601	12 766	53	1 824
70岁及以上	**372 714**	**153**	**30 781**	**124 377**	**202 315**	**227**	**14 861**
女	**2 496 218**	**325 121**	**965 649**	**337 787**	**490 772**	**135 541**	**241 348**
16-19	**327 390**	**277 051**	**8 762**	**1**	**2 067**	**15 405**	**24 104**
16	121 855	110 200	1 917		523	2 839	6 376
17	89 363	77 611	1 887		498	3 452	5 915
18	70 903	57 241	2 344	1	551	4 554	6 212
19	45 269	31 999	2 614		495	4 559	5 602
20-24	**153 439**	**44 844**	**48 832**	**1**	**2 389**	**24 405**	**32 968**
20	33 644	18 862	4 551		504	4 293	5 434
21	31 116	12 829	7 153		419	4 567	6 148
22	29 388	7 319	9 843		447	5 100	6 679
23	32 240	4 015	13 854	1	513	5 749	8 108
24	27 051	1 819	13 431		506	4 696	6 599
25-29	**125 426**	**2 320**	**74 369**	**8**	**2 822**	**19 863**	**26 044**
25	25 965	1 047	14 315	1	572	4 228	5 802
26	26 252	556	15 189	1	512	4 288	5 706
27	25 173	360	15 119	3	551	3 999	5 141
28	22 952	215	14 042	2	555	3 528	4 610
29	25 084	142	15 703	1	632	3 820	4 786
30-34	**140 911**	**323**	**89 457**	**23**	**4 010**	**21 636**	**25 462**
30	25 959	97	16 218	3	718	4 051	4 872
31	27 712	76	17 689	4	778	4 170	4 995
32	28 786	54	18 433	3	764	4 459	5 073
33	28 902	55	18 474	3	822	4 367	5 181
34	29 551	41	18 643	10	927	4 589	5 341
35-39	**140 331**	**100**	**88 311**	**90**	**5 280**	**20 420**	**26 130**
35	31 376	27	19 953	11	1 021	4 663	5 701
36	28 172	20	17 641	10	1 026	4 199	5 276
37	30 655	28	19 102	18	1 223	4 461	5 823
38	23 720	15	15 068	23	923	3 343	4 348
39	26 404	10	16 547	28	1 085	3 753	4 981

表5-12 全国按年龄、性别分的不在业人口(续 4)

单位: 人

性别 年龄	不在业人口	在校学生	料理家务	离退休	丧失劳动能力	正在寻找工作	其他
40–44	**131 849**	**45**	**78 308**	**644**	**5 760**	**17 255**	**29 837**
40	28 257	12	17 338	72	1 311	3 862	5 662
41	28 059	10	16 725	113	1 252	3 891	6 068
42	34 076	8	19 811	179	1 402	4 615	8 061
43	25 446	9	15 178	134	1 120	3 090	5 915
44	16 014	5	9 256	147	675	1 798	4 133
45–49	**144 462**	**26**	**78 184**	**21 630**	**6 298**	**10 160**	**28 164**
45	23 246	4	12 615	2 282	996	2 191	5 158
46	22 262	4	12 052	2 848	907	1 898	4 553
47	29 962	7	16 111	4 330	1 304	2 178	6 032
48	34 660	4	18 764	5 593	1 519	2 179	6 601
49	34 329	7	18 641	6 577	1 572	1 713	5 819
50–54	**219 699**	**26**	**111 977**	**79 355**	**12 375**	**3 864**	**12 102**
50	42 826	5	21 435	15 231	2 044	1 067	3 044
51	45 199	7	22 041	17 520	2 129	945	2 557
52	44 108	6	22 650	15 896	2 426	733	2 397
53	46 095	3	23 934	16 392	2 871	661	2 234
54	41 471	4	21 917	14 316	2 906	457	1 871
55–59	**211 458**	**28**	**109 250**	**70 046**	**22 659**	**1 475**	**8 000**
55	44 770	10	23 050	15 840	3 646	427	1 797
56	44 629	4	23 060	15 413	4 091	362	1 699
57	40 562	4	21 036	13 431	4 238	297	1 556
58	41 454	4	21 522	13 100	5 051	212	1 565
59	40 042	7	20 581	12 262	5 632	177	1 383
60–64	**200 515**	**42**	**95 237**	**53 956**	**44 048**	**561**	**6 671**
60	41 963	12	20 980	11 493	7 782	150	1 546
61	39 342	8	19 639	10 543	7 657	136	1 359
62	38 677	4	18 383	10 229	8 756	97	1 208
63	39 927	9	18 232	10 919	9 412	106	1 249
64	40 604	9	18 002	10 772	10 440	71	1 310
65–69	**213 819**	**68**	**82 858**	**49 450**	**74 601**	**276**	**6 566**
65	44 608	15	18 829	11 265	13 030	80	1 389
66	38 448	9	15 561	9 527	12 125	63	1 163
67	43 807	10	17 026	10 212	15 134	55	1 370
68	43 294	20	16 061	9 291	16 593	40	1 289
69	43 663	14	15 382	9 155	17 718	39	1 355
70岁及以上	**486 924**	**249**	**100 105**	**62 583**	**308 466**	**220**	**15 301**

表5-12a　全国按年龄、性别分的不在业人口(城市)

单位：人

性别 年龄	不在业人口	在校学生	料理家务	离退休	丧失 劳动能力	正在 寻找工作	其他
合　计	**1 604 051**	**248 004**	**317 193**	**513 413**	**124 968**	**151 350**	**249 123**
16-19	**208 815**	**182 443**	**1 160**		**886**	**10 969**	**13 357**
16	63 144	58 442	183		209	1 459	2 851
17	55 996	50 488	214		211	2 051	3 032
18	51 535	43 777	318		235	3 416	3 789
19	38 140	29 736	445		232	4 043	3 684
20-24	**122 923**	**61 358**	**12 789**	**4**	**1 162**	**25 646**	**21 964**
20	30 929	22 508	836		202	3 961	3 422
21	28 043	18 050	1 573	2	219	4 396	3 803
22	24 145	11 366	2 389		231	5 576	4 583
23	22 892	6 597	3 921	2	272	6 562	5 538
24	16 913	2 838	4 070		237	5 151	4 617
25-29	**72 781**	**3 426**	**26 888**	**1**	**1 452**	**20 308**	**20 706**
25	14 789	1 507	4 630		257	4 292	4 103
26	15 202	846	5 317		294	4 380	4 365
27	14 717	533	5 645		284	4 075	4 180
28	13 748	315	5 430		298	3 711	3 994
29	14 324	225	5 866	1	318	3 849	4 065
30-34	**84 546**	**504**	**34 622**	**20**	**2 145**	**22 599**	**24 656**
30	15 214	142	6 269	4	333	4 112	4 354
31	16 188	123	6 842	3	349	4 234	4 637
32	17 498	97	7 306	4	435	4 688	4 968
33	17 546	80	7 094	3	481	4 642	5 246
34	18 101	63	7 111	6	547	4 922	5 452
35-39	**87 817**	**148**	**33 404**	**99**	**2 914**	**22 919**	**28 333**
35	19 504	47	7 571	15	592	5 218	6 061
36	17 786	32	6 587	13	585	4 729	5 840
37	19 591	36	7 515	16	655	5 021	6 348
38	14 487	18	5 622	24	492	3 681	4 650
39	16 447	15	6 109	31	590	4 269	5 433
40-44	**92 143**	**35**	**29 803**	**626**	**3 784**	**21 881**	**36 014**
40	18 266	11	6 610	77	695	4 471	6 402
41	19 477	6	6 380	98	767	4 885	7 341
42	24 841	10	7 755	173	1 047	6 076	9 780
43	17 701	6	5 576	131	752	3 944	7 292
44	11 858	3	3 482	147	523	2 505	5 198
45-49	**104 568**	**16**	**27 896**	**18 553**	**3 836**	**15 029**	**39 238**
45	17 283	4	4 620	1 910	688	3 105	6 956
46	16 545	1	4 397	2 413	638	2 774	6 322
47	21 805	6	5 811	3 711	808	3 263	8 206
48	24 738	2	6 464	4 851	866	3 217	9 338
49	24 199	3	6 604	5 669	836	2 669	8 418

表5-12a 全国按年龄、性别分的不在业人口(城市)(续 1)

单位：人

性别 年龄	不在业人口	在校学生	料理家务	离退休	丧失 劳动能力	正在 寻找工作	其他
50-54	**155 070**	**11**	**36 051**	**79 455**	**4 634**	**8 094**	**26 825**
50	30 513	5	6 829	14 732	899	2 081	5 967
51	32 701	2	7 257	16 905	930	1 915	5 692
52	30 905	3	7 368	15 785	896	1 554	5 299
53	31 931		7 679	16 680	1 007	1 408	5 157
54	29 019	1	6 917	15 353	902	1 136	4 710
55-59	**150 755**	**7**	**34 411**	**89 628**	**6 111**	**2 958**	**17 640**
55	32 408	1	7 393	18 792	1 049	925	4 248
56	32 460	2	7 566	19 030	1 213	781	3 868
57	28 640	2	6 610	16 978	1 140	541	3 369
58	29 227	2	6 633	17 523	1 315	406	3 348
59	28 020		6 208	17 304	1 394	305	2 809
60-64	**139 347**	**13**	**27 251**	**95 126**	**10 114**	**588**	**6 255**
60	28 714	4	5 918	19 283	1 788	176	1 545
61	27 673	3	5 754	18 657	1 803	152	1 304
62	26 736	3	5 140	18 306	2 017	97	1 173
63	27 815	1	5 265	19 217	2 114	88	1 130
64	28 408	3	5 174	19 661	2 393	75	1 102
65-69	**138 611**	**7**	**23 258**	**93 347**	**16 668**	**242**	**5 089**
65	29 330	4	5 314	20 059	2 777	70	1 106
66	26 019		4 424	17 740	2 805	53	997
67	28 672	1	4 875	19 266	3 423	58	1 049
68	27 292	2	4 444	18 167	3 641	31	1 007
69	27 299		4 202	18 114	4 021	30	932
70岁及以上	**246 676**	**35**	**29 661**	**136 555**	**71 265**	**116**	**9 044**
男	**619 930**	**126 579**	**17 045**	**233 813**	**48 407**	**72 909**	**121 177**
16-19	**108 213**	**93 284**	**134**		**509**	**6 336**	**7 950**
16	32 895	30 130	40		115	863	1 747
17	29 213	25 977	29		115	1 231	1 861
18	26 516	22 102	29		138	1 965	2 282
19	19 591	15 076	36		140	2 278	2 061
20-24	**54 474**	**31 174**	**137**	**2**	**665**	**13 113**	**9 383**
20	15 260	11 214	27		102	2 174	1 743
21	13 178	8 989	27	2	128	2 281	1 751
22	10 945	5 886	21		130	2 918	1 990
23	9 207	3 564	29		166	3 291	2 157
24	5 883	1 520	33		138	2 450	1 742
25-29	**18 362**	**1 755**	**196**	**1**	**845**	**8 646**	**6 919**
25	4 294	808	25		142	1 948	1 371
26	4 033	426	40		180	1 942	1 445
27	3 516	260	48		157	1 667	1 384
28	3 269	152	44		181	1 530	1 362
29	3 248	109	40	1	185	1 559	1 354

表5-12a　全国按年龄、性别分的不在业人口(城市)(续 2)

单位：人

性别 年龄	不在业人口	在校学生	料理家务	离退休	丧失 劳动能力	正在 寻找工作	其他
30-34	**20 135**	**234**	**381**	**8**	**1 258**	**8 945**	**9 309**
30	3 440	63	51	1	198	1 595	1 532
31	3 769	54	74	2	202	1 679	1 758
32	4 113	52	88	4	261	1 848	1 860
33	4 315	35	78	1	283	1 842	2 076
34	4 497	30	89		314	1 980	2 084
35-39	**23 208**	**78**	**513**	**45**	**1 741**	**9 463**	**11 368**
35	5 119	26	100	8	375	2 152	2 458
36	4 783	13	114	6	328	1 960	2 362
37	5 139	18	108	9	381	2 123	2 500
38	3 745	11	82	11	306	1 484	1 851
39	4 425	10	110	11	352	1 744	2 198
40-44	**27 650**	**18**	**716**	**181**	**2 254**	**9 813**	**14 668**
40	5 101	5	134	31	391	1 902	2 638
41	5 894	3	139	25	448	2 185	3 094
42	7 573	6	198	49	636	2 758	3 926
43	5 441	4	149	43	461	1 797	2 987
44	3 641		95	33	318	1 171	2 024
45-49	**29 144**	**10**	**875**	**607**	**2 260**	**7 736**	**17 656**
45	5 123	4	116	57	415	1 556	2 975
46	4 756	1	126	70	388	1 373	2 798
47	5 958	3	188	120	446	1 652	3 549
48	6 875	2	219	149	529	1 674	4 302
49	6 437		226	212	484	1 481	4 034
50-54	**43 953**	**5**	**1 876**	**13 618**	**2 496**	**5 913**	**20 045**
50	8 283	2	284	1 872	510	1 435	4 180
51	8 846	1	362	2 334	559	1 368	4 222
52	8 536	1	394	2 593	457	1 154	3 937
53	9 262		449	3 205	546	1 044	4 018
54	9 026	1	388	3 614	424	912	3 687
55-59	**54 397**	**2**	**2 488**	**32 967**	**2 661**	**2 297**	**13 982**
55	11 002		462	5 934	489	713	3 404
56	11 391		537	6 632	560	607	3 055
57	10 162	2	479	6 115	497	422	2 647
58	10 891		509	6 882	532	314	2 654
59	10 947		501	7 403	582	241	2 220
60-64	**62 110**	**5**	**2 630**	**51 426**	**3 924**	**416**	**3 709**
60	12 349	2	515	10 052	727	117	936
61	12 262	1	538	10 164	684	114	761
62	12 156	1	524	10 055	787	68	721
63	12 455	1	523	10 389	827	59	656
64	12 888		529	10 766	900	58	635

表5-12a 全国按年龄、性别分的不在业人口(城市)(续 3)

单位：人

性别 年龄	不在业人口	在校学生	料理家务	离退休	丧失 劳动能力	正在 寻找工作	其他
65-69	**63 964**	**5**	**2 874**	**52 121**	**6 150**	**161**	**2 653**
65	13 107	2	593	10 882	998	42	590
66	11 856		569	9 723	1 016	38	510
67	13 282	1	606	10 758	1 297	43	577
68	12 851	1	548	10 378	1 392	21	511
69	12 864		558	10 379	1 448	17	462
70岁及以上	**114 317**	**9**	**4 225**	**82 836**	**23 643**	**70**	**3 534**
女	**984 118**	**121 425**	**300 147**	**279 600**	**76 561**	**78 441**	**127 944**
16-19	**100 602**	**89 158**	**1 026**		**377**	**4 634**	**5 407**
16	30 250	28 312	144		93	597	1 104
17	26 783	24 511	185		96	820	1 171
18	25 019	21 676	289		96	1 451	1 507
19	18 551	14 659	409		91	1 766	1 626
20-24	**68 448**	**30 184**	**12 652**	**1**	**497**	**12 533**	**12 581**
20	15 668	11 294	809		100	1 786	1 679
21	14 866	9 061	1 547		91	2 115	2 052
22	13 200	5 479	2 367		101	2 658	2 595
23	13 684	3 032	3 892	1	106	3 271	3 382
24	11 031	1 318	4 037		99	2 702	2 875
25-29	**54 417**	**1 671**	**26 692**		**606**	**11 662**	**13 786**
25	10 494	700	4 605		115	2 344	2 730
26	11 171	421	5 277		114	2 439	2 920
27	11 199	273	5 597		127	2 408	2 794
28	10 478	162	5 386		117	2 181	2 632
29	11 075	115	5 826		133	2 290	2 711
30-34	**64 410**	**270**	**34 240**	**12**	**887**	**13 654**	**15 347**
30	11 776	79	6 218	3	135	2 517	2 824
31	12 417	68	6 768	1	146	2 555	2 879
32	13 383	45	7 217		174	2 840	3 107
33	13 231	45	7 016	2	198	2 800	3 170
34	13 603	33	7 021	6	233	2 942	3 368
35-39	**64 607**	**70**	**32 890**	**54**	**1 173**	**13 456**	**16 964**
35	14 386	21	7 471	7	217	3 066	3 604
36	13 006	18	6 473	8	258	2 769	3 480
37	14 452	18	7 406	6	275	2 898	3 849
38	10 741	7	5 540	13	186	2 197	2 798
39	12 019	5	5 999	20	237	2 525	3 233

表5-12a　全国按年龄、性别分的不在业人口(城市)(续 4)

单位：人

性　别 年　龄	不在业人口	在校学生	料理家务	离退休	丧　失 劳动能力	正　在 寻找工作	其　他
40-44	**64 494**	**18**	**29 087**	**445**	**1 530**	**12 068**	**21 346**
40	13 165	6	6 476	46	304	2 569	3 764
41	13 583	4	6 241	72	319	2 699	4 248
42	17 265	3	7 556	124	412	3 318	5 852
43	12 262	2	5 427	88	291	2 148	4 306
44	8 217	2	3 387	114	205	1 335	3 174
45-49	**75 422**	**6**	**27 021**	**17 945**	**1 575**	**7 293**	**21 582**
45	12 162		4 504	1 853	274	1 549	3 982
46	11 790	1	4 271	2 343	250	1 401	3 524
47	15 847	3	5 623	3 590	362	1 611	4 658
48	17 865		6 245	4 703	338	1 544	5 035
49	17 761	3	6 378	5 457	352	1 188	4 383
50 54	**111 118**	**7**	**34 174**	**65 837**	**2 138**	**2 182**	**6 780**
50	22 232	4	6 546	12 860	389	646	1 787
51	23 856	2	6 895	14 571	371	547	1 470
52	22 369	1	6 975	13 191	439	400	1 363
53	22 669		7 230	13 475	461	364	1 139
54	19 994		6 529	11 739	478	225	1 023
55-59	**96 356**	**5**	**31 922**	**56 661**	**3 450**	**661**	**3 657**
55	21 407	1	6 931	12 858	560	212	845
56	21 067	2	7 029	12 398	653	174	811
57	18 477	1	6 131	10 863	642	119	721
58	18 335	2	6 124	10 641	783	92	693
59	17 073		5 707	9 901	812	65	588
60-64	**77 234**	**8**	**24 621**	**43 699**	**6 189**	**172**	**2 545**
60	16 366	2	5 403	9 231	1 061	59	610
61	15 412	2	5 216	8 494	1 119	38	543
62	14 579	2	4 616	8 251	1 230	29	451
63	15 361		4 742	8 828	1 287	29	475
64	15 520	3	4 645	8 895	1 493	17	467
65-69	**74 650**	**2**	**20 385**	**41 226**	**10 517**	**81**	**2 439**
65	16 222	2	4 721	9 177	1 780	27	515
66	14 163		3 855	8 017	1 789	15	487
67	15 389		4 269	8 508	2 126	15	471
68	14 440	1	3 895	7 790	2 249	10	495
69	14 435		3 644	7 734	2 574	13	470
70岁及以上	**132 358**	**26**	**25 436**	**53 718**	**47 622**	**45**	**5 511**

表5-12b　全国按年龄、性别分的不在业人口(镇)

单位：人

性别 年龄	不在业人口	在校学生	料理家务	离退休	丧失 劳动能力	正在 寻找工作	其他
合　计	**794 677**	**122 799**	**256 268**	**122 142**	**131 446**	**56 633**	**105 389**
16-19	**133 217**	**111 706**	**1 532**		**765**	**7 524**	**11 690**
16	47 268	42 734	303		189	1 265	2 777
17	37 790	32 671	295		173	1 748	2 903
18	30 112	23 983	420		221	2 262	3 226
19	18 045	12 317	514		182	2 248	2 784
20-24	**45 703**	**10 439**	**11 268**		**915**	**10 614**	**12 467**
20	11 129	5 307	951		184	2 102	2 585
21	8 836	2 624	1 574		170	2 057	2 411
22	8 427	1 416	2 239		161	2 236	2 375
23	9 324	717	3 265		207	2 327	2 808
24	7 987	375	3 239		192	1 892	2 289
25-29	**38 173**	**455**	**19 722**	**7**	**1 119**	**7 853**	**9 017**
25	7 628	214	3 577	1	197	1 708	1 931
26	7 956	93	3 955		221	1 709	1 978
27	7 534	82	3 919	1	220	1 546	1 766
28	6 990	45	3 765	2	221	1 350	1 607
29	8 063	21	4 505	2	259	1 540	1 736
30-34	**46 499**	**55**	**25 926**	**19**	**1 587**	**8 569**	**10 343**
30	8 309	18	4 611		229	1 579	1 872
31	9 110	11	5 102	3	282	1 697	2 015
32	9 401	12	5 263	2	327	1 745	2 052
33	9 624	11	5 312	6	394	1 759	2 142
34	10 054	3	5 638	8	355	1 789	2 261
35-39	**47 699**	**22**	**26 598**	**56**	**2 100**	**8 036**	**10 887**
35	10 641	7	6 014	8	404	1 837	2 371
36	9 464	3	5 297	5	401	1 599	2 159
37	10 451	5	5 708	19	497	1 813	2 409
38	8 022	3	4 510	12	355	1 296	1 846
39	9 119	5	5 067	11	443	1 491	2 102
40-44	**42 810**	**17**	**23 085**	**287**	**2 201**	**6 284**	**10 936**
40	9 564	2	5 154	39	515	1 545	2 309
41	9 345	5	5 037	53	451	1 435	2 364
42	10 913	3	5 822	71	553	1 576	2 888
43	8 244	5	4 436	80	442	1 162	2 119
44	4 745	3	2 636	43	240	567	1 256
45-49	**40 511**	**9**	**21 536**	**3 484**	**2 344**	**3 768**	**9 370**
45	6 587		3 445	407	340	853	1 542
46	6 226	1	3 276	475	344	678	1 452
47	8 245	4	4 398	697	448	752	1 946
48	9 831	2	5 288	846	584	792	2 319
49	9 621	2	5 129	1 059	628	693	2 110

表5-12b　全国按年龄、性别分的不在业人口(镇)(续 1)

单位：人

性别 年龄	不在业人口	在校学生	料理家务	离退休	丧失 劳动能力	正在 寻找工作	其他
50-54	**63 292**	**6**	**30 816**	**16 508**	**4 153**	**2 316**	**9 493**
50	12 144	1	6 028	2 802	712	575	2 026
51	12 666	3	6 114	3 354	755	516	1 924
52	12 676		6 197	3 275	847	481	1 876
53	13 592		6 529	3 684	966	430	1 983
54	12 216	2	5 948	3 394	874	314	1 684
55-59	**66 239**	**8**	**28 813**	**22 422**	**6 636**	**1 104**	**7 256**
55	13 660	4	6 203	4 336	1 075	315	1 727
56	13 898	2	6 146	4 735	1 146	281	1 588
57	12 473	2	5 462	4 312	1 232	190	1 275
58	13 112		5 671	4 465	1 449	195	1 332
59	13 097		5 332	4 573	1 733	123	1 336
60-64	**66 880**	**13**	**24 160**	**25 691**	**12 264**	**354**	**4 398**
60	14 096	2	5 381	5 350	2 223	98	1 042
61	13 206	2	5 055	5 078	2 105	84	882
62	12 928	4	4 716	4 915	2 418	64	811
63	13 334	3	4 601	5 169	2 646	58	857
64	13 317	2	4 407	5 180	2 872	50	806
65-69	**66 817**	**22**	**19 980**	**23 169**	**19 901**	**129**	**3 616**
65	14 584	7	4 764	5 468	3 510	40	795
66	11 888	3	3 734	4 252	3 185	32	682
67	13 731	5	4 112	4 809	4 067	27	711
68	13 328	4	3 750	4 451	4 372	17	734
69	13 286	3	3 621	4 189	4 767	13	693
70岁及以上	**136 838**	**47**	**22 833**	**30 499**	**77 462**	**82**	**5 915**
男	**289 986**	**65 307**	**15 784**	**75 046**	**52 946**	**26 528**	**54 375**
16-19	**70 731**	**58 978**	**227**		**457**	**4 300**	**6 769**
16	24 897	22 306	63		109	748	1 671
17	20 031	17 139	57		103	1 015	1 717
18	16 080	12 700	58		136	1 321	1 865
19	9 723	6 832	49		109	1 217	1 516
20-24	**17 378**	**6 007**	**197**		**538**	**5 279**	**5 357**
20	5 689	3 107	48		112	1 133	1 289
21	3 737	1 483	28		98	1 025	1 103
22	3 073	815	39		93	1 103	1 023
23	2 806	404	41		129	1 150	1 082
24	2 072	198	42		106	868	858
25-29	**7 892**	**239**	**198**	**1**	**659**	**3 223**	**3 572**
25	1 765	122	39		116	745	743
26	1 683	47	39		133	702	762
27	1 537	38	37		119	641	702
28	1 367	21	42		128	533	643
29	1 540	12	41	1	162	602	722

表5-12b 全国按年龄、性别分的不在业人口(镇)(续 2)

单位：人

性 别 年 龄	不在业人口	在校学生	料理家务	离退休	丧 失 劳动能力	正 在 寻找工作	其 他
30-34	**8 996**	**32**	**326**	**11**	**993**	**3 299**	**4 335**
30	1 559	8	48		140	606	757
31	1 717	9	61		173	655	819
32	1 867	8	76		217	683	883
33	1 889	5	59	5	252	672	896
34	1 961	2	81	5	211	683	979
35-39	**9 707**	**11**	**369**	**26**	**1 239**	**3 245**	**4 817**
35	2 172	5	96	6	247	781	1 037
36	1 854	3	43	4	224	605	975
37	2 173	1	90	8	267	725	1 082
38	1 600		53	4	233	487	823
39	1 910	2	86	5	268	647	902
40-44	**9 502**	**2**	**435**	**104**	**1 324**	**2 736**	**4 901**
40	2 068	1	94	17	304	632	1 020
41	2 078		106	13	284	634	1 041
42	2 446		99	21	346	696	1 284
43	1 868	1	83	38	243	524	979
44	1 042		54	14	148	249	577
45-49	**8 797**	**3**	**597**	**274**	**1 307**	**1 844**	**4 772**
45	1 373		61	27	180	394	711
46	1 393	1	76	41	200	339	736
47	1 806	1	135	49	257	372	992
48	2 176		150	71	344	378	1 233
49	2 049	1	174	87	326	360	1 101
50-54	**16 531**	**3**	**1 362**	**5 068**	**2 132**	**1 476**	**6 490**
50	2 943	1	203	764	390	343	1 242
51	3 089		231	823	398	327	1 310
52	3 344		311	987	433	312	1 301
53	3 750		320	1 258	498	279	1 395
54	3 406	2	297	1 237	413	215	1 242
55-59	**22 636**	**1**	**2 046**	**11 625**	**2 824**	**766**	**5 374**
55	4 229		370	1 899	490	214	1 256
56	4 669	1	477	2 297	491	192	1 211
57	4 175		353	2 239	539	122	922
58	4 688		430	2 501	614	147	996
59	4 876		415	2 690	691	91	989
60-64	**28 359**	**5**	**2 692**	**17 555**	**5 013**	**233**	**2 861**
60	5 770		547	3 557	927	65	674
61	5 539		530	3 493	873	54	589
62	5 444	4	508	3 342	1 022	45	523
63	5 699		553	3 499	1 052	35	560
64	5 910	1	554	3 664	1 140	35	516

表5-12b 全国按年龄、性别分的不在业人口(镇)(续 3)

单位：人

性别 年龄	不在业人口	在校学生	料理家务	离退休	丧失 劳动能力	正在 寻找工作	其他
65–69	**29 797**	**8**	**2 946**	**16 600**	**7 962**	**84**	**2 197**
65	6 381	4	603	3 851	1 411	25	487
66	5 272		534	3 030	1 263	19	426
67	6 149	2	620	3 413	1 677	19	418
68	6 082		597	3 242	1 754	11	478
69	5 915	2	593	3 065	1 856	9	390
70岁及以上	**59 661**	**17**	**4 391**	**23 783**	**28 498**	**42**	**2 930**
女	**504 689**	**57 492**	**240 484**	**47 095**	**78 501**	**30 105**	**51 012**
16–19	**62 486**	**52 728**	**1 306**		**308**	**3 223**	**4 921**
16	22 371	20 427	240		80	517	1 107
17	17 760	15 532	238		70	734	1 186
18	14 034	11 283	363		86	941	1 361
19	8 321	5 485	465		73	1 031	1 267
20–24	**28 324**	**4 432**	**11 070**		**377**	**5 335**	**7 110**
20	5 441	2 200	903		73	969	1 296
21	5 100	1 141	1 546		73	1 032	1 308
22	5 353	601	2 200		68	1 133	1 351
23	6 518	313	3 224		78	1 177	1 726
24	5 916	177	3 197		86	1 024	1 432
25–29	**30 280**	**216**	**19 523**	**6**	**460**	**4 630**	**5 445**
25	5 862	93	3 538	1	81	962	1 187
26	6 272	46	3 915		88	1 007	1 216
27	5 997	44	3 882	1	101	905	1 064
28	5 623	24	3 723	2	93	817	964
29	6 523	9	4 465	1	97	938	1 015
30–34	**37 504**	**23**	**25 600**	**9**	**594**	**5 269**	**6 009**
30	6 748	10	4 562		89	973	1 114
31	7 396	3	5 041	3	109	1 042	1 198
32	7 534	4	5 187	2	111	1 062	1 168
33	7 735	6	5 253	1	142	1 087	1 246
34	8 092	1	5 556	3	144	1 106	1 282
35–39	**37 989**	**10**	**26 229**	**29**	**861**	**4 790**	**6 070**
35	8 472	2	5 918	3	158	1 056	1 335
36	7 611		5 254	1	177	994	1 185
37	8 281	4	5 618	11	230	1 088	1 330
38	6 420	3	4 457	9	121	809	1 021
39	7 208	2	4 981	6	175	844	1 200

表5-12b 全国按年龄、性别分的不在业人口(镇)(续 4)

单位：人

性别 年龄	不在业人口	在校学生	料理家务	离退休	丧失劳动能力	正在寻找工作	其他
40-44	**33 309**	**15**	**22 650**	**183**	**877**	**3 548**	**6 036**
40	7 496	1	5 060	23	211	913	1 288
41	7 267	5	4 931	40	167	800	1 324
42	8 469	3	5 724	50	208	880	1 604
43	6 375	5	4 353	42	199	637	1 139
44	3 704	3	2 582	29	92	318	680
45-49	**31 714**	**6**	**20 939**	**3 210**	**1 036**	**1 924**	**4 599**
45	5 213		3 383	380	160	459	831
46	4 831	1	3 200	435	143	338	714
47	6 439	2	4 263	647	192	380	955
48	7 659	2	5 138	776	240	414	1 089
49	7 573	1	4 956	972	302	333	1 009
50-54	**46 762**	**3**	**29 454**	**11 440**	**2 021**	**841**	**3 003**
50	9 199		5 825	2 038	321	233	782
51	9 577	3	5 883	2 531	356	189	615
52	9 332		5 886	2 288	414	169	575
53	9 842		6 209	2 426	468	150	589
54	8 812		5 652	2 157	462	99	442
55-59	**43 603**	**6**	**26 767**	**10 797**	**3 812**	**338**	**1 883**
55	9 431	4	5 832	2 437	586	101	471
56	9 229		5 669	2 439	656	89	376
57	8 297	2	5 109	2 073	693	67	353
58	8 426		5 241	1 964	836	49	336
59	8 222		4 917	1 884	1 043	32	346
60-64	**38 522**	**8**	**21 468**	**8 137**	**7 251**	**121**	**1 537**
60	8 328	2	4 835	1 793	1 296	33	369
61	7 666	1	4 525	1 585	1 232	30	293
62	7 483	1	4 208	1 572	1 396	19	287
63	7 637	3	4 048	1 671	1 594	23	298
64	7 410	1	3 853	1 516	1 732	16	292
65-69	**37 021**	**14**	**17 035**	**6 569**	**11 939**	**45**	**1 419**
65	8 203	3	4 161	1 617	2 099	14	309
66	6 616	3	3 200	1 222	1 922	13	256
67	7 584	3	3 492	1 396	2 390	9	294
68	7 245	4	3 153	1 209	2 618	6	255
69	7 372	1	3 028	1 125	2 911	3	304
70岁及以上	**77 176**	**30**	**18 443**	**6 715**	**48 963**	**41**	**2 984**

表5-12c　全国按年龄、性别分的不在业人口(乡村)

单位：人

性别 年龄	不在业人口	在校学生	料理家务	离退休	丧失 劳动能力	正在 寻找工作	其他
合　计	**1 632 477**	**318 091**	**479 502**	**65 427**	**588 481**	**51 601**	**129 375**
16-19	**349 257**	**291 913**	**7 527**	**1**	**3 339**	**16 415**	**30 062**
16	147 040	130 651	1 917		845	3 960	9 667
17	95 380	80 669	1 754		794	4 181	7 982
18	68 156	53 568	1 945	1	918	4 646	7 078
19	38 678	27 026	1 910		782	3 627	5 333
20-24	**86 323**	**24 498**	**25 722**		**3 820**	**12 065**	**20 218**
20	23 671	12 621	2 993		748	2 960	4 349
21	18 110	6 314	4 181		698	2 596	4 321
22	15 520	3 079	5 404		696	2 381	3 960
23	16 045	1 667	6 853		874	2 354	4 297
24	12 980	817	6 291		804	1 774	3 294
25-29	**50 207**	**1 008**	**28 544**	**2**	**4 335**	**6 061**	**10 257**
25	11 918	550	6 254		839	1 563	2 712
26	10 817	230	6 073	1	789	1 405	2 319
27	9 818	116	5 731	1	890	1 168	1 912
28	8 435	73	5 001		830	954	1 577
29	9 222	39	5 485		988	972	1 738
30-34	**48 543**	**68**	**30 052**	**9**	**6 303**	**4 547**	**7 564**
30	9 228	31	5 525		1 171	917	1 584
31	9 753	7	5 960	1	1 259	921	1 605
32	9 760	9	6 128	1	1 214	925	1 483
33	9 837	10	6 287	1	1 248	855	1 436
34	9 966	11	6 152	6	1 412	929	1 456
35-39	**47 705**	**43**	**29 718**	**12**	**7 765**	**3 772**	**6 395**
35	10 624	12	6 666	1	1 579	904	1 462
36	9 544	4	6 026	1	1 465	763	1 285
37	10 081	13	6 189	2	1 719	826	1 332
38	8 366	7	5 174	1	1 456	606	1 122
39	9 094	7	5 664	7	1 545	674	1 197
40-44	**43 404**	**24**	**27 205**	**35**	**7 739**	**2 839**	**5 562**
40	9 689	9	5 961	4	1 744	639	1 332
41	9 186	4	5 672	7	1 701	635	1 167
42	10 730	8	6 676	11	1 924	748	1 363
43	8 640	3	5 535	6	1 486	539	1 071
44	5 156		3 360	8	884	277	627
45-49	**46 465**	**22**	**31 101**	**579**	**8 003**	**1 834**	**4 926**
45	7 273	4	4 872	59	1 188	350	800
46	6 991	8	4 701	83	1 146	313	740
47	9 593	3	6 402	113	1 673	373	1 029
48	11 397	4	7 595	137	1 991	429	1 241
49	11 216	4	7 532	186	2 005	370	1 119

表5-12c 全国按年龄、性别分的不在业人口(乡村)(续 1)

单位：人

性别 年龄	不在业人口	在校学生	料理家务	离退休	丧失劳动能力	正在寻找工作	其他
50-54	**79 307**	**25**	**50 697**	**4 576**	**15 547**	**1 790**	**6 672**
50	14 559	3	9 442	623	2 762	413	1 316
51	14 922	7	9 668	796	2 768	404	1 279
52	15 778	7	10 260	832	3 014	321	1 344
53	17 544	4	11 048	1 158	3 550	352	1 432
54	16 503	4	10 279	1 166	3 453	300	1 301
55-59	**99 602**	**29**	**54 828**	**10 379**	**25 818**	**1 114**	**7 434**
55	18 744	10	10 938	1 768	4 272	266	1 490
56	19 675	3	11 161	1 910	4 791	262	1 548
57	19 178	4	10 646	1 998	4 830	238	1 462
58	20 810	4	11 096	2 323	5 676	180	1 531
59	21 190	7	10 987	2 380	6 247	168	1 401
60-64	**133 881**	**45**	**57 890**	**15 768**	**52 233**	**594**	**7 351**
60	26 074	13	12 211	3 155	8 974	132	1 589
61	25 289	10	11 448	3 201	9 090	140	1 400
62	26 390	6	11 368	3 116	10 336	109	1 455
63	27 151	9	11 285	3 155	11 241	117	1 344
64	28 977	8	11 578	3 141	12 591	96	1 563
65-69	**171 660**	**95**	**57 827**	**14 159**	**91 526**	**321**	**7 732**
65	33 324	18	12 281	3 680	15 639	84	1 622
66	29 300	12	10 674	2 591	14 675	65	1 283
67	35 319	13	11 856	2 856	18 862	70	1 662
68	36 544	33	11 616	2 578	20 654	53	1 610
69	37 171	19	11 399	2 453	21 696	49	1 555
70岁及以上	**476 126**	**321**	**78 392**	**19 907**	**362 053**	**250**	**15 203**
男	**625 067**	**171 887**	**54 485**	**54 335**	**252 770**	**24 607**	**66 983**
16-19	**184 955**	**156 749**	**1 097**		**1 958**	**8 867**	**16 284**
16	77 805	69 190	384		496	2 234	5 501
17	50 563	43 101	290		462	2 284	4 426
18	36 305	29 286	253		548	2 484	3 734
19	20 283	15 172	171		452	1 865	2 623
20-24	**29 657**	**14 269**	**612**		**2 306**	**5 528**	**6 942**
20	11 135	7 253	154		417	1 422	1 889
21	6 958	3 687	122		443	1 176	1 530
22	4 685	1 840	129		418	1 073	1 225
23	4 007	997	114		545	1 053	1 298
24	2 873	492	93		483	805	1 000
25-29	**9 480**	**575**	**391**		**2 579**	**2 490**	**3 445**
25	2 311	296	82		463	641	829
26	2 006	141	77		478	563	747
27	1 843	73	92		567	482	629
28	1 583	44	69		485	424	561
29	1 737	21	73		586	380	677

表5-12c　全国按年龄、性别分的不在业人口(乡村)(续 2)

单位：人

性别 年龄	不在业人口	在校学生	料理家务	离退休	丧失劳动能力	正在寻找工作	其他
30–34	**9 545**	**37**	**436**	**6**	**3 774**	**1 835**	**3 457**
30	1 789	22	86		677	356	648
31	1 853	3	80	1	736	347	686
32	1 890	3	100		734	368	685
33	1 901	6	82	1	766	376	670
34	2 112	4	87	4	862	389	766
35–39	**9 971**	**23**	**526**	**6**	**4 519**	**1 598**	**3 299**
35	2 103	7	102		933	363	698
36	1 986	2	111		874	327	672
37	2 156	7	111	1	1 000	350	687
38	1 809	3	104		840	268	594
39	1 917	3	98	5	871	290	650
40–44	**9 356**	**12**	**634**	**19**	**4 386**	**1 200**	**3 105**
40	2 098	4	159	1	948	260	726
41	1 978	2	119	6	935	244	672
42	2 389	6	145	6	1 141	331	760
43	1 831		137	3	856	234	601
44	1 061		73	4	506	131	347
45–49	**9 142**	**9**	**878**	**105**	**4 318**	**891**	**2 941**
45	1 402		144	10	625	167	456
46	1 349	5	120	13	633	154	424
47	1 916	1	177	21	923	186	608
48	2 258	2	213	23	1 049	207	764
49	2 220	1	224	38	1 088	177	692
50–54	**17 489**	**10**	**2 348**	**2 498**	**7 331**	**948**	**4 354**
50	3 167	1	378	291	1 429	224	844
51	3 154	4	405	378	1 366	194	807
52	3 367	3	470	415	1 441	157	881
53	3 961	2	553	668	1 608	205	925
54	3 838		543	746	1 487	167	895
55–59	**28 104**	**13**	**4 267**	**7 791**	**10 421**	**639**	**4 973**
55	4 809	5	651	1 222	1 772	151	1 008
56	5 344	2	799	1 334	2 009	164	1 036
57	5 391	3	850	1 504	1 927	127	980
58	6 117	2	938	1 829	2 244	109	995
59	6 443	1	1 029	1 903	2 469	88	953
60–64	**49 123**	**20**	**8 743**	**13 648**	**21 625**	**325**	**4 762**
60	8 799	5	1 468	2 685	3 548	73	1 020
61	9 027	6	1 550	2 737	3 785	72	877
62	9 772	4	1 808	2 710	4 206	59	985
63	10 220	3	1 843	2 734	4 710	63	867
64	11 302	2	2 074	2 781	5 376	57	1 012

表5-12c 全国按年龄、性别分的不在业人口(乡村)(续 3)

单位: 人

性别 年龄	不在业人口	在校学生	料理家务	离退休	丧失 劳动能力	正在 寻找工作	其他
65-69	**69 513**	**44**	**12 388**	**12 504**	**39 382**	**171**	**5 024**
65	13 146	8	2 335	3 210	6 487	46	1 060
66	11 633	6	2 169	2 303	6 261	30	864
67	14 484	6	2 591	2 548	8 243	39	1 057
68	14 938	18	2 604	2 286	8 928	29	1 073
69	15 314	6	2 690	2 157	9 462	27	972
70岁及以上	**198 735**	**127**	**22 165**	**17 757**	**150 173**	**115**	**8 398**
女	**1 007 407**	**146 204**	**425 017**	**11 092**	**335 710**	**26 994**	**62 390**
16-19	**164 303**	**135 165**	**6 430**	**1**	**1 382**	**7 548**	**13 777**
16	69 232	61 461	1 533		349	1 725	4 164
17	44 819	37 568	1 464		332	1 898	3 557
18	31 850	24 282	1 692	1	369	2 162	3 344
19	18 399	11 854	1 740		331	1 763	2 711
20-24	**56 666**	**10 229**	**25 109**		**1 514**	**6 537**	**13 277**
20	12 536	5 368	2 839		331	1 538	2 460
21	11 153	2 627	4 060		255	1 420	2 791
22	10 837	1 239	5 275		279	1 309	2 735
23	12 039	670	6 739		329	1 301	3 000
24	10 104	324	6 197		321	970	2 292
25-29	**40 728**	**434**	**28 153**	**2**	**1 756**	**3 571**	**6 812**
25	9 607	255	6 172		376	922	1 882
26	8 811	89	5 996	1	311	842	1 572
27	7 974	43	5 639	1	323	686	1 282
28	6 854	29	4 933		345	530	1 017
29	7 483	18	5 412		402	592	1 059
30-34	**38 996**	**30**	**29 616**	**2**	**2 529**	**2 712**	**4 107**
30	7 438	9	5 438		495	561	935
31	7 900	5	5 880		523	574	918
32	7 868	6	6 028	1	480	557	796
33	7 935	4	6 205		481	480	765
34	7 855	7	6 065	1	550	540	692
35-39	**37 733**	**20**	**29 192**	**6**	**3 246**	**2 174**	**3 095**
35	8 520	4	6 564	1	646	541	764
36	7 556	1	5 915	1	592	436	611
37	7 925	6	6 078	1	719	475	646
38	6 555	4	5 070	1	616	337	527
39	7 175	3	5 566	2	673	384	547

表5-12c 全国按年龄、性别分的不在业人口(乡村)(续 4)

单位：人

性别 年龄	不在业人口	在校学生	料理家务	离退休	丧失劳动能力	正在寻找工作	其他
40-44	**34 048**	**12**	**26 571**	**16**	**3 353**	**1 639**	**2 457**
40	7 593	5	5 802	3	796	380	607
41	7 209	2	5 553	1	766	391	496
42	8 342	2	6 531	5	783	417	604
43	6 809	3	5 398	3	630	305	470
44	4 095		3 287	4	378	146	280
45-49	**37 324**	**14**	**30 223**	**474**	**3 686**	**943**	**1 984**
45	5 873	4	4 728	49	563	183	346
46	5 642	3	4 581	70	513	159	316
47	7 677	2	6 225	93	750	187	420
48	9 136	1	7 382	114	941	221	477
49	8 994	4	7 307	148	917	192	426
50-54	**61 819**	**16**	**48 348**	**2 078**	**8 217**	**842**	**2 318**
50	11 394	2	9 064	333	1 333	188	474
51	11 770	3	9 263	418	1 402	210	474
52	12 407	4	9 790	417	1 573	163	460
53	13 584	3	10 495	491	1 942	147	506
54	12 667	4	9 736	420	1 967	134	406
55-59	**71 497**	**16**	**50 561**	**2 588**	**15 396**	**476**	**2 460**
55	13 933	5	10 287	546	2 500	115	480
56	14 332	2	10 362	576	2 783	98	511
57	13 788	1	9 796	495	2 903	111	482
58	14 694	2	10 158	495	3 432	71	536
59	14 748	7	9 958	477	3 778	80	448
60-64	**84 757**	**25**	**49 147**	**2 120**	**30 607**	**269**	**2 589**
60	17 271	8	10 743	469	5 425	59	567
61	16 263	4	9 898	464	5 306	68	523
62	16 618	2	9 560	406	6 130	50	470
63	16 931	6	9 442	421	6 531	54	477
64	17 676	6	9 505	360	7 215	39	551
65-69	**102 145**	**51**	**45 439**	**1 654**	**52 144**	**149**	**2 708**
65	20 182	10	9 947	470	9 152	38	565
66	17 666	6	8 505	288	8 413	35	419
67	20 834	7	9 265	308	10 619	31	604
68	21 607	15	9 012	292	11 727	23	538
69	21 856	13	8 709	296	12 234	22	582
70岁及以上	**277 388**	**194**	**56 226**	**2 149**	**211 880**	**134**	**6 805**

第六卷 人口 婚姻

表6-1 全国分年龄、性别、婚姻状况的人口

单位：人

年龄	15岁及以上人口			未婚			初婚有配偶		
	合计	男	女	小计	男	女	小计	男	女
总计	**13 664 737**	**6 786 677**	**6 878 061**	**2 619 360**	**1 524 886**	**1 094 474**	**9 824 784**	**4 801 807**	**5 022 977**
15-19	**1 443 484**	**749 084**	**694 399**	**1 431 887**	**746 886**	**685 002**	**11 353**	**2 139**	**9 214**
15	346 126	182 334	163 792	346 064	182 309	163 754	50	16	34
16	315 197	164 802	150 396	314 895	164 744	150 151	290	51	239
17	278 583	144 374	134 209	277 663	144 209	133 454	902	159	744
18	279 299	143 362	135 937	276 055	142 761	133 295	3 177	587	2 590
19	224 278	114 212	110 066	217 211	112 864	104 347	6 933	1 326	5 607
20-24	**1 036 723**	**499 927**	**536 796**	**702 070**	**394 169**	**307 901**	**330 502**	**104 347**	**226 155**
20	196 962	97 506	99 456	177 930	94 216	83 715	18 735	3 226	15 509
21	191 823	91 680	100 143	156 130	84 905	71 225	35 291	6 665	28 626
22	198 985	95 182	103 803	138 426	78 405	60 022	59 837	16 552	43 285
23	235 835	112 784	123 051	133 679	77 909	55 770	100 923	34 436	66 487
24	213 119	102 776	110 344	95 905	58 735	37 170	115 716	43 468	72 248
25-29	**1 110 290**	**539 235**	**571 055**	**231 980**	**159 378**	**72 603**	**860 006**	**371 690**	**488 316**
25	210 881	100 577	110 304	73 172	46 609	26 563	135 479	53 055	82 423
26	223 647	108 750	114 897	57 684	38 908	18 777	163 209	68 645	94 564
27	222 032	108 001	114 031	43 608	30 712	12 896	174 736	75 602	99 133
28	214 130	104 788	109 343	31 041	22 962	8 079	178 919	79 944	98 975
29	239 600	117 121	122 480	26 476	20 188	6 288	207 665	94 444	113 220
30-34	**1 445 908**	**711 021**	**734 887**	**84 677**	**69 055**	**15 623**	**1 312 690**	**619 427**	**693 264**
30	251 922	124 107	127 815	22 102	17 424	4 678	222 799	103 516	119 283
31	277 806	135 601	142 205	19 198	15 410	3 788	250 438	116 380	134 058
32	292 145	143 566	148 579	16 563	13 597	2 966	265 849	125 449	140 400
33	304 961	150 260	154 701	14 197	11 890	2 307	279 794	133 249	146 545
34	319 074	157 487	161 587	12 617	10 734	1 883	293 811	140 832	152 978
35-39	**1 651 487**	**813 134**	**838 354**	**44 713**	**39 226**	**5 488**	**1 527 266**	**736 777**	**790 489**
35	351 372	173 107	178 265	11 919	10 252	1 667	323 995	155 721	168 274
36	325 230	159 848	165 382	9 490	8 221	1 270	300 677	144 620	156 056
37	358 646	176 581	182 065	9 205	8 099	1 106	332 021	160 243	171 778
38	289 717	142 560	147 157	6 990	6 272	718	268 223	129 505	138 718
39	326 522	161 038	165 485	7 108	6 382	727	302 351	146 687	155 663

表6-1 全国分年龄、性别、婚姻状况的人口(续 1)

单位：人

年龄	15岁及以上人口			未婚			初婚有配偶		
	合计	男	女	小计	男	女	小计	男	女
40-44	**1 475 539**	**732 641**	**742 898**	**26 814**	**24 217**	**2 597**	**1 360 329**	**667 733**	**692 597**
40	334 359	166 402	167 957	6 954	6 285	669	308 241	151 311	156 930
41	320 180	158 238	161 942	6 037	5 470	567	295 444	144 083	151 362
42	379 144	189 553	189 591	6 615	5 974	641	349 724	173 018	176 706
43	283 846	141 056	142 790	4 652	4 199	453	261 789	128 885	132 904
44	158 010	77 391	80 619	2 556	2 289	267	145 131	70 436	74 695
45-49	**1 147 578**	**575 858**	**571 720**	**20 388**	**18 959**	**1 429**	**1 046 294**	**520 663**	**525 631**
45	201 422	100 540	100 882	3 451	3 136	316	183 785	91 098	92 686
46	183 983	92 951	91 032	3 009	2 794	215	168 129	84 289	83 840
47	240 012	120 999	119 014	4 584	4 277	307	218 286	108 851	109 435
48	272 863	137 844	135 019	4 977	4 648	329	249 028	124 706	124 322
49	249 298	123 525	125 773	4 367	4 104	263	227 066	111 719	115 347
50-54	**1 236 929**	**622 759**	**614 170**	**23 003**	**21 877**	**1 126**	**1 112 026**	**558 317**	**553 710**
50	272 223	138 187	134 037	5 189	4 908	281	245 929	124 216	121 712
51	264 461	133 086	131 374	4 749	4 515	234	239 108	119 738	119 370
52	245 077	122 985	122 092	4 795	4 564	231	220 196	109 956	110 240
53	246 340	123 731	122 609	4 405	4 192	213	220 513	110 798	109 714
54	208 828	104 770	104 058	3 866	3 698	167	186 282	93 608	92 674
55-59	**907 435**	**462 421**	**445 014**	**17 200**	**16 420**	**780**	**788 149**	**406 032**	**382 118**
55	209 335	106 015	103 321	3 995	3 803	192	184 337	93 799	90 537
56	201 030	103 736	97 294	3 705	3 522	182	175 885	91 541	84 344
57	172 379	87 412	84 967	3 201	3 051	150	149 781	76 843	72 938
58	169 785	86 697	83 088	3 330	3 184	147	146 312	75 764	70 547
59	154 906	78 561	76 344	2 969	2 860	109	131 836	68 084	63 752
60-64	**668 310**	**342 519**	**325 791**	**13 906**	**13 400**	**505**	**545 528**	**289 043**	**256 486**
60	150 798	76 604	74 194	3 226	3 104	122	125 652	65 291	60 362
61	138 288	71 357	66 931	2 847	2 743	104	114 708	60 796	53 912
62	129 399	66 188	63 210	2 569	2 473	96	105 824	55 970	49 854
63	124 937	63 748	61 190	2 670	2 574	96	100 250	53 156	47 094
64	124 887	64 622	60 265	2 594	2 505	88	99 094	53 830	45 264
65岁及以上	**1 541 056**	**738 079**	**802 977**	**22 719**	**21 298**	**1 421**	**930 639**	**525 640**	**404 999**

表6-1　全国分年龄、性别、婚姻状况的人口(续 2)

单位：人

年　龄	再婚有配偶			离　婚			丧　偶		
	小计	男	女	小计	男	女	小计	男	女
总　计	**301 209**	**138 947**	**162 262**	**135 625**	**81 486**	**54 139**	**783 760**	**239 551**	**544 209**
15-19	**61**	**9**	**51**	**144**	**27**	**117**	**38**	**23**	**16**
15	1		1	4	1	3	8	8	
16	1	1		4	1	4	7	5	2
17	6	2	3	9	4	6	3	1	2
18	13	3	10	45	9	36	8	2	6
19	40	3	37	82	13	69	12	6	6
20-24	**1 715**	**481**	**1 234**	**2 131**	**843**	**1 287**	**306**	**87**	**219**
20	94	21	73	180	39	141	22	5	18
21	155	28	127	215	75	140	32	8	24
22	298	81	217	382	138	244	42	5	37
23	528	148	380	611	256	354	94	35	59
24	639	203	437	743	335	408	116	34	82
25-29	**8 342**	**3 011**	**5 331**	**8 485**	**4 616**	**3 868**	**1 477**	**540**	**937**
25	1 010	324	686	1 065	543	522	155	46	110
26	1 198	418	779	1 342	709	634	214	70	143
27	1 641	619	1 022	1 774	976	798	274	92	182
28	1 951	706	1 245	1 865	1 040	825	356	136	219
29	2 542	944	1 599	2 438	1 349	1 089	479	196	283
30-34	**24 734**	**9 494**	**15 240**	**19 099**	**11 180**	**7 919**	**4 707**	**1 865**	**2 842**
30	3 501	1 289	2 212	2 898	1 662	1 236	622	216	406
31	4 037	1 532	2 505	3 399	1 987	1 412	735	293	442
32	4 883	1 821	3 062	3 860	2 298	1 562	990	400	590
33	5 671	2 217	3 454	4 218	2 485	1 733	1 080	418	662
34	6 643	2 636	4 007	4 724	2 748	1 976	1 280	537	743
35-39	**41 925**	**17 133**	**24 792**	**26 394**	**15 818**	**10 576**	**11 189**	**4 179**	**7 009**
35	8 179	3 222	4 957	5 516	3 262	2 255	1 763	651	1 112
36	7 856	3 107	4 749	5 346	3 188	2 158	1 861	712	1 149
37	9 227	3 817	5 410	5 792	3 487	2 305	2 401	935	1 466
38	7 624	3 140	4 484	4 621	2 807	1 815	2 258	836	1 422
39	9 040	3 848	5 192	5 118	3 075	2 043	2 905	1 046	1 860

表6-1　全国分年龄、性别、婚姻状况的人口(续 3)

单位：人

年　龄	再婚有配偶			离　婚			丧　偶		
	小计	男	女	小计	男	女	小计	男	女
40-44	**44 248**	**19 253**	**24 995**	**26 118**	**15 283**	**10 835**	**18 029**	**6 154**	**11 875**
40	10 048	4 152	5 897	5 727	3 413	2 314	3 388	1 241	2 147
41	9 380	4 026	5 354	5 777	3 403	2 374	3 542	1 256	2 285
42	11 267	4 967	6 300	6 829	3 964	2 865	4 708	1 629	3 079
43	8 592	3 881	4 710	4 826	2 800	2 026	3 987	1 291	2 696
44	4 961	2 226	2 734	2 959	1 703	1 256	2 404	737	1 667
45-49	**36 831**	**16 666**	**20 164**	**18 252**	**10 992**	**7 260**	**25 813**	**8 577**	**17 236**
45	6 955	3 030	3 925	3 689	2 171	1 518	3 543	1 106	2 438
46	5 846	2 648	3 197	3 315	1 995	1 320	3 685	1 226	2 460
47	7 955	3 720	4 234	3 952	2 392	1 560	5 235	1 759	3 476
48	8 439	3 901	4 539	3 930	2 396	1 534	6 488	2 193	4 295
49	7 636	3 367	4 269	3 366	2 039	1 328	6 861	2 295	4 566
50-54	**39 290**	**17 548**	**21 742**	**14 032**	**8 642**	**5 390**	**48 577**	**16 375**	**32 202**
50	8 939	3 966	4 973	3 556	2 161	1 395	8 611	2 935	5 676
51	8 272	3 776	4 496	3 195	1 931	1 264	9 137	3 127	6 011
52	7 707	3 423	4 284	2 765	1 737	1 028	9 615	3 305	6 310
53	7 859	3 499	4 360	2 527	1 566	961	11 036	3 676	7 360
54	6 513	2 884	3 629	1 989	1 246	743	10 178	3 333	6 845
55-59	**30 021**	**13 849**	**16 172**	**7 981**	**5 297**	**2 684**	**64 083**	**20 823**	**43 260**
55	7 132	3 207	3 926	2 020	1 340	680	11 851	3 866	7 986
56	6 610	3 040	3 570	1 896	1 217	680	12 934	4 416	8 518
57	5 690	2 631	3 059	1 512	985	527	12 196	3 904	8 292
58	5 480	2 623	2 857	1 353	915	438	13 310	4 210	9 099
59	5 108	2 348	2 760	1 200	841	359	13 792	4 427	9 364
60-64	**22 547**	**11 208**	**11 339**	**4 824**	**3 440**	**1 383**	**81 505**	**25 427**	**56 078**
60	5 195	2 489	2 706	1 165	824	341	15 560	4 896	10 664
61	4 589	2 310	2 278	1 030	725	305	15 115	4 783	10 332
62	4 329	2 203	2 126	900	637	264	15 776	4 905	10 871
63	4 263	2 158	2 105	895	640	255	16 860	5 219	11 640
64	4 171	2 048	2 123	834	614	220	18 194	5 624	12 570
65岁及以上	**51 496**	**30 293**	**21 203**	**8 166**	**5 346**	**2 820**	**528 036**	**155 500**	**372 535**

表6-1a　全国分年龄、性别、婚姻状况的人口(城市)

单位：人

年　龄	15岁及以上人口			未　婚			初婚有配偶		
	合计	男	女	小计	男	女	小计	男	女
总　计	**4 008 936**	**1 984 780**	**2 024 156**	**838 692**	**460 015**	**378 676**	**2 847 672**	**1 407 990**	**1 439 682**
15-19	**374 262**	**188 141**	**186 121**	**372 693**	**187 871**	**184 822**	**1 545**	**265**	**1 279**
15	68 066	35 438	32 628	68 061	35 436	32 626			
16	72 063	37 071	34 992	72 039	37 067	34 971	24	4	20
17	75 165	37 825	37 340	75 060	37 805	37 255	104	19	85
18	84 799	41 551	43 248	84 368	41 468	42 901	422	82	340
19	74 170	36 257	37 913	73 164	36 095	37 069	994	160	834
20-24	**365 069**	**175 140**	**189 929**	**290 829**	**153 190**	**137 639**	**73 763**	**21 799**	**51 964**
20	67 491	32 538	34 953	64 485	32 092	32 393	2 981	439	2 542
21	68 176	32 277	35 899	61 725	31 242	30 483	6 420	1 027	5 393
22	71 142	34 248	36 894	59 108	31 180	27 928	11 964	3 054	8 911
23	84 443	40 408	44 034	61 036	33 205	27 832	23 258	7 155	16 104
24	73 818	35 670	38 149	44 474	25 470	19 004	29 139	10 125	19 015
25-29	**380 141**	**183 970**	**196 171**	**109 387**	**69 450**	**39 937**	**266 516**	**112 852**	**153 664**
25	71 431	34 248	37 183	34 509	20 446	14 063	36 595	13 689	22 906
26	77 374	37 267	40 107	27 830	17 412	10 418	48 958	19 611	29 346
27	76 863	37 230	39 633	20 992	13 679	7 313	55 035	23 222	31 813
28	73 530	35 753	37 778	14 419	9 826	4 594	58 096	25 531	32 565
29	80 942	39 473	41 470	11 637	8 088	3 549	67 831	30 798	37 033
30-34	**466 002**	**231 684**	**234 319**	**32 669**	**23 564**	**9 105**	**418 145**	**201 749**	**216 396**
30	83 476	41 156	42 320	9 259	6 528	2 731	72 351	33 893	38 458
31	89 104	44 067	45 037	7 478	5 307	2 172	79 216	37 714	41 502
32	94 938	46 957	47 981	6 472	4 710	1 762	85 420	40 946	44 473
33	97 727	48 789	48 938	5 105	3 778	1 328	88 995	43 461	45 534
34	100 757	50 715	50 042	4 355	3 242	1 113	92 163	45 735	46 428
35-39	**478 588**	**240 408**	**238 180**	**12 841**	**9 674**	**3 167**	**438 705**	**218 997**	**219 708**
35	107 342	54 202	53 139	3 907	2 921	986	98 130	48 965	49 165
36	97 902	49 187	48 715	2 916	2 145	772	89 765	44 830	44 936
37	104 703	52 210	52 494	2 641	2 015	626	96 029	47 589	48 440
38	79 144	39 618	39 525	1 690	1 320	370	72 705	36 230	36 475
39	89 497	45 190	44 307	1 686	1 273	413	82 075	41 383	40 692

表6-1a　全国分年龄、性别、婚姻状况的人口(城市)(续 1)

单位：人

年　龄	15岁及以上人口			未　婚			初婚有配偶		
	合计	男	女	小计	男	女	小计	男	女
40-44	**442 690**	**225 733**	**216 957**	**6 678**	**5 175**	**1 503**	**403 015**	**205 691**	**197 324**
40	95 352	48 673	46 679	1 563	1 215	348	87 169	44 496	42 673
41	96 314	48 906	47 408	1 496	1 162	334	87 803	44 555	43 247
42	117 866	60 364	57 502	1 676	1 285	391	107 277	55 038	52 239
43	83 432	42 648	40 784	1 207	937	270	75 905	38 890	37 015
44	49 726	25 142	24 584	736	576	160	44 860	22 712	22 149
45-49	**347 334**	**175 567**	**171 767**	**4 140**	**3 258**	**882**	**314 284**	**159 385**	**154 900**
45	65 412	33 531	31 881	924	726	198	58 974	30 279	28 695
46	58 500	29 761	28 738	666	535	132	52 890	26 951	25 939
47	73 321	37 156	36 164	864	676	188	66 148	33 582	32 566
48	78 932	39 836	39 096	928	730	199	71 678	36 313	35 365
49	71 169	35 283	35 886	757	591	166	64 594	32 259	32 335
50-54	**336 239**	**166 995**	**169 244**	**3 265**	**2 606**	**659**	**304 347**	**152 713**	**151 634**
50	74 885	37 848	37 037	754	579	175	67 923	34 620	33 303
51	74 796	37 245	37 551	722	588	134	67 783	33 993	33 790
52	66 017	32 430	33 587	647	517	130	59 771	29 666	30 106
53	64 972	31 898	33 074	603	471	132	58 717	29 241	29 476
54	55 569	27 573	27 995	539	451	88	50 153	25 193	24 960
55-59	**237 396**	**117 255**	**120 140**	**2 092**	**1 703**	**389**	**210 813**	**106 692**	**104 121**
55	55 324	27 414	27 910	476	375	101	49 717	25 027	24 691
56	52 988	26 314	26 674	438	343	94	47 263	24 066	23 197
57	45 010	22 035	22 975	414	340	74	39 894	20 036	19 858
58	44 037	21 727	22 310	393	320	73	38 982	19 740	19 243
59	40 036	19 765	20 271	371	324	47	34 957	17 824	17 132
60-64	**170 879**	**83 637**	**87 241**	**1 433**	**1 264**	**169**	**144 848**	**74 536**	**70 312**
60	37 212	18 147	19 066	328	281	48	32 212	16 323	15 889
61	34 757	17 043	17 714	293	255	38	29 857	15 262	14 595
62	32 734	16 220	16 514	316	287	29	27 677	14 400	13 278
63	32 892	15 965	16 927	265	235	30	27 559	14 179	13 380
64	33 283	16 262	17 020	231	206	25	27 542	14 373	13 169
65岁及以上	**410 337**	**196 249**	**214 088**	**2 666**	**2 262**	**405**	**271 693**	**153 311**	**118 382**

表6-1a　全国分年龄、性别、婚姻状况的人口(城市)(续 2)

单位：人

年　龄	再婚有配偶			离　婚			丧　偶		
	小计	男	女	小计	男	女	小计	男	女
总　计	**85 372**	**43 965**	**41 407**	**63 513**	**30 539**	**32 974**	**173 687**	**42 271**	**131 416**
15-19	**8**	**1**	**7**	**10**	**2**	**8**	**7**	**2**	**5**
15	1		1	1		1	2	2	
16									
17									
18	3	1	2	3		3	2		2
19	4		4	6	1	5	2		2
20-24	**166**	**50**	**116**	**273**	**90**	**182**	**38**	**11**	**27**
20	9	2	6	13	2	11	3	3	1
21	16	4	12	10	2	8	5	1	3
22	20	3	17	38	11	27	12		11
23	53	17	35	84	27	57	11	4	6
24	69	24	45	128	48	80	8	2	5
25-29	**1 404**	**482**	**922**	**2 566**	**1 108**	**1 458**	**269**	**79**	**190**
25	118	32	86	185	73	112	24	8	16
26	192	66	126	357	164	192	37	13	24
27	271	89	183	511	231	281	53	9	44
28	330	114	217	622	263	360	62	20	42
29	492	181	311	890	377	513	92	29	63
30-34	**6 041**	**2 363**	**3 678**	**8 180**	**3 762**	**4 418**	**968**	**246**	**722**
30	676	230	446	1 073	471	602	117	34	83
31	894	354	540	1 370	647	723	147	46	101
32	1 215	472	743	1 633	784	849	198	44	154
33	1 456	582	874	1 936	914	1 022	235	54	181
34	1 800	725	1 075	2 169	946	1 223	270	68	203
35-39	**11 885**	**5 280**	**6 605**	**12 803**	**5 946**	**6 858**	**2 354**	**512**	**1 842**
35	2 244	968	1 277	2 682	1 260	1 422	379	90	289
36	2 219	967	1 252	2 600	1 157	1 444	401	90	311
37	2 684	1 180	1 504	2 811	1 315	1 496	538	111	427
38	2 110	936	1 174	2 186	1 027	1 160	453	105	347
39	2 628	1 229	1 399	2 524	1 188	1 336	583	116	467

表6-1a 全国分年龄、性别、婚姻状况的人口(城市)(续 3)

单位：人

年龄	再婚有配偶			离婚			丧偶		
	小计	男	女	小计	男	女	小计	男	女
40-44	**14 368**	**7 037**	**7 331**	**14 539**	**6 931**	**7 607**	**4 090**	**898**	**3 192**
40	3 000	1 410	1 590	2 893	1 384	1 510	726	169	558
41	3 052	1 475	1 577	3 192	1 552	1 640	772	161	610
42	3 807	1 877	1 930	3 988	1 892	2 095	1 118	271	847
43	2 783	1 414	1 369	2 658	1 227	1 432	878	181	697
44	1 726	862	864	1 808	877	931	596	116	480
45-49	**12 226**	**6 345**	**5 881**	**10 628**	**5 230**	**5 398**	**6 056**	**1 350**	**4 706**
45	2 366	1 210	1 156	2 235	1 133	1 102	912	182	730
46	2 057	1 081	976	2 007	977	1 030	879	217	662
47	2 746	1 474	1 272	2 338	1 154	1 184	1 225	270	955
48	2 671	1 383	1 288	2 199	1 077	1 122	1 455	333	1 122
49	2 386	1 196	1 189	1 849	889	960	1 584	347	1 237
50-54	**11 160**	**5 729**	**5 431**	**7 181**	**3 476**	**3 705**	**10 286**	**2 471**	**7 815**
50	2 551	1 309	1 241	1 863	903	960	1 794	437	1 357
51	2 523	1 330	1 193	1 782	862	921	1 986	472	1 513
52	2 171	1 091	1 080	1 368	652	715	2 061	504	1 557
53	2 161	1 085	1 076	1 195	578	617	2 296	524	1 773
54	1 755	915	840	973	481	492	2 149	534	1 615
55-59	**7 681**	**4 037**	**3 644**	**3 263**	**1 675**	**1 588**	**13 546**	**3 148**	**10 399**
55	1 783	941	842	876	459	417	2 472	613	1 859
56	1 753	883	870	784	375	409	2 750	646	2 104
57	1 448	762	685	616	301	315	2 639	595	2 043
58	1 390	771	619	531	284	247	2 741	611	2 129
59	1 308	679	628	456	255	200	2 946	682	2 263
60-64	**5 831**	**3 087**	**2 744**	**1 607**	**916**	**691**	**17 160**	**3 834**	**13 326**
60	1 193	619	573	399	219	180	3 079	704	2 375
61	1 196	647	549	358	207	151	3 053	673	2 380
62	1 162	646	516	270	153	117	3 309	734	2 574
63	1 099	566	533	289	166	123	3 681	819	2 862
64	1 181	609	572	290	171	119	4 038	904	3 134
65岁及以上	**14 602**	**9 554**	**5 048**	**2 463**	**1 403**	**1 061**	**118 913**	**29 720**	**89 192**

表6-1b 全国分年龄、性别、婚姻状况的人口(镇)

单位：人

年 龄	15岁及以上人口			未 婚			初婚有配偶		
	合计	男	女	小计	男	女	小计	男	女
总 计	**2 343 316**	**1 157 431**	**1 185 885**	**418 656**	**239 620**	**179 036**	**1 729 644**	**846 518**	**883 127**
15-19	**247 723**	**128 898**	**118 825**	**246 340**	**128 631**	**117 709**	**1 356**	**256**	**1 100**
15	59 269	31 272	27 997	59 261	31 269	27 992	4		4
16	54 412	28 416	25 996	54 390	28 414	25 976	20	1	19
17	49 434	25 651	23 783	49 342	25 628	23 714	89	21	67
18	48 206	24 833	23 373	47 842	24 762	23 080	358	69	289
19	36 402	18 725	17 677	35 505	18 558	16 947	885	164	721
20-24	**165 887**	**78 658**	**87 229**	**107 400**	**60 747**	**46 653**	**57 937**	**17 746**	**40 191**
20	30 119	15 144	14 975	27 341	14 748	12 592	2 750	391	2 359
21	29 032	13 733	15 299	23 447	12 810	10 637	5 544	911	4 633
22	31 295	14 716	16 579	21 073	12 013	9 059	10 141	2 683	7 459
23	39 015	18 058	20 957	20 703	12 058	8 645	18 134	5 946	12 188
24	36 427	17 007	19 420	14 837	9 117	5 720	21 369	7 815	13 554
25-29	**205 211**	**98 152**	**107 059**	**34 779**	**24 124**	**10 656**	**167 185**	**72 587**	**94 598**
25	36 811	17 267	19 544	11 289	7 349	3 940	25 204	9 789	15 414
26	41 269	19 661	21 608	8 859	6 080	2 778	31 904	13 358	18 546
27	41 262	19 834	21 428	6 406	4 570	1 836	34 198	14 960	19 238
28	40 157	19 350	20 807	4 529	3 315	1 214	34 867	15 695	19 172
29	45 712	22 040	23 672	3 697	2 810	887	41 012	18 785	22 227
30-34	**274 946**	**134 139**	**140 807**	**10 900**	**8 729**	**2 172**	**254 842**	**121 193**	**133 650**
30	48 362	23 445	24 916	2 941	2 312	629	44 125	20 529	23 596
31	53 050	25 610	27 440	2 537	1 995	542	48 984	22 959	26 026
32	55 594	27 327	28 267	2 080	1 681	399	51 721	24 838	26 883
33	57 703	28 391	29 312	1 829	1 502	328	53 747	25 899	27 848
34	60 238	29 366	30 872	1 513	1 239	274	56 265	26 968	29 297
35-39	**305 870**	**151 049**	**154 821**	**5 156**	**4 355**	**801**	**286 196**	**139 962**	**146 234**
35	66 073	32 815	33 259	1 402	1 149	253	61 854	30 382	31 472
36	60 623	29 825	30 797	1 088	899	189	56 832	27 657	29 175
37	66 619	33 155	33 464	1 046	895	150	62 296	30 706	31 590
38	52 411	25 862	26 548	781	687	94	49 075	23 987	25 088
39	60 144	29 392	30 752	839	725	114	56 140	27 231	28 909

表6-1b 全国分年龄、性别、婚姻状况的人口(镇)(续 1)

单位：人

年龄	15岁及以上人口			未婚			初婚有配偶		
	合计	男	女	小计	男	女	小计	男	女
40-44	**266 199**	**132 533**	**133 666**	**2 939**	**2 583**	**356**	**247 517**	**122 713**	**124 804**
40	61 775	30 985	30 790	807	703	104	57 398	28 642	28 756
41	58 050	28 799	29 251	655	580	74	54 045	26 664	27 381
42	69 020	34 368	34 651	719	637	83	64 253	31 874	32 379
43	50 631	25 310	25 321	493	440	54	47 042	23 438	23 605
44	26 724	13 072	13 652	264	223	42	24 780	12 095	12 684
45-49	**192 018**	**96 416**	**95 602**	**2 022**	**1 858**	**164**	**176 924**	**88 881**	**88 043**
45	33 739	16 713	17 026	332	297	35	31 110	15 472	15 638
46	31 317	15 960	15 357	319	295	24	28 882	14 699	14 183
47	40 051	20 306	19 745	430	401	29	36 876	18 649	18 227
48	45 833	23 053	22 780	524	470	54	42 241	21 252	20 989
49	41 079	20 385	20 694	417	395	22	37 815	18 808	19 007
50-54	**199 964**	**99 718**	**100 246**	**2 332**	**2 222**	**110**	**181 428**	**91 172**	**90 256**
50	44 928	22 680	22 247	504	485	19	41 071	20 813	20 257
51	42 818	21 162	21 655	513	488	25	39 131	19 443	19 689
52	39 256	19 753	19 503	483	463	20	35 628	18 010	17 618
53	39 647	19 657	19 990	444	419	25	35 712	17 918	17 794
54	33 315	16 465	16 850	388	367	20	29 886	14 988	14 898
55-59	**143 886**	**72 572**	**71 314**	**1 863**	**1 777**	**85**	**125 893**	**64 862**	**61 031**
55	33 392	16 668	16 724	435	414	22	29 726	15 033	14 693
56	32 036	16 342	15 694	410	391	19	28 254	14 638	13 616
57	26 843	13 420	13 423	317	300	17	23 559	12 048	11 511
58	26 911	13 666	13 245	371	355	15	23 201	12 111	11 090
59	24 703	12 476	12 227	329	318	12	21 153	11 032	10 121
60-64	**105 367**	**53 600**	**51 767**	**1 723**	**1 659**	**64**	**86 321**	**45 772**	**40 548**
60	24 164	12 277	11 886	456	442	14	20 148	10 518	9 631
61	21 672	11 067	10 605	316	303	13	18 125	9 620	8 505
62	20 207	10 192	10 015	312	304	8	16 511	8 669	7 842
63	19 870	10 013	9 858	327	314	12	16 024	8 475	7 548
64	19 454	10 051	9 403	312	296	17	15 513	8 491	7 022
65岁及以上	**236 247**	**111 697**	**124 550**	**3 202**	**2 936**	**267**	**144 044**	**81 372**	**62 671**

表6-1b　全国分年龄、性别、婚姻状况的人口(镇)(续 2)

单位：人

年　龄	再婚有配偶			离　婚			丧　偶		
	小计	男	女	小计	男	女	小计	男	女
总　计	**54 736**	**27 051**	**27 685**	**22 293**	**12 684**	**9 609**	**117 987**	**31 559**	**86 428**
15-19	**6**	**2**	**4**	**15**	**5**	**10**	**6**	**5**	**2**
15				1		1	2	2	
16				1		1	1	1	
17	1	1		3	2	1			
18	2	1	1	3	1	2	1		1
19	3		3	7	1	6	2	2	1
20-24	**236**	**57**	**179**	**270**	**98**	**172**	**43**	**10**	**33**
20	10		10	18	5	13	1		1
21	16	1	15	22	9	13	2	1	1
22	33	8	25	43	12	32	4		4
23	67	16	51	92	32	60	19	6	13
24	110	31	79	95	41	54	17	3	14
25-29	**1 362**	**515**	**847**	**1 637**	**844**	**793**	**248**	**82**	**166**
25	133	47	86	162	75	88	24	8	16
26	209	78	131	257	137	120	40	8	32
27	263	93	170	353	201	152	41	10	31
28	314	121	193	379	189	191	68	32	37
29	444	177	267	485	242	242	75	25	49
30-34	**4 621**	**1 908**	**2 713**	**3 758**	**2 063**	**1 695**	**824**	**246**	**578**
30	607	239	367	585	336	249	103	28	75
31	754	293	461	648	331	316	127	32	95
32	905	353	552	716	396	319	173	59	114
33	1 087	473	614	854	461	394	185	57	128
34	1 268	550	718	955	538	417	236	71	165
35-39	**7 966**	**3 565**	**4 401**	**4 747**	**2 672**	**2 075**	**1 804**	**495**	**1 309**
35	1 523	663	859	998	551	447	296	69	227
36	1 454	629	826	944	555	389	304	86	218
37	1 764	800	964	1 107	637	470	406	117	289
38	1 430	646	785	776	432	344	348	110	238
39	1 794	827	967	922	497	425	449	113	336

表6-1b 全国分年龄、性别、婚姻状况的人口(镇)(续 3)

单位：人

年　龄	再婚有配偶			离　婚			丧　偶		
	小计	男	女	小计	男	女	小计	男	女
40-44	**8 417**	**4 044**	**4 373**	**4 370**	**2 462**	**1 909**	**2 955**	**731**	**2 224**
40	1 932	888	1 044	1 082	604	478	556	147	409
41	1 785	836	949	977	550	427	589	168	421
42	2 169	1 051	1 118	1 091	619	471	788	187	601
43	1 653	839	814	791	449	343	652	145	506
44	879	431	448	430	239	190	371	83	288
45-49	**6 567**	**3 152**	**3 415**	**2 530**	**1 462**	**1 069**	**3 975**	**1 064**	**2 911**
45	1 215	521	693	513	274	239	569	149	420
46	1 074	536	538	438	267	170	604	162	442
47	1 427	711	716	557	332	225	760	213	548
48	1 530	749	781	553	328	225	985	253	732
49	1 321	634	686	470	261	209	1 057	287	770
50-54	**6 854**	**3 178**	**3 676**	**1 920**	**1 100**	**821**	**7 429**	**2 046**	**5 383**
50	1 516	720	796	489	268	221	1 348	394	954
51	1 369	632	736	383	214	169	1 422	386	1 036
52	1 377	657	720	396	240	155	1 371	382	989
53	1 398	632	767	372	218	154	1 722	471	1 251
54	1 193	537	656	281	159	122	1 567	413	1 153
55-59	**5 379**	**2 581**	**2 798**	**1 142**	**732**	**410**	**9 609**	**2 619**	**6 990**
55	1 193	550	643	276	187	89	1 762	485	1 278
56	1 183	579	604	274	166	108	1 915	568	1 347
57	982	462	521	214	134	80	1 771	476	1 295
58	1 077	526	551	206	135	70	2 056	538	1 518
59	944	464	480	173	110	62	2 104	552	1 552
60-64	**4 134**	**2 179**	**1 956**	**759**	**531**	**228**	**12 431**	**3 459**	**8 972**
60	979	491	488	186	115	71	2 395	711	1 683
61	799	425	374	153	107	46	2 279	612	1 667
62	779	415	364	169	118	51	2 436	686	1 750
63	791	422	370	135	101	35	2 593	700	1 893
64	786	426	360	115	90	25	2 728	749	1 979
65岁及以上	**9 195**	**5 872**	**3 323**	**1 144**	**716**	**428**	**78 662**	**20 801**	**57 861**

表6-1c　全国分年龄、性别、婚姻状况的人口(乡村)

单位：人

年　龄	15岁及以上人口			未　婚			初婚有配偶		
	合计	男	女	小计	男	女	小计	男	女
总　计	**7 312 485**	**3 644 465**	**3 668 020**	**1 362 013**	**825 250**	**536 762**	**5 247 467**	**2 547 300**	**2 700 167**
15-19	**821 498**	**432 044**	**389 454**	**812 855**	**430 384**	**382 471**	**8 453**	**1 618**	**6 835**
15	218 791	115 624	103 168	218 741	115 604	103 137	45	15	30
16	188 722	99 314	89 408	188 466	99 262	89 204	246	46	200
17	153 985	80 899	73 086	153 261	80 776	72 485	709	118	591
18	146 294	76 978	69 316	143 845	76 531	67 314	2 397	436	1 961
19	113 706	59 230	54 476	108 542	58 210	50 332	5 055	1 002	4 053
20-24	**505 768**	**246 129**	**259 639**	**303 841**	**180 232**	**123 609**	**198 802**	**64 802**	**134 000**
20	99 352	49 824	49 528	86 104	47 375	38 729	13 004	2 396	10 609
21	94 615	45 671	48 944	70 958	40 852	30 106	23 327	4 727	18 600
22	96 549	46 217	50 331	58 245	35 211	23 034	37 731	10 816	26 915
23	112 377	54 317	58 060	51 940	32 646	19 294	59 531	21 335	38 196
24	102 874	50 099	52 775	36 594	24 148	12 446	65 208	25 528	39 680
25-29	**524 938**	**257 113**	**267 825**	**87 814**	**65 805**	**22 010**	**426 305**	**186 251**	**240 054**
25	102 638	49 062	53 577	27 374	18 814	8 560	73 680	29 576	44 103
26	105 004	51 821	53 183	20 996	15 416	5 580	82 347	35 675	46 672
27	103 907	50 937	52 970	16 210	12 463	3 747	85 502	37 420	48 082
28	100 443	49 685	50 758	12 092	9 822	2 271	85 956	38 718	47 237
29	112 946	55 608	57 338	11 142	9 290	1 852	98 821	44 861	53 960
30-34	**704 960**	**345 198**	**359 761**	**41 108**	**36 762**	**4 346**	**639 703**	**296 485**	**343 218**
30	120 084	59 506	60 578	9 902	8 584	1 318	106 322	49 094	57 228
31	135 652	65 924	69 728	9 183	8 109	1 074	122 238	55 707	66 531
32	141 613	69 282	72 331	8 011	7 205	806	128 709	59 665	69 044
33	149 531	73 080	76 451	7 263	6 611	652	137 052	63 890	73 162
34	158 079	77 406	80 673	6 749	6 253	496	145 382	68 129	77 253
35-39	**867 030**	**421 677**	**445 353**	**26 717**	**25 197**	**1 520**	**802 365**	**377 818**	**424 548**
35	177 957	86 090	91 867	6 610	6 182	428	164 011	76 373	87 637
36	166 705	80 835	85 870	5 485	5 177	308	154 079	72 134	81 945
37	187 324	91 217	96 108	5 519	5 189	330	173 696	81 948	91 748
38	158 163	77 080	81 083	4 519	4 265	254	146 444	69 288	77 156
39	176 881	86 456	90 426	4 583	4 384	200	164 136	78 074	86 062

表6-1c 全国分年龄、性别、婚姻状况的人口(乡村)(续 1)

单位：人

年龄	15岁及以上人口			未婚			初婚有配偶		
	合计	男	女	小计	男	女	小计	男	女
40-44	**766 650**	**374 375**	**392 275**	**17 198**	**16 459**	**738**	**709 797**	**339 329**	**370 469**
40	177 232	86 744	90 487	4 584	4 367	218	163 674	78 173	85 501
41	165 817	80 534	85 283	3 887	3 727	159	153 597	72 863	80 734
42	192 258	94 821	97 437	4 219	4 052	167	178 194	86 106	92 089
43	149 783	73 098	76 685	2 952	2 822	129	138 842	66 558	72 284
44	81 560	39 177	42 383	1 556	1 491	65	75 490	35 629	39 862
45-49	**608 226**	**303 875**	**304 351**	**14 227**	**13 844**	**383**	**555 085**	**272 398**	**282 688**
45	102 271	50 296	51 975	2 195	2 113	82	93 701	45 347	48 354
46	94 167	47 230	46 937	2 024	1 964	59	86 356	42 638	43 718
47	126 640	63 536	63 104	3 290	3 200	90	115 262	56 620	58 642
48	148 098	74 955	73 143	3 524	3 448	76	135 109	67 142	67 967
49	137 049	67 857	69 192	3 194	3 118	76	124 658	60 652	64 006
50-54	**700 727**	**356 046**	**344 681**	**17 407**	**17 050**	**357**	**626 251**	**314 431**	**311 820**
50	152 410	77 658	74 752	3 931	3 844	87	136 935	68 783	68 152
51	146 847	74 679	72 168	3 514	3 439	75	132 193	66 302	65 892
52	139 805	70 803	69 002	3 665	3 584	81	124 796	62 280	62 516
53	141 720	72 175	69 546	3 358	3 302	56	126 084	63 640	62 444
54	119 945	60 732	59 213	2 939	2 880	59	106 243	53 427	52 816
55-59	**526 153**	**272 594**	**253 559**	**13 246**	**12 940**	**306**	**451 443**	**234 477**	**216 966**
55	120 619	61 933	58 687	3 083	3 014	69	104 894	53 740	51 154
56	116 006	61 080	54 926	2 857	2 788	69	100 368	52 837	47 530
57	100 525	51 957	48 568	2 470	2 411	59	86 327	44 758	41 569
58	98 837	51 304	47 533	2 567	2 508	59	84 128	43 914	40 215
59	90 166	46 320	43 846	2 270	2 219	51	75 726	39 228	36 498
60-64	**392 064**	**205 281**	**186 782**	**10 750**	**10 477**	**273**	**314 360**	**168 735**	**145 626**
60	89 422	46 180	43 242	2 442	2 381	60	73 292	38 450	34 842
61	81 859	43 246	38 613	2 239	2 185	54	66 726	35 914	30 812
62	76 457	39 777	36 680	1 941	1 883	59	61 636	32 901	28 734
63	72 175	37 770	34 405	2 078	2 024	54	56 668	30 502	26 166
64	72 150	38 308	33 842	2 050	2 004	46	56 039	30 967	25 072
65岁及以上	**894 473**	**430 133**	**464 340**	**16 851**	**16 101**	**750**	**514 902**	**290 957**	**223 945**

表6-1c　全国分年龄、性别、婚姻状况的人口(乡村)(续 2)

单位：人

年　龄	再婚有配偶			离　婚			丧　偶		
	小计	男	女	小计	男	女	小计	男	女
总　计	**161 100**	**67 931**	**93 169**	**49 819**	**38 263**	**11 556**	**492 086**	**165 721**	**326 365**
15-19	**47**	**7**	**40**	**119**	**21**	**98**	**25**	**16**	**9**
15				1		1	4	4	
16	1	1		4	1	3	5	4	1
17	5	2	3	7	2	5	3	1	2
18	8	1	7	39	7	31	5	2	3
19	33	3	30	69	11	58	8	4	4
20-24	**1 312**	**374**	**938**	**1 588**	**655**	**933**	**225**	**65**	**159**
20	76	19	57	150	32	117	18	2	16
21	123	23	100	182	63	119	25	6	19
22	245	70	175	301	115	185	26	5	22
23	408	115	293	435	198	237	64	24	40
24	460	148	312	521	247	274	91	28	62
25-29	**5 576**	**2 014**	**3 562**	**4 282**	**2 665**	**1 617**	**961**	**379**	**582**
25	760	245	514	718	395	322	107	30	77
26	797	275	522	728	407	321	136	49	87
27	1 107	437	669	909	544	365	179	73	106
28	1 307	471	835	864	589	275	225	85	140
29	1 606	585	1 021	1 063	730	334	313	142	171
30-34	**14 072**	**5 223**	**8 849**	**7 160**	**5 355**	**1 805**	**2 916**	**1 373**	**1 543**
30	2 218	820	1 398	1 240	854	386	402	154	248
31	2 390	885	1 505	1 381	1 009	372	461	215	246
32	2 763	996	1 767	1 512	1 118	394	619	298	321
33	3 127	1 162	1 966	1 428	1 110	317	660	307	353
34	3 575	1 361	2 214	1 600	1 264	336	773	398	375
35-39	**22 074**	**8 289**	**13 785**	**8 843**	**7 200**	**1 643**	**7 031**	**3 173**	**3 858**
35	4 412	1 591	2 821	1 836	1 451	385	1 088	492	596
36	4 183	1 511	2 671	1 802	1 476	325	1 156	536	620
37	4 778	1 837	2 942	1 874	1 535	339	1 456	707	749
38	4 083	1 558	2 526	1 660	1 348	311	1 457	621	837
39	4 618	1 792	2 826	1 672	1 390	282	1 873	816	1 057

表6-1c 全国分年龄、性别、婚姻状况的人口(乡村)(续 3)

单位：人

年龄	再婚有配偶			离婚			丧偶		
	小计	男	女	小计	男	女	小计	男	女
40-44	**21 462**	**8 171**	**13 291**	**7 209**	**5 890**	**1 319**	**10 984**	**4 525**	**6 458**
40	5 116	1 854	3 262	1 752	1 425	327	2 106	926	1 180
41	4 543	1 715	2 828	1 608	1 301	308	2 181	927	1 254
42	5 291	2 039	3 252	1 751	1 453	298	2 803	1 171	1 631
43	4 156	1 629	2 527	1 376	1 125	252	2 457	964	1 493
44	2 356	934	1 422	721	587	134	1 437	537	900
45-49	**18 039**	**7 170**	**10 869**	**5 093**	**4 300**	**794**	**15 782**	**6 164**	**9 618**
45	3 374	1 298	2 075	941	764	176	2 062	774	1 287
46	2 715	1 032	1 683	870	750	120	2 202	846	1 356
47	3 781	1 535	2 246	1 058	906	152	3 250	1 276	1 974
48	4 239	1 768	2 470	1 178	990	187	4 048	1 606	2 442
49	3 930	1 537	2 394	1 047	889	158	4 220	1 661	2 559
50-54	**21 276**	**8 641**	**12 636**	**4 931**	**4 066**	**864**	**30 862**	**11 858**	**19 004**
50	4 872	1 937	2 935	1 204	990	214	5 469	2 104	3 365
51	4 380	1 814	2 566	1 029	855	174	5 730	2 268	3 462
52	4 159	1 675	2 484	1 002	845	157	6 183	2 419	3 764
53	4 300	1 783	2 518	960	770	191	7 018	2 681	4 337
54	3 565	1 432	2 133	736	607	129	6 463	2 386	4 076
55-59	**16 960**	**7 232**	**9 729**	**3 576**	**2 890**	**687**	**40 927**	**15 056**	**25 871**
55	4 156	1 716	2 441	869	694	175	7 617	2 768	4 849
56	3 674	1 577	2 097	838	676	162	8 269	3 202	5 068
57	3 260	1 407	1 853	682	549	133	7 787	2 832	4 954
58	3 013	1 326	1 687	616	495	121	8 513	3 061	5 452
59	2 857	1 205	1 652	572	475	96	8 742	3 193	5 549
60-64	**12 581**	**5 943**	**6 639**	**2 458**	**1 993**	**465**	**51 915**	**18 134**	**33 781**
60	3 023	1 379	1 645	579	490	90	10 086	3 480	6 606
61	2 593	1 238	1 355	518	411	108	9 782	3 498	6 284
62	2 388	1 142	1 246	461	366	95	10 032	3 485	6 547
63	2 372	1 170	1 202	470	373	97	10 586	3 700	6 886
64	2 204	1 014	1 191	429	353	76	11 428	3 971	7 457
65岁及以上	**27 699**	**14 868**	**12 831**	**4 559**	**3 228**	**1 331**	**330 461**	**104 978**	**225 482**

表6-2　全国分性别、受教育程度、婚姻状况的人口

单位：人

受教育程度	15岁及以上人口			未　婚			初婚有配偶		
	合计	男	女	小计	男	女	小计	男	女
总　计	**13 664 737**	**6 786 677**	**6 878 061**	**2 619 360**	**1 524 886**	**1 094 474**	**9 824 784**	**4 801 807**	**5 022 977**
未上过学	1 593 665	422 627	1 171 039	85 731	69 336	16 395	1 028 702	261 225	767 477
小　学	3 690 595	1 719 374	1 971 220	270 504	186 692	83 812	3 022 367	1 349 239	1 673 128
初　中	5 530 952	3 022 222	2 508 730	1 326 367	755 495	570 872	3 972 988	2 141 276	1 831 712
高　中	1 966 379	1 116 684	849 695	682 911	381 276	301 636	1 203 851	694 322	509 528
大学专科	572 655	319 610	253 045	153 024	77 884	75 140	397 420	229 730	167 690
大学本科	289 334	172 703	116 631	95 010	51 163	43 848	184 689	115 962	68 726
研 究 生	21 158	13 457	7 701	5 813	3 040	2 773	14 768	10 053	4 715

表6-2　全国分性别、受教育程度、婚姻状况的人口(续 1)

单位：人

受教育程度	再婚有配偶			离　婚			丧　偶		
	小计	男	女	小计	男	女	小计	男	女
总　计	**301 209**	**138 947**	**162 262**	**135 625**	**81 486**	**54 139**	**783 760**	**239 551**	**544 209**
未上过学	50 413	11 544	38 869	9 907	5 500	4 408	418 911	75 021	343 890
小　学	107 137	45 905	61 232	33 109	24 311	8 798	257 477	113 227	144 250
初　中	97 831	52 053	45 778	55 828	34 795	21 033	77 938	38 603	39 335
高　中	31 997	19 616	12 381	25 679	12 155	13 524	21 941	9 315	12 626
大学专科	9 555	6 640	2 915	7 709	3 208	4 501	4 947	2 149	2 799
大学本科	4 007	2 982	1 025	3 137	1 379	1 758	2 491	1 217	1 274
研 究 生	267	206	61	255	139	116	55	19	35

表6-2a 全国分性别、受教育程度、婚姻状况的人口(城市)

单位：人

受教育程度	15岁及以上人口			未婚			初婚有配偶		
	合计	男	女	小计	男	女	小计	男	女
总计	**4 008 936**	**1 984 780**	**2 024 156**	**838 692**	**460 015**	**378 676**	**2 847 672**	**1 407 990**	**1 439 682**
未上过学	221 358	47 953	173 406	8 494	6 363	2 131	135 748	31 537	104 211
小学	635 841	281 455	354 386	33 732	21 985	11 747	518 774	228 805	289 969
初中	1 512 856	776 553	736 304	301 962	166 902	135 059	1 122 664	568 608	554 056
高中	996 670	521 717	474 952	298 750	164 076	134 675	648 293	335 325	312 968
大学专科	383 707	205 179	178 528	108 152	54 086	54 067	260 069	143 369	116 700
大学本科	238 282	139 142	99 139	82 011	43 676	38 335	148 043	90 837	57 206
研究生	20 222	12 780	7 441	5 590	2 927	2 662	14 081	9 509	4 572

表6-2a 全国分性别、受教育程度、婚姻状况的人口(城市)(续1)

单位：人

受教育程度	再婚有配偶			离婚			丧偶		
	小计	男	女	小计	男	女	小计	男	女
总计	**85 372**	**43 965**	**41 407**	**63 513**	**30 539**	**32 974**	**173 687**	**42 271**	**131 416**
未上过学	6 343	1 514	4 829	1 436	606	830	69 337	7 933	61 405
小学	18 780	8 523	10 256	7 167	4 029	3 138	57 389	18 112	39 277
初中	33 065	17 400	15 666	26 819	13 897	12 922	28 346	9 746	18 600
高中	17 831	10 031	7 799	19 111	8 300	10 811	12 685	3 985	8 699
大学专科	5 908	3 949	1 960	5 970	2 382	3 588	3 608	1 394	2 213
大学本科	3 198	2 359	839	2 761	1 189	1 572	2 270	1 082	1 188
研究生	248	189	59	250	137	113	52	18	34

表6-2b　全国分性别、受教育程度、婚姻状况的人口(镇)

单位：人

受教育程度	15岁及以上人口			未　婚			初婚有配偶		
	合计	男	女	小计	男	女	小计	男	女
总　计	**2 343 316**	**1 157 431**	**1 185 885**	**418 656**	**239 620**	**179 036**	**1 729 644**	**846 518**	**883 127**
未上过学	212 917	50 042	162 875	9 432	7 731	1 700	135 857	31 718	104 139
小　学	530 235	234 469	295 765	28 265	19 308	8 957	440 213	189 654	250 559
初　中	1 000 353	524 235	476 118	208 142	117 502	90 640	748 389	383 919	364 470
高　中	424 772	242 405	182 366	141 212	78 747	62 466	267 914	155 084	112 830
大学专科	132 720	78 415	54 305	23 418	11 783	11 635	104 349	63 629	40 720
大学本科	41 553	27 290	14 263	8 062	4 491	3 571	32 303	22 016	10 287
研 究 生	767	575	193	125	59	66	619	498	121

表6-2b　全国分性别、受教育程度、婚姻状况的人口(镇)(续 1)

单位：人

受教育程度	再婚有配偶			离　婚			丧　偶		
	小计	男	女	小计	男	女	小计	男	女
总　计	**54 736**	**27 051**	**27 685**	**22 293**	**12 684**	**9 609**	**117 987**	**31 559**	**86 428**
未上过学	6 753	1 439	5 314	1 400	688	712	59 476	8 466	51 010
小　学	17 159	7 541	9 618	4 960	3 214	1 747	39 638	14 753	24 885
初　中	20 056	10 791	9 265	10 067	5 955	4 112	13 697	6 068	7 630
高　中	7 378	4 803	2 576	4 141	2 020	2 121	4 127	1 753	2 374
大学专科	2 693	1 941	752	1 391	644	747	869	419	450
大学本科	679	520	159	330	163	167	179	101	78
研 究 生	18	16	2	3	1	2	2	1	1

表6-2c 全国分性别、受教育程度、婚姻状况的人口(乡村)

单位：人

受教育程度	15岁及以上人口			未婚			初婚有配偶		
	合计	男	女	小计	男	女	小计	男	女
总　计	**7 312 485**	**3 644 465**	**3 668 020**	**1 362 013**	**825 250**	**536 762**	**5 247 467**	**2 547 300**	**2 700 167**
未上过学	1 159 389	324 632	834 758	67 806	55 242	12 564	757 097	197 970	559 127
小　学	2 524 519	1 203 450	1 321 069	208 506	145 398	63 108	2 063 380	930 780	1 132 600
初　中	3 017 743	1 721 434	1 296 309	816 262	471 091	345 172	2 101 935	1 188 749	913 185
高　中	544 937	352 561	192 376	242 949	138 454	104 495	287 644	203 914	83 730
大学专科	56 228	36 016	20 212	21 453	12 016	9 438	33 002	22 732	10 270
大学本科	9 500	6 271	3 229	4 937	2 996	1 941	4 343	3 109	1 234
研 究 生	169	102	67	98	54	44	67	45	22

表6-2c 全国分性别、受教育程度、婚姻状况的人口(乡村)(续 1)

单位：人

受教育程度	再婚有配偶			离婚			丧偶		
	小计	男	女	小计	男	女	小计	男	女
总　计	**161 100**	**67 931**	**93 169**	**49 819**	**38 263**	**11 556**	**492 086**	**165 721**	**326 365**
未上过学	37 318	8 591	28 727	7 071	4 207	2 865	290 098	58 622	231 476
小　学	71 199	29 841	41 358	20 982	17 068	3 914	160 451	80 362	80 089
初　中	44 709	23 862	20 847	18 942	14 942	4 000	35 894	22 789	13 105
高　中	6 788	4 782	2 006	2 427	1 835	592	5 129	3 577	1 553
大学专科	954	751	204	348	182	166	471	336	135
大学本科	130	103	27	46	28	19	43	34	9
研 究 生	1	1		2	1	1			

表6-3　全国分性别、受教育程度、初婚年龄的人口

单位：人

受教育程度	初婚年龄								
	人口数			15岁以下			15岁		
	合计	男	女	小计	男	女	小计	男	女
总　计	**11 045 377**	**5 261 791**	**5 783 587**	**33 161**	**8 393**	**24 768**	**60 499**	**10 541**	**49 958**
未上过学	1 507 934	353 290	1 154 644	16 664	1 880	14 784	28 593	2 259	26 334
小　学	3 420 091	1 532 682	1 887 409	11 218	3 777	7 441	22 848	4 807	18 041
初　中	4 204 585	2 266 727	1 937 859	3 986	1 954	2 032	7 430	2 598	4 831
高　中	1 283 467	735 408	548 059	939	568	371	1 259	630	630
大学专科	419 631	241 726	177 905	264	151	114	262	163	98
大学本科	194 324	121 540	72 784	85	62	23	107	84	23
研究生	15 345	10 417	4 928	4	1	2	1		1

表6-3　全国分性别、受教育程度、初婚年龄的人口(续 1)

单位：人

受教育程度	初婚年龄								
	16岁			17岁			18岁		
	小计	男	女	小计	男	女	小计	男	女
总　计	**175 377**	**28 702**	**146 675**	**336 556**	**64 039**	**272 517**	**547 842**	**127 671**	**420 171**
未上过学	70 927	5 035	65 892	120 433	10 164	110 269	161 596	16 809	144 787
小　学	71 645	12 931	58 714	139 482	27 962	111 520	225 470	52 401	173 069
初　中	28 204	8 531	19 673	66 877	21 277	45 600	140 003	48 667	91 336
高　中	3 621	1 622	1 999	8 045	3 664	4 381	17 303	7 913	9 390
大学专科	722	401	322	1 377	757	621	2 777	1 446	1 331
大学本科	248	177	71	331	209	122	669	418	251
研究生	9	6	3	11	6	5	23	16	7

表6-3 全国分性别、受教育程度、初婚年龄的人口(续 2)

单位：人

受教育程度	初婚年龄								
	19岁			20岁			21岁		
	小计	男	女	小计	男	女	小计	男	女
总　计	**945 048**	**288 014**	**657 034**	**1 286 477**	**445 515**	**840 962**	**1 346 996**	**578 368**	**768 628**
未上过学	223 679	36 887	186 792	230 042	45 788	184 254	154 310	34 629	119 681
小　学	370 053	112 077	257 977	470 568	161 107	309 460	432 752	173 627	259 124
初　中	300 986	115 351	185 635	488 053	194 822	293 231	601 579	294 131	307 449
高　中	41 975	19 566	22 409	80 358	36 542	43 816	125 473	61 886	63 587
大学专科	6 802	3 313	3 489	14 255	5 863	8 392	26 075	11 014	15 061
大学本科	1 511	797	715	3 114	1 348	1 766	6 572	2 938	3 634
研究生	41	23	18	87	44	42	235	144	91

表6-3 全国分性别、受教育程度、初婚年龄的人口(续 3)

单位：人

受教育程度	初婚年龄								
	22岁			23岁			24岁		
	小计	男	女	小计	男	女	小计	男	女
总　计	**1 489 026**	**751 396**	**737 630**	**1 282 691**	**657 374**	**625 317**	**1 045 504**	**588 409**	**457 095**
未上过学	127 487	35 043	92 444	94 821	28 607	66 214	73 336	27 005	46 331
小　学	423 545	199 292	224 252	338 499	168 126	170 372	265 083	149 836	115 247
初　中	695 761	392 442	303 319	569 054	318 408	250 646	430 033	257 842	172 190
高　中	183 611	97 630	85 982	197 232	103 035	94 197	181 280	102 254	79 026
大学专科	44 644	20 402	24 242	59 278	27 631	31 648	64 490	34 461	30 029
大学本科	13 358	6 272	7 086	22 388	10 844	11 544	29 145	15 786	13 359
研究生	621	315	306	1 418	722	696	2 137	1 225	912

表6-3　全国分性别、受教育程度、初婚年龄的人口(续 4)

单位：人

受教育程度	初婚年龄								
	25岁			26岁			27岁		
	小计	男	女	小计	男	女	小计	男	女
总　计	**792 877**	**489 384**	**303 493**	**535 414**	**354 014**	**181 400**	**360 071**	**254 131**	**105 939**
未上过学	52 982	22 935	30 047	34 981	16 817	18 164	25 823	13 813	12 011
小　学	193 199	122 350	70 848	128 261	87 830	40 432	88 086	64 627	23 459
初　中	303 580	195 563	108 017	194 608	132 490	62 118	125 266	89 988	35 279
高　中	147 430	90 421	57 009	101 655	66 652	35 003	67 192	47 142	20 050
大学专科	61 102	36 732	24 369	46 784	30 900	15 884	32 211	22 958	9 253
大学本科	31 887	19 588	12 300	26 800	17 752	9 048	19 672	14 272	5 400
研 究 生	2 698	1 795	903	2 326	1 574	752	1 821	1 332	489

表6-3　全国分性别、受教育程度、初婚年龄的人口(续 5)

单位：人

受教育程度	初婚年龄								
	28岁			29岁			30岁		
	小计	男	女	小计	男	女	小计	男	女
总　计	**238 740**	**175 524**	**63 216**	**164 865**	**125 174**	**39 690**	**113 259**	**87 245**	**26 014**
未上过学	19 280	10 831	8 450	16 377	9 846	6 531	12 703	7 905	4 798
小　学	60 933	46 611	14 322	45 196	35 688	9 508	32 957	26 592	6 365
初　中	79 645	59 050	20 595	52 687	40 573	12 114	35 362	27 415	7 947
高　中	42 755	31 357	11 397	27 514	20 881	6 632	17 686	13 615	4 071
大学专科	21 372	16 239	5 133	13 344	10 297	3 048	8 272	6 557	1 715
大学本科	13 441	10 417	3 025	8 856	7 142	1 714	5 659	4 645	1 013
研 究 生	1 314	1 020	294	890	748	142	621	517	104

表6-3　全国分性别、受教育程度、初婚年龄的人口(续 6)

单位：人

受教育程度	初婚年龄								
	31岁			32岁			33岁		
	小计	男	女	小计	男	女	小计	男	女
总　计	**72 400**	**55 964**	**16 435**	**51 940**	**40 380**	**11 560**	**37 083**	**29 025**	**8 058**
未上过学	8 193	5 027	3 166	6 355	3 858	2 497	4 976	2 998	1 978
小　学	21 631	17 453	4 178	16 359	13 352	3 007	12 336	10 176	2 160
初　中	22 616	17 724	4 892	15 825	12 507	3 318	10 844	8 730	2 114
高　中	11 179	8 662	2 516	7 691	6 020	1 672	5 236	4 073	1 164
大学专科	5 038	3 983	1 055	3 298	2 601	697	2 103	1 702	401
大学本科	3 356	2 795	561	2 203	1 863	340	1 427	1 208	220
研 究 生	387	320	66	210	180	30	160	140	20

表6-3　全国分性别、受教育程度、初婚年龄的人口(续 7)

单位：人

受教育程度	初婚年龄					
	34岁			35岁及以上		
	小计	男	女	小计	男	女
总　计	**27 634**	**21 684**	**5 950**	**101 919**	**80 843**	**21 076**
未上过学	4 161	2 614	1 547	20 215	12 541	7 674
小　学	9 490	7 905	1 585	40 481	34 156	6 326
初　中	7 795	6 267	1 529	24 390	20 398	3 993
高　中	3 680	2 866	814	10 353	8 411	1 942
大学专科	1 408	1 111	297	3 752	3 045	707
大学本科	1 001	835	166	2 494	2 092	402
研 究 生	98	86	13	233	201	32

表6–3a　全国分性别、受教育程度、初婚年龄的人口(城市)

单位：人

受教育程度	初婚年龄								
	人口数			15岁以下			15岁		
	合计	男	女	小计	男	女	小计	男	女
总　计	**3 170 244**	**1 524 765**	**1 645 480**	**6 164**	**1 620**	**4 544**	**10 720**	**1 945**	**8 775**
未上过学	212 865	41 590	171 275	2 517	175	2 342	4 326	220	4 106
小　学	602 109	259 469	342 639	1 875	564	1 311	3 746	701	3 045
初　中	1 210 895	609 650	601 244	1 060	481	579	1 806	588	1 218
高　中	697 919	357 642	340 278	484	265	218	615	282	333
大学专科	275 555	151 094	124 461	159	89	70	139	87	53
大学本科	156 271	95 466	60 804	66	45	21	87	68	20
研究生	14 632	9 853	4 779	4	1	2	1		1

表6–3a　全国分性别、受教育程度、初婚年龄的人口(城市)(续 1)

单位：人

受教育程度	初婚年龄								
	16岁			17岁			18岁		
	小计	男	女	小计	男	女	小计	男	女
总　计	**31 326**	**4 972**	**26 353**	**60 178**	**9 891**	**50 287**	**97 564**	**20 263**	**77 301**
未上过学	10 920	483	10 437	18 526	1 042	17 484	23 239	1 632	21 607
小　学	11 759	1 786	9 974	22 649	3 583	19 066	35 898	7 048	28 850
初　中	6 459	1 727	4 732	14 687	3 571	11 115	29 914	8 330	21 584
高　中	1 622	636	986	3 346	1 185	2 161	6 665	2 323	4 342
大学专科	369	202	168	709	346	362	1 356	625	730
大学本科	187	134	53	253	157	96	472	290	182
研究生	8	5	3	8	5	3	20	15	6

表6-3a 全国分性别、受教育程度、初婚年龄的人口(城市)(续 2)

单位：人

受教育程度	初婚年龄								
	19岁			20岁			21岁		
	小计	男	女	小计	男	女	小计	男	女
总　计	**168 554**	**44 345**	**124 209**	**242 674**	**72 241**	**170 432**	**299 226**	**111 151**	**188 075**
未上过学	30 357	3 540	26 818	29 227	4 234	24 993	20 941	3 769	17 172
小　学	55 654	14 335	41 320	69 343	21 018	48 325	69 240	25 079	44 162
初　中	62 626	19 293	43 333	104 415	33 980	70 436	139 524	57 209	82 315
高　中	15 677	5 345	10 332	30 922	9 882	21 040	52 030	18 784	33 246
大学专科	3 200	1 326	1 874	6 680	2 253	4 427	13 094	4 528	8 566
大学本科	1 015	492	523	2 016	841	1 176	4 207	1 674	2 532
研究生	25	14	10	69	34	35	190	107	83

表6-3a 全国分性别、受教育程度、初婚年龄的人口(城市)(续 3)

单位：人

受教育程度	初婚年龄								
	22岁			23岁			24岁		
	小计	男	女	小计	男	女	小计	男	女
总　计	**387 296**	**168 809**	**218 487**	**408 589**	**183 808**	**224 781**	**383 397**	**196 123**	**187 274**
未上过学	17 768	4 019	13 749	13 943	3 641	10 302	11 004	3 751	7 253
小　学	73 080	31 347	41 733	64 686	29 803	34 883	54 327	28 657	25 670
初　中	176 746	85 179	91 567	170 215	83 213	87 002	145 713	78 882	66 831
高　中	84 977	34 627	50 350	104 801	44 261	60 540	104 653	51 120	53 533
大学专科	24 975	9 526	15 449	36 865	14 809	22 056	42 597	20 825	21 772
大学本科	9 199	3 847	5 352	16 751	7 428	9 323	23 067	11 742	11 325
研究生	551	265	287	1 328	654	674	2 036	1 145	891

表6-3a　全国分性别、受教育程度、初婚年龄的人口(城市)(续 4)

单位：人

受教育程度	初婚年龄								
	25岁			26岁			27岁		
	小计	男	女	小计	男	女	小计	男	女
总　计	**327 550**	**188 929**	**138 621**	**238 004**	**150 180**	**87 824**	**165 505**	**112 989**	**52 516**
未上过学	8 083	3 210	4 873	5 353	2 395	2 958	4 055	2 102	1 953
小　学	41 556	24 691	16 865	28 571	18 521	10 051	19 727	13 740	5 987
初　中	115 025	68 223	46 802	79 270	50 804	28 465	54 307	37 146	17 161
高　中	91 733	51 466	40 267	66 349	41 041	25 308	45 173	30 474	14 699
大学专科	42 621	24 253	18 369	33 816	21 438	12 378	23 790	16 381	7 409
大学本科	25 966	15 398	10 568	22 406	14 476	7 931	16 699	11 875	4 824
研 究 生	2 566	1 690	876	2 239	1 505	734	1 754	1 270	483

表6-3a　全国分性别、受教育程度、初婚年龄的人口(城市)(续 5)

单位：人

受教育程度	初婚年龄								
	28岁			29岁			30岁		
	小计	男	女	小计	男	女	小计	男	女
总　计	**109 870**	**79 100**	**30 770**	**74 023**	**55 385**	**18 637**	**49 168**	**37 351**	**11 818**
未上过学	2 881	1 545	1 336	2 329	1 333	996	1 732	1 042	689
小　学	13 584	9 991	3 593	9 803	7 428	2 375	6 931	5 409	1 523
初　中	35 120	24 987	10 133	23 471	17 465	6 007	15 782	11 780	4 002
高　中	29 421	20 903	8 517	19 500	14 438	5 062	12 647	9 544	3 103
大学专科	15 989	11 841	4 148	10 281	7 807	2 473	6 453	5 005	1 448
大学本科	11 588	8 833	2 755	7 772	6 186	1 586	5 016	4 067	949
研 究 生	1 287	1 000	287	867	728	139	608	503	104

表6-3a 全国分性别、受教育程度、初婚年龄的人口(城市)(续 6)

单位：人

受教育程度	初婚年龄								
	31岁			32岁			33岁		
	小计	男	女	小计	男	女	小计	男	女
总　计	**31 286**	**23 991**	**7 296**	**21 610**	**16 677**	**4 933**	**14 954**	**11 528**	**3 425**
未上过学	1 127	690	437	837	505	332	695	409	286
小　学	4 546	3 546	1 000	3 456	2 733	723	2 594	2 058	536
初　中	10 104	7 659	2 446	6 938	5 282	1 656	4 703	3 584	1 119
高　中	8 132	6 193	1 939	5 553	4 272	1 281	3 813	2 907	907
大学专科	3 966	3 077	889	2 629	2 039	590	1 700	1 349	351
大学本科	3 031	2 510	520	1 989	1 668	321	1 290	1 084	206
研 究 生	381	316	64	208	178	30	158	138	20

表6-3a 全国分性别、受教育程度、初婚年龄的人口(城市)(续 7)

单位：人

受教育程度	初婚年龄					
	34岁			35岁及以上		
	小计	男	女	小计	男	女
总　计	**10 674**	**8 245**	**2 429**	**31 913**	**25 222**	**6 691**
未上过学	545	337	208	2 460	1 518	942
小　学	1 938	1 548	390	7 144	5 886	1 258
初　中	3 349	2 597	752	9 660	7 669	1 991
高　中	2 679	2 031	647	7 129	5 661	1 468
大学专科	1 150	887	263	3 017	2 401	616
大学本科	915	759	157	2 276	1 892	384
研 究 生	97	85	13	227	195	32

表6–3b 全国分性别、受教育程度、初婚年龄的人口(镇)

单位：人

受教育程度	初婚年龄								
	人口数			15岁以下			15岁		
	合计	男	女	小计	男	女	小计	男	女
总计	**1 924 660**	**917 811**	**1 006 849**	**4 648**	**1 161**	**3 487**	**8 318**	**1 485**	**6 833**
未上过学	203 486	42 311	161 175	2 134	200	1 934	3 635	269	3 366
小学	501 970	215 161	286 808	1 484	447	1 038	2 997	590	2 407
初中	792 210	406 733	385 477	746	348	398	1 321	440	881
高中	283 560	163 659	119 901	202	120	82	273	127	147
大学专科	109 302	66 632	42 670	67	34	33	76	47	30
大学本科	33 491	22 800	10 691	14	12	2	16	13	4
研究生	642	516	127						

表6–3b 全国分性别、受教育程度、初婚年龄的人口(镇)(续 1)

单位：人

受教育程度	初婚年龄								
	16岁			17岁			18岁		
	小计	男	女	小计	男	女	小计	男	女
总计	**25 802**	**4 044**	**21 758**	**51 464**	**9 265**	**42 198**	**87 259**	**19 763**	**67 496**
未上过学	9 412	523	8 888	16 706	1 081	15 625	22 502	1 994	20 508
小学	10 006	1 572	8 434	19 660	3 433	16 227	32 484	6 801	25 683
初中	5 235	1 427	3 808	12 534	3 575	8 959	26 697	8 479	18 218
高中	895	379	516	2 064	892	1 171	4 520	1 923	2 597
大学专科	214	115	99	443	247	196	892	460	432
大学本科	39	26	13	57	38	20	161	104	57
研究生							2	1	1

表6-3b 全国分性别、受教育程度、初婚年龄的人口(镇)(续 2)

单位：人

受教育程度	初婚年龄								
	19岁			20岁			21岁		
	小计	男	女	小计	男	女	小计	男	女
总　计	**153 469**	**44 666**	**108 802**	**217 510**	**71 932**	**145 578**	**242 731**	**101 470**	**141 261**
未上过学	30 060	4 015	26 045	30 076	5 001	25 075	20 757	4 012	16 745
小　学	52 607	14 635	37 972	66 713	21 092	45 621	63 051	23 723	39 329
初　中	57 347	20 133	37 213	93 521	34 278	59 242	115 479	53 116	62 363
高　中	10 709	4 560	6 150	21 068	9 037	12 031	31 992	15 283	16 709
大学专科	2 352	1 100	1 253	5 219	2 129	3 090	9 380	4 254	5 126
大学本科	384	217	167	899	385	514	2 033	1 051	982
研究生	10	6	3	14	9	5	39	31	7

表6-3b 全国分性别、受教育程度、初婚年龄的人口(镇)(续 3)

单位：人

受教育程度	初婚年龄								
	22岁			23岁			24岁		
	小计	男	女	小计	男	女	小计	男	女
总　计	**274 408**	**136 676**	**137 732**	**241 090**	**124 283**	**116 807**	**195 623**	**111 811**	**83 812**
未上过学	17 372	4 241	13 131	13 163	3 628	9 535	10 275	3 404	6 871
小　学	62 512	27 802	34 710	51 476	24 218	27 259	41 003	22 467	18 536
初　中	132 040	70 871	61 169	109 181	58 888	50 293	82 446	48 148	34 298
高　中	44 188	24 084	20 104	45 004	25 098	19 906	39 397	23 777	15 620
大学专科	14 574	7 540	7 034	17 183	9 374	7 809	17 009	10 363	6 646
大学本科	3 662	2 094	1 568	4 998	3 013	1 986	5 398	3 577	1 821
研究生	59	43	16	84	65	19	96	77	20

表6-3b　全国分性别、受教育程度、初婚年龄的人口(镇)(续 4)

单位：人

受教育程度	初婚年龄								
	25岁			26岁			27岁		
	小计	男	女	小计	男	女	小计	男	女
总　计	**143 302**	**89 879**	**53 424**	**93 702**	**62 809**	**30 893**	**60 900**	**43 579**	**17 321**
未上过学	7 278	2 966	4 313	4 865	2 204	2 661	3 405	1 772	1 633
小　学	30 027	18 342	11 685	19 497	12 895	6 602	13 494	9 665	3 829
初　中	55 979	35 551	20 428	35 472	23 882	11 590	22 033	15 591	6 442
高　中	30 045	19 506	10 539	19 694	13 486	6 208	12 626	9 195	3 431
大学专科	14 558	9 681	4 877	10 158	7 340	2 818	6 653	5 181	1 472
大学本科	5 290	3 731	1 558	3 934	2 937	998	2 627	2 118	509
研 究 生	126	102	23	82	66	17	62	57	5

表6-3b　全国分性别、受教育程度、初婚年龄的人口(镇)(续 5)

单位：人

受教育程度	初婚年龄								
	28岁			29岁			30岁		
	小计	男	女	小计	男	女	小计	男	女
总　计	**39 127**	**29 069**	**10 059**	**25 759**	**19 655**	**6 104**	**17 399**	**13 484**	**3 916**
未上过学	2 560	1 409	1 151	2 111	1 262	849	1 618	1 004	615
小　学	9 181	6 850	2 332	6 642	5 165	1 477	4 909	3 861	1 048
初　中	13 753	10 074	3 680	9 069	6 827	2 243	5 973	4 614	1 359
高　中	7 705	5 815	1 889	4 596	3 607	990	2 879	2 251	628
大学专科	4 265	3 504	761	2 397	1 961	436	1 441	1 232	209
大学本科	1 638	1 398	239	924	817	106	568	511	57
研 究 生	26	19	6	20	17	3	11	11	

表6-3b 全国分性别、受教育程度、初婚年龄的人口(镇)(续 6)

单位：人

受教育程度	初婚年龄								
	31岁			32岁			33岁		
	小计	男	女	小计	男	女	小计	男	女
总　计	**10 671**	**8 214**	**2 457**	**7 604**	**5 830**	**1 774**	**5 395**	**4 241**	**1 154**
未上过学	981	570	411	819	472	347	614	365	249
小　学	3 081	2 461	620	2 324	1 878	446	1 810	1 475	335
初　中	3 791	2 897	894	2 598	1 971	627	1 782	1 428	353
高　中	1 731	1 356	375	1 147	889	258	759	598	161
大学专科	807	685	122	523	443	79	311	269	42
大学本科	278	244	35	193	176	17	117	104	13
研究生	3	2	1	2	2		2	2	

表6-3b 全国分性别、受教育程度、初婚年龄的人口(镇)(续 7)

单位：人

受教育程度	初婚年龄					
	34岁			35岁及以上		
	小计	男	女	小计	男	女
总　计	**3 962**	**3 075**	**887**	**14 517**	**11 422**	**3 095**
未上过学	539	334	206	2 603	1 585	1 018
小　学	1 356	1 108	248	5 656	4 684	972
初　中	1 277	984	293	3 936	3 212	724
高　中	520	416	104	1 547	1 259	288
大学专科	196	168	28	582	506	76
大学本科	73	64	9	187	170	17
研究生	1	1		5	5	

表6-3c　全国分性别、受教育程度、初婚年龄的人口(乡村)

单位：人

受教育程度	初婚年龄								
	人口数			15岁以下			15岁		
	合计	男	女	小计	男	女	小计	男	女
总　计	**5 950 473**	**2 819 215**	**3 131 258**	**22 349**	**5 612**	**16 737**	**41 461**	**7 112**	**34 349**
未上过学	1 091 584	269 390	822 194	12 014	1 505	10 508	20 632	1 771	18 862
小　学	2 316 013	1 058 052	1 257 961	7 859	2 767	5 093	16 105	3 516	12 589
初　中	2 201 480	1 250 343	951 137	2 179	1 125	1 055	4 303	1 571	2 733
高　中	301 988	214 108	87 881	253	183	71	371	221	150
大学专科	34 775	24 000	10 775	38	28	10	46	30	16
大学本科	4 562	3 275	1 288	5	5		3	3	
研究生	71	48	23						

表6-3c　全国分性别、受教育程度、初婚年龄的人口(乡村)(续 1)

单位：人

受教育程度	初婚年龄								
	16岁			17岁			18岁		
	小计	男	女	小计	男	女	小计	男	女
总　计	**118 250**	**19 686**	**98 564**	**224 915**	**44 883**	**180 032**	**363 018**	**87 645**	**275 374**
未上过学	50 596	4 029	46 567	85 201	8 041	77 160	115 855	13 183	102 671
小　学	49 880	9 573	40 307	97 173	20 946	76 227	157 088	38 552	118 536
初　中	16 510	5 377	11 133	39 656	14 132	25 525	83 392	31 858	51 534
高　中	1 104	606	498	2 635	1 586	1 049	6 117	3 666	2 451
大学专科	138	84	54	226	163	62	530	361	169
大学本科	21	16	5	21	14	6	36	23	12
研究生	1	1		3	1	2	1	1	1

表6-3c 全国分性别、受教育程度、初婚年龄的人口(乡村)(续 2)

单位：人

受教育程度	初婚年龄								
	19岁			20岁			21岁		
	小计	男	女	小计	男	女	小计	男	女
总　计	**623 026**	**199 003**	**424 023**	**826 293**	**301 341**	**524 951**	**805 039**	**365 747**	**439 292**
未上过学	163 261	29 332	133 929	170 739	36 553	134 186	112 612	26 848	85 764
小　学	261 792	83 107	178 685	334 511	118 997	215 514	300 460	124 826	175 634
初　中	181 014	75 925	105 088	290 117	126 564	163 553	346 577	183 806	162 771
高　中	15 589	9 661	5 928	28 368	17 623	10 745	41 452	27 819	13 633
大学专科	1 250	888	362	2 355	1 480	875	3 600	2 231	1 369
大学本科	112	87	25	199	122	77	332	212	120
研究生	7	2	5	3	2	2	6	5	1

表6-3c 全国分性别、受教育程度、初婚年龄的人口(乡村)(续 3)

单位：人

受教育程度	初婚年龄								
	22岁			23岁			24岁		
	小计	男	女	小计	男	女	小计	男	女
总　计	**827 323**	**445 912**	**381 411**	**633 012**	**349 283**	**283 730**	**466 484**	**280 475**	**186 009**
未上过学	92 346	26 783	65 563	67 715	21 339	46 376	52 057	19 850	32 207
小　学	287 953	140 143	147 810	222 337	114 106	108 231	169 753	98 712	71 041
初　中	386 975	236 392	150 583	289 658	176 307	113 351	201 874	130 812	71 062
高　中	54 447	38 919	15 528	47 427	33 676	13 751	37 231	27 357	9 874
大学专科	5 095	3 336	1 759	5 230	3 447	1 782	4 885	3 273	1 612
大学本科	497	332	165	639	403	235	680	467	213
研究生	10	7	3	7	4	3	5	4	1

表6-3c 全国分性别、受教育程度、初婚年龄的人口(乡村)(续 4)

单位：人

受教育程度	初婚年龄								
	25岁			26岁			27岁		
	小计	男	女	小计	男	女	小计	男	女
总 计	**322 024**	**210 576**	**111 448**	**203 707**	**141 025**	**62 683**	**133 665**	**97 563**	**36 103**
未上过学	37 621	16 760	20 861	24 762	12 217	12 545	18 363	9 938	8 425
小 学	121 616	79 317	42 298	80 193	56 414	23 779	54 864	41 222	13 642
初 中	132 576	91 789	40 787	79 866	57 803	22 063	48 926	37 250	11 676
高 中	25 652	19 449	6 203	15 612	12 125	3 487	9 393	7 472	1 921
大学专科	3 922	2 799	1 123	2 810	2 122	688	1 768	1 396	372
大学本科	632	459	173	459	340	120	346	279	67
研 究 生	6	3	3	5	4	1	5	5	

表6-3c 全国分性别、受教育程度、初婚年龄的人口(乡村)(续 5)

单位：人

受教育程度	初婚年龄								
	28岁			29岁			30岁		
	小计	男	女	小计	男	女	小计	男	女
总 计	**89 743**	**67 355**	**22 388**	**65 083**	**50 134**	**14 949**	**46 692**	**36 411**	**10 281**
未上过学	13 840	7 877	5 962	11 937	7 251	4 686	9 353	5 859	3 494
小 学	38 168	29 770	8 398	28 752	23 096	5 656	21 116	17 322	3 794
初 中	30 771	23 989	6 783	20 147	16 282	3 865	13 606	11 020	2 586
高 中	5 629	4 639	991	3 417	2 836	581	2 161	1 819	341
大学专科	1 118	894	224	667	528	138	378	321	57
大学本科	215	185	30	160	139	21	74	67	8
研 究 生	1	1		3	3		3	3	

表6-3c 全国分性别、受教育程度、初婚年龄的人口(乡村)(续 6)

单位：人

受教育程度	初婚年龄								
	31岁			32岁			33岁		
	小计	男	女	小计	男	女	小计	男	女
总　计	**30 442**	**23 760**	**6 682**	**22 726**	**17 873**	**4 853**	**16 734**	**13 255**	**3 479**
未上过学	6 085	3 767	2 319	4 699	2 881	1 818	3 667	2 224	1 443
小　学	14 005	11 446	2 558	10 579	8 741	1 837	7 931	6 642	1 289
初　中	8 720	7 168	1 552	6 289	5 254	1 035	4 360	3 717	642
高　中	1 316	1 114	202	992	859	133	664	568	96
大学专科	266	221	44	147	119	28	92	84	8
大学本科	47	41	6	21	19	2	20	20	
研 究 生	3	3	1						

表6-3c 全国分性别、受教育程度、初婚年龄的人口(乡村)(续 7)

单位：人

受教育程度	初婚年龄					
	34岁			35岁及以上		
	小计	男	女	小计	男	女
总　计	**12 998**	**10 365**	**2 634**	**55 489**	**44 199**	**11 290**
未上过学	3 077	1 944	1 133	15 152	9 438	5 714
小　学	6 196	5 249	947	27 681	23 586	4 096
初　中	3 169	2 685	484	10 794	9 517	1 277
高　中	482	419	63	1 677	1 490	186
大学专科	62	56	6	153	138	15
大学本科	13	12	1	31	30	1
研 究 生				1	1	

表6-4　2005年分地区平均初婚年龄

单位：岁

地　区	平均初婚年龄		
	合计	男	女
全　国	**24.61**	**25.86**	**23.49**
北　京	26.05	27.02	25.07
天　津	24.81	25.56	24.14
河　北	23.70	24.39	23.08
山　西	24.05	25.09	23.04
内蒙古	24.85	26.08	23.62
辽　宁	24.77	25.86	23.82
吉　林	24.34	25.39	23.33
黑龙江	24.06	25.05	23.09
上　海	25.55	26.68	24.37
江　苏	24.22	25.29	23.30
浙　江	24.97	26.31	23.67
安　徽	24.18	25.27	23.30
福　建	24.96	26.33	23.73
江　西	24.21	25.88	22.94
山　东	24.96	25.62	24.35
河　南	24.26	25.00	23.62
湖　北	24.63	26.30	23.26
湖　南	24.84	26.61	23.37
广　东	25.72	26.94	24.51
广　西	25.45	27.02	24.11
海　南	25.23	26.71	23.84
重　庆	25.08	27.06	23.28
四　川	24.25	26.12	22.67
贵　州	24.51	26.18	23.05
云　南	23.67	25.24	22.18
西　藏	23.62	24.31	22.92
陕　西	24.65	25.99	23.42
甘　肃	23.90	25.33	22.62
青　海	23.71	24.96	22.56
宁　夏	23.54	24.86	22.33
新　疆	24.00	25.64	22.59

表6-4a 2005年分地区平均初婚年龄(城市)

单位：岁

地区	平均初婚年龄		
	合计	男	女
全国	**25.69**	**26.84**	**24.60**
北京	26.27	27.24	25.29
天津	25.87	26.70	25.12
河北	24.87	25.47	24.36
山西	25.23	26.16	24.36
内蒙古	25.65	26.82	24.52
辽宁	25.88	26.92	25.00
吉林	25.55	26.76	24.44
黑龙江	25.68	26.84	24.53
上海	26.03	27.19	24.82
江苏	24.88	25.84	24.00
浙江	24.93	26.09	23.79
安徽	25.13	26.23	24.11
福建	25.59	26.88	24.33
江西	25.36	26.73	24.22
山东	25.52	26.28	24.80
河南	25.76	26.57	25.07
湖北	25.75	27.28	24.41
湖南	25.64	27.26	24.18
广东	26.13	27.30	24.92
广西	26.71	28.29	25.31
海南	26.55	28.11	25.04
重庆	26.01	27.62	24.51
四川	25.69	27.42	24.13
贵州	26.52	27.93	25.21
云南	25.42	26.83	24.08
西藏	26.26	27.26	25.15
陕西	25.73	26.80	24.69
甘肃	26.24	27.75	24.82
青海	26.57	27.86	25.41
宁夏	25.34	26.61	24.11
新疆	26.95	28.26	25.78

表6-4b　2005年分地区平均初婚年龄(镇)

单位：岁

地　区	平均初婚年龄		
	合计	男	女
全　国	**24.61**	**25.77**	**23.57**
北　京	25.16	25.85	24.51
天　津	23.43	23.90	23.04
河　北	23.15	23.75	22.62
山　西	23.86	24.72	23.03
内蒙古	25.00	26.24	23.78
辽　宁	23.63	24.62	22.75
吉　林	25.00	25.91	24.16
黑龙江	24.05	24.98	23.18
上　海	23.70	24.67	22.67
江　苏	23.85	24.69	23.15
浙　江	25.42	26.80	24.11
安　徽	24.35	25.38	23.50
福　建	25.04	26.46	23.80
江　西	24.60	26.13	23.37
山　东	24.72	25.24	24.25
河　南	24.01	24.75	23.36
湖　北	24.29	25.87	22.99
湖　南	25.10	26.59	23.82
广　东	25.35	26.51	24.17
广　西	25.82	27.21	24.65
海　南	25.39	26.83	24.02
重　庆	24.32	26.09	22.75
四　川	24.63	26.19	23.36
贵　州	25.07	26.38	23.89
云　南	24.73	26.16	23.43
西　藏	23.95	23.91	23.99
陕　西	24.60	25.85	23.47
甘　肃	24.36	25.84	23.03
青　海	24.66	25.71	23.75
宁　夏	24.02	25.05	23.03
新　疆	24.75	26.84	23.09

表6-4c 2005年分地区平均初婚年龄(乡村)

单位：岁

地　区	平均初婚年龄		
	合计	男	女
全　国	**23.71**	**25.05**	**22.55**
北　京	24.68	25.77	23.60
天　津	22.68	23.41	22.00
河　北	23.30	24.07	22.58
山　西	23.32	24.52	22.13
内蒙古	23.62	24.97	22.20
辽　宁	23.51	24.77	22.34
吉　林	23.28	24.31	22.26
黑龙江	22.65	23.52	21.78
上　海	23.33	24.31	22.35
江　苏	23.45	24.77	22.42
浙　江	24.78	26.35	23.28
安　徽	23.72	24.78	22.92
福　建	24.32	25.69	23.14
江　西	23.56	25.38	22.28
山　东	24.56	25.17	23.99
河　南	23.57	24.27	22.95
湖　北	23.85	25.62	22.48
湖　南	24.30	26.23	22.79
广　东	24.90	26.24	23.75
广　西	24.76	26.41	23.38
海　南	23.91	25.29	22.65
重　庆	24.46	27.04	22.15
四　川	23.41	25.43	21.75
贵　州	23.83	25.64	22.27
云　南	22.78	24.45	21.17
西　藏	23.03	23.82	22.27
陕　西	23.69	25.28	22.31
甘　肃	23.07	24.43	21.85
青　海	22.26	23.60	20.99
宁　夏	22.03	23.41	20.86
新　疆	22.84	24.49	21.39

第七卷 人口 家庭

表7-1 各地区家庭户规模

单位：户

地 区	家庭户户数	一人户	二人户	三人户	四人户
全 国	**5 286 554**	**567 455**	**1 294 464**	**1 577 147**	**1 014 177**
北 京	69 594	10 453	20 191	25 622	8 125
天 津	44 806	4 036	11 363	18 937	6 345
河 北	270 892	20 585	59 008	77 806	64 353
山 西	130 427	9 979	26 546	36 662	31 604
内 蒙 古	106 792	9 178	29 574	41 861	16 895
辽 宁	189 878	16 412	54 836	72 276	26 690
吉 林	113 403	6 651	27 595	44 196	19 081
黑 龙 江	169 177	11 683	47 396	67 909	24 193
上 海	83 106	13 328	25 007	30 199	8 254
江 苏	329 566	40 678	96 182	103 101	47 492
浙 江	226 688	38 743	67 072	67 211	31 749
安 徽	265 023	31 079	68 162	78 502	53 199
福 建	148 892	22 655	37 027	40 613	27 541
江 西	171 522	16 484	38 777	47 285	37 744
山 东	415 415	43 930	118 917	140 097	73 550
河 南	361 725	28 520	69 147	97 970	91 494
湖 北	242 166	23 511	63 391	75 096	46 593
湖 南	263 001	29 125	63 060	73 904	55 626
广 东	310 146	43 421	64 847	68 221	59 159
广 西	180 466	20 181	36 911	44 589	39 370
海 南	27 779	2 607	4 241	5 860	5 832
重 庆	129 342	18 648	37 501	39 101	20 634
四 川	366 256	51 770	100 456	103 686	61 472
贵 州	142 031	12 014	28 908	36 404	32 074
云 南	161 443	12 901	26 388	38 206	44 283
西 藏	7 227	386	696	1 058	1 303
陕 西	149 873	13 197	33 664	43 286	33 518
甘 肃	92 736	6 066	15 450	23 989	21 810
青 海	19 245	1 487	3 069	5 156	4 418
宁 夏	21 917	1 420	4 068	6 207	4 698
新 疆	76 020	6 324	15 016	22 135	15 077

表7-1　各地区家庭户规模(续 1)

单位：户

地　　区	五人户	六人户	七人户	八人户	九人户	十人及以上户
全　国	**538 035**	**199 448**	**58 212**	**22 028**	**8 383**	**7 205**
北　京	3 841	948	259	107	33	15
天　津	3 108	807	144	51	8	7
河　北	31 476	13 179	3 122	934	264	166
山　西	16 374	6 821	1 648	514	163	115
内蒙古	7 038	1 711	371	110	42	12
辽　宁	14 970	3 771	663	191	50	19
吉　林	11 398	3 268	779	308	87	40
黑龙江	13 430	3 462	696	303	63	42
上　海	4 913	978	285	103	25	14
江　苏	31 067	8 044	1 942	726	209	126
浙　江	15 671	4 729	926	366	142	78
安　徽	23 483	7 499	1 988	699	258	155
福　建	13 724	5 018	1 444	519	212	139
江　西	18 962	7 598	2 576	1 141	457	498
山　东	29 139	7 908	1 304	418	98	56
河　南	47 998	19 056	5 028	1 546	554	411
湖　北	23 190	7 431	1 821	720	264	149
湖　南	27 694	9 460	2 540	969	361	261
广　东	39 055	19 500	8 378	3 981	1 696	1 888
广　西	23 495	9 475	3 577	1 471	670	726
海　南	4 683	2 498	1 107	467	234	250
重　庆	9 524	2 897	660	244	79	55
四　川	32 518	11 191	3 133	1 203	455	372
贵　州	19 702	8 341	2 982	987	377	242
云　南	23 714	11 327	3 114	945	340	225
西　藏	1 132	829	633	467	305	419
陕　西	16 955	6 973	1 611	443	145	81
甘　肃	14 193	7 395	2 541	825	258	209
青　海	2 733	1 414	522	223	116	107
宁　夏	3 025	1 631	553	213	66	37
新　疆	9 831	4 291	1 867	837	353	290

表7-1a 各地区家庭户规模(城市)

单位：户

地 区	家庭户户数	一人户	二人户	三人户	四人户
全 国	**1 530 075**	**182 839**	**402 930**	**567 563**	**215 092**
北 京	55 205	8 746	16 084	20 880	5 798
天 津	26 921	2 868	7 336	12 635	2 653
河 北	59 679	5 227	15 613	22 880	9 324
山 西	36 500	2 827	8 171	15 001	6 451
内蒙古	41 277	4 373	11 535	19 381	4 307
辽 宁	91 336	9 970	28 126	38 393	8 848
吉 林	40 696	3 081	10 990	18 300	4 806
黑龙江	72 284	6 472	22 605	31 898	7 101
上 海	66 859	10 628	19 243	25 472	6 764
江 苏	113 569	13 700	31 558	42 855	13 040
浙 江	84 009	13 708	24 937	27 694	10 258
安 徽	42 989	4 545	10 406	17 181	6 736
福 建	43 954	7 507	11 226	13 317	6 800
江 西	24 976	2 316	5 670	8 726	4 572
山 东	116 720	12 546	31 751	45 707	16 821
河 南	69 901	5 399	14 452	27 343	12 808
湖 北	72 172	7 157	18 592	26 526	11 494
湖 南	56 785	6 039	14 320	20 136	9 759
广 东	144 747	23 660	32 008	37 282	25 196
广 西	27 167	3 563	5 809	8 795	4 738
海 南	11 533	1 277	2 098	3 191	2 403
重 庆	31 604	4 309	8 799	11 533	3 984
四 川	56 582	6 716	15 745	20 805	7 417
贵 州	18 885	2 028	4 374	6 750	3 236
云 南	31 383	3 950	6 790	9 378	6 392
西 藏	1 332	144	271	328	276
陕 西	38 789	3 857	9 723	14 387	6 391
甘 肃	16 786	1 887	4 590	7 073	2 093
青 海	4 905	631	1 348	1 896	623
宁 夏	7 478	738	1 973	3 120	1 057
新 疆	23 050	2 970	6 786	8 701	2 945

表7-1a　各地区家庭户规模(城市)(续 1)

单位：户

地　区	五人户	六人户	七人户	八人户	九人户	十人及以上户
全　国	**110 723**	**33 064**	**10 004**	**4 586**	**1 693**	**1 579**
北　京	2 707	638	219	89	30	14
天　津	1 174	184	45	20	3	3
河　北	4 588	1 486	360	140	38	25
山　西	2 790	906	220	83	27	25
内蒙古	1 354	242	47	17	18	4
辽　宁	4 772	912	196	86	20	11
吉　林	2 719	531	153	84	19	13
黑龙江	3 528	528	89	50	8	5
上　海	3 688	732	225	78	20	10
江　苏	9 334	2 068	618	273	81	41
浙　江	5 306	1 543	314	156	48	45
安　徽	2 931	789	250	95	34	23
福　建	3 407	1 126	339	130	71	30
江　西	2 267	790	329	166	58	83
山　东	7 465	1 936	322	126	26	18
河　南	6 788	2 163	552	246	89	60
湖　北	5 856	1 710	487	203	91	56
湖　南	4 531	1 330	338	194	57	80
广　东	14 577	6 635	2 740	1 403	589	658
广　西	2 555	924	367	208	81	127
海　南	1 409	668	256	110	55	65
重　庆	2 256	501	144	50	21	8
四　川	4 433	989	286	138	24	29
贵　州	1 577	548	208	93	38	33
云　南	3 104	1 280	306	111	45	27
西　藏	158	72	40	19	8	15
陕　西	2 880	1 064	291	123	45	28
甘　肃	819	216	65	25	7	10
青　海	270	87	30	11	5	4
宁　夏	407	131	38	9	4	
新　疆	1 072	334	129	49	33	30

表7-1b　各地区家庭户规模(镇)

单位：户

地　区	家庭户户数	一人户	二人户	三人户	四人户
全　国	**912 800**	**98 469**	**225 238**	**287 631**	**169 820**
北　京	3 374	396	984	1 323	438
天　津	7 113	481	1 682	2 828	1 276
河　北	39 475	2 700	8 415	12 121	9 221
山　西	21 780	1 498	4 307	6 436	5 694
内蒙古	20 744	1 727	5 699	8 777	3 152
辽　宁	27 932	1 991	8 213	10 478	4 134
吉　林	22 203	1 677	6 582	9 004	2 944
黑龙江	31 550	2 352	9 821	13 676	3 544
上　海	6 979	1 029	2 347	2 354	630
江　苏	67 196	7 620	19 347	20 892	10 082
浙　江	41 065	6 473	11 736	13 054	5 939
安　徽	61 475	6 815	15 224	19 809	11 951
福　建	30 995	4 392	7 351	9 052	5 856
江　西	40 795	4 148	8 863	12 246	8 471
山　东	77 524	8 085	21 870	26 153	13 780
河　南	50 998	4 183	9 347	13 516	13 091
湖　北	36 773	3 762	9 908	12 031	6 526
湖　南	41 212	4 691	9 562	12 927	8 063
广　东	48 693	6 528	10 089	10 269	9 848
广　西	35 726	4 557	7 046	9 819	7 283
海　南	4 119	369	569	920	909
重　庆	26 997	3 320	7 533	8 965	4 414
四　川	60 689	9 305	16 916	18 666	9 091
贵　州	21 736	2 124	4 394	6 525	4 574
云　南	24 954	2 762	4 748	6 944	5 817
西　藏	1 103	67	125	182	254
陕　西	25 918	2 479	6 072	7 810	5 572
甘　肃	16 345	1 398	3 022	5 074	3 587
青　海	3 905	445	740	1 307	784
宁　夏	3 238	280	681	1 070	667
新　疆	10 193	816	2 046	3 402	2 229

表7-1b 各地区家庭户规模(镇)(续 1)

单位：户

地　区	五人户	六人户	七人户	八人户	九人户	十人及以上户
全　国	**85 633**	**30 159**	**9 089**	**3 789**	**1 554**	**1 419**
北　京	186	37	6	3	1	
天　津	633	171	26	13	2	1
河　北	4 444	1 888	456	133	56	41
山　西	2 537	954	231	74	29	19
内蒙古	1 119	208	44	10	4	4
辽　宁	2 419	556	103	28	10	1
吉　林	1 488	369	81	38	15	7
黑龙江	1 738	308	60	28	6	18
上　海	486	93	19	14	3	4
江　苏	6 669	1 861	453	185	59	29
浙　江	2 767	778	185	81	39	13
安　徽	5 265	1 651	445	185	71	60
福　建	2 790	998	336	136	53	30
江　西	4 220	1 648	612	322	127	138
山　东	5 578	1 648	246	114	26	23
河　南	6 865	2 696	778	282	135	105
湖　北	3 088	969	268	145	46	30
湖　南	4 047	1 273	387	149	64	51
广　东	6 347	3 093	1 298	623	277	321
广　西	4 255	1 584	612	266	140	165
海　南	658	368	165	73	36	52
重　庆	1 924	575	142	81	22	22
四　川	4 460	1 389	480	192	94	96
贵　州	2 500	1 011	367	127	73	40
云　南	2 811	1 253	370	137	54	58
西　藏	185	121	80	44	24	22
陕　西	2 608	1 020	252	74	16	15
甘　肃	1 904	910	301	99	32	19
青　海	379	164	52	17	11	5
宁　夏	307	154	46	20	5	8
新　疆	956	412	189	95	25	22

表7-1c　各地区家庭户规模(乡村)

单位：户

地　区	家庭户户数	一人户	二人户	三人户	四人户
全　国	**2 843 678**	**286 146**	**666 297**	**721 952**	**629 265**
北　京	11 015	1 311	3 123	3 419	1 890
天　津	10 772	686	2 346	3 474	2 417
河　北	171 738	12 658	34 980	42 804	45 808
山　西	72 146	5 654	14 068	15 226	19 460
内蒙古	44 771	3 079	12 340	13 703	9 435
辽　宁	70 609	4 450	18 496	23 405	13 708
吉　林	50 503	1 894	10 024	16 891	11 331
黑龙江	65 343	2 860	14 970	22 335	13 547
上　海	9 267	1 672	3 417	2 373	860
江　苏	148 801	19 358	45 277	39 355	24 369
浙　江	101 614	18 561	30 399	26 464	15 552
安　徽	160 559	19 719	42 532	41 512	34 513
福　建	73 944	10 756	18 450	18 245	14 885
江　西	105 751	10 021	24 244	26 314	24 702
山　东	221 171	23 298	65 295	68 237	42 948
河　南	240 826	18 937	45 349	57 111	65 595
湖　北	133 221	12 593	34 891	36 539	28 573
湖　南	165 004	18 395	39 178	40 841	37 805
广　东	116 706	13 234	22 750	20 669	24 115
广　西	117 573	12 061	24 056	25 975	27 349
海　南	12 126	962	1 574	1 749	2 520
重　庆	70 741	11 020	21 169	18 603	12 235
四　川	248 985	35 748	67 795	64 216	44 964
贵　州	101 411	7 862	20 139	23 128	24 265
云　南	105 106	6 189	14 849	21 884	32 074
西　藏	4 792	175	300	549	773
陕　西	85 166	6 862	17 869	21 089	21 554
甘　肃	59 605	2 781	7 838	11 842	16 130
青　海	10 435	411	980	1 953	3 011
宁　夏	11 201	403	1 414	2 017	2 974
新　疆	42 777	2 537	6 184	10 032	9 903

表7-1c 各地区家庭户规模(乡村)(续 1)

单位：户

地　　区	五人户	六人户	七人户	八人户	九人户	十人及以上户
全　　国	**341 679**	**136 225**	**39 118**	**13 653**	**5 136**	**4 207**
北　　京	948	273	33	14	1	1
天　　津	1 301	453	73	18	2	3
河　　北	22 444	9 805	2 306	662	171	100
山　　西	11 046	4 960	1 196	357	108	71
内 蒙 古	4 565	1 261	280	83	21	4
辽　　宁	7 779	2 303	364	78	20	6
吉　　林	7 191	2 368	545	186	54	20
黑 龙 江	8 164	2 626	548	224	49	20
上　　海	738	153	40	11	2	
江　　苏	15 065	4 115	871	268	69	55
浙　　江	7 599	2 409	426	129	55	20
安　　徽	15 287	5 059	1 293	419	153	72
福　　建	7 527	2 894	769	253	87	78
江　　西	12 475	5 159	1 635	653	272	277
山　　东	16 096	4 324	735	177	45	15
河　　南	34 345	14 198	3 698	1 018	331	246
湖　　北	14 246	4 751	1 066	372	127	64
湖　　南	19 117	6 858	1 814	626	240	130
广　　东	18 132	9 772	4 340	1 954	830	909
广　　西	16 685	6 967	2 599	998	449	434
海　　南	2 616	1 462	685	283	143	133
重　　庆	5 343	1 820	374	114	37	26
四　　川	23 626	8 813	2 366	872	337	248
贵　　州	15 625	6 782	2 407	767	267	169
云　　南	17 799	8 794	2 438	697	241	141
西　　藏	789	635	513	403	273	381
陕　　西	11 467	4 889	1 068	247	83	38
甘　　肃	11 469	6 269	2 175	700	220	181
青　　海	2 083	1 163	440	195	100	98
宁　　夏	2 311	1 346	469	183	57	28
新　　疆	7 802	3 545	1 550	692	294	238

表7-2　各地区家庭户类别

单位：户

地　区	合　计	一代户	二代户	三代户	四代户	五代及以上户
全　国	**4 877 603**	**1 431 378**	**2 570 047**	**845 500**	**30 654**	**23**
北　京	67 968	26 161	33 428	8 279	100	
天　津	44 043	13 157	24 852	5 907	127	
河　北	261 384	67 641	146 560	45 591	1 592	
山　西	127 230	30 855	74 267	21 413	694	
内蒙古	104 373	34 041	59 548	10 568	215	
辽　宁	184 746	59 993	96 348	27 715	688	1
吉　林	111 804	29 264	63 009	18 995	535	
黑龙江	166 011	50 837	91 932	22 676	563	2
上　海	80 513	32 687	36 885	10 633	307	1
江　苏	295 793	103 742	132 971	55 827	3 250	3
浙　江	210 640	86 741	93 902	28 742	1 253	1
安　徽	223 538	65 851	120 419	35 782	1 487	
福　建	135 416	45 725	65 984	22 753	953	
江　西	149 704	37 301	80 924	30 293	1 186	
山　东	400 248	140 539	214 247	44 097	1 365	
河　南	333 628	72 135	191 320	67 510	2 657	6
湖　北	217 217	63 426	112 472	39 871	1 449	
湖　南	237 365	64 025	124 919	46 795	1 624	1
广　东	288 017	90 572	143 454	52 468	1 521	2
广　西	160 697	39 897	87 847	31 863	1 089	1
海　南	27 100	5 887	15 463	5 563	187	
重　庆	111 881	37 195	54 649	19 477	558	1
四　川	310 911	97 308	148 708	62 385	2 509	
贵　州	126 661	28 337	73 040	24 433	850	
云　南	154 395	30 222	86 079	36 351	1 741	2
西　藏	7 146	912	3 988	2 146	99	
陕　西	139 175	34 822	75 526	27 959	868	
甘　肃	85 528	16 090	46 076	22 492	870	
青　海	18 678	3 648	10 552	4 351	127	
宁　夏	21 113	4 573	12 883	3 568	89	
新　疆	74 681	17 792	47 795	8 994	99	

表7-2a 各地区家庭户类别(城市)

单位：户

地　区	合　计	一代户	二代户	三代户	四代户	五代及以上户
全　国	**1 485 430**	**496 737**	**783 288**	**200 426**	**4 978**	**1**
北　京	53 861	20 970	26 585	6 245	61	
天　津	26 393	8 481	15 067	2 820	25	
河　北	58 409	18 195	32 002	8 029	182	
山　西	36 055	9 602	21 930	4 442	81	
内蒙古	40 529	13 947	24 068	2 489	25	
辽　宁	89 281	31 672	47 259	10 217	134	
吉　林	40 217	11 802	23 052	5 297	65	
黑龙江	71 233	24 719	39 385	7 059	70	
上　海	64 885	25 169	31 027	8 510	179	
江　苏	109 203	38 508	52 652	17 286	757	
浙　江	81 138	34 361	36 442	9 896	439	
安　徽	41 090	12 252	23 593	5 114	132	
福　建	42 266	16 137	19 968	5 962	199	
江　西	23 779	6 459	13 034	4 181	105	
山　东	114 746	39 082	62 787	12 569	308	
河　南	68 268	16 746	40 351	10 905	266	
湖　北	69 294	20 923	36 974	11 108	290	
湖　南	54 296	16 099	29 854	8 155	189	
广　东	139 809	49 770	68 281	21 287	470	1
广　西	26 209	7 742	14 285	4 101	81	
海　南	11 300	3 025	6 316	1 908	51	
重　庆	30 150	10 078	14 940	5 025	107	
四　川	54 059	17 977	26 300	9 463	318	
贵　州	18 507	5 297	10 391	2 755	64	
云　南	30 470	8 989	16 077	5 196	209	
西　藏	1 318	332	717	260	9	
陕　西	37 852	11 102	20 875	5 753	122	
甘　肃	16 327	5 286	9 361	1 665	16	
青　海	4 777	1 655	2 587	529	7	
宁　夏	7 303	2 313	4 386	595	9	
新　疆	22 406	8 048	12 745	1 605	9	

表7-2b　各地区家庭户类别(镇)

单位：户

地　区	合　计	一代户	二代户	三代户	四代户	五代及以上户
全　国	**863 030**	**262 150**	**459 015**	**136 999**	**4 863**	**3**
北　京	3 320	1 232	1 720	360	8	
天　津	7 047	1 949	4 008	1 063	27	
河　北	38 495	9 644	22 084	6 535	231	
山　西	21 391	4 990	13 202	3 093	106	
内蒙古	20 310	6 492	12 080	1 710	29	
辽　宁	27 352	8 823	14 218	4 219	93	
吉　林	21 852	7 175	11 981	2 640	56	
黑龙江	30 982	10 685	17 140	3 110	47	
上　海	6 753	2 979	2 884	850	40	
江　苏	61 345	20 818	28 265	11 613	650	
浙　江	39 000	15 451	18 481	4 894	174	
安　徽	54 729	15 799	30 224	8 377	330	
福　建	29 075	9 396	14 873	4 629	177	
江　西	37 937	10 232	20 760	6 704	242	
山　东	75 289	26 537	40 119	8 343	291	
河　南	48 032	10 371	26 982	10 276	401	2
湖　北	33 808	10 577	17 862	5 155	214	
湖　南	39 197	11 223	21 007	6 718	249	
广　东	46 193	14 420	23 073	8 468	231	1
广　西	33 807	9 443	17 676	6 488	200	
海　南	4 018	819	2 306	872	22	
重　庆	24 813	7 873	12 895	3 932	114	
四　川	55 519	19 405	26 681	9 111	322	
贵　州	20 337	5 026	11 704	3 493	114	
云　南	24 309	6 235	13 021	4 818	235	
西　藏	1 088	170	575	330	14	
陕　西	24 585	6 702	13 738	4 023	122	
甘　肃	15 491	3 453	8 834	3 114	89	
青　海	3 802	967	2 241	581	13	
宁　夏	3 141	819	1 933	378	11	
新　疆	10 011	2 448	6 448	1 104	12	

表7-2c　各地区家庭户类别(乡村)

单位：户

地　区	合　计	一代户	二代户	三代户	四代户	五代及以上户
全　国	**2 529 142**	**672 491**	**1 327 744**	**508 075**	**20 813**	**19**
北　京	10 788	3 960	5 123	1 675	31	
天　津	10 602	2 727	5 777	2 024	74	
河　北	164 481	39 802	92 473	31 027	1 179	
山　西	69 783	16 263	39 135	13 878	507	
内蒙古	43 534	13 602	23 401	6 370	162	
辽　宁	68 113	19 499	34 872	13 279	462	1
吉　林	49 736	10 288	27 976	11 058	414	
黑龙江	63 796	15 433	35 407	12 508	446	2
上　海	8 875	4 539	2 974	1 274	88	1
江　苏	125 245	44 416	52 054	26 928	1 843	3
浙　江	90 501	36 929	38 979	13 952	640	1
安　徽	127 718	37 800	66 603	22 291	1 024	
福　建	64 074	20 192	31 143	12 162	577	
江　西	87 987	20 610	47 130	19 408	840	
山　东	210 213	74 920	111 341	23 186	766	
河　南	217 328	45 018	123 988	46 329	1 990	4
湖　北	114 115	31 926	57 636	23 608	944	
湖　南	143 872	36 704	74 058	31 922	1 186	1
广　东	102 015	26 382	52 100	22 713	820	1
广　西	100 681	22 712	55 886	21 274	808	1
海　南	11 782	2 044	6 841	2 783	115	
重　庆	56 918	19 245	26 814	10 520	338	1
四　川	201 333	59 926	95 727	43 810	1 869	
贵　州	87 817	18 014	50 945	18 185	673	
云　南	99 616	14 997	56 982	26 337	1 297	2
西　藏	4 739	410	2 696	1 557	76	
陕　西	76 738	17 019	40 913	18 183	623	
甘　肃	53 710	7 351	27 881	17 713	765	
青　海	10 099	1 026	5 725	3 242	107	
宁　夏	10 669	1 441	6 564	2 595	70	
新　疆	42 264	7 297	28 603	6 286	78	

表7-3　各地区家庭户中民族混合户户数

单位：户、%

地　区	家庭户户　数	单一民族户		二个民族户		三个民族户		四个及以上民族户	
		户数	占合计百分比	户数	占合计百分比	户数	占合计百分比	户数	占合计百分比
全　国	**5 286 554**	**5 124 898**	**96.94**	**158 871**	**3.01**	**2 728**	**0.05**	**57**	
北　京	69 594	66 368	95.36	3 208	4.61	18	0.03		
天　津	44 806	43 963	98.12	841	1.88	3	0.01		
河　北	270 892	263 159	97.15	7 681	2.84	51	0.02	2	
山　西	130 427	129 847	99.56	577	0.44	3			
内蒙古	106 792	95 847	89.75	10 845	10.16	100	0.09		
辽　宁	189 878	168 855	88.93	20 863	10.99	159	0.08	1	
吉　林	113 403	107 376	94.69	6 002	5.29	25	0.02		
黑龙江	169 177	163 033	96.37	6 116	3.62	26	0.02	1	
上　海	83 106	82 398	99.15	706	0.85	1			
江　苏	329 566	327 450	99.36	2 111	0.64	5			
浙　江	226 688	224 017	98.82	2 657	1.17	13	0.01	1	
安　徽	265 023	263 076	99.27	1 934	0.73	10		3	
福　建	148 892	146 048	98.09	2 827	1.90	17	0.01		
江　西	171 522	170 676	99.51	840	0.49	5		1	
山　东	415 415	413 405	99.52	2 004	0.48	7			
河　南	361 725	358 878	99.21	2 831	0.78	14		2	
湖　北	242 166	237 318	98.00	4 755	1.96	88	0.04	5	
湖　南	263 001	252 566	96.03	10 095	3.84	334	0.13	5	
广　东	310 146	307 036	99.00	3 075	0.99	34	0.01	2	
广　西	180 466	162 057	89.80	18 071	10.01	333	0.18	4	
海　南	27 779	26 515	95.45	1 250	4.50	13	0.05		
重　庆	129 342	125 549	97.07	3 695	2.86	98	0.08	1	
四　川	366 256	361 936	98.82	4 295	1.17	25	0.01		
贵　州	142 031	122 382	86.17	18 866	13.28	769	0.54	15	0.01
云　南	161 443	144 345	89.41	16 576	10.27	510	0.32	12	0.01
西　藏	7 227	7 139	98.79	86	1.19	2	0.02		
陕　西	149 873	148 992	99.41	875	0.58	5			
甘　肃	92 736	90 986	98.11	1 728	1.86	22	0.02		
青　海	19 245	17 775	92.36	1 441	7.49	28	0.15	1	
宁　夏	21 917	21 394	97.61	522	2.38	1			
新　疆	76 020	74 514	98.02	1 498	1.97	7	0.01		

表7-3a 各地区家庭户中民族混合户户数(城市)

单位：户、%

地 区	家庭户户 数	单一民族户		二个民族户		三个民族户		四个及以上民族户	
		户数	占合计百分比	户数	占合计百分比	户数	占合计百分比	户数	占合计百分比
全 国	**1 530 075**	**1 485 640**	**97.10**	**43 954**	**2.87**	**464**	**0.03**	**16**	
北 京	55 205	52 656	95.38	2 533	4.59	17	0.03		
天 津	26 921	26 403	98.07	516	1.92	2	0.01		
河 北	59 679	58 199	97.52	1 476	2.47	3	0.01	2	
山 西	36 500	36 267	99.36	233	0.64	1			
内 蒙 古	41 277	36 957	89.53	4 300	10.42	20	0.05		
辽 宁	91 336	83 894	91.85	7 400	8.10	43	0.05		
吉 林	40 696	39 064	95.99	1 622	3.98	11	0.03		
黑 龙 江	72 284	69 714	96.44	2 564	3.55	5	0.01	1	
上 海	66 859	66 232	99.06	626	0.94	1			
江 苏	113 569	112 534	99.09	1 033	0.91	2			
浙 江	84 009	83 146	98.97	859	1.02	3		1	
安 徽	42 989	42 480	98.82	504	1.17	3	0.01	2	
福 建	43 954	43 248	98.39	702	1.60	4	0.01		
江 西	24 976	24 874	99.59	101	0.40	1	0.01		
山 东	116 720	115 855	99.26	864	0.74	1			
河 南	69 901	68 816	98.45	1 077	1.54	8	0.01		
湖 北	72 172	71 300	98.79	862	1.19	7	0.01	2	
湖 南	56 785	55 511	97.76	1 239	2.18	33	0.06	1	
广 东	144 747	143 354	99.04	1 380	0.95	14	0.01		
广 西	27 167	22 515	82.88	4 574	16.84	78	0.29		
海 南	11 533	10 954	94.97	572	4.96	8	0.07		
重 庆	31 604	31 180	98.66	415	1.31	9	0.03		
四 川	56 582	55 883	98.76	696	1.23	3	0.01		
贵 州	18 885	15 981	84.62	2 793	14.79	108	0.57	3	0.02
云 南	31 383	28 454	90.67	2 858	9.11	68	0.22	3	0.01
西 藏	1 332	1 300	97.64	31	2.34		0.02		
陕 西	38 789	38 354	98.88	434	1.12	1			
甘 肃	16 786	16 496	98.27	288	1.71	2	0.01		
青 海	4 905	4 626	94.30	277	5.64	3	0.06		
宁 夏	7 478	7 067	94.51	410	5.48	1	0.01		
新 疆	23 050	22 327	96.86	719	3.12	4	0.02		

表7-3b　各地区家庭户中民族混合户户数(镇)

单位：户、%

地　区	家庭户户　数	单一民族户		二个民族户		三个民族户		四个及以上民族户	
		户数	占合计百分比	户数	占合计百分比	户数	占合计百分比	户数	占合计百分比
全　国	**912 800**	**880 583**	**96.47**	**31 598**	**3.46**	**608**	**0.07**	**12**	
北　京	3 374	3 177	94.17	197	5.83				
天　津	7 113	7 002	98.44	111	1.56				
河　北	39 475	37 732	95.58	1 727	4.37	16	0.04		
山　西	21 780	21 708	99.67	72	0.33	1			
内蒙古	20 744	18 478	89.07	2 248	10.84	18	0.09		
辽　宁	27 932	23 989	85.88	3 920	14.03	23	0.08	1	
吉　林	22 203	21 154	95.27	1 046	4.71	3	0.01		
黑龙江	31 550	30 542	96.80	1 000	3.17	8	0.03		
上　海	6 979	6 947	99.53	33	0.47				
江　苏	67 196	66 896	99.55	299	0.44	2			
浙　江	41 065	40 627	98.93	436	1.06	1			
安　徽	61 475	60 914	99.09	556	0.90	3	0.01	2	
福　建	30 995	30 406	98.10	588	1.90	1			
江　西	40 795	40 614	99.56	179	0.44	1		1	
山　东	77 524	77 222	99.61	301	0.39	2			
河　南	50 998	50 554	99.13	444	0.87				
湖　北	36 773	35 869	97.54	897	2.44	6	0.02	1	
湖　南	41 212	38 899	94.39	2 228	5.41	84	0.20	1	
广　东	48 693	48 199	98.98	483	0.99	11	0.02		
广　西	35 726	31 782	88.96	3 869	10.83	76	0.21		
海　南	4 119	3 844	93.33	272	6.61	2	0.06		
重　庆	26 997	26 205	97.06	771	2.86	22	0.08		
四　川	60 689	59 512	98.06	1 167	1.92	10	0.02		
贵　州	21 736	17 739	81.61	3 817	17.56	179	0.82	1	0.01
云　南	24 954	21 235	85.10	3 589	14.38	127	0.51	3	0.01
西　藏	1 103	1 081	98.01	22	1.99				
陕　西	25 918	25 771	99.43	147	0.57				
甘　肃	16 346	15 896	97.25	445	2.72	5	0.03		
青　海	3 905	3 471	88.89	428	10.95	6	0.15		0.01
宁　夏	3 238	3 188	98.45	50	1.55				
新　疆	10 193	9 932	97.44	260	2.55	1	0.01		

表7-3c　各地区家庭户中民族混合户户数(乡村)

单位：户、%

地　区	家庭户户　数	单一民族户		二个民族户		三个民族户		四个及以上民族户	
		户数	占合计百分比	户数	占合计百分比	户数	占合计百分比	户数	占合计百分比
全　国	**2 843 678**	**2 758 676**	**97.01**	**83 318**	**2.93**	**1 656**	**0.06**	**29**	
北　京	11 015	10 535	95.64	479	4.35	2	0.01		
天　津	10 772	10 558	98.01	213	1.98				
河　北	171 738	167 229	97.37	4 478	2.61	31	0.02		
山　西	72 146	71 872	99.62	272	0.38	2			
内蒙古	44 771	40 412	90.26	4 297	9.60	61	0.14		
辽　宁	70 609	60 972	86.35	9 544	13.52	94	0.13		
吉　林	50 503	47 158	93.38	3 334	6.60	12	0.02		
黑龙江	65 343	62 778	96.07	2 552	3.91	13	0.02		
上　海	9 267	9 219	99.47	48	0.52				
江　苏	148 801	148 020	99.48	779	0.52	2			
浙　江	101 614	100 244	98.65	1 362	1.34	9	0.01		
安　徽	160 559	159 681	99.45	875	0.54	3			
福　建	73 944	72 394	97.90	1 538	2.08	12	0.02		
江　西	105 751	105 188	99.47	560	0.53	3			
山　东	221 171	220 329	99.62	838	0.38	4			
河　南	240 826	239 507	99.45	1 310	0.54	6		2	
湖　北	133 221	130 149	97.69	2 996	2.25	75	0.06	1	
湖　南	165 004	158 156	95.85	6 628	4.02	217	0.13	3	
广　东	116 706	115 483	98.95	1 212	1.04	9	0.01	2	
广　西	117 573	107 760	91.65	9 629	8.19	180	0.15	4	
海　南	12 126	11 718	96.63	405	3.34	3	0.03		
重　庆	70 741	68 164	96.36	2 509	3.55	67	0.09	1	
四　川	248 985	246 541	99.02	2 432	0.98	12			
贵　州	101 411	88 662	87.43	12 256	12.09	482	0.48	10	0.01
云　南	105 106	94 655	90.06	10 129	9.64	316	0.30	5	
西　藏	4 792	4 758	99.29	33	0.68	1	0.03		
陕　西	85 166	84 867	99.65	295	0.35	3			
甘　肃	59 605	58 594	98.30	995	1.67	15	0.03		
青　海	10 435	9 678	92.75	737	7.06	20	0.19		
宁　夏	11 201	11 139	99.45	62	0.55				
新　疆	42 777	42 255	98.78	519	1.21	3	0.01		

表7-4　全国不同规模的家庭户类别

单位：户

户规模	合　计	一代户	二代户	三代户	四代户	五代及以上户
总　计	**4 877 603**	**1 431 378**	**2 570 047**	**845 500**	**30 654**	**23**
一人户	444 376	444 376				
二人户	1 159 826	957 547	202 279			
三人户	1 479 218	20 549	1 424 574	34 095		
四人户	975 887	5 430	721 706	248 149	602	
五人户	526 912	2 119	171 649	347 184	5 961	
六人户	196 689	703	36 794	146 544	12 645	4
七人户	57 476	273	8 823	41 177	7 194	9
八人户	21 784	170	2 613	16 584	2 410	5
九人户	8 309	75	866	6 306	1 060	2
十人及以上户	7 126	136	742	5 462	783	2

表7-4a　全国不同规模的家庭户类别(城市)

单位：户

户规模	合　计	一代户	二代户	三代户	四代户	五代及以上户
总　计	**1 485 430**	**496 737**	**783 288**	**200 426**	**4 978**	**1**
一人户	167 599	167 599				
二人户	387 796	316 127	71 669			
三人户	557 457	8 895	538 154	10 408		
四人户	212 183	2 684	138 842	70 541	116	
五人户	109 852	911	26 460	81 562	920	
六人户	32 816	287	5 692	24 582	2 255	
七人户	9 913	94	1 549	7 250	1 019	
八人户	4 564	71	551	3 592	350	1
九人户	1 682	25	182	1 288	187	
十人及以上户	1 567	45	189	1 202	131	

表7-4b 全国不同规模的家庭户类别(镇)

单位：户

户规模	合计	一代户	二代户	三代户	四代户	五代及以上户
总　计	**863 030**	**262 150**	**459 015**	**136 999**	**4 863**	**3**
一人户	83 711	83 711				
二人户	208 031	172 638	35 393			
三人户	276 025	3 809	266 775	5 442		
四人户	165 423	1 104	123 750	40 479	91	
五人户	84 332	515	25 893	57 022	901	
六人户	29 847	170	5 253	22 362	2 062	
七人户	8 977	78	1 267	6 519	1 113	
八人户	3 745	46	401	2 935	361	2
九人户	1 541	31	130	1 206	173	1
十人及以上户	1 398	49	154	1 033	162	

表7-4c 全国不同规模的家庭户类别(乡村)

单位：户

户规模	合计	一代户	二代户	三代户	四代户	五代及以上户
总　计	**2 529 142**	**672 491**	**1 327 744**	**508 075**	**20 813**	**19**
一人户	193 066	193 066				
二人户	563 998	468 782	95 216			
三人户	645 736	7 846	619 645	18 245		
四人户	598 281	1 643	459 114	137 129	395	
五人户	332 728	694	119 296	208 599	4 140	
六人户	134 026	245	25 849	99 599	8 328	4
七人户	38 586	101	6 007	27 407	5 062	9
八人户	13 475	54	1 661	10 057	1 699	3
九人户	5 085	18	555	3 812	699	1
十人及以上户	4 161	42	400	3 226	490	2

表7-5 全国家庭户户主年龄、性别构成

单位：人、%

年 龄	人口数			户主			户主率		
	合计	男	女	合计	男	女	合计	男	女
总 计	**15 650 312**	**7 991 028**	**7 659 283**	**4 877 603**	**4 205 446**	**672 157**	**31.17**	**52.63**	**8.78**
14岁及以下	**2 944 440**	**1 590 091**	**1 354 350**	**3 339**	**2 093**	**1 247**	**0.11**	**0.13**	**0.09**
15-19	**1 227 949**	**645 932**	**582 017**	**16 003**	**10 104**	**5 899**	**1.30**	**1.56**	**1.01**
15	304 373	160 712	143 661	1 262	851	412	0.41	0.53	0.29
16	275 059	144 720	130 338	1 763	1 168	595	0.64	0.81	0.46
17	237 586	125 133	112 453	2 711	1 726	985	1.14	1.38	0.88
18	230 747	121 381	109 367	4 806	2 989	1 817	2.08	2.46	1.66
19	180 183	93 986	86 197	5 461	3 370	2 091	3.03	3.59	2.43
20-24	**874 148**	**420 973**	**453 175**	**79 025**	**58 669**	**20 356**	**9.04**	**13.94**	**4.49**
20	157 116	79 059	78 058	7 209	4 647	2 562	4.59	5.88	3.28
21	155 745	74 770	80 975	9 478	6 144	3 334	6.09	8.22	4.12
22	167 753	79 838	87 915	13 760	9 817	3 943	8.20	12.30	4.49
23	204 822	97 143	107 679	22 635	17 277	5 358	11.05	17.79	4.98
24	188 712	90 163	98 549	25 943	20 784	5 159	13.75	23.05	5.24
25-29	**1 018 582**	**495 114**	**523 467**	**241 140**	**205 818**	**35 323**	**23.67**	**41.57**	**6.75**
25	189 393	89 566	99 827	32 162	26 468	5 695	16.98	29.55	5.70
26	203 684	98 696	104 988	42 173	35 371	6 801	20.70	35.84	6.48
27	204 406	99 365	105 041	47 828	40 792	7 036	23.40	41.05	6.70
28	198 442	97 554	100 888	53 225	45 889	7 336	26.82	47.04	7.27
29	222 657	109 934	112 723	65 752	57 297	8 455	29.53	52.12	7.50
30-34	**1 353 386**	**678 201**	**675 185**	**504 417**	**448 229**	**56 188**	**37.27**	**66.09**	**8.32**
30	234 327	116 897	117 430	75 890	66 592	9 298	32.39	56.97	7.92
31	259 331	128 674	130 658	89 899	79 455	10 443	34.67	61.75	7.99
32	273 651	136 980	136 671	102 037	90 529	11 508	37.29	66.09	8.42
33	286 000	143 896	142 104	112 602	100 490	12 112	39.37	69.84	8.52
34	300 077	151 755	148 322	123 989	111 162	12 827	41.32	73.25	8.65
35-39	**1 558 539**	**788 391**	**770 148**	**708 186**	**638 850**	**69 337**	**45.44**	**81.03**	**9.00**
35	330 702	166 999	163 703	141 552	127 162	14 390	42.80	76.15	8.79
36	306 316	154 670	151 646	135 987	122 356	13 631	44.39	79.11	8.99
37	338 365	171 207	167 158	154 213	139 110	15 104	45.58	81.25	9.04
38	273 621	138 572	135 049	128 287	116 247	12 040	46.88	83.89	8.92
39	309 537	156 944	152 593	148 147	133 975	14 172	47.86	85.36	9.29

表7-5 全国家庭户户主年龄、性别构成(续 1)

单位：人、%

年　龄	人口数			户主			户主率		
	合计	男	女	合计	男	女	合计	男	女
40-44	**1 413 322**	**716 270**	**697 052**	**696 713**	**624 570**	**72 143**	**49.30**	**87.20**	**10.35**
40	318 066	162 133	155 933	154 733	139 594	15 139	48.65	86.10	9.71
41	305 729	154 524	151 204	149 217	133 715	15 502	48.81	86.53	10.25
42	363 846	185 363	178 483	181 221	162 115	19 105	49.81	87.46	10.70
43	273 170	138 270	134 900	136 429	122 217	14 212	49.94	88.39	10.54
44	152 511	75 980	76 531	75 113	66 928	8 185	49.25	88.09	10.69
45-49	**1 115 417**	**566 413**	**549 004**	**570 923**	**508 466**	**62 457**	**51.18**	**89.77**	**11.38**
45	195 214	98 642	96 572	98 321	87 339	10 983	50.37	88.54	11.37
46	178 700	91 420	87 281	91 619	81 775	9 844	51.27	89.45	11.28
47	233 240	118 876	114 364	119 740	106 707	13 033	51.34	89.76	11.40
48	265 454	135 734	129 720	137 188	122 481	14 707	51.68	90.24	11.34
49	242 808	121 742	121 067	124 054	110 164	13 890	51.09	90.49	11.47
50-54	**1 205 485**	**613 628**	**591 857**	**629 109**	**554 296**	**74 813**	**52.19**	**90.33**	**12.64**
50	265 385	136 121	129 264	138 865	123 223	15 642	52.33	90.53	12.10
51	257 878	131 235	126 643	134 265	118 825	15 439	52.07	90.54	12.19
52	238 940	121 206	117 733	124 355	109 596	14 758	52.04	90.42	12.54
53	240 039	121 899	118 140	125 617	110 015	15 603	52.33	90.25	13.21
54	203 244	103 167	100 077	106 007	92 636	13 371	52.16	89.79	13.36
55-59	**877 067**	**452 591**	**424 476**	**457 948**	**396 323**	**61 625**	**52.21**	**87.57**	**14.52**
55	203 529	104 225	99 304	106 040	92 376	13 664	52.10	88.63	13.76
56	194 772	101 773	92 999	103 443	90 024	13 419	53.11	88.46	14.43
57	166 417	85 506	80 911	86 585	74 874	11 711	52.03	87.57	14.47
58	163 532	84 600	78 932	85 174	73 323	11 851	52.08	86.67	15.01
59	148 816	76 486	72 330	76 706	65 726	10 980	51.54	85.93	15.18
60-64	**633 713**	**329 618**	**304 095**	**324 701**	**273 529**	**51 172**	**51.24**	**82.98**	**16.83**
60	144 116	74 290	69 826	73 896	62 907	10 989	51.28	84.68	15.74
61	131 594	68 975	62 618	68 312	58 159	10 153	51.91	84.32	16.21
61	122 541	63 644	58 897	62 387	52 617	9 770	50.91	82.67	16.59
63	117 870	60 975	56 896	59 748	49 727	10 020	50.69	81.55	17.61
64	117 593	61 734	55 858	60 358	50 119	10 239	51.33	81.18	18.33
65岁及以上	**1 428 263**	**693 805**	**734 458**	**646 097**	**484 500**	**161 597**	**45.24**	**69.83**	**22.00**

表7-5a　全国家庭户户主年龄、性别构成(城市)

单位：人、%

年　龄	人口数			户　主			户主率		
	合计	男	女	合计	男	女	合计	男	女
总　计	**4 349 046**	**2 176 514**	**2 172 532**	**1 485 430**	**1 142 570**	**342 860**	**34.16**	**52.50**	**15.78**
14岁及以下	**671 021**	**357 721**	**313 300**	**1 084**	**605**	**479**	**0.16**	**0.17**	**0.15**
15-19	**296 110**	**153 843**	**142 268**	**7 821**	**4 373**	**3 448**	**2.64**	**2.84**	**2.42**
15	63 779	33 369	30 410	368	240	128	0.58	0.72	0.42
16	63 607	33 153	30 454	684	403	281	1.07	1.22	0.92
17	60 365	31 453	28 912	1 265	706	560	2.10	2.24	1.94
18	60 699	31 347	29 352	2 495	1 385	1 110	4.11	4.42	3.78
19	47 661	24 521	23 140	3 009	1 640	1 369	6.31	6.69	5.92
20-24	**260 610**	**123 411**	**137 200**	**37 937**	**23 817**	**14 120**	**14.56**	**19.30**	**10.29**
20	41 383	20 611	20 772	3 916	2 153	1 763	9.46	10.44	8.49
21	43 792	20 829	22 962	5 081	2 787	2 295	11.60	13.38	9.99
22	50 890	24 104	26 787	7 010	4 211	2 799	13.77	17.47	10.45
23	65 061	30 172	34 890	10 617	6 871	3 747	16.32	22.77	10.74
24	59 484	27 694	31 789	11 312	7 796	3 516	19.02	28.15	11.06
25-29	**336 078**	**158 276**	**177 802**	**95 062**	**72 027**	**23 035**	**28.29**	**45.51**	**12.96**
25	59 614	27 474	32 140	13 579	9 705	3 874	22.78	35.32	12.05
26	67 168	31 367	35 801	17 144	12 689	4 455	25.52	40.45	12.44
27	68 463	32 206	36 257	19 176	14 512	4 663	28.01	45.06	12.86
28	66 724	31 693	35 031	20 444	15 776	4 668	30.64	49.78	13.33
29	74 109	35 535	38 574	24 719	19 345	5 374	33.35	54.44	13.93
30-34	**434 972**	**214 246**	**220 726**	**169 436**	**135 395**	**34 041**	**38.95**	**63.20**	**15.42**
30	76 823	37 338	39 485	27 429	21 660	5 769	35.70	58.01	14.61
31	82 668	40 409	42 259	30 881	24 684	6 197	37.36	61.09	14.66
32	88 754	43 443	45 312	34 339	27 335	7 005	38.69	62.92	15.46
33	91 643	45 433	46 210	37 150	29 755	7 395	40.54	65.49	16.00
34	95 083	47 624	47 460	39 637	31 961	7 676	41.69	67.11	16.17
35-39	**454 586**	**227 363**	**227 223**	**205 101**	**166 197**	**38 904**	**45.12**	**73.10**	**17.12**
35	101 569	50 963	50 606	43 842	35 379	8 462	43.16	69.42	16.72
36	92 794	46 420	46 375	40 998	33 115	7 883	44.18	71.34	17.00
37	99 471	49 397	50 075	44 669	35 959	8 709	44.91	72.80	17.39
38	75 230	37 517	37 713	35 010	28 514	6 496	46.54	76.00	17.22
39	85 521	43 067	42 454	40 582	33 229	7 353	47.45	77.16	17.32

表7-5a 全国家庭户户主年龄、性别构成(城市)(续 1)

单位：人、%

年 龄	人口数			户 主			户主率		
	合计	男	女	合计	男	女	合计	男	女
40-44	**427 081**	**217 491**	**209 590**	**209 448**	**170 657**	**38 791**	**49.04**	**78.47**	**18.51**
40	91 392	46 524	44 868	44 076	36 103	7 973	48.23	77.60	17.77
41	92 731	47 046	45 684	45 093	36 644	8 449	48.63	77.89	18.49
42	113 919	58 256	55 662	56 248	45 834	10 414	49.38	78.68	18.71
43	80 693	41 237	39 456	40 267	32 810	7 457	49.90	79.56	18.90
44	48 346	24 427	23 920	23 765	19 266	4 498	49.15	78.87	18.80
45-49	**339 160**	**171 322**	**167 838**	**172 183**	**139 484**	**32 699**	**50.77**	**81.42**	**19.48**
45	63 687	32 593	31 094	32 157	26 105	6 053	50.49	80.09	19.47
46	57 069	29 040	28 029	28 861	23 537	5 324	50.57	81.05	18.99
47	71 589	36 213	35 376	36 456	29 565	6 891	50.92	81.64	19.48
48	77 127	38 928	38 199	39 342	31 822	7 519	51.01	81.75	19.69
49	69 689	34 547	35 141	35 368	28 456	6 912	50.75	82.37	19.67
50-54	**329 735**	**163 779**	**165 956**	**169 406**	**134 683**	**34 723**	**51.38**	**82.23**	**20.92**
50	73 327	37 012	36 315	37 932	30 482	7 450	51.73	82.36	20.51
51	73 329	36 518	36 810	37 584	30 082	7 501	51.25	82.38	20.38
52	64 789	31 825	32 964	32 962	26 143	6 819	50.88	82.15	20.69
53	63 743	31 324	32 419	32 751	25 801	6 949	51.38	82.37	21.44
54	54 548	27 100	27 448	28 178	22 174	6 004	51.66	81.82	21.87
55-59	**232 886**	**115 242**	**117 644**	**118 911**	**92 290**	**26 622**	**51.06**	**80.08**	**22.63**
55	54 317	26 970	27 347	27 786	21 867	5 919	51.16	81.08	21.64
56	52 027	25 880	26 147	26 668	20 703	5 964	51.26	80.00	22.81
57	44 186	21 660	22 526	22 397	17 378	5 019	50.69	80.23	22.28
58	43 153	21 336	21 817	22 006	16 970	5 036	51.00	79.54	23.08
59	39 204	19 397	19 807	20 055	15 371	4 684	51.16	79.25	23.65
60-64	**167 260**	**82 076**	**85 184**	**86 160**	**63 830**	**22 331**	**51.51**	**77.77**	**26.21**
60	36 437	17 804	18 633	18 476	13 903	4 574	50.71	78.09	24.55
61	33 985	16 735	17 250	17 459	13 140	4 319	51.37	78.52	25.04
61	32 023	15 921	16 102	16 566	12 357	4 208	51.73	77.62	26.14
63	32 225	15 658	16 567	16 594	12 074	4 519	51.49	77.11	27.28
64	32 590	15 958	16 632	17 066	12 355	4 710	52.36	77.42	28.32
65岁及以上	**399 547**	**191 745**	**207 802**	**212 881**	**139 210**	**73 670**	**53.28**	**72.60**	**35.45**

表7-5b 全国家庭户户主年龄、性别构成(镇)

单位：人、%

年 龄	人口数			户 主			户主率		
	合计	男	女	合计	男	女	合计	男	女
总 计	**2 712 666**	**1 375 018**	**1 337 648**	**863 030**	**730 941**	**132 089**	**31.81**	**53.16**	**9.87**
14岁及以下	**520 497**	**282 653**	**237 844**	**715**	**426**	**289**	**0.14**	**0.15**	**0.12**
15-19	**208 004**	**110 335**	**97 668**	**3 454**	**2 063**	**1 391**	**1.66**	**1.87**	**1.42**
15	52 482	27 868	24 614	336	202	134	0.64	0.72	0.55
16	46 416	24 655	21 762	413	252	162	0.89	1.02	0.74
17	40 416	21 490	18 926	640	389	251	1.58	1.81	1.33
18	39 192	20 797	18 395	1 001	590	411	2.55	2.84	2.23
19	29 497	15 525	13 972	1 064	630	433	3.61	4.06	3.10
20-24	**143 331**	**67 707**	**75 624**	**14 776**	**10 819**	**3 957**	**10.31**	**15.98**	**5.23**
20	24 812	12 661	12 151	1 240	772	468	5.00	6.10	3.85
21	24 519	11 666	12 853	1 727	1 079	647	7.04	9.25	5.04
22	27 045	12 624	14 421	2 534	1 799	735	9.37	14.25	5.10
23	34 378	15 733	18 645	4 308	3 237	1 070	12.53	20.58	5.74
24	32 577	15 023	17 554	4 967	3 931	1 036	15.25	26.17	5.90
25-29	**189 535**	**90 286**	**99 249**	**49 431**	**41 407**	**8 024**	**26.08**	**45.86**	**8.09**
25	33 296	15 400	17 896	6 332	5 159	1 174	19.02	33.50	6.56
26	37 900	17 876	20 025	8 750	7 208	1 541	23.09	40.32	7.70
27	38 253	18 305	19 948	9 956	8 363	1 592	26.03	45.69	7.98
28	37 350	18 001	19 349	10 894	9 177	1 717	29.17	50.98	8.88
29	42 735	20 704	22 031	13 499	11 500	1 999	31.59	55.54	9.08
30-34	**258 856**	**127 506**	**131 351**	**101 521**	**87 456**	**14 065**	**39.22**	**68.59**	**10.71**
30	45 236	21 997	23 239	15 569	13 211	2 358	34.42	60.06	10.15
31	49 734	24 201	25 534	18 387	15 727	2 660	36.97	64.99	10.42
32	52 309	25 952	26 358	20 742	17 881	2 861	39.65	68.90	10.85
33	54 495	27 106	27 389	22 413	19 412	3 001	41.13	71.62	10.96
34	57 081	28 251	28 830	24 410	21 225	3 185	42.76	75.13	11.05
35-39	**290 758**	**145 968**	**144 790**	**135 297**	**118 792**	**16 504**	**46.53**	**81.38**	**11.40**
35	62 684	31 594	31 089	27 929	24 496	3 433	44.56	77.53	11.04
36	57 490	28 762	28 728	26 323	23 034	3 289	45.79	80.09	11.45
37	63 263	32 008	31 255	29 582	26 085	3 497	46.76	81.49	11.19
38	49 954	25 073	24 881	23 741	20 943	2 797	47.52	83.53	11.24
39	57 367	28 530	28 837	27 722	24 234	3 488	48.32	84.94	12.09

表7-5b 全国家庭户户主年龄、性别构成(镇)(续 1)

单位：人、%

年　龄	人口数			户主			户主率		
	合计	男	女	合计	男	女	合计	男	女
40-44	**255 831**	**128 890**	**126 942**	**128 417**	**112 816**	**15 601**	**50.20**	**87.53**	**12.29**
40	59 059	30 033	29 025	29 552	25 969	3 583	50.04	86.47	12.34
41	55 610	27 942	27 668	27 556	24 242	3 314	49.55	86.76	11.98
42	66 431	33 415	33 015	33 549	29 409	4 140	50.50	88.01	12.54
43	48 869	24 715	24 154	24 865	21 882	2 984	50.88	88.54	12.35
44	25 863	12 785	13 079	12 896	11 315	1 581	49.86	88.51	12.08
45-49	**186 610**	**94 377**	**92 234**	**96 516**	**85 040**	**11 476**	**51.72**	**90.11**	**12.44**
45	32 713	16 289	16 424	16 629	14 522	2 108	50.83	89.15	12.83
46	30 365	15 611	14 754	15 803	14 044	1 759	52.04	89.97	11.92
47	38 988	19 888	19 100	20 333	17 972	2 361	52.15	90.37	12.36
48	44 510	22 588	21 921	23 095	20 356	2 739	51.89	90.12	12.49
49	40 035	20 001	20 033	20 656	18 146	2 510	51.59	90.72	12.53
50-54	**195 033**	**97 878**	**97 155**	**101 773**	**88 376**	**13 397**	**52.18**	**90.29**	**13.79**
50	43 791	22 226	21 565	22 913	20 059	2 854	52.32	90.25	13.24
51	41 786	20 797	20 990	21 646	18 848	2 798	51.80	90.63	13.33
52	38 320	19 385	18 935	20 024	17 503	2 521	52.26	90.29	13.32
53	38 641	19 302	19 339	20 221	17 380	2 841	52.33	90.04	14.69
54	32 494	16 167	16 326	16 968	14 586	2 382	52.22	90.22	14.59
55-59	**139 669**	**70 984**	**68 685**	**73 110**	**62 460**	**10 650**	**52.34**	**87.99**	**15.51**
55	32 552	16 339	16 213	16 847	14 469	2 378	51.75	88.56	14.67
56	31 172	16 028	15 143	16 571	14 241	2 330	53.16	88.85	15.39
57	26 041	13 146	12 895	13 525	11 503	2 022	51.94	87.50	15.68
58	26 059	13 334	12 725	13 723	11 665	2 059	52.66	87.48	16.18
59	23 846	12 137	11 709	12 443	10 582	1 861	52.18	87.19	15.90
60-64	**101 189**	**51 904**	**49 284**	**52 743**	**43 806**	**8 937**	**52.12**	**84.40**	**18.13**
60	23 299	11 955	11 344	12 161	10 261	1 900	52.20	85.83	16.75
61	20 888	10 752	10 136	10 922	9 162	1 759	52.29	85.21	17.36
61	19 385	9 857	9 528	9 968	8 262	1 707	51.42	83.82	17.91
63	18 992	9 648	9 344	9 848	8 031	1 817	51.85	83.24	19.44
64	18 624	9 692	8 932	9 845	8 091	1 754	52.86	83.48	19.64
65岁及以上	**223 352**	**106 531**	**116 821**	**105 278**	**77 480**	**27 798**	**47.14**	**72.73**	**23.80**

表7-5c 全国家庭户户主年龄、性别构成(乡村)

单位：人、%

年 龄	人口数			户 主			户主率		
	合计	男	女	合计	男	女	合计	男	女
总 计	**8 588 599**	**4 439 495**	**4 149 104**	**2 529 142**	**2 331 935**	**197 207**	**29.45**	**52.53**	**4.75**
14岁及以下	**1 752 923**	**949 717**	**803 206**	**1 541**	**1 062**	**479**	**0.09**	**0.11**	**0.06**
15-19	**723 835**	**381 754**	**342 081**	**4 728**	**3 668**	**1 060**	**0.65**	**0.96**	**0.31**
15	188 112	99 474	88 638	559	409	149	0.30	0.41	0.17
16	165 036	86 913	78 123	666	514	153	0.40	0.59	0.20
17	136 805	72 190	64 616	806	632	174	0.59	0.87	0.27
18	130 857	69 237	61 620	1 309	1 014	295	1.00	1.46	0.48
19	103 025	53 940	49 085	1 388	1 100	288	1.35	2.04	0.59
20-24	**470 206**	**229 855**	**240 352**	**26 312**	**24 033**	**2 279**	**5.60**	**10.46**	**0.95**
20	90 921	45 786	45 135	2 053	1 722	330	2.26	3.76	0.73
21	87 434	42 275	45 159	2 670	2 278	392	3.05	5.39	0.87
22	89 818	43 110	46 708	4 216	3 807	409	4.69	8.83	0.87
23	105 383	51 238	54 144	7 710	7 169	541	7.32	13.99	1.00
24	96 651	47 445	49 206	9 664	9 056	608	10.00	19.09	1.23
25-29	**492 968**	**246 553**	**246 416**	**96 648**	**92 384**	**4 264**	**19.61**	**37.47**	**1.73**
25	96 483	46 692	49 792	12 251	11 604	647	12.70	24.85	1.30
26	98 615	49 453	49 162	16 279	15 474	805	16.51	31.29	1.64
27	97 689	48 853	48 836	18 697	17 916	780	19.14	36.67	1.60
28	94 368	47 860	46 508	21 887	20 937	950	23.19	43.75	2.04
29	105 813	53 695	52 118	27 534	26 453	1 082	26.02	49.27	2.08
30-34	**659 558**	**336 449**	**323 108**	**233 460**	**225 378**	**8 083**	**35.40**	**66.99**	**2.50**
30	112 267	57 562	54 706	32 893	31 721	1 172	29.30	55.11	2.14
31	126 929	64 065	62 865	40 631	39 045	1 587	32.01	60.95	2.52
32	132 587	67 586	65 002	46 956	45 313	1 643	35.42	67.05	2.53
33	139 861	71 357	68 505	53 039	51 323	1 716	37.92	71.92	2.51
34	147 912	75 881	72 032	59 942	57 976	1 966	40.53	76.40	2.73
35-39	**813 195**	**415 060**	**398 135**	**367 789**	**353 860**	**13 929**	**45.23**	**85.26**	**3.50**
35	166 449	84 441	82 008	69 781	67 287	2 494	41.92	79.69	3.04
36	156 032	79 488	76 543	68 665	66 207	2 459	44.01	83.29	3.21
37	175 630	89 802	85 828	79 963	77 065	2 897	45.53	85.82	3.38
38	148 436	75 982	72 454	69 536	66 789	2 747	46.85	87.90	3.79
39	166 649	85 347	81 302	79 844	76 512	3 331	47.91	89.65	4.10

表7-5c 全国家庭户户主年龄、性别构成(乡村)(续 1)

单位：人、%

年　龄	人口数			户主			户主率		
	合计	男	女	合计	男	女	合计	男	女
40-44	**730 410**	**369 890**	**360 520**	**358 847**	**341 096**	**17 751**	**49.13**	**92.22**	**4.92**
40	167 615	85 576	82 040	81 105	77 522	3 583	48.39	90.59	4.37
41	157 388	79 536	77 852	76 569	72 830	3 740	48.65	91.57	4.80
42	183 497	93 691	89 806	91 423	86 872	4 551	49.82	92.72	5.07
43	143 608	72 318	71 290	71 297	67 526	3 771	49.65	93.37	5.29
44	78 302	38 769	39 533	38 453	36 347	2 106	49.11	93.75	5.33
45-49	**589 647**	**300 715**	**288 932**	**302 224**	**283 942**	**18 282**	**51.26**	**94.42**	**6.33**
45	98 814	49 760	49 054	49 535	46 712	2 822	50.13	93.88	5.75
46	91 267	46 769	44 498	46 956	44 194	2 762	51.45	94.49	6.21
47	122 663	62 776	59 888	62 951	59 170	3 781	51.32	94.26	6.31
48	143 818	74 218	69 600	74 752	70 303	4 449	51.98	94.72	6.39
49	133 085	67 193	65 892	68 031	63 563	4 468	51.12	94.60	6.78
50-54	**680 717**	**351 971**	**328 746**	**357 930**	**331 237**	**26 694**	**52.58**	**94.11**	**8.12**
50	148 267	76 883	71 384	78 020	72 682	5 338	52.62	94.54	7.48
51	142 763	73 920	68 843	75 035	69 895	5 140	52.56	94.55	7.47
52	135 830	69 996	65 834	71 368	65 950	5 418	52.54	94.22	8.23
53	137 655	71 273	66 382	72 646	66 834	5 812	52.77	93.77	8.75
54	116 202	59 899	56 303	60 861	55 876	4 986	52.38	93.28	8.86
55-59	**504 512**	**266 364**	**238 147**	**265 927**	**241 573**	**24 354**	**52.71**	**90.69**	**10.23**
55	116 661	60 917	55 744	61 407	56 040	5 368	52.64	91.99	9.63
56	111 573	59 865	51 708	60 204	55 079	5 125	53.96	92.01	9.91
57	96 190	50 700	45 490	50 663	45 993	4 670	52.67	90.72	10.27
58	94 321	49 930	44 391	49 445	44 689	4 756	52.42	89.50	10.71
59	85 767	44 953	40 814	44 208	39 773	4 435	51.54	88.48	10.87
60-64	**365 264**	**195 638**	**169 626**	**185 797**	**165 893**	**19 905**	**50.87**	**84.80**	**11.73**
60	84 379	44 531	39 849	43 259	38 743	4 515	51.27	87.00	11.33
61	76 721	41 488	35 232	39 931	35 856	4 075	52.05	86.43	11.57
61	71 133	37 867	33 266	35 853	31 998	3 855	50.40	84.50	11.59
63	66 653	35 668	30 985	33 306	29 622	3 684	49.97	83.05	11.89
64	66 378	36 085	30 294	33 448	29 673	3 775	50.39	82.23	12.46
65岁及以上	**805 364**	**395 530**	**409 834**	**327 938**	**267 809**	**60 128**	**40.72**	**67.71**	**14.67**

第八卷 人口 生育

表8-1　各地区分性别、孩次的出生人口

(2004.11.1-2005.10.31)

单位：人、%

地　区	出生人数				第一孩			
	合计	男	女	性别比	小计	男	女	性别比
全　国	**161 109**	**88 042**	**73 067**	**120.49**	**101 399**	**52 746**	**48 653**	**108.41**
北　京	1 207	653	554	117.81	1 006	539	467	115.53
天　津	886	483	403	119.81	640	335	304	110.16
河　北	10 774	5 864	4 910	119.42	6 499	3 410	3 089	110.36
山　西	4 641	2 499	2 142	116.71	2 871	1 496	1 375	108.86
内蒙古	2 781	1 500	1 281	117.07	2 137	1 133	1 004	112.82
辽　宁	3 772	1 971	1 801	109.45	2 744	1 399	1 345	104.00
吉　林	2 639	1 378	1 261	109.25	1 707	881	826	106.59
黑龙江	3 660	1 923	1 737	110.69	2 679	1 423	1 256	113.30
上　海	1 427	779	648	120.05	1 166	615	552	111.40
江　苏	8 139	4 545	3 593	126.49	6 173	3 251	2 921	111.30
浙　江	6 049	3 214	2 835	113.39	4 159	2 164	1 995	108.50
安　徽	8 583	4 887	3 696	132.20	5 397	2 790	2 608	106.98
福　建	4 551	2 536	2 015	125.89	3 252	1 723	1 529	112.73
江　西	6 336	3 666	2 670	137.31	3 399	1 766	1 633	108.16
山　东	12 951	6 882	6 069	113.39	8 539	4 459	4 080	109.28
河　南	10 992	6 123	4 869	125.76	6 161	3 147	3 014	104.41
湖　北	6 034	3 387	2 647	127.95	4 254	2 261	1 993	113.44
湖　南	7 911	4 438	3 473	127.79	4 804	2 537	2 267	111.92
广　东	11 164	6 088	5 076	119.93	7 440	3 857	3 582	107.68
广　西	7 505	4 090	3 414	119.80	4 169	2 133	2 036	104.79
海　南	1 364	749	614	121.97	732	386	347	111.20
重　庆	2 448	1 289	1 159	111.19	1 335	693	642	107.91
四　川	9 076	4 881	4 195	116.34	5 064	2 609	2 456	106.24
贵　州	5 770	3 236	2 535	127.65	3 352	1 694	1 657	102.22
云　南	7 633	4 052	3 581	113.16	4 052	2 086	1 966	106.09
西　藏	509	261	248	105.15	187	96	91	105.40
陕　西	3 689	2 099	1 589	132.11	2 460	1 328	1 132	117.33
甘　肃	3 215	1 728	1 487	116.20	1 896	944	952	99.17
青　海	812	438	375	116.91	467	242	226	107.09
宁　夏	1 079	568	511	111.11	588	303	286	105.89
新　疆	3 513	1 836	1 678	109.43	2 070	1 047	1 023	102.26

表8-1 各地区分性别、孩次的出生人口

(2004.11.1–2005.10.31)(续 1)

单位：人、%

地 区	第二孩				第三孩			
	小计	男	女	性别比	小计	男	女	性别比
全 国	**51 017**	**30 041**	**20 976**	**143.22**	**6 996**	**4 268**	**2 728**	**156.44**
北 京	185	103	82	124.40	15	11	4	260.73
天 津	229	139	90	155.23	17	9	9	100.93
河 北	3 936	2 256	1 681	134.18	312	185	126	146.75
山 西	1 525	855	670	127.65	207	128	80	160.14
内蒙古	597	342	255	134.04	42	21	22	94.11
辽 宁	964	537	427	125.81	61	34	28	122.73
吉 林	878	463	414	111.85	50	31	19	160.00
黑龙江	903	453	450	100.78	68	42	26	163.64
上 海	242	154	88	175.58	16	9	8	112.56
江 苏	1 790	1 176	613	191.83	159	104	55	187.50
浙 江	1 750	962	788	122.06	129	81	48	169.70
安 徽	2 896	1 897	999	190.00	258	179	79	226.53
福 建	1 201	752	449	167.55	89	53	36	148.15
江 西	2 476	1 585	891	177.79	396	266	129	206.00
山 东	4 106	2 236	1 869	119.63	279	173	106	162.74
河 南	4 280	2 673	1 607	166.37	504	284	220	129.36
湖 北	1 624	1 023	602	169.98	135	87	47	184.21
湖 南	2 729	1 660	1 069	155.29	347	224	124	180.65
广 东	3 026	1 796	1 230	145.99	525	329	197	166.93
广 西	2 474	1 429	1 045	136.69	621	382	239	160.22
海 南	502	291	211	137.67	109	64	45	142.11
重 庆	952	510	443	115.07	134	75	59	126.98
四 川	3 097	1 745	1 352	129.02	706	413	293	140.80
贵 州	1 794	1 124	670	167.83	441	298	143	208.59
云 南	2 951	1 600	1 350	118.51	477	275	201	136.86
西 藏	123	62	61	101.08	78	42	35	119.44
陕 西	1 124	704	419	168.00	95	62	33	185.01
甘 肃	1 074	640	435	147.27	203	118	85	139.33
青 海	273	151	122	123.86	50	33	17	192.31
宁 夏	361	203	158	127.96	102	50	52	95.41
新 疆	957	521	436	119.53	372	208	164	127.12

表8-1　各地区分性别、孩次的出生人口

(2004.11.1-2005.10.31)(续 2)

单位：人、%

地　区	第四孩				第五孩及以上			
	小计	男	女	性别比	小计	男	女	性别比
全　国	**1 210**	**710**	**501**	**141.83**	**487**	**278**	**209**	**132.77**
北　京	1		1					
天　津	1		1	29.91				
河　北	25	11	13	87.50	2	2		
山　西	29	14	15	96.15	8	6	2	250.00
内蒙古	4	4			1	1		
辽　宁	3	1	1	100.00				
吉　林	4	2	2	150.00	1	1		
黑龙江	11	5	6	80.00				
上　海	3	1	1	87.06				
江　苏	16	12	3	350.00	2	2		
浙　江	10	6	4	133.33	1	1		
安　徽	26	19	6	300.00	6	2	5	33.33
福　建	5	5			4	3	1	200.00
江　西	50	39	12	333.33	16	10	5	200.00
山　东	27	14	13	103.60				
河　南	40	18	22	81.82	6		6	
湖　北	14	10	4	266.67	7	6	1	500.00
湖　南	28	16	12	133.33	3	1	1	100.00
广　东	124	78	46	170.55	49	28	21	131.72
广　西	159	94	65	143.14	82	53	30	178.26
海　南	15	7	8	93.75	6	2	4	50.00
重　庆	21	8	12	69.23	6	3	3	100.00
四　川	162	93	69	134.15	47	22	25	86.67
贵　州	125	80	45	180.00	59	39	20	194.44
云　南	110	66	44	149.72	44	25	19	129.76
西　藏	48	22	26	82.50	74	39	34	114.29
陕　西	9	4	4	104.33	1	1		226.95
甘　肃	36	23	13	173.91	6	3	3	120.00
青　海	15	7	8	87.50	8	6	2	257.14
宁　夏	20	9	11	86.36	7	3	4	87.50
新　疆	74	41	33	122.22	41	19	21	91.30

表8-1a 各地区分性别、孩次的出生人口

(2004.11.1-2005.10.31)(城市)

单位：人、%

地区	出生人数				第一孩			
	合计	男	女	性别比	小计	男	女	性别比
全国	**37 782**	**20 222**	**17 560**	**115.16**	**29 728**	**15 550**	**14 178**	**109.67**
北京	915	499	415	120.21	776	415	360	115.33
天津	395	212	182	116.73	340	176	164	107.09
河北	1 699	896	803	111.66	1 308	686	622	110.29
山西	998	526	471	111.63	780	400	380	105.16
内蒙古	936	494	441	112.10	844	435	409	106.48
辽宁	1 319	692	627	110.38	1 166	617	549	112.30
吉林	674	343	331	103.47	565	282	283	99.46
黑龙江	1 037	544	493	110.43	950	502	447	112.27
上海	1 102	593	509	116.69	911	473	438	108.09
江苏	2 833	1 553	1 280	121.32	2 398	1 259	1 138	110.62
浙江	2 310	1 192	1 118	106.61	1 674	853	821	103.88
安徽	1 118	598	520	114.86	875	457	417	109.65
福建	1 272	727	545	133.25	1 036	576	461	125.00
江西	770	430	340	126.24	519	263	256	102.53
山东	3 269	1 720	1 549	110.99	2 581	1 368	1 214	112.68
河南	1 780	976	804	121.30	1 403	748	655	114.15
湖北	1 649	901	749	120.30	1 358	719	639	112.48
湖南	1 468	835	634	131.72	1 085	598	487	122.68
广东	5 169	2 774	2 396	115.78	3 832	1 975	1 856	106.40
广西	904	453	451	100.28	654	319	335	95.40
海南	436	251	185	135.29	291	165	126	130.34
重庆	517	260	257	101.47	425	211	214	98.25
四川	1 280	660	620	106.52	1 039	525	514	102.30
贵州	633	354	279	126.80	515	280	234	119.52
云南	1 220	628	592	106.20	745	377	368	102.29
西藏	25	13	11	114.29	17	10	7	131.82
陕西	837	474	363	130.31	667	370	297	124.69
甘肃	354	182	173	105.23	314	157	157	99.64
青海	112	57	55	103.55	88	46	42	108.53
宁夏	191	96	95	101.01	149	71	78	90.74
新疆	558	289	269	107.22	424	217	206	105.38

表8-1a 各地区分性别、孩次的出生人口

(2004.11.1-2005.10.31)(城市)(续 1)

单位：人、%

地 区	第二孩				第三孩			
	小计	男	女	性别比	小计	男	女	性别比
全 国	**7 306**	**4 237**	**3 069**	**138.04**	**646**	**383**	**263**	**145.52**
北 京	130	77	53	146.85	9	7	2	337.20
天 津	48	33	14	233.36	5	3	3	109.49
河 北	368	199	169	117.48	18	11	7	175.00
山 西	200	115	85	134.46	16	10	5	200.00
内蒙古	88	58	30	192.40	3	1	2	52.00
辽 宁	146	74	73	101.72	6	1	5	25.00
吉 林	107	59	48	124.19	3	2	1	300.00
黑龙江	79	35	44	78.95	8	7	1	600.00
上 海	177	112	65	173.76	13	7	6	131.45
江 苏	401	275	126	217.81	35	19	16	122.22
浙 江	578	304	274	111.11	51	30	20	150.00
安 徽	235	135	100	135.48	8	5	3	150.00
福 建	212	140	71	196.30	23	11	12	88.89
江 西	217	140	78	180.00	27	23	4	600.00
山 东	657	337	320	105.09	31	15	15	99.69
河 南	353	216	137	157.35	24	12	12	100.00
湖 北	275	169	106	160.00	15	11	4	300.00
湖 南	349	216	133	162.00	35	21	13	160.00
广 东	1 164	691	473	146.23	140	88	52	170.51
广 西	222	118	104	113.58	27	14	13	110.00
海 南	122	72	51	141.12	18	12	6	200.00
重 庆	84	46	38	122.50	8	3	5	60.00
四 川	224	130	94	137.50	13	3	10	33.33
贵 州	107	69	38	182.35	10	4	6	80.00
云 南	399	210	189	111.32	55	30	26	115.23
西 藏	6	3	3	112.50	1	1	1	100.00
陕 西	157	95	62	154.80	10	7	4	192.45
甘 肃	35	22	13	169.57	4	2	2	133.33
青 海	22	10	12	83.78	2	1	1	133.33
宁 夏	37	22	15	148.39	5	2	2	100.00
新 疆	106	54	53	101.75	22	16	6	242.86

表8-1a　各地区分性别、孩次的出生人口
(2004.11.1-2005.10.31)(城市)(续 2)

单位：人、%

地　区	第四孩				第五孩及以上			
	小计	男	女	性别比	小计	男	女	性别比
全　国	**84**	**43**	**41**	**103.94**	**18**	**10**	**8**	**117.97**
北　京	1		1					
天　津	1		1	29.91				
河　北	5		5					
山　西	1	1	1	100.00	1	1		
内蒙古								
辽　宁								
吉　林								
黑龙江								
上　海	1			93.24				
江　苏								
浙　江	7	4	3	150.00				
安　徽								
福　建					1		1	
江　西	3	3			4	1	3	50.00
山　东								
河　南								
湖　北	1	1						
湖　南								
广　东	26	12	14	86.54	7	7	1	951.40
广　西	1	1						
海　南	4	2	2	100.00				
重　庆	1	1						
四　川	3	2	2	100.00				
贵　州	1		1					
云　南	17	11	6	177.79	4	1	3	35.56
西　藏	1		1					
陕　西	3	2	2	94.33				
甘　肃	1	1	1	100.00				
青　海								
宁　夏								
新　疆	5	2	3	66.67	1		1	

表8-1b　各地区分性别、孩次的出生人口

(2004.11.1-2005.10.31)(镇)

单位：人、%

地区	出生人数				第一孩			
	合计	男	女	性别比	小计	男	女	性别比
全　国	**27 254**	**14 858**	**12 396**	**119.86**	**18 364**	**9 679**	**8 686**	**111.43**
北　京	70	40	30	134.78	64	37	27	137.05
天　津	193	105	88	119.79	132	68	63	107.69
河　北	1 504	824	680	121.26	923	506	417	121.26
山　西	785	427	358	119.16	477	260	216	120.27
内蒙古	549	291	258	112.50	422	228	193	118.17
辽　宁	572	279	293	95.30	404	188	217	86.71
吉　林	383	205	178	115.09	295	153	141	108.70
黑龙江	517	291	227	128.35	422	246	175	140.67
上　海	135	76	59	129.09	108	57	51	112.72
江　苏	1 557	852	705	120.83	1 183	625	558	112.07
浙　江	1 134	614	520	118.11	784	426	358	119.03
安　徽	1 841	1 037	804	129.06	1 222	649	573	113.20
福　建	911	475	436	109.12	657	322	335	96.05
江　西	1 568	885	683	129.55	928	490	437	112.13
山　东	2 623	1 367	1 256	108.82	1 815	919	896	102.63
河　南	1 518	857	661	129.57	942	506	435	116.20
湖　北	977	551	426	129.24	681	351	330	106.42
湖　南	1 348	747	602	124.12	936	511	425	120.38
广　东	1 743	960	784	122.47	1 178	621	557	111.51
广　西	1 437	794	643	123.55	931	480	451	106.25
海　南	204	109	95	115.50	114	54	60	90.48
重　庆	543	285	259	110.18	331	182	149	122.78
四　川	1 389	763	627	121.77	920	499	421	118.40
贵　州	823	470	353	133.23	563	310	252	123.01
云　南	1 072	551	521	105.86	682	337	345	97.57
西　藏	57	30	27	112.20	29	17	13	130.77
陕　西	609	333	276	120.70	436	227	209	108.34
甘　肃	510	273	237	115.00	340	171	169	101.00
青　海	123	68	55	124.40	79	39	40	98.36
宁　夏	133	66	67	98.56	88	45	43	103.33
新　疆	427	234	192	121.63	280	153	128	119.57

表8-1b 各地区分性别、孩次的出生人口

(2004.11.1-2005.10.31)(镇)(续 1)

单位：人、%

地区	第二孩				第三孩			
	小计	男	女	性别比	小计	男	女	性别比
全国	**7 993**	**4 616**	**3 377**	**136.69**	**788**	**491**	**297**	**165.63**
北京	5	2	3	84.00	1	1		
天津	58	35	23	149.02	3	2	1	197.27
河北	543	294	250	117.76	34	23	11	200.00
山西	279	152	128	119.00	27	14	13	109.09
内蒙古	122	60	61	98.47	6	2	4	50.10
辽宁	151	84	68	124.07	15	6	9	71.43
吉林	84	49	35	139.13	4	2	2	150.00
黑龙江	88	40	48	82.93	6	4	2	150.00
上海	25	18	7	254.29	1		1	45.73
江苏	344	207	136	151.90	22	16	7	225.00
浙江	323	172	151	114.42	28	16	12	137.50
安徽	570	351	219	160.29	48	37	11	328.57
福建	242	146	97	150.68	11	7	4	166.67
江西	556	343	213	160.61	80	48	32	148.00
山东	753	415	338	122.55	52	33	19	171.29
河南	546	325	222	146.36	30	26	4	650.00
湖北	268	181	87	207.14	26	17	9	200.00
湖南	367	206	161	128.10	41	27	15	181.82
广东	480	284	196	144.60	66	43	24	180.75
广西	419	259	160	161.60	73	44	30	147.83
海南	73	45	29	154.10	16	10	6	175.00
重庆	197	92	105	87.50	14	9	5	200.00
四川	435	248	187	132.43	29	12	17	70.00
贵州	215	128	87	147.44	33	23	10	233.33
云南	343	191	152	125.78	40	20	20	99.60
西藏	15	8	7	113.64	7	3	3	100.00
陕西	159	97	61	159.36	14	9	5	163.52
甘肃	142	86	56	153.54	21	12	10	123.53
青海	37	24	13	175.61	5	4	1	300.00
宁夏	38	18	20	90.24	7	3	4	75.00
新疆	115	58	56	103.28	27	19	7	262.50

表8-1b　各地区分性别、孩次的出生人口

(2004.11.1-2005.10.31)(镇)(续 2)

单位：人、%

地　区	第四孩				第五孩及以上			
	小计	男	女	性别比	小计	男	女	性别比
全　国	**77**	**49**	**28**	**177.17**	**32**	**23**	**9**	**256.10**
北　京								
天　津								
河　北	3	2	2	100.00				
山　西	2	1	2	33.33	1	1		
内蒙古								
辽　宁	1	1						
吉　林								
黑龙江	2	1	1	100.00				
上　海								
江　苏	7	3	3	100.00				
浙　江								
安　徽								
福　建	1	1						
江　西	3	3			1	1		
山　东	3		3					
河　南								
湖　北					1	1		
湖　南	1	1			3	1	1	100.00
广　东	13	8	5	175.65	6	4	2	182.87
广　西	13	12	1	900.00				
海　南					1			100.00
重　庆					1	1		
四　川	5	3	2	200.00	2	2		
贵　州	6	3	2	150.00	6	4	1	400.00
云　南	4	2	2	156.48	3	1	2	53.86
西　藏	4	1	3	44.44	1	1	1	100.00
陕　西								
甘　肃	6	3	2	150.00	1	1		
青　海	1	1		300.00	1	1		
宁　夏								
新　疆					5	4	1	400.00

表8-1c 各地区分性别、孩次的出生人口
(2004.11.1-2005.10.31)(乡村)

单位：人、%

地 区	出生人数				第一孩			
	合计	男	女	性别比	小计	男	女	性别比
全 国	**96 073**	**52 962**	**43 111**	**122.85**	**53 307**	**27 517**	**25 790**	**106.70**
北 京	222	113	109	104.03	166	87	79	109.10
天 津	299	165	133	124.04	168	91	77	118.80
河 北	7 571	4 143	3 428	120.88	4 268	2 218	2 050	108.17
山 西	2 858	1 546	1 312	117.86	1 614	836	778	107.49
内 蒙 古	1 296	715	582	122.88	872	469	402	116.69
辽 宁	1 881	1 000	881	113.49	1 174	594	579	102.59
吉 林	1 582	830	752	110.41	848	446	402	110.88
黑 龙 江	2 105	1 088	1 017	106.89	1 307	674	633	106.46
上 海	190	109	81	134.59	147	84	63	133.38
江 苏	3 749	2 140	1 608	133.08	2 591	1 367	1 225	111.57
浙 江	2 604	1 408	1 196	117.68	1 701	885	815	108.53
安 徽	5 624	3 252	2 372	137.07	3 300	1 683	1 617	104.08
福 建	2 368	1 334	1 034	129.07	1 559	826	733	112.64
江 西	3 999	2 352	1 647	142.81	1 952	1 013	939	107.85
山 东	7 059	3 795	3 264	116.28	4 142	2 172	1 971	110.20
河 南	7 694	4 290	3 403	126.07	3 817	1 893	1 923	98.43
湖 北	3 408	1 936	1 472	131.47	2 215	1 191	1 024	116.30
湖 南	5 094	2 857	2 238	127.66	2 783	1 428	1 355	105.40
广 东	4 252	2 355	1 897	124.13	2 430	1 261	1 169	107.89
广 西	5 164	2 844	2 320	122.55	2 583	1 334	1 249	106.78
海 南	724	389	334	116.43	327	167	161	103.83
重 庆	1 388	744	644	115.47	579	300	279	107.41
四 川	6 407	3 458	2 949	117.25	3 106	1 585	1 521	104.21
贵 州	4 315	2 412	1 903	126.74	2 275	1 104	1 171	94.28
云 南	5 341	2 872	2 468	116.37	2 626	1 373	1 253	109.55
西 藏	427	218	210	103.75	141	70	71	98.16
陕 西	2 243	1 293	950	136.12	1 357	731	626	116.85
甘 肃	2 351	1 274	1 077	118.23	1 242	616	625	98.56
青 海	577	312	264	118.15	300	157	144	109.09
宁 夏	754	406	349	116.28	352	187	165	113.74
新 疆	2 529	1 313	1 216	107.99	1 366	676	689	98.12

表8-1c　各地区分性别、孩次的出生人口
(2004.11.1-2005.10.31)(乡村)(续 1)

单位：人、%

地　区	第二孩				第三孩			
	小计	男	女	性别比	小计	男	女	性别比
全　国	**35 718**	**21 188**	**14 530**	**145.83**	**5 562**	**3 394**	**2 168**	**156.50**
北　京	50	23	27	84.89	6	3	2	157.05
天　津	123	71	52	136.45	8	4	5	73.39
河　北	3 025	1 763	1 262	139.66	259	151	108	139.39
山　西	1 046	589	457	128.79	165	103	62	167.29
内蒙古	387	223	163	136.61	33	18	16	110.19
辽　宁	666	379	287	132.31	40	26	14	190.91
吉　林	687	355	331	107.18	43	26	17	154.55
黑龙江	736	378	357	105.88	54	32	22	142.11
上　海	40	24	16	148.26	2	1	1	80.64
江　苏	1 045	694	351	198.03	102	69	33	210.53
浙　江	849	485	364	133.47	51	35	16	218.18
安　徽	2 091	1 411	680	207.58	201	137	64	212.50
福　建	747	466	281	166.04	56	36	20	180.00
江　西	1 702	1 102	600	183.62	288	195	93	209.72
山　东	2 696	1 485	1 211	122.65	196	124	71	173.97
河　南	3 381	2 133	1 248	170.92	450	246	204	120.79
湖　北	1 081	673	409	164.63	93	59	35	167.86
湖　南	2 013	1 238	775	159.79	272	176	96	183.33
广　东	1 382	821	561	146.28	319	198	121	162.72
广　西	1 833	1 052	781	134.65	521	325	196	165.36
海　南	306	175	132	132.73	75	42	33	125.71
重　庆	671	371	300	123.82	113	63	50	126.42
四　川	2 439	1 368	1 071	127.67	664	397	266	149.37
贵　州	1 471	926	545	170.08	397	270	127	212.28
云　南	2 209	1 199	1 010	118.76	381	226	155	145.27
西　藏	102	50	51	98.72	70	38	31	121.88
陕　西	808	512	297	172.52	71	46	25	188.54
甘　肃	898	532	366	145.52	177	104	73	141.54
青　海	214	117	96	121.69	42	27	15	186.67
宁　夏	286	163	124	131.52	91	45	46	96.88
新　疆	736	409	327	125.21	323	173	150	115.43

表8-1c　各地区分性别、孩次的出生人口

(2004.11.1-2005.10.31)(乡村)(续 2)

单位：人、%

地　区	第四孩				第五孩及以上			
	小计	男	女	性别比	小计	男	女	性别比
全　国	**1 049**	**618**	**431**	**143.16**	**437**	**245**	**192**	**127.69**
北　京								
天　津								
河　北	16	10	7	150.00	2	2		
山　西	26	13	13	104.55	7	5	2	200.00
内蒙古	4	4			1	1		
辽　宁	1		1					
吉　林	4	2	2	150.00	1	1		
黑龙江	8	4	5	75.00				
上　海	1		1	48.45				
江　苏	9	9			2	2		
浙　江	3	1	1	100.00	1	1		
安　徽	26	19	6	300.00	6	2	5	33.33
福　建	4	4			3	3		
江　西	45	34	12	288.89	10	8	3	300.00
山　东	25	14	11	131.11				
河　南	40	18	22	81.82	6		6	
湖　北	12	9	4	233.33	6	5	1	400.00
湖　南	27	15	12	122.22				
广　东	85	58	27	213.31	36	17	18	94.75
广　西	145	81	64	126.00	82	53	30	178.26
海　南	10	5	6	83.33	5	1	3	42.86
重　庆	20	8	12	61.54	5	2	3	66.67
四　川	153	88	66	133.33	45	20	25	80.00
贵　州	118	77	41	186.49	54	35	19	182.35
云　南	88	52	36	144.62	37	23	14	160.98
西　藏	43	20	22	91.18	72	39	34	114.56
陕　西	5	3	3	110.99	1	1		226.95
甘　肃	29	19	10	183.33	6	3	3	100.00
青　海	13	6	8	78.26	8	5	2	228.57
宁　夏	19	8	11	77.27	7	3	4	75.00
新　疆	69	39	31	127.27	35	16	19	80.95

表8-2　全国育龄妇女分年龄、孩次的生育状况
(2004.11.1-2005.10.31)

单位：人、‰

年　龄	平均育龄妇女人数	出生人数	生育率	第一孩		第二孩		第三孩及以上	
				出生数	生育率	出生数	生育率	出生数	生育率
总　计	**4 676 587**	**161 042**	**34.44**	**101 383**	**21.68**	**50 997**	**10.90**	**8 662**	**1.85**
15-19	**664 051**	**4 209**	**6.34**	**3 993**	**6.01**	**205**	**0.31**	**11**	**0.02**
15	159 681	17	0.11	17	0.11				
16	142 241	94	0.66	88	0.62	5	0.04		
17	138 374	415	3.00	402	2.91	12	0.08	1	0.01
18	119 925	1 072	8.94	1 019	8.50	50	0.42	3	0.02
19	103 829	2 611	25.14	2 466	23.75	137	1.32	7	0.07
20-24	**540 714**	**61 889**	**114.46**	**55 745**	**103.09**	**5 584**	**10.33**	**560**	**1.04**
20	99 451	6 735	67.72	6 344	63.79	368	3.70	23	0.23
21	101 725	11 016	108.30	10 302	101.27	669	6.58	45	0.45
22	113 155	13 947	123.25	12 802	113.13	1 056	9.33	89	0.79
23	119 600	15 891	132.87	14 169	118.47	1 564	13.08	158	1.32
24	106 783	14 300	133.91	12 128	113.58	1 927	18.05	244	2.29
25-29	**581 947**	**53 367**	**91.70**	**33 103**	**56.88**	**17 693**	**30.40**	**2 571**	**4.42**
25	115 252	13 794	119.69	10 829	93.96	2 614	22.68	351	3.05
26	113 871	11 978	105.19	8 299	72.88	3 213	28.21	467	4.10
27	110 544	10 037	90.79	6 114	55.31	3 434	31.07	488	4.41
28	115 952	9 082	78.32	4 511	38.91	3 966	34.20	604	5.21
29	126 327	8 477	67.10	3 350	26.51	4 466	35.35	661	5.23
30-34	**758 911**	**30 521**	**40.22**	**6 925**	**9.12**	**20 404**	**26.89**	**3 192**	**4.21**
30	133 869	7 660	57.22	2 390	17.86	4 618	34.50	651	4.86
31	144 698	7 401	51.15	1 782	12.31	4 893	33.81	727	5.02
32	153 716	6 196	40.31	1 185	7.71	4 347	28.28	665	4.32
33	157 343	5 055	32.12	860	5.46	3 604	22.90	591	3.76
34	169 285	4 210	24.87	709	4.19	2 943	17.38	559	3.30
35-39	**834 137**	**9 157**	**10.98**	**1 275**	**1.53**	**6 177**	**7.41**	**1 705**	**2.04**
35	169 913	3 102	18.26	452	2.66	2 195	12.92	456	2.68
36	183 370	2 538	13.84	367	2.00	1 729	9.43	441	2.41
37	158 828	1 605	10.11	215	1.35	1 073	6.76	317	1.99
38	153 068	1 076	7.03	125	0.82	690	4.51	261	1.71
39	168 958	836	4.95	116	0.68	490	2.90	230	1.36
40-44	**707 521**	**1 447**	**2.05**	**240**	**0.34**	**749**	**1.06**	**458**	**0.65**
40	164 217	553	3.37	84	0.51	327	1.99	142	0.86
41	177 276	378	2.13	59	0.33	201	1.13	117	0.66
42	177 644	284	1.60	47	0.26	120	0.68	118	0.66
43	100 442	122	1.22	20	0.20	60	0.60	42	0.42
44	87 943	110	1.26	30	0.34	41	0.46	40	0.45
45-49	**589 306**	**451**	**0.77**	**101**	**0.17**	**185**	**0.31**	**164**	**0.28**
45	96 175	84	0.87	14	0.14	42	0.44	28	0.29
46	105 700	92	0.87	28	0.27	38	0.36	26	0.25
47	131 737	80	0.61	14	0.11	34	0.26	33	0.25
48	128 958	100	0.77	22	0.17	36	0.28	41	0.32
49	126 735	96	0.76	23	0.18	36	0.28	37	0.29

表8-2a 全国育龄妇女分年龄、孩次的生育状况
(2004.11.1-2005.10.31)(城市)

单位：人、‰

年龄	平均育龄妇女人数	出生人数	生育率	第一孩		第二孩		第三孩及以上	
				出生数	生育率	出生数	生育率	出生数	生育率
总　计	**1 435 645**	**37 770**	**26.31**	**29 719**	**20.70**	**7 305**	**5.09**	**746**	**0.52**
15-19	**188 179**	**535**	**2.84**	**517**	**2.75**	**18**	**0.09**	**1**	
15	33 809	1	0.02	1	0.02				
16	36 215	9	0.25	8	0.22	1	0.03		
17	42 023	45	1.07	45	1.07				
18	39 591	121	3.07	116	2.94	4	0.11	1	0.02
19	36 541	359	9.83	347	9.49	12	0.34		
20-24	**190 170**	**12 434**	**65.38**	**11 727**	**61.66**	**665**	**3.50**	**43**	**0.22**
20	34 982	1 015	29.01	956	27.34	57	1.63	1	0.03
21	36 381	1 753	48.17	1 677	46.09	75	2.07		0.01
22	40 317	2 619	64.95	2 484	61.62	129	3.20	5	0.13
23	42 518	3 579	84.17	3 387	79.65	176	4.14	16	0.37
24	35 973	3 470	96.45	3 222	89.58	227	6.32	20	0.56
25-29	**199 548**	**15 752**	**78.94**	**13 177**	**66.03**	**2 350**	**11.78**	**225**	**1.13**
25	39 542	3 817	96.52	3 427	86.66	347	8.76	43	1.09
26	39 671	3 666	92.42	3 216	81.07	412	10.38	39	0.97
27	38 314	3 184	83.10	2 713	70.81	440	11.49	31	0.80
28	39 623	2 753	69.48	2 169	54.75	533	13.45	51	1.29
29	42 397	2 332	55.00	1 652	38.96	619	14.59	61	1.44
30-34	**239 314**	**6 877**	**28.74**	**3 530**	**14.75**	**3 037**	**12.69**	**310**	**1.30**
30	42 942	1 947	45.34	1 207	28.11	673	15.66	67	1.57
31	46 597	1 651	35.43	918	19.70	663	14.24	70	1.50
32	49 184	1 333	27.09	602	12.24	671	13.64	60	1.22
33	49 181	1 047	21.28	458	9.31	537	10.92	52	1.05
34	51 409	900	17.50	345	6.72	493	9.59	61	1.19
35-39	**234 724**	**1 727**	**7.36**	**579**	**2.47**	**1 041**	**4.43**	**107**	**0.46**
35	50 113	624	12.46	221	4.42	378	7.54	25	0.50
36	53 829	484	8.98	157	2.92	287	5.33	39	0.73
37	44 015	280	6.36	98	2.23	164	3.73	17	0.40
38	40 819	184	4.51	45	1.09	126	3.08	14	0.33
39	45 949	155	3.37	57	1.25	86	1.86	12	0.26
40-44	**208 992**	**328**	**1.57**	**119**	**0.57**	**163**	**0.78**	**46**	**0.22**
40	46 440	125	2.70	41	0.89	71	1.54	13	0.28
41	53 570	94	1.76	38	0.70	37	0.69	19	0.36
42	52 210	64	1.23	21	0.41	32	0.61	11	0.22
43	28 863	26	0.90	10	0.33	15	0.51	2	0.06
44	27 909	18	0.64	9	0.33	8	0.29	1	0.02
45-49	**174 719**	**118**	**0.67**	**71**	**0.40**	**32**	**0.18**	**15**	**0.09**
45	30 944	23	0.76	10	0.33	8	0.27	5	0.16
46	32 268	29	0.90	23	0.70	3	0.11	3	0.09
47	39 055	20	0.50	11	0.29	6	0.15	2	0.05
48	36 844	19	0.52	12	0.33	7	0.19		0.01
49	35 608	26	0.74	14	0.40	8	0.21	5	0.13

表8-2b　全国育龄妇女分年龄、孩次的生育状况
(2004.11.1-2005.10.31)(镇)

单位：人、‰

年　龄	平均育龄妇女人数	出生人数	生育率	第一孩		第二孩		第三孩及以上	
				出生数	生育率	出生数	生育率	出生数	生育率
总　计	**835 360**	**27 244**	**32.61**	**18 363**	**21.98**	**7 987**	**9.56**	**894**	**1.07**
15-19	**112 430**	**571**	**5.08**	**554**	**4.93**	**17**	**0.15**		
15	27 495	1	0.04	1	0.04				
16	24 950	10	0.38	9	0.36	1	0.02		
17	24 136	55	2.28	55	2.28				
18	20 038	132	6.58	130	6.48	2	0.10		
19	15 812	374	23.63	359	22.71	14	0.90		0.02
20-24	**89 409**	**10 823**	**121.05**	**10 029**	**112.17**	**741**	**8.29**	**52**	**0.59**
20	15 140	1 033	68.23	997	65.83	36	2.38		0.02
21	15 844	1 797	113.45	1 709	107.85	82	5.19	6	0.41
22	18 759	2 428	129.43	2 309	123.11	111	5.92	8	0.40
23	20 708	2 889	139.50	2 653	128.13	219	10.56	17	0.82
24	18 959	2 676	141.13	2 361	124.54	293	15.48	21	1.11
25-29	**110 328**	**9 210**	**83.48**	**6 336**	**57.43**	**2 622**	**23.76**	**252**	**2.28**
25	21 182	2 510	118.48	2 131	100.62	351	16.56	27	1.30
26	21 279	2 105	98.90	1 585	74.48	469	22.03	51	2.40
27	20 861	1 696	81.29	1 156	55.40	487	23.35	53	2.54
28	22 418	1 528	68.16	873	38.96	602	26.87	52	2.33
29	24 589	1 372	55.79	591	24.03	713	28.99	68	2.77
30-34	**144 617**	**4 852**	**33.55**	**1 178**	**8.15**	**3 340**	**23.09**	**334**	**2.31**
30	25 938	1 216	46.88	424	16.35	721	27.81	71	2.72
31	27 729	1 143	41.23	299	10.80	775	27.95	69	2.47
32	29 129	1 007	34.56	196	6.74	741	25.45	69	2.36
33	29 896	806	26.95	130	4.36	625	20.89	51	1.70
34	31 925	680	21.31	128	4.01	477	14.94	75	2.36
35-39	**154 048**	**1 487**	**9.65**	**208**	**1.35**	**1 096**	**7.11**	**184**	**1.19**
35	31 774	487	15.31	71	2.25	371	11.67	44	1.40
36	34 081	430	12.63	59	1.73	323	9.47	49	1.42
37	28 629	275	9.59	36	1.26	199	6.94	40	1.39
38	28 226	175	6.19	24	0.85	130	4.61	21	0.74
39	31 338	121	3.85	17	0.55	74	2.35	30	0.96
40-44	**126 122**	**233**	**1.84**	**49**	**0.39**	**137**	**1.08**	**47**	**0.37**
40	29 788	99	3.33	20	0.69	63	2.12	15	0.52
41	32 019	51	1.59	6	0.20	34	1.06	11	0.33
42	32 254	43	1.32	9	0.29	24	0.74	9	0.29
43	17 138	22	1.31	6	0.36	9	0.54	7	0.41
44	14 923	17	1.17	7	0.44	6	0.43	4	0.29
45-49	**98 405**	**69**	**0.70**	**9**	**0.09**	**35**	**0.35**	**24**	**0.25**
45	16 224	14	0.87	2	0.11	7	0.41	6	0.36
46	17 685	8	0.46	2	0.12	5	0.30	1	0.04
47	22 089	12	0.56			5	0.22	8	0.34
48	21 514	21	0.97	3	0.13	8	0.39	10	0.44
49	20 893	13	0.62	3	0.12	10	0.46	1	0.04

表8-2c　全国育龄妇女分年龄、孩次的生育状况

(2004.11.1-2005.10.31)(乡村)

单位：人、‰

年　龄	平均育龄妇女人数	出生人数	生育率	第一孩		第二孩		第三孩及以上	
				出生数	生育率	出生数	生育率	出生数	生育率
总　计	**2 405 581**	**96 028**	**39.92**	**53 301**	**22.16**	**35 705**	**14.84**	**7 022**	**2.92**
15-19	**363 441**	**3 103**	**8.54**	**2 923**	**8.04**	**170**	**0.47**	**10**	**0.03**
15	98 377	15	0.16	15	0.16				
16	81 077	76	0.93	71	0.88	4	0.05		
17	72 215	315	4.37	302	4.19	12	0.16	1	0.02
18	60 296	819	13.58	773	12.82	44	0.73	2	0.03
19	51 476	1 878	36.48	1 761	34.20	111	2.15	7	0.13
20-24	**261 135**	**38 632**	**147.94**	**33 989**	**130.16**	**4 178**	**16.00**	**465**	**1.78**
20	49 330	4 687	95.01	4 391	89.01	274	5.56	21	0.43
21	49 500	7 466	150.84	6 917	139.73	511	10.33	38	0.78
22	54 079	8 900	164.58	8 008	148.08	816	15.09	76	1.41
23	56 374	9 424	167.17	8 129	144.20	1 169	20.74	126	2.23
24	51 852	8 155	157.27	6 545	126.22	1 407	27.13	203	3.92
25-29	**272 071**	**28 406**	**104.41**	**13 590**	**49.95**	**12 721**	**46.76**	**2 095**	**7.70**
25	54 529	7 468	136.96	5 271	96.66	1 917	35.15	280	5.14
26	52 921	6 207	117.29	3 498	66.10	2 332	44.07	377	7.12
27	51 369	5 157	100.39	2 245	43.71	2 507	48.81	404	7.87
28	53 911	4 800	89.04	1 469	27.25	2 830	52.50	501	9.30
29	59 341	4 773	80.44	1 107	18.65	3 135	52.82	532	8.96
30-34	**374 981**	**18 791**	**50.11**	**2 216**	**5.91**	**14 027**	**37.41**	**2 547**	**6.79**
30	64 989	4 496	69.19	759	11.68	3 224	49.61	513	7.89
31	70 372	4 607	65.46	564	8.02	3 454	49.08	588	8.36
32	75 403	3 857	51.15	386	5.13	2 935	38.92	536	7.10
33	78 267	3 202	40.91	271	3.47	2 442	31.20	489	6.24
34	85 951	2 630	30.59	235	2.74	1 972	22.95	422	4.91
35-39	**445 364**	**5 943**	**13.34**	**489**	**1.10**	**4 040**	**9.07**	**1 414**	**3.18**
35	88 026	1 991	22.62	159	1.81	1 446	16.43	386	4.39
36	95 459	1 624	17.01	151	1.58	1 119	11.72	354	3.70
37	86 184	1 050	12.19	81	0.94	710	8.24	259	3.01
38	84 024	717	8.54	57	0.68	434	5.16	227	2.70
39	91 671	560	6.11	41	0.45	331	3.61	188	2.05
40-44	**372 408**	**887**	**2.38**	**72**	**0.19**	**449**	**1.21**	**366**	**0.98**
40	87 989	328	3.73	23	0.26	192	2.19	113	1.29
41	91 687	233	2.54	15	0.16	130	1.42	87	0.95
42	93 179	177	1.90	16	0.17	64	0.69	97	1.04
43	54 441	74	1.35	4	0.08	36	0.67	33	0.61
44	45 111	75	1.67	14	0.32	26	0.58	35	0.77
45-49	**316 182**	**265**	**0.84**	**22**	**0.07**	**118**	**0.37**	**125**	**0.40**
45	49 008	46	0.94	2	0.04	27	0.56	17	0.35
46	55 747	54	0.97	3	0.06	29	0.52	22	0.40
47	70 592	49	0.69	3	0.04	23	0.33	23	0.32
48	70 601	59	0.84	7	0.10	20	0.29	32	0.45
49	70 234	56	0.80	6	0.09	19	0.27	31	0.45

表8-3 各地区育龄妇女年龄别生育率及总和生育率

单位：‰

地 区	15-19岁	20-24岁	25-29岁	30-34岁	35-39岁	40-44岁	45-49岁	总和生育率
全 国	**6.34**	**114.46**	**91.70**	**40.22**	**10.98**	**2.05**	**0.77**	**1 332.60**
北 京	0.99	30.23	58.91	33.26	8.74	1.34	0.16	668.15
天 津	2.82	52.43	56.11	26.68	19.98	2.32	2.03	811.85
河 北	1.24	126.97	105.64	62.88	16.14	1.64	0.43	1 574.70
山 西	9.95	134.88	97.96	36.77	9.80	2.84	1.40	1 468.00
内蒙古	4.59	113.27	77.14	25.86	8.02	1.82	0.40	1 155.50
辽 宁	5.43	90.29	61.51	27.82	9.35	1.72	0.29	982.05
吉 林	3.41	88.37	60.26	31.32	10.88	1.88	0.46	982.90
黑龙江	6.10	104.83	55.79	24.27	7.57	1.07		998.15
上 海	2.88	45.30	54.40	25.34	5.76	1.12	0.13	674.65
江 苏	5.66	118.86	76.34	23.98	7.73	0.63	0.19	1 166.95
浙 江	5.55	110.59	84.19	37.18	9.15	2.00	0.25	1 244.55
安 徽	3.54	177.32	124.51	40.57	8.19	1.27	0.64	1 780.20
福 建	3.35	107.88	91.79	30.83	5.36	0.28	0.16	1 198.25
江 西	12.85	159.59	104.91	45.64	10.98	1.37	0.58	1 679.60
山 东	0.34	114.76	105.71	65.19	16.31	1.99	0.50	1 524.00
河 南	1.75	101.51	87.19	50.10	14.29	2.33	0.92	1 290.45
湖 北	4.51	139.74	87.48	33.70	7.12	0.85	0.71	1 370.55
湖 南	4.35	125.28	98.41	44.46	12.96	2.98	1.93	1 451.85
广 东	3.40	60.14	90.29	36.00	9.30	1.82	0.48	1 007.15
广 西	9.33	128.16	128.32	67.89	18.06	4.32	1.11	1 785.95
海 南	14.12	123.96	116.09	44.36	14.25	4.68	4.75	1 611.05
重 庆	8.57	117.24	65.73	31.51	12.96	3.45	0.39	1 199.25
四 川	16.38	144.91	82.01	34.98	14.00	4.23	1.95	1 492.30
贵 州	10.33	197.67	123.06	43.31	9.34	2.28	1.04	1 935.15
云 南	27.85	155.53	112.75	35.31	8.42	2.31	0.73	1 714.50
西 藏	14.43	88.68	88.61	59.61	44.34	29.20	15.68	1 702.75
陕 西	3.16	115.37	78.86	31.93	5.33	1.27	0.72	1 183.20
甘 肃	5.59	139.18	103.83	33.04	5.40	1.45	0.91	1 447.00
青 海	26.67	120.60	86.34	32.66	8.38	2.04	1.25	1 389.70
宁 夏	20.11	173.83	109.94	33.56	6.38	2.25	0.46	1 732.65
新 疆	24.68	124.33	100.75	47.11	13.22	3.29	1.34	1 573.60

表8-3a 各地区育龄妇女年龄别生育率及总和生育率(城市)

单位：‰

地　区	15-19岁	20-24岁	25-29岁	30-34岁	35-39岁	40-44岁	45-49岁	总和生育率
全　国	**2.84**	**65.38**	**78.94**	**28.74**	**7.36**	**1.57**	**0.67**	**927.50**
北　京	0.72	21.30	56.25	33.73	9.83	1.37	0.21	617.05
天　津	0.41	24.56	61.70	24.17	10.18	2.91	2.93	634.30
河　北	0.83	79.38	97.01	34.74	6.46	1.04	0.45	1 099.55
山　西	3.24	94.55	92.11	25.65	6.50	1.62	0.38	1 120.25
内蒙古	0.94	75.57	88.27	21.88	4.78	1.74		965.90
辽　宁	0.77	53.74	62.96	17.82	5.01	0.55	0.10	704.75
吉　林	1.66	53.03	62.85	18.86	5.84	1.58	0.44	721.30
黑龙江	2.57	78.34	58.83	13.59	3.70	0.75		788.90
上　海	2.23	36.04	55.83	27.26	5.86	1.30	0.11	643.15
江　苏	3.09	74.75	78.79	21.31	5.89	0.11	0.42	921.80
浙　江	6.32	81.31	78.58	32.50	8.46	2.50	0.51	1 050.90
安　徽	2.42	108.19	93.57	28.20	3.84	0.55		1 183.85
福　建	2.06	59.22	80.02	28.11	6.75	0.23		881.95
江　西	13.10	115.06	84.56	28.74	8.86	0.37	0.45	1 255.70
山　东	0.31	73.91	103.93	39.66	9.39	0.83	0.31	1 141.70
河　南	0.48	69.36	82.69	29.60	11.00	2.96	0.97	985.30
湖　北	2.37	93.27	75.24	25.25	6.27	0.60	0.41	1 017.05
湖　南	1.88	90.68	87.41	29.71	7.82	2.29	0.84	1 103.15
广　东	2.32	42.93	79.08	32.56	8.75	1.66	0.35	838.25
广　西	5.50	59.62	90.08	49.80	12.32	2.04	0.43	1 098.95
海　南	7.20	81.76	89.51	38.31	12.60	5.42	9.08	1 219.40
重　庆	4.78	74.11	54.18	18.36	6.19	1.61	0.54	798.85
四　川	6.28	82.77	66.16	25.04	9.58	6.83	4.58	1 006.20
贵　州	4.96	126.38	92.97	34.60	8.49	2.25	1.88	1 357.65
云　南	10.37	104.58	103.93	42.92	7.54	2.71	0.51	1 362.80
西　藏	2.72	36.18	37.92	14.38	2.68	10.57	2.08	532.65
陕　西	2.42	73.61	66.68	28.22	4.82	1.17	1.79	893.55
甘　肃	1.40	85.63	91.41	19.10	4.08	2.18		1 019.00
青　海	7.02	68.41	72.86	37.84	6.17	0.44	1.35	970.45
宁　夏	12.77	104.57	77.72	20.21	4.79	2.13		1 110.95
新　疆	9.38	57.08	81.30	41.52	9.01	1.97	0.95	1 006.05

表8-3b 各地区育龄妇女年龄别生育率及总和生育率(镇)

单位：‰

地 区	15-19岁	20-24岁	25-29岁	30-34岁	35-39岁	40-44岁	45-49岁	总和生育率
全 国	**5.08**	**121.05**	**83.48**	**33.55**	**9.65**	**1.84**	**0.70**	**1 276.75**
北 京		68.67	66.62	31.45				833.70
天 津	5.73	90.50	43.09	24.10	31.05	1.50	0.28	981.25
河 北	2.12	134.45	86.96	51.55	17.26	0.87	1.00	1 471.05
山 西	7.90	136.86	95.05	36.72	11.01	3.05	0.85	1 457.20
内 蒙 古	2.53	130.85	72.87	20.54	9.21	0.98	0.88	1 189.30
辽 宁	8.76	105.66	52.83	26.11	10.56	3.05	0.68	1 038.25
吉 林	2.89	91.71	58.57	16.87	5.94	1.87	0.27	890.60
黑 龙 江	6.35	100.35	49.93	15.86	3.76	1.02		886.35
上 海	5.57	79.67	48.23	12.54	4.30	0.53	0.62	757.30
江 苏	5.53	126.38	63.05	19.95	6.61	0.73		1 111.25
浙 江	3.35	107.09	87.44	33.60	10.01	1.78	0.35	1 218.10
安 徽	2.85	164.21	102.64	29.00	8.20	0.59	0.35	1 539.20
福 建	3.75	110.29	82.82	28.96	3.50	0.32	0.40	1 150.20
江 西	6.62	156.05	90.13	37.15	10.41	1.69	0.28	1 511.65
山 东	0.35	147.29	102.46	60.19	15.11	2.58	0.15	1 640.65
河 南	2.27	103.99	82.14	41.87	10.34	1.07	0.66	1 211.70
湖 北	4.82	156.49	77.52	32.86	7.19	0.90	0.57	1 401.75
湖 南	2.90	133.14	84.40	36.54	12.71	4.86	5.32	1 399.35
广 东	3.57	59.62	82.32	29.46	8.10	2.30	0.64	930.05
广 西	6.67	123.88	108.63	55.87	15.32	3.18		1 567.75
海 南	16.79	127.52	96.45	46.91	12.35	4.43	4.90	1 546.75
重 庆	7.98	124.05	56.57	23.74	10.79	3.32	0.39	1 134.20
四 川	12.19	138.66	71.69	23.89	10.75	1.82	0.90	1 299.50
贵 州	7.85	167.52	115.26	31.16	6.93	1.65		1 651.85
云 南	15.08	137.20	107.15	33.21	7.78	1.32	0.59	1 511.65
西 藏	29.73	106.51	69.29	37.40	13.39	8.56	2.35	1 336.15
陕 西	3.09	121.94	67.24	26.27	3.30	1.81	0.73	1 121.90
甘 肃	3.08	123.46	90.70	33.13	4.49	1.44		1 281.50
青 海	10.34	105.68	77.77	29.94	6.32	4.18	0.96	1 175.95
宁 夏	10.25	155.17	91.60	30.78	5.12	4.79		1 488.55
新 疆	25.79	114.91	90.80	44.81	9.44	3.52	1.89	1 455.80

表8-3c 各地区育龄妇女年龄别生育率及总和生育率(乡村)

单位：‰

地区	15-19岁	20-24岁	25-29岁	30-34岁	35-39岁	40-44岁	45-49岁	总和生育率
全　国	**8.54**	**147.94**	**104.41**	**50.11**	**13.34**	**2.38**	**0.84**	**1 637.80**
北　京	2.41	88.26	75.55	31.33	6.61	1.55		1 028.55
天　津	6.55	125.75	52.62	33.45	29.12	1.43	0.53	1 247.25
河　北	1.16	140.66	114.26	77.70	18.92	2.02	0.29	1 775.05
山　西	13.26	152.62	102.38	43.17	11.19	3.40	2.06	1 640.40
内蒙古	8.07	136.08	66.99	33.23	10.71	2.26	0.50	1 289.20
辽　宁	9.38	135.15	63.24	41.74	13.81	2.67	0.38	1 331.85
吉　林	4.53	111.23	58.90	46.29	16.46	2.12	0.57	1 200.50
黑龙江	8.41	123.74	55.55	38.34	13.33	1.44		1 204.05
上　海	5.16	101.19	47.63	22.82	6.55	0.31		918.30
江　苏	8.20	174.01	81.22	28.73	9.65	1.00	0.10	1 514.55
浙　江	5.66	153.11	89.47	44.31	9.36	1.66		1 517.85
安　徽	4.15	206.46	147.29	50.10	9.53	1.78	0.96	2 101.35
福　建	4.19	160.82	107.18	33.85	5.40	0.29	0.16	1 559.45
江　西	15.21	172.99	120.16	54.86	11.74	1.51	0.72	1 885.95
山　东	0.36	133.97	108.57	84.62	20.17	2.39	0.73	1 754.05
河　南	1.92	110.33	90.10	59.59	16.08	2.42	0.96	1 407.00
湖　北	5.64	170.63	102.47	39.62	7.56	0.96	0.91	1 638.95
湖　南	5.51	136.94	108.85	53.57	14.98	2.71	1.45	1 620.05
广　东	5.00	102.21	119.96	45.84	10.58	1.80	0.56	1 429.75
广　西	10.88	153.10	149.82	78.44	20.55	5.33	1.64	2 098.80
海　南	19.27	163.30	150.28	50.79	16.73	3.99	1.04	2 027.00
重　庆	10.60	155.24	80.60	43.78	17.46	4.59	0.31	1 562.90
四　川	19.97	169.23	91.32	41.61	16.07	4.23	1.53	1 719.80
贵　州	11.80	219.39	132.63	48.57	10.08	2.44	1.09	2 130.00
云　南	36.25	175.52	116.88	33.53	8.82	2.42	0.83	1 871.25
西　藏	14.17	94.84	104.50	76.26	61.77	38.49	21.69	2 058.60
陕　西	3.44	137.66	90.82	35.59	6.19	1.16	0.24	1 375.50
甘　肃	6.73	153.60	111.35	36.33	5.91	1.28	1.39	1 582.95
青　海	37.41	136.67	92.98	31.60	10.14	2.06	1.30	1 560.80
宁　夏	24.31	203.60	133.60	43.34	7.80	1.64	0.85	2 075.70
新　疆	27.76	142.21	111.11	51.02	16.56	3.95	1.39	1 770.00

表8-4　各地区按活产子女数分的15-64岁妇女人数

单位：人

地　区	15-64岁妇女人数	活产0个	活产1个	活产2个	活产3个	活产4个	活产5个及以上	平均每个妇女活产子女数
全　国	**6 075 083**	**1 302 299**	**1 896 034**	**1 661 271**	**742 794**	**303 665**	**169 020**	**1.58**
北　京	79 018	24 438	37 809	13 095	2 738	728	210	0.96
天　津	53 630	14 146	25 532	10 350	2 539	786	277	1.09
河　北	338 640	80 248	91 250	110 672	40 412	12 172	3 886	1.49
山　西	156 379	31 711	38 712	51 069	23 401	8 226	3 259	1.67
内蒙古	116 660	22 423	44 921	27 705	12 652	5 662	3 298	1.54
辽　宁	212 793	40 442	102 739	48 659	14 130	4 933	1 890	1.28
吉　林	138 485	28 467	60 864	31 242	10 954	4 646	2 312	1.35
黑龙江	194 745	36 173	89 837	41 119	16 399	7 408	3 808	1.39
上　海	91 370	24 987	50 169	13 204	2 497	421	92	0.94
江　苏	375 905	69 368	174 648	86 165	32 182	10 044	3 498	1.34
浙　江	236 365	45 423	92 683	65 461	21 666	7 867	3 265	1.43
安　徽	276 810	51 453	76 415	79 280	42 364	18 534	8 763	1.75
福　建	171 833	40 907	46 775	44 510	23 975	10 149	5 519	1.62
江　西	192 655	33 483	43 808	58 352	31 580	14 441	10 991	1.94
山　东	455 999	97 096	155 037	132 150	47 785	17 438	6 492	1.46
河　南	440 882	99 340	103 980	139 280	67 080	22 708	8 494	1.63
湖　北	271 378	50 073	78 724	84 199	36 343	14 738	7 300	1.68
湖　南	295 300	62 780	79 749	91 813	39 836	14 832	6 291	1.61
广　东	435 093	146 886	92 988	95 820	57 079	27 039	15 281	1.49
广　西	200 457	47 219	40 664	48 682	32 831	18 438	12 623	1.89
海　南	35 591	9 785	7 117	8 172	5 694	2 867	1 956	1.77
重　庆	127 517	19 387	50 370	36 209	13 249	5 422	2 881	1.57
四　川	372 821	59 189	127 389	110 746	45 154	19 075	11 267	1.67
贵　州	154 243	27 863	30 123	38 426	29 014	15 246	13 570	2.16
云　南	195 066	37 765	39 893	68 689	24 479	12 631	11 609	1.89
西　藏	12 300	4 839	1 645	2 089	1 395	845	1 487	1.87
陕　西	178 376	36 292	46 676	55 661	26 817	9 302	3 627	1.65
甘　肃	120 013	24 824	26 246	38 129	20 255	7 224	3 335	1.75
青　海	25 053	5 541	6 739	6 397	3 367	1 558	1 451	1.77
宁　夏	27 015	5 633	6 713	6 224	4 028	2 376	2 040	1.94
新　疆	92 691	24 117	25 820	17 699	10 897	5 908	8 250	1.84

表8-5 各地区按存活子女数分的15-64岁妇女人数

单位：人

地区	15-64岁妇女人数	存活0个	存活1个	存活2个	存活3个	存活4个	存活5个及以上	平均每个妇女存活子女数
全国	**6 075 083**	**1 312 259**	**1 922 232**	**1 675 023**	**735 146**	**287 694**	**142 729**	**1.55**
北京	79 018	24 509	37 964	13 016	2 689	670	170	0.96
天津	53 630	14 232	25 632	10 296	2 478	752	239	1.08
河北	338 640	80 726	92 212	110 649	39 826	11 621	3 607	1.47
山西	156 379	31 890	39 074	51 292	23 242	7 919	2 962	1.65
内蒙古	116 660	22 593	45 176	27 763	12 629	5 472	3 027	1.52
辽宁	212 793	40 711	103 498	48 548	13 735	4 650	1 652	1.26
吉林	138 485	28 656	61 224	31 220	10 822	4 449	2 114	1.34
黑龙江	194 745	36 503	90 382	40 945	16 236	7 189	3 490	1.38
上海	91 370	25 101	50 394	13 065	2 361	370	78	0.94
江苏	375 905	69 924	176 847	85 915	31 259	9 123	2 837	1.31
浙江	236 365	45 849	93 905	65 527	20 989	7 279	2 817	1.40
安徽	276 810	51 804	77 647	80 166	41 973	17 762	7 457	1.71
福建	171 833	41 125	47 342	44 764	23 799	9 807	4 996	1.60
江西	192 655	33 800	44 688	59 403	31 653	13 853	9 259	1.89
山东	455 999	97 754	156 482	132 093	47 030	16 666	5 974	1.45
河南	440 882	99 849	104 802	139 740	66 518	22 022	7 952	1.62
湖北	271 378	50 583	80 604	85 256	35 568	13 664	5 703	1.63
湖南	295 300	63 388	81 539	93 248	39 149	13 299	4 676	1.57
广东	435 093	147 314	93 453	96 111	56 889	26 576	14 749	1.48
广西	200 457	47 509	41 071	49 064	32 800	18 084	11 929	1.87
海南	35 591	9 842	7 173	8 200	5 687	2 821	1 868	1.75
重庆	127 517	19 676	51 645	36 953	12 839	4 600	1 803	1.51
四川	372 821	60 105	131 413	112 932	44 050	16 680	7 641	1.60
贵州	154 243	28 259	31 293	40 356	29 753	14 518	10 064	2.04
云南	195 066	38 271	41 237	70 925	23 969	11 633	9 031	1.80
西藏	12 300	4 902	1 735	2 183	1 403	801	1 276	1.74
陕西	178 376	36 595	47 179	55 864	26 629	8 896	3 211	1.63
甘肃	120 013	25 022	26 754	38 367	20 113	6 903	2 852	1.72
青海	25 053	5 621	6 873	6 535	3 378	1 472	1 173	1.70
宁夏	27 015	5 675	6 770	6 329	4 088	2 354	1 798	1.90
新疆	92 691	24 469	26 223	18 297	11 592	5 788	6 323	1.71

表8-6 全国按年龄分的15-64岁妇女平均活产子女数和平均存活子女数

单位：人、%

年 龄	15-64岁妇女人数	活产子女总数			存活子女总数			存活子女数占活产子女数的百分比	妇女平均活产子女数	妇女平均存活子女数
		合计	男	女	合计	男	女			
总 计	**6 075 083**	**9 597 690**	**5 100 387**	**4 497 303**	**9 402 314**	**4 991 282**	**4 411 031**	**97.96**	**1.58**	**1.55**
15-19	**694 399**	**4 271**	**2 270**	**2 001**	**4 191**	**2 224**	**1 967**	**98.14**	**0.01**	**0.01**
15	163 792	7	2	5	7	2	5	90.73		
16	150 396	69	37	32	63	32	31	91.79		
17	134 209	267	145	122	260	140	120	97.59		
18	135 937	1 133	606	527	1 109	594	515	97.89	0.01	0.01
19	110 066	2 796	1 481	1 315	2 753	1 456	1 297	98.47	0.03	0.03
20-24	**536 796**	**164 787**	**88 522**	**76 264**	**162 472**	**87 274**	**75 198**	**98.60**	**0.31**	**0.30**
20	99 456	7 859	4 170	3 690	7 664	4 060	3 604	97.51	0.08	0.08
21	100 143	17 221	9 187	8 034	16 952	9 039	7 913	98.44	0.17	0.17
22	103 803	29 622	15 785	13 837	29 187	15 553	13 634	98.53	0.29	0.28
23	123 051	49 930	26 781	23 149	49 242	26 432	22 811	98.62	0.41	0.40
24	110 344	60 154	32 599	27 554	59 427	32 191	27 236	98.79	0.55	0.54
25-29	**571 055**	**529 128**	**287 065**	**242 063**	**523 326**	**283 937**	**239 389**	**98.90**	**0.93**	**0.92**
25	110 304	75 643	40 802	34 841	74 744	40 304	34 440	98.81	0.69	0.68
26	114 897	93 373	50 625	42 748	92 422	50 070	42 352	98.98	0.81	0.80
27	114 031	106 064	57 599	48 465	104 905	57 002	47 903	98.91	0.93	0.92
28	109 343	113 925	62 095	51 830	112 652	61 430	51 222	98.88	1.04	1.03
29	122 480	140 124	75 945	64 179	138 603	75 131	63 472	98.91	1.14	1.13
30-34	**734 887**	**1 007 643**	**548 580**	**459 063**	**996 256**	**542 377**	**453 879**	**98.87**	**1.37**	**1.36**
30	127 815	156 594	85 440	71 154	154 732	84 379	70 352	98.81	1.23	1.21
31	142 205	186 231	101 084	85 146	184 128	99 978	84 150	98.87	1.31	1.29
32	148 579	204 160	111 229	92 930	201 852	109 998	91 854	98.87	1.37	1.36
33	154 701	221 147	120 664	100 484	218 644	119 320	99 324	98.87	1.43	1.41
34	161 587	239 512	130 163	109 349	236 901	128 701	108 199	98.91	1.48	1.47
35-39	**838 354**	**1 396 376**	**750 591**	**645 785**	**1 379 507**	**741 518**	**637 989**	**98.79**	**1.67**	**1.65**
35	178 265	275 794	149 470	126 324	272 602	147 754	124 848	98.84	1.55	1.53
36	165 382	265 035	143 346	121 689	261 977	141 708	120 269	98.85	1.60	1.58
37	182 065	302 694	162 804	139 890	299 029	160 833	138 196	98.79	1.66	1.64
38	147 157	257 040	136 989	120 051	253 819	135 282	118 537	98.75	1.75	1.72
39	165 485	295 813	157 982	137 832	292 079	155 940	136 139	98.74	1.79	1.76

表8-6 全国按年龄分的15-64岁妇女平均活产子女数和平均存活子女数(续 1)

单位：人、%

年龄	15-64岁妇女人数	活产子女总数			存活子女总数			存活子女数占活产子女数的百分比	妇女平均活产子女数	妇女平均存活子女数
		合计	男	女	合计	男	女			
40-44	**742 898**	**1 415 364**	**747 413**	**667 950**	**1 396 548**	**737 010**	**659 538**	**98.67**	**1.91**	**1.88**
40	167 957	307 720	163 253	144 466	303 638	161 016	142 622	98.67	1.83	1.81
41	161 942	301 884	159 434	142 450	297 875	157 246	140 629	98.67	1.86	1.84
42	189 591	359 429	190 015	169 414	354 864	187 458	167 406	98.73	1.90	1.87
43	142 790	284 600	149 624	134 976	280 726	147 463	133 263	98.64	1.99	1.97
44	80 619	161 730	85 087	76 643	159 446	83 828	75 618	98.59	2.01	1.98
45-49	**571 720**	**1 192 174**	**627 387**	**564 787**	**1 172 132**	**616 111**	**556 021**	**98.32**	**2.09**	**2.05**
45	100 882	201 476	105 500	95 976	198 332	103 736	94 597	98.44	2.00	1.97
46	91 032	185 279	97 673	87 606	182 402	96 052	86 350	98.45	2.04	2.00
47	119 014	246 966	129 932	117 034	242 962	127 643	115 319	98.38	2.08	2.04
48	135 019	285 586	150 581	135 005	280 615	147 816	132 800	98.26	2.12	2.08
49	125 773	272 866	143 700	129 166	267 821	140 865	126 955	98.15	2.17	2.13
50-54	**614 170**	**1 456 289**	**766 687**	**689 602**	**1 422 490**	**747 488**	**675 002**	**97.68**	**2.37**	**2.32**
50	134 037	298 423	157 351	141 072	291 989	153 757	138 232	97.84	2.23	2.18
51	131 374	298 483	156 839	141 645	292 228	153 316	138 911	97.90	2.27	2.22
52	122 092	289 564	152 655	136 909	282 836	148 805	134 031	97.68	2.37	2.32
53	122 609	302 761	159 434	143 327	295 476	155 240	140 236	97.59	2.47	2.41
54	104 058	267 058	140 409	126 649	259 962	136 370	123 591	97.34	2.57	2.50
55-59	**445 014**	**1 294 554**	**681 971**	**612 583**	**1 253 916**	**659 082**	**594 834**	**96.86**	**2.91**	**2.82**
55	103 321	277 865	146 609	131 256	269 773	142 037	127 736	97.09	2.69	2.61
56	97 294	273 321	144 217	129 104	265 102	139 538	125 564	96.99	2.81	2.72
57	84 967	248 655	130 667	117 989	241 033	126 382	114 651	96.93	2.93	2.84
58	83 088	252 918	133 366	119 552	244 535	128 697	115 838	96.69	3.04	2.94
59	76 344	241 794	127 112	114 682	233 474	122 427	111 047	96.56	3.17	3.06
60-64	**325 791**	**1 137 104**	**599 900**	**537 204**	**1 091 474**	**574 262**	**517 213**	**95.99**	**3.49**	**3.35**
60	74 194	244 726	129 240	115 486	235 566	124 052	111 514	96.26	3.30	3.17
61	66 931	229 592	120 889	108 703	220 554	115 868	104 686	96.06	3.43	3.30
62	63 210	223 478	117 892	105 585	214 407	112 790	101 617	95.94	3.54	3.39
63	61 190	220 722	116 589	104 133	211 484	111 402	100 082	95.81	3.61	3.46
64	60 265	218 587	115 290	103 297	209 463	110 149	99 314	95.83	3.63	3.48

表8-7　全国分年龄、性别的独生子女数

单位：人、%

年　龄	0-30岁独生子女人数	男	女	性别比（女=100）
总　计	**2 098 947**	**1 188 145**	**910 801**	**130.45**
0-4	**526 282**	**278 811**	**247 470**	**112.66**
0	116 704	60 615	56 088	108.07
1	110 330	58 002	52 328	110.84
2	99 099	52 559	46 540	112.93
3	98 682	52 607	46 075	114.18
4	101 467	55 029	46 439	118.50
5-9	**455 041**	**265 135**	**189 906**	**139.61**
5	99 147	54 928	44 219	124.22
6	88 984	50 661	38 324	132.19
7	92 415	54 327	38 088	142.63
8	88 688	52 925	35 763	147.99
9	85 807	52 294	33 513	156.04
10-14	**404 671**	**251 053**	**153 618**	**163.43**
10	89 558	55 114	34 444	160.01
11	80 312	49 214	31 098	158.25
12	81 629	50 587	31 042	162.96
13	77 366	48 435	28 931	167.41
14	75 805	47 704	28 102	169.75
15-19	**296 931**	**181 041**	**115 890**	**156.22**
15	77 685	48 437	29 248	165.61
16	67 337	41 411	25 926	159.73
17	57 362	34 660	22 702	152.67
18	53 139	31 903	21 236	150.23
19	41 408	24 630	16 778	146.80
20-24	**200 359**	**108 111**	**92 247**	**117.20**
20	34 842	19 835	15 007	132.17
21	35 463	19 254	16 209	118.79
22	40 050	21 493	18 557	115.82
23	48 986	26 034	22 951	113.43
24	41 017	21 495	19 522	110.10
25-29	**170 394**	**83 415**	**86 979**	**95.90**
25	36 050	18 114	17 936	101.00
26	36 125	18 212	17 913	101.67
27	34 243	16 940	17 303	97.90
28	30 904	14 835	16 069	92.32
29	33 072	15 314	17 758	86.24
30	**45 269**	**20 578**	**24 691**	**83.34**

表8-7a　全国分年龄、性别的独生子女数(城市)

单位：人、%

年　龄	0-30岁独生子女人数	男	女	性别比(女=100)
总　计	**849 073**	**458 347**	**390 726**	**117.31**
0-4	**150 573**	**79 172**	**71 401**	**110.88**
0	32 047	16 723	15 324	109.13
1	31 049	16 223	14 826	109.42
2	26 466	13 923	12 543	111.00
3	29 830	15 703	14 127	111.15
4	31 181	16 601	14 580	113.86
5-9	**153 068**	**83 898**	**69 170**	**121.29**
5	31 800	17 153	14 647	117.11
6	29 267	15 857	13 410	118.24
7	30 874	16 972	13 903	122.08
8	30 621	16 822	13 799	121.90
9	30 506	17 095	13 411	127.47
10-14	**151 728**	**84 970**	**66 758**	**127.28**
10	31 456	17 580	13 875	126.70
11	30 471	16 866	13 605	123.96
12	30 461	16 949	13 512	125.44
13	29 760	16 796	12 965	129.55
14	29 579	16 779	12 800	131.08
15-19	**153 682**	**85 547**	**68 135**	**125.56**
15	32 786	18 256	14 530	125.64
16	33 232	18 428	14 804	124.48
17	31 619	17 621	13 998	125.88
18	30 612	17 013	13 600	125.09
19	25 434	14 231	11 203	127.03
20-24	**127 778**	**68 153**	**59 625**	**114.30**
20	22 361	12 177	10 184	119.57
21	23 270	12 376	10 895	113.59
22	25 977	13 876	12 101	114.67
23	31 152	16 526	14 626	112.99
24	25 018	13 199	11 819	111.68
25-29	**91 662**	**46 857**	**44 805**	**104.58**
25	20 944	10 834	10 110	107.16
26	20 054	10 449	9 605	108.78
27	18 879	9 838	9 041	108.82
28	15 991	7 981	8 010	99.64
29	15 794	7 755	8 039	96.47
30	**20 582**	**9 748**	**10 833**	**89.99**

表8-7b 全国分年龄、性别的独生子女数(镇)

单位：人、%

年 龄	0-30岁独生子女人数	男	女	性别比(女=100)
总 计	**385 566**	**220 288**	**165 278**	**133.28**
0-4	**98 109**	**52 104**	**46 006**	**113.25**
0	20 545	10 731	9 813	109.35
1	20 266	10 765	9 501	113.30
2	18 522	9 844	8 677	113.45
3	18 869	10 048	8 821	113.90
4	19 909	10 715	9 193	116.56
5-9	**93 135**	**53 903**	**39 232**	**137.39**
5	20 083	11 125	8 958	124.19
6	18 114	10 225	7 889	129.61
7	19 100	11 127	7 974	139.54
8	18 416	11 010	7 406	148.66
9	17 422	10 416	7 006	148.68
10-14	**82 705**	**50 620**	**32 085**	**157.77**
10	18 545	11 265	7 280	154.74
11	16 617	9 962	6 656	149.67
12	16 805	10 284	6 520	157.72
13	15 715	9 710	6 005	161.69
14	15 023	9 399	5 624	167.14
15-19	**52 473**	**32 698**	**19 775**	**165.35**
15	14 728	9 215	5 513	167.14
16	12 533	7 888	4 645	169.81
17	10 221	6 295	3 926	160.32
18	8 871	5 476	3 395	161.27
19	6 121	3 825	2 296	166.61
20-24	**25 694**	**14 440**	**11 254**	**128.31**
20	4 332	2 674	1 658	161.29
21	4 179	2 374	1 804	131.61
22	5 162	2 855	2 307	123.73
23	6 398	3 492	2 906	120.17
24	5 624	3 045	2 579	118.06
25-29	**25 651**	**12 912**	**12 739**	**101.36**
25	4 980	2 652	2 328	113.92
26	5 478	2 806	2 671	105.06
27	5 108	2 577	2 531	101.80
28	4 773	2 379	2 394	99.36
29	5 312	2 498	2 814	88.78
30	**7 798**	**3 611**	**4 187**	**86.26**

表8-7c　全国分年龄、性别的独生子女数(乡村)

单位：人、%

年　龄	0-30岁独生子女人数	男	女	性别比(女=100)
总　计	**864 308**	**509 511**	**354 797**	**143.61**
0-4	**277 600**	**147 536**	**130 064**	**113.43**
0	64 112	33 161	30 951	107.14
1	59 015	31 014	28 001	110.76
2	54 111	28 792	25 319	113.71
3	49 983	26 856	23 127	116.13
4	50 378	27 713	22 665	122.27
5-9	**208 838**	**127 334**	**81 504**	**156.23**
5	47 264	26 650	20 614	129.28
6	41 604	24 579	17 024	144.38
7	42 440	26 228	16 212	161.78
8	39 651	25 094	14 557	172.38
9	37 879	24 783	13 096	189.24
10-14	**170 239**	**115 463**	**54 775**	**210.80**
10	39 558	26 269	13 289	197.67
11	33 224	22 387	10 837	206.58
12	34 363	23 353	11 010	212.12
13	31 891	21 929	9 961	220.14
14	31 204	21 525	9 678	222.41
15-19	**90 776**	**62 796**	**27 980**	**224.43**
15	30 172	20 967	9 205	227.78
16	21 572	15 096	6 477	233.07
17	15 523	10 745	4 778	224.90
18	13 656	9 415	4 241	221.98
19	9 853	6 574	3 279	200.49
20-24	**46 886**	**25 518**	**21 368**	**119.42**
20	8 150	4 984	3 165	157.46
21	8 014	4 504	3 510	128.32
22	8 911	4 762	4 149	114.77
23	11 436	6 017	5 419	111.02
24	10 375	5 251	5 124	102.47
25-29	**53 081**	**23 646**	**29 435**	**80.33**
25	10 126	4 628	5 498	84.19
26	10 593	4 957	5 636	87.94
27	10 256	4 525	5 731	78.96
28	10 139	4 475	5 665	78.99
29	11 967	5 061	6 906	73.29
30	**16 890**	**7 218**	**9 671**	**74.64**

表8-8　各地区0-30岁独生子女数

单位：人、%

地　区	0-30岁人口数			0-30岁独生子女人数			占同龄人口比重		
	合计	男	女	合计	男	女	合计	男	女
全　国	**7 163 448**	**3 710 559**	**3 452 888**	**2 098 947**	**1 188 145**	**910 801**	**29.30**	**32.02**	**26.38**
北　京	76 607	39 607	37 000	40 954	21 908	19 045	53.46	55.31	51.47
天　津	52 818	26 964	25 854	27 986	15 175	12 810	52.98	56.28	49.55
河　北	389 777	199 285	190 491	97 393	55 441	41 952	24.99	27.82	22.02
山　西	196 122	100 555	95 566	42 059	22 547	19 512	21.45	22.42	20.42
内蒙古	127 362	65 632	61 730	47 941	26 539	21 403	37.64	40.44	34.67
辽　宁	194 696	99 170	95 526	100 759	57 758	43 001	51.75	58.24	45.02
吉　林	135 427	69 668	65 759	64 232	36 347	27 885	47.43	52.17	42.40
黑龙江	188 030	96 357	91 673	91 460	50 552	40 908	48.64	52.46	44.62
上　海	85 309	42 953	42 357	49 769	25 812	23 957	58.34	60.09	56.56
江　苏	366 627	186 117	180 509	172 960	95 398	77 562	47.18	51.26	42.97
浙　江	248 887	127 367	121 521	92 755	56 169	36 586	37.27	44.10	30.11
安　徽	346 312	180 173	166 138	95 245	57 825	37 420	27.50	32.09	22.52
福　建	206 034	105 549	100 485	49 585	29 952	19 633	24.07	28.38	19.54
江　西	259 017	136 650	122 367	58 710	35 002	23 708	22.67	25.61	19.37
山　东	465 231	239 487	225 744	157 095	99 462	57 633	33.77	41.53	25.53
河　南	549 829	291 683	258 147	127 266	70 578	56 687	23.15	24.20	21.96
湖　北	292 733	154 543	138 190	94 818	54 486	40 332	32.39	35.26	29.19
湖　南	338 047	177 065	160 982	98 511	57 516	40 995	29.14	32.48	25.47
广　东	628 728	323 224	305 504	95 962	52 684	43 278	15.26	16.30	14.17
广　西	285 798	153 192	132 606	50 389	28 040	22 349	17.63	18.30	16.85
海　南	54 989	29 629	25 359	8 870	4 826	4 043	16.13	16.29	15.94
重　庆	136 017	70 287	65 730	60 781	33 731	27 050	44.69	47.99	41.15
四　川	421 342	214 743	206 600	158 461	85 275	73 186	37.61	39.71	35.42
贵　州	240 761	127 171	113 590	39 572	21 573	18 000	16.44	16.96	15.85
云　南	288 084	151 029	137 054	45 895	23 710	22 185	15.93	15.70	16.19
西　藏	20 879	10 603	10 276	2 859	1 388	1 471	13.69	13.09	14.32
陕　西	202 442	105 681	96 760	53 006	29 278	23 727	26.18	27.70	24.52
甘　肃	154 668	79 355	75 313	30 362	16 767	13 595	19.63	21.13	18.05
青　海	35 620	18 012	17 608	7 875	4 039	3 837	22.11	22.42	21.79
宁　夏	40 455	20 466	19 989	7 052	3 735	3 317	17.43	18.25	16.59
新　疆	134 801	68 343	66 458	28 365	14 632	13 733	21.04	21.41	20.66

表8-8a 各地区0-30岁独生子女数(城市)

单位：人、%

地 区	0-30岁人口数			0-30岁独生子女人数			占同龄人口比重		
	合计	男	女	合计	男	女	合计	男	女
全 国	**1 901 915**	**961 306**	**940 609**	**849 073**	**458 347**	**390 726**	**44.64**	**47.68**	**41.54**
北 京	61 312	31 552	29 759	35 091	18 510	16 581	57.23	58.67	55.72
天 津	28 666	14 338	14 328	19 236	10 012	9 224	67.10	69.83	64.37
河 北	72 927	35 560	37 367	33 071	17 598	15 473	45.35	49.49	41.41
山 西	46 764	23 497	23 267	19 364	10 147	9 217	41.41	43.19	39.61
内蒙古	45 970	23 355	22 615	23 877	12 593	11 284	51.94	53.92	49.90
辽 宁	83 213	41 407	41 806	56 950	30 183	26 767	68.44	72.89	64.03
吉 林	42 762	21 794	20 968	28 371	15 170	13 201	66.35	69.61	62.96
黑龙江	65 682	33 711	31 971	43 085	22 965	20 120	65.60	68.12	62.93
上 海	68 595	34 492	34 103	41 859	21 627	20 232	61.02	62.70	59.33
江 苏	135 233	66 967	68 266	75 259	40 116	35 143	55.65	59.91	51.48
浙 江	99 905	51 046	48 859	40 846	23 833	17 012	40.88	46.69	34.82
安 徽	52 222	26 964	25 258	22 885	12 708	10 178	43.82	47.13	40.29
福 建	64 123	32 390	31 733	19 153	10 936	8 216	29.87	33.77	25.89
江 西	33 911	17 330	16 581	12 740	6 955	5 785	37.57	40.13	34.89
山 东	137 549	69 713	67 837	60 703	36 315	24 388	44.13	52.09	35.95
河 南	90 284	46 583	43 702	39 484	21 385	18 099	43.73	45.91	41.41
湖 北	85 673	44 096	41 576	39 489	21 473	18 015	46.09	48.70	43.33
湖 南	67 227	34 324	32 903	28 759	15 903	12 856	42.78	46.33	39.07
广 东	293 067	147 997	145 070	59 522	32 459	27 062	20.31	21.93	18.65
广 西	38 330	19 611	18 719	12 709	6 696	6 013	33.16	34.14	32.12
海 南	19 959	10 517	9 443	5 019	2 777	2 242	25.15	26.41	23.74
重 庆	31 034	15 881	15 152	21 036	11 220	9 816	67.78	70.65	64.78
四 川	59 209	28 606	30 603	38 305	19 235	19 070	64.69	67.24	62.31
贵 州	24 983	12 463	12 521	9 613	5 016	4 597	38.48	40.25	36.72
云 南	47 106	23 772	23 333	14 064	7 255	6 809	29.86	30.52	29.18
西 藏	2 324	1 106	1 218	772	356	416	33.22	32.18	34.17
陕 西	46 257	23 582	22 675	20 970	10 976	9 994	45.33	46.54	44.07
甘 肃	17 737	8 762	8 974	9 386	4 870	4 517	52.92	55.57	50.33
青 海	5 396	2 655	2 741	2 620	1 357	1 263	48.55	51.10	46.08
宁 夏	9 178	4 544	4 634	3 741	1 919	1 822	40.77	42.23	39.33
新 疆	25 320	12 695	12 625	11 093	5 781	5 312	43.81	45.54	42.08

表8-8b 各地区0-30岁独生子女数(镇)

单位：人、%

地 区	0-30岁人口数			0-30岁独生子女人数			占同龄人口比重		
	合计	男	女	合计	男	女	合计	男	女
全 国	**1 232 846**	**636 526**	**596 320**	**385 566**	**220 288**	**165 278**	**31.27**	**34.61**	**27.72**
北 京	3 572	1 823	1 749	1 754	1 000	754	49.10	54.86	43.11
天 津	9 695	5 019	4 676	4 422	2 569	1 853	45.61	51.19	39.62
河 北	58 031	30 113	27 918	15 229	8 768	6 461	26.24	29.12	23.14
山 西	33 591	17 308	16 283	7 081	3 958	3 123	21.08	22.87	19.18
内蒙古	25 529	13 022	12 507	10 041	5 572	4 469	39.33	42.79	35.73
辽 宁	29 972	15 343	14 629	13 920	8 182	5 738	46.44	53.33	39.22
吉 林	22 810	11 763	11 047	12 027	6 632	5 395	52.73	56.38	48.84
黑龙江	32 010	16 503	15 507	17 587	9 629	7 958	54.94	58.35	51.31
上 海	7 652	3 808	3 843	3 860	2 041	1 819	50.44	53.59	47.32
江 苏	77 716	40 120	37 596	34 578	19 332	15 246	44.49	48.18	40.55
浙 江	46 430	23 652	22 777	17 322	10 486	6 837	37.31	44.33	30.02
安 徽	82 311	42 258	40 053	25 503	15 291	10 211	30.98	36.19	25.49
福 建	43 750	22 499	21 251	11 177	6 832	4 346	25.55	30.36	20.45
江 西	62 947	32 528	30 418	16 646	9 761	6 885	26.44	30.01	22.63
山 东	90 206	46 663	43 543	29 030	18 316	10 715	32.18	39.25	24.61
河 南	78 084	41 353	36 732	18 296	10 454	7 843	23.43	25.28	21.35
湖 北	45 345	23 873	21 472	15 041	8 663	6 378	33.17	36.29	29.70
湖 南	55 643	28 865	26 779	18 705	10 556	8 149	33.62	36.57	30.43
广 东	102 551	52 929	49 622	14 343	8 197	6 146	13.99	15.49	12.39
广 西	53 653	28 629	25 023	12 479	7 128	5 351	23.26	24.90	21.39
海 南	8 065	4 327	3 738	1 314	746	568	16.30	17.24	15.21
重 庆	30 146	15 176	14 970	14 500	7 931	6 569	48.10	52.26	43.88
四 川	66 623	33 340	33 283	30 307	16 215	14 092	45.49	48.64	42.34
贵 州	35 153	18 409	16 743	8 173	4 607	3 566	23.25	25.03	21.30
云 南	40 379	20 452	19 927	9 377	4 808	4 570	23.22	23.51	22.93
西 藏	2 641	1 343	1 298	399	199	200	15.10	14.83	15.37
陕 西	35 216	18 407	16 809	9 265	5 220	4 045	26.31	28.36	24.06
甘 肃	25 164	13 030	12 134	6 248	3 522	2 726	24.83	27.03	22.47
青 海	6 265	3 109	3 157	1 765	935	830	28.17	30.09	26.28
宁 夏	5 339	2 716	2 623	1 100	600	500	20.60	22.09	19.06
新 疆	16 358	8 146	8 212	4 077	2 138	1 939	24.92	26.25	23.61

表8-8c 各地区0-30岁独生子女数(乡村)

单位：人、%

地区	0-30岁人口数			0-30岁独生子女人数			占同龄人口比重		
	合计	男	女	合计	男	女	合计	男	女
全国	**4 028 687**	**2 112 727**	**1 915 960**	**864 308**	**509 511**	**354 797**	**21.45**	**24.12**	**18.52**
北京	11 724	6 232	5 492	4 108	2 398	1 710	35.04	38.48	31.15
天津	14 457	7 607	6 850	4 328	2 594	1 734	29.94	34.10	25.31
河北	258 819	133 613	125 206	49 093	29 076	20 017	18.97	21.76	15.99
山西	115 766	59 750	56 016	15 615	8 442	7 173	13.49	14.13	12.81
内蒙古	55 863	29 255	26 608	14 024	8 374	5 650	25.10	28.62	21.24
辽宁	81 511	42 420	39 090	29 890	19 394	10 496	36.67	45.72	26.85
吉林	69 855	36 111	33 744	23 834	14 545	9 289	34.12	40.28	27.53
黑龙江	90 337	46 144	44 194	30 788	17 958	12 830	34.08	38.92	29.03
上海	9 063	4 652	4 411	4 050	2 144	1 906	44.69	46.09	43.21
江苏	153 678	79 031	74 648	63 123	35 950	27 173	41.07	45.49	36.40
浙江	102 553	52 668	49 884	34 587	21 850	12 737	33.73	41.49	25.53
安徽	211 779	110 952	100 827	46 857	29 826	17 031	22.13	26.88	16.89
福建	98 161	50 660	47 501	19 255	12 183	7 071	19.62	24.05	14.89
江西	162 159	86 792	75 367	29 324	18 286	11 038	18.08	21.07	14.65
山东	237 476	123 111	114 365	67 361	44 831	22 531	28.37	36.41	19.70
河南	381 461	203 747	177 713	69 486	38 740	30 746	18.22	19.01	17.30
湖北	161 715	86 574	75 142	40 288	24 350	15 939	24.91	28.13	21.21
湖南	215 177	113 877	101 300	51 047	31 057	19 990	23.72	27.27	19.73
广东	233 110	122 298	110 812	22 098	12 028	10 069	9.48	9.84	9.09
广西	193 816	104 953	88 863	25 202	14 217	10 985	13.00	13.55	12.36
海南	26 964	14 786	12 179	2 536	1 303	1 233	9.41	8.81	10.12
重庆	74 837	39 230	35 607	25 245	14 580	10 665	33.73	37.17	29.95
四川	295 511	152 797	142 714	89 849	49 825	40 024	30.40	32.61	28.05
贵州	180 625	96 299	84 326	21 786	11 949	9 836	12.06	12.41	11.66
云南	200 599	106 805	93 795	22 454	11 647	10 806	11.19	10.91	11.52
西藏	15 915	8 154	7 761	1 688	833	855	10.61	10.21	11.02
陕西	120 969	63 692	57 277	22 771	13 082	9 689	18.82	20.54	16.92
甘肃	111 768	57 563	54 205	14 728	8 376	6 352	13.18	14.55	11.72
青海	23 958	12 248	11 710	3 490	1 747	1 744	14.57	14.26	14.89
宁夏	25 938	13 206	12 732	2 211	1 216	995	8.52	9.21	7.81
新疆	93 124	47 503	45 621	13 195	6 713	6 482	14.17	14.13	14.21

第九卷

人口

老年人口

表9-1 各地区分性别、身体健康状况的老年人口

单位：人

地区	60岁及以上人口			身体健康		
	合计	男	女	小计	男	女
全国	**2 209 366**	**1 080 597**	**1 128 769**	**1 332 475**	**701 209**	**631 265**
北京	29 743	14 167	15 577	18 338	9 274	9 064
天津	18 788	9 050	9 738	12 478	6 332	6 145
河北	107 077	52 657	54 420	67 958	35 772	32 186
山西	48 741	24 323	24 418	31 170	16 520	14 650
内蒙古	36 045	18 635	17 410	23 314	12 734	10 580
辽宁	77 918	38 018	39 900	41 129	22 243	18 886
吉林	40 745	20 325	20 421	23 494	12 467	11 027
黑龙江	57 350	28 488	28 862	34 587	18 076	16 511
上海	37 024	17 228	19 796	22 428	11 306	11 121
江苏	152 472	72 023	80 449	93 183	48 314	44 869
浙江	92 011	46 128	45 882	51 701	28 387	23 313
安徽	118 064	58 426	59 638	70 581	37 851	32 730
福建	56 092	27 447	28 645	34 696	18 046	16 650
江西	68 665	33 911	34 754	42 834	22 812	20 022
山东	171 154	81 129	90 025	108 506	55 605	52 901
河南	148 667	70 774	77 893	96 697	49 107	47 591
湖北	102 436	50 271	52 165	54 376	29 240	25 136
湖南	118 654	59 518	59 136	62 886	34 443	28 443
广东	123 434	59 315	64 119	84 474	43 144	41 329
广西	83 737	40 462	43 276	55 251	28 305	26 946
海南	12 340	5 850	6 490	7 267	3 749	3 518
重庆	60 616	30 491	30 125	35 024	18 859	16 164
四川	176 872	88 172	88 700	101 637	54 409	47 228
贵州	60 450	29 879	30 571	35 897	18 966	16 931
云南	64 292	31 016	33 276	35 368	18 424	16 943
西藏	3 406	1 493	1 913	1 618	778	840
陕西	63 371	31 163	32 207	39 775	20 772	19 002
甘肃	38 715	19 397	19 318	20 498	11 402	9 096
青海	6 749	3 315	3 434	4 268	2 228	2 040
宁夏	7 348	3 710	3 639	4 426	2 392	2 034
新疆	26 389	13 815	12 573	16 619	9 249	7 370

表9-1 各地区分性别、身体健康状况的老年人口(续 1)

单位：人

地　区	基本能保证正常的工作生活			不能正常工作或生活不能自理			说不准		
	小计	男	女	小计	男	女	小计	男	女
全　国	**512 516**	**226 977**	**285 539**	**331 842**	**139 213**	**192 629**	**32 533**	**13 198**	**19 335**
北　京	7 041	3 133	3 908	4 148	1 677	2 472	216	83	133
天　津	4 610	1 959	2 651	1 570	706	864	131	53	78
河　北	24 111	10 444	13 668	14 167	6 108	8 058	840	333	507
山　西	10 825	4 880	5 946	5 695	2 482	3 213	1 051	441	610
内蒙古	7 930	3 738	4 192	4 198	1 896	2 303	603	267	335
辽　宁	17 225	7 733	9 492	19 374	7 960	11 413	190	81	109
吉　林	11 328	5 176	6 152	5 364	2 447	2 917	559	235	324
黑龙江	15 053	6 800	8 253	6 823	3 235	3 589	887	377	509
上　海	10 689	4 515	6 175	3 578	1 303	2 275	328	104	224
江　苏	35 970	14 928	21 042	21 381	8 089	13 292	1 938	693	1 246
浙　江	16 056	7 009	9 047	23 991	10 609	13 383	262	123	139
安　徽	28 829	12 795	16 034	17 408	7 274	10 134	1 247	506	741
福　建	11 883	5 267	6 616	8 359	3 656	4 703	1 154	478	676
江　西	17 308	7 505	9 804	6 895	2 928	3 968	1 627	668	960
山　东	36 764	15 119	21 645	24 765	9 950	14 814	1 119	454	665
河　南	30 718	13 262	17 456	19 722	7 845	11 877	1 530	560	970
湖　北	30 318	13 885	16 433	14 946	6 058	8 888	2 797	1 089	1 708
湖　南	36 195	16 831	19 364	16 201	6 818	9 383	3 372	1 426	1 946
广　东	25 839	10 864	14 975	10 765	4 393	6 372	2 357	913	1 444
广　西	18 378	7 931	10 447	7 790	3 325	4 465	2 319	902	1 417
海　南	3 153	1 368	1 785	1 500	572	928	419	161	258
重　庆	13 529	6 381	7 148	11 361	4 943	6 417	703	307	396
四　川	41 518	19 415	22 103	30 809	13 120	17 689	2 909	1 228	1 681
贵　州	10 613	4 842	5 772	13 113	5 713	7 400	826	357	469
云　南	14 828	6 647	8 181	13 193	5 567	7 626	903	377	526
西　藏	880	374	506	819	308	511	89	33	56
陕　西	14 953	6 683	8 270	7 482	3 221	4 261	1 161	487	674
甘　肃	5 595	2 610	2 985	12 293	5 236	7 057	330	150	179
青　海	1 547	702	845	806	337	470	128	49	79
宁　夏	1 831	831	1 000	1 026	456	571	65	31	34
新　疆	6 998	3 352	3 646	2 299	983	1 317	472	231	241

表9-1a　各地区分性别、身体健康状况的老年人口(城市)

单位：人

地区	60岁及以上人口			身体健康		
	合计	男	女	小计	男	女
全　国	**581 215**	**279 886**	**301 329**	**386 344**	**196 942**	**189 402**
北　京	23 781	11 207	12 573	15 416	7 649	7 767
天　津	11 846	5 581	6 265	7 798	3 872	3 926
河　北	22 892	10 951	11 941	15 971	8 017	7 953
山　西	12 721	6 250	6 471	9 067	4 622	4 445
内蒙古	12 517	6 273	6 244	8 529	4 485	4 043
辽　宁	37 826	17 826	20 001	22 230	11 279	10 950
吉　林	15 030	7 178	7 852	9 483	4 787	4 695
黑龙江	27 025	12 879	14 146	17 383	8 647	8 737
上　海	30 081	14 029	16 052	18 547	9 297	9 249
江　苏	43 912	21 073	22 839	30 302	15 536	14 766
浙　江	28 673	14 176	14 496	17 947	9 615	8 332
安　徽	16 148	7 948	8 200	10 864	5 644	5 220
福　建	13 827	6 768	7 059	10 073	5 227	4 846
江　西	9 771	4 847	4 924	7 035	3 666	3 369
山　东	44 288	20 868	23 420	28 800	14 458	14 342
河　南	25 351	12 123	13 228	19 290	9 508	9 782
湖　北	28 333	13 618	14 715	16 250	8 411	7 839
湖　南	21 957	10 786	11 171	12 506	6 657	5 849
广　东	47 480	22 598	24 881	36 061	17 907	18 154
广　西	10 332	4 964	5 368	7 613	3 792	3 821
海　南	4 375	2 124	2 251	3 010	1 534	1 476
重　庆	13 557	6 584	6 973	8 381	4 325	4 057
四　川	25 013	12 325	12 689	16 934	8 807	8 128
贵　州	7 516	3 694	3 822	5 642	2 902	2 740
云　南	11 821	5 864	5 957	7 452	3 957	3 495
西　藏	555	249	306	349	163	185
陕　西	15 679	7 592	8 087	10 828	5 512	5 316
甘　肃	6 208	3 094	3 113	4 143	2 178	1 965
青　海	1 713	857	856	1 231	635	597
宁　夏	2 459	1 237	1 222	1 664	869	795
新　疆	8 527	4 321	4 206	5 546	2 983	2 562

表9-1a 各地区分性别、身体健康状况的老年人口(城市)(续 1)

单位：人

地区	基本能保证正常的工作生活			不能正常工作或生活不能自理			说不准		
	小计	男	女	小计	男	女	小计	男	女
全国	**136 113**	**58 942**	**77 170**	**52 072**	**21 357**	**30 715**	**6 687**	**2 645**	**4 042**
北京	6 072	2 694	3 378	2 169	822	1 347	124	42	82
天津	3 136	1 308	1 828	842	374	468	71	27	44
河北	5 155	2 164	2 991	1 574	681	893	192	89	103
山西	2 644	1 178	1 466	752	346	406	259	104	155
内蒙古	3 040	1 352	1 688	763	351	411	186	85	101
辽宁	10 087	4 500	5 586	5 374	1 986	3 388	136	60	76
吉林	3 993	1 714	2 279	1 286	554	732	269	124	146
黑龙江	7 080	3 066	4 014	2 174	1 021	1 153	388	145	243
上海	9 169	3 841	5 328	2 150	824	1 326	216	67	149
江苏	9 581	4 015	5 566	3 704	1 425	2 279	325	97	228
浙江	5 255	2 236	3 019	5 403	2 293	3 110	68	32	36
安徽	3 806	1 685	2 121	1 369	583	786	110	37	72
福建	2 142	928	1 214	1 393	532	860	220	81	139
江西	2 119	924	1 195	490	211	279	127	47	80
山东	10 162	4 213	5 949	5 011	2 071	2 940	315	126	188
河南	4 246	1 796	2 450	1 569	718	851	246	101	145
湖北	8 889	3 951	4 938	2 496	969	1 527	698	287	411
湖南	6 961	3 099	3 862	2 011	825	1 186	479	205	274
广东	8 236	3 402	4 834	2 487	1 029	1 458	696	261	435
广西	2 016	871	1 145	446	200	246	257	101	155
海南	979	441	538	290	115	175	97	35	62
重庆	3 378	1 537	1 841	1 610	638	971	188	84	104
四川	5 629	2 513	3 116	2 028	866	1 162	423	140	283
贵州	1 070	463	607	725	299	426	78	30	48
云南	2 717	1 201	1 516	1 524	647	877	128	59	69
西藏	135	56	79	58	22	36	13	7	6
陕西	3 740	1 611	2 129	925	391	534	187	79	108
甘肃	1 275	615	660	742	273	469	49	29	19
青海	385	180	205	74	33	41	22	9	13
宁夏	601	272	330	169	84	85	25	12	13
新疆	2 417	1 118	1 299	465	173	291	100	47	53

表9-1b 各地区分性别、身体健康状况的老年人口(镇)

单位：人

地区	60岁及以上人口			身体健康		
	合计	男	女	小计	男	女
全国	**341 614**	**165 297**	**176 317**	**214 700**	**111 365**	**103 336**
北京	1 110	538	573	682	358	324
天津	2 470	1 214	1 256	1 836	930	906
河北	14 111	6 904	7 207	9 387	4 885	4 501
山西	6 801	3 356	3 445	4 539	2 367	2 172
内蒙古	6 225	3 190	3 035	4 178	2 230	1 949
辽宁	10 775	5 331	5 444	5 866	3 224	2 642
吉林	7 896	3 881	4 016	4 616	2 419	2 198
黑龙江	9 855	4 890	4 965	6 073	3 182	2 891
上海	2 572	1 202	1 371	1 570	820	750
江苏	29 362	13 831	15 531	18 288	9 381	8 907
浙江	14 372	7 105	7 267	8 477	4 557	3 920
安徽	25 197	12 192	13 004	15 411	8 040	7 370
福建	10 226	4 952	5 274	7 033	3 581	3 452
江西	14 176	6 946	7 230	9 699	5 017	4 682
山东	30 593	14 424	16 170	19 584	9 879	9 705
河南	20 909	9 788	11 121	13 351	6 607	6 744
湖北	13 202	6 364	6 838	7 147	3 806	3 341
湖南	15 144	7 504	7 641	9 081	4 816	4 265
广东	17 913	8 630	9 283	12 570	6 464	6 106
广西	14 362	6 748	7 614	10 197	5 065	5 132
海南	1 718	822	896	1 044	548	496
重庆	10 508	5 128	5 380	6 403	3 325	3 078
四川	24 442	11 846	12 596	14 477	7 589	6 888
贵州	7 960	3 833	4 127	4 985	2 577	2 407
云南	8 505	4 119	4 386	5 096	2 675	2 421
西藏	454	194	260	193	94	99
陕西	10 164	4 980	5 185	6 633	3 434	3 199
甘肃	5 634	2 827	2 807	3 131	1 760	1 371
青海	1 037	523	514	758	402	356
宁夏	839	424	414	499	274	225
新疆	3 079	1 611	1 468	1 896	1 060	837

表9-1b 各地区分性别、身体健康状况的老年人口(镇)(续 1)

单位：人

地区	基本能保证正常的工作生活			不能正常工作或生活不能自理			说不准		
	小计	男	女	小计	男	女	小计	男	女
全国	**76 608**	**33 382**	**43 226**	**45 611**	**18 681**	**26 930**	**4 695**	**1 870**	**2 825**
北京	182	78	104	239	100	139	8	2	5
天津	441	194	248	168	80	87	25	10	15
河北	2 915	1 264	1 651	1 727	735	992	82	20	62
山西	1 473	643	830	647	289	359	141	57	84
内蒙古	1 332	620	712	606	290	316	108	50	58
辽宁	1 949	892	1 056	2 951	1 210	1 741	10	5	5
吉林	2 290	1 029	1 261	928	413	515	62	21	41
黑龙江	2 586	1 146	1 440	972	470	502	223	92	131
上海	510	219	290	466	153	313	26	9	17
江苏	6 629	2 750	3 878	4 010	1 538	2 472	435	162	273
浙江	2 399	1 066	1 333	3 478	1 470	2 008	19	12	7
安徽	6 354	2 738	3 616	3 165	1 297	1 868	267	118	150
福建	1 972	847	1 125	1 112	486	626	109	38	70
江西	3 137	1 331	1 806	1 093	494	599	247	103	144
山东	6 427	2 700	3 727	4 413	1 759	2 654	169	85	84
河南	4 772	2 071	2 702	2 581	1 028	1 552	206	83	123
湖北	4 026	1 799	2 227	1 670	632	1 039	359	128	230
湖南	4 274	1 961	2 314	1 391	563	828	398	164	234
广东	3 471	1 446	2 025	1 535	592	943	337	128	209
广西	2 901	1 176	1 725	965	399	566	299	108	191
海南	395	166	229	197	78	119	82	30	52
重庆	2 168	982	1 186	1 808	761	1 047	129	60	69
四川	6 132	2 733	3 399	3 424	1 359	2 065	409	165	244
贵州	1 396	626	770	1 482	595	887	97	35	63
云南	1 959	863	1 095	1 353	542	811	98	39	58
西藏	115	47	68	134	48	86	12	5	8
陕西	2 334	1 031	1 303	995	440	555	201	74	127
甘肃	788	372	416	1 662	673	989	53	22	31
青海	194	87	107	72	29	43	13	5	8
宁夏	236	107	128	99	40	59	5	2	2
新疆	849	396	453	267	118	149	66	37	29

表9-1c 各地区分性别、身体健康状况的老年人口(乡村)

单位：人

地区	60岁及以上人口			身体健康		
	合计	男	女	小计	男	女
全国	**1 286 536**	**635 414**	**651 122**	**731 430**	**392 903**	**338 527**
北京	4 852	2 421	2 430	2 240	1 267	973
天津	4 472	2 255	2 216	2 843	1 530	1 313
河北	70 074	34 801	35 272	42 600	22 869	19 732
山西	29 219	14 717	14 501	17 563	9 531	8 032
内蒙古	17 303	9 172	8 131	10 607	6 019	4 588
辽宁	29 317	14 861	14 456	13 034	7 740	5 294
吉林	17 819	9 266	8 553	9 395	5 261	4 134
黑龙江	20 470	10 719	9 751	11 130	6 247	4 883
上海	4 370	1 997	2 373	2 311	1 189	1 122
江苏	79 198	37 119	42 079	44 593	23 397	21 196
浙江	48 966	24 847	24 119	25 278	14 215	11 062
安徽	76 719	38 285	38 435	44 307	24 168	20 139
福建	32 039	15 727	16 312	17 589	9 238	8 351
江西	44 717	22 118	22 599	26 100	14 128	11 972
山东	96 272	45 838	50 435	60 122	31 269	28 853
河南	102 407	48 863	53 544	64 056	32 992	31 064
湖北	60 901	30 289	30 612	30 979	17 024	13 956
湖南	81 553	41 228	40 324	41 299	22 970	18 329
广东	58 042	28 087	29 955	35 843	18 774	17 069
广西	59 044	28 750	30 294	37 441	19 448	17 993
海南	6 246	2 904	3 342	3 213	1 667	1 546
重庆	36 551	18 780	17 772	20 239	11 209	9 029
四川	127 416	64 000	63 416	70 225	38 014	32 212
贵州	44 973	22 352	22 622	25 270	13 487	11 783
云南	43 966	21 033	22 933	22 820	11 792	11 028
西藏	2 397	1 051	1 347	1 077	521	556
陕西	37 527	18 592	18 936	22 313	11 827	10 487
甘肃	26 873	13 477	13 397	13 224	7 464	5 760
青海	3 999	1 936	2 064	2 279	1 191	1 087
宁夏	4 051	2 049	2 002	2 263	1 248	1 015
新疆	14 783	7 883	6 900	9 177	5 206	3 972

表9-1c 各地区分性别、身体健康状况的老年人口(乡村)(续 1)

单位：人

地　区	基本能保证正常的工作生活			不能正常工作或生活不能自理			说不准		
	小计	男	女	小计	男	女	小计	男	女
全　国	**299 796**	**134 653**	**165 143**	**234 159**	**99 175**	**134 984**	**21 151**	**8 683**	**12 468**
北　京	788	361	426	1 740	754	986	84	39	45
天　津	1 033	457	576	560	252	309	35	17	19
河　北	16 041	7 016	9 025	10 866	4 692	6 174	566	225	341
山　西	6 709	3 059	3 650	4 295	1 847	2 448	652	280	371
内蒙古	3 558	1 766	1 791	2 830	1 254	1 575	308	132	176
辽　宁	5 190	2 340	2 850	11 049	4 764	6 285	44	16	28
吉　林	5 045	2 433	2 612	3 150	1 480	1 670	228	91	137
黑龙江	5 386	2 587	2 799	3 677	1 744	1 933	276	140	136
上　海	1 011	455	556	962	326	636	86	28	59
江　苏	19 760	8 163	11 597	13 667	5 126	8 541	1 178	434	745
浙　江	8 403	3 707	4 696	15 111	6 846	8 265	175	80	96
安　徽	18 669	8 372	10 297	12 874	5 394	7 480	870	351	519
福　建	7 769	3 492	4 277	5 855	2 638	3 217	826	359	467
江　西	12 052	5 250	6 802	5 312	2 223	3 089	1 254	517	736
山　东	20 175	8 206	11 968	15 340	6 120	9 220	636	242	393
河　南	21 700	9 395	12 304	15 573	6 099	9 474	1 079	377	702
湖　北	17 402	8 134	9 268	10 779	4 457	6 322	1 740	674	1 066
湖　南	24 960	11 771	13 189	12 799	5 430	7 369	2 495	1 057	1 438
广　东	14 132	6 016	8 116	6 743	2 772	3 971	1 324	525	799
广　西	13 460	5 884	7 577	6 379	2 726	3 653	1 764	693	1 071
海　南	1 780	761	1 018	1 013	379	634	241	96	144
重　庆	7 983	3 862	4 121	7 943	3 544	4 399	386	164	223
四　川	29 758	14 169	15 589	25 357	10 895	14 462	2 077	923	1 154
贵　州	8 147	3 752	4 394	10 906	4 819	6 086	651	292	358
云　南	10 152	4 583	5 569	10 317	4 379	5 938	678	279	399
西　藏	630	270	359	626	238	389	64	22	43
陕　西	8 879	4 041	4 838	5 562	2 390	3 172	773	334	439
甘　肃	3 532	1 624	1 909	9 890	4 291	5 599	228	99	129
青　海	968	435	533	660	274	385	92	35	58
宁　夏	994	452	542	758	331	427	36	16	19
新　疆	3 732	1 839	1 893	1 568	691	876	306	147	159

表9-2 全国分年龄、性别、身体健康状况的老年人口

单位：人

年　龄	60岁及以上人口			身体健康		
	合计	男	女	小计	男	女
总　计	**2 209 366**	**1 080 597**	**1 128 769**	**1 332 475**	**701 209**	**631 265**
60-64	**668 310**	**342 519**	**325 791**	**532 271**	**283 803**	**248 468**
60	150 798	76 604	74 194	125 458	65 910	59 548
61	138 288	71 357	66 931	113 068	60 464	52 604
62	129 399	66 188	63 210	102 631	54 719	47 912
63	124 937	63 748	61 190	96 748	51 571	45 177
64	124 887	64 622	60 265	94 366	51 139	43 227
65-69	**564 095**	**286 166**	**277 929**	**377 997**	**203 788**	**174 208**
65	127 284	64 161	63 124	92 385	49 057	43 328
66	104 282	53 078	51 204	72 435	39 023	33 412
67	115 856	59 380	56 476	77 128	42 095	35 034
68	110 325	56 302	54 023	70 862	38 653	32 209
69	106 347	53 245	53 102	65 187	34 960	30 227
70-74	**454 955**	**224 027**	**230 928**	**236 674**	**124 961**	**111 713**
70	108 511	53 720	54 790	60 958	32 200	28 758
71	93 246	45 871	47 375	50 291	26 497	23 794
72	97 480	48 325	49 155	50 123	26 761	23 362
73	82 417	40 327	42 090	40 534	21 335	19 199
74	73 302	35 784	37 517	34 767	18 167	16 600
75-79	**290 171**	**135 684**	**154 487**	**118 971**	**60 156**	**58 815**
75	76 658	36 892	39 766	34 290	17 822	16 468
76	59 869	28 081	31 788	25 597	13 036	12 561
77	59 431	27 677	31 754	23 906	11 993	11 913
78	51 659	23 844	27 816	19 855	9 812	10 043
79	42 552	19 190	23 362	15 323	7 493	7 830
80-84	**156 110**	**66 132**	**89 978**	**47 959**	**21 684**	**26 275**
80	44 232	19 290	24 941	14 572	6 797	7 775
81	34 761	14 966	19 795	10 685	4 885	5 799
82	29 709	12 582	17 127	8 992	4 028	4 965
83	25 489	10 512	14 977	7 507	3 337	4 169
84	21 919	8 781	13 138	6 204	2 637	3 567
85-89	**56 582**	**20 475**	**36 107**	**14 545**	**5 496**	**9 050**
85	18 124	6 865	11 260	4 998	1 967	3 031
86	13 312	4 921	8 390	3 377	1 270	2 106
87	10 531	3 682	6 849	2 693	953	1 740
88	8 258	2 864	5 395	2 047	764	1 283
89	6 357	2 143	4 214	1 431	542	889
90-94	**15 825**	**4 785**	**11 040**	**3 405**	**1 121**	**2 284**
90	5 290	1 611	3 679	1 189	395	794
91	3 929	1 231	2 698	829	285	544
92	2 964	858	2 106	617	195	422
93	2 202	691	1 512	460	156	304
94	1 439	394	1 044	310	90	219
95岁及以上	**3 319**	**810**	**2 509**	**652**	**200**	**452**

表9-2 全国分年龄、性别、身体健康状况的老年人口(续 1)

单位：人

年 龄	基本能保证正常的工作生活			不能正常工作或生活不能自理			说不准		
	小计	男	女	小计	男	女	小计	男	女
总 计	**512 516**	**226 977**	**285 539**	**331 842**	**139 213**	**192 629**	**32 533**	**13 198**	**19 335**
60-64	**98 189**	**41 743**	**56 446**	**33 739**	**15 250**	**18 489**	**4 111**	**1 723**	**2 388**
60	18 516	7 691	10 824	6 049	2 698	3 352	775	304	471
61	18 364	7 786	10 578	6 080	2 774	3 306	775	333	443
62	19 353	8 187	11 166	6 620	2 940	3 680	795	342	453
63	20 225	8 563	11 662	7 123	3 253	3 869	842	361	481
64	21 731	9 515	12 216	7 867	3 584	4 282	923	383	540
65-69	**125 401**	**55 584**	**69 817**	**54 587**	**24 265**	**30 322**	**6 111**	**2 529**	**3 582**
65	24 242	10 481	13 761	9 539	4 155	5 384	1 119	468	651
66	21 894	9 657	12 238	8 914	3 943	4 971	1 038	455	584
67	26 181	11 630	14 551	11 309	5 133	6 175	1 238	522	716
68	26 136	11 779	14 358	12 000	5 345	6 655	1 327	526	801
69	26 947	12 038	14 910	12 825	5 689	7 136	1 388	558	830
70-74	**131 807**	**60 610**	**71 198**	**78 638**	**35 101**	**43 537**	**7 835**	**3 355**	**4 480**
70	29 825	13 540	16 285	16 086	7 275	8 810	1 642	705	937
71	26 401	12 083	14 318	14 975	6 624	8 351	1 579	667	912
72	28 623	13 227	15 396	17 011	7 599	9 411	1 723	738	986
73	24 619	11 341	13 278	15 735	6 980	8 755	1 528	670	857
74	22 339	10 419	11 920	14 832	6 623	8 209	1 364	575	788
75-79	**90 702**	**41 303**	**49 399**	**73 817**	**31 460**	**42 357**	**6 682**	**2 765**	**3 916**
75	23 595	10 825	12 770	17 187	7 566	9 621	1 586	679	907
76	18 832	8 574	10 258	14 184	5 952	8 232	1 257	519	738
77	18 763	8 598	10 165	15 351	6 525	8 826	1 411	561	850
78	16 077	7 246	8 831	14 406	6 223	8 183	1 322	563	759
79	13 435	6 060	7 375	12 688	5 193	7 495	1 106	445	662
80-84	**46 946**	**20 486**	**26 460**	**56 314**	**22 049**	**34 265**	**4 891**	**1 913**	**2 978**
80	13 603	6 042	7 562	14 686	5 887	8 799	1 370	565	805
81	10 645	4 712	5 933	12 375	4 966	7 409	1 056	403	653
82	8 933	3 929	5 004	10 852	4 286	6 566	931	339	592
83	7 454	3 155	4 299	9 772	3 707	6 065	757	313	445
84	6 311	2 648	3 662	8 628	3 203	5 425	776	293	483
85-89	**15 310**	**5 921**	**9 389**	**24 692**	**8 384**	**16 308**	**2 035**	**674**	**1 361**
85	5 172	2 058	3 115	7 327	2 626	4 701	627	214	413
86	3 658	1 427	2 231	5 763	2 027	3 736	514	197	317
87	2 742	1 040	1 703	4 731	1 572	3 159	364	117	247
88	2 167	810	1 357	3 748	1 204	2 544	297	87	211
89	1 571	587	984	3 123	955	2 168	232	60	173
90-94	**3 495**	**1 139**	**2 356**	**8 213**	**2 313**	**5 900**	**712**	**213**	**499**
90	1 209	388	821	2 646	751	1 895	246	77	169
91	870	300	570	2 062	605	1 457	168	41	127
92	634	203	431	1 594	422	1 172	119	38	81
93	468	164	303	1 170	342	829	104	28	76
94	314	83	231	741	193	548	75	29	46
95岁及以上	**668**	**193**	**475**	**1 842**	**391**	**1 451**	**157**	**25**	**132**

表9-2a 全国分年龄、性别、身体健康状况的老年人口(城市)

单位：人

年龄	60岁及以上人口			身体健康		
	合计	男	女	小计	男	女
总计	**581 215**	**279 886**	**301 329**	**386 344**	**196 942**	**189 402**
60-64	**170 879**	**83 637**	**87 241**	**141 575**	**71 544**	**70 030**
60	37 212	18 147	19 066	31 865	15 951	15 914
61	34 757	17 043	17 714	29 354	14 787	14 567
62	32 734	16 220	16 514	27 158	13 951	13 207
63	32 892	15 965	16 927	26 718	13 428	13 290
64	33 283	16 262	17 020	26 480	13 427	13 052
65-69	**154 650**	**75 345**	**79 305**	**113 177**	**58 044**	**55 133**
65	33 658	16 066	17 591	26 225	13 076	13 149
66	29 168	14 103	15 066	21 806	11 064	10 742
67	32 014	15 695	16 319	23 384	12 098	11 286
68	30 120	14 885	15 235	21 459	11 186	10 273
69	29 689	14 596	15 093	20 303	10 620	9 683
70-74	**122 550**	**60 374**	**62 176**	**74 008**	**38 693**	**35 315**
70	29 111	14 018	15 093	18 761	9 572	9 189
71	25 803	12 662	13 140	16 076	8 332	7 744
72	26 420	13 186	13 234	15 849	8 380	7 469
73	21 766	10 684	11 082	12 567	6 568	5 999
74	19 450	9 825	9 626	10 755	5 841	4 914
75-79	**75 544**	**36 635**	**38 909**	**37 373**	**19 514**	**17 859**
75	20 120	10 121	9 999	10 817	5 792	5 025
76	15 930	7 721	8 209	8 253	4 358	3 895
77	15 426	7 428	7 998	7 554	3 868	3 686
78	13 090	6 223	6 868	6 017	3 079	2 938
79	10 978	5 142	5 836	4 731	2 416	2 316
80-84	**38 617**	**16 982**	**21 635**	**14 659**	**6 935**	**7 724**
80	10 741	4 874	5 867	4 393	2 144	2 249
81	8 683	3 817	4 866	3 304	1 528	1 776
82	7 318	3 170	4 148	2 786	1 290	1 496
83	6 418	2 828	3 590	2 266	1 067	1 199
84	5 456	2 293	3 162	1 911	907	1 004
85-89	**14 031**	**5 383**	**8 648**	**4 321**	**1 787**	**2 533**
85	4 348	1 746	2 602	1 391	596	795
86	3 347	1 363	1 984	1 052	460	592
87	2 575	932	1 643	776	284	493
88	2 158	780	1 379	647	266	381
89	1 602	562	1 040	454	181	273
90-94	**4 106**	**1 318**	**2 788**	**1 050**	**369**	**682**
90	1 278	440	838	359	126	232
91	1 031	343	688	264	99	165
92	806	240	566	182	55	127
93	606	204	402	145	57	88
94	385	92	293	101	32	69
95岁及以上	**839**	**211**	**628**	**181**	**56**	**125**

表9-2a 全国分年龄、性别、身体健康状况的老年人口(城市)(续 1)

单位：人

年 龄	基本能保证正常的工作生活			不能正常工作或生活不能自理			说不准		
	小计	男	女	小计	男	女	小计	男	女
总 计	**136 113**	**58 942**	**77 170**	**52 072**	**21 357**	**30 715**	**6 687**	**2 645**	**4 042**
60-64	**23 445**	**9 468**	**13 978**	**5 007**	**2 300**	**2 707**	**852**	**326**	**526**
60	4 289	1 716	2 573	878	420	459	180	60	120
61	4 324	1 785	2 539	911	401	510	168	70	98
62	4 451	1 781	2 670	966	424	542	159	64	95
63	4 955	1 963	2 993	1 058	503	555	161	71	90
64	5 425	2 223	3 203	1 194	552	642	184	61	123
65-69	**32 139**	**13 220**	**18 919**	**8 062**	**3 568**	**4 494**	**1 271**	**512**	**759**
65	5 875	2 315	3 560	1 342	606	736	216	70	146
66	5 795	2 359	3 436	1 326	578	748	241	101	140
67	6 688	2 746	3 942	1 681	742	939	261	108	152
68	6 606	2 779	3 827	1 770	808	962	285	112	174
69	7 175	3 021	4 154	1 943	835	1 108	269	121	148
70-74	**35 398**	**15 941**	**19 458**	**11 545**	**5 055**	**6 489**	**1 599**	**685**	**914**
70	7 810	3 366	4 444	2 225	960	1 265	315	120	195
71	7 144	3 205	3 939	2 244	983	1 261	339	143	195
72	7 718	3 520	4 198	2 491	1 119	1 372	361	166	195
73	6 592	2 977	3 615	2 305	1 000	1 305	302	138	164
74	6 134	2 873	3 261	2 279	993	1 286	282	118	164
75-79	**25 546**	**11 851**	**13 695**	**11 293**	**4 713**	**6 580**	**1 333**	**558**	**775**
75	6 458	3 047	3 411	2 547	1 153	1 394	298	128	169
76	5 321	2 432	2 889	2 124	832	1 292	231	99	132
77	5 292	2 495	2 796	2 284	944	1 341	295	120	175
78	4 527	2 060	2 467	2 274	968	1 306	272	115	157
79	3 947	1 816	2 132	2 063	815	1 247	236	95	141
80-84	**13 563**	**6 085**	**7 477**	**9 401**	**3 595**	**5 806**	**994**	**367**	**627**
80	3 821	1 750	2 072	2 262	880	1 382	265	100	165
81	3 098	1 397	1 701	2 045	798	1 247	236	94	142
82	2 541	1 116	1 425	1 804	700	1 104	188	64	123
83	2 235	1 015	1 220	1 761	686	1 075	156	60	96
84	1 867	807	1 060	1 528	531	998	149	49	100
85-89	**4 653**	**1 908**	**2 745**	**4 613**	**1 535**	**3 078**	**445**	**153**	**292**
85	1 535	641	893	1 290	457	833	133	52	81
86	1 115	459	656	1 083	406	677	97	38	59
87	804	328	475	904	290	614	91	30	61
88	708	288	420	734	207	527	70	19	51
89	492	192	300	603	176	427	53	14	40
90-94	**1 164**	**411**	**753**	**1 725**	**499**	**1 226**	**167**	**39**	**127**
90	366	147	220	494	147	346	60	19	40
91	304	110	194	418	125	293	44	9	36
92	228	72	156	377	109	269	19	5	14
93	160	61	100	274	85	189	27	2	25
94	105	22	83	162	34	128	17	5	12
95岁及以上	**205**	**59**	**147**	**426**	**92**	**334**	**26**	**4**	**22**

表9-2b 全国分年龄、性别、身体健康状况的老年人口(镇)

单位：人

年龄	60岁及以上人口			身体健康		
	合计	男	女	小计	男	女
总计	**341 614**	**165 297**	**176 317**	**214 700**	**111 365**	**103 336**
60-64	**105 367**	**53 600**	**51 767**	**85 334**	**44 959**	**40 375**
60	24 164	12 277	11 886	20 339	10 597	9 742
61	21 672	11 067	10 605	18 026	9 500	8 526
62	20 207	10 192	10 015	16 264	8 480	7 784
63	19 870	10 013	9 858	15 703	8 270	7 433
64	19 454	10 051	9 403	15 002	8 112	6 890
65-69	**87 152**	**43 538**	**43 614**	**60 475**	**31 901**	**28 573**
65	20 052	9 983	10 069	14 928	7 715	7 213
66	15 918	7 955	7 963	11 360	5 982	5 377
67	17 876	9 028	8 848	12 323	6 549	5 774
68	16 959	8 598	8 360	11 328	6 131	5 197
69	16 347	7 974	8 373	10 536	5 524	5 012
70-74	**69 189**	**33 781**	**35 408**	**38 499**	**19 982**	**18 517**
70	16 480	8 030	8 451	9 832	5 043	4 789
71	14 256	6 919	7 337	8 154	4 203	3 951
72	14 813	7 318	7 495	8 230	4 310	3 920
73	12 699	6 209	6 490	6 619	3 533	3 086
74	10 941	5 304	5 637	5 664	2 893	2 771
75-79	**44 065**	**20 611**	**23 453**	**19 487**	**9 957**	**9 530**
75	11 569	5 639	5 930	5 559	2 952	2 607
76	9 087	4 279	4 808	4 189	2 150	2 039
77	9 072	4 162	4 910	3 950	1 975	1 974
78	7 924	3 601	4 323	3 307	1 631	1 677
79	6 413	2 931	3 482	2 482	1 250	1 232
80-84	**23 908**	**9 942**	**13 966**	**7 821**	**3 504**	**4 317**
80	6 748	2 957	3 790	2 390	1 121	1 269
81	5 266	2 219	3 047	1 741	823	918
82	4 580	1 917	2 663	1 474	618	856
83	3 913	1 513	2 400	1 233	535	698
84	3 402	1 336	2 066	983	406	577
85-89	**8 812**	**2 924**	**5 887**	**2 374**	**840**	**1 534**
85	2 777	965	1 812	807	307	500
86	2 114	685	1 429	570	189	381
87	1 686	551	1 134	452	153	299
88	1 284	406	878	327	111	216
89	951	317	634	218	80	138
90-94	**2 574**	**753**	**1 821**	**591**	**187**	**404**
90	876	249	627	207	55	152
91	663	194	469	140	50	90
92	484	143	342	116	37	80
93	333	107	227	78	30	48
94	216	60	156	51	16	35
95岁及以上	**548**	**148**	**400**	**119**	**33**	**86**

表9-2b 全国分年龄、性别、身体健康状况的老年人口(镇)(续 1)

单位：人

年 龄	基本能保证正常的工作生活			不能正常工作或生活不能自理			说不准		
	小计	男	女	小计	男	女	小计	男	女
总 计	**76 608**	**33 382**	**43 226**	**45 611**	**18 681**	**26 930**	**4 695**	**1 870**	**2 825**
60-64	**14 670**	**6 206**	**8 464**	**4 800**	**2 196**	**2 604**	**564**	**239**	**325**
60	2 820	1 222	1 598	899	422	476	106	36	70
61	2 681	1 108	1 572	865	413	453	100	47	54
62	2 883	1 223	1 660	950	437	513	110	52	58
63	3 079	1 278	1 801	972	422	550	117	42	75
64	3 208	1 375	1 833	1 114	502	612	130	62	68
65-69	**18 473**	**8 040**	**10 433**	**7 360**	**3 249**	**4 111**	**844**	**348**	**496**
65	3 629	1 585	2 043	1 330	593	737	165	90	75
66	3 198	1 397	1 801	1 224	525	698	137	50	87
67	3 889	1 705	2 184	1 491	711	780	173	64	109
68	3 838	1 704	2 134	1 611	686	925	182	78	103
69	3 919	1 649	2 270	1 704	735	970	188	66	121
70-74	**19 111**	**8 680**	**10 431**	**10 426**	**4 625**	**5 802**	**1 152**	**494**	**658**
70	4 255	1 860	2 395	2 157	1 023	1 134	237	104	133
71	3 896	1 776	2 120	1 989	859	1 130	217	81	136
72	4 067	1 878	2 189	2 249	1 005	1 244	267	124	143
73	3 707	1 681	2 026	2 134	896	1 238	239	100	139
74	3 187	1 484	1 703	1 897	842	1 055	192	85	108
75-79	**13 644**	**6 158**	**7 485**	**9 981**	**4 135**	**5 847**	**953**	**361**	**592**
75	3 511	1 607	1 904	2 270	980	1 290	229	100	129
76	2 801	1 264	1 536	1 939	804	1 134	158	60	98
77	2 798	1 258	1 540	2 129	867	1 262	195	62	133
78	2 529	1 145	1 384	1 905	757	1 148	183	68	114
79	2 005	884	1 121	1 739	727	1 012	187	71	117
80-84	**7 534**	**3 258**	**4 277**	**7 844**	**2 888**	**4 956**	**709**	**293**	**416**
80	2 122	969	1 153	2 051	797	1 254	184	70	114
81	1 682	711	972	1 718	640	1 079	125	46	79
82	1 480	687	793	1 462	532	929	164	80	85
83	1 218	456	762	1 348	475	872	114	46	67
84	1 032	435	597	1 265	443	822	121	51	71
85-89	**2 471**	**836**	**1 635**	**3 649**	**1 158**	**2 491**	**317**	**90**	**228**
85	811	298	513	1 055	334	720	105	26	79
86	607	187	420	863	280	583	74	29	45
87	447	144	303	726	237	489	60	17	43
88	348	117	232	568	170	398	40	8	32
89	258	90	167	437	136	301	38	10	28
90-94	**571**	**164**	**406**	**1 293**	**363**	**931**	**119**	**39**	**80**
90	217	60	158	415	123	292	38	12	26
91	158	47	111	337	90	247	28	7	21
92	100	32	69	250	71	179	17	3	14
93	61	18	43	176	48	128	18	11	7
94	34	8	26	114	30	84	18	7	11
95岁及以上	**134**	**39**	**95**	**257**	**68**	**189**	**37**	**7**	**30**

表9-2c 全国分年龄、性别、身体健康状况的老年人口(乡村)

单位：人

年龄	60岁及以上人口			身体健康		
	合计	男	女	小计	男	女
总计	**1 286 536**	**635 414**	**651 122**	**731 430**	**392 903**	**338 527**
60-64	**392 064**	**205 281**	**186 782**	**305 362**	**167 300**	**138 063**
60	89 422	46 180	43 242	73 254	39 363	33 891
61	81 859	43 246	38 613	65 689	36 178	29 510
62	76 457	39 777	36 680	59 208	32 287	26 921
63	72 175	37 770	34 405	54 327	29 872	24 455
64	72 150	38 308	33 842	52 884	29 599	23 285
65-69	**322 293**	**167 283**	**155 010**	**204 345**	**113 843**	**90 502**
65	73 575	38 112	35 463	51 231	28 266	22 965
66	59 196	31 021	28 175	39 269	21 977	17 293
67	65 966	34 657	31 309	41 422	23 448	17 974
68	63 246	32 819	30 427	38 075	21 336	16 739
69	60 310	30 675	29 635	34 348	18 817	15 531
70-74	**263 216**	**129 872**	**133 344**	**124 167**	**66 286**	**57 882**
70	62 920	31 673	31 246	32 366	17 586	14 780
71	53 187	26 289	26 898	26 061	13 962	12 099
72	56 248	27 821	28 427	26 045	14 071	11 973
73	47 952	23 433	24 518	21 348	11 234	10 114
74	42 911	20 655	22 255	18 348	9 433	8 915
75-79	**170 562**	**78 437**	**92 124**	**62 111**	**30 685**	**31 426**
75	44 969	21 132	23 837	17 914	9 078	8 837
76	34 852	16 081	18 771	13 155	6 529	6 626
77	34 934	16 087	18 847	12 403	6 150	6 253
78	30 645	14 020	16 625	10 530	5 102	5 428
79	25 161	11 117	14 044	8 109	3 827	4 282
80-84	**93 585**	**39 208**	**54 377**	**25 479**	**11 245**	**14 234**
80	26 743	11 459	15 284	7 789	3 532	4 257
81	20 811	8 930	11 881	5 640	2 534	3 105
82	17 811	7 495	10 315	4 733	2 120	2 613
83	15 158	6 171	8 987	4 008	1 735	2 272
84	13 062	5 153	7 909	3 310	1 324	1 986
85-89	**33 740**	**12 168**	**21 572**	**7 851**	**2 868**	**4 983**
85	10 999	4 154	6 845	2 800	1 064	1 736
86	7 851	2 874	4 977	1 754	621	1 133
87	6 270	2 199	4 071	1 464	516	948
88	4 816	1 678	3 139	1 073	387	686
89	3 804	1 264	2 540	759	280	479
90-94	**9 145**	**2 714**	**6 431**	**1 764**	**566**	**1 198**
90	3 136	923	2 213	624	214	410
91	2 235	694	1 541	426	137	289
92	1 674	475	1 198	319	103	216
93	1 263	380	883	237	69	167
94	837	242	596	159	43	116
95岁及以上	**1 932**	**451**	**1 481**	**351**	**111**	**241**

表9-2c 全国分年龄、性别、身体健康状况的老年人口(乡村)(续 1)

单位：人

年 龄	基本能保证正常的工作生活			不能正常工作或生活不能自理			说不准		
	小计	男	女	小计	男	女	小计	男	女
总 计	**299 796**	**134 653**	**165 143**	**234 159**	**99 175**	**134 984**	**21 151**	**8 683**	**12 468**
60-64	**60 073**	**26 069**	**34 004**	**23 933**	**10 755**	**13 178**	**2 695**	**1 158**	**1 538**
60	11 406	4 753	6 653	4 273	1 856	2 416	490	208	282
61	11 359	4 892	6 467	4 304	1 960	2 344	507	216	291
62	12 019	5 184	6 835	4 704	2 079	2 625	525	226	299
63	12 191	5 322	6 869	5 092	2 328	2 764	565	247	317
64	13 098	5 918	7 180	5 560	2 531	3 028	609	260	349
65-69	**74 788**	**34 323**	**40 465**	**39 165**	**17 448**	**21 717**	**3 996**	**1 669**	**2 327**
65	14 738	6 581	8 157	6 867	2 956	3 910	739	308	431
66	12 901	5 900	7 001	6 365	2 840	3 525	660	303	357
67	15 604	7 178	8 425	8 136	3 681	4 456	804	350	454
68	15 692	7 296	8 397	8 619	3 852	4 767	861	336	524
69	15 853	7 368	8 485	9 178	4 119	5 059	932	371	561
70-74	**77 298**	**35 989**	**41 309**	**56 667**	**25 421**	**31 246**	**5 084**	**2 176**	**2 908**
70	17 760	8 314	9 446	11 703	5 292	6 411	1 090	481	609
71	15 361	7 101	8 260	10 742	4 783	5 959	1 023	443	580
72	16 838	7 828	9 010	12 270	5 475	6 795	1 095	447	648
73	14 320	6 683	7 637	11 296	5 084	6 213	987	432	555
74	13 018	6 062	6 956	10 656	4 788	5 868	889	373	516
75-79	**51 512**	**23 294**	**28 218**	**52 542**	**22 613**	**29 930**	**4 396**	**1 846**	**2 550**
75	13 626	6 170	7 456	12 370	5 433	6 937	1 059	451	608
76	10 710	4 878	5 832	10 121	4 315	5 805	867	359	508
77	10 673	4 845	5 828	10 938	4 714	6 224	920	379	542
78	9 021	4 041	4 980	10 227	4 498	5 729	867	379	488
79	7 483	3 360	4 123	8 886	3 651	5 235	683	279	404
80-84	**25 849**	**11 143**	**14 706**	**39 069**	**15 567**	**23 502**	**3 188**	**1 253**	**1 935**
80	7 660	3 323	4 337	10 373	4 210	6 164	921	395	527
81	5 865	2 604	3 261	8 611	3 528	5 083	695	263	432
82	4 912	2 126	2 787	7 587	3 055	4 532	579	195	383
83	4 001	1 684	2 317	6 663	2 546	4 117	487	206	281
84	3 412	1 406	2 006	5 835	2 229	3 606	506	194	312
85-89	**8 186**	**3 176**	**5 010**	**16 430**	**5 691**	**10 739**	**1 273**	**432**	**840**
85	2 826	1 118	1 708	4 982	1 835	3 148	390	137	253
86	1 936	781	1 154	3 818	1 341	2 477	343	130	213
87	1 492	567	924	3 101	1 045	2 056	212	70	143
88	1 111	405	706	2 446	827	1 619	187	60	128
89	822	305	517	2 083	643	1 440	140	36	105
90-94	**1 760**	**563**	**1 197**	**5 194**	**1 450**	**3 744**	**426**	**134**	**292**
90	625	182	443	1 737	481	1 256	149	46	103
91	407	143	265	1 307	390	917	95	25	70
92	306	100	206	966	242	724	82	30	52
93	246	86	161	720	209	511	60	16	44
94	175	53	122	464	129	335	40	17	23
95岁及以上	**328**	**95**	**233**	**1 159**	**231**	**928**	**93**	**14**	**79**

表9-3 各地区分性别、主要生活来源的老年人口

单位：人

地区	60岁及以上人口			劳动收入			离退休金、养老金		
	合计	男	女	小计	男	女	小计	男	女
全国	**2 209 366**	**1 080 597**	**1 128 769**	**606 908**	**389 847**	**217 060**	**478 481**	**304 807**	**173 675**
北京	29 743	14 167	15 577	1 411	1 190	221	20 610	10 958	9 652
天津	18 788	9 050	9 738	1 710	1 391	318	10 061	5 690	4 371
河北	107 077	52 657	54 420	27 363	19 367	7 996	20 408	14 141	6 268
山西	48 741	24 323	24 418	10 029	7 604	2 425	11 669	8 503	3 165
内蒙古	36 045	18 635	17 410	8 012	5 557	2 455	10 224	7 276	2 948
辽宁	77 918	38 018	39 900	13 282	9 386	3 896	34 892	19 902	14 990
吉林	40 745	20 325	20 421	5 945	4 794	1 151	12 842	8 501	4 341
黑龙江	57 350	28 488	28 862	7 050	5 315	1 735	21 529	14 941	6 588
上海	37 024	17 228	19 796	2 241	1 504	737	30 162	14 533	15 628
江苏	152 472	72 023	80 449	44 681	26 351	18 330	40 346	24 207	16 139
浙江	92 011	46 128	45 882	23 709	18 044	5 665	17 333	10 623	6 709
安徽	118 064	58 426	59 638	44 085	27 837	16 248	15 394	10 474	4 920
福建	56 092	27 447	28 645	9 439	7 182	2 257	10 771	7 249	3 522
江西	68 665	33 911	34 754	16 889	12 249	4 640	11 632	7 933	3 699
山东	171 154	81 129	90 025	52 644	34 081	18 563	26 715	18 311	8 404
河南	148 667	70 774	77 893	53 339	31 546	21 792	21 683	14 641	7 042
湖北	102 436	50 271	52 165	32 889	21 139	11 749	20 116	12 594	7 522
湖南	118 654	59 518	59 136	31 986	21 993	9 993	17 576	12 091	5 486
广东	123 434	59 315	64 119	21 395	15 024	6 371	27 007	16 547	10 460
广西	83 737	40 462	43 276	27 094	16 053	11 041	10 233	7 060	3 173
海南	12 340	5 850	6 490	2 915	1 682	1 233	3 448	2 102	1 346
重庆	60 616	30 491	30 125	23 668	13 892	9 777	9 836	6 366	3 470
四川	176 872	88 172	88 700	65 725	38 416	27 309	24 200	16 417	7 783
贵州	60 450	29 879	30 571	22 268	12 746	9 522	8 037	5 540	2 497
云南	64 292	31 016	33 276	19 015	10 969	8 046	8 506	5 753	2 753
西藏	3 406	1 493	1 913	687	392	296	286	162	124
陕西	63 371	31 163	32 207	16 836	10 822	6 014	13 882	9 396	4 486
甘肃	38 715	19 397	19 318	11 582	7 369	4 213	5 829	4 191	1 638
青海	6 749	3 315	3 434	1 189	778	411	1 524	1 063	460
宁夏	7 348	3 710	3 639	1 654	1 106	548	1 971	1 341	630
新疆	26 389	13 815	12 573	6 177	4 070	2 107	9 760	6 301	3 460

表9-3 各地区分性别、主要生活来源的老年人口(续 1)

单位：人

地区	失业保险金			最低生活保障金			下岗生活费			内退生活费		
	小计	男	女	小计	男	女	小计	男	女	小计	男	女
全国	**1 258**	**761**	**496**	**39 006**	**19 450**	**19 556**	**1 316**	**694**	**621**	**1 200**	**873**	**327**
北京	25	10	15	353	168	185	5	2	3	11	7	5
天津	23	11	12	211	64	148	8	4	4	8	5	3
河北	43	28	15	688	325	363	57	34	23	51	38	13
山西	33	23	10	673	334	339	29	16	14	45	34	11
内蒙古	27	19	8	906	350	556	20	12	7	22	11	11
辽宁	50	31	19	1 906	816	1 090	44	21	23	38	25	13
吉林	47	31	15	1 124	315	809	34	20	14	30	16	14
黑龙江	20	11	9	2 016	461	1 555	55	34	21	57	36	21
上海	3		2	310	97	212	72	16	57	3	2	1
江苏	52	33	19	3 276	1 672	1 603	73	50	22	81	71	10
浙江	30	16	14	2 502	1 521	981	25	20	4	32	22	10
安徽	81	39	42	2 728	1 577	1 152	39	23	16	71	53	18
福建	24	17	7	1 307	815	491	20	13	7	19	12	7
江西	57	38	19	1 349	682	668	56	31	25	36	30	6
山东	74	48	26	1 498	845	653	95	55	40	73	61	12
河南	89	48	40	1 540	802	738	101	44	56	85	65	20
湖北	61	39	22	1 560	821	739	65	35	30	80	56	24
湖南	73	43	31	2 319	1 207	1 112	80	40	40	60	47	13
广东	80	52	28	2 249	1 436	812	99	59	40	57	37	19
广西	41	22	19	1 307	836	471	45	22	23	31	22	9
海南	19	12	7	339	184	155	14	9	5	10	7	3
重庆	50	27	23	1 341	636	704	54	29	24	17	12	5
四川	89	62	27	3 636	1 999	1 637	91	42	49	98	69	29
贵州	35	21	13	920	420	500	21	9	12	31	19	12
云南	19	14	6	664	310	353	21	9	12	21	16	5
西藏	1		1	59	22	37	1		1	1		1
陕西	45	25	20	814	313	502	42	17	26	67	52	15
甘肃	21	12	9	406	118	288	20	13	7	32	26	6
青海	5	4	1	149	42	106	5	2	2	3	2	1
宁夏	5	3	1	241	85	156	4	1	2	6	4	2
新疆	37	22	15	617	177	440	24	11	13	26	17	9

表9-3 各地区分性别、主要生活来源的老年人口(续 2)

单位：人

地区	财产性收入			家庭其他成员供养			其它		
	小计	男	女	小计	男	女	小计	男	女
全国	**6 521**	**3 295**	**3 226**	**1 037 322**	**341 953**	**695 369**	**37 354**	**18 916**	**18 438**
北京	211	93	118	6 952	1 668	5 285	166	72	94
天津	32	18	14	6 477	1 752	4 726	257	115	142
河北	238	120	118	56 626	17 704	38 922	1 602	900	703
山西	171	93	78	24 900	7 110	17 790	1 193	608	585
内蒙古	152	81	71	15 766	4 923	10 844	915	405	510
辽宁	238	116	121	26 760	7 411	19 349	710	309	400
吉林	203	108	94	19 709	6 153	13 556	813	387	426
黑龙江	250	141	109	24 784	6 913	17 871	1 589	635	953
上海	24	11	13	4 081	1 013	3 068	128	52	76
江苏	295	135	161	61 706	18 561	43 145	1 963	943	1 019
浙江	666	356	310	46 761	15 006	31 755	953	520	433
安徽	259	150	110	52 869	16 867	36 002	2 538	1 408	1 131
福建	197	119	78	33 639	11 688	21 951	676	351	326
江西	96	41	54	37 378	12 318	25 060	1 172	590	582
山东	251	150	101	86 879	26 081	60 798	2 924	1 496	1 428
河南	333	169	163	67 750	21 568	46 181	3 748	1 889	1 859
湖北	181	76	105	45 564	14 524	31 040	1 922	988	934
湖南	281	134	146	64 145	22 812	41 333	2 134	1 151	982
广东	624	325	300	70 210	24 907	45 303	1 715	929	786
广西	213	103	110	43 015	15 374	27 641	1 759	971	788
海南	48	25	23	5 251	1 689	3 563	295	141	154
重庆	195	101	94	24 577	8 953	15 623	880	475	405
四川	414	195	219	79 869	29 490	50 379	2 750	1 480	1 270
贵州	193	87	106	28 044	10 626	17 418	901	411	490
云南	157	63	94	34 953	13 429	21 524	936	452	484
西藏	17	6	10	2 212	847	1 365	142	64	78
陕西	314	140	173	30 169	9 814	20 355	1 202	584	618
甘肃	98	51	47	20 087	7 331	12 756	640	287	353
青海	17	9	8	3 716	1 354	2 362	141	60	80
宁夏	42	19	23	3 323	1 104	2 219	103	47	56
新疆	112	59	53	9 148	2 964	6 184	488	195	292

表9-3a 各地区分性别、主要生活来源的老年人口(城市)

单位：人

地　区	60岁及以上人口			劳动收入			离退休金、养老金		
	合计	男	女	小计	男	女	小计	男	女
全　国	**581 215**	**279 886**	**301 329**	**52 378**	**36 749**	**15 629**	**334 183**	**191 894**	**142 289**
北　京	23 781	11 207	12 573	575	466	109	19 518	10 106	9 412
天　津	11 846	5 581	6 265	303	236	67	9 156	5 007	4 149
河　北	22 892	10 951	11 941	1 632	1 248	384	13 461	8 164	5 297
山　西	12 721	6 250	6 471	622	489	133	7 486	4 901	2 586
内蒙古	12 517	6 273	6 244	402	327	76	7 709	5 226	2 483
辽　宁	37 826	17 826	20 001	1 588	1 170	418	28 378	15 062	13 315
吉　林	15 030	7 178	7 852	564	438	126	9 465	5 746	3 719
黑龙江	27 025	12 879	14 146	807	646	161	16 396	10 676	5 720
上　海	30 081	14 029	16 052	904	723	181	27 124	12 894	14 230
江　苏	43 912	21 073	22 839	4 837	3 028	1 809	26 524	14 443	12 081
浙　江	28 673	14 176	14 496	5 180	3 978	1 202	11 436	6 327	5 109
安　徽	16 148	7 948	8 200	2 368	1 551	817	8 106	4 883	3 223
福　建	13 827	6 768	7 059	1 198	942	255	6 987	4 201	2 785
江　西	9 771	4 847	4 924	969	735	234	5 537	3 276	2 261
山　东	44 288	20 868	23 420	5 862	4 382	1 480	17 938	10 813	7 125
河　南	25 351	12 123	13 228	2 248	1 413	835	14 157	8 429	5 728
湖　北	28 333	13 618	14 715	3 808	2 537	1 271	15 244	8 610	6 633
湖　南	21 957	10 786	11 171	2 538	1 789	749	10 159	6 149	4 011
广　东	47 480	22 598	24 881	4 109	3 149	960	20 879	11 808	9 071
广　西	10 332	4 964	5 368	1 143	696	446	5 254	3 155	2 098
海　南	4 375	2 124	2 251	388	240	148	2 598	1 458	1 141
重　庆	13 557	6 584	6 973	2 467	1 530	937	6 239	3 532	2 707
四　川	25 013	12 325	12 689	3 053	1 959	1 095	13 014	7 542	5 472
贵　州	7 516	3 694	3 822	659	413	246	4 514	2 735	1 779
云　南	11 821	5 864	5 957	2 202	1 335	867	4 844	2 843	2 001
西　藏	555	249	306	53	31	22	251	136	115
陕　西	15 679	7 592	8 087	1 212	786	426	9 295	5 655	3 640
甘　肃	6 208	3 094	3 113	183	144	39	3 950	2 626	1 323
青　海	1 713	857	856	57	45	12	1 120	725	395
宁　夏	2 459	1 237	1 222	89	69	20	1 593	1 029	564
新　疆	8 527	4 321	4 206	358	254	104	5 854	3 739	2 114

表9-3a　各地区分性别、主要生活来源的老年人口(城市)(续 1)

单位：人

地　区	失业保险金			最低生活保障金			下岗生活费			内退生活费		
	小计	男	女	小计	男	女	小计	男	女	小计	男	女
全　国	**563**	**314**	**249**	**11 755**	**3 776**	**7 979**	**339**	**140**	**199**	**359**	**218**	**140**
北　京	23	9	14	180	46	134	3	1	3	11	6	5
天　津	19	9	10	158	29	129	3	2	1	6	4	2
河　北	21	13	8	250	49	200	13	8	5	8	5	3
山　西	12	8	4	181	46	134	8	3	5	17	12	5
内蒙古	17	12	4	440	109	331	10	7	3	9	4	5
辽　宁	24	11	13	801	215	586	20	3	18	13	8	5
吉　林	26	16	10	504	91	413	12	7	5	8	5	4
黑龙江	7	5	2	1 190	189	1 001	9	6	4	28	11	18
上　海	2		1	210	58	152	62	11	51	3	2	1
江　苏	29	17	12	931	373	558	14	7	7	14	9	5
浙　江	13	3	10	720	326	394	6	3	3	7	3	4
安　徽	21	10	11	617	221	396	2		2	8	5	3
福　建	16	13	3	135	57	78	5	4	1	4	4	
江　西	14	8	6	151	49	102	10	3	8	5		5
山　东	33	22	11	561	238	323	17	8	9	25	22	3
河　南	40	24	16	347	115	232	18	4	14	24	14	10
湖　北	25	15	10	461	167	294	20	7	12	25	15	10
湖　南	28	15	13	582	184	398	13	5	8	20	13	7
广　东	41	25	17	554	326	229	35	21	14	22	13	9
广　西	19	9	10	163	72	91	4	1	3	9	5	4
海　南	11	6	6	82	40	43	7	5	2	6	4	2
重　庆	23	11	11	554	221	333	12	8	4	6	2	4
四　川	25	13	12	682	263	419	13	10	3	24	15	8
贵　州	3	2	1	194	51	143	1		1	7	3	3
云　南	6	3	4	174	55	119	3	1	1	8	5	3
西　藏				26	9	17						
陕　西	30	15	15	287	49	238	11	4	7	23	18	6
甘　肃	11	5	6	215	43	172	3	1	2	8	6	2
青　海	2	2		73	16	57				1	1	
宁　夏	3	2	1	99	18	81				2	1	
新　疆	17	10	6	232	54	179	4		4	9	6	4

表9-3a 各地区分性别、主要生活来源的老年人口(城市)(续 2)

单位：人

地区	财产性收入			家庭其他成员供养			其它		
	小计	男	女	小计	男	女	小计	男	女
全国	**3 208**	**1 542**	**1 666**	**171 258**	**42 474**	**128 784**	**7 173**	**2 778**	**4 394**
北京	122	46	75	3 246	498	2 748	102	28	73
天津	8	4	4	2 102	258	1 843	92	33	59
河北	41	20	21	7 290	1 387	5 903	176	57	118
山西	36	16	21	4 152	699	3 453	208	76	132
内蒙古	44	23	21	3 586	515	3 071	300	51	250
辽宁	144	65	79	6 661	1 244	5 418	198	48	150
吉林	72	38	35	4 178	763	3 415	200	75	125
黑龙江	54	25	29	7 995	1 207	6 788	539	116	423
上海	12	5	7	1 694	314	1 380	70	22	48
江苏	218	98	119	10 856	2 894	7 962	489	204	285
浙江	371	193	178	10 701	3 245	7 457	239	100	139
安徽	92	52	40	4 605	1 074	3 531	330	153	177
福建	113	68	45	5 243	1 420	3 823	127	58	69
江西	31	16	16	2 877	684	2 193	176	78	98
山东	119	71	48	19 068	5 010	14 058	665	302	363
河南	177	93	85	7 875	1 841	6 034	464	190	274
湖北	86	34	52	8 344	2 111	6 232	321	121	201
湖南	112	52	60	8 193	2 420	5 773	311	160	152
广东	527	264	263	20 714	6 684	14 031	598	310	287
广西	67	31	36	3 493	922	2 570	181	72	109
海南	19	12	7	1 170	317	853	93	43	50
重庆	123	65	58	3 946	1 123	2 823	188	92	96
四川	197	76	121	7 606	2 267	5 339	399	180	219
贵州	67	32	35	1 960	433	1 527	112	25	87
云南	81	29	51	4 366	1 533	2 833	137	59	78
西藏				206	66	141	18	8	11
陕西	185	76	109	4 463	918	3 545	173	72	101
甘肃	36	18	18	1 706	234	1 472	96	17	79
青海	10	5	5	438	63	375	12	1	11
宁夏	23	11	12	623	100	523	27	7	20
新疆	23	7	16	1 898	229	1 669	132	22	110

表9-3b 各地区分性别、主要生活来源的老年人口(镇)

单位：人

地区	60岁及以上人口			劳动收入			离退休金、养老金		
	合计	男	女	小计	男	女	小计	男	女
全国	**341 614**	**165 297**	**176 317**	**67 477**	**45 157**	**22 320**	**84 665**	**61 566**	**23 099**
北京	1 110	538	573	91	77	13	470	303	167
天津	2 470	1 214	1 256	322	281	41	603	399	204
河北	14 111	6 904	7 207	2 865	2 106	758	2 871	2 221	650
山西	6 801	3 356	3 445	908	721	188	1 972	1 561	411
内蒙古	6 225	3 190	3 035	814	599	214	1 967	1 599	368
辽宁	10 775	5 331	5 444	1 902	1 380	522	3 604	2 474	1 130
吉林	7 896	3 881	4 016	720	595	125	2 637	2 110	527
黑龙江	9 855	4 890	4 965	623	495	127	3 903	3 168	735
上海	2 572	1 202	1 371	385	232	153	1 342	728	614
江苏	29 362	13 831	15 531	8 096	4 861	3 234	7 384	4 832	2 552
浙江	14 372	7 105	7 267	2 884	2 222	662	3 449	2 281	1 167
安徽	25 197	12 192	13 004	6 889	4 505	2 384	5 119	3 650	1 469
福建	10 226	4 952	5 274	1 326	1 042	285	2 286	1 702	584
江西	14 176	6 946	7 230	2 078	1 576	502	4 291	3 009	1 282
山东	30 593	14 424	16 170	7 991	5 339	2 652	4 528	3 579	949
河南	20 909	9 788	11 121	5 147	3 161	1 986	3 776	2 772	1 004
湖北	13 202	6 364	6 838	2 708	1 860	848	2 880	2 247	633
湖南	15 144	7 504	7 641	2 113	1 569	543	4 350	3 152	1 198
广东	17 913	8 630	9 283	2 497	1 816	681	3 701	2 709	992
广西	14 362	6 748	7 614	2 804	1 726	1 077	3 472	2 483	989
海南	1 718	822	896	246	159	87	509	348	161
重庆	10 508	5 128	5 380	2 270	1 400	870	2 588	1 900	688
四川	24 442	11 846	12 596	4 520	2 759	1 762	7 003	4 973	2 029
贵州	7 960	3 833	4 127	1 743	1 022	721	2 200	1 569	631
云南	8 505	4 119	4 386	1 494	915	579	2 161	1 537	624
西藏	454	194	260	100	55	45	18	11	6
陕西	10 164	4 980	5 185	1 974	1 325	648	2 710	2 044	666
甘肃	5 634	2 827	2 807	1 191	793	398	1 245	990	255
青海	1 037	523	514	128	94	34	283	231	53
宁夏	839	424	414	157	104	53	242	194	48
新疆	3 079	1 611	1 468	494	366	128	1 101	788	313

表9-3b 各地区分性别、主要生活来源的老年人口(镇)(续 1)

单位：人

地 区	失业保险金			最低生活保障金			下岗生活费			内退生活费		
	小计	男	女	小计	男	女	小计	男	女	小计	男	女
全 国	**297**	**195**	**102**	**10 219**	**4 409**	**5 810**	**281**	**157**	**124**	**280**	**193**	**87**
北 京				12	10	2						
天 津	3	1	2	22	13	9	1		1	1		1
河 北	8	5	3	151	80	71	8	5	3	7	5	2
山 西	5	5	1	147	55	92	5	2	3	9	6	3
内蒙古	7	6	2	249	93	156	5	2	3	7	3	5
辽 宁	13	11	1	358	146	211	8	8		9	5	4
吉 林	14	11	3	380	77	303	10	6	4	11	6	5
黑龙江	6	4	2	564	143	422	22	15	7	22	20	2
上 海	1		1	48	16	33	4	2	2			
江 苏	9	3	5	805	359	446	16	12	3	16	16	
浙 江	1	1		387	227	159	3	3		3	1	1
安 徽	23	13	10	826	417	409	19	10	10	24	16	8
福 建	1		1	176	101	75	7	3	4	4	1	3
江 西	17	10	6	586	255	331	10	6	4	13	12	1
山 东	19	12	6	422	287	135	23	13	11	21	17	4
河 南	26	12	14	333	153	179	20	12	8	12	8	4
湖 北	14	9	5	390	182	208	14	9	5	21	17	4
湖 南	19	15	4	554	217	337	17	5	12	11	7	4
广 东	15	12	3	310	174	136	23	14	9	13	5	7
广 西	13	8	5	319	141	178	13	6	6	5	3	3
海 南	4	3	1	48	24	25	1		1	3	3	
重 庆	15	8	8	506	212	294	9	6	4	8	7	1
四 川	25	20	5	1 457	618	839	13	5	8	15	5	10
贵 州	12	6	7	267	87	180	4	2	2	11	6	6
云 南	6	6		236	89	147	5	2	3	5	4	2
西 藏				8	2	6						
陕 西	9	6	3	302	122	180	8	1	7	13	10	3
甘 肃	3	3		107	34	73	4	4		10	8	2
青 海	1	1		35	10	25	1	1		2	1	
宁 夏				30	10	21				2		1
新 疆	7	5	3	183	56	127	5	3	2	4	2	2

表9-3b 各地区分性别、主要生活来源的老年人口(镇)(续 2)

单位：人

地区	财产性收入			家庭其他成员供养			其它		
	小计	男	女	小计	男	女	小计	男	女
全国	**1 352**	**693**	**660**	**170 387**	**49 507**	**120 880**	**6 655**	**3 419**	**3 236**
北京	29	14	14	503	129	374	6	4	2
天津	14	7	6	1 424	474	950	80	38	43
河北	46	21	25	7 880	2 300	5 580	276	161	115
山西	39	22	17	3 533	894	2 638	182	91	92
内蒙古	31	17	15	2 992	811	2 181	151	60	92
辽宁	24	11	13	4 688	1 206	3 482	170	89	81
吉林	53	27	26	3 910	971	2 939	162	77	84
黑龙江	51	35	16	4 357	870	3 487	306	140	166
上海	6	3	3	764	210	554	22	12	10
江苏	36	19	17	12 624	3 536	9 087	378	192	187
浙江	161	80	81	7 328	2 194	5 133	156	94	62
安徽	98	50	48	11 687	3 229	8 457	512	303	209
福建	44	21	23	6 262	2 024	4 239	119	58	61
江西	36	16	21	6 835	1 903	4 932	310	159	151
山东	63	34	28	16 851	4 775	12 076	675	367	308
河南	58	30	28	10 901	3 286	7 615	635	353	282
湖北	26	9	17	6 784	1 840	4 944	365	192	173
湖南	73	41	32	7 711	2 353	5 358	297	144	153
广东	57	36	21	11 010	3 696	7 313	288	167	120
广西	68	35	33	7 414	2 219	5 195	254	127	127
海南	10	4	6	840	252	587	57	29	28
重庆	40	22	19	4 905	1 510	3 395	167	65	102
四川	130	67	62	10 954	3 244	7 710	325	155	170
贵州	50	18	32	3 534	1 076	2 458	138	47	92
云南	31	11	20	4 411	1 469	2 942	156	87	69
西藏	4	2	2	308	118	191	17	6	11
陕西	38	20	18	4 857	1 340	3 516	255	111	144
甘肃	13	8	5	2 972	942	2 030	89	44	45
青海	4	2	2	552	170	382	31	14	17
宁夏	3	2	1	390	107	283	13	7	7
新疆	17	8	8	1 208	354	853	60	28	32

表9-3c 各地区分性别、主要生活来源的老年人口(乡村)

单位：人

地区	60岁及以上人口			劳动收入			离退休金、养老金		
	合计	男	女	小计	男	女	小计	男	女
全国	**1 286 536**	**635 414**	**651 122**	**487 052**	**307 941**	**179 111**	**59 633**	**51 346**	**8 287**
北京	4 852	2 421	2 430	745	647	98	621	548	73
天津	4 472	2 255	2 216	1 085	875	210	303	284	19
河北	70 074	34 801	35 272	22 867	16 014	6 854	4 076	3 756	320
山西	29 219	14 717	14 501	8 499	6 394	2 105	2 210	2 042	169
内蒙古	17 303	9 172	8 131	6 796	4 632	2 165	548	451	97
辽宁	29 317	14 861	14 456	9 791	6 835	2 956	2 910	2 365	544
吉林	17 819	9 266	8 553	4 661	3 760	901	739	644	95
黑龙江	20 470	10 719	9 751	5 620	4 174	1 446	1 230	1 097	133
上海	4 370	1 997	2 373	952	549	403	1 696	912	784
江苏	79 198	37 119	42 079	31 748	18 461	13 287	6 439	4 932	1 506
浙江	48 966	24 847	24 119	15 645	11 844	3 801	2 448	2 015	433
安徽	76 719	38 285	38 435	34 828	21 781	13 048	2 170	1 941	229
福建	32 039	15 727	16 312	6 915	5 198	1 717	1 498	1 345	154
江西	44 717	22 118	22 599	13 842	9 938	3 904	1 803	1 648	155
山东	96 272	45 838	50 435	38 790	24 359	14 431	4 249	3 919	330
河南	102 407	48 863	53 544	45 943	26 972	18 972	3 750	3 440	310
湖北	60 901	30 289	30 612	26 373	16 742	9 630	1 992	1 737	255
湖南	81 553	41 228	40 324	27 335	18 635	8 700	3 067	2 790	277
广东	58 042	28 087	29 955	14 789	10 059	4 730	2 426	2 030	396
广西	59 044	28 750	30 294	23 147	13 630	9 517	1 507	1 421	86
海南	6 246	2 904	3 342	2 281	1 283	998	341	296	45
重庆	36 551	18 780	17 772	18 932	10 962	7 970	1 009	934	75
四川	127 416	64 000	63 416	58 151	33 699	24 453	4 183	3 902	281
贵州	44 973	22 352	22 622	19 866	11 311	8 555	1 324	1 237	87
云南	43 966	21 033	22 933	15 319	8 719	6 601	1 502	1 374	128
西藏	2 397	1 051	1 347	535	306	229	17	14	3
陕西	37 527	18 592	18 936	13 651	8 711	4 939	1 877	1 698	180
甘肃	26 873	13 477	13 397	10 209	6 432	3 776	634	574	60
青海	3 999	1 936	2 064	1 004	639	365	121	108	12
宁夏	4 051	2 049	2 002	1 409	933	475	136	118	18
新疆	14 783	7 883	6 900	5 324	3 449	1 876	2 806	1 773	1 033

表9-3c 各地区分性别、主要生活来源的老年人口(乡村)(续 1)

单位：人

地区	失业保险金			最低生活保障金			下岗生活费			内退生活费		
	小计	男	女	小计	男	女	小计	男	女	小计	男	女
全　国	**398**	**252**	**146**	**17 032**	**11 265**	**5 767**	**696**	**397**	**299**	**562**	**462**	**101**
北　京	1	1	1	161	111	50	1	1		1	1	
天　津	1	1		31	22	9	3	2	1	1	1	
河　北	13	10	3	287	195	92	36	21	15	36	28	8
山　西	16	10	6	345	233	113	17	11	6	19	16	3
内蒙古	3	2	2	216	148	68	5	3	2	6	5	1
辽　宁	14	9	5	747	454	293	16	11	5	16	13	4
吉　林	7	5	2	240	147	93	12	7	5	11	5	5
黑龙江	7	2	5	262	130	132	23	13	11	7	6	1
上　海				51	24	27	6	3	4			
江　苏	14	12	2	1 539	940	599	43	31	12	52	47	5
浙　江	16	12	4	1 395	968	427	16	14	1	22	17	4
安　徽	37	16	21	1 285	939	346	18	13	5	39	32	6
福　建	7	4	3	995	658	338	8	7	1	11	7	4
江　西	26	19	6	612	378	234	35	22	13	18	18	
山　东	23	14	9	515	320	195	55	35	20	27	22	5
河　南	22	12	10	861	534	327	62	28	34	48	42	6
湖　北	22	15	7	709	472	237	31	19	12	34	24	10
湖　南	27	13	13	1 183	807	377	49	29	20	29	27	3
广　东	24	15	8	1 384	936	447	41	24	17	22	19	3
广　西	9	5	4	825	623	201	28	14	14	17	14	3
海　南	4	4		208	120	88	5	4	1	1		1
重　庆	12	8	4	281	204	77	32	15	17	4	4	
四　川	39	29	10	1 497	1 118	379	64	27	37	59	49	10
贵　州	19	13	6	459	281	177	16	7	9	13	10	3
云　南	7	5	1	254	166	87	13	6	7	8	7	
西　藏	1		1	25	12	13	1		1	1		1
陕　西	6	4	2	226	142	84	23	11	12	31	25	6
甘　肃	7	3	3	84	41	43	13	8	5	15	12	2
青　海	2	1		40	17	24	3	2	2	1		1
宁　夏	1			112	57	54	3	1	2	2	2	
新　疆	13	7	6	202	67	135	16	8	7	13	9	4

表9-3c 各地区分性别、主要生活来源的老年人口(乡村)(续 2)

单位：人

地　区	财产性收入			家庭其他成员供养			其　它		
	小计	男	女	小计	男	女	小计	男	女
全　国	**1 960**	**1 060**	**900**	**695 678**	**249 973**	**445 705**	**23 526**	**12 718**	**10 807**
北　京	60	32	28	3 202	1 041	2 162	59	39	19
天　津	11	7	4	2 952	1 019	1 933	84	44	40
河　北	151	79	72	41 456	14 017	27 439	1 151	681	469
山　西	95	55	40	17 215	5 516	11 699	803	441	362
内蒙古	77	41	36	9 188	3 596	5 592	463	295	169
辽　宁	70	40	30	15 410	4 961	10 450	342	173	169
吉　林	77	44	34	11 621	4 418	7 202	451	235	216
黑龙江	145	82	63	12 432	4 836	7 595	744	380	364
上　海	6	3	3	1 623	489	1 134	36	18	18
江　苏	41	17	24	38 226	12 131	26 095	1 095	548	548
浙　江	135	84	51	28 732	9 567	19 165	558	326	232
安　徽	69	48	21	36 577	12 563	24 015	1 696	952	744
福　建	41	30	11	22 134	8 244	13 890	430	234	196
江　西	28	10	18	27 667	9 731	17 936	686	353	332
山　东	70	45	25	50 960	16 296	34 664	1 584	827	757
河　南	97	46	50	48 974	16 441	32 532	2 649	1 347	1 302
湖　北	69	34	35	30 436	10 572	19 864	1 236	675	561
湖　南	96	41	55	48 241	18 038	30 202	1 525	848	678
广　东	40	25	15	38 486	14 527	23 959	830	451	379
广　西	78	37	41	32 109	12 233	19 876	1 324	772	552
海　南	19	9	11	3 241	1 119	2 122	145	69	76
重　庆	31	14	17	15 726	6 321	9 405	525	318	207
四　川	88	52	35	61 309	23 979	37 330	2 026	1 145	881
贵　州	76	37	39	22 550	9 117	13 434	651	339	311
云　南	46	23	23	26 176	10 427	15 749	643	306	337
西　藏	13	5	8	1 698	664	1 034	107	50	56
陕　西	91	44	46	20 849	7 555	13 294	774	402	372
甘　肃	49	24	24	15 409	6 155	9 254	454	226	229
青　海	4	2	2	2 727	1 121	1 605	98	45	52
宁　夏	16	6	10	2 310	897	1 413	63	33	30
新　疆	72	43	29	6 042	2 381	3 662	295	145	150

表9-4　全国分年龄、性别、主要生活来源的老年人口

单位：人

年龄	60岁及以上人口			劳动收入			离退休金、养老金		
	合计	男	女	小计	男	女	小计	男	女
总计	**2 209 366**	**1 080 597**	**1 128 769**	**606 908**	**389 847**	**217 060**	**478 481**	**304 807**	**173 675**
60-64	**668 310**	**342 519**	**325 791**	**318 823**	**197 444**	**121 380**	**143 278**	**87 244**	**56 034**
60	150 798	76 604	74 194	79 793	48 455	31 338	29 242	17 308	11 934
61	138 288	71 357	66 931	70 167	43 394	26 774	28 354	17 364	10 990
62	129 399	66 188	63 210	61 527	37 777	23 750	27 633	16 988	10 645
63	124 937	63 748	61 190	54 896	34 328	20 568	28 760	17 486	11 275
64	124 887	64 622	60 265	52 439	33 490	18 950	29 289	18 098	11 191
65-69	**564 095**	**286 166**	**277 929**	**179 541**	**118 532**	**61 009**	**136 429**	**85 080**	**51 349**
65	127 284	64 161	63 124	48 317	30 545	17 773	30 549	18 876	11 674
66	104 282	53 078	51 204	35 683	23 464	12 219	25 644	15 781	9 863
67	115 856	59 380	56 476	36 537	24 547	11 990	28 175	17 538	10 637
68	110 325	56 302	54 023	31 734	21 565	10 169	26 238	16 596	9 642
69	106 347	53 245	53 102	27 270	18 412	8 858	25 822	16 289	9 533
70-74	**454 955**	**224 027**	**230 928**	**78 061**	**53 315**	**24 746**	**104 266**	**68 233**	**36 034**
70	108 511	53 720	54 790	22 663	15 389	7 274	25 114	15 843	9 271
71	93 246	45 871	47 375	17 393	11 811	5 582	22 027	14 090	7 937
72	97 480	48 325	49 155	16 043	11 045	4 998	22 611	14 940	7 671
73	82 417	40 327	42 090	12 287	8 450	3 837	18 316	12 278	6 038
74	73 302	35 784	37 517	9 676	6 620	3 055	16 198	11 082	5 117
75-79	**290 171**	**135 684**	**154 487**	**24 676**	**16 780**	**7 896**	**59 502**	**40 699**	**18 802**
75	76 658	36 892	39 766	8 526	5 722	2 804	16 592	11 513	5 078
76	59 869	28 081	31 788	5 554	3 797	1 757	12 680	8 616	4 064
77	59 431	27 677	31 754	4 854	3 343	1 510	12 075	8 170	3 904
78	51 659	23 844	27 816	3 363	2 283	1 080	10 084	6 917	3 166
79	42 552	19 190	23 362	2 379	1 636	743	8 072	5 483	2 589
80-84	**156 110**	**66 132**	**89 978**	**4 821**	**3 181**	**1 640**	**25 707**	**17 472**	**8 236**
80	44 232	19 290	24 941	1 761	1 158	602	7 544	5 198	2 347
81	34 761	14 966	19 795	1 090	754	335	5 873	3 977	1 896
82	29 709	12 582	17 127	880	577	303	4 787	3 195	1 592
83	25 489	10 512	14 977	655	426	228	4 034	2 727	1 307
84	21 919	8 781	13 138	436	265	171	3 469	2 376	1 093
85-89	**56 582**	**20 475**	**36 107**	**820**	**506**	**314**	**7 326**	**4 812**	**2 515**
85	18 124	6 865	11 260	381	235	146	2 442	1 621	821
86	13 312	4 921	8 390	184	121	63	1 798	1 188	611
87	10 531	3 682	6 849	111	74	37	1 294	821	473
88	8 258	2 864	5 395	91	44	47	1 038	677	362
89	6 357	2 143	4 214	54	32	21	754	506	248
90-94	**15 825**	**4 785**	**11 040**	**115**	**56**	**59**	**1 724**	**1 108**	**616**
90	5 290	1 611	3 679	37	18	19	595	391	204
91	3 929	1 231	2 698	28	12	16	457	301	157
92	2 964	858	2 106	26	10	16	308	177	130
93	2 202	691	1 512	13	8	5	241	165	76
94	1 439	394	1 044	11	8	4	123	74	49
95岁及以上	**3 319**	**810**	**2 509**	**50**	**33**	**17**	**249**	**160**	**89**

表9-4 全国分年龄、性别、主要生活来源的老年人口(续 1)

单位：人

年龄	失业保险金			最低生活保障金			下岗生活费			内退生活费		
	小计	男	女	小计	男	女	小计	男	女	小计	男	女
总　计	**1 258**	**761**	**496**	**39 006**	**19 450**	**19 556**	**1 316**	**694**	**621**	**1 200**	**873**	**327**
60-64	**416**	**269**	**147**	**7 786**	**4 443**	**3 343**	**389**	**246**	**143**	**508**	**411**	**97**
60	99	71	28	1 476	850	626	112	79	34	191	166	26
61	72	41	31	1 487	834	653	81	54	27	104	83	21
62	70	46	23	1 587	888	699	72	45	27	72	51	20
63	90	54	35	1 643	964	679	54	35	20	72	58	14
64	86	57	28	1 593	907	685	70	34	36	69	54	16
65-69	**336**	**208**	**128**	**8 883**	**4 677**	**4 205**	**314**	**166**	**147**	**293**	**196**	**97**
65	88	60	28	1 793	959	834	85	51	34	70	45	25
66	55	36	19	1 604	803	801	44	23	22	52	35	17
67	57	33	24	1 886	1 016	870	67	33	35	66	44	22
68	75	41	34	1 794	951	843	58	33	25	45	31	14
69	61	38	23	1 806	948	858	59	26	33	60	40	19
70-74	**251**	**148**	**103**	**8 814**	**4 590**	**4 225**	**266**	**129**	**137**	**200**	**133**	**67**
70	69	45	24	1 922	1 016	906	70	34	35	38	25	13
71	50	26	24	1 865	1 004	862	59	27	32	48	29	19
72	49	30	19	1 878	981	897	55	32	23	43	30	13
73	46	25	21	1 664	829	834	45	18	27	44	32	13
74	37	22	15	1 486	760	726	37	18	20	27	17	10
75-79	**169**	**92**	**77**	**7 003**	**3 307**	**3 696**	**171**	**78**	**92**	**120**	**75**	**45**
75	44	17	27	1 795	906	888	63	31	33	37	25	12
76	30	20	11	1 329	625	705	30	15	16	29	15	14
77	45	27	18	1 467	669	798	26	9	16	22	13	9
78	30	14	17	1 282	604	678	34	16	19	22	15	8
79	19	14	5	1 130	503	627	17	8	9	10	7	2
80-84	**55**	**27**	**28**	**4 243**	**1 716**	**2 527**	**123**	**54**	**69**	**55**	**46**	**9**
80	14	6	8	1 157	511	646	42	18	24	16	14	2
81	16	9	8	934	368	565	20	13	8	10	9	1
82	3	1	2	826	344	482	21	10	11	14	14	
83	14	7	7	692	268	424	23	6	17	10	6	3
84	9	5	4	634	224	410	16	7	10	6	3	3
85-89	**21**	**13**	**7**	**1 673**	**561**	**1 112**	**42**	**16**	**26**	**22**	**12**	**10**
85	9	8	1	527	197	331	15	5	10	7	3	4
86	1	1	1	408	133	274	6		6	7	4	3
87	3	2	2	302	96	206	8	5	2	3		2
88	3	1	2	254	84	170	9	4	5	4	3	
89	4	2	2	182	51	131	4	2	3	1	1	
90-94	**8**	**3**	**5**	**487**	**129**	**358**	**12**	**5**	**7**	**3**		**2**
90	4	1	3	169	44	126	4	4				
91	1		1	113	34	79	4	1	2			
92	1	1		96	24	72	3		3			
93	2	1	1	67	19	48	1		1			
94				42	8	34				2		2
95岁及以上	**2**		**2**	**118**	**28**	**90**						

表9-4　全国分年龄、性别、主要生活来源的老年人口(续 2)

单位：人

年　龄	财产性收入			家庭其他成员供养			其　它		
	小计	男	女	小计	男	女	小计	男	女
总　计	**6 521**	**3 295**	**3 226**	**1 037 322**	**341 953**	**695 369**	**37 354**	**18 916**	**18 438**
60-64	**2 171**	**1 146**	**1 024**	**186 510**	**46 872**	**139 638**	**8 429**	**4 443**	**3 986**
60	480	254	226	37 604	8 466	29 138	1 800	955	845
61	457	239	219	35 888	8 456	27 432	1 677	892	785
62	432	233	200	36 427	9 273	27 153	1 579	888	692
63	460	243	218	37 276	9 734	27 542	1 685	846	839
64	340	178	162	39 315	10 943	28 372	1 687	862	825
65-69	**1 702**	**885**	**817**	**227 634**	**71 732**	**155 901**	**8 964**	**4 690**	**4 275**
65	376	200	176	44 118	12 470	31 648	1 888	955	933
66	339	167	173	39 226	11 901	27 325	1 634	867	766
67	358	196	161	46 849	15 023	31 826	1 862	950	911
68	332	185	146	48 249	15 925	32 325	1 800	975	825
69	298	137	161	49 190	16 412	32 778	1 781	943	839
70-74	**1 279**	**645**	**634**	**252 992**	**92 279**	**160 713**	**8 826**	**4 556**	**4 270**
70	308	166	141	56 269	20 102	36 167	2 058	1 099	958
71	274	141	133	49 795	17 835	31 961	1 734	908	826
72	247	121	126	54 710	20 190	34 520	1 846	957	889
73	232	112	120	48 143	17 798	30 345	1 641	786	856
74	219	105	114	44 074	16 354	27 720	1 547	807	741
75-79	**836**	**400**	**437**	**191 701**	**71 189**	**120 512**	**5 994**	**3 065**	**2 930**
75	246	127	119	47 751	17 761	29 990	1 605	790	815
76	178	73	105	38 867	14 298	24 569	1 171	624	548
77	158	80	78	39 524	14 703	24 820	1 261	661	600
78	137	61	76	35 599	13 391	22 208	1 109	545	564
79	117	59	58	29 960	11 035	18 924	848	444	404
80-84	**375**	**164**	**211**	**117 257**	**41 907**	**75 350**	**3 473**	**1 565**	**1 908**
80	104	52	52	32 583	11 860	20 723	1 012	473	539
81	100	41	59	25 942	9 460	16 482	776	337	440
82	65	26	38	22 467	8 121	14 345	646	294	352
83	63	27	35	19 437	6 789	12 648	563	256	308
84	44	18	26	16 828	5 678	11 151	476	206	270
85-89	**119**	**42**	**77**	**45 337**	**14 031**	**31 306**	**1 223**	**483**	**740**
85	43	15	28	14 313	4 600	9 712	389	182	207
86	31	12	19	10 585	3 359	7 225	292	103	189
87	18	2	16	8 537	2 578	5 959	256	104	151
88	14	4	10	6 686	1 998	4 687	160	48	112
89	14	9	4	5 217	1 495	3 723	127	45	81
90-94	**32**	**11**	**21**	**13 085**	**3 374**	**9 710**	**360**	**98**	**261**
90	11	4	7	4 338	1 117	3 221	132	33	100
91	7	1	6	3 241	865	2 376	79	18	60
92	11	2	8	2 444	617	1 827	77	27	50
93	3	3		1 829	480	1 349	45	13	32
94	1	1		1 232	295	937	27	8	19
95岁及以上	**7**	**2**	**5**	**2 808**	**570**	**2 238**	**85**	**17**	**68**

表9-4a 全国分年龄、性别、主要生活来源的老年人口(城市)

单位：人

年 龄	60岁及以上人口			劳动收入			离退休金、养老金		
	合计	男	女	小计	男	女	小计	男	女
总 计	**581 215**	**279 886**	**301 329**	**52 378**	**36 749**	**15 629**	**334 183**	**191 894**	**142 289**
60-64	**170 879**	**83 637**	**87 241**	**29 634**	**20 327**	**9 308**	**97 609**	**52 940**	**44 669**
60	37 212	18 147	19 066	8 051	5 508	2 543	19 830	10 391	9 438
61	34 757	17 043	17 714	6 662	4 520	2 142	19 181	10 489	8 692
62	32 734	16 220	16 514	5 623	3 833	1 790	18 802	10 355	8 447
63	32 892	15 965	16 927	4 746	3 294	1 452	19 662	10 658	9 004
64	33 283	16 262	17 020	4 553	3 172	1 381	20 135	11 048	9 087
65-69	**154 650**	**75 345**	**79 305**	**14 786**	**10 542**	**4 243**	**95 579**	**53 411**	**42 168**
65	33 658	16 066	17 591	4 033	2 762	1 271	20 585	11 198	9 388
66	29 168	14 103	15 066	2 921	2 089	832	18 143	9 966	8 177
67	32 014	15 695	16 319	3 045	2 212	832	19 739	11 020	8 719
68	30 120	14 885	15 235	2 597	1 880	717	18 591	10 607	7 984
69	29 689	14 596	15 093	2 191	1 600	591	18 522	10 621	7 901
70-74	**122 550**	**60 374**	**62 176**	**5 819**	**4 322**	**1 497**	**74 169**	**43 859**	**30 310**
70	29 111	14 018	15 093	1 712	1 257	455	17 878	10 109	7 769
71	25 803	12 662	13 140	1 343	1 002	342	15 959	9 271	6 688
72	26 420	13 186	13 234	1 167	883	284	16 028	9 597	6 430
73	21 766	10 684	11 082	932	698	234	12 840	7 719	5 121
74	19 450	9 825	9 626	664	483	182	11 465	7 163	4 302
75-79	**75 544**	**36 635**	**38 909**	**1 735**	**1 263**	**472**	**41 904**	**26 159**	**15 745**
75	20 120	10 121	9 999	599	416	183	11 594	7 346	4 248
76	15 930	7 721	8 209	392	307	85	9 035	5 611	3 424
77	15 426	7 428	7 998	362	258	104	8 545	5 269	3 276
78	13 090	6 223	6 868	234	177	57	6 965	4 326	2 639
79	10 978	5 142	5 836	148	105	43	5 765	3 607	2 159
80-84	**38 617**	**16 982**	**21 635**	**330**	**243**	**87**	**18 121**	**11 278**	**6 844**
80	10 741	4 874	5 867	116	91	25	5 291	3 309	1 983
81	8 683	3 817	4 866	78	54	24	4 148	2 571	1 577
82	7 318	3 170	4 148	51	39	12	3 372	2 057	1 316
83	6 418	2 828	3 590	50	35	16	2 869	1 809	1 060
84	5 456	2 293	3 162	35	25	11	2 441	1 533	908
85-89	**14 031**	**5 383**	**8 648**	**57**	**42**	**16**	**5 372**	**3 372**	**2 001**
85	4 348	1 746	2 602	16	11	5	1 770	1 107	663
86	3 347	1 363	1 984	24	17	7	1 318	855	464
87	2 575	932	1 643	5	5		960	582	378
88	2 158	780	1 379	8	7	1	790	492	298
89	1 602	562	1 040	4	1	2	534	335	198
90-94	**4 106**	**1 318**	**2 788**	**10**	**4**	**6**	**1 253**	**771**	**482**
90	1 278	440	838	4	1	3	426	269	157
91	1 031	343	688	5	2	3	319	197	122
92	806	240	566				228	126	101
93	606	204	402				183	123	59
94	385	92	293	1	1		98	56	42
95岁及以上	**839**	**211**	**628**	**7**	**6**		**175**	**105**	**70**

表9-4a 全国分年龄、性别、主要生活来源的老年人口(城市)(续 1)

单位：人

年龄	失业保险金			最低生活保障金			下岗生活费			内退生活费		
	小计	男	女	小计	男	女	小计	男	女	小计	男	女
总　计	**563**	**314**	**249**	**11 755**	**3 776**	**7 979**	**339**	**140**	**199**	**359**	**218**	**140**
60-64	**190**	**108**	**83**	**2 312**	**890**	**1 422**	**105**	**61**	**44**	**178**	**128**	**50**
60	42	28	14	463	197	266	38	25	14	77	65	12
61	37	19	19	451	150	301	22	12	11	27	19	8
62	27	11	15	467	181	287	21	12	9	28	14	15
63	45	25	20	450	195	256	12	8	3	28	21	7
64	39	24	15	480	166	313	11	5	7	17	9	8
65-69	**150**	**85**	**65**	**2 707**	**913**	**1 794**	**87**	**33**	**53**	**81**	**39**	**42**
65	30	19	11	502	182	320	25	12	13	24	7	17
66	27	13	14	523	182	341	9	4	5	15	12	4
67	33	19	14	591	201	390	21	6	15	13	7	6
68	35	18	17	563	184	379	14	6	8	13	7	6
69	25	15	9	528	164	363	19	6	13	17	7	10
70-74	**113**	**58**	**54**	**2 611**	**883**	**1 728**	**64**	**20**	**44**	**48**	**23**	**25**
70	26	16	10	547	170	377	15	6	9	5	1	5
71	27	13	14	588	210	378	17	3	14	15	6	9
72	27	15	12	583	219	364	10	5	5	17	12	5
73	21	9	12	483	143	340	11	2	9	7	3	4
74	12	6	6	409	141	268	11	5	7	3	1	2
75-79	**72**	**36**	**36**	**2 087**	**606**	**1 482**	**46**	**17**	**28**	**32**	**16**	**16**
75	30	10	19	514	165	349	15	8	8	8	3	5
76	6	4	3	409	131	278	9	2	7	7	4	3
77	19	11	8	454	105	349	5	2	3	5	4	1
78	6	2	4	371	114	257	8	1	7	7	3	4
79	11	9	2	339	91	249	9	5	4	4	2	2
80-84	**25**	**17**	**8**	**1 321**	**333**	**988**	**30**	**6**	**24**	**10**	**8**	**2**
80	2	1	1	356	97	259	12	4	8			
81	6	5	1	297	67	230	4		4	2	2	1
82	2		2	249	76	173	6		6	5	5	
83	8	5	3	224	58	166	3		3	2	2	
84	7	5	2	194	35	159	4	2	2	1		1
85-89	**8**	**8**	**1**	**535**	**117**	**418**	**7**	**2**	**5**	**10**	**4**	**6**
85	7	6	1	163	44	119	1		1	3		3
86				122	22	100	1		1	2	2	
87	2	2		121	24	98				2		2
88				65	15	50	2	2		2	2	
89				64	13	52	1		1	1	1	
90-94	**4**	**3**	**1**	**144**	**27**	**118**	**2**		**2**			
90	1	1		46	9	37						
91				34	6	29	1		1			
92	1	1		28	6	22						
93	2	1	1	21	3	19	1		1			
94				14	3	11						
95岁及以上				**37**	**7**	**30**						

表9-4a 全国分年龄、性别、主要生活来源的老年人口(城市)(续 2)

单位：人

年龄	财产性收入			家庭其他成员供养			其它		
	小计	男	女	小计	男	女	小计	男	女
总计	**3 208**	**1 542**	**1 666**	**171 258**	**42 474**	**128 784**	**7 173**	**2 778**	**4 394**
60-64	**1 150**	**582**	**569**	**37 848**	**7 743**	**30 105**	**1 852**	**860**	**993**
60	265	130	135	8 016	1 596	6 420	431	206	225
61	248	135	114	7 731	1 517	6 214	396	183	214
62	234	113	121	7 204	1 530	5 674	328	172	156
63	234	128	105	7 383	1 491	5 892	332	144	188
64	170	76	94	7 514	1 608	5 905	364	155	210
65-69	**816**	**407**	**409**	**38 611**	**9 199**	**29 412**	**1 833**	**716**	**1 118**
65	181	85	96	7 865	1 639	6 226	413	162	250
66	182	92	89	6 993	1 600	5 393	355	145	210
67	175	96	79	8 023	1 999	6 023	376	135	241
68	155	78	77	7 793	1 962	5 831	360	143	217
69	123	55	68	7 937	1 998	5 939	330	131	199
70-74	**583**	**284**	**300**	**37 671**	**10 377**	**27 294**	**1 473**	**548**	**925**
70	148	74	74	8 416	2 238	6 178	363	147	216
71	136	69	67	7 436	1 975	5 461	281	114	167
72	106	47	59	8 184	2 304	5 880	298	104	195
73	102	46	55	7 109	1 972	5 137	263	92	171
74	92	47	45	6 525	1 887	4 639	268	92	175
75-79	**398**	**189**	**210**	**28 227**	**7 973**	**20 254**	**1 044**	**376**	**667**
75	128	63	65	6 952	2 015	4 937	280	95	185
76	67	25	42	5 811	1 572	4 239	193	65	128
77	78	33	45	5 743	1 669	4 074	215	77	138
78	59	29	30	5 220	1 482	3 738	222	90	132
79	66	38	28	4 502	1 235	3 266	133	50	83
80-84	**180**	**58**	**122**	**17 980**	**4 853**	**13 128**	**620**	**187**	**432**
80	46	20	26	4 743	1 299	3 445	174	53	121
81	46	10	35	3 959	1 061	2 898	144	47	97
82	34	11	23	3 485	951	2 534	113	32	82
83	35	10	25	3 128	886	2 242	99	24	75
84	20	6	14	2 665	657	2 008	90	31	59
85-89	**62**	**19**	**42**	**7 756**	**1 760**	**5 996**	**222**	**59**	**163**
85	26	7	19	2 307	552	1 755	56	19	37
86	18	7	11	1 804	444	1 360	57	15	42
87	5	1	4	1 432	304	1 127	47	14	33
88	7	3	5	1 246	255	991	37	4	33
89	6	2	4	967	204	763	25	6	19
90-94	**16**	**4**	**12**	**2 576**	**479**	**2 097**	**99**	**29**	**70**
90	6	2	4	761	148	613	33	10	23
91	3	1	3	649	136	514	19	2	17
92	6	1	5	521	98	424	22	8	14
93				382	69	313	16	7	9
94				262	29	233	9	3	6
95岁及以上	**2**		**2**	**589**	**90**	**498**	**30**	**2**	**27**

表9-4b 全国分年龄、性别、主要生活来源的老年人口(镇)

单位：人

年龄	60岁及以上人口			劳动收入			离退休金、养老金		
	合计	男	女	小计	男	女	小计	男	女
总计	**341 614**	**165 297**	**176 317**	**67 477**	**45 157**	**22 320**	**84 665**	**61 566**	**23 099**
60-64	**105 367**	**53 600**	**51 767**	**37 000**	**24 282**	**12 718**	**27 108**	**18 527**	**8 581**
60	24 164	12 277	11 886	9 659	6 247	3 412	5 679	3 789	1 890
61	21 672	11 067	10 605	8 152	5 319	2 833	5 424	3 736	1 688
62	20 207	10 192	10 015	7 043	4 598	2 445	5 173	3 499	1 675
63	19 870	10 013	9 858	6 256	4 134	2 122	5 385	3 660	1 725
64	19 454	10 051	9 403	5 890	3 984	1 906	5 447	3 844	1 604
65-69	**87 152**	**43 538**	**43 614**	**19 308**	**13 091**	**6 217**	**24 407**	**17 381**	**7 025**
65	20 052	9 983	10 069	5 210	3 438	1 772	5 737	4 011	1 727
66	15 918	7 955	7 963	3 826	2 549	1 277	4 494	3 182	1 312
67	17 876	9 028	8 848	3 940	2 760	1 180	5 101	3 597	1 505
68	16 959	8 598	8 360	3 433	2 381	1 053	4 648	3 384	1 264
69	16 347	7 974	8 373	2 898	1 963	935	4 426	3 209	1 217
70-74	**69 189**	**33 781**	**35 408**	**8 008**	**5 605**	**2 403**	**17 736**	**13 554**	**4 182**
70	16 480	8 030	8 451	2 283	1 597	686	4 255	3 125	1 130
71	14 256	6 919	7 337	1 887	1 290	597	3 742	2 794	948
72	14 813	7 318	7 495	1 676	1 187	489	3 801	2 913	888
73	12 699	6 209	6 490	1 258	899	358	3 199	2 548	651
74	10 941	5 304	5 637	905	632	273	2 740	2 175	565
75-79	**44 065**	**20 611**	**23 453**	**2 533**	**1 766**	**767**	**10 013**	**7 949**	**2 065**
75	11 569	5 639	5 930	874	607	268	2 911	2 347	564
76	9 087	4 279	4 808	578	403	175	2 122	1 668	454
77	9 072	4 162	4 910	485	334	150	1 979	1 570	409
78	7 924	3 601	4 323	376	247	129	1 724	1 369	355
79	6 413	2 931	3 482	220	175	44	1 277	994	283
80-84	**23 908**	**9 942**	**13 966**	**502**	**327**	**175**	**4 051**	**3 206**	**845**
80	6 748	2 957	3 790	181	123	58	1 212	992	220
81	5 266	2 219	3 047	128	77	51	919	722	197
82	4 580	1 917	2 663	79	51	28	763	597	166
83	3 913	1 513	2 400	66	41	25	590	442	148
84	3 402	1 336	2 066	49	35	14	566	453	113
85-89	**8 812**	**2 924**	**5 887**	**96**	**67**	**29**	**1 057**	**739**	**319**
85	2 777	965	1 812	46	34	12	370	269	101
86	2 114	685	1 429	22	14	8	258	168	89
87	1 686	551	1 134	15	10	5	180	120	60
88	1 284	406	878	6	5	2	139	95	45
89	951	317	634	7	5	2	111	87	24
90-94	**2 574**	**753**	**1 821**	**18**	**8**	**10**	**263**	**188**	**76**
90	876	249	627	2		2	97	67	30
91	663	194	469	6	2	4	81	59	21
92	484	143	342	2	1	2	43	31	13
93	333	107	227	4	3	1	32	24	7
94	216	60	156	4	3	2	11	7	4
95岁及以上	**548**	**148**	**400**	**11**	**10**	**1**	**30**	**23**	**7**

表9-4b 全国分年龄、性别、主要生活来源的老年人口(镇)(续 1)

单位：人

年 龄	失业保险金			最低生活保障金			下岗生活费			内退生活费		
	小计	男	女	小计	男	女	小计	男	女	小计	男	女
总 计	**297**	**195**	**102**	**10 219**	**4 409**	**5 810**	**281**	**157**	**124**	**280**	**193**	**87**
60-64	**100**	**73**	**27**	**2 153**	**1 042**	**1 110**	**90**	**60**	**30**	**120**	**95**	**26**
60	34	28	6	430	208	222	23	18	5	39	31	9
61	16	8	7	390	194	197	21	17	4	25	19	6
62	15	13	2	446	209	237	12	6	6	14	11	3
63	19	11	9	481	231	250	15	9	5	20	16	4
64	15	12	3	406	201	205	19	9	9	22	18	4
65-69	**92**	**61**	**31**	**2 427**	**1 077**	**1 351**	**69**	**39**	**30**	**64**	**36**	**28**
65	36	26	10	534	240	295	19	11	8	15	11	3
66	12	10	2	419	172	247	13	4	8	10	2	7
67	7	3	4	523	244	279	14	10	4	17	7	10
68	17	9	8	470	215	255	13	7	6	8	4	4
69	20	12	7	481	207	274	10	7	3	15	11	4
70-74	**59**	**38**	**21**	**2 277**	**1 014**	**1 264**	**64**	**30**	**34**	**53**	**33**	**20**
70	16	12	4	509	238	272	19	7	12	13	9	5
71	8	5	3	473	216	257	15	9	6	6	4	2
72	12	7	5	476	205	271	13	8	5	11	7	4
73	13	8	4	427	188	239	12	4	8	14	11	3
74	10	6	5	392	168	225	6	3	3	8	2	6
75-79	**29**	**18**	**11**	**1 697**	**712**	**985**	**28**	**16**	**12**	**29**	**21**	**7**
75	4	2	2	430	219	211	11	5	6	11	8	3
76	9	7	2	329	124	205	5	3	2	5	3	3
77	8	5	3	347	140	207	7	4	2	3	3	
78	4	2	3	323	122	201	5	4	1	6	4	2
79	3	2	1	267	107	160				3	3	
80-84	**11**	**4**	**7**	**1 043**	**374**	**669**	**19**	**8**	**11**	**11**	**6**	**5**
80	4	2	2	295	122	172	5	3	3	4	2	2
81	5	1	4	220	71	148	3	3		2	2	
82	1	1		206	83	123	2		2	1	1	
83	1			153	48	106	8	2	6	2		2
84				170	50	120	2	1	1	2		2
85-89	**5**	**1**	**4**	**463**	**150**	**313**	**8**	**4**	**5**	**3**	**3**	
85				141	55	86	6	2	4	1	1	
86				127	37	90				2	2	
87	2		2	70	21	49						
88	1	1		77	22	54						
89	2		2	49	15	34	2	2				
90-94				**128**	**34**	**94**	**1**		**1**			
90				40	8	32						
91				37	11	25	1		1			
92				23	5	18						
93				21	6	15						
94				7	3	5						
95岁及以上	**1**		**1**	**31**	**6**	**25**						

表9-4b　全国分年龄、性别、主要生活来源的老年人口(镇)(续 2)

单位：人

年　龄	财产性收入			家庭其他成员供养			其　它		
	小计	男	女	小计	男	女	小计	男	女
总　计	**1 352**	**693**	**660**	**170 387**	**49 507**	**120 880**	**6 655**	**3 419**	**3 236**
60-64	**499**	**267**	**232**	**36 556**	**8 282**	**28 274**	**1 741**	**972**	**769**
60	117	68	48	7 787	1 658	6 129	397	230	166
61	113	50	63	7 177	1 517	5 659	354	207	147
62	85	52	32	7 117	1 626	5 492	302	178	124
63	107	53	53	7 235	1 718	5 517	352	179	173
64	78	43	35	7 240	1 762	5 477	337	178	159
65-69	**370**	**202**	**168**	**38 841**	**10 824**	**28 017**	**1 574**	**827**	**747**
65	85	54	31	8 061	2 003	6 058	354	189	165
66	53	28	26	6 806	1 852	4 954	285	156	129
67	82	36	45	7 858	2 201	5 658	333	170	163
68	77	48	30	8 005	2 392	5 613	287	159	128
69	72	37	35	8 111	2 376	5 735	315	153	163
70-74	**241**	**115**	**126**	**39 244**	**12 633**	**26 611**	**1 506**	**759**	**747**
70	61	36	25	8 980	2 825	6 155	344	182	162
71	49	21	27	7 779	2 434	5 344	299	146	153
72	44	20	24	8 446	2 805	5 641	334	167	166
73	47	21	26	7 454	2 398	5 056	277	133	144
74	42	17	25	6 584	2 170	4 415	253	132	121
75-79	**140**	**65**	**74**	**28 620**	**9 547**	**19 073**	**977**	**517**	**460**
75	38	21	17	7 048	2 305	4 743	242	125	117
76	35	14	21	5 810	1 941	3 869	193	116	77
77	21	16	5	6 007	1 978	4 029	214	110	103
78	26	6	19	5 280	1 755	3 525	180	92	88
79	19	8	11	4 475	1 569	2 907	148	73	75
80-84	**66**	**31**	**35**	**17 635**	**5 733**	**11 902**	**569**	**253**	**317**
80	22	11	11	4 865	1 634	3 232	160	69	91
81	16	5	10	3 849	1 276	2 573	126	62	63
82	14	5	9	3 422	1 145	2 277	93	35	58
83	7	7		2 975	922	2 053	110	51	60
84	8	4	4	2 524	757	1 767	81	36	45
85-89	**30**	**10**	**20**	**6 937**	**1 882**	**5 055**	**212**	**68**	**144**
85	8	3	5	2 149	579	1 570	57	22	34
86	8	4	4	1 644	443	1 201	54	17	37
87	9	1	8	1 348	382	966	61	17	44
88	3	1	2	1 038	277	761	19	6	14
89	2	2		757	201	556	22	6	15
90-94	**4**	**1**	**4**	**2 090**	**504**	**1 586**	**69**	**19**	**50**
90				714	167	547	24	8	16
91	2		2	521	117	404	16	5	11
92	2		2	395	101	294	19	5	14
93	1	1		270	72	198	6		6
94				190	47	143	4	1	3
95岁及以上	**2**	**1**	**1**	**465**	**103**	**362**	**7**	**4**	**3**

表9-4c　全国分年龄、性别、主要生活来源的老年人口(乡村)

单位：人

年　龄	60岁及以上人口			劳动收入			离退休金、养老金		
	合计	男	女	小计	男	女	小计	男	女
总　计	**1 286 536**	**635 414**	**651 122**	**487 052**	**307 941**	**179 111**	**59 633**	**51 346**	**8 287**
60-64	**392 064**	**205 281**	**186 782**	**252 189**	**152 835**	**99 354**	**18 561**	**15 777**	**2 784**
60	89 422	46 180	43 242	62 084	36 701	25 383	3 734	3 129	606
61	81 859	43 246	38 613	55 353	33 554	21 798	3 749	3 140	609
62	76 457	39 777	36 680	48 861	29 346	19 515	3 658	3 134	523
63	72 175	37 770	34 405	43 894	26 900	16 995	3 714	3 168	547
64	72 150	38 308	33 842	41 996	26 334	15 663	3 706	3 207	499
65-69	**322 293**	**167 283**	**155 010**	**145 447**	**94 899**	**50 548**	**16 443**	**14 288**	**2 155**
65	73 575	38 112	35 463	39 075	24 345	14 730	4 227	3 668	560
66	59 196	31 021	28 175	28 936	18 826	10 110	3 007	2 633	374
67	65 966	34 657	31 309	29 552	19 574	9 978	3 334	2 921	413
68	63 246	32 819	30 427	25 704	17 305	8 399	2 999	2 606	394
69	60 310	30 675	29 635	22 181	14 849	7 332	2 875	2 460	415
70-74	**263 216**	**129 872**	**133 344**	**64 235**	**43 388**	**20 846**	**12 361**	**10 820**	**1 542**
70	62 920	31 673	31 246	18 668	12 535	6 133	2 982	2 609	372
71	53 187	26 289	26 898	14 163	9 520	4 643	2 326	2 025	301
72	56 248	27 821	28 427	13 200	8 975	4 225	2 783	2 430	353
73	47 952	23 433	24 518	10 097	6 852	3 245	2 277	2 012	266
74	42 911	20 655	22 255	8 106	5 506	2 600	1 994	1 744	250
75-79	**170 562**	**78 437**	**92 124**	**20 408**	**13 751**	**6 657**	**7 584**	**6 591**	**993**
75	44 969	21 132	23 837	7 053	4 699	2 354	2 087	1 820	267
76	34 852	16 081	18 771	4 584	3 087	1 497	1 522	1 336	186
77	34 934	16 087	18 847	4 006	2 750	1 256	1 550	1 331	219
78	30 645	14 020	16 625	2 753	1 859	894	1 395	1 222	173
79	25 161	11 117	14 044	2 011	1 355	656	1 030	882	148
80-84	**93 585**	**39 208**	**54 377**	**3 989**	**2 611**	**1 378**	**3 535**	**2 988**	**547**
80	26 743	11 459	15 284	1 464	944	520	1 041	897	144
81	20 811	8 930	11 881	885	624	261	806	684	122
82	17 811	7 495	10 315	750	487	263	652	541	110
83	15 158	6 171	8 987	538	351	188	575	476	99
84	13 062	5 153	7 909	352	206	147	462	390	72
85-89	**33 740**	**12 168**	**21 572**	**666**	**397**	**270**	**896**	**701**	**195**
85	10 999	4 154	6 845	319	189	129	302	244	58
86	7 851	2 874	4 977	137	90	48	222	164	58
87	6 270	2 199	4 071	91	59	31	153	119	35
88	4 816	1 678	3 139	76	32	44	109	90	19
89	3 804	1 264	2 540	43	26	17	110	84	26
90-94	**9 145**	**2 714**	**6 431**	**86**	**43**	**43**	**208**	**149**	**58**
90	3 136	923	2 213	32	18	14	72	56	17
91	2 235	694	1 541	17	8	9	58	45	13
92	1 674	475	1 198	23	9	14	37	21	16
93	1 263	380	883	9	5	4	27	17	9
94	837	242	596	6	4	2	14	11	3
95岁及以上	**1 932**	**451**	**1 481**	**32**	**17**	**15**	**44**	**32**	**12**

表9-4c 全国分年龄、性别、主要生活来源的老年人口(乡村)(续 1)

单位：人

年 龄	失业保险金			最低生活保障金			下岗生活费			内退生活费		
	小计	男	女	小计	男	女	小计	男	女	小计	男	女
总 计	**398**	**252**	**146**	**17 032**	**11 265**	**5 767**	**696**	**397**	**299**	**562**	**462**	**101**
60-64	**126**	**89**	**37**	**3 321**	**2 511**	**810**	**194**	**125**	**69**	**210**	**189**	**21**
60	23	14	9	583	444	139	51	36	15	75	70	5
61	19	14	5	645	490	156	38	26	12	52	45	8
62	28	21	6	675	498	176	38	27	12	29	27	3
63	25	19	6	711	538	173	28	18	11	24	21	3
64	32	21	11	707	540	166	39	20	20	30	27	3
65-69	**94**	**62**	**32**	**3 749**	**2 688**	**1 061**	**158**	**94**	**65**	**148**	**120**	**27**
65	22	15	7	756	537	219	41	29	12	32	27	5
66	16	13	3	662	450	212	23	15	8	28	21	6
67	16	10	6	772	571	201	33	17	16	36	30	6
68	24	14	10	761	553	208	31	20	11	24	20	4
69	16	10	6	798	577	221	30	13	17	28	22	6
70-74	**79**	**52**	**27**	**3 926**	**2 693**	**1 233**	**138**	**78**	**59**	**99**	**77**	**22**
70	27	17	10	866	609	257	36	21	15	19	16	4
71	15	8	6	804	578	226	27	15	12	27	19	8
72	10	9	1	819	557	261	32	19	13	15	12	3
73	12	7	5	754	499	255	22	13	9	23	18	5
74	15	10	4	684	450	233	20	10	10	15	13	2
75-79	**68**	**38**	**30**	**3 219**	**1 989**	**1 229**	**97**	**45**	**52**	**60**	**37**	**22**
75	10	4	5	850	522	328	37	18	19	17	14	3
76	15	9	6	591	369	222	16	9	7	16	8	8
77	18	11	7	666	424	242	14	4	11	14	5	9
78	20	10	10	587	368	220	22	11	11	9	8	1
79	5	4	2	524	306	218	8	3	4	3	2	1
80-84	**19**	**7**	**12**	**1 878**	**1 008**	**870**	**74**	**40**	**34**	**34**	**32**	**2**
80	8	3	5	506	292	214	25	12	13	12	12	
81	5	3	2	417	230	187	13	9	4	6	5	1
82	1		1	371	185	186	13	10	3	8	8	
83	5	1	3	314	162	152	12	4	8	6	5	1
84	2		2	271	139	131	10	4	6	3	3	
85-89	**7**	**5**	**3**	**675**	**293**	**382**	**27**	**10**	**17**	**9**	**5**	**4**
85	2	2		224	98	126	7	3	5	3	2	1
86	1	1	1	159	74	85	4		4	4	1	3
87				110	51	59	7	5	2			
88	2		2	112	47	66	7	2	4	2	2	
89	2	2		69	23	46	1		1			
90-94	**4**		**4**	**215**	**69**	**146**	**8**	**5**	**3**	**3**		**2**
90	2		2	83	26	57	3	3				
91	1		1	42	17	25	1	1				
92				44	13	32	3		3			
93				25	11	14						
94				21	3	18				2		2
95岁及以上	**1**		**1**	**50**	**14**	**35**						

表9-4c 全国分年龄、性别、主要生活来源的老年人口(乡村)(续2)

单位：人

年龄	财产性收入			家庭其他成员供养			其它		
	小计	男	女	小计	男	女	小计	男	女
总计	**1 960**	**1 060**	**900**	**695 678**	**249 973**	**445 705**	**23 526**	**12 718**	**10 807**
60-64	**521**	**298**	**223**	**112 107**	**30 847**	**81 259**	**4 835**	**2 611**	**2 224**
60	99	56	43	21 801	5 212	16 589	973	519	454
61	96	54	42	20 980	5 421	15 559	927	503	424
62	114	67	46	22 105	6 118	15 988	949	538	411
63	120	61	59	22 658	6 524	16 134	1 001	522	478
64	93	60	33	24 562	7 572	16 990	986	530	457
65-69	**516**	**276**	**240**	**150 181**	**51 709**	**98 472**	**5 557**	**3 147**	**2 410**
65	109	60	49	28 192	8 828	19 365	1 121	603	518
66	104	47	57	25 428	8 449	16 978	994	567	427
67	101	64	37	30 968	10 823	20 144	1 153	645	508
68	99	60	39	32 451	11 570	20 881	1 153	672	481
69	104	45	58	33 142	12 039	21 104	1 136	659	477
70-74	**455**	**247**	**208**	**176 077**	**69 269**	**106 808**	**5 847**	**3 248**	**2 598**
70	99	57	42	38 872	15 038	23 834	1 350	771	580
71	89	51	39	34 581	13 425	21 156	1 155	648	507
72	97	54	44	38 079	15 080	22 999	1 213	686	528
73	83	44	39	33 580	13 427	20 152	1 102	561	541
74	86	41	45	30 965	12 298	18 667	1 027	583	444
75-79	**298**	**145**	**153**	**134 854**	**53 669**	**81 185**	**3 974**	**2 171**	**1 803**
75	80	43	37	33 751	13 441	20 310	1 084	571	513
76	76	34	42	27 246	10 786	16 461	785	443	342
77	59	31	28	27 774	11 057	16 717	832	474	358
78	52	25	27	25 100	10 154	14 945	707	363	344
79	31	13	19	20 983	8 231	12 752	566	320	246
80-84	**128**	**74**	**54**	**81 642**	**31 321**	**50 320**	**2 284**	**1 125**	**1 159**
80	36	21	15	22 974	8 928	14 047	678	351	327
81	39	25	14	18 134	7 123	11 011	507	227	280
82	17	10	6	15 559	6 026	9 534	440	228	212
83	21	10	11	13 334	4 981	8 353	354	181	173
84	16	8	8	11 640	4 264	7 376	305	139	167
85-89	**27**	**13**	**14**	**30 644**	**10 389**	**20 255**	**788**	**355**	**433**
85	9	5	4	9 856	3 470	6 386	276	140	135
86	5	1	4	7 137	2 472	4 664	181	71	110
87	4		4	5 757	1 891	3 866	147	73	75
88	4	1	3	4 402	1 466	2 935	103	38	66
89	6	6		3 493	1 090	2 403	80	33	47
90-94	**11**	**6**	**5**	**8 419**	**2 391**	**6 028**	**192**	**50**	**141**
90	4	2	2	2 863	802	2 061	75	15	60
91	2		2	2 071	612	1 459	44	12	32
92	2	1	2	1 528	419	1 109	36	14	23
93	2	2		1 178	339	839	22	6	16
94	1	1		780	219	561	14	4	10
95岁及以上	**3**	**1**	**2**	**1 754**	**377**	**1 378**	**49**	**10**	**39**

表9-5 各地区分性别、婚姻状况的老年人口

单位：人

地区	60岁及以上人口			未婚			初婚有配偶		
	合计	男	女	小计	男	女	小计	男	女
全国	**2 209 366**	**1 080 597**	**1 128 769**	**36 625**	**34 699**	**1 926**	**1 476 167**	**814 683**	**661 485**
北京	29 743	14 167	15 577	190	165	24	21 816	11 563	10 253
天津	18 788	9 050	9 738	195	169	26	13 453	7 141	6 312
河北	107 077	52 657	54 420	2 525	2 503	21	71 917	38 900	33 017
山西	48 741	24 323	24 418	710	701	9	32 579	18 399	14 179
内蒙古	36 045	18 635	17 410	738	724	14	25 151	14 304	10 847
辽宁	77 918	38 018	39 900	632	591	41	53 625	29 130	24 495
吉林	40 745	20 325	20 421	280	256	24	27 645	15 305	12 340
黑龙江	57 350	28 488	28 862	348	325	23	38 864	21 461	17 402
上海	37 024	17 228	19 796	256	178	78	26 715	14 271	12 444
江苏	152 472	72 023	80 449	2 293	2 158	135	103 718	56 316	47 402
浙江	92 011	46 128	45 882	1 674	1 621	54	61 843	36 044	25 799
安徽	118 064	58 426	59 638	3 456	3 371	85	77 631	42 954	34 677
福建	56 092	27 447	28 645	970	931	40	35 446	20 889	14 557
江西	68 665	33 911	34 754	640	603	38	44 908	25 870	19 038
山东	171 154	81 129	90 025	3 122	3 078	44	115 752	61 483	54 270
河南	148 667	70 774	77 893	3 722	3 667	54	99 127	52 066	47 060
湖北	102 436	50 271	52 165	1 511	1 424	87	66 777	36 692	30 085
湖南	118 654	59 518	59 136	1 675	1 597	77	77 928	44 366	33 562
广东	123 434	59 315	64 119	2 598	2 402	196	84 137	47 184	36 952
广西	83 737	40 462	43 276	1 892	1 810	82	55 963	30 418	25 544
海南	12 340	5 850	6 490	240	224	16	8 450	4 600	3 850
重庆	60 616	30 491	30 125	1 113	1 076	38	40 021	22 473	17 548
四川	176 872	88 172	88 700	3 330	3 047	283	113 963	63 802	50 161
贵州	60 450	29 879	30 571	409	387	21	40 327	22 040	18 287
云南	64 292	31 016	33 276	699	532	167	42 010	23 053	18 957
西藏	3 406	1 493	1 913	242	113	128	1 924	968	956
陕西	63 371	31 163	32 207	612	576	37	43 175	23 883	19 292
甘肃	38 715	19 397	19 318	336	300	36	26 095	14 745	11 350
青海	6 749	3 315	3 434	80	50	30	4 272	2 393	1 879
宁夏	7 348	3 710	3 639	23	22	1	5 248	2 955	2 293
新疆	26 389	13 815	12 573	116	100	16	15 688	9 012	6 676

表9-5 各地区分性别、婚姻状况的老年人口(续 1)

单位：人

地区	再婚有配偶			离婚			丧偶		
	小计	男	女	小计	男	女	小计	男	女
全国	**74 043**	**41 501**	**32 541**	**12 990**	**8 787**	**4 203**	**609 540**	**180 927**	**428 613**
北京	1 056	616	439	236	112	125	6 446	1 711	4 735
天津	481	277	205	96	51	44	4 563	1 412	3 151
河北	3 334	1 727	1 607	466	322	144	28 834	9 204	19 630
山西	1 886	966	920	350	283	68	13 216	3 974	9 242
内蒙古	1 390	767	623	189	147	42	8 577	2 694	5 883
辽宁	3 444	2 012	1 432	454	275	179	19 763	6 009	13 753
吉林	1 741	1 045	696	213	120	93	10 867	3 598	7 268
黑龙江	2 867	1 781	1 085	311	181	130	14 961	4 739	10 221
上海	1 182	681	501	356	182	173	8 516	1 916	6 599
江苏	3 742	1 931	1 811	677	439	238	42 043	11 179	30 863
浙江	2 783	1 305	1 477	665	582	83	25 046	6 576	18 470
安徽	2 954	1 430	1 524	662	488	174	33 361	10 182	23 179
福建	1 652	851	801	443	338	106	17 580	4 438	13 142
江西	2 671	1 506	1 166	383	282	101	20 062	5 651	14 412
山东	4 769	2 574	2 196	619	424	195	46 891	13 570	33 321
河南	3 119	1 607	1 512	847	542	304	41 853	12 891	28 962
湖北	3 985	2 252	1 733	629	425	204	29 534	9 479	20 056
湖南	4 579	2 546	2 033	720	528	192	33 753	10 480	23 272
广东	2 208	1 320	888	700	497	203	33 791	7 911	25 880
广西	1 809	1 021	788	466	335	131	23 609	6 878	16 731
海南	319	178	141	82	58	24	3 248	790	2 458
重庆	2 503	1 264	1 239	416	289	128	16 563	5 390	11 173
四川	7 060	3 808	3 252	1 014	659	355	51 505	16 857	34 649
贵州	2 458	1 574	884	394	242	152	16 863	5 635	11 227
云南	2 180	1 359	821	418	253	165	18 984	5 819	13 165
西藏	78	48	30	51	17	34	1 112	347	765
陕西	2 147	1 210	937	367	244	123	17 069	5 250	11 819
甘肃	932	558	374	214	141	73	11 139	3 654	7 485
青海	326	220	106	67	34	33	2 004	619	1 385
宁夏	319	210	109	45	24	21	1 713	498	1 215
新疆	4 070	2 857	1 212	439	272	167	6 077	1 574	4 503

表9-5a　各地区分性别、婚姻状况的老年人口(城市)

单位：人

地　区	60岁及以上人口			未　婚			初婚有配偶		
	合计	男	女	小计	男	女	小计	男	女
全　国	**581 215**	**279 886**	**301 329**	**4 099**	**3 526**	**573**	**416 540**	**227 847**	**188 694**
北　京	23 781	11 207	12 573	82	59	24	17 794	9 317	8 477
天　津	11 846	5 581	6 265	68	45	23	8 567	4 499	4 068
河　北	22 892	10 951	11 941	153	149	3	16 852	8 904	7 948
山　西	12 721	6 250	6 471	43	40	3	9 351	5 169	4 182
内蒙古	12 517	6 273	6 244	41	35	6	9 322	5 164	4 158
辽　宁	37 826	17 826	20 001	105	78	28	26 854	14 239	12 615
吉　林	15 030	7 178	7 852	41	25	17	10 692	5 775	4 917
黑龙江	27 025	12 879	14 146	60	46	14	18 924	10 174	8 751
上　海	30 081	14 029	16 052	223	148	75	21 777	11 671	10 107
江　苏	43 912	21 073	22 839	363	318	45	31 798	17 381	14 417
浙　江	28 673	14 176	14 496	294	268	26	20 312	11 655	8 658
安　徽	16 148	7 948	8 200	227	211	16	11 613	6 457	5 156
福　建	13 827	6 768	7 059	105	90	15	9 584	5 614	3 970
江　西	9 771	4 847	4 924	62	58	4	6 941	4 021	2 920
山　东	44 288	20 868	23 420	411	393	19	31 365	16 693	14 672
河　南	25 351	12 123	13 228	107	99	8	18 873	10 026	8 847
湖　北	28 333	13 618	14 715	204	176	29	19 685	10 772	8 913
湖　南	21 957	10 786	11 171	153	136	17	15 247	8 646	6 601
广　东	47 480	22 598	24 881	615	507	108	34 059	18 997	15 062
广　西	10 332	4 964	5 368	73	67	6	7 434	4 148	3 286
海　南	4 375	2 124	2 251	64	58	7	3 218	1 760	1 458
重　庆	13 557	6 584	6 973	195	187	8	9 149	5 133	4 015
四　川	25 013	12 325	12 689	185	165	20	17 497	9 676	7 821
贵　州	7 516	3 694	3 822	30	26	4	5 250	2 958	2 293
云　南	11 821	5 864	5 957	78	63	16	8 314	4 677	3 638
西　藏	555	249	306	28	12	16	412	198	214
陕　西	15 679	7 592	8 087	43	35	8	11 715	6 344	5 371
甘　肃	6 208	3 094	3 113	17	13	4	4 648	2 584	2 064
青　海	1 713	857	856	3	3		1 256	696	560
宁　夏	2 459	1 237	1 222	5	5		1 858	1 033	825
新　疆	8 527	4 321	4 206	19	15	5	6 178	3 466	2 712

表9-5a 各地区分性别、婚姻状况的老年人口(城市)(续 1)

单位：人

地区	再婚有配偶			离婚			丧偶		
	小计	男	女	小计	男	女	小计	男	女
全国	**20 433**	**12 640**	**7 792**	**4 071**	**2 319**	**1 752**	**136 073**	**33 554**	**102 518**
北京	799	492	307	202	86	116	4 903	1 253	3 650
天津	278	172	106	68	32	36	2 865	834	2 031
河北	878	538	340	85	38	48	4 923	1 321	3 602
山西	432	254	178	63	43	20	2 832	743	2 088
内蒙古	520	336	184	60	42	18	2 573	696	1 877
辽宁	1 703	1 047	656	279	145	134	8 885	2 316	6 569
吉林	664	427	236	102	41	61	3 531	910	2 621
黑龙江	1 403	882	521	168	88	81	6 470	1 690	4 780
上海	895	526	369	326	167	159	6 860	1 517	5 343
江苏	1 187	675	511	259	169	90	10 305	2 529	7 776
浙江	787	414	372	204	168	36	7 076	1 672	5 404
安徽	454	258	196	110	66	43	3 745	957	2 788
福建	349	222	127	107	54	53	3 683	788	2 895
江西	323	212	111	80	45	35	2 365	511	1 854
山东	1 480	864	616	187	107	80	10 845	2 811	8 034
河南	750	470	280	141	73	69	5 480	1 456	4 024
湖北	1 013	613	400	188	120	69	7 244	1 938	5 305
湖南	916	562	354	169	108	61	5 472	1 335	4 137
广东	789	557	232	275	159	116	11 741	2 378	9 363
广西	317	231	86	95	59	36	2 413	459	1 953
海南	101	62	39	31	20	11	962	224	738
重庆	655	375	280	158	92	66	3 401	796	2 604
四川	1 305	827	478	204	111	93	5 822	1 546	4 276
贵州	460	319	141	114	64	50	1 662	328	1 334
云南	402	261	141	107	71	37	2 919	793	2 126
西藏	17	9	8	4	2	2	95	28	67
陕西	559	351	209	84	48	36	3 278	815	2 463
甘肃	217	148	69	51	26	25	1 275	323	951
青海	76	56	20	17	8	9	360	94	266
宁夏	118	76	41	20	10	10	458	112	346
新疆	584	402	182	112	57	55	1 633	381	1 252

表9-5b 各地区分性别、婚姻状况的老年人口(镇)

单位：人

地区	60岁及以上人口			未婚			初婚有配偶		
	合计	男	女	小计	男	女	小计	男	女
全国	**341 614**	**165 297**	**176 317**	**4 925**	**4 595**	**331**	**230 365**	**127 145**	**103 220**
北京	1 110	538	573	11	11		786	429	356
天津	2 470	1 214	1 256	33	31	1	1 762	944	818
河北	14 111	6 904	7 207	295	294	2	9 671	5 276	4 394
山西	6 801	3 356	3 445	50	50		4 599	2 608	1 991
内蒙古	6 225	3 190	3 035	87	84	3	4 394	2 480	1 914
辽宁	10 775	5 331	5 444	109	101	8	7 323	3 982	3 341
吉林	7 896	3 881	4 016	39	37	2	5 469	3 028	2 440
黑龙江	9 855	4 890	4 965	79	72	7	6 747	3 725	3 022
上海	2 572	1 202	1 371	13	11	2	1 882	1 002	880
江苏	29 362	13 831	15 531	415	378	36	19 938	10 837	9 101
浙江	14 372	7 105	7 267	291	282	9	9 748	5 606	4 143
安徽	25 197	12 192	13 004	559	544	14	16 511	9 103	7 407
福建	10 226	4 952	5 274	146	139	7	6 515	3 869	2 646
江西	14 176	6 946	7 230	140	120	19	9 474	5 386	4 088
山东	30 593	14 424	16 170	649	638	10	20 646	10 962	9 684
河南	20 909	9 788	11 121	365	359	6	14 121	7 393	6 728
湖北	13 202	6 364	6 838	138	130	9	8 697	4 730	3 968
湖南	15 144	7 504	7 641	130	121	9	10 225	5 785	4 439
广东	17 913	8 630	9 283	342	304	38	12 412	6 960	5 453
广西	14 362	6 748	7 614	198	174	23	9 932	5 385	4 547
海南	1 718	822	896	22	19	3	1 208	672	537
重庆	10 508	5 128	5 380	134	119	14	7 046	3 919	3 127
四川	24 442	11 846	12 596	382	335	47	15 873	8 864	7 010
贵州	7 960	3 833	4 127	40	35	6	5 218	2 894	2 324
云南	8 505	4 119	4 386	82	57	25	5 671	3 162	2 509
西藏	454	194	260	29	14	15	259	127	132
陕西	10 164	4 980	5 185	82	73	9	7 099	3 908	3 191
甘肃	5 634	2 827	2 807	33	30	3	3 917	2 231	1 686
青海	1 037	523	514	6	5	1	677	387	289
宁夏	839	424	414	5	5		607	342	265
新疆	3 079	1 611	1 468	20	19	1	1 937	1 146	790

表9-5b 各地区分性别、婚姻状况的老年人口(镇)(续 1)

单位：人

地区	再婚有配偶			离婚			丧偶		
	小计	男	女	小计	男	女	小计	男	女
全国	**13 329**	**8 050**	**5 279**	**1 903**	**1 247**	**656**	**91 093**	**24 260**	**66 832**
北京	51	29	22	9	4	4	253	64	190
天津	77	40	36	11	7	4	588	191	397
河北	496	291	205	51	30	21	3 598	1 014	2 584
山西	342	194	148	42	27	14	1 768	477	1 292
内蒙古	271	163	108	30	22	8	1 443	441	1 002
辽宁	634	382	253	71	56	15	2 637	810	1 827
吉林	398	239	159	38	19	19	1 952	557	1 395
黑龙江	593	387	207	55	32	23	2 380	674	1 706
上海	124	66	58	16	7	9	537	115	422
江苏	852	461	390	111	55	55	8 047	2 099	5 948
浙江	485	259	226	85	75	10	3 762	882	2 880
安徽	752	416	337	145	100	45	7 230	2 029	5 201
福建	339	181	158	61	49	12	3 165	713	2 452
江西	598	389	208	84	57	27	3 881	994	2 888
山东	930	516	414	113	78	35	8 255	2 229	6 027
河南	569	339	230	115	73	42	5 740	1 625	4 115
湖北	679	434	245	77	51	26	3 610	1 020	2 590
湖南	687	439	248	92	61	31	4 011	1 097	2 914
广东	346	220	126	87	61	26	4 726	1 085	3 641
广西	430	253	177	80	46	33	3 724	890	2 833
海南	50	34	16	9	6	3	429	92	337
重庆	514	303	212	71	45	26	2 743	742	2 002
四川	1 346	829	517	150	103	47	6 691	1 716	4 975
贵州	394	279	115	79	51	28	2 229	574	1 655
云南	368	252	116	76	43	32	2 309	604	1 704
西藏	11	8	3	7	3	4	148	42	106
陕西	423	245	178	61	40	21	2 498	714	1 785
甘肃	150	95	54	29	19	11	1 505	451	1 054
青海	54	37	17	8	4	4	293	90	203
宁夏	30	21	9	5	2	2	191	54	138
新疆	337	249	88	35	19	16	750	177	573

表9-5c 各地区分性别、婚姻状况的老年人口(乡村)

单位：人

地　　区	60岁及以上人口			未　　婚			初婚有配偶		
	合计	男	女	小计	男	女	小计	男	女
全　　国	**1 286 536**	**635 414**	**651 122**	**27 601**	**26 578**	**1 022**	**829 263**	**459 692**	**369 571**
北　　京	4 852	2 421	2 430	96	95	1	3 236	1 816	1 420
天　　津	4 472	2 255	2 216	95	92	2	3 124	1 698	1 426
河　　北	70 074	34 801	35 272	2 077	2 060	16	45 394	24 720	20 674
山　　西	29 219	14 717	14 501	617	611	6	18 628	10 621	8 007
内 蒙 古	17 303	9 172	8 131	609	604	5	11 435	6 660	4 775
辽　　宁	29 317	14 861	14 456	418	412	6	19 448	10 909	8 539
吉　　林	17 819	9 266	8 553	199	195	5	11 484	6 501	4 983
黑 龙 江	20 470	10 719	9 751	209	207	2	13 192	7 563	5 629
上　　海	4 370	1 997	2 373	20	18	1	3 055	1 598	1 457
江　　苏	79 198	37 119	42 079	1 515	1 462	54	51 982	28 098	23 884
浙　　江	48 966	24 847	24 119	1 089	1 070	19	31 783	18 784	12 999
安　　徽	76 719	38 285	38 435	2 670	2 616	55	49 508	27 394	22 114
福　　建	32 039	15 727	16 312	720	702	19	19 347	11 406	7 941
江　　西	44 717	22 118	22 599	439	424	14	28 493	16 463	12 030
山　　东	96 272	45 838	50 435	2 062	2 047	15	63 741	33 827	29 914
河　　南	102 407	48 863	53 544	3 250	3 210	40	66 133	34 647	31 486
湖　　北	60 901	30 289	30 612	1 168	1 119	50	38 395	21 191	17 204
湖　　南	81 553	41 228	40 324	1 391	1 340	51	52 456	29 935	22 522
广　　东	58 042	28 087	29 955	1 641	1 591	50	37 665	21 228	16 437
广　　西	59 044	28 750	30 294	1 621	1 569	53	38 597	20 886	17 711
海　　南	6 246	2 904	3 342	153	147	6	4 024	2 168	1 856
重　　庆	36 551	18 780	17 772	785	769	16	23 827	13 422	10 406
四　　川	127 416	64 000	63 416	2 762	2 546	216	80 593	45 262	35 331
贵　　州	44 973	22 352	22 622	338	327	11	29 859	16 188	13 670
云　　南	43 966	21 033	22 933	539	412	127	28 025	15 215	12 811
西　　藏	2 397	1 051	1 347	184	88	97	1 254	643	611
陕　　西	37 527	18 592	18 936	487	469	19	24 360	13 631	10 730
甘　　肃	26 873	13 477	13 397	286	256	29	17 530	9 930	7 600
青　　海	3 999	1 936	2 064	71	42	29	2 339	1 310	1 029
宁　　夏	4 051	2 049	2 002	13	12		2 783	1 580	1 203
新　　疆	14 783	7 883	6 900	76	66	10	7 573	4 399	3 174

表9－5c 各地区分性别、婚姻状况的老年人口(乡村)(续 1)

单位：人

地区	再婚有配偶			离婚			丧偶		
	小计	男	女	小计	男	女	小计	男	女
全国	**40 281**	**20 811**	**19 470**	**7 017**	**5 221**	**1 796**	**382 375**	**123 112**	**259 263**
北京	205	95	110	26	21	5	1 289	394	896
天津	126	65	62	17	13	4	1 110	388	722
河北	1 960	898	1 062	330	254	76	20 313	6 868	13 444
山西	1 112	518	594	245	212	33	8 616	2 754	5 862
内蒙古	599	268	331	99	83	16	4 561	1 557	3 004
辽宁	1 106	583	523	104	74	30	8 241	2 883	5 357
吉林	679	378	301	73	60	13	5 383	2 132	3 252
黑龙江	870	513	357	88	62	26	6 111	2 375	3 736
上海	162	88	74	14	8	5	1 119	285	835
江苏	1 703	795	909	308	214	93	23 690	6 551	17 139
浙江	1 511	632	879	375	339	36	14 208	4 022	10 186
安徽	1 748	757	991	407	322	85	22 386	7 196	15 190
福建	964	447	516	275	234	41	10 733	2 937	7 795
江西	1 750	904	846	219	180	39	13 817	4 146	9 670
山东	2 359	1 194	1 165	319	239	80	27 791	8 531	19 260
河南	1 800	798	1 002	591	397	194	30 633	9 810	20 823
湖北	2 293	1 206	1 087	364	254	110	18 680	6 520	12 161
湖南	2 976	1 545	1 431	459	359	100	24 269	8 048	16 221
广东	1 073	543	530	338	277	61	17 324	4 448	12 876
广西	1 062	537	525	291	230	62	17 472	5 528	11 944
海南	169	82	87	43	33	10	1 857	474	1 384
重庆	1 333	586	747	187	151	36	10 419	3 852	6 567
四川	4 409	2 152	2 257	660	445	216	38 992	13 595	25 397
贵州	1 604	975	628	201	127	74	12 972	4 734	8 238
云南	1 410	845	565	235	139	96	13 757	4 422	9 335
西藏	49	31	19	40	12	28	870	277	593
陕西	1 165	615	550	222	156	66	11 293	3 722	7 571
甘肃	565	314	251	134	96	38	8 359	2 879	5 480
青海	196	127	70	41	22	20	1 351	436	916
宁夏	171	112	59	20	12	9	1 064	333	731
新疆	3 149	2 207	942	291	195	96	3 694	1 016	2 678

表9-6 全国分年龄、性别、婚姻状况的老年人口

单位：人

年龄	60岁及以上人口			未婚			初婚有配偶		
	合计	男	女	小计	男	女	小计	男	女
总计	**2 209 366**	**1 080 597**	**1 128 769**	**36 625**	**34 699**	**1 926**	**1 476 167**	**814 683**	**661 485**
60–64	**668 310**	**342 519**	**325 791**	**13 906**	**13 400**	**505**	**545 528**	**289 043**	**256 486**
60	150 798	76 604	74 194	3 226	3 104	122	125 652	65 291	60 362
61	138 288	71 357	66 931	2 847	2 743	104	114 708	60 796	53 912
62	129 399	66 188	63 210	2 569	2 473	96	105 824	55 970	49 854
63	124 937	63 748	61 190	2 670	2 574	96	100 250	53 156	47 094
64	124 887	64 622	60 265	2 594	2 505	88	99 094	53 830	45 264
65–69	**564 095**	**286 166**	**277 929**	**10 525**	**10 172**	**353**	**417 379**	**228 736**	**188 643**
65	127 284	64 161	63 124	2 477	2 399	78	98 052	52 440	45 612
66	104 282	53 078	51 204	1 937	1 877	60	78 964	42 999	35 965
67	115 856	59 380	56 476	2 241	2 170	71	85 535	47 411	38 124
68	110 325	56 302	54 023	2 041	1 965	76	79 752	44 502	35 251
69	106 347	53 245	53 102	1 830	1 762	68	75 076	41 385	33 691
70–74	**454 955**	**224 027**	**230 928**	**6 882**	**6 535**	**348**	**289 346**	**163 634**	**125 712**
70	108 511	53 720	54 790	1 930	1 841	89	72 478	40 281	32 197
71	93 246	45 871	47 375	1 459	1 396	63	61 044	34 071	26 973
72	97 480	48 325	49 155	1 390	1 314	76	61 735	35 244	26 491
73	82 417	40 327	42 090	1 132	1 068	64	50 638	28 872	21 766
74	73 302	35 784	37 517	972	916	55	43 450	25 166	18 285
75–79	**290 171**	**135 684**	**154 487**	**3 236**	**2 965**	**272**	**149 213**	**88 239**	**60 973**
75	76 658	36 892	39 766	937	865	72	43 172	25 261	17 912
76	59 869	28 081	31 788	632	581	51	32 022	18 704	13 318
77	59 431	27 677	31 754	676	623	53	30 187	17 876	12 311
78	51 659	23 844	27 816	547	503	44	24 697	14 954	9 743
79	42 552	19 190	23 362	445	392	53	19 135	11 445	7 690
80–84	**156 110**	**66 132**	**89 978**	**1 424**	**1 188**	**236**	**57 654**	**34 945**	**22 709**
80	44 232	19 290	24 941	452	381	71	18 176	10 957	7 219
81	34 761	14 966	19 795	291	256	35	13 433	8 118	5 315
82	29 709	12 582	17 127	272	221	50	10 899	6 576	4 323
83	25 489	10 512	14 977	222	181	41	8 374	5 100	3 274
84	21 919	8 781	13 138	187	149	38	6 772	4 194	2 578
85–89	**56 582**	**20 475**	**36 107**	**487**	**340**	**147**	**14 098**	**8 479**	**5 620**
85	18 124	6 865	11 260	174	135	39	5 194	3 079	2 115
86	13 312	4 921	8 390	107	72	35	3 421	2 076	1 345
87	10 531	3 682	6 849	93	53	40	2 457	1 500	957
88	8 258	2 864	5 395	80	59	21	1 765	1 070	695
89	6 357	2 143	4 214	34	21	13	1 261	754	507
90–94	**15 825**	**4 785**	**11 040**	**136**	**79**	**57**	**2 569**	**1 422**	**1 147**
90	5 290	1 611	3 679	40	24	16	938	528	409
91	3 929	1 231	2 698	37	23	14	647	364	283
92	2 964	858	2 106	30	15	15	440	235	205
93	2 202	691	1 512	19	9	9	344	185	159
94	1 439	394	1 044	11	8	3	201	110	91
95岁及以上	**3 319**	**810**	**2 509**	**28**	**20**	**8**	**380**	**185**	**195**

表9-6 全国分年龄、性别、婚姻状况的老年人口(续 1)

单位：人

年龄	再婚有配偶			离婚			丧偶		
	小计	男	女	小计	男	女	小计	男	女
总计	**74 043**	**41 501**	**32 541**	**12 990**	**8 787**	**4 203**	**609 540**	**180 927**	**428 613**
60-64	**22 547**	**11 208**	**11 339**	**4 824**	**3 440**	**1 383**	**81 505**	**25 427**	**56 078**
60	5 195	2 489	2 706	1 165	824	341	15 560	4 896	10 664
61	4 589	2 310	2 278	1 030	725	305	15 115	4 783	10 332
62	4 329	2 203	2 126	900	637	264	15 776	4 905	10 871
63	4 263	2 158	2 105	895	640	255	16 860	5 219	11 640
64	4 171	2 048	2 123	834	614	220	18 194	5 624	12 570
65-69	**20 073**	**10 927**	**9 146**	**3 412**	**2 407**	**1 005**	**112 706**	**33 924**	**78 782**
65	4 592	2 370	2 222	864	598	266	21 301	6 354	14 946
66	3 773	2 016	1 757	648	460	189	18 960	5 726	13 234
67	4 044	2 222	1 822	705	494	210	23 332	7 082	16 250
68	3 923	2 202	1 721	605	431	174	24 003	7 203	16 800
69	3 742	2 117	1 625	590	424	166	25 110	7 557	17 553
70-74	**16 164**	**9 649**	**6 515**	**2 404**	**1 646**	**759**	**140 159**	**42 564**	**97 594**
70	3 940	2 291	1 649	610	421	188	29 553	8 886	20 667
71	3 260	1 941	1 320	493	350	144	26 989	8 114	18 875
72	3 600	2 144	1 456	500	340	161	30 255	9 284	20 971
73	2 829	1 733	1 095	439	279	160	27 379	8 374	19 005
74	2 534	1 540	994	362	256	107	25 983	7 907	18 077
75-79	**9 639**	**6 005**	**3 634**	**1 380**	**814**	**566**	**126 702**	**37 661**	**89 041**
75	2 678	1 666	1 012	364	225	140	29 507	8 876	20 631
76	2 072	1 292	779	263	146	117	24 880	7 358	17 522
77	1 973	1 239	734	295	182	112	26 301	7 757	18 544
78	1 575	981	594	272	155	117	24 569	7 250	17 319
79	1 341	826	515	186	106	79	21 445	6 420	15 025
80-84	**4 201**	**2 718**	**1 483**	**671**	**359**	**311**	**92 159**	**26 922**	**65 238**
80	1 270	812	458	182	108	74	24 151	7 032	17 119
81	983	634	348	159	97	62	19 894	5 860	14 034
82	764	511	253	117	58	59	17 656	5 215	12 441
83	677	434	243	129	61	68	16 088	4 736	11 351
84	506	326	180	83	35	48	14 370	4 078	10 293
85-89	**1 107**	**771**	**337**	**229**	**97**	**132**	**40 660**	**10 789**	**29 872**
85	372	235	138	76	33	43	12 308	3 383	8 925
86	273	206	67	69	28	42	9 441	2 540	6 901
87	191	126	65	33	15	17	7 758	1 988	5 770
88	141	111	30	31	11	19	6 242	1 613	4 630
89	130	93	37	21	10	11	4 911	1 264	3 646
90-94	**256**	**180**	**76**	**55**	**18**	**37**	**12 808**	**3 086**	**9 722**
90	88	63	26	14	6	8	4 210	989	3 220
91	53	34	18	14	5	9	3 179	805	2 374
92	62	40	22	17	5	12	2 417	563	1 853
93	39	30	9	4		4	1 796	466	1 330
94	14	12	2	6	2	4	1 207	262	945
95岁及以上	**55**	**44**	**11**	**15**	**6**	**10**	**2 841**	**556**	**2 285**

表9-6a　全国分年龄、性别、婚姻状况的老年人口(城市)

单位：人

年　龄	60岁及以上人口			未　婚			初婚有配偶		
	合计	男	女	小计	男	女	小计	男	女
总　计	**581 215**	**279 886**	**301 329**	**4 099**	**3 526**	**573**	**416 540**	**227 847**	**188 694**
60-64	**170 879**	**83 637**	**87 241**	**1 433**	**1 264**	**169**	**144 848**	**74 536**	**70 312**
60	37 212	18 147	19 066	328	281	48	32 212	16 323	15 889
61	34 757	17 043	17 714	293	255	38	29 857	15 262	14 595
62	32 734	16 220	16 514	316	287	29	27 677	14 400	13 278
63	32 892	15 965	16 927	265	235	30	27 559	14 179	13 380
64	33 283	16 262	17 020	231	206	25	27 542	14 373	13 169
65-69	**154 650**	**75 345**	**79 305**	**1 106**	**997**	**109**	**121 447**	**64 647**	**56 800**
65	33 658	16 066	17 591	236	208	27	27 433	14 038	13 395
66	29 168	14 103	15 066	215	197	18	23 238	12 198	11 041
67	32 014	15 695	16 319	219	199	20	25 104	13 519	11 584
68	30 120	14 885	15 235	216	194	23	23 218	12 648	10 569
69	29 689	14 596	15 093	219	197	21	22 454	12 243	10 210
70-74	**122 550**	**60 374**	**62 176**	**780**	**693**	**87**	**84 786**	**48 425**	**36 361**
70	29 111	14 018	15 093	199	182	18	20 988	11 517	9 471
71	25 803	12 662	13 140	186	168	18	18 287	10 273	8 014
72	26 420	13 186	13 234	156	140	17	18 236	10 588	7 648
73	21 766	10 684	11 082	125	107	18	14 557	8 406	6 151
74	19 450	9 825	9 626	113	97	16	12 717	7 641	5 076
75-79	**75 544**	**36 635**	**38 909**	**446**	**363**	**83**	**43 812**	**26 801**	**17 011**
75	20 120	10 121	9 999	127	110	17	12 786	7 787	4 999
76	15 930	7 721	8 209	97	78	20	9 518	5 762	3 756
77	15 426	7 428	7 998	95	76	19	8 802	5 367	3 435
78	13 090	6 223	6 868	69	56	13	7 121	4 402	2 719
79	10 978	5 142	5 836	58	44	14	5 585	3 484	2 101
80-84	**38 617**	**16 982**	**21 635**	**204**	**137**	**66**	**16 574**	**10 342**	**6 233**
80	10 741	4 874	5 867	66	50	16	5 142	3 195	1 948
81	8 683	3 817	4 866	40	27	12	3 871	2 376	1 495
82	7 318	3 170	4 148	33	21	12	3 121	1 919	1 201
83	6 418	2 828	3 590	39	22	17	2 470	1 591	880
84	5 456	2 293	3 162	27	18	9	1 970	1 261	709
85-89	**14 031**	**5 383**	**8 648**	**96**	**57**	**39**	**4 142**	**2 547**	**1 595**
85	4 348	1 746	2 602	29	20	9	1 495	905	589
86	3 347	1 363	1 984	23	11	12	1 001	653	348
87	2 575	932	1 643	16	10	6	701	425	277
88	2 158	780	1 379	17	12	5	565	355	210
89	1 602	562	1 040	11	4	7	380	209	171
90-94	**4 106**	**1 318**	**2 788**	**27**	**11**	**16**	**806**	**489**	**317**
90	1 278	440	838	10	4	6	279	176	103
91	1 031	343	688	8	5	3	215	135	80
92	806	240	566	3		2	132	66	66
93	606	204	402	5	1	4	114	72	42
94	385	92	293	3	1	2	67	40	27
95岁及以上	**839**	**211**	**628**	**7**	**3**	**4**	**126**	**60**	**66**

表9-6a 全国分年龄、性别、婚姻状况的老年人口(城市)(续 1)

单位：人

年龄	再婚有配偶			离婚			丧偶		
	小计	男	女	小计	男	女	小计	男	女
总计	**20 433**	**12 640**	**7 792**	**4 071**	**2 319**	**1 752**	**136 073**	**33 554**	**102 518**
60-64	**5 831**	**3 087**	**2 744**	**1 607**	**916**	**691**	**17 160**	**3 834**	**13 326**
60	1 193	619	573	399	219	180	3 079	704	2 375
61	1 196	647	549	358	207	151	3 053	673	2 380
62	1 162	646	516	270	153	117	3 309	734	2 574
63	1 099	566	533	289	166	123	3 681	819	2 862
64	1 181	609	572	290	171	119	4 038	904	3 134
65-69	**5 725**	**3 356**	**2 368**	**1 132**	**663**	**469**	**25 241**	**5 682**	**19 559**
65	1 198	641	557	269	154	115	4 522	1 025	3 497
66	1 121	639	481	243	147	96	4 351	922	3 429
67	1 129	660	468	227	134	93	5 336	1 182	4 154
68	1 185	727	458	194	112	82	5 308	1 204	4 104
69	1 093	689	404	200	117	83	5 724	1 350	4 374
70-74	**4 519**	**3 017**	**1 503**	**690**	**402**	**288**	**31 776**	**7 837**	**23 938**
70	1 125	722	403	184	100	84	6 615	1 497	5 118
71	941	622	319	152	91	61	6 236	1 508	4 728
72	982	653	329	137	87	50	6 909	1 718	5 191
73	768	535	233	121	72	49	6 195	1 564	4 631
74	704	485	219	96	52	44	5 821	1 550	4 271
75-79	**2 775**	**1 999**	**776**	**385**	**205**	**180**	**28 126**	**7 267**	**20 859**
75	727	510	217	100	50	51	6 379	1 664	4 715
76	609	446	163	89	47	42	5 617	1 389	4 228
77	582	419	163	62	32	30	5 884	1 534	4 350
78	451	338	113	81	45	36	5 368	1 382	3 986
79	406	285	120	52	31	21	4 878	1 297	3 580
80-84	**1 162**	**845**	**317**	**191**	**109**	**82**	**20 486**	**5 550**	**14 937**
80	332	242	90	52	29	23	5 149	1 358	3 791
81	254	180	74	50	33	16	4 469	1 200	3 268
82	215	160	55	33	20	13	3 917	1 050	2 867
83	215	154	61	32	18	14	3 663	1 044	2 618
84	146	109	37	24	9	15	3 289	896	2 392
85-89	**340**	**271**	**69**	**49**	**21**	**28**	**9 403**	**2 487**	**6 916**
85	97	68	29	19	8	11	2 708	745	1 963
86	92	85	7	13	6	8	2 217	608	1 609
87	51	33	18	2	1	1	1 804	464	1 341
88	55	46	9	5		4	1 516	366	1 150
89	44	38	6	9	6	4	1 157	305	853
90-94	**59**	**48**	**11**	**15**	**2**	**13**	**3 199**	**768**	**2 431**
90	17	13	4	2		2	971	247	724
91	11	9	2	5	1	4	792	192	600
92	15	12	3	4		4	653	162	491
93	13	11	1	2		2	473	120	353
94	4	2	1	2	1		309	47	262
95岁及以上	**22**	**18**	**4**	**2**		**1**	**683**	**130**	**553**

表9-6b 全国分年龄、性别、婚姻状况的老年人口(镇)

单位：人

年龄	60岁及以上人口			未婚			初婚有配偶		
	合计	男	女	小计	男	女	小计	男	女
总计	**341 614**	**165 297**	**176 317**	**4 925**	**4 595**	**331**	**230 365**	**127 145**	**103 220**
60-64	**105 367**	**53 600**	**51 767**	**1 723**	**1 659**	**64**	**86 321**	**45 772**	**40 548**
60	24 164	12 277	11 886	456	442	14	20 148	10 518	9 631
61	21 672	11 067	10 605	316	303	13	18 125	9 620	8 505
62	20 207	10 192	10 015	312	304	8	16 511	8 669	7 842
63	19 870	10 013	9 858	327	314	12	16 024	8 475	7 548
64	19 454	10 051	9 403	312	296	17	15 513	8 491	7 022
65-69	**87 152**	**43 538**	**43 614**	**1 360**	**1 306**	**53**	**64 742**	**35 460**	**29 283**
65	20 052	9 983	10 069	312	302	10	15 567	8 332	7 234
66	15 918	7 955	7 963	243	232	11	12 072	6 544	5 528
67	17 876	9 028	8 848	321	311	10	13 200	7 319	5 881
68	16 959	8 598	8 360	253	240	13	12 312	6 887	5 425
69	16 347	7 974	8 373	231	221	9	11 591	6 378	5 214
70-74	**69 189**	**33 781**	**35 408**	**983**	**921**	**62**	**44 363**	**25 118**	**19 245**
70	16 480	8 030	8 451	278	256	21	11 048	6 132	4 916
71	14 256	6 919	7 337	211	197	14	9 488	5 265	4 223
72	14 813	7 318	7 495	215	203	11	9 312	5 345	3 967
73	12 699	6 209	6 490	142	135	7	7 968	4 591	3 377
74	10 941	5 304	5 637	139	129	9	6 547	3 784	2 763
75-79	**44 065**	**20 611**	**23 453**	**487**	**447**	**41**	**23 222**	**13 800**	**9 422**
75	11 569	5 639	5 930	146	136	10	6 636	3 951	2 684
76	9 087	4 279	4 808	92	85	7	4 993	2 928	2 064
77	9 072	4 162	4 910	86	78	9	4 775	2 806	1 969
78	7 924	3 601	4 323	90	86	4	3 882	2 340	1 542
79	6 413	2 931	3 482	73	62	11	2 937	1 775	1 162
80-84	**23 908**	**9 942**	**13 966**	**232**	**180**	**52**	**9 003**	**5 474**	**3 530**
80	6 748	2 957	3 790	75	60	15	2 880	1 755	1 125
81	5 266	2 219	3 047	38	30	9	2 074	1 267	808
82	4 580	1 917	2 663	48	38	10	1 678	1 018	660
83	3 913	1 513	2 400	33	23	10	1 281	770	512
84	3 402	1 336	2 066	37	29	9	1 089	664	425
85-89	**8 812**	**2 924**	**5 887**	**84**	**46**	**38**	**2 199**	**1 266**	**933**
85	2 777	965	1 812	29	22	7	765	431	334
86	2 114	685	1 429	13	5	9	566	319	247
87	1 686	551	1 134	23	9	15	409	233	176
88	1 284	406	878	13	7	6	277	163	114
89	951	317	634	6	4	2	182	120	62
90-94	**2 574**	**753**	**1 821**	**48**	**29**	**19**	**437**	**219**	**218**
90	876	249	627	10	7	3	169	86	84
91	663	194	469	14	10	4	106	59	48
92	484	143	342	18	9	9	71	34	37
93	333	107	227	5	1	3	56	25	30
94	216	60	156	1	1		35	15	20
95岁及以上	**548**	**148**	**400**	**8**	**7**	**1**	**78**	**37**	**41**

表9-6b 全国分年龄、性别、婚姻状况的老年人口(镇)(续 1)

单位：人

年　龄	再婚有配偶			离　婚			丧　偶		
	小计	男	女	小计	男	女	小计	男	女
总　计	**13 329**	**8 050**	**5 279**	**1 903**	**1 247**	**656**	**91 093**	**24 260**	**66 832**
60-64	**4 134**	**2 179**	**1 956**	**759**	**531**	**228**	**12 431**	**3 459**	**8 972**
60	979	491	488	186	115	71	2 395	711	1 683
61	799	425	374	153	107	46	2 279	612	1 667
62	779	415	364	169	118	51	2 436	686	1 750
63	791	422	370	135	101	35	2 593	700	1 893
64	786	426	360	115	90	25	2 728	749	1 979
65-69	**3 633**	**2 122**	**1 511**	**465**	**300**	**165**	**16 952**	**4 350**	**12 602**
65	829	443	386	111	69	42	3 233	837	2 397
66	714	417	298	91	60	31	2 797	702	2 095
67	716	437	279	104	66	39	3 534	895	2 639
68	701	424	277	93	63	31	3 599	984	2 614
69	672	401	271	64	42	22	3 789	932	2 857
70-74	**2 937**	**1 929**	**1 008**	**330**	**217**	**112**	**20 576**	**5 596**	**14 980**
70	671	408	263	85	60	25	4 398	1 173	3 225
71	605	387	219	59	42	18	3 892	1 028	2 864
72	672	441	231	73	42	31	4 541	1 287	3 254
73	518	365	154	61	36	25	4 010	1 083	2 927
74	470	328	141	51	38	13	3 735	1 025	2 710
75-79	**1 658**	**1 143**	**515**	**183**	**114**	**69**	**18 515**	**5 107**	**13 407**
75	491	339	152	54	38	16	4 242	1 174	3 068
76	351	254	97	27	16	12	3 624	996	2 628
77	336	226	110	43	26	17	3 832	1 027	2 805
78	279	191	88	36	19	18	3 637	965	2 672
79	201	133	68	23	16	7	3 179	945	2 234
80-84	**705**	**500**	**205**	**120**	**67**	**54**	**13 848**	**3 722**	**10 126**
80	207	143	64	38	23	15	3 547	976	2 571
81	181	137	44	22	13	9	2 950	773	2 177
82	126	91	34	20	9	11	2 708	760	1 948
83	103	68	35	29	17	12	2 467	635	1 832
84	88	61	27	12	5	7	2 176	578	1 598
85-89	**207**	**141**	**65**	**34**	**11**	**22**	**6 288**	**1 460**	**4 828**
85	77	47	30	10	2	8	1 896	464	1 432
86	42	31	11	8	4	4	1 484	327	1 157
87	44	32	12	8	4	4	1 201	273	928
88	23	19	4	6	1	5	965	217	749
89	21	13	8	1		1	741	180	561
90-94	**48**	**31**	**17**	**9**	**4**	**5**	**2 032**	**470**	**1 562**
90	19	13	6	2	2		677	142	535
91	11	7	4	4	3	1	528	116	413
92	10	5	5	2		2	384	94	289
93	8	5	3				265	74	191
94	1			2		2	178	44	134
95岁及以上	**7**	**6**	**2**	**3**	**2**	**2**	**451**	**96**	**355**

表9-6c　全国分年龄、性别、婚姻状况的老年人口(乡村)

单位：人

年　龄	60岁及以上人口			未　婚			初婚有配偶		
	合计	男	女	小计	男	女	小计	男	女
总　计	**1 286 536**	**635 414**	**651 122**	**27 601**	**26 578**	**1 022**	**829 263**	**459 692**	**369 571**
60-64	**392 064**	**205 281**	**186 782**	**10 750**	**10 477**	**273**	**314 360**	**168 735**	**145 626**
60	89 422	46 180	43 242	2 442	2 381	60	73 292	38 450	34 842
61	81 859	43 246	38 613	2 239	2 185	54	66 726	35 914	30 812
62	76 457	39 777	36 680	1 941	1 883	59	61 636	32 901	28 734
63	72 175	37 770	34 405	2 078	2 024	54	56 668	30 502	26 166
64	72 150	38 308	33 842	2 050	2 004	46	56 039	30 967	25 072
65-69	**322 293**	**167 283**	**155 010**	**8 060**	**7 870**	**191**	**231 191**	**128 630**	**102 560**
65	73 575	38 112	35 463	1 929	1 889	40	55 052	30 070	24 983
66	59 196	31 021	28 175	1 479	1 447	31	43 653	24 257	19 396
67	65 966	34 657	31 309	1 701	1 660	41	47 231	26 572	20 659
68	63 246	32 819	30 427	1 572	1 531	41	44 223	24 966	19 256
69	60 310	30 675	29 635	1 380	1 343	37	41 032	22 764	18 267
70-74	**263 216**	**129 872**	**133 344**	**5 120**	**4 921**	**199**	**160 197**	**90 091**	**70 106**
70	62 920	31 673	31 246	1 453	1 403	50	40 442	22 632	17 810
71	53 187	26 289	26 898	1 062	1 030	32	33 269	18 533	14 736
72	56 248	27 821	28 427	1 019	971	48	34 187	19 311	14 876
73	47 952	23 433	24 518	865	826	39	28 113	15 875	12 238
74	42 911	20 655	22 255	720	690	30	24 186	13 741	10 445
75-79	**170 562**	**78 437**	**92 124**	**2 303**	**2 155**	**148**	**82 179**	**47 638**	**34 540**
75	44 969	21 132	23 837	664	619	44	23 750	13 522	10 228
76	34 852	16 081	18 771	443	419	24	17 511	10 013	7 498
77	34 934	16 087	18 847	495	470	25	16 609	9 703	6 906
78	30 645	14 020	16 625	388	361	27	13 695	8 213	5 482
79	25 161	11 117	14 044	314	286	28	10 613	6 186	4 427
80-84	**93 585**	**39 208**	**54 377**	**989**	**871**	**118**	**32 077**	**19 130**	**12 947**
80	26 743	11 459	15 284	312	271	40	10 153	6 007	4 146
81	20 811	8 930	11 881	214	199	14	7 488	4 476	3 012
82	17 811	7 495	10 315	191	162	28	6 101	3 639	2 462
83	15 158	6 171	8 987	150	136	14	4 622	2 739	1 883
84	13 062	5 153	7 909	122	102	21	3 714	2 270	1 444
85-89	**33 740**	**12 168**	**21 572**	**306**	**237**	**69**	**7 757**	**4 666**	**3 091**
85	10 999	4 154	6 845	116	94	22	2 935	1 743	1 192
86	7 851	2 874	4 977	71	56	15	1 854	1 105	749
87	6 270	2 199	4 071	53	34	19	1 346	841	504
88	4 816	1 678	3 139	49	40	10	923	552	371
89	3 804	1 264	2 540	17	13	4	699	425	275
90-94	**9 145**	**2 714**	**6 431**	**61**	**39**	**22**	**1 326**	**714**	**612**
90	3 136	923	2 213	21	14	7	490	267	223
91	2 235	694	1 541	15	8	7	326	170	156
92	1 674	475	1 198	9	5	4	237	135	102
93	1 263	380	883	10	7	3	175	88	87
94	837	242	596	6	6	1	98	54	44
95岁及以上	**1 932**	**451**	**1 481**	**12**	**9**	**3**	**176**	**88**	**88**

表9-6c 全国分年龄、性别、婚姻状况的老年人口(乡村)(续 1)

单位：人

年龄	再婚有配偶			离婚			丧偶		
	小计	男	女	小计	男	女	小计	男	女
总计	**40 281**	**20 811**	**19 470**	**7 017**	**5 221**	**1 796**	**382 375**	**123 112**	**259 263**
60-64	**12 581**	**5 943**	**6 639**	**2 458**	**1 993**	**465**	**51 915**	**18 134**	**33 781**
60	3 023	1 379	1 645	579	490	90	10 086	3 480	6 606
61	2 593	1 238	1 355	518	411	108	9 782	3 498	6 284
62	2 388	1 142	1 246	461	366	95	10 032	3 485	6 547
63	2 372	1 170	1 202	470	373	97	10 586	3 700	6 886
64	2 204	1 014	1 191	429	353	76	11 428	3 971	7 457
65-69	**10 715**	**5 448**	**5 267**	**1 815**	**1 444**	**371**	**70 513**	**23 891**	**46 621**
65	2 565	1 285	1 279	484	375	109	13 545	4 493	9 053
66	1 938	960	978	314	253	61	11 812	4 103	7 709
67	2 199	1 125	1 074	374	295	79	14 461	5 005	9 456
68	2 037	1 051	986	318	256	62	15 097	5 015	10 082
69	1 976	1 027	950	326	265	60	15 597	5 275	10 321
70-74	**8 708**	**4 704**	**4 004**	**1 385**	**1 026**	**359**	**87 807**	**29 130**	**58 676**
70	2 145	1 162	983	340	262	79	18 540	6 216	12 324
71	1 714	932	782	282	217	65	16 860	5 577	11 283
72	1 946	1 050	896	290	210	80	18 806	6 279	12 527
73	1 542	834	709	258	171	86	17 173	5 727	11 447
74	1 361	727	634	215	166	49	16 428	5 332	11 096
75-79	**5 206**	**2 862**	**2 344**	**812**	**495**	**317**	**80 062**	**25 287**	**54 775**
75	1 460	816	643	210	137	73	18 886	6 037	12 849
76	1 111	592	519	147	83	64	15 639	4 973	10 666
77	1 056	594	462	190	124	65	16 585	5 196	11 389
78	845	452	393	154	92	63	15 563	4 903	10 661
79	735	408	327	111	59	52	13 388	4 178	9 211
80-84	**2 334**	**1 373**	**961**	**360**	**184**	**176**	**57 825**	**17 650**	**40 175**
80	731	427	304	93	56	37	15 455	4 698	10 757
81	547	317	230	87	51	36	12 475	3 887	8 588
82	423	259	164	64	30	35	11 031	3 405	7 626
83	360	213	147	68	26	42	9 958	3 057	6 901
84	273	157	116	47	21	26	8 906	2 604	6 302
85-89	**561**	**358**	**202**	**146**	**65**	**81**	**24 970**	**6 841**	**18 128**
85	198	120	78	46	23	23	7 704	2 175	5 529
86	138	90	49	48	18	29	5 740	1 605	4 135
87	96	61	35	23	11	12	4 752	1 252	3 500
88	63	46	17	20	10	10	3 761	1 030	2 731
89	65	42	23	10	4	7	3 013	780	2 233
90-94	**149**	**102**	**48**	**31**	**11**	**20**	**7 578**	**1 848**	**5 730**
90	52	37	16	11	5	6	2 562	601	1 961
91	31	18	13	4	1	3	1 858	497	1 361
92	37	23	14	11	5	6	1 380	307	1 073
93	19	14	5	3		3	1 057	272	786
94	10	10		2		2	721	172	549
95岁及以上	**26**	**21**	**6**	**11**	**3**	**7**	**1 707**	**330**	**1 377**

表9-7 各地区分性别、受教育程度的老年人口

单位：人

地区	60岁及以上人口			未上过学		
	合计	男	女	小计	男	女
全国	**2 209 366**	**1 080 597**	**1 128 769**	**935 714**	**262 715**	**673 000**
北京	29 743	14 167	15 577	5 743	1 038	4 706
天津	18 788	9 050	9 738	4 601	984	3 617
河北	107 077	52 657	54 420	37 165	9 721	27 444
山西	48 741	24 323	24 418	15 090	4 240	10 850
内蒙古	36 045	18 635	17 410	16 341	5 898	10 443
辽宁	77 918	38 018	39 900	19 118	4 521	14 597
吉林	40 745	20 325	20 421	12 849	3 941	8 908
黑龙江	57 350	28 488	28 862	17 497	5 113	12 384
上海	37 024	17 228	19 796	9 122	1 507	7 614
江苏	152 472	72 023	80 449	64 057	14 792	49 266
浙江	92 011	46 128	45 882	42 070	12 289	29 781
安徽	118 064	58 426	59 638	69 115	22 683	46 433
福建	56 092	27 447	28 645	26 853	6 846	20 007
江西	68 665	33 911	34 754	29 207	7 668	21 540
山东	171 154	81 129	90 025	83 462	23 180	60 282
河南	148 667	70 774	77 893	66 157	19 367	46 790
湖北	102 436	50 271	52 165	47 887	12 600	35 287
湖南	118 654	59 518	59 136	43 656	11 592	32 065
广东	123 434	59 315	64 119	43 271	8 310	34 961
广西	83 737	40 462	43 276	30 173	6 830	23 343
海南	12 340	5 850	6 490	5 325	1 199	4 126
重庆	60 616	30 491	30 125	24 510	7 173	17 336
四川	176 872	88 172	88 700	82 535	24 363	58 171
贵州	60 450	29 879	30 571	34 589	10 976	23 613
云南	64 292	31 016	33 276	39 110	13 443	25 667
西藏	3 406	1 493	1 913	2 756	1 045	1 711
陕西	63 371	31 163	32 207	25 027	7 676	17 350
甘肃	38 715	19 397	19 318	21 721	7 674	14 048
青海	6 749	3 315	3 434	3 519	1 166	2 353
宁夏	7 348	3 710	3 639	3 991	1 452	2 539
新疆	26 389	13 815	12 573	9 196	3 427	5 769

表9-7 各地区分性别、受教育程度的老年人口(续 1)

单位：人

地区	小学			初中			高中		
	小计	男	女	小计	男	女	小计	男	女
全国	**836 290**	**506 132**	**330 158**	**268 687**	**191 634**	**77 053**	**104 839**	**72 546**	**32 293**
北京	8 941	4 348	4 593	6 022	3 333	2 689	4 070	2 220	1 850
天津	6 736	3 432	3 304	3 713	2 292	1 421	2 079	1 203	876
河北	46 173	26 441	19 732	15 646	10 923	4 723	5 091	3 419	1 671
山西	21 145	11 346	9 799	8 454	5 801	2 652	2 498	1 744	754
内蒙古	11 139	6 788	4 351	5 426	3 708	1 718	1 989	1 384	605
辽宁	32 848	16 684	16 164	15 205	9 562	5 643	6 439	4 132	2 306
吉林	16 074	8 562	7 511	7 323	4 690	2 633	2 794	1 905	889
黑龙江	22 984	12 087	10 897	10 675	6 944	3 731	3 784	2 580	1 203
上海	10 868	5 103	5 765	7 301	4 375	2 926	5 157	3 042	2 115
江苏	55 634	33 282	22 352	20 109	14 966	5 143	7 690	5 252	2 438
浙江	35 733	23 593	12 140	8 682	6 284	2 399	3 602	2 520	1 082
安徽	31 336	21 898	9 438	11 854	9 421	2 434	3 888	2 867	1 021
福建	18 695	12 649	6 045	5 769	4 378	1 391	3 133	2 238	895
江西	28 565	17 820	10 744	6 762	5 157	1 605	2 832	2 181	651
山东	61 082	38 004	23 078	17 306	12 976	4 329	6 187	4 543	1 643
河南	53 671	30 411	23 260	20 115	14 482	5 633	5 575	4 052	1 522
湖北	36 180	23 895	12 285	11 551	8 722	2 829	4 423	3 262	1 161
湖南	55 285	33 442	21 843	13 234	9 616	3 618	4 310	3 148	1 162
广东	55 302	32 484	22 818	15 194	11 328	3 867	6 068	4 454	1 614
广西	41 049	23 914	17 135	8 317	6 397	1 920	2 914	2 273	641
海南	4 100	2 415	1 684	1 795	1 326	469	744	593	151
重庆	27 352	17 113	10 239	5 789	4 137	1 652	2 051	1 394	657
四川	71 007	46 898	24 109	14 720	10 907	3 813	5 767	3 916	1 851
贵州	18 009	12 926	5 083	4 828	3 769	1 059	1 989	1 423	566
云南	18 315	12 487	5 828	4 056	3 094	962	1 882	1 283	599
西藏	543	378	164	48	32	16	31	17	14
陕西	22 472	12 420	10 052	9 418	6 424	2 994	3 830	2 660	1 170
甘肃	10 971	7 187	3 784	3 694	2 819	875	1 533	1 113	420
青海	1 875	1 179	696	821	578	243	341	240	101
宁夏	1 768	1 127	641	931	657	275	415	279	136
新疆	10 441	5 817	4 624	3 930	2 540	1 390	1 734	1 207	527

表9-7 各地区分性别、受教育程度的老年人口(续 2)

单位：人

地区	大学专科			大学本科			研究生		
	小计	男	女	小计	男	女	小计	男	女
全国	**36 225**	**27 019**	**9 206**	**27 073**	**20 104**	**6 969**	**536**	**447**	**89**
北京	1 813	1 140	673	3 050	2 003	1 047	103	85	19
天津	855	587	268	793	544	249	12	9	3
河北	1 796	1 287	509	1 195	857	338	11	8	3
山西	1 014	777	237	536	411	125	6	5	1
内蒙古	765	564	201	375	284	92	9	9	
辽宁	2 513	1 775	738	1 763	1 317	447	31	26	5
吉林	983	693	290	716	529	186	6	4	2
黑龙江	1 559	1 100	459	838	652	186	14	12	2
上海	2 004	1 364	640	2 503	1 781	722	68	56	12
江苏	2 866	2 210	656	2 073	1 487	586	43	35	9
浙江	1 047	798	249	859	632	227	17	13	4
安徽	1 174	991	184	691	564	127	5	3	2
福建	729	589	140	899	733	165	15	13	1
江西	941	778	163	356	305	50	3	3	
山东	1 960	1 519	441	1 124	882	241	34	24	10
河南	2 214	1 718	496	919	728	192	16	16	
湖北	1 342	1 003	339	1 024	762	262	29	26	2
湖南	1 344	1 040	305	809	666	144	15	15	
广东	2 093	1 616	476	1 475	1 096	379	31	27	4
广西	850	688	163	430	357	73	4	4	
海南	262	225	37	111	89	22	2	2	
重庆	480	349	132	422	315	107	12	10	2
四川	1 472	1 086	386	1 354	985	369	19	17	2
贵州	497	375	122	536	409	127	2	1	1
云南	511	395	117	414	312	102	4	3	1
西藏	26	18	7	2	1	1			
陕西	1 548	1 139	409	1 056	827	230	20	18	2
甘肃	481	364	117	312	239	73	3	2	1
青海	118	90	28	76	62	14	1	1	
宁夏	171	137	34	71	58	13	1		
新疆	797	606	191	291	217	73	1	1	

表9-7a 各地区分性别、受教育程度的老年人口(城市)

单位：人

地区	60岁及以上人口			未上过学		
	合计	男	女	小计	男	女
全国	**581 215**	**279 886**	**301 329**	**149 518**	**31 592**	**117 926**
北京	23 781	11 207	12 573	3 597	509	3 088
天津	11 846	5 581	6 265	2 085	317	1 768
河北	22 892	10 951	11 941	4 912	896	4 015
山西	12 721	6 250	6 471	2 611	590	2 020
内蒙古	12 517	6 273	6 244	3 004	756	2 248
辽宁	37 826	17 826	20 001	6 459	1 188	5 271
吉林	15 030	7 178	7 852	2 804	594	2 211
黑龙江	27 025	12 879	14 146	6 551	1 603	4 948
上海	30 081	14 029	16 052	5 839	794	5 045
江苏	43 912	21 073	22 839	12 729	2 533	10 196
浙江	28 673	14 176	14 496	10 087	2 552	7 535
安徽	16 148	7 948	8 200	6 077	1 572	4 505
福建	13 827	6 768	7 059	3 920	696	3 223
江西	9 771	4 847	4 924	2 560	603	1 957
山东	44 288	20 868	23 420	15 156	3 304	11 852
河南	25 351	12 123	13 228	6 218	1 240	4 978
湖北	28 333	13 618	14 715	9 167	1 912	7 255
湖南	21 957	10 786	11 171	5 026	1 034	3 992
广东	47 480	22 598	24 881	12 518	2 113	10 406
广西	10 332	4 964	5 368	2 141	330	1 811
海南	4 375	2 124	2 251	1 406	278	1 128
重庆	13 557	6 584	6 973	3 412	828	2 584
四川	25 013	12 325	12 689	6 307	1 479	4 829
贵州	7 516	3 694	3 822	2 010	471	1 539
云南	11 821	5 864	5 957	5 050	1 614	3 437
西藏	555	249	306	319	111	208
陕西	15 679	7 592	8 087	3 168	615	2 553
甘肃	6 208	3 094	3 113	1 418	292	1 126
青海	1 713	857	856	330	60	270
宁夏	2 459	1 237	1 222	646	160	486
新疆	8 527	4 321	4 206	1 990	550	1 441

表9-7a 各地区分性别、受教育程度的老年人口(城市)(续 1)

单位：人

地　区	小学			初中			高中		
	小计	男	女	小计	男	女	小计	男	女
全　国	**200 984**	**101 433**	**99 551**	**113 788**	**69 861**	**43 928**	**64 926**	**39 775**	**25 151**
北　京	6 456	2 819	3 637	5 063	2 702	2 361	3 817	2 041	1 776
天　津	3 498	1 497	2 002	2 775	1 607	1 169	1 880	1 060	821
河　北	7 653	3 726	3 927	5 066	2 996	2 070	2 846	1 679	1 167
山　西	4 540	2 139	2 401	3 079	1 861	1 218	1 382	856	525
内蒙古	4 153	2 118	2 035	3 078	1 860	1 217	1 303	823	480
辽　宁	14 049	6 115	7 934	8 799	5 048	3 751	4 678	2 752	1 926
吉　林	4 977	2 177	2 800	3 936	2 244	1 692	1 918	1 197	720
黑龙江	9 894	4 694	5 201	6 002	3 523	2 479	2 542	1 602	940
上　海	8 358	3 471	4 886	6 552	3 809	2 743	4 884	2 858	2 027
江　苏	13 867	7 252	6 615	8 306	5 376	2 930	5 046	3 084	1 963
浙　江	10 820	6 511	4 309	3 999	2 617	1 382	2 205	1 370	834
安　徽	4 333	2 493	1 839	2 976	1 989	987	1 646	1 005	641
福　建	4 203	2 244	1 959	2 524	1 643	882	1 898	1 187	711
江　西	3 551	1 812	1 739	1 872	1 195	677	1 082	683	398
山　东	16 364	8 926	7 438	6 837	4 533	2 304	3 558	2 335	1 223
河　南	8 121	3 788	4 333	5 859	3 595	2 264	2 825	1 776	1 048
湖　北	9 353	5 195	4 158	5 091	3 297	1 794	2 718	1 785	933
湖　南	9 144	4 662	4 482	4 135	2 582	1 552	2 131	1 350	781
广　东	20 038	10 355	9 684	7 689	5 133	2 556	4 112	2 706	1 406
广　西	4 341	2 036	2 305	1 921	1 243	679	1 093	712	381
海　南	1 462	791	672	795	515	280	421	304	117
重　庆	5 882	3 117	2 765	2 267	1 359	907	1 248	749	498
四　川	9 465	5 133	4 332	4 180	2 518	1 662	2 930	1 698	1 233
贵　州	2 261	1 156	1 105	1 451	892	559	1 007	607	400
云　南	3 342	2 007	1 335	1 507	992	515	1 163	695	468
西　藏	149	86	64	32	20	13	28	14	14
陕　西	4 560	2 015	2 545	3 685	2 111	1 574	2 207	1 357	850
甘　肃	1 896	915	981	1 472	937	535	830	517	312
青　海	564	265	299	441	271	170	220	143	77
宁　夏	701	352	349	593	370	222	314	193	121
新　疆	2 989	1 568	1 421	1 805	1 023	782	994	637	357

表9-7a 各地区分性别、受教育程度的老年人口(城市)(续 2)

单位：人

地区	大学专科			大学本科			研究生		
	小计	男	女	小计	男	女	小计	男	女
全国	**26 802**	**18 837**	**7 965**	**24 685**	**17 960**	**6 725**	**512**	**428**	**84**
北京	1 755	1 097	659	2 991	1 958	1 033	101	82	19
天津	815	559	257	781	535	246	11	8	3
河北	1 307	880	427	1 100	767	333	8	7	2
山西	652	463	189	452	336	117	6	5	1
内蒙古	624	450	175	347	258	89	8	8	
辽宁	2 131	1 455	676	1 679	1 241	438	31	26	5
吉林	736	489	248	653	474	179	6	4	2
黑龙江	1 256	853	403	766	593	173	14	12	2
上海	1 930	1 305	625	2 450	1 737	713	68	56	12
江苏	1 997	1 444	553	1 926	1 351	575	40	33	7
浙江	779	558	222	765	555	210	17	13	4
安徽	580	464	116	532	422	110	5	3	2
福建	483	363	120	788	623	164	12	12	
江西	455	349	106	248	202	47	3	3	
山东	1 341	981	359	1 000	767	233	32	22	10
河南	1 520	1 097	423	794	613	181	14	14	
湖北	1 010	695	315	967	709	258	27	25	2
湖南	849	616	233	658	527	130	15	15	
广东	1 677	1 226	451	1 414	1 040	374	30	26	4
广西	480	357	123	353	283	69	4	4	
海南	188	155	32	101	80	21	1	1	
重庆	353	243	110	384	276	107	12	10	2
四川	963	662	301	1 149	819	330	19	17	2
贵州	338	238	100	446	329	117	2	1	1
云南	390	284	106	365	269	96	4	3	1
西藏	23	17	7	2	1	1			
陕西	1 117	767	349	927	713	214	17	15	2
甘肃	315	226	89	274	205	69	3	2	1
青海	88	63	25	68	55	14	1	1	
宁夏	139	108	31	65	52	13	1		
新疆	509	373	136	239	170	68	1	1	

表9-7b 各地区分性别、受教育程度的老年人口(镇)

单位：人

地 区	60岁及以上人口			未上过学		
	合计	男	女	小计	男	女
全 国	**341 614**	**165 297**	**176 317**	**130 861**	**32 033**	**98 828**
北 京	1 110	538	573	272	54	218
天 津	2 470	1 214	1 256	841	226	615
河 北	14 111	6 904	7 207	4 278	946	3 332
山 西	6 801	3 356	3 445	1 845	432	1 413
内 蒙 古	6 225	3 190	3 035	2 619	839	1 779
辽 宁	10 775	5 331	5 444	2 624	581	2 044
吉 林	7 896	3 881	4 016	2 482	698	1 783
黑 龙 江	9 855	4 890	4 965	2 728	720	2 008
上 海	2 572	1 202	1 371	986	179	806
江 苏	29 362	13 831	15 531	12 414	2 752	9 662
浙 江	14 372	7 105	7 267	5 962	1 588	4 374
安 徽	25 197	12 192	13 004	12 766	3 571	9 195
福 建	10 226	4 952	5 274	4 579	1 067	3 512
江 西	14 176	6 946	7 230	4 646	975	3 670
山 东	30 593	14 424	16 170	14 316	3 801	10 515
河 南	20 909	9 788	11 121	8 143	2 014	6 129
湖 北	13 202	6 364	6 838	5 538	1 213	4 325
湖 南	15 144	7 504	7 641	3 918	832	3 086
广 东	17 913	8 630	9 283	6 015	987	5 028
广 西	14 362	6 748	7 614	4 121	685	3 436
海 南	1 718	822	896	626	120	506
重 庆	10 508	5 128	5 380	3 671	899	2 773
四 川	24 442	11 846	12 596	9 152	2 178	6 974
贵 州	7 960	3 833	4 127	3 635	928	2 708
云 南	8 505	4 119	4 386	4 098	1 200	2 898
西 藏	454	194	260	371	128	242
陕 西	10 164	4 980	5 185	3 728	1 062	2 666
甘 肃	5 634	2 827	2 807	2 652	785	1 867
青 海	1 037	523	514	475	136	339
宁 夏	839	424	414	400	118	282
新 疆	3 079	1 611	1 468	962	322	640

表9-7b 各地区分性别、受教育程度的老年人口(镇)(续 1)

单位：人

地区	小学			初中			高中		
	小计	男	女	小计	男	女	小计	男	女
全国	**130 889**	**74 295**	**56 595**	**50 891**	**36 273**	**14 618**	**20 671**	**15 652**	**5 019**
北京	397	203	194	226	136	90	130	80	50
天津	1 064	594	470	400	279	121	121	84	37
河北	6 162	3 350	2 812	2 466	1 724	742	837	581	256
山西	2 773	1 373	1 401	1 421	961	461	492	364	128
内蒙古	2 015	1 173	842	1 037	744	293	418	324	94
辽宁	4 722	2 425	2 296	2 313	1 494	818	837	606	232
吉林	3 151	1 608	1 543	1 515	992	523	499	380	120
黑龙江	3 842	1 870	1 972	2 162	1 450	713	810	605	204
上海	910	558	352	381	266	115	195	120	75
江苏	11 100	6 572	4 528	3 911	2 980	931	1 282	964	318
浙江	5 784	3 582	2 202	1 669	1 205	464	724	534	190
安徽	7 277	4 695	2 582	3 386	2 522	863	1 240	953	287
福建	3 566	2 245	1 321	1 170	886	285	679	536	143
江西	5 924	3 254	2 670	2 096	1 477	618	1 054	842	212
山东	11 181	6 715	4 466	3 309	2 477	832	1 293	1 011	282
河南	7 645	4 056	3 589	3 510	2 446	1 065	1 127	853	274
湖北	4 480	2 638	1 841	2 067	1 573	493	820	666	153
湖南	7 063	3 726	3 337	2 588	1 736	852	1 094	803	292
广东	7 940	4 492	3 448	2 535	1 908	627	1 083	929	154
广西	6 619	3 353	3 266	2 202	1 556	646	1 052	827	224
海南	578	300	278	311	228	83	151	127	24
重庆	4 716	2 682	2 034	1 440	1 018	422	542	408	134
四川	9 633	5 642	3 991	3 350	2 343	1 007	1 723	1 214	509
贵州	2 574	1 592	982	1 079	797	282	472	343	129
云南	2 862	1 765	1 097	983	720	263	434	323	111
西藏	76	60	16	5	4	1	1	1	
陕西	3 396	1 750	1 647	1 796	1 204	592	833	619	215
甘肃	1 745	1 081	664	755	580	176	339	265	74
青海	304	189	115	160	120	40	73	56	18
宁夏	218	131	87	134	102	32	61	51	10
新疆	1 173	621	552	514	347	167	253	181	71

表9-7b 各地区分性别、受教育程度的老年人口(镇)(续 2)

单位：人

地区	大学专科			大学本科			研究生		
	小计	男	女	小计	男	女	小计	男	女
全国	**6 319**	**5 286**	**1 033**	**1 966**	**1 744**	**222**	**17**	**14**	**3**
北京	32	24	8	51	38	13	3	3	
天津	34	23	11	10	7	2	1	1	
河北	291	231	59	76	71	5	2	2	
山西	205	169	37	65	58	7			
内蒙古	112	87	24	25	22	3			
辽宁	217	171	45	63	54	9			
吉林	196	158	38	53	45	8			
黑龙江	248	193	55	65	53	13			
上海	56	43	14	44	36	8			
江苏	527	447	79	124	114	10	3	2	2
浙江	162	141	22	71	55	16			
安徽	395	330	64	134	121	13			
福建	154	143	11	77	75	1	1		1
江西	369	313	56	88	84	4			
山东	391	324	67	103	95	8	2	2	
河南	391	335	56	91	83	8	2	2	
湖北	248	227	21	49	45	4	1	1	
湖南	355	290	65	126	117	9			
广东	288	266	22	51	48	4			
广西	300	263	37	68	64	4			
海南	45	41	3	8	7	1			
重庆	104	86	19	35	35				
四川	392	317	76	192	153	39			
贵州	117	102	16	83	73	10			
云南	84	73	11	45	38	6			
西藏	2	1	1						
陕西	300	247	53	109	97	12	2	2	
甘肃	113	89	24	30	27	3			
青海	20	18	2	5	5				
宁夏	21	18	2	5	4				
新疆	152	118	34	24	22	2			

表9-7c　各地区分性别、受教育程度的老年人口(乡村)

单位：人

地　区	60岁及以上人口			未上过学		
	合计	男	女	小计	男	女
全　国	**1 286 536**	**635 414**	**651 122**	**655 335**	**199 089**	**456 246**
北　京	4 852	2 421	2 430	1 875	475	1 400
天　津	4 472	2 255	2 216	1 675	441	1 234
河　北	70 074	34 801	35 272	27 976	7 880	20 096
山　西	29 219	14 717	14 501	10 634	3 217	7 417
内蒙古	17 303	9 172	8 131	10 718	4 302	6 416
辽　宁	29 317	14 861	14 456	10 035	2 753	7 282
吉　林	17 819	9 266	8 553	7 563	2 650	4 914
黑龙江	20 470	10 719	9 751	8 218	2 791	5 427
上　海	4 370	1 997	2 373	2 297	534	1 763
江　苏	79 198	37 119	42 079	38 914	9 507	29 407
浙　江	48 966	24 847	24 119	26 021	8 149	17 871
安　徽	76 719	38 285	38 435	50 273	17 540	32 733
福　建	32 039	15 727	16 312	18 355	5 083	13 272
江　西	44 717	22 118	22 599	22 002	6 089	15 912
山　东	96 272	45 838	50 435	53 991	16 076	37 915
河　南	102 407	48 863	53 544	51 796	16 113	35 683
湖　北	60 901	30 289	30 612	33 182	9 475	23 707
湖　南	81 553	41 228	40 324	34 712	9 725	24 987
广　东	58 042	28 087	29 955	24 738	5 211	19 527
广　西	59 044	28 750	30 294	23 911	5 816	18 096
海　南	6 246	2 904	3 342	3 293	801	2 491
重　庆	36 551	18 780	17 772	17 427	5 446	11 980
四　川	127 416	64 000	63 416	67 076	20 707	46 369
贵　州	44 973	22 352	22 622	28 944	9 578	19 366
云　南	43 966	21 033	22 933	29 961	10 629	19 332
西　藏	2 397	1 051	1 347	2 067	806	1 261
陕　西	37 527	18 592	18 936	18 132	6 000	12 132
甘　肃	26 873	13 477	13 397	17 651	6 597	11 054
青　海	3 999	1 936	2 064	2 714	970	1 744
宁　夏	4 051	2 049	2 002	2 944	1 174	1 770
新　疆	14 783	7 883	6 900	6 243	2 556	3 687

表9-7c 各地区分性别、受教育程度的老年人口(乡村)(续 1)

单位：人

地区	小学			初中			高中		
	小计	男	女	小计	男	女	小计	男	女
全国	**504 417**	**330 404**	**174 012**	**104 008**	**85 501**	**18 508**	**19 243**	**17 119**	**2 123**
北京	2 088	1 327	762	733	495	239	122	98	24
天津	2 174	1 342	832	537	406	131	77	59	18
河北	32 357	19 364	12 993	8 114	6 204	1 911	1 407	1 159	248
山西	13 831	7 834	5 997	3 954	2 980	974	625	523	102
内蒙古	4 971	3 497	1 475	1 312	1 104	208	268	237	31
辽宁	14 078	8 144	5 933	4 093	3 020	1 074	924	775	149
吉林	7 945	4 777	3 168	1 872	1 454	418	377	328	49
黑龙江	9 247	5 523	3 724	2 510	1 971	540	432	374	58
上海	1 600	1 074	526	368	300	68	78	65	13
江苏	30 667	19 458	11 209	7 892	6 610	1 282	1 361	1 204	157
浙江	19 129	13 500	5 629	3 014	2 461	553	674	616	58
安徽	19 727	14 710	5 017	5 492	4 909	583	1 002	908	93
福建	10 926	8 161	2 765	2 074	1 849	225	556	515	41
江西	19 090	12 754	6 335	2 794	2 484	310	696	656	40
山东	33 537	22 363	11 174	7 159	5 967	1 193	1 336	1 197	139
河南	37 905	22 566	15 339	10 746	8 442	2 304	1 623	1 423	200
湖北	22 348	16 062	6 286	4 394	3 852	542	886	811	75
湖南	39 078	25 055	14 024	6 512	5 298	1 214	1 085	996	89
广东	27 324	17 637	9 686	4 970	4 286	683	872	819	54
广西	30 090	18 526	11 564	4 193	3 598	595	770	734	36
海南	2 060	1 325	735	689	583	106	172	162	9
重庆	16 754	11 314	5 441	2 081	1 759	322	262	237	25
四川	51 908	36 122	15 786	7 190	6 046	1 144	1 113	1 004	109
贵州	13 174	10 178	2 996	2 298	2 080	218	510	473	37
云南	12 111	8 714	3 396	1 567	1 382	184	285	265	20
西藏	317	233	84	10	9	2	2	2	
陕西	14 516	8 655	5 861	3 937	3 109	828	790	685	105
甘肃	7 331	5 192	2 139	1 467	1 302	165	364	330	34
青海	1 007	725	282	219	187	32	47	41	6
宁夏	849	644	205	205	185	20	40	35	5
新疆	6 278	3 628	2 650	1 610	1 170	440	488	389	99

表9-7c 各地区分性别、受教育程度的老年人口(乡村)(续 2)

单位：人

地 区	大学专科			大学本科			研 究 生		
	小计	男	女	小计	男	女	小计	男	女
全 国	**3 105**	**2 896**	**208**	**422**	**399**	**23**	**7**	**5**	**2**
北 京	25	19	6	8	8	1			
天 津	6	5	1	2	2				
河 北	199	176	23	20	20		2		2
山 西	157	145	12	18	17	1			
内 蒙 古	29	28	2	3	3		1	1	
辽 宁	165	148	18	21	21				
吉 林	51	47	4	10	10				
黑 龙 江	56	55	1	6	6				
上 海	18	17	2	9	8	1			
江 苏	342	318	24	22	22				
浙 江	106	100	6	23	22	1			
安 徽	200	196	3	26	21	5			
福 建	93	83	9	34	34		1	1	
江 西	116	115	1	19	19				
山 东	229	214	15	21	21				
河 南	302	286	16	34	32	2			
湖 北	83	81	2	9	9				
湖 南	140	133	7	25	21	4			
广 东	127	124	3	10	9	1	1	1	
广 西	71	68	3	9	9				
海 南	30	29	1	2	2				
重 庆	23	20	3	4	4				
四 川	116	108	8	13	13				
贵 州	41	36	6	7	7				
云 南	37	37		5	5		1	1	
西 藏	1	1							
陕 西	132	125	7	20	17	3	1	1	
甘 肃	52	49	4	8	7	1			
青 海	9	9		2	2				
宁 夏	11	10	1	1	1				
新 疆	136	116	20	28	25	3			

表9-8　全国分年龄、性别、受教育程度的老年人口

单位：人

年　龄	60岁及以上人口			未上过学		
	合计	男	女	小计	男	女
总　计	**2 209 366**	**1 080 597**	**1 128 769**	**935 714**	**262 715**	**673 000**
60-64	**668 310**	**342 519**	**325 791**	**171 349**	**44 662**	**126 687**
60	150 798	76 604	74 194	33 950	8 477	25 473
61	138 288	71 357	66 931	32 825	8 239	24 586
62	129 399	66 188	63 210	33 840	8 761	25 079
63	124 937	63 748	61 190	34 130	9 040	25 090
64	124 887	64 622	60 265	36 604	10 144	26 459
65-69	**564 095**	**286 166**	**277 929**	**206 029**	**58 607**	**147 422**
65	127 284	64 161	63 124	40 888	11 220	29 668
66	104 282	53 078	51 204	35 499	10 039	25 461
67	115 856	59 380	56 476	42 189	12 220	29 969
68	110 325	56 302	54 023	43 197	12 571	30 626
69	106 347	53 245	53 102	44 255	12 557	31 698
70-74	**454 955**	**224 027**	**230 928**	**227 288**	**67 600**	**159 688**
70	108 511	53 720	54 790	50 253	15 021	35 232
71	93 246	45 871	47 375	44 887	13 186	31 701
72	97 480	48 325	49 155	49 437	14 726	34 711
73	82 417	40 327	42 090	43 234	12 877	30 357
74	73 302	35 784	37 517	39 477	11 791	27 686
75-79	**290 171**	**135 684**	**154 487**	**170 022**	**49 729**	**120 294**
75	76 658	36 892	39 766	42 844	12 661	30 182
76	59 869	28 081	31 788	34 564	10 128	24 436
77	59 431	27 677	31 754	34 989	10 206	24 783
78	51 659	23 844	27 816	31 303	9 241	22 063
79	42 552	19 190	23 362	26 321	7 492	18 829
80-84	**156 110**	**66 132**	**89 978**	**103 984**	**28 831**	**75 153**
80	44 232	19 290	24 941	28 633	8 060	20 573
81	34 761	14 966	19 795	22 853	6 400	16 452
82	29 709	12 582	17 127	19 960	5 644	14 316
83	25 489	10 512	14 977	17 432	4 710	12 723
84	21 919	8 781	13 138	15 107	4 018	11 089
85-89	**56 582**	**20 475**	**36 107**	**41 869**	**10 270**	**31 599**
85	18 124	6 865	11 260	13 066	3 321	9 745
86	13 312	4 921	8 390	9 839	2 476	7 363
87	10 531	3 682	6 849	7 957	1 918	6 039
88	8 258	2 864	5 395	6 169	1 446	4 722
89	6 357	2 143	4 214	4 839	1 109	3 730
90-94	**15 825**	**4 785**	**11 040**	**12 422**	**2 561**	**9 861**
90	5 290	1 611	3 679	4 147	856	3 291
91	3 929	1 231	2 698	3 024	637	2 387
92	2 964	858	2 106	2 352	483	1 869
93	2 202	691	1 512	1 746	376	1 370
94	1 439	394	1 044	1 154	210	944
95岁及以上	**3 319**	**810**	**2 509**	**2 750**	**454**	**2 296**

表9-8 全国分年龄、性别、受教育程度的老年人口(续 1)

单位：人

年龄	小学			初中			高中		
	小计	男	女	小计	男	女	小计	男	女
总计	**836 290**	**506 132**	**330 158**	**268 687**	**191 634**	**77 053**	**104 839**	**72 546**	**32 293**
60-64	**298 708**	**164 227**	**134 481**	**130 468**	**88 168**	**42 300**	**44 908**	**29 207**	**15 701**
60	70 278	36 973	33 305	32 265	21 649	10 616	9 313	6 000	3 313
61	63 087	34 584	28 503	29 267	19 764	9 503	8 708	5 622	3 086
62	57 017	31 308	25 709	25 193	17 205	7 987	9 062	5 829	3 233
63	54 156	30 262	23 894	22 979	15 322	7 657	9 171	5 992	3 179
64	54 170	31 100	23 069	20 764	14 227	6 537	8 655	5 764	2 891
65-69	**235 479**	**140 705**	**94 774**	**69 451**	**48 948**	**20 503**	**31 266**	**21 576**	**9 690**
65	54 584	31 138	23 446	18 963	12 951	6 012	8 036	5 328	2 708
66	44 479	26 217	18 262	13 643	9 389	4 255	6 323	4 308	2 015
67	48 695	29 324	19 371	13 961	9 879	4 081	6 270	4 371	1 898
68	45 212	27 854	17 358	12 147	8 789	3 358	5 620	3 919	1 701
69	42 508	26 171	16 337	10 738	7 940	2 797	5 018	3 649	1 368
70-74	**160 485**	**104 704**	**55 781**	**39 214**	**30 436**	**8 777**	**16 401**	**12 326**	**4 074**
70	40 435	25 418	15 017	10 146	7 613	2 533	4 382	3 145	1 237
71	33 756	21 597	12 158	8 451	6 447	2 005	3 588	2 662	926
72	34 092	22 686	11 406	8 229	6 513	1 716	3 381	2 565	815
73	27 913	18 628	9 285	6 677	5 257	1 420	2 757	2 138	618
74	24 289	16 375	7 914	5 711	4 608	1 103	2 293	1 815	478
75-79	**87 550**	**59 639**	**27 911**	**19 502**	**15 947**	**3 554**	**8 153**	**6 390**	**1 763**
75	24 339	16 563	7 776	5 692	4 663	1 029	2 330	1 831	499
76	18 409	12 406	6 002	4 062	3 311	751	1 781	1 404	377
77	17 808	12 123	5 684	3 960	3 212	748	1 667	1 313	353
78	15 080	10 338	4 742	3 148	2 602	546	1 331	1 031	300
79	11 915	8 208	3 707	2 640	2 159	481	1 044	811	234
80-84	**39 489**	**27 191**	**12 297**	**7 665**	**6 272**	**1 393**	**3 073**	**2 312**	**760**
80	11 708	8 071	3 637	2 412	1 996	416	896	703	194
81	9 000	6 231	2 770	1 756	1 431	325	724	546	178
82	7 520	5 193	2 327	1 362	1 107	255	554	394	160
83	6 062	4 217	1 845	1 148	936	212	522	387	135
84	5 198	3 480	1 718	987	802	185	377	282	94
85-89	**11 483**	**7 730**	**3 752**	**1 904**	**1 489**	**415**	**810**	**580**	**230**
85	3 893	2 637	1 256	691	543	148	297	221	77
86	2 695	1 845	850	471	370	101	191	137	54
87	2 044	1 368	676	304	239	65	134	87	47
88	1 659	1 095	564	241	185	56	109	75	33
89	1 191	786	405	198	152	46	79	60	19
90-94	**2 644**	**1 663**	**981**	**416**	**326**	**91**	**196**	**131**	**65**
90	892	570	322	135	106	29	64	42	22
91	694	440	255	122	95	27	51	35	16
92	488	286	202	72	52	19	36	25	12
93	352	239	114	55	45	10	29	17	12
94	218	129	89	32	27	5	16	13	3
95岁及以上	**454**	**272**	**182**	**67**	**48**	**19**	**34**	**25**	**9**

表9-8 全国分年龄、性别、受教育程度的老年人口(续 2)

单位：人

年　龄	大学专科			大学本科			研究生		
	小计	男	女	小计	男	女	小计	男	女
总　计	**36 225**	**27 019**	**9 206**	**27 073**	**20 104**	**6 969**	**536**	**447**	**89**
60-64	**13 741**	**9 782**	**3 959**	**8 962**	**6 327**	**2 636**	**173**	**146**	**26**
60	3 022	2 132	890	1 913	1 320	593	57	54	3
61	2 719	1 938	780	1 638	1 171	467	44	38	6
62	2 606	1 886	720	1 653	1 176	476	28	22	6
63	2 728	1 893	835	1 752	1 221	531	22	18	4
64	2 667	1 933	734	2 006	1 439	568	21	14	7
65-69	**11 932**	**8 838**	**3 093**	**9 794**	**7 369**	**2 425**	**144**	**123**	**21**
65	2 718	1 987	731	2 063	1 511	552	34	27	7
66	2 286	1 640	646	2 031	1 467	564	20	18	2
67	2 583	1 936	647	2 125	1 624	501	34	24	9
68	2 270	1 709	561	1 850	1 433	417	29	27	2
69	2 075	1 567	508	1 726	1 333	393	28	27	1
70-74	**6 538**	**5 145**	**1 393**	**4 915**	**3 726**	**1 190**	**114**	**90**	**24**
70	1 872	1 445	427	1 398	1 057	341	24	21	3
71	1 468	1 153	315	1 066	801	264	29	24	6
72	1 320	1 066	254	1 001	752	249	22	17	4
73	1 040	823	218	777	590	187	19	14	5
74	837	657	180	674	524	149	20	14	6
75-79	**2 761**	**2 268**	**493**	**2 115**	**1 655**	**460**	**67**	**56**	**11**
75	828	676	152	605	478	128	20	20	
76	578	471	108	465	353	111	10	8	2
77	575	474	101	416	332	84	17	15	2
78	455	377	78	333	251	82	9	4	5
79	324	270	54	297	241	56	11	9	2
80-84	**941**	**746**	**195**	**934**	**761**	**173**	**24**	**18**	**6**
80	288	233	55	291	226	65	4	2	2
81	221	183	37	203	170	33	5	4	1
82	143	111	32	163	128	35	6	5	1
83	173	136	37	147	123	24	5	4	1
84	117	82	35	131	116	16	3	2	1
85-89	**242**	**193**	**48**	**266**	**204**	**62**	**8**	**8**	
85	90	72	18	85	68	16	3	3	
86	53	46	7	61	46	15	2	2	
87	45	32	13	47	38	9			
88	36	29	7	43	32	12	2	2	
89	18	15	4	30	20	10	1	1	
90-94	**64**	**42**	**22**	**77**	**57**	**20**	**5**	**5**	
90	25	18	7	28	20	8			
91	15	6	9	22	17	4	1	1	
92	4	2	2	10	7	3	3	3	
93	10	7	3	10	7	4			
94	11	9	2	7	6	1	2	1	
95岁及以上	**5**	**4**	**1**	**9**	**6**	**3**			

表9-8a　全国分年龄、性别、受教育程度的老年人口(城市)

单位：人

年　龄	60岁及以上人口			未上过学		
	合计	男	女	小计	男	女
总　计	**581 215**	**279 886**	**301 329**	**149 518**	**31 592**	**117 926**
60-64	**170 879**	**83 637**	**87 241**	**20 189**	**4 028**	**16 161**
60	37 212	18 147	19 066	3 737	739	2 999
61	34 757	17 043	17 714	3 704	713	2 991
62	32 734	16 220	16 514	3 884	798	3 086
63	32 892	15 965	16 927	4 148	845	3 302
64	33 283	16 262	17 020	4 717	933	3 784
65-69	**154 650**	**75 345**	**79 305**	**29 858**	**6 172**	**23 685**
65	33 658	16 066	17 591	5 342	1 078	4 263
66	29 168	14 103	15 066	5 088	1 065	4 023
67	32 014	15 695	16 319	6 118	1 281	4 837
68	30 120	14 885	15 235	6 423	1 350	5 073
69	29 689	14 596	15 093	6 887	1 398	5 489
70-74	**122 550**	**60 374**	**62 176**	**38 197**	**8 327**	**29 870**
70	29 111	14 018	15 093	7 937	1 664	6 273
71	25 803	12 662	13 140	7 493	1 592	5 902
72	26 420	13 186	13 234	8 513	1 917	6 596
73	21 766	10 684	11 082	7 359	1 572	5 787
74	19 450	9 825	9 626	6 895	1 582	5 312
75-79	**75 544**	**36 635**	**38 909**	**30 508**	**6 792**	**23 717**
75	20 120	10 121	9 999	7 492	1 696	5 796
76	15 930	7 721	8 209	6 258	1 408	4 850
77	15 426	7 428	7 998	6 294	1 372	4 922
78	13 090	6 223	6 868	5 621	1 274	4 347
79	10 978	5 142	5 836	4 844	1 042	3 802
80-84	**38 617**	**16 982**	**21 635**	**19 093**	**4 092**	**15 001**
80	10 741	4 874	5 867	5 011	1 075	3 936
81	8 683	3 817	4 866	4 281	890	3 391
82	7 318	3 170	4 148	3 656	810	2 846
83	6 418	2 828	3 590	3 277	727	2 550
84	5 456	2 293	3 162	2 868	590	2 278
85-89	**14 031**	**5 383**	**8 648**	**8 342**	**1 642**	**6 700**
85	4 348	1 746	2 602	2 495	518	1 977
86	3 347	1 363	1 984	1 961	434	1 527
87	2 575	932	1 643	1 559	278	1 280
88	2 158	780	1 379	1 319	233	1 086
89	1 602	562	1 040	1 008	178	830
90-94	**4 106**	**1 318**	**2 788**	**2 714**	**456**	**2 258**
90	1 278	440	838	825	146	679
91	1 031	343	688	663	114	549
92	806	240	566	550	93	457
93	606	204	402	407	74	333
94	385	92	293	270	29	241
95岁及以上	**839**	**211**	**628**	**617**	**84**	**533**

表9－8a 全国分年龄、性别、受教育程度的老年人口(城市)(续 1)

单位：人

年龄	小学			初中			高中		
	小计	男	女	小计	男	女	小计	男	女
总计	**200 984**	**101 433**	**99 551**	**113 788**	**69 861**	**43 928**	**64 926**	**39 775**	**25 151**
60－64	**58 123**	**26 206**	**31 917**	**47 764**	**26 329**	**21 436**	**26 512**	**14 690**	**11 822**
60	12 903	5 695	7 208	11 367	6 289	5 078	5 292	2 839	2 453
61	11 920	5 344	6 576	10 353	5 645	4 708	5 273	2 956	2 317
62	10 953	5 030	5 923	9 020	5 029	3 992	5 397	2 952	2 445
63	10 912	4 932	5 980	8 780	4 748	4 032	5 472	3 057	2 415
64	11 435	5 205	6 230	8 245	4 619	3 626	5 079	2 887	2 192
65－69	**56 742**	**26 339**	**30 403**	**30 790**	**18 194**	**12 596**	**19 478**	**11 886**	**7 591**
65	12 003	5 294	6 709	7 808	4 386	3 423	4 666	2 639	2 027
66	10 569	4 814	5 755	6 032	3 433	2 600	3 915	2 332	1 583
67	11 899	5 517	6 382	6 168	3 600	2 568	3 951	2 469	1 482
68	11 129	5 356	5 773	5 558	3 431	2 126	3 643	2 270	1 373
69	11 142	5 359	5 783	5 223	3 344	1 879	3 303	2 176	1 127
70－74	**43 951**	**23 556**	**20 394**	**19 790**	**13 735**	**6 054**	**11 028**	**7 614**	**3 414**
70	10 553	5 193	5 360	5 002	3 315	1 687	2 940	1 880	1 060
71	9 462	4 923	4 539	4 265	2 884	1 381	2 453	1 687	766
72	9 507	5 237	4 269	4 178	2 952	1 226	2 285	1 620	665
73	7 693	4 283	3 410	3 376	2 391	985	1 801	1 286	515
74	6 736	3 920	2 816	2 969	2 194	775	1 549	1 141	407
75－79	**25 414**	**15 066**	**10 347**	**10 126**	**7 619**	**2 507**	**5 321**	**3 885**	**1 437**
75	6 883	4 071	2 812	2 920	2 210	710	1 577	1 160	418
76	5 435	3 130	2 305	2 175	1 636	540	1 182	874	308
77	5 146	3 061	2 085	2 097	1 558	539	1 043	762	281
78	4 391	2 653	1 738	1 559	1 167	393	845	609	236
79	3 558	2 151	1 407	1 375	1 048	327	673	480	193
80－84	**12 081**	**7 419**	**4 663**	**4 000**	**3 018**	**983**	**1 868**	**1 230**	**639**
80	3 447	2 098	1 349	1 242	945	297	556	385	171
81	2 701	1 670	1 030	921	690	231	433	285	148
82	2 354	1 435	919	692	509	183	349	214	135
83	1 959	1 229	730	613	468	145	305	198	107
84	1 621	986	635	532	405	127	225	147	78
85－89	**3 612**	**2 241**	**1 371**	**1 069**	**786**	**283**	**553**	**363**	**191**
85	1 130	707	423	372	269	103	194	128	66
86	877	550	326	277	209	68	125	84	41
87	671	417	254	167	119	48	99	59	40
88	542	331	211	149	111	38	84	54	30
89	392	235	157	105	78	26	51	38	14
90－94	**912**	**528**	**384**	**214**	**157**	**56**	**138**	**88**	**49**
90	296	187	110	69	49	20	43	26	17
91	236	140	96	61	43	18	37	25	12
92	183	94	89	34	26	7	25	16	9
93	124	78	46	32	25	7	25	16	9
94	73	30	43	17	14	3	9	6	2
95岁及以上	**148**	**77**	**71**	**36**	**23**	**13**	**28**	**19**	**9**

表9-8a 全国分年龄、性别、受教育程度的老年人口(城市)(续 2)

单位：人

年龄	大学专科			大学本科			研究生		
	小计	男	女	小计	男	女	小计	男	女
总计	**26 802**	**18 837**	**7 965**	**24 685**	**17 960**	**6 725**	**512**	**428**	**84**
60-64	**10 049**	**6 698**	**3 351**	**8 073**	**5 543**	**2 530**	**168**	**143**	**25**
60	2 166	1 402	764	1 690	1 129	561	57	54	3
61	2 013	1 345	668	1 452	1 003	448	44	37	6
62	1 951	1 345	607	1 502	1 045	457	27	22	6
63	1 974	1 291	683	1 587	1 077	511	20	15	4
64	1 945	1 315	630	1 842	1 290	552	20	14	5
65-69	**8 731**	**6 057**	**2 673**	**8 910**	**6 575**	**2 335**	**142**	**120**	**21**
65	1 942	1 309	634	1 865	1 336	529	32	25	7
66	1 685	1 117	568	1 859	1 324	535	20	18	2
67	1 906	1 351	555	1 938	1 453	485	34	24	9
68	1 667	1 182	485	1 672	1 269	403	29	27	2
69	1 530	1 099	432	1 577	1 194	383	27	27	1
70-74	**4 953**	**3 685**	**1 268**	**4 526**	**3 374**	**1 152**	**105**	**83**	**23**
70	1 382	999	382	1 274	947	327	24	21	3
71	1 127	838	289	975	717	258	28	22	6
72	988	753	235	929	690	239	21	17	4
73	798	599	199	723	541	182	15	11	4
74	658	496	162	626	479	146	18	12	6
75-79	**2 141**	**1 701**	**440**	**1 974**	**1 522**	**452**	**60**	**51**	**9**
75	650	513	137	578	452	126	19	19	
76	444	349	95	428	319	108	9	6	2
77	445	355	90	386	304	81	15	15	
78	356	287	69	310	229	80	8	3	5
79	246	197	50	273	217	56	10	7	2
80-84	**690**	**518**	**172**	**861**	**689**	**172**	**23**	**18**	**6**
80	210	162	48	272	207	64	3	2	2
81	157	124	33	187	154	32	5	4	1
82	113	84	29	148	113	35	6	5	1
83	125	92	33	134	110	24	5	4	1
84	85	57	28	121	105	16	3	2	1
85-89	**189**	**147**	**42**	**257**	**196**	**61**	**8**	**8**	
85	73	55	18	81	65	16	3	3	
86	46	40	6	59	44	15	2	2	
87	34	23	11	46	36	9			
88	22	19	3	41	30	11	2	2	
89	14	11	4	30	20	10	1	1	
90-94	**48**	**29**	**19**	**75**	**55**	**20**	**5**	**5**	
90	17	13	4	27	19	8			
91	12	3	9	22	17	4	1	1	
92	3	1	2	10	7	3	3	3	
93	8	6	3	10	6	4			
94	8	6	2	7	6	1	2	1	
95岁及以上	**2**	**1**	**1**	**9**	**6**	**3**			

表9-8b 全国分年龄、性别、受教育程度的老年人口(镇)

单位：人

年龄	60岁及以上人口			未上过学		
	合计	男	女	小计	男	女
总 计	**341 614**	**165 297**	**176 317**	**130 861**	**32 033**	**98 828**
60-64	**105 367**	**53 600**	**51 767**	**22 353**	**5 025**	**17 328**
60	24 164	12 277	11 886	4 373	971	3 402
61	21 672	11 067	10 605	4 225	907	3 318
62	20 207	10 192	10 015	4 438	1 023	3 415
63	19 870	10 013	9 858	4 472	984	3 488
64	19 454	10 051	9 403	4 844	1 140	3 705
65-69	**87 152**	**43 538**	**43 614**	**28 241**	**6 812**	**21 429**
65	20 052	9 983	10 069	5 463	1 277	4 187
66	15 918	7 955	7 963	4 802	1 138	3 665
67	17 876	9 028	8 848	5 712	1 396	4 316
68	16 959	8 598	8 360	5 954	1 487	4 467
69	16 347	7 974	8 373	6 309	1 514	4 795
70-74	**69 189**	**33 781**	**35 408**	**31 913**	**8 247**	**23 665**
70	16 480	8 030	8 451	7 038	1 836	5 203
71	14 256	6 919	7 337	6 348	1 621	4 727
72	14 813	7 318	7 495	6 904	1 787	5 116
73	12 699	6 209	6 490	6 156	1 585	4 570
74	10 941	5 304	5 637	5 467	1 418	4 050
75-79	**44 065**	**20 611**	**23 453**	**24 228**	**6 365**	**17 863**
75	11 569	5 639	5 930	5 995	1 625	4 370
76	9 087	4 279	4 808	4 966	1 315	3 651
77	9 072	4 162	4 910	4 952	1 219	3 733
78	7 924	3 601	4 323	4 511	1 187	3 324
79	6 413	2 931	3 482	3 804	1 018	2 785
80-84	**23 908**	**9 942**	**13 966**	**15 287**	**3 800**	**11 486**
80	6 748	2 957	3 790	4 149	1 091	3 058
81	5 266	2 219	3 047	3 293	819	2 474
82	4 580	1 917	2 663	2 922	736	2 186
83	3 913	1 513	2 400	2 671	620	2 051
84	3 402	1 336	2 066	2 252	534	1 718
85-89	**8 812**	**2 924**	**5 887**	**6 425**	**1 338**	**5 087**
85	2 777	965	1 812	1 930	401	1 529
86	2 114	685	1 429	1 579	323	1 256
87	1 686	551	1 134	1 255	267	988
88	1 284	406	878	956	196	761
89	951	317	634	705	152	553
90-94	**2 574**	**753**	**1 821**	**1 975**	**361**	**1 614**
90	876	249	627	679	118	561
91	663	194	469	500	88	412
92	484	143	342	384	75	309
93	333	107	227	245	49	196
94	216	60	156	167	32	135
95岁及以上	**548**	**148**	**400**	**439**	**83**	**355**

表9-8b 全国分年龄、性别、受教育程度的老年人口(镇)(续 1)

单位：人

年 龄	小 学			初 中			高 中		
	小计	男	女	小计	男	女	小计	男	女
总 计	**130 889**	**74 295**	**56 595**	**50 891**	**36 273**	**14 618**	**20 671**	**15 652**	**5 019**
60-64	**46 053**	**23 095**	**22 959**	**24 674**	**16 343**	**8 331**	**9 059**	**6 512**	**2 547**
60	10 899	5 196	5 703	6 232	4 097	2 135	1 888	1 373	515
61	9 580	4 754	4 826	5 505	3 670	1 836	1 734	1 223	511
62	8 695	4 347	4 348	4 713	3 089	1 623	1 804	1 289	516
63	8 504	4 315	4 188	4 365	2 846	1 519	1 877	1 360	518
64	8 376	4 482	3 894	3 859	2 641	1 219	1 756	1 268	488
65-69	**36 639**	**20 343**	**16 296**	**13 116**	**9 220**	**3 896**	**6 261**	**4 700**	**1 561**
65	8 716	4 581	4 135	3 524	2 358	1 166	1 705	1 221	484
66	6 736	3 652	3 084	2 556	1 750	806	1 281	959	322
67	7 526	4 207	3 319	2 728	1 925	803	1 290	974	316
68	7 069	4 152	2 917	2 300	1 649	650	1 063	815	248
69	6 593	3 751	2 841	2 009	1 538	471	921	731	190
70-74	**25 270**	**15 770**	**9 500**	**7 486**	**5 941**	**1 545**	**3 107**	**2 556**	**551**
70	6 377	3 790	2 588	1 838	1 374	464	781	639	142
71	5 281	3 203	2 077	1 638	1 266	372	679	549	130
72	5 400	3 451	1 950	1 572	1 294	277	642	513	130
73	4 435	2 868	1 567	1 347	1 103	244	560	473	87
74	3 777	2 458	1 319	1 091	904	187	445	383	63
75-79	**13 963**	**9 240**	**4 723**	**3 838**	**3 269**	**568**	**1 515**	**1 267**	**248**
75	3 818	2 515	1 303	1 172	1 000	172	440	371	69
76	2 899	1 923	976	787	671	116	316	264	52
77	2 924	1 909	1 015	758	656	102	328	280	49
78	2 440	1 586	854	640	554	85	254	204	51
79	1 882	1 307	575	481	388	93	176	149	27
80-84	**6 466**	**4 286**	**2 180**	**1 399**	**1 199**	**200**	**557**	**477**	**81**
80	1 899	1 246	654	460	406	55	175	157	18
81	1 481	981	500	314	261	53	126	110	17
82	1 282	857	425	255	221	33	95	78	17
83	932	636	297	185	156	29	92	71	21
84	872	567	304	185	154	30	70	61	8
85-89	**1 918**	**1 209**	**709**	**289**	**230**	**58**	**144**	**118**	**26**
85	659	409	250	119	95	25	60	51	9
86	431	279	152	60	46	13	38	31	7
87	358	223	135	47	41	5	19	14	5
88	278	175	103	29	22	7	10	8	2
89	192	122	69	34	26	8	17	13	4
90-94	**484**	**295**	**189**	**79**	**65**	**14**	**25**	**21**	**5**
90	155	94	62	30	26	4	8	8	
91	135	82	53	21	17	4	5	5	
92	81	55	26	13	8	5	6	4	2
93	72	43	29	12	12		2	1	2
94	41	21	20	3	3		3	2	1
95岁及以上	**97**	**57**	**40**	**9**	**5**	**4**	**2**	**2**	

表9-8b 全国分年龄、性别、受教育程度的老年人口(镇)(续 2)

单位：人

年龄	大学专科			大学本科			研究生		
	小计	男	女	小计	男	女	小计	男	女
总计	**6 319**	**5 286**	**1 033**	**1 966**	**1 744**	**222**	**17**	**14**	**3**
60-64	**2 474**	**1 968**	**507**	**748**	**654**	**94**	**5**	**3**	**2**
60	586	481	105	185	159	26			
61	465	369	96	163	145	18			
62	428	333	95	129	110	19			
63	514	387	127	136	118	18	3	3	
64	481	397	84	136	124	12	2		2
65-69	**2 153**	**1 807**	**346**	**741**	**656**	**85**	**1**	**1**	
65	479	401	78	164	145	18	1	1	
66	395	335	59	148	121	27			
67	471	392	79	149	134	15			
68	421	357	64	152	138	14			
69	388	322	66	127	118	10			
70-74	**1 096**	**984**	**112**	**311**	**277**	**33**	**7**	**5**	**1**
70	334	293	41	111	98	13			
71	241	216	25	68	62	6	2	2	
72	238	223	15	57	50	7			
73	160	144	16	39	35	4	3	1	1
74	123	108	15	35	32	3	2	2	
75-79	**406**	**363**	**43**	**111**	**102**	**8**	**4**	**4**	
75	123	109	14	20	18	2			
76	87	77	10	30	27	3	2	2	
77	82	72	10	27	26	2			
78	62	55	8	15	13	2	1	1	
79	52	50	2	18	18		1	1	
80-84	**150**	**131**	**18**	**48**	**48**	**1**			
80	51	45	6	13	12	1			
81	40	37	3	12	12				
82	13	10	2	14	14				
83	26	24	2	6	6				
84	20	15	5	4	4				
85-89	**31**	**24**	**7**	**6**	**5**	**1**			
85	8	8		2	2				
86	5	4	1	1	1				
87	7	5	2						
88	8	4	4	2	1	1			
89	3	3							
90-94	**8**	**8**		**2**	**2**				
90	2	2		1	1				
91	2	2							
92	1	1							
93	1	1		1	1				
94	3	3							
95岁及以上									

表9-8c　全国分年龄、性别、受教育程度的老年人口(乡村)

单位：人

年　龄	60岁及以上人口			未上过学		
	合计	男	女	小计	男	女
总　计	**1 286 536**	**635 414**	**651 122**	**655 335**	**199 089**	**456 246**
60-64	**392 064**	**205 281**	**186 782**	**128 807**	**35 609**	**93 198**
60	89 422	46 180	43 242	25 839	6 768	19 072
61	81 859	43 246	38 613	24 896	6 620	18 277
62	76 457	39 777	36 680	25 518	6 940	18 579
63	72 175	37 770	34 405	25 510	7 210	18 300
64	72 150	38 308	33 842	27 043	8 071	18 971
65-69	**322 293**	**167 283**	**155 010**	**147 930**	**45 622**	**102 308**
65	73 575	38 112	35 463	30 083	8 865	21 218
66	59 196	31 021	28 175	25 609	7 836	17 773
67	65 966	34 657	31 309	30 358	9 543	20 815
68	63 246	32 819	30 427	30 820	9 734	21 086
69	60 310	30 675	29 635	31 059	9 645	21 414
70-74	**263 216**	**129 872**	**133 344**	**157 178**	**51 026**	**106 152**
70	62 920	31 673	31 246	35 278	11 522	23 756
71	53 187	26 289	26 898	31 047	9 973	21 073
72	56 248	27 821	28 427	34 020	11 021	22 999
73	47 952	23 433	24 518	29 719	9 719	20 000
74	42 911	20 655	22 255	27 115	8 791	18 324
75-79	**170 562**	**78 437**	**92 124**	**115 285**	**36 572**	**78 714**
75	44 969	21 132	23 837	29 357	9 341	20 016
76	34 852	16 081	18 771	23 340	7 405	15 935
77	34 934	16 087	18 847	23 744	7 615	16 128
78	30 645	14 020	16 625	21 171	6 779	14 392
79	25 161	11 117	14 044	17 674	5 431	12 242
80-84	**93 585**	**39 208**	**54 377**	**69 605**	**20 939**	**48 665**
80	26 743	11 459	15 284	19 473	5 894	13 579
81	20 811	8 930	11 881	15 279	4 691	10 587
82	17 811	7 495	10 315	13 382	4 098	9 284
83	15 158	6 171	8 987	11 484	3 362	8 122
84	13 062	5 153	7 909	9 987	2 894	7 093
85-89	**33 740**	**12 168**	**21 572**	**27 102**	**7 290**	**19 812**
85	10 999	4 154	6 845	8 641	2 402	6 239
86	7 851	2 874	4 977	6 299	1 719	4 580
87	6 270	2 199	4 071	5 143	1 373	3 770
88	4 816	1 678	3 139	3 893	1 018	2 875
89	3 804	1 264	2 540	3 126	778	2 348
90-94	**9 145**	**2 714**	**6 431**	**7 733**	**1 744**	**5 989**
90	3 136	923	2 213	2 643	592	2 052
91	2 235	694	1 541	1 861	435	1 427
92	1 674	475	1 198	1 418	315	1 103
93	1 263	380	883	1 094	253	840
94	837	242	596	716	149	568
95岁及以上	**1 932**	**451**	**1 481**	**1 695**	**287**	**1 408**

表9－8c 全国分年龄、性别、受教育程度的老年人口(乡村)(续 1)

单位：人

年 龄	小学			初中			高中		
	小计	男	女	小计	男	女	小计	男	女
总 计	**504 417**	**330 404**	**174 012**	**104 008**	**85 501**	**18 508**	**19 243**	**17 119**	**2 123**
60－64	**194 531**	**114 926**	**79 605**	**58 029**	**45 496**	**12 534**	**9 338**	**8 006**	**1 332**
60	46 476	26 081	20 394	14 666	11 263	3 403	2 133	1 788	345
61	41 588	24 486	17 101	13 409	10 450	2 959	1 701	1 443	258
62	37 369	21 931	15 438	11 460	9 088	2 372	1 861	1 589	273
63	34 740	21 015	13 725	9 834	7 728	2 106	1 821	1 575	246
64	34 358	21 413	12 945	8 660	6 968	1 692	1 821	1 610	211
65－69	**142 097**	**94 023**	**48 075**	**25 546**	**21 534**	**4 011**	**5 527**	**4 990**	**538**
65	33 865	21 263	12 602	7 630	6 207	1 423	1 665	1 468	197
66	27 175	17 752	9 423	5 055	4 206	849	1 126	1 016	110
67	29 270	19 600	9 669	5 065	4 354	711	1 029	929	100
68	27 014	18 347	8 668	4 290	3 708	581	914	835	80
69	24 773	17 061	7 712	3 506	3 059	447	793	742	52
70－74	**91 264**	**65 378**	**25 886**	**11 938**	**10 761**	**1 177**	**2 266**	**2 156**	**110**
70	23 505	16 435	7 070	3 306	2 925	381	661	626	35
71	19 013	13 471	5 542	2 548	2 297	251	456	426	30
72	19 185	13 998	5 187	2 480	2 267	213	453	433	20
73	15 785	11 477	4 307	1 953	1 762	191	396	379	17
74	13 776	9 997	3 779	1 652	1 510	141	299	291	8
75－79	**48 173**	**35 333**	**12 841**	**5 538**	**5 059**	**479**	**1 317**	**1 238**	**79**
75	13 637	9 977	3 660	1 599	1 452	147	313	300	12
76	10 075	7 354	2 721	1 100	1 004	95	283	266	17
77	9 737	7 153	2 584	1 106	998	107	295	271	24
78	8 250	6 099	2 151	949	881	68	231	218	12
79	6 475	4 751	1 724	784	724	61	195	181	14
80－84	**20 941**	**15 486**	**5 454**	**2 266**	**2 055**	**210**	**647**	**606**	**41**
80	6 362	4 727	1 635	709	645	64	165	161	5
81	4 818	3 580	1 239	521	480	41	165	152	13
82	3 885	2 901	983	416	377	39	109	101	8
83	3 171	2 352	819	350	312	38	125	118	7
84	2 705	1 926	779	270	242	28	82	74	8
85－89	**5 953**	**4 280**	**1 673**	**547**	**473**	**74**	**112**	**99**	**13**
85	2 104	1 521	584	199	180	20	43	41	2
86	1 387	1 015	372	135	115	20	28	22	6
87	1 015	728	287	90	79	12	16	14	2
88	839	588	250	64	53	11	15	13	2
89	608	429	179	59	47	12	11	9	1
90－94	**1 248**	**840**	**408**	**123**	**103**	**20**	**33**	**22**	**11**
90	440	289	150	35	31	4	12	8	4
91	324	218	106	40	35	5	9	5	4
92	225	137	87	25	18	7	5	4	1
93	156	117	38	11	9	3	2	1	1
94	104	79	26	12	10	2	5	5	
95岁及以上	**209**	**138**	**72**	**22**	**20**	**2**	**3**	**3**	

表9-8c 全国分年龄、性别、受教育程度的老年人口(乡村)(续 2)

单位：人

年　龄	大学专科			大学本科			研究生		
	小计	男	女	小计	男	女	小计	男	女
总　计	**3 105**	**2 896**	**208**	**422**	**399**	**23**	**7**	**5**	**2**
60-64	**1 218**	**1 116**	**102**	**141**	**129**	**12**			
60	270	248	22	38	32	6			
61	241	224	17	24	23	1			
62	227	208	19	22	22				
63	240	215	25	29	26	2			
64	240	221	20	28	26	3			
65-69	**1 048**	**974**	**74**	**144**	**138**	**6**	**2**	**2**	
65	296	277	19	34	30	4	1	1	
66	206	188	19	24	23	1			
67	207	193	14	37	37				
68	182	170	12	26	25				
69	156	146	10	22	22				
70-74	**489**	**475**	**14**	**79**	**74**	**5**	**2**	**2**	
70	156	153	3	14	13	1			
71	101	100	1	23	23				
72	94	90	4	15	12	3	1	1	
73	82	79	3	15	14	1	1	1	
74	56	54	2	13	13				
75-79	**215**	**204**	**10**	**31**	**30**	**1**	**3**	**1**	**2**
75	56	54	2	7	7		1	1	
76	48	44	3	7	7				
77	48	47	1	3	2	1	2		2
78	37	35	2	8	8				
79	26	24	2	6	6				
80-84	**102**	**96**	**5**	**25**	**25**				
80	27	25	2	6	6				
81	23	23		4	4				
82	17	17		1	1				
83	22	20	2	7	7				
84	12	10	2	7	7				
85-89	**22**	**22**		**3**	**3**				
85	9	9		1	1				
86	2	2							
87	4	4		2	2				
88	6	6							
89	1	1							
90-94	**8**	**5**	**3**						
90	6	3	3						
91	2	2							
92	1	1							
93									
94									
95岁及以上	**3**	**3**							

第十卷 人口

死亡

10-1　各地区分性别、年龄的死亡人口

(2004.11.1-2005.10.31)

单位：人

地　区	死亡人口			0岁		
	合计	男	女	小计	男	女
全　国	**101 739**	**58 320**	**43 419**	**2 417**	**1 186**	**1 231**
北　京	924	504	420	1	1	1
天　津	752	432	320	2	2	1
河　北	6 105	3 544	2 561	90	46	44
山　西	2 631	1 566	1 065	55	29	26
内蒙古	1 619	1 014	605	38	23	15
辽　宁	3 383	1 922	1 460	19	6	13
吉　林	1 645	1 013	632	15	7	8
黑龙江	2 633	1 540	1 093	16	14	2
上　海	1 203	639	564	4	3	1
江　苏	6 513	3 649	2 864	90	45	45
浙　江	3 941	2 161	1 780	56	20	36
安　徽	5 028	2 898	2 131	156	76	81
福　建	2 666	1 467	1 199	48	21	26
江　西	3 367	1 988	1 379	113	44	69
山　东	7 796	4 438	3 358	110	57	53
河　南	6 579	3 593	2 986	87	34	52
湖　北	4 280	2 452	1 829	56	39	17
湖　南	5 190	3 003	2 187	102	55	48
广　东	5 661	3 191	2 471	126	62	64
广　西	3 727	2 256	1 471	114	62	53
海　南	504	287	218	16	8	8
重　庆	2 377	1 406	970	24	15	8
四　川	8 468	4 886	3 582	131	76	56
贵　州	3 504	2 008	1 496	302	124	179
云　南	4 004	2 294	1 710	282	137	145
西　藏	263	144	119	35	21	14
陕　西	2 979	1 731	1 247	59	30	29
甘　肃	1 900	1 082	818	121	55	66
青　海	386	214	172	35	17	18
宁　夏	387	237	150	28	14	14
新　疆	1 321	761	561	85	45	40

10-1 各地区分性别、年龄的死亡人口

(2004.11.1-2005.10.31)(续 1)

单位：人

地区	1-4岁			5-9岁			10-14岁		
	小计	男	女	小计	男	女	小计	男	女
全国	**608**	**334**	**273**	**461**	**318**	**143**	**541**	**361**	**179**
北京				1		1	2		2
天津	1			1	1		2	2	1
河北	16	11	5	13	11	2	11	7	5
山西	8	4	4	8	6	2	13	9	4
内蒙古	5	1	3	3	2		9	8	1
辽宁	9	4	5	5	3	3	13	8	5
吉林	1	1		2	2	1	6	5	2
黑龙江	8	6	2	11	6	5	11	7	4
上海	2	2					2	1	
江苏	14	5	9	14	10	3	12	9	3
浙江	12	4	7	13	12	1	17	14	3
安徽	24	10	14	16	11	5	21	14	6
福建	12	5	7	8	7	1	16	12	4
江西	35	18	17	32	23	9	31	22	9
山东	29	15	13	17	13	4	33	23	9
河南	26	16	10	30	24	6	24	14	10
湖北	24	16	7	17	10	7	29	15	14
湖南	33	20	13	21	15	7	20	13	7
广东	26	14	12	31	24	7	36	24	12
广西	27	17	10	23	12	12	27	17	10
海南	7	3	4	4	1	3	4	4	
重庆	18	12	6	15	11	4	12	11	1
四川	84	49	35	37	17	20	71	40	30
贵州	52	29	23	50	36	15	35	23	11
云南	65	32	33	42	31	11	30	20	10
西藏	11	5	6	5	3	2	5	3	2
陕西	7	5	2	14	9	5	13	10	3
甘肃	22	15	7	11	7	3	18	14	5
青海	8	4	3	5	3	2	3	2	1
宁夏	3	2	1	4	2	1	3	2	1
新疆	19	8	10	8	6	3	11	7	4

10-1　各地区分性别、年龄的死亡人口

(2004.11.1-2005.10.31)(续 2)

单位：人

地　区	15-19岁			20-24岁			25-29岁		
	小计	男	女	小计	男	女	小计	男	女
全　国	**904**	**613**	**291**	**907**	**630**	**277**	**1 129**	**780**	**349**
北　京	6	4	3	2	2		4	4	1
天　津	4	1	2	3	2	2	4	3	1
河　北	59	53	7	53	34	18	48	31	16
山　西	19	14	5	28	18	10	24	20	4
内蒙古	21	15	6	19	13	6	24	18	6
辽　宁	21	14	8	13	8	5	24	14	10
吉　林	12	6	6	17	12	5	21	12	10
黑龙江	12	6	6	15	12	4	19	14	5
上　海	1	1		2		1	5	4	1
江　苏	38	19	19	24	19	5	48	36	12
浙　江	13	6	7	22	14	7	41	39	1
安　徽	43	34	10	35	32	3	39	23	16
福　建	30	25	5	20	13	7	24	20	4
江　西	32	18	14	25	18	6	48	34	14
山　东	67	46	21	42	35	7	64	36	28
河　南	54	42	12	44	32	12	65	38	26
湖　北	36	25	11	51	29	22	49	30	19
湖　南	44	23	21	44	35	9	55	41	13
广　东	53	37	16	62	43	19	58	39	18
广　西	31	23	8	56	50	6	56	41	15
海　南	6	3	3	10	7	4	4	2	2
重　庆	13	9	4	23	10	12	24	20	5
四　川	69	42	27	76	47	29	98	62	35
贵　州	54	38	16	42	25	18	73	54	19
云　南	58	36	22	80	55	24	85	57	28
西　藏	6	3	3	4	2	3	5	3	2
陕　西	37	26	11	27	18	8	41	31	11
甘　肃	23	14	10	21	11	11	28	17	10
青　海	6	4	2	9	6	3	8	6	2
宁　夏	10	8	2	8	6	2	9	7	1
新　疆	25	18	7	30	21	8	36	25	11

10-1 各地区分性别、年龄的死亡人口

(2004.11.1-2005.10.31)(续 3)

单位：人

地区	30-34岁			35-39岁			40-44岁		
	小计	男	女	小计	男	女	小计	男	女
全国	**1 870**	**1 271**	**598**	**2 646**	**1 763**	**884**	**2 992**	**2 082**	**911**
北京	8	5	3	7	3	4	18	12	6
天津	7	5	2	13	8	5	18	11	7
河北	76	53	23	117	80	36	128	85	43
山西	40	25	14	58	42	17	76	51	25
内蒙古	27	21	6	31	22	9	60	46	14
辽宁	48	34	14	79	58	21	109	71	38
吉林	35	25	10	50	38	12	70	52	18
黑龙江	43	30	13	86	50	36	120	79	41
上海	9	5	4	10	7	3	22	16	6
江苏	79	54	26	131	90	41	169	114	55
浙江	52	33	19	104	68	36	107	80	28
安徽	84	50	34	124	68	56	137	103	34
福建	42	29	13	62	41	21	78	48	30
江西	70	38	32	91	74	17	115	87	28
山东	100	77	23	179	118	61	214	154	60
河南	115	75	40	179	101	79	179	135	44
湖北	66	47	19	131	86	45	131	92	39
湖南	91	67	24	157	106	51	142	101	41
广东	116	81	35	134	92	42	177	128	50
广西	82	51	31	123	96	27	126	80	46
海南	9	7	1	15	8	7	12	7	5
重庆	63	35	28	77	48	29	71	47	24
四川	217	140	77	231	148	83	232	162	71
贵州	110	84	27	112	78	33	122	77	45
云南	114	84	30	134	91	43	137	101	37
西藏	8	5	3	11	7	4	11	8	3
陕西	54	40	14	80	59	21	77	51	26
甘肃	41	29	12	59	37	22	52	34	18
青海	13	6	7	18	13	5	15	9	6
宁夏	14	9	5	13	9	4	17	11	6
新疆	39	29	10	31	17	14	49	31	19

10-1　各地区分性别、年龄的死亡人口

(2004.11.1-2005.10.31)(续 4)

单位：人

地　区	45-49岁			50-54岁			55-59岁		
	小计	男	女	小计	男	女	小计	男	女
全　国	**3 872**	**2 575**	**1 297**	**5 551**	**3 584**	**1 967**	**6 241**	**3 992**	**2 249**
北　京	36	24	12	37	25	12	46	23	23
天　津	28	20	8	29	19	10	50	33	17
河　北	241	163	79	307	204	103	397	250	148
山　西	110	75	35	138	93	45	175	108	67
内 蒙 古	84	61	24	102	72	30	101	68	33
辽　宁	158	110	48	224	130	94	210	129	81
吉　林	92	59	33	124	78	45	130	82	48
黑 龙 江	145	98	47	243	143	100	230	131	99
上　海	39	27	12	41	26	15	52	37	15
江　苏	242	149	93	335	233	102	403	266	136
浙　江	136	97	39	211	142	70	209	136	72
安　徽	140	92	48	240	166	74	285	176	110
福　建	105	78	26	128	95	33	132	87	45
江　西	132	83	49	151	111	40	194	133	61
山　东	286	196	91	457	297	160	465	286	179
河　南	244	137	107	312	177	135	450	294	155
湖　北	163	96	67	263	146	117	296	182	115
湖　南	213	150	63	288	172	116	310	202	108
广　东	202	138	64	270	180	90	271	189	82
广　西	150	109	41	185	146	38	213	156	56
海　南	21	16	5	26	19	7	22	13	9
重　庆	88	66	23	136	91	45	138	87	51
四　川	291	200	91	566	350	216	583	391	192
贵　州	127	79	48	164	112	52	193	123	70
云　南	121	77	44	170	115	55	221	129	92
西　藏	10	6	3	13	7	7	17	9	8
陕　西	133	84	49	172	105	67	176	114	62
甘　肃	59	40	19	100	62	39	128	73	54
青　海	16	11	5	19	11	8	27	16	11
宁　夏	17	13	5	15	9	6	19	11	8
新　疆	42	23	19	81	48	33	98	57	41

10-1 各地区分性别、年龄的死亡人口

(2004.11.1-2005.10.31)(续 5)

单位：人

地区	60-64岁			65-69岁			70-74岁		
	小计	男	女	小计	男	女	小计	男	女
全国	**7 697**	**4 829**	**2 868**	**10 914**	**6 736**	**4 178**	**14 507**	**8 611**	**5 896**
北京	65	38	27	121	69	52	170	101	69
天津	51	28	23	83	48	35	132	82	51
河北	451	291	161	662	420	241	1 010	591	419
山西	193	123	70	340	215	125	433	257	176
内蒙古	138	84	54	231	133	98	262	172	91
辽宁	260	154	106	400	233	168	458	260	198
吉林	150	96	54	225	137	88	216	133	82
黑龙江	245	145	100	375	210	165	382	217	165
上海	51	32	19	90	54	36	159	93	67
江苏	477	320	157	558	337	221	897	558	339
浙江	198	126	72	343	227	116	537	290	248
安徽	399	267	132	499	337	163	852	536	316
福建	163	106	57	270	172	98	360	214	146
江西	256	166	91	389	248	141	428	263	166
山东	555	343	212	810	534	275	1 090	622	467
河南	468	296	171	724	407	317	984	579	405
湖北	349	206	143	483	309	174	655	396	259
湖南	394	240	154	591	371	220	744	446	298
广东	342	219	123	539	352	187	770	469	301
广西	291	195	96	337	218	119	490	291	199
海南	29	20	9	55	36	18	71	43	27
重庆	225	143	82	258	166	91	335	199	135
四川	719	451	268	866	556	310	1 100	643	456
贵州	282	173	109	364	215	148	416	252	164
云南	273	164	110	422	244	178	532	314	218
西藏	19	11	8	29	17	11	30	16	14
陕西	253	152	100	361	199	162	456	267	189
甘肃	200	124	76	251	144	107	280	159	122
青海	35	19	16	43	27	16	48	25	22
宁夏	27	19	9	47	30	17	44	25	19
新疆	136	79	57	148	69	79	167	98	69

10-1　各地区分性别、年龄的死亡人口

(2004.11.1-2005.10.31)(续 6)

单位：人

地　区	75-79岁			80-84岁			85-89岁		
	小计	男	女	小计	男	女	小计	男	女
全　国	**14 956**	**8 182**	**6 774**	**12 819**	**6 291**	**6 528**	**6 935**	**2 924**	**4 010**
北　京	153	81	71	131	63	68	80	36	44
天　津	142	75	66	93	53	40	60	30	30
河　北	1 006	555	451	832	425	407	384	159	225
山　西	410	234	176	313	162	151	143	59	84
内蒙古	212	128	84	158	75	83	61	35	26
辽　宁	534	279	255	427	234	193	233	113	120
吉　林	208	114	94	163	91	72	68	43	25
黑龙江	335	201	134	200	106	93	102	48	54
上　海	222	119	102	226	110	116	169	72	97
江　苏	999	536	463	997	473	523	627	270	358
浙　江	647	355	293	611	278	333	393	164	229
安　徽	786	435	351	704	337	367	306	100	206
福　建	426	217	209	352	154	199	232	85	147
江　西	493	278	215	467	215	252	180	83	97
山　东	1 222	660	562	1 063	520	543	636	277	358
河　南	1 083	530	552	863	437	425	423	157	266
湖　北	637	341	295	496	250	245	243	98	145
湖　南	769	438	331	667	311	355	315	132	184
广　东	816	440	376	745	360	385	524	199	326
广　西	467	264	203	459	224	235	273	121	153
海　南	76	37	39	52	26	27	37	20	18
重　庆	347	196	150	278	138	140	162	74	87
四　川	1 171	669	502	1 068	519	549	559	236	323
贵　州	421	231	190	311	153	158	182	71	110
云　南	505	280	225	424	206	219	212	93	119
西　藏	23	10	13	13	5	9	6	2	4
陕　西	410	231	179	377	187	190	170	81	89
甘　肃	215	119	96	170	93	77	78	28	50
青　海	42	21	22	24	11	13	8	2	7
宁　夏	45	28	17	40	21	19	18	8	10
新　疆	136	79	57	94	55	40	52	30	22

10-1 各地区分性别、年龄的死亡人口

(2004.11.1-2005.10.31)(续 7)

单位：人

地 区	90-94岁			95-99岁			100岁及以上		
	小计	男	女	小计	男	女	小计	男	女
全 国	**2 958**	**1 015**	**1 943**	**672**	**202**	**470**	**142**	**40**	**102**
北 京	29	12	17	8	3	6	1		1
天 津	22	7	14	6	2	4	1	1	
河 北	159	62	97	38	11	26	7	2	5
山 西	42	18	24	5	2	2			
内蒙古	30	15	14	3		2	1	1	
辽 宁	111	49	63	19	9	10	10	5	5
吉 林	36	18	18	5	2	3	2	2	1
黑龙江	28	16	12	6		6	1		1
上 海	75	24	52	19	4	15	2		2
江 苏	290	92	199	59	16	43	10		10
浙 江	168	43	125	46	12	35	3		3
安 徽	110	23	87	24	8	16	3	2	2
福 建	127	28	99	26	8	19	4	1	3
江 西	70	27	43	13	5	8	3	1	1
山 东	283	97	186	62	28	34	13	3	10
河 南	177	56	121	42	8	34	4		4
湖 北	86	31	55	16	5	11	4	2	1
湖 南	158	55	104	24	8	16	7	3	4
广 东	263	78	184	74	16	58	26	7	19
广 西	148	65	82	38	18	21	10		10
海 南	19	5	14	7	2	5	2		2
重 庆	47	19	28	22	7	15	1		1
四 川	222	67	155	64	15	49	13	5	8
贵 州	78	28	50	10	2	8	2	1	1
云 南	76	24	53	17	4	13	4	1	3
西 藏	2	1	2						
陕 西	53	29	24	6	1	4	1	1	
甘 肃	19	9	10	4	1	3	1		1
青 海	3	2	2						
宁 夏	4	3	1	1	1				
新 疆	21	11	10	7	3	5	6	3	3

10-1a　各地区分性别、年龄的死亡人口
(2004.11.1-2005.10.31)(城市)

单位：人

地　区	死亡人口			0岁		
	合计	男	女	小计	男	女
全　国	**20 265**	**11 736**	**8 530**	**261**	**143**	**118**
北　京	645	345	300			
天　津	435	251	183	1	1	
河　北	895	550	345	5	3	2
山　西	459	280	179	8	4	3
内蒙古	411	255	156	6	4	2
辽　宁	1 324	756	568	8	1	6
吉　林	447	294	153	2	1	2
黑龙江	958	554	404	4	4	
上　海	981	522	460	3	2	1
江　苏	1 551	874	677	38	19	19
浙　江	1 069	578	491	13	4	9
安　徽	501	300	201	18	10	8
福　建	492	266	226	4	1	3
江　西	398	248	150	6	3	4
山　东	1 709	1 015	694	13	7	6
河　南	812	431	381	2	2	
湖　北	980	563	417	12	7	5
湖　南	759	458	301	13	9	4
广　东	1 891	1 072	819	34	22	12
广　西	349	242	106	4	3	1
海　南	131	81	50	2	1	
重　庆	431	259	172	4	2	2
四　川	795	467	328	10	8	2
贵　州	291	184	107	7	2	4
云　南	537	302	235	25	11	14
西　藏	20	10	10			
陕　西	469	266	202	6	4	2
甘　肃	153	96	56	3	2	2
青　海	44	25	20			
宁　夏	87	55	31	4	2	2
新　疆	240	136	104	6	4	3

10-1a 各地区分性别、年龄的死亡人口

(2004.11.1-2005.10.31)(城市)(续 1)

单位：人

地区	1-4岁			5-9岁			10-14岁		
	小计	男	女	小计	男	女	小计	男	女
全　国	**72**	**45**	**27**	**62**	**45**	**18**	**62**	**35**	**27**
北　京				1		1			
天　津							1	1	
河　北									
山　西	1	1	1	1	1		3	1	2
内蒙古							2	2	
辽　宁	1	1					4	1	3
吉　林	1	1		1		1	2	1	1
黑龙江				2		2	2	1	1
上　海	2	2							
江　苏	9	3	5	5	5				
浙　江	3	1	1	3	3		1	1	
安　徽	2		2	3	3				
福　建	1		1				1	1	
江　西	1	1					1	1	
山　东	6	6		3	1	1	11	7	4
河　南	2	2		8	8		4		4
湖　北	9	6	2	2		2	2	1	1
湖　南	3	3		1	1		1		1
广　东	8	4	4	14	11	3	6	4	2
广　西	1	1		1		1	3	1	1
海　南	2	2					1	1	
重　庆	3	3		1	1		3	2	1
四　川	2		2	5	2	3	3		3
贵　州	3	2	1	4	4		2	1	1
云　南	7	2	4	5	2	2	2	2	
西　藏									
陕　西	1	1	1	1	1		2	2	
甘　肃	1	1							
青　海									
宁　夏									
新　疆	3	2	1				2	2	

10-1a　各地区分性别、年龄的死亡人口
(2004.11.1-2005.10.31)(城市)(续 2)

单位：人

地　区	15-19岁			20-24岁			25-29岁		
	小计	男	女	小计	男	女	小计	男	女
全　国	**123**	**86**	**37**	**134**	**96**	**38**	**167**	**116**	**51**
北　京	1	1	1	1	1		3	2	1
天　津	2	1	1	1			2	2	
河　北	8	8		7	5	2	7	3	3
山　西	3	3	1	1	1	1	3	3	1
内蒙古	4	4					9	5	5
辽　宁	9	6	3	4	3	1	9	4	5
吉　林				1	1		6	3	3
黑龙江	8	2	6	6	4	2	11	9	1
上　海	1	1		2		1	3	2	1
江　苏	9	3	5	5	2	3	7	2	5
浙　江	4	1	3	3		3	7	7	
安　徽	3	3		3	3		3	2	2
福　建	3	1	1	3	1	1	5	5	
江　西				4	4		8	8	
山　东	11	8	3	16	13	3	9	7	3
河　南				6	4	2	12	8	4
湖　北	12	10	2	10	6	4	7	4	4
湖　南	4	4		1	1		4	3	1
广　东	18	13	5	21	13	8	16	12	4
广　西	3	3		5	5		3	1	1
海　南	1			4	3	1	1		
重　庆	2	1	1	5	3	2	4	4	
四　川	7	5	2	10	10		7	7	
贵　州	1		1	2		2	6	6	
云　南	2	2		9	8		8	5	4
西　藏	1								
陕　西	2	2		3	3		1		1
甘　肃	1	1		1	1		1		1
青　海				1		1			
宁　夏	1	1		1	1		1		
新　疆	1		1	1	1		4	3	1

10-1a 各地区分性别、年龄的死亡人口

(2004.11.1-2005.10.31)(城市)(续 3)

单位：人

地区	30-34岁			35-39岁			40-44岁		
	小计	男	女	小计	男	女	小计	男	女
全国	**297**	**214**	**83**	**443**	**299**	**145**	**611**	**435**	**176**
北京	5	3	1	4	2	2	14	9	5
天津	3	2	1	6	4	3	11	8	4
河北	15	13	2	13	10	3	18	13	5
山西	7	5	2	12	9	3	12	6	5
内蒙古	8	6	1	6	4	2	19	15	4
辽宁	11	9	3	35	24	11	45	30	15
吉林	10	7	3	12	10	2	17	15	2
黑龙江	14	9	5	26	15	11	53	34	19
上海	7	4	3	6	5	2	15	9	6
江苏	17	10	7	29	24	5	41	26	16
浙江	12	7	4	22	13	9	22	17	4
安徽	10	6	3	21	11	10	16	13	3
福建	5	5		4	3	1	15	8	7
江西	5	4	1	13	10	3	10	6	4
山东	20	17	3	32	20	12	53	44	9
河南	10	6	4	34	18	16	26	16	10
湖北	15	10	5	14	6	7	31	25	6
湖南	13	9	4	20	19	1	20	15	5
广东	40	28	12	46	36	10	57	41	16
广西	9	8	1	9	5	4	13	9	4
海南	1	1		7	4	3	4	2	2
重庆	6	5	1	17	9	8	9	8	2
四川	17	12	5	12	8	3	25	24	2
贵州	9	7	2	6	3	2	12	10	2
云南	8	6	2	14	10	4	18	11	6
西藏	1	1		1	1		1	1	
陕西	6	5	2	9	6	4	11	8	3
甘肃	1	1	1	3	3		5	4	1
青海	2	1	1	2	2		3	1	2
宁夏	4	2	2	3	3		4	2	2
新疆	7	4	4	5	2	3	10	6	5

10-1a 各地区分性别、年龄的死亡人口

(2004.11.1-2005.10.31)(城市)(续 4)

单位：人

地 区	45-49岁			50-54岁			55-59岁		
	小计	男	女	小计	男	女	小计	男	女
全 国	**876**	**620**	**257**	**1 147**	**732**	**414**	**1 204**	**744**	**460**
北 京	21	15	6	25	15	10	33	14	19
天 津	19	14	5	16	9	7	26	17	8
河 北	36	26	10	54	38	16	67	39	28
山 西	17	14	3	26	18	8	23	13	10
内 蒙 古	22	17	4	30	23	7	30	19	11
辽 宁	76	59	18	71	38	34	74	45	29
吉 林	27	18	8	31	20	12	25	18	7
黑 龙 江	48	36	12	83	49	34	71	41	30
上 海	30	20	10	32	21	11	40	30	10
江 苏	64	43	21	71	50	21	105	67	38
浙 江	45	32	13	56	32	25	58	38	20
安 徽	26	16	10	27	18	10	24	13	11
福 建	17	16	1	20	17	3	19	11	8
江 西	21	10	10	27	19	8	26	22	4
山 东	61	50	11	98	59	39	121	77	44
河 南	52	32	20	42	24	18	62	28	34
湖 北	39	21	17	60	39	21	62	31	31
湖 南	43	29	13	56	41	15	44	27	17
广 东	72	51	20	98	62	35	97	62	35
广 西	13	9	4	30	27	3	28	21	8
海 南	6	5	1	6	5	1	5	2	3
重 庆	18	14	4	26	16	10	17	12	5
四 川	39	22	17	61	30	30	44	34	10
贵 州	13	10	3	11	8	3	16	10	6
云 南	10	6	3	22	17	6	29	18	11
西 藏	1	1		1		1	2	1	1
陕 西	21	17	4	35	19	16	26	16	10
甘 肃	6	5	2	12	8	4	10	6	4
青 海	2	2		1		1	3	1	1
宁 夏	3	2		4	2	2	3	3	
新 疆	8	5	4	15	8	6	14	7	6

10-1a 各地区分性别、年龄的死亡人口

(2004.11.1-2005.10.31)(城市)(续 5)

单位：人

地　区	60-64岁			65-69岁			70-74岁		
	小计	男	女	小计	男	女	小计	男	女
全　国	**1 516**	**925**	**590**	**2 334**	**1 427**	**907**	**2 951**	**1 790**	**1 160**
北　京	41	24	17	93	52	42	117	69	48
天　津	30	17	13	46	25	20	81	48	34
河　北	84	57	26	121	82	39	148	92	56
山　西	35	23	13	66	39	27	81	46	36
内蒙古	40	23	17	62	32	30	68	47	21
辽　宁	88	55	33	185	104	81	214	120	94
吉　林	54	33	21	72	48	25	67	39	28
黑龙江	99	53	47	160	88	72	152	88	64
上　海	39	27	12	75	44	31	132	76	57
江　苏	114	71	43	143	95	48	190	112	78
浙　江	45	25	20	93	61	32	172	109	64
安　徽	34	19	14	56	34	23	69	47	23
福　建	41	30	11	56	34	21	65	44	21
江　西	25	14	10	49	30	19	44	27	17
山　东	147	83	64	210	137	73	228	134	93
河　南	54	26	28	109	58	50	91	56	34
湖　北	76	49	27	113	72	41	159	93	66
湖　南	63	47	16	84	52	32	114	71	44
广　东	117	72	45	177	110	66	243	148	95
广　西	31	27	4	28	19	9	45	36	9
海　南	9	6	3	14	10	4	23	12	11
重　庆	35	24	11	44	26	18	51	26	24
四　川	49	32	17	54	34	20	113	71	42
贵　州	23	15	9	32	26	7	39	27	12
云　南	39	22	17	60	37	23	74	48	25
西　藏	2	1	1	3	2	1	4	2	2
陕　西	43	24	19	59	32	27	83	50	34
甘　肃	21	11	10	25	18	7	28	20	8
青　海	3	2	1	5	3	1	6	3	3
宁　夏	10	6	4	13	9	4	7	4	3
新　疆	26	11	15	27	15	12	42	27	15

10-1a　各地区分性别、年龄的死亡人口

(2004.11.1-2005.10.31)(城市)(续 6)

单位：人

地　区	75-79岁			80-84岁			85-89岁		
	小计	男	女	小计	男	女	小计	男	女
全　国	**3 010**	**1 694**	**1 316**	**2 522**	**1 295**	**1 227**	**1 532**	**691**	**841**
北　京	111	57	54	87	41	46	54	26	28
天　津	82	46	36	56	33	23	36	18	17
河　北	126	72	54	100	53	48	51	20	31
山　西	82	54	28	46	25	20	24	10	14
内蒙古	35	22	13	42	20	22	20	10	10
辽　宁	200	108	93	166	95	71	74	31	43
吉　林	47	31	15	44	30	14	16	12	5
黑龙江	112	69	43	60	29	30	30	14	16
上　海	188	100	88	185	90	95	142	63	79
江　苏	256	140	116	212	107	105	154	71	83
浙　江	162	84	78	156	74	83	123	55	68
安　徽	84	53	31	58	35	23	27	6	21
福　建	78	34	44	74	30	44	45	16	29
江　西	58	32	26	56	30	26	27	18	9
山　东	245	141	105	190	108	81	150	72	77
河　南	117	58	58	103	54	48	50	20	30
湖　北	151	86	65	120	62	57	61	24	37
湖　南	108	56	52	89	39	51	53	27	27
广　东	277	159	117	241	120	122	175	69	106
广　西	47	24	23	42	26	17	23	12	12
海　南	13	8	5	13	8	5	10	7	4
重　庆	66	37	29	56	28	28	43	28	15
四　川	113	77	35	113	54	59	54	24	30
贵　州	49	28	21	33	16	18	10	6	4
云　南	69	40	29	74	36	38	36	14	22
西　藏	2		1	1		1	1		1
陕　西	67	35	33	58	26	31	20	11	10
甘　肃	14	8	6	11	5	7	5	3	2
青　海	9	6	4	4	2	2	2	1	2
宁　夏	12	8	4	10	6	4	3	1	2
新　疆	31	19	11	20	13	7	11	4	7

10-1a 各地区分性别、年龄的死亡人口

(2004.11.1-2005.10.31)(城市)(续 7)

单位：人

地区	90-94岁			95-99岁			100岁及以上		
	小计	男	女	小计	男	女	小计	男	女
全　国	**708**	**242**	**466**	**187**	**48**	**139**	**47**	**15**	**33**
北　京	26	11	14	8	3	6	1		1
天　津	11	4	7	3	1	2			
河　北	21	10	11	10	5	5	3		3
山　西	8	5	3	1		1			
内蒙古	8	3	5	1					
辽　宁	39	19	20	4		4	8	4	4
吉　林	10	5	5	2	2	1	1	1	
黑龙江	13	9	4	4		4	1		1
上　海	60	22	38	17	4	13	2		2
江　苏	64	21	43	14	2	12	3		3
浙　江	55	10	45	12	3	9	1		1
安　徽	8	3	5	8	3	5			
福　建	29	4	25	7	1	5	1	1	
江　西	12	4	8	4	3	1	1	1	
山　东	65	18	47	15	4	11	7	2	6
河　南	20	8	12	6		6			
湖　北	17	7	10	5	1	4	1	1	
湖　南	20	5	15	3		3	1	1	
广　东	93	26	67	30	5	25	10	2	9
广　西	8	4	4	4	3	1			
海　南	5	1	4	1		1	1		1
重　庆	17	8	8	5	2	3			
四　川	47	12	35	10	2	8	2		2
贵　州	10	4	6	1		1			
云　南	23	4	18	6	1	6			
西　藏									
陕　西	13	8	5	1		1			
甘　肃	2	1	1	2	1	1			
青　海	1								
宁　夏	1	1		1	1				
新　疆	4	3	1	3	1	2	1	1	

10-1b　各地区分性别、年龄的死亡人口
(2004.11.1-2005.10.31)(镇)

单位：人

地　区	死亡人口			0岁		
	合计	男	女	小计	男	女
全　国	**14 365**	**8 405**	**5 960**	**313**	**158**	**155**
北　京	48	30	18			
天　津	98	57	41			
河　北	753	440	314	10	5	5
山　西	365	229	136	12	9	3
内蒙古	240	153	87	7	1	6
辽　宁	461	244	217	1		1
吉　林	294	186	107	5	2	3
黑龙江	410	251	159	1	1	
上　海	70	39	31	1	1	
江　苏	1 277	732	544	17	7	10
浙　江	565	330	235	6	3	3
安　徽	947	572	375	24	10	14
福　建	443	238	205	9	4	5
江　西	629	376	252	16	4	12
山　东	1 394	811	584	28	15	13
河　南	798	448	351	8	2	6
湖　北	509	305	204	5	5	
湖　南	555	302	253	13	8	5
广　东	786	459	327	16	8	8
广　西	516	335	181	13	4	9
海　南	65	36	29	2	1	1
重　庆	327	193	134	8	6	3
四　川	1 009	589	419	17	12	5
贵　州	376	224	152	31	18	13
云　南	453	250	204	26	12	14
西　藏	32	20	12	4	3	1
陕　西	426	247	178	12	7	5
甘　肃	273	156	116	11	7	4
青　海	54	32	21	2		1
宁　夏	38	25	12	4	2	2
新　疆	153	93	60	5	3	2

10-1b 各地区分性别、年龄的死亡人口

(2004.11.1-2005.10.31)(镇)(续 1)

单位：人

地　区	1-4岁			5-9岁			10-14岁		
	小计	男	女	小计	男	女	小计	男	女
全　国	**65**	**41**	**24**	**63**	**45**	**18**	**75**	**53**	**22**
北　京									
天　津									
河　北	3	3		3	3		3	3	
山　西	1	1					2	2	1
内蒙古	1			1	1		1	1	
辽　宁									
吉　林									
黑龙江	2	1	1	2	2				
上　海							1	1	
江　苏				2	2		7	3	3
浙　江	1	1		1	1		1	1	
安　徽	3	3		3	2	2	5	3	2
福　建				1	1		3	3	
江　西	8	4	4	9	8	1	5	5	
山　东	10	5	5	3	3		7	5	2
河　南	2	2		2	2				
湖　北				4	2	1	9	6	2
湖　南				1		1	3	1	1
广　东	3	2	1	5	4	1	5	3	2
广　西	5	4	1	3	1	1	5	4	1
海　南				1	1				
重　庆	3	2	1	4	1	3			
四　川	8	3	5	7	2	5	7	7	
贵　州	4	2	2	2	2		2	1	1
云　南	3	2	1	5	3	2	3	1	3
西　藏	1	1					1		1
陕　西	1		1	1	1		2	2	1
甘　肃	2	2		1	1	1			
青　海							1		1
宁　夏				1	1		1		
新　疆	2	1	1						

10-1b　各地区分性别、年龄的死亡人口

(2004.11.1-2005.10.31)(镇)(续 2)

单位：人

地　区	15-19岁			20-24岁			25-29岁		
	小计	男	女	小计	男	女	小计	男	女
全　国	**113**	**74**	**39**	**116**	**83**	**33**	**171**	**132**	**40**
北　京	2	1	1						
天　津	1			1			1	1	
河　北	2	2		10	5	5	11	8	3
山　西	3	3		4	3	1	4	3	1
内蒙古	2	1	1				5	4	
辽　宁	4	1	3	3	1	1	4	3	1
吉　林	3	1	2	4	3	1	2	2	1
黑龙江				2	2		1		1
上　海									
江　苏	2	2		2	2		14	12	2
浙　江	1		1	3	3		7	7	
安　徽	8	6	2				2	2	
福　建	7	5	1	4	3	1	4	3	1
江　西	4	3	1	5	4	1	3	3	
山　东	7	7		5	5		12	9	3
河　南	6	4	2	4	4		10	6	4
湖　北	4	1	2	6	4	2	7	5	2
湖　南	7	3	4	1	1		5	5	
广　东	8	6	2	9	5	3	10	7	2
广　西	6	5	1	13	12	1	9	6	3
海　南	2		2	2	2				
重　庆	4	4		5	3	2	7	6	1
四　川	8	3	5	3		3	13	10	3
贵　州	1	1		7	3	3	6	4	1
云　南	8	6	2	6	4	2	12	10	2
西　藏	2	1	1	1	1		1	1	1
陕　西	3	3		4	2	2	8	7	1
甘　肃	5	2	2	3	1	2	8	5	4
青　海	1	1		3	2		1	1	
宁　夏	2	2		1	1				
新　疆	3	1	2	5	4	1	3	2	1

10-1b 各地区分性别、年龄的死亡人口

(2004.11.1-2005.10.31)(镇)(续 3)

单位：人

地　区	30-34岁			35-39岁			40-44岁		
	小计	男	女	小计	男	女	小计	男	女
全　国	**246**	**166**	**80**	**387**	**278**	**109**	**462**	**330**	**132**
北　京	1	1							
天　津	2	1	1	2	2		3	2	2
河　北	13	11	2	16	11	5	15	10	5
山　西	4	3	1	7	6	1	14	7	7
内蒙古	5	2	2	8	3	5	12	10	2
辽　宁	9	8	1	10	8	3	18	10	8
吉　林	5	3	2	8	7	2	11	7	4
黑龙江	5	2	2	15	9	6	19	13	6
上　海	1	1					1		
江　苏	14	12	2	29	26	3	31	21	10
浙　江	12	6	6	13	10	3	20	14	6
安　徽	11	6	5	24	13	11	21	18	3
福　建	7	1	5	9	4	5	11	9	1
江　西	12	8	4	18	16	3	23	17	6
山　东	14	9	4	30	24	6	38	26	11
河　南	8	8		24	12	12	32	28	4
湖　北	5	5		19	14	5	16	12	4
湖　南	11	7	4	17	9	8	19	12	7
广　东	19	14	5	16	11	5	33	24	9
广　西	10	5	5	23	19	4	21	14	6
海　南	1						1	1	
重　庆	7	3	4	9	7	3	8	4	4
四　川	22	12	10	19	13	5	37	29	8
贵　州	12	9	3	19	17	2	13	8	6
云　南	13	9	4	15	11	5	16	12	3
西　藏				2	2	1	1		
陕　西	9	7	3	18	15	3	10	8	3
甘　肃	7	6	1	8	6	3	10	6	3
青　海	1		1	3	2	1	1	1	
宁　夏	1	1							
新　疆	7	6	2	2	2		8	6	3

10-1b　各地区分性别、年龄的死亡人口

(2004.11.1-2005.10.31)(镇)(续 4)

单位：人

地　区	45-49岁			50-54岁			55-59岁		
	小计	男	女	小计	男	女	小计	男	女
全　国	**558**	**368**	**190**	**869**	**576**	**293**	**938**	**596**	**342**
北　京	4	3	2	4	3	1	1	1	1
天　津	3	2	1	4	3	2	8	5	3
河　北	21	13	8	38	21	16	41	23	18
山　西	18	13	6	24	16	8	24	17	7
内蒙古	11	7	4	14	10	4	19	11	8
辽　宁	20	13	8	46	30	16	25	19	6
吉　林	19	15	5	25	18	7	27	17	10
黑龙江	30	19	12	44	33	12	44	30	14
上　海	3	2	1	4	2	2	6	4	2
江　苏	50	31	19	69	45	24	95	55	40
浙　江	14	12	3	36	30	6	30	19	12
安　徽	29	24	5	43	35	8	56	27	29
福　建	9	8	1	34	24	11	24	19	5
江　西	32	16	17	26	22	4	47	31	16
山　东	48	34	14	81	59	21	71	49	22
河　南	28	10	18	44	22	22	83	65	18
湖　北	25	16	9	30	17	12	41	25	16
湖　南	24	17	7	27	15	12	31	19	12
广　东	26	19	7	35	20	15	36	27	10
广　西	22	15	6	21	17	4	27	22	5
海　南	5	4	1	3	2		6	4	2
重　庆	14	10	4	21	14	7	23	13	9
四　川	30	19	12	83	52	30	52	27	25
贵　州	16	12	3	22	13	9	23	13	10
云　南	18	12	6	26	16	10	30	16	14
西　藏	1	1		2	1	1	1		1
陕　西	16	7	8	25	11	14	20	15	5
甘　肃	10	7	3	19	11	8	19	10	10
青　海	3	3		4	2	2	5	3	2
宁　夏	3	2		3	1	1	2		1
新　疆	5	4	1	12	9	3	19	11	8

10-1b 各地区分性别、年龄的死亡人口

(2004.11.1-2005.10.31)(镇)(续 5)

单位：人

地区	60-64岁			65-69岁			70-74岁		
	小计	男	女	小计	男	女	小计	男	女
全国	**1 110**	**706**	**403**	**1 535**	**957**	**579**	**1 982**	**1 210**	**772**
北京	4	2	2	4	4	1	9	5	4
天津	7	4	2	14	7	6	15	10	5
河北	54	36	18	69	49	20	117	69	48
山西	22	14	8	47	32	16	69	39	30
内蒙古	15	11	5	40	28	12	36	23	14
辽宁	38	23	15	56	23	34	51	24	28
吉林	24	15	9	34	25	8	44	31	13
黑龙江	34	23	11	56	30	26	48	27	21
上海	2	1	1	5	4	1	9	7	2
江苏	97	64	33	123	73	50	155	105	50
浙江	32	23	9	46	39	7	68	36	32
安徽	71	45	26	100	72	27	174	121	53
福建	30	17	13	45	26	19	57	32	25
江西	58	32	26	71	47	25	89	56	34
山东	106	70	37	138	81	57	218	138	80
河南	58	40	18	83	44	38	123	60	62
湖北	56	36	20	49	35	14	67	37	30
湖南	48	24	24	65	33	32	80	51	29
广东	46	27	18	81	57	24	108	70	38
广西	38	27	12	60	44	17	63	41	22
海南	4	3		7	4	2	8	3	5
重庆	34	21	13	24	16	8	40	28	12
四川	88	59	29	113	76	37	115	64	51
贵州	32	20	12	32	16	17	42	29	13
云南	22	13	8	50	26	24	49	33	17
西藏	3	2	1	4	2	3	3	2	1
陕西	39	25	13	51	26	25	62	36	26
甘肃	24	13	11	36	21	15	41	21	20
青海	7	5	3	5	3	2	7	5	2
宁夏	1	1		6	4	1	3	2	1
新疆	16	10	6	21	10	11	12	7	5

10-1b 各地区分性别、年龄的死亡人口
(2004.11.1-2005.10.31)(镇)(续 6)

单位：人

地 区	75-79岁			80-84岁			85-89岁		
	小计	男	女	小计	男	女	小计	男	女
全 国	**2 116**	**1 218**	**898**	**1 831**	**858**	**973**	**938**	**391**	**547**
北 京	10	7	3	7	3	3	2	1	1
天 津	17	8	9	11	8	3	8	4	4
河 北	146	90	56	107	48	59	44	20	25
山 西	47	28	19	42	23	19	16	9	7
内 蒙 古	33	27	6	17	5	12	8	5	3
辽 宁	81	43	39	45	20	25	33	13	20
吉 林	34	18	16	25	13	12	11	5	5
黑 龙 江	62	34	28	23	12	12	15	7	8
上 海	9	5	4	14	8	5	9	3	6
江 苏	199	102	97	219	102	117	100	52	48
浙 江	84	48	36	100	48	52	51	23	28
安 徽	134	74	60	151	79	72	58	21	37
福 建	81	42	38	48	16	32	40	17	23
江 西	83	58	25	71	26	45	31	13	18
山 东	205	114	91	215	98	116	110	42	68
河 南	133	65	69	87	42	44	46	22	24
湖 北	69	40	29	55	30	25	35	12	22
湖 南	68	48	20	81	36	45	29	4	25
广 东	112	61	52	108	51	58	69	32	37
广 西	64	45	19	56	21	36	32	15	17
海 南	11	7	4	4	2	2	3	1	2
重 庆	47	32	15	35	14	21	28	9	19
四 川	165	96	69	136	66	71	61	29	32
贵 州	45	27	18	29	16	13	21	8	13
云 南	61	30	30	51	20	31	28	8	20
西 藏	4	3	1	2	1		1		
陕 西	59	36	23	48	23	24	31	10	21
甘 肃	29	18	11	24	16	8	12	3	9
青 海	4	2	3	5	3	2	1		1
宁 夏	2	1	1	4	3	1			
新 疆	18	9	8	10	6	4	5	2	3

10-1b 各地区分性别、年龄的死亡人口

(2004.11.1-2005.10.31)(镇)(续 7)

单位：人

地　区	90-94岁			95-99岁			100岁及以上		
	小计	男	女	小计	男	女	小计	男	女
全　国	**386**	**131**	**255**	**81**	**30**	**51**	**10**	**5**	**5**
北　京									
天　津	1		1						
河　北	26	7	20	3	2	2			
山　西	6	2	3	1	1				
内蒙古	5	2	3						
辽　宁	13	5	8	4	3	1	1	1	
吉　林	10	5	5	1		1	2	1	1
黑龙江	5	5							
上　海	5		5	1		1			
江　苏	41	14	28	10	3	7			
浙　江	30	3	28	6	1	4			
安　徽	24	5	19	3	3		2	2	
福　建	19	4	15	3		3			
江　西	16	5	10	3	1	1			
山　东	39	12	27	10	5	5			
河　南	14	6	8	2	2				
湖　北	7	1	6				1		1
湖　南	24	9	15	1		1			
广　东	28	11	17	10	1	8	2	1	2
广　西	19	12	8	5	3	3			
海　南	4		3						
重　庆	5	1	4	4		4			
四　川	17	8	8	8	3	5			
贵　州	10	3	7	3		3	1	1	
云　南	9	4	5	1	1				
西　藏									
陕　西	6	4	2	1					
甘　肃	2	1	1				1		1
青　海									
宁　夏									
新　疆	1		1						

10-1c　各地区分性别、年龄的死亡人口

(2004.11.1-2005.10.31)(乡村)

单位：人

地　区	死亡人口			0岁		
	合计	男	女	小计	男	女
全　国	**67 109**	**38 179**	**28 929**	**1 843**	**885**	**958**
北　京	231	129	101	1	1	1
天　津	219	124	95	1		
河　北	4 457	2 554	1 903	76	38	38
山　西	1 806	1 056	750	36	17	20
内蒙古	968	606	362	25	17	7
辽　宁	1 598	922	676	10	5	5
吉　林	904	533	371	7	4	3
黑龙江	1 265	735	530	12	9	2
上　海	151	78	73			
江　苏	3 685	2 042	1 643	35	19	16
浙　江	2 307	1 253	1 054	38	13	25
安　徽	3 580	2 026	1 554	114	56	58
福　建	1 730	962	768	34	16	19
江　西	2 340	1 364	977	91	38	53
山　东	4 693	2 613	2 080	69	35	34
河　南	4 968	2 714	2 254	77	30	46
湖　北	2 790	1 583	1 207	39	26	12
湖　南	3 876	2 243	1 633	76	37	39
广　东	2 984	1 659	1 325	76	33	44
广　西	2 863	1 679	1 184	97	55	42
海　南	309	170	139	12	5	7
重　庆	1 619	955	664	11	8	4
四　川	6 664	3 830	2 834	104	56	49
贵　州	2 836	1 599	1 237	265	104	161
云　南	3 014	1 742	1 272	231	114	116
西　藏	211	114	97	31	18	13
陕　西	2 084	1 218	866	42	20	22
甘　肃	1 475	830	645	107	46	60
青　海	288	157	131	33	16	17
宁　夏	263	156	106	21	10	11
新　疆	929	532	397	74	39	35

10-1c 各地区分性别、年龄的死亡人口
(2004.11.1-2005.10.31)(乡村)(续 1)

单位：人

地区	1-4岁			5-9岁			10-14岁		
	小计	男	女	小计	男	女	小计	男	女
全国	**471**	**248**	**222**	**336**	**228**	**108**	**404**	**273**	**131**
北京							2		2
天津				1	1		1		1
河北	13	8	5	10	8	2	8	3	5
山西	6	3	3	7	5	2	8	6	2
内蒙古	4	1	3	2	2		7	5	1
辽宁	8	3	5	5	3	3	9	6	3
吉林				2	2		5	4	1
黑龙江	6	5	1	6	4	2	8	6	2
上海									
江苏	5	2	3	7	3	3	5	5	
浙江	7	1	6	9	7	1	14	12	3
安徽	19	6	13	10	6	3	16	11	5
福建	11	5	5	7	5	1	12	8	4
江西	26	13	13	23	16	8	25	16	9
山东	13	5	9	11	8	3	15	12	3
河南	22	12	10	20	14	6	20	14	6
湖北	15	10	5	11	7	4	17	7	10
湖南	31	17	13	19	13	5	16	12	4
广东	15	8	8	12	9	3	25	17	8
广西	21	12	9	19	10	9	19	12	8
海南	4	1	3	3		3	2	2	
重庆	12	8	5	10	9	1	9	9	
四川	74	45	29	25	13	12	61	34	27
贵州	45	25	20	44	29	15	30	21	9
云南	56	28	28	33	26	7	25	18	7
西藏	10	4	6	5	3	2	3	2	1
陕西	5	4	1	12	7	5	9	7	2
甘肃	19	12	7	10	7	3	18	14	5
青海	7	4	3	4	3	2	2	1	1
宁夏	3	1	1	3	1	1	2	1	
新疆	14	6	8	8	6	3	9	6	4

10-1c 各地区分性别、年龄的死亡人口
(2004.11.1-2005.10.31)(乡村)(续 2)

单位：人

地 区	15-19岁			20-24岁			25-29岁		
	小计	男	女	小计	男	女	小计	男	女
全 国	**669**	**453**	**215**	**657**	**452**	**205**	**791**	**533**	**258**
北 京	3	2	1	1	1		1	1	
天 津	1	1		2	1	1	1		1
河 北	49	43	7	36	25	11	30	20	10
山 西	13	9	4	23	14	9	16	13	3
内蒙古	14	10	4	18	13	6	10	9	1
辽 宁	9	6	3	6	4	3	11	8	4
吉 林	9	5	4	12	8	4	13	7	6
黑龙江	4	4		7	6	1	7	5	2
上 海							1	1	
江 苏	28	14	14	17	16	2	28	22	5
浙 江	7	4	3	16	12	4	26	25	1
安 徽	32	24	8	32	29	3	34	19	14
福 建	21	19	3	13	9	4	15	12	3
江 西	28	16	13	16	10	5	38	23	14
山 东	49	31	18	21	17	4	43	21	22
河 南	48	38	10	34	24	10	42	24	18
湖 北	20	14	6	35	19	16	34	21	12
湖 南	33	16	17	41	32	9	45	33	12
广 东	28	19	9	32	24	8	32	20	12
广 西	22	15	6	38	33	5	45	33	12
海 南	3	3		4	1	3	3	1	2
重 庆	8	5	3	13	5	8	14	10	4
四 川	54	34	20	62	37	25	77	45	32
贵 州	51	37	15	33	21	12	61	44	18
云 南	48	28	20	65	43	22	64	43	22
西 藏	4	2	2	3	1	2	4	3	1
陕 西	33	22	11	20	13	6	33	24	9
甘 肃	17	10	7	18	9	9	18	13	5
青 海	5	3	2	6	4	2	7	5	2
宁 夏	6	4	1	6	4	2	7	6	1
新 疆	21	17	5	24	17	7	30	20	9

10-1c 各地区分性别、年龄的死亡人口
(2004.11.1-2005.10.31)(乡村)(续 3)

单位：人

地区	30-34岁			35-39岁			40-44岁		
	小计	男	女	小计	男	女	小计	男	女
全　国	**1 327**	**891**	**436**	**1 816**	**1 186**	**630**	**1 920**	**1 317**	**602**
北　京	3	1	2	3	1	1	4	3	1
天　津	2	2		5	2	3	3	2	1
河　北	48	28	20	87	59	28	95	62	33
山　西	29	17	12	40	27	13	50	38	13
内蒙古	15	12	2	17	15	2	29	21	8
辽　宁	28	18	10	34	26	8	46	31	15
吉　林	19	15	5	29	21	8	42	31	12
黑龙江	25	19	6	46	26	20	49	33	16
上　海	1	1		3	3		6	6	
江　苏	48	31	17	73	40	33	97	67	29
浙　江	29	20	9	70	45	25	65	48	17
安　徽	63	37	26	79	43	35	100	72	27
福　建	30	23	8	49	34	15	53	30	23
江　西	53	26	27	60	48	12	82	63	18
山　东	66	51	15	118	74	43	123	84	39
河　南	97	60	36	121	71	50	121	91	30
湖　北	46	32	14	98	66	32	83	55	29
湖　南	67	51	16	120	79	41	104	75	29
广　东	57	39	18	71	45	26	87	63	24
广　西	63	38	24	91	72	19	92	56	36
海　南	6	5	1	8	4	3	7	4	3
重　庆	51	27	24	51	32	19	55	36	19
四　川	179	116	62	200	126	74	170	109	61
贵　州	89	68	21	87	58	29	96	59	37
云　南	93	68	25	105	70	35	104	77	27
西　藏	7	5	3	7	4	3	10	7	2
陕　西	39	29	10	53	38	15	55	35	20
甘　肃	33	23	10	47	28	19	37	24	14
青　海	9	5	5	13	9	4	11	7	4
宁　夏	9	6	3	9	5	4	13	9	4
新　疆	24	19	5	24	13	11	31	19	11

10-1c　各地区分性别、年龄的死亡人口
(2004.11.1-2005.10.31)(乡村)(续 4)

单位：人

地　区	45-49岁			50-54岁			55-59岁		
	小计	男	女	小计	男	女	小计	男	女
全　国	**2 438**	**1 587**	**850**	**3 535**	**2 276**	**1 259**	**4 099**	**2 652**	**1 447**
北　京	10	6	4	8	7	1	11	8	4
天　津	5	3	2	9	7	2	16	10	6
河　北	184	123	61	215	144	71	289	187	102
山　西	74	48	26	89	59	29	128	78	50
内蒙古	52	37	15	58	39	19	52	38	14
辽　宁	61	39	23	106	63	44	111	65	46
吉　林	46	26	20	68	41	27	78	48	31
黑龙江	67	43	23	116	61	55	114	60	55
上　海	7	5	1	5	4	2	6	3	3
江　苏	128	74	54	195	138	57	202	143	59
浙　江	77	54	23	119	80	39	120	80	41
安　徽	85	52	34	169	113	56	205	135	69
福　建	78	54	24	74	54	20	90	58	32
江　西	79	57	22	98	70	28	122	80	41
山　东	177	112	66	278	179	100	273	159	114
河　南	163	95	69	226	131	95	304	202	103
湖　北	100	59	41	173	90	83	193	126	67
湖　南	146	104	43	205	116	89	236	157	79
广　东	104	68	36	137	98	39	138	100	38
广　西	115	85	31	135	103	32	158	114	44
海　南	10	7	3	18	12	5	11	7	5
重　庆	56	41	15	89	61	28	99	62	37
四　川	222	160	62	423	268	155	487	330	157
贵　州	98	57	41	131	90	40	154	99	55
云　南	93	58	35	122	82	40	161	95	66
西　藏	8	5	3	11	6	5	14	8	6
陕　西	96	59	37	112	75	37	130	83	47
甘　肃	43	29	15	69	42	27	98	58	41
青　海	11	7	5	15	9	6	20	12	8
宁　夏	12	8	4	8	5	3	13	8	6
新　疆	29	15	14	55	31	24	65	39	26

10-1c 各地区分性别、年龄的死亡人口 (2004.11.1-2005.10.31)(乡村)(续 5)

单位：人

地区	60-64岁			65-69岁			70-74岁		
	小计	男	女	小计	男	女	小计	男	女
全国	**5 072**	**3 197**	**1 875**	**7 045**	**4 353**	**2 692**	**9 574**	**5 611**	**3 963**
北京	20	12	8	23	14	9	44	27	17
天津	14	8	7	24	15	9	36	24	12
河北	314	197	117	471	289	182	745	430	315
山西	136	87	49	227	144	83	283	173	110
内蒙古	83	50	32	130	74	56	158	101	56
辽宁	135	76	59	159	106	53	193	116	76
吉林	72	48	24	119	64	55	104	63	41
黑龙江	112	69	43	159	92	67	182	103	79
上海	10	5	5	10	6	4	18	10	8
江苏	266	185	81	292	169	123	551	340	211
浙江	122	78	43	204	127	77	297	145	152
安徽	295	203	92	343	230	113	609	369	240
福建	91	58	33	169	111	58	238	139	99
江西	173	119	54	269	172	97	295	180	115
山东	302	190	112	461	317	145	644	350	294
河南	355	230	125	532	304	228	770	462	308
湖北	217	121	96	321	202	120	429	265	163
湖南	284	169	114	442	286	156	550	325	225
广东	179	120	59	281	185	96	419	250	168
广西	222	141	81	249	155	94	382	214	168
海南	17	11	5	34	22	12	40	28	12
重庆	156	99	57	190	124	66	243	145	99
四川	583	360	222	699	446	253	872	509	364
贵州	227	138	88	299	174	125	335	196	138
云南	213	129	84	312	181	131	409	233	176
西藏	14	8	6	22	14	8	24	12	12
陕西	171	103	68	252	141	110	310	181	129
甘肃	155	100	55	189	104	85	211	118	93
青海	25	13	12	33	21	13	35	18	17
宁夏	17	12	5	28	17	12	33	19	14
新疆	94	57	37	100	44	56	114	64	50

10-1c　各地区分性别、年龄的死亡人口

(2004.11.1-2005.10.31)(乡村)(续 6)

单位：人

地　区	75-79岁			80-84岁			85-89岁		
	小计	男	女	小计	男	女	小计	男	女
全　国	**9 830**	**5 270**	**4 560**	**8 466**	**4 139**	**4 328**	**4 464**	**1 842**	**2 622**
北　京	32	17	14	37	18	18	24	9	15
天　津	42	22	21	26	12	14	16	7	8
河　北	734	392	341	625	325	300	289	120	169
山　西	280	151	129	225	113	112	103	40	63
内蒙古	144	79	65	98	50	49	33	20	13
辽　宁	253	129	124	215	119	96	126	69	58
吉　林	127	65	62	94	48	46	41	26	15
黑龙江	161	98	63	117	65	51	56	27	29
上　海	25	14	11	27	12	15	18	6	12
江　苏	544	294	251	565	264	301	373	147	226
浙　江	401	223	178	355	156	198	219	85	133
安　徽	569	308	261	494	222	272	221	72	148
福　建	267	140	127	230	107	123	147	52	95
江　西	352	188	164	340	159	181	122	52	70
山　东	772	405	367	658	313	346	376	163	213
河　南	833	407	425	673	341	333	327	115	212
湖　北	417	216	202	321	158	163	147	62	85
湖　南	594	334	260	497	237	260	233	101	132
广　东	427	220	207	396	190	205	280	98	182
广　西	355	195	160	360	178	182	218	94	124
海　南	53	22	30	35	16	19	24	12	11
重　庆	234	128	106	187	96	91	90	37	54
四　川	893	495	397	819	399	419	445	184	261
贵　州	327	176	151	249	122	127	151	58	93
云　南	375	209	166	299	150	149	148	71	78
西　藏	17	7	10	11	4	8	4	1	3
陕　西	283	160	123	272	137	135	119	61	58
甘　肃	172	93	79	134	72	62	61	22	39
青　海	28	13	15	16	7	9	5	1	4
宁　夏	31	19	12	26	13	13	14	7	8
新　疆	88	50	38	64	35	29	36	24	12

10-1c 各地区分性别、年龄的死亡人口
(2004.11.1-2005.10.31)(乡村)(续 7)

单位：人

地区	90-94岁			95-99岁			100岁及以上		
	小计	男	女	小计	男	女	小计	男	女
全国	**1 865**	**642**	**1 223**	**404**	**125**	**280**	**85**	**20**	**64**
北京	3	1	3						
天津	10	4	6	3	1	2	1		
河北	112	46	66	25	5	20	3	2	2
山西	28	11	17	3	2	2			
内蒙古	17	10	7	1		1	1	1	
辽宁	60	25	35	11	6	5	1		1
吉林	16	8	8	2		2			
黑龙江	11	2	8	2		2			
上海	10	2	9	2		2			
江苏	185	57	128	35	10	24	7		7
浙江	83	30	52	29	7	22	1		1
安徽	77	14	63	13	2	11	2		2
福建	79	20	60	17	7	11	3		3
江西	43	18	25	6	1	5	1		1
山东	179	67	112	37	19	18	6	1	4
河南	143	42	101	34	6	28	4		4
湖北	61	22	39	11	4	7	1	1	
湖南	114	40	75	20	8	12	5	1	4
广东	141	41	100	34	9	24	13	4	9
广西	121	50	71	30	13	17	10		10
海南	10	3	7	5	1	3	1		1
重庆	25	9	16	13	5	8	1		1
四川	158	47	111	45	10	35	12	5	7
贵州	58	20	38	6	2	3	1		1
云南	44	15	30	10	3	7	4	1	3
西藏	2		2						
陕西	34	17	17	4	1	2	1	1	
甘肃	16	7	9	2		2			
青海	2	1	1						
宁夏	3	2	1						
新疆	17	8	8	5	2	3	5	2	3

表10-2　各地区分性别的死亡人口和死亡率

(2004.11.1–2005.10.31)

单位：人、‰

地　区	平均人口			死亡人口			死亡率		
	合计	男	女	合计	男	女	合计	男	女
全　国	**16 950 030**	**8 567 155**	**8 382 875**	**101 739**	**58 320**	**43 419**	**6.00**	**6.81**	**5.18**
北　京	203 410	103 025	100 384	924	504	420	4.54	4.90	4.18
天　津	137 972	69 279	68 693	752	432	320	5.45	6.24	4.65
河　北	904 306	454 215	450 091	6 105	3 544	2 561	6.75	7.80	5.69
山　西	443 146	224 834	218 313	2 631	1 566	1 065	5.94	6.96	4.88
内蒙古	315 317	161 341	153 977	1 619	1 014	605	5.14	6.28	3.93
辽　宁	558 531	280 056	278 474	3 383	1 922	1 460	6.06	6.86	5.24
吉　林	359 049	182 397	176 652	1 645	1 013	632	4.58	5.56	3.58
黑龙江	505 131	255 690	249 441	2 633	1 540	1 093	5.21	6.02	4.38
上　海	235 130	118 276	116 854	1 203	639	564	5.12	5.40	4.82
江　苏	988 338	484 929	503 409	6 513	3 649	2 864	6.59	7.52	5.69
浙　江	646 523	327 980	318 542	3 941	2 161	1 780	6.10	6.59	5.59
安　徽	807 882	405 470	402 412	5 028	2 898	2 131	6.22	7.15	5.30
福　建	466 491	234 481	232 011	2 666	1 467	1 199	5.71	6.25	5.17
江　西	568 948	289 500	279 447	3 367	1 988	1 379	5.92	6.87	4.93
山　东	1 221 723	610 891	610 832	7 796	4 438	3 358	6.38	7.26	5.50
河　南	1 239 457	629 478	609 978	6 579	3 593	2 986	5.31	5.71	4.90
湖　北	754 697	383 889	370 808	4 280	2 452	1 829	5.67	6.39	4.93
湖　南	835 520	427 259	408 261	5 190	3 003	2 187	6.21	7.03	5.36
广　东	1 213 107	614 297	598 810	5 661	3 191	2 471	4.67	5.19	4.13
广　西	614 601	318 625	295 976	3 727	2 256	1 471	6.06	7.08	4.97
海　南	109 164	57 288	51 876	504	287	218	4.62	5.00	4.20
重　庆	370 065	186 539	183 526	2 377	1 406	970	6.42	7.54	5.29
四　川	1 086 142	541 702	544 440	8 468	4 886	3 582	7.80	9.02	6.58
贵　州	492 352	253 512	238 840	3 504	2 008	1 496	7.12	7.92	6.26
云　南	587 214	302 997	284 217	4 004	2 294	1 710	6.82	7.57	6.02
西　藏	36 500	18 058	18 442	263	144	119	7.22	8.00	6.45
陕　西	491 884	248 361	243 523	2 979	1 731	1 247	6.06	6.97	5.12
甘　肃	342 721	172 930	169 791	1 900	1 082	818	5.54	6.26	4.82
青　海	71 664	36 207	35 457	386	214	172	5.39	5.92	4.84
宁　夏	78 544	39 573	38 971	387	237	150	4.92	5.99	3.84
新　疆	264 502	134 077	130 426	1 321	761	561	5.00	5.67	4.30

表10-2a 各地区分性别的死亡人口和死亡率

(2004.11.1-2005.10.31)(城市)

单位：人、‰

地区	平均人口			死亡人口			死亡率		
	合计	男	女	合计	男	女	合计	男	女
全国	**4 698 033**	**2 352 948**	**2 345 086**	**20 265**	**11 736**	**8 530**	**4.31**	**4.99**	**3.64**
北京	160 574	81 099	79 476	645	345	300	4.02	4.25	3.78
天津	79 330	39 475	39 855	435	251	183	5.48	6.36	4.60
河北	182 513	89 359	93 154	895	550	345	4.90	6.15	3.70
山西	114 061	57 010	57 050	459	280	179	4.03	4.92	3.14
内蒙古	114 191	57 610	56 581	411	255	156	3.60	4.43	2.75
辽宁	252 571	124 774	127 797	1 324	756	568	5.24	6.06	4.45
吉林	120 369	60 098	60 271	447	294	153	3.72	4.89	2.55
黑龙江	199 016	99 887	99 129	958	554	404	4.81	5.54	4.08
上海	189 632	95 456	94 176	981	522	460	5.18	5.46	4.88
江苏	343 389	170 408	172 981	1 551	874	677	4.52	5.13	3.91
浙江	244 407	124 164	120 243	1 069	578	491	4.37	4.65	4.08
安徽	129 005	65 121	63 884	501	300	201	3.88	4.60	3.15
福建	138 741	69 550	69 190	492	266	226	3.55	3.83	3.27
江西	80 477	40 411	40 067	398	248	150	4.95	6.15	3.75
山东	347 266	173 262	174 004	1 709	1 015	694	4.92	5.86	3.99
河南	223 292	112 034	111 258	812	431	381	3.64	3.85	3.42
湖北	222 990	111 811	111 179	980	563	417	4.40	5.04	3.75
湖南	173 909	87 512	86 397	759	458	301	4.36	5.23	3.48
广东	560 756	283 498	277 258	1 891	1 072	819	3.37	3.78	2.95
广西	88 140	44 297	43 843	349	242	106	3.96	5.47	2.43
海南	42 016	21 791	20 226	131	81	50	3.11	3.70	2.48
重庆	90 920	45 689	45 232	431	259	172	4.74	5.66	3.80
四川	166 878	81 657	85 221	795	467	328	4.76	5.71	3.85
贵州	58 927	29 402	29 525	291	184	107	4.94	6.26	3.63
云南	102 942	51 990	50 952	537	302	235	5.22	5.81	4.62
西藏	4 878	2 289	2 589	20	10	10	4.10	4.44	3.80
陕西	118 785	59 332	59 453	469	266	202	3.95	4.49	3.40
甘肃	47 620	23 766	23 854	153	96	56	3.21	4.06	2.37
青海	14 142	7 051	7 091	44	25	20	3.14	3.52	2.76
宁夏	21 610	10 765	10 845	87	55	31	4.01	5.14	2.88
新疆	64 686	32 379	32 307	240	136	104	3.70	4.20	3.21

表10-2b　各地区分性别的死亡人口和死亡率

(2004.11.1-2005.10.31)(镇)

单位：人、‰

地　区	平均人口			死亡人口			死亡率		
	合计	男	女	合计	男	女	合计	男	女
全　国	**2 901 630**	**1 461 249**	**1 440 381**	**14 365**	**8 405**	**5 960**	**4.95**	**5.75**	**4.14**
北　京	9 510	4 778	4 732	48	30	18	5.08	6.27	3.87
天　津	22 966	11 622	11 345	98	57	41	4.28	4.90	3.65
河　北	132 580	66 904	65 676	753	440	314	5.68	6.58	4.77
山　西	73 502	37 214	36 288	365	229	136	4.97	6.16	3.75
内蒙古	60 698	30 902	29 797	240	153	87	3.96	4.95	2.93
辽　宁	83 192	41 812	41 379	461	244	217	5.54	5.84	5.23
吉　林	64 758	32 913	31 846	294	186	107	4.54	5.66	3.37
黑龙江	89 146	44 980	44 166	410	251	159	4.60	5.58	3.60
上　海	19 813	9 901	9 912	70	39	31	3.55	3.96	3.13
江　苏	205 368	101 220	104 148	1 277	732	544	6.22	7.24	5.23
浙　江	118 046	59 279	58 766	565	330	235	4.79	5.57	3.99
安　徽	190 576	95 185	95 391	947	572	375	4.97	6.01	3.93
福　建	97 715	49 053	48 662	443	238	205	4.54	4.86	4.22
江　西	136 039	68 917	67 121	629	376	252	4.62	5.46	3.76
山　东	230 249	115 316	114 933	1 394	811	584	6.06	7.03	5.08
河　南	177 100	89 655	87 445	798	448	351	4.51	4.99	4.01
湖　北	112 646	57 032	55 614	509	305	204	4.52	5.35	3.67
湖　南	132 587	67 359	65 229	555	302	253	4.19	4.49	3.88
广　东	196 165	99 541	96 625	786	459	327	4.01	4.61	3.38
广　西	119 376	61 493	57 883	516	335	181	4.32	5.44	3.12
海　南	16 150	8 406	7 745	65	36	29	4.02	4.28	3.73
重　庆	78 755	38 966	39 789	327	193	134	4.15	4.95	3.38
四　川	173 898	85 731	88 167	1 009	589	419	5.80	6.88	4.76
贵　州	73 071	37 402	35 669	376	224	152	5.15	6	4.26
云　南	85 392	43 345	42 047	453	250	204	5.31	5.77	4.84
西　藏	4 894	2 407	2 487	32	20	12	6.63	8.30	5.01
陕　西	83 355	42 155	41 199	426	247	178	5.11	5.87	4.33
甘　肃	56 355	28 698	27 657	273	156	116	4.84	5.45	4.20
青　海	13 091	6 566	6 525	54	32	21	4.09	4.92	3.25
宁　夏	10 689	5 415	5 274	38	25	12	3.51	4.71	2.28
新　疆	33 946	17 083	16 863	153	93	60	4.50	5.42	3.57

表10-2c 各地区分性别的死亡人口和死亡率

(2004.11.1-2005.10.31)(乡村)

单位：人、‰

地区	平均人口			死亡人口			死亡率		
	合计	男	女	合计	男	女	合计	男	女
全国	**9 350 367**	**4 752 959**	**4 597 408**	**67 109**	**38 179**	**28 929**	**7.18**	**8.03**	**6.29**
北京	33 325	17 149	16 177	231	129	101	6.92	7.54	6.27
天津	35 676	18 182	17 493	219	124	95	6.14	6.83	5.42
河北	589 213	297 952	291 261	4 457	2 554	1 903	7.56	8.57	6.53
山西	255 583	130 609	124 974	1 806	1 056	750	7.07	8.09	6.00
内蒙古	140 428	72 829	67 599	968	606	362	6.89	8.32	5.36
辽宁	222 768	113 470	109 298	1 598	922	676	7.17	8.13	6.18
吉林	173 922	89 386	84 536	904	533	371	5.20	5.96	4.39
黑龙江	216 969	110 822	106 146	1 265	735	530	5.83	6.63	5.00
上海	25 685	12 919	12 766	151	78	73	5.89	6.07	5.71
江苏	439 581	213 301	226 280	3 685	2 042	1 643	8.38	9.57	7.26
浙江	284 070	144 537	139 533	2 307	1 253	1 054	8.12	8.67	7.56
安徽	488 300	245 164	243 136	3 580	2 026	1 554	7.33	8.26	6.39
福建	230 036	115 878	114 158	1 730	962	768	7.52	8.30	6.73
江西	352 432	180 173	172 259	2 340	1 364	977	6.64	7.57	5.67
山东	644 208	322 313	321 896	4 693	2 613	2 080	7.28	8.11	6.46
河南	839 064	427 789	411 275	4 968	2 714	2 254	5.92	6.34	5.48
湖北	419 062	215 046	204 015	2 790	1 583	1 207	6.66	7.36	5.92
湖南	529 024	272 388	256 636	3 876	2 243	1 633	7.33	8.23	6.36
广东	456 185	231 258	224 927	2 984	1 659	1 325	6.54	7.17	5.89
广西	407 085	212 835	194 250	2 863	1 679	1 184	7.03	7.89	6.09
海南	50 997	27 092	23 905	309	170	139	6.06	6.28	5.81
重庆	200 390	101 884	98 505	1 619	955	664	8.08	9.38	6.74
四川	745 366	374 313	371 053	6 664	3 830	2 834	8.94	10.23	7.64
贵州	360 353	186 708	173 646	2 836	1 599	1 237	7.87	8.57	7.12
云南	398 879	207 662	191 218	3 014	1 742	1 272	7.56	8.39	6.65
西藏	26 728	13 362	13 366	211	114	97	7.89	8.56	7.23
陕西	289 744	146 874	142 870	2 084	1 218	866	7.19	8.29	6.06
甘肃	238 746	120 466	118 280	1 475	830	645	6.18	6.89	5.45
青海	44 431	22 590	21 841	288	157	131	6.48	6.95	5.99
宁夏	46 245	23 393	22 852	263	156	106	5.68	6.68	4.65
新疆	165 870	84 615	81 255	929	532	397	5.60	6.29	4.89

表10-3　全国分年龄、性别的死亡人口状况

(2004.11.1-2005.10.31)

单位：人、‰

年　龄	平均人口			死亡人口			死亡率		
	合计	男	女	合计	男	女	合计	男	女
总　计	**16 950 030**	**8 567 155**	**8 382 875**	**101 739**	**58 320**	**43 419**	**6.00**	**6.81**	**5.18**
0-4	**921 615**	**508 312**	**413 303**	**3 025**	**1 520**	**1 504**	**3.28**	**2.99**	**3.64**
0	188 574	103 170	85 404	2 417	1 186	1 231	12.82	11.50	14.41
1	173 372	96 594	76 778	233	120	113	1.34	1.24	1.47
2	179 105	99 174	79 931	163	93	70	0.91	0.94	0.87
3	183 858	101 295	82 562	113	67	45	0.61	0.66	0.55
4	196 707	108 079	88 628	99	54	45	0.50	0.50	0.51
5-9	**1 095 976**	**595 160**	**500 816**	**461**	**318**	**143**	**0.42**	**0.53**	**0.29**
5	201 677	110 172	91 505	109	60	49	0.54	0.54	0.54
6	207 638	113 221	94 416	91	68	23	0.44	0.60	0.24
7	216 034	117 599	98 436	74	56	18	0.34	0.48	0.18
8	225 189	121 639	103 550	80	56	24	0.35	0.46	0.23
9	245 438	132 528	112 910	108	79	29	0.44	0.59	0.26
10-14	**1 395 287**	**742 140**	**653 146**	**541**	**361**	**179**	**0.39**	**0.49**	**0.27**
10	246 594	132 317	114 277	100	74	26	0.40	0.56	0.23
11	253 653	134 726	118 927	105	68	36	0.41	0.51	0.31
12	274 597	146 218	128 379	115	78	36	0.42	0.54	0.28
13	289 690	153 430	136 259	93	61	33	0.32	0.40	0.24
14	330 752	175 448	155 304	128	80	48	0.39	0.46	0.31
15-19	**1 372 322**	**708 272**	**664 051**	**904**	**613**	**291**	**0.66**	**0.87**	**0.44**
15	335 475	175 794	159 681	158	107	50	0.47	0.61	0.32
16	297 086	154 844	142 241	176	120	56	0.59	0.78	0.40
17	285 228	146 854	138 374	176	113	63	0.62	0.77	0.46
18	245 419	125 493	119 925	206	146	60	0.84	1.16	0.50
19	209 115	105 286	103 829	188	127	61	0.90	1.20	0.59
20-24	**1 039 368**	**498 655**	**540 714**	**907**	**630**	**277**	**0.87**	**1.26**	**0.51**
20	192 996	93 545	99 451	166	120	47	0.86	1.28	0.47
21	194 059	92 334	101 725	166	112	54	0.86	1.21	0.54
22	217 048	103 893	113 155	218	149	69	1.00	1.44	0.61
23	230 207	110 607	119 600	177	124	52	0.77	1.13	0.44
24	205 059	98 275	106 783	180	125	55	0.88	1.27	0.51
25-29	**1 134 767**	**552 820**	**581 947**	**1 129**	**780**	**349**	**1.00**	**1.41**	**0.60**
25	222 863	107 611	115 252	209	129	80	0.94	1.20	0.70
26	221 148	107 277	113 871	185	129	57	0.84	1.20	0.50
27	216 164	105 619	110 544	206	148	58	0.96	1.40	0.53
28	227 247	111 295	115 952	228	167	61	1.00	1.50	0.52
29	247 346	121 018	126 327	301	208	93	1.22	1.72	0.74
30-34	**1 494 748**	**735 837**	**758 911**	**1 870**	**1 271**	**598**	**1.25**	**1.73**	**0.79**
30	262 370	128 501	133 869	276	191	85	1.05	1.49	0.63
31	284 300	139 602	144 698	331	237	94	1.16	1.70	0.65
32	303 137	149 421	153 716	397	261	136	1.31	1.75	0.89
33	310 749	153 405	157 343	396	259	136	1.27	1.69	0.87
34	334 193	164 908	169 285	469	322	147	1.40	1.95	0.87

表10-3 全国分年龄、性别的死亡人口状况

(2004.11.1-2005.10.31)(续 1)

单位：人、‰

年龄	平均人口			死亡人口			死亡率		
	合计	男	女	合计	男	女	合计	男	女
35-39	**1 644 313**	**810 176**	**834 137**	**2 646**	**1 763**	**884**	**1.61**	**2.18**	**1.06**
35	334 137	164 224	169 913	474	332	143	1.42	2.02	0.84
36	361 371	178 001	183 370	555	361	194	1.54	2.03	1.06
37	312 206	153 378	158 828	506	320	186	1.62	2.08	1.17
38	301 722	148 654	153 068	515	358	157	1.71	2.41	1.02
39	334 877	165 919	168 958	596	393	203	1.78	2.37	1.20
40-44	**1 406 766**	**699 245**	**707 521**	**2 992**	**2 082**	**911**	**2.13**	**2.98**	**1.29**
40	326 270	162 053	164 217	631	451	180	1.93	2.78	1.10
41	352 456	175 180	177 276	745	509	236	2.11	2.90	1.33
42	355 863	178 220	177 644	712	511	201	2.00	2.87	1.13
43	198 215	97 773	100 442	467	309	157	2.36	3.16	1.57
44	173 962	86 019	87 943	437	302	136	2.51	3.51	1.54
45-49	**1 184 872**	**595 566**	**589 306**	**3 872**	**2 575**	**1 297**	**3.27**	**4.32**	**2.20**
45	193 360	97 185	96 175	525	352	172	2.71	3.63	1.79
46	213 231	107 531	105 700	644	429	215	3.02	3.98	2.04
47	267 184	135 447	131 737	849	585	265	3.18	4.32	2.01
48	257 591	128 633	128 958	938	603	335	3.64	4.69	2.60
49	253 506	126 770	126 735	916	607	310	3.61	4.79	2.44
50-54	**1 213 596**	**611 548**	**602 048**	**5 551**	**3 584**	**1 967**	**4.57**	**5.86**	**3.27**
50	274 650	139 350	135 300	1 090	689	401	3.97	4.94	2.97
51	257 379	129 768	127 612	1 028	676	351	3.99	5.21	2.75
52	251 485	126 402	125 083	1 145	741	404	4.55	5.86	3.23
53	222 394	111 018	111 375	1 071	688	383	4.82	6.20	3.44
54	207 689	105 011	102 678	1 217	790	427	5.86	7.52	4.16
55-59	**883 900**	**451 147**	**432 753**	**6 241**	**3 992**	**2 249**	**7.06**	**8.85**	**5.20**
55	213 111	109 507	103 604	1 250	841	409	5.87	7.68	3.95
56	180 285	91 745	88 540	1 172	737	435	6.50	8.03	4.91
57	170 398	87 169	83 229	1 155	731	423	6.78	8.39	5.09
58	163 800	83 533	80 267	1 281	826	455	7.82	9.89	5.66
59	156 306	79 193	77 112	1 384	857	527	8.85	10.82	6.83
60-64	**658 304**	**337 876**	**320 428**	**7 697**	**4 829**	**2 868**	**11.69**	**14.29**	**8.95**
60	142 246	73 069	69 177	1 413	888	525	9.93	12.15	7.59
61	134 297	69 053	65 244	1 360	854	506	10.12	12.36	7.75
62	129 128	66 281	62 847	1 510	932	578	11.69	14.06	9.20
63	125 173	64 195	60 978	1 615	1 012	603	12.90	15.77	9.89
64	127 460	65 279	62 182	1 800	1 143	657	14.12	17.51	10.56
65-69	**560 146**	**284 175**	**275 971**	**10 914**	**6 736**	**4 178**	**19.48**	**23.70**	**15.14**
65	114 122	57 746	56 376	1 816	1 145	671	15.92	19.83	11.90
66	113 187	58 112	55 075	1 869	1 166	703	16.51	20.06	12.77
67	113 636	58 290	55 346	2 169	1 344	825	19.09	23.05	14.91
68	107 987	54 786	53 201	2 297	1 416	881	21.27	25.85	16.56
69	111 214	55 241	55 973	2 762	1 665	1 097	24.84	30.15	19.60

表10-3 全国分年龄、性别的死亡人口状况

(2004.11.1-2005.10.31)(续 2)

单位：人、‰

年 龄	平均人口			死亡人口			死亡率		
	合计	男	女	合计	男	女	合计	男	女
70-74	**445 910**	**219 749**	**226 161**	**14 507**	**8 611**	**5 896**	**32.53**	**39.19**	**26.07**
70	100 340	49 533	50 807	2 745	1 665	1 080	27.36	33.61	21.26
71	99 630	49 697	49 933	2 746	1 657	1 090	27.57	33.33	21.83
72	88 837	43 663	45 174	2 999	1 772	1 227	33.76	40.58	27.17
73	78 770	38 700	40 070	2 933	1 691	1 243	37.24	43.69	31.01
74	78 333	38 156	40 177	3 083	1 827	1 256	39.36	47.89	31.26
75-79	**279 266**	**129 835**	**149 431**	**14 956**	**8 182**	**6 774**	**53.56**	**63.02**	**45.33**
75	67 633	32 344	35 290	3 018	1 735	1 283	44.62	53.65	36.35
76	61 004	28 543	32 461	2 938	1 603	1 335	48.16	56.16	41.14
77	57 793	26 968	30 825	3 037	1 663	1 374	52.55	61.68	44.56
78	47 855	22 034	25 821	2 918	1 614	1 304	60.98	73.26	50.51
79	44 981	19 947	25 034	3 045	1 566	1 478	67.69	78.52	59.06
80-84	**148 518**	**62 562**	**85 956**	**12 819**	**6 291**	**6 528**	**86.31**	**100.56**	**75.95**
80	40 066	17 557	22 509	2 956	1 532	1 423	73.77	87.27	63.24
81	34 461	14 825	19 635	2 707	1 371	1 336	78.55	92.48	68.03
82	28 458	11 889	16 569	2 465	1 201	1 264	86.60	100.99	76.28
83	24 304	9 924	14 380	2 389	1 162	1 226	98.28	117.10	85.29
84	21 230	8 367	12 863	2 303	1 025	1 278	108.50	122.52	99.38
85-89	**52 670**	**18 834**	**33 836**	**6 935**	**2 924**	**4 010**	**131.66**	**155.27**	**118.52**
85	16 352	6 153	10 200	1 962	883	1 080	120.00	143.47	105.84
86	12 571	4 614	7 957	1 515	657	858	120.52	142.48	107.79
87	9 616	3 351	6 265	1 350	547	803	140.41	163.25	128.19
88	7 683	2 671	5 012	1 069	449	620	139.11	167.96	123.73
89	6 449	2 045	4 403	1 039	389	650	161.05	189.99	147.61
90-94	**14 642**	**4 512**	**10 131**	**2 958**	**1 015**	**1 943**	**202.01**	**224.88**	**191.82**
90	4 855	1 579	3 276	945	364	581	194.69	230.62	177.38
91	3 729	1 134	2 595	640	216	424	171.62	190.05	163.56
92	2 713	832	1 881	597	205	391	219.99	246.92	208.07
93	1 976	590	1 386	433	141	292	219.19	239.56	210.51
94	1 370	376	993	343	88	255	250.23	233.95	256.40
95-99	**2 624**	**632**	**1 992**	**672**	**202**	**470**	**256.03**	**319.36**	**235.95**
95	943	242	701	236	72	164	250.22	295.30	234.64
96	618	138	480	176	50	126	284.65	363.22	262.08
97	488	106	382	116	30	86	237.90	285.67	224.63
98	317	78	239	95	29	66	301.02	372.93	277.66
99	259	68	191	49	21	28	187.96	307.38	145.48
100岁及以上	**419**	**102**	**317**	**142**	**40**	**102**	**338.77**	**397.16**	**320.01**

表10-3a 全国分年龄、性别的死亡人口状况
(2004.11.1-2005.10.31)(城市)

单位：人、‰

年龄	平均人口			死亡人口			死亡率		
	合计	男	女	合计	男	女	合计	男	女
总计	**4 698 033**	**2 352 948**	**2 345 086**	**20 265**	**11 736**	**8 530**	**4.31**	**4.99**	**3.64**
0-4	**200 561**	**107 830**	**92 731**	**333**	**188**	**145**	**1.66**	**1.75**	**1.56**
0	41 814	22 411	19 404	261	143	118	6.24	6.38	6.08
1	35 454	19 218	16 236	29	16	12	0.80	0.84	0.76
2	38 915	20 936	17 980	13	12	1	0.34	0.58	0.05
3	40 504	21 633	18 871	19	12	7	0.47	0.56	0.37
4	43 873	23 633	20 240	12	5	7	0.27	0.20	0.34
5-9	**234 390**	**125 554**	**108 836**	**62**	**45**	**18**	**0.27**	**0.36**	**0.16**
5	43 670	23 554	20 116	13	5	7	0.29	0.23	0.36
6	44 747	23 992	20 756	10	7	3	0.22	0.29	0.15
7	46 439	24 754	21 685	14	13	2	0.31	0.51	0.08
8	48 295	25 837	22 458	11	8	3	0.23	0.30	0.15
9	51 238	27 416	23 822	14	12	2	0.28	0.44	0.10
10-14	**278 164**	**146 645**	**131 519**	**62**	**35**	**27**	**0.22**	**0.24**	**0.20**
10	52 143	27 698	24 445	8	5	3	0.16	0.18	0.14
11	52 427	27 499	24 928	10	5	5	0.19	0.19	0.20
12	54 616	28 884	25 732	13	9	4	0.24	0.32	0.14
13	55 146	29 216	25 930	8	4	4	0.14	0.13	0.15
14	63 831	33 347	30 484	22	12	11	0.35	0.36	0.35
15-19	**375 998**	**187 819**	**188 179**	**123**	**86**	**37**	**0.33**	**0.46**	**0.19**
15	70 285	36 476	33 809	28	26	2	0.40	0.71	0.07
16	74 097	37 883	36 215	17	10	7	0.23	0.27	0.18
17	82 882	40 859	42 023	22	16	6	0.27	0.38	0.15
18	77 628	38 037	39 591	31	18	12	0.40	0.48	0.31
19	71 106	34 565	36 541	25	16	9	0.35	0.47	0.24
20-24	**364 843**	**174 673**	**190 170**	**134**	**96**	**38**	**0.37**	**0.55**	**0.20**
20	66 808	31 827	34 982	21	19	2	0.31	0.59	0.06
21	69 451	33 071	36 381	23	14	9	0.34	0.43	0.26
22	77 697	37 380	40 317	34	24	9	0.43	0.65	0.23
23	81 906	39 388	42 518	26	17	9	0.31	0.42	0.21
24	68 980	33 008	35 973	31	22	8	0.45	0.68	0.23
25-29	**387 776**	**188 228**	**199 548**	**167**	**116**	**51**	**0.43**	**0.62**	**0.26**
25	76 476	36 934	39 542	24	13	12	0.32	0.34	0.29
26	76 746	37 075	39 671	27	13	14	0.36	0.36	0.36
27	74 423	36 109	38 314	36	31	5	0.48	0.85	0.14
28	77 294	37 671	39 623	36	28	7	0.46	0.76	0.18
29	82 837	40 439	42 397	44	31	13	0.53	0.77	0.30
30-34	**477 747**	**238 434**	**239 314**	**297**	**214**	**83**	**0.62**	**0.90**	**0.35**
30	85 231	42 289	42 942	39	31	9	0.46	0.72	0.20
31	91 968	45 371	46 597	46	32	13	0.50	0.71	0.29
32	97 966	48 782	49 184	62	41	22	0.64	0.83	0.44
33	98 640	49 459	49 181	67	53	13	0.68	1.08	0.27
34	103 941	52 532	51 409	82	57	25	0.79	1.08	0.50

表10-3a　全国分年龄、性别的死亡人口状况

(2004.11.1-2005.10.31)(城市)(续 1)

单位：人、‰

年　龄	平均人口			死亡人口			死亡率		
	合计	男	女	合计	男	女	合计	男	女
35-39	**472 055**	**237 331**	**234 724**	**443**	**299**	**145**	**0.94**	**1.26**	**0.62**
35	100 705	50 592	50 113	73	51	22	0.72	1.01	0.44
36	107 753	53 924	53 829	98	65	33	0.91	1.20	0.62
37	88 317	44 302	44 015	80	53	26	0.90	1.20	0.60
38	81 737	40 918	40 819	85	54	31	1.04	1.32	0.76
39	93 543	47 595	45 949	108	76	32	1.15	1.59	0.70
40-44	**426 664**	**217 672**	**208 992**	**611**	**435**	**176**	**1.43**	**2.00**	**0.84**
40	94 830	48 390	46 440	123	90	34	1.30	1.85	0.72
41	108 870	55 301	53 570	119	82	37	1.09	1.48	0.70
42	107 366	55 156	52 210	160	117	43	1.49	2.12	0.82
43	58 710	29 847	28 863	100	70	30	1.70	2.34	1.03
44	56 887	28 978	27 909	109	77	32	1.91	2.64	1.16
45-49	**352 916**	**178 197**	**174 719**	**876**	**620**	**257**	**2.48**	**3.48**	**1.47**
45	63 270	32 326	30 944	121	88	33	1.92	2.73	1.07
46	65 931	33 663	32 268	163	110	53	2.48	3.27	1.64
47	78 911	39 855	39 055	169	123	47	2.14	3.08	1.19
48	73 485	36 641	36 844	214	147	67	2.91	4.01	1.82
49	71 319	35 711	35 608	209	151	57	2.92	4.24	1.61
50-54	**328 409**	**162 934**	**165 476**	**1 147**	**732**	**414**	**3.49**	**4.49**	**2.50**
50	76 623	38 570	38 053	241	163	78	3.14	4.23	2.05
51	71 344	35 322	36 023	204	134	70	2.86	3.81	1.94
52	66 121	32 483	33 638	213	133	80	3.21	4.09	2.37
53	59 221	29 036	30 184	240	152	88	4.05	5.24	2.90
54	55 100	27 522	27 578	249	150	99	4.52	5.45	3.60
55-59	**229 642**	**113 214**	**116 427**	**1 204**	**744**	**460**	**5.24**	**6.57**	**3.95**
55	56 539	28 009	28 529	247	157	91	4.38	5.60	3.17
56	47 149	23 153	23 996	205	125	80	4.34	5.39	3.34
57	44 322	21 877	22 445	235	144	91	5.29	6.58	4.04
58	42 478	20 931	21 548	243	153	90	5.71	7.30	4.17
59	39 154	19 244	19 910	275	165	109	7.02	8.60	5.49
60-64	**169 405**	**82 909**	**86 496**	**1 516**	**925**	**590**	**8.95**	**11.16**	**6.83**
60	35 426	17 376	18 050	263	150	113	7.43	8.64	6.28
61	33 833	16 723	17 110	269	169	100	7.95	10.12	5.82
62	33 345	16 478	16 867	318	203	115	9.54	12.32	6.82
63	33 020	16 066	16 954	343	210	133	10.37	13.06	7.83
64	33 781	16 266	17 515	323	193	130	9.55	11.87	7.40
65-69	**153 466**	**75 040**	**78 426**	**2 334**	**1 427**	**907**	**15.21**	**19.01**	**11.56**
65	31 005	14 909	16 096	391	235	157	12.62	15.74	9.73
66	31 296	15 281	16 015	397	268	129	12.69	17.52	8.07
67	31 102	15 366	15 737	472	294	178	15.18	19.13	11.34
68	29 957	14 910	15 047	502	296	206	16.77	19.87	13.70
69	30 105	14 575	15 531	571	334	237	18.95	22.92	15.23

表10-3a 全国分年龄、性别的死亡人口状况

(2004.11.1-2005.10.31)(城市)(续 2)

单位：人、‰

年 龄	平均人口			死亡人口			死亡率		
	合计	男	女	合计	男	女	合计	男	女
70-74	**119 582**	**59 376**	**60 205**	**2 951**	**1 790**	**1 160**	**24.68**	**30.15**	**19.27**
70	27 355	13 339	14 016	567	341	226	20.71	25.55	16.10
71	27 067	13 444	13 624	578	349	229	21.35	25.97	16.79
72	23 755	11 685	12 070	580	339	241	24.40	28.98	19.97
73	21 010	10 482	10 528	593	344	250	28.23	32.78	23.70
74	20 395	10 427	9 968	634	418	215	31.07	40.11	21.61
75-79	**72 114**	**34 670**	**37 444**	**3 010**	**1 694**	**1 316**	**41.74**	**48.87**	**35.15**
75	18 121	8 933	9 188	632	381	251	34.90	42.66	27.36
76	15 811	7 634	8 177	601	332	269	38.01	43.47	32.91
77	14 741	7 140	7 601	599	325	275	40.67	45.47	36.15
78	12 199	5 757	6 441	618	356	262	50.65	61.79	40.70
79	11 242	5 206	6 036	560	301	259	49.77	57.82	42.83
80-84	**36 540**	**15 988**	**20 552**	**2 522**	**1 295**	**1 227**	**69.01**	**80.97**	**59.71**
80	9 787	4 452	5 335	568	298	269	58.00	66.97	50.51
81	8 408	3 645	4 763	532	273	259	63.29	74.95	54.37
82	7 111	3 095	4 016	474	240	234	66.62	77.43	58.29
83	6 101	2 663	3 438	478	252	227	78.41	94.54	65.92
84	5 133	2 133	3 000	470	232	238	91.51	108.69	79.30
85-89	**13 098**	**5 006**	**8 092**	**1 532**	**691**	**841**	**116.99**	**138.08**	**103.95**
85	4 025	1 630	2 395	374	177	197	92.81	108.53	82.12
86	3 084	1 209	1 875	360	165	196	116.80	136.19	104.30
87	2 427	907	1 520	288	110	178	118.64	121.37	117.01
88	1 993	731	1 262	269	128	141	134.90	174.47	111.96
89	1 569	529	1 040	242	112	130	154.12	211.86	124.77
90-94	**3 873**	**1 245**	**2 628**	**708**	**242**	**466**	**182.69**	**194.36**	**177.16**
90	1 246	439	806	229	95	134	184.21	216.22	166.76
91	1 003	303	699	154	56	98	153.38	183.18	140.45
92	728	244	483	141	43	97	193.46	177.18	201.70
93	536	150	386	109	23	86	203.49	153.45	223.00
94	361	107	254	74	25	49	206.27	233.03	194.97
95-99	**681**	**164**	**517**	**187**	**48**	**139**	**274.53**	**289.21**	**269.87**
95	259	70	189	65	14	51	249.38	193.36	270.20
96	163	41	122	54	16	38	330.19	391.31	309.41
97	118	23	95	27	8	19	233.46	375.01	199.86
98	77	13	64	27	5	22	346.89	393.04	337.55
99	64	17	47	14	4	10	222.80	243.61	215.11
100岁及以上	**111**	**20**	**90**	**47**	**15**	**33**	**427.25**	**726.88**	**360.64**

表10-3b　全国分年龄、性别的死亡人口状况
(2004.11.1-2005.10.31)(镇)

单位：人、‰

年　龄	平均人口			死亡人口			死亡率		
	合计	男	女	合计	男	女	合计	男	女
总　计	**2 901 630**	**1 461 249**	**1 440 381**	**14 365**	**8 405**	**5 960**	**4.95**	**5.75**	**4.14**
0-4	**155 818**	**85 862**	**69 956**	**378**	**199**	**179**	**2.42**	**2.32**	**2.55**
0	31 742	17 383	14 359	313	158	155	9.86	9.10	10.79
1	29 039	16 215	12 824	22	15	7	0.76	0.93	0.54
2	30 243	16 743	13 500	15	10	5	0.50	0.58	0.40
3	31 042	16 981	14 061	16	10	6	0.51	0.57	0.42
4	33 752	18 539	15 213	12	6	6	0.35	0.34	0.36
5-9	**188 027**	**102 595**	**85 432**	**63**	**45**	**18**	**0.34**	**0.44**	**0.21**
5	34 919	19 035	15 884	18	13	5	0.52	0.67	0.33
6	35 397	19 398	15 999	12	8	4	0.34	0.42	0.24
7	37 195	20 396	16 799	15	11	5	0.41	0.52	0.27
8	38 519	20 970	17 549	7	5	2	0.17	0.23	0.11
9	41 997	22 796	19 201	11	9	2	0.27	0.40	0.11
10-14	**238 058**	**127 497**	**110 561**	**75**	**53**	**22**	**0.31**	**0.42**	**0.20**
10	42 010	22 651	19 359	14	11	3	0.34	0.49	0.18
11	43 354	23 147	20 207	11	8	3	0.25	0.35	0.13
12	47 050	25 370	21 680	18	15	4	0.39	0.58	0.17
13	49 380	26 243	23 137	20	13	7	0.40	0.48	0.31
14	56 264	30 086	26 178	11	7	5	0.20	0.22	0.19
15-19	**233 292**	**120 862**	**112 430**	**113**	**74**	**39**	**0.48**	**0.61**	**0.35**
15	57 725	30 230	27 495	15	10	5	0.26	0.34	0.17
16	52 084	27 134	24 950	25	17	8	0.48	0.64	0.31
17	49 764	25 629	24 136	23	11	12	0.46	0.44	0.48
18	41 284	21 246	20 038	28	16	12	0.67	0.75	0.58
19	32 435	16 622	15 812	22	19	4	0.69	1.14	0.23
20-24	**168 644**	**79 235**	**89 409**	**116**	**83**	**33**	**0.69**	**1.04**	**0.37**
20	29 453	14 314	15 140	15	10	4	0.50	0.73	0.28
21	29 930	14 085	15 844	25	18	7	0.84	1.31	0.42
22	35 110	16 351	18 759	31	22	9	0.89	1.34	0.49
23	38 663	17 955	20 708	22	14	8	0.57	0.77	0.40
24	35 488	16 529	18 959	22	18	5	0.63	1.08	0.24
25-29	**212 152**	**101 824**	**110 328**	**171**	**132**	**40**	**0.81**	**1.29**	**0.36**
25	40 222	19 040	21 182	20	12	8	0.50	0.64	0.38
26	40 869	19 590	21 279	27	20	8	0.67	1.00	0.36
27	40 264	19 403	20 861	32	25	7	0.79	1.30	0.32
28	43 274	20 857	22 418	37	31	6	0.86	1.49	0.27
29	47 524	22 934	24 589	55	44	11	1.15	1.90	0.46
30-34	**283 433**	**138 816**	**144 617**	**246**	**166**	**80**	**0.87**	**1.20**	**0.55**
30	50 320	24 382	25 938	39	19	20	0.77	0.77	0.77
31	54 149	26 420	27 729	39	31	9	0.73	1.16	0.31
32	57 414	28 285	29 129	56	41	15	0.98	1.45	0.53
33	58 597	28 702	29 896	49	27	22	0.84	0.95	0.73
34	62 952	31 027	31 925	63	49	14	0.99	1.57	0.43

表10-3b 全国分年龄、性别的死亡人口状况

(2004.11.1-2005.10.31)(镇)(续 1)

单位：人、‰

年龄	平均人口			死亡人口			死亡率		
	合计	男	女	合计	男	女	合计	男	女
35-39	**304 248**	**150 200**	**154 048**	**387**	**278**	**109**	**1.27**	**1.85**	**0.71**
35	62 760	30 986	31 774	78	63	15	1.24	2.04	0.46
36	67 393	33 312	34 081	81	63	18	1.21	1.90	0.53
37	56 639	28 010	28 629	78	46	32	1.38	1.65	1.10
38	55 474	27 248	28 226	68	50	18	1.22	1.84	0.62
39	61 983	30 644	31 338	82	55	27	1.32	1.78	0.87
40-44	**251 333**	**125 211**	**126 122**	**462**	**330**	**132**	**1.84**	**2.63**	**1.05**
40	59 709	29 921	29 788	99	78	22	1.66	2.60	0.73
41	63 843	31 824	32 019	134	94	39	2.09	2.96	1.23
42	64 288	32 033	32 254	101	72	29	1.57	2.24	0.91
43	34 137	16 999	17 138	75	55	20	2.19	3.23	1.16
44	29 357	14 434	14 923	53	31	22	1.82	2.16	1.49
45-49	**197 917**	**99 512**	**98 405**	**558**	**368**	**190**	**2.82**	**3.70**	**1.93**
45	32 627	16 403	16 224	72	43	29	2.21	2.60	1.80
46	35 931	18 246	17 685	97	66	31	2.70	3.60	1.78
47	44 849	22 760	22 089	142	103	39	3.16	4.51	1.78
48	42 831	21 317	21 514	126	68	58	2.95	3.21	2.69
49	41 679	20 785	20 893	121	89	32	2.90	4.27	1.54
50-54	**195 564**	**97 494**	**98 070**	**869**	**576**	**293**	**4.45**	**5.91**	**2.99**
50	44 917	22 599	22 318	184	123	61	4.10	5.45	2.73
51	41 443	20 682	20 761	170	114	56	4.10	5.52	2.68
52	40 504	20 210	20 294	168	105	63	4.15	5.19	3.11
53	35 299	17 437	17 861	163	112	51	4.63	6.45	2.85
54	33 401	16 565	16 836	184	122	63	5.52	7.34	3.73
55-59	**139 767**	**70 764**	**69 003**	**938**	**596**	**342**	**6.71**	**8.42**	**4.95**
55	33 945	17 297	16 648	209	138	71	6.15	7.97	4.26
56	28 260	14 251	14 009	179	109	71	6.34	7.62	5.04
57	26 597	13 454	13 143	175	108	67	6.58	8.06	5.06
58	25 983	13 212	12 771	178	121	57	6.86	9.19	4.45
59	24 982	12 550	12 432	196	120	77	7.86	9.54	6.16
60-64	**103 661**	**52 694**	**50 967**	**1 110**	**706**	**403**	**10.71**	**13.40**	**7.92**
60	22 707	11 576	11 131	199	125	74	8.78	10.83	6.64
61	20 885	10 623	10 262	217	145	71	10.37	13.66	6.96
62	20 366	10 288	10 078	230	129	101	11.28	12.57	9.97
63	19 755	10 040	9 715	219	144	75	11.10	14.36	7.72
64	19 949	10 167	9 781	245	162	83	12.28	15.97	8.44
65-69	**86 028**	**43 004**	**43 024**	**1 535**	**957**	**579**	**17.85**	**22.25**	**13.45**
65	17 592	8 753	8 839	234	147	87	13.31	16.81	9.85
66	17 484	8 850	8 634	257	166	91	14.69	18.70	10.58
67	17 463	8 830	8 632	309	186	123	17.71	21.07	14.27
68	16 503	8 281	8 221	343	208	136	20.80	25.06	16.50
69	16 986	8 290	8 697	392	251	141	23.07	30.23	16.24

表10-3b　全国分年龄、性别的死亡人口状况

(2004.11.1-2005.10.31)(镇)(续 2)

单位：人、‰

年　龄	平均人口			死亡人口			死亡率		
	合计	男	女	合计	男	女	合计	男	女
70-74	**67 714**	**33 199**	**34 515**	**1 982**	**1 210**	**772**	**29.28**	**36.45**	**22.38**
70	15 273	7 393	7 879	376	240	136	24.64	32.49	17.27
71	15 090	7 470	7 620	391	245	146	25.88	32.74	19.16
72	13 642	6 743	6 899	396	241	155	29.05	35.78	22.47
73	11 925	5 879	6 046	415	256	159	34.79	43.49	26.32
74	11 785	5 713	6 072	405	228	176	34.33	39.98	29.02
75-79	**42 344**	**19 677**	**22 667**	**2 116**	**1 218**	**898**	**49.97**	**61.89**	**39.62**
75	10 068	4 928	5 140	427	260	168	42.42	52.66	32.60
76	9 292	4 303	4 990	391	226	165	42.04	52.48	33.03
77	8 876	4 006	4 869	462	275	187	52.04	68.57	38.43
78	7 300	3 423	3 877	378	210	168	51.77	61.30	43.36
79	6 808	3 017	3 791	458	248	210	67.31	82.16	55.49
80-84	**22 635**	**9 306**	**13 329**	**1 831**	**858**	**973**	**80.89**	**92.15**	**73.03**
80	6 022	2 661	3 361	432	215	216	71.67	80.85	64.41
81	5 316	2 246	3 070	373	173	200	70.22	77.11	65.19
82	4 304	1 721	2 583	338	157	181	78.46	90.98	70.13
83	3 721	1 436	2 285	352	178	174	94.73	124.19	76.20
84	3 271	1 241	2 030	336	134	202	102.65	108.18	99.27
85-89	**8 196**	**2 671**	**5 525**	**938**	**391**	**547**	**114.47**	**146.39**	**99.03**
85	2 518	847	1 671	248	104	144	98.54	123.39	85.95
86	1 948	644	1 303	195	97	98	99.92	150.13	75.11
87	1 567	516	1 052	190	79	111	121.26	153.29	105.55
88	1 136	356	780	153	63	91	134.97	176.47	116.04
89	1 028	309	719	152	48	104	148.04	155.48	144.85
90-94	**2 308**	**691**	**1 617**	**386**	**131**	**255**	**167.04**	**189.33**	**157.51**
90	771	232	539	125	42	82	161.57	181.99	152.77
91	593	163	431	62	23	39	104.58	141.24	90.72
92	435	143	292	86	28	59	198.70	194.58	200.72
93	300	99	201	60	24	36	199.94	244.62	177.97
94	209	55	154	53	14	39	251.47	250.21	251.91
95-99	**413**	**116**	**296**	**81**	**30**	**51**	**195.46**	**253.78**	**172.56**
95	155	45	110	26	7	19	169.31	157.95	173.96
96	93	18	75	20	7	13	214.88	399.66	170.30
97	77	24	53	12	5	7	159.11	200.27	140.52
98	48	18	30	15	7	9	315.76	363.97	286.68
99	40	11	28	7	4	3	177.49	339.25	113.32
100岁及以上	**76**	**18**	**59**	**10**	**5**	**5**	**133.11**	**306.62**	**80.86**

表10-3c 全国分年龄、性别的死亡人口状况

(2004.11.1-2005.10.31)(乡村)

单位：人、‰

年龄	平均人口			死亡人口			死亡率		
	合计	男	女	合计	男	女	合计	男	女
总计	**9 350 367**	**4 752 959**	**4 597 408**	**67 109**	**38 179**	**28 929**	**7.18**	**8.03**	**6.29**
0-4	**565 236**	**314 620**	**250 616**	**2 314**	**1 133**	**1 180**	**4.09**	**3.60**	**4.71**
0	115 018	63 377	51 641	1 843	885	958	16.02	13.97	18.55
1	108 878	61 160	47 718	182	89	94	1.67	1.45	1.96
2	109 946	61 495	48 452	135	71	64	1.23	1.16	1.31
3	112 312	62 681	49 631	78	45	33	0.69	0.73	0.66
4	119 081	65 907	53 174	75	43	33	0.63	0.65	0.61
5-9	**673 559**	**367 011**	**306 548**	**336**	**228**	**108**	**0.50**	**0.62**	**0.35**
5	123 088	67 584	55 504	78	42	37	0.64	0.62	0.66
6	127 493	69 831	57 662	69	53	16	0.54	0.76	0.28
7	132 400	72 449	59 951	44	33	11	0.34	0.45	0.19
8	138 375	74 832	63 543	62	43	19	0.45	0.58	0.30
9	152 203	82 315	69 888	82	57	25	0.54	0.70	0.35
10-14	**879 064**	**467 998**	**411 066**	**404**	**273**	**131**	**0.46**	**0.58**	**0.32**
10	152 441	81 968	70 472	77	58	19	0.50	0.70	0.28
11	157 872	84 080	73 792	84	55	29	0.53	0.66	0.39
12	172 931	91 964	80 967	83	54	29	0.48	0.59	0.36
13	185 163	97 971	87 192	66	44	21	0.36	0.45	0.25
14	210 657	112 015	98 642	94	62	32	0.45	0.55	0.33
15-19	**763 032**	**399 591**	**363 441**	**669**	**453**	**215**	**0.88**	**1.13**	**0.59**
15	207 465	109 088	98 377	115	71	44	0.55	0.65	0.44
16	170 904	89 828	81 077	134	93	42	0.79	1.03	0.52
17	152 582	80 367	72 215	131	86	45	0.86	1.07	0.63
18	126 506	66 210	60 296	148	112	36	1.17	1.69	0.59
19	105 575	54 099	51 476	141	92	49	1.33	1.70	0.95
20-24	**505 881**	**244 746**	**261 135**	**657**	**452**	**205**	**1.30**	**1.84**	**0.79**
20	96 734	47 404	49 330	131	90	40	1.35	1.91	0.82
21	94 678	45 178	49 500	117	79	38	1.24	1.75	0.78
22	104 241	50 162	54 079	153	103	50	1.47	2.06	0.92
23	109 638	53 264	56 374	129	94	35	1.18	1.77	0.62
24	100 591	48 738	51 852	126	85	42	1.26	1.74	0.80
25-29	**534 839**	**262 768**	**272 071**	**791**	**533**	**258**	**1.48**	**2.03**	**0.95**
25	106 166	51 637	54 529	165	104	61	1.55	2.01	1.12
26	103 533	50 612	52 921	131	96	35	1.26	1.90	0.65
27	101 476	50 107	51 369	139	92	47	1.37	1.84	0.91
28	106 678	52 767	53 911	155	107	47	1.45	2.03	0.88
29	116 985	57 644	59 341	202	133	69	1.73	2.31	1.16
30-34	**733 568**	**358 587**	**374 981**	**1 327**	**891**	**436**	**1.81**	**2.48**	**1.16**
30	126 819	61 830	64 989	198	142	56	1.56	2.30	0.86
31	138 183	67 811	70 372	246	174	72	1.78	2.57	1.02
32	147 756	72 353	75 403	279	180	99	1.89	2.48	1.31
33	153 511	75 244	78 267	280	179	101	1.82	2.38	1.29
34	167 300	81 349	85 951	324	216	108	1.94	2.66	1.25

表10-3c　全国分年龄、性别的死亡人口状况

(2004.11.1-2005.10.31)(乡村)(续 1)

单位：人、‰

年　龄	平均人口			死亡人口			死亡率		
	合计	男	女	合计	男	女	合计	男	女
35-39	**868 010**	**422 645**	**445 364**	**1 816**	**1 186**	**630**	**2.09**	**2.81**	**1.41**
35	170 672	82 646	88 026	323	217	106	1.90	2.63	1.21
36	186 225	90 766	95 459	376	233	143	2.02	2.56	1.50
37	167 250	81 066	86 184	349	220	128	2.09	2.72	1.49
38	164 511	80 488	84 024	362	254	108	2.20	3.15	1.29
39	179 350	87 680	91 671	406	262	144	2.26	2.99	1.57
40-44	**728 770**	**356 362**	**372 408**	**1 920**	**1 317**	**602**	**2.63**	**3.70**	**1.62**
40	171 731	83 742	87 989	409	284	125	2.38	3.39	1.42
41	179 742	88 055	91 687	493	333	160	2.74	3.78	1.74
42	184 210	91 031	93 179	451	322	129	2.45	3.54	1.38
43	105 368	50 927	54 441	292	184	108	2.77	3.62	1.98
44	87 718	42 607	45 111	275	194	81	3.14	4.55	1.80
45-49	**634 039**	**317 858**	**316 182**	**2 438**	**1 587**	**850**	**3.84**	**4.99**	**2.69**
45	97 464	48 456	49 008	331	221	110	3.40	4.57	2.24
46	111 369	55 622	55 747	384	253	131	3.45	4.54	2.35
47	143 424	72 832	70 592	538	359	179	3.75	4.93	2.53
48	141 275	70 674	70 601	598	388	210	4.23	5.49	2.97
49	140 508	70 274	70 234	587	367	220	4.18	5.22	3.14
50-54	**689 623**	**351 121**	**338 502**	**3 535**	**2 276**	**1 259**	**5.13**	**6.48**	**3.72**
50	153 110	78 181	74 929	665	403	262	4.34	5.15	3.50
51	144 592	73 764	70 828	654	428	226	4.52	5.80	3.19
52	144 860	73 708	71 152	765	503	261	5.28	6.83	3.67
53	127 874	64 545	63 330	668	423	245	5.22	6.56	3.87
54	119 187	60 924	58 263	783	519	265	6.57	8.51	4.55
55-59	**514 491**	**267 169**	**247 323**	**4 099**	**2 652**	**1 447**	**7.97**	**9.93**	**5.85**
55	122 628	64 201	58 427	794	546	248	6.47	8.50	4.25
56	104 876	54 341	50 535	788	503	284	7.51	9.26	5.63
57	99 479	51 838	47 641	745	479	266	7.49	9.24	5.59
58	95 338	49 390	45 949	860	552	308	9.02	11.17	6.70
59	92 170	47 399	44 771	913	572	341	9.90	12.06	7.61
60-64	**385 238**	**202 273**	**182 964**	**5 072**	**3 197**	**1 875**	**13.17**	**15.81**	**10.25**
60	84 113	44 117	39 996	950	612	338	11.29	13.88	8.44
61	79 579	41 707	37 872	874	539	335	10.98	12.93	8.84
62	75 417	39 516	35 902	962	599	363	12.75	15.17	10.10
63	72 398	38 088	34 309	1 054	658	395	14.55	17.29	11.52
64	73 731	38 845	34 885	1 232	788	445	16.71	20.28	12.74
65-69	**320 652**	**166 132**	**154 521**	**7 045**	**4 353**	**2 692**	**21.97**	**26.20**	**17.42**
65	65 526	34 085	31 441	1 191	763	427	18.17	22.40	13.60
66	64 407	33 981	30 425	1 215	732	482	18.86	21.55	15.86
67	65 071	34 094	30 977	1 388	864	524	21.32	25.34	16.91
68	61 527	31 595	29 932	1 452	912	539	23.59	28.88	18.02
69	64 122	32 376	31 746	1 800	1 081	719	28.07	33.38	22.65

表10-3c 全国分年龄、性别的死亡人口状况

(2004.11.1-2005.10.31)(乡村)(续 2)

单位：人、‰

年龄	平均人口			死亡人口			死亡率		
	合计	男	女	合计	男	女	合计	男	女
70-74	**258 614**	**127 174**	**131 440**	**9 574**	**5 611**	**3 963**	**37.02**	**44.12**	**30.15**
70	57 712	28 800	28 912	1 802	1 084	719	31.23	37.63	24.85
71	57 473	28 783	28 690	1 778	1 063	715	30.93	36.92	24.93
72	51 441	25 236	26 205	2 023	1 192	831	39.33	47.23	31.72
73	45 835	22 338	23 496	1 925	1 091	834	42.01	48.86	35.49
74	46 154	22 016	24 137	2 045	1 181	864	44.31	53.63	35.81
75-79	**164 808**	**75 489**	**89 319**	**9 830**	**5 270**	**4 560**	**59.65**	**69.81**	**51.06**
75	39 444	18 483	20 961	1 959	1 095	864	49.65	59.24	41.21
76	35 901	16 607	19 294	1 947	1 045	901	54.22	62.94	46.71
77	34 176	15 821	18 355	1 976	1 064	912	57.81	67.26	49.67
78	28 357	12 854	15 503	1 923	1 049	874	67.80	81.57	56.38
79	26 931	11 724	15 206	2 027	1 017	1 010	75.27	86.78	66.39
80-84	**89 344**	**37 268**	**52 076**	**8 466**	**4 139**	**4 328**	**94.76**	**111.06**	**83.10**
80	24 257	10 444	13 814	1 956	1 019	937	80.65	97.55	67.87
81	20 737	8 934	11 802	1 801	925	877	86.87	103.50	74.28
82	17 042	7 073	9 969	1 653	804	849	96.99	113.73	85.12
83	14 482	5 825	8 657	1 558	732	826	107.57	125.68	95.39
84	12 826	4 993	7 833	1 498	659	839	116.79	131.99	107.10
85-89	**31 375**	**11 156**	**20 219**	**4 464**	**1 842**	**2 622**	**142.28**	**165.11**	**129.68**
85	9 809	3 676	6 133	1 341	601	739	136.66	163.60	120.52
86	7 539	2 761	4 779	960	396	564	127.37	143.44	118.08
87	5 621	1 928	3 693	872	358	514	155.15	185.61	139.25
88	4 554	1 584	2 970	647	258	388	141.98	163.04	130.75
89	3 852	1 208	2 644	645	229	416	167.35	189.25	157.34
90-94	**8 461**	**2 576**	**5 885**	**1 865**	**642**	**1 223**	**220.39**	**249.16**	**207.79**
90	2 838	907	1 931	591	227	364	208.30	250.05	188.69
91	2 133	668	1 465	424	137	287	198.84	205.06	196.01
92	1 550	445	1 105	370	134	235	238.41	302.02	212.81
93	1 140	341	799	264	94	170	231.64	276.08	212.66
94	800	215	585	216	49	166	269.72	230.28	284.19
95-99	**1 530**	**351**	**1 179**	**404**	**125**	**280**	**264.13**	**355.23**	**237.02**
95	530	127	402	145	51	94	274.25	400.01	234.51
96	361	78	283	102	27	75	282.12	339.94	266.10
97	293	59	233	76	17	59	260.49	286.31	253.92
98	192	47	145	53	17	36	278.85	370.78	249.26
99	155	39	116	27	13	14	176.14	326.45	125.04
100岁及以上	**232**	**64**	**168**	**85**	**20**	**64**	**364.24**	**318.72**	**381.61**

表10-4　各地区分性别、受教育程度的6岁及以上死亡人口
(2004.11.1-2005.10.31)

单位：人

地　区	6岁及以上死亡人口			未上过学		
	合计	男	女	小计	男	女
全　国	**98 605**	**56 740**	**41 866**	**43 797**	**16 655**	**27 143**
北　京	922	504	419	287	73	214
天　津	749	430	318	233	68	166
河　北	5 995	3 483	2 512	2 464	942	1 522
山　西	2 567	1 532	1 035	940	389	551
内蒙古	1 576	989	587	700	334	366
辽　宁	3 353	1 911	1 442	1 036	355	681
吉　林	1 629	1 005	624	545	223	321
黑龙江	2 607	1 519	1 089	838	333	505
上　海	1 197	634	562	334	76	258
江　苏	6 406	3 595	2 811	2 849	872	1 976
浙　江	3 870	2 134	1 737	1 785	601	1 183
安　徽	4 846	2 812	2 034	2 777	1 148	1 628
福　建	2 605	1 440	1 165	1 209	377	831
江　西	3 208	1 917	1 291	1 370	524	846
山　东	7 652	4 365	3 288	3 907	1 547	2 360
河　南	6 464	3 542	2 921	3 321	1 339	1 982
湖　北	4 192	2 393	1 799	1 959	737	1 222
湖　南	5 049	2 925	2 125	1 905	694	1 211
广　东	5 505	3 111	2 394	2 006	562	1 444
广　西	3 580	2 177	1 403	1 326	463	863
海　南	482	276	206	217	82	135
重　庆	2 333	1 377	955	946	359	587
四　川	8 246	4 761	3 485	3 858	1 512	2 346
贵　州	3 137	1 848	1 289	1 551	628	923
云　南	3 646	2 118	1 527	2 067	927	1 140
西　藏	216	118	98	170	84	86
陕　西	2 909	1 694	1 215	1 366	594	772
甘　肃	1 756	1 012	744	995	440	556
青　海	341	192	149	189	77	112
宁　夏	354	221	133	184	82	102
新　疆	1 215	705	510	463	211	252

表10-4 各地区分性别、受教育程度的6岁及以上死亡人口

(2004.11.1-2005.10.31)(续 1)

单位：人

地区	小学			初中			高中		
	小计	男	女	小计	男	女	小计	男	女
全国	**35 292**	**24 762**	**10 530**	**14 799**	**11 572**	**3 227**	**3 509**	**2 810**	**699**
北京	300	208	92	188	125	64	85	52	32
天津	271	181	90	155	114	41	61	47	14
河北	2 362	1 605	757	895	706	189	220	179	41
山西	1 034	676	358	474	372	102	83	65	18
内蒙古	478	332	145	296	239	57	79	66	13
辽宁	1 358	836	522	711	522	189	173	136	36
吉林	595	403	192	361	275	87	97	79	18
黑龙江	1 002	637	366	577	418	159	126	88	39
上海	399	222	177	261	195	67	118	81	37
江苏	2 263	1 681	582	974	786	188	230	187	43
浙江	1 502	1 066	436	449	358	91	101	84	17
安徽	1 313	1 034	279	601	498	103	124	106	18
福建	927	667	259	332	273	60	113	98	15
江西	1 230	897	334	455	369	87	124	106	18
山东	2 417	1 743	673	1 059	857	202	215	170	44
河南	1 855	1 250	605	1 054	778	276	187	145	42
湖北	1 385	1 012	374	632	473	158	171	133	37
湖南	2 158	1 440	717	781	614	168	156	140	16
广东	2 272	1 590	681	924	720	204	232	183	49
广西	1 499	1 079	421	571	482	89	149	126	23
海南	157	109	48	74	58	17	27	24	3
重庆	992	716	275	309	239	71	52	39	13
四川	3 250	2 373	877	947	734	212	158	118	40
贵州	1 084	805	279	385	325	60	88	67	21
云南	1 157	842	315	336	279	58	58	51	6
西藏	40	29	11	3	3		2	2	
陕西	904	600	304	480	366	113	118	101	16
甘肃	468	334	135	216	174	42	58	48	10
青海	90	66	24	40	31	9	14	12	2
宁夏	82	64	18	60	51	9	23	19	4
新疆	448	266	182	197	141	56	71	59	12

表10-4 各地区分性别、受教育程度的6岁及以上死亡人口

(2004.11.1-2005.10.31)(续 2)

单位：人

地 区	大学专科			大学本科			研究生		
	小计	男	女	小计	男	女	小计	男	女
全 国	**799**	**614**	**185**	**399**	**318**	**81**	**10**	**10**	
北 京	28	22	6	33	23	11	1	1	
天 津	17	13	4	11	8	3			
河 北	34	34		20	16	3			
山 西	26	21	5	10	9	1			
内 蒙 古	18	15	4	5	3	2			
辽 宁	48	40	8	26	20	6	1	1	
吉 林	21	15	5	10	9	1			
黑 龙 江	46	28	18	19	15	4			
上 海	34	24	10	49	36	13			
江 苏	64	48	16	26	21	5			
浙 江	25	16	9	9	9				
安 徽	16	14	2	14	10	5	2	2	
福 建	15	15		11	11				
江 西	23	18	5	5	4	1			
山 东	40	34	7	15	14	1			
河 南	26	16	10	18	12	6	2	2	
湖 北	37	30	7	6	6		1	1	
湖 南	33	24	9	16	13	3			
广 东	49	36	13	21	19	2	1	1	
广 西	27	19	8	8	8				
海 南	5	2	3	2	1				
重 庆	23	17	6	10	7	4	1	1	
四 川	20	15	5	12	8	3			
贵 州	26	20	6	3	3				
云 南	21	13	8	7	7				
西 藏	1	1	1						
陕 西	26	19	7	16	14	3			
甘 肃	14	12	1	5	5	1			
青 海	6	5	1	2	1	1			
宁 夏	4	4		1	1				
新 疆	27	22	5	9	6	3			

表10-5　各地区分性别、婚姻状况的15岁及以上死亡人口

(2004.11.1-2005.10.31)

单位：人

地　区	15岁及以上死亡人口			未　婚			初婚有配偶		
	合计	男	女	小计	男	女	小计	男	女
全　国	**97 713**	**56 120**	**41 592**	**8 838**	**5 559**	**3 279**	**53 776**	**35 212**	**18 564**
北　京	921	504	417	27	23	3	526	335	191
天　津	745	428	317	44	25	19	438	278	160
河　北	5 974	3 469	2 505	616	405	210	3 262	2 113	1 149
山　西	2 546	1 517	1 030	231	147	85	1 408	934	474
内蒙古	1 565	980	585	169	126	43	910	617	293
辽　宁	3 338	1 902	1 435	214	126	88	2 015	1 275	740
吉　林	1 622	1 000	622	117	74	43	967	654	314
黑龙江	2 587	1 507	1 081	157	86	70	1 447	904	543
上　海	1 194	633	562	59	23	36	646	422	224
江　苏	6 383	3 580	2 804	587	301	287	3 434	2 286	1 149
浙　江	3 843	2 110	1 732	424	226	198	2 006	1 388	619
安　徽	4 811	2 786	2 025	301	283	18	2 670	1 725	945
福　建	2 583	1 422	1 161	222	142	81	1 300	911	389
江　西	3 157	1 881	1 276	261	163	98	1 737	1 207	530
山　东	7 608	4 330	3 278	772	483	288	4 231	2 736	1 495
河　南	6 411	3 504	2 907	629	387	242	3 417	2 109	1 308
湖　北	4 154	2 372	1 783	358	224	133	2 283	1 457	826
湖　南	5 013	2 901	2 113	401	248	153	2 794	1 833	961
广　东	5 442	3 066	2 376	526	321	206	2 974	2 014	960
广　西	3 536	2 150	1 387	392	276	117	1 945	1 334	611
海　南	474	271	203	54	35	19	252	165	87
重　庆	2 308	1 357	951	171	123	48	1 335	869	466
四　川	8 145	4 704	3 441	803	480	323	4 402	2 900	1 502
贵　州	3 064	1 796	1 268	290	191	99	1 777	1 137	640
云　南	3 585	2 073	1 511	420	263	157	1 919	1 245	674
西　藏	208	113	96	36	18	18	102	60	41
陕　西	2 885	1 677	1 208	217	147	69	1 603	1 031	572
甘　肃	1 729	992	736	163	95	68	946	607	340
青　海	336	189	147	36	22	14	193	121	72
宁　夏	348	216	131	33	19	13	212	149	63
新　疆	1 198	694	504	106	75	31	625	398	227

表10-5　各地区分性别、婚姻状况的15岁及以上死亡人口

(2004.11.1-2005.10.31)(续 1)

单位：人

地　区	再婚有配偶			离　婚			丧　偶		
	小计	男	女	小计	男	女	小计	男	女
全　国	**3 802**	**2 538**	**1 264**	**1 245**	**970**	**274**	**30 052**	**11 841**	**18 211**
北　京	30	20	10	9	3	5	330	122	208
天　津	30	20	9	11	9	2	223	96	127
河　北	266	176	90	62	49	13	1 768	726	1 042
山　西	138	101	38	35	29	6	733	305	428
内蒙古	53	38	15	25	21	3	409	177	232
辽　宁	149	98	51	55	45	10	905	358	547
吉　林	83	56	27	28	22	6	426	193	232
黑龙江	152	106	46	60	40	20	772	370	402
上　海	55	42	13	34	23	10	400	122	278
江　苏	252	192	60	69	60	9	2 040	741	1 299
浙　江	143	87	56	65	52	13	1 204	358	846
安　徽	126	61	64	53	47	6	1 661	670	991
福　建	74	45	29	45	38	7	941	286	655
江　西	147	89	58	38	28	9	973	393	580
山　东	289	178	112	61	46	15	2 256	888	1 368
河　南	202	135	67	54	38	16	2 109	835	1 274
湖　北	147	91	56	49	37	11	1 318	562	756
湖　南	258	165	93	77	61	16	1 483	594	889
广　东	164	115	49	68	51	16	1 710	564	1 145
广　西	105	82	23	45	37	8	1 049	421	629
海　南	22	13	9	9	8	1	136	50	87
重　庆	90	55	35	33	29	4	679	280	399
四　川	278	187	91	81	56	25	2 580	1 081	1 499
贵　州	81	61	20	33	29	4	882	377	504
云　南	123	83	41	36	27	9	1 086	455	630
西　藏	2	1	1	6	4	2	63	29	33
陕　西	97	72	25	33	28	5	936	399	536
甘　肃	50	37	13	23	18	5	547	235	312
青　海	10	8	3	6	4	2	91	35	56
宁　夏	14	9	5	6	3	2	83	36	47
新　疆	168	114	55	37	25	12	262	82	180

第十一卷

人口

住房

表11-1　各地区家庭户按代数和住房间数分的户数

单位：户

地　区	合计	一代户					
		0间	一间	二间	三间	四间	五　间及以上
全　国	**4 877 603**	**4 310**	**377 208**	**480 449**	**314 110**	**128 079**	**127 221**
北　京	67 968	20	9 285	9 058	4 079	1 251	2 469
天　津	44 043	47	4 016	6 069	2 140	576	308
河　北	261 384	79	9 639	26 144	16 549	7 213	8 017
山　西	127 230	131	5 047	9 480	8 058	2 325	5 815
内蒙古	104 373	89	9 005	14 092	7 520	1 802	1 534
辽　宁	184 746	59	16 233	29 146	10 766	2 858	931
吉　林	111 804	39	6 734	14 559	6 609	1 046	277
黑龙江	166 011	62	13 420	27 536	8 595	939	285
上　海	80 513	72	18 784	8 967	2 591	902	1 372
江　苏	295 793	157	32 608	35 182	21 014	7 451	7 328
浙　江	210 640	146	35 809	23 965	12 022	6 737	8 061
安　徽	223 538	225	12 703	21 148	16 533	7 121	8 121
福　建	135 416	134	19 419	10 399	6 290	4 035	5 448
江　西	149 704	133	6 439	11 300	7 567	6 889	4 973
山　东	400 248	93	29 614	44 211	35 969	17 391	13 261
河　南	333 628	252	10 008	20 552	21 573	8 381	11 369
湖　北	217 217	146	11 541	21 325	17 490	7 504	5 420
湖　南	237 365	765	11 436	20 891	14 958	8 334	7 641
广　东	288 017	91	41 716	20 523	15 635	6 266	6 342
广　西	160 697	178	10 039	12 085	8 789	4 603	4 202
海　南	27 100	15	2 513	1 622	1 190	354	193
重　庆	111 881	120	8 114	13 245	9 345	3 454	2 916
四　川	310 911	751	19 577	32 203	25 549	10 464	8 764
贵　州	126 661	85	7 608	9 950	6 724	2 348	1 623
云　南	154 395	132	11 187	8 837	6 565	1 844	1 656
西　藏	7 146	37	258	241	137	96	143
陕　西	139 175	145	6 506	11 126	9 878	3 106	4 061
甘　肃	85 528	55	2 455	5 038	3 899	1 251	3 392
青　海	18 678	25	913	1 527	738	204	241
宁　夏	21 113	1	698	2 097	1 041	332	404
新　疆	74 681	25	3 883	7 931	4 296	1 002	655

表11-1 各地区家庭户按代数和住房间数分的户数(续 1)

单位：户

地区	二代户						三代户					
	0间	一间	二间	三间	四间	五间及以上	0间	一间	二间	三间	四间	五间及以上
全国	**2 715**	**272 007**	**865 603**	**720 283**	**331 443**	**377 996**	**312**	**23 868**	**188 083**	**258 808**	**155 574**	**218 854**
北京	6	5 414	14 322	6 784	2 109	4 793		374	2 685	2 218	620	2 382
天津	20	4 932	12 783	4 632	1 564	921	1	364	2 652	1 588	726	576
河北	26	7 039	51 562	35 187	21 578	31 167	7	307	10 531	11 355	7 937	15 455
山西	142	6 806	21 659	19 880	7 668	18 113	9	308	3 495	4 779	2 898	9 924
内蒙古	60	10 341	26 519	15 946	3 890	2 792	5	568	4 060	3 645	1 322	968
辽宁	29	17 886	50 003	21 037	5 605	1 788	1	1 075	13 232	8 755	3 331	1 320
吉林	48	9 569	29 959	19 173	3 575	686	1	801	7 492	7 735	2 389	578
黑龙江	58	17 740	51 982	19 297	2 316	539	12	1 395	11 073	8 399	1 435	363
上海	51	11 341	16 037	5 824	1 420	2 214	6	1 425	4 033	2 569	793	1 807
江苏	126	12 480	48 390	41 635	14 809	15 531	19	656	12 138	19 394	10 832	12 788
浙江	45	14 026	28 834	20 618	12 757	17 624	1	678	5 209	7 719	5 884	9 251
安徽	134	7 293	33 925	38 397	16 707	23 963	26	482	6 467	11 967	6 420	10 421
福建	70	10 972	18 746	14 933	8 901	12 362	13	956	4 621	5 440	4 354	7 369
江西	92	6 371	22 440	20 059	17 427	14 535	14	677	5 775	7 521	8 536	7 770
山东	28	14 242	70 856	64 206	34 079	30 836	2	423	9 564	13 956	9 019	11 134
河南	226	5 917	43 387	59 131	32 103	50 556	20	339	8 687	18 149	12 802	27 512
湖北	166	9 592	38 069	34 710	16 882	13 054	20	973	9 300	13 951	8 339	7 289
湖南	465	8 471	34 707	34 563	23 302	23 411	55	840	7 734	12 760	10 957	14 450
广东	56	22 342	39 754	41 692	18 616	20 994	11	3 986	10 840	14 574	9 904	13 153
广西	139	8 825	25 819	24 106	14 704	14 254	17	1 125	6 088	8 771	7 038	8 825
海南	13	4 039	4 871	4 444	1 283	813	1	791	1 529	1 822	793	627
重庆	39	4 660	18 166	17 892	7 094	6 798	4	444	3 988	7 094	3 815	4 132
四川	200	12 586	44 649	47 819	22 573	20 880	29	1 236	10 639	21 896	13 721	14 865
贵州	66	9 810	26 458	22 272	8 439	5 995	6	824	5 914	8 942	4 727	4 020
云南	100	13 977	29 237	26 822	8 202	7 741	8	1 879	8 837	13 500	5 571	6 556
西藏	31	449	917	877	676	1 038	3	111	294	463	383	891
陕西	182	6 697	22 307	24 879	9 856	11 605	22	376	4 967	9 644	4 818	8 132
甘肃	45	2 342	11 206	12 289	5 327	14 866	1	161	2 456	4 925	3 081	11 867
青海	23	750	4 399	2 836	1 018	1 527	2	52	886	1 495	748	1 169
宁夏	7	1 067	4 910	3 704	1 568	1 627		54	678	898	757	1 181
新疆	22	4 034	18 731	14 639	5 396	4 973		190	2 218	2 882	1 626	2 078

表11-1 各地区家庭户按代数和住房间数分的户数(续 2)

单位：户

地 区	四代户						五代及以上户					
	0间	一间	二间	三间	四间	五 间 及以上	0间	一间	二间	三间	四间	五 间 及以上
全 国	**2**	**338**	**2 981**	**8 154**	**7 154**	**12 025**			**3**	**4**	**8**	**8**
北 京			14	22	9	55						
天 津		1	23	40	31	31						
河 北		5	166	379	309	734						
山 西		5	43	129	96	421						
内 蒙 古		4	61	83	28	39						
辽 宁		8	196	277	136	71					1	
吉 林		7	132	235	130	31						
黑 龙 江		5	188	293	58	19			1		1	
上 海		7	38	73	50	138						1
江 苏		5	225	904	895	1 221				2		2
浙 江		1	71	233	333	614						1
安 徽	2	5	134	395	324	628						
福 建		15	97	183	217	442						
江 西		12	107	228	382	458						
山 东		5	108	431	338	483						
河 南		4	111	524	556	1 462				2	4	
湖 北		14	168	471	377	419						
湖 南		7	122	345	410	740						1
广 东		73	194	314	355	583					1	1
广 西		19	101	264	260	444			1			
海 南		20	46	53	33	34						
重 庆		7	33	196	138	184			1			
四 川		24	167	677	699	943						
贵 州		8	88	289	230	236						
云 南		65	211	590	365	510					1	1
西 藏		4	9	20	13	54						
陕 西		3	71	247	184	362						
甘 肃		2	30	177	118	543						
青 海		1	10	36	33	47						
宁 夏			5	20	22	42						
新 疆		2	11	28	22	36						

表11-1a 各地区家庭户按代数和住房间数分的户数(城市)

单位：户

地区	合计	一代户					
		0间	一间	二间	三间	四间	五间及以上
全国	**1 485 430**	**758**	**165 977**	**195 348**	**95 213**	**21 293**	**18 147**
北京	53 861	18	8 467	8 177	3 180	500	627
天津	26 393	20	3 376	4 007	912	119	46
河北	58 409	8	2 915	9 129	4 554	724	865
山西	36 055	5	1 614	4 455	2 638	372	518
内蒙古	40 529	15	3 635	6 861	2 465	483	489
辽宁	89 281	18	9 825	16 688	4 365	553	223
吉林	40 217	8	2 938	6 610	1 911	260	75
黑龙江	71 233	22	6 025	14 834	3 399	320	118
上海	64 885	69	15 214	7 407	1 769	347	363
江苏	109 203	43	14 631	13 866	6 912	1 562	1 494
浙江	81 138	17	17 078	9 577	4 715	1 427	1 547
安徽	41 090	27	2 860	4 769	2 846	744	1 005
福建	42 266	26	8 596	3 581	2 621	545	768
江西	23 779	9	1 420	2 677	1 338	596	419
山东	114 746	25	8 181	14 990	10 447	3 223	2 216
河南	68 268	26	2 240	6 512	5 690	1 171	1 107
湖北	69 294	31	5 659	7 964	4 707	1 487	1 074
湖南	54 296	150	3 657	6 380	3 605	1 306	1 001
广东	139 809	28	25 753	12 020	8 480	1 906	1 583
广西	26 209	45	2 570	2 774	1 624	337	391
海南	11 300	9	1 289	846	628	166	87
重庆	30 150	14	2 707	4 129	2 269	556	403
四川	54 059	45	4 135	7 816	4 445	977	559
贵州	18 507	1	1 513	2 303	1 262	163	55
云南	30 470	16	3 676	2 475	1 965	508	350
西藏	1 318	15	81	86	41	36	73
陕西	37 852	21	2 426	5 152	2 683	429	391
甘肃	16 327	11	955	2 664	1 296	196	164
青海	4 777	5	400	834	315	79	21
宁夏	7 303		328	1 400	494	50	42
新疆	22 406	7	1 812	4 367	1 638	149	75

表11-1a　各地区家庭户按代数和住房间数分的户数(城市)(续 1)

单位：户

地　区	二代户						三代户					
	0间	一间	二间	三间	四间	五　间及以上	0间	一间	二间	三间	四间	五　间及以上
全　国	**582**	**111 807**	**350 982**	**205 578**	**55 309**	**59 031**	**52**	**8 634**	**65 365**	**64 676**	**26 643**	**35 056**
北　京	4	5 120	13 329	5 565	895	1 672		364	2 560	2 028	335	958
天　津	14	4 490	8 413	1 799	256	95	1	344	1 705	596	124	50
河　北	7	2 077	16 192	8 342	1 958	3 426	2	84	2 551	2 697	972	1 724
山　西	6	2 193	10 394	6 348	1 126	1 864		87	1 373	1 370	450	1 162
内 蒙 古	8	3 696	12 977	5 214	1 177	996		106	1 253	735	222	173
辽　宁	10	11 208	27 244	7 482	950	364	1	656	6 051	2 763	514	232
吉　林	15	4 263	13 633	4 272	657	212		363	2 904	1 517	387	126
黑 龙 江	11	7 354	25 792	5 532	543	153		487	4 465	1 776	264	68
上　海	50	10 242	14 709	4 486	698	841	6	1 376	3 786	2 008	456	878
江　苏	50	6 475	22 585	15 609	3 832	4 101	7	335	4 504	6 290	2 797	3 353
浙　江	4	6 415	12 708	9 330	3 449	4 537		252	2 105	2 917	1 796	2 826
安　徽	6	1 923	9 379	6 467	2 144	3 674		113	1 438	1 628	625	1 309
福　建	11	3 373	6 248	5 904	1 808	2 625	1	181	1 177	1 982	900	1 721
江　西		1 644	5 439	3 340	1 298	1 313		198	1 335	1 146	649	853
山　东	15	4 009	25 734	20 720	6 963	5 346		168	3 304	4 552	2 316	2 228
河　南	28	1 480	14 669	15 004	3 597	5 573	4	79	2 250	4 069	1 544	2 960
湖　北	40	5 380	15 785	9 451	3 542	2 775	2	536	3 581	3 618	1 705	1 665
湖　南	146	2 831	11 344	8 534	3 799	3 199	9	214	2 054	2 419	1 608	1 850
广　东	11	11 074	21 968	22 060	6 428	6 740	2	1 412	5 221	7 002	3 475	4 176
广　西	58	1 805	5 804	3 833	1 188	1 598	5	156	1 094	1 217	596	1 031
海　南	8	1 641	2 006	1 874	452	334		248	534	620	263	242
重　庆	5	1 461	6 516	4 835	1 217	906		144	1 497	2 048	757	580
四　川	19	2 257	11 348	8 328	2 498	1 851	2	184	2 531	3 574	1 661	1 512
贵　州	3	1 405	4 742	3 142	656	442		67	891	1 115	350	331
云　南	8	2 947	5 499	4 491	1 451	1 680		284	1 375	1 581	731	1 225
西　藏	7	53	150	110	130	266	1	1	16	29	41	172
陕　西	24	2 387	10 090	5 835	1 221	1 317	9	101	1 965	1 936	672	1 071
甘　肃	10	834	4 890	2 673	490	464		38	641	582	170	232
青　海	1	223	1 581	522	163	96		15	237	144	67	66
宁　夏		390	2 540	1 120	175	160		15	258	167	73	82
新　疆	5	1 155	7 274	3 354	548	409		27	708	551	121	197

表11-1a 各地区家庭户按代数和住房间数分的户数(城市)(续 2)

单位：户

地区	四代户						五代及以上户					
	0间	一间	二间	三间	四间	五间及以上	0间	一间	二间	三间	四间	五间及以上
全国		**46**	**597**	**1 333**	**1 172**	**1 831**						**1**
北京			13	20	5	22						
天津		1	9	11	3	1						
河北			28	49	31	74						
山西			7	23	12	39						
内蒙古		1	4	11	3	6						
辽宁		4	50	55	15	10						
吉林		3	27	19	10	6						
黑龙江		1	39	25	4	2						
上海		7	34	46	26	66						
江苏		2	43	211	230	271						
浙江			23	78	125	213						
安徽			14	39	27	52						
福建		1	8	44	42	103						
江西		4	19	27	13	41						
山东			28	110	80	90						
河南			24	40	67	135						
湖北		2	32	90	81	85						
湖南			19	41	48	81						
广东		12	67	111	121	159						1
广西			5	21	19	36						
海南		5	15	13	11	7						
重庆		2	12	47	17	29						
四川			24	86	88	121						
贵州			8	23	15	18						
云南			24	43	43	98						
西藏				1	1	8						
陕西			14	37	26	44						
甘肃			1	5	4	6						
青海			1	2	2	2						
宁夏			2	2	3	1						
新疆			1	5	2	2						

表11-1b　各地区家庭户按代数和住房间数分的户数(镇)

单位：户

地　区	合计	一代户					
		0间	一间	二间	三间	四间	五间及以上
全　国	**863 030**	**821**	**74 238**	**84 753**	**57 001**	**22 558**	**22 779**
北　京	3 320	1	179	437	343	76	197
天　津	7 047	5	336	835	512	153	108
河　北	38 495	8	1 533	3 644	2 541	924	993
山　西	21 391	17	1 012	1 475	1 181	439	866
内蒙古	20 310	9	1 778	2 607	1 563	325	210
辽　宁	27 352	6	2 500	3 961	1 810	393	153
吉　林	21 852	8	1 931	3 565	1 326	245	99
黑龙江	30 982	6	3 078	5 914	1 433	193	61
上　海	6 753		1 441	725	346	152	314
江　苏	61 345	48	6 510	6 496	4 423	1 707	1 634
浙　江	39 000	12	6 624	4 147	1 999	1 198	1 472
安　徽	54 729	42	3 640	5 284	3 531	1 580	1 722
福　建	29 075	26	4 325	1 894	1 346	788	1 017
江　西	37 937	28	2 617	2 948	2 283	1 069	1 286
山　东	75 289	23	5 521	8 652	6 826	3 303	2 213
河　南	48 032	44	2 073	2 556	2 440	1 444	1 815
湖　北	33 808	34	2 161	3 532	2 784	1 205	862
湖　南	39 197	148	2 339	3 481	2 709	1 243	1 303
广　东	46 193	19	6 935	2 557	2 616	1 126	1 167
广　西	33 807	42	2 994	2 620	1 705	876	1 206
海　南	4 018	2	376	229	152	43	16
重　庆	24 813	12	1 838	2 816	2 049	673	485
四　川	55 519	185	5 051	6 235	5 024	1 634	1 277
贵　州	20 337	15	1 402	1 823	1 164	311	311
云　南	24 309	23	2 512	1 660	1 339	366	336
西　藏	1 088	1	62	32	24	19	32
陕　西	24 585	34	1 750	2 003	1 626	557	731
甘　肃	15 491	11	769	1 047	783	244	599
青　海	3 802	8	280	383	186	41	68
宁　夏	3 141		177	334	200	36	73
新　疆	10 011	3	498	860	738	195	154

表11-1b 各地区家庭户按代数和住房间数分的户数(镇)(续 1)

单位：户

地　区	二代户						三代户					
	0间	一间	二间	三间	四间	五间及以上	0间	一间	二间	三间	四间	五间及以上
全　国	**630**	**55 920**	**149 435**	**130 611**	**57 518**	**64 901**	**69**	**3 656**	**28 081**	**41 360**	**25 716**	**38 117**
北　京		71	584	586	128	350		2	82	95	28	154
天　津	2	261	1 761	1 170	464	351		13	304	332	201	213
河　北	3	1 405	7 362	6 614	3 134	3 565		44	1 397	1 788	1 162	2 144
山　西	28	1 706	3 824	3 555	1 407	2 682	1	53	496	665	484	1 394
内蒙古	5	2 545	4 908	3 396	753	472		90	626	623	236	135
辽　宁	1	2 709	6 913	3 386	879	329		165	1 922	1 342	554	235
吉　林	15	2 356	5 690	3 147	619	154		156	1 041	1 013	311	120
黑龙江	4	3 660	10 306	2 714	357	100		243	1 701	929	190	47
上　海		500	825	829	248	482		26	147	246	100	330
江　苏	35	2 999	9 237	8 961	3 479	3 554	3	142	2 227	3 830	2 417	2 994
浙　江	1	3 027	5 362	3 963	2 504	3 623		117	814	1 330	1 059	1 575
安　徽	35	2 859	9 749	8 475	3 998	5 107	6	156	1 611	2 667	1 541	2 395
福　建	7	2 723	3 996	3 694	1 996	2 457	3	175	831	1 153	895	1 573
江　西	30	2 188	5 763	5 998	3 012	3 770	1	162	1 145	1 938	1 489	1 969
山　东	9	3 071	13 133	12 304	6 490	5 111		55	1 549	2 593	1 928	2 217
河　南	69	1 510	6 194	7 323	4 887	7 000	10	58	1 407	2 478	1 964	4 359
湖　北	60	1 869	6 139	5 232	2 479	2 084	6	133	1 081	1 761	1 120	1 053
湖　南	84	1 712	5 495	5 837	3 558	4 321	11	130	961	1 736	1 510	2 371
广　东	12	3 681	5 195	7 263	3 300	3 623	2	651	1 406	2 444	1 674	2 291
广　西	35	2 264	5 159	4 298	2 467	3 454	6	199	1 213	1 516	1 276	2 277
海　南	5	672	772	574	188	96		119	266	285	117	84
重　庆	4	1 517	4 084	4 566	1 464	1 260	1	111	807	1 551	723	739
四　川	59	3 121	8 689	8 621	3 195	2 996	10	199	1 799	3 421	1 645	2 038
贵　州	11	1 604	4 155	3 617	1 284	1 032		92	789	1 255	684	674
云　南	24	2 272	4 113	3 997	1 427	1 186	2	205	1 047	1 692	862	1 009
西　藏	3	37	80	127	120	208		6	25	62	62	176
陕　西	69	2 068	3 798	4 245	1 669	1 889	5	98	629	1 324	715	1 252
甘　肃	7	677	2 389	2 496	964	2 301		26	350	641	402	1 696
青　海	9	182	974	612	145	319	1	8	128	182	81	181
宁　夏	1	163	636	701	168	264		3	53	96	63	163
新　疆	4	490	2 149	2 309	737	761		18	227	375	225	260

表11-1b 各地区家庭户按代数和住房间数分的户数(镇)(续 2)

单位：户

地 区	四代户						五代及以上户					
	0间	一间	二间	三间	四间	五 间及以上	0间	一间	二间	三间	四间	五 间及以上
全 国		**50**	**418**	**1 237**	**1 163**	**1 995**					**2**	**1**
北 京			1	1		6						
天 津			2	8	3	14						
河 北			25	61	46	100						
山 西		2	6	14	18	66						
内 蒙 古			10	8	5	5						
辽 宁			23	43	18	10						
吉 林		1	16	18	15	6						
黑 龙 江			23	19	5							
上 海			3	10	5	23						
江 苏			35	188	176	251						
浙 江		1	14	35	52	71						
安 徽		3	29	89	77	132						
福 建		1	16	34	48	78						
江 西		4	8	50	71	109						
山 东			10	83	80	118						
河 南			14	77	81	230					2	
湖 北		6	21	55	61	71						
湖 南			23	37	59	130						
广 东		14	25	48	55	88						1
广 西		4	18	42	42	94						
海 南		1	6	8	3	4						
重 庆		2	4	41	28	39						
四 川		2	29	116	81	94						
贵 州		1	11	29	38	35						
云 南		6	26	66	52	85						
西 藏			1	3	2	8						
陕 西		2	14	27	26	54						
甘 肃			5	19	9	56						
青 海			2	2	4	6						
宁 夏			1	2	1	6						
新 疆			1	3	2	6						

表11-1c 各地区家庭户按代数和住房间数分的户数(乡村)

单位：户

地区	合计	一代户					
		0间	一间	二间	三间	四间	五间及以上
全国	**2 529 142**	**2 731**	**136 993**	**200 348**	**161 896**	**84 227**	**86 296**
北京	10 788	1	639	444	556	675	1 645
天津	10 602	21	304	1 228	717	303	154
河北	164 481	62	5 191	13 371	9 454	5 565	6 159
山西	69 783	110	2 420	3 550	4 239	1 514	4 431
内蒙古	43 534	65	3 592	4 624	3 492	994	835
辽宁	68 113	35	3 907	8 497	4 592	1 912	556
吉林	49 736	24	1 866	4 384	3 372	540	103
黑龙江	63 796	34	4 316	6 787	3 763	426	106
上海	8 875	3	2 129	834	476	402	695
江苏	125 245	66	11 468	14 821	9 680	4 183	4 200
浙江	90 501	117	12 108	10 241	5 309	4 112	5 042
安徽	127 718	156	6 203	11 094	10 157	4 796	5 394
福建	64 074	81	6 498	4 924	2 323	2 702	3 664
江西	87 987	96	2 401	5 675	3 946	5 224	3 268
山东	210 213	45	15 911	20 569	18 696	10 865	8 832
河南	217 328	181	5 696	11 484	13 444	5 766	8 448
湖北	114 115	81	3 721	9 830	9 998	4 812	3 484
湖南	143 872	467	5 440	11 030	8 644	5 785	5 337
广东	102 015	44	9 028	5 946	4 539	3 233	3 591
广西	100 681	91	4 475	6 690	5 460	3 390	2 605
海南	11 782	3	848	547	411	145	90
重庆	56 918	94	3 570	6 300	5 028	2 225	2 028
四川	201 333	520	10 391	18 152	16 081	7 853	6 929
贵州	87 817	69	4 692	5 825	4 297	1 874	1 257
云南	99 616	94	5 000	4 702	3 261	971	970
西藏	4 739	20	116	123	72	40	38
陕西	76 738	89	2 330	3 971	5 569	2 119	2 939
甘肃	53 710	33	732	1 327	1 820	811	2 629
青海	10 099	11	233	310	236	84	152
宁夏	10 669	1	193	363	347	247	290
新疆	42 264	15	1 573	2 705	1 920	658	427

表11-1c 各地区家庭户按代数和住房间数分的户数(乡村)(续 1)

单位：户

地 区	二代户						三代户					
	0间	一间	二间	三间	四间	五 间及以上	0间	一间	二间	三间	四间	五 间及以上
全 国	**1 503**	**104 281**	**365 185**	**384 095**	**218 616**	**254 064**	**191**	**11 578**	**94 637**	**152 772**	**103 215**	**145 682**
北 京	2	222	409	633	1 085	2 771		8	43	96	257	1 270
天 津	5	181	2 608	1 663	844	475		6	642	660	401	314
河 北	16	3 557	28 007	20 231	16 486	24 175	5	179	6 583	6 870	5 803	11 588
山 西	108	2 906	7 441	9 978	5 135	13 567	8	169	1 626	2 745	1 963	7 368
内 蒙 古	47	4 100	8 634	7 335	1 961	1 325	5	372	2 182	2 288	864	659
辽 宁	18	3 968	15 846	10 168	3 777	1 095		254	5 259	4 650	2 263	853
吉 林	18	2 949	10 636	11 755	2 298	319	1	282	3 547	5 205	1 691	331
黑 龙 江	44	6 726	15 885	11 051	1 416	285	12	665	4 907	5 695	980	249
上 海		598	503	508	474	890		23	100	315	236	599
江 苏	41	3 006	16 568	17 065	7 498	7 876	9	180	5 407	9 274	5 618	6 440
浙 江	39	4 583	10 764	7 325	6 804	9 464	1	309	2 290	3 472	3 029	4 851
安 徽	92	2 511	14 797	23 456	10 566	15 182	19	213	3 418	7 671	4 254	6 716
福 建	53	4 877	8 502	5 335	5 096	7 280	9	600	2 613	2 306	2 559	4 076
江 西	62	2 539	11 238	10 721	13 118	9 452	13	317	3 295	4 437	6 397	4 948
山 东	4	7 162	31 988	31 182	20 625	20 379	2	200	4 710	6 810	4 776	6 689
河 南	129	2 927	22 524	36 804	23 619	37 984	6	202	5 030	11 603	9 294	20 193
湖 北	66	2 343	16 144	20 027	10 861	8 194	11	304	4 638	8 572	5 513	4 570
湖 南	234	3 928	17 868	20 192	15 944	15 891	35	495	4 719	8 606	7 839	10 229
广 东	34	7 586	12 592	12 369	8 888	10 632	7	1 923	4 213	5 128	4 755	6 686
广 西	46	4 756	14 856	15 976	11 050	9 202	5	770	3 780	6 037	5 165	5 517
海 南		1 725	2 094	1 995	643	383		424	729	917	413	301
重 庆	30	1 682	7 565	8 491	4 414	4 632	3	189	1 685	3 495	2 335	2 813
四 川	123	7 208	24 613	30 869	16 880	16 033	17	854	6 309	14 902	10 415	11 314
贵 州	51	6 801	17 560	15 513	6 499	4 520	6	665	4 235	6 573	3 692	3 015
云 南	67	8 757	19 625	18 334	5 324	4 875	5	1 391	6 415	10 227	3 978	4 321
西 藏	22	358	687	641	426	563	2	104	254	373	281	543
陕 西	89	2 241	8 419	14 799	6 966	8 399	8	177	2 374	6 385	3 430	5 809
甘 肃	28	832	3 927	7 119	3 872	12 102	1	97	1 466	3 702	2 508	9 939
青 海	13	345	1 843	1 702	710	1 111	1	29	521	1 169	600	921
宁 夏	5	514	1 735	1 883	1 224	1 203		36	367	634	622	937
新 疆	14	2 390	9 309	8 976	4 111	3 803		145	1 283	1 956	1 280	1 621

表11-1c 各地区家庭户按代数和住房间数分的户数(乡村)(续 2)

单位：户

地区	四代户						五代及以上户					
	0间	一间	二间	三间	四间	五间及以上	0间	一间	二间	三间	四间	五间及以上
全国	**2**	**241**	**1 966**	**5 585**	**4 820**	**8 199**			**3**	**4**	**6**	**6**
北京				1	4	27						
天津			12	22	25	15						
河北		5	113	269	231	560						
山西		3	30	92	66	316						
内蒙古		3	46	64	21	28						
辽宁		4	124	179	104	51					1	
吉林		3	89	197	106	19						
黑龙江		4	126	250	50	16			1		1	
上海			1	18	19	50						1
江苏		3	147	504	489	700				2		2
浙江			33	120	156	330						1
安徽	2	2	90	267	219	445						
福建		12	73	105	127	261						
江西		4	80	150	298	308						
山东		5	70	238	178	275						
河南		4	73	407	409	1 097				2	2	
湖北		5	115	326	235	263						
湖南		7	81	266	304	528						1
广东		47	102	155	179	337					1	
广西		15	78	201	199	314			1			
海南		14	26	32	19	23						
重庆		3	17	108	93	117			1			
四川		22	115	475	531	728						
贵州		7	69	237	177	183						
云南		59	160	481	270	326					1	1
西藏		4	8	16	10	38						
陕西		2	43	183	133	263						
甘肃		2	24	153	105	480						
青海		1	8	32	27	40						
宁夏			2	15	17	35						
新疆		2	9	20	19	28						

表11-2　全国按户主的受教育程度分的家庭户住房状况

受教育程度	户　数（户）	人　数（人）	平均每户住房间数（间/户）	人均住房建筑面积（平方米/人）	人均住房间　数（间/人）
总　计	**4 877 446**	**15 650 065**	**3.03**	**27.86**	**0.95**
未上过学	413 188	1 140 774	2.80	27.73	1.01
小　学	1 477 439	4 901 397	3.17	28.01	0.96
初　中	1 971 912	6 629 048	3.12	26.92	0.93
高　中	662 257	2 015 267	2.86	28.80	0.94
大学专科	225 465	620 938	2.61	31.22	0.95
大学本科	117 143	315 990	2.57	32.50	0.95
研 究 生	10 041	26 651	2.54	34.72	0.96

表11-2a　全国按户主的受教育程度分的家庭户住房状况(城市)

受教育程度	户　数（户）	人　数（人）	平均每户住房间数（间/户）	人均住房建筑面积（平方米/人）	人均住房间　数（间/人）
总　计	**1 485 304**	**4 348 845**	**2.55**	**27.51**	**0.87**
未上过学	74 194	197 371	2.55	27.88	0.96
小　学	269 158	847 725	2.80	27.84	0.89
初　中	556 246	1 678 398	2.55	25.99	0.85
高　中	335 638	950 527	2.40	27.01	0.85
大学专科	147 222	399 552	2.46	30.67	0.90
大学本科	93 290	249 921	2.51	32.46	0.94
研 究 生	9 554	25 350	2.52	34.48	0.95

表11-2b 全国按户主的受教育程度分的家庭户住房状况(镇)

受教育程度	户 数 (户)	人 数 (人)	平均每户住房间数 (间/户)	人均住房建筑面积 (平方米/人)	人均住房间 数 (间/人)
总 计	**863 023**	**2 712 658**	**3.01**	**28.84**	**0.96**
未上过学	58 461	155 275	2.75	28.20	1.03
小 学	214 676	699 437	3.11	28.24	0.96
初 中	360 321	1 179 022	3.04	27.70	0.93
高 中	146 554	445 885	2.99	30.84	0.98
大学专科	61 144	172 355	2.87	32.92	1.02
大学本科	21 415	59 478	2.81	33.09	1.01
研 究 生	452	1 207	2.93	39.37	1.10

表11-2c 全国按户主的受教育程度分的家庭户住房状况(乡村)

受教育程度	户 数 (户)	人 数 (人)	平均每户住房间数 (间/户)	人均住房建筑面积 (平方米/人)	人均住房间 数 (间/人)
总 计	**2 529 120**	**8 588 562**	**3.33**	**27.72**	**0.98**
未上过学	280 534	788 127	2.87	27.61	1.02
小 学	993 605	3 354 236	3.28	28.00	0.97
初 中	1 055 345	3 771 628	3.45	27.08	0.97
高 中	180 064	618 855	3.60	30.09	1.05
大学专科	17 099	49 031	3.01	29.75	1.05
大学本科	2 437	6 590	2.72	28.76	1.01
研 究 生	35	94	3.14	40.65	1.17

表11-3　各地区按住房用途、建筑层数、住宅结构及是否合住分的家庭户户数

单位：户

地　区	家庭户户　数	住房用途			建筑层数		
		生活用房	兼作生产经营用房	无住房	平　房	6层以下楼　房	7层以上楼　房
全　国	**5 286 554**	**5 136 912**	**140 803**	**8 838**	**3 040 320**	**1 944 010**	**293 386**
北　京	69 594	68 308	1 257	30	28 071	27 498	13 996
天　津	44 806	44 261	467	79	20 056	20 608	4 064
河　北	270 892	266 204	4 570	118	219 518	47 563	3 694
山　西	130 427	128 291	1 844	292	94 594	33 070	2 471
内蒙古	106 792	103 726	2 889	177	81 164	24 586	865
辽　宁	189 878	186 396	3 374	108	113 875	48 100	27 796
吉　林	113 403	111 262	2 050	91	82 746	20 144	10 422
黑龙江	169 177	165 321	3 721	136	123 802	27 353	17 887
上　海	83 106	81 680	1 297	129	12 763	61 429	8 785
江　苏	329 566	322 613	6 567	387	147 844	170 558	10 777
浙　江	226 688	215 926	10 488	274	45 288	173 460	7 665
安　徽	265 023	256 081	8 316	627	166 924	94 742	2 730
福　建	148 892	142 186	6 429	277	45 656	90 345	12 615
江　西	171 522	165 895	5 325	301	75 021	90 262	5 938
山　东	415 415	404 268	11 008	139	341 443	66 160	7 673
河　南	361 725	356 350	4 792	583	275 096	76 653	9 393
湖　北	242 166	233 378	8 395	394	113 965	113 418	14 389
湖　南	263 001	253 402	8 119	1 480	116 250	137 073	8 197
广　东	310 146	299 825	10 075	247	113 059	143 829	53 011
广　西	180 466	174 261	5 834	371	95 624	77 304	7 168
海　南	27 779	26 952	793	34	19 304	6 580	1 860
重　庆	129 342	125 405	3 725	212	52 406	59 709	17 015
四　川	366 256	350 784	14 272	1 201	217 026	127 170	20 859
贵　州	142 031	137 451	4 392	189	101 350	33 887	6 605
云　南	161 443	155 989	5 177	277	77 802	78 463	4 900
西　藏	7 227	7 023	132	71	4 880	2 267	9
陕　西	149 873	147 310	2 170	393	100 249	42 630	6 601
甘　肃	92 736	91 127	1 497	112	70 739	18 397	3 488
青　海	19 245	18 727	466	52	13 266	4 795	1 133
宁　夏	21 917	21 475	430	12	14 942	6 865	98
新　疆	76 020	75 036	936	48	55 595	19 091	1 285

表11-3 各地区按住房用途、建筑层数、住宅结构及是否合住分的家庭户户数(续 1)

单位：户

地区	本座住宅建筑结构					是否有其他合住户	
	钢筋混凝土结构	混合结构	砖木结构	木、竹、草结构	其他结构	是	否
全　国	**912 256**	**1 701 212**	**1 992 384**	**265 891**	**405 972**	**275 038**	**5 002 678**
北　京	17 844	26 167	25 244	30	279	1 920	67 645
天　津	7 826	20 193	16 294	101	314	2 088	42 640
河　北	33 966	70 052	156 585	703	9 469	6 804	263 970
山　西	21 729	31 629	57 664	516	18 597	5 341	124 793
内蒙古	17 374	15 944	51 691	1 894	19 713	3 831	102 784
辽　宁	37 715	60 801	88 459	1 101	1 694	7 555	182 215
吉　林	19 341	16 973	61 353	10 184	5 460	4 066	109 245
黑龙江	30 658	22 237	83 639	26 438	6 069	7 244	161 797
上　海	10 616	53 488	18 470	260	143	3 866	79 111
江　苏	29 749	177 612	119 090	1 482	1 246	14 641	314 538
浙　江	6 304	141 710	61 908	13 706	2 787	19 827	206 587
安　徽	47 100	91 853	116 160	6 025	3 258	6 003	258 394
福　建	43 856	40 969	24 953	11 703	27 135	20 112	128 503
江　西	48 953	48 900	61 463	3 353	8 551	19 091	152 129
山　东	36 325	103 171	252 273	3 149	20 357	6 407	408 870
河　南	61 687	128 443	162 179	3 385	5 448	7 663	353 479
湖　北	41 167	96 431	81 472	6 750	15 952	10 444	231 329
湖　南	52 031	88 152	91 530	26 591	3 217	24 323	237 198
广　东	159 759	70 127	74 889	2 067	3 057	24 835	285 065
广　西	6 930	98 016	47 891	5 990	21 268	21 780	158 315
海　南	9 204	4 087	13 746	632	76	3 654	24 091
重　庆	19 477	50 168	35 311	12 340	11 833	3 968	125 162
四　川	53 548	95 387	114 012	48 674	53 434	17 386	347 670
贵　州	12 462	42 298	37 109	42 116	7 858	11 592	130 250
云　南	23 069	20 894	31 278	20 155	65 769	9 464	151 702
西　藏	461	465	3 794	603	1 832	307	6 848
陕　西	29 277	49 728	36 339	4 809	29 328	4 869	144 611
甘　肃	14 066	12 432	30 377	5 310	30 439	2 403	90 221
青　海	1 387	5 710	4 544	1 411	6 142	398	18 795
宁　夏	3 923	4 428	8 993	290	4 272	536	21 369
新　疆	14 453	12 746	23 673	4 121	20 978	2 621	73 351

表11-3a　各地区按住房用途、建筑层数、住宅结构及是否合住分的家庭户户数(城市)

单位：户

地　区	家庭户户　数	住房用途			建筑层数		
		生活用房	兼作生产经营用房	无住房	平　房	6层以下楼　房	7层以上楼　房
全　国	**1 530 075**	**1 491 009**	**37 451**	**1 615**	**412 627**	**846 212**	**269 622**
北　京	55 205	54 268	912	26	16 049	25 231	13 900
天　津	26 921	26 617	262	43	4 229	18 636	4 014
河　北	59 679	59 016	647	16	19 873	36 243	3 547
山　西	36 500	36 128	362	10	11 996	22 103	2 391
内蒙古	41 277	40 196	1 054	27	19 244	21 169	836
辽　宁	91 336	89 854	1 450	31	22 505	41 109	27 691
吉　林	40 696	39 919	754	23	14 932	16 019	9 722
黑龙江	72 284	70 573	1 677	33	34 879	21 000	16 372
上　海	66 859	65 822	912	125	8 803	49 208	8 723
江　苏	113 569	111 300	2 146	123	23 519	79 272	10 654
浙　江	84 009	80 321	3 643	45	14 495	62 748	6 721
安　徽	42 989	41 622	1 330	37	12 734	27 600	2 619
福　建	43 954	41 718	2 184	52	7 084	25 947	10 870
江　西	24 976	24 484	481	10	4 668	15 209	5 089
山　东	116 720	113 687	2 991	42	60 824	48 348	7 506
河　南	69 901	68 949	891	60	18 794	41 847	9 200
湖　北	72 172	69 805	2 275	92	15 072	43 342	13 667
湖　南	56 785	54 206	2 234	346	12 107	36 961	7 372
广　东	144 747	139 718	4 942	87	29 110	66 678	48 872
广　西	27 167	26 084	971	112	5 526	15 097	6 433
海　南	11 533	11 055	457	22	5 269	4 455	1 787
重　庆	31 604	31 049	530	24	5 403	13 337	12 840
四　川	56 582	55 329	1 177	76	11 796	28 175	16 535
贵　州	18 885	18 282	598	4	3 742	9 229	5 909
云　南	31 383	30 325	1 032	26	9 182	17 760	4 415
西　藏	1 332	1 247	61	24	696	610	2
陕　西	38 789	38 107	627	55	8 532	23 903	6 298
甘　肃	16 786	16 453	312	22	2 646	10 876	3 243
青　海	4 905	4 799	99	7	905	2 952	1 042
宁　夏	7 478	7 340	137		2 125	5 265	88
新　疆	23 050	22 735	303	12	5 889	15 885	1 264

表11-3a 各地区按住房用途、建筑层数、住宅结构及是否合住分的家庭户户数(城市)(续 1)

单位：户

地区	本座住宅建筑结构					是否有其他合住户	
	钢筋混凝土结构	混合结构	砖木结构	木、竹、草结构	其他结构	是	否
全国	**480 041**	**703 801**	**310 979**	**10 163**	**23 476**	**78 091**	**1 450 369**
北京	17 332	23 294	14 504	5	43	1 515	53 664
天津	6 072	17 409	3 337	29	33	1 626	25 252
河北	19 543	27 386	12 379	20	335	1 712	57 951
山西	11 047	17 393	7 237	12	800	1 271	35 219
内蒙古	13 276	11 331	15 514	58	1 071	1 510	39 740
辽宁	29 664	45 232	16 152	83	173	3 590	87 714
吉林	15 556	11 850	12 633	334	300	1 842	38 831
黑龙江	23 069	16 554	29 206	2 221	1 201	3 325	68 926
上海	9 799	42 163	14 566	134	71	3 120	63 614
江苏	18 812	75 986	18 247	264	136	6 760	106 686
浙江	4 582	60 014	17 754	1 454	161	7 877	76 087
安徽	11 427	23 217	7 934	250	124	1 095	41 857
福建	21 631	14 638	5 315	376	1 943	4 528	39 374
江西	10 903	9 854	4 052	61	96	1 649	23 316
山东	22 878	47 697	44 258	574	1 270	3 347	113 331
河南	29 409	31 454	8 528	48	401	2 516	67 324
湖北	17 505	39 639	14 192	111	633	4 025	68 055
湖南	19 437	23 977	12 361	454	210	4 226	52 213
广东	94 342	29 824	19 221	581	692	9 561	135 099
广西	2 050	20 865	3 671	65	404	2 060	24 995
海南	5 924	2 416	3 029	119	23	1 052	10 460
重庆	11 811	13 807	3 727	885	1 350	1 317	30 263
四川	16 961	29 281	7 993	952	1 319	3 510	52 996
贵州	3 677	13 053	1 731	276	144	807	18 074
云南	8 507	10 826	3 538	529	7 957	1 193	30 164
西藏	395	338	250	9	316	159	1 149
陕西	12 926	22 532	2 779	89	407	1 406	37 328
甘肃	8 104	6 421	1 700	50	489	492	16 273
青海	438	3 807	524	21	108	116	4 783
宁夏	2 674	3 105	1 505	18	175	140	7 337
新疆	10 289	8 435	3 141	81	1 092	744	22 294

表11-3b　各地区按住房用途、建筑层数、住宅结构及是否合住分的家庭户户数(镇)

单位：户

地　区	家庭户户　数	住房用途			建筑层数		
		生活用房	兼作生产经营用房	无住房	平　房	6层以下楼　房	7层以上楼　房
全　国	**912 800**	**849 276**	**61 770**	**1 755**	**462 763**	**426 718**	**21 565**
北　京	3 374	3 297	77	1	1 299	1 983	91
天　津	7 113	6 988	117	8	5 188	1 876	41
河　北	39 475	37 403	2 060	11	31 510	7 891	62
山　西	21 780	20 876	856	48	15 239	6 455	39
内蒙古	20 744	19 654	1 072	18	17 504	3 206	16
辽　宁	27 932	26 686	1 238	9	22 196	5 650	78
吉　林	22 203	21 282	898	23	17 717	3 792	672
黑龙江	31 550	30 331	1 208	11	24 062	5 980	1 498
上　海	6 979	6 718	261		1 305	5 618	56
江　苏	67 196	64 460	2 626	111	29 929	37 098	59
浙　江	41 065	38 270	2 770	25	6 877	33 254	908
安　徽	61 475	56 322	5 035	118	32 106	29 160	90
福　建	30 995	29 013	1 935	46	7 397	21 847	1 705
江　西	40 795	36 821	3 908	66	10 510	29 448	771
山　东	77 524	72 153	5 336	35	63 546	13 890	53
河　南	50 998	48 843	2 024	131	36 145	14 675	46
湖　北	36 773	32 697	3 966	110	11 858	24 218	588
湖　南	41 212	37 305	3 612	265	10 828	29 462	658
广　东	48 693	45 029	3 615	49	14 693	30 303	3 648
广　西	35 726	32 391	3 249	86	11 160	23 813	667
海　南	4 119	3 857	254	8	2 422	1 642	48
重　庆	26 997	24 756	2 221	21	6 987	15 950	4 040
四　川	60 689	52 861	7 523	305	22 592	33 603	4 190
贵　州	21 736	19 847	1 858	30	10 578	10 462	666
云　南	24 954	23 101	1 802	51	9 523	14 973	407
西　藏	1 103	1 068	31	4	814	284	1
陕　西	25 918	24 949	850	119	16 297	9 339	162
甘　肃	16 345	15 712	613	20	10 880	5 232	213
青　海	3 905	3 636	250	19	2 191	1 611	85
宁　夏	3 238	3 038	199	1	1 686	1 548	2
新　疆	10 193	9 911	275	6	7 725	2 455	6

表11-3b 各地区按住房用途、建筑层数、住宅结构及是否合住分的家庭户户数(镇)(续 1)

单位：户

地区	本座住宅建筑结构					是否有其他合住户	
	钢筋混凝土结构	混合结构	砖木结构	木、竹、草结构	其他结构	是	否
全国	**204 440**	**320 287**	**319 430**	**22 235**	**44 653**	**55 635**	**855 410**
北京	179	2 017	1 167	1	10	88	3 286
天津	1 336	2 232	3 378	37	122	284	6 821
河北	6 097	9 055	23 525	90	696	1 200	38 263
山西	5 322	4 862	9 540	35	1 973	1 301	20 432
内蒙古	3 480	2 438	11 926	511	2 372	1 015	19 711
辽宁	4 838	4 907	17 688	83	408	1 110	26 814
吉林	2 862	2 864	14 170	1 589	696	824	21 356
黑龙江	6 263	2 903	18 566	3 211	597	1 364	30 175
上海	536	5 148	1 224	37	34	373	6 606
江苏	5 532	37 497	23 673	187	197	4 205	62 881
浙江	1 169	28 660	9 764	847	600	3 721	37 319
安徽	16 048	22 095	21 853	771	589	2 145	59 212
福建	10 707	9 746	4 176	1 457	4 861	5 062	25 886
江西	16 372	14 360	8 925	530	542	4 871	35 858
山东	7 684	19 359	46 578	420	3 448	1 462	76 027
河南	9 079	22 768	17 960	359	702	1 593	49 274
湖北	10 740	15 807	8 968	328	821	2 597	34 066
湖南	13 844	16 216	9 637	1 078	172	4 112	36 835
广东	28 957	9 344	9 869	263	211	3 392	45 252
广西	1 448	25 578	6 874	192	1 548	3 580	32 060
海南	1 781	913	1 379	22	17	405	3 707
重庆	4 331	15 334	5 266	1 055	991	1 238	25 739
四川	18 246	19 117	15 420	3 192	4 409	3 530	56 854
贵州	3 568	9 960	4 900	2 832	445	1 647	20 058
云南	8 263	4 198	5 347	1 444	5 650	1 848	23 055
西藏	22	61	725	121	172	51	1 048
陕西	6 983	7 116	5 604	549	5 547	1 380	24 419
甘肃	4 405	2 327	5 520	482	3 591	594	15 732
青海	727	1 332	1 024	176	628	130	3 757
宁夏	1 132	835	1 045	29	196	83	3 154
新疆	2 488	1 239	3 740	308	2 410	431	9 755

表11-3c　各地区按住房用途、建筑层数、住宅结构及是否合住分的家庭户户数(乡村)

单位：户

地　区	家庭户户　数	住房用途			建筑层数		
		生活用房	兼作生产经营用房	无住房	平　房	6层以下楼　房	7层以上楼　房
全　国	**2 843 678**	**2 796 628**	**41 582**	**5 468**	**2 164 930**	**671 080**	**2 200**
北　京	11 015	10 744	268	3	10 723	284	5
天　津	10 772	10 656	88	27	10 639	96	10
河　北	171 738	169 785	1 863	90	168 135	3 429	84
山　西	72 146	71 287	625	234	67 359	4 512	41
内 蒙 古	44 771	43 877	763	131	44 416	211	12
辽　宁	70 609	69 856	686	68	69 174	1 340	28
吉　林	50 503	50 061	397	45	50 097	334	28
黑 龙 江	65 343	64 416	835	92	64 861	373	18
上　海	9 267	9 140	124	3	2 655	6 603	6
江　苏	148 801	146 852	1 795	154	94 396	54 188	64
浙　江	101 614	97 334	4 076	204	23 916	77 458	36
安　徽	160 559	158 137	1 950	472	122 084	37 982	21
福　建	73 944	71 455	2 310	179	31 175	42 551	40
江　西	105 751	104 590	935	225	59 843	45 605	78
山　东	221 171	218 428	2 681	62	217 074	3 922	114
河　南	240 826	238 558	1 877	391	220 157	20 131	147
湖　北	133 221	130 876	2 154	192	87 036	45 859	135
湖　南	165 004	161 891	2 243	869	93 316	70 651	168
广　东	116 706	115 078	1 517	111	69 256	46 848	491
广　西	117 573	115 786	1 614	173	78 938	38 394	68
海　南	12 126	12 040	82	4	11 613	483	26
重　庆	70 741	69 600	974	167	40 016	30 422	135
四　川	248 985	242 594	5 571	820	182 639	65 393	133
贵　州	101 411	99 321	1 935	154	87 030	14 196	30
云　南	105 106	102 563	2 343	199	59 097	45 730	79
西　藏	4 792	4 708	40	44	3 369	1 373	5
陕　西	85 166	84 254	694	218	75 420	9 388	140
甘　肃	59 605	58 962	572	70	57 213	2 289	33
青　海	10 435	10 292	117	26	10 171	232	6
宁　夏	11 201	11 097	94	10	11 132	52	7
新　疆	42 777	42 389	358	30	41 981	751	15

表11-3c 各地区按住房用途、建筑层数、住宅结构及是否合住分的家庭户户数(乡村)(续 1)

单位：户

地区	本座住宅建筑结构					是否有其他合住户	
	钢筋混凝土结构	混合结构	砖木结构	木、竹、草结构	其他结构	是	否
全国	**227 774**	**677 124**	**1 361 975**	**233 493**	**337 844**	**141 311**	**2 696 899**
北京	332	856	9 573	24	226	317	10 695
天津	419	552	9 579	35	159	178	10 567
河北	8 326	33 611	120 680	593	8 438	3 892	167 756
山西	5 359	9 374	40 887	469	15 824	2 769	69 143
内蒙古	618	2 175	24 251	1 325	16 270	1 306	43 334
辽宁	3 212	10 661	54 618	936	1 114	2 855	67 687
吉林	924	2 259	34 550	8 261	4 464	1 401	49 057
黑龙江	1 327	2 780	35 867	21 006	4 271	2 555	62 696
上海	281	6 177	2 680	89	38	373	8 891
江苏	5 406	64 128	77 170	1 031	912	3 676	144 971
浙江	553	53 036	34 390	11 404	2 026	8 229	93 181
安徽	19 624	46 541	86 373	5 004	2 545	2 762	157 325
福建	11 518	16 585	15 462	9 870	20 331	10 522	63 243
江西	21 678	24 686	48 486	2 762	7 913	12 571	92 955
山东	5 763	36 115	161 437	2 155	15 639	1 598	219 512
河南	23 200	74 222	135 691	2 978	4 345	3 554	236 880
湖北	12 922	40 985	58 312	6 312	14 499	3 822	129 208
湖南	18 749	47 960	69 531	25 059	2 835	15 984	148 150
广东	36 460	30 959	45 799	1 223	2 155	11 882	104 714
广西	3 432	51 573	37 346	5 732	19 316	16 140	101 260
海南	1 499	758	9 338	490	36	2 197	9 925
重庆	3 335	21 027	26 319	10 401	9 492	1 413	69 160
四川	18 341	46 989	90 599	44 531	47 706	10 346	237 819
贵州	5 217	19 285	30 478	39 009	7 268	9 138	92 119
云南	6 298	5 870	22 393	18 183	52 162	6 423	98 483
西藏	44	66	2 820	473	1 344	97	4 650
陕西	9 367	20 079	27 956	4 171	23 374	2 083	82 865
甘肃	1 557	3 684	23 157	4 778	26 359	1 318	58 216
青海	222	570	2 996	1 214	5 406	152	10 256
宁夏	116	489	6 442	243	3 901	313	10 879
新疆	1 676	3 072	16 792	3 732	17 476	1 445	41 302

表11-4　各地区家庭户按住房建成时间分的住房状况

单位：户、间、平方米

地　区	合　计			1949年以前		
	户数	间数	面积	户数	间数	面积
全　国	**5 277 716**	**16 122 853**	**475 381 401**	**138 563**	**322 059**	**8 530 205**
北　京	69 565	196 052	4 671 042	1 903	3 685	53 239
天　津	44 728	101 839	3 074 657	771	1 135	22 394
河　北	270 774	907 637	23 426 240	3 506	10 276	183 584
山　西	130 135	449 417	10 807 224	6 381	18 072	354 804
内 蒙 古	106 615	255 250	7 022 311	640	1 171	23 239
辽　宁	189 770	425 935	13 239 919	2 231	5 330	122 401
吉　林	113 312	263 632	7 708 147	642	1 172	27 120
黑 龙 江	169 041	356 377	10 682 240	1 208	1 957	51 795
上　海	82 977	178 233	5 895 727	7 165	9 997	213 522
江　苏	329 179	957 935	35 018 113	3 391	5 751	166 692
浙　江	226 414	684 482	25 218 232	13 962	28 193	872 279
安　徽	264 397	863 209	20 148 792	1 741	4 685	104 913
福　建	148 616	486 937	15 755 462	8 801	20 351	494 970
江　西	171 220	591 097	18 784 628	6 899	18 159	469 445
山　东	415 276	1 242 481	33 857 280	7 260	17 464	345 937
河　南	361 142	1 350 063	32 879 194	1 546	4 722	94 534
湖　北	241 773	731 313	25 703 042	5 428	12 408	401 288
湖　南	261 521	898 528	28 415 948	7 410	18 100	489 353
广　东	309 899	916 392	27 184 793	10 225	21 484	555 390
广　西	180 095	585 359	16 926 133	6 484	16 251	438 879
海　南	27 744	67 746	2 197 022	722	1 638	49 135
重　庆	129 130	390 172	13 084 192	6 428	14 935	501 620
四　川	365 055	1 150 796	37 488 097	14 513	35 812	1 115 773
贵　州	141 843	395 795	12 015 523	8 580	20 662	613 407
云　南	161 166	451 705	14 025 715	6 004	14 988	451 950
西　藏	7 155	27 227	869 582	124	507	16 936
陕　西	149 480	483 738	13 173 621	2 887	7 011	180 151
甘　肃	92 624	374 477	7 058 968	1 238	4 627	81 330
青　海	19 194	59 632	1 405 643	244	842	18 307
宁　夏	21 905	67 142	1 702 111	43	115	2 264
新　疆	75 972	212 255	5 941 800	184	559	13 553

表11-4 各地区家庭户按住房建成时间分的住房状况(续 1)

单位：户、间、平方米

地区	1950—1959年			1960—1969年		
	户数	间数	面积	户数	间数	面积
全 国	**86 123**	**203 091**	**5 314 724**	**174 765**	**448 437**	**11 845 433**
北 京	1 986	3 706	73 155	2 132	5 325	102 938
天 津	456	643	12 756	881	1 627	36 444
河 北	2 620	7 019	146 561	7 348	21 194	460 535
山 西	3 145	8 185	157 476	4 641	14 500	290 472
内蒙古	1 932	3 983	83 614	4 053	9 162	191 562
辽 宁	3 930	7 546	183 208	6 631	14 628	367 262
吉 林	1 401	2 454	59 545	3 441	7 012	179 098
黑龙江	3 571	5 759	143 509	7 912	15 152	399 589
上 海	1 772	2 387	57 819	1 268	1 865	41 966
江 苏	1 778	3 322	88 641	2 949	5 976	170 123
浙 江	4 270	9 448	303 895	7 290	16 991	548 782
安 徽	1 490	3 352	69 293	3 648	9 843	202 816
福 建	3 201	8 341	219 363	6 932	19 834	509 483
江 西	2 796	7 533	202 785	6 664	18 623	513 826
山 东	4 855	11 683	242 044	12 674	33 236	689 007
河 南	2 046	5 619	107 230	4 740	14 472	282 211
湖 北	4 100	9 350	291 893	8 529	21 904	705 679
湖 南	5 315	13 527	372 207	11 034	29 277	841 670
广 东	4 025	9 006	220 916	9 547	22 630	564 536
广 西	4 234	10 727	287 269	9 715	25 065	665 819
海 南	542	1 155	36 996	1 257	2 781	86 945
重 庆	3 324	8 010	253 414	6 286	15 274	501 395
四 川	7 751	20 286	624 654	15 188	42 072	1 333 830
贵 州	7 207	17 861	524 321	11 859	30 013	870 907
云 南	3 350	8 115	241 251	7 814	19 537	611 487
西 藏	122	515	17 960	186	684	23 218
陕 西	3 048	7 358	177 282	5 168	13 859	345 502
甘 肃	1 315	4 487	77 969	2 831	10 242	176 153
青 海	277	860	18 341	518	1 567	32 641
宁 夏	66	186	3 878	278	795	16 309
新 疆	200	665	15 479	1 353	3 297	83 227

表11-4 各地区家庭户按住房建成时间分的住房状况(续 2)

单位：户、间、平方米

地区	1970—1979年			1980—1989年		
	户数	间数	面积	户数	间数	面积
全国	**495 947**	**1 337 768**	**35 296 066**	**1 534 516**	**4 543 408**	**126 585 786**
北京	5 944	17 517	333 499	21 705	68 144	1 381 079
天津	4 578	9 976	247 979	16 756	38 515	1 016 032
河北	30 111	88 489	2 030 877	90 766	297 169	7 111 503
山西	13 755	45 529	951 914	42 585	147 804	3 355 983
内蒙古	11 147	25 661	596 163	31 011	73 966	1 876 121
辽宁	19 347	43 731	1 150 590	65 803	147 041	4 230 412
吉林	13 538	28 860	742 095	38 189	87 815	2 410 005
黑龙江	24 554	49 388	1 302 226	57 339	119 119	3 315 399
上海	4 213	7 653	211 188	22 627	52 506	1 710 525
江苏	18 596	42 691	1 290 646	103 853	293 135	10 158 890
浙江	18 906	45 824	1 513 874	64 013	183 985	6 701 956
安徽	15 064	41 926	892 066	74 701	232 417	5 132 583
福建	14 680	44 681	1 262 723	37 576	124 618	3 796 750
江西	17 211	49 711	1 437 945	44 525	144 037	4 310 955
山东	43 263	120 525	2 675 195	133 675	403 710	10 076 533
河南	23 532	78 659	1 604 327	107 155	388 826	8 601 406
湖北	22 674	59 463	1 891 074	76 843	222 196	7 570 971
湖南	27 438	75 814	2 209 431	71 541	224 121	6 973 122
广东	24 932	63 203	1 662 242	77 176	220 970	6 327 805
广西	19 127	51 754	1 354 783	41 403	122 065	3 364 887
海南	3 419	7 523	235 794	7 656	18 069	581 999
重庆	12 078	31 142	1 027 793	29 451	83 940	2 753 798
四川	40 398	114 608	3 608 782	100 539	304 848	9 704 862
贵州	19 764	52 111	1 536 002	33 755	92 108	2 740 249
云南	17 636	45 899	1 425 484	44 685	124 866	3 849 173
西藏	393	1 417	45 983	1 337	4 878	163 340
陕西	13 791	39 782	982 350	43 648	134 849	3 436 070
甘肃	8 344	33 011	567 248	27 215	111 239	1 958 133
青海	1 276	3 616	80 068	3 971	12 451	273 639
宁夏	1 167	3 597	73 079	4 934	15 272	338 285
新疆	5 070	14 008	352 646	18 085	48 731	1 363 319

表11-4 各地区家庭户按住房建成时间分的住房状况(续 3)

单位：户、间、平方米

地　区	1990—1999年			2000—2005年		
	户数	间数	面积	户数	间数	面积
全　国	**1 883 551**	**6 023 349**	**183 651 122**	**964 251**	**3 244 741**	**104 158 065**
北　京	22 602	61 558	1 635 648	13 293	36 117	1 091 484
天　津	15 469	35 955	1 187 481	5 817	13 989	551 570
河　北	91 390	316 804	8 530 910	45 033	166 685	4 962 270
山　西	42 245	148 543	3 822 538	17 383	66 783	1 874 038
内蒙古	39 263	95 052	2 726 401	18 570	46 254	1 525 211
辽　宁	64 574	144 516	4 857 279	27 254	63 143	2 328 767
吉　林	38 805	93 008	2 839 769	17 295	43 311	1 450 514
黑龙江	51 746	113 489	3 631 227	22 711	51 514	1 838 495
上　海	30 496	71 494	2 467 878	15 437	32 332	1 192 829
江　苏	140 547	428 138	16 192 272	58 066	178 923	6 950 848
浙　江	79 646	274 149	10 480 493	38 327	125 891	4 796 954
安　徽	112 900	370 062	8 794 473	54 852	200 923	4 952 648
福　建	50 689	178 619	6 149 775	26 736	90 494	3 322 400
江　西	59 106	215 231	7 145 221	34 020	137 802	4 704 450
山　东	141 331	432 133	12 512 767	72 219	223 730	7 315 797
河　南	152 983	576 372	14 365 162	69 139	281 394	7 824 325
湖　北	82 078	258 826	9 337 619	42 121	147 164	5 504 518
湖　南	93 532	349 044	11 252 454	45 251	188 645	6 277 711
广　东	118 078	379 749	11 659 555	65 915	199 350	6 194 349
广　西	60 330	209 822	6 175 698	38 802	149 675	4 638 798
海　南	9 229	23 377	767 329	4 920	13 203	438 825
重　庆	46 256	149 764	4 996 118	25 306	87 107	3 050 054
四　川	121 390	400 999	13 194 076	65 277	232 170	7 906 120
贵　州	35 556	103 019	3 152 442	25 122	80 021	2 578 195
云　南	49 849	143 698	4 464 255	31 826	94 602	2 982 114
西　藏	2 497	9 370	297 214	2 496	9 857	304 932
陕　西	50 459	170 400	4 735 922	30 479	110 478	3 316 343
甘　肃	33 304	133 320	2 586 204	18 378	77 550	1 611 932
青　海	7 331	22 856	536 721	5 577	17 440	445 927
宁　夏	9 588	29 204	757 559	5 831	17 974	510 737
新　疆	30 281	84 777	2 398 665	20 799	60 219	1 714 910

表11-4a 各地区家庭户按住房建成时间分的住房状况(城市)

单位：户、间、平方米

地区	合计			1949年以前		
	户数	间数	面积	户数	间数	面积
全 国	**1 528 460**	**3 906 611**	**123 446 725**	**34 451**	**62 149**	**1 512 948**
北 京	55 180	130 560	3 490 887	1 761	3 130	45 055
天 津	26 878	50 491	1 648 997	747	1 075	21 079
河 北	59 663	171 402	4 698 093	860	2 037	35 034
山 西	36 490	99 275	2 752 946	631	1 585	32 692
内蒙古	41 250	93 842	2 684 063	331	501	9 313
辽 宁	91 305	182 588	5 786 805	1 020	2 086	46 177
吉 林	40 673	85 776	2 660 809	359	562	10 739
黑龙江	72 251	144 951	4 221 367	655	1 000	22 224
上 海	66 734	127 305	4 117 920	7 003	9 739	205 883
江 苏	113 446	297 806	10 676 075	2 339	3 720	104 684
浙 江	83 964	221 520	8 042 373	4 028	7 534	239 404
安 徽	42 952	127 005	3 205 911	312	670	14 634
福 建	43 902	123 135	4 104 870	1 272	2 580	64 548
江 西	24 965	72 120	2 506 707	497	1 067	27 636
山 东	116 678	325 234	9 614 773	2 325	4 821	96 228
河 南	69 841	219 753	6 668 068	133	310	7 621
湖 北	72 080	190 528	6 748 973	1 761	2 688	68 229
湖 南	56 439	164 270	5 411 328	744	1 652	38 490
广 东	144 660	373 983	12 018 358	4 130	7 519	191 929
广 西	27 055	76 794	2 472 697	207	418	12 497
海 南	11 511	27 775	894 361	235	502	14 155
重 庆	31 580	83 049	2 722 793	1 007	2 184	67 715
四 川	56 506	153 462	5 255 097	827	1 957	62 008
贵 州	18 880	46 698	1 458 863	220	453	12 059
云 南	31 357	85 732	2 660 771	666	1 475	43 839
西 藏	1 308	5 713	200 329	9	40	1 046
陕 西	38 734	101 222	2 997 704	242	496	10 065
甘 肃	16 764	41 762	1 164 697	49	112	2 226
青 海	4 899	11 679	359 506	10	23	583
宁 夏	7 477	17 878	557 808	1	5	119
新 疆	23 038	53 302	1 642 777	68	208	5 036

表11-4a　各地区家庭户按住房建成时间分的住房状况(城市)(续 1)

单位：户、间、平方米

地　区	1950—1959年			1960—1969年			1970—1979年		
	户数	间数	面积	户数	间数	面积	户数	间数	面积
全　国	**24 596**	**43 579**	**991 092**	**31 560**	**64 278**	**1 536 443**	**105 744**	**233 759**	**5 996 564**
北　京	1 837	3 129	64 594	1 637	3 305	72 599	4 346	10 054	220 340
天　津	406	513	9 700	589	851	18 917	2 403	4 457	105 508
河　北	691	1 546	28 836	693	1 914	38 385	4 749	12 446	271 910
山　西	1 120	2 092	42 725	584	1 492	32 510	2 640	6 870	152 770
内 蒙 古	1 164	2 295	46 413	1 205	2 574	50 133	2 916	6 137	139 815
辽　宁	2 408	3 707	90 053	2 116	3 816	91 786	6 429	12 543	315 944
吉　林	611	981	21 534	809	1 408	32 556	3 732	7 097	170 677
黑 龙 江	2 390	3 624	81 188	2 846	5 153	118 268	8 240	15 783	372 609
上　海	1 714	2 280	55 028	1 127	1 587	34 174	3 304	5 457	141 523
江　苏	1 119	1 988	47 395	1 175	2 196	59 697	7 346	15 389	453 060
浙　江	859	1 615	48 275	1 327	2 613	83 896	4 854	10 047	324 242
安　徽	535	805	15 264	731	1 662	28 505	2 273	5 592	115 268
福　建	319	786	20 958	858	2 159	56 084	2 467	6 660	191 943
江　西	325	728	17 929	660	1 383	34 866	2 016	4 444	121 015
山　东	1 382	3 032	60 913	2 620	6 631	136 841	9 279	24 501	569 548
河　南	518	1 050	21 496	546	1 474	30 464	3 069	8 847	187 179
湖　北	1 693	2 962	70 553	1 993	3 976	104 289	6 679	14 390	409 056
湖　南	942	1 745	40 290	1 315	2 761	71 333	5 378	11 711	310 266
广　东	1 251	2 222	56 127	2 661	4 764	122 312	7 321	15 738	443 565
广　西	260	541	13 746	589	1 211	32 409	1 847	4 224	112 733
海　南	104	230	6 366	266	536	15 424	938	1 840	54 223
重　庆	668	1 284	32 391	1 147	2 277	58 493	2 053	4 353	129 895
四　川	531	1 098	28 223	1 011	2 205	56 912	3 277	7 126	215 522
贵　州	355	755	17 306	857	1 805	42 019	1 346	3 077	83 196
云　南	355	721	18 888	713	1 553	47 442	2 425	5 397	170 980
西　藏	11	74	2 632	10	52	1 730	33	166	5 697
陕　西	715	1 161	19 571	634	1 254	26 570	1 897	4 250	90 380
甘　肃	252	448	9 074	257	472	9 835	814	1 716	35 413
青　海	30	65	1 145	133	287	5 928	361	684	17 071
宁　夏	4	13	366	106	201	4 886	364	825	18 757
新　疆	27	87	2 113	345	706	17 179	949	1 936	46 456

表11-4a　各地区家庭户按住房建成时间分的住房状况(城市)(续 2)

单位：户、间、平方米

地　区	1980—1989年			1990—1999年			2000—2005年		
	户数	间数	面积	户数	间数	面积	户数	间数	面积
全　国	**427 577**	**1 067 095**	**30 654 919**	**613 172**	**1 628 957**	**53 662 364**	**291 361**	**806 795**	**29 092 397**
北　京	16 143	40 565	943 700	19 030	45 102	1 310 395	10 426	25 276	834 204
天　津	9 029	16 858	453 207	10 071	19 137	700 501	3 634	7 598	340 086
河　北	18 627	53 285	1 286 071	24 363	69 951	2 030 816	9 680	30 221	1 007 041
山　西	10 799	29 617	733 261	14 795	39 994	1 179 826	5 921	17 624	579 161
内蒙古	10 556	23 103	577 701	16 527	38 214	1 122 873	8 551	21 019	737 814
辽　宁	29 982	58 618	1 643 817	35 887	73 226	2 506 717	13 463	28 592	1 092 310
吉　林	12 495	25 417	703 143	16 083	34 942	1 142 466	6 584	15 369	579 693
黑龙江	25 622	51 043	1 341 004	22 999	48 115	1 519 282	9 498	20 234	766 791
上　海	16 264	31 390	959 420	24 980	51 775	1 772 892	12 341	25 078	949 001
江　苏	30 566	77 880	2 623 113	49 744	136 464	5 034 211	21 156	60 169	2 353 916
浙　江	22 226	56 621	2 014 415	33 107	95 819	3 567 478	17 564	47 271	1 764 662
安　徽	11 133	30 702	721 663	18 131	53 710	1 422 457	9 838	33 864	888 120
福　建	10 629	31 042	929 631	18 515	52 877	1 825 608	9 842	27 031	1 016 097
江　西	6 245	17 501	531 433	10 446	30 662	1 115 350	4 778	16 335	658 478
山　东	34 307	98 078	2 592 849	44 386	122 339	3 833 458	22 379	65 833	2 324 935
河　南	17 361	54 058	1 382 789	33 252	104 195	3 226 641	14 962	49 818	1 811 879
湖　北	23 630	60 836	2 036 869	25 699	73 089	2 745 313	10 625	32 586	1 314 664
湖　南	15 669	41 702	1 304 520	22 661	70 105	2 385 949	9 729	34 594	1 260 479
广　东	35 026	92 428	2 804 679	61 102	169 788	5 597 616	33 169	81 523	2 802 130
广　西	7 132	18 189	517 683	12 056	35 872	1 176 745	4 965	16 339	606 882
海　南	3 149	7 237	232 640	4 740	12 018	391 987	2 080	5 413	179 565
重　庆	7 105	18 308	554 701	13 341	36 524	1 215 974	6 259	18 120	663 625
四　川	14 597	37 278	1 169 507	24 801	68 928	2 362 390	11 463	34 871	1 360 535
贵　州	4 969	11 639	320 469	6 657	16 456	524 435	4 477	12 513	459 379
云　南	8 762	22 659	674 538	12 091	33 859	1 049 729	6 344	20 068	655 357
西　藏	338	1 459	54 030	526	2 191	77 301	380	1 731	57 893
陕　西	11 292	28 209	715 053	14 973	40 268	1 226 589	8 981	25 584	909 477
甘　肃	4 632	11 200	251 960	6 973	17 400	486 585	3 787	10 415	369 604
青　海	958	2 192	57 371	2 007	4 845	149 901	1 400	3 583	127 506
宁　夏	1 586	3 583	94 106	3 333	7 830	248 887	2 085	5 420	190 687
新　疆	6 749	14 397	429 574	9 898	23 262	711 993	5 000	12 706	430 427

表11-4b 各地区家庭户按住房建成时间分的住房状况(镇)

单位：户、间、平方米

地区	合计			1949年以前		
	户数	间数	面积	户数	间数	面积
全国	**911 045**	**2 759 091**	**83 102 570**	**22 916**	**52 923**	**1 361 943**
北京	3 373	11 742	296 903	6	27	374
天津	7 105	20 214	591 438	7	18	417
河北	39 463	126 848	3 442 508	420	1 312	24 182
山西	21 732	72 339	1 745 698	1 412	3 617	63 353
内蒙古	20 726	48 552	1 338 639	97	162	3 653
辽宁	27 924	63 716	2 011 589	354	803	19 429
吉林	22 180	49 241	1 406 082	107	195	5 304
黑龙江	31 539	63 488	1 946 531	275	393	12 794
上海	6 979	19 875	680 456	86	133	3 921
江苏	67 086	200 448	7 307 873	555	1 094	30 072
浙江	41 040	124 868	4 535 383	2 349	4 179	132 696
安徽	61 357	189 868	4 493 491	549	1 448	33 116
福建	30 948	97 935	3 381 564	1 645	3 647	87 144
江西	40 729	135 963	4 494 372	1 660	3 922	100 540
山东	77 489	229 025	6 413 818	1 043	2 674	53 141
河南	50 867	191 433	4 733 845	435	1 141	23 915
湖北	36 663	109 720	3 900 031	420	1 167	34 236
湖南	40 947	144 576	4 530 766	777	1 954	46 999
广东	48 644	146 966	4 591 918	1 563	3 317	87 010
广西	35 640	119 570	3 978 757	1 251	3 126	88 326
海南	4 111	9 605	336 554	94	214	7 152
重庆	26 977	78 111	2 640 170	995	2 183	72 169
四川	60 384	176 929	5 464 043	3 971	9 383	252 221
贵州	21 705	61 552	1 890 625	933	2 220	62 868
云南	24 902	69 684	2 180 977	993	2 305	68 467
西藏	1 099	4 558	130 280	11	44	1 244
陕西	25 799	79 541	2 063 475	710	1 551	35 262
甘肃	16 325	61 231	1 224 574	142	499	8 170
青海	3 886	11 481	277 033	32	133	2 529
宁夏	3 237	10 153	263 942	4	12	187
新疆	10 186	29 860	809 233	17	49	1 055

表11-4b　各地区家庭户按住房建成时间分的住房状况(镇)(续 1)

单位：户、间、平方米

地　区	1950—1959年			1960—1969年			1970—1979年		
	户数	间数	面积	户数	间数	面积	户数	间数	面积
全　国	**11 338**	**25 963**	**656 701**	**23 759**	**56 603**	**1 420 803**	**75 868**	**189 321**	**4 792 463**
北　京	12	62	794	64	218	4 041	229	875	14 819
天　津	21	55	1 379	72	180	4 161	715	1 776	43 605
河　北	218	550	12 167	721	1 970	42 530	4 229	11 567	268 435
山　西	360	945	16 634	650	1 830	35 094	1 963	5 996	118 635
内 蒙 古	198	370	7 773	611	1 259	27 229	2 259	4 940	116 218
辽　宁	454	872	20 580	1 387	2 873	71 266	3 409	7 351	198 064
吉　林	422	667	16 574	837	1 559	39 640	3 385	6 673	169 319
黑 龙 江	396	617	19 545	1 392	2 455	65 667	4 664	8 807	235 041
上　海	30	52	1 308	76	144	3 759	374	804	25 650
江　苏	290	586	16 509	636	1 253	37 582	3 431	7 617	241 867
浙　江	613	1 265	37 923	949	2 163	65 250	2 991	6 741	217 809
安　徽	321	752	15 133	979	2 492	53 012	3 951	9 714	211 666
福　建	593	1 289	33 567	1 067	3 054	77 429	2 156	5 908	158 018
江　西	577	1 388	38 139	1 057	2 613	67 093	2 712	7 164	197 619
山　东	859	2 012	45 333	2 145	5 471	113 436	7 901	21 364	470 069
河　南	401	1 113	21 113	937	2 448	51 175	3 556	11 512	235 544
湖　北	289	724	21 985	872	2 146	63 320	2 461	6 295	191 385
湖　南	474	1 110	30 209	1 026	2 521	59 315	3 035	7 802	202 139
广　东	564	1 270	33 217	1 162	2 587	68 897	3 142	7 718	209 167
广　西	631	1 488	39 757	1 176	2 736	73 556	2 649	6 298	165 730
海　南	61	111	3 955	142	273	9 505	550	1 105	35 266
重　庆	481	1 076	29 939	809	1 786	55 960	1 727	4 157	124 805
四　川	1 123	2 683	73 140	1 573	3 828	119 022	5 049	12 114	331 645
贵　州	755	1 872	49 937	1 130	2 762	73 418	2 383	5 894	163 346
云　南	429	959	27 548	727	1 748	52 804	2 170	5 045	151 727
西　藏	15	57	1 680	22	79	2 273	68	231	6 809
陕　西	479	1 190	25 699	848	2 081	45 600	2 196	5 884	129 963
甘　肃	173	549	9 168	423	1 330	21 953	1 313	4 626	79 463
青　海	59	144	3 275	70	204	4 289	305	835	17 011
宁　夏	7	25	488	31	112	1 964	107	405	7 173
新　疆	32	113	2 203	167	427	10 562	788	2 106	54 458

表11-4b 各地区家庭户按住房建成时间分的住房状况(镇)(续 2)

单位：户、间、平方米

地　区	1980—1989年			1990—1999年			2000—2005年		
	户数	间数	面积	户数	间数	面积	户数	间数	面积
全　国	**258 187**	**746 667**	**20 710 000**	**346 869**	**1 111 361**	**34 719 439**	**172 109**	**576 253**	**19 441 221**
北　京	626	2 906	47 512	1 140	3 804	103 200	1 297	3 850	126 163
天　津	2 821	7 867	201 847	2 398	7 569	237 760	1 071	2 749	102 270
河　北	11 859	36 756	877 289	14 211	47 287	1 335 132	7 806	27 406	882 772
山　西	6 739	22 483	508 405	7 564	26 050	674 094	3 045	11 418	329 483
内蒙古	6 497	15 360	397 298	7 942	18 460	516 892	3 122	8 000	269 576
辽　宁	9 974	22 688	672 350	8 681	20 284	698 652	3 664	8 845	331 248
吉　林	8 099	17 990	491 052	6 575	15 557	459 534	2 755	6 599	224 658
黑龙江	11 837	23 453	664 937	9 391	20 000	665 408	3 584	7 764	283 139
上　海	2 070	6 188	215 244	2 826	8 999	305 448	1 516	3 555	125 125
江　苏	20 964	60 963	2 064 974	29 086	90 683	3 430 838	12 124	38 252	1 486 031
浙　江	11 659	32 658	1 156 892	15 670	54 754	2 020 586	6 809	23 109	904 228
安　徽	16 438	48 000	1 075 198	27 004	84 766	2 039 363	12 115	42 696	1 066 002
福　建	7 617	23 818	741 425	11 515	40 071	1 492 977	6 355	20 148	791 005
江　西	9 899	31 359	940 475	16 193	56 656	1 932 292	8 631	32 861	1 218 215
山　东	24 351	71 622	1 787 339	26 335	80 840	2 372 273	14 855	45 042	1 572 227
河　南	15 373	56 663	1 260 370	21 909	83 806	2 179 876	8 254	34 750	961 852
湖　北	11 445	32 376	1 082 654	14 899	45 478	1 667 473	6 277	21 534	838 979
湖　南	9 884	31 147	895 343	17 809	66 861	2 154 391	7 942	33 180	1 142 371
广　东	11 571	34 317	1 015 720	20 179	66 895	2 155 835	10 463	30 863	1 022 042
广　西	8 794	25 676	780 865	13 953	50 495	1 686 883	7 187	29 751	1 143 640
海　南	1 233	2 761	90 845	1 362	3 403	120 897	669	1 737	68 933
重　庆	5 769	15 738	486 830	10 362	31 816	1 077 332	6 833	21 355	793 135
四　川	14 940	41 075	1 187 960	21 414	65 750	2 109 995	12 313	42 096	1 390 060
贵　州	5 065	13 539	387 054	6 898	20 112	621 681	4 543	15 154	532 320
云　南	6 604	18 142	546 799	8 622	24 955	769 719	5 358	16 530	563 914
西　藏	203	702	18 359	336	1 442	37 426	444	2 003	62 490
陕　西	7 666	22 340	534 433	9 056	29 740	802 142	4 844	16 756	490 377
甘　肃	4 363	16 735	296 264	6 408	23 772	495 282	3 502	13 720	314 274
青　海	859	2 450	53 908	1 426	4 221	102 243	1 135	3 495	93 780
宁　夏	574	1 838	40 521	1 534	4 549	123 867	980	3 213	89 742
新　疆	2 394	7 056	189 837	4 172	12 287	329 951	2 616	7 823	221 167

表11-4c　各地区家庭户按住房建成时间分的住房状况(乡村)

单位：户、间、平方米

地　区	合　计			1949年以前		
	户数	间数	面积	户数	间数	面积
全　国	**2 838 210**	**9 457 150**	**268 832 105**	**81 196**	**206 987**	**5 655 314**
北　京	11 012	53 750	883 253	136	528	7 810
天　津	10 745	31 135	834 221	17	42	898
河　北	171 648	609 388	15 285 638	2 226	6 927	124 367
山　西	71 912	277 803	6 308 580	4 338	12 869	258 760
内蒙古	44 639	112 856	2 999 609	212	508	10 273
辽　宁	70 542	179 631	5 441 525	857	2 440	56 795
吉　林	50 458	128 615	3 641 257	176	416	11 077
黑龙江	65 251	147 937	4 514 342	278	564	16 777
上　海	9 264	31 054	1 097 351	75	125	3 718
江　苏	148 647	459 682	17 034 165	498	938	31 936
浙　江	101 410	338 094	12 640 477	7 584	16 481	500 179
安　徽	160 087	546 336	12 449 390	879	2 567	57 163
福　建	73 765	265 867	8 269 028	5 884	14 124	343 278
江　西	105 526	383 013	11 783 548	4 743	13 170	341 270
山　东	221 109	688 221	17 828 689	3 891	9 968	196 567
河　南	240 435	938 877	21 477 281	978	3 270	62 998
湖　北	133 029	431 065	15 054 039	3 246	8 553	298 823
湖　南	164 134	589 682	18 473 855	5 889	14 494	403 864
广　东	116 595	395 443	10 574 517	4 532	10 647	276 451
广　西	117 400	388 995	10 474 679	5 027	12 707	338 056
海　南	12 122	30 366	966 107	393	922	27 828
重　庆	70 574	229 012	7 721 229	4 426	10 568	361 736
四　川	248 165	820 404	26 768 957	9 714	24 473	801 545
贵　州	101 257	287 545	8 666 035	7 427	17 989	538 480
云　南	104 906	296 289	9 183 967	4 345	11 208	339 644
西　藏	4 748	16 957	538 974	105	423	14 646
陕　西	84 948	302 975	8 112 441	1 935	4 965	134 825
甘　肃	59 535	271 484	4 669 697	1 047	4 016	70 934
青　海	10 409	36 472	769 104	201	686	15 195
宁　夏	11 191	39 110	880 361	38	97	1 958
新　疆	42 748	129 094	3 489 790	99	302	7 463

表11-4c 各地区家庭户按住房建成时间分的住房状况(乡村)(续 1)

单位：户、间、平方米

地区	1950—1959年			1960—1969年			1970—1979年		
	户数	间数	面积	户数	间数	面积	户数	间数	面积
全国	**50 189**	**133 549**	**3 666 930**	**119 446**	**327 556**	**8 888 187**	**314 335**	**914 687**	**24 507 039**
北京	137	515	7 767	431	1 802	26 298	1 369	6 588	98 340
天津	29	75	1 678	220	596	13 366	1 460	3 743	98 866
河北	1 711	4 923	105 558	5 934	17 310	379 620	21 134	64 476	1 490 532
山西	1 665	5 149	98 116	3 407	11 178	222 868	9 153	32 663	680 509
内蒙古	570	1 319	29 428	2 236	5 329	114 200	5 972	14 584	340 130
辽宁	1 067	2 967	72 574	3 129	7 939	204 209	9 510	23 836	636 582
吉林	368	806	21 437	1 795	4 044	106 902	6 421	15 090	402 099
黑龙江	785	1 519	42 776	3 674	7 544	215 653	11 649	24 798	694 576
上海	27	56	1 483	64	134	4 033	535	1 393	44 015
江苏	368	748	24 737	1 138	2 527	72 844	7 819	19 684	595 719
浙江	2 798	6 569	217 697	5 015	12 215	399 636	11 061	29 036	971 823
安徽	635	1 794	38 895	1 938	5 689	121 298	8 841	26 621	565 132
福建	2 289	6 265	164 838	5 008	14 622	375 969	10 056	32 113	912 762
江西	1 894	5 417	146 717	4 947	14 626	411 867	12 484	38 103	1 119 311
山东	2 614	6 639	135 798	7 909	21 134	438 731	26 082	74 659	1 635 578
河南	1 127	3 456	64 621	3 256	10 550	200 572	16 907	58 300	1 181 604
湖北	2 118	5 664	199 355	5 664	15 782	538 071	13 533	38 779	1 290 633
湖南	3 899	10 672	301 708	8 692	23 995	711 022	19 025	56 301	1 697 026
广东	2 211	5 514	131 543	5 724	15 279	373 327	14 470	39 747	1 009 510
广西	3 343	8 698	233 766	7 950	21 118	559 855	14 631	41 233	1 076 319
海南	377	814	26 674	849	1 971	62 015	1 931	4 578	146 305
重庆	2 175	5 650	191 084	4 329	11 210	386 943	8 298	22 631	773 093
四川	6 097	16 505	523 290	12 604	36 040	1 157 896	32 072	95 368	3 061 615
贵州	6 097	15 235	457 078	9 872	25 446	755 470	16 035	43 140	1 289 459
云南	2 567	6 435	194 816	6 374	16 237	511 242	13 041	35 457	1 102 778
西藏	96	384	13 648	153	553	19 215	293	1 020	33 476
陕西	1 853	5 008	132 012	3 686	10 524	273 332	9 698	29 648	762 008
甘肃	890	3 490	59 727	2 151	8 440	144 365	6 217	26 669	452 372
青海	188	651	13 921	315	1 076	22 423	610	2 098	45 986
宁夏	55	148	3 025	140	482	9 459	696	2 367	47 148
新疆	141	465	11 163	841	2 164	55 487	3 332	9 966	251 732

表11-4c　各地区家庭户按住房建成时间分的住房状况(乡村)(续 2)

单位：户、间、平方米

地　区	1980—1989年			1990—1999年			2000—2005年		
	户数	间数	面积	户数	间数	面积	户数	间数	面积
全　国	**848 753**	**2 729 647**	**75 220 868**	**923 510**	**3 283 030**	**95 269 320**	**500 781**	**1 861 693**	**55 624 447**
北　京	4 935	24 673	389 868	2 432	12 652	222 052	1 571	6 992	131 117
天　津	4 906	13 789	360 978	3 001	9 248	249 221	1 112	3 642	109 214
河　北	60 280	207 127	4 948 143	52 816	199 566	5 164 962	27 547	109 058	3 072 457
山　西	25 048	95 704	2 114 316	19 886	82 499	1 968 618	8 417	37 741	965 393
内蒙古	13 958	35 503	901 122	14 794	38 378	1 086 636	6 897	17 235	517 821
辽　宁	25 846	65 735	1 914 245	20 006	51 007	1 651 910	10 127	25 706	905 209
吉　林	17 595	44 407	1 215 810	16 148	42 508	1 237 769	7 955	21 343	646 163
黑龙江	19 880	44 623	1 309 458	19 356	45 374	1 446 536	9 629	23 516	788 565
上　海	4 293	14 928	535 862	2 691	10 720	389 538	1 579	3 699	118 703
江　苏	52 322	154 291	5 470 803	61 717	200 990	7 727 224	24 786	80 502	3 110 901
浙　江	30 128	94 706	3 530 649	30 870	123 576	4 892 429	13 953	55 510	2 128 063
安　徽	47 130	153 715	3 335 722	67 766	231 586	5 332 653	32 899	124 363	2 998 526
福　建	19 330	69 758	2 125 694	20 659	85 671	2 831 191	10 539	43 314	1 515 297
江　西	28 381	95 178	2 839 047	32 466	127 914	4 097 579	20 611	88 606	2 827 757
山　东	75 017	234 010	5 696 345	70 610	228 954	6 307 035	34 986	112 856	3 418 635
河　南	74 421	278 104	5 958 247	97 822	388 370	8 958 645	45 923	196 826	5 050 594
湖　北	41 768	128 985	4 451 448	41 480	140 259	4 924 833	25 219	93 044	3 350 875
湖　南	45 988	151 271	4 773 258	53 061	212 078	6 712 115	27 580	120 871	3 874 861
广　东	30 579	94 226	2 507 406	36 796	143 066	3 906 103	22 283	86 964	2 370 177
广　西	25 478	78 199	2 066 338	34 322	123 455	3 312 069	26 650	103 585	2 888 276
海　南	3 275	8 071	258 513	3 127	7 957	254 445	2 170	6 053	190 326
重　庆	16 578	49 894	1 712 268	22 553	81 425	2 702 812	12 214	47 633	1 593 294
四　川	71 001	226 495	7 347 395	75 175	266 320	8 721 691	41 501	155 204	5 155 525
贵　州	23 721	66 930	2 032 725	22 001	66 451	2 006 327	16 102	52 354	1 586 496
云　南	29 319	84 065	2 627 837	29 136	84 884	2 644 808	20 125	58 004	1 762 843
西　藏	795	2 717	90 951	1 634	5 737	182 488	1 672	6 123	184 550
陕　西	24 690	84 300	2 186 585	26 431	100 392	2 707 191	16 655	68 139	1 916 489
甘　肃	18 220	83 304	1 409 909	19 922	92 149	1 604 337	11 088	53 416	928 054
青　海	2 154	7 809	162 360	3 898	13 791	284 577	3 041	10 363	224 641
宁　夏	2 774	9 851	203 659	4 721	16 825	384 805	2 766	9 341	230 307
新　疆	8 941	27 278	743 908	16 211	49 229	1 356 721	13 182	39 690	1 063 317

表11-5 各地区家庭户住房设施状况

单位：户

地区	合计	住房内有无厨房			主要炊事燃料				
		本户独立使用	本户与其他户合用	无	燃气	电	煤炭	柴草	其他
全国	**5 277 716**	**4 518 353**	**104 119**	**655 243**	**1 659 446**	**88 699**	**1 221 076**	**2 250 741**	**57 754**
北京	69 565	56 590	1 452	11 524	57 296	469	7 464	3 265	1 071
天津	44 728	34 830	1 070	8 828	33 892	112	2 687	7 657	379
河北	270 774	240 252	2 331	28 191	65 014	1 213	101 045	102 541	960
山西	130 135	90 816	1 268	38 050	26 660	1 173	89 633	11 859	810
内蒙古	106 615	80 725	1 070	24 820	22 528	3 906	42 503	35 828	1 850
辽宁	189 770	183 539	4 588	1 643	85 985	1 228	19 591	82 801	165
吉林	113 312	109 275	1 560	2 476	31 004	2 547	15 623	63 792	346
黑龙江	169 041	163 209	2 703	3 130	43 951	9 350	32 893	82 538	310
上海	82 977	63 415	6 481	13 081	77 578	699	94	3 847	759
江苏	329 179	288 049	5 559	35 571	171 669	1 783	17 139	136 202	2 386
浙江	226 414	192 596	8 271	25 547	156 247	1 543	3 717	62 885	2 024
安徽	264 397	240 029	2 028	22 339	57 446	1 045	45 587	158 369	1 949
福建	148 616	117 696	6 792	24 127	74 624	6 449	22 475	39 766	5 301
江西	171 220	136 319	5 900	29 000	37 327	1 336	36 047	94 735	1 775
山东	415 276	376 968	2 749	35 560	101 710	3 218	91 533	216 025	2 791
河南	361 142	303 868	2 444	54 831	44 760	1 895	176 729	135 431	2 327
湖北	241 773	208 473	4 694	28 606	66 673	1 252	42 395	129 505	1 947
湖南	261 521	226 541	7 004	27 975	37 556	1 273	127 224	93 554	1 914
广东	309 899	265 022	10 375	34 502	197 679	3 749	8 200	94 467	5 804
广西	180 095	138 066	6 675	35 354	45 780	3 250	3 232	123 292	4 541
海南	27 744	20 415	974	6 355	9 574	295	207	17 314	355
重庆	129 130	119 302	2 955	6 873	34 163	3 073	29 796	61 414	683
四川	365 055	334 033	7 373	23 649	58 038	12 744	73 548	215 884	4 840
贵州	141 843	102 965	2 291	36 586	14 933	6 149	68 001	52 224	536
云南	161 166	119 231	1 905	40 029	21 875	10 180	41 226	85 112	2 772
西藏	7 155	3 630	74	3 451	1 137	54	33	2 403	3 528
陕西	149 480	125 113	1 635	22 733	34 226	1 387	46 823	65 668	1 377
甘肃	92 624	85 707	778	6 139	17 392	2 512	33 196	38 339	1 185
青海	19 194	15 568	161	3 465	1 834	4 214	4 275	6 493	2 377
宁夏	21 905	20 577	154	1 174	6 846	445	10 501	4 034	78
新疆	75 972	55 535	804	19 633	24 048	156	27 654	23 498	615

表11-5　各地区家庭户住房设施状况(续 1)

单位：户

地　区	是否饮用自来水		住房内有无洗澡设施			
	是	否	统　一供热水	家庭自装热水器	其他	无
全　国	**2 733 557**	**2 544 159**	**54 383**	**1 278 568**	**630 995**	**3 313 769**
北　京	67 483	2 082	3 109	42 068	2 557	21 830
天　津	39 787	4 941	1 652	24 982	2 654	15 439
河　北	194 625	76 149	3 572	103 857	21 303	142 042
山　西	84 517	45 618	1 462	14 527	3 029	111 117
内蒙古	62 791	43 824	1 983	12 701	1 365	90 565
辽　宁	116 684	73 086	1 519	36 492	1 270	150 488
吉　林	58 210	55 101	1 909	9 028	1 770	100 605
黑龙江	106 626	62 415	4 904	12 769	2 855	148 513
上　海	82 292	684	568	53 403	2 202	26 804
江　苏	270 386	58 793	1 444	133 868	44 289	149 579
浙　江	177 493	48 921	154	90 865	25 375	110 021
安　徽	73 868	190 528	564	41 277	29 541	193 015
福　建	83 361	65 255	1 672	60 153	24 392	62 398
江　西	49 201	122 019	899	28 936	33 412	107 973
山　东	159 332	255 944	2 729	86 019	27 928	298 601
河　南	119 594	241 548	4 161	48 371	26 556	282 054
湖　北	101 331	140 441	2 136	42 999	27 474	169 163
湖　南	90 885	170 636	2 537	43 674	114 680	100 631
广　东	213 328	96 372	4 177	166 241	60 882	78 600
广　西	78 939	101 156	1 026	37 609	55 483	85 977
海　南	16 048	11 697	382	6 817	5 860	14 685
重　庆	51 205	77 925	869	28 848	15 110	84 304
四　川	103 440	261 615	1 490	61 718	78 843	223 003
贵　州	44 784	97 059	593	14 768	4 012	122 470
云　南	91 702	69 463	2 348	21 665	3 914	133 239
西　藏	2 395	4 760	37	90	23	7 006
陕　西	71 003	78 477	2 482	22 067	4 651	120 280
甘　肃	43 323	49 301	1 322	8 898	1 206	81 198
青　海	9 807	9 386	527	2 110	392	16 166
宁　夏	11 011	10 894	367	4 638	2 305	14 595
新　疆	58 103	17 869	1 790	17 111	5 664	51 407

表11-5 各地区家庭户住房设施状况(续 2)

单位：户

地　　区	住房内有无厕所				
	独立使用抽水式	邻居合用抽水式	独立使用其他式样	邻居合用其他式样	无
全　　国	**1 321 712**	**56 598**	**2 601 675**	**203 799**	**1 093 931**
北　　京	40 010	1 119	11 949	3 490	12 997
天　　津	23 663	1 072	8 587	909	10 497
河　　北	48 459	1 625	190 876	6 671	23 143
山　　西	27 172	701	70 151	9 477	22 634
内 蒙 古	24 541	321	26 631	1 914	53 208
辽　　宁	72 513	2 318	95 632	12 192	7 116
吉　　林	29 700	496	56 393	3 976	22 747
黑 龙 江	44 255	1 050	76 196	5 253	42 287
上　　海	56 814	4 908	3 216	1 784	16 255
江　　苏	127 885	4 138	117 129	9 692	70 336
浙　　江	111 002	7 192	42 659	12 876	52 686
安　　徽	41 332	1 060	144 337	11 629	66 039
福　　建	61 529	6 114	17 825	8 327	54 820
江　　西	28 671	1 219	55 231	9 359	76 741
山　　东	63 598	1 858	322 269	9 113	18 439
河　　南	57 502	1 246	231 211	6 812	64 371
湖　　北	49 635	2 292	114 688	8 121	67 037
湖　　南	45 420	2 230	170 995	10 300	32 576
广　　东	131 579	5 233	88 971	10 871	73 245
广　　西	35 413	1 743	57 556	8 694	76 689
海　　南	6 769	334	5 215	805	14 622
重　　庆	24 193	1 328	88 358	3 891	11 359
四　　川	53 036	2 440	264 899	12 577	32 102
贵　　州	17 368	866	85 430	11 504	26 674
云　　南	16 707	656	52 470	7 431	83 902
西　　藏	401	161	2 749	223	3 620
陕　　西	31 607	1 589	86 234	7 590	22 460
甘　　肃	18 402	577	59 314	2 946	11 384
青　　海	4 863	159	8 465	660	5 047
宁　　夏	6 731	66	12 377	813	1 918
新　　疆	20 943	488	33 662	3 900	16 979

表11-5a　各地区家庭户住房设施状况(城市)

单位：户

地　区	合计	住房内有无厨房			主要炊事燃料				
		本户独立使用	本户与其他户合用	无	燃气	电	煤炭	柴草	其他
全　国	**1 528 460**	**1 341 836**	**41 608**	**145 017**	**1 086 073**	**42 080**	**250 728**	**130 783**	**18 795**
北　京	55 180	44 552	1 282	9 345	50 179	419	3 324	340	918
天　津	26 878	23 847	913	2 119	25 231	79	1 197	161	211
河　北	59 663	55 442	665	3 556	43 218	492	12 272	3 442	238
山　西	36 490	31 485	426	4 579	22 627	462	13 059	142	200
内蒙古	41 250	33 954	344	6 951	19 131	3 011	18 088	781	239
辽　宁	91 305	88 012	2 515	777	74 454	700	10 669	5 362	120
吉　林	40 673	39 272	604	797	26 014	1 690	8 544	4 214	211
黑龙江	72 251	69 326	1 304	1 621	35 110	5 799	20 081	11 073	188
上　海	66 734	50 221	6 027	10 486	65 148	571	66	422	527
江　苏	113 446	96 757	3 412	13 277	98 437	841	3 419	9 253	1 496
浙　江	83 964	67 357	3 505	13 102	73 402	730	1 094	7 658	1 081
安　徽	42 952	38 766	362	3 824	27 692	330	9 380	4 953	598
福　建	43 902	33 891	2 745	7 266	33 109	2 691	4 021	1 857	2 224
江　西	24 965	22 328	660	1 978	16 238	411	5 959	2 155	202
山　东	116 678	107 003	1 151	8 524	71 557	1 333	20 617	21 437	1 734
河　南	69 841	63 988	435	5 417	37 704	1 256	28 167	1 720	994
湖　北	72 080	62 449	2 564	7 067	46 993	400	11 330	12 493	865
湖　南	56 439	50 303	1 340	4 796	24 980	495	27 076	3 348	540
广　东	144 660	128 111	5 487	11 062	128 012	2 344	2 012	9 322	2 970
广　西	27 055	23 433	934	2 688	20 199	888	734	4 872	363
海　南	11 511	9 296	485	1 730	6 722	137	96	4 381	175
重　庆	31 580	29 185	1 353	1 042	20 953	846	4 435	5 100	245
四　川	56 506	52 383	1 620	2 503	33 830	2 767	14 612	4 726	571
贵　州	18 880	15 531	194	3 155	8 611	3 270	6 582	318	99
云　南	31 357	23 404	331	7 621	11 911	4 088	6 823	7 896	640
西　藏	1 308	935	43	330	985	41	5	31	247
陕　西	38 734	33 426	489	4 819	26 868	869	7 928	2 450	618
甘　肃	16 764	15 618	140	1 006	12 132	1 846	2 557	130	99
青　海	4 899	4 259	48	592	1 242	2 860	737	7	53
宁　夏	7 477	6 937	40	500	5 197	352	1 839	64	25
新　疆	23 038	20 363	188	2 487	18 190	61	4 008	675	105

表11-5a 各地区家庭户住房设施状况(城市)(续1)

单位：户

地区	是否饮用自来水		住房内有无洗澡设施			
	是	否	统一供热水	家庭自装热水器	其他	无
全　国	**1 318 647**	**209 813**	**34 263**	**769 237**	**107 755**	**617 205**
北　京	54 079	1 101	2 751	36 807	877	14 744
天　津	26 344	535	1 410	18 520	415	6 533
河　北	56 010	3 652	2 530	36 028	2 671	18 435
山　西	33 741	2 749	1 084	9 966	851	24 590
内蒙古	37 028	4 222	1 201	10 889	487	28 672
辽　宁	84 148	7 157	1 342	33 126	325	56 512
吉　林	34 890	5 783	1 480	7 824	881	30 488
黑龙江	64 773	7 477	3 027	10 752	999	57 474
上　海	66 385	349	475	46 053	1 155	19 051
江　苏	105 891	7 555	738	72 728	8 679	31 301
浙　江	76 694	7 270	113	43 255	8 461	32 136
安　徽	31 607	11 345	148	20 534	2 453	19 817
福　建	37 953	5 949	776	27 654	5 746	9 727
江　西	19 062	5 903	287	13 260	2 627	8 791
山　东	83 829	32 849	1 500	52 693	6 828	55 657
河　南	57 008	12 833	2 950	31 706	6 038	29 147
湖　北	56 834	15 246	1 261	31 040	6 591	33 188
湖　南	39 157	17 282	1 183	24 721	15 227	15 308
广　东	132 148	12 512	2 130	108 477	16 713	17 340
广　西	22 661	4 394	264	17 951	3 979	4 861
海　南	8 971	2 540	228	4 783	2 628	3 872
重　庆	23 576	8 004	314	17 797	2 404	11 065
四　川	41 143	15 363	520	33 165	7 653	15 168
贵　州	17 079	1 801	234	8 857	590	9 199
云　南	25 138	6 219	1 653	10 928	472	18 305
西　藏	982	326	23	85	7	1 194
陕　西	32 100	6 634	1 812	16 559	1 096	19 266
甘　肃	16 307	458	801	5 798	225	9 940
青　海	4 650	249	463	1 465	42	2 928
宁　夏	6 525	953	310	3 306	306	3 555
新　疆	21 934	1 104	1 256	12 510	329	8 942

表11-5a　各地区家庭户住房设施状况(城市)(续 2)

单位：户

地　区	住房内有无厕所				
	独立使用抽水式	邻居合用抽水式	独立使用其他式样	邻居合用其他式样	无
全　国	**886 525**	**35 754**	**312 111**	**62 814**	**231 256**
北　京	37 222	1 087	2 878	2 475	11 518
天　津	20 418	1 025	1 249	692	3 494
河　北	37 863	990	13 380	1 602	5 828
山　西	21 998	380	6 908	2 432	4 772
内蒙古	21 298	213	1 403	384	17 952
辽　宁	66 273	2 191	11 959	7 062	3 819
吉　林	25 223	403	4 014	1 639	9 393
黑龙江	36 241	884	10 110	2 467	22 548
上　海	46 958	4 524	833	958	13 461
江　苏	74 197	2 749	12 309	4 373	19 819
浙　江	52 386	4 077	7 179	5 123	15 199
安　徽	22 782	664	10 535	1 514	7 457
福　建	28 161	3 230	3 304	2 875	6 333
江　西	11 507	191	7 788	904	4 574
山　东	50 980	1 292	53 727	4 797	5 882
河　南	43 683	492	16 740	1 101	7 825
湖　北	33 080	1 540	19 774	3 008	14 678
湖　南	23 633	1 179	23 798	2 226	5 603
广　东	85 308	3 416	38 907	4 272	12 757
广　西	15 183	676	5 689	686	4 822
海　南	4 569	180	2 656	495	3 611
重　庆	14 294	687	12 981	1 647	1 971
四　川	29 055	935	20 961	2 784	2 770
贵　州	10 543	402	4 090	1 381	2 466
云　南	11 021	339	6 961	1 353	11 682
西　藏	345	156	441	131	235
陕　西	23 613	1 017	7 280	2 385	4 438
甘　肃	13 140	345	1 227	641	1 411
青　海	3 416	116	424	221	723
宁　夏	5 141	38	938	346	1 014
新　疆	16 995	336	1 667	839	3 202

表11-5b 各地区家庭户住房设施状况(镇)

单位：户

地区	合计	住房内有无厨房			主要炊事燃料				
		本户独立使用	本户与其他户合用	无	燃气	电	煤炭	柴草	其他
全国	**911 045**	**784 955**	**16 430**	**109 660**	**345 222**	**30 196**	**297 196**	**226 021**	**12 410**
北京	3 373	3 075	42	256	2 794	17	369	135	59
天津	7 105	5 432	80	1 592	5 100	14	733	1 200	59
河北	39 463	34 939	315	4 209	12 553	328	16 289	10 114	179
山西	21 732	15 180	238	6 314	3 198	479	17 329	594	133
内蒙古	20 726	15 887	178	4 660	3 161	808	12 259	4 366	132
辽宁	27 924	27 011	537	375	7 864	360	6 227	13 443	29
吉林	22 180	21 374	244	562	4 648	802	5 555	11 107	68
黑龙江	31 539	30 720	387	432	7 807	3 233	9 855	10 578	67
上海	6 979	5 649	203	1 127	5 859	49	15	952	103
江苏	67 086	59 735	1 024	6 326	39 270	390	5 862	21 092	472
浙江	41 040	34 251	1 231	5 558	33 380	356	760	6 101	442
安徽	61 357	54 647	409	6 301	21 455	304	18 719	20 157	722
福建	30 948	24 363	1 187	5 398	19 388	1 599	4 432	3 848	1 681
江西	40 729	32 955	1 710	6 063	17 387	507	13 584	8 436	815
山东	77 489	69 673	505	7 311	17 550	1 335	25 959	32 125	520
河南	50 867	43 407	363	7 097	3 669	210	37 899	8 677	411
湖北	36 663	31 653	645	4 365	14 332	267	13 701	7 923	441
湖南	40 947	35 592	1 163	4 192	9 811	390	26 941	3 223	583
广东	48 644	42 439	1 536	4 669	36 581	539	1 634	8 633	1 257
广西	35 640	30 561	1 247	3 833	19 659	1 914	1 587	11 589	891
海南	4 111	3 314	111	685	2 080	80	60	1 833	59
重庆	26 977	23 945	523	2 509	11 711	1 401	8 372	5 286	207
四川	60 384	53 597	1 206	5 581	19 395	6 599	21 052	12 151	1 187
贵州	21 705	16 587	352	4 767	4 549	1 844	12 081	3 041	190
云南	24 902	18 737	382	5 783	6 084	4 225	7 662	6 269	662
西藏	1 099	767	7	326	70	8	11	601	409
陕西	25 799	20 249	316	5 234	5 656	275	11 871	7 812	185
甘肃	16 325	14 789	135	1 401	4 599	496	8 155	2 927	149
青海	3 886	3 186	32	668	488	1 272	1 404	545	177
宁夏	3 237	2 999	15	223	1 537	65	1 498	108	29
新疆	10 186	8 241	104	1 841	3 588	29	5 322	1 156	93

表11-5b　各地区家庭户住房设施状况(镇)(续 1)

单位：户

地区	是否饮用自来水		住房内有无洗澡设施			
	是	否	统一供热水	家庭自装热水器	其他	无
全　国	**603 289**	**307 757**	**10 430**	**269 856**	**114 079**	**516 681**
北　京	3 276	97	222	2 236	203	713
天　津	6 529	576	202	2 782	516	3 606
河　北	30 719	8 745	432	16 173	3 142	19 717
山　西	16 760	4 973	212	2 898	673	17 950
内蒙古	13 329	7 397	643	1 503	287	18 293
辽　宁	15 990	11 934	108	2 276	369	25 170
吉　林	15 069	7 111	331	911	408	20 530
黑龙江	22 704	8 835	1 729	1 397	870	27 543
上　海	6 882	97	41	3 896	280	2 761
江　苏	56 361	10 725	332	27 571	10 773	28 410
浙　江	34 577	6 463	36	18 988	4 264	17 751
安　徽	27 128	34 229	303	14 154	7 861	39 038
福　建	23 399	7 549	380	15 694	4 449	10 426
江　西	22 354	18 375	343	13 481	8 650	18 255
山　东	31 828	45 661	714	15 971	6 505	54 300
河　南	23 526	27 341	357	8 254	6 099	36 157
湖　北	25 678	10 986	411	8 491	5 532	22 229
湖　南	26 731	14 217	515	13 393	15 998	11 042
广　东	38 678	9 966	836	30 054	8 373	9 381
广　西	26 992	8 648	277	16 564	10 650	8 149
海　南	2 711	1 400	46	1 318	1 070	1 677
重　庆	19 751	7 226	201	9 512	3 227	14 037
四　川	40 489	19 895	359	19 715	10 403	29 908
贵　州	14 312	7 393	121	5 047	776	15 762
云　南	18 387	6 516	342	7 052	914	16 595
西　藏	501	598	2	2	3	1 092
陕　西	15 014	10 785	304	3 886	810	20 799
甘　肃	11 083	5 242	323	2 473	266	13 263
青　海	2 863	1 024	34	563	42	3 248
宁　夏	2 120	1 117	26	1 115	109	1 986
新　疆	7 549	2 637	250	2 486	558	6 892

表11-5b 各地区家庭户住房设施状况(镇)(续 2)

单位：户

地　区	住房内有无厕所				
	独立使用抽水式	邻居合用抽水式	独立使用其他式样	邻居合用其他式样	无
全　国	**273 230**	**11 276**	**386 944**	**53 285**	**186 311**
北　京	2 177	12	840	223	121
天　津	2 312	30	1 107	48	3 607
河　北	7 335	231	24 899	1 983	5 015
山　西	3 733	128	10 094	3 243	4 534
内蒙古	2 974	42	4 306	431	12 973
辽　宁	5 127	93	17 614	3 065	2 025
吉　林	3 898	38	11 003	1 513	5 728
黑龙江	7 396	88	13 214	1 633	9 209
上　海	4 746	183	663	313	1 073
江　苏	27 059	995	21 882	2 856	14 294
浙　江	24 122	1 524	5 077	2 024	8 294
安　徽	15 243	254	22 647	4 126	19 086
福　建	16 683	1 591	2 641	1 925	8 109
江　西	14 897	797	9 576	2 170	13 290
山　东	9 550	297	59 173	2 993	5 476
河　南	7 542	266	31 897	2 258	8 903
湖　北	12 071	490	13 779	2 239	8 086
湖　南	13 929	526	19 500	2 396	4 596
广　东	23 590	819	14 891	1 512	7 832
广　西	15 400	603	10 682	1 607	7 348
海　南	1 171	46	1 043	69	1 782
重　庆	8 455	357	14 235	1 088	2 842
四　川	17 008	869	31 235	4 330	6 942
贵　州	5 658	287	9 517	2 413	3 831
云　南	4 857	194	7 325	1 721	10 805
西　藏	23	2	497	33	545
陕　西	6 075	343	12 684	2 840	3 857
甘　肃	4 561	102	7 969	889	2 804
青　海	1 343	24	1 335	240	944
宁　夏	1 534	11	1 161	210	321
新　疆	2 761	35	4 458	894	2 038

表11-5c　各地区家庭户住房设施状况(乡村)

单位：户

地　区	合计	住房内有无厨房			主要炊事燃料				
		本户独立使用	本户与其他户合用	无	燃气	电	煤炭	柴草	其他
全　国	**2 838 210**	**2 391 562**	**46 082**	**400 566**	**228 151**	**16 423**	**673 151**	**1 893 936**	**26 549**
北　京	11 012	8 962	127	1 923	4 323	33	3 771	2 791	94
天　津	10 745	5 551	76	5 118	3 562	19	757	6 296	110
河　北	171 648	149 871	1 351	20 426	9 244	392	72 484	88 985	543
山　西	71 912	44 151	604	27 157	836	231	59 246	11 123	477
内蒙古	44 639	30 884	547	13 208	236	87	12 156	30 682	1 479
辽　宁	70 542	68 516	1 536	491	3 667	168	2 696	63 996	16
吉　林	50 458	48 629	712	1 117	342	54	1 524	48 471	67
黑龙江	65 251	63 163	1 013	1 076	1 034	318	2 958	60 887	55
上　海	9 264	7 545	251	1 468	6 572	79	13	2 472	128
江　苏	148 647	131 556	1 123	15 968	33 963	551	7 859	105 857	418
浙　江	101 410	90 988	3 534	6 888	49 464	456	1 863	49 125	501
安　徽	160 087	146 616	1 256	12 215	8 300	411	17 488	133 259	630
福　建	73 765	59 443	2 859	11 463	22 127	2 159	14 022	34 060	1 397
江　西	105 526	81 036	3 530	20 959	3 701	418	16 505	84 144	758
山　东	221 109	200 291	1 093	19 725	12 603	550	44 957	162 463	537
河　南	240 435	196 473	1 645	42 316	3 387	429	110 663	125 034	921
湖　北	133 029	114 370	1 485	17 174	5 349	585	17 364	109 090	642
湖　南	164 134	140 646	4 501	18 987	2 765	387	73 208	86 984	791
广　东	116 595	94 472	3 351	18 772	33 087	866	4 554	76 512	1 577
广　西	117 400	84 072	4 494	28 833	5 921	449	912	106 832	3 286
海　南	12 122	7 805	378	3 939	773	78	51	11 100	121
重　庆	70 574	66 172	1 079	3 323	1 499	826	16 990	51 028	231
四　川	248 165	228 053	4 547	15 565	4 813	3 378	37 884	199 007	3 082
贵　州	101 257	70 848	1 746	28 663	1 772	1 035	49 339	48 864	247
云　南	104 906	77 089	1 192	26 625	3 880	1 868	26 741	70 947	1 470
西　藏	4 748	1 928	24	2 795	83	4	18	1 771	2 872
陕　西	84 948	71 438	830	12 680	1 702	243	27 024	55 405	574
甘　肃	59 535	55 300	503	3 731	662	170	22 483	35 282	937
青　海	10 409	8 123	81	2 205	104	81	2 135	5 942	2 146
宁　夏	11 191	10 641	99	451	113	29	7 164	3 862	24
新　疆	42 748	26 931	513	15 304	2 270	67	18 325	21 668	418

表11-5c 各地区家庭户住房设施状况(乡村)(续 1)

单位：户

地区	是否饮用自来水		住房内有无洗澡设施			
	是	否	统一供热水	家庭自装热水器	其他	无
全国	**811 622**	**2 026 589**	**9 691**	**239 475**	**409 162**	**2 179 883**
北京	10 128	884	137	3 025	1 477	6 373
天津	6 914	3 830	40	3 680	1 724	5 301
河北	107 896	63 752	611	51 657	15 490	103 890
山西	34 016	37 896	166	1 664	1 505	68 577
内蒙古	12 434	32 205	139	309	591	43 600
辽宁	16 547	53 995	70	1 090	576	68 806
吉林	8 251	42 207	97	292	482	49 587
黑龙江	19 149	46 103	148	620	986	63 497
上海	9 026	239	53	3 453	767	4 991
江苏	108 134	40 514	375	33 569	24 836	89 868
浙江	66 222	35 188	4	28 622	12 650	60 134
安徽	15 133	144 954	113	6 589	19 226	134 159
福建	22 008	51 757	516	16 806	14 197	42 246
江西	7 785	97 740	269	2 194	22 135	80 928
山东	43 675	177 434	515	17 355	14 595	188 644
河南	39 060	201 374	855	8 411	14 419	216 749
湖北	18 820	114 209	465	3 468	15 351	113 746
湖南	24 998	139 137	839	5 560	83 455	74 281
广东	42 501	74 095	1 211	27 710	35 796	51 879
广西	29 286	88 114	485	3 094	40 854	72 967
海南	4 366	7 756	107	716	2 163	9 136
重庆	7 878	62 695	353	1 539	9 480	59 201
四川	21 808	226 357	611	8 839	60 787	177 928
贵州	13 392	87 864	238	864	2 646	97 509
云南	48 178	56 728	353	3 685	2 528	98 340
西藏	912	3 836	11	3	13	4 720
陕西	23 889	61 058	366	1 621	2 746	80 215
甘肃	15 934	43 601	198	626	716	57 995
青海	2 295	8 113	30	81	308	9 990
宁夏	2 367	8 824	31	216	1 890	9 054
新疆	28 620	14 128	284	2 114	4 777	35 573

表11-5c　各地区家庭户住房设施状况(乡村)(续 2)

单位：户

地　区	住房内有无厕所				
	独立使用抽水式	邻居合用抽水式	独立使用其他式样	邻居合用其他式样	无
全　国	**161 956**	**9 568**	**1 902 621**	**87 700**	**676 365**
北　京	611	20	8 231	793	1 358
天　津	932	17	6 230	169	3 396
河　北	3 262	404	152 596	3 086	12 300
山　西	1 440	193	53 149	3 802	13 328
内 蒙 古	270	66	20 922	1 099	22 284
辽　宁	1 113	34	66 059	2 065	1 271
吉　林	578	54	41 376	824	7 626
黑 龙 江	618	78	52 871	1 153	10 531
上　海	5 110	201	1 719	513	1 721
江　苏	26 629	394	82 938	2 464	36 222
浙　江	34 494	1 590	30 404	5 729	29 193
安　徽	3 307	142	111 155	5 988	39 496
福　建	16 685	1 293	11 880	3 528	40 378
江　西	2 267	230	37 867	6 285	58 877
山　东	3 069	269	209 369	1 322	7 081
河　南	6 276	488	182 574	3 454	47 643
湖　北	4 485	263	81 135	2 874	44 273
湖　南	7 858	524	127 697	5 679	22 377
广　东	22 681	998	33 173	5 087	52 656
广　西	4 831	464	41 185	6 400	64 519
海　南	1 029	108	1 517	241	9 228
重　庆	1 444	284	61 143	1 156	6 546
四　川	6 972	637	212 703	5 463	22 389
贵　州	1 167	177	71 823	7 710	20 378
云　南	829	122	38 184	4 356	61 415
西　藏	33	4	1 811	59	2 841
陕　西	1 919	229	66 269	2 365	14 165
甘　肃	701	130	50 118	1 415	7 170
青　海	104	20	6 706	199	3 379
宁　夏	56	18	10 279	256	582
新　疆	1 187	117	27 537	2 167	11 740

表11-6 各地区家庭户按购建住房费用分的户数

单位：户

地　区	合计	1万元以下	1—2万元	2—3万元	3—5万元	5—10万元	10—20万元	20—30万元	30—50万元	50—70万元	70万元及以上
全　国	**4 626 600**	**1 500 054**	**886 172**	**591 104**	**735 638**	**579 939**	**226 455**	**54 126**	**34 278**	**9 929**	**8 905**
北　京	45 307	5 290	5 802	5 549	8 900	8 397	4 808	2 456	2 329	990	787
天　津	31 863	5 697	4 898	3 305	5 475	5 013	4 328	1 909	998	157	83
河　北	255 255	79 615	47 208	37 958	49 628	30 294	8 646	1 287	425	66	128
山　西	113 734	36 356	21 987	14 393	19 726	17 064	3 522	463	105	40	78
内蒙古	90 827	35 743	15 888	10 794	12 857	10 655	4 085	487	220	38	62
辽　宁	163 813	46 949	34 525	21 615	25 871	21 312	8 928	2 152	1 735	418	307
吉　林	100 415	31 097	20 122	15 917	18 487	10 508	3 259	560	346	28	91
黑龙江	150 137	58 121	27 725	18 825	22 333	18 070	3 786	813	293	49	121
上　海	51 225	4 891	9 528	5 250	4 141	5 640	8 280	4 504	5 128	2 349	1 514
江　苏	286 832	57 717	49 219	31 439	40 979	58 895	36 366	7 009	3 859	838	511
浙　江	176 237	42 575	21 671	15 680	23 874	35 417	24 501	6 372	4 167	1 202	778
安　徽	244 665	77 977	53 583	30 101	41 537	33 334	6 861	728	327	81	137
福　建	112 939	32 027	13 579	9 770	15 625	20 384	14 027	4 145	2 420	568	394
江　西	149 727	45 272	26 522	19 388	29 883	22 051	5 595	643	182	39	151
山　东	384 570	136 096	84 093	57 672	60 239	32 998	10 608	1 558	788	243	274
河　南	347 898	95 490	91 649	61 028	58 387	32 329	6 889	1 504	333	54	236
湖　北	215 019	77 136	40 751	26 901	38 313	25 218	5 499	614	401	59	128
湖　南	237 665	76 631	43 023	29 573	45 228	33 852	7 671	1 076	330	88	193
广　东	237 767	53 429	29 733	24 571	39 114	44 488	25 792	9 330	7 178	2 127	2 005
广　西	161 857	62 218	27 513	21 772	24 807	16 208	6 934	1 717	493	100	95
海　南	22 866	6 964	4 579	2 710	3 258	3 412	1 401	326	132	30	54
重　庆	113 184	39 440	20 534	16 096	21 443	11 664	3 002	680	247	31	47
四　川	333 514	138 931	63 721	41 390	51 612	29 758	6 213	936	633	126	194
贵　州	124 659	67 758	24 316	11 639	11 058	7 273	2 160	251	115	39	50
云　南	144 750	72 134	30 629	13 904	13 010	9 111	3 906	1 293	611	66	86
西　藏	6 352	1 847	1 363	848	987	742	324	105	83	17	35
陕　西	133 922	44 350	25 298	18 046	23 655	17 275	4 235	546	178	48	292
甘　肃	86 308	33 534	23 080	10 968	10 008	6 859	1 668	136	54	3	
青　海	16 702	6 787	3 632	1 829	2 022	1 722	599	72	16	5	19
宁　夏	19 747	6 445	3 598	2 557	3 435	2 611	781	222	77	13	8
新　疆	66 846	21 537	16 407	9 616	9 748	7 384	1 781	232	75	18	47

注：购建住房费用分组不含上限，含下限。

表11-6a　各地区家庭户按购建住房费用分的户数(城市)

单位：户

地　区	合计	1万元以下	1—2万元	2—3万元	3—5万元	5—10万元	10—20万元	20—30万元	30—50万元	50—70万元	70万元及以上
全　国	**1 157 447**	**192 792**	**198 384**	**138 069**	**190 725**	**225 666**	**129 008**	**39 115**	**28 467**	**8 476**	**6 747**
北　京	32 864	1 679	4 010	4 254	7 100	6 302	3 601	1 984	2 175	979	782
天　津	14 950	1 621	2 199	1 069	1 490	2 226	3 355	1 807	965	151	70
河　北	51 078	7 917	9 198	6 740	9 925	11 166	4 884	880	297	34	36
山　西	29 401	6 034	4 495	3 382	5 685	7 376	1 981	336	69	12	30
内蒙古	32 041	7 196	4 750	3 426	5 111	7 539	3 408	376	170	29	36
辽　宁	70 059	13 715	14 487	7 339	9 659	13 065	7 495	1 965	1 647	403	285
吉　林	32 137	6 198	5 556	3 889	5 722	7 020	2 847	491	321	24	69
黑龙江	60 791	19 803	11 612	7 349	7 702	9 940	3 252	737	263	40	95
上　海	39 568	3 476	8 174	4 246	2 675	2 909	5 764	3 744	4 804	2 280	1 496
江　苏	86 725	10 397	12 530	7 734	10 162	19 223	17 291	4 996	3 298	712	382
浙　江	57 356	7 509	7 975	5 378	7 092	11 555	10 132	3 290	2 961	844	620
安　徽	34 909	5 731	7 162	3 978	6 183	7 892	3 149	475	264	47	27
福　建	26 812	2 506	2 674	2 187	3 779	5 609	5 662	2 290	1 460	416	230
江　西	19 465	3 649	3 727	2 408	3 321	4 206	1 903	168	49	9	25
山　东	98 760	22 110	18 330	13 696	17 618	17 078	7 642	1 223	674	206	183
河　南	62 750	7 286	12 546	9 196	13 823	13 373	4 919	1 260	244	22	81
湖　北	56 527	11 346	12 376	8 058	11 082	9 337	3 497	407	323	40	62
湖　南	45 714	9 271	8 233	5 556	8 658	9 858	3 308	584	165	29	51
广　东	95 625	10 827	9 840	8 040	13 494	19 557	16 496	7 520	6 194	1 888	1 769
广　西	20 447	2 577	3 059	3 150	4 126	3 470	2 735	925	317	46	42
海　南	8 021	1 769	1 111	765	1 144	1 850	963	252	108	25	33
重　庆	24 866	4 980	5 104	3 464	4 806	3 629	2 004	601	228	25	24
四　川	45 602	7 835	9 012	7 373	9 266	7 602	3 141	699	554	79	40
贵　州	13 592	2 187	1 839	1 663	2 896	3 539	1 189	143	83	31	22
云　南	24 250	7 235	4 480	2 935	3 314	2 935	1 903	921	451	40	36
西　藏	889	25	32	55	122	250	208	88	79	17	12
陕　西	30 598	3 500	5 780	4 168	6 135	7 699	2 600	386	120	26	184
甘　肃	13 604	1 917	2 850	1 854	2 464	3 136	1 234	98	49	2	
青　海	3 527	432	561	396	741	864	458	60	8	3	6
宁　夏	5 999	661	842	855	1 309	1 439	590	217	70	12	5
新　疆	18 521	1 406	3 838	3 464	4 121	4 025	1 400	192	56	5	14

注：购建住房费用分组不含上限，含下限。

表11-6b　各地区家庭户按购建住房费用分的户数(镇)

单位：户

地　　区	合计	1万元以下	1—2万元	2—3万元	3—5万元	5—10万元	10—20万元	20—30万元	30—50万元	50—70万元	70万元及以上
全　　国	**742 657**	**183 698**	**121 335**	**91 886**	**137 482**	**140 287**	**53 515**	**9 278**	**3 475**	**820**	**881**
北　　京	2 893	319	192	160	352	491	815	424	132	7	1
天　　津	6 414	1 000	794	750	1 395	1 503	853	80	26	5	9
河　　北	35 650	8 963	5 202	4 811	7 443	6 529	2 301	282	82	10	26
山　　西	17 316	4 319	2 817	2 001	3 176	3 913	939	84	19	24	24
内 蒙 古	16 825	6 396	3 152	2 088	2 534	1 935	566	98	36	5	15
辽　　宁	25 287	7 509	4 552	3 544	4 847	3 684	934	138	59	10	11
吉　　林	19 623	7 428	4 007	2 704	3 020	2 046	344	54	14	2	4
黑 龙 江	26 541	8 974	5 395	3 584	3 436	4 680	370	53	22	7	21
上　　海	4 962	521	392	314	471	1 255	1 288	470	197	47	7
江　　苏	57 683	10 312	8 064	5 746	9 576	14 897	7 698	948	330	59	52
浙　　江	29 320	5 152	3 162	2 461	4 092	6 469	5 545	1 531	603	209	97
安　　徽	52 402	13 449	9 110	6 151	10 490	10 442	2 485	182	47	16	31
福　　建	21 760	3 741	2 142	1 939	3 229	5 442	3 863	851	449	54	52
江　　西	30 042	5 173	3 912	3 357	6 832	7 322	2 856	419	113	25	32
山　　东	68 303	22 239	13 522	9 932	12 328	7 676	2 209	252	83	20	42
河　　南	46 542	10 909	10 067	7 911	9 762	6 500	1 161	151	42	8	30
湖　　北	28 877	6 349	4 938	3 903	6 187	5 954	1 288	151	59	12	35
湖　　南	32 375	5 160	4 763	3 756	7 128	8 236	2 795	361	105	32	39
广　　东	35 212	5 733	4 095	3 273	5 976	9 008	4 965	1 181	643	158	179
广　　西	27 455	5 914	4 088	3 400	4 815	4 852	3 423	740	154	41	27
海　　南	3 221	774	628	390	526	623	228	32	16	2	3
重　　庆	21 192	4 760	2 790	2 820	5 553	4 424	759	59	15	5	8
四　　川	47 106	13 130	7 690	5 952	9 415	8 689	1 957	167	44	25	39
贵　　州	16 465	5 780	3 346	2 099	2 486	1 895	727	90	25	6	11
云　　南	19 149	5 579	3 399	2 206	2 970	3 140	1 394	301	120	18	22
西　　藏	939	266	202	139	163	123	37	8	1		
陕　　西	20 783	6 802	3 296	2 368	3 691	3 425	999	131	26	6	39
甘　　肃	14 081	3 669	3 081	2 059	2 687	2 292	267	24	2	1	
青　　海	3 134	802	532	443	606	620	112	5	3	1	9
宁　　夏	2 804	485	399	291	624	827	169	3	5	1	
新　　疆	8 300	2 092	1 604	1 333	1 674	1 394	167	7	6	5	18

注：购建住房费用分组不含上限，含下限。

表11-6c　各地区家庭户按购建住房费用分的户数(乡村)

单位：户

地　区	合计	1万元以下	1—2万元	2—3万元	3—5万元	5—10万元	10—20万元	20—30万元	30—50万元	50—70万元	70万元及以上
全　国	**2 726 497**	**1 123 565**	**566 454**	**361 149**	**407 431**	**213 986**	**43 932**	**5 733**	**2 336**	**633**	**1 277**
北　京	9 549	3 292	1 600	1 135	1 448	1 604	392	48	22	4	4
天　津	10 498	3 076	1 906	1 486	2 590	1 285	120	22	7	2	5
河　北	168 527	62 734	32 808	26 406	32 260	12 599	1 461	125	46	21	66
山　西	67 018	26 003	14 674	9 009	10 865	5 775	601	44	17	5	24
内蒙古	41 961	22 151	7 985	5 280	5 212	1 181	110	14	13	4	11
辽　宁	68 467	25 726	15 487	10 732	11 366	4 563	499	50	29	5	10
吉　林	48 655	17 471	10 559	9 324	9 744	1 442	68	15	11	2	18
黑龙江	62 805	29 344	10 719	7 892	11 196	3 451	164	23	8	2	6
上　海	6 695	894	962	691	994	1 476	1 228	290	127	23	11
江　苏	142 425	37 009	28 625	17 958	21 241	24 775	11 376	1 064	231	67	78
浙　江	89 561	29 914	10 533	7 841	12 690	17 393	8 824	1 551	604	149	61
安　徽	157 354	58 798	37 310	19 972	24 863	15 000	1 227	71	16	18	79
福　建	64 367	25 781	8 763	5 644	8 617	9 333	4 503	1 003	511	98	113
江　西	100 220	36 450	18 883	13 624	19 730	10 523	836	56	21	5	94
山　东	217 507	91 747	52 240	34 043	30 294	8 245	758	83	32	17	49
河　南	238 606	77 294	69 036	43 921	34 802	12 456	808	93	46	24	125
湖　北	129 615	59 441	23 437	14 940	21 044	9 927	714	56	20	6	31
湖　南	159 576	62 200	30 027	20 260	29 442	15 758	1 568	130	60	27	104
广　东	106 931	36 869	15 798	13 258	19 644	15 923	4 331	628	341	81	57
广　西	113 954	53 727	20 366	15 221	15 865	7 886	776	53	22	13	26
海　南	11 624	4 421	2 840	1 555	1 588	940	210	42	8	2	18
重　庆	67 126	29 700	12 639	9 812	11 084	3 610	239	20	5	1	15
四　川	240 805	117 966	47 019	28 065	32 931	13 467	1 115	71	35	22	115
贵　州	94 601	59 791	19 131	7 877	5 676	1 838	244	18	8	2	17
云　南	101 350	59 321	22 750	8 763	6 726	3 035	609	71	40	8	28
西　藏	4 524	1 556	1 129	654	702	370	79	9	2		22
陕　西	82 541	34 048	16 221	11 510	13 829	6 152	636	29	32	15	70
甘　肃	58 623	27 948	17 148	7 055	4 857	1 431	167	14	3		
青　海	10 041	5 553	2 538	990	675	238	29	7	5	1	4
宁　夏	10 943	5 299	2 357	1 411	1 503	344	22	2	2		2
新　疆	40 025	18 039	10 965	4 819	3 953	1 964	215	33	12	8	16

注：购建住房费用分组不含上限，含下限。

表11-7 各地区家庭户按住房来源分的户数

单位：户

地区	合计	自建住房	购买商品房	购买经济适用房	购买原公有住房	租赁公有住房	租赁商品房	其他
全国	**5 277 716**	**3 644 340**	**367 737**	**152 584**	**461 939**	**172 499**	**301 799**	**176 818**
北京	69 565	15 532	8 415	2 212	19 148	10 187	11 494	2 577
天津	44 728	17 430	8 466	933	5 034	9 679	1 716	1 470
河北	270 774	211 981	14 754	7 195	21 324	4 165	7 656	3 698
山西	130 135	87 034	5 404	8 004	13 292	4 412	5 833	6 156
内蒙古	106 615	54 154	14 854	3 851	17 968	2 543	9 684	3 561
辽宁	189 770	90 992	34 033	7 541	31 246	11 185	11 563	3 209
吉林	113 312	61 590	14 511	8 818	15 497	3 914	5 424	3 558
黑龙江	169 041	78 117	27 289	12 510	32 220	4 620	8 413	5 871
上海	82 977	15 540	19 654	674	15 357	11 757	18 310	1 685
江苏	329 179	221 916	32 301	5 675	26 940	8 265	28 348	5 734
浙江	226 414	142 270	20 453	1 195	12 319	4 900	33 437	11 840
安徽	264 397	210 941	12 288	4 780	16 656	4 519	9 355	5 858
福建	148 616	92 913	9 312	3 329	7 385	4 266	17 731	13 679
江西	171 220	128 013	8 044	3 554	10 117	6 017	6 287	9 189
山东	415 276	325 998	19 897	9 506	29 169	7 525	13 559	9 622
河南	361 142	303 822	9 696	11 776	22 605	2 863	5 651	4 730
湖北	241 773	173 820	9 618	6 379	25 202	10 968	7 863	7 923
湖南	261 521	205 544	8 280	5 354	18 488	6 922	7 958	8 976
广东	309 899	178 829	30 804	6 419	21 715	11 432	45 339	15 361
广西	180 095	144 136	4 102	2 758	10 862	6 638	5 106	6 494
海南	27 744	18 270	761	1 186	2 649	1 754	1 349	1 776
重庆	129 130	89 967	11 415	4 202	7 600	4 642	5 500	5 804
四川	365 055	287 007	17 810	6 759	21 938	8 921	11 149	11 471
贵州	141 843	109 594	3 844	4 019	7 201	3 882	4 938	8 364
云南	161 166	128 924	3 242	3 910	8 674	4 459	3 889	8 067
西藏	7 155	6 101	44	84	123	333	169	301
陕西	149 480	108 074	5 011	7 503	13 334	4 627	6 924	4 007
甘肃	92 624	68 892	4 600	3 733	9 083	2 508	1 941	1 867
青海	19 194	11 964	1 347	1 034	2 357	798	726	967
宁夏	21 905	13 182	2 636	1 032	2 897	763	994	402
新疆	75 972	41 795	4 851	6 661	13 539	3 033	3 492	2 600

表11-7a 各地区家庭户按住房来源分的户数(城市)

单位：户

地区	合计	自建住房	购买商品房	购买经济适用房	购买原公有住房	租赁公有住房	租赁商品房	其他
全国	**1 528 460**	**435 343**	**249 738**	**99 653**	**372 713**	**124 285**	**186 691**	**60 038**
北京	55 180	5 310	6 541	2 163	18 851	10 102	9 983	2 230
天津	26 878	2 297	7 467	485	4 701	9 532	1 096	1 299
河北	59 663	17 146	9 263	5 158	19 510	3 319	3 996	1 271
山西	36 490	9 083	2 900	6 079	11 338	3 258	2 463	1 368
内蒙古	41 250	5 511	10 451	2 319	13 760	1 830	6 067	1 311
辽宁	91 305	12 562	23 868	5 540	28 089	10 845	8 375	2 026
吉林	40 673	7 203	8 547	5 258	11 130	3 518	3 531	1 487
黑龙江	72 251	13 013	14 420	8 350	25 008	3 813	5 205	2 441
上海	66 734	5 971	18 077	467	15 052	11 536	14 424	1 206
江苏	113 446	34 592	24 660	4 115	23 359	6 406	17 373	2 942
浙江	83 964	32 439	13 989	847	10 080	2 770	19 662	4 177
安徽	42 952	14 393	6 389	3 063	11 063	2 078	4 357	1 609
福建	43 902	12 655	6 019	1 923	6 215	2 669	10 958	3 464
江西	24 965	7 929	3 616	1 442	6 477	2 604	1 753	1 144
山东	116 678	53 941	14 787	5 511	24 521	5 306	8 613	3 998
河南	69 841	24 732	7 222	10 218	20 579	1 897	3 097	2 097
湖北	72 080	27 072	6 470	3 761	19 225	7 949	5 208	2 395
湖南	56 439	23 354	4 911	3 633	13 817	3 979	4 525	2 222
广东	144 660	46 844	25 997	4 478	18 305	8 448	32 455	8 132
广西	27 055	8 821	2 685	1 112	7 829	2 995	2 423	1 190
海南	11 511	4 223	653	939	2 205	1 371	1 183	936
重庆	31 580	10 918	6 075	2 270	5 603	2 640	2 557	1 516
四川	56 506	19 132	9 836	2 787	13 847	3 431	5 330	2 142
贵州	18 880	4 007	2 429	2 510	4 646	1 891	2 412	986
云南	31 357	14 930	1 802	2 046	5 472	2 163	1 604	3 340
西藏	1 308	694	28	60	107	290	119	11
陕西	38 734	10 864	2 784	5 856	11 094	3 018	3 903	1 215
甘肃	16 764	1 640	2 709	2 269	6 987	1 576	1 026	558
青海	4 899	537	657	642	1 691	550	425	397
宁夏	7 477	1 134	1 886	781	2 198	709	630	140
新疆	23 038	2 398	2 601	3 570	9 952	1 792	1 939	786

表11-7b 各地区家庭户按住房来源分的户数(镇)

单位：户

地区	合计	自建住房	购买商品房	购买经济适用房	购买原公有住房	租赁公有住房	租赁商品房	其他
全国	**911 045**	**536 163**	**93 753**	**39 685**	**73 055**	**40 606**	**81 116**	**46 667**
北京	3 373	1 032	1 617	19	225	45	395	40
天津	7 105	4 739	954	403	318	134	470	88
河北	39 463	28 137	4 408	1 624	1 482	666	2 541	606
山西	21 732	12 443	1 893	1 377	1 603	989	2 180	1 248
内蒙古	20 726	8 729	3 377	1 061	3 658	586	2 538	777
辽宁	27 924	15 583	6 009	1 183	2 512	283	1 908	446
吉林	22 180	9 553	3 964	2 188	3 918	347	1 461	749
黑龙江	31 539	10 763	8 651	2 471	4 655	664	2 326	2 009
上海	6 979	3 062	1 470	138	292	165	1 687	165
江苏	67 086	46 322	6 917	1 254	3 189	1 608	6 428	1 367
浙江	41 040	22 031	5 238	317	1 734	1 469	7 768	2 483
安徽	61 357	40 263	5 523	1 456	5 160	1 999	4 234	2 722
福建	30 948	16 933	2 712	1 175	940	1 301	4 829	3 058
江西	40 729	20 959	4 224	1 679	3 180	3 264	4 149	3 274
山东	77 489	57 546	3 532	3 182	4 042	1 838	4 108	3 241
河南	50 867	41 579	1 994	1 361	1 609	677	2 143	1 504
湖北	36 663	20 315	2 058	1 670	4 833	2 491	2 288	3 007
湖南	40 947	23 797	3 014	1 383	4 181	2 747	3 055	2 770
广东	48 644	26 197	4 358	1 698	2 958	2 271	7 998	3 163
广西	35 640	21 816	1 267	1 530	2 842	3 313	2 537	2 334
海南	4 111	2 494	92	225	411	302	144	444
重庆	26 977	12 795	4 916	1 762	1 720	1 913	2 586	1 285
四川	60 384	29 566	7 023	3 355	7 163	5 024	5 125	3 129
贵州	21 705	11 698	1 270	1 322	2 175	1 705	1 899	1 636
云南	24 902	14 298	1 177	1 476	2 199	1 834	1 918	2 001
西藏	1 099	913	9	15	2	28	48	84
陕西	25 799	15 950	1 927	1 346	1 559	1 285	2 386	1 344
甘肃	16 325	9 160	1 704	1 347	1 871	841	666	736
青海	3 886	1 471	650	373	640	189	283	280
宁夏	3 237	1 213	697	221	674	44	302	87
新疆	10 186	4 808	1 108	1 074	1 310	583	714	589

表11-7c　各地区家庭户按住房来源分的户数(乡村)

单位：户

地　区	合　计	自建住房	购买商品房	购买经济适用房	购买原公有住房	租赁公有住房	租赁商品房	其　他
全　国	**2 838 210**	**2 672 834**	**24 246**	**13 246**	**16 170**	**7 608**	**33 993**	**70 113**
北　京	11 012	9 190	258	30	72	40	1 116	307
天　津	10 745	10 394	45	45	15	13	150	83
河　北	171 648	166 698	1 083	414	332	179	1 120	1 822
山　西	71 912	65 507	611	548	351	164	1 191	3 540
内蒙古	44 639	39 914	1 027	470	550	126	1 080	1 473
辽　宁	70 542	62 847	4 156	818	646	58	1 280	737
吉　林	50 458	44 834	2 000	1 372	450	50	432	1 321
黑龙江	65 251	54 341	4 218	1 689	2 557	144	882	1 420
上　海	9 264	6 508	107	68	13	56	2 200	313
江　苏	148 647	141 003	724	306	392	251	4 547	1 425
浙　江	101 410	87 800	1 225	30	506	662	6 007	5 180
安　徽	160 087	156 286	375	261	432	443	763	1 527
福　建	73 765	63 325	581	230	230	297	1 945	7 157
江　西	105 526	99 125	204	432	459	149	386	4 771
山　东	221 109	214 510	1 578	812	606	382	838	2 382
河　南	240 435	237 512	480	198	417	288	411	1 129
湖　北	133 029	126 433	1 090	948	1 144	528	366	2 520
湖　南	164 134	158 393	355	338	490	196	378	3 984
广　东	116 595	105 788	449	243	451	712	4 886	4 066
广　西	117 400	113 499	150	115	190	330	146	2 969
海　南	12 122	11 554	16	22	33	81	21	396
重　庆	70 574	66 254	424	170	277	89	356	3 002
四　川	248 165	238 309	952	616	928	467	694	6 199
贵　州	101 257	93 889	145	188	379	286	627	5 742
云　南	104 906	99 696	263	389	1 003	462	368	2 727
西　藏	4 748	4 495	7	9	14	15	2	206
陕　西	84 948	81 259	299	301	681	324	634	1 448
甘　肃	59 535	58 092	188	117	225	91	248	573
青　海	10 409	9 957	40	19	25	60	18	290
宁　夏	11 191	10 834	54	30	25	10	62	176
新　疆	42 748	34 590	1 142	2 017	2 276	658	838	1 226

表11-8 各地区家庭户按月租房费用分的户数

单位：户

地区	合计	49元及以下	50—99元	100—199元	200—499元	500—999元	1000—1499元	1500—1999元	2000—2999元	3000元及以上
全国	**474 298**	**92 095**	**108 108**	**121 781**	**100 563**	**34 987**	**9 686**	**3 644**	**2 316**	**1 116**
北京	21 681	3 819	3 013	6 598	4 310	1 754	1 094	650	337	106
天津	11 395	3 460	5 702	970	782	359	75	23	14	9
河北	11 821	2 006	2 911	3 014	3 065	634	95	31	34	31
山西	10 245	3 516	2 471	2 080	1 765	338	45	12	11	6
内蒙古	12 227	1 633	4 441	3 191	2 141	586	122	39	50	23
辽宁	22 749	4 919	7 800	3 786	4 219	1 597	272	66	69	21
吉林	9 339	1 396	3 592	1 997	1 636	614	70	15	10	8
黑龙江	13 033	2 557	4 849	2 302	2 229	845	175	35	26	15
上海	30 067	6 348	4 787	8 239	5 578	2 746	1 336	501	339	194
江苏	36 613	4 488	8 937	12 801	6 874	2 400	700	211	131	71
浙江	38 337	3 285	10 270	13 791	6 967	2 849	827	187	110	51
安徽	13 874	3 302	3 289	3 423	2 975	693	105	42	31	16
福建	21 997	1 721	4 420	7 373	5 492	2 318	450	106	79	38
江西	12 304	4 458	2 801	2 612	1 988	345	53	21	18	8
山东	21 084	3 849	4 643	4 832	5 168	1 897	378	135	100	82
河南	8 514	1 913	1 704	2 129	2 274	363	89	18	14	10
湖北	18 831	6 698	4 250	3 666	3 266	713	143	51	20	24
湖南	14 880	3 589	3 163	3 409	3 217	1 056	273	83	64	27
广东	56 771	2 518	4 703	16 268	20 642	8 218	2 451	1 116	623	232
广西	11 744	3 811	2 292	2 594	2 187	559	185	54	51	12
海南	3 102	1 013	432	592	721	250	43	18	13	21
重庆	10 142	3 205	2 249	2 037	2 094	445	74	17	18	4
四川	20 070	6 006	4 258	4 911	3 343	1 157	229	83	59	25
贵州	8 820	2 736	2 116	2 048	1 476	337	63	25	11	9
云南	8 348	2 793	1 460	1 505	1 631	681	137	47	49	45
西藏	502	212	45	68	108	40	13	5	5	6
陕西	11 551	2 684	3 561	2 794	1 842	547	80	20	12	11
甘肃	4 449	1 654	989	836	767	163	26	7	3	4
青海	1 524	419	390	279	272	114	28	10	7	5
宁夏	1 756	506	513	291	361	66	15	2	2	1
新疆	6 525	1 582	2 057	1 344	1 172	306	42	16	5	2

表11-8a　各地区家庭户按月租房费用分的户数(城市)

单位：户

地　区	合计	49元及以下	50—99元	100—199元	200—499元	500—999元	1000—1499元	1500—1999元	2000—2999元	3000元及以上
全　国	**310 975**	**55 004**	**64 347**	**75 600**	**73 728**	**28 580**	**7 995**	**2 972**	**1 885**	**865**
北　京	20 085	3 766	2 737	5 908	3 915	1 624	1 058	642	330	105
天　津	10 629	3 382	5 480	730	617	310	68	22	12	8
河　北	7 315	1 003	1 732	1 860	2 249	382	33	18	21	16
山　西	5 721	2 226	1 010	1 069	1 186	199	19	5	3	3
内蒙古	7 897	695	2 581	2 225	1 749	457	88	36	44	23
辽　宁	19 220	4 428	6 341	2 937	3 693	1 448	230	58	66	19
吉　林	7 049	1 006	2 642	1 517	1 309	496	55	13	5	6
黑龙江	9 018	1 783	3 044	1 591	1 745	682	125	18	21	9
上　海	25 960	6 210	3 976	6 049	4 883	2 583	1 279	474	319	187
江　苏	23 779	3 108	3 830	8 303	5 523	2 075	639	121	123	57
浙　江	22 431	1 415	4 579	8 450	4 708	2 306	704	154	83	33
安　徽	6 434	1 346	1 355	1 353	1 767	467	81	37	19	10
福　建	13 626	568	2 230	4 487	3 904	1 886	379	78	66	28
江　西	4 357	1 537	1 182	756	687	157	26	8	5	
山　东	13 919	2 513	3 114	3 062	3 455	1 407	226	57	47	38
河　南	4 994	895	982	1 208	1 577	274	40	8	8	2
湖　北	13 157	4 709	2 755	2 371	2 545	607	100	40	10	21
湖　南	8 503	1 793	1 608	1 921	2 117	757	205	49	40	13
广　东	40 903	1 439	3 140	10 033	15 564	6 987	2 072	963	507	177
广　西	5 418	1 353	1 025	1 304	1 188	333	131	40	38	5
海　南	2 554	738	370	510	632	214	38	18	13	21
重　庆	5 197	1 452	959	876	1 453	387	44	11	13	1
四　川	8 761	1 608	1 799	2 083	2 117	930	138	30	34	22
贵　州	4 303	987	1 049	1 051	933	238	23	12	6	3
云　南	3 767	1 129	549	613	822	467	82	30	36	38
西　藏	409	195	24	54	86	29	11	4	2	4
陕　西	6 921	1 207	2 045	1 800	1 385	424	39	10	5	5
甘　肃	2 602	980	512	455	520	112	15	3	2	3
青　海	975	275	262	185	182	53	8	3	3	3
宁　夏	1 338	456	360	177	281	53	9	1		1
新　疆	3 732	784	1 072	660	936	236	30	10	4	2

表11-8b 各地区家庭户按月租房费用分的户数(镇)

单位：户

地　区	合计	49元及以下	50—99元	100—199元	200—499元	500—999元	1000—1499元	1500—1999元	2000—2999元	3000元及以上
全　国	**121 722**	**28 949**	**30 222**	**33 248**	**21 443**	**5 414**	**1 404**	**502**	**344**	**195**
北　京	440	7	87	143	129	46	22	3	3	
天　津	603	67	143	184	152	48	6	2	1	1
河　北	3 208	547	814	867	662	230	51	13	13	11
山　西	3 169	950	931	745	401	113	13	8	6	2
内蒙古	3 124	627	1 317	754	284	119	14	4	6	
辽　宁	2 191	265	879	529	355	119	35	5	3	1
吉　林	1 808	293	697	387	291	117	13	2	5	2
黑龙江	2 989	512	1 292	550	416	146	48	15	5	6
上　海	1 852	93	152	948	434	130	47	20	20	7
江　苏	8 037	993	2 852	2 813	1 040	264	50	16	5	3
浙　江	9 237	1 033	2 755	3 095	1 747	430	109	29	23	16
安　徽	6 233	1 540	1 566	1 815	1 094	176	21	5	11	6
福　建	6 130	752	1 412	2 282	1 265	326	56	21	12	4
江　西	7 413	2 653	1 514	1 772	1 245	184	18	12	8	8
山　东	5 945	1 027	1 254	1 423	1 503	443	136	72	46	40
河　南	2 821	708	554	790	625	79	42	10	4	8
湖　北	4 780	1 527	1 310	1 150	637	96	37	11	9	2
湖　南	5 802	1 660	1 376	1 331	1 020	285	65	32	23	11
广　东	10 269	773	941	3 763	3 336	979	273	97	72	36
广　西	5 850	2 213	1 170	1 192	968	221	54	14	13	6
海　南	446	206	54	71	79	32	5			
重　庆	4 500	1 609	1 159	1 040	598	52	29	6	5	3
四　川	10 149	3 946	2 169	2 533	1 122	214	89	52	22	2
贵　州	3 604	1 438	792	759	461	95	38	11	6	4
云　南	3 752	1 307	750	735	684	197	48	17	11	5
西　藏	76	7	19	12	21	10	2	1	3	2
陕　西	3 672	1 125	1 238	760	384	108	36	10	5	6
甘　肃	1 508	586	371	309	190	38	9	4	2	
青　海	472	99	106	88	86	61	20	7	4	2
宁　夏	346	24	132	99	69	13	6	1	1	
新　疆	1 297	366	415	310	147	45	10	4	1	

表11-8c 各地区家庭户按月租房费用分的户数(乡村)

单位：户

地 区	合计	49元及以下	50—99元	100—199元	200—499元	500—999元	1000—1499元	1500—1999元	2000—2999元	3000元及以上
全 国	**41 601**	**8 143**	**13 539**	**12 933**	**5 392**	**993**	**288**	**170**	**87**	**56**
北 京	1 156	46	189	547	266	84	14	5	5	1
天 津	163	11	80	56	13	2	1		1	1
河 北	1 298	456	364	287	154	21	11			3
山 西	1 355	340	529	266	178	26	13		2	1
内蒙古	1 206	311	544	212	109	10	20			
辽 宁	1 338	227	581	319	170	30	6	4		1
吉 林	482	97	253	92	36	2	2			
黑龙江	1 026	263	513	161	68	16	2	2		
上 海	2 256	45	658	1 242	260	33	10	7	1	
江 苏	4 798	387	2 255	1 686	311	60	10	74	3	10
浙 江	6 669	837	2 936	2 245	513	113	14	4	4	1
安 徽	1 206	416	369	254	114	50	3			
福 建	2 241	401	777	604	323	106	16	7	1	7
江 西	534	268	105	84	57	5	9	1	5	
山 东	1 220	309	275	347	210	48	16	5	8	3
河 南	700	310	167	131	73	10	6		2	
湖 北	894	462	184	146	85	10	6		1	
湖 南	574	136	178	157	81	13	3	1	1	3
广 东	5 599	286	622	2 472	1 742	252	106	55	45	19
广 西	476	245	97	97	31	5				
海 南	102	70	8	11	10	4				
重 庆	446	145	131	121	42	6	1			
四 川	1 160	451	290	295	104	13	2		3	2
贵 州	913	311	275	238	81	4	1	1		1
云 南	829	357	161	158	126	16	6	1	2	2
西 藏	17	11	2	2	2					
陕 西	959	352	278	235	72	14	5		2	
甘 肃	339	88	106	72	57	13	2	1		1
青 海	77	45	22	7	3					
宁 夏	72	26	21	14	10					
新 疆	1 496	433	571	374	90	25	2	2		

表11-9 全国按户主的受教育程度、住房来源分的家庭户户数

单位：户

受教育程度	合计	自建住房	购买商品房	购买经济适用房	购买原公有住房	租赁公有住房	租赁商品房	其他
总计	**4 870 111**	**3 285 907**	**357 933**	**148 559**	**447 866**	**167 087**	**295 434**	**167 325**
未上过学	411 597	342 657	8 715	4 815	17 771	9 756	9 303	18 580
小学	1 475 043	1 233 093	39 184	18 746	60 060	25 734	53 471	44 755
初中	1 969 568	1 398 238	112 398	45 399	141 089	63 781	151 405	57 259
高中	661 567	274 033	99 313	40 600	121 597	42 260	57 220	26 544
大学专科	225 243	31 553	59 722	24 485	63 757	16 104	15 428	14 194
大学本科	117 060	6 201	35 425	13 495	40 166	8 461	7 698	5 615
研究生	10 033	134	3 175	1 020	3 426	991	908	378

表11-9a 全国按户主的受教育程度、住房来源分的家庭户户数(城市)

单位：户

受教育程度	合计	自建住房	购买商品房	购买经济适用房	购买原公有住房	租赁公有住房	租赁商品房	其他
总计	**1 483 915**	**417 913**	**244 625**	**97 609**	**361 984**	**120 063**	**183 098**	**58 623**
未上过学	74 021	36 156	4 758	2 689	13 591	7 488	4 977	4 362
小学	268 822	135 526	19 813	9 457	45 201	17 665	29 392	11 770
初中	555 704	187 025	69 747	28 169	110 794	46 243	90 814	22 911
高中	335 410	50 003	72 489	29 165	100 672	31 806	38 901	12 373
大学专科	147 157	7 292	44 877	16 853	52 458	9 819	11 489	4 370
大学本科	93 252	1 855	29 895	10 342	35 924	6 095	6 635	2 508
研究生	9 549	57	3 046	934	3 344	948	890	330

表11-9b　全国按户主的受教育程度、住房来源分的家庭户户数(镇)

单位：户

受教育程度	合　计	自建住房	购　买 商品房	购买经济 适 用 房	购 买 原 公有住房	租赁公有 住　　房	租　赁 商品房	其　他
总　　计	**861 502**	**498 177**	**90 379**	**38 490**	**70 711**	**39 570**	**79 013**	**45 163**
未上过学	58 269	43 031	2 335	1 146	2 795	1 971	3 139	3 852
小　　学	214 314	155 896	11 578	4 735	10 306	6 697	16 022	9 081
初　　中	359 733	221 229	32 344	11 960	23 854	14 400	41 549	14 398
高　　中	146 315	60 842	24 398	10 190	19 027	8 973	14 165	8 720
大学专科	61 047	13 816	14 207	7 288	10 616	5 347	3 195	6 578
大学本科	21 375	3 309	5 389	3 086	4 031	2 140	926	2 493
研 究 生	449	52	128	85	82	43	17	41

表11-9c　全国按户主的受教育程度、住房来源分的家庭户户数(乡村)

单位：户

受教育程度	合　计	自建住房	购　买 商品房	购买经济 适 用 房	购 买 原 公有住房	租赁公有 住　　房	租　赁 商品房	其　他
总　　计	**2 524 694**	**2 369 818**	**22 929**	**12 461**	**15 171**	**7 454**	**33 323**	**63 539**
未上过学	279 306	263 469	1 622	980	1 385	297	1 188	10 367
小　　学	991 906	941 671	7 793	4 555	4 554	1 372	8 057	23 904
初　　中	1 054 131	989 983	10 307	5 270	6 441	3 139	19 042	19 949
高　　中	179 842	163 187	2 426	1 245	1 898	1 481	4 154	5 451
大学专科	17 039	10 445	639	345	683	938	744	3 246
大学本科	2 434	1 037	141	66	211	227	137	614
研 究 生	35	25				1	1	7

表11-10 全国按户主的职业、住房来源分的家庭户户数

单位：户

职业	合计	自建住房	购买商品房	购买经济适用房	购买原公有住房	租赁公有住房	租赁商品房	其他
总计	**3 855 018**	**2 783 373**	**257 435**	**99 943**	**233 246**	**101 426**	**256 645**	**122 949**
国家机关、党群组织、企业、事业单位负责人	90 676	32 555	22 359	6 157	13 529	3 807	8 261	4 008
专业技术人员	292 417	117 644	51 626	21 923	49 211	17 731	16 382	17 899
办事人员和有关人员	170 289	36 651	38 931	15 897	44 655	11 472	10 933	11 751
商业、服务业人员	440 710	172 763	60 539	17 563	38 783	30 456	101 665	18 941
农、林、牧、渔、水利业生产人员	2 139 624	2 043 542	20 909	11 060	15 004	3 936	8 154	37 019
生产、运输设备操作人员及有关人员	710 966	374 855	62 098	26 815	71 136	33 491	109 894	32 676
不便分类的其他从业人员	10 335	5 363	972	530	928	533	1 356	654

表11-10a 全国按户主的职业、住房来源分的家庭户户数(城市)

单位：户

职业	合计	自建住房	购买商品房	购买经济适用房	购买原公有住房	租赁公有住房	租赁商品房	其他
总计	**981 272**	**306 151**	**171 647**	**61 730**	**179 230**	**65 410**	**157 787**	**39 317**
国家机关、党群组织、企业、事业单位负责人	50 970	8 262	17 560	4 097	10 680	2 443	6 314	1 615
专业技术人员	131 127	15 494	37 538	14 448	38 601	9 848	10 665	4 532
办事人员和有关人员	110 145	12 048	29 114	11 218	37 157	7 580	7 846	5 183
商业、服务业人员	221 624	43 313	40 976	11 444	30 004	20 796	64 874	10 217
农、林、牧、渔、水利业生产人员	153 935	138 274	3 525	1 589	4 269	1 223	2 215	2 841
生产、运输设备操作人员及有关人员	309 189	87 437	42 338	18 607	57 824	23 184	65 134	14 665
不便分类的其他从业人员	4 281	1 323	596	328	694	337	739	263

表11-10b 全国按户主的职业、住房来源分的家庭户户数(镇)

单位：户

职业	合计	自建住房	购买商品房	购买经济适用房	购买原公有住房	租赁公有住房	租赁商品房	其他
总计	**656 400**	**389 626**	**66 394**	**27 562**	**42 225**	**29 449**	**67 802**	**33 342**
国家机关、党群组织、企业、事业单位负责人	21 504	8 471	4 366	1 906	2 626	1 121	1 489	1 523
专业技术人员	71 713	23 283	13 015	6 689	9 638	6 618	4 415	8 055
办事人员和有关人员	44 255	12 392	9 466	4 502	7 151	3 521	2 396	4 827
商业、服务业人员	134 245	60 217	17 698	5 337	7 742	8 334	29 023	5 895
农、林、牧、渔、水利业生产人员	221 167	202 035	4 984	2 212	3 135	1 250	3 163	4 388
生产、运输设备操作人员及有关人员	160 327	81 640	16 513	6 744	11 731	8 434	26 869	8 396
不便分类的其他从业人员	3 190	1 589	352	172	202	171	447	258

表11-10c 全国按户主的职业、住房来源分的家庭户户数(乡村)

单位：户

职业	合计	自建住房	购买商品房	购买经济适用房	购买原公有住房	租赁公有住房	租赁商品房	其他
总计	**2 217 346**	**2 087 596**	**19 394**	**10 652**	**11 791**	**6 567**	**31 056**	**50 289**
国家机关、党群组织、企业、事业单位负责人	18 202	15 822	433	154	223	243	457	870
专业技术人员	89 577	78 867	1 073	787	972	1 264	1 301	5 312
办事人员和有关人员	15 889	12 211	352	177	347	371	691	1 741
商业、服务业人员	84 841	69 234	1 865	782	1 037	1 326	7 768	2 829
农、林、牧、渔、水利业生产人员	1 764 522	1 703 233	12 400	7 260	7 599	1 463	2 776	29 790
生产、运输设备操作人员及有关人员	241 451	205 778	3 248	1 464	1 581	1 874	17 892	9 615
不便分类的其他从业人员	2 864	2 451	23	29	32	25	170	133

表11-11　全国按户主的职业、购建住房费用分的家庭户户数

单位：户

职　　业	合计	1万元以下	1—2万元	2—3万元	3—5万元
合　　计	**3 373 998**	**1 059 503**	**643 276**	**444 476**	**557 828**
国家机关、党群组织、企业、事业单位负责人	74 600	6 303	7 990	6 751	11 337
专业技术人员	240 405	41 078	36 620	29 964	43 290
办事人员和有关人员	136 134	12 134	17 151	14 460	24 307
商业、服务业人员	289 648	43 174	40 421	32 866	52 687
农、林、牧、渔、水利业生产人员	2 090 515	843 529	450 338	289 238	320 459
生产、运输设备操作人员及有关人员	534 905	111 435	89 351	70 200	104 376
不便分类的其他从业人员	7 791	1 851	1 403	997	1 372

表11-11　全国按户主的职业、购建住房费用分的家庭户户数(续 1)

单位：户

职　　业	5—10万元	10—20万元	20—30万元	30—50万元	50—70万元	70万元及以上
合　　计	**427 718**	**163 868**	**38 648**	**24 759**	**7 328**	**6 593**
国家机关、党群组织、企业、事业单位负责人	16 613	12 807	4 945	4 332	1 750	1 771
专业技术人员	48 381	24 124	7 702	6 078	1 896	1 272
办事人员和有关人员	35 055	20 305	5 988	4 489	1 333	911
商业、服务业人员	66 787	36 595	9 216	5 405	1 409	1 088
农、林、牧、渔、水利业生产人员	155 498	26 345	2 846	1 030	247	983
生产、运输设备操作人员及有关人员	104 009	43 095	7 827	3 372	685	555
不便分类的其他从业人员	1 374	596	125	52	8	13

注：购建住房费用分组不含上限，含下限。

表11-11a　全国按户主的职业、购建住房费用分的家庭户户数(城市)

单位：户

职　　业	合计	1万元以下	1—2万元	2—3万元	3—5万元
合　计	**718 757**	**100 773**	**102 825**	**83 972**	**126 132**
国家机关、党群组织、企业、事业单位负责人	40 598	1 602	3 172	2 898	5 400
专业技术人员	106 081	6 321	11 673	11 279	18 466
办事人员和有关人员	89 536	5 350	11 238	9 431	15 121
商业、服务业人员	125 737	13 015	16 308	12 909	20 270
农、林、牧、渔、水利业生产人员	147 657	43 156	26 808	21 270	27 639
生产、运输设备操作人员及有关人员	206 206	30 772	33 126	25 835	38 756
不便分类的其他从业人员	2 942	557	500	351	479

表11-11a　全国按户主的职业、购建住房费用分的家庭户户数(城市)(续 1)

单位：户

职　　业	5—10万元	10—20万元	20—30万元	30—50万元	50—70万元	70万元及以上
合　计	**155 298**	**90 470**	**27 524**	**20 496**	**6 305**	**4 963**
国家机关、党群组织、企业、事业单位负责人	8 848	8 181	3 728	3 650	1 521	1 599
专业技术人员	26 179	17 004	6 532	5 660	1 807	1 161
办事人员和有关人员	22 449	14 736	5 015	4 111	1 242	842
商业、服务业人员	30 283	20 625	6 193	4 159	1 162	812
农、林、牧、渔、水利业生产人员	20 822	6 414	932	353	52	212
生产、运输设备操作人员及有关人员	46 123	23 181	5 049	2 522	513	331
不便分类的其他从业人员	593	329	75	42	8	7

注：购建住房费用分组不含上限，含下限。

表11-11b　全国按户主的职业、购建住房费用分的家庭户户数(镇)

单位：户

职　　业	合计	1万元以下	1—2万元	2—3万元	3—5万元
合　计	**525 807**	**117 202**	**84 949**	**66 768**	**101 630**
国家机关、党群组织、企业、事业单位负责人	17 370	1 293	1 727	1 557	2 966
专业技术人员	52 624	6 411	6 628	6 527	11 156
办事人员和有关人员	33 511	3 222	3 734	3 368	6 879
商业、服务业人员	90 994	12 450	11 487	10 233	18 251
农、林、牧、渔、水利业生产人员	212 366	70 431	43 101	30 451	38 219
生产、运输设备操作人员及有关人员	116 628	22 912	17 832	14 348	23 769
不便分类的其他从业人员	2 315	484	439	284	390

表11-11b 全国按户主的职业、购建住房费用分的家庭户户数(镇)(续 1)

单位：户

职　　业	5—10万元	10—20万元	20—30万元	30—50万元	50—70万元	70万元及以上
合　计	**104 283**	**40 270**	**6 881**	**2 600**	**568**	**657**
国家机关、党群组织、企业、事业单位负责人	5 135	3 159	817	467	131	118
专业技术人员	14 904	5 581	939	342	66	71
办事人员和有关人员	10 446	4 682	779	281	67	53
商业、服务业人员	24 016	11 062	2 221	879	186	208
农、林、牧、渔、水利业生产人员	23 633	5 607	630	157	25	113
生产、运输设备操作人员及有关人员	25 661	9 986	1 466	467	93	93
不便分类的其他从业人员	489	192	29	6	1	1

注：购建住房费用分组不含上限，含下限。

表11-11c　全国按户主的职业、购建住房费用分的家庭户户数(乡村)

单位：户

职　　业	合计	1万元以下	1—2万元	2—3万元	3—5万元
合　计	**2 129 433**	**841 528**	**455 502**	**293 736**	**330 067**
国家机关、党群组织、企业、事业单位负责人	16 632	3 409	3 090	2 296	2 971
专业技术人员	81 700	28 346	18 320	12 158	13 668
办事人员和有关人员	13 087	3 561	2 179	1 661	2 307
商业、服务业人员	72 918	17 709	12 626	9 724	14 165
农、林、牧、渔、水利业生产人员	1 730 492	729 943	380 429	237 518	254 601
生产、运输设备操作人员及有关人员	212 071	57 751	38 394	30 017	41 851
不便分类的其他从业人员	2 535	810	463	362	504

表11-11c　全国按户主的职业、购建住房费用分的家庭户户数(乡村)(续1)

单位：户

职　　业	5—10万元	10—20万元	20—30万元	30—50万元	50—70万元	70万元及以上
合　计	**168 137**	**33 129**	**4 244**	**1 663**	**455**	**972**
国家机关、党群组织、企业、事业单位负责人	2 630	1 467	400	216	98	54
专业技术人员	7 298	1 540	230	76	23	40
办事人员和有关人员	2 160	887	194	97	24	16
商业、服务业人员	12 487	4 908	802	368	60	68
农、林、牧、渔、水利业生产人员	111 043	14 324	1 285	520	170	658
生产、运输设备操作人员及有关人员	32 226	9 928	1 312	382	79	131
不便分类的其他从业人员	292	75	20	4		4

注：购建住房费用分组不含上限，含下限。

表11-12 全国按户主的职业分的家庭户住房状况

职业	户数(户)	人数(人)	平均每户住房间数(间/户)	人均住房建筑面积(平方米/人)	人均住房间数(间/人)
总计	**3 859 874**	**12 777 803**	**3.11**	**27.74**	**0.94**
国家机关、党群组织、企业、事业单位负责人	90 725	281 554	3.14	35.40	1.01
专业技术人员	292 846	879 585	2.91	29.48	0.97
办事人员和有关人员	170 586	491 090	2.68	30.90	0.93
商业、服务业人员	441 492	1 335 802	2.67	27.98	0.88
农、林、牧、渔、水利业生产人员	2 142 034	7 499 942	3.36	27.10	0.96
生产、运输设备操作人员及有关人员	711 825	2 257 267	2.80	27.42	0.88
不便分类的其他从业人员	10 367	32 563	2.91	27.38	0.93

表11-12a 全国按户主的职业分的家庭户住房状况(城市)

职业	户数(户)	人数(人)	平均每户住房间数(间/户)	人均住房建筑面积(平方米/人)	人均住房间数(间/人)
总计	**982 191**	**2 921 559**	**2.58**	**27.95**	**0.87**
国家机关、党群组织、企业、事业单位负责人	50 982	151 014	2.80	34.81	0.95
专业技术人员	131 199	364 208	2.59	30.32	0.93
办事人员和有关人员	110 280	311 351	2.52	30.14	0.89
商业、服务业人员	221 892	624 672	2.28	25.66	0.81
农、林、牧、渔、水利业生产人员	154 172	546 025	3.38	30.61	0.95
生产、运输设备操作人员及有关人员	309 376	911 589	2.39	25.13	0.81
不便分类的其他从业人员	4 290	12 700	2.54	26.20	0.86

表11-12b　全国按户主的职业分的家庭户住房状况(镇)

职　　业	户　数(户)	人　数(人)	平均每户住房间数(间/户)	人均住房建筑面积(平方米/人)	人均住房间　数(间/人)
总　　计	**657 495**	**2 118 678**	**3.04**	**28.63**	**0.94**
国家机关、党群组织、企业、事业单位负责人	21 515	67 218	3.31	37.47	1.06
专业技术人员	71 859	209 137	2.89	30.60	0.99
办事人员和有关人员	44 362	128 304	2.87	32.42	0.99
商业、服务业人员	134 526	421 593	2.86	29.23	0.91
农、林、牧、渔、水利业生产人员	221 431	770 647	3.37	27.30	0.97
生产、运输设备操作人员及有关人员	160 604	511 856	2.81	27.27	0.88
不便分类的其他从业人员	3 197	9 923	2.83	27.23	0.91

表11-12c　全国按户主的职业分的家庭户住房状况(乡村)

职　　业	户　数(户)	人　数(人)	平均每户住房间数(间/户)	人均住房建筑面积(平方米/人)	人均住房间　数(间/人)
总　　计	**2 220 188**	**7 737 566**	**3.36**	**27.42**	**0.96**
国家机关、党群组织、企业、事业单位负责人	18 227	63 321	3.86	34.58	1.11
专业技术人员	89 788	306 240	3.39	27.71	1
办事人员和有关人员	15 944	51 435	3.26	31.73	1.01
商业、服务业人员	85 073	289 538	3.40	31.17	1
农、林、牧、渔、水利业生产人员	1 766 431	6 183 270	3.36	26.77	0.96
生产、运输设备操作人员及有关人员	241 845	833 822	3.32	30	0.96
不便分类的其他从业人员	2 880	9 941	3.53	29.03	1.02

表11-13 全国按户主职业、人均住房面积分的家庭户户数

单位：户

职业	合计	人均住房面积				
		无住房	8平方米及以下	9—12平方米	13—16平方米	17—19平方米
总计	**3 859 874**	**4 857**	**211 459**	**298 732**	**425 090**	**277 454**
国家机关、党群组织、企业、事业单位负责人	90 725	49	2 884	4 033	6 270	5 122
专业技术人员	292 846	429	9 278	16 422	25 897	20 841
办事人员和有关人员	170 586	297	6 675	8 731	13 480	12 031
商业、服务业人员	441 492	782	40 396	40 913	48 686	30 921
农、林、牧、渔、水利业生产人员	2 142 034	2 409	80 245	160 792	248 544	152 780
生产、运输设备操作人员及有关人员	711 825	859	71 125	66 838	80 954	54 986
不便分类的其他从业人员	10 367	32	856	1 003	1 258	773

表11-13 全国按户主职业、人均住房面积分的家庭户户数(续 1)

单位：户

职业	人均住房面积					
	20—29平方米	30—39平方米	40—49平方米	50—59平方米	60—69平方米	70平方米及以上
总计	**1 034 941**	**629 969**	**377 981**	**195 527**	**182 565**	**221 301**
国家机关、党群组织、企业、事业单位负责人	22 514	17 311	11 563	6 304	5 554	9 121
专业技术人员	84 361	56 643	32 527	15 782	13 419	17 248
办事人员和有关人员	48 685	33 293	20 047	9 382	7 392	10 574
商业、服务业人员	109 988	63 752	37 631	20 899	18 987	28 537
农、林、牧、渔、水利业生产人员	585 555	358 842	217 634	110 686	108 003	116 543
生产、运输设备操作人员及有关人员	181 341	98 589	57 708	31 971	28 780	38 673
不便分类的其他从业人员	2 498	1 539	871	503	430	605

表11-13a　全国按户主职业、人均住房面积分的家庭户户数(城市)

单位：户

职　　业	合计	人均住房面积				
		无住房	8平方米及以下	9—12平方米	13—16平方米	17—19平方米
总　计	**982 191**	**919**	**79 143**	**76 590**	**98 289**	**77 286**
国家机关、党群组织、企业、事业单位负责人	50 982	12	1 598	1 789	2 926	3 036
专业技术人员	131 199	72	3 314	4 904	8 773	10 058
办事人员和有关人员	110 280	134	4 047	4 825	8 197	8 584
商业、服务业人员	221 892	268	25 251	22 235	25 064	17 747
农、林、牧、渔、水利业生产人员	154 172	236	5 848	10 073	15 455	9 708
生产、运输设备操作人员及有关人员	309 376	188	38 644	32 310	37 356	27 821
不便分类的其他从业人员	4 290	9	441	454	518	331

表11-13a 全国按户主职业、人均住房面积分的家庭户户数(城市)(续 1)

单位：户

职　　业	人均住房面积					
	20—29平方米	30—39平方米	40—49平方米	50—59平方米	60—69平方米	70平方米及以上
总　计	**265 576**	**155 957**	**90 286**	**46 249**	**38 803**	**53 092**
国家机关、党群组织、企业、事业单位负责人	13 244	10 472	6 943	3 602	2 929	4 431
专业技术人员	41 008	27 482	15 622	7 133	5 579	7 254
办事人员和有关人员	33 301	22 267	13 093	5 722	4 274	5 836
商业、服务业人员	56 945	30 192	16 551	8 959	7 475	11 203
农、林、牧、渔、水利业生产人员	38 696	25 950	17 325	9 792	9 349	11 739
生产、运输设备操作人员及有关人员	81 338	38 936	20 431	10 864	9 068	12 421
不便分类的其他从业人员	1 043	659	322	176	130	208

表11-13b 全国按户主职业、人均住房面积分的家庭户户数(镇)

单位：户

职业	合计	人均住房面积				
		无住房平方米	8平方米及以下	9—12平方米	13—16平方米	17—19平方米
总计	**657 495**	**1 095**	**41 722**	**54 636**	**71 699**	**44 654**
国家机关、党群组织、企业、事业单位负责人	21 515	12	690	952	1 505	1 062
专业技术人员	71 859	146	2 836	4 701	6 464	4 556
办事人员和有关人员	44 362	108	1 706	2 706	3 727	2 595
商业、服务业人员	134 526	281	10 552	12 442	14 951	8 173
农、林、牧、渔、水利业生产人员	221 431	264	9 055	16 914	26 121	16 503
生产、运输设备操作人员及有关人员	160 604	277	16 640	16 595	18 503	11 530
不便分类的其他从业人员	3 197	7	243	326	429	235

表11-13b 全国按户主职业、人均住房面积分的家庭户户数(镇)(续 1)

单位：户

职业	人均住房面积					
	20—29平方米	30—39平方米	40—49平方米	50—59平方米	60—69平方米	70平方米及以上
总计	**168 240**	**105 262**	**63 742**	**33 694**	**30 878**	**41 873**
国家机关、党群组织、企业、事业单位负责人	4 952	4 008	2 837	1 521	1 431	2 545
专业技术人员	19 149	13 835	8 029	4 031	3 325	4 788
办事人员和有关人员	11 520	8 574	5 328	2 674	2 181	3 244
商业、服务业人员	32 581	19 980	12 414	6 889	6 540	9 723
农、林、牧、渔、水利业生产人员	60 387	36 462	21 441	11 206	10 598	12 481
生产、运输设备操作人员及有关人员	38 922	21 934	13 423	7 210	6 675	8 896
不便分类的其他从业人员	729	469	271	163	130	196

表11-13c　全国按户主职业、人均住房面积分的家庭户户数(乡村)

单位：户

职　　业	合计	人均住房面积				
		无住房	8平方米及以下	9—12平方米	13—16平方米	17—19平方米
总　计	**2 220 188**	**2 843**	**90 593**	**167 506**	**255 102**	**155 514**
国家机关、党群组织、企业、事业单位负责人	18 227	25	596	1 292	1 839	1 023
专业技术人员	89 788	211	3 127	6 817	10 660	6 227
办事人员和有关人员	15 944	55	922	1 200	1 557	852
商业、服务业人员	85 073	233	4 592	6 236	8 670	5 001
农、林、牧、渔、水利业生产人员	1 766 431	1 909	65 342	133 805	206 969	126 568
生产、运输设备操作人员及有关人员	241 845	394	15 841	17 932	25 096	15 636
不便分类的其他从业人员	2 880	16	172	223	312	207

表11-13c 全国按户主职业、人均住房面积分的家庭户户数(乡村)(续 1)

单位：户

职　　业	人均住房面积					
	20—29平方米	30—39平方米	40—49平方米	50—59平方米	60—69平方米	70平方米及以上
总　计	**601 126**	**368 750**	**223 952**	**115 584**	**112 883**	**126 336**
国家机关、党群组织、企业、事业单位负责人	4 317	2 831	1 784	1 181	1 195	2 144
专业技术人员	24 205	15 327	8 876	4 617	4 515	5 206
办事人员和有关人员	3 864	2 451	1 626	986	937	1 494
商业、服务业人员	20 462	13 580	8 666	5 051	4 972	7 611
农、林、牧、渔、水利业生产人员	486 472	296 431	178 868	89 688	88 056	92 323
生产、运输设备操作人员及有关人员	61 081	37 719	23 854	13 897	13 038	17 356
不便分类的其他从业人员	725	411	278	164	171	201

表11-14　各地区按住房来源分的同时拥有厨房和厕所的家庭户户数

单位：户

地　区	合　计	自建住房	购买商品房	购买经济适用房	购买原公有住房	租赁公有住房	租赁商品住房	其　他
全　国	**3 694 663**	**2 534 988**	**338 303**	**137 001**	**402 034**	**88 342**	**120 330**	**73 666**
北　京	50 543	11 341	8 160	2 181	18 959	5 851	2 736	1 314
天　津	28 368	5 927	8 146	790	4 661	7 380	555	910
河　北	219 574	172 899	13 513	6 832	19 280	1 765	3 260	2 024
山　西	74 825	45 768	4 643	7 354	11 902	1 563	1 404	2 192
内蒙古	46 794	20 199	10 661	2 613	10 477	648	1 392	805
辽　宁	166 056	82 213	31 704	6 984	26 502	9 771	6 687	2 195
吉　林	84 682	46 351	12 162	7 353	11 621	2 943	2 317	1 935
黑龙江	118 719	56 963	21 689	9 670	20 674	2 916	3 917	2 890
上　海	58 211	12 935	19 477	591	15 044	4 862	4 759	543
江　苏	237 560	163 076	31 325	5 278	24 822	4 117	6 551	2 391
浙　江	149 179	103 284	19 414	1 162	11 598	1 829	8 521	3 371
安　徽	181 186	145 350	10 675	4 175	14 410	1 319	3 271	1 986
福　建	74 247	45 090	8 878	3 113	6 870	1 963	5 684	2 649
江　西	80 151	53 398	7 428	2 973	8 967	2 432	2 774	2 180
山　东	361 409	290 313	19 137	9 024	26 777	3 844	6 517	5 798
河　南	270 274	222 677	9 192	11 472	21 310	1 371	2 357	1 895
湖　北	157 140	109 019	8 638	5 494	22 271	4 803	3 253	3 664
湖　南	202 716	161 247	7 767	5 076	16 591	2 992	4 439	4 603
广　东	209 768	106 391	30 426	6 123	20 946	7 623	31 317	6 943
广　西	87 162	61 433	3 898	2 605	10 424	3 635	2 876	2 291
海　南	11 347	5 300	716	1 043	2 131	927	603	626
重　庆	109 030	78 082	11 003	3 982	6 655	2 167	2 993	4 147
四　川	309 072	248 630	16 752	6 110	19 545	4 333	5 962	7 739
贵　州	84 505	63 732	3 635	3 787	6 301	1 532	1 420	4 097
云　南	60 810	44 961	2 841	3 373	6 637	950	876	1 171
西　藏	2 354	2 154	25	49	37	18	21	51
陕　西	108 112	78 276	4 615	7 156	12 586	2 297	1 682	1 499
甘　肃	75 866	57 505	4 257	3 573	8 336	918	607	671
青　海	12 822	7 833	1 215	959	2 056	300	206	254
宁　夏	18 529	11 528	2 508	957	2 612	325	399	201
新　疆	43 650	21 113	3 800	5 151	11 032	946	974	633

表11-14a　各地区按住房来源分的同时拥有厨房和厕所的家庭户户数(城市)

单位：户

地　区	合　计	自建住房	购　买 商品房	购买经济 适 用 房	购 买 原 公有住房	租赁公有 住　房	租赁商品 住　房	其　他
全　国	**1 167 693**	**313 740**	**238 229**	**94 685**	**340 149**	**70 514**	**81 204**	**29 173**
北　京	39 812	3 312	6 348	2 150	18 681	5 797	2 400	1 123
天　津	21 431	606	7 282	443	4 418	7 339	459	884
河　北	50 332	13 504	8 955	4 969	18 356	1 610	2 098	840
山　西	27 868	5 508	2 780	5 923	10 730	1 352	812	763
内 蒙 古	22 338	1 027	8 464	1 959	8 960	516	1 088	324
辽　宁	77 764	9 124	22 626	5 229	24 777	9 610	4 975	1 423
吉　林	29 077	2 980	7 430	4 584	9 062	2 748	1 535	737
黑 龙 江	45 930	4 863	11 281	6 842	17 050	2 565	2 238	1 090
上　海	46 517	4 204	17 923	406	14 784	4 801	3 961	439
江　苏	84 585	25 192	24 245	4 032	21 799	3 459	4 336	1 522
浙　江	58 107	26 357	13 652	837	9 761	1 214	5 054	1 233
安　徽	32 654	9 880	6 188	2 959	10 419	651	1 881	676
福　建	29 553	9 441	5 939	1 907	5 949	1 383	3 808	1 125
江　西	18 861	4 762	3 498	1 378	6 324	1 400	935	564
山　东	101 384	48 326	14 509	5 321	23 190	2 838	4 311	2 889
河　南	59 040	18 385	7 119	10 089	19 748	964	1 673	1 062
湖　北	51 121	16 453	6 214	3 566	17 741	3 747	2 303	1 096
湖　南	45 412	19 001	4 755	3 566	12 635	1 758	2 656	1 041
广　东	119 061	37 206	25 773	4 396	17 853	5 700	23 748	4 385
广　西	20 401	5 122	2 665	1 090	7 715	1 780	1 460	568
海　南	6 927	2 004	630	834	1 778	749	549	382
重　庆	26 792	9 544	5 989	2 215	5 153	1 253	1 463	1 174
四　川	49 126	16 783	9 576	2 656	13 194	2 061	3 358	1 497
贵　州	13 973	2 503	2 393	2 489	4 386	924	768	509
云　南	16 806	6 250	1 763	1 995	5 170	629	579	419
西　藏	679	550	16	39	34	16	19	5
陕　西	30 239	7 656	2 734	5 684	10 773	1 731	1 164	498
甘　肃	14 248	1 129	2 665	2 239	6 707	722	425	361
青　海	3 748	344	611	623	1 603	244	150	174
宁　夏	5 934	717	1 820	760	1 960	301	306	71
新　疆	17 974	1 008	2 384	3 506	9 437	651	690	298

表11-14b 各地区按住房来源分的同时拥有厨房和厕所的家庭户户数(镇)

单位：户

地　区	合　计	自建住房	购　买 商品房	购买经济 适 用 房	购 买 原 公有住房	租赁公有 住　　房	租赁商品 住　　房	其　他
全　国	**625 233**	**394 478**	**81 450**	**33 615**	**53 923**	**15 611**	**29 780**	**16 375**
北　京	2 907	846	1 609	18	223	44	148	19
天　津	3 112	1 546	852	338	239	38	83	16
河　北	29 852	22 690	3 767	1 541	755	90	768	240
山　西	11 294	6 789	1 494	1 137	1 027	181	374	293
内 蒙 古	6 814	2 895	1 602	448	1 342	121	244	161
辽　宁	22 370	13 716	5 135	1 005	1 154	128	971	262
吉　林	14 645	6 665	3 046	1 648	2 205	170	597	315
黑 龙 江	20 383	6 604	7 104	1 669	2 675	284	1 153	895
上　海	5 161	2 788	1 454	128	248	46	454	43
江　苏	47 018	34 172	6 456	1 023	2 773	580	1 584	430
浙　江	27 933	17 661	4 892	307	1 553	487	2 254	779
安　徽	37 178	25 384	4 320	1 086	3 798	617	1 227	747
福　建	18 088	11 040	2 540	1 096	859	496	1 494	563
江　西	23 216	11 973	3 855	1 395	2 523	1 000	1 768	702
山　东	64 071	50 852	3 222	2 967	3 140	824	1 716	1 349
河　南	36 778	31 492	1 726	1 246	1 264	163	565	323
湖　北	24 816	14 916	1 705	1 259	3 850	950	835	1 299
湖　南	31 869	20 183	2 750	1 243	3 605	1 173	1 604	1 311
广　东	36 757	19 881	4 269	1 581	2 786	1 478	5 185	1 578
广　西	24 895	15 443	1 161	1 470	2 671	1 733	1 379	1 039
海　南	2 115	1 136	79	201	350	153	48	148
重　庆	21 776	11 172	4 647	1 611	1 283	874	1 384	804
四　川	46 765	25 847	6 373	2 905	5 655	2 168	2 292	1 524
贵　州	13 378	7 620	1 164	1 199	1 718	577	522	578
云　南	11 257	6 845	992	1 288	1 289	287	268	288
西　藏	413	377	7	7		1	1	20
陕　西	16 533	11 050	1 668	1 234	1 345	497	426	311
甘　肃	12 265	7 637	1 458	1 238	1 511	173	147	102
青　海	2 571	1 107	578	325	439	26	53	43
宁　夏	2 640	1 066	648	169	634	19	74	31
新　疆	6 363	3 085	878	834	1 010	234	161	161

表11-14c　各地区按住房来源分的同时拥有厨房和厕所的家庭户户数(乡村)

单位：户

地　区	合　计	自建住房	购　买 商品房	购买经济 适用房	购买原 公有住房	租赁公有 住　房	租赁商品 住　房	其　他
全　国	**1 901 736**	**1 826 770**	**18 624**	**8 701**	**7 962**	**2 217**	**9 346**	**28 118**
北　京	7 824	7 183	203	14	55	10	187	172
天　津	3 825	3 775	12	9	4	3	13	9
河　北	139 389	136 705	791	322	169	64	394	944
山　西	35 662	33 471	368	294	145	29	218	1 136
内蒙古	17 642	16 277	596	206	174	10	59	320
辽　宁	65 923	59 373	3 943	751	571	34	741	511
吉　林	40 960	36 706	1 686	1 121	354	25	186	883
黑龙江	52 406	45 496	3 305	1 159	949	67	526	905
上　海	6 533	5 943	100	57	12	16	344	61
江　苏	105 957	103 713	624	223	251	78	631	439
浙　江	63 139	59 266	871	17	284	129	1 214	1 359
安　徽	111 354	110 087	168	130	193	52	163	562
福　建	26 605	24 609	398	110	62	83	381	961
江　西	38 074	36 663	75	201	120	32	70	913
山　东	195 955	191 135	1 406	735	446	182	490	1 560
河　南	174 455	172 800	347	137	298	244	119	510
湖　北	81 203	77 649	719	668	679	106	115	1 268
湖　南	125 435	122 063	262	266	351	61	180	2 251
广　东	53 950	49 304	383	146	307	445	2 385	980
广　西	41 866	40 868	72	45	38	122	37	684
海　南	2 304	2 160	7	8	3	25	5	96
重　庆	60 462	57 365	367	156	219	39	147	2 169
四　川	213 181	206 000	803	549	696	104	312	4 717
贵　州	57 154	53 609	78	99	196	31	129	3 010
云　南	32 747	31 866	85	90	178	34	30	464
西　藏	1 262	1 227	2	2	3		1	26
陕　西	61 341	59 570	213	237	468	70	92	690
甘　肃	49 352	48 739	134	96	117	23	34	208
青　海	6 504	6 381	27	12	15	30	3	37
宁　夏	9 955	9 745	40	28	19	5	20	99
新　疆	19 314	17 021	539	812	585	61	123	174

表11-15　全国按家庭月收入、住房来源分的家庭户户数

单位：户

本户月收入	合　计	自建住房	购　买 商品房	购买经济 适 用 房	购 买 原 公有住房	租赁公有 住　　房	租赁商品 住　　房	其　他
合　　计	**5 277 716**	**3 644 340**	**367 737**	**152 584**	**461 939**	**172 499**	**301 799**	**176 818**
1000元及以下	3 356 560	2 605 413	136 907	68 117	228 269	92 104	112 355	113 395
1001-2000元	1 374 100	807 687	126 715	54 802	141 571	57 010	137 287	49 028
2001-3000元	334 764	157 979	50 839	18 910	51 528	14 043	31 902	9 563
3001-4000元	111 959	43 913	22 839	6 225	21 545	4 952	9 813	2 672
4001-6000元	66 060	21 174	17 633	3 035	13 055	3 038	6 684	1 440
6001-8000元	17 732	4 235	6 111	736	3 586	777	1 889	399
8001-10000元	8 345	1 877	3 234	334	1 368	330	1 006	194
10001-15000元	5 782	1 439	2 399	281	817	175	581	90
15001-20000元	1 416	311	649	98	131	41	167	20
20001-25000元	425	124	177	27	35	12	42	7
25001-30000元	183	50	75	10	16	5	23	4
30001-40000元	173	56	77	5	11	7	14	2
40001-50000元	78	28	28	2	2	1	15	3
50001元及以上	140	54	53	3	4	3	21	2

表11-15a　全国按家庭月收入、住房来源分的家庭户户数(城市)

单位：户

本户月收入	合　计	自建住房	购　买 商品房	购买经济 适 用 房	购 买 原 公有住房	租赁公有 住　　房	租赁商品 住　　房	其　他
合　　计	**1 528 460**	**435 343**	**249 738**	**99 653**	**372 713**	**124 285**	**186 691**	**60 038**
1000元及以下	694 659	236 470	80 542	40 966	177 233	65 723	61 753	31 972
1001-2000元	519 883	139 544	83 858	36 199	113 809	39 818	86 583	20 071
2001-3000元	172 363	38 033	38 650	13 666	44 080	10 729	22 423	4 782
3001-4000元	69 124	12 250	19 078	4 968	19 573	4 156	7 413	1 686
4001-6000元	46 167	6 542	15 666	2 609	12 268	2 657	5 409	1 015
6001-8000元	13 754	1 387	5 701	671	3 464	700	1 548	281
8001-10000元	6 438	523	3 023	304	1 312	293	843	140
10001-15000元	4 354	398	2 254	214	787	157	480	66
15001-20000元	1 055	100	609	37	125	31	140	14
20001-25000元	280	30	157	9	34	9	38	3
25001-30000元	118	12	67	3	14	4	17	2
30001-40000元	112	16	67	3	9	3	13	1
40001-50000元	56	14	25		2	1	12	2
50001元及以上	98	24	42	3	4	3	19	2

表11-15b　全国按家庭月收入、住房来源分的家庭户户数(镇)

单位：户

本户月收入	合　计	自建住房	购　买 商品房	购买经济 适 用 房	购 买 原 公有住房	租赁公有 住　　房	租赁商品 住　　房	其　他
合　　计	**911 045**	**536 163**	**93 753**	**39 685**	**73 055**	**40 606**	**81 116**	**46 667**
1000元及以下	521 422	333 880	40 643	17 920	39 979	22 702	38 064	28 233
1001-2000元	289 751	151 627	36 106	15 320	23 803	14 080	33 917	14 897
2001-3000元	67 997	33 980	10 986	4 734	6 686	2 751	6 171	2 689
3001-4000元	18 940	9 835	3 455	1 114	1 729	671	1 601	535
4001-6000元	9 065	4 850	1 795	364	661	290	897	208
6001-8000元	1 886	1 014	358	57	110	49	232	66
8001-10000元	941	483	192	28	52	31	128	27
10001-15000元	659	348	130	61	27	16	71	5
15001-20000元	207	74	36	61	3	8	21	5
20001-25000元	77	34	18	17	1	3	3	
25001-30000元	37	12	9	7	3	1	5	1
30001-40000元	31	14	9	1	1	3	2	
40001-50000元	12	5	3	2			2	
50001元及以上	20	7	11				1	

表11-15c　全国按家庭月收入、住房来源分的家庭户户数(乡村)

单位：户

本户月收入	合　计	自建住房	购　买 商品房	购买经济 适 用 房	购 买 原 公有住房	租赁公有 住　　房	租赁商品 住　　房	其　他
合　　计	**2 838 210**	**2 672 834**	**24 246**	**13 246**	**16 170**	**7 608**	**33 993**	**70 113**
1000元及以下	2 140 478	2 035 063	15 722	9 231	11 057	3 678	12 538	53 190
1001-2000元	564 466	516 515	6 751	3 283	3 959	3 112	16 787	14 059
2001-3000元	94 404	85 966	1 202	510	762	563	3 309	2 092
3001-4000元	23 895	21 828	306	143	244	125	799	451
4001-6000元	10 827	9 782	172	61	127	91	378	216
6001-8000元	2 093	1 834	51	8	11	28	109	51
8001-10000元	966	871	20	2	5	7	35	27
10001-15000元	769	693	15	7	4	2	30	19
15001-20000元	153	137	4		3	2	6	2
20001-25000元	67	60	2				1	4
25001-30000元	28	27						1
30001-40000元	30	26	1			2		1
40001-50000元	10	9					1	
50001元及以上	23	22						

第十二卷 人口

迁移和户口登记地

表12-1 全国按现住地、户口登记地分的

现住地	户口登记地				
	合计				
				省内	
	合计	男	女	小计	男
全国	**1 945 894**	**983 525**	**962 370**	**1 284 085**	**638 367**
北京	75 285	38 568	36 718	30 382	14 738
天津	28 075	14 134	13 941	12 472	6 128
河北	63 485	31 554	31 930	51 987	25 615
山西	37 431	18 669	18 763	31 997	15 829
内蒙古	57 961	29 780	28 180	48 672	24 730
辽宁	85 339	41 457	43 882	70 706	33 987
吉林	34 466	16 827	17 639	30 483	14 803
黑龙江	48 062	23 682	24 380	42 846	20 845
上海	93 546	47 711	45 836	32 247	15 714
江苏	144 242	71 882	72 360	88 270	43 477
浙江	142 667	74 669	67 998	60 680	30 496
安徽	53 222	27 249	25 973	48 670	25 034
福建	98 757	50 939	47 818	61 302	30 797
江西	39 027	19 761	19 266	35 721	18 074
山东	101 586	51 330	50 257	84 819	43 069
河南	46 278	24 181	22 097	42 611	22 052
湖北	61 315	30 814	30 501	55 305	27 552
湖南	58 256	29 772	28 484	54 045	27 470
广东	351 468	178 647	172 821	135 473	69 072
广西	39 064	18 968	20 095	34 216	16 271
海南	12 944	6 725	6 219	9 080	4 535
重庆	29 427	14 574	14 853	24 795	12 238
四川	75 586	36 316	39 270	68 982	33 116
贵州	31 883	15 760	16 124	26 850	12 881
云南	44 911	23 225	21 686	34 257	16 858
西藏	1 464	742	721	902	406
陕西	31 153	16 131	15 022	26 187	13 336
甘肃	16 278	8 311	7 968	14 144	7 112
青海	6 648	3 406	3 242	5 020	2 463
宁夏	7 444	3 691	3 754	5 913	2 855
新疆	28 624	14 049	14 575	15 052	6 812

户口登记地在外乡镇街道的人口

单位：人

省内				省外		
	其中市区内人户分离			小计	男	女
女	小计	男	女			
645 717	**384 910**	**188 079**	**196 832**	**661 810**	**345 158**	**316 652**
15 644	29 326	14 210	15 116	44 903	23 830	21 074
6 344	11 840	5 829	6 011	15 603	8 006	7 597
26 372	24 719	11 836	12 883	11 498	5 939	5 558
16 168	14 847	7 225	7 622	5 434	2 839	2 595
23 941	24 202	12 115	12 086	9 289	5 050	4 239
36 719	25 010	12 117	12 894	14 633	7 470	7 163
15 680	8 995	4 402	4 593	3 983	2 024	1 959
22 001	12 595	6 105	6 490	5 216	2 837	2 378
16 533	12 788	6 159	6 628	61 299	31 997	29 303
44 793	16 979	8 077	8 902	55 972	28 405	27 567
30 184	12 909	6 272	6 637	81 987	44 173	37 814
23 636	13 927	6 794	7 133	4 552	2 215	2 337
30 505	10 054	4 955	5 099	37 454	20 142	17 313
17 647	7 880	3 894	3 986	3 305	1 687	1 618
41 749	22 777	11 328	11 449	16 768	8 260	8 508
20 558	15 060	7 470	7 591	3 667	2 129	1 538
27 753	18 367	9 076	9 290	6 009	3 261	2 748
26 575	11 014	5 411	5 603	4 212	2 303	1 909
66 401	29 128	14 311	14 817	215 995	109 575	106 420
17 946	7 983	3 753	4 230	4 847	2 697	2 150
4 545	2 185	1 114	1 071	3 864	2 190	1 674
12 557	9 185	4 532	4 653	4 632	2 336	2 296
35 866	14 987	7 291	7 697	6 604	3 200	3 404
13 968	5 067	2 301	2 766	5 034	2 879	2 155
17 398	6 178	3 125	3 053	10 654	6 367	4 287
496	282	131	151	562	336	225
12 851	7 959	3 955	4 003	4 966	2 795	2 171
7 032	4 678	2 374	2 305	2 135	1 199	936
2 557	666	319	347	1 629	943	685
3 058	2 221	1 069	1 152	1 531	836	696
8 240	1 101	530	571	13 572	7 237	6 335

表12-2 户口登记地在外乡镇

年龄	合计			省内	
	合计	男	女	小计	男
总计	**1 945 894**	**983 525**	**962 370**	**1 284 085**	**638 367**
0-4	**71 745**	**39 010**	**32 735**	**50 827**	**27 410**
0	5 870	3 190	2 680	3 971	2 150
1	16 379	9 067	7 311	11 227	6 214
2	15 081	8 291	6 790	10 558	5 770
3	16 402	8 828	7 574	11 911	6 325
4	18 014	9 634	8 380	13 161	6 951
5-9	**85 244**	**46 439**	**38 805**	**64 434**	**34 629**
5	17 869	9 858	8 012	13 349	7 333
6	15 857	8 625	7 233	12 026	6 489
7	17 386	9 475	7 912	13 122	7 081
8	17 028	9 277	7 750	12 840	6 861
9	17 104	9 205	7 899	13 097	6 865
10-14	**85 724**	**46 151**	**39 573**	**67 935**	**36 300**
10	18 482	10 173	8 309	14 195	7 716
11	16 727	8 934	7 794	13 133	6 901
12	17 128	9 262	7 865	13 523	7 277
13	16 511	8 846	7 665	13 349	7 124
14	16 875	8 936	7 939	13 734	7 282
15-19	**183 366**	**85 638**	**97 727**	**108 890**	**52 474**
15	20 963	10 894	10 068	17 198	8 976
16	27 998	13 753	14 245	20 956	10 420
17	38 176	17 837	20 340	23 903	11 566
18	49 533	22 250	27 284	25 454	11 748
19	46 696	20 905	25 791	21 379	9 765
20-24	**247 713**	**110 368**	**137 345**	**127 516**	**53 419**
20	46 059	20 383	25 676	21 853	9 478
21	46 856	20 320	26 535	22 999	9 431
22	48 215	21 536	26 679	24 798	10 422
23	56 713	25 268	31 445	30 450	12 538
24	49 870	22 860	27 010	27 416	11 551
25-29	**247 597**	**117 143**	**130 453**	**140 809**	**61 793**
25	49 409	22 848	26 561	27 609	11 741
26	51 387	24 051	27 336	29 203	12 541
27	49 643	23 513	26 129	28 403	12 499
28	46 521	22 332	24 189	26 835	12 061
29	50 636	24 398	26 237	28 759	12 951
30-34	**263 557**	**133 553**	**130 004**	**154 545**	**74 915**
30	52 034	25 719	26 315	29 653	13 811
31	54 077	27 163	26 914	31 038	14 856
32	53 610	27 119	26 491	31 346	15 114
33	52 619	26 979	25 640	31 188	15 395
34	51 217	26 574	24 644	31 320	15 739

街道人口的年龄性别构成

单位：人

户口登记地						
省内				省外		
	其中市区内人户分离					
女	小计	男	女	小计	男	女
645 717	**384 910**	**188 079**	**196 832**	**661 810**	**345 158**	**316 652**
23 417	**14 721**	**7 824**	**6 897**	**20 918**	**11 600**	**9 318**
1 821	1 224	668	557	1 899	1 040	859
5 012	3 211	1 774	1 436	5 152	2 853	2 299
4 788	2 955	1 552	1 402	4 523	2 522	2 001
5 586	3 524	1 844	1 681	4 491	2 502	1 989
6 210	3 807	1 985	1 821	4 853	2 683	2 170
29 805	**18 864**	**9 973**	**8 891**	**20 810**	**11 810**	**9 000**
6 017	3 955	2 118	1 837	4 520	2 525	1 995
5 537	3 531	1 876	1 655	3 831	2 136	1 696
6 041	3 803	2 003	1 801	4 264	2 393	1 871
5 979	3 659	1 961	1 698	4 188	2 416	1 771
6 232	3 915	2 015	1 900	4 007	2 340	1 667
31 634	**20 472**	**10 801**	**9 671**	**17 789**	**9 850**	**7 939**
6 479	3 999	2 115	1 884	4 287	2 457	1 830
6 232	3 979	2 094	1 885	3 594	2 032	1 562
6 246	4 076	2 157	1 919	3 605	1 986	1 619
6 225	4 177	2 214	1 963	3 162	1 722	1 440
6 452	4 240	2 221	2 020	3 141	1 653	1 488
56 416	**27 713**	**13 710**	**14 003**	**74 476**	**33 165**	**41 311**
8 222	5 377	2 763	2 613	3 765	1 919	1 846
10 537	5 993	3 028	2 964	7 041	3 333	3 709
12 337	5 992	2 940	3 052	14 273	6 271	8 002
13 706	5 865	2 852	3 014	24 080	10 502	13 578
11 614	4 487	2 127	2 360	25 317	11 140	14 177
74 097	**29 233**	**12 746**	**16 488**	**120 197**	**56 949**	**63 248**
12 375	4 495	2 067	2 427	24 206	10 905	13 300
13 568	4 810	2 052	2 758	23 857	10 889	12 968
14 376	5 697	2 567	3 129	23 418	11 114	12 303
17 912	7 471	3 148	4 323	26 263	12 730	13 533
15 866	6 761	2 911	3 850	22 454	11 310	11 145
79 016	**37 930**	**16 174**	**21 756**	**106 788**	**55 350**	**51 438**
15 867	7 016	2 943	4 073	21 801	11 107	10 694
16 662	7 586	3 140	4 446	22 184	11 510	10 674
15 904	7 752	3 335	4 417	21 240	11 015	10 226
14 774	7 489	3 238	4 251	19 686	10 271	9 416
15 809	8 087	3 519	4 569	21 876	11 448	10 429
79 630	**45 181**	**21 092**	**24 089**	**109 012**	**58 638**	**50 374**
15 842	8 399	3 724	4 674	22 381	11 908	10 473
16 182	8 791	4 053	4 738	23 039	12 307	10 732
16 232	9 219	4 299	4 920	22 264	12 005	10 259
15 792	9 345	4 446	4 899	21 431	11 583	9 848
15 581	9 428	4 569	4 859	19 897	10 835	9 063

表12-2 户口登记地在外乡镇

年龄	合计				
	合计	男	女	省内	
				小计	男
35-39	**221 665**	**116 893**	**104 772**	**140 226**	**72 030**
35	53 099	27 870	25 229	32 959	16 872
36	45 770	24 093	21 678	28 817	14 751
37	48 774	25 600	23 174	30 891	15 806
38	35 880	18 962	16 918	22 880	11 730
39	38 142	20 369	17 773	24 679	12 871
40-44	**160 420**	**86 913**	**73 507**	**113 625**	**59 927**
40	38 852	20 979	17 873	26 189	13 841
41	35 875	19 285	16 589	25 028	13 043
42	41 071	22 424	18 646	29 542	15 677
43	28 996	15 821	13 175	20 842	11 078
44	15 626	8 403	7 223	12 023	6 288
45-49	**96 212**	**52 677**	**43 535**	**76 398**	**40 768**
45	19 278	10 550	8 728	15 193	8 145
46	16 124	8 885	7 239	12 824	6 864
47	20 279	11 332	8 947	16 049	8 716
48	21 731	11 933	9 798	17 317	9 224
49	18 800	9 977	8 824	15 016	7 819
50-54	**87 362**	**46 306**	**41 056**	**70 910**	**36 905**
50	20 072	10 829	9 243	16 158	8 513
51	19 236	10 209	9 027	15 616	8 118
52	17 155	8 999	8 156	13 798	7 103
53	16 761	8 844	7 917	13 670	7 125
54	14 138	7 424	6 714	11 668	6 045
55-59	**62 291**	**33 540**	**28 751**	**52 438**	**28 059**
55	14 594	7 849	6 744	12 136	6 473
56	13 876	7 442	6 434	11 642	6 180
57	11 632	6 240	5 392	9 789	5 206
58	11 687	6 254	5 433	9 923	5 315
59	10 502	5 755	4 748	8 947	4 886
60-64	**44 292**	**23 815**	**20 477**	**37 705**	**20 301**
60	10 420	5 571	4 849	8 745	4 671
61	9 233	4 965	4 268	7 905	4 280
62	8 593	4 778	3 815	7 347	4 107
63	8 148	4 328	3 820	6 950	3 694
64	7 899	4 174	3 725	6 758	3 549
65岁及以上	**88 707**	**45 079**	**43 629**	**77 827**	**39 438**

街道人口的年龄性别构成(续 1)

单位：人

户口登记地						
省内				省外		
	其中市区内人户分离			小计	男	女
女	小计	男	女			
68 196	**42 462**	**20 812**	**21 650**	**81 439**	**44 863**	**36 576**
16 087	10 000	4 879	5 121	20 140	10 998	9 142
14 066	8 781	4 319	4 462	16 954	9 342	7 612
15 085	9 451	4 596	4 856	17 883	9 794	8 089
11 150	6 765	3 306	3 459	13 000	7 232	5 768
11 808	7 465	3 712	3 752	13 463	7 498	5 964
53 697	**39 205**	**19 981**	**19 224**	**46 795**	**26 986**	**19 809**
12 348	8 273	4 204	4 069	12 663	7 138	5 525
11 985	8 624	4 325	4 299	10 846	6 242	4 605
13 865	10 674	5 487	5 187	11 529	6 747	4 782
9 764	7 142	3 688	3 453	8 154	4 743	3 411
5 736	4 492	2 276	2 216	3 603	2 116	1 487
35 631	**28 629**	**14 745**	**13 884**	**19 813**	**11 909**	**7 904**
7 048	5 797	3 038	2 760	4 085	2 405	1 680
5 960	4 892	2 474	2 418	3 300	2 021	1 279
7 333	5 956	3 104	2 851	4 230	2 616	1 614
8 092	6 404	3 291	3 113	4 414	2 709	1 705
7 198	5 580	2 839	2 741	3 784	2 158	1 626
34 006	**25 364**	**12 865**	**12 499**	**16 452**	**9 401**	**7 051**
7 645	5 911	3 027	2 884	3 914	2 316	1 598
7 498	5 803	2 937	2 867	3 620	2 091	1 528
6 695	4 944	2 513	2 431	3 357	1 896	1 461
6 545	4 678	2 381	2 298	3 092	1 719	1 373
5 623	4 028	2 007	2 020	2 469	1 379	1 090
24 379	**16 835**	**8 650**	**8 185**	**9 853**	**5 482**	**4 372**
5 663	3 988	2 078	1 910	2 457	1 376	1 081
5 463	3 789	1 936	1 853	2 234	1 263	971
4 584	3 045	1 559	1 486	1 842	1 034	808
4 609	3 187	1 620	1 567	1 764	940	824
4 061	2 826	1 458	1 369	1 555	869	687
17 404	**11 844**	**5 998**	**5 846**	**6 587**	**3 514**	**3 073**
4 074	2 668	1 306	1 362	1 675	900	775
3 626	2 447	1 222	1 226	1 327	685	643
3 240	2 271	1 225	1 046	1 246	671	575
3 256	2 229	1 170	1 059	1 198	634	564
3 209	2 229	1 076	1 153	1 141	625	516
38 390	**26 457**	**12 708**	**13 749**	**10 880**	**5 641**	**5 239**

表12-3 全国按现住地分的

现住地	合 计	北 京	天 津	河 北	山 西	内蒙古	辽 宁	吉 林	黑龙江	上 海
全　国	**661 810**	**1 971**	**1 387**	**18 541**	**5 137**	**8 816**	**6 461**	**10 842**	**20 942**	**1 853**
北　京	44 903		422	8 506	1 332	1 568	1 474	1 325	2 485	109
天　津	15 603	143		3 636	281	487	318	487	1 757	38
河　北	11 498	753	433		474	1 195	474	481	1 802	15
山　西	5 434	38	18	821		1 011	51	42	72	4
内蒙古	9 289	36	26	815	999		410	361	579	3
辽　宁	14 633	49	21	503	61	1 564		2 649	5 190	28
吉　林	3 983	27	25	160	17	335	566		1 357	5
黑龙江	5 216	19	11	160	36	874	489	1 526		11
上　海	61 299	132	81	411	188	148	358	383	656	
江　苏	55 972	95	36	358	116	183	230	270	485	726
浙　江	81 987	32	16	262	132	104	148	198	356	261
安　徽	4 552	23	5	79	64	45	45	74	90	113
福　建	37 454	26	9	57	68	34	62	91	116	29
江　西	3 305	14	1	41	4	13	21	14	22	38
山　东	16 768	80	70	783	220	595	706	2 009	4 262	25
河　南	3 667	26	8	254	252	20	50	46	99	8
湖　北	6 009	34	15	92	22	14	44	30	46	37
湖　南	4 212	20	13	67	25	16	29	17	41	9
广　东	215 995	207	84	652	374	246	604	617	1 108	186
广　西	4 847	21	30	67	12	6	40	13	45	5
海　南	3 864	14	7	29	9	20	45	37	109	9
重　庆	4 632	30	8	56	21	8	37	12	25	29
四　川	6 604	51	15	145	42	39	57	20	39	32
贵　州	5 034	22	2	41	15	4	20	7	18	11
云　南	10 654	22	2	84	37	21	34	38	46	23
西　藏	562	3		4		1	1		1	1
陕　西	4 966	26	11	137	183	81	48	30	47	17
甘　肃	2 135	10	6	86	29	36	36	16	16	12
青　海	1 629	5	3	29	30	18	8	7	13	2
宁　夏	1 531	6		49	25	78	18	9	11	3
新　疆	13 572	8	6	157	67	51	38	31	47	65

户口登记地在外省的人口

单位：人

户口登记地											
江　苏	浙　江	安　徽	福　建	江　西	山　东	河　南	湖　北	湖　南	广　东	广　西	海　南
23 606	**16 271**	**76 044**	**12 844**	**49 054**	**18 829**	**59 690**	**47 014**	**61 637**	**5 565**	**37 468**	**2 217**
1 733	1 233	4 089	650	907	3 258	5 728	2 109	939	485	192	45
400	230	855	131	103	3 175	1 391	526	138	68	32	25
190	440	514	144	115	548	1 177	284	208	49	66	13
128	232	254	84	43	189	884	201	80	37	18	2
127	319	262	80	98	204	546	112	42	24	39	3
388	267	408	169	133	1 129	910	228	71	74	15	4
104	73	189	43	18	446	237	140	16	16	2	3
92	100	231	114	114	820	194	174	34	21	9	7
12 135	3 939	18 514	1 665	3 586	1 985	3 946	2 371	1 312	477	238	52
	2 184	22 804	1 296	1 862	2 082	6 442	2 457	1 026	228	294	33
2 590		16 365	1 230	11 604	1 240	6 943	5 852	4 547	274	1 047	28
846	401		137	308	192	586	287	168	69	53	16
379	809	2 684		9 566	255	1 476	3 649	1 856	343	416	32
145	451	256	338		38	137	404	559	259	93	14
1 072	527	1 070	239	189		1 885	407	172	92	39	25
139	258	306	113	73	190		433	163	107	30	24
192	358	316	260	290	103	1 253		645	186	65	32
69	286	186	238	365	48	276	913		422	225	33
1 577	1 601	5 030	4 310	18 478	1 797	19 513	23 695	44 981		33 509	1 703
71	336	97	267	246	23	172	286	1 472	759		62
35	57	100	80	154	52	186	318	553	737	420	
58	123	98	99	94	78	74	268	189	91	34	8
113	303	138	158	152	99	217	295	298	236	84	24
75	319	105	229	119	51	146	185	818	103	192	4
149	690	199	399	283	97	293	430	937	239	314	11
4	10	5	1	2	2	12	11	13	1		
181	263	233	189	73	155	1 091	278	121	81	11	7
122	138	117	47	23	68	321	70	40	21	4	1
72	63	62	19	17	48	255	87	47	8	3	
30	64	49	19	5	68	202	37	14	11	2	
390	196	506	96	36	390	3 199	507	177	48	21	4

表12-3 全国按现住地分的户口登记地在外省的人口(续 1)

单位：人

现住地	户口登记地									
	重　庆	四　川	贵　州	云　南	西　藏	陕　西	甘　肃	青　海	宁　夏	新　疆
全　　国	**30 786**	**77 350**	**30 603**	**8 592**	**261**	**14 207**	**8 836**	**1 636**	**1 295**	**2 054**
北　　京	709	3 040	268	125	5	964	814	86	109	194
天　　津	136	524	53	23		235	266	41	39	64
河　　北	143	840	405	98	2	318	189	53	30	41
山　　西	80	484	109	120	2	362	38	9	11	10
内 蒙 古	159	283	11	28		2 246	1 042	13	412	9
辽　　宁	109	394	18	28	4	88	51	16	29	38
吉　　林	23	107	20	21		12	16	2		2
黑 龙 江	25	95	8	6		13	12	4	5	13
上　　海	1 601	4 578	945	277		510	436	63	60	251
江　　苏	1 399	6 294	2 325	1 071	5	928	352	131	50	211
浙　　江	4 544	11 168	9 583	2 183	4	901	232	45	33	67
安　　徽	92	261	219	211	6	93	39	11		19
福　　建	4 008	7 229	3 348	338		394	78	33	40	28
江　　西	83	154	127	31		25	5	12	5	3
山　　东	138	645	156	522	2	373	176	99	11	179
河　　南	194	246	89	38		230	69	103	28	71
湖　　北	909	594	153	62	2	136	34	20		64
湖　　南	182	234	269	106		67	24	7	1	21
广　　东	10 511	27 970	9 510	1 811	2	4 385	1 148	101	77	207
广　　西	104	228	291	117		31	19	9	3	17
海　　南	141	571	104	14		38	10	1	3	10
重　　庆		2 344	496	181	7	66	30	11	8	48
四　　川	1 959		421	889	153	209	158	45	8	204
贵　　州	730	1 538		214	2	25	16	2	3	16
云　　南	1 420	3 144	1 586		1	80	23	19	3	29
西　　藏	31	310	3	4		20	77	38		5
陕　　西	206	661	24	27	7		403	233	49	93
甘　　肃	38	217	4	10	17	242		213	52	121
青　　海	31	234	9	3	33	152	355		10	5
宁　　夏	30	75	5	1		316	377	13		14
新　　疆	1 049	2 889	42	33	5	750	2 346	202	216	

表12-4　全国按现住地、离开户口登记地时间分的户口在外乡镇街道的人口

单位：人

现住地	离开户口登记地时间							
	合计							
	合计	半年至一年	一年至二年	二年至三年	三年至四年	四年至五年	五年至六年	六年以上
全　国	**1 945 894**	**368 083**	**340 840**	**269 505**	**184 954**	**132 436**	**109 812**	**540 264**
北　京	75 285	12 379	11 845	10 073	7 478	5 668	5 161	22 681
天　津	28 075	4 669	5 004	5 308	2 926	2 011	1 591	6 566
河　北	63 485	10 609	9 593	7 464	6 486	4 816	3 748	20 768
山　西	37 431	6 161	5 471	4 273	3 083	2 454	1 969	14 020
内蒙古	57 961	7 839	11 200	8 103	6 143	4 116	3 215	17 346
辽　宁	85 339	12 887	12 000	10 979	8 590	6 287	5 196	29 399
吉　林	34 466	7 274	5 456	4 735	3 417	2 256	1 637	9 691
黑龙江	48 062	8 301	6 814	5 885	4 333	3 131	2 439	17 159
上　海	93 546	12 876	16 545	14 400	10 263	7 246	6 789	25 427
江　苏	144 242	27 807	26 804	20 938	14 329	10 022	8 329	36 013
浙　江	142 667	30 841	29 345	20 854	13 766	9 112	8 498	30 250
安　徽	53 222	11 450	8 425	7 003	4 450	3 447	2 545	15 902
福　建	98 757	19 669	17 153	13 088	8 864	6 744	5 729	27 511
江　西	39 027	8 386	6 272	5 062	3 323	2 593	1 761	11 630
山　东	101 586	20 970	16 640	13 165	9 266	6 893	5 003	29 650
河　南	46 278	8 639	7 560	6 468	3 575	2 702	2 272	15 062
湖　北	61 315	11 439	8 929	7 066	5 056	3 923	2 696	22 206
湖　南	58 256	15 739	10 105	7 296	4 857	3 349	2 413	14 496
广　东	351 468	68 174	71 114	54 496	34 436	23 720	21 140	78 388
广　西	39 064	7 749	7 033	5 006	3 361	2 382	1 717	11 816
海　南	12 944	1 970	2 090	1 734	1 290	927	744	4 190
重　庆	29 427	6 154	5 940	4 375	2 572	1 600	1 460	7 325
四　川	75 586	15 491	12 202	10 120	7 015	5 101	3 672	21 985
贵　州	31 883	6 268	4 581	3 852	3 120	2 133	1 998	9 932
云　南	44 911	7 301	7 301	6 098	4 224	3 060	2 920	14 008
西　藏	1 464	159	201	193	162	107	96	547
陕　西	31 153	6 205	5 935	4 099	2 606	1 958	1 518	8 833
甘　肃	16 278	3 349	2 757	2 118	1 729	1 146	749	4 432
青　海	6 648	1 275	1 097	840	638	513	480	1 805
宁　夏	7 444	1 546	1 296	945	703	641	472	1 842
新　疆	28 624	4 506	4 134	3 471	2 894	2 377	1 856	9 385

表12-4　全国按现住地、离开户口登记地时间分的户口在外乡镇街道的人口(续 1)

单位：人

现住地	离开户口登记地时间							
	省内							
	小计	半年至一年	一年至二年	二年至三年	三年至四年	四年至五年	五年至六年	六年以上
全　国	**1 284 085**	**225 353**	**206 100**	**172 822**	**122 687**	**90 532**	**68 337**	**398 254**
北　京	30 382	4 082	3 882	4 052	3 005	2 448	1 894	11 020
天　津	12 472	1 416	1 907	2 029	1 437	1 308	835	3 540
河　北	51 987	7 985	7 661	6 131	5 466	4 148	3 024	17 571
山　西	31 997	4 794	4 772	3 726	2 666	2 143	1 661	12 235
内蒙古	48 672	6 017	9 544	7 108	5 329	3 497	2 690	14 487
辽　宁	70 706	10 309	9 848	9 184	7 138	5 312	4 120	24 794
吉　林	30 483	6 361	4 730	4 274	3 086	2 004	1 414	8 614
黑龙江	42 846	7 528	6 202	5 329	3 917	2 844	2 123	14 903
上　海	32 247	3 907	4 752	5 203	3 873	3 113	2 215	9 184
江　苏	88 270	14 610	15 521	12 917	9 009	6 511	5 205	24 496
浙　江	60 680	10 225	10 002	7 888	6 081	4 399	3 444	18 641
安　徽	48 670	10 210	7 469	6 394	4 143	3 187	2 345	14 923
福　建	61 302	10 647	9 712	7 877	5 491	4 310	3 456	19 809
江　西	35 721	7 368	5 691	4 665	3 069	2 402	1 608	10 919
山　东	84 819	16 439	14 118	11 313	7 982	5 903	4 043	25 021
河　南	42 611	7 687	6 796	6 077	3 306	2 542	2 145	14 056
湖　北	55 305	10 105	8 092	6 384	4 551	3 601	2 407	20 165
湖　南	54 045	14 274	9 357	6 858	4 522	3 130	2 243	13 662
广　东	135 473	21 054	21 296	19 948	13 707	10 056	7 799	41 614
广　西	34 216	6 409	6 164	4 391	2 968	2 100	1 490	10 694
海　南	9 080	1 412	1 444	1 179	909	631	443	3 062
重　庆	24 795	5 189	5 105	3 787	2 183	1 332	1 185	6 014
四　川	68 982	14 022	11 003	9 268	6 442	4 611	3 288	20 348
贵　州	26 850	5 169	3 843	3 307	2 678	1 803	1 647	8 403
云　南	34 257	5 494	5 661	4 743	3 220	2 281	2 165	10 691
西　藏	902	58	91	102	109	55	44	443
陕　西	26 187	5 159	4 894	3 498	2 206	1 630	1 231	7 569
甘　肃	14 144	2 895	2 450	1 822	1 515	988	625	3 849
青　海	5 020	921	819	656	493	394	371	1 365
宁　夏	5 913	1 230	1 052	756	569	522	358	1 427
新　疆	15 052	2 378	2 224	1 955	1 618	1 323	817	4 737

表12-4　全国按现住地、离开户口登记地时间分的户口在外乡镇街道的人口(续 2)

单位：人

现住地	离开户口登记地时间							
	省外							
	小计	半年至一年	一年至二年	二年至三年	三年至四年	四年至五年	五年至六年	六年以上
全　国	**661 810**	**142 731**	**134 740**	**96 683**	**62 266**	**41 904**	**41 475**	**142 010**
北　京	44 903	8 298	7 964	6 021	4 474	3 220	3 266	11 660
天　津	15 603	3 253	3 097	3 279	1 489	703	756	3 027
河　北	11 498	2 625	1 932	1 333	1 019	668	724	3 196
山　西	5 434	1 367	699	548	417	310	308	1 784
内蒙古	9 289	1 822	1 656	995	814	619	524	2 859
辽　宁	14 633	2 578	2 152	1 795	1 452	975	1 076	4 605
吉　林	3 983	912	726	461	331	252	223	1 078
黑龙江	5 216	773	612	556	416	286	317	2 256
上　海	61 299	8 969	11 793	9 197	6 389	4 133	4 574	16 243
江　苏	55 972	13 197	11 283	8 021	5 319	3 510	3 123	11 518
浙　江	81 987	20 616	19 343	12 965	7 686	4 713	5 054	11 610
安　徽	4 552	1 240	957	609	308	259	200	979
福　建	37 454	9 022	7 441	5 210	3 373	2 434	2 273	7 701
江　西	3 305	1 018	581	397	255	190	153	712
山　东	16 768	4 531	2 522	1 851	1 284	990	960	4 629
河　南	3 667	952	764	391	268	159	127	1 006
湖　北	6 009	1 334	837	681	506	321	289	2 040
湖　南	4 212	1 466	748	438	335	220	170	835
广　东	215 995	47 120	49 818	34 548	20 730	13 664	13 341	36 774
广　西	4 847	1 339	868	616	392	282	227	1 122
海　南	3 864	558	646	555	381	296	301	1 128
重　庆	4 632	966	835	589	389	268	275	1 311
四　川	6 604	1 469	1 199	852	573	490	384	1 637
贵　州	5 034	1 099	738	545	442	330	350	1 529
云　南	10 654	1 807	1 640	1 355	1 003	780	754	3 316
西　藏	562	101	109	91	52	52	52	104
陕　西	4 966	1 045	1 041	601	401	328	286	1 264
甘　肃	2 135	454	307	296	213	158	124	583
青　海	1 629	354	278	184	145	119	109	440
宁　夏	1 531	316	244	189	134	119	114	415
新　疆	13 572	2 128	1 911	1 516	1 276	1 054	1 039	4 648

表12-5.1 全国按现住地、户口登记地、性别、迁移原因分的户口在外乡镇街道人口(省内)

单位：人

现住地	人口数			务工经商			工作调动		
	合计	男	女	小计	男	女	小计	男	女
全　国	**1 284 085**	**638 367**	**645 717**	**352 589**	**205 555**	**147 034**	**48 840**	**34 171**	**14 669**
北　京	30 382	14 738	15 644	1 984	1 135	849	1 234	771	462
天　津	12 472	6 128	6 344	836	451	385	181	120	61
河　北	51 987	25 615	26 372	9 746	5 865	3 881	1 791	1 287	504
山　西	31 997	15 829	16 168	5 104	3 563	1 541	1 412	1 064	347
内蒙古	48 672	24 730	23 941	12 666	8 528	4 137	1 782	1 232	550
辽　宁	70 706	33 987	36 719	10 969	6 362	4 607	1 860	1 295	564
吉　林	30 483	14 803	15 680	5 907	3 611	2 295	807	545	262
黑龙江	42 846	20 845	22 001	11 154	7 213	3 940	792	544	248
上　海	32 247	15 714	16 533	2 082	1 328	754	654	410	244
江　苏	88 270	43 477	44 793	31 795	17 566	14 228	2 348	1 581	767
浙　江	60 680	30 496	30 184	22 273	13 241	9 033	1 908	1 262	646
安　徽	48 670	25 034	23 636	12 236	7 373	4 862	2 923	2 389	535
福　建	61 302	30 797	30 505	24 245	13 553	10 692	1 718	1 258	461
江　西	35 721	18 074	17 647	8 142	4 728	3 414	2 453	1 805	648
山　东	84 819	43 069	41 749	24 034	13 492	10 542	4 453	3 164	1 288
河　南	42 611	22 052	20 558	7 841	4 782	3 058	2 357	1 607	750
湖　北	55 305	27 552	27 753	15 473	8 793	6 679	2 606	1 862	744
湖　南	54 045	27 470	26 575	18 045	10 347	7 698	2 513	1 677	836
广　东	135 473	69 072	66 401	57 810	32 899	24 911	2 603	1 796	806
广　西	34 216	16 271	17 946	10 633	5 982	4 651	1 476	1 061	416
海　南	9 080	4 535	4 545	2 712	1 441	1 271	478	328	150
重　庆	24 795	12 238	12 557	7 282	4 204	3 078	1 071	681	390
四　川	68 982	33 116	35 866	17 642	10 026	7 616	3 277	2 216	1 061
贵　州	26 850	12 881	13 968	6 635	3 901	2 735	979	719	260
云　南	34 257	16 858	17 398	10 466	6 119	4 347	1 472	953	519
西　藏	902	406	496	151	64	87	12	9	4
陕　西	26 187	13 336	12 851	6 901	4 258	2 643	1 374	938	436
甘　肃	14 144	7 112	7 032	3 047	1 912	1 135	844	647	198
青　海	5 020	2 463	2 557	789	498	291	271	200	70
宁　夏	5 913	2 855	3 058	1 312	756	557	226	160	65
新　疆	15 052	6 812	8 240	2 677	1 559	1 118	966	589	377

表12-5.1 全国按现住地、户口登记地、性别、迁移原因分的户口在外乡镇街道人口(省内)(续 1)

单位：人

现住地	分配录用			学习培训			拆迁搬家		
	小计	男	女	小计	男	女	小计	男	女
全国	**12 913**	**8 098**	**4 815**	**57 597**	**30 508**	**27 089**	**190 111**	**101 295**	**88 815**
北京	543	318	225	950	464	486	9 535	4 905	4 629
天津	170	107	63	543	250	292	4 767	2 516	2 252
河北	663	394	269	2 073	1 016	1 057	8 191	4 273	3 918
山西	317	209	108	1 577	802	775	3 808	2 123	1 686
内蒙古	405	239	167	2 560	1 501	1 059	7 139	3 761	3 378
辽宁	433	280	153	1 850	1 000	850	19 974	10 636	9 338
吉林	111	64	47	996	575	421	6 163	3 380	2 783
黑龙江	166	111	55	1 342	755	588	5 410	2 874	2 536
上海	184	113	71	451	219	232	14 770	7 544	7 225
江苏	853	553	301	4 176	2 128	2 047	13 354	6 935	6 420
浙江	581	327	253	2 768	1 674	1 094	9 130	4 905	4 225
安徽	763	631	132	3 018	1 611	1 408	5 879	3 128	2 751
福建	578	327	252	2 593	1 468	1 125	8 424	4 538	3 886
江西	494	310	184	1 935	889	1 047	3 952	2 204	1 748
山东	1 701	1 157	544	3 178	1 173	2 005	7 596	4 187	3 410
河南	381	230	151	1 607	1 050	556	7 478	3 974	3 504
湖北	455	296	158	2 895	1 670	1 225	6 804	3 667	3 137
湖南	501	318	182	3 884	1 991	1 893	4 310	2 310	2 001
广东	533	311	221	7 158	3 918	3 240	17 215	9 398	7 817
广西	423	248	176	1 578	897	681	2 854	1 617	1 236
海南	173	92	81	502	383	119	796	479	317
重庆	151	80	71	882	476	406	3 328	1 725	1 603
四川	445	241	204	1 649	984	665	4 682	2 486	2 196
贵州	395	272	123	1 883	1 059	824	2 968	1 534	1 434
云南	340	192	147	1 988	683	1 304	3 469	1 860	1 609
西藏	3	1	1	106	51	55	110	54	56
陕西	418	243	175	1 466	813	653	2 115	1 104	1 011
甘肃	332	209	124	789	402	387	2 114	1 137	977
青海	119	69	50	439	205	234	856	452	405
宁夏	52	30	23	245	156	89	860	461	398
新疆	228	124	104	517	243	274	2 059	1 131	928

表12-5.1 全国按现住地、户口登记地、性别、迁移原因分的户口在外乡镇街道人口(省内)(续 2)

单位：人

现住地	婚姻嫁娶			随迁家属			投亲靠友		
	小计	男	女	小计	男	女	小计	男	女
全　国	**138 037**	**29 983**	**108 054**	**223 128**	**95 872**	**127 256**	**120 221**	**56 280**	**63 941**
北　京	3 923	1 144	2 779	3 335	1 536	1 799	3 702	1 714	1 988
天　津	1 324	370	954	1 456	667	789	816	396	420
河　北	7 098	1 431	5 667	8 727	3 543	5 184	4 058	1 998	2 060
山　西	4 145	612	3 533	8 503	3 371	5 132	1 772	909	863
内蒙古	4 202	972	3 229	11 804	4 147	7 657	2 917	1 492	1 425
辽　宁	9 332	2 243	7 089	11 545	4 684	6 860	8 430	4 152	4 277
吉　林	3 450	703	2 747	6 137	2 359	3 779	3 330	1 689	1 641
黑龙江	4 478	845	3 633	9 845	3 611	6 234	5 253	2 665	2 589
上　海	3 541	1 103	2 438	3 942	1 757	2 185	3 519	1 627	1 892
江　苏	9 728	2 111	7 617	8 790	4 144	4 646	7 411	3 348	4 063
浙　江	5 843	1 169	4 674	10 968	4 577	6 391	4 554	1 979	2 575
安　徽	4 624	1 069	3 555	9 733	4 212	5 521	4 378	1 989	2 389
福　建	3 914	499	3 415	9 438	4 019	5 419	4 166	1 872	2 294
江　西	3 238	436	2 802	7 071	3 233	3 838	3 347	1 598	1 749
山　东	8 876	2 010	6 866	14 714	6 497	8 216	6 512	3 187	3 325
河　南	4 696	1 208	3 488	7 835	3 567	4 268	3 389	1 675	1 714
湖　北	5 868	1 192	4 676	10 664	4 812	5 852	4 323	1 959	2 363
湖　南	4 829	1 137	3 693	8 715	4 029	4 686	6 761	3 140	3 621
广　东	7 828	995	6 833	21 638	9 802	11 837	13 662	6 106	7 556
广　西	4 911	664	4 247	6 488	2 937	3 550	2 876	1 262	1 614
海　南	873	90	783	2 350	1 144	1 206	562	252	310
重　庆	2 961	1 028	1 934	4 444	1 982	2 462	3 008	1 284	1 724
四　川	12 618	3 690	8 928	9 438	4 271	5 167	11 299	5 263	6 036
贵　州	4 175	816	3 360	5 202	2 380	2 823	2 310	1 010	1 300
云　南	4 131	1 133	2 998	6 741	2 992	3 749	2 726	1 302	1 424
西　藏	69	28	42	266	118	148	71	27	44
陕　西	2 155	440	1 715	5 660	2 361	3 299	1 849	896	953
甘　肃	1 396	227	1 169	2 634	979	1 655	1 270	621	649
青　海	605	130	475	836	329	507	274	121	152
宁　夏	626	105	522	1 330	562	768	348	156	192
新　疆	2 579	384	2 195	2 878	1 250	1 628	1 327	589	738

表12-5.1 全国按现住地、户口登记地、性别、迁移原因分的户口在外乡镇街道人口(省内)(续 3)

单位：人

现住地	寄挂户口			出差			其他		
	小计	男	女	小计	男	女	小计	男	女
全国	**39 604**	**23 019**	**16 585**	**3 998**	**2 250**	**1 749**	**97 047**	**51 337**	**45 711**
北京	812	446	366	36	15	20	4 330	2 289	2 041
天津	459	247	212	25	14	10	1 896	991	905
河北	4 132	2 653	1 479	189	107	82	5 319	3 048	2 270
山西	1 257	757	500	193	130	62	3 909	2 289	1 619
内蒙古	435	256	178	241	126	116	4 521	2 476	2 045
辽宁	2 873	1 505	1 368	59	28	31	3 381	1 801	1 581
吉林	1 171	637	533	117	64	52	2 295	1 174	1 121
黑龙江	1 354	666	688	99	63	36	2 953	1 499	1 454
上海	1 658	880	777	22	15	7	1 424	716	707
江苏	3 716	2 182	1 534	185	107	78	5 914	2 821	3 092
浙江	661	366	294				1 995	997	998
安徽	1 032	528	504	8	6	2	4 075	2 097	1 978
福建	1 974	1 109	864	52	34	17	4 200	2 121	2 080
江西	1 430	886	543	162	89	72	3 497	1 895	1 602
山东	5 924	3 759	2 165	360	218	141	7 471	4 225	3 247
河南	829	464	365	258	149	109	5 942	3 347	2 595
湖北	1 941	1 112	828	278	120	158	3 999	2 067	1 932
湖南	499	306	193	281	181	100	3 706	2 033	1 673
广东	2 114	1 255	859	354	195	159	4 559	2 397	2 162
广西	408	248	160	118	65	53	2 451	1 289	1 162
海南	93	54	38	33	16	17	509	256	253
重庆	240	139	101	109	55	54	1 317	584	733
四川	1 290	667	623	301	147	155	6 341	3 126	3 215
贵州	350	203	147	93	54	39	1 858	934	924
云南	781	448	332	132	77	55	2 011	1 098	913
西藏	7	3	4	4	1	2	103	49	53
陕西	641	399	242	153	93	60	3 455	1 791	1 664
甘肃	332	217	115	46	28	18	1 340	734	606
青海	134	71	63	21	12	9	676	375	301
宁夏	392	211	180	25	12	13	497	246	251
新疆	668	341	327	48	28	20	1 106	574	532

表12-5.2 全国按现住地、户口登记地、性别、迁移原因分的户口在外乡镇街道人口(省外)

单位：人

现住地	人口数			务工经商			工作调动		
	合计	男	女	小计	男	女	小计	男	女
全国	**661 810**	**345 158**	**316 652**	**485 501**	**273 211**	**212 290**	**7 698**	**5 250**	**2 448**
北京	44 903	23 830	21 074	28 857	17 559	11 298	1 039	630	408
天津	15 603	8 006	7 597	9 729	5 470	4 259	277	182	95
河北	11 498	5 939	5 558	5 076	3 175	1 901	241	179	62
山西	5 434	2 839	2 595	2 387	1 760	627	88	69	19
内蒙古	9 289	5 050	4 239	4 312	3 005	1 307	283	230	53
辽宁	14 633	7 470	7 163	7 268	4 416	2 852	260	179	81
吉林	3 983	2 024	1 959	1 562	1 055	507	65	55	10
黑龙江	5 216	2 837	2 378	2 057	1 493	564	44	37	7
上海	61 299	31 997	29 303	44 855	25 733	19 123	604	373	231
江苏	55 972	28 405	27 567	41 872	23 034	18 838	425	276	149
浙江	81 987	44 173	37 814	67 607	38 480	29 126	523	364	159
安徽	4 552	2 215	2 337	2 036	1 361	675	198	168	31
福建	37 454	20 142	17 313	30 673	17 556	13 117	189	140	49
江西	3 305	1 687	1 618	1 695	1 079	616	53	36	17
山东	16 768	8 260	8 508	8 113	4 615	3 499	371	266	105
河南	3 667	2 129	1 538	1 522	1 038	484	101	75	26
湖北	6 009	3 261	2 748	2 814	1 841	973	176	142	34
湖南	4 212	2 303	1 909	2 282	1 448	833	113	91	23
广东	215 995	109 575	106 420	189 647	98 942	90 706	1 305	743	562
广西	4 847	2 697	2 150	2 676	1 724	952	172	142	30
海南	3 864	2 190	1 674	2 154	1 421	733	96	64	32
重庆	4 632	2 336	2 296	1 953	1 257	696	203	134	70
四川	6 604	3 200	3 404	2 297	1 400	898	241	175	66
贵州	5 034	2 879	2 155	2 745	1 811	933	83	76	7
云南	10 654	6 367	4 287	6 639	4 407	2 232	162	129	33
西藏	562	336	225	445	279	166			
陕西	4 966	2 795	2 171	2 560	1 634	926	115	88	27
甘肃	2 135	1 199	936	1 021	695	327	86	69	16
青海	1 629	943	685	920	630	290	34	26	8
宁夏	1 531	836	696	768	508	260	24	20	3
新疆	13 572	7 237	6 335	6 960	4 386	2 574	128	91	37

表12-5.2 全国按现住地、户口登记地、性别、迁移原因分的户口在外乡镇街道人口(省外)(续 1)

单位：人

现住地	分配录用			学习培训			拆迁搬家		
	小计	男	女	小计	男	女	小计	男	女
全　国	**1 422**	**894**	**528**	**9 539**	**5 026**	**4 513**	**3 600**	**1 878**	**1 722**
北　京	244	134	110	2 639	1 250	1 390	144	70	74
天　津	85	46	39	542	303	239	154	77	77
河　北	38	28	10	171	117	54	141	76	66
山　西	15	10	5	105	51	54	33	14	18
内蒙古	22	15	7	120	75	45	98	58	40
辽　宁	43	24	19	277	169	108	315	156	159
吉　林	8	5	3	240	67	173	139	74	65
黑龙江	8	7	1	69	43	26	128	67	62
上　海	182	107	74	1 023	489	534	440	212	228
江　苏	135	93	41	613	308	306	133	78	55
浙　江	68	48	20	345	200	145	94	51	43
安　徽	21	11	10	148	64	84	29	13	16
福　建	16	15	1	263	147	116	116	64	53
江　西	6	5	1	94	57	38	41	22	19
山　东	51	40	10	158	69	90	343	194	149
河　南	8	4	4	159	111	48	32	18	14
湖　北	14	12	1	250	126	125	174	87	87
湖　南	24	15	9	76	36	40	48	27	21
广　东	209	132	77	1 062	636	426	365	176	189
广　西	18	10	8	94	36	58	65	33	32
海　南	28	14	15	67	41	27	24	16	8
重　庆	22	11	10	169	101	69	76	39	38
四　川	17	12	5	155	99	56	104	56	49
贵　州	17	11	6	65	41	23	21	12	9
云　南	13	10	3	127	75	52	43	20	23
西　藏				13	9	5	4	1	3
陕　西	50	35	16	233	144	89	88	57	30
甘　肃	19	14	5	68	42	27	41	24	17
青　海	8	6	1	30	17	13	10	6	5
宁　夏	4	1	2	13	9	4	37	20	17
新　疆	31	18	13	149	97	52	117	62	55

表12-5.2 全国按现住地、户口登记地、性别、迁移原因分的户口在外乡镇街道人口(省外)(续2)

单位：人

现住地	婚姻嫁娶			随迁家属			投亲靠友		
	小计	男	女	小计	男	女	小计	男	女
全　国	**26 457**	**3 675**	**22 783**	**66 132**	**27 346**	**38 786**	**43 192**	**18 432**	**24 760**
北　京	1 788	265	1 523	3 406	1 264	2 142	5 563	2 048	3 515
天　津	691	89	602	2 282	962	1 320	935	415	520
河　北	1 207	176	1 031	2 150	875	1 276	1 276	589	686
山　西	676	74	602	1 348	447	901	290	134	156
内蒙古	646	115	530	2 486	825	1 661	661	346	315
辽　宁	1 156	234	922	2 769	1 064	1 706	2 305	1 089	1 216
吉　林	418	102	316	868	310	558	466	242	224
黑龙江	565	143	423	1 223	431	792	890	501	389
上　海	1 986	172	1 814	7 265	2 844	4 421	4 108	1 714	2 394
江　苏	3 142	251	2 892	4 338	1 945	2 393	3 474	1 465	2 009
浙　江	2 128	109	2 019	8 562	3 743	4 819	2 063	869	1 194
安　徽	794	81	714	699	246	453	461	187	274
福　建	1 026	78	948	3 166	1 287	1 880	1 230	527	703
江　西	435	54	380	386	163	223	332	150	182
山　东	1 525	130	1 395	2 454	1 074	1 380	2 393	1 155	1 238
河　南	294	62	232	647	315	333	476	248	228
湖　北	562	152	410	1 115	488	627	584	254	330
湖　南	417	76	341	450	193	257	482	240	242
广　东	2 121	102	2 019	8 856	3 815	5 041	9 361	3 587	5 774
广　西	381	72	309	803	376	427	418	182	236
海　南	149	27	122	924	406	518	239	106	133
重　庆	814	155	659	660	300	360	532	234	298
四　川	1 418	264	1 154	773	401	372	1 051	502	549
贵　州	492	181	311	913	404	509	423	186	237
云　南	455	274	181	2 187	962	1 225	698	291	407
西　藏	6	4	3	65	31	33	10	4	6
陕　西	266	61	205	876	378	498	364	164	200
甘　肃	184	32	152	350	141	209	198	87	111
青　海	104	33	71	306	122	184	98	42	56
宁　夏	98	25	73	380	151	229	111	51	60
新　疆	513	83	429	3 426	1 384	2 041	1 701	824	877

表12-5.2 全国按现住地、户口登记地、性别、迁移原因分的户口在外乡镇街道人口(省外)(续 3)

单位：人

现住地	寄挂户口			出差			其他		
	小计	男	女	小计	男	女	小计	男	女
全国	**2 374**	**1 380**	**993**	**2 371**	**1 410**	**962**	**13 524**	**6 656**	**6 869**
北京	51	27	24	159	97	62	1 014	486	527
天津	295	155	140	84	44	40	528	262	265
河北	617	399	218	74	49	25	507	277	230
山西	51	29	22	61	44	17	380	207	173
内蒙古	20	14	6	101	71	30	540	295	245
辽宁	31	20	11	44	34	10	164	85	79
吉林	36	17	19	19	14	5	162	84	77
黑龙江	49	25	25	20	11	9	161	81	81
上海	63	33	30	132	73	59	642	247	395
江苏	221	130	92	145	92	54	1 474	734	739
浙江	33	23	10				565	287	278
安徽	11	3	8	3	3		151	77	74
福建	34	23	12	34	21	13	706	285	421
江西	32	17	16	17	6	10	213	97	116
山东	271	163	108	150	87	63	939	468	471
河南	26	10	16	67	44	22	335	204	131
湖北	27	14	14	31	19	12	262	126	136
湖南	31	17	13	53	35	19	237	126	110
广东	185	97	88	829	447	382	2 055	897	1 158
广西	21	9	12	22	13	9	178	100	78
海南	5		5	16	11	5	161	84	77
重庆	28	18	10	21	12	8	154	76	78
四川	67	45	22	37	24	13	443	222	221
贵州	19	10	9	38	21	17	219	124	95
云南	29	15	14	66	49	16	236	135	101
西藏	1			2	1	1	17	8	9
陕西	27	18	10	42	27	15	344	188	157
甘肃	17	11	6	14	11	2	137	74	63
青海	7	4	3	12	9	4	100	50	50
宁夏	15	8	7	11	7	4	71	36	35
新疆	52	27	25	67	33	33	430	232	198

表12-6　全国按现住地、户口登记地类型分的迁移人口

单位：人

现住地	人口数				
	合计	乡	镇的居委会	镇的村委会	街道
全　国	**1 945 894**	**509 060**	**189 139**	**684 180**	**563 515**
全部	1 945 894	509 060	189 139	684 180	563 515
城镇	1 642 036	405 584	157 530	551 939	526 983
城市	1 269 291	287 500	101 926	394 914	484 951
镇	372 745	118 084	55 603	157 025	42 032
乡村	303 858	103 476	31 610	132 240	36 532
北　京	**75 285**	**14 106**	**5 139**	**20 637**	**35 403**
全部	75 285	14 106	5 139	20 637	35 403
城镇	69 811	12 758	4 734	17 468	34 850
城市	66 810	12 207	4 291	16 602	33 709
镇	3 001	551	443	866	1 141
乡村	5 475	1 348	405	3 169	552
天　津	**28 075**	**6 251**	**1 545**	**7 548**	**12 731**
全部	28 075	6 251	1 545	7 548	12 731
城镇	26 542	5 626	1 379	6 963	12 574
城市	22 816	4 436	1 163	5 680	11 538
镇	3 725	1 190	216	1 283	1 036
乡村	1 533	625	166	585	157
河　北	**63 485**	**17 506**	**4 808**	**15 168**	**26 003**
全部	63 485	17 506	4 808	15 168	26 003
城镇	49 055	11 974	3 093	10 797	23 192
城市	37 769	7 271	2 264	6 744	21 491
镇	11 286	4 703	829	4 053	1 701
乡村	14 429	5 532	1 715	4 372	2 810
山　西	**37 431**	**10 407**	**2 660**	**10 330**	**14 034**
全部	37 431	10 407	2 660	10 330	14 034
城镇	28 266	6 867	1 731	7 688	11 980
城市	21 025	3 602	1 047	5 189	11 187
镇	7 241	3 265	684	2 500	792
乡村	9 165	3 540	929	2 641	2 054
内蒙古	**57 961**	**20 134**	**4 963**	**13 333**	**19 532**
全部	57 961	20 134	4 963	13 333	19 532
城镇	50 124	15 908	4 224	11 268	18 724
城市	36 648	8 635	2 454	8 194	17 364
镇	13 476	7 272	1 770	3 074	1 360
乡村	7 836	4 226	738	2 064	808

表12-6 全国按现住地、户口登记地类型分的迁移人口(续 1)

单位：人

现住地	人口数				
	合计	乡	镇的居委会	镇的村委会	街道
辽　宁	**85 339**	**14 507**	**5 596**	**19 550**	**45 686**
全部	85 339	14 507	5 596	19 550	45 686
城镇	71 743	10 833	4 187	15 109	41 615
城市	61 962	8 177	3 086	11 690	39 009
镇	9 781	2 656	1 101	3 419	2 606
乡村	13 596	3 674	1 409	4 441	4 071
吉　林	**34 466**	**7 597**	**3 062**	**7 353**	**16 453**
全部	34 466	7 597	3 062	7 353	16 453
城镇	28 742	5 703	2 485	5 465	15 089
城市	23 101	4 547	1 533	3 542	13 479
镇	5 641	1 157	951	1 924	1 609
乡村	5 724	1 894	578	1 888	1 365
黑龙江	**48 062**	**12 026**	**4 677**	**14 358**	**17 000**
全部	48 062	12 026	4 677	14 358	17 000
城镇	39 529	8 926	4 025	10 867	15 711
城市	31 631	6 676	2 482	8 063	14 410
镇	7 898	2 250	1 543	2 805	1 300
乡村	8 532	3 100	652	3 490	1 290
上　海	**93 546**	**29 952**	**6 413**	**22 642**	**34 539**
全部	93 546	29 952	6 413	22 642	34 539
城镇	85 702	26 323	6 116	19 021	34 242
城市	78 737	23 313	5 447	16 424	33 553
镇	6 966	3 011	670	2 596	689
乡村	7 844	3 629	297	3 621	297
江　苏	**144 242**	**40 659**	**14 657**	**55 979**	**32 947**
全部	144 242	40 659	14 657	55 979	32 947
城镇	116 614	32 752	12 040	40 873	30 950
城市	90 208	24 392	8 460	28 319	29 037
镇	26 406	8 360	3 580	12 554	1 912
乡村	27 628	7 907	2 617	15 106	1 997
浙　江	**142 667**	**41 855**	**8 755**	**72 404**	**19 653**
全部	142 667	41 855	8 755	72 404	19 653
城镇	112 846	32 106	7 069	55 428	18 244
城市	83 669	22 608	5 102	39 271	16 688
镇	29 177	9 498	1 967	16 156	1 556
乡村	29 821	9 750	1 686	16 976	1 409

表12-6 全国按现住地、户口登记地类型分的迁移人口(续 2)

单位：人

现住地	人口数				
	合计	乡	镇的居委会	镇的村委会	街道
安徽	**53 222**	**11 179**	**6 219**	**15 932**	**19 891**
全部	53 222	11 179	6 219	15 932	19 891
城镇	46 367	9 303	5 365	13 231	18 468
城市	28 590	5 209	2 334	6 206	14 842
镇	17 777	4 094	3 031	7 026	3 626
乡村	6 855	1 876	854	2 701	1 424
福建	**98 757**	**22 568**	**9 376**	**50 747**	**16 066**
全部	98 757	22 568	9 376	50 747	16 066
城镇	81 273	18 110	7 775	40 412	14 976
城市	59 180	11 500	4 486	29 276	13 917
镇	22 093	6 609	3 289	11 135	1 059
乡村	17 484	4 458	1 600	10 336	1 089
江西	**39 027**	**9 888**	**8 036**	**9 465**	**11 638**
全部	39 027	9 888	8 036	9 465	11 638
城镇	31 847	7 395	6 373	7 639	10 440
城市	15 687	2 669	1 612	3 210	8 197
镇	16 159	4 726	4 761	4 430	2 243
乡村	7 180	2 493	1 664	1 825	1 198
山东	**101 586**	**12 794**	**8 363**	**42 346**	**38 084**
全部	101 586	12 794	8 363	42 346	38 084
城镇	88 318	10 939	6 625	36 033	34 722
城市	69 769	7 893	5 037	25 655	31 184
镇	18 549	3 045	1 588	10 378	3 538
乡村	13 268	1 855	1 738	6 313	3 362
河南	**46 278**	**14 764**	**3 865**	**6 081**	**21 568**
全部	46 278	14 764	3 865	6 081	21 568
城镇	40 512	12 645	2 788	5 020	20 058
城市	32 474	8 371	1 823	3 391	18 889
镇	8 038	4 274	966	1 629	1 169
乡村	5 766	2 119	1 077	1 060	1 510
湖北	**61 315**	**12 585**	**6 839**	**18 827**	**23 063**
全部	61 315	12 585	6 839	18 827	23 063
城镇	56 491	11 665	6 058	16 555	22 213
城市	48 276	10 354	4 228	13 042	20 651
镇	8 215	1 310	1 830	3 513	1 562
乡村	4 823	921	781	2 272	850

表12-6 全国按现住地、户口登记地类型分的迁移人口(续 3)

单位：人

现住地	人口数				
	合计	乡	镇的居委会	镇的村委会	街道
湖 南	**58 256**	**19 199**	**9 037**	**15 231**	**14 789**
全部	58 256	19 199	9 037	15 231	14 789
城镇	50 151	16 127	7 485	12 851	13 688
城市	34 561	10 922	4 246	6 927	12 465
镇	15 590	5 205	3 239	5 924	1 223
乡村	8 105	3 072	1 552	2 380	1 101
广 东	**351 468**	**95 286**	**32 762**	**166 886**	**56 533**
全部	351 468	95 286	32 762	166 886	56 533
城镇	304 744	80 329	29 503	141 056	53 856
城市	247 892	63 779	23 359	110 175	50 579
镇	56 852	16 550	6 144	30 881	3 277
乡村	46 724	14 957	3 259	25 830	2 678
广 西	**39 064**	**9 544**	**4 851**	**14 375**	**10 293**
全部	39 064	9 544	4 851	14 375	10 293
城镇	33 870	7 711	4 269	12 108	9 782
城市	20 467	3 730	1 979	6 657	8 101
镇	13 403	3 981	2 290	5 451	1 680
乡村	5 194	1 833	582	2 266	512
海 南	**12 944**	**1 970**	**2 224**	**5 498**	**3 253**
全部	12 944	1 970	2 224	5 498	3 253
城镇	11 966	1 877	2 103	4 958	3 029
城市	10 452	1 713	1 750	4 149	2 841
镇	1 514	164	353	809	188
乡村	978	93	120	540	224
重 庆	**29 427**	**5 054**	**4 359**	**10 992**	**9 021**
全部	29 427	5 054	4 359	10 992	9 021
城镇	25 748	4 265	3 832	9 039	8 613
城市	17 487	2 411	1 798	5 428	7 850
镇	8 261	1 854	2 034	3 610	762
乡村	3 679	790	527	1 954	408
四 川	**75 586**	**21 743**	**12 685**	**23 210**	**17 948**
全部	75 586	21 743	12 685	23 210	17 948
城镇	56 656	14 080	10 194	16 187	16 195
城市	35 024	7 742	3 912	9 223	14 147
镇	21 632	6 338	6 282	6 964	2 048
乡村	18 930	7 663	2 491	7 023	1 753

表12-6 全国按现住地、户口登记地类型分的迁移人口(续 4)

单位：人

现 住 地	人口数 合计	乡	镇的居委会	镇的村委会	街道
贵 州	**31 883**	**8 629**	**3 700**	**11 522**	**8 033**
全部	31 883	8 629	3 700	11 522	8 033
城镇	25 624	6 195	3 038	8 821	7 571
城市	16 495	3 633	1 449	4 779	6 634
镇	9 129	2 562	1 589	4 042	936
乡村	6 259	2 434	662	2 701	462
云 南	**44 911**	**14 717**	**4 777**	**14 030**	**11 387**
全部	44 911	14 717	4 777	14 030	11 387
城镇	37 526	11 153	3 989	11 462	10 921
城市	26 238	6 793	2 452	6 887	10 106
镇	11 288	4 360	1 537	4 575	816
乡村	7 384	3 564	788	2 567	465
西 藏	**1 464**	**413**	**151**	**557**	**343**
全部	1 464	413	151	557	343
城镇	1 289	295	144	512	339
城市	1 061	180	127	437	317
镇	228	115	16	75	21
乡村	175	119	8	45	4
陕 西	**31 153**	**9 288**	**3 230**	**8 585**	**10 051**
全部	31 153	9 288	3 230	8 585	10 051
城镇	26 807	7 871	2 563	7 089	9 283
城市	19 979	5 243	1 534	4 396	8 806
镇	6 828	2 628	1 029	2 693	478
乡村	4 347	1 417	667	1 495	767
甘 肃	**16 278**	**6 619**	**1 720**	**2 626**	**5 312**
全部	16 278	6 619	1 720	2 626	5 312
城镇	13 137	5 002	1 194	2 168	4 772
城市	8 571	2 674	549	1 227	4 121
镇	4 566	2 328	645	941	652
乡村	3 142	1 617	526	458	540
青 海	**6 648**	**2 198**	**815**	**1 501**	**2 134**
全部	6 648	2 198	815	1 501	2 134
城镇	5 717	1 661	656	1 379	2 022
城市	3 821	641	364	981	1 834
镇	1 896	1 020	291	397	187
乡村	931	537	159	122	113
宁 夏	**7 444**	**2 488**	**641**	**1 756**	**2 560**
全部	7 444	2 488	641	1 756	2 560
城镇	6 129	1 839	496	1 402	2 392
城市	4 515	996	352	978	2 190
镇	1 614	843	144	425	202
乡村	1 316	649	146	353	168
新 疆	**28 624**	**13 132**	**3 214**	**4 712**	**7 566**
全部	28 624	13 132	3 214	4 712	7 566
城镇	18 890	7 349	1 997	3 069	6 475
城市	14 375	5 183	1 208	2 173	5 812
镇	4 515	2 166	789	897	663
乡村	9 734	5 783	1 217	1 642	1 092

表12-6 全国按现住地、户口登记地类型分的迁移人口(续 5)

单位：人

现住地	省内					省外				
						北京				
	合计	乡	镇的居委会	镇的村委会	街道	合计	乡	镇的居委会	镇的村委会	街道
全国	**1 284 085**	**262 897**	**146 645**	**385 545**	**488 997**	**1 971**	**61**	**147**	**62**	**1 702**
全部	1 284 085	262 897	146 645	385 545	488 997	1 971	61	147	62	1 702
城镇	1 106 418	209 101	120 233	318 100	458 984	1 644	25	118	38	1 463
城市	840 804	131 478	71 874	212 760	424 693	1 498	20	98	24	1 356
镇	265 614	77 623	48 359	105 340	34 291	145	5	20	13	107
乡村	177 666	53 796	26 412	67 445	30 013	328	36	29	24	239
北京	**30 382**	**720**	**1 700**	**3 058**	**24 904**					
全部	30 382	720	1 700	3 058	24 904					
城镇	29 310	678	1 481	2 590	24 562					
城市	27 752	610	1 208	2 184	23 750					
镇	1 559	68	273	406	812					
乡村	1 072	42	220	468	342					
天津	**12 472**	**458**	**541**	**1 147**	**10 325**	**143**	**4**	**20**	**7**	**112**
全部	12 472	458	541	1 147	10 325	143	4	20	7	112
城镇	12 130	399	476	1 013	10 241	127	3	16	4	103
城市	10 722	278	362	686	9 396	119	3	14	4	98
镇	1 408	122	114	327	845	9		2		6
乡村	342	59	65	134	85	15	1	4	2	9
河北	**51 987**	**13 820**	**3 948**	**11 455**	**22 764**	**753**	**20**	**30**	**26**	**678**
全部	51 987	13 820	3 948	11 455	22 764	753	20	30	26	678
城镇	40 775	9 690	2 372	8 183	20 530	570	5	16	15	534
城市	31 310	5 617	1 669	4 830	19 193	512	3	13	3	492
镇	9 465	4 073	703	3 354	1 336	57	2	3	11	41
乡村	11 212	4 130	1 576	3 272	2 234	184	15	13	11	144
山西	**31 997**	**8 072**	**2 360**	**8 202**	**13 363**	**38**		**2**	**1**	**34**
全部	31 997	8 072	2 360	8 202	13 363	38		2	1	34
城镇	24 807	5 689	1 490	6 223	11 405	33		2	1	30
城市	18 232	2 724	847	3 978	10 684	25		2	1	23
镇	6 575	2 966	643	2 245	721	8			1	8
乡村	7 190	2 382	870	1 979	1 959	4				4
内蒙古	**48 672**	**15 917**	**4 340**	**10 087**	**18 328**	**36**	**2**	**4**		**30**
全部	48 672	15 917	4 340	10 087	18 328	36	2	4		30
城镇	42 447	12 695	3 674	8 393	17 685	31	1	3		27
城市	31 141	6 450	2 119	5 912	16 659	27	1	1		25
镇	11 306	6 245	1 555	2 481	1 026	4		2		2
乡村	6 224	3 222	665	1 694	643	5	1	1		3

表12-6　全国按现住地、户口登记地类型分的迁移人口(续 6)

单位：人

现住地	省内					省外				
						北京				
	合计	乡	镇的居委会	镇的村委会	街道	合计	乡	镇的居委会	镇的村委会	街道
辽　宁	**70 706**	**9 346**	**4 608**	**13 884**	**42 868**	**49**	**9**		**4**	**36**
全部	70 706	9 346	4 608	13 884	42 868	49	9		4	36
城镇	59 793	6 999	3 290	10 466	39 038	35	3			33
城市	51 974	5 220	2 306	7 774	36 674	35	3			33
镇	7 819	1 780	984	2 692	2 364					
乡村	10 913	2 346	1 318	3 418	3 831	14	6		4	4
吉　林	**30 483**	**6 246**	**2 673**	**5 903**	**15 662**	**27**	**2**	**5**	**2**	**19**
全部	30 483	6 246	2 673	5 903	15 662	27	2	5	2	19
城镇	25 461	4 624	2 136	4 313	14 389	21	1	5	1	15
城市	20 611	3 641	1 278	2 782	12 909	7		1		6
镇	4 850	983	858	1 530	1 480	14	1	4	1	8
乡村	5 022	1 622	537	1 591	1 273	6	1		1	5
黑龙江	**42 846**	**10 390**	**4 209**	**12 055**	**16 192**	**19**	**1**	**4**	**2**	**12**
全部	42 846	10 390	4 209	12 055	16 192	19	1	4	2	12
城镇	35 308	7 672	3 608	9 018	15 009	11		2	1	7
城市	28 292	5 608	2 241	6 583	13 860	8		1	1	6
镇	7 016	2 064	1 368	2 436	1 148	2		1		1
乡村	7 538	2 717	600	3 037	1 183	8	1	1	1	5
上　海	**32 247**	**864**	**2 095**	**2 561**	**26 727**	**132**		**4**	**3**	**124**
全部	32 247	864	2 095	2 561	26 727	132		4	3	124
城镇	31 636	843	1 957	2 273	26 563	131		4	3	123
城市	30 016	745	1 536	1 618	26 118	130		4	3	122
镇	1 619	98	421	655	446	1				1
乡村	611	22	139	288	163	1				1
江　苏	**88 270**	**16 557**	**12 104**	**30 185**	**29 424**	**95**		**9**	**2**	**85**
全部	88 270	16 557	12 104	30 185	29 424	95		9	2	85
城镇	76 031	14 410	9 901	23 773	27 947	93		9	2	83
城市	60 903	10 927	6 750	16 739	26 487	92		9	2	81
镇	15 129	3 483	3 151	7 035	1 460	2				2
乡村	12 238	2 147	2 203	6 411	1 477	2				2
浙　江	**60 680**	**12 296**	**5 675**	**25 845**	**16 863**	**32**	**1**	**6**		**25**
全部	60 680	12 296	5 675	25 845	16 863	32	1	6		25
城镇	51 976	10 192	4 651	21 265	15 868	25	1	4		19
城市	37 368	5 455	3 237	14 029	14 647	20		3		17
镇	14 608	4 737	1 414	7 237	1 221	4	1	1		1
乡村	8 704	2 105	1 024	4 580	995	7		1		6

表12-6　全国按现住地、户口登记地类型分的迁移人口(续 7)

单位：人

现住地	省内					省外				
						北京				
	合计	乡	镇的居委会	镇的村委会	街道	合计	乡	镇的居委会	镇的村委会	街道
安　徽	**48 670**	**9 765**	**5 731**	**14 288**	**18 886**	**23**		**2**		**21**
全部	48 670	9 765	5 731	14 288	18 886	23		2		21
城镇	43 086	8 462	4 967	12 027	17 630	23		2		21
城市	26 569	4 645	2 158	5 523	14 243	14				14
镇	16 517	3 817	2 809	6 504	3 387	8		2		6
乡村	5 584	1 303	763	2 261	1 256					
福　建	**61 302**	**10 608**	**7 746**	**28 698**	**14 250**	**26**				**26**
全部	61 302	10 608	7 746	28 698	14 250	26				26
城镇	52 897	9 037	6 339	24 019	13 502	25				25
城市	38 073	5 342	3 313	16 782	12 635	25				25
镇	14 824	3 694	3 026	7 237	867					
乡村	8 406	1 571	1 407	4 679	748	1				1
江　西	**35 721**	**8 771**	**7 668**	**8 255**	**11 027**	**14**		**1**		**13**
全部	35 721	8 771	7 668	8 255	11 027	14		1		13
城镇	29 381	6 621	6 084	6 759	9 916	14		1		13
城市	14 510	2 327	1 506	2 793	7 884	6		1		5
镇	14 871	4 294	4 578	3 966	2 032	8				8
乡村	6 340	2 150	1 583	1 495	1 111					
山　东	**84 819**	**9 356**	**7 071**	**34 667**	**33 725**	**80**	**2**	**1**		**77**
全部	84 819	9 356	7 071	34 667	33 725	80	2	1		77
城镇	74 789	8 224	5 556	30 105	30 904	59		1		58
城市	59 226	5 804	4 133	21 316	27 972	56		1		55
镇	15 563	2 420	1 422	8 789	2 932	3				3
乡村	10 030	1 132	1 516	4 561	2 821	21	2			19
河　南	**42 611**	**13 333**	**3 619**	**5 119**	**20 540**	**26**	**4**		**2**	**20**
全部	42 611	13 333	3 619	5 119	20 540	26	4		2	20
城镇	37 601	11 558	2 579	4 258	19 206	20			2	18
城市	30 101	7 476	1 663	2 772	18 189	20			2	18
镇	7 500	4 083	915	1 486	1 016					
乡村	5 010	1 774	1 040	861	1 335	6	4			2
湖　北	**55 305**	**10 578**	**6 389**	**16 483**	**21 855**	**34**	**1**	**5**	**5**	**22**
全部	55 305	10 578	6 389	16 483	21 855	34	1	5	5	22
城镇	51 171	9 870	5 641	14 600	21 061	32	1	5	5	21
城市	43 708	8 681	3 902	11 465	19 660	31	1	5	5	20
镇	7 463	1 188	1 739	3 134	1 401	1				1
乡村	4 134	709	749	1 883	794	1				1

表12-6 全国按现住地、户口登记地类型分的迁移人口(续 8)

单位：人

现住地	省内					省外				
						北京				
	合计	乡	镇的居委会	镇的村委会	街道	合计	乡	镇的居委会	镇的村委会	街道
湖　南	**54 045**	**17 446**	**8 550**	**14 001**	**14 048**	**20**	**3**	**4**	**3**	**11**
全部	54 045	17 446	8 550	14 001	14 048	20	3	4	3	11
城镇	46 828	14 752	7 104	11 935	13 037	15	1	4		9
城市	31 958	9 812	4 023	6 239	11 884	13	1	3		9
镇	14 870	4 940	3 082	5 696	1 153	1		1		
乡村	7 216	2 694	1 446	2 066	1 010	5	1		3	1
广　东	**135 473**	**16 028**	**18 558**	**61 906**	**38 981**	**207**	**4**	**22**	**2**	**179**
全部	135 473	16 028	18 558	61 906	38 981	207	4	22	2	179
城镇	124 781	14 151	17 102	55 773	37 755	204	4	20	2	177
城市	104 593	11 785	13 067	43 597	36 145	200	3	20	2	175
镇	20 188	2 366	4 035	12 177	1 610	4	1			3
乡村	10 692	1 877	1 456	6 132	1 226	3		1		1
广　西	**34 216**	**8 130**	**4 240**	**12 533**	**9 313**	**21**		**1**		**19**
全部	34 216	8 130	4 240	12 533	9 313	21		1		19
城镇	29 717	6 565	3 717	10 603	8 832	21		1		19
城市	17 891	3 027	1 679	5 696	7 488	17		1		15
镇	11 826	3 538	2 038	4 906	1 344	4				4
乡村	4 500	1 565	523	1 930	481					
海　南	**9 080**	**1 134**	**1 784**	**3 603**	**2 560**	**14**		**3**		**10**
全部	9 080	1 134	1 784	3 603	2 560	14		3		10
城镇	8 345	1 049	1 670	3 276	2 350	13		3		9
城市	7 105	918	1 351	2 636	2 199	13		3		9
镇	1 240	131	319	639	151					
乡村	735	85	114	327	209					
重　庆	**24 795**	**3 897**	**3 944**	**8 986**	**7 968**	**30**		**2**		**28**
全部	24 795	3 897	3 944	8 986	7 968	30		2		28
城镇	22 213	3 349	3 486	7 704	7 674	12				12
城市	14 722	1 657	1 598	4 432	7 034	10				10
镇	7 491	1 691	1 888	3 272	640	2				2
乡村	2 582	548	458	1 282	293	18		2		16
四　川	**68 982**	**19 917**	**11 916**	**21 066**	**16 084**	**51**	**3**	**8**	**2**	**37**
全部	68 982	19 917	11 916	21 066	16 084	51	3	8	2	37
城镇	52 162	13 042	9 591	14 920	14 609	32	2	3		27
城市	32 025	7 036	3 672	8 439	12 877	32	2	3		27
镇	20 138	6 006	5 920	6 481	1 731					
乡村	16 820	6 875	2 324	6 146	1 475	19	2	5	2	10

表12-6 全国按现住地、户口登记地类型分的迁移人口(续 9)

单位：人

现住地	省内					省外				
						北京				
	合计	乡	镇的居委会	镇的村委会	街道	合计	乡	镇的居委会	镇的村委会	街道
贵州	**26 850**	**7 151**	**3 219**	**9 189**	**7 291**	**22**	**1**			**21**
全部	26 850	7 151	3 219	9 189	7 291	22	1			21
城镇	21 627	5 075	2 658	6 966	6 929	20				20
城市	13 955	2 810	1 261	3 706	6 178	15				15
镇	7 672	2 265	1 396	3 260	751	6				6
乡村	5 222	2 076	561	2 223	362	2	1			1
云南	**34 257**	**10 893**	**3 864**	**9 400**	**10 100**	**22**		**9**		**14**
全部	34 257	10 893	3 864	9 400	10 100	22		9		14
城镇	28 067	7 817	3 177	7 325	9 747	21		9		12
城市	19 683	4 415	1 937	4 156	9 175	17		6		11
镇	8 383	3 402	1 240	3 170	572	4		3		
乡村	6 190	3 076	687	2 074	353	2				2
西藏	**902**	**247**	**86**	**320**	**249**	**3**		**1**		**2**
全部	902	247	86	320	249	3		1		2
城镇	745	143	79	277	246	3		1		2
城市	639	85	68	245	241	3		1		2
镇	106	58	11	31	5					
乡村	157	104	7	44	3					
陕西	**26 187**	**7 447**	**2 648**	**6 965**	**9 126**	**26**	**2**		**1**	**23**
全部	26 187	7 447	2 648	6 965	9 126	26	2		1	23
城镇	22 315	6 187	2 011	5 690	8 427	26	1		1	23
城市	15 997	3 700	1 060	3 235	8 003	25	1		1	22
镇	6 318	2 487	952	2 455	424	1				1
乡村	3 872	1 260	637	1 275	699	1	1			
甘肃	**14 144**	**5 582**	**1 544**	**2 170**	**4 848**	**10**	**1**	**4**		**5**
全部	14 144	5 582	1 544	2 170	4 848	10	1	4		5
城镇	11 354	4 180	1 041	1 790	4 344	8	1	4		3
城市	7 381	2 113	481	993	3 794	7	1	4		3
镇	3 973	2 067	560	797	549	1				1
乡村	2 789	1 402	503	380	504	2	1			2
青海	**5 020**	**1 596**	**705**	**874**	**1 844**	**5**				**5**
全部	5 020	1 596	705	874	1 844	5				5
城镇	4 198	1 127	551	772	1 747	5				5
城市	2 679	302	289	483	1 605	5				5
镇	1 519	825	263	289	142	1				
乡村	822	469	154	102	97					
宁夏	**5 913**	**1 745**	**578**	**1 282**	**2 308**	**6**				**6**
全部	5 913	1 745	578	1 282	2 308	6				6
城镇	4 834	1 270	434	980	2 149	6				6
城市	3 500	592	301	638	1 969	5				5
镇	1 333	678	133	343	180	1				1
乡村	1 080	475	144	302	159					
新疆	**15 052**	**4 588**	**2 533**	**1 358**	**6 574**	**8**				**8**
全部	15 052	4 588	2 533	1 358	6 574	8				8
城镇	10 634	2 732	1 409	812	5 682	8				8
城市	8 169	1 674	858	500	5 137	7				7
镇	2 465	1 058	551	312	544	1				1
乡村	4 418	1 856	1 123	547	892					

表12-6 全国按现住地、户口登记地类型分的迁移人口(续 10)

单位：人

现住地	省外									
	天津					河北				
	合计	乡	镇的居委会	镇的村委会	街道	合计	乡	镇的居委会	镇的村委会	街道
全国	**1 387**	**110**	**116**	**184**	**978**	**18 541**	**6 524**	**1 216**	**7 493**	**3 307**
全部	1 387	110	116	184	978	18 541	6 524	1 216	7 493	3 307
城镇	1 182	80	99	147	855	15 943	5 482	1 074	6 278	3 109
城市	1 015	69	90	124	732	14 358	4 847	965	5 624	2 921
镇	168	12	9	24	123	1 586	635	109	654	187
乡村	205	29	16	37	122	2 597	1 042	142	1 215	198
北京	**422**	**45**	**28**	**75**	**275**	**8 506**	**2 944**	**503**	**3 679**	**1 380**
全部	422	45	28	75	275	8 506	2 944	503	3 679	1 380
城镇	385	40	25	58	262	7 296	2 478	473	2 996	1 348
城市	370	38	25	56	251	6 931	2 320	450	2 848	1 313
镇	15	2		2	11	365	158	23	148	35
乡村	37	5	3	16	13	1 211	466	30	683	32
天津						**3 636**	**1 377**	**206**	**1 444**	**609**
全部						3 636	1 377	206	1 444	609
城镇						3 373	1 279	160	1 338	596
城市						2 878	1 041	141	1 131	565
镇						495	238	19	207	31
乡村						263	97	47	106	13
河北	**433**	**34**	**30**	**64**	**305**					
全部	433	34	30	64	305					
城镇	305	15	20	51	220					
城市	240	10	18	36	176					
镇	66	5	2	15	44					
乡村	128	20	10	13	85					
山西	**18**	**1**	**1**	**2**	**16**	**821**	**353**	**48**	**325**	**94**
全部	18	1	1	2	16	821	353	48	325	94
城镇	15		1	1	14	499	159	43	224	73
城市	10		1	1	9	421	130	31	191	69
镇	5				5	77	29	12	33	3
乡村	3	1		1	2	323	194	6	101	21
内蒙古	**26**	**1**	**3**	**4**	**18**	**815**	**342**	**58**	**303**	**112**
全部	26	1	3	4	18	815	342	58	303	112
城镇	25	1	3	2	18	692	272	58	261	102
城市	20	1	2	2	14	582	208	51	231	92
镇	5		1		4	111	64	7	30	10
乡村	1			1		122	70	1	42	10

表12-6 全国按现住地、户口登记地类型分的迁移人口(续 11)

单位：人

现住地	省外									
	天津					河北				
	合计	乡	镇的居委会	镇的村委会	街道	合计	乡	镇的居委会	镇的村委会	街道
辽宁	**21**		**3**	**4**	**15**	**503**	**164**	**19**	**222**	**99**
全部	21		3	4	15	503	164	19	222	99
城镇	19		3	4	13	423	128	15	194	86
城市	16		3	4	10	377	100	13	181	83
镇	3				3	46	28	3	13	4
乡村	3				3	80	36	4	28	13
吉林	**25**	**5**	**2**	**1**	**18**	**160**	**44**	**14**	**61**	**41**
全部	25	5	2	1	18	160	44	14	61	41
城镇	22	5	2		15	145	39	14	53	39
城市	20	2	2		15	121	38	8	42	32
镇	2	2				24	1	5	11	7
乡村	3			1	2	15	5		8	2
黑龙江	**11**	**1**			**9**	**160**	**48**	**16**	**50**	**46**
全部	11	1			9	160	48	16	50	46
城镇	11	1			9	127	40	11	35	42
城市	7				7	105	33	7	32	34
镇	4	1			2	22	7	4	4	8
乡村						33	8	6	15	4
上海	**81**	**2**	**7**	**2**	**69**	**411**	**116**	**63**	**68**	**163**
全部	81	2	7	2	69	411	116	63	68	163
城镇	80	2	7	2	69	391	107	63	59	163
城市	77	2	7	1	66	377	103	61	54	160
镇	3			1	3	14	4	1	5	3
乡村	1				1	19	9	1	9	
江苏	**36**	**2**	**5**	**3**	**26**	**358**	**97**	**12**	**183**	**66**
全部	36	2	5	3	26	358	97	12	183	66
城镇	36	2	5	3	26	299	85	9	145	60
城市	35	2	5	3	24	271	79	9	131	52
镇	2				2	28	5		14	9
乡村						59	12	3	38	5
浙江	**16**		**3**	**1**	**12**	**262**	**87**	**17**	**107**	**51**
全部	16		3	1	12	262	87	17	107	51
城镇	14		1	1	12	217	80	14	87	36
城市	12				12	191	72	14	71	33
镇	3		1	1		26	7		16	3
乡村	1		1			45	7	3	20	14

表12-6 全国按现住地、户口登记地类型分的迁移人口(续 12)

单位：人

现住地	省外									
	天津					河北				
	合计	乡	镇的居委会	镇的村委会	街道	合计	乡	镇的居委会	镇的村委会	街道
安　徽	**5**				**5**	**79**	**50**	**8**	**6**	**14**
全部	5				5	79	50	8	6	14
城镇	5				5	72	48	8	5	11
城市	5				5	50	39		2	10
镇						23	10	8	3	2
乡村						6	2		2	3
福　建	**9**		**4**	**1**	**4**	**57**	**15**	**3**	**26**	**13**
全部	9		4	1	4	57	15	3	26	13
城镇	9		4	1	4	42	12	1	19	11
城市	9		4	1	4	37	12	1	13	11
镇						5			5	
乡村						15	3	1	8	3
江　西	**1**				**1**	**41**	**10**	**3**	**22**	**6**
全部	1				1	41	10	3	22	6
城镇	1				1	41	10	3	22	6
城市						16	6		5	4
镇	1				1	26	4	3	17	3
乡村										
山　东	**70**	**5**		**8**	**57**	**783**	**274**	**30**	**334**	**145**
全部	70	5		8	57	783	274	30	334	145
城镇	63	3		8	51	687	243	30	293	122
城市	46	2		7	38	579	212	30	238	99
镇	16	1		2	14	108	31		55	23
乡村	7	2			6	96	31		41	23
河　南	**8**	**2**			**6**	**254**	**109**	**20**	**52**	**73**
全部	8	2			6	254	109	20	52	73
城镇	8	2			6	198	81	12	42	62
城市	4	2			2	175	67	12	42	54
镇	4				4	22	14			8
乡村						56	28	8	10	10
湖　北	**15**	**1**	**2**		**11**	**92**	**12**	**14**	**31**	**35**
全部	15	1	2		11	92	12	14	31	35
城镇	12	1	2		9	90	12	14	30	34
城市	7	1	2		4	76	12	11	27	25
镇	5				5	14		2	2	9
乡村	2				2	2			1	1

表12−6 全国按现住地、户口登记地类型分的迁移人口(续 13)

单位：人

现住地	省外									
	天津					河北				
	合计	乡	镇的居委会	镇的村委会	街道	合计	乡	镇的居委会	镇的村委会	街道
湖南	**13**	**1**	**5**		**7**	**67**	**25**	**4**	**16**	**21**
全部	13	1	5		7	67	25	4	16	21
城镇	12	1	5		5	56	23	4	11	19
城市	12	1	5		5	55	23	4	11	17
镇						1				1
乡村	1				1	11	3		5	3
广东	**84**	**5**	**13**	**7**	**59**	**652**	**173**	**79**	**266**	**134**
全部	84	5	13	7	59	652	173	79	266	134
城镇	81	4	13	6	58	594	149	75	239	131
城市	78	4	11	5	57	517	136	68	193	120
镇	3		1		2	77	13	7	46	12
乡村	3	1		1	1	57	23	4	27	3
广西	**30**	**1**		**4**	**24**	**67**	**18**	**10**	**26**	**13**
全部	30	1		4	24	67	18	10	26	13
城镇	30	1		4	24	59	14	9	24	12
城市	5	1		3	1	54	14	9	22	9
镇	24			1	23	5			3	3
乡村						8	4	1	1	1
海南	**7**			**2**	**5**	**29**	**2**	**6**	**13**	**8**
全部	7			2	5	29	2	6	13	8
城镇	7			2	5	29	2	6	13	8
城市	7			2	5	28	2	6	12	8
镇						1			1	
乡村										
重庆	**8**		**2**		**7**	**56**	**2**	**8**	**25**	**21**
全部	8		2		7	56	2	8	25	21
城镇	7		2		5	32		5	12	15
城市	7		2		5	23			8	14
镇						9		5	4	1
乡村	2				2	24	2	4	13	6
四川	**15**		**3**	**2**	**10**	**145**	**13**	**22**	**62**	**47**
全部	15		3	2	10	145	13	22	62	47
城镇	12		2	2	8	84	10	5	35	34
城市	8				8	62	5	3	30	24
镇	3		2	2		22	5	2	5	10
乡村	3		2		2	61	3	17	27	13

表12-6　全国按现住地、户口登记地类型分的迁移人口(续 14)

单位：人

现住地	省外									
	天津					河北				
	合计	乡	镇的居委会	镇的村委会	街道	合计	乡	镇的居委会	镇的村委会	街道
贵州	**2**		**1**		**1**	**41**	**10**	**3**	**19**	**9**
全部	2		1		1	41	10	3	19	9
城镇	2		1		1	31	7	3	15	7
城市	1				1	19	6	1	7	6
镇	1		1			12	1	2	8	1
乡村						10	3		4	2
云南	**2**		**2**			**84**	**34**	**6**	**21**	**23**
全部	2		2			84	34	6	21	23
城镇	2		2			75	33	5	20	18
城市	1		1			72	31	5	18	18
镇	1		1			3	2		2	
乡村						9	1	1	2	5
西藏						**4**	**2**		**1**	**2**
全部						4	2		1	2
城镇						4	2		1	2
城市						4	1		1	2
镇										
乡村										
陕西	**11**	**1**	**1**	**3**	**6**	**137**	**52**	**20**	**37**	**28**
全部	11	1	1	3	6	137	52	20	37	28
城镇	7	1	1		5	111	50	16	25	20
城市	7	1	1		5	98	49	12	18	19
镇						14	1	3	8	1
乡村	4			3	1	26	1	5	12	8
甘肃	**6**			**1**	**5**	**86**	**41**	**7**	**19**	**20**
全部	6			1	5	86	41	7	19	20
城镇	5			1	5	78	34	7	19	18
城市	5			1	4	69	32	6	13	18
镇	1				1	8	2	1	6	
乡村	1				1	8	6			2
青海	**3**				**2**	**29**	**3**	**3**	**16**	**7**
全部	3				2	29	3	3	16	7
城镇	3				2	24	3	3	12	6
城市	3				2	22	3	3	10	6
镇						2			2	
乡村						5			4	
宁夏						**49**	**22**	**1**	**23**	**2**
全部						49	22	1	23	2
城镇						42	17	1	21	2
城市						39	16	1	19	2
镇						3	1		2	
乡村						7	5		2	
新疆	**6**	**2**		**1**	**4**	**157**	**87**	**10**	**34**	**26**
全部	6	2		1	4	157	87	10	34	26
城镇	3			1	2	130	67	9	28	26
城市	3			1	2	109	56	6	22	25
镇						20	10	4	6	1
乡村	4	2			2	28	20	1	6	

表12-6　全国按现住地、户口登记地类型分的迁移人口(续 15)

单位：人

现住地	省外									
	山西					内蒙古				
	合计	乡	镇的居委会	镇的村委会	街道	合计	乡	镇的居委会	镇的村委会	街道
全　国	**5 137**	**1 705**	**473**	**1 662**	**1 297**	**8 816**	**2 738**	**1 126**	**2 681**	**2 270**
全部	5 137	1 705	473	1 662	1 297	8 816	2 738	1 126	2 681	2 270
城镇	4 205	1 324	388	1 363	1 130	6 524	1 638	983	1 829	2 074
城市	3 680	1 162	336	1 172	1 010	4 987	1 117	776	1 344	1 750
镇	524	162	52	191	120	1 537	521	207	485	324
乡村	932	381	85	299	167	2 292	1 101	143	852	196
北　京	**1 332**	**343**	**121**	**479**	**390**	**1 568**	**340**	**232**	**397**	**599**
全部	1 332	343	121	479	390	1 568	340	232	397	599
城镇	1 198	302	114	397	386	1 396	255	222	331	587
城市	1 164	294	109	389	373	1 296	234	210	298	555
镇	34	8	5	8	13	100	22	12	33	33
乡村	134	41	7	82	4	172	85	10	66	12
天　津	**281**	**90**	**32**	**72**	**88**	**487**	**121**	**59**	**133**	**174**
全部	281	90	32	72	88	487	121	59	133	174
城镇	269	82	31	67	88	418	99	54	97	167
城市	239	71	30	61	76	308	59	48	68	134
镇	30	11	1	6	12	109	40	6	29	34
乡村	12	7		4		69	22	5	36	7
河　北	**474**	**187**	**26**	**135**	**126**	**1 195**	**391**	**131**	**361**	**312**
全部	474	187	26	135	126	1 195	391	131	361	312
城镇	284	110	18	85	71	712	182	100	177	253
城市	199	87	13	48	51	450	71	76	95	208
镇	85	23	5	38	20	263	112	25	82	44
乡村	190	77	8	49	56	483	208	31	184	59
山　西						**1 011**	**626**	**46**	**263**	**77**
全部						1 011	626	46	263	77
城镇						396	197	35	112	53
城市						257	115	27	77	38
镇						138	81	8	35	14
乡村						615	429	11	151	24
内蒙古	**999**	**494**	**55**	**341**	**109**					
全部	999	494	55	341	109					
城镇	763	353	47	297	67					
城市	680	306	40	274	61					
镇	83	47	7	23	6					
乡村	236	141	8	45	42					

表12-6 全国按现住地、户口登记地类型分的迁移人口(续16)

单位：人

现住地	省外									
	山西					内蒙古				
	合计	乡	镇的居委会	镇的村委会	街道	合计	乡	镇的居委会	镇的村委会	街道
辽宁	**61**	**23**	**3**	**14**	**23**	**1 564**	**562**	**125**	**637**	**240**
全部	61	23	3	14	23	1 564	562	125	637	240
城镇	53	21	3	10	19	1 123	369	96	442	215
城市	48	19	1	10	18	826	235	79	350	161
镇	5	3	1		1	297	134	18	91	54
乡村	9	1		4	4	442	193	29	195	25
吉林	**17**	**4**	**3**	**6**	**4**	**335**	**104**	**58**	**114**	**60**
全部	17	4	3	6	4	335	104	58	114	60
城镇	15	2	3	5	4	274	81	53	85	54
城市	15	2	3	5	4	198	64	45	54	35
镇						76	18	8	31	20
乡村	2	2		1		61	22	5	28	5
黑龙江	**36**	**11**	**2**	**9**	**14**	**874**	**242**	**196**	**308**	**127**
全部	36	11	2	9	14	874	242	196	308	127
城镇	34	9	2	9	13	700	183	179	227	111
城市	22	1		8	13	432	118	90	140	84
镇	12	8	2	1		268	65	89	86	27
乡村	2	1			1	174	58	18	82	16
上海	**188**	**49**	**29**	**32**	**80**	**148**	**22**	**29**	**17**	**80**
全部	188	49	29	32	80	148	22	29	17	80
城镇	179	44	28	28	79	143	20	29	15	79
城市	166	41	26	26	73	133	17	27	13	77
镇	13	3	2	2	6	9	3	2	2	2
乡村	10	4	1	4	1	5	3		1	2
江苏	**116**	**26**	**17**	**54**	**19**	**183**	**43**	**33**	**38**	**69**
全部	116	26	17	54	19	183	43	33	38	69
城镇	88	12	16	43	17	169	38	33	35	64
城市	69	10	10	31	17	131	28	31	24	48
镇	19	2	5	12		38	10	2	10	16
乡村	28	14	2	10	2	14	5		3	5
浙江	**132**	**48**	**9**	**65**	**10**	**104**	**36**	**6**	**38**	**25**
全部	132	48	9	65	10	104	36	6	38	25
城镇	83	36	3	35	9	54	9	3	22	20
城市	64	28	3	28	6	35	3	3	13	16
镇	19	9		7	3	19	6		9	4
乡村	49	12	6	30	1	51	28	3	16	4

表12-6 全国按现住地、户口登记地类型分的迁移人口(续 17)

单位：人

现住地	省外									
	山西					内蒙古				
	合计	乡	镇的居委会	镇的村委会	街道	合计	乡	镇的居委会	镇的村委会	街道
安　徽	**64**	**14**	**26**	**16**	**8**	**45**	**5**	**8**	**6**	**26**
全部	64	14	26	16	8	45	5	8	6	26
城镇	31	11	6	6	6	42	5	8	5	24
城市	21	11	2	2	6	10	5		2	3
镇	10		5	5		32		8	3	21
乡村	34	3	19	10	2	3			2	2
福　建	**68**	**4**	**26**	**11**	**26**	**34**	**13**		**9**	**12**
全部	68	4	26	11	26	34	13		9	12
城镇	61	3	25	8	25	33	12		9	12
城市	54	3	21	8	23	26	12		3	12
镇	7		4		3	7			7	
乡村	7	1	1	3	1	1	1			
江　西	**4**	**1**		**1**	**1**	**13**			**6**	**6**
全部	4	1		1	1	13			6	6
城镇	1	1				13			6	6
城市	1	1				12			6	5
镇						1				1
乡村	3			1	1					
山　东	**220**	**56**	**12**	**103**	**48**	**595**	**85**	**103**	**196**	**210**
全部	220	56	12	103	48	595	85	103	196	210
城镇	192	45	6	95	46	462	61	82	136	182
城市	137	36	6	62	33	365	58	66	93	149
镇	55	9		33	13	97	3	17	44	33
乡村	28	11	6	8	3	133	24	21	60	28
河　南	**252**	**87**	**18**	**48**	**99**	**20**	**6**	**2**	**2**	**10**
全部	252	87	18	48	99	20	6	2	2	10
城镇	153	44	6	36	67	16	6			10
城市	127	38	6	26	56	12	6			6
镇	26	6		10	10	4				4
乡村	99	42	12	12	32	4		2	2	
湖　北	**22**	**5**	**1**	**6**	**10**	**14**	**1**	**1**	**1**	**10**
全部	22	5	1	6	10	14	1	1	1	10
城镇	21	5		6	10	12		1	1	10
城市	12	4		5	4	11			1	10
镇	9	1		1	6	1		1		
乡村	1		1			1	1			

表12-6 全国按现住地、户口登记地类型分的迁移人口(续 18)

单位：人

现住地	省外									
	山西					内蒙古				
	合计	乡	镇的居委会	镇的村委会	街道	合计	乡	镇的居委会	镇的村委会	街道
湖南	**25**	**5**	**7**	**3**	**11**	**16**	**1**	**3**	**3**	**9**
全部	25	5	7	3	11	16	1	3	3	9
城镇	23	5	7	3	8	15	1	3	1	9
城市	17	3	4	3	8	13	1	3		9
镇	5	3	3			1			1	
乡村	3				3	1			1	
广东	**374**	**80**	**42**	**126**	**126**	**246**	**48**	**48**	**58**	**92**
全部	374	80	42	126	126	246	48	48	58	92
城镇	341	73	37	111	120	229	44	45	52	89
城市	295	61	35	89	110	211	38	42	45	87
镇	46	12	2	23	9	18	6	3	7	2
乡村	33	7	5	15	7	17	4	3	6	3
广西	**12**	**3**	**1**	**4**	**4**	**6**			**1**	**5**
全部	12	3	1	4	4	6			1	5
城镇	9	3		3	4	6			1	5
城市	8	3		3	3	6			1	5
镇	1				1					
乡村	3		1	1						
海南	**9**	**2**		**1**	**6**	**20**	**4**	**2**	**2**	**11**
全部	9	2		1	6	20	4	2	2	11
城镇	9	2		1	6	20	4	2	2	11
城市	9	2		1	6	20	4	2	2	11
镇										
乡村										
重庆	**21**	**2**	**1**	**7**	**11**	**8**	**1**	**2**	**4**	**1**
全部	21	2	1	7	11	8	1	2	4	1
城镇	14			6	8	5	1	2	1	1
城市	14			6	8	3	1	1		1
镇						2		1	1	
乡村	7	2	1	1	3	3			3	
四川	**42**	**5**	**7**	**19**	**12**	**39**	**8**	**7**	**10**	**13**
全部	42	5	7	19	12	39	8	7	10	13
城镇	34	5	5	13	10	30	7	5	5	13
城市	15	3		8	3	20	7		5	8
镇	19	2	5	5	7	10		5		5
乡村	8		2	5	2	8	2	2	5	

表12-6　全国按现住地、户口登记地类型分的迁移人口(续 19)

单位：人

现住地	省外									
	山西					内蒙古				
	合计	乡	镇的居委会	镇的村委会	街道	合计	乡	镇的居委会	镇的村委会	街道
贵　州	**15**	**7**	**1**	**4**	**2**	**4**		**1**	**1**	**2**
全部	15	7	1	4	2	4		1	1	2
城镇	13	7		4	2	2		1		1
城市	9	7		1	1	2		1		1
镇	4			3	1					
乡村	1		1			2			1	1
云　南	**37**	**2**	**5**	**11**	**18**	**21**	**3**	**2**	**7**	**9**
全部	37	2	5	11	18	21	3	2	7	9
城镇	36	2	5	11	18	21	3	2	7	9
城市	31	2	2	11	17	15	2	2	6	5
镇	5		3	1	2	7	2		1	4
乡村	1	1								
西　藏						**1**				
全部						1				
城镇						1				
城市						1				
镇										
乡村										
陕　西	**183**	**75**	**23**	**55**	**29**	**81**	**24**	**10**	**19**	**28**
全部	183	75	23	55	29	81	24	10	19	28
城镇	171	72	22	49	28	73	22	8	14	28
城市	153	66	22	42	23	52	14	7	5	25
镇	18	6		7	5	21	8	2	8	3
乡村	12	3	1	7	1	8	2	1	5	
甘　肃	**29**	**16**	**1**	**5**	**8**	**36**	**15**	**3**	**6**	**11**
全部	29	16	1	5	8	36	15	3	6	11
城镇	25	14		5	7	24	8	1	4	11
城市	21	12		2	7	17	7	1	1	8
镇	4	2		2		6	1		3	3
乡村	5	2	1		2	12	7	2	2	1
青　海	**30**	**11**	**1**	**15**	**3**	**18**	**3**	**1**	**6**	**8**
全部	30	11	1	15	3	18	3	1	6	8
城镇	30	11	1	15	3	17	2	1	6	8
城市	24	9	1	13	2	14	1	1	5	8
镇	6	2		2	1	3	1		1	
乡村						1	1			
宁　夏	**25**	**10**	**2**	**10**	**4**	**78**	**24**	**9**	**17**	**28**
全部	25	10	2	10	4	78	24	9	17	28
城镇	25	10	2	10	4	68	17	9	15	26
城市	21	7	2	10	3	59	8	9	15	26
镇	4	3			1	9	9			
乡村						10	6		2	2
新　疆	**67**	**46**	**3**	**11**	**6**	**51**	**11**	**8**	**19**	**13**
全部	67	46	3	11	6	51	11	8	19	13
城镇	49	39	1	4	6	51	11	8	19	13
城市	43	35		3	6	50	10	8	19	13
镇	6	4	1	1		1	1			
乡村	18	7	2	7	1					

表12-6 全国按现住地、户口登记地类型分的迁移人口(续 20)

单位：人

现住地	省外									
	辽宁					吉林				
	合计	乡	镇的居委会	镇的村委会	街道	合计	乡	镇的居委会	镇的村委会	街道
全国	**6 461**	**1 178**	**760**	**1 636**	**2 886**	**10 842**	**2 509**	**1 207**	**3 536**	**3 590**
全部	6 461	1 178	760	1 636	2 886	10 842	2 509	1 207	3 536	3 590
城镇	5 607	936	692	1 315	2 665	9 070	1 911	1 097	2 735	3 327
城市	4 812	795	570	1 009	2 438	7 736	1 577	924	2 216	3 018
镇	795	141	122	306	226	1 334	334	172	519	309
乡村	854	242	68	322	222	1 772	597	111	801	263
北京	**1 474**	**186**	**150**	**342**	**796**	**1 325**	**170**	**206**	**269**	**681**
全部	1 474	186	150	342	796	1 325	170	206	269	681
城镇	1 397	177	139	304	777	1 237	156	193	226	662
城市	1 330	169	130	286	746	1 178	149	182	214	634
镇	66	8	9	18	31	59	7	11	12	29
乡村	77	10	11	38	19	88	14	13	42	19
天津	**318**	**59**	**37**	**85**	**136**	**487**	**114**	**50**	**128**	**194**
全部	318	59	37	85	136	487	114	50	128	194
城镇	288	49	35	76	129	446	98	47	110	191
城市	255	37	30	65	123	389	79	42	86	182
镇	33	12	5	11	6	56	19	4	24	9
乡村	30	10	2	9	7	41	16	3	18	3
河北	**474**	**158**	**54**	**94**	**169**	**481**	**113**	**53**	**113**	**202**
全部	474	158	54	94	169	481	113	53	113	202
城镇	345	90	48	77	130	384	61	46	90	187
城市	289	66	44	57	121	297	44	33	69	151
镇	56	25	3	20	8	87	16	13	21	36
乡村	130	67	7	16	39	97	53	7	23	15
山西	**51**	**6**	**9**	**10**	**26**	**42**	**10**	**6**	**10**	**16**
全部	51	6	9	10	26	42	10	6	10	16
城镇	46	5	9	9	24	37	9	5	9	14
城市	40	2	8	8	23	33	5	5	9	14
镇	6	2	1	1	1	3	3			
乡村	5	1		1	2	5	1	1	2	1
内蒙古	**410**	**110**	**47**	**141**	**112**	**361**	**107**	**60**	**112**	**81**
全部	410	110	47	141	112	361	107	60	112	81
城镇	346	96	44	107	99	281	89	40	84	69
城市	204	70	29	52	53	196	67	22	52	55
镇	141	26	16	55	45	86	22	18	32	14
乡村	65	14	3	35	14	79	19	20	28	12

表12-6 全国按现住地、户口登记地类型分的迁移人口(续 21)

单位：人

现住地	省外									
	辽宁					吉林				
	合计	乡	镇的居委会	镇的村委会	街道	合计	乡	镇的居委会	镇的村委会	街道
辽宁						**2 649**	**909**	**223**	**939**	**579**
全部						2 649	909	223	939	579
城镇						2 144	680	213	732	519
城市						1 810	542	171	621	476
镇						334	138	41	111	44
乡村						506	229	10	206	60
吉林	**566**	**157**	**80**	**174**	**155**					
全部	566	157	80	174	155					
城镇	410	98	69	111	131					
城市	321	74	51	81	114					
镇	89	24	18	30	18					
乡村	156	59	11	63	24					
黑龙江	**489**	**145**	**37**	**192**	**116**	**1 526**	**486**	**92**	**738**	**209**
全部	489	145	37	192	116	1 526	486	92	738	209
城镇	389	99	36	154	99	1 152	345	77	555	175
城市	283	91	16	109	67	940	297	51	453	139
镇	106	8	20	46	33	211	48	26	102	36
乡村	100	46	1	37	16	374	141	15	183	34
上海	**358**	**53**	**54**	**41**	**210**	**383**	**69**	**55**	**43**	**218**
全部	358	53	54	41	210	383	69	55	43	218
城镇	351	52	52	37	210	370	65	54	36	215
城市	337	50	49	34	204	355	55	52	34	213
镇	13	1	3	3	6	15	10	2	1	2
乡村	7	2	2	4		13	3		7	2
江苏	**230**	**43**	**33**	**52**	**102**	**270**	**35**	**60**	**93**	**81**
全部	230	43	33	52	102	270	35	60	93	81
城镇	195	35	31	35	95	256	31	59	86	79
城市	173	26	31	28	88	221	29	55	64	73
镇	22	9		7	7	35	2	3	22	7
乡村	35	9	2	17	7	14	3	2	7	2
浙江	**148**	**22**	**29**	**46**	**51**	**198**	**58**	**19**	**62**	**59**
全部	148	22	29	46	51	198	58	19	62	59
城镇	117	19	20	36	42	122	26	17	32	46
城市	109	16	17	33	42	112	26	14	26	45
镇	9	3	3	3		10		3	6	1
乡村	30	3	9	10	9	77	32	1	30	13

表12-6 全国按现住地、户口登记地类型分的迁移人口(续 22)

单位：人

现住地	省外									
	辽宁					吉林				
	合计	乡	镇的居委会	镇的村委会	街道	合计	乡	镇的居委会	镇的村委会	街道
安徽	**45**	**2**	**14**	**5**	**24**	**74**	**6**	**19**	**6**	**42**
全部	45	2	14	5	24	74	6	19	6	42
城镇	39	2	13	3	21	72	6	19	6	40
城市	24		8		16	19	2	2	5	11
镇	14	2	5	3	5	53	5	18	2	29
乡村	6		2	2	3	2				2
福建	**62**	**8**	**9**	**8**	**37**	**91**	**13**	**19**	**20**	**40**
全部	62	8	9	8	37	91	13	19	20	40
城镇	60	8	9	8	34	83	11	17	19	37
城市	49	8	5	8	28	71	11	15	12	34
镇	11		4		7	12		3	7	3
乡村	3				3	8	3	1	1	3
江西	**21**		**6**	**3**	**12**	**14**			**3**	**12**
全部	21		6	3	12	14			3	12
城镇	21		6	3	12	14			3	12
城市	13		3	3	8	14			3	12
镇	8		4		4					
乡村										
山东	**706**	**101**	**52**	**248**	**304**	**2 009**	**283**	**199**	**830**	**696**
全部	706	101	52	248	304	2 009	283	199	830	696
城镇	567	88	38	182	259	1 577	210	165	591	611
城市	420	80	26	82	232	1 274	156	151	428	539
镇	146	8	12	100	27	303	54	15	163	72
乡村	139	13	14	66	46	431	73	34	239	84
河南	**50**	**4**		**18**	**28**	**46**	**6**	**4**	**14**	**22**
全部	50	4		18	28	46	6	4	14	22
城镇	48	4		18	26	42	6	4	10	22
城市	46	4		18	24	40	6	4	10	20
镇	2				2	2				2
乡村	2				2	4			4	
湖北	**44**	**4**		**16**	**24**	**30**	**2**	**2**	**11**	**14**
全部	44	4		16	24	30	2	2	11	14
城镇	41	4		14	24	29	2	2	10	14
城市	40	2		14	24	26	2	1	9	14
镇	1	1				2		1	1	
乡村	2			2		1			1	

表12-6　全国按现住地、户口登记地类型分的迁移人口(续 23)

单位：人

现住地	省外									
	辽宁					吉林				
	合计	乡	镇的居委会	镇的村委会	街道	合计	乡	镇的居委会	镇的村委会	街道
湖南	**29**	**5**	**7**	**3**	**15**	**17**		**3**	**5**	**9**
全部	29	5	7	3	15	17		3	5	9
城镇	28	4	7	3	15	15		3	5	7
城市	20	1	4	1	13	15		3	5	7
镇	8	3	3	1	1					
乡村	1	1				3				3
广东	**604**	**61**	**104**	**94**	**345**	**617**	**95**	**106**	**106**	**310**
全部	604	61	104	94	345	617	95	106	106	310
城镇	591	60	101	90	341	602	90	106	99	307
城市	568	55	97	88	328	553	81	94	93	285
镇	23	5	4	2	12	48	9	12	6	21
乡村	13	1	3	4	5	16	5		7	4
广西	**40**	**1**	**1**	**5**	**32**	**13**	**1**	**1**		**10**
全部	40	1	1	5	32	13	1	1		10
城镇	40	1	1	5	32	13	1	1		10
城市	37	1	1	5	30	12	1			10
镇	3				3	1		1		
乡村										
海南	**45**		**7**	**5**	**33**	**37**	**3**	**7**	**5**	**22**
全部	45		7	5	33	37	3	7	5	22
城镇	44		7	5	32	36	3	7	5	21
城市	43		5	5	32	36	3	7	5	21
镇	1		1							
乡村						1				1
重庆	**37**			**5**	**32**	**12**	**3**	**1**		**8**
全部	37			5	32	12	3	1		8
城镇	23			2	21	9	2	1		7
城市	22			2	20	9	2	1		7
镇	1				1					
乡村	14			3	11	3	1			2
四川	**57**	**10**	**3**	**15**	**29**	**20**		**3**	**5**	**12**
全部	57	10	3	15	29	20		3	5	12
城镇	44	8	3	10	22	19		2	5	12
城市	42	8	2	10	22	15		2	2	12
镇	2		2			3			3	
乡村	13	2		5	7	2		2		

表12-6 全国按现住地、户口登记地类型分的迁移人口(续 24)

单位：人

现住地	省外									
	辽宁					吉林				
	合计	乡	镇的居委会	镇的村委会	街道	合计	乡	镇的居委会	镇的村委会	街道
贵州	**20**		**3**	**6**	**11**	**7**		**4**	**1**	**1**
全部	20		3	6	11	7		4	1	1
城镇	17		3	6	8	7		4	1	1
城市	6		1		4	4		3	1	
镇	11		2	6	3	2		1		1
乡村	3				3					
云南	**34**	**6**	**4**	**9**	**15**	**38**	**5**	**3**	**9**	**22**
全部	34	6	4	9	15	38	5	3	9	22
城镇	34	6	4	9	15	38	5	3	9	22
城市	32	5	3	9	15	36	5	3	7	21
镇	2	1	1			3			2	1
乡村										
西藏	**1**		**1**							
全部	1		1							
城镇	1		1							
城市	1		1							
镇										
乡村										
陕西	**48**	**16**	**7**	**7**	**18**	**30**	**5**	**4**	**7**	**13**
全部	48	16	7	7	18	30	5	4	7	13
城镇	40	12	6	5	17	29	5	4	6	13
城市	38	12	4	5	17	28	5	4	6	13
镇	2		1		1					
乡村	8	4	2	2	1	1			1	
甘肃	**36**	**3**	**5**	**8**	**20**	**16**	**2**	**1**	**3**	**11**
全部	36	3	5	8	20	16	2	1	3	11
城镇	28	2	4	2	20	16	2	1	3	11
城市	24	2	3		18	14	2	1	1	10
镇	4		1	2	2	2			2	1
乡村	8	1	1	6		1		1		
青海	**8**		**2**	**1**	**6**	**7**	**3**	**1**	**1**	**3**
全部	8		2	1	6	7	3	1	1	3
城镇	8		2	1	6	7	3	1	1	3
城市	7		1	1	6	5	1	1	1	2
镇	1		1		1	2	1			1
乡村										
宁夏	**18**	**2**		**3**	**12**	**9**	**1**	**3**	**2**	**3**
全部	18	2		3	12	9	1	3	2	3
城镇	17	2		3	12	9	1	3	2	3
城市	16	2		2	12	8	1	3	1	3
镇	1					1			1	
乡村										
新疆	**38**	**16**	**4**	**2**	**17**	**31**	**10**	**2**		**19**
全部	38	16	4	2	17	31	10	2		19
城镇	35	16	4	2	14	24	6	2		16
城市	23	11		2	10	23	6	2		16
镇	12	5	4		4	1	1			
乡村	3				3	7	4			4

表12-6 全国按现住地、户口登记地类型分的迁移人口(续 25)

单位：人

现住地	省外									
	黑龙江					上海				
	合计	乡	镇的居委会	镇的村委会	街道	合计	乡	镇的居委会	镇的村委会	街道
全国	**20 942**	**5 355**	**2 394**	**6 462**	**6 731**	**1 853**	**58**	**164**	**88**	**1 543**
全部	20 942	5 355	2 394	6 462	6 731	1 853	58	164	88	1 543
城镇	17 610	4 129	2 157	5 040	6 285	1 540	39	146	52	1 304
城市	14 554	3 218	1 813	3 862	5 661	1 266	31	96	32	1 108
镇	3 056	910	344	1 178	625	274	8	50	20	196
乡村	3 331	1 226	238	1 422	445	313	19	18	37	239
北京	**2 485**	**394**	**382**	**464**	**1 245**	**109**		**3**	**1**	**105**
全部	2 485	394	382	464	1 245	109		3	1	105
城镇	2 302	353	353	389	1 207	105		3	1	101
城市	2 186	328	330	370	1 157	102		2	1	99
镇	116	25	22	18	50	2		1		2
乡村	184	41	29	76	38	4				4
天津	**1 757**	**666**	**115**	**776**	**199**	**38**	**2**	**4**	**1**	**32**
全部	1 757	666	115	776	199	38	2	4	1	32
城镇	1 567	563	104	707	193	36	2	4	1	30
城市	1 313	442	83	607	181	33	1	4		28
镇	254	122	21	100	12	4	1			2
乡村	189	103	11	69	6	2				2
河北	**1 802**	**453**	**248**	**476**	**625**	**15**				**15**
全部	1 802	453	248	476	625	15				15
城镇	1 394	317	227	282	568	15				15
城市	1 044	207	189	171	478	13				13
镇	350	110	38	112	90	2				2
乡村	409	136	21	194	57					
山西	**72**	**15**	**11**	**11**	**35**	**4**		**1**		**3**
全部	72	15	11	11	35	4		1		3
城镇	63	10	11	11	32	3		1		3
城市	61	10	9	11	31	3		1		2
镇	3		2		1	1				1
乡村	8	5			3	1				1
内蒙古	**579**	**208**	**62**	**196**	**113**	**3**				**3**
全部	579	208	62	196	113	3				3
城镇	527	184	57	177	109	3				3
城市	322	98	32	105	86	3				3
镇	205	86	25	71	23					
乡村	51	24	5	19	3					

表12-6 全国按现住地、户口登记地类型分的迁移人口(续 26)

单位：人

现住地	省外									
	黑龙江					上海				
	合计	乡	镇的居委会	镇的村委会	街道	合计	乡	镇的居委会	镇的村委会	街道
辽宁	**5 190**	**1 888**	**405**	**1 735**	**1 161**	**28**		**1**		**26**
全部	5 190	1 888	405	1 735	1 161	28		1		26
城镇	4 096	1 295	373	1 347	1 081	21		1		20
城市	3 251	924	330	1 014	984	20		1		19
镇	845	372	43	333	98	1				1
乡村	1 094	593	33	388	80	6				6
吉林	**1 357**	**475**	**132**	**502**	**248**	**5**				**5**
全部	1 357	475	132	502	248	5				5
城镇	1 140	401	113	413	213	5				5
城市	900	354	77	287	183	2				2
镇	240	48	36	126	31	2				2
乡村	217	74	19	90	35					
黑龙江						**11**	**1**	**1**		**8**
全部						11	1	1		8
城镇						9	1			8
城市						9	1			8
镇										
乡村						1		1		
上海	**656**	**121**	**121**	**91**	**323**					
全部	656	121	121	91	323					
城镇	630	113	119	80	318					
城市	606	108	112	74	312					
镇	24	6	7	6	6					
乡村	26	8	2	11	5					
江苏	**485**	**111**	**97**	**128**	**150**	**726**	**12**	**73**	**31**	**610**
全部	485	111	97	128	150	726	12	73	31	610
城镇	390	88	92	73	138	563	12	66	21	465
城市	318	73	73	55	117	416	10	47	9	351
镇	73	16	19	17	21	147	2	19	12	114
乡村	95	22	5	55	12	162		7	10	145
浙江	**356**	**61**	**67**	**80**	**149**	**261**	**19**	**20**	**20**	**201**
全部	356	61	67	80	149	261	19	20	20	201
城镇	329	59	65	64	141	200	4	13	7	175
城市	287	55	58	56	117	161	4	3	6	148
镇	42	4	7	7	23	39		10	1	28
乡村	28	1	1	16	9	61	14	7	13	26

表12-6 全国按现住地、户口登记地类型分的迁移人口(续 27)

单位：人

现住地	省外									
	黑龙江					上海				
	合计	乡	镇的居委会	镇的村委会	街道	合计	乡	镇的居委会	镇的村委会	街道
安徽	**90**	**5**	**14**	**16**	**55**	**113**	**2**	**6**	**13**	**92**
全部	90	5	14	16	55	113	2	6	13	92
城镇	81	2	14	10	55	97		6	6	84
城市	34	2	2	6	24	79		3	2	74
镇	47		13	3	31	18		3	5	10
乡村	10	3		6		16	2		6	8
福建	**116**	**11**	**24**	**37**	**45**	**29**		**8**		**21**
全部	116	11	24	37	45	29		8		21
城镇	93	9	21	21	41	28		8		20
城市	79	9	9	21	40	23		4		19
镇	13		12		1	5		4		1
乡村	24	1	3	16	4	1				1
江西	**22**	**1**	**3**	**4**	**14**	**38**	**5**	**3**		**30**
全部	22	1	3	4	14	38	5	3		30
城镇	22	1	3	4	14	35	5	3		27
城市	18	1	3	4	10	18	3			16
镇	4				4	17	3	3		12
乡村						3				3
山东	**4 262**	**710**	**445**	**1 608**	**1 499**	**25**	**1**	**2**		**22**
全部	4 262	710	445	1 608	1 499	25	1	2		22
城镇	3 339	512	346	1 153	1 328	15	1	2		12
城市	2 647	415	293	797	1 141	11	1			10
镇	692	97	52	355	187	3		2		2
乡村	923	198	99	455	171	10				10
河南	**99**	**26**	**12**	**10**	**50**	**8**				**8**
全部	99	26	12	10	50	8				8
城镇	95	26	12	10	46	6				6
城市	71	20	6	8	36	6				6
镇	24	6	6	2	10					
乡村	4				4	2				2
湖北	**46**	**4**	**2**	**4**	**36**	**37**		**5**		**32**
全部	46	4	2	4	36	37		5		32
城镇	45	4	2	4	35	37		5		32
城市	36	1		4	31	32		2		30
镇	9	2	2		4	5		2		2
乡村	1				1					

表12-6 全国按现住地、户口登记地类型分的迁移人口(续 28)

单位：人

现住地	省外									
	黑龙江					上海				
	合计	乡	镇的居委会	镇的村委会	街道	合计	乡	镇的居委会	镇的村委会	街道
湖南	**41**	**4**	**9**	**8**	**20**	**9**				**9**
全部	41	4	9	8	20	9				9
城镇	39	4	8	7	20	9				9
城市	36	4	5	7	20	9				9
镇	3		3							
乡村	3		1	1						
广东	**1 108**	**164**	**173**	**252**	**519**	**186**	**5**	**21**	**8**	**151**
全部	1 108	164	173	252	519	186	5	21	8	151
城镇	1 060	151	168	233	508	178	5	21	5	146
城市	994	141	152	209	492	167	5	18	5	139
镇	65	10	15	23	16	10		4		6
乡村	49	13	6	20	11	8			3	5
广西	**45**	**1**	**8**	**3**	**33**	**5**		**3**		**3**
全部	45	1	8	3	33	5		3		3
城镇	45	1	8	3	33	4		3		1
城市	38	1	6	1	30	4		3		1
镇	6		1	1	4					
乡村						1				1
海南	**109**	**4**	**18**	**27**	**61**	**9**				**8**
全部	109	4	18	27	61	9				8
城镇	109	4	18	27	60	9				8
城市	104	4	17	27	56	9				8
镇	5		1		4					
乡村										
重庆	**25**	**4**	**5**	**9**	**8**	**29**	**2**			**27**
全部	25	4	5	9	8	29	2			27
城镇	19	2	5	5	8	29	2			27
城市	16	2	5	4	6	24				24
镇	3			1	2	5	2			3
乡村	7	2		5						
四川	**39**	**2**	**8**	**7**	**22**	**32**			**5**	**27**
全部	39	2	8	7	22	32			5	27
城镇	39	2	8	7	22	17			2	15
城市	32	2	3	7	20	17			2	15
镇	7		5		2					
乡村						15			3	12

表12-6 全国按现住地、户口登记地类型分的迁移人口(续 29)

单位：人

现 住 地	省				外					
	黑龙江					上 海				
	合计	乡	镇 的 居委会	镇 的 村委会	街道	合计	乡	镇 的 居委会	镇 的 村委会	街道
贵 州	**18**		**6**	**4**	**8**	**11**		**1**		**10**
全部	18		6	4	8	11		1		10
城镇	18		6	4	8	10		1		9
城市	10		1	3	6	10		1		9
镇	8		4	1	2					
乡村						1				1
云 南	**46**	**2**	**7**	**5**	**32**	**23**	**3**	**2**	**2**	**17**
全部	46	2	7	5	32	23	3	2	2	17
城镇	44	1	6	5	32	22	2	2	2	17
城市	41	1	4	5	32	22	2	1	2	17
镇	3	1	3			1		1		
乡村	2	1	1			1	1			
西 藏	**1**		**1**			**1**				
全部	1		1			1				
城镇	1		1			1				
城市	1		1			1				
镇										
乡村										
陕 西	**47**	**6**	**4**	**1**	**35**	**17**	**1**	**1**	**4**	**11**
全部	47	6	4	1	35	17	1	1	4	11
城镇	45	6	4	1	35	15		1	3	11
城市	42	6	2	1	33	15		1	3	11
镇	4		2		2					
乡村	1	1				2	1		1	1
甘 肃	**16**	**3**	**4**	**1**	**8**	**12**	**1**	**1**		**11**
全部	16	3	4	1	8	12	1	1		11
城镇	15	3	3	1	8	12	1	1		11
城市	15	3	3	1	8	11	1	1		10
镇						1				1
乡村	2	1	1		1	1				1
青 海	**13**	**1**	**4**	**3**	**5**	**2**				**2**
全部	13	1	4	3	5	2				2
城镇	13	1	4	3	5	2				2
城市	11	1	4	2	4	2				2
镇	2				1					
乡村										
宁 夏	**11**		**1**	**1**	**8**	**3**				**3**
全部	11		1	1	8	3				3
城镇	10		1	1	8	3				3
城市	10		1	1	8	3				3
镇										
乡村										
新 疆	**47**	**14**	**6**	**5**	**23**	**65**	**4**	**8**	**3**	**50**
全部	47	14	6	5	23	65	4	8	3	50
城镇	43	14	6	4	19	51	3	6	3	40
城市	32	8	1	4	19	40	2	4	2	32
镇	10	6	5			11	1	2	1	7
乡村	5			1	4	14	1	3		10

表12-6 全国按现住地、户口登记地类型分的迁移人口(续 30)

单位：人

现住地	省外									
	江苏					浙江				
	合计	乡	镇的居委会	镇的村委会	街道	合计	乡	镇的居委会	镇的村委会	街道
全国	**23 606**	**9 030**	**2 181**	**8 852**	**3 544**	**16 271**	**4 995**	**1 743**	**7 028**	**2 505**
全部	23 606	9 030	2 181	8 852	3 544	16 271	4 995	1 743	7 028	2 505
城镇	20 805	7 939	2 056	7 446	3 363	14 928	4 585	1 675	6 271	2 396
城市	18 472	7 208	1 841	6 305	3 118	12 815	3 943	1 414	5 259	2 200
镇	2 333	731	215	1 141	246	2 112	643	260	1 013	196
乡村	2 802	1 090	125	1 406	180	1 343	409	68	757	109
北京	**1 733**	**530**	**157**	**678**	**369**	**1 233**	**357**	**112**	**542**	**222**
全部	1 733	530	157	678	369	1 233	357	112	542	222
城镇	1 666	513	154	631	368	1 188	351	110	507	221
城市	1 648	508	150	623	367	1 166	346	105	496	219
镇	18	5	3	8	2	22	5	6	10	1
乡村	67	17	3	46	1	45	6	2	36	1
天津	**400**	**123**	**32**	**163**	**82**	**230**	**59**	**21**	**107**	**43**
全部	400	123	32	163	82	230	59	21	107	43
城镇	396	122	32	160	82	226	57	21	105	43
城市	370	111	31	149	79	203	51	20	93	40
镇	26	11	1	11	3	23	6	1	12	3
乡村	5	1		3		4	2		2	
河北	**190**	**69**	**18**	**72**	**31**	**440**	**133**	**44**	**202**	**61**
全部	190	69	18	72	31	440	133	44	202	61
城镇	181	66	18	66	31	409	133	44	171	61
城市	163	59	15	61	28	351	123	39	133	56
镇	18	7	3	5	3	57	10	5	38	5
乡村	10	3		7		31			31	
山西	**128**	**28**	**11**	**65**	**24**	**232**	**44**	**28**	**127**	**33**
全部	128	28	11	65	24	232	44	28	127	33
城镇	112	28	8	52	24	214	36	26	119	32
城市	89	24	6	39	20	178	29	23	101	25
镇	23	4	2	13	3	36	8	3	18	7
乡村	16		3	13	1	18	8	2	8	1
内蒙古	**127**	**45**	**18**	**41**	**22**	**319**	**82**	**31**	**169**	**37**
全部	127	45	18	41	22	319	82	31	169	37
城镇	117	40	18	41	19	315	81	31	168	36
城市	93	27	16	33	17	295	77	29	155	34
镇	24	12	2	8	1	20	4	2	13	2
乡村	9	6			4	4	2		1	2

表12−6　全国按现住地、户口登记地类型分的迁移人口(续 31)

单位：人

现住地	省外									
	江苏					浙江				
	合计	乡	镇的居委会	镇的村委会	街道	合计	乡	镇的居委会	镇的村委会	街道
辽宁	**388**	**140**	**16**	**198**	**34**	**267**	**60**	**25**	**129**	**53**
全部	388	140	16	198	34	267	60	25	129	53
城镇	322	88	16	184	34	248	54	25	116	53
城市	268	80	14	141	33	227	53	21	105	48
镇	54	8	3	43	1	21	1	4	11	5
乡村	66	53		14		19	6		13	
吉林	**104**	**44**	**9**	**29**	**21**	**73**	**14**	**8**	**28**	**22**
全部	104	44	9	29	21	73	14	8	28	22
城镇	74	16	9	28	21	71	14	8	28	21
城市	58	16	8	14	20	50	9	3	19	18
镇	17		2	15	1	21	5	5	8	2
乡村	30	28		1	1	2			1	2
黑龙江	**92**	**16**	**8**	**49**	**19**	**100**	**16**	**5**	**51**	**28**
全部	92	16	8	49	19	100	16	5	51	28
城镇	75	15	6	44	9	99	16	5	51	27
城市	58	14	4	34	7	93	16	5	46	27
镇	16	1	2	11	2	6			6	
乡村	18	1	2	5	9	1				1
上海	**12 135**	**5 830**	**1 093**	**3 812**	**1 400**	**3 939**	**1 596**	**492**	**1 149**	**702**
全部	12 135	5 830	1 093	3 812	1 400	3 939	1 596	492	1 149	702
城镇	11 087	5 290	1 063	3 354	1 380	3 688	1 481	485	1 026	696
城市	10 363	4 923	1 018	3 081	1 341	3 430	1 334	468	948	680
镇	724	367	45	273	39	258	147	17	78	15
乡村	1 048	540	30	458	20	251	114	7	123	6
江苏						**2 184**	**732**	**200**	**1 099**	**152**
全部						2 184	732	200	1 099	152
城镇						1 928	670	190	936	131
城市						1 596	561	162	752	121
镇						332	109	28	185	10
乡村						256	62	10	162	21
浙江	**2 590**	**776**	**174**	**1 451**	**188**					
全部	2 590	776	174	1 451	188					
城镇	1 971	634	146	1 018	172					
城市	1 511	519	107	740	145					
镇	461	116	39	278	28					
乡村	619	142	28	433	16					

表12-6 全国按现住地、户口登记地类型分的迁移人口(续 32)

单位：人

现住地	省外									
	江苏					浙江				
	合计	乡	镇的居委会	镇的村委会	街道	合计	乡	镇的居委会	镇的村委会	街道
安徽	**846**	**222**	**72**	**345**	**206**	**401**	**58**	**56**	**203**	**84**
全部	846	222	72	345	206	401	58	56	203	84
城镇	652	151	63	277	161	327	47	53	163	64
城市	403	101	29	156	116	248	39	29	132	48
镇	250	50	34	121	45	79	8	24	31	16
乡村	193	71	10	68	45	74	11	3	40	19
福建	**379**	**90**	**49**	**183**	**57**	**809**	**229**	**74**	**457**	**49**
全部	379	90	49	183	57	809	229	74	457	49
城镇	322	74	48	148	52	639	158	71	369	41
城市	257	52	38	119	48	438	102	52	253	32
镇	65	23	9	29	4	201	56	20	116	9
乡村	57	16	1	34	5	169	71	3	87	8
江西	**145**	**19**	**28**	**61**	**36**	**451**	**109**	**38**	**194**	**111**
全部	145	19	28	61	36	451	109	38	194	111
城镇	116	13	26	54	23	336	71	28	138	98
城市	62	9	5	34	14	163	39	6	60	58
镇	54	4	21	21	9	173	32	22	79	40
乡村	28	6	3	6	13	115	38	9	56	13
山东	**1 072**	**163**	**84**	**634**	**191**	**527**	**53**	**44**	**341**	**89**
全部	1 072	163	84	634	191	527	53	44	341	89
城镇	769	107	73	427	161	524	53	44	339	88
城市	585	91	65	316	114	470	48	41	297	84
镇	183	16	9	111	48	54	5	3	42	4
乡村	304	56	11	207	30	3			1	2
河南	**139**	**40**	**8**	**36**	**54**	**258**	**93**	**18**	**101**	**46**
全部	139	40	8	36	54	258	93	18	101	46
城镇	119	30	8	36	44	258	93	18	101	46
城市	115	28	8	36	42	234	77	18	97	42
镇	4	2			2	24	16		4	4
乡村	20	10			10					
湖北	**192**	**37**	**15**	**76**	**64**	**358**	**108**	**34**	**148**	**67**
全部	192	37	15	76	64	358	108	34	148	67
城镇	187	37	14	72	64	325	106	31	121	67
城市	164	36	12	57	59	287	97	27	102	60
镇	22	1	1	15	5	39	9	4	19	7
乡村	5		1	4		32	2	2	27	

表12-6 全国按现住地、户口登记地类型分的迁移人口(续 33)

单位：人

现住地	省外									
	江苏					浙江				
	合计	乡	镇的居委会	镇的村委会	街道	合计	乡	镇的居委会	镇的村委会	街道
湖南	**69**	**23**	**21**	**13**	**12**	**286**	**133**	**20**	**88**	**45**
全部	69	23	21	13	12	286	133	20	88	45
城镇	67	21	20	13	12	281	132	17	87	45
城市	61	20	20	11	11	257	125	16	71	45
镇	5	1		3	1	24	7	1	16	
乡村	3	1	1			5	1	3	1	
广东	**1 577**	**377**	**211**	**547**	**441**	**1 601**	**381**	**191**	**744**	**285**
全部	1 577	377	211	547	441	1 601	381	191	744	285
城镇	1 447	326	197	496	428	1 465	349	184	664	269
城市	1 280	273	186	414	406	1 219	289	147	528	255
镇	167	53	11	81	21	246	60	37	136	13
乡村	130	51	14	52	14	135	31	7	80	17
广西	**71**	**5**	**21**	**24**	**21**	**336**	**56**	**56**	**163**	**60**
全部	71	5	21	24	21	336	56	56	163	60
城镇	71	5	21	24	21	312	55	56	140	60
城市	51	5	17	17	13	203	14	41	100	47
镇	19		4	8	8	109	41	15	40	13
乡村						24	1		23	
海南	**35**	**10**	**3**	**6**	**16**	**57**	**11**	**9**	**24**	**14**
全部	35	10	3	6	16	57	11	9	24	14
城镇	35	10	3	5	16	57	11	9	24	14
城市	33	8	3	5	16	49	11	8	18	11
镇	2	2				8			5	2
乡村										
重庆	**58**	**11**	**7**	**24**	**16**	**123**	**39**	**15**	**44**	**24**
全部	58	11	7	24	16	123	39	15	44	24
城镇	53	9	7	22	15	115	38	15	39	23
城市	29	7	4	5	14	96	31	13	35	17
镇	24	3	3	17	1	19	7	2	5	6
乡村	6	2		3	1	8	2		5	2
四川	**113**	**24**	**12**	**32**	**45**	**303**	**77**	**39**	**133**	**54**
全部	113	24	12	32	45	303	77	39	133	54
城镇	84	15	8	20	40	264	61	37	118	49
城市	71	15	5	12	39	219	52	22	103	42
镇	13		3	8	2	45	8	15	15	7
乡村	29	8	3	12	5	39	17	2	15	5

表12-6 全国按现住地、户口登记地类型分的迁移人口(续 34)

单位：人

现住地	省外									
	江苏					浙江				
	合计	乡	镇的居委会	镇的村委会	街道	合计	乡	镇的居委会	镇的村委会	街道
贵州	**75**	**17**	**4**	**31**	**22**	**319**	**99**	**47**	**147**	**26**
全部	75	17	4	31	22	319	99	47	147	26
城镇	64	13	4	23	22	281	96	35	127	23
城市	50	9	3	21	17	234	92	20	103	20
镇	13	4	1	2	6	47	4	15	25	3
乡村	11	3		8		38	3	12	20	2
云南	**149**	**32**	**39**	**46**	**32**	**690**	**170**	**74**	**366**	**80**
全部	149	32	39	46	32	690	170	74	366	80
城镇	139	31	37	42	29	669	164	70	357	78
城市	113	25	32	28	28	570	140	53	305	72
镇	26	5	5	14	1	99	24	18	52	6
乡村	10	1	2	4	3	21	6	3	9	2
西藏	**4**	**1**	**1**	**2**		**10**	**3**		**5**	**2**
全部	4	1	1	2		10	3		5	2
城镇	4	1	1	2		10	3		5	2
城市	2		1	1		7	1		4	2
镇	1	1		1		3	2		1	
乡村	1		1							
陕西	**181**	**58**	**14**	**62**	**47**	**263**	**94**	**30**	**112**	**27**
全部	181	58	14	62	47	263	94	30	112	27
城镇	174	53	12	61	47	256	93	29	108	26
城市	166	51	12	55	47	215	76	21	91	26
镇	8	2		6		41	17	8	17	
乡村	7	5	1	1		7	1	1	3	1
甘肃	**122**	**56**	**10**	**27**	**30**	**138**	**58**	**13**	**54**	**14**
全部	122	56	10	27	30	138	58	13	54	14
城镇	115	54	8	23	29	126	49	12	52	14
城市	106	51	5	21	28	83	25	10	36	12
镇	9	3	3	2	1	43	24	2	16	1
乡村	8	2	2	3	1	12	9	1	1	1
青海	**72**	**21**	**8**	**29**	**15**	**63**	**20**	**5**	**24**	**15**
全部	72	21	8	29	15	63	20	5	24	15
城镇	71	21	7	29	15	61	20	5	23	12
城市	58	14	6	25	13	41	10	5	17	10
镇	13	6	1	4	2	19	10		7	2
乡村	2		1			3				2
宁夏	**30**	**7**	**2**	**13**	**8**	**64**	**22**	**4**	**29**	**9**
全部	30	7	2	13	8	64	22	4	29	9
城镇	29	7	2	12	8	58	20	4	26	8
城市	21	6		8	6	51	16	4	25	5
镇	8	1	1	3	2	7	3		1	2
乡村	1			1		6	2		2	1
新疆	**390**	**213**	**36**	**103**	**38**	**196**	**87**	**10**	**50**	**49**
全部	390	213	36	103	38	196	87	10	50	49
城镇	289	146	28	80	35	178	75	10	43	49
城市	225	125	20	48	31	143	59	7	35	41
镇	64	21	7	31	4	35	16	3	8	8
乡村	101	67	8	23	3	19	12		6	

表12-6　全国按现住地、户口登记地类型分的迁移人口(续 35)

单位：人

现住地	省外									
	安徽					福建				
	合计	乡	镇的居委会	镇的村委会	街道	合计	乡	镇的居委会	镇的村委会	街道
全　国	**76 044**	**33 246**	**2 833**	**36 438**	**3 527**	**12 844**	**4 047**	**1 172**	**6 138**	**1 487**
全部	76 044	33 246	2 833	36 438	3 527	12 844	4 047	1 172	6 138	1 487
城镇	61 417	27 637	2 536	27 996	3 249	10 889	3 368	1 019	5 067	1 435
城市	49 627	22 768	2 152	21 773	2 934	9 053	2 835	789	4 157	1 272
镇	11 791	4 869	384	6 223	315	1 836	533	230	910	163
乡村	14 627	5 609	298	8 442	278	1 955	679	153	1 072	52
北　京	**4 089**	**1 521**	**190**	**2 017**	**362**	**650**	**170**	**39**	**296**	**145**
全部	4 089	1 521	190	2 017	362	650	170	39	296	145
城镇	3 678	1 449	183	1 691	355	613	160	37	272	143
城市	3 588	1 415	171	1 655	345	599	157	37	263	143
镇	90	33	12	36	9	14	3		10	1
乡村	411	72	7	325	7	37	10	2	24	1
天　津	**855**	**383**	**35**	**390**	**47**	**131**	**38**	**16**	**56**	**21**
全部	855	383	35	390	47	131	38	16	56	21
城镇	779	334	32	365	47	127	37	16	53	21
城市	602	264	28	272	39	114	32	13	50	19
镇	176	71	4	93	9	13	5	2	4	2
乡村	76	49	2	25		5	1		3	
河　北	**514**	**243**	**8**	**213**	**49**	**144**	**41**	**7**	**71**	**26**
全部	514	243	8	213	49	144	41	7	71	26
城镇	397	185	3	159	49	144	41	7	71	26
城市	277	121	2	107	48	128	39	7	69	13
镇	120	64	2	53	2	16	2		2	13
乡村	117	57	5	54						
山　西	**254**	**98**	**5**	**143**	**9**	**84**	**20**	**5**	**46**	**13**
全部	254	98	5	143	9	84	20	5	46	13
城镇	196	75	4	108	8	74	20	5	37	13
城市	167	57	3	100	7	72	18	5	36	13
镇	29	18	1	9	1	3	2		1	
乡村	58	23	1	35	1	9	1		9	
内蒙古	**262**	**110**	**11**	**127**	**15**	**80**	**18**	**11**	**46**	**5**
全部	262	110	11	127	15	80	18	11	46	5
城镇	236	99	10	114	13	80	18	11	46	5
城市	211	91	6	102	11	71	17	11	38	5
镇	25	8	3	12	2	9			8	
乡村	26	10	1	12	2					

表12-6 全国按现住地、户口登记地类型分的迁移人口(续36)

单位：人

现住地	省外									
	安徽					福建				
	合计	乡	镇的居委会	镇的村委会	街道	合计	乡	镇的居委会	镇的村委会	街道
辽 宁	**408**	**125**	**13**	**230**	**40**	**169**	**61**	**15**	**56**	**36**
全部	408	125	13	230	40	169	61	15	56	36
城镇	368	105	10	215	38	168	61	14	56	36
城市	355	100	10	209	36	165	60	14	55	36
镇	13	5		6	1	3	1		1	
乡村	40	20	3	15	3	1		1		
吉 林	**189**	**88**	**10**	**79**	**12**	**43**	**11**	**2**	**21**	**9**
全部	189	88	10	79	12	43	11	2	21	9
城镇	161	70	10	70	12	41	11	2	21	8
城市	137	65	10	51	10	38	11	1	18	8
镇	25	5		18	2	3		1	2	
乡村	28	18		9		2		1		1
黑龙江	**231**	**81**	**2**	**131**	**18**	**114**	**33**	**19**	**46**	**18**
全部	231	81	2	131	18	114	33	19	46	18
城镇	211	64	2	127	18	109	33	19	41	16
城市	187	60	1	110	16	95	28	9	41	16
镇	25	5	1	18	1	14	5	9		
乡村	20	16		4		6			5	1
上 海	**18 514**	**9 825**	**735**	**6 962**	**992**	**1 665**	**691**	**152**	**556**	**266**
全部	18 514	9 825	735	6 962	992	1 665	691	152	556	266
城镇	15 739	8 429	705	5 646	960	1 596	657	151	523	265
城市	13 856	7 374	652	4 914	916	1 363	582	117	417	246
镇	1 883	1 054	53	732	43	234	75	33	106	20
乡村	2 775	1 396	30	1 316	33	69	33	2	33	
江 苏	**22 804**	**10 811**	**622**	**10 789**	**582**	**1 296**	**468**	**154**	**613**	**60**
全部	22 804	10 811	622	10 789	582	1 296	468	154	613	60
城镇	17 364	8 816	522	7 532	494	736	218	71	394	54
城市	12 686	6 746	415	5 093	432	608	171	60	333	43
镇	4 678	2 070	107	2 439	62	128	47	10	60	10
乡村	5 440	1 995	100	3 257	88	560	251	83	219	7
浙 江	**16 365**	**5 830**	**453**	**9 782**	**300**	**1 230**	**407**	**94**	**659**	**70**
全部	16 365	5 830	453	9 782	300	1 230	407	94	659	70
城镇	12 544	4 612	382	7 302	248	905	264	84	495	62
城市	9 811	3 794	317	5 490	210	646	198	61	335	52
镇	2 733	818	65	1 812	38	259	65	23	161	10
乡村	3 821	1 218	71	2 480	52	324	143	10	164	7

表12-6 全国按现住地、户口登记地类型分的迁移人口(续 37)

单位：人

现住地	省外									
	安徽					福建				
	合计	乡	镇的居委会	镇的村委会	街道	合计	乡	镇的居委会	镇的村委会	街道
安徽						**137**	**43**	**26**	**31**	**37**
全部						137	43	26	31	37
城镇						124	39	26	27	32
城市						101	34	16	27	24
镇						23	5	10		8
乡村						13	5		3	5
福建	**2 684**	**883**	**130**	**1 549**	**123**					
全部	2 684	883	130	1 549	123					
城镇	2 195	684	120	1 277	113					
城市	1 633	499	103	941	90					
镇	561	185	17	336	23					
乡村	490	199	9	271	11					
江西	**256**	**127**	**27**	**60**	**43**	**338**	**100**	**39**	**147**	**52**
全部	256	127	27	60	43	338	100	39	147	52
城镇	219	109	21	50	39	245	76	31	94	43
城市	147	74	10	30	34	131	44	12	57	18
镇	71	35	10	21	5	114	32	19	38	25
乡村	38	18	6	9	4	93	23	8	53	9
山东	**1 070**	**279**	**37**	**644**	**110**	**239**	**56**	**12**	**134**	**37**
全部	1 070	279	37	644	110	239	56	12	134	37
城镇	943	259	33	550	102	235	55	12	132	36
城市	755	208	26	471	51	209	51	4	121	33
镇	187	51	7	78	51	26	4	7	12	3
乡村	127	20	4	94	8	4	2		1	1
河南	**306**	**177**	**4**	**95**	**30**	**113**	**12**	**8**	**73**	**20**
全部	306	177	4	95	30	113	12	8	73	20
城镇	252	141	4	79	28	75	10	6	38	20
城市	185	113	4	42	26	71	6	6	38	20
镇	67	28		36	2	4	4			
乡村	54	36		16	2	38	2	2	34	
湖北	**316**	**111**	**29**	**128**	**49**	**260**	**100**	**15**	**121**	**25**
全部	316	111	29	128	49	260	100	15	121	25
城镇	288	103	29	107	49	254	96	15	118	25
城市	269	100	25	96	49	222	93	14	96	19
镇	19	4	4	11		32	2	1	22	6
乡村	29	7		21		6	4		2	

表12-6 全国按现住地、户口登记地类型分的迁移人口(续 38)

单位：人

现住地	省外									
	安徽					福建				
	合计	乡	镇的居委会	镇的村委会	街道	合计	乡	镇的居委会	镇的村委会	街道
湖南	**186**	**113**	**5**	**57**	**11**	**238**	**77**	**28**	**101**	**32**
全部	186	113	5	57	11	238	77	28	101	32
城镇	157	99	1	47	11	210	69	27	83	32
城市	114	68		39	8	157	52	11	67	28
镇	43	31	1	8	3	53	17	16	16	4
乡村	29	15	4	11		28	8	1	19	
广东	**5 030**	**1 714**	**406**	**2 415**	**496**	**4 310**	**1 246**	**370**	**2 323**	**371**
全部	5 030	1 714	406	2 415	496	4 310	1 246	370	2 323	371
城镇	4 310	1 447	368	2 021	474	3 693	1 105	335	1 893	361
城市	3 568	1 181	306	1 650	431	3 105	911	292	1 578	324
镇	742	267	62	371	43	588	194	43	315	37
乡村	720	266	38	394	22	617	141	35	430	11
广西	**97**	**33**	**9**	**31**	**24**	**267**	**65**	**36**	**141**	**24**
全部	97	33	9	31	24	267	65	36	141	24
城镇	92	31	9	30	23	244	65	32	123	23
城市	72	21	9	21	22	198	53	24	99	22
镇	21	10		9	1	46	13	8	24	1
乡村	5	3		1	1	23		4	18	1
海南	**100**	**26**	**6**	**55**	**14**	**80**	**18**	**9**	**37**	**17**
全部	100	26	6	55	14	80	18	9	37	17
城镇	98	26	6	53	14	76	18	9	34	16
城市	93	26	5	48	14	70	17	8	28	16
镇	5			5		7			6	
乡村	2			2		4			3	
重庆	**98**	**16**	**23**	**36**	**24**	**99**	**19**	**13**	**49**	**18**
全部	98	16	23	36	24	99	19	13	49	18
城镇	73	12	17	31	13	79	14	13	35	17
城市	52	12	8	22	9	62	11	6	29	16
镇	22		8	9	4	17	3	8	6	1
乡村	24	4	6	5	10	20	5		14	1
四川	**138**	**37**	**5**	**66**	**30**	**158**	**44**	**13**	**67**	**34**
全部	138	37	5	66	30	158	44	13	67	34
城镇	93	25	3	44	20	141	39	12	59	32
城市	66	12		34	20	99	34	5	30	30
镇	27	13	3	10		42	5	7	29	2
乡村	45	12	2	22	10	17	5	2	8	2

表12–6 全国按现住地、户口登记地类型分的迁移人口(续 39)

单位：人

现住地	省外									
	安徽					福建				
	合计	乡	镇的居委会	镇的村委会	街道	合计	乡	镇的居委会	镇的村委会	街道
贵州	**105**	**25**	**9**	**46**	**26**	**229**	**66**	**15**	**108**	**40**
全部	105	25	9	46	26	229	66	15	108	40
城镇	65	18	2	32	12	188	35	13	102	38
城市	47	18		21	8	141	23	6	83	29
镇	18		2	11	4	47	11	8	19	9
乡村	40	7	7	13	13	41	31	1	7	2
云南	**199**	**67**	**7**	**91**	**33**	**399**	**99**	**42**	**207**	**51**
全部	199	67	7	91	33	399	99	42	207	51
城镇	178	57	6	85	29	380	92	40	197	51
城市	136	46	4	58	28	280	67	25	146	43
镇	42	11	2	28	1	100	25	15	51	8
乡村	21	10	1	6	4	19	7	2	10	
西藏	**5**		**1**	**2**	**1**	**1**	**1**			
全部	5		1	2	1	1	1			
城镇	5		1	2	1	1	1			
城市	5		1	2	1					
镇						1	1			
乡村										
陕西	**233**	**84**	**23**	**88**	**38**	**189**	**70**	**14**	**69**	**37**
全部	233	84	23	88	38	189	70	14	69	37
城镇	228	79	23	88	38	181	66	14	65	37
城市	199	71	18	76	34	177	66	12	62	37
镇	29	8	5	12	3	4		1	3	
乡村	5	5				8	4		4	
甘肃	**117**	**80**	**6**	**20**	**11**	**47**	**26**	**7**	**10**	**3**
全部	117	80	6	20	11	47	26	7	10	3
城镇	109	74	6	18	10	46	25	7	10	3
城市	78	57	2	11	9	29	19	1	7	3
镇	30	17	5	7	1	16	6	7	3	
乡村	8	5		2	1	1	1			
青海	**62**	**25**	**3**	**27**	**6**	**19**	**5**	**1**	**9**	**4**
全部	62	25	3	27	6	19	5	1	9	4
城镇	60	25	3	26	6	19	5	1	9	4
城市	43	16	1	22	4	16	3	1	8	4
镇	17	9	1	4	2	3	2		1	
乡村	2			2						
宁夏	**49**	**25**	**2**	**13**	**8**	**19**	**1**	**2**	**12**	**3**
全部	49	25	2	13	8	19	1	2	12	3
城镇	43	20	2	13	8	19	1	2	12	3
城市	38	17	1	12	8	19	1	2	12	3
镇	5	3	1	1						
乡村	6	5		1						
新疆	**506**	**309**	**19**	**153**	**26**	**96**	**42**	**10**	**31**	**13**
全部	506	309	19	153	26	96	42	10	31	13
城镇	337	187	18	113	19	86	39	10	25	12
城市	249	143	11	77	18	69	37	10	15	7
镇	88	43	6	36	2	17	2		10	5
乡村	169	122	1	40	6	10	3		6	1

表12-6 全国按现住地、户口登记地类型分的迁移人口(续 40)

单位：人

现住地	省外									
	江西					山东				
	合计	乡	镇的居委会	镇的村委会	街道	合计	乡	镇的居委会	镇的村委会	街道
全　国	**49 054**	**17 904**	**3 467**	**23 739**	**3 944**	**18 829**	**7 033**	**1 037**	**8 526**	**2 235**
全部	49 054	17 904	3 467	23 739	3 944	18 829	7 033	1 037	8 526	2 235
城镇	40 259	14 525	3 049	19 093	3 592	16 030	5 990	893	7 103	2 044
城市	31 984	11 231	2 558	14 974	3 220	13 690	5 076	750	6 001	1 863
镇	8 275	3 294	491	4 119	371	2 340	914	143	1 103	181
乡村	8 796	3 380	418	4 645	353	2 800	1 042	144	1 423	191
北　京	**907**	**225**	**83**	**381**	**217**	**3 258**	**1 010**	**205**	**1 403**	**640**
全部	907	225	83	381	217	3 258	1 010	205	1 403	640
城镇	815	204	81	315	215	2 927	918	187	1 194	627
城市	784	197	77	296	214	2 818	884	175	1 154	606
镇	31	7	3	19	2	109	35	12	40	22
乡村	92	21	2	67	2	331	91	18	209	12
天　津	**103**	**25**	**14**	**33**	**30**	**3 175**	**1 277**	**99**	**1 668**	**129**
全部	103	25	14	33	30	3 175	1 277	99	1 668	129
城镇	99	23	14	32	30	2 983	1 174	87	1 599	124
城市	87	21	12	24	29	2 485	946	77	1 354	109
镇	12	2	1	8	1	498	228	10	245	15
乡村	4	3		1		191	104	12	69	6
河　北	**115**	**33**	**10**	**53**	**20**	**548**	**202**	**38**	**205**	**103**
全部	115	33	10	53	20	548	202	38	205	103
城镇	105	31	10	44	20	442	146	33	181	82
城市	64	10	8	26	20	289	92	23	112	62
镇	41	21	2	18		153	54	10	69	20
乡村	10	2		8		107	56	5	25	21
山　西	**43**	**10**	**1**	**28**	**4**	**189**	**60**	**13**	**92**	**24**
全部	43	10	1	28	4	189	60	13	92	24
城镇	41	10	1	27	4	120	42	8	51	20
城市	35	5	1	26	4	91	36	5	33	17
镇	6	5		1		29	5	3	18	3
乡村	2	1		2		69	18	5	41	4
内蒙古	**98**	**48**	**7**	**29**	**14**	**204**	**83**	**17**	**71**	**34**
全部	98	48	7	29	14	204	83	17	71	34
城镇	98	48	7	29	14	182	71	15	67	29
城市	86	43	7	22	14	144	60	9	50	25
镇	13	6		7		38	11	6	17	4
乡村						23	11	2	4	5

表12-6　全国按现住地、户口登记地类型分的迁移人口(续 41)

单位：人

现住地	省外									
	江西					山东				
	合计	乡	镇的居委会	镇的村委会	街道	合计	乡	镇的居委会	镇的村委会	街道
辽宁	**133**	**31**	**16**	**54**	**31**	**1 129**	**363**	**38**	**624**	**104**
全部	133	31	16	54	31	1 129	363	38	624	104
城镇	128	26	16	54	31	969	283	34	567	85
城市	124	26	16	54	28	904	257	28	537	83
镇	4				4	65	26	6	30	3
乡村	5	5				160	80	4	58	19
吉林	**18**	**7**	**2**	**4**	**5**	**446**	**172**	**27**	**196**	**51**
全部	18	7	2	4	5	446	172	27	196	51
城镇	17	7	2	3	5	325	135	24	123	44
城市	15	7	2	2	4	193	106	12	51	24
镇	2			1	1	133	29	12	71	20
乡村	1			1		120	37	3	73	8
黑龙江	**114**	**75**	**4**	**27**	**9**	**820**	**286**	**28**	**419**	**86**
全部	114	75	4	27	9	820	286	28	419	86
城镇	114	75	4	27	9	618	204	25	315	74
城市	107	75	4	22	7	514	182	15	266	50
镇	7			5	2	104	22	9	49	23
乡村						202	82	4	104	13
上海	**3 586**	**1 615**	**367**	**1 033**	**571**	**1 985**	**909**	**112**	**721**	**243**
全部	3 586	1 615	367	1 033	571	1 985	909	112	721	243
城镇	3 098	1 362	343	833	559	1 782	827	106	612	238
城市	2 699	1 160	324	674	541	1 625	743	100	556	226
镇	399	202	20	159	18	158	84	6	56	12
乡村	488	253	23	199	12	202	83	5	109	5
江苏	**1 862**	**663**	**157**	**828**	**214**	**2 082**	**866**	**102**	**1 005**	**109**
全部	1 862	663	157	828	214	2 082	866	102	1 005	109
城镇	1 506	542	135	637	192	1 691	767	86	743	95
城市	1 287	491	119	511	166	1 353	587	74	603	88
镇	219	52	16	126	26	339	180	12	140	7
乡村	356	121	22	190	22	390	98	16	263	14
浙江	**11 604**	**4 738**	**449**	**6 087**	**330**	**1 240**	**422**	**70**	**685**	**64**
全部	11 604	4 738	449	6 087	330	1 240	422	70	685	64
城镇	8 973	3 530	346	4 825	272	970	362	35	529	45
城市	7 022	2 706	281	3 810	226	669	255	26	353	35
镇	1 951	824	65	1 015	46	301	107	9	175	10
乡村	2 630	1 208	103	1 262	58	269	59	35	156	19

表12-6 全国按现住地、户口登记地类型分的迁移人口(续 42)

单位：人

现住地	省外									
	江西					山东				
	合计	乡	镇的居委会	镇的村委会	街道	合计	乡	镇的居委会	镇的村委会	街道
安徽	**308**	**90**	**31**	**140**	**47**	**192**	**58**	**19**	**82**	**32**
全部	308	90	31	140	47	192	58	19	82	32
城镇	227	58	19	111	39	142	42	16	63	21
城市	98	26	11	29	32	79	37	5	18	19
镇	129	32	8	82	6	63	5	11	45	2
乡村	81	32	11	29	8	50	16	3	19	11
福建	**9 566**	**3 313**	**430**	**5 488**	**335**	**255**	**65**	**9**	**146**	**36**
全部	9 566	3 313	430	5 488	335	255	65	9	146	36
城镇	7 591	2 679	379	4 260	274	196	57	7	109	24
城市	5 646	1 770	306	3 320	250	177	53	7	95	23
镇	1 946	909	73	940	24	19	4		13	1
乡村	1 975	634	52	1 228	61	60	8	3	37	12
江西						**38**	**14**	**5**	**12**	**6**
全部						38	14	5	12	6
城镇						34	12	5	10	6
城市						25	12	5	3	5
镇						9			8	1
乡村						4	3		1	
山东	**189**	**49**	**23**	**80**	**36**					
全部	189	49	23	80	36					
城镇	180	49	22	76	33					
城市	160	36	22	72	30					
镇	20	13		4	3					
乡村	9		1	4	3					
河南	**73**	**34**	**6**	**18**	**14**	**190**	**91**	**10**	**62**	**26**
全部	73	34	6	18	14	190	91	10	62	26
城镇	65	26	6	18	14	145	65	10	44	26
城市	62	24	6	18	14	113	52	4	32	24
镇	2	2				32	12	6	12	2
乡村	8	8				44	26		18	
湖北	**290**	**118**	**24**	**76**	**72**	**103**	**29**	**1**	**20**	**54**
全部	290	118	24	76	72	103	29	1	20	54
城镇	270	108	24	69	70	97	27		17	52
城市	252	102	22	59	69	81	26		17	37
镇	19	6	1	10	1	16	1			15
乡村	20	10		7	2	6	1	1	2	1

表12-6　全国按现住地、户口登记地类型分的迁移人口(续 43)

单位：人

现住地	省外									
	江西					山东				
	合计	乡	镇的居委会	镇的村委会	街道	合计	乡	镇的居委会	镇的村委会	街道
湖　南	**365**	**122**	**59**	**138**	**45**	**48**	**35**	**3**	**4**	**7**
全部	365	122	59	138	45	48	35	3	4	7
城镇	268	91	47	96	35	45	35	3	3	5
城市	186	63	29	60	35	44	33	3	3	5
镇	81	28	17	36		1	1			
乡村	97	32	12	43	11	3			1	1
广　东	**18 478**	**6 342**	**1 633**	**8 748**	**1 755**	**1 797**	**580**	**149**	**797**	**272**
全部	18 478	6 342	1 633	8 748	1 755	1 797	580	149	797	272
城镇	15 637	5 364	1 454	7 229	1 590	1 543	500	136	652	255
城市	12 572	4 261	1 227	5 693	1 392	1 387	433	123	588	244
镇	3 065	1 103	227	1 537	198	155	66	14	64	11
乡村	2 840	978	179	1 519	165	255	80	13	145	17
广　西	**246**	**94**	**36**	**82**	**35**	**23**	**4**		**6**	**13**
全部	246	94	36	82	35	23	4		6	13
城镇	204	64	36	69	35	22	4		5	13
城市	92	37	12	30	14	21	4		4	13
镇	112	27	24	40	21	1			1	
乡村	42	30		13		1			1	
海　南	**154**	**26**	**21**	**81**	**26**	**52**	**7**	**6**	**22**	**17**
全部	154	26	21	81	26	52	7	6	22	17
城镇	153	26	21	81	25	51	7	6	21	17
城市	135	20	20	70	25	51	7	6	21	17
镇	18	6	1	11						
乡村	1			1		1			1	
重　庆	**94**	**13**	**8**	**64**	**8**	**78**	**18**	**10**	**38**	**12**
全部	94	13	8	64	8	78	18	10	38	12
城镇	52	10	8	24	8	41	12	3	14	12
城市	30	7	1	17	6	31	12	2	8	8
镇	22	4	8	8	3	10		1	6	4
乡村	42	3		39		37	6	8	24	
四　川	**152**	**47**	**13**	**45**	**45**	**99**	**13**	**15**	**35**	**35**
全部	152	47	13	45	45	99	13	15	35	35
城镇	120	34	13	30	42	86	13	13	25	34
城市	77	20	8	8	40	71	13	7	19	32
镇	42	13	5	22	2	15		7	7	2
乡村	32	13		15	3	13		2	10	2

表12-6　全国按现住地、户口登记地类型分的迁移人口(续 44)

单位：人

现住地	省外									
	江西					山东				
	合计	乡	镇的居委会	镇的村委会	街道	合计	乡	镇的居委会	镇的村委会	街道
贵州	**119**	**42**	**15**	**45**	**18**	**51**	**18**	**6**	**10**	**18**
全部	119	42	15	45	18	51	18	6	10	18
城镇	93	30	9	39	15	29	8	3	9	9
城市	54	25	6	17	7	23	8	2	6	8
镇	39	6	3	22	8	6		1	3	1
乡村	27	12	6	6	3	22	10	2	1	9
云南	**283**	**71**	**41**	**137**	**34**	**97**	**34**	**15**	**35**	**13**
全部	283	71	41	137	34	97	34	15	35	13
城镇	263	68	35	127	33	79	30	14	25	11
城市	197	52	23	90	32	64	26	14	14	10
镇	66	16	12	37	1	15	3		10	1
乡村	20	3	6	10	1	18	4	1	10	2
西藏	**2**			**1**	**1**	**2**			**1**	**1**
全部	2			1	1	2			1	1
城镇	2			1	1	2			1	1
城市	2			1		1				1
镇						1				
乡村										
陕西	**73**	**39**	**7**	**17**	**10**	**155**	**76**	**20**	**24**	**34**
全部	73	39	7	17	10	155	76	20	24	34
城镇	70	36	7	17	10	137	68	19	17	33
城市	53	32	3	9	9	128	66	15	14	33
镇	16	4	4	7	1	9	1	5	3	
乡村	3	3				17	8	1	8	1
甘肃	**23**	**10**	**1**	**9**	**3**	**68**	**30**	**3**	**18**	**16**
全部	23	10	1	9	3	68	30	3	18	16
城镇	22	10	1	9	3	63	29	3	15	16
城市	14	7	1	6	1	44	16	3	10	15
镇	8	3		3	2	19	12	1	5	1
乡村	1	1	1			5	2		3	
青海	**17**	**2**	**2**	**7**	**6**	**48**	**22**	**4**	**18**	**4**
全部	17	2	2	7	6	48	22	4	18	4
城镇	17	2	2	7	6	47	21	4	18	4
城市	13	1	1	6	5	32	13	4	12	3
镇	4	1	1	1	1	15	8	1	6	1
乡村						1	1			
宁夏	**5**	**3**			**2**	**68**	**33**		**20**	**14**
全部	5	3			2	68	33		20	14
城镇	5	3			2	66	32		20	14
城市	3	2			1	64	31		19	13
镇	1	1				2			1	1
乡村						1	1			
新疆	**36**	**16**	**7**	**6**	**7**	**390**	**257**	**11**	**85**	**36**
全部	36	16	7	6	7	390	257	11	85	36
城镇	28	8	7	5	7	194	101	9	56	28
城市	27	8	7	5	6	168	84	8	49	27
镇	1				1	26	17	1	7	1
乡村	8	7		1		195	156	2	29	8

表12-6 全国按现住地、户口登记地类型分的迁移人口(续45)

单位：人

现住地	省外									
	河南					湖北				
	合计	乡	镇的居委会	镇的村委会	街道	合计	乡	镇的居委会	镇的村委会	街道
全国	**59 690**	**27 632**	**2 447**	**25 869**	**3 743**	**47 014**	**15 170**	**3 710**	**22 442**	**5 691**
全部	59 690	27 632	2 447	25 869	3 743	47 014	15 170	3 710	22 442	5 691
城镇	47 810	21 836	2 048	20 543	3 382	38 885	12 436	3 247	18 050	5 152
城市	38 275	17 238	1 670	16 349	3 018	30 935	10 010	2 611	13 753	4 562
镇	9 534	4 597	379	4 194	364	7 950	2 426	637	4 297	590
乡村	11 880	5 796	398	5 326	361	8 129	2 734	463	4 392	539
北京	**5 728**	**2 260**	**228**	**2 647**	**594**	**2 109**	**505**	**193**	**937**	**473**
全部	5 728	2 260	228	2 647	594	2 109	505	193	937	473
城镇	5 095	2 079	210	2 230	576	1 859	482	179	730	468
城市	4 914	1 966	199	2 188	561	1 801	465	171	716	449
镇	181	113	11	42	15	58	17	8	14	19
乡村	633	181	18	416	18	250	24	14	208	5
天津	**1 391**	**643**	**64**	**584**	**101**	**526**	**214**	**31**	**220**	**61**
全部	1 391	643	64	584	101	526	214	31	220	61
城镇	1 260	568	60	545	87	511	209	30	213	59
城市	1 003	413	55	459	76	449	179	28	186	57
镇	257	154	6	86	11	62	30	2	27	3
乡村	131	75	4	39	14	15	5	1	7	2
河北	**1 177**	**622**	**31**	**450**	**74**	**284**	**66**	**28**	**149**	**41**
全部	1 177	622	31	450	74	284	66	28	149	41
城镇	914	479	25	350	61	194	44	25	87	38
城市	709	376	20	256	57	153	44	23	51	34
镇	205	103	5	94	3	41		2	36	3
乡村	263	143	7	100	13	90	21	3	62	3
山西	**884**	**385**	**31**	**388**	**80**	**201**	**65**	**8**	**103**	**26**
全部	884	385	31	388	80	201	65	8	103	26
城镇	682	261	24	323	74	177	45	8	99	25
城市	546	189	20	272	65	149	40	6	80	23
镇	135	72	5	50	9	28	5	1	19	2
乡村	202	124	7	65	6	25	20		5	1
内蒙古	**546**	**242**	**42**	**226**	**37**	**112**	**51**	**8**	**44**	**10**
全部	546	242	42	226	37	112	51	8	44	10
城镇	457	187	38	212	20	82	30	8	36	8
城市	362	151	32	160	19	69	29	5	27	7
镇	95	37	6	52	1	13	1	3	9	
乡村	88	54	4	14	17	30	21		7	2

表12-6 全国按现住地、户口登记地类型分的迁移人口(续 46)

单位：人

现住地	省外									
	河南					湖北				
	合计	乡	镇的居委会	镇的村委会	街道	合计	乡	镇的居委会	镇的村委会	街道
辽宁	**910**	**420**	**26**	**390**	**73**	**228**	**48**	**10**	**120**	**50**
全部	910	420	26	390	73	228	48	10	120	50
城镇	821	359	25	375	61	210	48	10	103	50
城市	661	247	25	335	54	193	45	10	88	50
镇	160	113		40	8	18	3		15	
乡村	89	61	1	15	11	18			18	
吉林	**237**	**119**	**12**	**68**	**38**	**140**	**30**	**5**	**91**	**14**
全部	237	119	12	68	38	140	30	5	91	14
城镇	222	111	11	63	38	138	28	5	91	13
城市	199	104	8	59	28	67	12	5	37	12
镇	24	8	2	4	10	71	16		54	1
乡村	15	8	2	5		2	2			1
黑龙江	**194**	**114**	**6**	**57**	**16**	**174**	**12**	**19**	**136**	**8**
全部	194	114	6	57	16	174	12	19	136	8
城镇	172	100	5	50	16	172	11	19	134	8
城市	154	93	5	44	12	133	11	18	99	6
镇	18	7		6	5	39		1	35	2
乡村	22	14	1	7		2	1		1	
上海	**3 946**	**2 227**	**147**	**1 271**	**300**	**2 371**	**998**	**200**	**703**	**470**
全部	3 946	2 227	147	1 271	300	2 371	998	200	703	470
城镇	3 491	1 973	139	1 089	291	2 058	863	178	561	456
城市	3 186	1 766	132	1 001	286	1 881	775	165	498	444
镇	305	206	6	88	5	176	89	13	62	12
乡村	454	255	9	183	9	314	135	22	142	14
江苏	**6 442**	**3 065**	**164**	**3 091**	**123**	**2 457**	**914**	**207**	**1 090**	**245**
全部	6 442	3 065	164	3 091	123	2 457	914	207	1 090	245
城镇	4 760	2 400	143	2 102	114	1 710	682	171	684	173
城市	3 286	1 653	92	1 448	93	1 208	511	147	392	157
镇	1 474	746	52	655	21	503	171	24	292	16
乡村	1 683	665	21	988	9	746	231	36	406	73
浙江	**6 943**	**3 093**	**177**	**3 505**	**168**	**5 852**	**1 638**	**319**	**3 627**	**268**
全部	6 943	3 093	177	3 505	168	5 852	1 638	319	3 627	268
城镇	5 078	2 197	155	2 588	138	4 648	1 293	267	2 854	235
城市	4 089	1 776	143	2 044	126	3 465	986	159	2 118	201
镇	989	422	12	545	12	1 183	307	107	736	33
乡村	1 864	895	22	917	30	1 204	345	52	773	33

表12-6 全国按现住地、户口登记地类型分的迁移人口(续 47)

单位：人

现住地	省外									
	河南					湖北				
	合计	乡	镇的居委会	镇的村委会	街道	合计	乡	镇的居委会	镇的村委会	街道
安徽	**586**	**280**	**47**	**196**	**63**	**287**	**66**	**68**	**87**	**66**
全部	586	280	47	196	63	287	66	68	87	66
城镇	396	169	34	148	45	225	50	56	76	43
城市	225	110	10	82	24	150	32	29	45	43
镇	171	60	24	66	21	76	18	27	31	
乡村	190	111	13	48	18	61	16	11	11	23
福建	**1 476**	**625**	**44**	**704**	**103**	**3 649**	**994**	**140**	**2 307**	**208**
全部	1 476	625	44	704	103	3 649	994	140	2 307	208
城镇	1 207	514	37	594	62	2 548	627	115	1 639	167
城市	942	367	33	491	52	1 599	359	98	1 009	134
镇	265	147	4	103	11	949	269	17	630	33
乡村	269	111	7	110	41	1 101	367	25	668	41
江西	**137**	**72**	**14**	**34**	**17**	**404**	**135**	**40**	**173**	**56**
全部	137	72	14	34	17	404	135	40	173	56
城镇	101	53	12	21	16	318	89	28	151	49
城市	45	21	8	12	5	202	44	16	109	34
镇	56	32	4	9	10	116	45	13	43	16
乡村	36	19	3	13	1	85	45	12	22	6
山东	**1 885**	**670**	**65**	**1 026**	**124**	**407**	**59**	**34**	**177**	**137**
全部	1 885	670	65	1 026	124	407	59	34	177	137
城镇	1 655	611	47	885	111	377	49	33	164	131
城市	1 036	362	37	544	93	328	49	31	129	119
镇	619	249	10	342	18	48		1	35	12
乡村	231	59	17	141	14	31	10	2	14	6
河南						**433**	**173**	**22**	**131**	**107**
全部						433	173	22	131	107
城镇						359	145	22	105	87
城市						302	131	16	91	65
镇						56	14	6	14	22
乡村						75	28		26	20
湖北	**1 253**	**554**	**61**	**490**	**148**					
全部	1 253	554	61	490	148					
城镇	1 190	532	59	456	143					
城市	1 061	519	47	365	130					
镇	128	12	11	91	14					
乡村	64	22	2	34	5					

表12-6 全国按现住地、户口登记地类型分的迁移人口(续 48)

单位：人

现住地	省外									
	河南					湖北				
	合计	乡	镇的居委会	镇的村委会	街道	合计	乡	镇的居委会	镇的村委会	街道
湖南	**276**	**157**	**15**	**75**	**29**	**913**	**406**	**69**	**307**	**130**
全部	276	157	15	75	29	913	406	69	307	130
城镇	252	146	12	65	28	797	365	61	245	126
城市	204	133	8	41	21	624	301	27	194	102
镇	48	13	4	24	7	173	64	35	51	24
乡村	24	11	3	9	1	116	41	8	63	4
广东	**19 513**	**8 732**	**951**	**8 719**	**1 111**	**23 695**	**7 903**	**2 067**	**10 961**	**2 765**
全部	19 513	8 732	951	8 719	1 111	23 695	7 903	2 067	10 961	2 765
城镇	15 564	6 957	708	6 886	1 014	20 247	6 717	1 812	9 205	2 512
城市	12 079	5 306	604	5 263	907	16 485	5 480	1 528	7 257	2 220
镇	3 485	1 651	103	1 623	108	3 762	1 237	284	1 949	292
乡村	3 948	1 776	243	1 833	97	3 448	1 186	255	1 755	252
广西	**172**	**56**	**19**	**65**	**31**	**286**	**60**	**30**	**139**	**58**
全部	172	56	19	65	31	286	60	30	139	58
城镇	145	44	19	53	30	271	55	30	128	58
城市	118	33	12	49	24	136	31	12	63	31
镇	27	10	8	4	5	135	24	18	65	27
乡村	27	13		13	1	15	5		10	
海南	**186**	**35**	**17**	**91**	**43**	**318**	**72**	**39**	**149**	**58**
全部	186	35	17	91	43	318	72	39	149	58
城镇	182	35	17	88	43	285	72	38	117	58
城市	173	33	15	87	38	270	68	36	108	57
镇	9	1	2	1	5	15	3	1	9	1
乡村	3			3		33		1	32	
重庆	**74**	**22**	**4**	**19**	**30**	**268**	**66**	**21**	**113**	**69**
全部	74	22	4	19	30	268	66	21	113	69
城镇	66	22	4	13	27	186	51	18	55	63
城市	39	17	2	5	16	97	20	6	22	50
镇	26	5	2	8	11	89	31	12	33	13
乡村	8			6	3	82	15	3	58	6
四川	**217**	**76**	**10**	**67**	**64**	**295**	**66**	**25**	**88**	**116**
全部	217	76	10	67	64	295	66	25	88	116
城镇	158	45	10	49	54	212	44	20	54	94
城市	109	30	5	32	42	158	24	7	47	81
镇	49	15	5	17	12	54	20	13	7	13
乡村	59	30		19	10	83	22	5	34	22

表12-6 全国按现住地、户口登记地类型分的迁移人口(续 49)

单位：人

现住地	省外									
	河南					湖北				
	合计	乡	镇的居委会	镇的村委会	街道	合计	乡	镇的居委会	镇的村委会	街道
贵州	**146**	**56**	**15**	**65**	**11**	**185**	**30**	**13**	**86**	**56**
全部	146	56	15	65	11	185	30	13	86	56
城镇	122	47	13	50	11	137	23	13	52	48
城市	102	38	7	46	11	96	17	6	35	39
镇	20	9	7	4		41	7	8	18	9
乡村	25	9	1	15		48	7		33	8
云南	**293**	**125**	**28**	**108**	**32**	**430**	**90**	**45**	**219**	**75**
全部	293	125	28	108	32	430	90	45	219	75
城镇	275	112	27	103	32	402	83	42	205	73
城市	224	88	23	82	30	292	62	26	146	59
镇	51	25	4	21	1	110	21	16	59	14
乡村	18	12	1	4		28	8	3	14	3
西藏	**12**	**5**	**1**	**3**	**3**	**11**	**5**	**2**	**2**	**2**
全部	12	5	1	3	3	11	5	2	2	2
城镇	12	5	1	3	3	9	3	2	2	2
城市	10	4	1	3	3	6	1	2	1	1
镇	1	1				3	2		1	
乡村						2	2			
陕西	**1 091**	**532**	**67**	**384**	**108**	**278**	**96**	**18**	**116**	**48**
全部	1 091	532	67	384	108	278	96	18	116	48
城镇	1 036	511	65	354	106	246	87	15	105	39
城市	969	489	59	324	98	211	86	11	79	36
镇	67	22	6	31	8	35	1	4	26	4
乡村	54	21	2	30	1	32	9	3	11	8
甘肃	**321**	**212**	**16**	**63**	**30**	**70**	**33**	**6**	**17**	**13**
全部	321	212	16	63	30	70	33	6	17	13
城镇	291	194	15	54	29	58	23	6	17	12
城市	201	139	6	36	20	39	17	3	10	9
镇	90	55	9	18	8	19	6	3	7	3
乡村	29	18	1	9	1	12	10	1		1
青海	**255**	**105**	**10**	**115**	**25**	**87**	**24**	**6**	**45**	**13**
全部	255	105	10	115	25	87	24	6	45	13
城镇	249	101	10	114	24	85	24	6	43	12
城市	208	78	7	104	18	58	14	3	32	8
镇	41	23	3	9	6	27	9	3	11	4
乡村	6	4		1	1	2			1	1
宁夏	**202**	**103**	**3**	**67**	**28**	**37**	**13**		**16**	**8**
全部	202	103	3	67	28	37	13		16	8
城镇	180	85	3	64	28	37	13		16	8
城市	147	64	3	55	25	33	10		15	8
镇	33	20		9	3	4	3		1	
乡村	21	18		3						
新疆	**3 199**	**2 025**	**133**	**902**	**139**	**507**	**341**	**37**	**88**	**42**
全部	3 199	2 025	133	902	139	507	341	37	88	42
城镇	1 776	940	121	615	99	328	181	31	79	37
城市	1 271	674	53	463	82	283	167	19	70	27
镇	504	266	68	153	17	44	14	12	8	10
乡村	1 423	1 084	12	287	40	180	159	6	9	5

表12-6 全国按现住地、户口登记地类型分的迁移人口(续 50)

单位：人

现住地	省外									
	湖南					广东				
	合计	乡	镇的居委会	镇的村委会	街道	合计	乡	镇的居委会	镇的村委会	街道
全国	**61 637**	**22 962**	**4 223**	**29 637**	**4 816**	**5 565**	**912**	**810**	**1 878**	**1 965**
全部	61 637	22 962	4 223	29 637	4 816	5 565	912	810	1 878	1 965
城镇	50 342	18 771	3 665	23 558	4 347	4 744	729	664	1 533	1 819
城市	38 542	14 375	2 867	17 636	3 664	3 930	618	497	1 230	1 585
镇	11 799	4 396	798	5 922	683	814	111	167	303	234
乡村	11 296	4 191	557	6 078	469	821	183	146	345	147
北京	**939**	**189**	**105**	**320**	**325**	**485**	**73**	**65**	**112**	**235**
全部	939	189	105	320	325	485	73	65	112	235
城镇	874	168	103	279	324	479	71	65	109	234
城市	860	164	101	278	316	474	71	60	109	234
镇	14	3	2	1	8	6		5		1
乡村	65	22	1	41	1	6	2		3	1
天津	**138**	**49**	**22**	**37**	**30**	**68**	**4**	**9**	**13**	**42**
全部	138	49	22	37	30	68	4	9	13	42
城镇	122	43	21	28	30	67	4	9	13	41
城市	108	35	20	24	29	63	3	7	12	40
镇	13	8	1	4	1	4	1	1	1	1
乡村	17	7	1	9	1	1				1
河北	**208**	**69**	**5**	**80**	**54**	**49**	**10**	**8**	**16**	**15**
全部	208	69	5	80	54	49	10	8	16	15
城镇	166	41	3	74	48	49	10	8	16	15
城市	161	39	3	72	46	49	10	8	16	15
镇	5	2		2	2					
乡村	43	28	2	7	7					
山西	**80**	**39**	**8**	**28**	**6**	**37**	**3**	**2**	**10**	**22**
全部	80	39	8	28	6	37	3	2	10	22
城镇	68	33	6	23	6	35	3	2	9	21
城市	59	30	6	17	6	33	2	2	9	21
镇	9	3		6		2	1		1	1
乡村	12	5	1	5	1	2	1		1	1
内蒙古	**42**	**4**	**1**	**16**	**21**	**24**		**2**	**4**	**18**
全部	42	4	1	16	21	24		2	4	18
城镇	38	2	1	14	21	18		2	4	12
城市	37	2	1	13	21	17		2	4	11
镇	1					1				1
乡村	5	2		3		6				6

表12-6 全国按现住地、户口登记地类型分的迁移人口(续 51)

单位：人

现住地	省外									
	湖南					广东				
	合计	乡	镇的居委会	镇的村委会	街道	合计	乡	镇的居委会	镇的村委会	街道
辽宁	**71**	**13**	**11**	**18**	**30**	**74**	**15**	**3**	**10**	**46**
全部	71	13	11	18	30	74	15	3	10	46
城镇	53	8	4	11	30	69	14	3	9	44
城市	53	8	4	11	30	60	13	3	6	39
镇						9	1		3	5
乡村	19	5	8	6		5	1		1	3
吉林	**16**	**7**	**1**	**5**	**4**	**16**	**2**		**4**	**11**
全部	16	7	1	5	4	16	2		4	11
城镇	15	7	1	3	4	14	2		3	9
城市	14	7	1	2	4	12	2		3	8
镇	1			1		2				2
乡村	2			2		2			1	2
黑龙江	**34**	**8**	**4**	**20**	**2**	**21**	**4**	**4**	**5**	**9**
全部	34	8	4	20	2	21	4	4	5	9
城镇	32	6	4	20	2	19	4	4	5	7
城市	23	4		18	2	15	4	1	5	6
镇	8	2	4	2		4		2		1
乡村	2	2				2				2
上海	**1 312**	**605**	**114**	**399**	**195**	**477**	**102**	**58**	**80**	**237**
全部	1 312	605	114	399	195	477	102	58	80	237
城镇	1 159	531	106	331	192	474	101	57	79	236
城市	1 031	459	101	289	182	456	98	55	71	233
镇	128	72	5	41	10	17	4	2	9	3
乡村	153	74	8	68	3	4	1	1	1	1
江苏	**1 026**	**332**	**59**	**534**	**102**	**228**	**43**	**16**	**48**	**121**
全部	1 026	332	59	534	102	228	43	16	48	121
城镇	719	247	43	337	92	202	35	12	38	117
城市	511	169	36	240	66	180	22	7	35	116
镇	207	78	7	97	26	22	12	5	3	2
乡村	308	85	16	197	10	26	9	3	10	3
浙江	**4 547**	**1 669**	**226**	**2 531**	**122**	**274**	**39**	**29**	**141**	**65**
全部	4 547	1 669	226	2 531	122	274	39	29	141	65
城镇	3 124	1 141	184	1 692	107	252	36	28	125	64
城市	2 300	830	145	1 240	85	211	32	16	109	55
镇	824	311	39	452	22	41	4	12	16	9
乡村	1 422	527	42	839	14	22	3	1	16	1

表12-6 全国按现住地、户口登记地类型分的迁移人口(续 52)

单位：人

现住地	省外									
	湖南					广东				
	合计	乡	镇的居委会	镇的村委会	街道	合计	乡	镇的居委会	镇的村委会	街道
安徽	**168**	**69**	**13**	**66**	**19**	**69**	**13**	**5**	**23**	**29**
全部	168	69	13	66	19	69	13	5	23	29
城镇	137	60	11	47	19	55	10	3	18	24
城市	90	42	8	29	11	42	10	2	10	21
镇	47	18	3	18	8	13		2	8	3
乡村	31	10	2	19		14	3	2	5	5
福建	**1 856**	**577**	**102**	**1 046**	**131**	**343**	**46**	**52**	**158**	**87**
全部	1 856	577	102	1 046	131	343	46	52	158	87
城镇	1 414	446	98	792	78	262	34	42	101	85
城市	1 141	347	81	646	68	203	28	34	70	70
镇	273	99	17	146	11	60	7	8	30	15
乡村	442	131	4	254	53	81	12	9	57	3
江西	**559**	**230**	**43**	**234**	**52**	**259**	**62**	**45**	**85**	**66**
全部	559	230	43	234	52	259	62	45	85	66
城镇	397	157	30	162	49	186	49	38	49	50
城市	110	40	12	35	23	44	4	4	9	27
镇	287	116	18	127	26	142	45	34	40	23
乡村	162	74	13	72	3	72	13	8	36	16
山东	**172**	**53**	**7**	**75**	**37**	**92**	**11**	**13**	**41**	**27**
全部	172	53	7	75	37	92	11	13	41	27
城镇	158	47	7	68	36	89	9	13	41	26
城市	131	35	7	62	28	79	9	13	38	19
镇	26	12		6	8	9			3	6
乡村	15	6		7	1	3	2			1
河南	**163**	**111**	**8**	**22**	**22**	**107**	**26**	**4**	**14**	**62**
全部	163	111	8	22	22	107	26	4	14	62
城镇	123	75	8	20	20	97	24	2	12	58
城市	99	54	4	20	20	79	22	2	12	42
镇	24	20	4			18	2			16
乡村	40	36		2	2	10	2	2	2	4
湖北	**645**	**213**	**69**	**267**	**97**	**186**	**19**	**29**	**40**	**98**
全部	645	213	69	267	97	186	19	29	40	98
城镇	561	191	59	219	92	168	14	29	32	93
城市	442	176	35	154	77	145	14	21	25	85
镇	118	15	24	65	15	24		7	7	9
乡村	85	22	10	47	5	17	5		7	5

表12-6　全国按现住地、户口登记地类型分的迁移人口(续 53)

单位：人

现住地	省外									
	湖南					广东				
	合计	乡	镇的居委会	镇的村委会	街道	合计	乡	镇的居委会	镇的村委会	街道
湖　南						**422**	**87**	**113**	**77**	**145**
全部						422	87	113	77	145
城镇						257	33	49	60	114
城市						196	27	28	49	92
镇						61	7	21	11	23
乡村						165	53	64	17	31
广　东	**44 981**	**17 054**	**2 931**	**22 085**	**2 911**					
全部	44 981	17 054	2 931	22 085	2 911					
城镇	37 098	14 108	2 541	17 839	2 611					
城市	29 009	11 004	2 082	13 596	2 328					
镇	8 089	3 104	459	4 243	283					
乡村	7 883	2 946	390	4 246	300					
广　西	**1 472**	**645**	**131**	**512**	**185**	**759**	**85**	**127**	**342**	**205**
全部	1 472	645	131	512	185	759	85	127	342	205
城镇	1 337	584	104	469	180	605	49	103	263	191
城市	775	362	45	278	90	403	38	72	177	115
镇	562	222	59	191	90	203	10	31	86	76
乡村	136	62	27	42	5	154	36	24	80	14
海　南	**553**	**168**	**63**	**257**	**65**	**737**	**134**	**109**	**387**	**108**
全部	553	168	63	257	65	737	134	109	387	108
城镇	504	166	63	211	65	690	131	107	353	98
城市	446	154	56	173	63	632	129	97	319	88
镇	58	12	7	37	2	58	2	10	35	10
乡村	49	2		46		47	2	2	34	9
重　庆	**189**	**96**	**18**	**55**	**20**	**91**	**12**	**10**	**32**	**37**
全部	189	96	18	55	20	91	12	10	32	37
城镇	163	86	16	42	19	70	11	8	16	35
城市	91	45	4	25	17	52	11	1	11	28
镇	71	40	12	17	2	18		7	5	7
乡村	26	10	2	13	1	22	1	3	16	2
四　川	**298**	**96**	**42**	**99**	**61**	**236**	**45**	**42**	**52**	**96**
全部	298	96	42	99	61	236	45	42	52	96
城镇	209	72	35	64	37	153	29	27	25	72
城市	118	39	13	42	24	118	25	15	17	61
镇	91	34	22	22	13	35	3	12	8	12
乡村	89	24	7	35	24	83	17	15	27	24

表12-6　全国按现住地、户口登记地类型分的迁移人口(续 54)

单位：人

现住地	省外									
	湖南					广东				
	合计	乡	镇的居委会	镇的村委会	街道	合计	乡	镇的居委会	镇的村委会	街道
贵州	**818**	**202**	**90**	**397**	**128**	**103**	**16**	**16**	**36**	**36**
全部	818	202	90	397	128	103	16	16	36	36
城镇	693	158	75	349	110	59	4	11	19	25
城市	292	90	23	132	47	50	4	9	16	21
镇	401	68	51	218	64	9		2	3	3
乡村	125	44	16	48	18	44	11	4	17	11
云南	**937**	**297**	**110**	**387**	**143**	**239**	**31**	**31**	**119**	**58**
全部	937	297	110	387	143	239	31	31	119	58
城镇	819	250	104	335	130	216	26	26	107	57
城市	342	117	52	127	46	166	18	22	75	52
镇	477	133	52	208	84	50	8	4	32	5
乡村	118	47	6	52	13	23	6	4	12	1
西藏	**13**	**8**	**1**	**3**		**1**		**1**		
全部	13	8	1	3		1		1		
城镇	12	8	1	3		1		1		
城市	3	1	1	1		1		1		
镇	9	7		2						
乡村	1	1								
陕西	**121**	**45**	**10**	**51**	**15**	**81**	**13**	**9**	**16**	**44**
全部	121	45	10	51	15	81	13	9	16	44
城镇	114	42	10	48	14	77	12	8	14	43
城市	97	37	8	43	9	74	10	7	14	43
镇	17	5	2	5	5	3	2	1		
乡村	7	3		3	1	4	1	1	2	1
甘肃	**40**	**15**	**5**	**10**	**9**	**21**	**4**	**3**	**5**	**9**
全部	40	15	5	10	9	21	4	3	5	9
城镇	37	15	5	8	9	19	4	2	4	9
城市	30	12	3	6	8	19	4	2	4	8
镇	7	3	1	2	1	1				1
乡村	2		1	2		2		1	1	
青海	**47**	**15**	**8**	**15**	**9**	**8**		**1**	**2**	**5**
全部	47	15	8	15	9	8		1	2	5
城镇	47	15	8	15	9	7		1	2	5
城市	34	11	7	9	6	7		1	2	5
镇	13	4	1	6	3					
乡村										
宁夏	**14**	**3**	**2**	**6**	**2**	**11**	**1**	**1**	**1**	**7**
全部	14	3	2	6	2	11	1	1	1	7
城镇	14	3	2	6	2	11	1	1	1	7
城市	13	3	2	6	2	10	1	1	1	7
镇										
乡村										
新疆	**177**	**81**	**17**	**62**	**18**	**48**	**12**	**5**	**6**	**26**
全部	177	81	17	62	18	48	12	5	6	26
城镇	139	63	14	50	12	44	9	5	6	25
城市	122	59	6	44	12	40	7	5	4	24
镇	17	4	7	6		5	2		2	1
乡村	38	18	3	12	6	4	3			1

表12-6　全国按现住地、户口登记地类型分的迁移人口(续 55)

单位：人

现住地	省外									
	广西					海南				
	合计	乡	镇的居委会	镇的村委会	街道	合计	乡	镇的居委会	镇的村委会	街道
全　国	**37 468**	**13 577**	**1 723**	**20 290**	**1 879**	**2 217**	**453**	**432**	**741**	**591**
全部	37 468	13 577	1 723	20 290	1 879	2 217	453	432	741	591
城镇	30 222	11 072	1 509	15 962	1 680	1 909	367	389	599	554
城市	23 540	8 590	1 138	12 339	1 473	1 546	289	287	496	474
镇	6 682	2 482	370	3 623	206	363	77	102	103	80
乡村	7 246	2 505	214	4 328	199	308	86	43	142	37
北　京	**192**	**38**	**15**	**54**	**86**	**45**	**2**	**9**	**5**	**29**
全部	192	38	15	54	86	45	2	9	5	29
城镇	175	30	15	44	86	45	2	9	5	29
城市	170	28	14	44	84	45	2	9	5	29
镇	4	2	1		1	1				1
乡村	17	7		9	1					
天　津	**32**	**10**	**5**	**8**	**8**	**25**	**2**	**1**		**23**
全部	32	10	5	8	8	25	2	1		23
城镇	26	8	5	5	8	25	2	1		23
城市	20	5	5	5	6	20	2	1		18
镇	5	3		1	2	5				5
乡村	6	3		3						
河　北	**66**	**20**	**2**	**36**	**8**	**13**	**2**	**7**		**5**
全部	66	20	2	36	8	13	2	7		5
城镇	23		2	15	7	13	2	7		5
城市	15		2	8	5	7	2			5
镇	8			7	2	7		7		
乡村	43	20		21	2					
山　西	**18**	**6**	**2**	**6**	**3**	**2**			**1**	**1**
全部	18	6	2	6	3	2			1	1
城镇	3	1	1	1	2	2			1	1
城市	3		1	1	2	2			1	1
镇	1	1								
乡村	14	6	2	6	1					
内蒙古	**39**	**28**	**2**	**7**	**2**	**3**	**1**	**1**		**1**
全部	39	28	2	7	2	3	1	1		1
城镇	33	27	2	4		3	1	1		1
城市	33	27	2	4		2		1		1
镇						1	1			
乡村	6	1		3	2					

表12-6 全国按现住地、户口登记地类型分的迁移人口(续 56)

单位：人

现住地	省外									
	广西					海南				
	合计	乡	镇的居委会	镇的村委会	街道	合计	乡	镇的居委会	镇的村委会	街道
辽宁	**15**	**5**	**1**	**1**	**8**	**4**			**1**	**3**
全部	15	5	1	1	8	4			1	3
城镇	15	5	1	1	8	3			1	1
城市	15	5	1	1	8	3			1	1
镇										
乡村						1				1
吉林	**2**	**1**			**2**	**3**				**3**
全部	2	1			2	3				3
城镇	2	1			2	3				3
城市	2	1			2	2				2
镇						1				1
乡村										
黑龙江	**9**			**5**	**5**	**7**				**7**
全部	9			5	5	7				7
城镇	9			5	5	7				7
城市	9			5	5	7				7
镇										
乡村										
上海	**238**	**91**	**23**	**69**	**55**	**52**	**13**	**4**	**11**	**24**
全部	238	91	23	69	55	52	13	4	11	24
城镇	202	73	21	55	54	51	13	4	10	24
城市	180	67	19	41	53	49	13	4	9	24
镇	22	6	2	13		2			1	
乡村	36	19	2	15	1	1			1	
江苏	**294**	**111**	**28**	**136**	**19**	**33**	**2**	**7**	**12**	**12**
全部	294	111	28	136	19	33	2	7	12	12
城镇	200	74	26	83	17	28	2	7	7	12
城市	126	60	3	45	17	22	2	5	7	9
镇	74	14	22	38		5		2		3
乡村	93	36	2	54	2	5			5	
浙江	**1 047**	**362**	**39**	**610**	**36**	**28**	**4**	**3**	**12**	**9**
全部	1 047	362	39	610	36	28	4	3	12	9
城镇	595	213	25	330	28	20	3	3	6	9
城市	445	174	17	232	22	16	3	1	6	6
镇	151	39	7	98	6	4		1		3
乡村	452	149	14	280	9	7	1		6	

表12-6 全国按现住地、户口登记地类型分的迁移人口(续 57)

单位：人

现住地	省外									
	广西					海南				
	合计	乡	镇的居委会	镇的村委会	街道	合计	乡	镇的居委会	镇的村委会	街道
安徽	**53**	**14**	**6**	**31**	**2**	**16**		**3**	**3**	**10**
全部	53	14	6	31	2	16		3	3	10
城镇	26	8	5	11	2	16		3	3	10
城市	23	6	5	10	2	11			3	8
镇	3	2		2		5		3		2
乡村	27	6	2	19						
福建	**416**	**128**	**21**	**240**	**26**	**32**	**5**	**4**	**15**	**8**
全部	416	128	21	240	26	32	5	4	15	8
城镇	273	73	19	163	19	17	3	3	9	3
城市	168	37	13	106	12	11	3	1	5	1
镇	105	36	5	57	7	7		1	4	1
乡村	143	56	3	77	8	15	3	1	5	5
江西	**93**	**44**	**12**	**34**	**4**	**14**	**4**	**3**		**8**
全部	93	44	12	34	4	14	4	3		8
城镇	56	26	8	18	4	14	4	3		8
城市	14	9		4	1	6	3			4
镇	41	17	8	14	3	8	1	3		4
乡村	38	18	4	16						
山东	**39**	**10**		**16**	**13**	**25**	**3**		**2**	**20**
全部	39	10		16	13	25	3		2	20
城镇	18	3		5	10	22			2	19
城市	15	1		4	10	15			2	13
镇	3	2		1		6				6
乡村	21	7		11	3	4	3			1
河南	**30**	**16**	**2**	**2**	**10**	**24**	**2**	**4**	**2**	**16**
全部	30	16	2	2	10	24	2	4	2	16
城镇	24	10	2	2	10	22		4	2	16
城市	24	10	2	2	10	18		4	2	12
镇						4				4
乡村	6	6				2	2			
湖北	**65**	**16**	**2**	**25**	**21**	**32**	**4**	**6**	**2**	**20**
全部	65	16	2	25	21	32	4	6	2	20
城镇	47	11	1	19	16	26	1	6		19
城市	46	11	1	17	16	25	1	5		19
镇	1			1		1		1		
乡村	17	5	1	6	5	6	2		2	1

表12-6 全国按现住地、户口登记地类型分的迁移人口(续 58)

单位：人

现住地	省外									
	广西					海南				
	合计	乡	镇的居委会	镇的村委会	街道	合计	乡	镇的居委会	镇的村委会	街道
湖南	**225**	**100**	**27**	**65**	**33**	**33**	**8**	**5**	**7**	**13**
全部	225	100	27	65	33	33	8	5	7	13
城镇	117	35	27	31	25	20	1	4	3	12
城市	60	28	7	4	21	16	1		3	12
镇	57	7	20	27	4	4		4		
乡村	108	65		35	8	13	7	1	4	1
广东	**33 509**	**12 273**	**1 442**	**18 390**	**1 405**	**1 703**	**375**	**345**	**655**	**328**
全部	33 509	12 273	1 442	18 390	1 405	1 703	375	345	655	328
城镇	27 568	10 286	1 278	14 741	1 263	1 478	326	305	540	306
城市	21 604	7 983	996	11 533	1 093	1 206	256	243	443	265
镇	5 963	2 303	282	3 208	170	271	71	62	97	42
乡村	5 942	1 987	164	3 649	142	226	49	40	115	22
广西						**62**	**15**	**24**	**5**	**17**
全部						62	15	24	5	17
城镇						47	4	24	4	15
城市						24		10	4	10
镇						23	4	14		5
乡村						14	12		1	1
海南	**420**	**90**	**40**	**267**	**23**					
全部	420	90	40	267	23					
城镇	379	89	39	229	23					
城市	351	85	36	209	20					
镇	28	4	2	20	2					
乡村	40	1	1	38						
重庆	**34**	**8**	**6**	**13**	**7**	**8**	**2**	**3**	**1**	**3**
全部	34	8	6	13	7	8	2	3	1	3
城镇	21	3	4	8	7	7	1	3		3
城市	19	3	3	7	7	5	1	1		3
镇	2		1	1		2		2		
乡村	13	6	2	6		2	1		1	
四川	**84**	**30**	**3**	**17**	**34**	**24**	**8**		**3**	**12**
全部	84	30	3	17	34	24	8		3	12
城镇	39	7	2	5	25	13	2		3	8
城市	29	3		3	22	13	2		3	8
镇	10	3	2	2	3					
乡村	45	24	2	12	8	10	7			3

表12-6 全国按现住地、户口登记地类型分的迁移人口(续 59)

单位：人

现住地	省外									
	广西					海南				
	合计	乡	镇的居委会	镇的村委会	街道	合计	乡	镇的居委会	镇的村委会	街道
贵州	**192**	**59**	**11**	**92**	**30**	**4**			**2**	**2**
全部	192	59	11	92	30	4			2	2
城镇	146	40	8	70	28	3			1	2
城市	63	19	2	17	25	2				2
镇	84	21	6	54	3	1			1	
乡村	46	19	3	21	2	1			1	
云南	**314**	**101**	**31**	**152**	**30**	**11**		**3**		**8**
全部	314	101	31	152	30	11		3		8
城镇	192	45	19	105	24	11		3		8
城市	77	22	7	27	21	8		2		6
镇	115	23	12	78	3	3		1		2
乡村	122	56	13	47	6					
西藏										
全部										
城镇										
城市										
镇										
乡村										
陕西	**11**	**1**	**2**	**4**	**4**	**7**	**1**	**1**		**5**
全部	11	1	2	4	4	7	1	1		5
城镇	11	1	2	4	4	6	1	1		5
城市	10	1	2	3	4	4	1			4
镇	1					2		1		1
乡村						1		1		
甘肃	**4**			**2**	**2**	**1**				**1**
全部	4			2	2	1				1
城镇	3			1	2	1				1
城市	3			1	2	1				1
镇										
乡村	1			1						
青海	**3**			**1**	**2**					
全部	3			1	2					
城镇	3			1	2					
城市	3			1	2					
镇										
乡村										
宁夏	**2**			**2**						
全部	2			2						
城镇	1			1						
城市	1			1						
镇										
乡村										
新疆	**21**	**13**	**1**	**5**	**3**	**4**			**1**	**3**
全部	21	13	1	5	3	4			1	3
城镇	13	5	1	5	3	4			1	3
城市	11	4	1	4	3	4			1	3
镇	2	1		1						
乡村	8	8								

表12-6 全国按现住地、户口登记地类型分的迁移人口(续60)

单位：人

现住地	省外									
	重庆					四川				
	合计	乡	镇的居委会	镇的村委会	街道	合计	乡	镇的居委会	镇的村委会	街道
全　国	**30 786**	**10 824**	**1 783**	**15 792**	**2 386**	**77 350**	**31 149**	**3 568**	**38 113**	**4 519**
全部	30 786	10 824	1 783	15 792	2 386	77 350	31 149	3 568	38 113	4 519
城镇	24 541	8 719	1 488	12 201	2 132	61 365	24 727	3 060	29 559	4 019
城市	18 766	6 579	1 060	9 282	1 845	47 423	19 059	2 379	22 526	3 458
镇	5 775	2 140	427	2 919	288	13 942	5 667	682	7 033	561
乡村	6 245	2 104	296	3 591	254	15 985	6 423	508	8 554	500
北　京	**709**	**198**	**52**	**314**	**145**	**3 040**	**1 216**	**149**	**1 340**	**334**
全部	709	198	52	314	145	3 040	1 216	149	1 340	334
城镇	608	160	48	256	143	2 818	1 123	143	1 227	325
城市	594	158	45	249	142	2 772	1 113	137	1 214	308
镇	14	2	3	8	1	47	10	6	13	17
乡村	102	38	4	58	2	222	93	6	113	9
天　津	**136**	**56**	**7**	**47**	**26**	**524**	**283**	**41**	**160**	**41**
全部	136	56	7	47	26	524	283	41	160	41
城镇	118	43	7	43	25	467	250	35	143	40
城市	95	36	4	32	23	352	179	30	110	33
镇	23	7	3	11	3	115	71	5	32	7
乡村	18	13		4		56	33	6	17	1
河　北	**143**	**46**	**13**	**41**	**43**	**840**	**442**	**33**	**300**	**66**
全部	143	46	13	41	43	840	442	33	300	66
城镇	102	30	13	18	41	378	166	23	148	41
城市	89	20	13	16	39	323	148	23	112	41
镇	13	10		2	2	54	18		36	
乡村	41	16		23	2	463	276	10	153	25
山　西	**80**	**24**	**10**	**34**	**12**	**484**	**210**	**15**	**218**	**40**
全部	80	24	10	34	12	484	210	15	218	40
城镇	50	12	8	20	10	280	89	13	143	35
城市	40	9	7	14	10	241	69	10	129	33
镇	10	2	1	6	1	40	21	2	14	2
乡村	31	12	3	14	2	203	121	2	75	5
内蒙古	**159**	**85**	**8**	**55**	**11**	**283**	**121**	**13**	**118**	**32**
全部	159	85	8	55	11	283	121	13	118	32
城镇	112	82	6	18	5	177	63	7	87	20
城市	110	81	6	18	5	145	44	5	76	19
镇	2	1	1			31	19	1	11	
乡村	47	4	1	36	6	107	58	6	30	12

表12-6　全国按现住地、户口登记地类型分的迁移人口(续 61)

单位：人

现住地	省外									
	重庆					四川				
	合计	乡	镇的居委会	镇的村委会	街道	合计	乡	镇的居委会	镇的村委会	街道
辽　宁	**109**	**50**		**53**	**6**	**394**	**185**	**20**	**135**	**54**
全部	109	50		53	6	394	185	20	135	54
城镇	89	49		36	4	354	163	20	119	53
城市	61	26		31	4	315	145	20	104	46
镇	28	23		5		39	18		15	6
乡村	20	1		16	3	40	23		16	1
吉　林	**23**	**2**	**3**	**8**	**11**	**107**	**44**	**11**	**36**	**16**
全部	23	2	3	8	11	107	44	11	36	16
城镇	23	2	3	8	11	96	41	11	31	13
城市	15		3	3	8	69	27	11	21	11
镇	8	2		5	2	27	14		11	2
乡村						12	4		5	3
黑龙江	**25**	**7**	**1**	**4**	**13**	**95**	**37**	**8**	**35**	**14**
全部	25	7	1	4	13	95	37	8	35	14
城镇	21	7	1	4	9	82	29	6	33	14
城市	18	7		4	7	78	28	6	33	12
镇	4		1		2	4	1			2
乡村	4				4	13	8	2	2	
上　海	**1 601**	**775**	**56**	**619**	**151**	**4 578**	**2 355**	**178**	**1 753**	**292**
全部	1 601	775	56	619	151	4 578	2 355	178	1 753	292
城镇	1 314	636	55	476	147	3 833	2 000	173	1 377	284
城市	1 103	533	52	376	143	3 365	1 697	160	1 240	268
镇	211	103	3	100	5	468	302	13	137	15
乡村	287	139	1	144	4	745	355	4	377	8
江　苏	**1 399**	**726**	**98**	**536**	**40**	**6 294**	**2 904**	**168**	**3 079**	**143**
全部	1 399	726	98	536	40	6 294	2 904	168	3 079	143
城镇	1 014	534	85	365	31	3 668	1 843	131	1 579	114
城市	608	299	73	207	29	2 132	1 066	98	888	79
镇	406	235	12	157	2	1 536	777	33	691	35
乡村	385	192	14	171	9	2 626	1 061	36	1 500	29
浙　江	**4 544**	**1 204**	**175**	**3 052**	**113**	**11 168**	**3 867**	**316**	**6 790**	**194**
全部	4 544	1 204	175	3 052	113	11 168	3 867	316	6 790	194
城镇	3 472	952	113	2 294	113	8 471	3 010	239	5 049	172
城市	2 709	800	93	1 711	106	6 276	2 378	190	3 563	145
镇	763	152	20	584	7	2 194	632	49	1 486	28
乡村	1 072	252	62	758		2 697	858	77	1 741	22

表12-6 全国按现住地、户口登记地类型分的迁移人口(续 62)

单位：人

现住地	省外									
	重庆					四川				
	合计	乡	镇的居委会	镇的村委会	街道	合计	乡	镇的居委会	镇的村委会	街道
安徽	**92**	**31**	**10**	**40**	**11**	**261**	**89**	**13**	**113**	**47**
全部	92	31	10	40	11	261	89	13	113	47
城镇	68	13	8	35	11	192	52	8	87	45
城市	48	8	3	27	10	137	29	5	68	35
镇	19	5	5	8	2	55	23	3	19	10
乡村	24	18	2	5		69	37	5	26	2
福建	**4 008**	**1 246**	**109**	**2 555**	**99**	**7 229**	**2 452**	**213**	**4 408**	**156**
全部	4 008	1 246	109	2 555	99	7 229	2 452	213	4 408	156
城镇	3 058	994	95	1 881	87	5 390	1 868	176	3 236	110
城市	2 253	676	75	1 426	75	4 138	1 273	156	2 613	95
镇	805	318	20	455	12	1 252	594	20	623	15
乡村	950	252	13	674	12	1 839	584	37	1 171	46
江西	**83**	**48**	**14**	**8**	**13**	**154**	**52**	**26**	**58**	**18**
全部	83	48	14	8	13	154	52	26	58	18
城镇	72	43	12	5	13	103	22	21	43	18
城市	34	6	12	4	12	62	12	6	31	13
镇	39	36		1	1	41	10	14	12	5
乡村	10	5	3	3		50	30	5	16	
山东	**138**	**31**	**12**	**76**	**19**	**645**	**96**	**32**	**425**	**92**
全部	138	31	12	76	19	645	96	32	425	92
城镇	106	26	12	52	16	561	76	30	368	86
城市	96	26	12	42	16	426	65	21	278	62
镇	10			10		135	11	9	91	24
乡村	32	5		25	3	84	20	2	56	6
河南	**194**	**103**	**18**	**56**	**16**	**246**	**105**	**12**	**105**	**24**
全部	194	103	18	56	16	246	105	12	105	24
城镇	171	95	14	48	14	196	77	12	93	14
城市	151	89	14	34	14	143	62	10	60	10
镇	20	6		14		52	14	2	32	4
乡村	22	8	4	8	2	50	28		12	10
湖北	**909**	**299**	**62**	**460**	**88**	**594**	**230**	**34**	**222**	**108**
全部	909	299	62	460	88	594	230	34	222	108
城镇	737	264	55	346	72	501	188	30	179	103
城市	578	222	40	274	42	435	174	24	147	90
镇	159	42	15	72	30	66	14	6	32	14
乡村	172	35	7	113	16	93	42	4	42	5

表12-6 全国按现住地、户口登记地类型分的迁移人口(续63)

单位：人

现住地	省外									
	重庆					四川				
	合计	乡	镇的居委会	镇的村委会	街道	合计	乡	镇的居委会	镇的村委会	街道
湖南	**182**	**63**	**5**	**89**	**25**	**234**	**118**	**24**	**52**	**40**
全部	182	63	5	89	25	234	118	24	52	40
城镇	130	48	5	56	21	180	79	23	40	39
城市	112	37	4	51	20	150	63	23	27	39
镇	19	11	1	5	1	29	16		13	
乡村	52	15		33	4	55	40	1	12	1
广东	**10 511**	**3 642**	**597**	**5 587**	**685**	**27 970**	**11 163**	**1 376**	**13 966**	**1 464**
全部	10 511	3 642	597	5 587	685	27 970	11 163	1 376	13 966	1 464
城镇	8 590	3 016	478	4 504	593	23 683	9 647	1 194	11 545	1 298
城市	6 834	2 319	379	3 614	522	18 613	7 528	960	9 018	1 108
镇	1 755	697	99	889	71	5 070	2 119	234	2 527	190
乡村	1 921	627	119	1 083	92	4 287	1 516	183	2 422	167
广西	**104**	**18**	**15**	**44**	**27**	**228**	**76**	**33**	**71**	**49**
全部	104	18	15	44	27	228	76	33	71	49
城镇	101	18	15	42	26	190	63	33	45	49
城市	50	14	3	17	17	115	40	10	30	36
镇	51	4	13	26	9	74	23	23	15	13
乡村	3			1	1	38	13		26	
海南	**141**	**28**	**9**	**77**	**26**	**571**	**161**	**45**	**308**	**57**
全部	141	28	9	77	26	571	161	45	308	57
城镇	137	28	9	74	26	541	160	44	280	57
城市	115	27	7	56	25	515	159	41	262	52
镇	22	1	2	18	1	26		3	18	5
乡村	3			3		30	1	1	27	
重庆						**2 344**	**636**	**199**	**1 013**	**495**
全部						2 344	636	199	1 013	495
城镇						2 086	577	182	863	463
城市						1 774	526	130	698	420
镇						312	51	53	165	43
乡村						258	59	17	149	32
四川	**1 959**	**534**	**263**	**660**	**502**					
全部	1 959	534	263	660	502					
城镇	1 566	435	227	456	448					
城市	1 048	310	91	276	371					
镇	519	125	136	180	77					
乡村	392	99	35	204	54					

表12-6 全国按现住地、户口登记地类型分的迁移人口(续 64)

单位：人

现住地	省外									
	重庆					四川				
	合计	乡	镇的居委会	镇的村委会	街道	合计	乡	镇的居委会	镇的村委会	街道
贵州	**730**	**194**	**67**	**379**	**89**	**1 538**	**561**	**125**	**732**	**119**
全部	730	194	67	379	89	1 538	561	125	732	119
城镇	589	154	56	296	84	1 255	448	96	604	107
城市	401	117	31	182	70	807	329	47	352	79
镇	189	37	25	114	13	448	118	49	252	28
乡村	141	40	11	84	6	283	114	29	128	12
云南	**1 420**	**491**	**118**	**703**	**107**	**3 144**	**1 305**	**197**	**1 373**	**269**
全部	1 420	491	118	703	107	3 144	1 305	197	1 373	269
城镇	1 276	446	110	624	97	2 728	1 115	163	1 226	224
城市	880	311	62	436	70	1 722	749	90	716	167
镇	396	135	47	187	26	1 006	366	73	510	57
乡村	144	46	9	79	10	416	190	34	147	45
西藏	**31**	**11**	**3**	**11**	**7**	**310**	**85**	**40**	**131**	**54**
全部	31	11	3	11	7	310	85	40	131	54
城镇	29	9	3	11	7	301	78	40	130	53
城市	23	5	3	10	7	241	61	36	103	42
镇	6	5		1		60	17	4	28	11
乡村	2	2				9	7	1		1
陕西	**206**	**78**	**11**	**102**	**16**	**661**	**268**	**43**	**266**	**84**
全部	206	78	11	102	16	661	268	43	266	84
城镇	182	69	10	93	11	559	251	38	194	75
城市	141	57	3	72	9	441	217	27	126	71
镇	41	11	7	21	2	118	34	11	68	4
乡村	24	9	1	9	5	102	17	5	72	8
甘肃	**38**	**12**	**3**	**15**	**8**	**217**	**117**	**14**	**62**	**23**
全部	38	12	3	15	8	217	117	14	62	23
城镇	33	11	3	11	7	189	106	13	49	21
城市	14	8		3	2	102	55	4	27	16
镇	19	3	3	8	5	87	51	9	22	5
乡村	6	1	1	3	1	28	11	1	13	2
青海	**31**	**5**	**4**	**17**	**6**	**234**	**102**	**14**	**88**	**29**
全部	31	5	4	17	6	234	102	14	88	29
城镇	31	5	4	17	6	224	96	13	86	28
城市	20	3	3	10	5	174	68	8	75	23
镇	11	2	1	7	1	49	28	5	11	5
乡村						10	6	1	2	1
宁夏	**30**	**12**	**1**	**13**	**4**	**75**	**28**	**5**	**27**	**14**
全部	30	12	1	13	4	75	28	5	27	14
城镇	28	12	1	12	4	73	28	4	27	14
城市	27	10	1	12	4	43	12	3	15	13
镇	1	1				30	16	1	12	
乡村	1					2		1		
新疆	**1 049**	**807**	**37**	**140**	**66**	**2 889**	**1 839**	**172**	**729**	**149**
全部	1 049	807	37	140	66	2 889	1 839	172	729	149
城镇	712	531	31	99	50	1 791	1 021	141	527	104
城市	500	365	22	75	38	1 314	742	89	392	91
镇	212	167	9	24	12	477	279	52	134	13
乡村	338	276	6	41	16	1 097	818	31	203	45

表12-6 全国按现住地、户口登记地类型分的迁移人口(续 65)

单位：人

现住地	省外									
	贵州					云南				
	合计	乡	镇的居委会	镇的村委会	街道	合计	乡	镇的居委会	镇的村委会	街道
全　国	**30 603**	**12 333**	**1 029**	**15 977**	**1 264**	**8 592**	**3 760**	**326**	**4 040**	**467**
全部	30 603	12 333	1 029	15 977	1 264	8 592	3 760	326	4 040	467
城镇	21 012	8 508	851	10 560	1 094	4 743	1 968	252	2 125	398
城市	15 461	6 267	595	7 680	919	3 257	1 453	173	1 291	340
镇	5 551	2 240	256	2 880	175	1 486	515	78	834	58
乡村	9 591	3 825	178	5 418	170	3 849	1 792	74	1 914	69
北　京	**268**	**79**	**25**	**90**	**74**	**125**	**31**	**11**	**36**	**47**
全部	268	79	25	90	74	125	31	11	36	47
城镇	232	75	25	59	74	112	22	11	32	47
城市	221	72	23	53	74	110	21	11	31	47
镇	11	3	2	6		1	1		1	
乡村	36	4		31	1	13	9		4	
天　津	**53**	**17**	**9**	**15**	**13**	**23**	**4**	**11**	**6**	**3**
全部	53	17	9	15	13	23	4	11	6	3
城镇	44	14	8	8	13	23	4	11	5	3
城市	39	13	8	7	12	21	3	11	4	3
镇	5	2	1	1	1	2	1		1	
乡村	9	3		7		1			1	
河　北	**405**	**84**	**8**	**305**	**8**	**98**	**54**	**2**	**31**	**11**
全部	405	84	8	305	8	98	54	2	31	11
城镇	330	41	7	277	5	21	3		10	8
城市	315	34	5	274	2	13			8	5
镇	15	7	2	3	3	8	3		2	3
乡村	76	43	2	28	3	77	51	2	21	3
山　西	**109**	**77**	**4**	**24**	**3**	**120**	**62**	**9**	**43**	**6**
全部	109	77	4	24	3	120	62	9	43	6
城镇	12	4		6	2	26	8	2	13	3
城市	10	3		5	2	20	5	2	9	3
镇	2	1		1	1	6	3		3	
乡村	97	73	4	18	1	94	54	6	31	3
内蒙古	**11**	**8**	**2**		**2**	**28**	**18**	**2**	**5**	**2**
全部	11	8	2		2	28	18	2	5	2
城镇	7	3	2		2	4	2	2	1	
城市	4	3			1	1	1			
镇	3		2		1	4	1	2	1	
乡村	5	5				24	17		5	2

表12-6 全国按现住地、户口登记地类型分的迁移人口(续 66)

单位：人

现住地	省外									
	贵州					云南				
	合计	乡	镇的居委会	镇的村委会	街道	合计	乡	镇的居委会	镇的村委会	街道
辽宁	**18**	**5**		**4**	**9**	**28**	**23**	**1**	**1**	**3**
全部	18	5		4	9	28	23	1	1	3
城镇	18	5		4	9	18	14	1		3
城市	13	4			9	16	13	1		3
镇	5	1		4		1	1			
乡村						10	9		1	
吉林	**20**	**4**		**3**	**13**	**21**	**11**		**10**	**1**
全部	20	4		3	13	21	11		10	1
城镇	18	2		3	13	4	1		2	1
城市	18	2		2	13	1			1	
镇	1			1		3	1		2	1
乡村	2	2				18	10		8	
黑龙江	**8**	**1**	**2**	**1**	**4**	**6**	**2**	**1**	**2**	
全部	8	1	2	1	4	6	2	1	2	
城镇	6		2		4	2	1	1		
城市	6		2		4	1	1			
镇						1		1		
乡村	2	1		1		4	1		2	
上海	**945**	**495**	**38**	**296**	**117**	**277**	**129**	**23**	**66**	**59**
全部	945	495	38	296	117	277	129	23	66	59
城镇	754	385	36	219	114	242	110	21	51	59
城市	628	289	35	191	113	216	93	21	43	58
镇	126	96	1	28	2	26	16		8	1
乡村	191	110	2	77	2	35	19	1	15	
江苏	**2 325**	**1 151**	**38**	**1 116**	**21**	**1 071**	**427**	**17**	**606**	**21**
全部	2 325	1 151	38	1 116	21	1 071	427	17	606	21
城镇	1 171	612	31	518	10	465	176	10	264	14
城市	739	425	24	282	9	233	117	10	97	9
镇	432	187	7	237	2	231	59		168	5
乡村	1 154	539	7	598	10	606	251	7	342	7
浙江	**9 583**	**3 844**	**152**	**5 462**	**125**	**2 183**	**978**	**43**	**1 133**	**29**
全部	9 583	3 844	152	5 462	125	2 183	978	43	1 133	29
城镇	6 289	2 539	109	3 555	87	1 415	617	28	749	22
城市	4 458	1 785	77	2 519	78	900	461	20	404	14
镇	1 831	755	32	1 036	9	516	156	7	345	7
乡村	3 294	1 305	43	1 908	38	768	361	16	384	7

表12-6 全国按现住地、户口登记地类型分的迁移人口(续 67)

单位：人

现住地	省外									
	贵州					云南				
	合计	乡	镇的居委会	镇的村委会	街道	合计	乡	镇的居委会	镇的村委会	街道
安徽	**219**	**140**	**3**	**74**	**2**	**211**	**114**	**2**	**93**	**2**
全部	219	140	3	74	2	211	114	2	93	2
城镇	55	23	3	29		48	14		34	
城市	16	8		8		13	6		6	
镇	39	14	3	21		35	8		27	
乡村	164	118		45	2	163	100	2	60	2
福建	**3 348**	**1 002**	**102**	**2 147**	**97**	**338**	**101**	**20**	**210**	**7**
全部	3 348	1 002	102	2 147	97	338	101	20	210	7
城镇	2 077	622	86	1 285	83	244	65	19	154	7
城市	1 504	390	70	969	74	167	42	11	107	7
镇	573	232	16	316	9	77	23	8	46	
乡村	1 271	380	16	862	13	94	36	1	57	
江西	**127**	**49**	**12**	**56**	**10**	**31**	**21**	**1**	**5**	**4**
全部	127	49	12	56	10	31	21	1	5	4
城镇	56	13	6	34	3	13	12		1	
城市	10	3	4	4		6	6			
镇	45	10	3	30	3	6	5		1	
乡村	71	36	5	22	8	18	9	1	4	4
山东	**156**	**40**	**14**	**82**	**20**	**522**	**200**	**17**	**281**	**24**
全部	156	40	14	82	20	522	200	17	281	24
城镇	86	20	9	47	11	161	67	13	66	15
城市	58	15	2	31	10	95	42	6	35	13
镇	28	5	6	16	1	66	25	8	31	3
乡村	70	20	5	35	9	361	133	4	215	9
河南	**89**	**46**	**12**	**24**	**6**	**38**	**26**		**6**	**6**
全部	89	46	12	24	6	38	26		6	6
城镇	42	28	10	2	2	18	10		2	6
城市	42	28	10	2	2	10	6		2	2
镇						8	4			4
乡村	46	18	2	22	4	20	16		4	
湖北	**153**	**57**	**10**	**65**	**21**	**62**	**26**	**5**	**25**	**6**
全部	153	57	10	65	21	62	26	5	25	6
城镇	93	29	9	36	20	44	20	5	12	6
城市	82	27	7	32	15	35	19	2	7	6
镇	11	1	1	4	5	9	1	2	5	
乡村	60	29	1	29	1	19	6		12	

表12-6 全国按现住地、户口登记地类型分的迁移人口(续68)

单位：人

现住地	省外									
	贵州					云南				
	合计	乡	镇的居委会	镇的村委会	街道	合计	乡	镇的居委会	镇的村委会	街道
湖 南	**269**	**146**	**29**	**75**	**19**	**106**	**77**	**5**	**20**	**4**
全部	269	146	29	75	19	106	77	5	20	4
城镇	145	84	24	28	9	89	68	5	15	1
城市	64	31	5	19	9	77	64		12	1
镇	81	53	19	9		12	4	5	3	
乡村	124	63	5	47	9	17	9		5	3
广 东	**9 510**	**3 909**	**378**	**4 829**	**394**	**1 811**	**768**	**77**	**865**	**101**
全部	9 510	3 909	378	4 829	394	1 811	768	77	865	101
城镇	7 443	3 124	331	3 628	360	1 307	573	70	571	94
城市	5 779	2 471	258	2 729	320	1 033	455	52	442	83
镇	1 664	653	73	898	39	274	118	17	128	11
乡村	2 067	785	47	1 202	34	503	195	7	294	7
广 西	**291**	**115**	**27**	**118**	**31**	**117**	**50**	**8**	**38**	**21**
全部	291	115	27	118	31	117	50	8	38	21
城镇	155	55	26	44	31	56	19	8	12	18
城市	55	14	6	22	13	36	9	5	4	18
镇	100	41	19	22	18	21	10	3	8	
乡村	136	60	1	74		60	31		27	3
海 南	**104**	**26**	**9**	**53**	**17**	**14**	**4**	**1**	**6**	**3**
全部	104	26	9	53	17	14	4	1	6	3
城镇	82	26	8	33	16	11	4	1	4	2
城市	75	25	7	28	15	11	4	1	4	2
镇	7	1	1	4	1					
乡村	22		1	20		3			2	
重 庆	**496**	**115**	**28**	**302**	**52**	**181**	**56**	**7**	**103**	**14**
全部	496	115	28	302	52	181	56	7	103	14
城镇	200	48	17	95	40	50	9	3	24	13
城市	136	36	5	61	35	33	8		14	11
镇	64	12	12	34	6	17	2	3	10	2
乡村	296	67	11	207	11	131	47	4	79	1
四 川	**421**	**96**	**51**	**200**	**74**	**889**	**473**	**37**	**320**	**59**
全部	421	96	51	200	74	889	473	37	320	59
城镇	237	24	40	108	66	237	104	22	64	47
城市	44	13	5	13	12	116	45	3	34	34
镇	194	10	35	94	54	121	59	19	30	13
乡村	184	72	10	93	8	652	369	15	256	12

表12-6 全国按现住地、户口登记地类型分的迁移人口(续 69)

单位：人

现住地	省外									
	贵州					云南				
	合计	乡	镇的居委会	镇的村委会	街道	合计	乡	镇的居委会	镇的村委会	街道
贵州						**214**	**68**	**20**	**102**	**25**
全部						214	68	20	102	25
城镇						97	28	15	32	22
城市						65	19	11	19	16
镇						32	9	3	13	7
乡村						117	40	6	69	2
云南	**1 586**	**798**	**68**	**596**	**124**					
全部	1 586	798	68	596	124					
城镇	1 392	713	54	512	112					
城市	1 093	562	36	405	90					
镇	298	152	19	107	21					
乡村	195	85	13	84	13					
西藏	**3**	**2**	**1**		**1**	**4**	**1**	**1**	**1**	**1**
全部	3	2	1		1	4	1	1	1	1
城镇	3	2	1		1	4	1	1	1	1
城市	2		1		1	2		1	1	
镇	1	1				1	1			
乡村										
陕西	**24**	**7**	**2**	**11**	**4**	**27**	**7**	**4**	**10**	**6**
全部	24	7	2	11	4	27	7	4	10	6
城镇	19	5	2	10	3	9	2	3	1	2
城市	19	5	2	10	3	9	2	3	1	2
镇										
乡村	4	1	1	2	1	18	4	1	9	4
甘肃	**4**	**3**		**1**	**1**	**10**	**7**		**2**	**1**
全部	4	3		1	1	10	7		2	1
城镇	4	3		1	1	8	6		1	1
城市	2	1			1	5	3		1	1
镇	2	2		1		3	2		1	1
乡村						2	2		1	
青海	**9**	**1**		**8**		**3**	**1**		**1**	**1**
全部	9	1		8		3	1		1	1
城镇	9	1		8		2	1		1	1
城市	9	1		8		1			1	1
镇						1	1			
乡村						1			1	
宁夏	**5**	**2**		**2**	**1**	**1**			**1**	
全部	5	2		2	1	1			1	
城镇	5	2		2	1					
城市	4	1		2	1					
镇										
乡村						1			1	
新疆	**42**	**14**	**6**	**19**	**4**	**33**	**21**	**1**	**9**	**2**
全部	42	14	6	19	4	33	21	1	9	2
城镇	26	7	5	11	3	13	7		5	1
城市	14	6	2	4	3	11	6		4	1
镇	12	2	3	7		2	1		1	
乡村	16	6	1	7	1	20	14	1	5	1

表12-6 全国按现住地、户口登记地类型分的迁移人口(续 70)

单位：人

现住地	省外									
	西藏					陕西				
	合计	乡	镇的居委会	镇的村委会	街道	合计	乡	镇的居委会	镇的村委会	街道
全国	**261**	**30**	**31**	**23**	**177**	**14 207**	**5 390**	**1 037**	**5 695**	**2 086**
全部	261	30	31	23	177	14 207	5 390	1 037	5 695	2 086
城镇	220	13	29	10	169	11 779	4 261	916	4 701	1 901
城市	170	11	16	8	135	8 831	2 955	690	3 608	1 578
镇	51	2	13	2	34	2 948	1 306	226	1 093	323
乡村	41	17	2	14	8	2 428	1 129	121	993	185
北京	**5**				**5**	**964**	**271**	**82**	**363**	**247**
全部	5				5	964	271	82	363	247
城镇	5				5	872	245	81	303	243
城市	5				5	854	238	79	297	240
镇						18	8	1	6	3
乡村						92	26	2	60	4
天津						**235**	**57**	**20**	**103**	**55**
全部						235	57	20	103	55
城镇						224	54	19	96	55
城市						182	39	19	71	54
镇						42	15	1	25	2
乡村						11	3	1	7	
河北	**2**				**2**	**318**	**105**	**8**	**146**	**59**
全部	2				2	318	105	8	146	59
城镇	2				2	215	49	3	112	51
城市	2				2	174	34	3	95	41
镇						41	15		16	10
乡村						103	56	5	34	8
山西	**2**				**2**	**362**	**171**	**21**	**135**	**35**
全部	2				2	362	171	21	135	35
城镇	1				1	224	117	17	62	29
城市	1				1	173	91	17	39	25
镇						51	25		23	3
乡村	1				1	138	55	5	73	6
内蒙古						**2 246**	**1 089**	**119**	**832**	**206**
全部						2 246	1 089	119	832	206
城镇						2 016	930	109	785	192
城市						1 123	429	19	621	55
镇						892	501	90	165	136
乡村						230	159	10	47	14

表12-6　全国按现住地、户口登记地类型分的迁移人口(续 71)

单位：人

现住地	省外									
	西藏					陕西				
	合计	乡	镇的居委会	镇的村委会	街道	合计	乡	镇的居委会	镇的村委会	街道
辽　宁	**4**		**4**			**88**	**26**	**3**	**46**	**13**
全部	4		4			88	26	3	46	13
城镇	4		4			60	25	3	23	10
城市	4		4			59	25	3	21	10
镇						1			1	
乡村						28	1		24	3
吉　林						**12**	**2**	**1**	**3**	**5**
全部						12	2	1	3	5
城镇						10	2	1	2	5
城市						9	1	1	2	5
镇						1	1			
乡村						2	1		1	
黑龙江						**13**	**1**		**7**	**5**
全部						13	1		7	5
城镇						11	1		5	5
城市						8			5	4
镇						2	1			1
乡村						2			2	
上　海						**510**	**180**	**57**	**134**	**139**
全部						510	180	57	134	139
城镇						455	150	55	113	137
城市						395	114	52	94	135
镇						60	36	4	18	2
乡村						55	30	1	21	2
江　苏	**5**		**2**		**3**	**928**	**328**	**71**	**437**	**92**
全部	5		2		3	928	328	71	437	92
城镇	5		2		3	755	283	59	328	85
城市	5		2		3	565	195	52	242	76
镇						190	88	7	86	9
乡村						173	45	12	109	7
浙　江	**4**			**4**		**901**	**284**	**107**	**449**	**61**
全部	4			4		901	284	107	449	61
城镇	1			1		679	226	78	329	46
城市	1			1		566	213	65	246	42
镇						113	13	13	83	4
乡村	3			3		222	58	29	120	14

表12-6　全国按现住地、户口登记地类型分的迁移人口(续 72)

单位：人

现住地	省外									
	西藏					陕西				
	合计	乡	镇的居委会	镇的村委会	街道	合计	乡	镇的居委会	镇的村委会	街道
安　徽	**6**			**3**	**3**	**93**	**18**	**10**	**32**	**34**
全部	6			3	3	93	18	10	32	34
城镇	6			3	3	66	10	8	23	26
城市	3			2	2	43	5	5	10	24
镇	3			2	2	23	5	3	13	2
乡村						27	8	2	10	8
福　建						**394**	**87**	**20**	**250**	**37**
全部						394	87	20	250	37
城镇						351	73	19	224	36
城市						306	61	17	195	33
镇						45	12	1	29	3
乡村						44	15	1	26	1
江　西						**25**	**8**	**3**	**5**	**9**
全部						25	8	3	5	9
城镇						17	3	3	5	6
城市						5	1		1	3
镇						12	1	3	4	4
乡村						8	5			3
山　东	**2**	**2**				**373**	**88**	**39**	**146**	**101**
全部	2	2				373	88	39	146	101
城镇						340	81	37	129	93
城市						258	62	29	92	75
镇						82	19	8	37	17
乡村	2	2				32	7	2	16	8
河　南						**230**	**79**	**14**	**54**	**83**
全部						230	79	14	54	83
城镇						149	52	10	34	52
城市						95	34	6	18	36
镇						54	18	4	16	16
乡村						81	26	4	20	30
湖　北	**2**				**2**	**136**	**31**	**11**	**77**	**16**
全部	2				2	136	31	11	77	16
城镇	2				2	105	24	11	54	16
城市	2				2	75	17	10	36	11
镇						30	6	1	17	5
乡村						31	7		24	

表12-6　全国按现住地、户口登记地类型分的迁移人口(续 73)

单位：人

现住地	省外									
	西藏					陕西				
	合计	乡	镇的居委会	镇的村委会	街道	合计	乡	镇的居委会	镇的村委会	街道
湖　南						**67**	**36**	**5**	**11**	**15**
全部						67	36	5	11	15
城镇						59	29	5	9	15
城市						55	29	4	8	13
镇						4		1	1	1
乡村						8	7		1	
广　东	**2**			**1**	**1**	**4 385**	**1 622**	**316**	**1 930**	**517**
全部	2			1	1	4 385	1 622	316	1 930	517
城镇	2			1	1	3 687	1 285	283	1 640	479
城市	2			1	1	2 781	920	243	1 180	438
镇						907	364	41	460	41
乡村						698	337	33	290	38
广　西						**31**	**9**	**1**	**12**	**9**
全部						31	9	1	12	9
城镇						28	9	1	9	9
城市						21	5		9	6
镇						8	4	1		3
乡村						3			3	
海　南						**38**	**6**	**8**	**9**	**15**
全部						38	6	8	9	15
城镇						38	6	8	9	15
城市						36	6	7	9	13
镇						2				2
乡村										
重　庆	**7**		**2**	**2**	**3**	**66**	**3**	**5**	**24**	**34**
全部	7		2	2	3	66	3	5	24	34
城镇	5		2		3	54	2	4	16	32
城市	1				1	44	1	1	13	29
镇	4		2		2	9	1	3	3	3
乡村	2			2		12	1	1	8	2
四　川	**153**	**10**	**15**	**8**	**120**	**209**	**49**	**27**	**69**	**64**
全部	153	10	15	8	120	209	49	27	69	64
城镇	140	8	13	3	115	130	22	17	42	49
城市	108	8	7	3	89	96	17	10	32	37
镇	32		7		25	34	5	7	10	12
乡村	13	2	2	5	5	79	27	10	27	15

表12-6 全国按现住地、户口登记地类型分的迁移人口(续 74)

单位：人

现住地	省外									
	西藏					陕西				
	合计	乡	镇的居委会	镇的村委会	街道	合计	乡	镇的居委会	镇的村委会	街道
贵州	**2**		**1**		**1**	**25**	**3**	**1**	**9**	**11**
全部	2		1		1	25	3	1	9	11
城镇	2		1		1	19		1	8	10
城市	1				1	13		1	6	7
镇	1		1			6			2	3
乡村						6	3		1	1
云南	**1**				**1**	**80**	**28**	**6**	**22**	**24**
全部	1				1	80	28	6	22	24
城镇						79	27	6	22	24
城市						63	22	4	17	19
镇						16	5	2	5	5
乡村	1				1	1				
西藏						**20**	**6**	**3**	**9**	**2**
全部						20	6	3	9	2
城镇						20	6	3	9	2
城市						18	5	3	8	2
镇						2	1		1	
乡村						1	1			
陕西	**7**	**1**	**1**		**6**					
全部	7	1	1		6					
城镇	7		1		6					
城市	6		1		6					
镇	1		1							
乡村	1	1								
甘肃	**17**	**7**	**1**	**2**	**7**	**242**	**133**	**11**	**49**	**50**
全部	17	7	1	2	7	242	133	11	49	50
城镇	7		1		7	183	90	9	41	43
城市	2				2	117	60	5	24	28
镇	6		1		5	67	30	4	17	15
乡村	10	7	1	2	1	59	43	2	8	6
青海	**33**	**7**	**3**	**2**	**21**	**152**	**49**	**9**	**59**	**35**
全部	33	7	3	2	21	152	49	9	59	35
城镇	25	1	3	1	21	146	45	8	59	33
城市	24	1	3		20	126	38	6	54	29
镇	1					20	8	3	5	4
乡村	8	6		2		6	4			2
宁夏						**316**	**184**	**10**	**82**	**39**
全部						316	184	10	82	39
城镇						249	137	10	65	38
城市						161	72	7	47	35
镇						89	65	3	18	3
乡村						67	48		17	2
新疆	**5**	**3**	**2**			**750**	**436**	**50**	**189**	**76**
全部	5	3	2			750	436	50	189	76
城镇	5	3	2			539	279	48	146	66
城市	1	1				412	221	23	116	52
镇	4	2	2			128	58	25	31	14
乡村						211	156	2	43	10

表12-6 全国按现住地、户口登记地类型分的迁移人口(续 75)

单位：人

现住地	省外									
	甘肃					青海				
	合计	乡	镇的居委会	镇的村委会	街道	合计	乡	镇的居委会	镇的村委会	街道
全　国	**8 836**	**4 264**	**537**	**2 759**	**1 276**	**1 636**	**441**	**365**	**299**	**531**
全部	8 836	4 264	537	2 759	1 276	1 636	441	365	299	531
城镇	6 399	2 704	470	2 054	1 171	1 280	264	345	227	444
城市	5 139	2 140	336	1 622	1 040	1 035	200	276	186	373
镇	1 261	565	133	432	131	245	64	69	41	72
乡村	2 437	1 560	67	705	104	356	177	20	73	86
北　京	**814**	**240**	**53**	**299**	**221**	**86**	**20**	**15**	**5**	**46**
全部	814	240	53	299	221	86	20	15	5	46
城镇	748	221	51	257	219	85	19	15	5	46
城市	718	216	44	250	208	84	19	15	5	45
镇	30	5	7	8	11	1				1
乡村	66	20	2	42	2	1	1			
天　津	**266**	**93**	**14**	**117**	**42**	**41**	**8**	**12**	**14**	**7**
全部	266	93	14	117	42	41	8	12	14	7
城镇	252	87	14	111	41	38	7	12	13	6
城市	225	78	12	96	39	38	7	12	13	6
镇	27	9	1	15	2					
乡村	14	7		6	1	3			1	2
河　北	**189**	**80**	**2**	**56**	**51**	**53**	**5**	**7**	**10**	**31**
全部	189	80	2	56	51	53	5	7	10	31
城镇	105	34	2	25	44	44		5	10	30
城市	72	13	2	16	41	33		5	2	26
镇	33	21		8	3	11			8	3
乡村	84	46		31	7	8	5	2		2
山　西	**38**	**16**	**2**	**13**	**7**	**9**	**3**	**1**		**5**
全部	38	16	2	13	7	9	3	1		5
城镇	25	10	2	7	6	5	2	1		2
城市	14	5	1	5	3	4	1	1		2
镇	12	6	1	2	3	1	1			
乡村	13	6	1	6	1	4	1	1		2
内蒙古	**1 042**	**707**	**13**	**303**	**19**	**13**	**10**	**2**	**1**	
全部	1 042	707	13	303	19	13	10	2	1	
城镇	664	369	11	270	14	2		1	1	
城市	490	265	2	213	10					
镇	174	104	8	58	4	2		1	1	
乡村	378	338	3	33	5	11	10	1		

表12-6　全国按现住地、户口登记地类型分的迁移人口(续76)

单位：人

现住地	省外									
	甘肃					青海				
	合计	乡	镇的居委会	镇的村委会	街道	合计	乡	镇的居委会	镇的村委会	街道
辽宁	**51**	**14**	**8**	**21**	**9**	**16**	**4**		**3**	**10**
全部	51	14	8	21	9	16	4		3	10
城镇	46	10	8	20	9	13	4		1	8
城市	43	10	8	16	9	10	1		1	8
镇	4			4		3	3			
乡村	5	4		1		4			1	3
吉林	**16**	**5**	**4**	**4**	**4**	**2**				**2**
全部	16	5	4	4	4	2				2
城镇	12	4	4	3	2	1				1
城市	6	2	3		2	1				1
镇	6	2	1	3						
乡村	4	1		1	2	1				1
黑龙江	**12**	**1**	**5**	**5**	**1**	**4**	**4**			
全部	12	1	5	5	1	4	4			
城镇	12	1	5	5	1	4	4			
城市	9	1	2	5	1					
镇	2		2			4	4			
乡村										
上海	**436**	**151**	**45**	**104**	**137**	**63**	**23**	**9**	**11**	**20**
全部	436	151	45	104	137	63	23	9	11	20
城镇	406	134	45	92	135	59	22	9	8	20
城市	375	118	42	83	131	56	21	8	8	20
镇	31	16	3	8	4	3	1	1	1	
乡村	30	16		12	1	4	1	1	2	
江苏	**352**	**111**	**36**	**123**	**83**	**131**	**40**	**19**	**19**	**54**
全部	352	111	36	123	83	131	40	19	19	54
城镇	287	83	36	88	79	98	35	19	3	41
城市	214	78	22	52	62	74	35	9		31
镇	73	5	14	36	17	24		10	3	10
乡村	66	28		35	3	33	5		16	12
浙江	**232**	**52**	**42**	**123**	**14**	**45**	**9**	**10**	**12**	**14**
全部	232	52	42	123	14	45	9	10	12	14
城镇	187	32	36	107	12	39	7	9	12	12
城市	119	26	12	70	12	36	7	7	10	12
镇	68	6	25	38		3		1	1	
乡村	45	20	6	16	3	6	1	1		3

表12–6　全国按现住地、户口登记地类型分的迁移人口(续 77)

单位：人

现住地	省外									
	甘肃					青海				
	合计	乡	镇的居委会	镇的村委会	街道	合计	乡	镇的居委会	镇的村委会	街道
安徽	**39**	**16**	**6**	**8**	**8**	**11**				**11**
全部	39	16	6	8	8	11				11
城镇	29	14	3	3	8	11				11
城市	19	10	3	3	3	10				10
镇	10	5			5	2				2
乡村	10	2	3	5						
福建	**78**	**17**	**7**	**38**	**16**	**33**	**15**	**5**	**12**	**1**
全部	78	17	7	38	16	33	15	5	12	1
城镇	65	15	5	33	12	33	15	5	12	1
城市	60	15	5	29	11	33	15	5	12	1
镇	5			4	1					
乡村	13	3	1	5	4					
江西	**5**		**3**		**3**	**12**	**1**	**1**	**5**	**4**
全部	5		3		3	12	1	1	5	4
城镇	1		1			12	1	1	5	4
城市						6			5	1
镇	1		1			5	1	1		3
乡村	4		1		3					
山东	**176**	**23**	**9**	**84**	**60**	**99**	**3**	**3**	**44**	**50**
全部	176	23	9	84	60	99	3	3	44	50
城镇	136	22	9	48	57	77	3	3	42	29
城市	113	16	9	38	50	71	1	3	42	24
镇	23	6		11	7	6	2			4
乡村	40	1		36	3	22			1	21
河南	**69**	**16**	**4**	**4**	**44**	**103**	**14**	**8**		**81**
全部	69	16	4	4	44	103	14	8		81
城镇	52	12	4	2	34	83	12	8		62
城市	36	10	4		22	42				42
镇	16	2		2	12	40	12	8		20
乡村	16	4		2	10	20	2			18
湖北	**34**	**16**	**2**	**6**	**9**	**20**	**4**		**7**	**9**
全部	34	16	2	6	9	20	4		7	9
城镇	29	12	2	5	9	14			7	6
城市	27	11	2	5	9	12			7	5
镇	1	1				1				1
乡村	5	4		1		6	4			2

表12-6 全国按现住地、户口登记地类型分的迁移人口(续 78)

单位：人

现住地	省外									
	甘肃					青海				
	合计	乡	镇的居委会	镇的村委会	街道	合计	乡	镇的居委会	镇的村委会	街道
湖南	**24**	**4**	**3**	**7**	**11**	**7**		**4**		**3**
全部	24	4	3	7	11	7		4		3
城镇	19	1	3	5	9	7		4		3
城市	17	1	1	5	9	7		4		3
镇	1		1							
乡村	5	3		1	1					
广东	**1 148**	**476**	**91**	**428**	**153**	**101**	**31**	**15**	**31**	**24**
全部	1 148	476	91	428	153	101	31	15	31	24
城镇	952	406	78	327	141	92	25	15	30	22
城市	823	345	68	271	139	85	24	15	24	22
镇	129	61	10	56	2	7	1		5	
乡村	196	69	13	101	12	9	6		2	2
广西	**19**	**1**	**3**	**4**	**12**	**9**		**5**	**1**	**3**
全部	19	1	3	4	12	9		5	1	3
城镇	19	1	3	4	12	9		5	1	3
城市	12	1	1	4	5	4		1		3
镇	8		1		6	5		4	1	
乡村										
海南	**10**		**1**	**8**	**1**	**1**				**1**
全部	10		1	8	1	1				1
城镇	10		1	8	1	1				1
城市	10		1	8	1	1				1
镇										
乡村										
重庆	**30**	**3**	**2**	**9**	**16**	**11**	**1**	**1**	**2**	**8**
全部	30	3	2	9	16	11	1	1	2	8
城镇	17			1	16	9	1	1		8
城市	14			1	13	8	1	1		6
镇	3				3	2				2
乡村	13	3	2	8		2			2	
四川	**158**	**34**	**40**	**24**	**61**	**45**	**2**	**12**	**2**	**30**
全部	158	34	40	24	61	45	2	12	2	30
城镇	106	19	22	8	57	40	2	8		30
城市	66	13	2	5	45	25		2		24
镇	40	5	20	3	12	15	2	7		7
乡村	52	15	19	15	3	5		3	2	

表12-6 全国按现住地、户口登记地类型分的迁移人口(续 79)

单位：人

现住地	省外									
	甘肃					青海				
	合计	乡	镇的居委会	镇的村委会	街道	合计	乡	镇的居委会	镇的村委会	街道
贵州	**16**	**1**		**9**	**6**	**2**	**1**		**1**	
全部	16	1		9	6	2	1		1	
城镇	16	1		9	6	2	1		1	
城市	10			8	2	2	1		1	
镇	6	1		1	3					
乡村										
云南	**23**	**4**	**3**	**2**	**14**	**19**	**12**	**4**		**3**
全部	23	4	3	2	14	19	12	4		3
城镇	20	2	3	2	14	19	12	4		3
城市	19	1	3	1	14	19	12	4		3
镇	1	1		1						
乡村	3	3								
西藏	**77**	**28**	**4**	**38**	**8**	**38**	**6**	**1**	**24**	**6**
全部	77	28	4	38	8	38	6	1	24	6
城镇	75	26	4	38	7	38	6	1	24	6
城市	45	9	3	29	4	37	6	1	24	6
镇	30	17	1	9	3					
乡村	2	2								
陕西	**403**	**163**	**31**	**124**	**85**	**233**	**7**	**183**	**6**	**37**
全部	403	163	31	124	85	233	7	183	6	37
城镇	311	117	29	94	72	227	4	182	6	35
城市	284	105	27	84	69	218	4	177	5	31
镇	27	12	3	10	3	10		5	1	4
乡村	92	46	2	30	13	6	3	2		2
甘肃						**213**	**105**	**37**	**24**	**47**
全部						213	105	37	24	47
城镇						133	43	32	16	41
城市						64	21	5	7	30
镇						69	22	27	9	11
乡村						81	62	6	7	6
青海	**355**	**169**	**19**	**116**	**50**					
全部	355	169	19	116	50					
城镇	295	127	17	109	42					
城市	172	50	9	80	34					
镇	123	77	8	30	8					
乡村	60	43	2	7	8					
宁夏	**377**	**241**	**9**	**102**	**26**	**13**	**1**	**2**	**5**	**5**
全部	377	241	9	102	26	13	1	2	5	5
城镇	272	157	8	83	25	12		2	5	5
城市	202	121	4	58	19	7		2		5
镇	71	36	4	25	6	5			5	
乡村	105	84	1	19	1	1	1			
新疆	**2 346**	**1 581**	**76**	**581**	**107**	**202**	**114**	**8**	**60**	**19**
全部	2 346	1 581	76	581	107	202	114	8	60	19
城镇	1 230	787	66	290	87	73	39	5	21	8
城市	924	621	43	189	71	47	24		18	6
镇	305	167	22	101	16	26	15	5	4	3
乡村	1 116	794	10	291	20	129	75	4	39	11

表12-6 全国按现住地、户口登记地类型分的迁移人口(续 80)

单位：人

现住地	省外									
	宁夏					新疆				
	合计	乡	镇的居委会	镇的村委会	街道	合计	乡	镇的居委会	镇的村委会	街道
全国	**1 295**	**499**	**101**	**254**	**441**	**2 054**	**276**	**337**	**299**	**1 142**
全部	1 295	499	101	254	441	2 054	276	337	299	1 142
城镇	969	305	81	187	395	1 746	195	302	199	1 050
城市	662	191	57	131	283	1 427	149	227	141	909
镇	307	115	23	57	112	319	46	75	57	141
乡村	326	194	21	67	45	308	80	35	101	92
北京	**109**	**15**	**9**	**12**	**73**	**194**	**14**	**18**	**23**	**138**
全部	109	15	9	12	73	194	14	18	23	138
城镇	105	15	8	9	73	186	14	17	18	137
城市	98	15	7	9	67	176	11	17	18	130
镇	7		1		6	10	3			7
乡村	3		1	2		8	1	1	5	1
天津	**39**	**7**	**9**	**8**	**15**	**64**	**6**	**10**	**5**	**43**
全部	39	7	9	8	15	64	6	10	5	43
城镇	37	6	9	7	15	63	6	10	4	43
城市	33	4	8	6	15	50	6	8	4	32
镇	4	2	1	2		14		1	1	11
乡村	2	1		1		1			1	
河北	**30**	**2**	**5**	**2**	**21**	**41**	**3**	**7**	**5**	**26**
全部	30	2	5	2	21	41	3	7	5	26
城镇	11	2	3		7	26		7	3	16
城市	8		2		7	21		7		15
镇	3	2	2			5			3	2
乡村	18		2	2	15	15	3		2	10
山西	**11**	**3**		**1**	**7**	**10**		**2**	**1**	**8**
全部	11	3		1	7	10		2	1	8
城镇	10	3			6	9		2	1	6
城市	9	3			6	6		1		5
镇	1	1			1	3		1	1	1
乡村	1			1	1	1				1
内蒙古	**412**	**202**	**24**	**54**	**132**	**9**	**2**	**1**		**6**
全部	412	202	24	54	132	9	2	1		6
城镇	358	163	18	49	128	9	2	1		6
城市	174	88	4	29	53	6				6
镇	184	75	14	21	75	3	2	1		
乡村	54	39	7	5	4					

表12-6 全国按现住地、户口登记地类型分的迁移人口(续 81)

单位：人

现住地	省外									
	宁夏					新疆				
	合计	乡	镇的居委会	镇的村委会	街道	合计	乡	镇的居委会	镇的村委会	街道
辽宁	**29**		**1**	**13**	**15**	**38**	**19**		**6**	**13**
全部	29		1	13	15	38	19		6	13
城镇	29		1	13	15	36	19		6	11
城市	24		1	13	10	35	19		5	11
镇	5				5	1			1	
乡村						1				1
吉林						**2**			**2**	
全部						2			2	
城镇						2			2	
城市						2			2	
镇										
乡村										
黑龙江	**5**			**1**	**4**	**13**	**4**	**5**	**2**	**2**
全部	5			1	4	13	4	5	2	2
城镇	4				4	13	4	5	2	2
城市	2				2	13	4	5	2	2
镇	1				1					
乡村	1			1						
上海	**60**	**15**	**7**	**10**	**28**	**251**	**30**	**46**	**27**	**148**
全部	60	15	7	10	28	251	30	46	27	148
城镇	59	15	7	9	28	244	25	45	26	148
城市	48	8	7	8	26	233	23	41	25	143
镇	10	7		1	2	11	2	4		5
乡村	1			1		8	5	1	1	
江苏	**50**	**17**	**5**	**9**	**19**	**211**	**24**	**45**	**41**	**100**
全部	50	17	5	9	19	211	24	45	41	100
城镇	36	12	5	5	14	149	9	36	12	92
城市	24	10	5		9	121	7	24	7	83
镇	12	2		5	5	28	2	12	5	9
乡村	14	5		3	5	62	16	9	29	9
浙江	**33**	**6**	**9**	**12**	**7**	**67**	**6**	**17**	**13**	**30**
全部	33	6	9	12	7	67	6	17	13	30
城镇	17	4		9	4	55	6	10	10	29
城市	12	1		6	4	49	6	10	4	29
镇	6	3		3		6			6	
乡村	16	1	9	3	3	12		7	3	1

表12-6　全国按现住地、户口登记地类型分的迁移人口(续 82)

单位：人

现住地	省外									
	宁夏					新疆				
	合计	乡	镇的居委会	镇的村委会	街道	合计	乡	镇的居委会	镇的村委会	街道
安　徽						**19**	**8**		**5**	**6**
全部						19	8		5	6
城镇						18	8		5	5
城市						5	3			2
镇						13	5		5	3
乡村						2				2
福　建	**40**	**12**	**1**	**23**	**4**	**28**	**9**	**5**	**3**	**11**
全部	40	12	1	23	4	28	9	5	3	11
城镇	37	11	1	21	4	24	8	5	1	9
城市	37	11	1	21	4	21	5	5	1	9
镇						3	3			
乡村	3	1		1		4	1		1	1
江　西	**5**	**4**			**1**	**3**				**3**
全部	5	4			1	3				3
城镇	5	4			1	1				1
城市	5	4			1					
镇						1				1
乡村						1				1
山　东	**11**	**4**		**1**	**5**	**179**	**29**	**2**	**41**	**107**
全部	11	4		1	5	179	29	2	41	107
城镇	7	1			5	128	14	2	27	85
城市	7	1			5	98	11	2	18	68
镇						30	3		9	18
乡村	4	3		1		51	15		15	22
河　南	**28**	**8**		**4**	**16**	**71**	**14**	**26**	**4**	**26**
全部	28	8		4	16	71	14	26	4	26
城镇	16	2		4	10	58	10	26		22
城市	10			4	6	38	4	12		22
镇	6	2			4	20	6	14		
乡村	12	6			6	12	4		4	4
湖　北						**64**	**2**	**7**	**15**	**39**
全部						64	2	7	15	39
城镇						62	1	7	15	39
城市						55	1	7	14	32
镇						7			1	6
乡村						1	1			

表12-6　全国按现住地、户口登记地类型分的迁移人口(续 83)

单位：人

现住地	省外									
	宁夏					新疆				
	合计	乡	镇的居委会	镇的村委会	街道	合计	乡	镇的居委会	镇的村委会	街道
湖南	**1**	**1**				**21**	**1**	**5**	**4**	**11**
全部	1	1				21	1	5	4	11
城镇						13		4	3	7
城市						11		4		7
镇						3			3	
乡村	1	1				8	1	1	1	4
广东	**77**	**10**	**11**	**14**	**43**	**207**	**28**	**39**	**26**	**115**
全部	77	10	11	14	43	207	28	39	26	115
城镇	76	10	10	13	43	200	26	37	25	112
城市	65	7	10	9	38	183	24	35	18	105
镇	11	3		4	5	17	2	2	6	7
乡村	1		1	1		7	1	1	2	3
广西	**3**			**1**	**1**	**17**		**4**		**13**
全部	3			1	1	17		4		13
城镇	3			1	1	17		4		13
城市	1			1		10				10
镇	1				1	6		4		3
乡村										
海南	**3**				**2**	**10**	**1**		**1**	**8**
全部	3				2	10	1		1	8
城镇	3				2	10	1		1	8
城市	3				2	10	1		1	8
镇										
乡村										
重庆	**8**	**2**		**3**	**4**	**48**	**6**	**14**	**10**	**18**
全部	8	2		3	4	48	6	14	10	18
城镇	7			3	4	34	3	8	8	14
城市	4				4	21		5	5	11
镇	3			3		13	3	4	4	3
乡村	2	2				14	3	6	2	4
四川	**8**		**2**		**7**	**204**	**22**	**40**	**29**	**113**
全部	8		2		7	204	22	40	29	113
城镇	5		2		3	148	5	35	8	99
城市	5		2		3	99	2	19	5	74
镇						49	3	17	3	25
乡村	3				3	56	17	5	20	13

表12-6 全国按现住地、户口登记地类型分的迁移人口(续84)

单位：人

现住地	省外									
	宁夏					新疆				
	合计	乡	镇的居委会	镇的村委会	街道	合计	乡	镇的居委会	镇的村委会	街道
贵州	**3**				**3**	**16**	**1**	**6**		**9**
全部	3				3	16	1	6		9
城镇	2				2	15	1	4		9
城市	1				1	10	1	4		4
镇	1				1	4				4
乡村	1				1	1		1		
云南	**3**		**3**			**29**	**12**	**8**	**4**	**5**
全部	3		3			29	12	8	4	5
城镇	3		3			26	12	7	2	5
城市	2		2			24	11	6	2	4
镇	1		1			2	1	1		
乡村						3			3	
西藏						**5**	**1**	**2**	**2**	**1**
全部						5	1	2	2	1
城镇						5	1	2	2	1
城市						4		2	2	1
镇						1	1			1
乡村										
陕西	**49**	**13**	**9**	**15**	**13**	**93**	**7**	**13**	**8**	**66**
全部	49	13	9	15	13	93	7	13	8	66
城镇	43	11	9	13	10	82	5	13	4	59
城市	30	8	5	10	7	74	5	10	4	56
镇	13	3	3	3	3	8		3	1	4
乡村	6	2		2	2	12	2		3	7
甘肃	**52**	**26**	**3**	**10**	**14**	**121**	**21**	**11**	**16**	**72**
全部	52	26	3	10	14	121	21	11	16	72
城镇	28	8	2	7	11	98	14	10	7	67
城市	14	2		5	7	41	4	1	1	36
镇	14	7	2	2	3	57	10	10	6	31
乡村	25	17	1	3	3	24	7	1	10	6
青海	**10**	**5**		**1**	**4**	**5**	**3**	**1**		**1**
全部	10	5		1	4	5	3	1		1
城镇	9	4		1	4	3	2			1
城市	7	2		1	4	2				1
镇	3	2				1	1			
乡村	1	1				2	1			
宁夏						**14**	**3**	**2**	**4**	**5**
全部						14	3	2	4	5
城镇						11	1	2	4	3
城市						10	1	2	3	3
镇						1			1	
乡村						3	2			1
新疆	**216**	**146**	**3**	**62**	**5**					
全部	216	146	3	62	5					
城镇	59	32	2	23	2					
城市	40	26	2	10	2					
镇	19	6		13						
乡村	156	114	1	39	3					

表12-7 全国按现住地和一年前常住地分的人口

单位：人

现住地	一年前常住地										
	合计	省内	省外								
			北京	天津	河北	山西	内蒙古	辽宁	吉林	黑龙江	上海
全国	**16 802 626**	**16 626 880**	**2 844**	**706**	**4 368**	**1 980**	**1 718**	**1 940**	**2 207**	**3 468**	**4 184**
北京	202 265	194 199		112	1 462	278	260	312	203	397	53
天津	137 131	133 834	167		655	80	99	88	105	198	14
河北	895 332	892 167	346	113		166	246	100	95	287	10
山西	439 092	437 783	43	11	138		74	17	17	21	5
内蒙古	312 962	310 708	69	20	158	216		141	75	134	2
辽宁	554 523	551 858	85	11	145	31	284		494	662	26
吉林	356 629	355 595	28	15	86	6	62	169		235	11
黑龙江	501 650	500 493	47	16	55	7	152	145	242		5
上海	233 804	224 250	97	28	85	44	31	78	61	102	
江苏	980 340	965 976	178	22	168	73	47	81	60	111	762
浙江	640 878	616 485	138	20	114	70	72	88	74	94	886
安徽	800 175	793 178	209	60	76	66	13	61	26	47	1 135
福建	462 668	452 738	115	12	41	46	33	62	45	48	192
江西	563 143	558 394	131	8	17	12	12	9	21	6	163
山东	1 210 473	1 205 379	159	63	308	108	113	179	401	751	54
河南	1 229 410	1 227 136	125	34	143	181	12	32	28	42	50
湖北	748 940	744 813	162	20	56	62	9	66	39	31	138
湖南	827 925	821 870	84	16	23	19	12	7	9	19	55
广东	1 203 357	1 163 147	205	41	142	92	45	116	106	182	195
广西	608 179	605 152	23	17	26	22	3	21	4	10	15
海南	108 139	107 481	9	3	5	5	5	10	7	16	2
重庆	367 224	364 549	48	14	45	24	28	31	9	13	81
四川	1 075 725	1 069 645	185	24	135	116	22	67	42	17	163
贵州	487 268	481 948	51	8	59	32	2	7	1	4	94
云南	580 859	578 688	43	4	37	37	8	14	11	15	24
西藏	36 040	35 970									1
陕西	487 991	486 433	31	3	84	134	22	19	15	10	13
甘肃	339 840	339 041	31	6	28	33	19	9	2	5	8
青海	70 965	70 653	5	1	11	4	4	3	3	1	2
宁夏	77 732	77 391	8	1	10	3	27	3	1	3	5
新疆	261 966	259 929	22	4	56	13	3	5	11	6	18

表12-7 全国按现住地和一年前常住地分的人口(续 1)

单位：人

现住地	一年前常住地										
	省外										
	江苏	浙江	安徽	福建	江西	山东	河南	湖北	湖南	广东	广西
全国	**7 204**	**8 594**	**14 344**	**4 596**	**9 671**	**5 063**	**14 460**	**10 537**	**12 089**	**17 988**	**7 639**
北京	294	186	512	92	165	663	991	415	203	166	37
天津	145	45	161	28	25	536	340	160	41	28	11
河北	67	107	164	36	36	143	369	95	77	25	13
山西	35	36	47	12	8	58	252	51	24	16	5
内蒙古	48	55	43	19	20	70	143	58	14	20	27
辽宁	48	51	80	25	36	233	168	45	16	45	4
吉林	20	9	52	12	6	124	81	17	5	15	2
黑龙江	23	37	58	33	5	143	48	60	12	22	5
上海	1 583	593	2 366	285	511	486	700	456	282	205	51
江苏		629	4 583	511	346	641	1 633	798	252	309	107
浙江	1 065		3 888	536	2 980	372	2 186	1 674	1 420	682	398
安徽	1 904	1 553		163	137	229	198	130	100	446	34
福建	180	397	494		1 807	134	398	908	526	1 125	140
江西	146	845	52	505		25	41	150	225	2 133	30
山东	429	135	353	69	52		905	186	94	84	9
河南	91	103	99	36	42	155		143	44	510	8
湖北	118	442	65	157	88	92	263		202	1 472	50
湖南	53	315	72	149	121	45	173	322		3 731	202
广东	318	461	905	932	2 934	463	4 414	4 198	7 643		6 134
广西	45	112	37	74	76	19	49	99	292	1 755	
海南	8	12	17	14	29	23	26	47	67	150	78
重庆	39	256	17	161	41	56	37	100	54	713	24
四川	199	608	61	241	62	104	143	125	113	1 994	56
贵州	126	1 309	39	372	83	49	58	56	176	1 868	132
云南	42	133	45	66	42	26	87	85	123	174	70
西藏	2	1	1			1	1	2	1	1	
陕西	58	78	37	34	8	71	183	67	26	200	8
甘肃	42	34	17	21	5	24	51	23	12	34	2
青海	15	13	13	2	3	6	39	15	8	7	1
宁夏	9	13	11	4	1	12	33	4	3	9	
新疆	53	26	58	6	2	59	450	47	34	50	4

表12-7 全国按现住地和一年前常住地分的人口(续 2)

单位：人

现住地	一年前常住地										
	省外										
	海南	重庆	四川	贵州	云南	西藏	陕西	甘肃	青海	宁夏	新疆
全国	**693**	**5 666**	**14 931**	**7 853**	**3 131**	**222**	**3 763**	**2 189**	**463**	**311**	**929**
北京	8	124	502	67	45	1	219	205	22	20	52
天津	13	32	117	19	9		67	71	12	12	16
河北	3	31	327	107	25		98	49	13	7	8
山西	1	29	167	50	29	1	133	15	2	6	6
内蒙古	2	35	72	2	14		429	271	3	89	4
辽宁	3	18	73	3	11		36	16	3	1	13
吉林		9	38	15	6		3	2	2	2	3
黑龙江	2	9	9	1	2	1	6	4	5	1	2
上海	14	272	719	177	64	2	118	86	14	8	39
江苏	17	304	1 406	506	304	9	302	104	28	10	64
浙江	30	989	2 320	2 891	858	19	345	116	13	6	48
安徽	23	13	135	68	79	3	47	24	3		16
福建	29	702	1 369	785	148	4	99	40	13	8	30
江西	26	18	75	40	32	1	14		8		5
山东	12	39	203	34	80	3	122	52	55	7	35
河南	12	93	81	18	22	2	93	32	14	6	20
湖北	29	143	143	85	35	4	70	19	29	4	35
湖南	32	81	132	160	126		59	8	3	7	21
广东	327	1 629	4 631	2 126	559	11	1 007	273	31	14	75
广西	30	38	82	80	62	1	17	14	1		5
海南		10	69	16	8		14	6		2	3
重庆	17		542	125	61	5	32	23	15	3	62
四川	27	573		162	300	123	128	72	27	7	185
贵州	21	165	335		224	3	15	13			16
云南	6	172	554	289		5	24	20	6		11
西藏		3	35	1			4	12	4		1
陕西	5	19	237	18	11	4		88	18	23	35
甘肃	1	6	40	2	6	12	110		71	46	100
青海		11	42	2	2	6	21	69		2	4
宁夏		4	9				44	106	2		14
新疆	2	93	466	6	8	2	87	378	46	21	

表12-8 全国按现住地和五年前常住地分的人口

单位：人

现住地	五年前常住地										
	合计	省内	省外								
			北京	天津	河北	山西	内蒙古	辽宁	吉林	黑龙江	上海
全国	**16 077 765**	**15 573 707**	**4 372**	**1 413**	**13 109**	**4 574**	**5 527**	**5 519**	**7 056**	**13 514**	**4 967**
北京	197 326	167 573		346	5 378	998	1 009	1 100	920	1 662	129
天津	133 123	121 086	207		2 538	311	360	257	338	1 422	40
河北	856 230	848 124	602	187		363	811	338	341	1 069	15
山西	422 027	419 241	61	13	334		242	34	62	37	5
内蒙古	301 825	296 602	80	20	396	616		277	196	286	6
辽宁	536 949	528 020	86	45	373	63	1 051		1 654	2 905	31
吉林	344 951	342 066	30	24	130	22	229	443		904	12
黑龙江	485 389	482 806	39	18	83	18	408	313	632		6
上海	228 531	188 451	256	87	242	147	106	327	302	459	
江苏	948 181	904 582	368	95	422	169	154	325	256	375	1 116
浙江	616 879	549 807	336	70	319	165	101	223	207	340	934
安徽	764 184	755 295	325	63	100	98	37	114	63	100	1 229
福建	443 705	418 078	152	41	79	60	37	86	71	95	257
江西	526 762	520 150	97	12	69	10	12	26	21	32	146
山东	1 159 685	1 147 448	233	87	667	263	376	557	1 154	2 497	61
河南	1 165 848	1 162 140	141	14	276	248	62	42	46	95	40
湖北	721 965	715 326	198	29	143	70	34	88	88	69	128
湖南	788 148	781 508	84	25	51	29	17	39	16	37	35
广东	1 158 485	999 535	372	86	571	315	166	495	443	775	268
广西	573 348	568 087	42	22	51	21	3	58	10	40	12
海南	102 757	100 227	14	3	27	13	23	35	35	74	7
重庆	352 354	346 695	104	32	92	56	45	64	21	28	102
四川	1 027 571	1 017 460	280	37	256	145	40	93	54	54	172
贵州	457 961	450 925	73	7	57	20	4	17	6	23	112
云南	546 781	540 567	38	15	75	55	13	45	31	45	31
西藏	33 632	33 294	2		2	1		1			1
陕西	470 653	467 274	44	15	144	174	55	40	38	29	16
甘肃	324 359	322 797	35	7	59	43	36	29	11	14	10
青海	67 000	66 024	9	3	24	18	12	6	7	11	5
宁夏	73 134	72 149	11	3	32	15	50	10	6	8	7
新疆	248 021	240 373	51	8	121	48	33	36	26	28	37

表12-8 全国按现住地和五年前常住地分的人口(续 1)

单位：人

现住地	五年前常住地										
	省外										
	江 苏	浙 江	安 徽	福 建	江 西	山 东	河 南	湖 北	湖 南	广 东	广 西
全　国	**17 593**	**13 795**	**50 828**	**10 631**	**32 807**	**14 879**	**45 493**	**35 971**	**44 092**	**22 725**	**28 131**
北　京	1 095	701	2 121	403	635	2 258	3 621	1 508	749	434	157
天　津	307	167	511	101	121	2 558	1 039	383	134	77	48
河　北	146	258	387	102	102	442	845	227	153	61	51
山　西	81	121	130	44	21	117	492	148	48	39	11
内蒙古	78	149	143	42	40	123	308	86	36	38	30
辽　宁	209	146	255	76	80	629	527	131	54	78	10
吉　林	64	47	139	29	18	305	176	73	16	19	9
黑龙江	41	67	106	71	85	322	97	99	19	28	9
上　海	7 069	2 179	11 389	1 120	2 215	1 537	2 898	1 757	1 007	608	189
江　苏		1 576	15 744	1 094	1 242	1 828	5 217	2 044	814	696	263
浙　江	2 396		12 238	1 257	8 135	1 165	5 820	4 786	3 752	1 460	962
安　徽	2 010	1 432		225	264	338	488	259	164	491	64
福　建	339	584	1 595		5 530	205	1 125	2 708	1 187	1 545	304
江　西	204	969	177	704		61	118	351	406	2 589	82
山　东	885	289	721	175	142		1 559	356	177	115	44
河　南	135	165	173	60	75	187		337	137	581	75
湖　北	186	453	188	224	228	176	761		509	1 511	117
湖　南	89	313	146	193	250	55	229	696		3 092	273
广　东	1 082	1 183	3 664	3 056	12 713	1 558	16 192	18 020	31 872		24 563
广　西	81	222	83	174	182	51	144	267	865	2 202	
海　南	29	42	64	68	104	55	147	216	339	454	216
重　庆	107	312	86	213	94	99	122	314	179	1 123	65
四　川	253	665	130	384	155	187	259	256	239	2 764	120
贵　州	145	1 037	67	374	110	77	108	126	515	2 150	206
云　南	98	332	114	193	178	92	183	271	464	249	224
西　藏	3	6	4		1	2	8	8	7	1	
陕　西	128	140	130	134	41	135	609	165	74	165	15
甘　肃	71	78	54	36	18	38	152	52	24	46	3
青　海	43	36	30	11	10	23	153	62	28	11	5
宁　夏	19	40	26	13	2	49	110	24	13	18	1
新　疆	200	86	209	51	14	208	1 985	242	113	81	15

表12-8　全国按现住地和五年前常住地分的人口(续 2)

单位：人

现住地	五年前常住地										
	省外										
	海南	重庆	四川	贵州	云南	西藏	陕西	甘肃	青海	宁夏	新疆
全国	**2 090**	**19 044**	**52 214**	**23 394**	**7 964**	**416**	**10 957**	**6 549**	**1 131**	**897**	**2 408**
北京	39	474	2 046	220	124	2	711	621	60	81	149
天津	32	108	358	46	25	1	195	219	35	34	65
河北	7	87	634	292	85	8	220	158	41	26	49
山西	2	39	268	69	77	2	235	30	5	8	10
内蒙古	2	66	140	8	29	2	1 132	666	8	212	6
辽宁	5	64	223	14	34	10	71	41	11	24	28
吉林	2	17	80	21	30	1	18	12	5	2	9
黑龙江	4	16	60	4	5		11	11	5	4	6
上海	44	1 090	3 137	672	207	3	431	336	40	49	179
江苏	52	1 018	4 607	1 643	872	21	857	337	109	41	247
浙江	80	3 194	8 213	7 634	1 967	10	833	249	41	41	146
安徽	27	50	275	216	243	6	92	42	11	5	55
福建	77	2 318	4 094	2 307	314	17	323	73	24	36	42
江西	34	89	137	123	89	4	25	4	10	3	10
山东	26	158	518	81	346	12	349	123	80	21	164
河南	16	143	224	30	58	2	147	50	60	10	75
湖北	59	409	397	157	80	9	142	56	37	9	85
湖南	68	134	196	282	148	4	61	20	8	4	45
广东	1 280	6 667	19 501	7 548	1 541	25	3 685	946	91	56	218
广西	54	76	185	201	141		36	24	4		12
海南		69	303	75	30		54	15	3	4	10
重庆	31		1 466	383	227	22	66	48	24	15	120
四川	67	1 196		367	790	177	244	315	42	10	362
贵州	55	343	874		424	15	39	15	4	2	32
云南	17	627	1 716	941		8	80	36	18	1	26
西藏		19	187	3	2		17	41	17		4
陕西	4	145	439	29	38	5		253	52	40	81
甘肃	3	15	118	2	8	29	199		165	62	143
青海		16	140	7	2	16	80	189		8	10
宁夏		11	42	3	2		174	275	4		20
新疆	6	388	1 637	17	24	5	430	1 345	117	90	

附 录

国务院办公厅文件

国办发〔2004〕77号

国务院办公厅关于开展 2005年全国1%人口抽样调查的通知

各省、自治区、直辖市人民政府，国务院各部委、各直属机构：

随着经济和社会的发展，我国人口状况不断发生变化。为了摸清2000年以来我国人口数量、构成以及居住等方面的变化情况，研究未来人口状况的发展趋势，为制定经济社会发展规划和有关政策提供客观准确的依据，按照国家关于人口普查的有关规定，国务院决定在2005年进行全国1%人口抽样调查。

这次调查将在全国各县（市、区）抽取约6万个调查小区，调查对象为小区的全部人口，共约1300多万。调查内容主要包括住户的基本情况和个人的年龄、性别、受教育程度、职业、迁移流动、生育、社会保障、住房情况等指标。调查时点为2005年11月1日零时。

这次调查是一次重要的大规模人口调查，需要强有力的领导、广泛的社会动员、有关部门的密切配合和广大人民群众的积极支持。为此，成立国务院全国1%人口抽样调查领导小组，负责此次调查的领导和组织协调工作。领导小组办公室设在统计局，有关调查工作的具体安排，由统计局负责落实。县以上地方各级人民政府，要建立相应的机构，切实加强对调查工作的领导。有关部门要加强配合，认真负责，确保调查任务的顺利完成。

人口抽样调查工作涉及面广、任务繁重，调查指导员和调查员需要从机关、企事业单位和基层组织（村、居委会和社区）人员中选调，有的还要从社会上临时招聘。地方各级人民政府要高度重视，动员各有关方面积极参加，确保选调和招聘人员的质量。开展调查所需经费，按照分级负担的原则，由中央和地方财政共同负担，并列入相应年度的财政预算，按时拨付使用。

二OO四年十月二十六日

2005 年全国 1% 人口抽样调查方案

一、调查的组织实施

为了摸清 2000 年以来我国人口数量、构成以及居住等方面的变化情况，研究未来人口状况的发展趋势，为制定经济社会发展规划和有关政策提供客观准确的依据，国务院决定于 2005 年进行全国 1% 人口抽样调查。为做好这次调查工作，制定本方案。

（一）全国 1% 人口抽样调查工作，在国务院和地方各级人民政府的领导下进行。

国务院成立全国 1% 人口抽样调查领导小组，负责这次调查的领导和组织协调工作。领导小组办公室（简称全国 1% 人口抽样调查办公室）设在国家统计局，负责落实有关调查工作的具体安排。

县以上地方各级人民政府成立 1% 人口抽样调查领导小组及其办公室；被抽中的乡、镇和街道办事处，成立 1% 人口抽样调查办公室，按照全国 1% 人口抽样调查领导小组及其办公室的统一要求，分别负责本地区 1% 人口抽样调查的领导和组织实施工作。

（二）各级 1% 人口抽样调查领导小组对本地区调查数据质量负责，督促本地区 1% 人口抽样调查办公室对各阶段工作进行质量控制和验收。

（三）这次调查的经费按分级负担的原则，由中央和地方财政共同负担，并列入相应的财政年度预算。各级 1% 人口抽样调查领导小组及其办公室，要在保证高质量完成调查任务的前提下，本着厉行节约的原则，合理安排使用调查经费。

二、调查的标准时间、调查对象和内容

（一）这次调查的标准时间为 2005 年 11 月 1 日零时。

（二）这次调查的对象是在被抽中的调查小区内具有中华人民共和国国籍并符合以下条件之一的全部人口：

1. 2005 年 10 月 31 日晚居住在本调查小区；

2. 户口在本户，2005 年 10 月 31 日晚未居住在本户。

中国人民解放军现役军人由军队领导机关统一进行调查。

（三）这次调查以户为单位进行登记。户分为家庭户和集体户。

以家庭成员关系为主的人口，居住一处共同生活的作为一个家庭户；单身居住独自生活的也作为一个家庭户。

相互之间没有家庭成员关系，集体居住在单位集体宿舍或其他住所共同生活的人口作为集体户。

（四）《2005 年全国 1% 人口抽样调查表》（以下简称调查表）分为按户填报的项目和按人填报的项目。

按户填报的项目包括户的基本情况和住房情况。

按人填报的项目包括人的基本情况、迁移流动状况、人口素质情况、就业和社会保障状况、婚姻生育状况等。

2004 年 11 月 1 日零时至 2005 年 10 月 31 日 24 时期间有死亡人口的户，还要填报《死亡人口调查表》。

三、抽样方法、区域划分和地址编码

（一）这次调查的全国样本量共约 1300 多万人。各省、自治区、直辖市的样本量按其人口规模由全国 1% 人口抽样调查办公室确定。最终样本单位为调查小区。

抽样采用三阶段、分层、整群、概率比例的方法。

第一阶段抽取乡级样本单位，由全国 1% 人口抽样调查办公室组织省级 1% 人口抽样调查办公室实施。

第二阶段抽取村级样本单位，由省级 1% 人口抽样调查办公室组织实施。

第三阶段抽取调查小区，由省级 1% 人口抽样调查办公室组织实施。

（二）这次调查的区域划分按以下原则进行：

县级 1% 人口抽样调查办公室负责明确被抽中的乡级单位的边界，组织绘制标明村级单位边界的乡级调查地图。

乡级 1% 人口抽样调查办公室负责划分被抽中的村级单位内的调查小区，并绘制标明调查小区边界的村级调查地图。

调查员在调查指导员的指导下负责摸清调查小区内的人口居住情况，并绘制本调查小区地图。

（三）这次调查的县级行政区域地址代码根据《中华人民共和国行政区划代码》（GB/T2260）的规定编制。被抽中的乡级及以下地区的地址代码由省级 1% 人口抽样调查办公室根据国家统计局的有关规定编制。

四、调查指导员和调查员的选调和培训

（一）这次调查每个调查小区至少配备一名调查员，平均每两个调查小区配备一名调查指导员。

（二）调查指导员和调查员的选调工作由县级 1% 人口抽样调查领导小组负责。调查指导

员和调查员从机关、企事业单位和基层组织人员中选调,或从社会上临时招聘。地方各级人民政府要高度重视调查指导员和调查员的选调和招聘工作,确保选调和招聘人员的质量。

(三)这次调查的培训工作分级进行。全国1%人口抽样调查办公室负责对省级1%人口抽样调查办公室的业务骨干进行培训;省级1%人口抽样调查办公室负责对地市级和县级1%人口抽样调查办公室的业务骨干进行培训;县级1%人口抽样调查办公室负责培训调查指导员和调查员。

各级培训工作必须严格按照本方案和各项工作实施细则的规定进行,确保培训质量。

五、调查的宣传、试点和物资准备

(一)各级1%人口抽样调查领导小组要组织本地区宣传部门和新闻媒体做好这次调查的宣传工作,动员群众积极配合参与调查。

(二)全国1%人口抽样调查办公室负责组织这次调查的国家级试点。省级1%人口抽样调查办公室负责组织本地区的试点。

(三)这次调查所需的物资由各级1%人口抽样调查办公室根据所承担的工作任务负责准备,具体要求由全国1%人口抽样调查办公室提出。

六、调查摸底、现场登记和复查

(一)调查登记以前,调查员和调查指导员要对调查小区的人口状况进行摸底工作,明确调查登记的范围、绘制调查小区地图、编制调查小区户主姓名底册。

(二)这次调查的现场登记工作时间为2005年11月1日至10日。登记采用调查员入户查点询问、现场填报的方式进行。调查员应当按照调查表中的项目逐户逐人询问,逐项填写,做到不重不漏、准确无误。

积极参加2005年全国1%人口抽样调查登记,如实申报调查项目,是公民应尽的义务。调查登记时,各户申报人应当根据调查员的询问如实回答调查内容,不得谎报、瞒报、拒报调查项目。

各级政府工作人员,要动员和支持群众如实申报调查项目,不得授意、指使、强迫群众不如实申报;不得伪造、篡改调查表;不得对如实申报调查项目的群众打击报复。

各级1%人口抽样调查办公室工作人员和调查指导员、调查员,对各户申报的情况,必须保守秘密,严格限定于人口调查的目的,不得向任何单位和个人提供或者泄露。严禁公开个人和家庭的登记资料。

(三)现场登记结束后,调查指导员组织调查员按照规定的方法进行全面复查,发现差错,经核实后,予以改正。

复查工作在2005年11月15日以前完成。

七、事后质量抽查

(一)复查工作完成后进行这次调查的事后质量抽查。全国1%人口抽样调查办公室负责事后质量抽查样本的抽取，省级1%人口抽样调查办公室负责事后质量抽查工作的组织实施。

（二）事后质量抽查工作在2005年11月25日以前完成。事后质量抽查数据于2005年11月30日前报全国1%人口抽样调查办公室。

（三）事后质量抽查结果只作为评价全国1%人口抽样调查数据质量的依据。

八、调查数据的处理、发布和管理

（一）现场登记复查工作结束后，由调查员对调查表进行非专项编码，县级1%人口抽样调查办公室负责组织调查表的专项编码（包括地址、民族、行业和职业编码）。专项编码前应对编码人员进行严格的培训。编码工作在2005年11月30日以前完成。

（二）全国1%人口抽样调查办公室负责制定这次调查的数据处理总体方案。

（三）数据汇总分为两步进行。第一步，对主要数据进行汇总，2006年1月15日以前完成；第二步，对全部数据进行汇总，2006年6月底以前完成。

（四）全国和省级1%人口抽样调查办公室负责对调查数据质量进行分析评估，2006年2月10日以前分别发布国家和各省、自治区、直辖市的主要调查数据公报。

（五）现场登记、复查工作结束后，调查表以调查小区为单位分别装入包装袋。调查表在运送过程中，必须妥善包装，专人护送，保证完整无损。运送单位和接收单位要按规定的程序办理交接手续。数据录入工作完成以后，调查表由省级1%人口抽样调查办公室妥善保管。

（六）调查表仅供数据汇总使用，不得作为行政管理、表彰和处罚的依据。

（七）这次调查的磁介质原始数据由全国和省级1%人口抽样调查办公室负责管理。

九、工作总结

调查工作全部结束后，各级1%人口抽样调查办公室要对这次调查工作进行全面的总结，并报同级人民政府和上级调查领导小组。县以上各级1%人口抽样调查办公室要对这次调查的组织实施、项目设置、调查方法等技术业务问题进行总结，并报上一级1%人口抽样调查办公室。

全国1%人口抽样调查办公室根据本方案制定这次调查的各项工作实施细则和有关技术文件。

本方案由全国1%人口抽样调查办公室负责解释。

经国务院批准进行 2005 年全国 1%人口抽样调查登记的标准时间是：2005 年 11 月 1 日零时
调查的原始资料不得向任何单位和个人提供，仅供汇总使用
公民应履行如实申报调查项目的义务

表　　号：R501 表
制表机关：国家统计局
国务院全国 1%人口抽样调查领导小组办公室
文　　号：国统字[2005]55 号

2005 年全国 1%人口抽样调查表

调查对象

本调查小区全部人口，包括：

- 2005 年 10 月 31 日晚居住在本调查小区的人
- 户口在本户，2005 年 10 月 31 日晚未居住在本户的人

本户地址：

_______县(市、区)_________乡(镇、街道)________村(居)委会________调查小区_______户编号

□□　　□□□　　□□□　　□□

申报人(签字)：
调查员(签字)：
填报日期：2005 年 11 月　日

H1. 户编号	H2. 户别	H3. 本户应登记人数	
________ 号	1. 家庭户 2. 集体户	2005 年 10 月 31 日晚居住在本户的人数： ________人	户口在本户，2005 年 10 月 31 日晚未居住在本户的人数： ________人

H4. 本户 2004 年 11 月 1 日至 2005 年 10 月 31 日出生人口	H5. 本户 2004 年 11 月 1 日至 2005 年 10 月 31 日死亡人口	H6. 住房用途	H7. 建筑层数
男____人 女____人	男____人 女____人	1. 生活用房 2. 兼作生产经营用房 3. 无住房(结束)	1. 平房 2. 六层及以下楼房 3. 七层及以上楼房

H8. 本座住宅建筑结构	H9. 本座住宅建成时间	H10. 住房间数	H11. 住房建筑面积
1. 钢筋混凝土结构 2. 混合结构 3. 砖木结构 4. 木、竹、草结构 5. 其他结构	________ 年	________间	________平方米

H12. 本住房中是否有其他合住户	H13. 是否饮用自来水	H14. 住房内有无厨房	H15. 主要炊事燃料	H16. 住房内有无厕所
1. 是 2. 否	1. 是 2. 否	1. 本户独立使用 2. 本户与其他户合用 3. 无	1. 燃气 2. 电 3. 煤炭 4. 柴草 5. 其他	1. 独立使用抽水式 2. 邻居合用抽水式 3. 独立使用其他式样 4. 邻居合用其他式样 5. 无

H17. 住房内有无洗澡设施	H18. 住房来源	H19. 购建住房费用	H20. 月租房费用
1. 统一供热水 2. 家庭自装热水器 3. 其他 4. 无	1. 自建住房 2. 购买商品房 3. 购买经济适用房 4. 购买原公有住房 5. 租赁公有住房 } →H20 6. 租赁商品住房 } →H20 7. 其他(结束)	________万 ________千元 (结束)	________元

每 个 人 都 填 报

R1. 姓名	R2. 与户主关系	R3. 性别	R4. 出生年月	R5. 民族
姓______ 名______ 0 1	0. 户主 1. 配偶 2. 子女 3. 父母 4. 岳父母或公婆 5. 祖父母 6. 媳婿 7. 孙子女 8. 兄弟姐妹 9. 其他	1. 男 2. 女	（______周岁） 出生于： ______年 ______月	族

R6. 户口登记地情况	R7. 调查时点居住地	R8. 离开户口登记地时间
1. 本乡（镇、街道） 2. 本县（市、区）其他乡（镇、街道） 3. 其他县（市、区）： ________省（自治区、直辖市） ________市（地） ________县（市、区） 4. 户口待定→R12	1. 本调查小区 2. 本乡（镇、街道）其他调查小区 3. 本县（市、区）其他乡（镇、街道） 4. 其他县（市、区）： ________省（自治区、直辖市） ________市（地） ________县（市、区） 5. 国外	1. 没有离开户口登记地→R11 2. 半年以下 3. 半年至一年 4. 一年至二年 5. 二年至三年 6. 三年至四年 7. 四年至五年 8. 五年至六年 9. 六年以上 （3-9：R7 圈 3-5，结束）

R9. 离开户口登记地的原因	R10. 户口登记地类型	R11. 户口性质	R12. 有几个兄弟姐妹	R13. 身体健康状况
01. 务工经商 02. 工作调动 03. 分配录用 04. 学习培训 05. 拆迁搬家 06. 婚姻嫁娶 07. 随迁家属 08. 投亲靠友 09. 寄挂户口 10. 出差 11. 其他	1. 乡 2. 镇的居委会 3. 镇的村委会 4. 街道	1. 农业 2. 非农业	（30 周岁及以下人填报） 兄弟_____人 姐妹_____人	1. 身体健康 2. 基本能保证正常的生活工作 3. 不能正常工作或生活不能自理 4. 说不准

1 周岁及以上人填报	5 周岁及以上人填报	6 周岁及以上人填报		
R14. 一年前常住地	**R15. 五年前常住地**	**R16. 是否识字**	**R17. 受教育程度**	**R18. 学业完成情况**
2004 年 11 月 1 日常住地： 1. 省内 2. 省外 ________省	2000 年 11 月 1 日常住地： 1. 省内 2. 省外 ________省	1. 是 2. 否	1. 未上过学→R19 2. 小学 3. 初中 4. 高中 5. 大学专科 6. 大学本科 7. 研究生及以上	1. 在校 2. 毕业 3. 肄业 4. 辍学 5. 其他

15周岁及以上人填报

R19. 上周工作情况	R20. 行业	R21. 职业	R22. 上周工作的单位或工作类型	R23. 就业身份
10月25-31日是否为取得收入而从事了一小时以上的劳动： 1. 是 上周工作时间_____小时 2. 在职休假、学习、临时停工或季节性歇业未工作 3. 未做任何工作→R26	填写单位的完整名称： 填写单位生产的主要产品或从事的主要业务：	填写个人所做工作的具体内容：	1. 土地承包者→R25 2. 机关团体事业单位 3. 国有及国有控股企业 4. 集体企业 5. 个体工商户 6. 私营企业 7. 其他类型单位 8. 其他	1. 雇员 2. 雇主 3. 自营劳动者 4. 家庭帮工 (2–4) R25

R24. 签订劳动合同情况	R25. 收入情况	R26. 上周未工作原因	R27. 三个月内是否找过工作	R28. 能否工作
1. 已签有固定期合同 期限_______个月 2. 已签无固定期(长期)合同 3. 未签订劳动合同	上个月(或按年收入折算)的月收入是： _______元 →R29	1. 在校学习→R30 2. 丧失劳动能力→R29 3. 离退休 4. 料理家务 5. 毕业后未工作 6. 因单位原因失去原工作 7. 因本人原因失去原工作 8. 承包土地被征用 9. 其他	1. 在职业介绍机构求职 2. 委托亲友找工作 3. 参加招聘会 4. 应答或刊登广告 5. 为自己经营做准备 6. 其他 7. 未找过工作	如有工作机会能否在两周内开始工作 1. 能 连续未工作时间： _______个月 2. 不能

R29. 参加社会保险情况			R30. 主要生活来源	R31. 婚姻状况	R32. 初婚年龄
失业保险 1. 参加 2. 未参加	基本养老保险 1. 参加 2. 未参加	基本医疗保险 1. 参加 2. 未参加	1. 劳动收入 2. 离退休金、养老金 3. 失业保险金 4. 最低生活保障金 5. 下岗生活费 6. 内退生活费 7. 财产性收入 8. 家庭其他成员供养 9. 其他	1. 未婚(结束) 2. 初婚有配偶 3. 再婚有配偶 4. 离婚 5. 丧偶	(_______周岁) _______年 _______月

15至64周岁妇女填报		15至50周岁妇女填报	
R33. 生育子女数	R34. 存活子女数	R35. 2004年11月1日至2005年10月31日的生育状况	
生育过： 男____人 女____人	现在存活： 男____人 女____人	1. 未生育(结束) 2. 有生育 生育时间是：_____月 婴儿性别：1. 男 2. 女	(生育两个以上孩子的第二个孩子的状况) 生育时间是：_____月 婴儿性别：1. 男 2. 女

2005年全国1%人口抽样调查死亡人口调查表

（2004.11.1-2005.10.31死亡的人口登记）

表　　号：R502表

制表机关：国家统计局

国务院全国1%人口抽样调查领导小组办公室

文　　号：国统字[2005]55号

地　址：＿＿＿＿县(市、区)＿＿＿＿乡(镇、街道)＿＿＿＿村(居)委会＿＿＿＿调查小区

地址码：□□　□□□　□□□　□□

每个死亡人口都登记						死亡时满6周岁的人登记	死亡时满15周岁的人登记
S1.户编号	S2.姓名	S3.性别	S4.出生时间	S5.死亡时间	S6.民族	S7.受教育程度	S8.婚姻状况
□□□	□□	1.男 2.女 □	出生于: ＿＿年 ＿＿月 □□□□ □□	(＿ 周岁) 死亡于: ＿＿月 □□	族 □□	1.未上过学 2.小学 3.初中 4.高中 5.大学专科 6.大学本科 7.研究生及以上 □	1.未婚 2.初婚有配偶 3.再婚有配偶 4.离婚 5.丧偶 □
□□□	□□	1.男 2.女 □	出生于: ＿＿年 ＿＿月 □□□□ □□	(＿ 周岁) 死亡于: ＿＿月 □□	族 □□	1.未上过学 2.小学 3.初中 4.高中 5.大学专科 6.大学本科 7.研究生及以上 □	1.未婚 2.初婚有配偶 3.再婚有配偶 4.离婚 5.丧偶 □
□□□	□□	1.男 2.女 □	出生于: ＿＿年 ＿＿月 □□□□ □□	(＿ 周岁) 死亡于: ＿＿月 □□	族 □□	1.未上过学 2.小学 3.初中 4.高中 5.大学专科 6.大学本科 7.研究生及以上 □	1.未婚 2.初婚有配偶 3.再婚有配偶 4.离婚 5.丧偶 □
□□□	□□	1.男 2.女 □	出生于: ＿＿年 ＿＿月 □□□□ □□	(＿ 周岁) 死亡于: ＿＿月 □□	族 □□	1.未上过学 2.小学 3.初中 4.高中 5.大学专科 6.大学本科 7.研究生及以上 □	1.未婚 2.初婚有配偶 3.再婚有配偶 4.离婚 5.丧偶 □

调查员(签字)：＿＿＿＿

每个死亡人口都登记						死亡时满6周岁的人登记	死亡时满15周岁的人登记
S1. 户编号	S2. 姓名	S3. 性别	S4. 出生时间	S5. 死亡时间	S6. 民族	S7 受教育程度	S8. 婚姻状况
		1.男 2.女	出生于: _______年 _______月	(___ 周岁) 死亡于: ______月	族	1.未上过学 2.小学 3.初中 4.高中 5.大学专科 6.大学本科 7.研究生及以上	1.未婚 2.初婚有配偶 3.再婚有配偶 4.离婚 5.丧偶
		1.男 2.女	出生于: _______年 _______月	(___ 周岁) 死亡于: ______月	族	1.未上过学 2.小学 3.初中 4.高中 5.大学专科 6.大学本科 7.研究生及以上	1.未婚 2.初婚有配偶 3.再婚有配偶 4.离婚 5.丧偶
		1.男 2.女	出生于: _______年 _______月	(___ 周岁) 死亡于: ______月	族	1.未上过学 2.小学 3.初中 4.高中 5.大学专科 6.大学本科 7.研究生及以上	1.未婚 2.初婚有配偶 3.再婚有配偶 4.离婚 5.丧偶
		1.男 2.女	出生于: _______年 _______月	(___ 周岁) 死亡于: ______月	族	1.未上过学 2.小学 3.初中 4.高中 5.大学专科 6.大学本科 7.研究生及以上	1.未婚 2.初婚有配偶 3.再婚有配偶 4.离婚 5.丧偶
		1.男 2.女	出生于: _______年 _______月	(___ 周岁) 死亡于: ______月	族	1.未上过学 2.小学 3.初中 4.高中 5.大学专科 6.大学本科 7.研究生及以上	1.未婚 2.初婚有配偶 3.再婚有配偶 4.离婚 5.丧偶
		1.男 2.女	出生于: _______年 _______月	(___ 周岁) 死亡于: ______月	族	1.未上过学 2.小学 3.初中 4.高中 5.大学专科 6.大学本科 7.研究生及以上	1.未婚 2.初婚有配偶 3.再婚有配偶 4.离婚 5.丧偶

2005 年全国 1% 人口抽样调查表填写说明

一、调查对象

全国 1% 人口抽样调查表分为:《2005 年全国 1% 人口抽样调查表》(以下简称《调查表》)和《2005 年全国 1% 人口抽样调查死亡人口调查表》(以下简称《死亡表》)。统称为调查表。

《调查表》的调查对象为:被抽中调查小区内的全部人口。即 2005 年 10 月 31 日晚住本调查小区的人口和户口登记在本调查小区但 2005 年 10 月 31 日晚未住本调查小区人口。分为两种情况:

1. 2005 年 10 月 31 日晚住在本调查小区的人,不管其户口登记在何处。包括户口在本乡、镇、街道的人口,也包括所有的外来人口,即现有人口。

2. 户口登记在本调查小区,但 2005 年 10 月 31 日晚未住本调查小区的人,无论其外出时间长短、外出原因如何,均调查登记,即外出人口。

《死亡表》的调查对象为:2004 年 11 月 1 日至 2005 年 10 月 31 日的死亡人口。

二、调查的标准时间

这次 1% 人口抽样调查的标准时间为 2005 年 11 月 1 日零时。

三、调查表的填写方法

1. 调查表用钢笔或签字笔填写。

2. 有标准答案的项目,根据实际情况圈填,每个问题圈填一个标准答案。没有标准答案的项目,用文字或阿拉伯数字据情填写。

3.《调查表》以户为单位填写。每本《调查表》可以填写 5 人,超过 5 人的户,加单页填写,粘贴在最后。

《死亡表》以调查小区为单位填写。每张《死亡表》可以填写 9 人,超过 9 人的调查小区,加页填写,粘贴在一起。

4.《调查表》填写按本户地址、户记录、人记录的顺序进行。先填写封面的本户地址,然后填写户纪录,填写完户纪录,再逐人填写人记录。

本户地址填写本户所在的县(市、区)、乡(镇、街道)、村(居)委会和调查小区的名称,户编号与调查表“H1. 户编号”的编号一致。

5. 调查员每填完一户，要将调查表中各项填报的内容向申报人宣读，核对无误后，由申报人和调查员分别签字。调查员还要填写入户登记的日期。

四、《调查表》指标解释

(一)按户填报的项目

按户填报的项目要求所有的户(家庭户和集体户)都填报。

H1. 户编号 – 填写《户主姓名底册》上的“户编号”。

为了保证每个调查小区的“户编号”都是连续的，在登记时如果发现某一“户编号”位置上的户为空户，即2005年10月31日晚上没有人居住在本户，而且也没有户口挂在本户，则把《户主姓名底册》上最后一户移到此位置，并占用该户“户编号”，其原来的“户编号"作废。

如果登记时发现某户中实际居住着两户，其中一户使用原来的“户编号”，另一户的“户编号”续在本调查小区所有户编号的最后，按顺序编写；居住三户或以上的，依次类推。

在一个调查小区中，每一户都必须对应一个户编号，且只对应一个户编号。

H2. 户别 – 按家庭户、集体户的类型圈填。

这里的“户别”与户口本上的“户别”无关。

1. 家庭户。指以家庭成员关系为主的人口，或者还有其他人口，居住一处共同生活，作为一个家庭户。单身居住独自生活的也作为一个家庭户。

居住生活在同一家庭户的人，不论其工作性质如何，农业户口还是非农业户口，有无正式户口，都应登记为一户。

2. 集体户。指相互之间没有家庭成员关系，集体居住在机关、团体、学校、工厂、矿山、工地、农场、公司、商店、医院、托儿所、敬老院、寺院、教堂等单位内集体宿舍及其他住所共同生活的人口，作为集体户。从事各种流动作业、集体居住的人口，也作为集体户登记。

集体户以居住在同一房间的人作为一个集体户进行登记。

H3. 本户应登记人数 – 即调查对象，指应在本户调查登记的人数。包括两部分人，一部分是2005年10月31日晚居住在本户的人口，这些人不管有没有本地(乡、镇、街道)常住户口或在本户住了多长时间都应在户里进行登记；另一部分是2005年10月31日晚没住在本户，但户口在本户的人口，这些人无论外出多长时间，也应在本户进行登记。

H4. 本户2004年11月1日至2005年10月31日出生人口 – 填写本户在2004年11月1日至2005年10月31日出生人数。分别填写男、女的合计数。

特别注意不要漏掉出生时有某种生命现象(如在胎儿脱离母体时，有呼吸或心跳，脐带搏动、随意肌收缩等)，不久即死亡的婴儿，要填写出生数。

H5. 本户2004年11月1日至2005年10月31日死亡人口 – 填写本户在2004年11月1日至2005年10月31日死亡人数。分别填写男、女的合计数。

特别注意不要漏掉出生不久即死亡的婴儿，要填写死亡数。

H6. 住房用途 – 按本户住房的实际情况据情圈填。

设有三个标准答案：

1. 生活用房。指本户住房只用于生活居住。

2. 兼作生产经营用房。指本户住房除作为生活用房外，还兼作生产或经营用房。如私人开的小裁缝店，吃、住、工作都在同一间房中的情况。

3. 无住房。指居无定所的户。如睡在桥下、公园、车站或运载货物、商品车辆上的流动人口等。圈填此标准答案的户，不再填报以后的户记录项目。

H7. 建筑层数 – 指本户住房所属建筑物的自然层数。

采光窗在室外地坪以上的半地下室，其室内层高在 2. 20m 以上（不含 2. 20m）的，计算自然层数，否则不算。

假层、附层（夹层）、插层、阁楼（暗楼）、装饰性塔楼，以及突出屋面的楼梯间、水箱间不计层数。

此项目设有三个标准答案，据情圈填。

H8. 本座住宅建筑结构 – 指本户住房所属建筑的结构。此项目设有五个标准答案，"钢筋混凝土结构"是指承重的主要构件是钢筋混凝土。包括薄壳结构、大模板现浇结构及使用滑模、升板等建造的钢筋混凝土结构的建筑物。"混合结构"是指承重的主要构件是钢筋混凝土和砖木。如一幢房屋的梁是用钢筋混凝土制成，以砖墙为承重墙，或者梁是用木材建造，柱是用钢筋混凝土建造。"砖木结构"是指承重的主要构件是砖和木材。如一幢房屋是木制房架、砖墙、木柱建造的。"木、竹、草结构"是指房屋的主要建筑材料为木、竹、草。如一幢房屋是木（竹）制房架、草顶。"其他结构"是指凡不属于上述结构的房屋都归此类。如砖拱结构、窑洞等。据情圈填。

H9. 本座住宅建成时间 – 指本户住房所属建筑的建成时间，填写具体年份。

如果确实记不清或不知道本户住房所属建筑的建成时间的，可填出其大概的年代，但一定要以本世纪前后、建国前后、改革前后（1978 年）、八十年代、九十年代等几个重要时期作为参考依据填写年代。

本户住房翻修过的，按翻修时的年份填写；本户住房经过改建的，如改建面积大于原面积的，建成时间填写改建时的时间；如改建面积小于原面积的，建成时间填写原住房的建成时间。

H10. 住房间数 – 指除厨房、厕所和厅以外的所有自然间数（包括扩建的房间）。填写本项目时应注意：

1. 住在单位或学校集体宿舍、宾馆、饭店、招待所的户，或租借房屋居住的户，无论是家庭户还是集体户，一律按现住所的实际情况填写其用于"生活用房"或"兼作生产经营用房"的住房间数。

2. 合住同一所住房的，在填写住房间数时，填写其独立使用的房间数。

3. 兼作生产经营用房的房间也应计算在住房间数内，只作为生产经营用房的房间不计算在住房间数内。

4. 一户有两处或两处以上住房的，如果没有出租或借给其他人居住，要把这几处住房的住房间数相加。有关户记录的其他项目，以常住地的住房状况为准。

H11. 住房建筑面积 – 本户住房的建筑面积按住房的外墙计算。

只知道使用面积的，则可用下面的公式换算：

使用面积（包括扩建的使用面积）÷ 0.7 = 建筑面积

填写此项目时应当注意以下几点：

1. 住在单位或学校集体宿舍、宾馆、饭店、招待所的户，或租借房屋居住的户，无论是家庭户还是集体户，一律按现住所的实际情况填写其住房面积。

2. 居住在工作场所的户，住房面积应该填写其居住房间的建筑面积。

3. 合住在同一所住房里的住户，其建筑面积为各户所独立使用的房间面积加上公共使用面积（包括厨房、厕所、厅、门厅、阳台等）的一部分：两户合住的，各按二分之一计算；三户合用的各按三分之一计算；四户及以上合用的依此类推。

4. 兼作生产经营用房的房屋面积也应计算在住房建筑面积内，只作为生产经营用房的房屋面积不计算在住房建筑面积内。

5. 一户有两处或两处以上住房的，如果没有出租或借给其他人居住，要把这几处住房的住房建筑面积分别相加。有关户记录的其他项目，以常住地的住房状况为准。

H12. 本住房中是否有其他合住户 – 合住是指在一套住房中，居住着两户或两户以上的居民。不包括在一个院子里居住两户或两户以上的居民。按标准答案据情圈填。

H13. 是否饮用自来水 – 自来水是指经过公用设施净化处理的管道输送水。可以是一户独立使用，也可以是两户或两户以上共用。在院子里自己打的机井不能算作有自来水。

H14. 住房内有无厨房 – 厨房是指专供做饭使用，不论是否装有上下水道及固定灶具的正式房间。厨房只归一户使用的为独用，两户或两户以上共用的为合用。

在过道、客厅（堂屋）等处烧饭的不能算作有厨房；在庭院、路边搭建的、低矮的临时简陋设施或披房中烧饭的也不算有厨房。

根据所列标准答案，据实圈填。

H15. 主要炊事燃料 – 指本户用于炊事的主要燃料，本项目设有五个标准答案。如果本户用于炊事的燃料有两种以上，只选择主要的一种圈填。

H16. 住房内有无厕所 – 这里的厕所是指装有固定马桶或蹲坑的（可以是抽水式的，也可以是其他形式的）正式厕所，由一户使用的为独用，两户或两户以上共用的为合用。

农村地区，如果在本户院内有厕所，无论其式样如何，均视为有厕所。

本项目设有五个标准答案，可据情圈填。

H17. 住房内有无洗澡设施 – 住房内的洗澡设施是指住房内有固定浴缸（浴盆）或淋浴龙头等，并能够使用的洗浴设施。本项目设有四个标准答案：

1. 统一供热水。指本户洗浴用热水由社区、物业管理部门或其他有关部门统一供应。

2. 家庭自装热水器。指本户洗浴用热水是由自己安装的各种热水器供应。如电热水器、燃气(罐装、管道)热水器等。

3. 其他。指上述两种以外的其他洗浴设施。

4. 无。住房内没有洗浴设施。

H18. 住房来源 – 指本户获取住房的几种情况。此项目设有七个标准答案:

1. 自建。指城镇或农村中个人自筹资金建造的住房,其产权属于个人所有。

2. 购买商品房。指个人从房地产开发部门、房地产市场(二手房市场)以市场价购买的房屋,享有对房屋的全部产权。

3. 购买经济适用房。经济适用房是指根据国家经济适用住房建设计划安排建设的住宅。由国家统一下达计划,用地一般实行行政划拨的方式,免收土地出让金,对各种经批准的收费实行减半征收,出售价格实行政府指导价,按保本微利的原则确定。房屋使用功能可以满足居民基本生活需要。经济适用房也包括安居工程住房和集资合作建设住房。

4. 购买原公有住房。指个人以成本价或优惠价购买的企事业单位原作为福利分配给本单位职工的住房,享有对房屋的全部产权或部分产权。

5. 租赁公有住房。由单位作为福利租借给本单位职工的住房。产权归单位所有,个人只交纳少量房租。圈填此标准答案的,跳填 H20。

6. 租赁商品住房。本户住房是向私人、单位或房地产开发部门租借的,并按市场价格交纳房租。圈填此标准答案的,跳填 H20。

7. 其他。不属于以上几种房屋产权性质的填报此项。圈填此标准答案的,不再填报以后的户记录项目。

H19. 购建住房费用 – H18 中圈填了标准答案“1 – 4”的户填报此项目。自建房屋户和购房户根据自己在建房和购房过程中所花费用,按当时价格据实填写。按万元、千元分别填写,如 5 万 8 千元,在万元前填写 5,在千元前填写 8;再如 5 万元,在万元前填写 5,在千元前填写 0;又如 6 千元,在万元前填写 0,在千元前填写 6。填写此项后不需要填报以后的户记录项目。

H20. 月租房费用 – H18 中圈填了标准答案“5”或“6”两项的户填报此项目。根据上月用于交纳房租金额,据实填写。

(二)按人填报的项目

每个人都填报的项目(R1 – R13)

R1. 姓名 – 填写被登记人的正式姓名,并将姓和名分别填写,但不能填笔名、代号等。没有正式姓名的在姓一栏中填写父亲或母亲的姓,名一栏中填写小名;婴儿未起名的在姓一栏中填写父亲或母亲的姓,名一栏中填写“未取名”。

R2. 与户主关系 – 指被登记人与本户户主的关系。调查员根据申报人的回答据情圈填。申报人不是户主的,注意不要将该人与申报人的关系,当作与户主的关系。

本项目设有十个标准答案:

0. 户主。按家庭日常生活习惯确定户主。

1. 配偶。指户主的妻子或丈夫。

2. 子女。指户主的子女。

3. 父母。指户主的父母或继父母、养父母。

4. 岳父母或公婆。指户主配偶的父母或继父母、养父母。

5. 祖父母。指户主或配偶的祖父母、外祖父母、曾祖父母、外曾祖父母。

6. 媳婿。指户主子女的配偶。

7. 孙子女。指户主的孙子女、外孙子女、孙媳婿、外孙媳婿、重孙子女、重孙媳婿、重外孙子女、重外孙媳婿。

8. 兄弟姐妹。指户主及其配偶的兄弟姐妹以及他们的配偶。

9. 其他。指本户除以上九种人以外的成员。

家庭户的户主登记为第一人,圈填"0";如果户主的配偶也在本户登记,应登记为第二人,圈填"1";然后再登记该户的其他成员。

在登记集体户时,第一人登记为户主,圈填"0",本户其他成员与户主关系一律登记为其他,圈填"9"。

R3. 性别 – 指被登记人的性别,男性圈填"1",女性圈填"2"。

R4. 出生年月 – 指被登记人的出生年、月和周岁。

周岁指从出生年月日算起,到标准时间为止,满几周岁就填几周岁。不满一周岁的填"0"岁。

出生年月按公历填写,只知道农历的,要换算成公历。按照一般的规律,农历的月份与公历的月份相差一个月左右,换算时农历的月份加1即可做为公历的月份,但要注意农历的12月应当是公历下一年的1月。

调查员在登记年龄时,可参考户口簿或居民身份证。年龄不一致的,应认真核对。周岁年龄换算公式:

1. 当出生月份≤10,周岁年龄=2005-出生年

2. 当出生月份=11或12,周岁年龄=2005-出牛年-1

出生年月和周岁年龄,用阿拉伯数字填写。

R5. 民族 – 指被登记人的民族成份。填写民族时,不要写简称,要填写全称。如哈萨克族,不要简填为哈族。

外国人加入中国籍,其民族和我国的某一民族相同的,就填某 民族;没有相同民族的,按外国人加入中国籍填写,简填"入籍"。

R6. 户口登记地情况 – 指被登记人的常住户口登记地情况,设有四个标准答案,调查员根据被登记人的实际情况,据情圈填。

1. 本乡(镇、街道)。指常住户口登记地在本乡、镇、街道的人,包括原户口登记地在本户,现在国外工作或学习,暂无户口的人。

2. 本县(市、区)其他乡(镇、街道)。指常住户口登记地在本县、县级市(区)的其他乡、镇、街道的人。

3. 其他县(市、区)。指常住户口登记地在本县、县级市(区)以外所有地区的人。圈填本答案的人还需填写常住户口登记地所在省(自治区、直辖市)、市(地)、县(市、区)的具体名称。

4. 户口待定。指在任何地方都没有登记常住户口的人。包括手持户口迁移证、出生证、退伍证、劳改劳教释放证的人。圈填本答案的人跳填 R12 项。

R7. 调查时点居住地 – 指被登记人在 2005 年 10 月 31 日晚居住在何处。设有五个标准答案,调查员根据被登记人的实际情况,据情圈填。

1. 本调查小区。指居住在本调查小区的人。如果本户在本调查小区拥有一套以上的住房,由调查员确定其只在一户登记。

2. 本乡(镇、街道)其他调查小区。指居住在本乡、镇、街道其他调查小区的人。

3. 本县(市、区)其他乡(镇、街道)。指居住在本县、县级市(区)的其他乡、镇、街道的人。

4. 其他县(市、区)。指居住在本县、县级市(区)以外所有地区的人。圈填本答案的人还需填写调查时点居住地所在省(自治区、直辖市)、市(地)、县(市、区)的具体名称。

5. 国外。指原户口登记在本户,现在国外工作学习,暂无户口的人。

圈填答案"2 – 5"中任意一项的人,均为户口登记地在本乡(镇、街道),即 R6 圈填了"1"的人。

R8. 离开户口登记地时间 – 指调查标准时间时被登记人离开户口登记地的时间,设有九个标准答案。调查员根据被登记人的实际情况,据情圈填。

1. 没有离开户口登记地。指没有离开户口登记地的人。即户口登记地在本乡(镇、街道),调查标准时间前一晚居住在本乡(镇、街道)的人。即 R6 圈填"1"且 R7 圈填了"1"或"2"的人。圈填本答案的人跳填 R11 项。

2. 半年以下。指离开户口登记地不满半年的人。

3. 半年至一年。指离开户口登记地半年以上(含半年),但不满一年的人。

4. 一年至二年。指离开户口登记地一年以上(含一年),但不满二年的人。

5. 二年至三年。指离开户口登记地二年以上(含二年),但不满三年的人。

6. 三年至四年。指离开户口登记地三年以上(含三年),但不满四年的人。

7. 四年至五年。指离开户口登记地四年以上(含四年),但不满五年的人。

8. 五年至六年。指离开户口登记地五年以上(含五年),但不满六年的人。

9. 六年以上。指离开户口登记地六年以上(含六年)的人。

注意本项圈填答案"3 – 9"中任意一项,同时 R7 圈填"3 – 5"中任意一项的人结束此人人记录填报项目。即对户口在本乡(镇、街道),现不住在本乡(镇、街道),离开户口登记地半年以上的人不再登记其他项目。

R9. 离开户口登记地的原因 – 指人户分离的原因。外来人口、外出人口、挂户人口以及在不同小区有两处及两处以上住房且户籍与本小区住房不一致的均视为人户分离。本项设有十一个标准答案,调查员根据被登记人的实际情况,据情圈填。

01. 务工经商。指15周岁及以上因从事各种劳务活动或商业贸易活动,离开户口登记地的人。

02. 工作调动。指15周岁及以上因工作调动而离开户口登记地的人。

03. 分配录用。指15周岁及以上的各类学校毕业生,经分配工作或工作招聘,离开户口登记地的人。

04. 学习培训。指6周岁及以上因考入各级各类学校或参加本地各单位举办的各种学习班、培训班,而离开户口登记地的人。

05. 拆迁搬家。指因房屋拆迁、搬家而离开户口登记地的人。

06. 婚姻嫁娶。指15周岁及以上因结婚而离开户口登记地的人。

07. 随迁家属。指随同家人工作调动而离开户口登记地的人。

08. 投亲靠友。指因投靠亲属、朋友而离开户口登记地的人。

09. 寄挂户口。指户口与居住地不一致,但户口落在集体户或落在与其无直接亲戚关系的家庭户中的人,以及没有在户口登记地居住,只在户口登记地落户口的人。

10. 出差。指因出差而离开户口登记地的人。

11. 其他。指除上述以外的其他原因。

凡具有两种以上迁移原因的,按其主要的原因圈填一个标准答案,不得圈填两个或多个标准答案。

R10. 户口登记地类型－指被登记人户口登记地的城乡类型。设有四个标准答案,户口登记地属于乡,圈填“1”;属于镇的居委会,圈填“2”;属于镇的村委会,圈填“3”;属于街道,圈填“4”。

R11. 户口性质－指被登记人的户口性质。本项目设有两个标准答案,按其户口簿上常住户口的农业、非农业性质据实圈填。农业户口的人,圈填“1”,非农业户口的人,圈填“2”。

取消了农业户口和非农业户口的地区,按照取消前的性质圈填。农民进城已办理了小城镇户口的,也圈填“2”。

R12. 有几个兄弟姐妹－指被登记人的兄弟姐妹的个数,分性别填写,兄弟的个数填写在兄弟后面空格内,姐妹的个数填写在姐妹后面空格内。

兄弟姐妹仅指现存活的并与被登记人有血缘关系的兄弟姐妹,不包括堂表亲戚。兄弟姐妹的个数不包括自己在内。

本项目只由30周岁及以下的人填报。

R13. 身体健康状况－指被登记人根据自身健康状况对过去一个月能否胜任正常的生活和工作做出自我判断。根据所列四种情况圈填其一。

1. 身体健康。指过去一个月健康状况良好,完全可以保证日常的生活和工作。

2. 基本能保证正常的生活工作。指过去一个月健康状况不是太好,但可以基本保证正常的生活和工作。

3. 不能正常工作或生活不能自理。指过去一个月健康状况较差,不能承担正常的工作;或者不能照顾自己日常的生活起居,如吃饭、穿衣、自行走动等;或者工作和日常生活都不能正常进行。

4. 说不准。除以上情形之外的其他情况。包括身体时好时坏的不稳定状况等。

1 周岁及以上人填报的项目(R14)

R14. 一年前常住地 – 指被登记人在调查标准时间的一年前,即 2004 年 11 月 1 日零时经常居住在何处。设有两个标准答案。一年前居住在本省的人,圈填"1";一年前居住省外的人,圈填"2",并填写所在省的名称。

一年前居住在我国大陆以外地方的,据情填写"香港"、"澳门"、"台湾"或"国外"。

5 周岁及以上人填报的项目(R15)

R15. 五年前常住地 – 指被登记人在调查标准时间的五年前,即 2000 年 11 月 1 日零时经常居住在何处。设有两个标准答案。五年前居住在本省的人,圈填"1";五年前居住省外的人,圈填"2",并填写所在省的名称。

五年前居住在我国大陆以外地方的,据情填写"香港"、"澳门"、"台湾"或"国外"。

6 周岁及以上人填报的项目(R16 – R18)

R16. 是否识字 – 指被登记人是否达到国家规定的脱盲标准(城市居民和乡、镇企业职工识字 2000 个,乡村居民识字 1500 个)。登记时可询问,日常生活中是否能读懂简单的书或书写简短的句子。如果能阅读通俗书报、能写便条就认为具有识字能力。

本项目设有两个标准答案。凡具有一般读写能力的人,圈填"1";没有达到脱盲标准的人,圈填"2"。

小学在校学生都圈填"1"。

R17. 受教育程度 – 指按照国家教育体制,被登记人接受教育的最高学历。通过自学或成人学历教育经国家统一考试合格的,分别归入相应的受教育程度。

在 R16 圈填了"2"的人,只能圈填本项目标准答案"1"或"2"。

本项目设有七个标准答案:

1. 未上过学。指从未接受过国家或其他办学机构实施的各级各类学校教育的人。包括参加过各种扫盲班或成人识字班学习,且以后再没有接受过各级各类学校教育的人。圈填此标准答案的,跳填 R19。

2. 小学。指接受的最高一级教育为小学,无论其是否在校、毕业、肄业或辍学的人。

3. 初中。指接受的最高一级教育为初中,无论其是否在校、毕业、肄业或辍学的人。相当于初中程度的技工学校,也圈填此标准答案。

4. 高中。指接受的最高一级教育为普通高中、职业高中和中等专业学校,无论其是否在校、毕业、肄业或辍学的人。相当于高中程度的技工学校,也圈填此标准答案。

5. 大学专科。指接受的最高一级教育为大学专科。在普通高等学校学习大学专科的,无论其是否在校、毕业、肄业或辍学的人,都圈填此标准答案。

凡在国家授权承认学历的广播电视大学、职工大学、高等院校举办的函授大学、夜大学和其他形式的大学,按教育部颁布的大学专科教学大纲进行授课的,其毕业生圈填此标准答案;其肄业生、在校生按原有受教育程度圈填。

通过自学,经国家统一举办的自学考试合格,并取得大学专科毕业证书的,也圈填此标准答案。

6. 大学本科。指接受的最高一级教育为大学本科。在普通高等学校学习大学本科的,无论其是否在校、毕业、肄业或辍学,均圈填此标准答案。

凡在国家授权承认学历的广播电视大学、职工大学、高等院校举办的函授大学、夜大学和其他形式的大学,按教育部颁布的大学本科教学大纲进行授课的,其毕业生圈填此标准答案;其肄业生、在校生按原有受教育程度圈填。

通过自学和进修大学课程,经考试合格,并取得大学本科毕业证书的,也圈填此标准答案。

7. 研究生及以上。指接受的最高一级教育为硕士、博士研究生,无论其是否在校、毕业、肄业或辍学,均圈填此标准答案。

在职接受研究生教育的,其毕业生圈填此标准答案;肄业生和在校生按原有受教育程度圈填。

凡是没有按教育部的教学大纲培训或只学单科的人,不能圈填“大学专科”、“大学本科”或“研究生及以上”,一律按原有受教育程度圈填。

R18. 学业完成情况 – 具有小学以上受教育程度的人填报,即在 R17 圈填了标准答案“2 – 7”中任意一项的人填报此项目。

设有五个标准答案:

1. 在校。正在接受各级各类学校教育并有学籍的人。
2. 毕业。已修完全部课程,并经过考试鉴定合格者。
3. 肄业。修完全部课程,但考试不及格或因种种原因未取得毕业资格的人。
4. 辍学。指未能修完所规定的全部课程,中途退学的人。
5. 其他。指私塾、自学等其他方式获得某种文化程度的人。

15 周岁及以上人填报的项目(R19 – R32)

R19. 上周工作情况 – 指 2005 年 10 月 25 日至 10 月 31 日的一周时间内,是否为取得收入而从事了一个小时以上的劳动。

这里所说的劳动是指为获取工资、实物报酬或经营收入而实际从事的各种生产、经营和服务性活动。义务劳动和公益性劳动都不是以取得收入为目的的,所以不属于这里所说的劳动。

这里所说的“为取得收入”,是强调劳动的目的性。只要是目的在于取得收入的劳动,无论实际是否取得了收入,都应属于这里所说的劳动。

本项设有三个选项:

1. 是。指在 2005 年 10 月 25 日至 10 月 31 日的一周(以下简称标准时间前一周)中,为取得收入而干过固定的、临时的或兼职的工作,并且工作了一小时以上。家庭成员在自家经营的商店、门市部、工厂劳动,即使没有任何收入,也应视作为取得收入而劳动。

圈填此答案的人，要回答具体的工作时间。工作时间要按标准时间前一周实际的工作时间填写，而不能按国家规定的工作时间填写。

计算工作时间，要注意把握以下几种情况：

(1)从事两种以上有收入劳动的，应将几项工作时间相加计算。

(2)在规定的工作时间以外加班加点的，应将加班加点的时间一并计算在内。

(3)实行不坐班制的教育工作者、科研人员、新闻工作者等，无论其主业工作时间是否达到每周40小时，其主业工作时间均按每周40小时计算。

(4)农村人口中既干家务劳动又从事农业或其他为了取得收入的劳动的人，填写上一周为取得收入而劳动的实际小时数，家务劳动时间除外。

2. 在职休假、学习、临时停工或季节性歇业未工作。

休假是指上一周因各种原因休假未工作(包括正常的年休假、疗养假、空勤人员、船员及火车乘务人员的轮休假等)以及各种原因的请假未工作(包括病假、工伤假、产假、事假、婚丧假、探亲假等)。个人档案、人事关系已在某单位，但因各种原因本人尚未到新单位报到上班，如军人退伍或工作调动等，可视为休假。

学习是指有工作单位，上周正参加脱产学习或培训。

临时停工是指由于机械或电力故障、原料或燃料短缺、天气灾害或其他灾害等原因引起的暂时歇业。

季节性歇业指从事季节性工作，正值歇业。

承包土地的农民，如果从事农活或其他工作的时间超过一个小时，则圈填"1. 是"；如果外出务工经商，上周未从事任何工作，则圈填"3. 未做任何工作"；如果上周没有外出务工经商，且未干任何农活或从事其他任何有收入的劳动，则圈填本项。

3. 未做任何工作。指没有工作单位并在上周中未干过超过一个小时的旨在取得收入的工作。对于部分未与原单位解除劳动关系，在原单位已无工作岗位的下岗、内退人员，在2005年10月25日至10月31日的一周中未从事任何工作的，也圈填此项。

圈填此答案的直接跳填R26。

R20. 行业－行业是按照经济活动的同一性进行分类的，不是按其所属的行政管理系统来分的。这次调查以产业活动单位作为划分行业的标准。产业活动单位是指(1)具有一个场所、从事一种或主要从事一种经济活动；(2)单独组织生产、经营或业务活动；(3)掌握收入和支出的会计核算资料。

本项由"R19. 上周工作情况"中圈填"1. 是"和"2. 在职休假、学习、临时停工或季节性歇业未工作"的人填报。

填写行业时应特别注意以下几种情况：

1. 有工作单位的，既要填写单位名称，也要填写单位的主要产品或从事的主要业务。

单位名称要填写全称，并要具体到车间、班组，不能笼统地只填写总厂名称。

单位的主要产品或主要业务也要详细填写，比如"生产服装"或"卖服装"，不能简写为"服装”。

保密单位,填写其公开使用的名称和公开的主要产品或业务。

2. 没有工作单位的,有招牌的要在单位名称处按招牌填写,如“××鞋铺”,并在主要产品或主要业务处填写具体的产品或业务,如“做鞋”或“修鞋”。没有招牌的,应在主要产品或主要业务处填写其所从事的具体业务。

工作流动性较强的人,要按调查标准时间前一周所从事的主要工作填写。

务农人员不能笼统地填写“农业”,要根据其具体的农业生产活动或农户的具体经营业务填写。如种粮食、养猪等。

3. 如果调查标准时间前一周在两个以上单位工作的,按工作时间最长的单位填写。不能确定时间长短的,可按经济收入较多的填写。

4. 遇到申报人对本人或本户其他成员的行业不清楚时,不要急于登记,经询问查明后再填报。

R21. 职业－职业是按本人所从事的具体工作性质的同一性进行分类的。所谓“同一性”,是指不论其所在工作单位是什么经济类型,不论用工形式是固定工还是临时工,也不论其隶属于哪个行业,凡是从事同一性质工作的人都划分为同一类。

本项由“R19. 上周工作情况”中圈填“1. 是”和“2. 在职休假、学习、临时停工或季节性歇业未工作”项的人填报。

填写职业应注意以下几种情况:

1. 应填写本人所从事的主要工作,填写职业要具体、详细。如不能笼统地填写“工人”、“杂工”等,而应具体填写其实际工作种类,如“铸轧工”、“采煤工”等;机关工作人员不能笼统填写“干部”,应详细填写其工作性质和种类,如:“打字员”、“统计工作者”;专业技术人员,不能笼统地填写“研究员”、“工程师”等,而应把他们研究或从事的专业和学科也填上,如“通信工程技术员”等。

2. 具有中级以上技术职称的行政领导人员,应按行政领导职务填写其职业;同时担任党和行政职务的领导干部,应按主要职务填写其职业。

3. 工种尚未确定,暂时又无具体工作的,可填写“工种未定”。

4. 工作流动性较强的人,填写具体所做的工作时要按调查标准时间前一周所从事的主要工作填写。

5. 如果调查标准时间前一周内同时从事一种以上工作的,按所从事时间最长的工作种类填写;不能确定时间长短的,可按经济收入较多的工作种类填写。在同一工作场所,从事一种以上职业的,按技术性较高的工作种类填写。

6. 遇到申报人对本人或本户其他成员的职业不清楚时,不要急于登记,经询问查明后再填写。

R22. 上周工作的单位或工作类型－上周有工作单位的按其单位类型圈填,无单位的按其工作类型选填下列各项。

1. 土地承包者。指承包耕地、林地、草地,以及其他依法用于农业的土地的农民,包括转包和租用他人农业用地的人。受雇在别人承包的土地上工作的人,不填此项,圈填“8. 其他”。外出务工经商的人也不填此项,按上周所从事的工作单位或类型填写。

圈填此项的直接跳填 R25。

2. 机关团体事业单位。

机关包括各级国家权力机关(人大)、各级国家行政机关(政府部门)、各级国家司法机关(人民法院和人民检察院)、各级政党机关(中国共产党和各民主党派)、政协组织、人民解放军、武警部队和其他机关等。

团体是指社会团体,包括由中央机构编制管理部门直接管理其机关机构编制的群众团体,还包括经各级民政部门核准登记,领取《社会团体法人证书》的各类社会团体。如各级工会、妇联、共青团等群众团体,学术性团体(学会、研究会)、专业性团体(各类从事专业业务的促进会)、行业性团体(协会、商会)、联合性团体(联合会、联谊会、同学会、校友会)、基金会、宗教组织、居委会、家委会、村委会等。

事业单位是指国家为了社会公益目的,由国家机关举办或者其他组织利用国有资产举办的,从事教育、科技、文化、卫生、体育的社会服务组织。包括经机构编制部门批准成立和登记或备案,领取《事业单位法人证书》,取得法人资格的单位和由其他行政主管部门依据有关法律法规审批成立,且具备法人条件的事业单位。

在上述单位工作的人,圈填本项。

3. 国有及国有控股企业。指资产归国家所有或国家资产居控制地位的企业,包括国有企业、国有独资的有限责任公司、国有控股的股份有限公司、国有联营企业。

4. 集体企业。指资产归集体所有的企业。集体联营企业,股份合作企业属集体经济组织形式,也填此项。

5. 个体工商户。资产归个人所有、以个体劳动为基础,劳动成果归劳动者个人占有和支配的一种经济组织。既包括在各级工商行政管理机关登记注册、领取《营业执照》的个体工商户,也包括没有领取《营业执照》,但实际从事个体经营活动的人。

6. 私营企业。指资产归个人(或几个人)所有、以雇佣劳动为基础的企业。包括依法登记注册的私营有限责任公司、私营股份有限公司、私营合伙企业和私营独资企业。

7. 其他类型单位。主要指外商投资和港、澳、台投资企业、民办非企业单位以及其他不包括在“2 - 6”项中的单位。

8. 其他。不属于“1 - 7”项中的其他人员,如保姆等。

R23. 就业身份 – 指所从事经济活动的人的雇用、受雇或自雇状况。共有四个选项。

1. 雇员。指为领取劳动报酬而为某一单位或雇主工作的人员。圈填此答案的继续填写 R24。

2. 雇主。指自负盈亏或与合伙人共负盈亏,具有企业经营决策权,其报酬直接取决于所生产或经营的利润的人员。雇主的基本特征是雇用其他人为自己工作并向被雇用人支付工资。

3. 自营劳动者。指自负盈亏或与合伙人共负盈亏，具有经营决策权的人员。自营劳动者的特征是既不被雇也不雇佣他人。如果有亲属帮忙但不支付工资，经营者本人仍属自营劳动者。

4. 家庭帮工。指那些在亲属经营的企业工作（包括商店、门市部、工厂），但无企业经营决策权，不领报酬的人员。例如，夫妻二人从事个体经营，妻子帮助丈夫打理生意，收入归家庭所有，丈夫并不给妻子发工资，妻子为家庭帮工。

圈填答案“2 –4”的，直接跳填 R25。

R24. 签订劳动合同情况 –指雇员与用人单位或雇主就劳动报酬、劳动条件、福利待遇等内容而签订的书面契约。包括签订的集体劳动合同。此项由 R23 项中圈填“1. 雇员”项的人填写，共有三个选项。

1. 已签有固定期合同。指约定了开始和终止时间的劳动合同。圈填此项的要填合同的期限，期限按月填写，超过 99 个月的按 99 个月填写。

2. 已签无固定期（长期）合同。指约定了开始的时间，没有约定终止时间的劳动合同即长期合同。

3. 未签订劳动合同。指未签订书面的劳动合同。

R25. 收入情况 –指上个月（或按年收入折算）所从事经济活动的全部月收入金额，包括现金和实物折合金额收入。这里所说的“收入”是劳动收入。财产性收入、转移性收入等非劳动收入不包括在内。

月收入者填报 10 月份收入金额；10 月份没得到收入的填写最近的月收入；年收入者按上年实际收入计算月平均收入；刚开始工作尚未获得收入的，填报预期收入；个体或私营雇主、自营劳动者的劳动收入是指其生产经营活动所得的净收入。不取得劳动收入的家庭帮工，其劳动收入填写“0”。

填写此项后跳填 R29。

R26. 上周未工作原因 –本项目由在“R19. 上周工作情况”中圈填“3. 未做任何工作”的人填报。

本项目设有九个选项：

1. 在校学习。即在校学生。指在各级教育主管部门承认的各级各类学校学习，并有正式学籍的人员。不包括有工作单位，脱产学习的人员。

圈填此答案的直接跳填 R30。

2. 丧失工作能力。指经专门机构鉴定或虽未鉴定但本人或其法定监护人认为，其因生理或心理疾患已丧失了从事劳动的能力。包括年老体弱生活不能自理的人员。但不包括离休、退休人员，这些人不论是身体残疾还是年老体弱生活不能自理，均圈填“3. 离退休”。

圈填此答案的直接跳填 R29。

3. 离退休。指已正式办理离休、退休手续，定期领取离退休生活费，且未从事有收入劳动的人。单位“内退”人员，由于没有正式办理离、退休手续，不能作为离、退休人员，故不圈填此项而应根据具体情况圈填本项中的“6. 因单位原因失去原工作”或“7. 因本人原因失去原工作”。

4. 料理家务。指主要在自己家里从事家务劳动，且没有劳动收入的人。离、退休人员从事家务劳动的不填此项，而填“3. 离退休”。为自家开的商店、门市部、工厂劳动的人，农村中既料理家务又务农或从事家庭副业的人，或在别人家专门干家务活的临时工或小时工，均属于有工作的人口，不圈填此答案。对于料理家务的人要从严掌握，年龄男在五十岁以下，女在四十五岁以下者如申报为料理家务，应认真核对。

5. 毕业后未工作。指从学校毕业后从未工作过的人。

6. 因单位原因失去原工作。指用人单位或雇主提出与劳动者本人中断劳动关系而失去原工作的人。包括被原单位辞退、除名、开除的人，劳动合同到期后单位不同意续签劳动合同的人，因单位破产而失去工作的人，未办理正式退休手续的“内退”人员以及仍与原工作单位保留劳动关系的下岗人员。

7. 因本人原因失去原工作。指本人因各种原因提出与单位中断劳动关系而离开原工作的人。包括辞职的人和劳动合同到期后本人不同意与单位继续签订劳动合同的人。

8. 承包土地被征用。指本人承包或转包、租用他人的土地被有关部门和单位依据土地征用制度的规定征作公益性用地或经营性用地，而失去工作。受雇在别人承包的土地上工作，因土地被征用而失去工作的人，不圈此项，而应圈填“6. 因单位原因失去原工作”。

9. 其他。指除以上几种情况之外的其他未工作人口。

R27. 三个月内是否找过工作－此项共设七个选择项。登记此项时，调查员应先问是否找过工作，得到肯定答复后，再问找工作的具体方式。如被调查者回答“未找”时应按本项所列方式一一询问后再根据情况填写。被调查人如果已在职业介绍机构登记，无论是否又采取了其他方式，均圈填“1. 在职业介绍机构求职”，采用多种方式寻找工作但未在职业介绍机构登记时，只填一种本人认为最主要的方式。

1. 在职业介绍机构求职。指通过劳动保障部门和其他政府部门以及私人开办的职业介绍机构登记找工作。

2. 委托亲友找工作。指通过亲戚朋友向有关单位推荐找工作，这种委托可以是口头的。

3. 参加招聘会。指通过参加各类部门举办的招聘会找工作。

4. 应答或刊登广告。指通过应答各种媒体（电视、报纸、网络等）或其他渠道的招聘广告或在各种媒体上刊登求职广告寻找工作。

5. 为自己经营做准备。指正在为自己开公司和做生意做准备。

6. 其他。指以上未涉及的找工作方式。

7. 未找过工作。没有采取任何找工作的行动。

R28. 能否工作－是指被调查人根据自己目前所处的客观条件去判断，如果有就业机会是否能在两周内应聘。这里不考虑具体是什么工作。

1. 能。指被调查人目前没有不能脱身的事,如必须在家照顾老人和孩子,或上学读书等,而且也没有妨碍工作的伤病,能够在两周内应聘工作。

填写此项的人要填写连续未工作时间。离退休人员和料理家务的人,其连续未工作时间按其有工作愿望时开始计算;以前工作过的,其连续未工作时间按最后一次失去工作开始计算;从学校毕业的,其连续未工作时间按毕业后到调查时点的时间累计计算。

未工作时间按月计算,不足一个月的按一个月计算,超过一个月不足两个月的按两个月计算,依此类推。

2. 不能。指被调查人有事或有病,即使有满意的工作两周内也不能去应聘。

R29. 参加社会保险情况 – 社会保险指国家通过立法,多渠道筹集资金,对劳动者在因年老、失业、患病、工伤、生育而减少劳动收入时给予经济补偿,使他们享有基本生活保障的一项社会保障制度。不包括商业保险。

社会保险与商业保险的判别在于:(1)性质不同。社会保险由国家立法强制实施,属于政府行为;商业保险是商业行为,是一种自愿的契约关系。(2)目的不同。社会保险不以赢利为目的,商业保险则要获取利润。(3)资金来源不同。社会保险由国家、用人单位和个人负担,商业保险则由投保人负担。

失业保险,指国家通过立法强制实行的,由社会集中建立资金,对因失业而暂时中断生活来源的劳动者提供资金帮助的保险制度。失业保险基金由单位和职工个人分别按照规定的比例缴纳。目前有关条例规定的参加失业保险范围包括城镇企业事业单位及其职工。社会团体及其专职人员、民办非企业单位及其职工,以及有雇工的城镇个体工商户及其雇工是否纳入失业保险目前主要由省级人民政府根据当地实际情况决定。按期缴纳或临时欠缴,但本人确认已参加的圈填“1. 参加”。

离退休人员在填写该项时圈填“2. 未参加”。

基本养老保险,也称国家基本养老保险,是按国家统一政策规定强制实施的,为保障离退休人员基本生活需要的一种养老保险制度。不包含企业补充养老保险和职工个人储蓄性养老保险。养老保险基金由单位和职工个人分别按照规定的比例缴纳,目前养老保险范围按规定已经包括国有企业、城镇集体企业、外商投资企业、城镇私营企业、其他城镇企业和城镇灵活就业人员。按期缴纳或临时欠缴,但本人确认已参加的圈填“1. 参加”。离退休人员虽不交钱,但从基本养老保险基金领取离退休费的也应圈填“1. 参加”。

基本医疗保险,是由国家立法,强制实施,建立基金制度,费用由用人单位和个人按照规定的比例缴纳,医疗保险费由医疗保险机构支付,以解决劳动者因患病或受伤害带来的医疗风险的一种保障制度。按规定城镇所有用人单位都要参加基本医疗保险。按期缴纳或临时欠缴,但本人确认已参加的圈填“1. 参加”。离退休人员虽不交钱,但在基本医疗保险基金报销医药费用的也应圈填“1. 参加”。

从事自由职业,本人向社会保险经办机构缴纳各种或某种保险费的,也属于参加了相应的社会保险。但一定要注意与商业保险相区分。

向社会保险经办机构管理的农村集体养老保险、农村合作医疗保险缴纳保险费的人员，也属于参加了相应的社会保险。

对于以上所列的三项保险，参加某种保险的，在相应项内圈填“1. 参加”，未参加某种保险的，在相应项内圈填“2. 未参加”。

R30. 主要生活来源－本项目设有九个标准答案，根据申报人的情况圈填其中一个答案。如果某人同时有几种生活来源，选择其中最主要的一个标准答案圈填。

1. 劳动收入。指主要依靠劳动报酬、经营利润或家庭收益（包括现金和实物收入）生活的人，圈填此项。

2. 离退休金、养老金。指办理了离休、退休或退职手续，主要依靠从原工作单位或社会保险经办机构领取的离退休金（包括退职费）生活的人，圈填此项。

3. 失业保险金。指参加失业保险的人员失业后主要依靠从失业保险经办机构领取的失业保险金生活的人，圈填此项。

4. 最低生活保障金。指建立最低生活保障制度的地区，家庭人均收入低于当地规定的最低生活保障线，而从政府有关部门或集体领取最低生活保障金的人。包括由民政部门发放的烈军属、五保户、残疾人等的生活抚恤金等。以此项收入为主要生活来源的人，圈填此项。

5. 下岗生活费。指主要依靠从企业或者再就业服务中心领取下岗人员基本生活费生活的人，圈填此项。

6. 内退生活费。指在单位办理内退手续，主要依靠从单位领取的内退生活费生活的人，圈填此项。

7. 财产性收入。指主要依靠以资金储蓄、入股或借贷以及财产运营、房屋租赁等所取得的利息、股息、红利、租金生活人，圈填此项。靠原有积蓄本身生活的也圈填此项。

8. 家庭其他成员供养。指主要依靠家庭其他成员或亲属的供养和资助生活。

9. 其他。指依靠以上几种情况之外的其他收入为主要生活来源的人，圈填此项。

R31. 婚姻状况－指被登记人在调查标准时间的婚姻状况。这里调查的是事实婚姻，而不是法律意义上的婚姻。所以对于不到法定婚龄而结婚的人，未办理结婚手续而结婚、同居的人，或没有办理离婚手续但长期分居的人，应根据调查标准时间的实际情况，并依照申报人的申报，圈填下列其中一个标准答案。

1. 未婚。指从未结过婚的人。对于没有办理结婚登记手续而同居的，如果申报人拒绝申报已婚有配偶，可圈填“未婚”。

圈填此答案的人，此人的个人填报项目到此结束。

2. 初婚有配偶。指本人有配偶，且属于第一次婚姻的人。

3. 再婚有配偶。指本人有配偶，但属于第二次及以上婚姻的人。

4. 离婚。指曾经结过婚，但在调查标准时间已办理了离婚手续而且没有再结婚的人，或正在办理离婚手续的人。

5. 丧偶。指结过婚，但配偶已经去世，而且在调查标准时间没有再结婚的人。

R32. 初婚年龄－指第一次结婚时的年份和月份。凡在“R31. 婚姻状况”中圈填了“未婚”以外的其他标准答案的人填报本项目。再婚的人,要填写第一次结婚时的年月。注意要填写公历年月。

15 至 64 周岁妇女填报的项目(R33－R34)

R33. 生育子女数－指截止到调查标准时间,15 至 64 周岁妇女总共生育的子女数,分男女填写。

生育子女数要填写妇女生育的活产男孩和女孩数,包括产后不久就死亡的婴儿。“活产”是指胎儿脱离母体时(不管孕期长短),有呼吸或心跳、脐带搏动、随意肌收缩等生命现象。根据申报,分别填写生育的男孩和女孩数,没有的,要补“0”。

这里所说的“子女”是指该妇女的亲生子女,不包括丈夫前妻的子女和领养的子女,但鉴于有些家庭不愿公开领养关系,可尊重填报人的意愿,按亲生子女填报。

R34. 存活子女数－指截止到调查标准时间,15 至 64 周岁妇女总共存活的子女数,分男女填写。

现在存活子女数是指截止到调查标准时间,上述活产子女中仍然存活的男孩和女孩数。既包括与父母住在一起的孩子,也包括没有与父母住在一起的孩子。到调查标准时间已死亡的孩子不包括在内。根据申报,分别填写存活的男孩和女孩数,没有的,要补“0”。

这里所说的“子女”是指该妇女的亲生子女,不包括丈夫前妻的子女和领养的子女,但鉴于有些家庭不愿公开领养关系,可尊重填报人的意愿,按亲生子女填报。

15 至 50 周岁妇女填报的项目(R35)

R35. 2004. 11. 1－2005. 10. 31 的生育状况－此项目登记调查标准时间前 12 个月以内是否有过生育。

圈填“1. 未生育”的,此人个人填报项目到此结束。

圈填“2. 有生育”的,还要填写生育孩子的月份和所生孩子的性别。

一年内生育过两次或生育双胞胎的,第二个孩子的生育月份和性别填在该项的右侧。第三个及以上的孩子可忽略不计。

五、《死亡表》指标解释

本户中有于 2004 年 11 月 1 日至 2005 年 10 月 31 日期间死亡人口的,还要填写《死亡表》。

《死亡表》共有八个项目:

S1. 户编号—与死亡人口生前所在户的《调查表》户记录 H1 一致。全户死亡的户,户编号为 999。

S2. 姓名—填写死亡人口的姓名。

S3. 性别—圈填死亡人口的性别。

S4. 出生时间—填写死亡人口出生时的年份和月份。

S5. 死亡时间—填写死亡人口死亡时的月份和死亡时的周岁年龄。

S6. 民族—填写死亡人口的民族成份。具体填写要求与《调查表》R5 相同。

S7. 受教育程度—圈填死亡人口死亡时的受教育程度。具体填写要求与《调查表》R17 相同。

S8. 婚姻状况—圈填死亡人口死亡时的婚姻状况。具体填写要求与《调查表》R31 相同。

为了保证死亡人口的登记质量，调查员在入户登记时应该特别注意以下几点：

1. 登记死亡人口时，一般以死亡人口死亡前的常住地为其登记地，而不以死亡发生时的地点（如医院等）为登记地。

2. 本户常住人口中有死亡的，不论其与该户有无亲属关系，都应该作为该户的死亡人口予以登记。

3. 对于无法确定死亡人口常住地，或调查登记时与死亡人口的常住地联系不上的，如孤寡老人、流动人口死亡的，一律在死亡发生地登记。

2005年全国1%人口抽样调查主要数据公报

中华人民共和国国家统计局

2006年3月16日

经国务院批准,我国于2005年底开展了全国1%人口抽样调查工作。这次调查以全国为总体,以各省、自治区、直辖市为次总体,采取分层、多阶段、整群概率比例的抽样方法。最终样本单位为调查小区。这次调查的样本量为1705万人,占全国总人口的1.31%。在国务院和地方各级人民政府的统一领导下,通过调查工作人员的艰苦努力,调查的各项任务已基本完成。现将快速汇总的全国总人口及其结构的主要数据公布如下:

一、总人口

2005年11月1日零时,全国31个省、自治区、直辖市和现役军人的总人口为130628万人,与2000年11月1日零时第五次全国人口普查的总人口126583万人相比,增加了4045万人,增长3.2%;年平均增加809万人,年平均增长0.63%。根据调查数据推算,2005年年末总人口为130756万人。

二、流动人口

全国人口中,流动人口为14735万人,其中,跨省流动人口4779万人。与第五次全国人口普查相比,流动人口增加296万人,跨省流动人口增加537万人。

三、城乡构成

全国人口中,居住在城镇的人口56157万人,占总人口的42.99%;居住在乡村的人口74471万人,占总人口的57.01%。与第五次全国人口普查相比,城镇人口占总人口的比重上升了6.77个百分点。

四、性别构成

全国人口中,男性为67309万人,占总人口的51.53%;女性为63319万人,占总人口的48.47%。性别比(以女性为100,男性对女性的比例)为106.30,与第五次全国人口普查相比下降0.44。

五、年龄构成

全国人口中,0－14 岁的人口为 26478 万人,占总人口的 20.27%;15－59 岁的人口为 89742 万人,占总人口的 68.70%;60 岁及以上的人口为 14408 万人,占总人口的 11.03%(其中,65 岁及以上的人口为 10045 万人,占总人口的 7.69%)。与第五次全国人口普查相比,0－14 岁人口的比重下降了 2.62 个百分点,60 岁及以上人口的比重上升了 0.76 个百分点(其中,65 岁及以上人口比重上升了 0.73 个百分点)。

六、民族构成

全国人口中,汉族人口为 118295 万人,占总人口的 90.56%;各少数民族人口为 12333 万人,占总人口的 9.44%。与第五次全国人口普查相比,汉族人口增加了 2355 万人,增长了 2.03%;各少数民族人口增加了 1690 万人,增长了 15.88%。

七、受教育程度

全国人口中,具有大学程度(指大专及以上)的人口为 6764 万人,高中程度(含中专)的人口为 15083 万人,初中程度的人口为 46735 万人,小学程度的人口为 40706 万人。与第五次全国人口普查相比,具有大学程度的人口增加 2193 万人,高中程度的人口增加 974 万人,初中程度的人口增加 3746 万人,小学程度的人口减少 4485 万人(以上各种受教育程度的人口包括各类学校的毕业生、肄业生和在校生)。

八、家庭户人口

全国共有家庭户 39519 万户,家庭户人口为 123694 万人,平均每个家庭户的人口为 3.13 人;集体户人口为 6934 万人。与第五次全国人口普查相比,平均每个家庭户的人口减少了 0.31 人。城镇平均每个家庭户的人口为 2.97 人,农村为 3.27 人。

注:1. 本公报为根据调查结果的初步推算数。

2. 调查登记标准时间为 2005 年 11 月 1 日零时,调查登记对象为具有中华人民共和国国籍并居住在中华人民共和国境内大陆的常住人口。

3. 全国总人口数未包括中国香港、中国澳门、中国台湾省人口数。

4. 经事后质量抽查,总人口的净漏登率为 1.72%。全国人口中已包括据此计算的漏登人口数。